E-Book inside.

Mit folgendem persönlichen Code können Sie die E-Book-Ausgabe dieses Buches downloaden.

```
4vtx6-p56r0-
18200-2c141
```

Registrieren Sie sich unter
www.hanser-fachbuch.de/ebookinside
und nutzen Sie das E-Book
auf Ihrem Rechner*, Tablet-PC
und E-Book-Reader.

Der Download dieses Buches als E-Book unterliegt gesetzlichen Bestimmungen bzw. steuerrechtlichen Regelungen, die Sie unter www.hanser-fachbuch.de/ebookinside nachlesen können.
* Systemvoraussetzungen: Internet-Verbindung und Adobe® Reader®

Doberenz/Gewinnus

Access programmieren

Bleiben Sie auf dem Laufenden!

Unser **Computerbuch-Newsletter** informiert Sie monatlich über neue Bücher und Termine. Profitieren Sie auch von Gewinnspielen und exklusiven Leseproben. Gleich anmelden unter

 www.hanser-fachbuch.de/newsletter

Hanser Update ist der IT-Blog des Hanser Verlags mit Beiträgen und Praxistipps von unseren Autoren rund um die Themen Online Marketing, Webentwicklung, Programmierung, Softwareentwicklung sowie IT- und Projektmanagement. Lesen Sie mit und abonnieren Sie unsere News unter

 www.hanser-fachbuch.de/update

Walter Doberenz
Thomas Gewinnus

Access programmieren

Grundlagen und Praxiswissen

Für die Versionen 2010, 2013 und 2016

HANSER

Die Autoren:

Professor Dr.-Ing. habil. Walter Doberenz, Wintersdorf
Dipl.-Ing. Thomas Gewinnus, Frankfurt/Oder

Alle in diesem Buch enthaltenen Informationen, Verfahren und Darstellungen wurden nach bestem Wissen zusammengestellt und mit Sorgfalt getestet. Dennoch sind Fehler nicht ganz auszuschließen. Aus diesem Grund sind die im vorliegenden Buch enthaltenen Informationen mit keiner Verpflichtung oder Garantie irgendeiner Art verbunden. Autoren und Verlag übernehmen infolgedessen keine juristische Verantwortung und werden keine daraus folgende oder sonstige Haftung übernehmen, die auf irgendeine Art aus der Benutzung dieser Informationen – oder Teilen davon – entsteht.

Ebenso übernehmen Autoren und Verlag keine Gewähr dafür, dass beschriebene Verfahren usw. frei von Schutzrechten Dritter sind. Die Wiedergabe von Gebrauchsnamen, Handelsnamen, Warenbezeichnungen usw. in diesem Buch berechtigt deshalb auch ohne besondere Kennzeichnung nicht zu der Annahme, dass solche Namen im Sinne der Warenzeichen- und Markenschutz-Gesetzgebung als frei zu betrachten wären und daher von jedermann benutzt werden dürften.

Bibliografische Information der Deutschen Nationalbibliothek
Die Deutsche Nationalbibliothek verzeichnet diese Publikation in der Deutschen Nationalbibliografie; detaillierte bibliografische Daten sind im Internet über <http://dnb.d-nb.de> abrufbar.

Dieses Werk ist urheberrechtlich geschützt.
Alle Rechte, auch die der Übersetzung, des Nachdrucks und der Vervielfältigung des Buches, oder Teilen daraus, sind vorbehalten. Kein Teil des Werkes darf ohne schriftliche Genehmigung des Verlages in irgendeiner Form (Fotokopie, Mikrofilm oder ein anderes Verfahren), auch nicht für Zwecke der Unterrichtsgestaltung, reproduziert oder unter Verwendung elektronischer Systeme verarbeitet, vervielfältigt oder verbreitet werden.

© 2016 Carl Hanser Verlag München, *ww.hanser-fachbuch.de*
Lektorat: Sylvia Hasselbach
Herstellung: Irene Weilhart
Satz: Ingenieurbüro Gewinnus
Sprachlektorat: Walter Doberenz
Umschlagdesign: Marc Müller-Bremer, *www.rebranding.de,* München
Umschlagrealisation: Stephan Rönigk
Druck und Bindung: Kösel, Krugzell
Ausstattung patentrechtlich geschützt. Kösel FD 351, Patent-Nr. 0748702
Printed in Germany

Print-ISBN: 978-3-446-45027-1
E-Book-ISBN: 978-3-446-45059-2

Inhaltsverzeichnis

Vorwort **27**

Teil I: Grundlagen

1 Einführung **33**
1.1 VBA-Programmierung in Access 33
    1.1.1 Visual Basic versus VBA 33
    1.1.2 Objekt- und ereignisorientierte Programmierung 34
    1.1.3 VBA- oder Makro-Programmierung? 35
    1.1.4 Die VBA-Entwicklungsumgebung 36
    1.1.5 Formularentwurf 36
    1.1.6 Code-Fenster und Symbolleiste 37
    1.1.7 Das Eigenschaftenfenster 38
    1.1.8 Der Projekt-Explorer 39
    1.1.9 Das Code-Fenster 39
    1.1.10 Arbeiten mit der Hilfe 42
1.2 Sicherheitseinstellungen 43
    1.2.1 Zur Geschichte der Access-Sicherheit 43
    1.2.2 Eine nicht vertrauenswürdige Datenbank öffnen 44
    1.2.3 Das Sicherheitscenter 46
    1.2.4 Definition vertrauenswürdiger Speicherorte 49
1.3 Einführungsbeispiele 50
    1.3.1 Erstellen der Testdatenbank 51
    1.3.2 Konventionelle Programmierung 52
    1.3.3 Programmieren mit VBA 56
    1.3.4 Automatische Makrokonvertierung 61
    1.3.5 Programmieren mit Datenmakros 62
1.4 Highlights und Features von Access 2016 64
    1.4.1 Zur Geschichte der Vorgängerversionen 64
    1.4.2 Microsoft Access 2016 – viel Lärm um nichts? 67
    1.4.3 Der inoffizielle Access-Friedhof (Access 2013/2016) 68

1.5		Übersichten und Ergänzungen	68
	1.5.1	Deutsche und englische Bezeichner	68
	1.5.2	DoCmd-Objekt	70

2 Programmieren mit VBA 73

2.1		Datentypen, Variablen und Konstanten	73
	2.1.1	Übersicht	73
	2.1.2	Variablendeklaration	74
	2.1.3	Konstantendeklaration	79
	2.1.4	Gültigkeitsbereiche	80
2.2		Einzelheiten zu den Datentypen	83
	2.2.1	Single- und Double-Datentypen	83
	2.2.2	Integer-, Long- und Boolean-Datentypen	83
	2.2.3	Date-Datentyp	84
	2.2.4	Currency-Datentyp	86
	2.2.5	String-Datentyp	87
	2.2.6	Variant-Datentyp	89
2.3		Datenfelder (Arrays)	92
	2.3.1	Statische Arrays	92
	2.3.2	Dynamische Arrays	94
2.4		Benutzerdefinierte Datentypen	96
	2.4.1	Type-Anweisung	96
	2.4.2	With-Anweisung	97
	2.4.3	Strings innerhalb Type	97
	2.4.4	Enumerationen	98
	2.4.5	Arrays in benutzerdefinierten Typen	99
2.5		Operatoren	100
	2.5.1	Arithmetische Operatoren	101
	2.5.2	Logische Operatoren	103
	2.5.3	Vergleichsoperatoren	104
2.6		Kontrollstrukturen	105
	2.6.1	Bedingte Verzweigungen	105
	2.6.2	Schleifenanweisungen	107
	2.6.3	GoTo und GoSub	109
2.7		Zeichenkettenfunktionen	110
	2.7.1	Stringverarbeitung	110
	2.7.2	Format-Funktion	112
2.8		Vordefinierte Funktionen	116
	2.8.1	Mathematische Funktionen	116
	2.8.2	Finanzmathematische Funktionen	119

	2.8.3	Datums-/Zeitfunktionen	120
2.9		Benutzerdefinierte Funktionen/Prozeduren	123
	2.9.1	Funktion	123
	2.9.2	Prozedur	124
	2.9.3	Parameterübergabe ByRef oder ByVal	124
	2.9.4	Optionale Argumente	125
	2.9.5	Benannte Argumente	126
	2.9.6	Parameter-Arrays	126
	2.9.7	Dynamische Arrays als Argumente	127
	2.9.8	Rückgabe von Arrays	127
	2.9.9	Private-, Public- und Static-Deklarationen	128
2.10		Fehlersuche	130
	2.10.1	Direktfenster	131
	2.10.2	Verwendung des Debug-Objekts	131
	2.10.3	Arbeiten mit dem Lokal-Fenster	132
	2.10.4	Überwachungs-Fenster	134
	2.10.5	Noch mehr Debugging	135
2.11		Fehlerbehandlung	139
	2.11.1	Anweisungen zum Error-Handling	139
	2.11.2	Beispiele zum Error-Handling	140
	2.11.3	Fehlerbehandlung per Ereignis	142
	2.11.4	Fehlerbehandlung komplett deaktivieren	143
2.12		Standarddialogfelder	143
	2.12.1	Einfache MsgBox-Anweisung	144
	2.12.2	Ausführliche MsgBox-Anweisung	145
	2.12.3	Rückgabewerte der MsgBox-Funktion	145
	2.12.4	Abfrage von Werten mit der InputBox-Funktion	147
2.13		Übersichten und Ergänzungen	148
	2.13.1	Datumskonstanten	148
	2.13.2	Rückgabewerte der VarType-Funktion	148
2.14		Praxisbeispiele	149
	2.14.1	In einem Textfeld suchen	149
	2.14.2	Zeitangaben runden	150
	2.14.3	Das Wochenende feststellen	152
	2.14.4	Mit dynamischen Arrays rechnen	153
	2.14.5	Arbeiten mit dem Debugger	157

3 Makros – eine Einführung **163**

3.1		Klassische Makros	163
	3.1.1	Entwurfsoberfläche	163

	3.1.2	Eigenständige Makros	164
	3.1.3	Eingebettete Makros	167
	3.1.4	Das AutoKeys-Makro	171
	3.1.5	Das AutoExec-Makro	173
	3.1.6	Potenziell gefährliche Makroaktionen	173
3.2		Datenmakros	174
	3.2.1	Einsatzmöglichkeitem	175
	3.2.2	Funktionsprinzip	175
	3.2.3	Erzeugen von Datenmakros	176
	3.2.4	Datenmakros umbenennen, löschen und ändern	177
	3.2.5	USysApplicationLog	177
	3.2.6	Aktionen in Datenmakros	178
	3.2.7	Auswahl des richtigen Tabellenereignisses	179
3.3		Praxisbeispiele	180
	3.3.1	Eingabe-Formular mit neuem Datensatz öffnen	181
	3.3.2	Einen Datensatznavigator selbst bauen	182
	3.3.3	Ein ereignisgesteuertes Datenmakro erstellen	184
	3.3.4	Arbeiten mit einem benannten Datenmakro	189
	3.3.5	Per VBA auf ein benanntes Datenmakro zugreifen	193
	3.3.6	Änderungen von Tabelleninhalten protokollieren	194
4		**Formulare und Steuerelemente**	**197**
4.1		Allgemeines	197
	4.1.1	Gruppen von Eigenschaften	198
	4.1.2	Methoden	198
	4.1.3	Gruppen von Ereignissen	198
4.2		Das Form-Objekt	199
	4.2.1	Format-Eigenschaften	199
	4.2.2	Daten-Eigenschaften	206
	4.2.3	Weitere Eigenschaften	206
	4.2.4	Fenster- und Fokus-Ereignisse	208
	4.2.5	Tastatur- und Maus-Ereignisse	210
	4.2.6	Daten- und Filter-Ereignisse	212
	4.2.7	Weitere Ereignisse	214
	4.2.8	Methoden	214
	4.2.9	Unterformulare	217
4.3		Steuerelemente (Controls)	218
	4.3.1	Allgemeines	218
	4.3.2	Allgemeine Eigenschaften auf einen Blick	219
	4.3.3	Allgemeine Ereignisse auf einen Blick	229

	4.3.4	Methoden von Steuerelementen	230
	4.3.5	Das Screen-Objekt	231
4.4		ActiveX-Steuerelemente	233
	4.4.1	Vergleich mit den integrierten Steuerelementen	233
	4.4.2	StatusBar als Beispiel	235
4.5		Praxisbeispiele	239
	4.5.1	Das Textfeld programmieren	239
	4.5.2	In ungebundene Textfelder ein- und ausgeben	241
	4.5.3	Ein ungebundenes Kombinationsfeld füllen	242
	4.5.4	Ein Unterformular programmieren	245
	4.5.5	Das Register-Steuerelement kennen lernen	248
	4.5.6	Die Statusleiste programmieren	252
	4.5.7	Verwenden von Bild-Ressourcen	255
	4.5.8	Programmieren des Navigationssteuerelements	257

5 Berichte 261

5.1		Allgemeines	261
	5.1.1	Reportansichten	261
	5.1.2	Die OpenReport-Methode	262
	5.1.3	Parameterübergabe	263
5.2		Wichtige Berichtseigenschaften	263
	5.2.1	Formateigenschaften	263
	5.2.2	Dateneigenschaften	264
	5.2.3	Grafikeigenschaften	264
	5.2.4	Linien- und Stifteigenschaften	268
	5.2.5	Schrifteigenschaften	269
	5.2.6	Farb- und Mustereigenschaften	269
	5.2.7	Sonstige Eigenschaften	271
5.3		Berichtsereignisse	273
	5.3.1	Allgemeine Ereignisse	273
	5.3.2	Tastatur- und Mausereignisse	275
5.4		Berichtsmethoden	276
	5.4.1	Grafikmethoden (Übersicht)	276
	5.4.2	Scale	276
	5.4.3	Line	277
	5.4.4	PSet	278
	5.4.5	Circle	279
	5.4.6	Print	280
	5.4.7	TextWidth und TextHeight	281
	5.4.8	Sonstige Methoden	282

5.5	Weitere Features des Report-Objekts	282
	5.5.1 Rich-Text-Felder drucken	282
	5.5.2 Verlauf eines Memofeldes drucken	283
	5.5.3 Eine Liste der Anlagen drucken	283
	5.5.4 Berichte nachträglich filtern	286
	5.5.5 Berichte als PDF-Datei exportieren	287
	5.5.6 Berichte als RTF-Datei exportieren	288
5.6	Das Printer-Objekt	288
	5.6.1 Wo finde ich das Printer-Objekt?	289
	5.6.2 Die Printers-Collection	289
	5.6.3 Auswahl eines Druckers	290
	5.6.4 Speichern von Berichts-Optionen	292
	5.6.5 Eigenschaften des Printers	293
5.7	Direkte Druckausgabe	294
5.8	Übersichten	294
	5.8.1 DrawMode-Eigenschaft	294
	5.8.2 Farbkonstanten	295
5.9	Praxisbeispiele	295
	5.9.1 Aufruf eines Berichts mit Datenfilter	295
	5.9.2 Im Report gruppieren und rechnen	299
	5.9.3 Erstellen und Drucken eines Diagramms	303
	5.9.4 Berichte in Formularen anzeigen	307
6	**Programmieren mit Objekten**	**309**
6.1	Objektvariablen	309
	6.1.1 Objekttypen und Set-Anweisung	309
	6.1.2 Object-Datentyp	311
	6.1.3 Form- und Report-Objekt	312
	6.1.4 Control-Objekt	313
6.2	Formular- und Berichtsmodule	317
	6.2.1 Instanzen von Formularen und Berichten	317
	6.2.2 Benutzerdefinierte Form-/Report-Objekte	319
	6.2.3 Eigenständige Klassenmodule	320
6.3	Auflistungen	324
	6.3.1 Forms/Reports	324
	6.3.2 Controls	325
	6.3.3 Collection-Objekt	327
	6.3.4 Dictionary-Objekt	329
	6.3.5 Property und Properties	329
	6.3.6 Module-Objekt und Modules-Auflistung	330

	6.3.7	Reference-Objekt und References-Auflistung	332
6.4		Die Access-Objekthierarchie	334
	6.4.1	Der Objektkatalog	334
	6.4.2	Das Application-Objekt allgemein	335
	6.4.3	Eigenschaften und Methoden des Application-Objekts	338
	6.4.4	Weitere wichtige Objekte	343
	6.4.5	AccessObject	344
	6.4.6	CurrentProject	345
	6.4.7	CurrentData	347
6.5		Übersichten	347
	6.5.1	Konstanten der ControlType-Eigenschaft	347
	6.5.2	Rückgabewerte der CurrentObjectType-Funktion	348
6.6		Praxisbeispiele	348
	6.6.1	Ein Steuerelemente-Array automatisch erstellen	348
	6.6.2	Mit Formular-Instanzen arbeiten	352
	6.6.3	Mit einer eigenständigen Klasse experimentieren	354
	6.6.4	Auf Objekte in Auflistungen zugreifen	357
	6.6.5	Properties-Auflistungen untersuchen	360

Teil II: Datenschnittstellen

7		**DAO-Programmierung**	**365**
7.1		Allgemeines	365
	7.1.1	DBEngine	365
	7.1.2	Workspace-Objekt	366
	7.1.3	Database-Objekt	367
	7.1.4	Recordset-Objekt	367
	7.1.5	Verwendung der Datenbankobjekte	368
7.2		Grundlegende Arbeitstechniken	368
	7.2.1	Arbeitsumgebung festlegen	369
	7.2.2	Datenbank anlegen und öffnen	369
	7.2.3	Tabellen/Indizes anlegen	373
	7.2.4	Tabellen einbinden	378
	7.2.5	Tabellen verknüpfen (Relationen)	379
	7.2.6	Abfragen erstellen/ausführen	381
	7.2.7	Öffnen von Tabellen/Abfragen	383
7.3		Arbeiten mit Recordsets	386
	7.3.1	Eigenschaften und Methoden von Recordsets	386
	7.3.2	Datensätze anzeigen	389
	7.3.3	Datensätze hinzufügen/ändern	391

	7.3.4	Datensätze löschen	393
	7.3.5	Datensätze sortieren	395
	7.3.6	Datensätze suchen	396
	7.3.7	Datensätze filtern	397
	7.3.8	DAO in gebundenen Formularen	398
	7.3.9	Auf Anlage-Felder zugreifen	401
	7.3.10	Auf mehrwertige Felder zugreifen	404
	7.3.11	Verlaufsverfolgung eines Memo-Felds	405
7.4	Weitere Funktionen		406
	7.4.1	Eigenschaften (Properties)	406
	7.4.2	Transaktionen	408
7.5	Praxisbeispiele		409
	7.5.1	Eine Tabelle anlegen	409
	7.5.2	Navigieren mit DAO	412
	7.5.3	Den Datensatzzeiger bewegen	415
	7.5.4	In Recordsets suchen	419
	7.5.5	Eine Datenbank analysieren	422
7.6	Komplexbeispiel: Telefonverzeichnis		425
	7.6.1	Eingabemaske	425
	7.6.2	Anforderungen	425
	7.6.3	Programmierung	426
	7.6.4	Test und Bemerkungen	435
8	**ADO-Programmierung**		**437**
8.1	Ein erster Blick auf ADO		437
	8.1.1	Kleines Einführungsbeispiel	438
	8.1.2	Zur Geschichte von ADO	439
	8.1.3	Hinweise zu den ADO-Bibliotheken	440
	8.1.4	ADO und OLE DB	441
	8.1.1	ADO-Objektmodell	442
8.2	ADO-Grundoperationen		444
	8.2.1	Beziehungen zwischen den Objekten	444
	8.2.2	Die Verbindung zur Datenquelle	445
	8.2.3	Aktionsabfragen mit dem Command-Objekt	449
	8.2.4	Recordsets mit Daten füllen	451
8.3	Weitere Operationen mit Recordsets		456
	8.3.1	Welche Recordset-Features werden unterstützt?	456
	8.3.2	Editieren von Datensätzen	457
	8.3.3	Hinzufügen von Datensätzen	458
	8.3.4	Löschen von Datensätzen	458

	8.3.5	Recordsets filtern	459
	8.3.6	Ungebundene Recordsets	460
	8.3.7	Recordsets abspeichern	461
	8.3.8	Bewegen in Recordsets	461
	8.3.9	Daten direkt einlesen	462
	8.3.10	Sortieren	463
	8.3.11	Suchen	464
	8.3.12	Ereignisse auswerten	464
8.4	Zugriff auf ADO-Auflistungen		466
	8.4.1	Allgemeine Features	466
	8.4.2	Property und Properties	467
	8.4.3	Field und Fields	468
	8.4.4	Parameter und Parameters	469
	8.4.5	Error und Errors	470
8.5	Übersichten		471
	8.5.1	Connection-Objekt	471
	8.5.2	Command-Objekt	472
	8.5.3	Recordset-Objekt	472
8.6	Praxisbeispiele		474
	8.6.1	Mit ADO auf eine Access-Datenbank zugreifen	474
	8.6.2	Ein ADO-Datenklassenmodul verwenden	476
	8.6.3	Ein intelligentes ADO-Frontend entwickeln	479
9	**Datenbankverwaltung**		**485**
9.1	Datenbankverwaltung mit ADOX		485
	9.1.1	Datenbanken erstellen	487
	9.1.2	Tabellendefinition	489
	9.1.3	Indexdefinition	493
	9.1.4	Erstellen von Prozeduren und Sichten	495
	9.1.5	Tabellen verknüpfen (Relationen)	496
9.2	Erstellen spezieller Feldtypen		497
	9.2.1	Automatische Zufallswerte (GUID)	497
	9.2.2	Memofeld mit Archiv-Funktion (Nur anfügen)	499
	9.2.3	Anlage-Feld	501
	9.2.4	Rich-Text-Feld	502
	9.2.5	Multivalue-Feld (MVF)	503
	9.2.6	Berechnete Spalten	508
	9.2.7	Beschreibung von Datenbankfeldern setzen	510
9.3	Zugriffsschutz in Access-Datenbanken		512
	9.3.1	Grundlagen	512

9.3.2	Sichern auf Datenbankebene (DAO)	514
9.3.3	Sichern auf Datenbankebene (ADO/ADOX)	515
9.3.4	Erstellen neuer Benutzer und Gruppen (DAO)	515
9.3.5	Vergabe von Rechten (DAO)	517
9.3.6	Komplettbeispiel: Nutzerbasierte Sicherheit	519
9.3.7	Erstellen neuer Benutzer und Gruppen (ADOX)	524
9.3.8	Vergabe von Rechten (ADOX)	525
9.3.9	Verschlüsseln von Datenbanken	527
9.4	Multiuserzugriff	530
9.4.1	Verwenden der DAO	531
9.4.2	Verwenden der ADO	534
9.5	ODBC-Verbindungen	535
9.5.1	Ein Blick auf den ODBC-Datenquellen-Administrator	535
9.5.2	Erstellen einer ODBC-Verbindung (DAO)	537
9.5.3	Öffnen einer ODBC-Verbindung (DAO)	538
9.5.4	Öffnen einer ODBC-Verbindung (ADO)	540
9.5.5	Konfigurieren von ODBC-Verbindungen	541
9.6	Zugriff auf Fremdformate	541
9.6.1	dBASE III/IV- und FoxPro-Datenbanken	542
9.6.2	Textdateien (TXT/ASC/CSV)	546
9.7	Einbinden externer Tabellen	550
9.7.1	Verwenden der DAO	550
9.7.2	Verwenden der ADOX	552
9.8	Exportieren von Daten	554
9.8.1	TransferDatabase-Methode	554
9.8.2	Exportieren mit SQL-Anweisungen	555
9.9	Replizieren von Datenbanken	555
9.10	Optimierung	556
9.10.1	Indizes	556
9.10.2	Abfrage-Optimierung	556
9.10.3	Weitere Möglichkeiten	557
9.10.4	ADO/DAO/ODBC – Was ist schneller?	558
9.11	Tipps & Tricks	560
9.11.1	Wie prüft man die ADO-Versionsnummer?	560
9.11.2	Access-Datenbanken exklusiv öffnen	560
9.11.3	Access-Datenbanken im Netzwerk	561
9.11.4	Alle aktiven Verbindungen zur Datenbank auflisten	561
9.11.5	Das Datenbank-Kennwort ändern	562
9.11.6	Abfragen über mehrere Datenbanken	563
9.11.7	Datenbanken reparieren/komprimieren	563

10 Microsoft SQL Server ... 565

- 10.1 Ein erster Schock 565
- 10.2 Allgemeines ... 566
  - 10.2.1 SQL Server LocalDB ... 567
  - 10.2.2 SQL Server Express ... 568
  - 10.2.3 Unterschiede SQL Server-Varianten/Jet-Engine ... 569
  - 10.2.4 Client- versus Fileserver-Programmierung ... 571
  - 10.2.5 Installation SQL Server Express ... 573
  - 10.2.6 Netzwerkzugriff für den SQL Server Express ... 577
  - 10.2.7 Die wichtigsten Tools von SQL Server ... 579
  - 10.2.8 Vordefinierte Datenbanken ... 582
  - 10.2.9 Einschränkungen ... 583
  - 10.2.10 Weitere SQL Server-Funktionen im Kurzüberblick ... 584
  - 10.2.11 Datenbanken verwalten ... 585
- 10.3 Transact-SQL – die Sprache des SQL Servers ... 587
  - 10.3.1 Schreibweise ... 587
  - 10.3.2 Kommentare ... 588
  - 10.3.3 Zeichenketten ... 588
  - 10.3.4 Variablen deklarieren/verwenden ... 589
  - 10.3.5 Bedingungen mit IF/ELSE auswerten ... 590
  - 10.3.6 Verwenden von CASE ... 591
  - 10.3.7 Verwenden von WHILE...BREAK/CONTINUE ... 591
  - 10.3.8 Datum und Uhrzeit in T-SQL ... 592
  - 10.3.9 Verwenden von GOTO ... 592
- 10.4 Praktisches Arbeiten mit dem SQL Server ... 593
  - 10.4.1 Erstellen neuer SQL Server-Datenbanken ... 593
  - 10.4.2 Erzeugen und Verwalten von Tabellen ... 594
  - 10.4.3 Erzeugen und Verwenden von Sichten (Views) ... 595
  - 10.4.4 Verwenden von Gespeicherten Prozeduren ... 597
  - 10.4.5 Programmieren von Triggern ... 601
  - 10.4.6 Erzeugen von Datenbankdiagrammen ... 605
  - 10.4.7 Volltextabfragen ... 606
  - 10.4.8 Datenbanken sichern und wiederherstellen ... 612
- 10.5 Fehlerbehandlung ... 615
  - 10.5.1 Das Fehlermodell des SQL Servers ... 616
  - 10.5.2 Verwenden von @@ERROR ... 616
  - 10.5.3 Verwenden von RAISEERROR ... 617
  - 10.5.4 Fehlerbehandlung mit TRY...CATCH ... 618
  - 10.5.5 Fehlerbehandlung mit den ADO ... 620
- 10.6 Datensicherheit auf dem Microsoft SQL Server ... 622

	10.6.1 Überblick Sicherheitsmodell	623
	10.6.2 Verwalten mit dem SQL Server Management Studio	625
	10.6.3 Verwalten mit T-SQL	629
10.7	Tipps & Tricks	632
	10.7.1 Alle registrierten Microsoft SQL Server ermitteln	632
	10.7.2 Alle Datenbanken ermitteln	633
	10.7.3 Alle Tabellen ermitteln	633
	10.7.4 Eine Tabelle löschen	634
	10.7.5 Anzahl der Datensätze beschränken	635
	10.7.6 Platzhalterzeichen in TSQL	636
	10.7.7 Leerzeichen entfernen	636
	10.7.8 Teilstrings erzeugen	636
	10.7.9 Mit einer Datenbankdatei verbinden	637
	10.7.10 Warum wird @@ERROR nicht korrekt verarbeitet?	638
	10.7.11 Die Anzahl der Datensätze bestimmen	638
	10.7.12 Warum sind Abfragen mit Platzhaltern so langsam?	638
	10.7.13 Groß-/Kleinschreibung berücksichtigen	639
	10.7.14 Das Ergebnis einer Stored Procedure speichern	639
	10.7.15 Eine Datenbank umbenennen	639
	10.7.16 Eine Datenbank zwischen Servern verschieben	640
	10.7.17 Die Datenbankstruktur kopieren	641
	10.7.18 Nach dem Löschen IDENTITY auf 0 setzen	642
	10.7.19 Eine Tabellenspalte umbenennen	642
	10.7.20 Temporäre Tabellen unterscheiden	642
	10.7.21 Daten aus verschiedenen Datenbanken anzeigen	643
	10.7.22 Einen SMO-Mapper realisieren	643
10.8	Übersichten	648
	10.8.1 Datentypen	648
	10.8.2 Unterschiede Access- und SQL Server-Datentypen	649
11	**Access und Azure SQL**	**651**
11.1	Einführung in SQL Azure-Datenbanken	652
	11.1.1 Das Grundprinzip der "Webdatenbank"	652
	11.1.2 Der Azure-Server	654
	11.1.3 Die Frage nach den Kosten	655
11.2	Einrichten des Servers	656
	11.2.1 Die zentrale Organisationsstruktur	657
	11.2.2 Einen Server und eine Datenbank erstellen	658
	11.2.3 IP-Filter konfigurieren	662
	11.2.4 Bemerkungen zum neu erstellten Account	663

	11.2.5 Die drei konzeptionellen Zugriffsmodelle	663
11.3	Administrieren von Azure SQL-Datenbanken	666
	11.3.1 Zugriff mit dem SQL Server Management Studio	666
	11.3.2 Weitere Accounts erstellen	668
	11.3.3 Lokale Datenbanken migrieren	671
	11.3.4 Migrieren von Access-Datenbanken	674
11.4	Praktische Umsetzung in Access	676
	11.4.1 Tabellen einbinden	677
	11.4.2 DAO- oder ADO-Zugriff – keine Frage!	680
	11.4.3 Unsere AzureSQL-Library	680
	11.4.4 Verbindung mit ADO aufbauen	681
	11.4.5 Datenbank erstellen	685
	11.4.6 Ist die Datenbank schon vorhanden?	686
	11.4.7 Den aktuellen "Füllstand" abrufen	687
	11.4.8 Was passiert, wenn die Datenbank zu klein wird?	690
	11.4.9 Eine Datenbankkopie erstellen	690
	11.4.10 Tabelle(n) erstellen	691
	11.4.11 Daten exportieren	692
	11.4.12 Daten einbinden	693
	11.4.13 Daten lesen	694
	11.4.14 Daten schreiben	695
11.5	Abschließende Hinweise	696
	11.5.1 Synchronisieren	696
	11.5.2 Performance-Tipps	697
	11.5.3 Die Firewall per T-SQL konfigurieren	697
	11.5.4 Arbeiten mit sqlcmd	699
11.6	Fazit	699
12	**Zugriff auf SQLite**	**701**
12.1	Was eigentlich ist SQLite?	702
	12.1.1 Vorteile	702
	12.1.2 Nachteile	703
12.2	Vorbereitungen	703
	12.2.1 Download/Installation des ODBC-Treibers	704
	12.2.2 Download/Installation SQLite for Excel	705
12.3	Datenbank-Tools	706
	12.3.1 Database .NET	706
	12.3.2 SQLite Administrator	708
12.4	Praktische Aufgabenstellungen	709
	12.4.1 Einbinden von SQLite-Tabellen per Assistent	709

12.4.2	Einbinden von SQLite-Tabellen per VBA-Code	710
12.4.3	Datenbank per Code erstellen	711
12.4.4	Tabellen erzeugen	712
12.4.5	Datenbankzugriff per ADO realisieren	714
12.4.6	Die Bedeutung von Transaktionen bei SQLite	715
12.4.7	SOUNDEX verwenden	716
12.4.8	Volltextabfragen realisieren	717
12.5	Praxisbeispiele	720
12.5.1	Verwenden der Volltextsuche	720
12.5.2	Implementieren der Klasse SQLiteDatabase	725
12.5.3	Verwenden der Klasse SQLiteDatabase	735
12.6	Tipps & Tricks	737
12.6.1	Für Liebhaber der Kommandozeile – Sqlite3.exe	737
12.6.2	Eine SQLite-Datenbank reparieren	739
12.6.3	Eine Beispieldatenbank herunterladen	740
12.6.4	Testen ob Tabelle vorhanden ist	740
12.6.5	Die Datenbank defragmentieren	740
12.6.6	Mehrere Datenbanken verknüpfen	741
12.6.7	Eine Abfrage/Tabelle kopieren	741
12.6.8	Ein Backup implementieren	742
12.6.9	Tabellen zwischen Datenbanken kopieren	742
12.6.10	Ersatz für TOP	742
12.6.11	Metadaten auswerten	743
12.6.12	Timestamp als Defaultwert verwenden	744
12.6.13	Export in XML-Format	745
12.7	Fazit	745

Teil III: Weitere Technologien

13	**Dateien und Verzeichnisse**	**749**
13.1	Allgemeines	749
13.1.1	ANSI/ASCII/Unicode	749
13.1.2	Gemeinsamer Dateizugriff	750
13.1.3	Verwenden der File System Objects	750
13.2	Zugriff auf das Dateisystem	752
13.2.1	Ermitteln aller Laufwerke und deren Eigenschaften	752
13.2.2	Ermitteln aller Verzeichnis-Eigenschaften	753
13.2.3	Auflisten aller Unterverzeichnisse eines Folders	754
13.2.4	Rekursiv alle Unterverzeichnisse auflisten	755
13.2.5	Ein Verzeichnis erzeugen	756

		13.2.6 Das Datenbankverzeichnis bestimmen	757
		13.2.7 Abfragen des Temp-/System/...-Verzeichnisses	757
		13.2.8 Prüfen, ob eine Datei existiert	758
		13.2.9 Verzeichnisse/Dateien kopieren/löschen	759
		13.2.10 Auflisten aller Dateien eines Verzeichnisses	759
		13.2.11 Name, Pfad und Extension einer Datei ermitteln	760
		13.2.12 Einen Tempfile-Namen erzeugen	762
13.3	Textdateien		762
		13.3.1 Klassischer Zugriff auf Textdateien	763
		13.3.2 Zugriff auf Textdateien mit den File System Objects	765
13.4	Typisierte Dateien		768
		13.4.1 Öffnen	768
		13.4.2 Lesen/Schreiben	768
13.5	Weitere Dateien		770
		13.5.1 Binärdateien	770
		13.5.2 INI-Dateien	771
13.6	Die Registrierdatenbank		773
		13.6.1 Einführung	773
		13.6.2 API/VBA-Zugriff auf die Registrierungsdatenbank	774
		13.6.3 API-Konstanten/Funktionen für den Registry-Zugriff	775
		13.6.4 Prüfen, ob ein Schlüssel existiert	777
		13.6.5 Einen vorhandenen Wert auslesen	777
		13.6.6 Einen Schlüssel erstellen	778
		13.6.7 Einen Wert setzen bzw. ändern	779
		13.6.8 Einen Schlüssel löschen	779
		13.6.9 Ein Feld löschen	779
		13.6.10 Aufruf der Funktionen	780
13.7	Dateidialoge		782
		13.7.1 Variante 1 (Office 16 Library)	783
		13.7.2 Variante 2 (Windows-API)	785
		13.7.3 Verzeichnisdialog (Windows-API)	790
13.8	Übersichten		792
		13.8.1 Dateifunktionen in Access	792
		13.8.2 FSO-Eigenschaften und -Methoden	793
13.9	Praxisbeispiele		794
		13.9.1 Auf eine Textdatei zugreifen	794
		13.9.2 Dateien suchen	799
		13.9.3 Die Shellfunktionen verwenden	801
		13.9.4 Einen Verzeichnisbaum in eine TreeView einlesen	806

14 XML in Theorie und Praxis ... 807

- 14.1 XML – etwas Theorie ... 807
  - 14.1.1 Allgemeines ... 807
  - 14.1.2 Der XML-Grundaufbau ... 810
  - 14.1.3 Wohlgeformte Dokumente ... 811
  - 14.1.4 Processing Instructions (PI) ... 813
  - 14.1.5 Elemente und Attribute ... 814
  - 14.1.6 Verwendbare Zeichensätze ... 815
- 14.2 XSD-Schemas ... 817
  - 14.2.1 Das Grundprinzip ... 817
  - 14.2.2 Ein XSD-Schema mit Microsoft Access erzeugen ... 819
- 14.3 XML-Verarbeitung mit dem DOM ... 823
  - 14.3.1 Was ist das DOM? ... 823
  - 14.3.2 Erste Schritte ... 824
  - 14.3.3 Erzeugen von Instanzen ... 825
  - 14.3.4 Laden von Dokumenten ... 826
  - 14.3.5 XML-Fehlerprüfung/-Analyse ... 827
  - 14.3.6 Erzeugen von XML-Dokumenten ... 829
  - 14.3.7 Auslesen von XML-Dateien ... 831
  - 14.3.8 Einfügen von Informationen ... 834
  - 14.3.9 Attribute oder Element ... 837
  - 14.3.10 Suchen in den Baumzweigen ... 840
  - 14.3.11 Das Interpretieren von Leerzeichen ... 843
- 14.4 XML-Integration in Access ... 846
  - 14.4.1 Importieren ... 846
  - 14.4.2 Exportieren ... 849
  - 14.4.3 XML-Transformation mit XSLT ... 853
  - 14.4.4 Application-Objekt (ImportXML/ExportXML) ... 856
  - 14.4.5 ADO-Recordset ... 859
- 14.5 Vor- und Nachteile von XML ... 861
  - 14.5.1 Grundsätzlicher Vergleich ... 862
  - 14.5.2 Zeitvergleich ADO/XML ... 862
- 14.6 Praxisbeispiele ... 864
  - 14.6.1 Speichern im UTF-8-/UTF-16-Format ... 864
  - 14.6.2 UTF-8-/UTF-16 aus einem ADO-Stream laden ... 866
  - 14.6.3 XML-Daten asynchron verarbeiten ... 868
  - 14.6.4 XML-Daten in einer TreeView darstellen ... 870
  - 14.6.5 Navigieren zwischen einzelnen XML-Baumknoten ... 873
  - 14.6.6 ADO-XML-Streams nachbearbeiten ... 876
  - 14.6.7 Textdaten in XML-Dokumente umwandeln ... 879

15	**SQL im Einsatz**	**881**
15.1	Einführung	881
	15.1.1 SQL-Dialekte	882
	15.1.2 Kategorien von SQL-Anweisungen	882
15.2	Etwas (Datenbank-)Theorie	884
	15.2.1 Allgemeines/Begriffe	884
	15.2.2 Normalisieren von Tabellen	889
	15.2.3 Beziehungen zwischen den Tabellen	894
	15.2.4 Verknüpfen von Tabellen	896
15.3	Testprogramm und Beispieldatenbank	900
	15.3.1 Hinweise zur Bedienung	900
	15.3.2 Die Beispieldatenbank im Überblick	900
	15.3.3 ADO Query	901
	15.3.4 Bemerkungen	902
15.4	Daten abfragen	903
	15.4.1 Abfragen mit SELECT	904
	15.4.2 Alle Spalten auswählen	904
	15.4.3 Auswahl der Spalten	905
	15.4.4 Filtern	906
	15.4.5 Beschränken der Ergebnismenge	912
	15.4.6 Eindeutige Records/doppelte Datensätze	913
	15.4.7 Tabellen verknüpfen	914
	15.4.8 Tabellen vereinigen	917
	15.4.9 Datensätze sortieren	918
	15.4.10 Datensätze gruppieren	918
	15.4.11 Unterabfragen	920
	15.4.12 Anlage-Felder mit SQL verwalten	924
	15.4.13 History-Felder mit SQL abfragen	926
	15.4.14 Mehrwertige Felder mit SQL abfragen	928
15.5	Daten manipulieren	929
	15.5.1 Einfügen einzelner Datensätze	930
	15.5.2 Einfügen von Abfragedaten	931
	15.5.3 Exportieren/Importieren von Abfragedaten	933
	15.5.4 Aktualisieren/Ändern	935
	15.5.5 Löschen	936
15.6	Erweiterte SQL-Funktionen	937
	15.6.1 Berechnete/Formatierte Spalten	938
	15.6.2 Berechnungsfunktionen	944
	15.6.3 NULL-Werte	945
	15.6.4 Datum und Zeit in SQL-Abfragen	947

	15.6.5 Datentypumwandlungen	952
	15.6.6 Kreuztabellenabfragen	953
	15.6.7 Steuerelemente in Abfragen verwenden	956
	15.6.8 Globale Variablen in Abfragen verwenden	957
15.7	Datenbankverwaltung mit SQL (DDL)	957
	15.7.1 Datenbanken	958
	15.7.2 Tabellen	958
	15.7.3 Indizes	959
	15.7.4 Tabellen/Indizes löschen oder verändern	962
	15.7.5 Sichten (Views)	962
	15.7.6 Nutzer- und Rechteverwaltung	964
	15.7.7 Transaktionen	964
15.8	SQL in der Access-Praxis	965
	15.8.1 SQL in Abfragen	965
	15.8.2 SQL im Basic-Code	966
	15.8.3 SQL beim Oberflächenentwurf	968
	15.8.4 VBA-Funktionen in SQL-Anweisungen	968
15.9	Tipps & Tricks	970
	15.9.1 Wie kann ich die Anzahl der Datensätze ermitteln?	970
	15.9.2 Wie nutze ich Datumsteile in SQL zur Suche?	971
	15.9.3 Die Groß-/Kleinschreibung berücksichtigen	971
	15.9.4 Warum erhalte ich zu viele Datensätze ?	972
	15.9.5 Doppelte Datensätze aus einer Tabelle löschen	973
15.10	Praxisbeispiele	974
	15.10.1 Ein komfortables SQL-Abfrageprogramm erstellen	974
	15.10.2 Datum und Zeit in SQL einbauen	976
16	**Anwendungsdesign**	**979**
16.1	Access-Oberflächengestaltung	979
	16.1.1 Beschriften der Kopfzeile	980
	16.1.2 Informationen in der Statuszeile anzeigen	982
	16.1.3 Fortschrittsanzeige mit dem Progressbar realisieren	983
	16.1.4 Navigationsbereich konfigurieren	984
	16.1.5 Access-Hauptfenster komplett ausblenden	990
16.2	Steuern der Anwendung	993
	16.2.1 Autostart mit AutoExec-Makro	993
	16.2.2 Formulare automatisch starten	995
	16.2.3 Warten auf das Ende	995
	16.2.4 Access per VBA beenden	996
	16.2.5 Den Runtime-Modus aktivieren	996

	16.2.6	Befehlszeilen-Optionen verwenden	997
16.3		Entwickeln von Assistenten und Add-Ins	999
	16.3.1	Assistenten-Typen	999
	16.3.2	Einbinden der Assistenten in die Access-IDE	999
	16.3.3	Menü-Assistent (Beispiel)	1001
	16.3.4	Objekt-Assistent (Beispiel)	1003
	16.3.5	Steuerelemente-Assistent (Beispiel)	1007
	16.3.6	Eigenschaften-Assistent	1010
16.4		Entwickeln/Einbinden von Managed Add-Ins	1011
	16.4.1	Interaktion Anwendung/Add-In	1011
	16.4.2	Entwurf des Add-Ins	1012
	16.4.3	Oberfläche	1014
	16.4.4	Der Quellcode des Add-Ins	1015
	16.4.5	Formularentwurf für das Add-In	1017
	16.4.6	Kompilieren und Einbinden	1017
	16.4.7	Testen	1018
16.5		Libraries unter Access	1019
	16.5.1	Erstellen und Einbinden	1019
	16.5.2	Debugging	1020
	16.5.3	Einfaches Beispiel	1021
	16.5.4	Hinweise	1023
16.6		Praxisbeispiele	1024
	16.6.1	Mehr über die aktuelle Access-Version erfahren	1024
	16.6.2	Access neu starten/Datenbank neu laden	1025
	16.6.3	Mit Reference-Objekten arbeiten	1026
	16.6.4	Benutzerdefinierte Eigenschaften einsetzen	1030
	16.6.5	Den aktuellen Datenbanknutzer ermitteln	1034
	16.6.6	Überlappende Fenster einstellen	1034
	16.6.7	Access-Optionen abrufen/setzen	1035
17		**Menüband und Backstage**	**1037**
17.1		Allgemeine Grundlagen	1037
	17.1.1	Manuelle Konfigurationsmöglichkeiten	1038
	17.1.2	Grundprinzip der Programmierung	1039
	17.1.3	Verwenden der Tabelle USysRibbons	1041
	17.1.4	Application.LoadCustomUI als Alternative	1042
17.2		Ein kleines Testprogramm	1042
17.3		Praktische Aufgabenstellungen	1044
	17.3.1	Infos über Steuerelemente und Symbole erhalten	1044
	17.3.2	Hauptregisterkarten ausblenden	1046

17.3.3 Einzelne Registerkarten ausblenden 1047
17.3.4 Einzelne Gruppen ausblenden 1048
17.3.5 Registerkarten, Gruppen und Schaltflächen einfügen 1049
17.3.6 Ereignisbehandlung mit VBA-Code/Makros 1051
17.3.7 Verändern von Eigenschaften mit VBA-Callbacks 1052
17.3.8 Aktualisieren des Menübands per VBA-Code 1052
17.3.9 Kontextabhängige Registerkarten 1053
17.3.10 Registerkarten per VBA aktivieren 1054
17.3.11 Fehlermeldungen des Menübands anzeigen 1055
17.3.12 Vorhandene Funktionen des Menübands ändern 1055
17.3.13 Die Schnellzugriffsleiste erweitern/programmieren 1056
17.4 Übersicht der Steuerelemente 1057
17.4.1 labelControl-Steuerelement 1057
17.4.2 button-Steuerelement 1057
17.4.3 separator-Steuerelement 1061
17.4.4 toggleButton-Steuerelement 1062
17.4.5 buttonGroup-Steuerelement 1063
17.4.6 checkBox-Steuerelement 1064
17.4.7 editBox-Steuerelement 1065
17.4.8 comboBox-Steuerelement 1066
17.4.9 dropDownElement-Steuerelement 1070
17.4.10 gallery-Steuerelement 1073
17.4.11 menu-Steuerelement 1075
17.4.12 splitButton-Steuerelement 1078
17.4.13 dialogBoxLauncher 1079
17.5 Die Backstage-Ansicht anpassen 1081
17.5.1 Die Standardansicht verändern 1082
17.5.2 Die drei möglichen Layouts für Registerkarten 1084
17.5.3 Die neuen Möglichkeiten von Gruppen 1091
17.5.4 Verwenden von LayoutContainern 1093
17.5.5 Das Verhalten der Schaltflächen beeinflussen 1094
17.5.6 Mit VBA/Makros auf Ereignisse reagieren 1095
17.6 Tipps & Tricks 1096
17.6.1 Die guten alten Access 2003-Menüs anzeigen 1096
17.6.2 Das Office-Menü für Access 2007 anpassen 1098
17.6.3 XML-Daten komfortabel editieren 1099
17.6.4 Arbeiten mit dem RibbonCreator 1100
17.7 Übersichten 1101

18 Programmschnittstellen ... 1103

- 18.1 Zwischenablage ... 1103
  - 18.1.1 Kopieren/Einfügen mittels DoCmd-Objekt ... 1103
  - 18.1.2 Ein Clipboard-Objekt programmieren ... 1104
- 18.2 API- und DLL-Einbindung ... 1107
  - 18.2.1 Allgemeines ... 1107
  - 18.2.2 Und was ist mit der 64-Bit Access Version? ... 1108
  - 18.2.3 Woher bekomme ich Infos über die Win32-API? ... 1110
  - 18.2.4 Einbinden der Deklaration ... 1111
  - 18.2.5 Wert oder Zeiger? ... 1113
  - 18.2.6 Übergabe von Strings ... 1114
  - 18.2.7 Verwenden von As Any ... 1115
  - 18.2.8 Übergabe von Arrays ... 1115
  - 18.2.9 Besonderheiten mit Records ... 1116
  - 18.2.10 Zuordnen der Datentypen ... 1118
- 18.3 OLE/ActiveX ... 1119
  - 18.3.1 Überblick ... 1119
  - 18.3.2 OLE ... 1120
  - 18.3.3 Übersicht zum Objektfeld-Steuerelement ... 1121
  - 18.3.4 Programmieren mit dem Objektfeld ... 1124
  - 18.3.5 ActiveX-Code-Komponenten (OLE-Automation) ... 1127
  - 18.3.6 Programmieren mit ActiveX-Code-Komponenten ... 1128
- 18.4 DDE ... 1130
  - 18.4.1 Funktionsprinzip ... 1130
  - 18.4.2 Verwenden von Steuerelementen ... 1131
  - 18.4.3 VBA-Programmierung ... 1132
- 18.5 Scanner-Unterstützung per WIA ... 1134
  - 18.5.1 Was kann WIA? ... 1134
  - 18.5.2 Installation/Vorbereitung ... 1134
  - 18.5.3 Einstieg mit kleiner Beispielanwendung ... 1135
  - 18.5.4 Reagieren auf das Verbinden/Trennen von Geräten ... 1136
  - 18.5.5 Ermitteln der verfügbaren Geräte ... 1137
  - 18.5.6 Anzeige der Geräteeigenschaften ... 1137
  - 18.5.7 Ein Bild einlesen ... 1139
  - 18.5.8 Bild(er) drucken (Assistent) ... 1140
  - 18.5.9 Den Scanner-Assistent aufrufen ... 1141
  - 18.5.10 Grafikbearbeitung ... 1142
- 18.6 Zugriff auf Excel-Arbeitsmappen ... 1144
  - 18.6.1 Zugriffsmöglichkeiten ... 1144
  - 18.6.2 TransferSpreadsheet ... 1145

	18.6.3	Import/Export per DAO	1149
	18.6.4	Daten auslesen	1153
	18.6.5	Zugriff auf Tabellenbereiche	1155
	18.6.6	OLE-Automation	1156
18.7	Praxisbeispiele	1159
	18.7.1	Eine externe Anwendung starten	1159
	18.7.2	Informationen über das aktuelle System ermitteln	1161
	18.7.3	Das aktuelle Betriebssystem ermitteln	1164
	18.7.4	Den Windows-Lizenznehmer ermitteln	1167
	18.7.5	Zeitmessungen in Access durchführen	1169
	18.7.6	Microsoft Word über ActiveX steuern	1173
	18.7.7	Microsoft Excel über ActiveX steuern	1177

Index **1179**

Vorwort

Microsoft Access ist weit mehr als nur eine komfortable Datenbankverwaltung, denn dem fortgeschrittenen Anwender steht darüber hinaus eine vollständige und vor allem preiswerte Entwicklungsumgebung für individuell geprägte Datenbankanwendungen zur Verfügung. Zusammen mit der objekt- und ereignisorientierten Programmiertechnik bilden VBA, SQL, DAO/ADO, Makros und XML ein mächtiges Werkzeug, um leistungsfähige Datenbank-Applikationen mit besserer Performance und auf beachtlich höherem Niveau zu erstellen.

Zum Buchinhalt

HINWEIS: Dieses Buch bietet Ihnen nicht nur eine fundierte Einführung in die Programmierung von Datenbanken mit Access 2016, sondern ist gleichermaßen auch für die Versionen 2010 und 2013 geeignet.

Die Autoren haben bei der Zusammenstellung des Inhalts weniger aus den zu Access 2016 mitgelieferten Dokumentationen, sondern vor allem aus eigenen Quellen und langjährigen praktischen Erfahrungen geschöpft:

- Lehrgänge für Datenbankprogrammierer
- Vorlesungen über Datenbankprogrammierung an Fachhochschulen
- und (last, but not least) das zahlreiche Feedback unserer Leser zu unseren Vorgängertiteln

Mit VBA (*Visual Basic for Applications*) stoßen Sie das Tor zur Windows-Programmierung weit auf und greifen direkt auf die mächtige Access-Bibliothek, die DAO-/ADO-Datenzugriffsobjekte oder auf das Windows-API (*Application Programming Interface*) zu. Verständlicherweise ist es im Rahmen dieses Buches unmöglich, auf alle Funktionen sowie auf alle Objekte und Sprachelemente der einzelnen Bibliotheken einzugehen. Dies ist Sache der Befehlsreferenz, auf die Sie am bequemsten über die integrierte Online-Hilfedatei zugreifen können. Ziel des Buches soll es sein, einen Gesamtüberblick zu geben und praktische Konzepte zu vermitteln.

In den insgesamt 18 Kapiteln finden Sie:

- Ausführliches Know-how über die objekt- und ereignisorientierte Gestaltung der Benutzerschnittstelle von Microsoft Access
- Eine gestraffte Einführung in die Programmierung von Makros
- Eine umfassende Einführung in VBA, SQL und XML mit einer übersichtlichen und auf das Wesentliche reduzierten Sprachbeschreibung
- Eine gestraffte Einführung in den Datenbankzugriff (Jet, Microsoft SQL Server, Azure SQL) unter Verwendung von DAO/ADO
- Viele Kapitel verfügen über einen Übersichtsteil, in dem wichtige Informationen (z.B. relevante Eigenschaften, Methoden und Ereignisse von zentralen Objekten) griffbereit zur Verfügung stehen
- Zahlreiche Praxisbeispiele am Ende der Kapitel dienen der Vertiefung der vermittelten theoretischen Grundlagen.

Begleitdateien

Den Quellcode dieses Buchs können Sie sich unter folgender Adresse herunterladen:

LINK: www.doko-buch.de

Für Einsteiger einige Hinweise, die wir aufgrund von Erfahrungen mit unseren Vorgängertiteln diesmal nicht vergessen wollen:

- Sie sollten natürlich vorher Microsoft Access 2016/2013/2010 auf Ihrem PC installiert haben.
- Sollte doch einmal eine Datenbank/Datei beim Testen der Beispiele nicht gefunden werden, müssen Sie im betreffenden Modul die Pfadangaben anpassen.
- Falls einmal ein Beispiel nicht funktionieren sollte, lesen Sie die beigefügte Readme-Datei.
- Zumindest für das Kapitel 10 ist die Installation des Microsoft SQL Server ab Version 2008 bzw. der entsprechenden Express Version erforderlich. Beachten Sie die erforderlichen Sicherheitseinstellungen für den Zugriff.

Sicherheitseinstellungen

Im Zeitalter wachsender Internetkriminalität müssen Sie sich daran gewöhnen, dass zum Schutz Ihres Computers reichlich Sicherheitshürden aufgebaut wurden: Access-Sicherheit (VBA), Systemsicherheit (Windows 7/8/10), SQL Server-Sicherheit, .NET-Sicherheit.

Das führt für Sie als VBA-Programmierer zunächst zu folgender Konsequenz:

HINWEIS: Aufgrund der restriktiven Sicherheitsanforderungen von Access 2016 wird es Ihnen in der Regel nicht gelingen, ohne entsprechende Anpassungen der Entwicklungsumgebung, ihren eigenen Code bzw. die zu diesem Buch mitgelieferten Beispiele zum Laufen zu bringen!

Auch unter Access 2016 wird VBA-Code standardmäßig als "unsicherer Code" eingestuft. Falls das Formular den Code nicht ausführt und stattdessen unterhalb des Menübands eine Sicherheitswarnung zeigt, klicken Sie auf die *Inhalt aktivieren*-Schaltfläche.

Um diese lästigen Sicherheitswarnungen generell zu verhindern, sollten Sie (zumindest für die Dauer der Programmentwicklung) im *Sicherheitscenter* Ihr Datenbankverzeichnis als *Vertrauenswürdigen Speicherort* hinzufügen.

HINWEIS: Eine detaillierte Anleitung, wie Sie mit diesem "heißen Eisen" am besten umgehen, finden Sie im Abschnitt "Sicherheitseinstellungen" des Kapitels 1 (Seite 43).

Ein gutgemeinter Ratschlag an Einsteiger

Programmieren lernt man nur durch Beispiele! Dies ist eine knallharte Wahrheit, um die sich eine zu stark akademisch geprägte Leserschaft gern herummogeln möchte. Wie alle unsere anderen Programmier-Bücher ist deshalb auch dieses Buch kein Lehrbuch, das Sie nach dem Motto "Jetzt lernen wir Microsoft Access" linear von vorn nach hinten durcharbeiten sollen. Sehr schnell wird Ihnen dabei unterwegs die Luft ausgehen und Sie verlieren die Lust. Falls Sie es dennoch bis zum Ende schaffen, sind Sie dennoch nicht in der Lage, eine praxistaugliche Datenbankapplikation zu erstellen.

Wir empfehlen hingegen dem Einsteiger, sich zunächst nur auf einige ausgewählte Kapitel zu konzentrieren und parallel zum Studium des Buchs und tatkräftiger Einbeziehung der Online-Hilfe ein privates Datenbankprojekt in Angriff zu nehmen, wie zum Beispiel die Verwaltung der eigenen Bücher- oder CD-Sammlung. Der Lerneffekt, der aus selbst begangenen und selbst behobenen Fehlern resultiert, ist ein ungeheurer!

Motiviert durch kleine Erfolgserlebnisse und Aha-Effekte werden Sie Ihr Projekt und damit Ihr Wissen schrittweise vergrößern und verfeinern und sich nach dem Prinzip "soviel wie nötig" nur auf die Kapitel konzentrieren, die Sie zur Lösung Ihrer aktuellen Probleme wirklich benötigen.

Nobody is perfect

Sie werden – trotz der 1200 Seiten – in diesem Buch nicht alles finden, was Access zu bieten hat. Manches ist sicher in einem anderen Spezialtitel noch besser oder ausführlicher beschrieben. Aber Sie halten mit unserem Buch einen optimalen und überschaubaren Breitband-Mix in den Händen, der sowohl vertikal vom Einsteiger bis zum Profi als auch horizontal von den einfachen Sprachelementen bis hin zu komplexen Anwendungen jedem etwas bietet, ohne dabei den Blick auf das Wesentliche zu verlieren.

Wir hoffen, dass wir Ihnen mit diesem Buch einen nützlichen Begleiter bei der Access-Programmierung zur Seite gestellt haben, der es verdient, seinen Platz nicht im Regal, sondern griffbereit neben dem Computer einzunehmen.

Walter Doberenz und Thomas Gewinnus   *Wintersdorf/Frankfurt/O., im April 2016*

Teil **I**

Teil I: Grundlagen

- **Einführung**
- **Programmierung mit VBA**
- **Makros – eine Einführung**
- **Formulare und Steuerelemente**
- **Berichte**
- **Programmieren mit Objekten**

Kapitel 1

Einführung

Dieses Kapitel soll Ihnen einen ersten Überblick über die VBA-Programmierung unter Microsoft Access (ab Version 2010) vermitteln. Da das Buch nicht für den absoluten Einsteiger geschrieben wurde, gehen die Autoren davon aus, dass Sie bereits über gewisse Erfahrungen in der konventionellen Access-Datenbankprogrammierung verfügen, die Entwicklungsumgebung bedienen können und zumindest auch wissen, wie ein Makro funktioniert.

1.1 VBA-Programmierung in Access

VBA (Visual Basic for Applications) ist weit mehr als nur eine Alternative zur gängigen Makro-Programmierung unter Microsoft Access. Es handelt sich hier um eine komfortable und leistungsfähige Programmiersprache für alle Microsoft Office-Produkte.

1.1.1 Visual Basic versus VBA

Im Unterschied zu *Visual Basic* ist allerdings *VBA* keine eigenständige Sprache, mit der allein man lauffähige Programme entwickeln könnte, sondern es lassen sich mit VBA bestimmte Anwendungen, wie z.B. Microsoft Access, in ihrer Funktionalität erweitern bzw. nutzerspezifischen Anforderungen anpassen. Oder fachmännischer ausgedrückt: Von VBA aus lassen sich die Objektmodelle von Access, Word, Excel etc. steuern. Wenn wir im Folgenden mal von "Visual Basic" und mal von "VBA" sprechen, so sollten Sie diese "Laxheit" nicht auf die Goldwaage legen, denn gemeint ist ein und dasselbe. Fakt ist, dass VBA als Untermenge vollständig in Visual Basic enthalten ist[1], bei weitem aber nicht alle Features von Visual Basic unterstützt. Man könnte mit anderen Worten VBA auch als "kleinsten gemeinsamen Nenner" von Visual Basic[2] und Access bezeichnen (siehe folgende).

---

[1] Zumindest seit Office 2000 wird dieser Anspruch erhoben.

[2] Das galt zumindest bis zur Version VB 6.0.

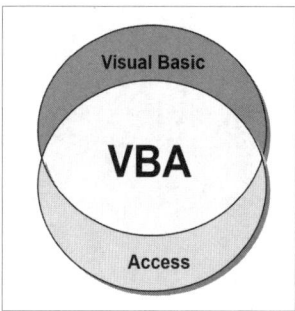

> **HINWEIS:** Es gibt zahlreiche Anwendungen, in die VBA integriert ist, und dabei handelt es sich bei weitem nicht nur um Microsoft Office-Produkte.

1.1.2 Objekt- und ereignisorientierte Programmierung

Im Unterschied zur klassischen prozeduralen Anwendungsentwicklung hat sich der VBA-Programmierer verstärkt mit folgenden Begriffen auseinander zu setzen:

Objekte (Objects)

Die verschiedenen Office-Anwendungen bieten ihre Funktionalität in Form von Objekten an, auf die mit VBA-Code zugegriffen werden kann. Obwohl wir mittlerweile im .NET-Zeitalter angekommen sind, liefert das COM (*Component Object Model*) immer noch die Grundlage für die Zusammenarbeit der verschiedenen Office-Objekte (auch über Anwendungsgrenzen hinaus).

Aus Anwendersicht kennen Sie bereits Datenbankobjekte wie Tabelle, Abfrage, Formular, Bericht, Makro, Modul. Für den VBA-Programmierer sind neben den datenbankspezifischen Objekten *Tabelle* und *Abfrage* vor allem *Forms*, *Reports* und *Controls* von besonderem Interesse, da sie die wesentlichen Anwenderschnittstellen zur Verfügung stellen. Hinzu kommen die *Module*, die keine Objekte im engeren Sinne sind, sondern lediglich Quelltextbibliotheken darstellen.

Eigenschaften (Properties)

Hinter diesem Begriff verbergen sich die Attribute von Objekten, wie z.B. Höhe (*Height*) und Breite (*Width*) eines Textfeldes. Jedes Objekt verfügt über seine eigene Menge von Eigenschaften, die teilweise nur zur Entwurfszeit (im Eigenschaftenfenster) oder zur Laufzeit (per Quellcode) zugewiesen werden können. Allgemein unterscheiden wir zwischen Format-, Daten- und anderen Properties (siehe dazu Kapitel 4).

Methoden (Methods)

Diese auf dem Objekt definierten Funktionen und Prozeduren hauchen "Leben" in die bislang nur mit statischen Attributen behafteten Objekte. So erzeugt z.B. die *Line*-Methode eine Linie vor dem Hintergrund eines Reports, mit *Print* kann Text im *Debug*-Objekt (Testfenster) ausgegeben werden usw.

Ereignisse (Events)

Diese werden von Nachrichten ausgelöst, die vom Objekt empfangen werden. Dieser Nachrichtenverkehr stellt die eigentliche Schnittstelle zu Windows dar. Der Mausklick auf ein Formular löst z.B. ein *MouseDown*-Ereignis für dieses Objekt aus. Wir unterscheiden zwischen Fenster- und Fokus-, Tastatur- und Maus- sowie Daten- und Filter-Events (siehe Kapitel 4 und 5). Eine Hauptaufgabe des Programmierers ist das Schreiben von so genannten Ereignisbehandlungsroutinen (Event-Handler), in denen er festlegt, wie das Objekt bei Eintreffen eines bestimmten Ereignisses zu reagieren hat.

Einen ersten Eindruck der objekt- und ereignisorientierten VBA-Programmierung gewinnen Sie am besten anhand der Beispiele im Praxisteil dieses Kapitels. Weitere grundlegende Ausführungen zur objektorientierten Programmierung (OOP) folgen in Kapitel 6.

1.1.3 VBA- oder Makro-Programmierung?

Die klassischen Programmiermöglichkeiten unter Microsoft Access (Makro- und Ausdruckseditor, QbE-Fenster etc.) sind bereits so komfortabel, dass Sie mit Recht die Frage stellen werden: "Wozu brauche ich denn dann überhaupt noch VBA?"

Hier eine Aufzählung wichtiger Argumente, die für den Einsatz von VBA sprechen:

- Erhöhung der Performance (Ausführungsgeschwindigkeit)
- Definition eigener Funktionen (Makros können keine Werte zurückliefern!)
- Spezielle Fehlerbehandlungsroutinen sind möglich
- Verwendung von Ereignissen mit Übergabeparametern
- Definition neuer Objekte (Tabellen, Abfragen, Formulare, Berichte) per Code
- Zugriff auf andere Windows-Programme per OLE oder DDE
- Nutzung spezieller Funktionen des Windows-API
- Auslagerung von Teilen des Anwendungscodes in eine Bibliothek
- Arbeiten mit den Datenbank-Objekten
- Zugriff auf integrierte Funktionen des Datenbanksystems (z.B. Routinen zur Datendefinition oder SQL-Server-Prozeduren)

Auch der genialste Makro-Programmierer wird wohl früher oder später feststellen, dass er an Grenzen stößt, die sich nur mit dem mächtigen Instrumentarium von VBA durchbrechen lassen.

Der Umstieg zu VBA wird für den erfahrenen Makro-Programmierer vor allem durch zwei in Microsoft Access eingebaute Features erleichtert:

- Automatische Makro-Konvertierung
- *DoCmd*-Objekt

Konkrete Anleitungen dazu finden Sie im entsprechenden Einführungsbeispiel (ab Seite 50) bzw. im Übersichtsteil dieses Kapitels (ab Seite 68).

HINWEIS: Allerdings soll – bei aller Liebe zu VBA – auch nicht verschwiegen werden, dass die Programmierung von Datenmakros und Web-Datenbanken mit VBA nicht möglich ist.

1.1.4 Die VBA-Entwicklungsumgebung

Da in diesem Buch die VBA-Programmierung eine zentrale Rolle spielt, werden wir uns im Folgenden schwerpunktmäßig auf die Elemente der VBA-Entwicklungsumgebung (IDE[1]) konzentrieren und die übrigen Access-Bedienfunktionen weitgehend als bekannt voraussetzen.

1.1.5 Formularentwurf

Beim visuellen Entwurf der Benutzeroberflächen von Formularen bzw. Berichten haben wir es zunächst mit den standardmäßigen Fenstern der Access-IDE zu tun:

- Navigationsbereich
- Formular-/Berichtsfenster (Entwurfsansicht)
- Eigenschaftenblatt
- Menüband

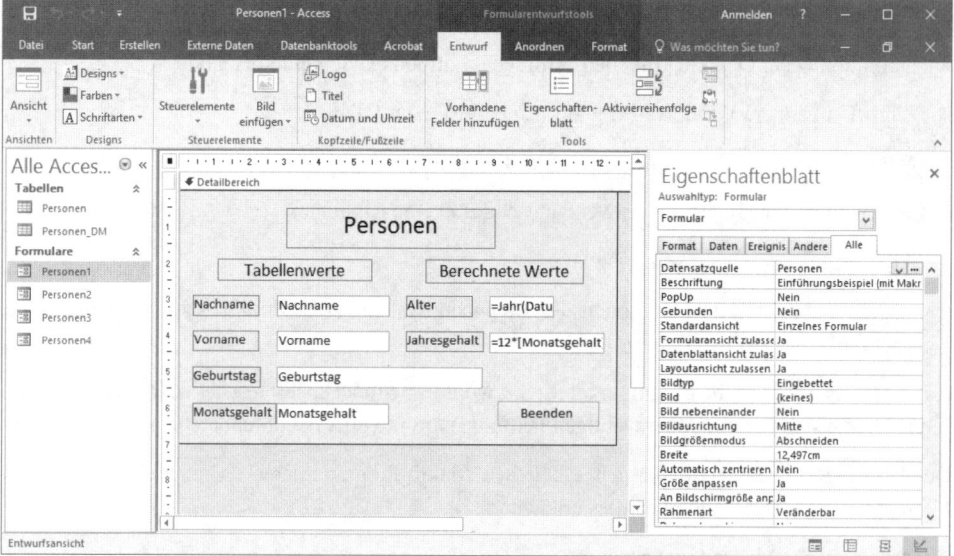

---

[1] *Integrated Development Environment*

1.1 VBA-Programmierung in Access

Da vorausgesetzt wird, dass Sie bereits über Erfahrungen beim visuellen Entwurf von Formularen/Berichten verfügen, kann wohl auf weitere Erklärungen verzichtet werden (siehe Einführungsbeispiel ab Seite 50).

1.1.6 Code-Fenster und Symbolleiste

Das Tor zur VBA-Programmierung öffnet sich Ihnen weit, nachdem Sie die Registerkarte *Datenbanktools* gewählt haben und auf die Schaltfläche *Visual Basic* (Befehlsgruppe *Makro*) klicken. Hier wählen Sie im Projekt-Explorer das gewünschte Formular aus.

Die wichtigsten Fenster

Das VBA-Fenster sieht unter Access genauso aus wie bei den übrigen Office-Anwendungen.

Die wichtigsten Fenster innerhalb der VBA-IDE sind

- Code-Fenster (öffnen über [F7] oder *Ansicht/Code*),
- Eigenschaftenfenster (öffnen über [F4] oder *Ansicht/Eigenschaftenfenster*) und
- Projektfenster (öffnen über [Strg]+[R] oder *Ansicht/Projekt-Explorer*).

Auf einige Besonderheiten dieser Fenster werden wir zu einem späteren Zeitpunkt eingehen.

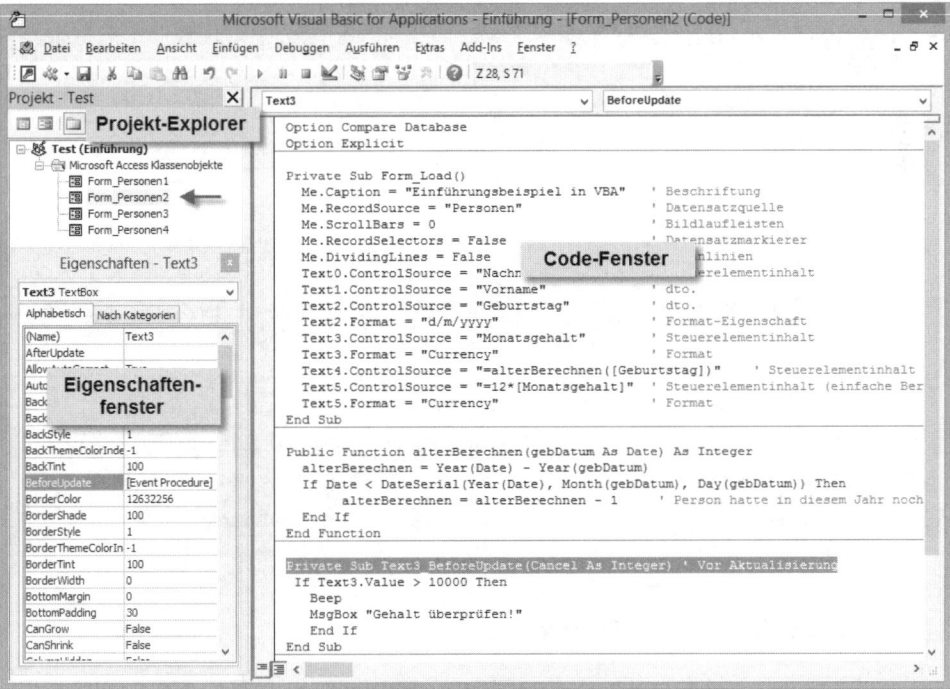

Die wichtigsten Menübefehle

Wenn Sie in der VBA-IDE arbeiten, wechselt das Menüband das Aussehen und stellt Ihnen eine Reihe von Bedienfunktionen zur Verfügung, die Sie speziell für die Arbeit mit dem Code-Editor benötigen. Sie werden feststellen, dass viele Funktionen starke Ähnlichkeiten zur Bedienung einer Textverarbeitung unter Windows aufweisen.

Die am häufigsten benötigten Menüpunkte sind über Schaltflächen. In Abhängigkeit vom momentanen Zustand des Editors können einige Schaltflächen gesperrt sein und/oder das Aussehen bzw. die Funktion wechseln. Außerdem haben Sie die Möglichkeit, über das Menü *Ansicht/Symbolleisten* Änderungen vorzunehmen.

Die folgende Tabelle zeigt eine Zusammenstellung der für den Einstieg in die Codeprogrammierung zunächst wichtigsten Schaltflächen samt zugehöriger Menübefehle.

Symbol	Menübefehl	Tasten	Erläuterung
	Ansicht/Microsoft Access	Alt + F11	Zeigt das Access-Hauptfenster an
	Ansicht/Code	F7	Zeigt das Code-Fenster an
	Ansicht/Projekt-Explorer	Strg + R	Zeigt den Projekt-Explorer an
	Ansicht/Objektkatalog	F2	Zeigt den Objektkatalog an
	Einfügen/Modul		Fügt ein neues (leeres) Modul in die Datenbank ein
	Datei/Speichern		Speichert den Inhalt des Moduls
	Bearbeiten/Ausschneiden	Strg + X	Schneidet markierten Code aus und kopiert ihn in die Zwischenablage
	Bearbeiten/Kopieren	Strg + C	Kopiert markierten Code in die Zwischenablage
	Bearbeiten/Einfügen	Strg + V	Fügt Text aus Zwischenablage in Code ein
	Bearbeiten/Suchen	Strg + F	Sucht markierten Text in diesem oder in anderen Codemodulen
	Bearbeiten/Rückgängig	Strg + Z	Macht die zuletzt durchgeführte Bedienaktion rückgängig (falls möglich)
	Bearbeiten/Wiederholen		Stellt den Ausgangszustand vor Bearbeiten/Rückgängig wieder her
	Ausführen/Fortsetzen	F5	Setzt die Ausführung des Codes nach einer Unterbrechung fort (wenn möglich)
	Ausführen/Unterbrechen		Unterbricht die Ausführung des Codes
	Ausführen/Zurücksetzen		Beendet die Ausführung des Codes und löscht Variablen
	Ausführen/Entwurfsmodus		Kehrt in den Entwurfsmodus zurück

1.1.7 Das Eigenschaftenfenster

Hier handelt es sich nicht mehr um das dem Makro-Programmierer bestens vertraute Eigenschaftenblatt mit den eingedeutschten Bezeichnern, sondern hier haben Sie es mit einem völlig neuen Outfit und den originalen VBA-Bezeichnern zu tun (z.B. *Datensatzquelle* → *RecordSource*). Als weiteren Unterschied werden Sie feststellen, dass die *Ereignis*-Seite nicht mehr da ist (die Auswahl der Ereignisse wird nunmehr im Ereignisselektor rechts oben im Code-Fenster vorgenommen).

Mit dem Objektselektor (oberes Dropdownfeld) können Sie das gewünschte Objekt (Form, Textfeld etc.) auswählen, die Eigenschaften werden wie gewohnt zugewiesen. Eine Gegenüberstellung der eingedeutschten und der exakten VBA-Bezeichner finden Sie im Übersichtsteil des Kapitels (Seite 68).

1.1.8 Der Projekt-Explorer

Dies ist gewissermaßen die "Schaltzentrale" Ihrer Access-Anwendung. In einer baumartigen Struktur finden Sie alle zu Ihrer Anwendung gehörenden Objekte wie Formulare, Reports, Code- und Klassenmodule übersichtlich aufgelistet. Durch Doppelklick werden das entsprechende Codefenster und das Eigenschaftenfenster geöffnet. Über das Kontextmenü der rechten Maustaste können Sie den Eigenschaftendialog aufrufen, den Quellcode ausdrucken lassen, das Objekt wieder entfernen etc.

1.1.9 Das Code-Fenster

In diesem Fenster, dem VBA-Editor, wird sich Ihr zukünftiges Leben als Programmierer im Wesentlichen abspielen. Der Objektselektor (links oben) bzw. der Ereignisselektor (rechts oben) leisten im Zusammenhang mit dem Schreiben von Ereignisbehandlungsroutinen (Event-Handlern) wertvolle Hilfsdienste. Konkreteres dazu erfahren Sie im VBA-Einführungsbeispiel dieses Kapitels (Seite 50).

Im Folgenden sollen nur einige allgemeine Hinweise zum Schreiben von Quellcode gegeben werden, was ähnlich wie in einem Textverarbeitungsprogramm vonstatten geht (siehe z.B. das Menü *Bearbeiten*). Einige Besonderheiten sind jedoch zu beachten:

Groß- und Kleinschreibung

Die Groß-/Kleinschreibung spielt zwar keine Rolle, trotzdem korrigiert der Code-Editor bereits bei der Eingabe die Schreibweise, indem er Schlüsselwörter mit Großbuchstaben beginnen lässt. Bei selbst definierten Bezeichnern sollten Sie die Groß- und Kleinschreibung sinnvoll dafür einsetzen, um die Lesbarkeit des Listings zu verbessern.

BEISPIEL: Die Bedeutung von

```
HaushaltKassenSaldo
```

ist sicherlich eher zu begreifen, als die gleichwertige Schreibweise

```
haushaltkassensaldo
```

Mehrfachanweisungen

Normalerweise steht in jeder Zeile eine einzige Anweisung. Um Platz zu sparen, ist es aber möglich, auch mehrere Anweisungen pro Zeile unterzubringen. Als Separator dient ein Doppelpunkt (:).

BEISPIEL: Die beiden Anweisungen:

```
i = i+1
Call addiere(i)
```

können so in einer Zeile zusammengefasst werden:

```
i = i+1 : Call addiere(i)
```

Zeilenumbruch

Die maximale Zeilenlänge des Editors liegt erheblich über der Lesbarkeitsgrenze, sodass man sich bei langen Anweisungen (z.B. Aufruf von API-Funktionen) eine übersichtlichere Darstellung wünscht. Für diesen Zweck existiert ein Zeilenumbruchzeichen, der Unterstrich (_) in Kombination mit einem vorangestellten Leerzeichen.

BEISPIEL: Die Deklaration:

```
Sub verschiebMich(ctrl As Control, x0 As Integer, y0 As integer, Optional breite)
```

kann wie folgt auf zwei Zeilen aufgeteilt werden:

```
Sub verschiebMich(ctrl As Control, x0 As Integer, y0 As Integer, _
Optional breite)
```

HINWEIS: Achten Sie unbedingt auf das Leerzeichen vor dem Unterstrich!

Innerhalb von Strings (Zeichenketten) ist ein Zeilenumbruch auf die oben beschriebene Weise allerdings nicht möglich. Hier müssen Sie den String vorher in Teilstrings zerlegen, die dann addiert werden.

BEISPIEL: Die Anweisung:

```
Me.RecordSource = "SELECT Name, Ort, Telefon, KontoNr FROM Kunden"
```

lässt sich wie folgt aufteilen:

```
Me.RecordSource = "SELECT Name, Ort, Telefon, KontoNr " & _
                  "FROM Kunden"
```

Listing strukturieren

Im Interesse der Übersichtlichkeit sollte man die Blockstruktur des Codes deutlich durch Einrückungen hervorheben. Dabei genügt im Allgemeinen ein Versatz nach rechts von einem Zeichen pro Ebene.

BEISPIEL: Ein gut strukturiertes Listing

```
Private Sub Form_Load()
Dim i As Integer
  For i = 0 To Controls.Count - 1
    If Controls(i).ControlType = acCommandButton Then
      Call verschiebe(Controls(i), links+i * breite, breite, hoehe)
```

```
    End If
  Next i
End Sub
```

> **HINWEIS:** Wenn Sie das Kontrollkästchen *Automatisch Einzug vergrößern* auf der Registerkarte *Editor* (Menü *Extras/ Optionen*) aktivieren, kann der Einrückvorgang automatisiert werden.

Verwendung von Ausrufezeichen, Punkt und eckigen Klammern

Beim Quelltextstudium in diesem Buch wird Ihnen vielleicht auffallen, dass Objektbezeichner von ihren Eigenschaften, Methoden oder untergeordneten Objekten scheinbar willkürlich manchmal durch ein Ausrufezeichen (!) oder durch einen Punkt (.) abgetrennt werden.

BEISPIEL: Verwendung von Ausrufezeichen/Punkt

```
Forms!Kunden.Enabled = True
```

Hinter dieser Vorgehensweise verbirgt sich die Idee, dass der von Ihnen geschriebene Code auch noch dann von Access-Nachfolgeversionen erkannt wird, wenn mit einer Erweiterung des Sprachumfangs neue Bezeichner eingeführt werden, die zufällig namensgleich mit benutzerdefinierten Namen von Objekten, Eigenschaften oder Methoden sind. Um dem in solchen Fällen vorprogrammierten Crash aus dem Wege zu gehen, ist es eine reine Vorsichtsmaßnahme, wenn Sie sich an folgende Regeln halten:

- Verwenden Sie ein Ausrufezeichen (!) vor Objekten, die Sie selbst benannt haben.
- Benutzen Sie einen Punkt (.) vor Eigenschaften und Methoden, deren Namensgebung von Microsoft Access vorgenommen wurde.
- Verwenden Sie eckige Klammern, um die Namen von Objekten einzuschließen, die Leerzeichen enthalten, z.B. *[Personal Table],* oder verzichten Sie besser vollständig auf Leerzeichen innerhalb von Objektbezeichnern, verwenden Sie z.B. *PersonalTable*.

Kommentare

Sie sollten Kommentare stets reichlich in den Quelltext einbauen. Nicht nur andere Programmierer, die später Ihren Code verstehen bzw. ergänzen sollen, werden Ihnen dafür dankbar sein. Auch Sie selbst werden nach einer mehrmonatigen Unterbrechung weniger Mühe haben, sich wieder in Ihr eigenes Programm einzuarbeiten. Kommentare erleichtern den Wiedereinstieg.

BEISPIEL: Kommentare

```
Dim anzahl As Integer       ' Anzahl von Datensätzen der Tabelle "Personen"
' es folgen weitere Deklarationen: -------------------------------
```

Wie Sie sehen, werden Kommentare durch ein Apostroph (') eingeleitet. Wenn sich der Kommentar, wie oben gezeigt, über mehrere Zeilen erstreckt, so ist trotzdem in jeder Zeile das Apostroph voranzustellen.

Farbige Hervorhebungen

Eine weitere Möglichkeit, die Lesbarkeit Ihres Quelltextes zu verbessern, erschließt sich Ihnen auf den Registerkarten *Editorformat* und *Editor* (Menü *Extras/Optionen*).

Für die verschiedenen Textbereiche (normaler Text, Markierungstext, Syntaxfehlertext, Haltepunkttext, Kommentartext, Schlüsselworttext, Bezeichnertext etc.) können Sie bestimmte Vorder- und Hintergrundfarben wählen.

Für die "Fenstereinstellungen" empfiehlt sich insbesondere die Aktivierung der Optionen *Standardmäßig ganzes Modul anzeigen* und *Prozedurtrennlinie*. In diesem Fall erscheint der komplette Quelltext in einem einzigen Fenster, die einzelnen Prozeduren sind durch waagrechte Linien voneinander getrennt.

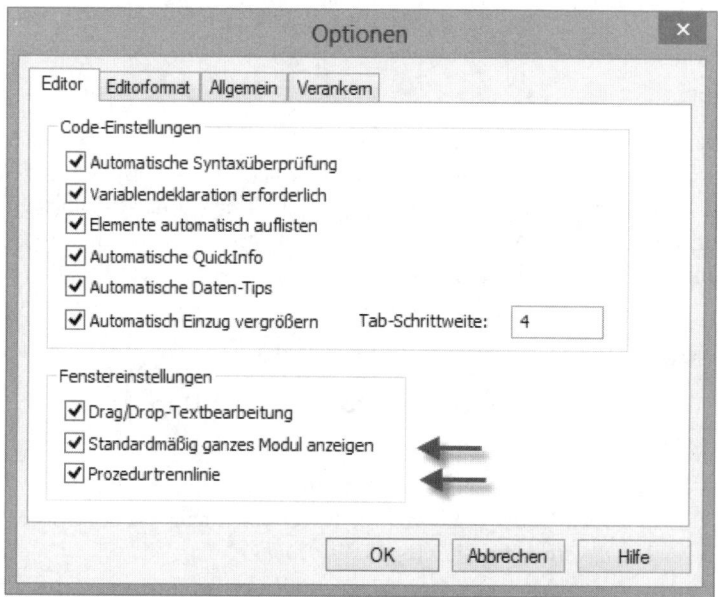

HINWEIS: Den gleichen Effekt können Sie aber auch erreichen, wenn Sie die Fenstereinstellung mittels der beiden Schaltflächen in der linken unteren Ecke des Codefensters umschalten.

1.1.10 Arbeiten mit der Hilfe

Anstatt ziellos im üppigen Angebot herumzustochern, sollte man als VBA-Programmierer die leistungsfähigen Suchfunktionen nutzen. So kann man z.B. den Textkursor in einen unbekannten VBA-Ausdruck setzen und anschließend die [F1]-Taste drücken.

1.2 Sicherheitseinstellungen

Unter Access werden benutzerdefinierte Makros und VBA-Code zunächst als "unsicherer Code" verteufelt, die Ausführung verweigert. Ganz bewusst haben wir deshalb diesen Abschnitt bereits in dieses erste Kapitel gestellt, da die Gefahr groß ist, dass der Einsteiger sich Hals über Kopf in die Makro- und VBA-Programmierung stürzt, ohne sich vorher das notwendigste Wissen über das doch recht restriktive Sicherheitsmodell von Access angeeignet zu haben.

1.2.1 Zur Geschichte der Access-Sicherheit

Als Antwort auf die wachsende Bedrohung durch Viren und Würmer hat Microsoft bereits 2002 unter dem Namen *Trustworthy Computing* eine Initiative gestartet, um alle Produkte sicherer zu machen.

Bill Gates hat die Ernsthaftigkeit dieser Initiative wie folgt unterstrichen:

"In der Vergangenheit haben wir unsere Software hauptsächlich durch das Hinzufügen neuer Features und Funktionen auf die Bedürfnisse unserer User ausgerichtet, indem wir unsere Plattform reichlich erweiterbar machten. Wir haben da großartige Arbeit geleistet, aber all diese wunderbaren Features sind nichts wert wenn die User unserer Software kein Vertrauen mehr entgegenbringen. Wenn wir aber heute vor der Wahl zwischen dem Hinzufügen neuer Features und der Lösung von Sicherheitsproblemen stehen, so müssen wir uns für die Sicherheit entscheiden. Unsere Produkte müssen nicht nur von Haus aus sicher sein, sondern wir müssen auch unverzüglich auf Sicherheitslücken reagieren, sobald sie sichtbar werden."

In Zeiten vor Access 2003 konnte Ihnen ein "guter Freund" ohne weiteres eine Datenbankdatei schicken, die bösartigen Code enthielt. Sobald Sie die Datenbank öffneten konnte dieser Code ausgeführt werden und Ihr System beschädigen. Alternativ konnte der Programmierer gefährlichen Code in eine Abfrage, ein Formular oder einen Report einfügen.

In Version 11 (Access 2003) wurden Sie beim Öffnen einer nicht signierten/zertifizierten Datenbank mit einer Reihe verwirrender Dialoge konfrontiert, wenn Sie die Sicherheitsstufe für Makros auf Medium oder High eingestellt hatten. Nach dem Abarbeiten dieser verschiedenen Dialoge konnte es passieren, dass Sie verzweifelt vor einer Datenbank saßen, die sich nicht mehr öffnen ließ.

Access 2007 hatte das Sicherheitsmodell verbessert, indem zum Access Interface eine Komponente namens "Trust Center" hinzugefügt wurde. Dieses Sicherheits-Interface ist weitaus weniger verwirrend als das "Macro Security"-Feature von Access 2003. Mit der High-Sicherheitsebene in Access 2003 waren Sie nicht in der Lage irgendeine Datenbankdatei zu öffnen, weil potenziell alle Access-Datenbanken irgendwelche Makros, VBA-Code oder Aufrufe an unsichere (unsafe) Funktionen enthalten konnten.

Access 2010 hat das Sicherheitsmodell von Access 2007 durch Hinzufügen von vertrauenswürdigen Dokumenten (*Trusted Documents*) weiter verbessert. Jede Datenbank mit Abfragen wird zunächst als unsicher eingestuft, weil die Abfragen Aufrufe an unsichere Funktionen enthalten können.

Ab Access 2013 wird eine Datenbankdatei geöffnet, ohne dass Sie von nervigen Dialogboxen gequält werden. Sicherheitsmeldungen werden übersichtlich in einer Statusleiste dargestellt. In Abhängigkeit davon, ob sich die Datenbank auf der lokalen Festplatte befindet oder aber für den Netzwerkzugriff freigegeben ist, kann Access auch unbemerkt (also ohne Meldung) alle bösartigen Makros oder VBA Code unterdrücken.

HINWEIS: Alle Beispielanwendungen haben wir so entworfen, dass Sie sie erfolgreich öffnen können, allerdings zeigt jede einen Warndialog an, falls die Datenbank nicht vertrauenswürdig ist. Falls Sie die Datenbank in einem nicht vertrauenswürdigen Verzeichnis gespeichert haben, zeigt Ihnen die Applikation Hinweise an, die Ihnen dabei helfen, die Anwendung vollständig in Gang zu setzen.

1.2.2 Eine nicht vertrauenswürdige Datenbank öffnen

Wenn Sie eine Datenbank oder eine entsprechende Vorlage öffnen, können Sie häufig eine Sicherheitswarnung in der gelben Statusleiste (unterhalb des Menübands) sehen. Diese Meldung besagt, dass Access bestimmte Features deaktiviert hat, weil die Datei nicht digital signiert oder kein vertrauenswürdiges Dokument ist oder aber sich in einem Verzeichnis befindet, welches nicht als vertrauenswürdig gekennzeichnet ist.

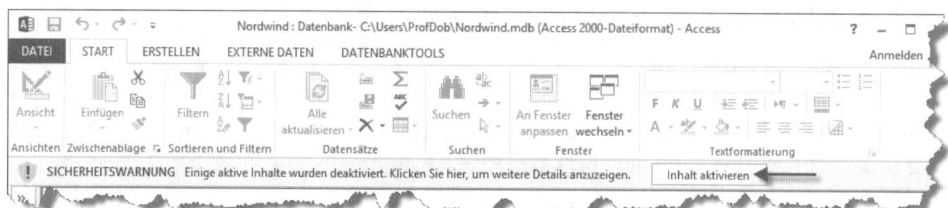

1.2 Sicherheitseinstellungen

Um Makros oder irgendwelchen restriktiven Code in dieser Datenbank zu aktivieren, müssen Sie die Schaltfläche *Inhalt aktivieren* klicken. Access schließt die Datenbank und versucht erneut sie zu öffnen, wobei alle Inhalte aktiviert werden. Danach wird die Datenbank zur Liste der vertrauenswürdigen Dokumente hinzugefügt.

Falls Ihre Datenbank aktuell als nicht vertrauenswürdig eingestuft ist, zeigt Access eine Sicherheitswarnung auf der *Informationen*-Registerkarte der Backstage-Ansicht:

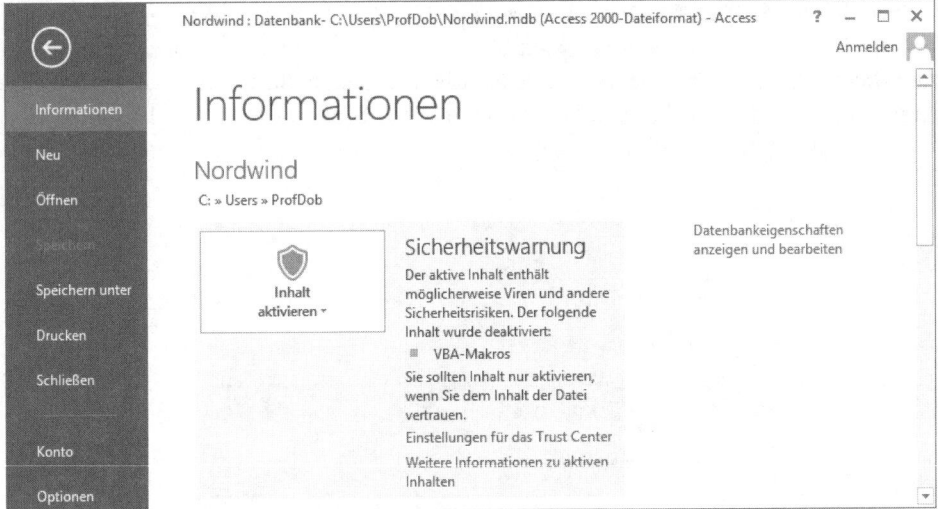

Wenn Sie auf die Schaltfläche *Inhalt aktivieren* klicken, bietet Access zwei Optionen an:

- *Alle Inhalte aktivieren*
  Access fügt diese Datenbank zur Liste der vertrauenswürdigen Datenbankdateien hinzu. Jedes Mal, wenn Sie diese Datenbank vom gleichen Speicherort aus öffnen, bleiben alle Inhalte der Datenbank aktiv. Verschieben Sie allerdings die Datenbank in ein anderes Verzeichnis, so werden beim Öffnen der Datenbank deren entsprechende Inhalte deaktiviert.

- *Erweiterte Optionen*
  Es öffnet sich der Dialog *Microsoft Office-Sicherheitsoptionen*. Dieser Dialog warnt Sie, wenn der Inhalt der Datei nicht überprüfbar ist, da eine digitale Signatur fehlt.

Sie haben zwei Möglichkeiten:

- *Vor unbekanntem Inhalt schützen*
  Wenn Sie bei dieser empfohlenen Standardoption bleiben, müssen Sie sich leider damit abfinden, dass sämtlicher VBA-Code geblockt wird und auch alle Makros mit potenziell gefährlichen Kommandos nicht ausgeführt werden. Damit ist es wahrscheinlich, dass diese Anwendung nicht korrekt funktionieren wird.

- *Inhalt für diese Sitzung aktivieren*
  Diese Option bewirkt, dass Access die Datenbank schließt und erneut mit aktivierten Inhalten öffnet. Jetzt läuft sämtlicher VBA-Code und auch alle Makros funktionieren.

HINWEIS: Wenn Sie den Inhalt nach dem Öffnen einer nicht vertrauenswürdigen Datenbank aktivieren, wird diese nur für die aktuelle Sitzung vertrauenswürdig. Schließen Sie die Datenbank und öffnen Sie sie wieder, so werden Sie erneut mit der Sicherheitswarnung konfrontiert.

1.2.3 Das Sicherheitscenter

In der unteren linken Ecke des Dialogs *Microsoft Office-Sicherheitsoptionen* haben Sie vielleicht schon den Link *Trust Center öffnen* bemerkt. Zum gleichen Ziel kommen Sie aber auch über die *Informationen*-Registerkarte in der Backstage-Ansicht. Hier können Sie über *Optionen* den Dialog *Access-Optionen* öffnen um von dort aus zum Sicherheitscenter zu gelangen. Schneller geht es, wenn Sie innerhalb der Sicherheitswarnung auf den Link *Einstellungen für das Sicherheitscenter* klicken.

Übersicht

Im Dialog *Sicherheitscenter* oder *Trust Center* sehen Sie insgesamt acht Kategorien für diverse Sicherheitseinstellungen.

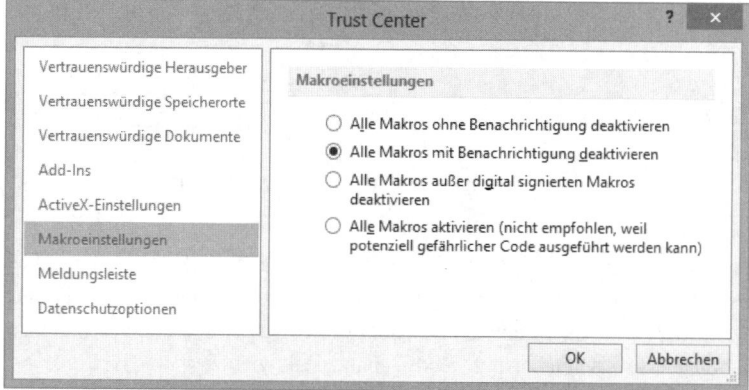

Vertrauenswürdige Herausgeber

Hier können Sie Herausgeber betrachten oder entfernen, die als vertrauenswürdig eingestuft wurden. Wenn Applikationen von einem dieser Herausgeber digital signiert wurden, wird Access keinerlei Inhalte der Datenbank deaktivieren und die Statusleiste wird keine Warnung melden.

HINWEIS: Standardmäßig sind alle von Microsoft digital signierten Applikationen vertrauenswürdig!

Möglicherweise erscheinen auch noch andere vertrauenswürdige Herausgeber in der Liste, falls Sie signierte Applikationen installiert haben und Windows dabei mitteilten, dass Sie dem Herausgeber vertrauen und dessen Zertifikat speichern wollen.

1.2 Sicherheitseinstellungen

Vertrauenswürdige Speicherorte

Hier legen Sie spezielle Verzeichnisse und Unterverzeichnisse als vertrauenswürdige Speicherorte fest. Access betrachtet jede Datenbankdatei innerhalb dieser Verzeichnisse als vertrauenswürdig und alle Inhalte sind aktiviert.

Vertrauenswürdige Dokumente

Standardmäßig erlaubt es Access, Datenbankdateien in einer Netzwerkumgebung als vertrauenswürdig einzustufen. Nach Ausschalten dieses Kontrollkästchens deaktiviert Access alle Inhalte, die Sie vorher als vertrauenswürdig gekennzeichnet haben und entfernt alle Datenbankdateien von der internen Liste vertrauenswürdiger Dokumente.

Add-Ins

Ein Add-In ist ein separates Programm (oder Datei) welches die Fähigkeiten von Access erweitert. Sie können ein solches Add-In unter Verwendung von VBA (oder einer anderen Programmiersprache wie z.B. C#) selbst erstellen.

Drei Einstellungen können wahlweise ein-/ausgeschaltet werden:

- *Anwendungs-Add-Ins müssen von einem vertrauenswürdigen Herausgeber signiert sein*
- *Benachrichtigung für nicht signierte Add-Ins deaktivieren*

  Der Code bleibt deaktiviert.
- *Alle Anwendungs-Add-Ins deaktivieren*

  Dies führt möglicherweise zu Funktionsbeeinträchtigungen.

ActiveX-Einstellungen

Fünf Optionen sind verfügbar, allerdings kann von den ersten vier immer nur eine aktiv sein:

- *Alle Steuerelemente ohne Benachrichtigung deaktivieren*
  Access deaktiviert alle verdächtigen ActiveX-Steuerelemente, zeigt allerdings keine Statusleiste an.

- *Eingabeaufforderung anzeigen bevor UFI[1]-Steuerelemente mit zusätzlichen Einschränkungen und SFI[2]-Steuerelemente mit minimalen Einschränkungen aktiviert werden.* Falls ein VBA-Projekt vorliegt, deaktiviert Access alle ActiveX-Steuerelemente und zeigt die Statusleiste an. Ist VBA-Code vorhanden, so aktiviert Access alle SFI- und deaktiviert alle UFI-Steuerelemente, wobei die Statusleiste angezeigt wird. Aktivieren Sie UFI-Inhalte, werden diese zwar initialisiert, allerdings nur eingeschränkt.

- *Eingabeaufforderung anzeigen, bevor alle Steuerelemente mit minimalen Einschränkungen aktiviert werden.* Dies ist die Standardeinstellung nach einer Neuinstallation von Access. Ist

---

[1] *Unsafe for Initialization*

[2] *Safe for Initialization*

VBA-Code vorhanden, so deaktiviert Access alle ActiveX-Steuerelemente und zeigt die Statusleiste an. Anderenfalls aktiviert Access die SFI- und deaktiviert die UFI-Steuerelemente und zeigt die Statusleiste an. Aktivieren Sie UFI-Inhalte, werden diese zwar initialisiert, allerdings nur eingeschränkt.

- *Alle Steuerelemente ohne Einschränkungen und ohne Eingabeaufforderung aktivieren*
  Diese Einstellung wird nicht empfohlen, weil potenziell gefährliche Steuerelemente eingeführt werden können.

- *Abgesicherter Modus*
  Diese Einstellung (Standard) beschränkt den Zugriff des Steuerelements auf Ihren Computer und gestattet das Abspielen von SFI-Steuerelementen im abgesicherten Modus.

Makroeinstellungen

Hier legen Sie fest, wie Access mit Makros umgeht, wenn sich die Datenbank nicht an einem vertrauenswürdigen Speicherplatz befindet. Es stehen vier Alternativen zur Verfügung:

- *Alle Makros ohne Benachrichtigung deaktivieren*
  In diesem Fall werden verdächtige Makros zwar deaktiviert, eine Warnung über die Statusleiste erscheint allerdings nicht.

- *Alle Makros mit Benachrichtigung deaktivieren*
  Dies ist die Standardeinstellung nach einer Neuinstallation von Access. Die gelbe Statusleiste setzt Sie davon in Kenntnis, dass verdächtige Makros deaktiviert wurden (entspricht mittlerer Sicherheitsebene).

- *Alle Makros außer digital signierten Makros deaktivieren*
  Jeder potenziell gefährlicher Code wird geblockt (entspricht höchster Sicherheitsebene).

- *Alle Makros aktivieren*
  Diese Einstellung ist nicht zu empfehlen, weil potenziell gefährlicher Code ausgeführt werden kann. Hier können Sie in Teufels Küche kommen, denn Sie erhalten auch keinerlei Warnungen (entspricht niedrigster Sicherheitsebene).

Meldungsleiste

Hier können Sie entscheiden, ob Sie durch die gelbe Statusleiste "belästigt" werden wollen oder nicht. Haben Sie diese abgeschaltet, erhalten Sie keinerlei Warnungen zu gesperrten Inhalten.

Datenschutzoptionen

Hier haben Sie Einfluss auf ein Sammelsurium diverser Access-Aktionen:

- *Office das Herstellen einer Internetverbindung gestatten*
  Wenn eine Verbindung mit dem Internet besteht, sucht Access die Hilfeseite von Microsoft auf. Ist das Kontrollkästchen deaktiviert, so wird beim Aufruf der Hilfe nur die lokale Festplatte durchsucht.

1.2 Sicherheitseinstellungen

- *Regelmäßig eine Datei herunterladen, mit deren Hilfe Systemprobleme bestimmt werden können*
  Access lädt eine spezielle Datei von der Microsoft Website, welche Ihnen bei der Fehlersuche in Access und in anderen Office-Programmen behilflich ist.

- *Beim Programm zur Verbesserung der Benutzerfreundlichkeit anmelden*
  Microsoft nutzt dieses Programm für statistische Auswertungen um häufige Fehlerquellen festzustellen und um künftige Access-Versionen zu verbessern.

- *Office Dokumente überprüfen, die von verdächtigen Websites stammen oder dorthin verlinken*
  Diese Option ist standardmäßig eingeschaltet um Ihren Computer vor Dokumenten mit bösartigen Weblinks zu schützen.

- *Dem Aufgabenbereich "Recherchieren" das Prüfen auf neue Dienste und deren Installation erlauben*
  Access sucht automatisch nach neuen Updates.

1.2.4 Definition vertrauenswürdiger Speicherorte

Sie können den Inhalt einer nicht vertrauenswürdigen Datenbank dauerhaft aktivieren, wenn Sie auf Ihrer Festplatte (oder im Netzwerk) ein vertrauenswürdiges Verzeichnis anlegen und die Datenbank in dieses Verzeichnis verschieben. Alternativ können Sie auch das aktuelle Datenbankverzeichnis als vertrauenswürdig definieren.

Vorgehensweise

Um einen vertrauenswürdigen Speicherort zu definieren, müssen Sie das Sicherheitscenter öffnen, wofür es verschiedene Möglichkeiten gibt. Wählen Sie die Kategorie *Vertrauenswürdige Speicherorte*:

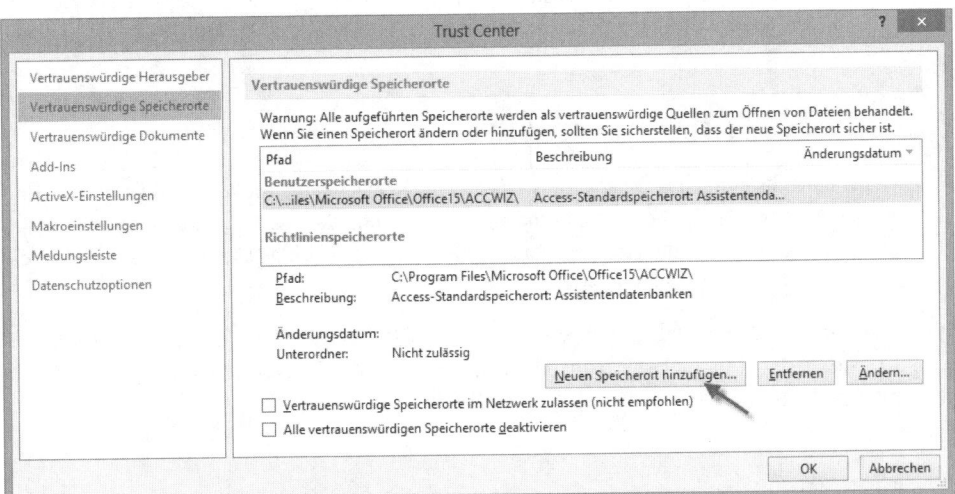

Klicken Sie dann die Schaltfläche *Neuen Speicherort hinzufügen...* Access zeigt Ihnen nun den Dialog *Vertrauenswürdiger Microsoft Office-Speicherort* an.

Klicken Sie auf die *Durchsuchen...*-Schaltfläche und wählen Sie das Verzeichnis aus welches Sie als vertrauenswürdig einstufen wollen. Sie haben zusätzlich die Möglichkeit, auch alle Unterverzeichnisse mit zu erfassen und einen erklärenden Text einzugeben.

Nach dem *OK* sehen Sie im Sicherheitscenter, dass das neue Verzeichnis zur Liste vertrauenswürdiger Speicherorte hinzugefügt wurde.

HINWEIS: Microsoft empfiehlt, dass Sie keinesfalls das Stammverzeichnis Ihrer Windows-Installation (zum Beispiel *C:* nach einer Standardinstallation) als vertrauenswürdigen Speicherort festlegen sollten!

Markieren Sie nur selbst angelegte Verzeichnisse als vertrauenswürdig. Falls Sie später die Vertrauenswürdigkeit wieder aufheben wollen, so klicken Sie einfach die *Entfernen*-Schaltfläche.

Weitere Optionen

Obige Abbildung zeigt auch zwei Kontrollkästchen am unteren Rand des Dialogs:

- *Vertrauenswürdige Speicherorte im Netzwerk zulassen*
  Microsoft empfiehlt, diese Option nicht zu selektieren, weil Sie nicht kontrollieren können, welche Dateien sich in einem Netzwerk befinden

- *Alle vertrauenswürdigen Speicherorte deaktivieren*
  Es werden nur Inhalte von vertrauenswürdigen Herausgebern zugelassen

HINWEIS: Um abzusichern, dass alle Beispiele der Begleitdateien korrekt funktionieren, fügen Sie das Verzeichnis in welches Sie die Beispieldatenbanken kopiert haben zu Ihren vertrauenswürdigen Speicherorten hinzu.

1.3 Einführungsbeispiele

Wir wollen ein sehr einfaches Beispiel aus einer Personaldatenbank verwenden. Für Ihren VBA-Einstieg ist es vorteilhaft, wenn wir zunächst die beiden klassischen Programmiermethoden (Makro bzw. Code) einem direkten Vergleich unterziehen. Als dritte Alternative zeigen wir die Realisierung mit Hilfe von Datenmakros.

Bevor Sie aber loslegen und möglicherweise angesichts nervtötender "Sicherheitsmeckereien" gleich frustriert das Handtuch werfen, sollten Sie sich mit der im Vorgängerabschnitt erörterten Sicherheitsproblematik vertraut machen, um Ihre Werkstatt in einen arbeitsfähigen Zustand zu versetzen.

1.3.1 Erstellen der Testdatenbank

Grundlage ist eine Datenbank mit einer einzigen Tabelle *Personen*:

Feldname	Felddatentyp
ID	AutoWert
Nachname	Text
Vorname	Text
Geburtsdatum	Datum/Uhrzeit
Monatsgehalt	Währung

Obwohl wir in diesem Buch voraussetzen, dass Sie bereits über einige Access-Erfahrungen verfügen, soll hier noch einmal – mit Rücksicht auf Quereinsteiger – ganz kurz ein möglicher Weg zum Erstellen obiger Tabelle beschrieben werden:

- Starten Sie Microsoft Access und wählen Sie die Vorlage *Leere Desktopdatenbank*
- Fügen Sie vier Spalten/Felder hinzu
- Ändern Sie Feldnamen und Felddatentypen entsprechend obiger Tabelle
- Geben Sie einige Datensätze ein, also Nachname, Vorname etc., und schließen Sie das Fenster wieder
- Speichern Sie die Tabelle unter dem Namen *Personen* und schließen Sie Access
- Verschieben Sie die Datenbank aus ihrem Standardverzeichnis an einen vorher von Ihnen angelegten vertrauenswürdigen Speicherort (siehe Seite 46) und benennen Sie die Datei eventuell um (z.B. in *Test.accdb*)
- Nach dem erneuten Öffnen der Datenbank sollte sich Ihnen etwa die in der folgenden Abbildung gezeigte Datenblattansicht bieten:

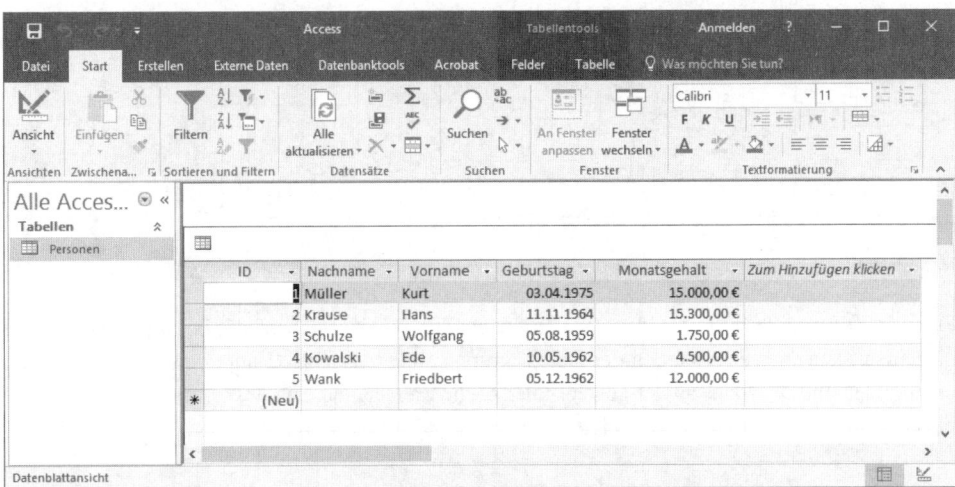

1.3.2 Konventionelle Programmierung

Jeder, der bereits unter Microsoft Access individuelle Formulare gestaltet hat, kennt die vier Etappen des Entwurfsprozesses:

- Visuelle Gestaltung der Bedienoberfläche
- Zuweisen der Objekteigenschaften
- Verknüpfen der Objekte mit Ereignissen
- Programmtest

Erste Etappe: Visuelle Formulargestaltung

Am einfachsten ist es natürlich, wenn man sich eine komplette Eingabemaske für die *Personen*-Tabelle durch Klick auf das *Formular*-Symbol im Menüband (Registerkarte *Erstellen*, Befehlsgruppe *Formulare*) automatisch generieren lässt.

Da wir uns aber mit dieser standardmäßigen Bedienoberfläche nicht zufrieden geben wollen, müssen wir selbst Hand anlegen und zunächst ein neues leeres Formular erzeugen (Symbol *Formularentwurf*), welches wir dann nach eigenem Ermessen mit sechs *Textfeld*ern, mehreren *Bezeichnungsfeld*ern und einer *Befehlsschaltfläche* bestücken:

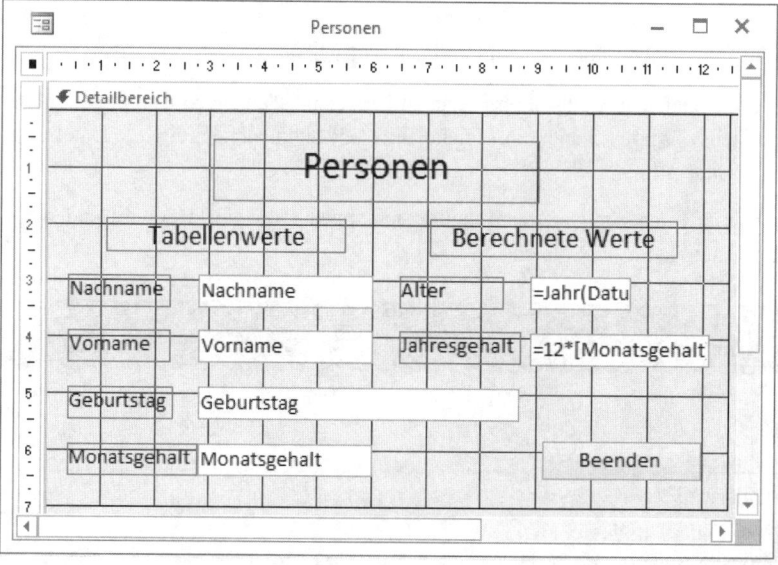

Der Access-Kundige wird keinerlei Mühe mit dem "Zusammenschieben" des Formulars haben. Die einzelnen Steuerelemente werden der Befehlsgruppe *Steuerelemente* (Hauptregisterkarte *Entwurf*) entnommen, mit der Maus an der gewünschten Stelle im Detailbereich des Formulars platziert und gegebenenfalls in ihrer Größe verändert.

1.3 Einführungsbeispiele

Zweite Etappe: Objekteigenschaften zuweisen

Im Eigenschaftenblatt stellen Sie nur die von den Standardeinstellungen abweichenden Werte für das Formular und die Steuerelemente ein:

Objekt-Name	Eigenschaft	Wert
Form1	Datensatzquelle	Personen
	Beschriftung	Einführungsbeispiel
	Bildlaufleisten	Nein
	Datensatzmarkierer	Nein
	Trennlinien	Nein
Text0	Steuerelementinhalt	Nachname
Text1	Steuerelementinhalt	Vorname
Text2	Steuerelementinhalt	Geburtsdatum
Text2	Format	Datum, lang
Text3	Steuerelementinhalt	Monatsgehalt
Text3	Format	Euro
Text4	Steuerelementinhalt	=Jahr(Datum())-Jahr([Geburtstag])
Text5	Steuerelementinhalt	=12*[Monatsgehalt]
	Format	Euro
Befehl0	Beschriftung	Beenden

HINWEIS: Normalerweise wird die *Name*-Eigenschaft der Steuerelemente automatisch beim Entwurf vergeben und entspricht der Reihenfolge, in der die Objekte in den Detailbereich des Formulars eingefügt wurden. Bei der herkömmlichen Makro-Programmiermethode braucht man sich deshalb um diese Eigenschaft nicht besonders zu kümmern. Im Hinblick auf eine spätere VBA-Programmierung sollten wir trotzdem die *Name*-Eigenschaft der Textfelder und der Befehlsschaltfläche bereits jetzt (entsprechend der linken Spalte in obiger Tabelle) überprüfen und gegebenenfalls anpassen.

Dritte Etappe: Ereignisse besetzen

Es soll in unserem Beispiel eine Warnung ausgegeben werden, wenn für Personen ein Monatsgehalt von mehr als *10.000 Euro* eingegeben wurde. Für den routinierten Makroprogrammierer dürfte die Umsetzung kein Problem darstellen:

- Klicken Sie mit der rechten Maustaste auf das Textfeld *Monatsgehalt*
- Im Kontextmenü wählen Sie den Eintrag *Eigenschaften*
- Im Eigenschaftenblatt wählen Sie die Registerkarte *Ereignis*
- Klicken Sie auf die Zeile des Ereignisses *Vor Aktualisierung* und anschließend auf die Schaltfläche mit den drei Pünktchen.
- Das sich öffnende Dialogfeld ist charakteristisch für die "Dreifach-Weggabelung", an welcher der Access-Programmierer Farbe bekennen muss: "Will ich mit Makros arbeiten, oder möchte ich in die Regionen der VBA-Programmierung aufsteigen?"

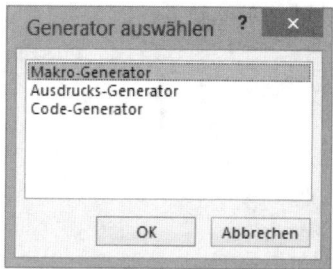

- Nun müssen Sie zunächst im Aktionskatalog des sich öffnenden Makro-Entwurfsfensters unter dem Knoten *Programmablauf* die *Wenn*-Bedingung auswählen und spezifizieren.

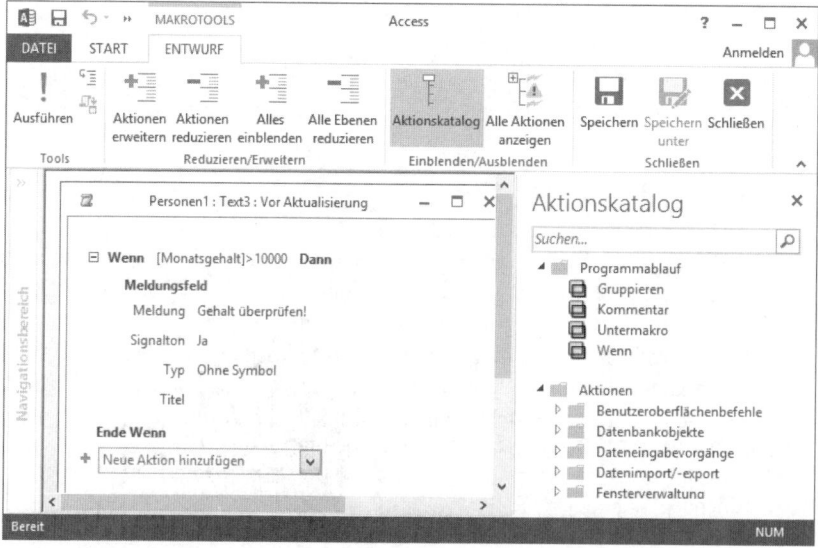

1.3 Einführungsbeispiele

- Dann öffnen Sie die Kombinationsfeld *Neue Aktion hinzufügen*, wählen die Aktion *Meldungsfeld* aus und tragen den Meldungstext ein.
- Schließen Sie die Makro-Entwurfsansicht und speichern Sie dabei alle vorgenommenen Änderungen ab.
- Eine "Kleinigkeit" fehlt noch: Nach dem Klick auf die *Beenden*-Befehlsschaltfläche soll das Formular geschlossen werden. Wir erstellen dazu ein weiteres (eingebettetes) Makro, welches dem Ereignis *Beim Klicken* der Befehlsschaltfläche die Aktion *FensterSchließen* zuordnet.

Vierte Etappe: Programmtest

Dazu gibt es nicht viel zu sagen, öffnen Sie das Formular und blättern Sie durch die Datensätze.

> **HINWEIS:** Die Warnung *Gehalt überprüfen* erscheint nicht beim normalen Durchblättern, sondern nur unmittelbar nachdem Sie eine neue Person mit zu hohem Gehalt eingefügt bzw. das Gehalt einer vorhandenen Person über das vorgegebene Limit erhöht haben.

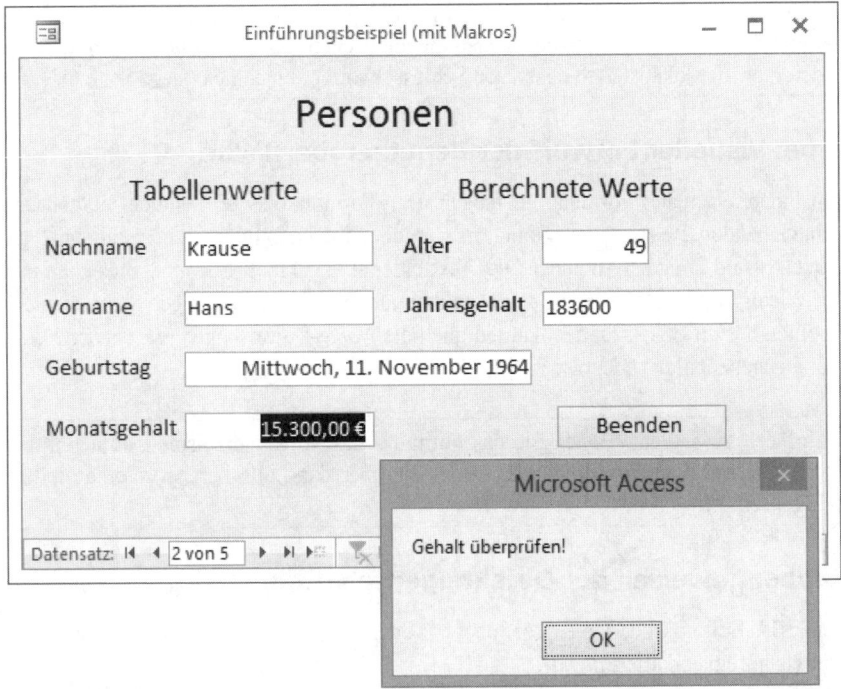

Hinweise für den Einsteiger

- Um das Eigenschaftenblatt für ein bestimmtes Objekt (Formular, Textfeld etc.) zu öffnen, müssen Sie das Objekt erst aktivieren (mit der Maus anklicken). Ansonsten hilft das mit der rechten Maustaste zu öffnende Kontextmenü *Eigenschaften*.

- Die linken vier Textfelder des Formulars wurden direkt an die entsprechenden Felder der *Personen*-Tabelle "angebunden", während die beiden rechten Textfelder die Resultate von Berechnungen beinhalten. Die dazu notwendigen Formeln können direkt oder über den Ausdrucks-Editor eingegeben werden.

- Das Alter einer Person wird in unserem Beispiel nur vereinfacht berechnet (Differenz aus aktuellem Jahr und Geburtsjahr) und ist nur dann exakt, wenn die Person am aktuellen Datum bereits Geburtstag hatte (ansonsten wird ein Jahr zu viel ermittelt).

- Da die klassischen Makros in der Regel an die Benutzerschnittstelle (UI bzw. *User Interface*) gekoppelt sind, werden sie im Folgenden auch als *UI-Makros* bezeichnet.

- Wer die Grundlagen der Makro-Programmierung noch nicht kennt, der sei auf das Kapitel "Einführung in die Makro-Programmierung" verwiesen.

1.3.3 Programmieren mit VBA

Nun wollen wir die UI-Makros "außen vor" lassen und das Ganze mit VBA realisieren.

HINWEIS: Der Umsteiger sollte sich zunächst an die englischen Bezeichner gewöhnen, die nun den Platz der lokalisierten deutschen Schlüsselwörter einnehmen (siehe Seite 68).

Erste Etappe: Visueller Entwurf der Benutzeroberfläche

Wir empfehlen Ihnen, ein neues Formular anzulegen. Den Formularentwurf nehmen Sie genauso wie beim vorhergehenden Beispiel vor, kümmern sich aber im Folgenden nicht weiter um das Eigenschaftenfenster und um das "Anbinden" der Textfelder an die Tabelle, denn all dies kann nun per VBA-Code erledigt werden. Haben Sie den Detailbereich mit allen notwendigen Steuerelementen bestückt, sollten Sie im Eigenschaftenblatt lediglich die *Name*-Zuweisungen (*Text0, Text1* etc.) kontrollieren und gegebenenfalls ändern.

HINWEIS: Um Zeit zu sparen, können Sie das Formular des Vorgängerbeispiels kopieren und unter neuem Namen einfügen. Löschen Sie aber dann alle bereits voreingestellten Eigenschaften.

Zweite Etappe: Zuweisen der Objekteigenschaften

Öffnen Sie den VBA-Editor (Code-Generator) über [F7] oder durch Anklicken des entsprechenden Symbols der Hauptregisterkarte *Entwurf*:

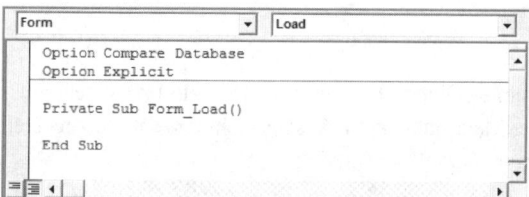

1.3 Einführungsbeispiele

Die bereits vorhandenen Anweisungen sollen kurz erklärt werden (mehr dazu in Kapitel 2):

Option Compare Database	Der Zeichenkettenvergleich wird durch die Gebietskennung der Datenbank bestimmt.
Option Explicit	Alle Variablen müssen vor ihrer Verwendung deklariert werden.
Private Sub Form_Load() End Sub	Der Rahmencode für das *Load*-Event (entspricht dem Ereignis *Beim Laden*) des Formulars.

HINWEIS: Falls *Option Explicit* fehlt, ergänzen Sie diese Anweisung zunächst per Hand. Damit das später automatisch passiert, öffnen Sie (bei geöffnetem Codefenster) über das Menü *Extras/Optionen...* die Registerkarte *Editor* und setzen das Häkchen bei *Variablendeklaration erforderlich*.

Tippen Sie folgenden Ereignisbehandlungscode für das *Load*-Event ein:

```
Private Sub Form_Load()                              ' Beim Laden
    Me.Caption = "Einführungsbeispiel in VBA"        ' Beschriftung
    Me.RecordSource = "Personen"                     ' Datensatzquelle
    Me.ScrollBars = 0                                ' Bildlaufleisten
    Me.RecordSelectors = False                       ' Datensatzmarkierer
    Me.DividingLines = False                         ' Trennlinien
    Text0.ControlSource = "Nachname"                 ' Steuerelementinhalt
    Text1.ControlSource = "Vorname"                  ' dto.
    Text2.ControlSource = "Geburtsdatum"             ' dto.
    Text2.Format = "d/m/yyyy"                        ' Format-Eigenschaft
    Text3.ControlSource = "Monatsgehalt"             ' Steuerelementinhalt
    Text3.Format = "Currency"                        ' Format
    Text4.ControlSource = "=alterBerechnen([Geburtsdatum])"   ' Steuerelementinhalt (VBA-Funktion)
    Text5.ControlSource = "=12*[Monatsgehalt]"       ' Steuerelementinhalt (einfache Berechnung)
    Text5.Format = "Currency"                        ' Format
End Sub
```

Wie Sie erkennen können, haben wir soeben alle Eigenschaften, die bei der herkömmlichen Makro-Programmiermethode noch direkt im Eigenschaftenfenster gesetzt wurden, mittels VBA-Code zugewiesen. Dabei dient der Punkt (.) als Separator zwischen Objekt und Eigenschaft. Wie Sie sehen, sind hier nur noch die englischen Bezeichner erlaubt.

HINWEIS: Gewissermaßen als Vorgriff auf Kapitel 4 sei erwähnt, dass der Objektbezeichner *Me* stellvertretend für das aktuelle Formular (*Form*-Objekt) steht.

Im Vorgängerbeispiel war die Altersbestimmung leider nur dann richtig, wenn die betreffende Person im aktuellen Jahr bereits Geburtstag hatte. Wir korrigieren das mit einer "selbst gestrickten" VBA-Funktion, der wir den Namen *alterBerechnen* geben und die wir anschließend eintippen:

```
Public Function alterBerechnen(gebDatum As Date) As Integer
    alterBerechnen = Year(Date) - Year(gebDatum)
```

```
    If Date < DateSerial(Year(Date), Month(gebDatum), Day(gebDatum)) Then
        alterBerechnen = alterBerechnen - 1     ' Person hatte in diesem Jahr noch nicht
Geburtstag!
    End If
End Function
```

Dritte Etappe: Besetzen der Ereignisse

Wenn der konventionelle Access-Programmierer von der "Zuweisung von Ereigniseigenschaften" spricht (bekanntlich sind diese im Eigenschaftenblatt aufgeführt), redet der VBA-Kundige stattdessen vom "Programmieren einer Ereignisbehandlungsroutine" bzw. der "Besetzung eines Event-Handlers".

Bereits in der zweiten Etappe hatten wir die Starteigenschaften im *Load*-Event-Handler zugewiesen. Ähnlich ist die Vorgehensweise bei den folgenden zwei Event-Handlern (Reihenfolge ohne Bedeutung):

Um Monatsgehälter größer *10.000 Euro* vor ihrer Übernahme in die Datenbank zu überprüfen, werten Sie das *BeforeUpdate*-Event aus (entspricht *Vor Aktualisierung*-Ereignis). Dazu wählen Sie zuerst im Objektselektor (oben links) das Steuerelement *Text3* aus und anschließend im rechts daneben befindlichen Ereignisselektor das *BeforeUpdate*-Ereignis.

```
| Text3                               ▼ | BeforeUpdate                          ▼ |
    Option Compare Database
    Option Explicit

    Private Sub Form_Load()
        Me.Caption = "Einführungsbeispiel in VBA"    ' Beschriftung
        Me.RecordSource = "Personen"                 ' Datensatzquelle
        Me.ScrollBars = 0                            ' Bildlaufleisten
        Me.RecordSelectors = False                   ' Datensatzmarkierer
        Me.DividingLines = False                     ' Trennlinien
        Text0.ControlSource = "Nachname"             ' Steuerelementinhalt
        Text1.ControlSource = "Vorname"              ' dto.
        Text2.ControlSource = "Geburtsdatum"         ' dto.
        Text2.Format = "d/m/yyyy"                    ' Format-Eigenschaft
        Text3.ControlSource = "Monatsgehalt"         ' Steuerelementinhalt
        Text3.Format = "Currency"                    ' Format
        Text4.ControlSource = "=alterBerechnen([Geburtsdatum])"    ' Steuerelementinhalt (
        Text5.ControlSource = "=12*[Monatsgehalt]"   ' Steuerelementinhalt (über einfache B
        Text5.Format = "Currency"                    ' Format
    End Sub

    Public Function alterBerechnen(gebDatum As Date) As Integer
        alterBerechnen = Year(Date) - Year(gebDatum)
        If Date < DateSerial(Year(Date), Month(gebDatum), Day(gebDatum)) Then
            alterBerechnen = alterBerechnen - 1         ' Person hatte in diesem Jahr noch n
        End If
    End Function

    Private Sub Text3_BeforeUpdate(Cancel As Integer)

    End Sub
```

1.3 Einführungsbeispiele

Auch hier wird ein vorgefertigter Prozedurrumpf bereitgestellt, Sie brauchen also nur noch die beiden mittleren Zeilen einzugeben:

```
Private Sub Text3_BeforeUpdate(Cancel As Integer)        ' Vor Aktualisierung
    If Text3.Value > 10000 Then
        Beep
        MsgBox "Gehalt überprüfen!"
    End If
End Sub
```

Für das Schließen des Formulars soll die *Close*-Methode des *DoCmd*-Objekts aufgerufen werden. Die Vorgehensweise für das automatische Erstellen des Rahmencodes ist analog: Im Objektfenster stellen Sie das Objekt *Befehl0* ein und im Ereignisfenster das *Click*-Ereignis.

```
Private Sub Befehl0_Click()        ' Beim Klicken
    DoCmd.Close
End Sub
```

Es sei vorweggenommen, dass das *DoCmd*-Objekt dem erfahrenen Makro-Programmierer eine "Goldene Brücke" baut, indem es die meisten Makro-Aktionen als Methoden zur Verfügung stellt (siehe Übersicht Seite 70). Analog den Eigenschaften werden auch die Methoden durch einen Punkt (.) vom Objektbezeichner abgetrennt.

Vierte Etappe: Programmtest

Obwohl Sie dieses Formular, genauso wie seinen mit Makros programmierten Vorgänger, sofort aus dem Navigationsbereich heraus starten könnten, empfiehlt sich eine andere Vorgehensweise: Wählen Sie vom Codefenster aus den Menüpunkt *Debuggen/Kompilieren von Test*. So erhalten Sie, falls erforderlich, detaillierte Fehlermeldungen des Compilers. Erst wenn alle Fehler im Quelltext beseitigt sind, sollten Sie das Formular wie gewohnt öffnen.

Das Formular sollte das gleiche Verhalten wie im Vorgängerbeispiel zeigen, allerdings wird diesmal (VBA sei Dank!) das Alter der Personen richtig berechnet.

Bemerkungen zum Eigenschaftenfenster

Das Zuweisen der Starteigenschaften[1] haben wir innerhalb des *Load*-Event-Handlers, d.h. "per Code", vorgenommen (siehe *Erste Etappe*). Dies bedeutet für uns zwar zusätzliche Tipparbeit, erhöht aber die Übersichtlichkeit des Programms, da man sofort sieht, welche Eigenschaften wie geändert wurden.

Alternativ haben wir natürlich nach wie vor auch die Möglichkeit, die Eigenschaften direkt im Eigenschaftenblatt zuzuweisen. Wenn wir aber (bei geöffnetem Codefenster!) den Menüpunkt *Ansicht/Eigenschaftenfenster* (F4) wählen, erscheint dieses Fenster in einer für den Makro-Programmierer bislang ungewohnten Aufmachung: Anstatt der deutschen sind nur noch die originalen, d.h. englischen, Bezeichner vorhanden (siehe folgende Abbildung)!

---

[1] Der Begriff "Starteigenschaften" wurde bewusst gewählt, um zu verdeutlichen, dass diese Eigenschaften später, d.h. zur Programmlaufzeit, per Code wieder verändert werden können.

Kapitel 1: Einführung

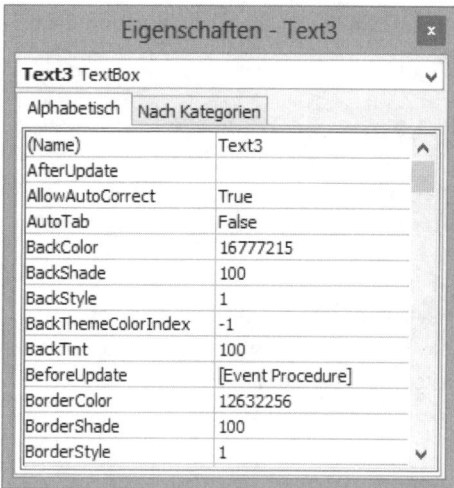

HINWEIS: Im oberen Kombinationsfeld des Eigenschaftenfensters wählen Sie das Objekt aus, dessen Eigenschaften Sie anzeigen bzw. verändern wollen.

Bemerkungen zur IntelliSense

Beim Eintippen des VBA-Codes werden Sie mit einem erstaunlichen Feature des Code-Editors konfrontiert: Kaum haben Sie einen bestimmten Objektbezeichner (z.B. *Me*) eingegeben, so erscheint "wie von Geisterhand" ein Popup-Menü, welches alle in Frage kommenden Eigenschaften und Methoden in alphabetischer Reihenfolge auflistet. Doppelklicken Sie auf einen Eintrag, so wird Ihnen nicht nur die Schreibarbeit abgenommen, sondern Sie ersparen sich auch das umständliche Nachschlagen in der Online-Hilfe.

```
Private Sub Form_Load()                              ' Beim Laden
   Me.Caption = "Einführungsbeispiel in VBA"         ' Beschriftung
   Me.
       ActiveControl                                 ' Datensatzquelle
       AfterDelConfirm                               ' Bildlaufleisten
       AfterFinalRender                              ' Datensatzmarkierer
       AfterInsert                                   ' Trennlinien
       AfterLayout                                   ' Steuerelementinhalt
       AfterRender                                   ' dto.
       AfterUpdate                                   ' dto.
                                                     ' Format-Eigenschaft
   Text3.ControlSource = "Monatsgehalt"              ' Steuerelementinhalt
   Text3.Format = "Currency"                         ' Format
   Text4.ControlSource = "=alterBerechnen([Geburtstag])"    ' Steuere
   Text5.ControlSource = "=12*[Monatsgehalt]"        ' Steuerelementinhalt
   Text5.Format = "Currency"                         ' Format
```

1.3.4 Automatische Makrokonvertierung

Dieses Feature ermöglicht die schnelle Umstellung von Makro- auf VBA-Programmierung. Wie es funktioniert, lässt sich am besten anhand des Vorgängerbeispiels erklären, welches bereits mit zwei bescheidenen Makros ausgestattet ist.

1. Öffnen Sie dieses Formular in der Entwurfsansicht, klicken Sie die Hauptregisterkarte *Entwurf* und wählen Sie auf dem Menüband ganz rechts das Symbol *Makros des Formulars zu Visual Basic konvertieren.* Es erscheint folgendes Dialogfeld:

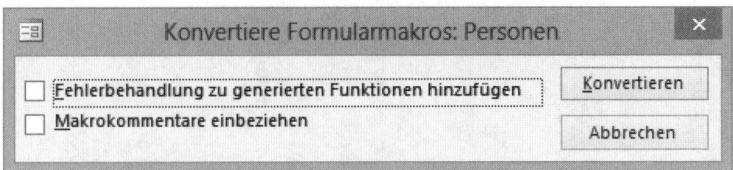

2. Um sich auf das Wesentliche zu konzentrieren, deaktivieren Sie die Optionen *Fehlerbehandlung ...* und *Makrokommentare ...* und klicken auf die Schaltfläche *Konvertieren.* Nach kurzer Wartezeit erscheint die Erfolgsmeldung *Makrokonvertierung abgeschlossen.*

3. Das Ergebnis können Sie nun im (vorher leeren) Codefenster des Formulars bewundern:

```
Option Explicit

Private Sub Text3_BeforeUpdate(Cancel As Integer)
    If (Monatsgehalt > 10000) Then
        Beep
        MsgBox "Gehalt überprüfen !", vbOKOnly, ""
    End If
End Sub

Private Sub Befehl0_Click()
    DoCmd.Close , ""
End Sub
```

Beim Vergleich mit dem Original-Quellcode stellen Sie bezüglich der beiden Ereignisbehandlungsroutinen eine (fast) 100%-ige Übereinstimmung fest.

HINWEIS: Wie nicht anders zu erwarten, können mittels Makrokonverter nur die vorhandenen Makros in Code umgewandelt werden. Beispielsweise bleiben die Eigenschaftszuweisungen von der Konvertierung unberührt.

1.3.5 Programmieren mit Datenmakros

Als letzte Alternative wollen wir unser Problem mit einem Datenmakro lösen. Datenmakros wirken direkt auf Tabellenebene.

1. Öffnen Sie die Tabelle *Personen* in der Entwurfsansicht und klicken Sie auf der Registerkarte *Entwurf* das Symbol *Datenmakros erstellen*. Wählen Sie das Ereignis *Vor Änderung*:

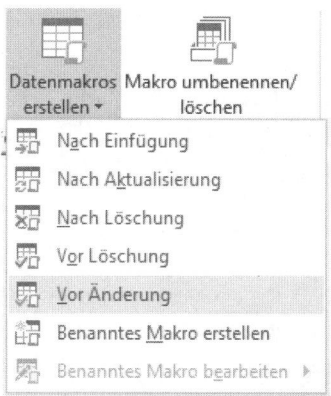

2. Es öffnet sich der Ihnen bereits bekannte Makro-Editor (siehe Seite 52), seine Bedienung entspricht der bei herkömmlichen UI-Makros, das Angebot an Aktionen ist allerdings deutlich geringer.

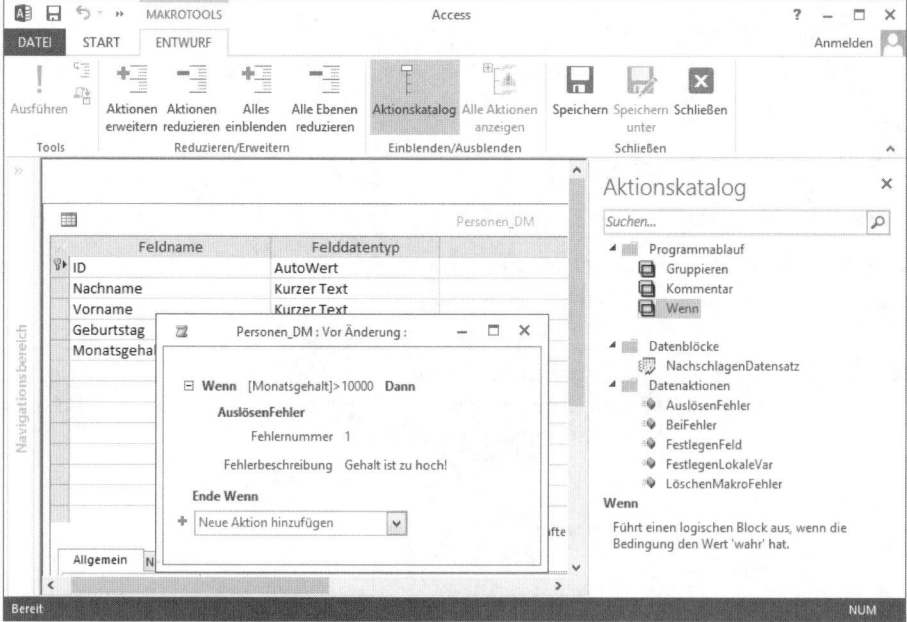

1.3 Einführungsbeispiele

3. Klicken Sie im Aktionskatalog zunächst die *Wenn*-Bedingung und tragen Sie dort den Ausdruck *[Monatsgehalt]>10000* ein.

4. Wählen Sie dann die Aktion *AuslösenFehler* und tragen Sie beispielsweise die *Fehlernummer* 1 und die *Fehlerbeschreibung* "Gehalt ist zu hoch!" ein.

Da ein Datenmakro nur mit einer Tabelle (nicht mit einem Formular!) verknüpft ist, können Sie es innerhalb der Tabelle testen oder aber ein beliebiges Formular nehmen, das mit dieser Tabelle verbunden ist, beispielsweise das Formular des ersten Einführungsbeispiels (löschen Sie dort lediglich in der *Ereignis*-Registerkarte des Eigenschaftsblatts von *Text3* das bereits vorhandene und zum Ereignis *Vor Aktualisierung* gehörende eingebettete UI-Makro).

Bei Überschreitung des Monatsgehalts erscheint die Meldung des Datenmakros:

Man erkennt in diesem Beispiel zumindest einen wesentlichen Vorteil der Datenmakros gegenüber den klassischen (UI-)Makros:

HINWEIS: Ohne Mehraufwand kann der Programmierer mit einem einzigen Datenmakro beliebig viele Formulare an ein Tabellenereignis binden. Die herkömmliche Makroprogrammierung verlangt hingegen pro Formular ein eigenes Makro.

Aber es gibt noch einen weiteren nicht zu unterschätzenden Vorteil von Datenmakros, den Sie dann erkennen, wenn Sie die Datenblattansicht der *Personal*-Tabelle öffnen: Auch hier erscheint obiges Meldungsfenster, falls Sie versuchen, ein unzulässiges Monatsgehalt direkt in die Tabelle einzugeben. Auf diese Weise wird verhindert, dass von trickreichen Anwendern unter Umgehung des Eingabeformulars direkt an bestimmten Tabelleninhalten "herumgebastelt" wird, um Eingabebeschränkungen außer Kraft zu setzen.

HINWEIS: Mehr zur Programmierung von Datenmakros erfahren Sie im Kapitel 3 "Makros – Eine Einführung".

1.4 Highlights und Features von Access 2016

Weniger für den Einsteiger, sondern mehr für den erfahrenen Programmierer sind die folgenden Ausführungen zu den relativ bescheidenen Neuerungen von Access 2016 gedacht. Um diese richtig einordnen zu können, sei ein kurzer Ausflug in die Vergangenheit vorangestellt.

1.4.1 Zur Geschichte der Vorgängerversionen

Hier die wichtigsten Merkmale der einzelnen Entwicklungsetappen:

Microsoft Access 95

Der Umstieg von der 16- zur 32-Bit-Programmierung, wie er mit der Einführung von Microsoft Access 95 realisiert wurde, brachte folgende Veränderungen:

- Neue Objekte (z.B. *DoCmd*)
- Neue Sprachelemente (z.B. *With ... End With*; *For Each ... Next*)
- Erweiterte vordefinierte mathematische Funktionen
- Access 7.0 konnte als OLE-Server verwendet werden; Unterstützung der OLE-Automation
- Eine Prozedur oder eine Variable kann öffentlich oder privat sein
- Formularmodule und Berichtsmodule sind Klassenmodule

Microsoft Access 97

Neben der 3.5-Version der Jet-Datenbank-Engine und einer Verbesserung der Kompilierungsleistung waren die wichtigsten Neuerungen:

- Erstellen benutzerdefinierter Objekte mit eigenständigen Klassenmodulen
- Office 97-Objektmodell zum Programmieren von Menü- und Symbolleisten
- Neue ActiveX-Komponenten
- Festlegen von Verweisen (Referenzen) auf Programmbibliotheken
- Zugriff auf das Internet/Intranet

Microsoft Access 2000

Die Flut der Neuerungen in den Bereichen Datenbankzugriff, Internet- und Intranetfähigkeit, Installation und Wartung sowie die Internationalität machten aus Access 2000 ein zukunftsweisendes Produkt.

- Als neues Objekt wurde die *Datenzugriffsseite* eingeführt, mit der sich eine Webseite quasi wie ein Formular gestalten lässt.
- VBA 6.0 entsprach dem in Visual Basic integrierten VBA.

1.4 Highlights und Features von Access 2016

- Mit VBA konnten Sie nun selbst Add-Ins schreiben, die zu allen Office-Anwendungen kompatibel sind.
- Die *Jet Engine 4.0* unterstützte nun endlich auch Unicode (2 Byte pro Zeichen). Damit wurde es möglich, beliebige Schriftzeichen in einer Access-Datenbank zu speichern.
- Unter Verwendung eines *Access-Projektes* (.adp) ließen sich Anwendungen entwickeln, die vollständig kompatibel zum *SQL-Server 7.0* waren.
- Mit der *MSDE (Microsoft Data Engine)* wurde eine frei verfügbare, aber etwas eingeschränkte Runtime-Version des Microsoft SQL-Servers 7.0 zur Verfügung gestellt.
- Das wesentliche neue Feature bei den Datenzugriffsobjekten hieß *ADO (ActiveX Data Objects)*, es erlaubt einen Direktzugriff auf ODBC-Datenquellen und Serverdatenbanken nach einem einheitlichen, auf OLE DB basierenden Modell.

Microsoft Access 2002

Ein Highlight dieser Version war zweifelsohne die umfassende XML[1]-Unterstützung. Sie konnten nun die vertraute Benutzeroberfläche von Access verwenden, um problemlos XML-Dokumente aus Jet- oder SQL Server-Datenbanken zu erstellen. Außerdem konnten Sie XML-Daten aus anderen Anwendungen in Ihren Formularen, Berichten und Datenzugriffsseiten verwenden.

Weitere Neuerungen:

- die Weiterentwicklung der Datenzugriffsseiten,
- das verbesserte Ereignismodell (z.B. Batchaktualisierungen für Formulare),
- das lang ersehnte *Printer*-Objekt,
- Ersatz der MSDE durch die *SQL Server 2000 Desktop Engine*, damit wird Access von Microsoft zum strategischen Frontend für den SQL Server erklärt!

Microsoft Access 2003

Zu den erwähnenswerten Neuigkeiten zählten Informationen über Abhängigkeiten zwischen den Datenbankobjekten, eine automatische Fehlerüberprüfung bei Formularen und Berichten, die Weitergabe von Feldeigenschaften an gebundene Steuerelemente, das automatische Erstellen einer Sicherheitskopie der Datenbank, sowie eine verbesserte XML-Unterstützung durch Einführung von Transformationsdateien.

Weitere Neuerungen:

- Möglich wurde das Importieren, Exportieren und Verknüpfen von Daten aus Access mit einer Microsoft Windows SharePointServices-Liste sowie das Erstellen lokaler Tabellen aus verknüpften Tabellen.

---

[1] *Extensible Markup Language*

- Sie konnten – auch unter Auswertung digitaler Signaturen – verschiedene Sicherheitsstufen für Makros bzw. VBA-Code festlegen. Das Blockieren potenziell unsicherer Informationen wurde möglich.

- Access 2003 brachte kein neues Datenbankformat, sondern verwendete das von Access 2002 (Standardformat blieb das von Access 2000).

Microsoft Access 2007

Diese Version enthielt mehr Neuerungen und Änderungen als die beiden Vorgängerversionen 2002 und 2003 zusammengenommen. Hier nur die wichtigsten:

- Access 2007 verwendete ein neues Dateiformat (*.accdb) und ermöglichte damit neue Features wie mehrwertige Nachschlagefelder (MVF = Multi Value Field), Anlagen-Felder (Attachments), klassische Rich Text-Formatierungen (eigentlich HTML) und interaktive Zusammenarbeit mit dem Microsoft SharePoint-Server.

- Verschiedene alteingesessene Konzepte und Tools waren im neuen ACCDB-Format nicht mehr zu finden, so hatte auch das klassische Benutzer-Sicherheitssystem (.mdw-Datei, Benutzer, Gruppen, Passwörter, ...) ausgedient.

- Das *Attachment*-Objekt dient der Anzeige des neuen *Anlage*-Datentyps. Auch der Zugriff auf mehrwertige Felder wurde möglich.

- Die Datenbank-Replikation und auch die Data Access Pages (DAP) verschwanden still und heimlich von der Bildfläche. Als Alternative wurde SharePoint angeboten.

- Die *TempVars*-Collection wurde eingeführt, sie ermöglichte u.a. auch einen Informationsaustausch zwischen Makros und VBA-Code[1] per globaler Variablen.

Microsoft Office Access 2010

Wieder einmal wurde die Benutzeroberfläche grundlegend überarbeitet. Die vor kurzem von Microsoft noch als "Ei des Kolumbus" gepriesene runde Office-Schaltfläche wurde durch die Registerkarte *Datei* bzw. die dahinter liegende *Backstage*-Ansicht ersetzt.

Unter der Bezeichnung "Datenmakros" wurden endlich die von SQL-Datenbanken her bekannten Trigger eingeführt. Weitere wichtige Änderungen:

- Quasi wie ein Felddatentyp können berechnete Felder definiert werden.

- Neue und überarbeitete Controls (*Webbrowser*-Steuerelement, *Navigationssteuerelement*, neue Formate für Befehlsschaltfläche)

- Datenzugriffsseiten sind **nicht** mehr funktionsfähig!

- Das bereits in Office Access 2007 eingeführte neue Sicherheitsmodell wurde weiter verbessert. Die entsprechenden Einstellungen werden im *Microsoft Office-Sicherheitscenter* vorgenommen.

---

[1] Leider lässt sich die *TempVars*-Collection nicht auch für Datenmakros verwenden.

- Mit den Access Services in Microsoft SharePoint Server 2010 können Sie Webdatenbanken erstellen, auf welche Benutzer per Webbrowser zugreifen können.

Microsoft Office Access 2013

Die ganzen Entwicklungsressourcen wurden für die neuen Web Apps aufgewendet. Auch die Zusammenarbeit mit SharePoint fällt seitdem etwas komfortabler aus. Damit lagen die größten Neuerungen in der Anbindung von Cloud-Diensten, welche das Datenbank-Hosting auch online erlauben.

1.4.2 Microsoft Access 2016 – viel Lärm um nichts?

Endlich werden lang gehegte Wünsche wahr – eine maximale Datenbankgröße von 2 TB, Unterstützung für Volltextsuche, OData, .NET 4.5-Integration und eine Hilfe, die den Namen auch verdient ...

> *Hallo, Hallo, wachen Sie auf, Sie sollten nicht zu viel träumen!*

Natürlich sind diese Features auch in Access 2016 **nicht** enthalten, dafür aber die "beruhigende" Nachricht:

Es gibt keine vorhandenen Features und Funktionen aus früheren Versionen, die in Access 2016 nicht mehr unterstützt werden!

D.h., nach einem Upgrade von Access 2013 auf Access 2016 stehen Ihnen auch weiterhin alle gewohnten Features zur Verfügung. Neben dem farbenfrohen Rahmen der Bedienoberfläche werden Sie aber auch weitere "wichtige" neue Features entdecken:

Was möchten Sie tun?

Es gibt jetzt im Menüband das Textfeld "Was möchten Sie tun?" bzw. "Sie wünschen?" (Glühbirnen-Symbol). Hier können Sie Suchbegriffe eingeben und dazu entsprechende Hilfestellungen erhalten.

Neue Designs

Auf Access können Sie jetzt zwei Office-Designs anwenden: "Farbig" und "Weiß" (Zugriff über *Datei/Optionen/Allgemein/Office-Design*).

Datenquellendaten nach Excel exportieren

Dieses in das Dialogfeld "Tabellenverknüpfungs-Manager" integrierte Feature ist dann besonders hilfreich, wenn Sie die Access-Anwendung nicht selbst entworfen haben.

Modernisierte Vorlagen

Fünf der beliebtesten Datenbankvorlagen weisen nun ein moderneres Aussehen und Verhalten auf.

Erleichterungen für Kunden mit einer SharePoint-Implementierung

Nutzer von SharePoint 2016 mit Access Services können auf verbesserte Features zugreifen.

1.4.3 Der inoffizielle Access-Friedhof (Access 2013/2016)

Alle Jahre wieder – Microsoft entstaubt seine Produkte und dabei brechen ab und zu einige Ecken und Verzierungen ab, die funktionell mehr oder weniger wichtig waren. Begleiten Sie uns also abschließend auf einem kleinen Rundgang durch den über die Jahre recht stattlich gewordenen "Microsoft Access-Friedhof":

- Die noch aus Access 2010 bekannten **Web-Datenbanken** wurden nach kurzer Lebensphase sang- und klanglos wieder beerdigt. Microsoft hatte wieder mal "das Ruder herumgerissen" und so stehen alle, die dem Marketinggeblubber der Experten vertraut haben, im Regen ... Sie können zwar noch die alten Projekte zu Tode pflegen (Öffnen geht, Neu erstellen nicht), aber wer will das noch bei dieser Perspektive?

- Dass die **ADP** dem Tode geweiht waren, ist schon lange bekannt, seit Access 2013 wurde konsequenter Weise auch damit endgültig aufgeräumt.

- Wer gerne Daten mit **dBASE-Dateien** ausgetauscht hat (im Desktop-Bereich entgegen aller Erwartung noch immer weit verbreitet), ist mit Access 2013/2016 nicht gut beraten, die Unterstützung dafür ist ersatzlos weggefallen. Da ist es zu verschmerzen, dass auch das **Access 97-Format** nicht mehr gelesen werden kann.

- Vermutlich haben Sie die **Access Data Collection**-Funktion (sammeln von Daten per E-Mail) nie verwendet, so fällt es nicht schwer, darauf ebenfalls zu verzichten.

- Etwas anders sieht es bei **PivotChart und PivotTabellen** aus, diese waren ein praktisches Feature, dass man jetzt mit Excel ersetzen darf.

- Sie können die **Access 2003-Symbolleisten und -Menüs** nicht mehr sinnvoll verwenden.

- Last but not least, auch die **Access Source Code-Verwaltung,** der **Access Upsizing-Wizard** und die **Replikationsfunktionen** sind den Weg alles Irdischen gegangen[1] – R.I.P.

1.5 Übersichten und Ergänzungen

Praktische Nachschlagemöglichkeiten für die tägliche Arbeit des VBA-Programmierers bieten Ihnen die folgenden Tabellen.

1.5.1 Deutsche und englische Bezeichner

Die folgende Tabelle zeigt eine alphabetische Auflistung von wichtigen Eigenschaften und Ereignissen, wie sie im Eigenschaftsblatt für Formulare, Berichte und Steuerelemente aufgeführt sind,

---

[1] Erstaunlich, dass es die Desktop-Datenbanken noch geschafft haben, wo doch jetzt alles in die Cloud ausgelagert wird.

1.5 Übersichten und Ergänzungen

und ihre äquivalenten VBA-Bezeichner, wie sie zum Teil im Eigenschaftenfenster des VBA-Editors zu sehen sind.

HINWEIS: Am einfachsten erfahren Sie Näheres zum originalen (englischen) Bezeichner, wenn Sie auf den entsprechenden Eintrag im Eigenschaftenfenster klicken und dann die Funktionstaste F1 drücken.

Deutsch	Access-Basic	Deutsch	Access-Basic
Aktiviert	Enabled	Hilfedatei	HelpFile
Anfügen zulassen	AllowAdditions	Hilfekontext	HelpContext
Automatisch zentrieren	AutoCenter	Hintergrundart	BackStyle
Bearbeitungen zulassen	AllowEdit	Hintergrundfarbe	BackColor
Bei Änderung	Change	Höhe	Height
Bei Entladen	UnLoad	In Reihenfolge	TabStop
Bei Fokuserhalt	GotFocus	Links	Left
Bei Fokusverlust	LostFocus	Löschen zulassen	AllowDeletions
Bei Größenänderung	Resize	Marke	Tag
Bei Laden	Load	Menüleiste	MenuBar
Bei Mausbewegung	MouseMove	Nach Aktualisierung	AfterUpdate
Bei Maustaste Ab	MouseDown	Nach Eingabe	AfterEnter
Bei Maustaste Auf	MouseUp	Nach Löschbestätigung	AfterDelConfirm
Bei Taste	KeyPress	Name	Name
Bei Taste Ab	KeyDown	Navigationsschaltflächen	NavigationButtons
Bei Taste Auf	KeyUp	Oben	Top
Beim Doppelklicken	DblClick	PopUp	PopUp
Beim Klicken	Click	Rahmenart	BorderStyle
Beim Öffnen	Open	Rahmenbreite	BorderWidth
Beim Schließen	Close	Rahmenfarbe	BorderColor
Beschriftung	Caption	Raster X	GridX
Bild	Picture	Raster Y	GridY
Bildlaufleisten	ScrollBars	Reihenfolgenposition	TabIndex
Breite	Width	Schneller Laserdruck	FastLaserPrinting
Daten eingeben	DataEntry	Schriftart	FontName
Datensatzquelle	RecordSource	Schriftbreite	FontWeight
Datensatzgruppentyp	RecordsetType	Schriftgröße	FontSize
Datensatzmarkierer	RecordSelectors	Sichtbar	Visible
Eingabeformat	InputMask	Sortiert nach	OrderBy
Filter	Filter	Standardansicht	DefaultView
Filter anwenden	ApplyFilter	Standardwert	DefaultValue

Deutsch	Access-Basic	Deutsch	Access-Basic
Filter zulassen	*AllowFilters*	Steuerelementinhalt	*ControlSource*
Format	*Format*	Textausrichtung	*TextAlign*
Gebunden	*Modal*	Trennlinien	*DividingLines*
Gesperrt	*Locked*	Vor Aktualisierung	*BeforeUpdate*

1.5.2 DoCmd-Objekt

Dieses Objekt baut dem Makro-Programmierer eine "Goldene Brücke" zu VBA. Gewissermaßen als Mittler zwischen Makro- und Code-Programmierung gestatten es seine Methoden nahezu alle vordefinierten Aktionen auszuführen. Bislang haben Sie z.B. ausgiebig von der *Close*-Methode des *DoCmd*-Objekts Gebrauch gemacht, um das Formular zu schließen.

Methoden des DoCmd-Objekts

Methode	Makro-Aktion
AddMenu	HinzufügenMenü
ApplyFilter	AnwendenFilter
Beep	Signalton
BrowseTo	GeheZuSeite
CancelEvent	AbbrechenEreignis
Close	Schließen
CopyObject	KopierenObjekt
DeleteObject	LöschenObjekt
DoMenuItem	AusführenMenübefehl
Echo	Echo (besser Echo-Methode des *Application*-Objekts verwenden)
FindNext	SuchenWeiter
FindRecord	SuchenDatensatz
GoToControl	GeheZuSteuerelement (besser *SetFocus*-Methode verwenden)
GoToPage	GeheZuSeite (besser gleichnamige *Form*-Methode nehmen)
GoToRecord	GeheZuDatensatz
Hourglass	Sanduhr
Maximize	Maximieren
Minimize	Minimieren
MoveSize	Positionieren
OpenForm	ÖffnenFormular
OpenModule	ÖffnenModul
OpenQuery	ÖffnenAbfrage
OpenReport	ÖffnenBericht
OpenTable	ÖffnenTabelle

Methode	Makro-Aktion
OutputTo	AusgabeIn
PrintOut	Drucken
Quit	Beenden
RefreshRecord	AktualisierenDatensatz
Rename	UmbenennenObjekt
RepaintObject	AktualisierenObjekt
Requery	AktualisierenDaten
Restore	Wiederherstellen
RunMacro	AusführenMakro
RunSQL	AusführenSQL
Save	Speichern
SelectObject	AuswählenObjekt
SendObject	SendenObjekt
SetFilter	FestlegenFilter
SetMenuItem	SetzenMenüelement
SetOrderBy	FestlegenSortiertNach
SetParameter	Parameterübergabe
SetWarnings	Warnmeldungen
ShowAllRecords	AnzeigenAlleDatensätze
ShowToolbar	EinblendenSymbolleiste
TransferDatabase	TransferDatenbank
TransferSpreadSheet	TransferArbeitsblatt
TransferText	TransferText

Nicht unterstützte Aktionen

Die folgenden Makro-Aktionen werden durch das *DoCmd*-Objekt nicht unterstützt:

Aktion	Basic-Programmierung
AusführenAnwendung	Verwenden Sie die *Shell*-Funktion
AusführenCode	Führen Sie die entsprechende Funktion direkt in VBA aus
HinzufügenMenü	Programmieren Sie ein Menü-Makro
Meldung	Verwenden Sie die *MsgBox*-Funktion
SetzenWert	Legen Sie den Wert direkt in VBA fest!
StopAlleMakros	Stoppt die Ausführung aller Makros
StopMakro	Stoppt die Ausführung des aktuellen Makros
Tastaturbefehle	Verwenden Sie die Anweisung *SendKeys*

Bemerkungen

- Die meisten Methoden des *DoCmd*-Objekts verfügen über Argumente. Einige sind erforderlich, während andere optional sind. Verzichten Sie auf optionale Argumente, so setzen die Argumente die Standardwerte für die jeweilige Aktion voraus. Die Methode *OpenForm* verwendet z.B. sieben Argumente, jedoch ist lediglich das erste Argument (Formularname) unbedingt erforderlich.

- In vielen Fällen, wo zwar entsprechende Methoden des *DoCmd*-Objekts bereitstehen, kann man durch direkte VBA-Programmierung effektiveren Quellcode schreiben. Andererseits gibt es jedoch auch eine Reihe von Aktionen, die man mit VBA nicht ohne weiteres nachbilden kann und die sich nur über entsprechende Methoden des *DoCmd*-Objekts umsetzen lassen.

Kapitel 2

Programmieren mit VBA

Um bei der Vielzahl von VBA-Sprachelementen den Überblick nicht zu verlieren, sollen in diesem Kapitel zunächst die elementaren Visual Basic-Sprachkonstrukte vorgestellt werden. Die objektorientierten und datenbankspezifischen Erweiterungen wollen wir erst in späteren Kapiteln behandeln.

HINWEIS: Viele Beispiele dieses Kapitels werden im *Direktfenster* durchgeführt bzw. mittels *MsgBox*-Anweisung ausgegeben.

2.1 Datentypen, Variablen und Konstanten

Jede Programmiersprache "lebt" in erster Linie von den zur Verfügung stehenden Variablentypen und Konstanten, die wiederum bestimmten Datentypen entsprechen.

2.1.1 Übersicht

Die folgende Tabelle gibt eine Übersicht der standardmäßig zur Verfügung stehenden Datentypen. Neben den genannten Datentypen lassen sich auch benutzerdefinierte (strukturierte) Datentypen mit der *Type*-Anweisung deklarieren (siehe Seite 96).

Datentyp	Speicherbedarf	Erläuterung	Typkenn-zeichen
Byte	1 Byte	Ganzzahl zwischen 0 und 255	
Boolean	2 Byte	Wahrheitswert (*True* = –1/*False* = 0)	
Integer	2 Byte	Ganzzahl zwischen –32.768 und +32.767	%
Long	4 Byte	Lange Ganzzahl (*Long Integer*) zwischen –2.147.483.648 und +2.147.483.647	&
Single	4 Byte	Einfachgenaue Gleitkommazahl 7-stelliger Genauigkeit zwischen $10E^{-38}$ und $10E^{+38}$	!
Double	8 Byte	Doppeltgenaue Gleitkommazahl 16-stelliger Genauigkeit zwischen $10E^{-308}$ und $10E^{+308}$	#

Datentyp	Speicherbedarf	Erläuterung	Typkennzeichen
Currency	8 Byte	Währung (ohne Rundungsfehler!) mit 15 Stellen vor und vier Stellen nach dem Dezimalpunkt	@
Date	8 Byte	1. Januar 100 0:00:00 bis 31. Dezember 9999 23:59:59	
String	1 Byte/Zeichen + 10 Byte	Zeichenfolge mit max. 2.000.000.000 Zeichen	$
Variant (mit Zahlen)	16 Byte	Universeller Datentyp mit numerischen Werten im Bereich von *Double*-Zahlen	
Variant (mit Zeichen)	1 Byte/Zeichen + 22 Byte	Universeller Datentyp wie *String* variabler Länge	
Object	4 Byte	Verweis auf ein Objekt	

Bemerkungen

- Zum *String*-Datentyp siehe Seite 87 (Zeichenkettenfunktionen)
- Zum *Object*-Datentyp siehe Kapitel 6 (Programmieren mit Objekten)
- Zu allen anderen Typen siehe Seite 83 (Einzelheiten zu den Datentypen)

2.1.2 Variablendeklaration

Deklarieren bedeutet so viel wie "bekannt machen". Dazu lassen Sie sich einen Variablennamen bzw. Bezeichner einfallen und weisen diesem einen bestimmten Datentyp (bzw. ein Typkennzeichen) zu.

Dim-Anweisung

In vielen Fällen werden Sie zur Deklaration von Variablen die *Dim*-Anweisung einsetzen[1], wobei der Datentyp mit *As* zugewiesen wird. Geschieht dies innerhalb einer Funktion oder Prozedur, so beschränkt sich die Gültigkeit der Variablen logischerweise nur auf diesen Bereich.

BEISPIEL: Deklaration einer *Integer*-Variablen *a*:

```
Sub test()
  Dim a As Integer
  ...              ' Gültigkeitsbereich von a
End Sub
```

HINWEIS: Zweckmäßigerweise sollten die Variablendeklarationen am Anfang stehen, müssen aber nicht.

Sie können auch innerhalb einer Zeile mehrere Variablen deklarieren.

---

[1] Auf die anderen Möglichkeiten kommen wir später zu sprechen.

2.1 Datentypen, Variablen und Konstanten

BEISPIEL:

Drei Variablen werden deklariert:

```
Dim a As Integer, b As Integer, c As Single
```

Falls die Angabe des Datentyps weggelassen (oder "vergessen") wird, ist die Variable automatisch vom *Variant*-Datentyp.

BEISPIEL: Falls Sie das Vorgängerbeispiel so schreiben:

```
Dim a, b As Integer, c As Single
```

ist *a* nicht, wie vielleicht erwartet, vom Datentyp *Integer*, sondern vom Datentyp *Variant*!

Bezeichner

Bei der Benennung von Variablen sind bestimmte Konventionen einzuhalten. Variablennamen müssen:

- mit einem Buchstaben beginnen
- kürzer als 256 Zeichen sein
- ohne eingeschlossene Leerzeichen, Punkte und Typkennzeichner auskommen
- innerhalb ihres Gültigkeitsbereichs eindeutig sein (also keine Mehrfachvergabe des gleichen Namens)

HINWEIS: Die gleichen Konventionen gelten auch bei der Namensgebung für beliebige andere nutzerdefinierte Sprachelemente (Konstanten, nutzerdefinierte Typen, Funktionen/ Prozeduren und andere).

BEISPIEL: Gültige Deklarationen:

```
Dim s As String
Dim anzahl As Integer
Dim Netto_Betrag As Currency
```

BEISPIEL: Ungültige Deklarationen:

```
Dim i% As Integer
Dim 3Viertel As Single
Dim Netto Betrag As Currency
```

Typkennzeichen

In den meisten Fällen kann man durch Einsatz von Typkennzeichen die Variablendeklarationen verkürzen[1].

---

[1] Für den Datentyp *Variant* gibt es kein Typkennzeichen, ebensowenig für die seit Microsoft Access 95 neu hinzugekommenen Datentypen.

Anstatt:

```
Dim i As Integer, st As String
```

kann man auch

```
Dim i%, st$
```

schreiben.

HINWEIS: Es ist eine weit verbreitete Unsitte, das Typkennzeichen auch außerhalb der Variablendeklaration anzugeben.

BEISPIEL: Man sollte die Anweisungen

```
For i% = 1 To 5
  st$ = "Achtung!"
Next i%
```

wie folgt ersetzen:

```
For i = 1 To 5
  st = "Achtung!"
Next i
```

Vor der allzu gedankenlosen Verwendung von Typkennzeichen sei jedoch gewarnt:

HINWEIS: Typkennzeichen sind dann nicht zu empfehlen, wenn auch Programmierer anderer Sprachen (C, Delphi, Java, ...) Ihren VBA-Code nutzen sollen. Für diese Programmierer bedeutet die ausführliche Deklaration mit As eine deutlich verbesserte Lesbarkeit und Transparenz. Aus diesem Grund werden wir im vorliegenden Buch nur in wenigen Fällen von Typkennzeichen Gebrauch machen.

DefType-Anweisungen

Wer eine größere Anzahl von Variablen gleichen Typs verwendet, dem fällt unter Umständen deren einzelne Deklaration lästig. Um dies zu vereinfachen, sollte man auf *DefType*-Anweisungen zurückgreifen.

BEISPIEL: Die Anweisung

```
DefInt i-n
```

deklariert explizit alle Variablen, die mit den Buchstaben *i* bis *n* beginnen[1], als *Integer*, sodass beispielsweise die folgende Zuweisungen möglich ist:

```
nummer = 25
i = 100
```

---

[1] Die Groß-/Kleinschreibung spielt keine Rolle!

2.1 Datentypen, Variablen und Konstanten

Anweisung	Datentyp	Anweisung	Datentyp
DefBool	Boolean	DefDbl	Double
DefByte	Byte	DefDate	Date
DefInt	Integer	DefStr	String
DefLng	Long	DefObj	Object
DefCur	Currency	DefVar	Variant
DefSng	Single		

DefType-Anweisungen können mit *Dim* außer Kraft gesetzt werden.

BEISPIEL: Die beiden folgenden Anweisungen

```
DefStr a-v
Dim preis As Currency
```

deklarieren alle Variablen, die mit den Buchstaben A bis V beginnen, als Stringtypen. Einzige Ausnahme ist die Währungsvariable *preis*.

DefType-Anweisungen beziehen sich nicht nur auf Variablen, sondern gleichermaßen auch auf Funktionstypen und *PropertyGet*-Prozeduren.

BEISPIEL: Zum vorangegangenen Beispiel könnte man folgende Anweisungen hinzufügen:

```
Function addiereName(name, vorname)
  addiereName = vorname & " " & name
End Function

vollerName = addiereName("Mueller","Heinz")
```

Die Funktion *addiereName* beginnt mit dem Buchstaben "a", d.h., ihr Rückgabewert ist vom Typ *String*.

Bemerkungen

- *DefType*-Anweisungen dürfen nur auf Modulebene (also nicht innerhalb von Funktionen und Prozeduren) eingesetzt werden. Sie können nicht öffentlich (*Public*) deklariert werden.
- Die Buchstabenbereiche mehrerer *DefType*-Anweisungen dürfen sich nicht überschneiden, da sonst die Eindeutigkeit verloren geht.

Option Explicit

VBA erlaubt so genannte implizite Variablendeklarationen (ein Rudiment der alten Basic-Ära). Im Gegensatz zur expliziten Deklaration von Variablen mit *Dim, Private, Public* oder *Static* können neue Variablen auch durch einfache Zuweisungen entstehen.

BEISPIEL: Die Anweisung:

```
zahl = 100
```

erzeugt eine Variable mit dem Namen *zahl* und weist ihr den Wert 100 zu.

Implizit deklarierte Variablen sind immer vom Datentyp *Variant*. Variablen dieses universellen Typs belegen in der Regel mehr Speicherplatz als andere Variablen. Ein Programm arbeitet aber effizienter, wenn seine Variablen explizit und mit dem geeigneten Datentyp deklariert wurden.

Die Möglichkeit der impliziten Variablendeklaration war sicherlich einer der Gründe, warum die Sprache Basic (und deren Derivate) in der Vergangenheit einen zweifelhaften Ruf hatte. Eine solche Großzügigkeit provoziert geradezu Programmierfehler, die allein durch reine Schreibfehler entstehen können.

BEISPIEL: Stellen Sie sich vor, Sie haben anstatt:

```
person = "Mueller"
```

versehentlich:

```
personn = "Mueller"
```

eingetippt.

Es geistert nun eine unbekannte Variable *personn* im Programm herum, von deren Existenz Sie keine Ahnung haben. Ihr Programm scheint zwar zu funktionieren, aber es verarbeitet bestimmte Informationen fehlerhaft, was böse Auswirkungen haben kann, deren Ursachen man nur durch zermürbende Fehlersuche auf die Spur kommt.

Negativen Erlebnissen obiger Art können Sie ein für allemal aus dem Weg gehen, wenn Sie die Anweisung *Option Explicit* an den Beginn des Deklarationsteils eines jeden Moduls setzen. Vom Compiler werden dann nur explizit deklarierte Variablen akzeptiert. Andernfalls erfolgt eine Fehlermeldung.

BEISPIEL: Die Anweisung:

```
Option Explicit
Dim person As String
```

sorgt dafür, dass bei der Zuweisung:

```
personn = "Mueller"
```

der Compiler die Übersetzung mit einer Fehlermeldung stoppt:

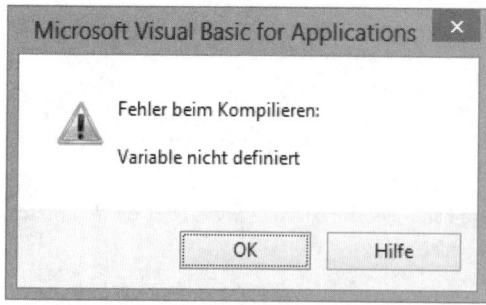

2.1 Datentypen, Variablen und Konstanten

> **HINWEIS:** Vergesslichen sei empfohlen, den Menübefehl *Extras/Optionen* zu wählen und die Registerkarte *Editor* anzuklicken. Aktivieren Sie nun das Kontrollkästchen *Variablendeklaration erforderlich*. Die Anweisung *Option Explicit* erscheint dann automatisch zu Beginn eines jeden neuen Moduls.

2.1.3 Konstantendeklaration

Nachdem wir uns bereits mit der Variablendeklaration ausführlich auseinander gesetzt haben, ist die Anwendung der *Const*-Anweisung schnell erklärt:

BEISPIEL: Die nachfolgenden Anweisungen definieren Konstanten:

```
Const Pi As Single = 3.14159
Public Const hinweis1 = "ACHTUNG!"
Private Const zahl1 As Integer = 7
Const hinweis2 = "VORSICHT!"
Const zahl2 As Double = 125.987
```

Wie Sie sehen, sind auch hier Typkennzeichen, Mehrfachanweisungen in einer Zeile sowie private und öffentliche Deklarationen möglich. Standardmäßig gelten alle einfachen *Const*-Anweisungen als *Private*. Auch für die Namensgebung sind die gleichen Konventionen wie bei Variablen anzuwenden.

Beachten Sie jedoch folgende Unterschiede:

- Zulässige Typen sind *Byte*, *Boolean*, *Integer*, *Long*, *Currency*, *Single*, *Double*, *Date*, *String* oder *Variant*.

- Verwenden Sie für jede deklarierte Variable einen separaten *As Type*-Abschnitt. Falls Sie die Typangabe weglassen, wird automatisch ein geeigneter Datentyp zugewiesen.

- Es dürfte jedem klar sein, dass der Wert einer einmal definierten Konstante während des Programms nicht verändert werden darf.

- Nur in Standardmodulen (also nicht in Klassenmodulen, d.h. Form- bzw. Berichtsmodulen oder gar auf Prozedurebene) können mit dem Schlüsselwort *Public* öffentliche Konstanten deklariert werden.

In VBA sind bereits viele "vorgefertigte" Konstanten integriert, die im Allgemeinen mit den Buchstaben *vb* beginnen.

BEISPIEL: Das Textfeld wird rot eingefärbt (*vbRed*) und der Text umbrochen (*vbCrLf*).

```
Text0.BackColor = vbRed
Text0.Value = "Das ist die erste " & vbCrLf & "das ist die zweite Zeile!"
```

2.1.4 Gültigkeitsbereiche

Bevor Sie eine Variable/Konstante deklarieren (und ihr damit Speicherplatz zuweisen), sollten Sie sich Klarheit über deren Gültigkeitsbereich verschaffen. Dieser kann sich auf eine der folgenden Ebenen beziehen:

- Aktuelle und andere Access-Datenbankapplikationen
- Nur die aktuelle Access-Datenbankapplikation
- Module
- Prozeduren

Der Gültigkeitsbereich einer oberen Ebene umfasst auch die darunter liegenden Ebenen.

Private- und Public-Deklarationen

Diese Anweisungen können anstatt *Dim* verwendet werden, allerdings nur auf Modulebene, d.h., nicht innerhalb von Funktionen/Prozeduren. In VBA unterscheiden wir zwischen zwei Arten von Modulen:

- Klassenmodule (Formular-/Berichtsmodule, eigenständige Klassenmodule)
- Standardmodule (Code-Module)

Sie erreichen das entsprechende Codefenster über das Symbol *Code anzeigen* der Befehlsgruppe *Tools* in der Hauptregisterkarte *Entwurf*:

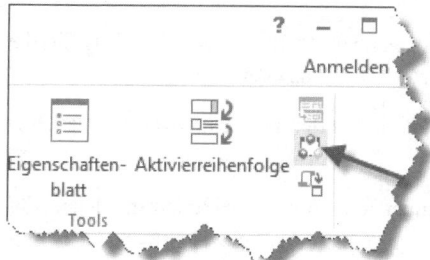

Sämtlicher Code außerhalb von Funktionen/Prozeduren – und dazu gehört auch die Variablendeklaration auf Modulebene – steht im Deklarationsabschnitt ganz am Anfang des Moduls. Wenn Sie hier die einfache *Dim*-Anweisung verwenden, gelten die damit deklarierten Variablen nur innerhalb des Moduls, also nur für die dort angesiedelten Funktionen/Prozeduren.

Wenn Sie möchten, dass die auf Modulebene deklarierten Variablen auch noch in allen anderen Modulen der aktuellen Datenbank zur Verfügung stehen sollen, so müssen sie mit *Public* als "öffentlich" gekennzeichnet werden.

2.1 Datentypen, Variablen und Konstanten

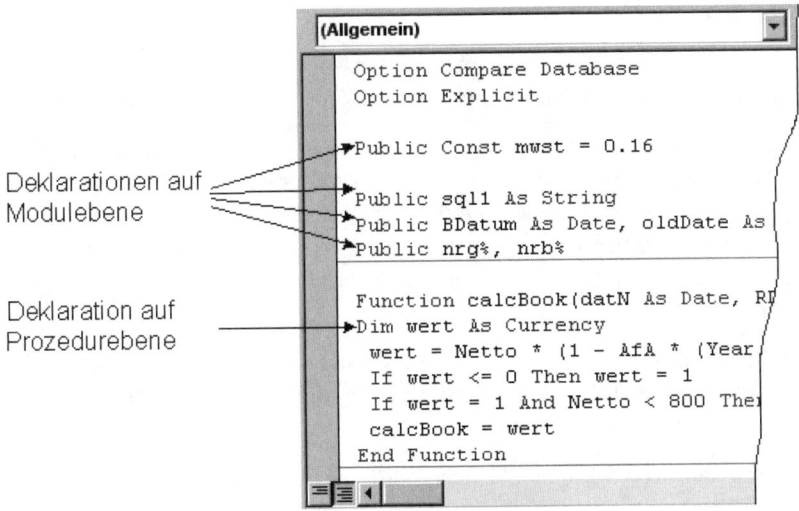

Deklarationen auf Modulebene

Deklaration auf Prozedurebene

BEISPIEL: Die auf Modulebene angewendete Anweisung:

`Public a As Integer`

deklariert eine öffentliche *Integer*-Variable *a*, die auch in allen anderen Modulen der Datenbank zur Verfügung steht.

Beachten Sie folgenden Unterschied: Während *Public*-Variablen eines Formular-/Berichtsmoduls nur innerhalb von Funktionen/Prozeduren der aktuellen Datenbank verwendet werden können, darf auf *Public*-Variablen eines Standardmoduls auch von anderen Datenbanken aus, die mit ihrer Deklaration auf die aktuelle Datenbank verweisen, zugegriffen werden.

HINWEIS: Eine noch effektivere Möglichkeit zur Definition globaler Variablen wurde bereits unter Access 2007 mit der neuen *TempVars*-Auflistung des *Application*-Objekts eingeführt (siehe "Eigenschaften und Methoden des *Application*- Objekts" in Kapitel 6).

Eine mit *Private* gekennzeichnete Variablendeklaration weist ausdrücklich darauf hin, dass die Variable nur innerhalb des Moduls zur Verfügung steht. Standardmäßig sind alle mit *Dim* auf Modulebene deklarierten Variablen privat, sodass man hier auch ohne das Schlüsselwort *Private* auskommt.

BEISPIEL: Die auf Modulebene eingesetzte Anweisung:

`Private a As Integer`

ist äquivalent zur Anweisung:

`Dim a As Integer`

und deklariert eine *Integer*-Variable *a*, die nur den Funktionen/Prozeduren dieses Moduls zur Verfügung steht.

Static-Anweisung

Neben den erwähnten Gültigkeitsbereichen (Prozedurebene, Modulebene, Datenbankebene) von Variablen ist auch noch die Dauer, während der eine Variable ihren Wert beibehält, von Interesse.

Beim Aufruf einer Prozedur werden alle dort deklarierten Variablen initialisiert. Numerische Variablen erhalten den Wert 0, eine Zeichenkette variabler Länge wird zur leeren Zeichenfolge (""), und eine Zeichenfolge fester Länge wird zu dem Zeichen, das vom ASCII-Zeichencode als *0* bzw. *Chr(0)* interpretiert wird. Variablen des Datentyps *Variant* werden mit *Empty* initialisiert. Das Gleiche trifft auch auf jedes Element von Variablen eines benutzerdefinierten Datentyps (*Type*-Anweisung) zu.

Etwas anders verhält es sich bei Objektvariablen. Zwar reserviert Microsoft Access dafür Speicherplatz, die Variable erhält aber erst dann einen Wert, wenn ihr mit Hilfe der *Set*-Anweisung eine Objektreferenz zugewiesen wurde (siehe Kapitel 6).

Eine mit *Dim* auf Prozedurebene deklarierte Variable behält ihren Wert nur so lange, bis die Ausführung der Prozedur beendet ist.

BEISPIEL: Platzieren Sie auf einem Formular eine Befehlsschaltfläche und hinterlegen Sie das *Click*-Ereignis mit folgendem Code:

```
Sub Befehl0_Click()
  Dim anzahl As Integer
  anzahl = anzahl + 1
  MsgBox anzahl
End Sub
```

Nach dem Öffnen des Formulars und wiederholtem Klicken auf die Schaltfläche zeigt das Meldungsfeld (auch als Messagebox bezeichnet) unverändert den Wert 1 an.

Wird *Dim* hingegen auf Modulebene eingesetzt, so behalten die dort deklarierten Variablen ihren Wert, bis das Modul zurückgesetzt oder neu gestartet wird.

BEISPIEL: Im Unterschied zum Vorgängerbeispiel erfolgt jetzt die Variablendeklaration auf Modulebene:

```
Dim anzahl As Integer

Sub Befehl0_Click()
  anzahl = anzahl + 1
  MsgBox anzahl
End Sub
```

Sie werden feststellen, dass sich der im Meldungsfeld angezeigte Wert bei jedem Klicken um 1 erhöht.

Um den gleichen Effekt wie auf Modul- auch auf Prozedurebene zu erreichen, muss anstatt *Dim* das Schlüsselwort *Static* verwendet werden.

2.2 Einzelheiten zu den Datentypen

BEISPIEL: Verwendung von *Static*:

```
Sub Befehl0_Click()
```

Beachten Sie, das *anzahl* jetzt innerhalb der Methode definiert wird:

```
Static anzahl As Integer
anzahl = anzahl + 1
MsgBox anzahl
End Sub
```

Nach jedem Aufruf erhöht sich der Wert von *anzahl* um 1.

Bemerkungen

- Die *Static*-Anweisung ist nur auf Prozedurebene anwendbar. Ansonsten gelten die gleichen Konventionen wie für *Dim*.
- *Static* lässt sich auch auf Daten-Arrays anwenden und wird auch in Verbindung mit Funktionen bzw. Prozeduren eingesetzt (siehe Seite 123).

2.2 Einzelheiten zu den Datentypen

Da VBA englischsprachige Konventionen verwendet, sind aufgrund der deutschsprachigen Windows-Systemeinstellung einige Besonderheiten zu beachten.

2.2.1 Single- und Double-Datentypen

Wenn Sie Fließkommazahlen im Quelltext zuweisen, dürfen Sie nicht das Komma, sondern müssen den Punkt als Dezimaltrennzeichen verwenden.

BEISPIEL: Dezimaltrennzeichen

```
a = 0.45
```

Andererseits dürfen Sie sich nicht wundern, wenn z.B. bei Zahleneingaben in ein Textfeld (bzw. bei der Anzeige) nur das Komma als Dezimaltrennzeichen akzeptiert wird.

2.2.2 Integer-, Long- und Boolean-Datentypen

Farbwerte sind im Allgemeinen vom Datentyp *Long*.

BEISPIEL: Der Formularhintergrund wird gelb eingefärbt.

```
Dim farbe As Long
farbe = 65535                     ' entspricht der Konstanten vbYellow
Me.Section(0).BackColor = farbe
```

Auch hinter den Wahrheitswerten *True* und *False* verbergen sich Integer-Zahlen (0 für *False*, sonst *True*). Während Sie im Quellcode *True* und *False* (oder eine Integer-Zahl) zuweisen müssen, erscheint bei der Anzeige "Wahr" bzw. "Falsch".

BEISPIEL: Für die *Boolean*-Variable *bVar = -1* ergibt sich die Anzeige "Wahr".

```
Dim bVar As Boolean
bVar = -1
MsgBox bVar
```

2.2.3 Date-Datentyp

Variablen dieses Typs werden intern als 64-Bit-Zahlen (8 Bytes) gespeichert und können ein Datum im Bereich vom *01. Januar 100* bis zum *31. Dezember 9999* und eine Uhrzeit im Bereich von *0:00:00* bis *23:59:59* darstellen.

HINWEIS: Beachten Sie, dass eine Variable vom Datentyp *Date* im Allgemeinen ein Datum und eine Zeit speichert!

Ein Datums- oder Zeitliteral muss links und rechts durch das Zeichen "#" (Nummernzeichen) eingeschlossen sein, z.B. *#January 31, 2011#* oder *#31 Jan 11#* oder *#01/31/2011#*. Besonders am letzten Ausdruck sehen Sie deutlich, dass hier grundsätzlich die englische Schreibweise Anwendung findet, wo zuerst der Monat steht und erst dann der Tag folgt.

Hinter dem Datentyp *Date* versteckt sich eigentlich eine Gleitkommazahl (*Double*), bei der die Vorkommastellen das Datum abbilden.

BEISPIEL: Die Zahl *123456.789* repräsentiert den (weit in der Zukunft liegenden) Termin *3.1.2238 18:56:10*.

```
Dim z As Double, d As Date
z = 123456.789
d = z
MsgBox d
```

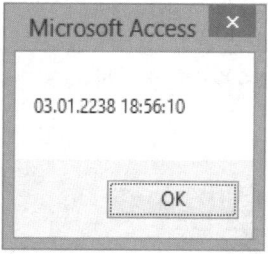

- Der Wert 0 entspricht dem Datum *30.12.1899*, der Wert 1 entspricht einem Tag (24 Stunden).
- Negative ganze Zahlen beziehen sich auf ein Datum vor dem *30. Dezember 1899*.
- Die Nachkommastellen bilden die Uhrzeit ab (1 Stunde = 1/24 = 0.0417). Mitternacht hat demzufolge den Nachkommawert 0 und Mittag = 12 x 1/24 = 0,5.

2.2 Einzelheiten zu den Datentypen

Einfache Beispiele

BEISPIEL: Der *25.1.2015* wird einer Datumsvariablen zugewiesen und mit einem Meldungsfenster angezeigt.

```
Dim dat As Date
dat = #1/25/2015#
MsgBox dat
```

Der Tag vor dem Wert 0.

```
Dim dat As Date
dat = -1
MsgBox dat            ' liefert den 29.12.1899
```

BEISPIEL: Berechnung eines Termins, der 14 Tage und drei Stunden vor dem *13.1.2014 12:45* liegt

```
Dim dat As Date
dat = #1/13/2014 12:45:00 PM# - 14 - 3 / 24        ' liefert "30.12.2013 09:45:00"
```

Herausfiltern von Datum und Zeit

Mit Hilfe der *Int*-Funktion (siehe Seite 116) ist es einfach, eine *Date*-Variable in ihren ganzzahligen und gebrochenen Anteil zu zerlegen, um damit Datum und Zeit herauszufiltern.

BEISPIEL: Der Termin *25.1.2014 12:45* soll "zerlegt" werden.

```
Dim dat As Date, datum As Date, zeit As Date
dat = #1/25/2014 12:45#
datum = Int(dat)
zeit = dat - Int(dat)
MsgBox "Datum = " & datum & vbCrLf & "Zeit = " & zeit
```

Weitere Funktionen

Im Zusammenhang mit dem *Date*-Datentyp sind die *CDate*-Funktion und die vielfältigen Datums-/Zeitfunktionen von Bedeutung (siehe Seite 120).

BEISPIEL: Anstatt der Zuweisung

```
dat = #1/13/2014 12:45#
```

könnte man im obigen Beispiel auch schreiben

```
dat = CDate("13.1.2014 12:45")
```

Siehe dazu auch das Praxisbeispiel "Das Wochenende feststellen" (Seite 152).

Kurzeingabe

Wenn Sie ein Datum eingeben, das nur den Monat sowie ein oder zwei Ziffern umfasst, nimmt Access an, dass die Zahlen 1 bis 31 den Tag angeben und dass das Jahr das aktuelle Jahr ist.

HINWEIS: *December 03* wird als 1. Dezember des aktuellen Jahres und nicht des Jahres 2003 interpretiert.

Jahr 2000-Problematik

Zweistellige Jahresangaben sind mit Vorsicht zu genießen, denn sie werden unterschiedlich interpretiert, wobei als Stichtag der 1.1.1930 festgelegt ist:

Abgekürztes Jahresformat	Interpretation
1.1.00 bis 31.12.29	1.1.2000 bis 31.12.2029
1.1.30 bis 31.12.99	1.1.1930 bis 31.12.1999

BEISPIEL: Wenn Sie das Geburtsdatum Ihrer Urgroßmutter mit 28.11.26 angeben, dann haben Sie eine "Zeitreise" in die Zukunft unternommen.

```
Dim dat As Date
dat = #11/28/26#
MsgBox dat          ' liefert den 28.11.2026
```

HINWEIS: Um sicherzustellen, dass Access die Datumswerte auch in ferner Zukunft nicht verfälscht, sollten Sie Jahreszahlen grundsätzlich vierstellig abspeichern.

2.2.4 Currency-Datentyp

Bei Währungswerten handelt es sich um einen Festkomma-Datentyp (8 Byte), welcher 15 Ziffern links und 4 Ziffern rechts vom Komma darstellen kann.

2.2 Einzelheiten zu den Datentypen

BEISPIEL: Anzeige eines Währungsbetrags (ohne Formatierung)

```
Dim gehalt As Currency
gehalt = 1003.571 + 5.624
MsgBox gehalt
```

Wie Sie obigem Beispiel entnehmen, erfolgt die Anzeige ungerundet. Probleme können auch im Zusammenhang mit dem Dezimaltrennzeichen auftreten (im Quelltext als Punkt, in der Anzeige aber als Komma). Aus diesen Gründen sollten Sie zur Anzeige die *Format$*- oder die *FormatCurrency$*-Funktion verwenden (siehe Seite 110).

BEISPIEL: Zwei Möglichkeiten zur formatierten Anzeige eines Währungsbetrags.

```
Dim gehalt As Currency
gehalt = 1003.571 + 5.624
MsgBox Format$(gehalt, "Currency")      ' Variante A
MsgBox FormatCurrency$(gehalt)          ' Variante B
```

Das Ergebnis ist in beiden Fällen gleich.

2.2.5 String-Datentyp

Strings (auch Zeichenketten genannt) werden in Visual Basic grundsätzlich in doppelte Anführungszeichen ("Gänsefüßchen") eingeschlossen.

BEISPIEL: Deklarieren und Zuweisen einer Stringvariablen

```
Dim s As String
s = "Ich bin ein String!"
```

Strings fester Länge

Zeichenketten konstanter Länge werden mit * *Länge* deklariert.

BEISPIEL: Eine Stingvariable mit 10 Zeichen

```
Dim vorname As String * 10
vorname = "Siegbast"
```

BEISPIEL: Quasi als Ersatz für den in VBA nicht enthaltenen Datentyp *Char* kann man ein einzelnes Zeichen darstellen.

```
Dim zeichen As String * 1
zeichen = "A"
```

Stringaddition

Obwohl man auch mit dem arithmetischen "+"-Operator Zeichenketten verbinden kann, sollte man dafür grundsätzlich den "&"-Operator ("Kaufmännisches Und") verwenden.

BEISPIEL: Addieren von Strings.

```
Dim a As String, b As String
a = "Access und"
b = "VBA"
Debug.Print a & " " & b     ' liefert "Access und VBA"
```

Beachten Sie:

- Ausdrücke, die keine Zeichenfolge sind, werden in den *Variant*-Untertyp *String* umgewandelt.
- Das Ergebnis ist vom *String*-Datentyp, wenn beide Ausdrücke den Typ *String* haben, andernfalls ist das Ergebnis ein *Variant* vom Untertyp *String*.
- Sind beide Ausdrücke *Null*, ist das Ergebnis ebenfalls *Null*. Wenn jedoch nur ein Ausdruck *Null* ist, wird dieser Ausdruck bei der Verkettung mit einem anderen Ausdruck als Leerstring ("") interpretiert. Hat ein Ausdruck den Wert *Empty*, so wird er ebenfalls als Leerstring interpretiert.

Zeilenumbruch

Um einen Zeilenumbruch innerhalb eines Strings zu erzwingen kann man die Steuerzeichen *Chr$(10)* bzw. *Chr$(13)* oder die VB-Konstante *vbCrLf* einfügen.

HINWEIS: Mehr zur Arbeit mit Strings lesen Sie ab Seite 110 (Zeichenkettenfunktionen).

BEISPIEL: Zeilenumbruch einfügen

```
MsgBox "Hallo," & vbCrLf & "dies ist ein Zeilenumbruch!"
```

2.2 Einzelheiten zu den Datentypen

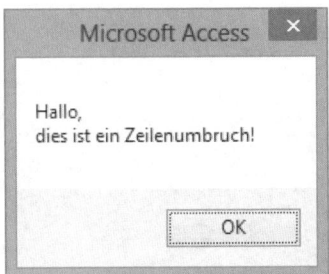

2.2.6 Variant-Datentyp

Dieser Datentyp fällt etwas aus der Reihe, da er – einem Chamäleon gleich – beliebige Daten, mit Ausnahme von Zeichenketten (Strings) fester Länge und benutzerdefinierten Typen, enthalten kann.

Obwohl man schon in der Grundschule lernt, dass man "Äpfel und Birnen" nicht zusammenzählen darf – ein *Variant* macht's trotzdem möglich, denn wenn eine *Variant*-Variable Ziffern enthält, so können diese (je nach Zuweisung) entweder als Stringausdruck oder als Zahl interpretiert werden.

BEISPIEL: Die Anweisungsfolge:

```
Dim v As Variant
Dim st As String
Dim z As Integer

v = 5784
st = "16"
z = v + st              ' liefert die Integer-Zahl 5800
```

Arithmetische Operationen lassen sich mit allen *Variant*-Variablen durchführen, wenn diese numerische Daten enthalten oder Stringausdrücke, die als numerische Daten interpretiert werden können.

HINWEIS: Beim Umgang mit dem Datentyp *Variant* ist Vorsicht geboten, verliert man doch hier sehr leicht den Überblick. Allgemein behalten *Variant*-Variablen ihren erstmalig zugewiesenen Sub-Datentyp bei. Wenn Sie zum Beispiel einem *Variant* einen *Integer*-Wert zuweisen, interpretieren alle nachfolgenden Operationen den *Variant* als Datentyp *Integer*.

Mit den Funktionen *VarType* bzw. *TypeName* können Sie ermitteln, wie die Daten in einer *Variant*-Variablen interpretiert werden.

BEISPIEL: Das folgende kleine Testprogramm demonstriert die Verwendung der Funktionen *TypeName* (gibt eine Zeichenfolge zurück) und *VarType* (gibt einen Wert zurück).

```
Private Sub Form_Load()
' Einige Variablen deklarieren:
   Dim i As Integer
```

```
    Dim sng As Single
    Dim st As String
    Dim obj As Object
    Dim v As Variant
' Tabellenkopf anfertigen:
    Debug.Print "Variable", "TypeName", "VarType"
    Debug.Print "--------------------------------"
' Typinfos feststellen und ausdrucken:
    Debug.Print "i", TypeName(i), VarType(i)
    Debug.Print "sng", TypeName(sng), VarType(sng)
    Debug.Print "st", TypeName(st), VarType(st)
    Debug.Print "v", TypeName(v), VarType(v)
End Sub
```

Öffnen Sie das Formular und betätigen Sie [Strg]+[G]. Oder schließen Sie das Formular wieder, wechseln in das Codefenster und aktivieren den Menüpunkt *Ansicht/Direktfenster*:

```
Direktbereich

Variable      TypeName       VarType
---------------------------------------
i             Integer        2
sng           Single         4
st            String         8
v             Empty          0
```

HINWEIS: Im Übersichtsteil des Kapitels (Seite 148) finden Sie eine Zusammenstellung der Rückgabewerte der *VarType*-Funktion.

Spezielle Werte

Einer *Variant*-Variablen können auch die speziellen Werte *Empty*, *Error*, *Nothing* und *Null* zugewiesen werden:

- *Empty* kennzeichnet eine nicht initialisierte Variant-Variable (d.h., ihr wurde noch kein Wert zugewiesen). Im Zusammenhang mit Zahlenoperationen entspricht dies dem Wert 0, bei Stringoperationen dem Leerstring ("").

- *Null* zeigt an, dass die Variable vom Datentyp *Variant* absichtlich keine gültigen Daten enthält, was z.B. im Zusammenhang mit dem Auslesen von Datenbankfeldern von Bedeutung sein kann. *Null* darf nicht mit der Zahl *Null* (0) oder mit *Empty* verwechselt werden!

- *Error* dient der Kennzeichnung von Fehlerzuständen in einer Prozedur. Im Unterschied zu anderen Fehlern findet jedoch keine normale Fehlerbehandlung durch die Anwendung statt. Deshalb können Sie als Programmierer selbst den Fehler auswerten und geeignete Maßnahmen ergreifen. Ob eine *Variant*-Variable den Wert *Null* hat, kann mit der *IsNull*-Funktion getestet werden.

2.2 Einzelheiten zu den Datentypen

> **HINWEIS:** Verwenden Sie den Datentyp *Variant* nur dort, wo es unbedingt nötig ist (Auflistungen, API, optionale Parameter, Parameter-Arrays).

Array- und IsArray-Funktionen

Mit der *Array*-Funktion können Sie einer *Variant*-Variablen eine Aufzählung zuweisen.

BEISPIEL: Geben Sie im Direktfenster nacheinander die beiden folgenden Anweisungen ein:

```
aWoche = Array("Montag","Dienstag","Mittwoch","Donnerstag","Freitag")
Debug.Print aWoche(3)                    ' liefert Donnerstag im Direktfenster
```

Konvertieren von Datentypen

Bei Zuweisungen für den Datentyp *Variant* ist es wichtig, Klarheit über die Interpretation des Wertes zu schaffen. Um diese und ähnliche Probleme zu lösen, wird für (fast) jeden Datentyp eine Funktion zur Verfügung gestellt, mit welcher man Umwandlungen des Ergebnistyps von Ausdrücken vornehmen kann.

BEISPIEL: Konvertierung

```
Dim datum1 As String, datum2 As Date
datum1 = "28.November 2016"
datum2 = CDate(datum1)                   ' ergibt für datum2 den Wert 28.11.16
```

In der folgenden Tabelle finden Sie eine Zusammenstellung typischer Konvertierungsfunktionen:

Umwandlungsfunktion	Datentyp	Umwandlungsfunktion	Datentyp
CInt (Ausdruck)	Integer	CBool (Ausdruck)	Boolean
CLng (Ausdruck)	Long	CByte (Ausdruck)	Byte
CSng (Ausdruck)	Single	CDate (Ausdruck)	Date
CDbl (Ausdruck)	Double	CStr (Ausdruck)	String
CCur (Ausdruck)	Currency	CVar (Ausdruck)	Variant

Beachten Sie bitte Folgendes:

- Das Argument *Ausdruck* kann ein beliebiger numerischer Wert oder ein String (Zeichenkette) sein.
- Zwischen der *CStr*- und *Str*-Funktion bestehen erhebliche Unterschiede. Das Gleiche gilt für *CInt*, *CLng*, *CSng* etc. bezüglich der *Val*-Funktion.
- Weitere Informationen bezüglich der Anwendung von *CDate* und *CLng* entnehmen Sie bitte den Abschnitten zu Datums- und Zeitfunktionen (siehe Seite 120) bzw. Vorzeichen- und Rundungsfunktionen (siehe Seite 116).

BEISPIEL: Anwenden einer Konvertierungsfunktion (Direktfenster).

```
? CInt(52 / 15) * 15           ' ergibt 45
```

BEISPIEL: Vergleichende Berechnungen

```
Dim i As Integer

i = 52 / 15 * 15
MsgBox i
```

... ergibt 52 !!!

```
i = (52 / 15)
i = i * 15
MsgBox i
```

... ergibt 45

```
i = (52 \ 15) * 15
MsgBox i
```

... ergibt 45

2.3 Datenfelder (Arrays)

VBA erlaubt die Deklaration statischer und dynamischer Datenfelder. Beide müssen explizit deklariert werden. Auch hierzu werden *Dim*-, *Private*-, *Public*- und *Static*-Anweisung eingesetzt.

2.3.1 Statische Arrays

Der Speicherplatzbedarf liegt bei 20 Byte für den Overhead plus vier Byte für jede Felddimension. Hinzu kommt die Anzahl von Bytes für die eigentlichen Daten.

Option Base-Anweisung

In VBA ist der untere Feldindex standardmäßig null.

BEISPIEL: Arraydefinition

```
Dim a(50) As Currency
```

und

```
Dim a@(50)
```

sind gleichwertige Anweisungen und definieren beide ein Array mit 51 Währungswerten, also:

```
a(0), a(1), a(2), ... a(50)
```

Manchmal möchte man aber, dass der unterste Feldindex mit eins beginnt. In diesem Fall entspricht die Anzahl der Feldelemente exakt der Dimension des Arrays. Um das zu erreichen, setzen Sie die *Option Base*-Anweisung ein.

2.3 Datenfelder (Arrays)

BEISPIEL: Die folgenden Zeilen:

```
Option Base 1
Dim a(50) As Currency
```

definieren ein Feld (Array) mit 50 Währungswerten, d.h.:

a(1), a(2), a(3), ... a(50)

Der Zugriff auf *a(0)* verursacht dann einen Fehler.

BEISPIEL: Die Anweisungen:

```
Option Base 1
Const c1 = 10, c2 = 20
Dim b(c1,c2) As Single
```

deklarieren ein zweidimensionales Array mit *Single*-Zahlen, wobei *c(1,1)* das erste Element der ersten Zeile und *b(10,20)* das letzte Element der letzten Zeile bezeichnen. Beachten Sie:

- *Option Base* kann nur mit den Argumenten 0 (Standardwert) oder 1 aufgerufen werden.
- *Option Base* ist nur auf Modulebene anwendbar (also nicht innerhalb von Funktionen und Prozeduren!).

Bereichsgrenzen mit To

Wesentlich flexiblere Möglichkeiten zur Festlegung der Dimensionsgrenzen ergeben sich durch Verwendung von *To*:

BEISPIEL: Die Anweisung:

```
Dim a(1 To 5, 10 To 15)
```

deklariert ein zweidimensionales Array mit folgendem Aufbau:

	10	11	12	13	14	15
1	a(1,10)	a(1,11)	A(1,12)	a(1,13)	a(1,14)	a(1,15)
2	a(2,10)	a(2,11)	A(2,12)	a(2,13)	a(2,14)	a(2,15)
3	a(3,10)	a(3,11)	A(3,12)	a(3,13)	a(3,14)	a(3,15)
4	a(4,10)	a(4,11)	A(4,12)	a(4,13)	a(4,14)	a(4,15)
5	a(5,10)	a(5,11)	A(5,12)	a(5,13)	a(5,14)	a(5,15)

Private- und Public-Deklarationen

Ähnlich wie bei "normalen" Variablen können Sie auch Arrays als privat oder öffentlich deklarieren. Wenn Sie *Dim* auf Modulebene verwenden, sollten Sie es der besseren Lesbarkeit wegen durch *Private* ersetzen.

BEISPIEL: Eine Deklaration auf Modulebene

```
Private matrixA(n+1)
```

Öffentliche Deklarationen funktionieren allerdings nur in Standardmodulen (also nicht innerhalb von Form-/Berichtsmodulen und schon gar nicht innerhalb von Funktionen und Prozeduren).

BEISPIEL: Die Deklaration innerhalb eines Standardmoduls stellt das zweidimensionale *Variant*-Array *matrixB* auch allen anderen Modulen der aktuellen Datenbank zur Verfügung:

```
Public matrixB(50,z)
```

2.3.2 Dynamische Arrays

Die Anzahl der Feldelemente eines dynamischen Arrays braucht erst zur Laufzeit festgelegt zu werden und ist im Allgemeinen zur Entwurfszeit noch unbekannt. Dynamische Arrays werden unter anderem auch als Übergabeparameter in so genannten *Parameter-Arrays* eingesetzt.

ReDim-Anweisung

Die bei der normalen Array-Deklaration angegebenen Bereichsgrenzen müssen Konstanten sein, Variablen sind also unzulässig.

BEISPIEL: Die folgende Sequenz erzeugt die gezeigte Fehlermeldung.

```
Dim x As Integer
Dim y As Integer
x = 5
y = 17
Dim a(1 To x, 10 To y) As Double
```

Aber das ist noch lange kein Grund zur Resignation! Sie brauchen nur die *Dim*- (oder auch *Private*-)Anweisung auf Modulebene mit leeren Klammern auszuführen, und schon haben Sie ein dynamisches Array. Durch *ReDim*, welches allerdings nur auf Prozedurebene einsetzbar ist, erfolgt die Festlegung bzw. Änderung der Dimensionen.

BEISPIEL: Um das fehlgeschlagene Vorgängerbeispiel doch noch zum Laufen zu bringen, ist zunächst auf Modulebene Folgendes zu deklarieren:

```
Private a() As Double
Private x As Integer
Private y As Integer
```

2.3 Datenfelder (Arrays)

Auf Prozedurebene werden die Dimensionen festgelegt:

```
x = 10
y = 17
ReDim a(1 To x, 10 To y)
```

Preserve-Option

Mit Hilfe der *Preserve*-Option kann man dafür sorgen, dass trotz mehrmaligem Umdimensionieren der alte Feldinhalt erhalten bleibt.

BEISPIEL: Die Anweisung:

```
ReDim Preserve a(1 To x+1, 10 To y)
```

fügt eine weitere Zeile zum oben deklarierten Array hinzu, ohne den alten Inhalt zu zerstören.

Beachten Sie:

- Sie können mit *Preserve* nur die obere Grenze ändern.
- Die Anzahl der Dimensionen kann mit *Preserve* nicht geändert werden.

Abfrage der Dimensionen mit LBound und UBound

Falls durch häufiges Umdimensionieren die aktuellen Abmessungen eines dynamischen Arrays nicht mehr bekannt sind, können diese mit den Funktionen *LBound* und *UBound* ermittelt werden. Außer dem Feldnamen muss diesen Funktionen der Index der abzufragenden Dimension übergeben werden.

BEISPIEL: Der Befehl:

```
UBound(a,2)
```

liefert für das Vorgängerbeispiel den Wert 17 (obere Grenze der zweiten Dimension).

Löschen von Arrays mit Erase

Wenden Sie die *Erase*-Anweisung auf ein dynamisches Datenfeld an, so wird das gesamte Array gelöscht und der belegte Speicher wieder freigegeben. Eine Neudimensionierung ist mit *ReDim* möglich.

BEISPIEL: Die folgende Anweisungsfolge löscht das Array a und legt danach die Abmessungen neu fest.

```
Erase a
ReDim a(10,10)
```

Wird *Erase* auf ein statisches Array angewendet, so werden alle Elemente auf null (0) gesetzt. In String-Arrays werden Nullstrings ("") zugewiesen.

2.4 Benutzerdefinierte Datentypen

Neben den Standard-Datentypen können Sie auch eigene Typen erstellen.

2.4.1 Type-Anweisung

Die benutzerdefinierten Datentypen werden auch als Struktur- bzw. Verbundvariablen bezeichnet.

Die Typdefinition erfolgt mit *Type*. Die "nackte" *Type*-Anweisung (*Public*) wird nur in Standardmodulen verwendet, in einem Klassenmodul bzw. Form-/Berichtsmodul muss das Schlüsselwort *Private* vorangestellt werden.

BEISPIEL: In einer Variablen zur Erfassung von Studenten sollen Name, Immatrikulationsdatum und Höhe des Stipendiums abgespeichert werden. In einem Standardmodul definieren Sie den Typ:

```
Type TStudent
    name As String
    immatDatum As Date
    stipendium As Currency
End Type
```

Die Variablendeklaration für zwei Studenten erfolgt z.B. mit:

```
Dim student1 As TStudent, student2 As TStudent
```

Beachten Sie bei der Anwendung der *Type*-Anweisung bitte Folgendes:

- Die *Type*-Anweisung ist nur auf Modulebene zulässig (also nicht innerhalb von Funktionen und Prozeduren). Nach der Definition eines benutzerdefinierten Typs mit *Type* können Sie eine Variable dieses Typs nur innerhalb des Gültigkeitsbereichs der Definition deklarieren, und zwar mit *Dim*, *Private*, *Public*, *ReDim* oder *Static*.

- Zulässige Typen der Datenelemente sind: *Byte*, *Boolean*, *Integer*, *Long*, *Currency*, *Single*, *Double*, *Date*, *String*, *String * Länge* (für Zeichenfolgen fester Länge), *Object*, *Variant*, ein Objekttyp oder ein anderer benutzerdefinierter Typ.

- Typkennzeichen (%, ! usw.) sind innerhalb von *Type* nicht erlaubt.

- Die Typdefinition erfolgt standardmäßig öffentlich (*Public* kann weggelassen werden) und ist (wie in obigem Beispiel) so nur in Standardmodulen zulässig.

- In Klassen-, Formular- und Berichtsmodulen dürfen nur private Typdefinitionen erfolgen.

HINWEIS: Ein einfaches Beispiel zu benutzerdefinierten Datentypen und dynamischen Arrays finden Sie auf Seite 128!

2.4.2 With-Anweisung

Um auf den Wert eines benutzerdefinierten Datentyps zuzugreifen, müssen Variablen- und Feldbezeichner durch einen Punkt voneinander getrennt sein.

BEISPIEL: Das Lesen bzw. Schreiben einzelner Einträge der Variablen *student1* des Vorgängerbeispiels könnte so aussehen:

```
Dim n As String, id As Date, geld As Currency
student1.name = "Sorglos"
student1.immatDatum = #11/28/72#
student1.stipendium = 880.65
n = student1.name
id = student1.immatDatum
geld = student1.stipendium
```

Das lästige Voranstellen des Variablenbezeichners können Sie sich sparen, wenn Sie sich der *With*-Anweisung bedienen:

BEISPIEL: Die Schreibweise des Vorgängerbeispiels könnte wie folgt vereinfacht werden:

```
With student1
 .name = "Sorglos"
 .immatDatum = #11/28/72#
 .stipendium = 880.65
 n = .name
 id = .immatDatum
 geld = .stipendium
End With
```

Natürlich ist es auch möglich, nicht nur auf die einzelnen Feldelemente, sondern auf die Strukturvariable insgesamt zuzugreifen.

BEISPIEL: Die folgende Anweisung "klont" die Variable *student1*.

```
student2 = student1
```

HINWEIS: Nachdem mit der Ausführung eines *With*-Blocks begonnen wurde, kann das spezifizierte Objekt nicht mehr geändert werden. Sie können daher in einer einzelnen *With*-Anweisung nicht mehrere verschiedene Objekte bearbeiten.

2.4.3 Strings innerhalb Type

In einigen Anwendungsfällen (z.B. Randomdateien) sind Strings fester Länge zu verwenden.

BEISPIEL: Verwenden der *Type*-Anweisung in einem Standardmodul, um einen benutzerdefinierten Datentyp zu erzeugen:

```
Type TMitarbeiter
 PersNr As Integer
 Name As String * 25
```

```
  Adresse As String * 50
  Einstellungsdatum As Date
End Type
```

Die Variablendeklaration:

```
Dim Mitarbeiter1 As TMitarbeiter
```

Das Füllen der Variablen *Mitarbeiter1*:

```
With Mitarbeiter1
  .PersNr = 12345
  .Name = "Hoffmann"
  .Adresse = "04610 Wintersdorf Buchenring 19"
  .Einstellungsdatum = 15.09.2010
End With
```

2.4.4 Enumerationen

Sammlungen von miteinander verwandten Konstanten können in so genannten *Enums* (Enumerations) zusammengefasst werden. Der *Enum*-Datentyp wird ähnlich wie ein strukturierter Datentyp deklariert.

```
[Public|Private] Enum typName
  mitgliedsName [=konstanterAusdruck]
  mitgliedsName [=konstanterAusdruck]
  ...
End Enum
```

BEISPIEL: Eine Enumeration für drei Konstanten:

```
Public Enum erstesQuartal
  cJanuar = 1
  cFebruar
  cMärz
End Enum
```

Es genügt, wenn nur der ersten Mitgliedskonstanten (*cJanuar*) ein (*Long-*)Wert zugewiesen wird, der Wert der Nachfolger wird automatisch um 1 erhöht.

Auf die deklarierten Konstanten kann direkt zugegriffen werden.

BEISPIEL: Verwendung der oben deklarierten Enumeration:

```
Dim m As Long
m = cFebruar                  ' m erhält den Wert 2
```

oder ausführlicher

```
m = erstesQuartal.cFebruar
```

2.4 Benutzerdefinierte Datentypen

BEISPIEL: Auch Variablen vom Datentyp einer *Enum* sind möglich.

```
Dim monat As erstesQuartal
monat = cFebruar
```

BEISPIEL: Auch einer Prozedur können Sie einen *Enum*-Parameter übergeben:

```
Private Sub listenEintrag(mName$, monat As erstesQuartal)
  List1.AddItem mName & " = " monat
End Sub
```

HINWEIS: Das Zuweisen negativer *Long*-Werte ist z.B. für Enumerationen mit Fehlerkonstanten üblich!

VBA hat zahlreiche "eingebaute" Enumerationen, z.B. *vbDayOfWeek*. Nutzen Sie die IntelliSense des Quelltexteditors, um die verfügbaren Mitgliedskonstanten zu "besichtigen":

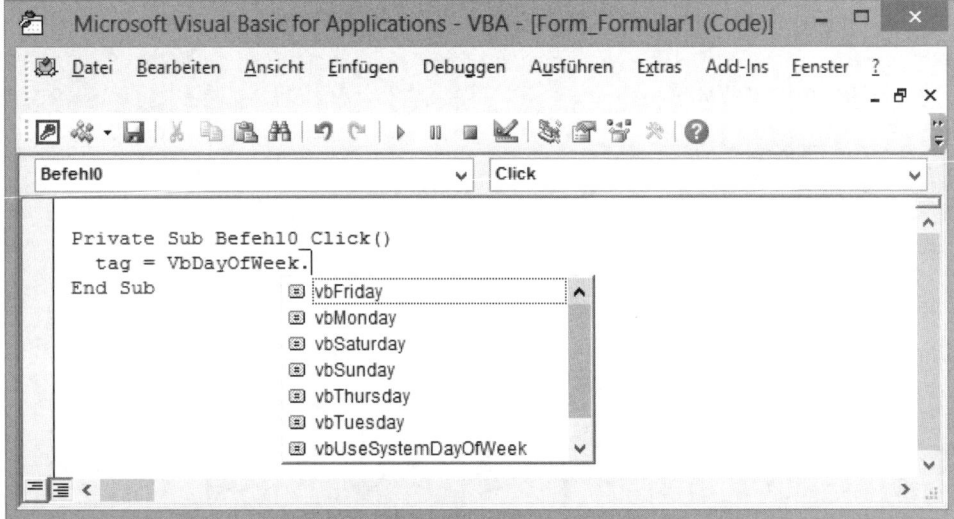

2.4.5 Arrays in benutzerdefinierten Typen

Statische Datenfelder

Wenn Sie ein Datenfeld fester Größe innerhalb eines benutzerdefinierten Typs deklarieren, müssen die Dimensionen mit Zahlen oder Konstanten angegeben werden. Variablen sind an dieser Stelle unzulässig.

BEISPIEL: Gezeigt wird die Verwendung eines zweidimensionalen Datenfeldes fester Größe (*m*) in einem benutzerdefinierten Typ (*TMyType*), der selbst wiederum als Vorlage für ein eindimensionales Datenfeld (*arr*) dient.

In den Deklarationsabschnitt eines *Form*-Moduls kopieren Sie folgenden Code:

```
Const a = 10, b = 20

Private Type TMyType
  m(1 To a, 2 To b) As Integer    ' statisches Array
  ...
End Type
Dim arr(1 To 100) As TMyType
```

Auf Prozedurebene wäre dann z.B. folgende Zuweisung möglich:

```
arr(90).m(3,14) = 10000
```

Dynamische Datenfelder

Es spricht für die Leistungsfähigkeit der *Type*-Anweisung, dass in ihr auch dynamische Arrays definiert sein dürfen, deren Dimensionen während der Laufzeit verändert werden können.

BEISPIEL: Mit folgendem Quellcode wird das gleiche Ergebnis wie im Vorgängerbeispiel erreicht.

```
Dim a As Integer, b As Integer

Private Type TMyType
  m() As Integer                 ' dynamisches Array
  ...
End Type

Dim arr(1 To 100) As TMyType
```

Die Veränderung der Felddimension geschieht auf Prozedurebene und bezieht sich immer nur auf ein einzelnes Element der Variablen *arr*:

```
a=10
b=20
ReDim arr(90).m(1 To a, 2 To b)
arr(90).m(3,14) = 10000
```

HINWEIS: Wenn nicht explizit eine Untergrenze für das in *Type* definierte Datenfeld angegeben wird (wie in den Beispielen dieses Abschnitts), so wird die Untergrenze durch die *Option Base*-Anweisung gesteuert.

2.5 Operatoren

VBA unterscheidet zwischen vier Typen von Operatoren:

- Arithmetische Operatoren (für mathematische Berechnungen)
- Logische Operatoren (für logische Vergleiche)

2.5 Operatoren

- Vergleichsoperatoren (für sonstige Vergleiche)
- Verkettungsoperatoren (zum Aneinanderhängen von Zeichenfolgen)

Die Wirkung der einzelnen Operatoren können Sie bequem im Direktfenster nachvollziehen, welches Sie beispielsweise mit [Strg]+[G] aufrufen:

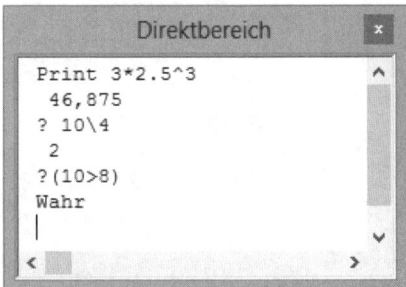

HINWEIS: Als Abkürzung für die *Print*-Anweisung können Sie das Fragezeichen (?) verwenden.

2.5.1 Arithmetische Operatoren

Folgende Operatoren steht zur Verfügung:

Operator	Syntax	Erklärung
^	Ergebnis = Zahl ^ Exponent	Potenzieren
+	Ergebnis = Operand1 + Operand2	Addition
–	Ergebnis = Operand1 – Operand2	Subtraktion
	–Zahl	Negatives Vorzeichen
*	Ergebnis = Operand1 * Operand2	Multiplikation
/	Ergebnis = Operand1 / Operand2	Gleitkomma-Division
\	Ergebnis = Operand1 \ Operand2	Integer-Division
Mod	Ergebnis = Operand1 Mod Operand2	Modulo (Rest aus Division)

HINWEIS: Der Operator "+" kann auch zur Stringverkettung eingesetzt werden, aber Sie vermeiden Mehrdeutigkeiten, wenn Sie dazu grundsätzlich den Operator "&" verwenden.

Bei *Null*- (ungültig) und *Empty*-Werten (leer) gilt: Wenn mindestens ein Ausdruck ein *Null*-Ausdruck ist, enthält das Ergebnis ebenfalls *Null*. Wenn ein Ausdruck *Empty* ist, so wird er als Zahl 0 interpretiert.

Bezüglich der zahlreichen Sonderfälle und Abweichungen von dieser Regel (insbesondere im Zusammenhang mit *Variant*-Datentypen) informieren Sie sich bitte in der Online-Hilfe.

BEISPIEL: Addition unterschiedlicher Datentypen:

```
a = "24": b = 7
c = a + b
? c                 ' liefert 31
```

BEISPIEL: Integer-Division

```
? 10 \ 4            ' liefert 2
```

BEISPIEL: Mod-Division

```
? 25 Mod 5          ' ergibt 0
? 15 Mod 5.3        ' ergibt 0
? 12.6 Mod 5        ' liefert 3
```

BEISPIEL: Potenzieren

```
Wert1 = 2 ^ 2 ^ 3   ' liefert 64
a = (-5) ^ 3        ' liefert -125
```

BEISPIEL: Quadratwurzel

```
a = 2 ^ -0.5        ' liefert 0,7071068
```

BEISPIEL: Kubikwurzel

```
a = 1/3
b = 2 ^ a           ' weist b den Wert 1,259921 zu (= dritte Wurzel aus 2)
```

Ergebnistyp bei Division

Bei der Gleitkommadivision (/) ist der zurückgegebene Wert immer vom Datentyp *Double*, gleichgültig, ob es sich bei den Operanden um Gleitkomma- oder Integer-Zahlen handelt.

```
? TypeName(15/5)
Double
```

Die Modulo-Division (*Mod*) liefert hingegen immer einen Integer-Wert als Ergebnis.

Zusammenhang zwischen Modulo- und Integer-Division

Es gilt die allgemeine Beziehung:

```
(a \ b) * b + a Mod b = a
```

Obige Formel gilt aber nur, wenn *a* und *b* Integer-Zahlen sind!

Die Überprüfung obiger Formel im Direktfenster für *a = 12* und *b = 5* bestätigt die Richtigkeit:

```
a = 10
b = 5
? (a \ b) * b + a Mod b = a
Wahr
```

2.5.2 Logische Operatoren

Folgende Operatoren für die logische Verknüpfung von Ausdrücken bzw. die bitweise Verknüpfung von Zahlen stehen zur Verfügung:

Operator	Bedeutung	Operator	Bedeutung
Not	NEGATION	*Xor*	EXKLUSIV ODER
And	UND	*Eqv*	ÄQUIVALENZ
Or	ODER	*Imp*	IMPLIKATION

Da der Wert *Null* (ungültiger Ausdruck) ebenfalls beim Vergleich von Ausdrücken eine Rolle spielt, ergibt sich eine Art "dreiwertige Logik". Die folgende Tabelle zeigt eine entsprechende Zusammenstellung für die vier wichtigsten Operatoren:

Operator	Verknüpfen von Ausdrücken			Bitweise Verknüpfung		
	Ausdruck1	**Ausdruck2**	**Ergebnis**	**Bit1**	**Bit2**	**Ergebnis**
Not	*True*	–	*False*	0	–	1
	False	–	*True*	1	–	0
	Null	–	*Null*	–	–	–
And	*False*	*False*	*False*	0	0	0
	False	*True*	*False*	0	1	0
	True	*False*	*False*	1	0	0
	True	*True*	*True*	1	1	1
	True	*Null*	*Null*	–	–	–
	Null	*False*	*False*	–	–	–
	Null	*Null*	*Null*	–	–	–
Or	*False*	*False*	*False*	0	0	0
	False	*True*	*True*	0	1	1
	True	*False*	*True*	1	0	1
	True	*True*	*True*	1	1	1
	True	*Null*	*True*	–	–	–
	Null	*False*	*Null*	–	–	–
	Null	*Null*	*Null*	–	–	–

Operator	Verknüpfen von Ausdrücken			Bitweise Verknüpfung		
Xor	False	False	False	0	0	0
	False	True	True	0	1	1
	True	False	True	1	0	1
	True	True	False	1	1	0
	True	Null	Null	–	–	–
	False	Null	Null	–	–	–
	Null	Null	Null	–	–	–

BEISPIEL: Ausdrucksvergleiche:

```
Not (10 > 8)                        ' liefert False
Not (6 > Null)                      ' liefert Null
8 > 10 Eqv  8 > 6                   ' liefert False
True And True Or False And False    ' liefert True
```

BEISPIEL: Bitweise Vergleiche:

```
Not (0)                 ' liefert -1
Not (20)                ' liefert -21
8 And 10                ' liefert 8, weil
    1000      (binäre  8)
And 1010      (binäre 10)
--------
    1000      (binäre  8)

8 Xor 10                ' liefert 2, da
    1000      (binäre  8)
Xor 1010      (binäre 10)
--------
    0010      (binäre  2)
```

2.5.3 Vergleichsoperatoren

Diese dienen zum Vergleich von Ausdrücken, die sowohl Zahlen als auch Zeichenketten enthalten können.

Operator	Erklärung	True, wenn	False, wenn	Null, wenn
<	Kleiner als	a < b	a > = b	a oder b = Null
>	Größer als	a > b	a < = b	a oder b = Null
=	Gleich	a = b	a < > b	a oder b = Null
< =	Kleiner oder gleich	a < = b	a > b	a oder b = Null
> =	Größer oder gleich	a > = b	a < b	a oder b = Null
< >	ungleich	a < > b	a = b	a oder b = Null

Bemerkungen

- Wird ein Wert vom Typ *Currency* mit einem Wert vom Typ *Single* oder *Double* verglichen, so wird letzterer in *Currency* umgewandelt. Dabei gehen die fünfte und alle weiteren Nachkommastellen des *Single*- oder *Double*-Wertes verloren. Vorsicht: Zwei in Wirklichkeit verschiedene Werte können damit als gleich interpretiert werden!
- Beim Vergleich eines Werts vom Typ *Single* mit einem Wert vom Typ *Double* wird letzterer auf *Single*-Genauigkeit gerundet.
- In Klammern gesetzte Operationen haben grundsätzlich Vorrang (Taschenrechnerprinzip!).

2.6 Kontrollstrukturen

Mit diesen Anweisungen unterbrechen Sie den linearen Programmablauf, indem – in Abhängigkeit von bestimmten Bedingungen – "Weichen" gestellt oder Schleifen durchlaufen werden.

2.6.1 Bedingte Verzweigungen

Verzweigung	Erläuterungen
`If` *Bedingung* `Then` *Anweisungen* `[Else` *Anweisungen*`]`	Bedingte Verzweigung (muss in einer Zeile stehen!)

`If` *Bedingung1* `Then`
　Anweisungen
`[ElseIf` *Bedingung2* `Then`
　Anweisungen
`ElseIf` *Bedingung3* `Then`
　Anweisungen ....]
`[Else` *Anweisungen* `]`
`End If`
	Blockstruktur
	If...ElseIf...End If
	Jede Zeile muss mit *Then* enden.
	Else-Anweisungen werden nur dann ausgeführt, wenn keine der *If*- bzw. *ElseIf*-Bedingungen zutreffen.

`Select Case` *Ausdruck* 　`Case` *Ausdruck1* 　　*Anweisungen* 　`[Case` *Ausdruck2* 　　*Anweisungen* ......] 　`[Case Else` *Anweisungen*] `End Select`	Blockstruktur *Select Case...Case Else...End Select* Der Ausdruck kann eine Variable oder ein beliebiger Ausdruck sein, der mit den hinter *Case* angeführten Ausdrücken verglichen wird.
`Choose (`*Index, Ausdruck1* `[,Ausdruck2` ...`])`	*Choose*-Funktion Abhängig vom Index *i* wird der *i*-te Ausdruck zurückgegeben.
`IIf (`*Ausdruck, True-Wert, False-Wert*`)`	*IIf*-Funktion Ist Ausdruck wahr, wird *True* zurückgegeben, sonst *False*.
`Switch (`*Ausdruck1, Var1 [Ausdruck2, Var2])`	*Switch*-Funktion Wenn Ausdruck1 wahr ist, wird *Var1* zurückgeliefert usw. (max. 7 Einträge)

BEISPIEL: *If*-Verzweigungen

```
If note = 1 Then
  ? "Gratuliere!"
Else
  ? "Verbessern!"
End If

If note = 1 Then
    ? "Sehr gut!"
  ElseIf note = 2 Then
    ? "Gut"
  ElseIf note = 3 Then
    ? "Befriedigend"
  ' usw.
End If
```

BEISPIEL: *Select Case*-Verzweigungen

```
Select Case note
  Case 1: ? "Sehr gut"
  Case 2: ? "Gut"
  Case 3: ? "Befriedigend"
  ' usw.
End Select

Select Case monat
  Case 3,4,5: ? "Frühling"
  Case 6,7,8: ? "Sommer"
  Case 9,10,11: ? "Herbst"
  Case 12,1,2: ? "Winter"
Case Else
  ? "Ungültiger Monat!"
End Select

Select Case monat
  Case 3 To 5: ? "Frühling"
  Case Is < 4: ? "Erstes Quartal"
  Case Is > 9: ? "Viertes Quartal"
  ' usw.
End Select
```

Im letzten Beispiel wurde auch von der Bereichseingrenzung mit *To* und dem relativ selten benutzten *Is*-Operator Gebrauch gemacht.

2.6.2 Schleifenanweisungen

Hierzu gibt es fünf Grundkonstruktionen, die wohl kaum noch Wünsche offen lassen dürften:

Schleifenanweisung	Erläuterungen

`For Zähler = Anfang To Ende [Step Schritt]`
`  Anweisungen`
`  [Exit For]`
`  Anweisungen`
`Next [Zähler]`
	For...Next-Zählschleife
	vorzeitiger Abbruch mit *Exit For*
	ohne *Step* ist Schritt gleich 1

`While Bedingung`
`  Anweisungen`
`Wend`
	While...Wend-Bedingungsschleife
	gleichbedeutend mit *Do While...Loop*

`For Each Element In Datenfeld`
`  [Anweisungen]`
`  [Exit For]`
`  [Anweisungen]`
`Next [Element]`
	For Each...Next-Durchlaufschleife
	wiederholt eine Reihe von Anweisungen für alle Elemente eines Datenfeldes (bzw. einer Auflistung von Objekten)

`Do [While|Until Bedingung]`
`  Anweisungen`
`  [Exit Do]`
`  Anweisungen`
`Loop`
	Do While...Loop-Bedingungsschleife
	Abbruchbedingung am Schleifenanfang

`Do`
`  Anweisungen`
`  [Exit Do]`
`  Anweisungen`
`Loop [While|Until Bedingung]`
	Do...Loop While-Bedingungsschleife
	Abbruchbedingung am Schleifenende

Das vorzeitige Verlassen einer Schleife ist mit den Anweisungen *Exit For* bzw. *Exit Do* möglich.

BEISPIEL: Alle folgenden sieben Schleifenkonstruktionen führen zum gleichen Ergebnis. Im Direktfenster wird achtmal untereinander *Achtung* ausgedruckt.

```
For i = 1 To 8
  Debug.Print "Achtung!"
Next i
i = 1
Do While i <= 8
  Debug.Print "Achtung!"
  i = i + 1
Loop
```

```
i = 1
Do Until i > 8
 Debug.Print "Achtung!"
 i = i + 1
Loop

i = 1
Do
 Debug.Print "Achtung!"
 i = i + 1
Loop Until i > 8

i = 1
Do
 Debug.Print "Achtung!"
 If i = 8 Then Exit Do
 i = i + 1
Loop
i = 1
While i <= 8
 Debug.Print "Achtung!"
 i = i + 1
Wend
```

For Each...Next-Durchlaufschleife

Diese Form der Schleifenbildung fällt etwas aus dem Rahmen, da sie nur für Datenfelder (Arrays) und Auflistungen von Objekten (*Collection*, siehe Kapitel 6) eingesetzt wird.

BEISPIEL: Kopieren Sie den folgenden Code in die Prozedur des *Click*-Ereignisses einer Schaltfläche:

```
Dim a(4) As String      ' statisches Array
Dim m As Variant
a(1) = "Müller"
a(2) = "Schultze"
a(3) = "Lustig"
a(4) = "Viertel"

For Each m In a
 If m = "Lustig" Then m = "Heinrich"
 Beep
 Exit For
Next m

MsgBox m          ' zeigt "Heinrich" an
MsgBox a(3)       ' zeigt "Lustig" an
```

Wie man sieht, kann die Zählvariable *m* nur gelesen werden, ein Überschreiben von Feldelementen durch Neuzuweisung von *m* ist nicht möglich.

Beachten Sie Folgendes:

- Die Anweisungen werden für jedes Element im Array ausgeführt.
- *Exit For* kann an beliebiger Stelle und beliebig oft in der Schleife verwendet werden und bewirkt einen sofortigen Abbruch. Es wird oft in Zusammenhang mit der Auswertung einer Bedingung (zum Beispiel *If...Then*) eingesetzt.
- Sie können *For Each...Next*-Schleifen verschachteln, die Zählvariable *Element* muss jedoch für alle Schleifen eindeutig sein.
- Die Angabe der Zählvariablen *Element* nach *Next* kann auch entfallen.

2.6.3 GoTo und GoSub

Beide Anweisungen führen Sprungbefehle zu einer Marke aus. Während *GoTo* eine einfache unbedingte Verzweigung darstellt, ruft *GoSub* ein Unterprogramm auf, welches mit *Return* abzuschließen ist.

BEISPIEL: *GoTo*

```
If k > 5 Then GoTo marke1
Debug.Print "Das ist der Code für k <= 5 !"
Exit Sub
marke1:
Debug.Print "Das ist der Code für k > 5 !"

Exit Sub
```

BEISPIEL: *GoSub*

```
If k > 5 Then GoSub marke1 Else Debug.Print "Das ist der Code für k <= 5 !"
Exit Sub
marke1:
  Debug.Print "Das ist ein Unterprogramm für k > 5!"
Return
```

Im Zusammenhang mit dem Schlüsselwort *On* können *GoTo* und *GoSub* auch bedingte Sprunganweisungen ausführen.

BEISPIEL: *On...GoTo*

```
On monat GoTo m1, m2, m3      ' usw.
m1:
  Debug.Print "Januar": Exit Sub
m2:
  Debug.Print "Februar": Exit Sub
' usw.
```

> **HINWEIS:** Beachten Sie den obligatorischen Doppelpunkt (:) nach einer Sprungmarke. Sie sollten deshalb in dieser Zeile auf Mehrfachanweisungen (die ja bekanntlich ebenfalls durch Doppelpunkte voneinander getrennt werden) verzichten. Andernfalls kann es im Zusammenhang mit verkürzten Prozeduraufrufen zu bösartigen und schwer auffindbaren Laufzeitfehlern kommen.

Bemerkungen

- Der hemmungslose Gebrauch von *GoTo* und *GoSub* war nicht ganz schuldlos am schlechten Ruf des klassischen Basic. Will man strukturiert und übersichtlich programmieren, sollte man weitestgehend auf *GoTo* bzw. *GoSub* verzichten und stattdessen blockorientiert, also mit Schleifenanweisungen, arbeiten.

- Allerdings können konsequente Gegner von *GoTo* und *GoSub* dann nicht ganz ernst genommen werden, wenn sie allzu freizügig von Anweisungen wie *Exit Sub*, *Exit Function*, *Exit For* und *Exit Do* Gebrauch machen, dies sind ja auch nichts anderes als "verkappte" Sprungbefehle zum Blockende.

- Sinnvoll und in Maßen angewendet, können *GoTo* und *GoSub* durchaus ihren Beitrag zu einem effektiven Programmcode leisten (z.B. für Fehlerbehandlungsroutinen).

2.7 Zeichenkettenfunktionen

VBA bietet eine Vielzahl von Funktionen zur Bearbeitung bzw. Formatierung von Zeichenketten (Strings). Die meisten dieser Funktionen trifft man in zweifacher Ausführung an, nämlich mit oder ohne angehängtes $-Zeichen, z.B. *Left$* und *Left*.

> **HINWEIS:** Wenn das $ am Ende einer Zeichenkettenfunktion fehlt, so hat deren Rückgabewert den Datentyp *Variant*, andernfalls den Datentyp *String*.

2.7.1 Stringverarbeitung

Übersicht

Die folgende Tabelle gibt einen Überblick über die wichtigsten Zeichenkettenfunktionen:

Funktion/Anweisung	Erläuterung
Asc(string)	Liefert den ANSI-Code des ersten Zeichens
Chr$(code)	Liefert das Zeichen für ANSI-Code
CStr(zahl)	Konvertiert *zahl* in einen String
Format$(ausdruck, Format-string)	Formatiert einen Ausdruck
InStr([start], string, string1)	Liefert Position des ersten Vorkommens von *string1* innerhalb *string* ab *start*

2.7 Zeichenkettenfunktionen

Funktion/Anweisung	Erläuterung
InStrRev([start], string, string1)	Wie *Instr*, allerdings mit umgekehrter Suchrichtung
Join(array [, trenn])	Liefert eine Zeichenkette aus *array* (mit Trennzeichen *trenn*)
Len(string)	Liefert die Zeichenanzahl von *string*
LCase$(string);* *UCase$ (string)	Konvertiert *string* in Klein- bzw. in Großbuchstaben
Trim$(string);* *LTrim$(string); *RTrim$(string)*	Entfernt alle führenden und angehängten Leerzeichen oder nur die führenden bzw. angehängten Leerzeichen aus *string*
Mid$ string, start, [n]); *Left$(string, n);* *Right$(string, n)*	Liefert *n* Zeichen ab *start* oder die *n* von links beginnenden bzw. *n* von rechts endenden Zeichen (ohne *n* werden alle Zeichen geliefert)
Mid$(string1, start, [n]) = string2	Ersetzt n Zeichen von *string1* ab *start* durch *string2*
Replace(string, x, y)	Ersetzt alle Zeichen *x* durch *y*
Space$(n)	Liefert *n* Leerzeichen
Split(string[, trenn[, limit[, compare]]])	Zerlegt *string* an den Trennzeichen *trenn* und liefert nullbasiertes Array
Str$(zahl)	Konvertiert eine Zahl in einen String (mit führendem Leerzeichen!)
String$(n, code|string)	Liefert *n* Zeichen von *code* oder von dem führenden Zeichen von *string*
StrReverse(string)	Liefert String mit umgekehrter Reihenfolge der Zeichen
Val(string)	Liefert den numerischen Wert einer Zeichenfolge (als *Double*-Zahl)

Einige Beispiele

BEISPIEL: Im Direktfenster können Sie sich leicht von der Richtigkeit der folgenden Codezeilen überzeugen:

```
? Asc("A")      ' liefert 65
? Chr$(65)      ' liefert "A"
? Val("27")     ' liefert 27
? Str$(27)      ' liefert " 27"  (mit einem führenden Leerzeichen!)
```

BEISPIEL: Unter der Annahme, dass die Stringvariable *txt* den Wert "Access" hat, gilt:

```
? UCase$(txt)            ' liefert "ACCESS"
? Len(txt)               ' liefert 6
? Left$(txt, 2)          ' liefert "Ac"
? Mid$(txt, 3, 4)        ' liefert "cess"
? String$(5, txt)        ' liefert "AAAAA"
? InStr(txt, "e")        ' liefert 4
? Replace(txt, "c", "b") ' liefert "Abbess"
? Space(5) & txt         ' liefert "     Access"
```

BEISPIEL: Die ersten zehn Zeichen eines Strings werden beseitigt.

```
Dim s1 As String
s1 = "Das Große Access-Buch"
s1 = Mid$(s1,11)                    ' "Access-Buch"
```

BEISPIEL: Ein String wird am Trennzeichen "-" in Teilstrings zerlegt und anschließend (ohne Trennzeichen) wieder zusammengefügt.

```
Dim a() As String              ' dynamisches Array (unterster Feldindex = 0 !)
Dim s As String
s = "Alle Vögel - sind - schon da!"
a = Split(s, "-")
MsgBox a(2)                    ' "schon da!"
s = Join(a, "")
MsgBox s                       ' "Alle Vögel sind schon da!"
```

Bemerkungen

- Der (optionale) *start*-Parameter der *Instr*-Funktion beginnt immer mit *1*.
- Vorsicht beim Umgang mit der *Val*-Funktion, denn sie berücksichtigt nicht die Ländereinstellungen.

2.7.2 Format-Funktion

Mit dieser leistungsfähigen Funktion können Sie die unterschiedlichsten Datentypen in eine Zeichenkette verwandeln. Aufgrund der großen Vielfalt an Formatierungsstrings ergeben sich verschiedenste Darstellungsmöglichkeiten für Zahlen, Strings, Währungen und Datums-/Zeitangaben. Wir werden hier nur die wichtigsten Formatierungsstrings vorstellen (mehr dazu siehe Online-Hilfe).

Die Syntax:

```
Format(Ausdruck[, Formatstring])
```

Wird der Formatstring weggelassen, so liefert die *Format$*-Funktion dasselbe Ergebnis wie die *Str$*-Funktion. Allerdings fehlt bei positiven Zahlen das (ansonsten für das Vorzeichen reservierte) führende Leerzeichen.

BEISPIEL: Ein Vergleich zeigt den Unterschied.

```
? Str$(35)           ' liefert " 35" (man beachte das Leerzeichen am Anfang!)
? Format$(35)        ' ergibt "35"
```

Standardformate

Für die am häufigsten benötigten Zahlen-Formatierungen stellt VBA eine Reihe von vordefinierten Stringkonstanten bereit:

2.7 Zeichenkettenfunktionen

Formatstring	Erläuterung
Standard	Darstellung mit Tausender-Trennzeichen (.) und mindestens zwei Nachkommastellen
General Number	Normaldarstellung, ohne Tausender-Trennzeichen (.)
Fixed	Darstellung mit mindestens einer Vor- und mindestens zwei Nachkommastellen
Currency	Währungsformat
Percent	Prozentdarstellung
Scientific	Wissenschaftliche Notation
Yes/No	0 → Nein, sonst Ja
True/False	0 → Falsch, sonst Wahr
On/Off	0 → Aus, sonst Ein

BEISPIEL: Währungsformatierung

```
Dim geld As Double
geld = 12.6857
MsgBox Format$(geld, "Currency")        ' ergibt "12.69 Euro"
```

Vordefinierte Datum-Zeit-Formatierungen

Auch für die Anzeige von *Date*-Variablen (siehe Seite 84) gibt es eine Reihe vorgefertigter Formate.

Formatname	Erläuterung
General Date	Darstellung einer *Date*-Variablen als Datum und/oder Zeit. Für reale Zahlen werden Datum und Zeit angezeigt, z.B. *06.05.2016 16:28:37*. Gibt es keine Nachkommastellen, so wird nur ein Datum angezeigt, z.B. *06.05.2016*. Steht vor dem Komma eine Null, so wird nur die Zeit angezeigt, z.B. *16:28:37*.
Long Date	Darstellung entsprechend des langen Datumsformats des Systems, z.B. *Montag, 6.Mai 2016*
Medium Date	Darstellung entsprechend des Medium-Formats, z.B. *06. Mai 16*
Short Date	Darstellung entsprechend des kurzen Datumsformats, z.B. *06.05.2016*
Long Time	Zeitanzeige entsprechend des langen Zeitformats des Systems (Stunden, Minuten, Sekunden), z.B. *16:28:37*.
Medium Time	Zeitanzeige im 12-Stunden-Format (Stunden, Minuten, AM/PM), z.B. *04:28 PM*.
Short Time	Zeitanzeige im 24-Stunden-Format, z.B. *16:28*.

BEISPIEL: Testen Sie im Direktfenster:

```
? Format$(41343.951, "General Date")
10.03.2016 22:49:26

? Format$(41343, "General Date")
10.03.2016
```

```
? Format$(0.951, "General Date")
22:49:26
```

Nutzerdefinierte Datum-/Zeit-Formate

Komfortable Möglichkeiten ergeben sich mit den Formatstrings der folgenden Tabelle.

Formatstring	Erläuterung
c	Siehe *General Date*
d oder dd	Anzeige des Tags als Zahl ohne (1 – 31) oder mit führender Null (01 – 31).
ddd	Anzeige des Wochentags als Abkürzung (So, Mo, Di, Mi, Do, Fr, Sa).
dddd	Anzeige des Wochentags mit vollem Namen (Sonntag – Sonnabend).
w	Anzeige des Wochentags als Zahl (1 für Sonntag bis 7 für Sonnabend).
ww	Anzeige der Woche im Jahr als Zahl (1 – 54).
m oder mm	Anzeige des Monats als Zahl ohne (1 – 12) oder mit führender Null (01 – 12). Achtung: Wenn *m* unmittelbar auf *h* oder *hh* folgt, wird anstatt des Monats die Minute angezeigt.
mmm	Anzeige des Monats als Abkürzung (Jan – Dez).
mmmm	Anzeige des vollen Monatsnamens (Januar – Dezember).
q	Anzeige des Quartals (1 – 4).
y	Anzeige des Tags im Jahr als Zahl (1 – 366).
yy	Zweistellige Anzeige der Jahreszahl (00 – 99).
yyyy	Vierstellige Anzeige der Jahreszahl (100 – 9999).
H oder Hh	Stundenanzeige ohne (0 – 23) oder mit führender Null (00 – 23).
N oder Nn	Minutenanzeige ohne (0 – 59) oder mit führender Null (00 – 59).
S oder Ss	Sekundenanzeige ohne (0 – 59)oder mit führender Null (00 – 59).
tttt	Komplette Zeitanzeige (Stunden, Minuten, Sekunden) unter Verwendung des in den Systemeinstellungen festgelegten Trennzeichens.

BEISPIEL: Tests im Direktfenster (angenommen, es ist der 15. Januar 2016)

```
? Format$(Date,"d/m/yy")       ' ergibt z.B. 15.1.16
? Format$(Date,"d-mmmm-yy")    ' ergibt z.B. 15-Januar-16
```

BEISPIEL: Aktuelles Datum in einem Textfeld anzeigen

```
Text1.Value = Format$(Now, "ddd, dd/mm/yy hh:mm")
```

Das Ergebnis könnte so aussehen:

```
Mi, 23.3.16 17:00
```

Eine alternative Realisierung wäre mittels der *Format*-Eigenschaft möglich:

```
Text1.Format = "ddd, dd/mm/yy hh:mm"
Text1.Value = Now
```

2.7 Zeichenkettenfunktionen

> **HINWEIS:** Weitere Varianten der Formatierung von Datum und Zeit finden Sie ab Seite 120 (Datums-/Zeitfunktionen).

Nutzerdefinierte Formate

Fast beliebige formatierte Anzeigen kann man sich unter Verwendung der in folgender Tabelle gezeigten Formatzeichen selbst "zusammenbasteln":

Zeichen	Erläuterung
"" (Leerstring)	formatfreie Zahlenausgabe
0	Platzhalter, zeigt die Zahl 0 oder ein anderes Zeichen
#	Platzhalter, zeigt nichts oder ein Zeichen
. (Punkt)	Dezimaltrennzeichen, bestimmt die Vor- und Nachkommastellen
%	Prozentplatzhalter, multipliziert die Anzeige mit 100
Zeichen	Erläuterung
, (Komma)	Tausender-Trennzeichen, für Zahlen mit vier und mehr Stellen vor dem Dezimaltrennzeichen
E- E+ e- e+	wissenschaftliches Format
- + $ ( ) Leerzeichen	Diese Zeichen werden direkt angezeigt.
\	Das nachfolgende Zeichen wird angezeigt.

BEISPIEL: Testen Sie im Direktfenster:

```
? Format$(334.9, "###0.00")        ' liefert 334,90 (Punkt im Formatstring wird zum Komma!)
? Format$(334.9, "#0.00E+00")      ' ergibt 33,49E+01.
? Format$(Date, "dddd, \d\e\n dd.mm.yyyy")    ' liefert z.B. "Montag, den 25.01.2016"
? Format$(Date, "\#m\/d\/yyyy\#")  ' liefert z.B. "#1/25/2016#" (englisches Datumsliteral!)
? Format$(Now, "\#m\/d\/yy hh:mm\#")    ' ergibt z.B. "#1/25/16 15:25#"
```

FormatNumber-, FormatPercent- und FormatCurrency-Funktion

Hier handelt es sich um spezialisierte Formatierungs-Funktionen, die meist noch über weitere (optionale) Argumente verfügen (siehe Online-Hilfe). Falls Sie eine Zahl mit dem Punkt (.) als Tausender-Trennzeichen formatieren wollen, können Sie die *FormatNumber*-Funktion verwenden.

BEISPIEL: Die Zahl *12045,23* wird mit drei Nachkommastellen formatiert.

```
? FormatNumber(12045.23, 3)        ' liefert "12.045,230"
```

Mit der *FormatPercent*-Funktion lässt sich eine Zahl als Prozentzahl ausdrücken (standardmäßig mit zwei Nachkommastellen).

BEISPIEL: Wie Sie sehen, kann man im Argument auch rechnen.

```
? FormatPercent(3/10 + 0.1)        ' liefert "40,00%"
```

Die *FormatCurrency*-Funktion formatiert eine Zahl in der Währung, wie sie in der Systemsteuerung ("Ländereinstellungen") eingestellt wurde (für uns in der Regel *Euro*).

BEISPIEL: Die Zahl *1205.36* wird in *Euro* ausgegeben.

```
? FormatCurrency(1205.36)          ' liefert "1.205,36 Euro"
```

2.8 Vordefinierte Funktionen

VBA stellt für Sie ein Sammelsurium vordefinierter Funktionen bereit, von denen wir hier nur die wichtigsten aufführen wollen.

2.8.1 Mathematische Funktionen

Die Sammlung an wissenschaftlichen Funktionen nimmt sich relativ bescheiden aus, dürfte aber den Alltagsproblemen des "normalen" Datenbankprogrammierers durchaus gewachsen sein.

Funktion	Erklärung
Abs(x)	Liefert den Absolutwert der Zahl x
Atn(x)	Berechnet den Arcustangens der Zahl x im Bogenmaß
Cos(x)	Berechnet den Cosinus eines Winkels x, der im Bogenmaß vorliegt
Exp(x)	Liefert die x-te Potenz zur Basis e (Basis des natürlichen Logarithmus)
Fix(x)	Gibt den ganzzahlig abgerundeten Anteil der Zahl x zurück
Int(x)	Gibt den ganzzahligen Anteil der Zahl x zurück
Log(x)	Liefert den natürlichen Logarithmus (Basis e) einer Zahl x
Randomize[zahl]	Startet den Zufallszahlengenerator
Rnd[(zahl)]	Generiert eine Zufallszahl
Round(zahl)	Rundet auf den nächsten ganzzahligen Wert
Sgn(x)	Liefert 1 oder 0 oder -1 für x > 0, x = 0, x < 0 (Vorzeichenfunktion)
Sin(x)	Berechnet den Sinus eines Winkels x, der im Bogenmaß angegeben ist
Sqr(x)	Berechnet die Quadratwurzel einer Zahl x
Tan(x)	Berechnet den Tangens eines Winkels x, der im Bogenmaß vorliegt

Winkelfunktionen

Die Werte für Winkel sind durchgängig im Bogenmaß (Maßeinheit *Radiant*) angegeben. Benutzen Sie z.B. die folgenden Anweisungen, um zwischen *Grad* und *Rad* umzurechnen:

```
Const Pi = 3.141592654
Dim rad As Double
Dim grad As Double

rad  = Pi * grad / 180 = 0.0175 * grad
grad = 180 * rad / Pi = 57.296 * rad
```

2.8 Vordefinierte Funktionen

Weitere trigonometrische Funktionen lassen sich aus den Standardfunktionen ableiten. Die nachfolgende Tabelle zeigt eine Auswahl, die Sie mit Hilfe einer "mathematischen Formelsammlung" beliebig ergänzen können:

Winkelfunktion	Berechnung mit Standardfunktionen
CoTangens(x)	*1/Tan(x)*
ArcSin(x)	*Atn(x/Sqr(1-x*x))*
ArcCos(x)	*Atn(Sqr(1-x*x)/x)*
ArcCoTangens(x)	*Atn(x) + 2 * Atn(1)*
Sekans(x)	*1/Cos(x)*
CoSekans(x)	*1/Sin(x)*
SinusHyperbolicus(x)	*(Exp(x)-Exp(-x))/2*
CosinusHyperbolicus(x)	*(Exp(x) + Exp(-x)) / 2*
ArcSinHyperbolicus(x)	*Log(x + Sqr(x * x + 1))*

BEISPIEL: Der *ArcCos(0,5)* soll in der Maßeinheit Grad ermittelt werden.

```
Const Pi = 3.1416
Dim x As Double
x = 0.5
Debug.Print 180 / Pi * Atn(Sqr(1 - x * x) / x)      ' 60 Grad (59,999...)
```

Zufallszahlen

Wenn Sie die *Rnd*-Funktion ohne Argument einsetzen, wird ein Wert im Bereich 0 ... 0.99999, basierend auf der Systemzeit, zurückgeliefert. Das Argument *zahl* kann auch das Ergebnis eines Ausdrucks sein. Sein Wert legt fest, wie die Zufallszahl generiert wird:

Wert des Arguments zahl	Welche Zufallszahl wird generiert?
< 0	Immer wieder die gleiche Zufallszahl mit *zahl* als Startwert
> 0	Die nächste Zufallszahl der Folge
= 0	Die zuletzt generierte Zufallszahl
Nicht angegeben	Die nächste Zufallszahl der Folge

Um Zufallszahlen in einem frei definierten Bereich zu erzeugen, können Sie die folgende Formel verwenden:

```
z = Int((obereGrenze - untereGrenze + 1) * Rnd + untereGrenze)
```

Bevor Sie *Rnd* anwenden, sollten Sie durch Aufruf von *Randomize* dafür sorgen, dass sich immer wieder andere Zufallszahlenfolgen ergeben. Die *Randomize*-Anweisung benutzt das optionale Argument *zahl* als Startwert zum Initialisieren des Zufallszahlengenerators. Ohne *zahl* dient der von der *Timer*-Funktion zurückgegebene Wert als neuer Startwert. Verwenden Sie die *Randomize*-Anweisung ohne Argument, können Sie einen zufälligen Startwert (basierend auf der Systemzeit) erzeugen.

BEISPIEL: Durch wiederholtes Anwenden der beiden Anweisungen werden die Zufallszahlen *1* bis *6* generiert (Würfel).

```
Randomize
z = Int(6 * Rnd + 1)
```

Vorzeichen- und Rundungsfunktionen

Bei positiven Zahlen gibt es keinen Unterschied zwischen *Int*- und *Fix*-Funktion, beide liefern nur den ganzzahligen Anteil einer Dezimalzahl zurück, ohne dabei zu runden. Erst bei negativen Zahlen gibt es einen Unterschied. Hier rundet *Int* auf die niedrigere negative Zahl, *Fix* hingegen auf die höhere.

BEISPIEL: Testen Sie im Direktfenster(⌃+G):

```
? Int(12.6)     ' liefert 12
? Fix(12.6)     ' liefert 12

? Int(-12.6)    ' liefert -13
? Fix(-12.6)    ' liefert -12
```

Im Zusammenhang mit der Signum- und Absolutwert-Funktion gilt die Formel:

```
Sgn(n) * Int(Abs(n)) = Fix(n)
```

HINWEIS: Die Funktionen *Int* und *Fix* geben immer den Datentyp *Double* zurück.

Bei einer Typkonvertierungsfunktion wie *CInt* oder *CLng* hängt die Art der Rundung vom Wert der unmittelbar rechts neben dem Dezimaltrennzeichen stehenden Ziffer ab. Ist diese kleiner als *5*, so wird ab-, bei größer *5* aufgerundet. Das scheint normal, interessant ist hingegen der Fall, wenn diese Zahl exakt gleich 5 ist. Dann wird abgerundet, wenn die unmittelbar links neben dem Dezimaltrennzeichen stehende Zahl gerade ist, und aufgerundet, wenn diese Zahl ungerade ist.

BEISPIEL:

Im ersten Fall wird abgerundet (links steht gerade Zahl), im zweiten Fall wird aufgerundet (links steht ungerade Zahl).

```
? CLng(6.5)     ' liefert 6
? CLng(7.5)     ' liefert 8
```

Mit der Rundungsfunktion *Round* können Sie eine Gleit- oder Festkommazahl auf eine bestimmte Stellenanzahl runden.

BEISPIEL: Die Zahl *12,345* wird auf zwei Nachkommastellen gerundet.

```
? Round(12.345,2)          ' liefert 12,34
```

Kritisch ist der Fall, wenn die Rundungsziffer den Wert *5* hat (siehe obiges Beispiel), weil Sie nie genau vorhersagen können, ob auf- oder abgerundet wird.

Quadrieren

VBA stellt zum Quadrieren keine extra Funktion zur Verfügung. Zwar können Sie sich mit dem Potenzoperator behelfen, doch das kostet viel Rechenzeit. Verwenden Sie stattdessen besser die Multiplikation.

BEISPIEL: Beide Anweisungen sind identisch.

```
a = x ^ 2
a = x * x
```

Dringend gebrauchen können Sie aber den Potenzoperator für die Berechnung von beliebig gebrochenen Potenzen bzw. für weitere Wurzeln (außer der quadratischen).

BEISPIEL: Die dritte Wurzel aus 10.

```
? 10 ^ (1 / 3)        ' liefert 2,15443469003188
```

Logarithmus und Exponentialfunktionen

Leider fehlt der dekadische Logarithmus in (fast) jeder Programmiersprache, sodass man sich zu seiner Nachbildung am besten eine eigene Funktion schreiben sollte:

```
Function LogD (x As Double) As Double
  LogD = Log(x) / Log(10)
End Function
```

Allgemein gilt für den Logarithmus zur Basis N:

```
LogN(X) = Log(X) / Log(N)
```

Log(x) und *Exp(x)* sind zueinander Umkehrfunktionen mit der Basis *e = 2.718282..*:

```
Exp(Log(x)) = Log(Exp(x))
```

2.8.2 Finanzmathematische Funktionen

VBA stellt zahlreiche mehr oder weniger komplexe Funktionen für diverse Finanzberechnungen zur Verfügung (Tabelle 2.19).

Funktion	Erläuterung
PV(rate, nper, pmt[, fv[, type]])	Barwert einer Annuität bei regelmäßigen konstanten und zukünftig zu leistenden Zahlungsausgängen und konstantem Zinssatz
SYD(cost, salvage, life, per)	Jahresabschreibung eines Vermögenswertes über einen bestimmten Zeitraum
DDB(cost, salvage, life, period[, factor])	Abschreibung eines Vermögenswertes über einen bestimmten Zeitraum mit Hilfe der geometrisch degressiven Abschreibungsmethode oder einer von Ihnen angegebenen Methode
IRR(values()[, guess])	Interner Zinsfuß für eine Folge regelmäßiger Aus- und Einzahlungen

Funktion	Erläuterung
PPmt*(rate, per, nper, pv[, fv[, type]])*	Kapitalanteil einer Auszahlung für einen bestimmten Zeitraum einer Annuität bei regel-mäßigen konstanten Auszahlungen und konstantem Zinssatz
SLN*(cost, salvage, life)*	Arithmetische Abschreibung eines Vermögenswertes über einen bestimmten Zeitraum
MIRR*(values(), finance_rate, reinvest_rate)*	Modifizierter interner Zinsfuß bei einer Folge regelmäßiger Aus- und Einzahlungen
NPV*(rate, values())*	Netto-Barwert einer Investition bei regelmäßigen Aus- und Einzahlungen und einem Diskontsatz
Pmt*(rate, nper, pv[, fv[, type]])*	Auszahlung für eine Annuität bei regelmäßigen konstanten Zahlungsausgängen und konstantem Zinssatz
Rate*(nper, pmt, pv[, fv[, type[, guess]]])*	Zinssatz einer Annuität pro Zeitraum
IPmt*(rate, per, nper, pv[, fv[, type]])*	Zinszahlung für einen bestimmten Zeitraum einer Annuität bei regelmäßigen konstanten Zahlungen und einem konstanten Zinssatz
FV*(rate, nper, pmt[, pv[, type]])*	Endwert einer Annuität bei regelmäßigen, konstanten Zahlungsausgängen und einem konstanten Zinssatz
NPer*(rate, pmt, pv[, fv[, type]])*	Anzahl der Zeiträume für eine Annuität bei regelmäßigen, konstanten Zahlungen und einem konstanten Zinssatz

BEISPIEL: Die Nutzungsdauer eines Computers (Neupreis 1.200 Euro) beträgt vier Jahre, danach soll er noch einen Restwert (Erinnerungswert) von 1 Euro haben. Die jährliche Abschreibung ist unter Verwendung der *SLN*-Funktion (arithmetischer bzw. linearer Wertverlust) zu ermitteln.

Rufen Sie das Direktfenster auf und tippen Sie ein:

```
? Format(SLN(1200, 1, 4), "Currency")
```

Das Ergebnis ist *299,75 Euro* (Abschreibung pro Jahr).

2.8.3 Datums-/Zeitfunktionen

Zu Berechnungen mit Datum und Zeit hält VBA ein vielfältiges Repertoire bereit.

HINWEIS: Beachten Sie, dass eine Variable des Typs *Date* im Allgemeinen nicht nur ein Datum, sondern ein Datum und eine Uhrzeit speichern kann.

Im Folgenden soll deshalb eine Unterteilung nach dem Kriterium erfolgen, ob die Funktion vorrangig auf Datum, Uhrzeit oder beides angewendet wird.

Datum

Funktionsdeklaration	Erläuterung
Date As Date	Liefert das aktuelle Systemdatum
Year(datum) As Integer	Liefert das Jahr eines *Date*-Ausdrucks
Month(datum) As Integer	Liefert den Monat eines *Date*-Ausdrucks
Day(datum) As Integer	Liefert den Tag eines *Date*-Ausdrucks
Weekday(datum) As Integer	Liefert den Wochentag eines *Date*-Ausdrucks (1=Sonntag, 2=Montag, ..., 7=Samstag)
DateSerial(jahr, monat, tag) As Date	Bildet eine Datumsvariable aus Angaben (Integer) für Jahr, Monat und Tag
DateValue(string) As Date	Konvertiert eine Zeichenkette in ein Datum

BEISPIEL: Folgende Beispiele werden im Direktfenster ausgeführt:

```
? WeekDay(Now)           ' liefert 3, wenn heute der 23.3.2016 ist (Mittwoch)
? DateSerial(16,1,25)    ' zeigt das Datum 25.01.2016

? DateValue("25.1.16")   ' dto.
? DateValue("25-1/16")   ' dto., weil Trennzeichen ohne Bedeutung
```

Zeit

Die VBA-Zeitfunktionen:

Funktionsdeklaration	Erläuterung
Time As Date	Liefert aktuelle Systemzeit als *Date*-Wert
Time$ As String	Liefert aktuelle Systemzeit als Zeichenkette
Timer As Single	Liefert die Anzahl Sekunden seit Mitternacht
Hour(zeit) As Integer	Liefert die Stunde eines *Date*-Ausdrucks
Minute(zeit) As Integer	Liefert die Minute eines *Date*-Ausdrucks
Second(zeit) As Integer	Liefert die Sekunde eines *Date*-Ausdrucks
TimeSerial(stunde, minute, sekunde) As Date	Bildet eine Zeit aus Einzelangaben (Integer) für Stunden, Minuten und Sekunden
TimeValue(string) As Date	Konvertiert eine Zeichenkette in eine Zeit (0:00:00 ... 23:59:59)

BEISPIEL: Die Sequenz

```
Dim zeit As Date
zeit = #4:35:17 PM#
Debug.Print Hour (zeit)          ' liefert 16
Debug.Print Second (zeit)        ' liefert 17
Debug.Print TimeSerial (13,40,0) ' ergibt 13:40:00
```

Gemischt

Funktionsdeklaration	Erläuterung
CDate(ausdruck) As Date	Versucht die Konvertierung eines beliebigen Ausdrucks in einen Date-Wert
IsDate(ausdruck) As Boolean	Überprüft, ob ein beliebiger Ausdruck als Date-Wert zu interpretieren ist
DateAdd(interval, number, date) As Date	Liefert ein neues Datum nach mehreren Intervallen
DateDiff(interval, date1, date2) As Integer	Liefert die Anzahl von Zeitintervallen zwischen zwei Terminen
FileDateTime(fileName$) As Date	Liefert Date-Wert, wann eine Datei letztmalig geöffnet wurde
Now As Date	Liest aktuelle/s Systemzeit/-datum

BEISPIEL: Datums-Zeit-Funktionen

```
If IsDate("31-Dez-2016") Then MsgBox CDate("31-Dez-2016")    ' zeigt den 31.12.16
? Now            ' liefert eine komplette Datums-/Zeitangabe, z.B. 25.1.16 17:42:14
? Date           ' gibt nur den reinen Datumsanteil zurück, also z.B. den 25.1.16
```

Bemerkungen

Mitunter ist auch die *CVDate*-Funktion anzutreffen, eine ältere Version von *CDate*, die lediglich aus Kompatibilitätsgründen noch "mitgeschleppt" wird.

In der folgenden Tabelle steht, welche Werte das *interval*-Argument in der *DateAdd*- bzw. *DateDiff*-Funktion annehmen kann:

Zeitperiode	Interval	Zeitperiode	interval
Jahr	"yyyy"	Wochentag	"w"
Quartal	"q"	Woche	"ww"
Monat	"m"	Stunde	"h"
Tag des Jahres	"y"	Minute	"n"
Tag	"d"	Sekunde	"s"

BEISPIEL: Einige Datumsberechnungen im Direktfenster

```
? DateAdd("m",2,"31-Dez-99")    ' addiert zwei Monate, liefert 29.2.00 (Schaltjahr
                                  berücksichtigt!)
? DateDiff("d","31-Dez-99","29/2/00")    ' ermittelt die Zahl 60 (Differenz in Tagen)
? DateDiff("n","10:30","12:50")          ' liefert die Zahl 140 (Differenz in Minuten)
```

Wenn man weiß, dass 24 Stunden einem *Date*-Wert von *1* entsprechen (eine Stunde entspricht demnach *1/24 = 0.0417*), so kann man auch einfacher, d.h. ohne spezielle Funktionen, zum Ziel kommen (siehe Seite 84, *Date*-Datentyp):

2.9 Benutzerdefinierte Funktionen/Prozeduren

Eigene Funktionen und Prozeduren können Sie nur auf Modulebene deklarieren. Die Vorgehensweise ähnelt der Deklaration von Variablen. So haben Sie auch bei Funktionen/Prozeduren die Möglichkeit, Gültigkeitsbereich bzw. -dauer mit den Schlüsselwörtern *Private* bzw. *Public* und *Static* zu beeinflussen.

Benutzerdefinierte Funktionen/Prozeduren finden ihren Platz im allgemeinen Deklarationsabschnitt des Codefensters des entsprechenden Moduls. Nach dem Eintippen der Schlüsselwörter *Sub* bzw. *Function* und des Namens wird nach Betätigen der Eingabetaste die letzte Zeile (*End Sub* bzw. *End Function*) automatisch ergänzt. In den Rahmencode fügen Sie dann den weiteren Quelltext ein:

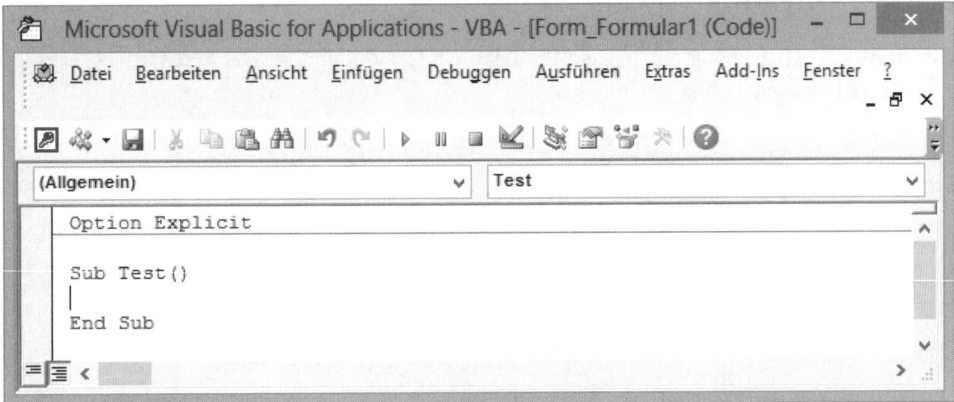

HINWEIS: Bevor Sie sich aber in die Arbeit stürzen, sollten Sie sich sorgfältig überlegen, ob sich die ganze Sache auch wirklich lohnt, denn jeder Aufruf einer Funktion/Prozedur bringt eine Zeiteinbuße gegenüber der direkten Programmierung mit sich. So kann es mitunter günstiger sein, den Code doppelt in die entsprechenden Event-Handler zu schreiben, als ihn in eine Funktion/Prozedur auszulagern, wenn diese nur zweimal aufgerufen wird.

Funktion oder Prozedur? Diese Entscheidung bleibt Ihnen überlassen, da prinzipiell beide Wege gangbar sind[1]. Falls Sie nur an einem einzigen Rückgabeparameter interessiert sind, sollten Sie einer Funktion (*Function*) den Vorzug geben, ansonsten verwenden Sie eine Prozedur (*Sub*).

2.9.1 Funktion

Der Rückgabewert einer Funktion entspricht einem bestimmten Datentyp, der bei der Deklaration mit anzugeben ist. Fehlt die Typangabe, so wird standardmäßig *Variant* angenommen.

---

[1] In der Programmiersprache C haben Sie diese Qual der Wahl nicht, da es dort nur Funktionen gibt.

HINWEIS: Innerhalb einer Funktion muss deren Name als Rückgabewert zugewiesen werden!

BEISPIEL: Berechnung des Nettowertes aus Brutto und Mehrwertsteuer.

```
Dim geld As Currency
Private Function netto(brutto As Currency, mwst As Single) As Currency
 netto = brutto / (1 + mwst)          ' Funktionsname wird zugewiesen
End Function
```

Der Funktionsaufruf:

```
geld = netto(10, 0.16)                ' geld = 8,62
```

2.9.2 Prozedur

Eine Prozedur (oft auch nur *Sub* genannt) ist quasi ein Unterprogramm, das "irgendetwas" erledigt. Der Aufruf ist mit oder ohne *Call* möglich.

BEISPIEL: Das gleiche Problem wie im Vorgängerbeispiel wird mit einer *Sub* gelöst.

```
Dim geld As Currency
...
Private Sub netto(brutto As Currency, mwst As Single)
 geld = brutto / (1 + mwst)
End Sub
```

Der Prozeduraufruf:

```
Call netto(10, 0.16)                  ' geld = 8,62
```

Die verkürzte Schreibweise:

```
netto 10, 0.16
```

HINWEIS: Das vorzeitige Verlassen einer Funktion bzw. Prozedur ist mit den Anweisungen *Exit Sub* bzw. *Exit Function* möglich.

2.9.3 Parameterübergabe ByRef oder ByVal

Die Parameterlisten von Funktionen und Prozeduren sind identisch strukturiert. Sie enthalten die durch Kommas getrennten Deklarationen der zu übergebenden Parameter. Diese werden innerhalb der Funktionen/Prozeduren quasi wie lokale Variable behandelt.

HINWEIS: Die alternative Verwendung von Typkennzeichen gestaltet die Parameterlisten kürzer.

Parameter können an Funktionen/Prozeduren entweder als Verweis (*ByRef*) oder als Wert (*ByVal*) übergeben werden. Im ersten Fall (*ByRef*) handelt es sich lediglich um einen Zeiger auf die betreffende Speicherplatzstelle (intern wird auf die Adresse der Variablen verwiesen). Der aufgerufenen Prozedur/Funktion ist es damit möglich, den Wert der Variablen zu ändern. Im zweiten Fall (*ByVal*) wird eine Kopie des Wertes übergeben, Änderungen am Originalwert innerhalb der Funktion/Prozedur sind nicht möglich.

BEISPIEL: Das gleiche Problem wie im Vorgängerbeispiel wird elegant mit einer *ByRef*-Parameterübergabe gelöst. Achten Sie auf den "feinen" Unterschied: Den vormaligen Parameter *brutto* haben wir in *betrag* umbenannt, da die entsprechende Speicherplatzstelle beim Eintritt in die Prozedur den Bruttowert, beim Verlassen aber den Nettowert beinhaltet.

```
Dim geld As Currency

Private Sub netto(betrag As Currency, mwst As Single)
  betrag = betrag / (1 + mwst)      ' Brutto wird zu Netto!
End Sub
```

Beim Aufruf wird eine Variablenreferenz übergeben:

```
geld = 10
netto geld, 0.16                    ' geld = 8,62 !
```

Soll ein Parameter als Kopie übergeben werden, so ist das Schlüsselwort *ByVal* voranzustellen.

BEISPIEL: Ändern Sie die Prozedurdeklaration des Vorgängerbeispiels wie folgt:

```
Private Sub netto(ByVal betrag As Currency, mwst As Single)
```

so behält die Variable *geld* ihren ursprünglichen Wert (*10*).

Bemerkungen

- Da jede Parameterübergabe standardmäßig als Referenz erfolgt, wird das Schlüsselwort *ByRef* im Allgemeinen weggelassen
- Eine *ByVal*-Parameterübergabe ist beim Aufruf von API-Funktionen unumgänglich

2.9.4 Optionale Argumente

Normalerweise darf beim Aufruf von Funktionen/Prozeduren keines der Argumente weggelassen werden. Unter Verwendung *optionaler* Argumente kann man diese "eiserne" Regel durchbrechen. Falls ein mit *Optional* deklarierter Parameter fehlt, wird automatisch der Standardwert genommen. Anwendungen finden sich vor allem bei Funktionen/Prozeduren mit langer Parameterliste.

BEISPIEL: Viele Methoden des *DoCmd*-Objekts verwenden optionale Argumente. Die Methode *OpenForm* verwendet z.B. sieben Argumente:

```
DoCmd.OpenForm Formularname [, Ansicht] [, Filtername] [, Bedingung] _
                [, Datenmodus] [, Fenstermodus] [, Öffnungsargumente]
```

Für den Aufruf genügt das erste Argument, die restlichen werden auf die Standardwerte gesetzt, z.B.:

```
DoCmd.OpenForm "Formular1"
```

BEISPIEL: Eine nutzerdefinierte Funktion zur Berechnung des Gewichts eines Quaders mit drei optionalen Parametern, die alle auf den Standardwert *1* gesetzt sind (Parameter und Rückgabewert sind vom Datentyp *Single*).

```
Private Function gewQ!(B!, Optional H! = 1, Optional T! = 1, Optional spezG! = 1)
  gewQ = B * H * T * spezG
End Function
```

Wie Sie der Deklaration entnehmen, muss lediglich die Breite (*B*) übergeben werden, die übrigen Parameter sind optional!

BEISPIEL: Verschiedene Aufrufkonventionen für obige Funktion.

```
Dim g!
g = gewQ(5, 1, 2, 3)          ' liefert 30
g = gewQ(5, , , 3)            ' liefert 15
g = gewQ(5)                   ' liefert 5
```

Wie Sie sehen, müssen "ausgelassene" optionale Parameter mit Leerzeichen besetzt werden, falls dahinter noch ein weiterer Parameter folgt.

2.9.5 Benannte Argumente

Normalerweise müssen alle Argumente exakt in der Reihenfolge übergeben werden, wie sie in der Parameterliste deklariert wurden. Diesen Nachteil vermeiden *benannte* Argumente, bei denen der Name des Parameters mit ":=" zugewiesen wird.

Benannte Argumente lohnen sich vor allem beim Aufruf von Funktionen/Prozeduren, die über viele optionale Argumente verfügen. Wenn Sie hier beim Aufruf benannte Parameter/Argumente verwenden, können Sie auf die Kommas als "Lückenfüller" verzichten und auf diese Weise für mehr Übersicht sorgen.

BEISPIEL: Die Vorgängerbeispiele unter Verwendung benannter Argumente.

```
Dim g As Single
g = gewQ(H:=1, B:=5, spezG:=3, T:=2)          ' Reihenfolge ist egal!
g = gewQ(spezG:=3, B:=5)
g = gewQ(B:=5)
```

2.9.6 Parameter-Arrays

In VBA sind auch so genannte Parameter-Arrays möglich, die eine erst zur Laufzeit festzulegende Anzahl von Übergabeparametern erlauben. Der Datentyp des dynamisch zu deklarierenden Arrays ist *Variant*.

BEISPIEL: Eine Funktion, die die Summe aus beliebig vielen Geldbeträgen zurückliefert.

```
Option Base 1

Function geldSumme(ParamArray betraege()) As Currency
Dim zwSumme As Currency, i As Integer
```

2.9 Benutzerdefinierte Funktionen/Prozeduren

```
For i = LBound(betraege) To UBound(betraege)
  zwSumme = zwSumme + betraege(i)
Next i
geldSumme = zwSumme
End Function
```

Der Test mit drei Einzelbeträgen (Ergebnisausgabe im Direktfenster):

```
Debug.Print geldSumme(12.52, 2.05, 3) & " Euro"              ' liefert 17,57 Euro
```

Mit fünf Einzelbeträgen:

```
Debug.Print geldSumme(12.52, 2.05, 3, 12.43, 10) & " Euro"    ' liefert 40 Euro
```

2.9.7 Dynamische Arrays als Argumente

In der Argumenteliste von Funktionen/Prozeduren können auch Arrays übergeben werden.

BEISPIEL: Eine Kopierroutine.

```
Sub copyBytes(fromArray() As Byte, toArray() As Byte)
   Dim i As Integer
   ReDim toArray (Lbound(fromArray) To UBound(fromArray))
   For i = Lbound(fromArray) To Ubound(fromArray)
      toArray(i) = fromArray(i)
   Next i
End Sub
```

Die Verwendung:

```
Dim i As Integer
Dim array1(3) As Byte      ' Quellarray
Dim array2() As Byte       ' Zielarray
array1(0) = CByte(48): array1(1) = CByte(12)
array1(2) = CByte(56): array1(3) = CByte(96)
Call copyBytes(array1, array2)    ' kopieren
For i = 0 To UBound(array2)       ' anzeigen
   MsgBox array2(i)
Next i
```

2.9.8 Rückgabe von Arrays

Funktionen sind in VBA auch zur Rückgabe von Arrays in der Lage.

BEISPIEL: Die Funktion liefert ein Byte-Array:

```
Function byteArray(b As Byte) As Byte()
   Dim a(2) As Byte         ' statisches Array
   a(0) = b
   a(1) = b + CByte(100)
   a(2) = b + b
```

```
    byteArray = a
End Function
```

Die Verwendung der Funktion:

```
Dim b As Byte, i As Integer
Dim arr() As Byte           ' dyn. Array, muss gleichen Datentyp (Byte) haben!
b = CByte(48)
arr() = byteArray(b)        ' der Aufruf
For i = 0 To UBound(arr)
    MsgBox arr(i)           ' liefert die drei Werte 48, 148, 96
Next i
```

HINWEIS: Beim Funktionstyp kann es sich auch um den Typ *Variant* handeln.

BEISPIEL: Zulässige und unzulässige Deklaration

```
Function byteArray(b As Byte) As Variant()     ' geht!
Function byteArray(b As Byte) As ()            ' Fehler!
```

2.9.9 Private-, Public- und Static-Deklarationen

Private-, *Public-* und *Static-*Deklarationen gelten nicht nur für Variablen (siehe Seite 74, Gültigkeitsbereiche), sondern sie sind gleichermaßen auch auf Funktionen/Prozeduren anwendbar, wo sie den Gültigkeitsbereich festlegen bzw. die Dauer, in welcher eine Funktion ihren Wert beibehält.

Übergabe benutzerdefinierter Datentypen

Hier sei auf eine häufige Fehlerquelle im Zusammenhang mit der Übergabe benutzerdefinierter Datentypen hingewiesen:

HINWEIS: Private benutzerdefinierte Typen können nicht als Parameter oder Rückgabewerte für öffentliche Prozeduren oder Funktionen verwendet werden!

BEISPIEL: Eine beliebige Anzahl von Personen soll in einem dynamischen Array gespeichert werden. Auf dem Eingabeformular befinden sich zwei Textfelder und eine Befehlsschaltfläche.

Benutzerdefinierten Datentyp festlegen[1]:

```
Private Type TPerson
    Nachname As String
    Vorname As String
End Type
```

Das private dynamische Array zum Speichern von Daten des Typs *TPerson*:

```
Private personen() As TPerson
```

---

[1] Auf Formularebene können Sie nur private benutzerdefinierte Datentypen erzeugen.

2.9 Benutzerdefinierte Funktionen/Prozeduren

Eine private Prozedur vergrößert das dynamische Array bei jedem Aufruf um ein Feld und schreibt in dieses die als Parameter übergebene Person hinein:

`Private Sub addPerson(ps As TPerson)`

Die *Static*-Zählvariable *n* "verliert" ihren Wert nach Verlassen der Prozedur nicht:

```
Static n As Integer
n = n + 1
ReDim Preserve personen(n)
personen(n) = ps
End Sub
```

Hinzufügen einer neuen Person nach Klick auf die Schaltfläche (Vornamen und Nachnamen wurden vorher in die zwei Textfelder eingetragen):

```
Private Sub Befehl1_Click()
  Dim ps As TPerson
  ps.Nachname = Text1.Value
  ps.Vorname = Text2.Value
```

Der Aufruf der Prozedur zwecks Eintrag in das Array:

```
Call addPerson(ps)
```

Anzeige aller gespeicherten Personen nacheinander im Meldungsfenster:

```
Dim i As Integer
For i = 1 To UBound(personen)
  MsgBox personen(i).Vorname & "   " & personen(i).Nachname
Next
End Sub
```

Der obige Code funktioniert einwandfrei:

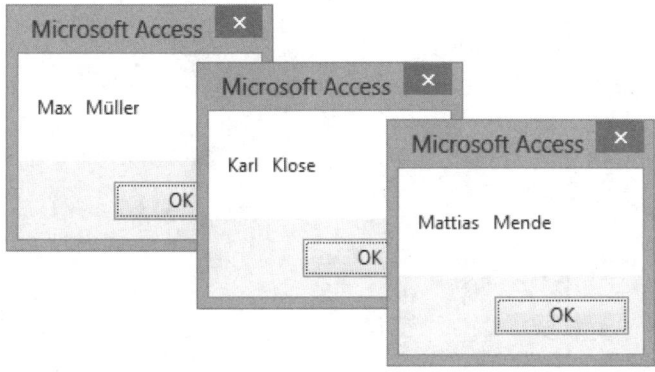

Wenn Sie aber die Sichtbarkeit der Prozedur *addPerson* (oder des *personen()*-Arrays) von *Private* in *Public* ändern, werden Sie mit einer Fehlermeldung genervt (siehe auch obigen Hinweis).

Static-Funktionen und Prozeduren

In einer mit *Static* deklarierten Funktion/Prozedur verändern die lokalen Variablen ihren Wert zwischen den einzelnen Funktionsaufrufen nicht.

BEISPIEL: Die Prozedur *addPerson* des Vorgängerbeispiels als *Static*-Prozedur:

```
Private Static Sub addPerson(ps As TPerson)
  Dim n As Integer                    ' hier ist eine Static-Deklaration nicht notwendig!
  n = n + 1
  ReDim Preserve personen(n)
  personen(n) = ps
End Sub
```

BEISPIEL: Eine *Static*-Funktion für das Aufsummieren von Beträgen bei wiederholtem Aufruf:

```
Static Function aktuelleSumme(a1, a2) As Double
  Dim zSumme As Double
  zSumme = zSumme + (a1 + a2) * 0.19
  aktuelleSumme = zSumme
End Function
```

2.10 Fehlersuche

Das Debugging (Fehlersuche) zählt zu den unverzichtbaren Techniken des Programmierers. Der in die Access-Entwicklungsumgebung integrierte Debugger erlaubt im Zusammenspiel mit den drei verschiedenen Testfenstern (*Direktfenster*, *Lokal-Fenster* und *Überwachungsfenster*) ein effektives Aufspüren von fehlerhaftem Code. Der Aufruf der drei Testfenster erfolgt über das *Ansicht*-Menü des VBA-Editors:

Ansicht	Einfügen	Debuggen	Ausführen
Code			F7
Objekt			Umschalt+F7
Definition			Umschalt+F2
Letzte Position			Strg+Umschalt+F2
Objektkatalog			F2
Direktfenster			Strg+G
Lokal-Fenster			
Überwachungsfenster			
Aufrufeliste...			Strg+L
Projekt-Explorer			Strg+R
Eigenschaftenfenster			F4
Werkzeugsammlung			
Symbolleisten			▶
Microsoft Access			Alt+F11

2.10.1 Direktfenster

Völlig unabhängig von irgendeinem Code-Modul können Sie hier nach Lust und Laune mit VBA-Anweisungen experimentieren. Die Vorgehensweise erinnert sehr an die gute alte Basic-Zeit, wo noch ausschließlich im Textmodus gearbeitet wurde. Sie geben eine Befehlszeile ein; nach dem Drücken der Eingabetaste wird die Anweisung ausgeführt.

```
Direktbereich                          x
Print Now
02.06.2016  06:47:53
For i = 1 to 3 : Print "Hallo" : Next i
Hallo
Hallo
Hallo
```

Eine vorherige Variablendeklaration mit *Dim* ist nicht erforderlich und auch nicht möglich.

BEISPIEL: Die Eingabe von

```
Dim a%: a = 5: Print a
```

erzeugt einen Fehler, während dies problemlos funktioniert:

```
a = 5: Print a
```

Auch längere Sprachkonstrukte können Sie auf diese Art ausprobieren.

BEISPIEL: Nach Eingabe von

```
for i = 1 to 3: ? "Hallo": Next i
```

und Bestätigung durch die Eingabetaste wird dreimal untereinander "Hallo" ausgegeben.

HINWEIS: Wie Sie im obigen Beispiel sehen, kann die *Print*-Anweisung mit einem Fragezeichen (?) abgekürzt werden.

HINWEIS: Wenn Sie irgendein Code-Modul im Unterbrechungsmodus ausführen, können Sie nicht nur auf VBA-Anweisungen, sondern auch auf die dort von Ihnen definierten Variablen und Funktionen/Prozeduren zugreifen.

2.10.2 Verwendung des Debug-Objekts

Debug.Print

Über die *Print*-Methode des *Debug*-Objekts lassen sich Programmausgaben in das Direktfenster umleiten. Diese Vorgehensweise ist für die Ausgabe von Zwischenergebnissen zwecks Fehlersuche sehr interessant.

BEISPIEL: Das folgende Code-Fragment gibt bei jedem Schleifendurchlauf den Inhalt des Arrays *Tabellen* im Direktfenster aus:

```
For Each n In Liste2.ItemsSelected
  Tabellen(i) = Liste2.ItemData(n)
  Debug.Print Tabellen(i)
  i = i + 1
Next n
```

Innerhalb einer *Print*-Anweisung können auch mehrere Ausgaben pro Zeile vorgenommen werden, die dann durch Semikola bzw. *Tab()* oder *Spc()* voneinander zu trennen sind.

BEISPIEL: Wenn Sie diese Codezeile in irgendein Modul einfügen:

```
Debug.Print i; Tab(7); Text3.Value
```

können Sie im Direktfenster den momentanen Wert der Variablen *i* und den Inhalt des Editierfeldes *Text3* begutachten.

Debug.Assert

Neben *Print* findet sich noch eine weitere wichtige Methode beim *Debug*-Objekt – die Rede ist von *Assert*. Diese Methode ermöglicht es dem Programmierer die Programmausführung zu stoppen, wenn eine vorgegebene Bedingung nicht mehr eingehalten wird.

Nützlich ist diese Methode, um zum Beispiel die aktuellen Zustände von anderen Variablen per Debugger zu untersuchen.

BEISPIEL: Wir unterbrechen die Programmausführung, wenn die Variable *n* den Wert *100* besitzt

```
Sub test()
Dim i  As Integer
Dim n As Long
  For i = 1 To 10000
    n = Round(1000 * Rnd)
    Debug.Assert n <> 100
    Debug.Print n
  Next
End Sub
```

2.10.3 Arbeiten mit dem Lokal-Fenster

Bei unterbrochener Codeausführung (*Unterbrechungsmodus*) können Sie sich im Lokal-Fenster den Namen, den aktuellen Wert und den Typ aller im Stack befindlichen Variablen und Objekte der aktuellen Prozedur anzeigen lassen. In den Unterbrechungsmodus gelangen Sie entweder durch das Setzen eines Haltepunkts oder im Einzelschritt-Modus, oder aber dieser Modus stellt sich selbst bei Erreichen eines Laufzeitfehlers ein. Die Zeile, an welcher die Codeausführung stoppt, wird mit einem Pfeil gekennzeichnet und farblich markiert (in der Regel gelb). Sie erkennen das Vorhanden-

2.10 Fehlersuche

sein des Unterbrechungsmodus auch an der veränderten Beschriftung des Visual Basic-Hauptfensters.

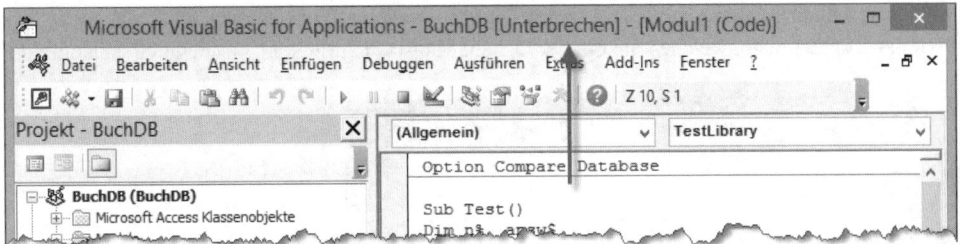

BEISPIEL: Die Anweisungsfolge:

```
Dim a As Integer, b As Integer
a = 320
b = 100000
```

erzeugt einen Laufzeitfehler (Überlauf), da der Wertebereich für die Integervariable *b* überschritten wird[1]. Klicken Sie im Fehler-Meldungsfeld auf die Schaltfläche *Debuggen* und Sie finden im Codefenster die unzulässige Anweisung mit einem gelben Pfeil markiert. Öffnen Sie das Lokal-Fenster und informieren Sie sich über den momentanen Zustand aller Objekte bzw. Variablen.

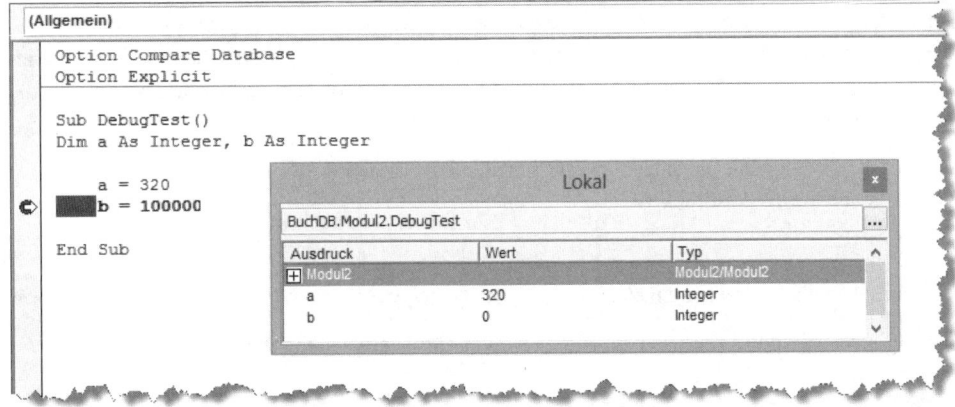

Wie Sie erkennen, konnte der Variablen *b* kein neuer Wert zugewiesen werden. Wenn Sie im Lokal-Fenster auf *Me* klicken, lässt sich der Hierarchiebaum des Formularobjekts bis ins letzte Detail verfolgen (dies gilt natürlich auch für eventuell vorhandene Datenbankobjekte).

HINWEIS: Den Unterbrechungsmodus verlassen Sie, wenn Sie auf die Schaltfläche ■ klicken.

---

[1] Eine *Integer*-Variable darf maximal den Wert 32.767 erreichen.

2.10.4 Überwachungs-Fenster

Um eine Variable (bzw. einen Ausdruck) zu überwachen, markieren Sie diese im Quelltext und wählen anschließend den Menübefehl *Debuggen/Überwachung hinzufügen*. Noch einfacher geht es über das Kontextmenü, welches Sie mit der rechten Maustaste öffnen. Es erscheint ein Dialogfeld:

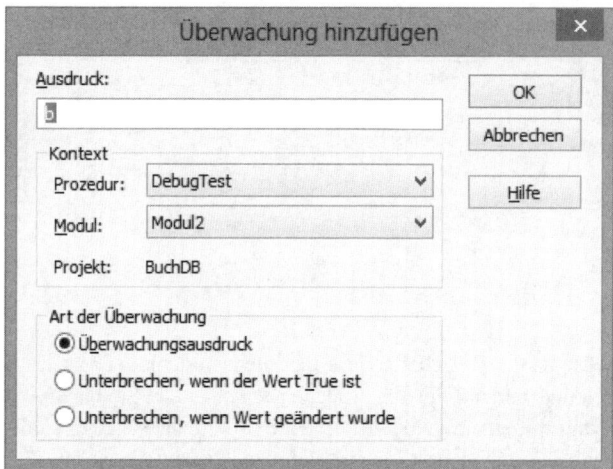

Neben der einfachen Anzeige können Sie auch die Optionen *Unterbrechen, wenn der Wert True ist* oder *Unterbrechen, wenn Wert geändert wurde* wählen. In diesem Fall brauchen Sie keine Haltepunkte zu setzen, denn die Programmausführung wird immer dann unterbrochen, wenn sich die Variable ändert.

BEISPIEL: Wollen Sie in einer Schleife mit der Laufvariablen *i* beim zehnten Durchlauf anhalten, geben Sie als Ausdruck:

```
i = 10
```

ein und setzen die Überwachungsart auf *Unterbrechen, wenn der Wert True ist*.

Die folgende Abbildung zeigt weitere Möglichkeiten für Überwachungsausdrücke:

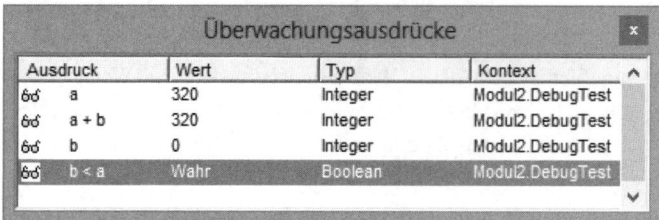

Das Hinzufügen, Bearbeiten bzw. Löschen von Überwachungsausdrücken erledigen Sie am einfachsten durch Anklicken des entsprechenden Ausdrucks im Überwachungsfenster mit der rechten Maustaste und Verwenden des Kontextmenüs.

2.10 Fehlersuche

HINWEIS: Eine konkrete Anleitung zum Experimentieren erhalten Sie im Praxisbeispiel "Arbeiten mit dem Debugger" (siehe Seite 157).

2.10.5 Noch mehr Debugging

Nun wollen wir uns weiteren wichtigen Betriebsarten des Debuggers zuwenden. Die umfangreichen, ja fast schon verwirrenden Möglichkeiten erahnen Sie bereits, wenn Sie das Menü *Debuggen* öffnen:

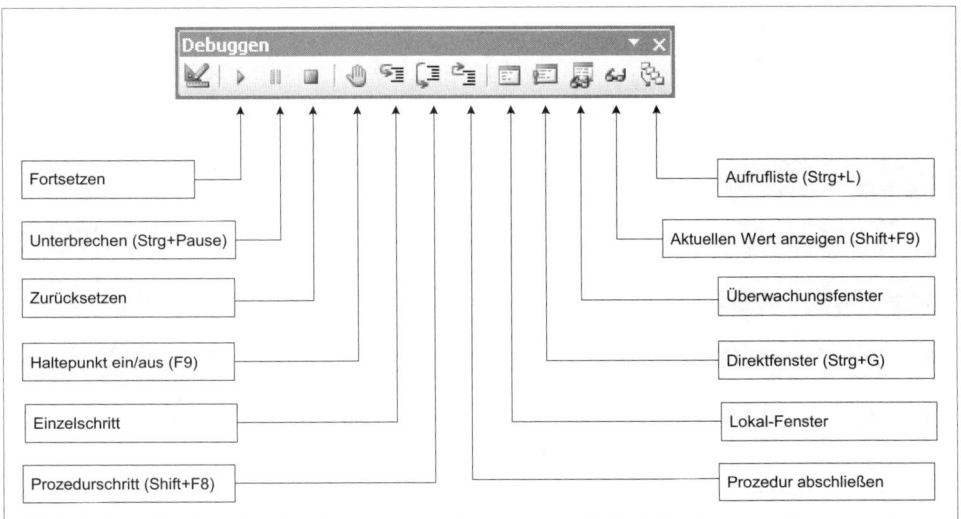

Wem der Aufruf des *Debuggen*-Menüs zu umständlich ist, der kann sich auch die entsprechende Symbolleiste auf den Desktop holen (*Ansicht/Symbolleisten/Debuggen*):

Schrittweise Programmabarbeitung

Manchen Fehlern kommen Sie nur dann auf die Schliche, wenn Sie den Quelltext zeilenweise kontrollieren. Sie können dabei zwischen mehreren Varianten wählen:

Im *Einzelschritt*-Modus durchlaufen Sie das Programm zeilenweise. Nach der Ausführung einer Zeile wartet der Interpreter so lange, bis Sie wieder die Taste [F8] drücken. Die folgende Abbildung zeigt das Verhalten bei einem Unterprogrammaufruf.

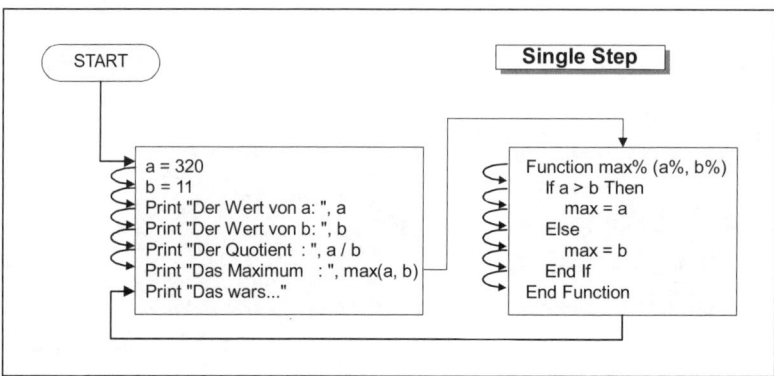

Ist Ihr Programm umfangreicher, dürfte es recht mühselig sein, jede Zeile einzeln durchzuchecken. Erleichterung schafft hier die Abarbeitung im *Prozedurschritt* ([⇧]+[F8]). Zwar wird nach wie vor jede einzelne Zeile verarbeitet, Unterprogramme werden allerdings nicht mehr zeilenweise angezeigt.

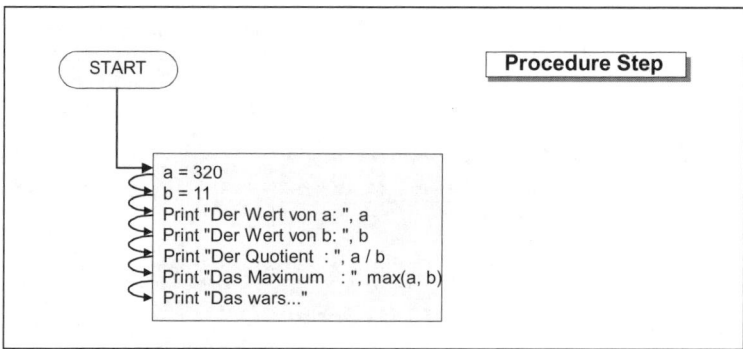

Haltepunkte setzen

Die wohl komfortabelste Variante dürften *Haltepunkte* (Breakpoints) sein, die Sie in Ihre Anwendung einfügen ([F9]). Am einfachsten setzen Sie einen Haltepunkt, wenn Sie auf den breiten grauen Rand links neben der Codezeile klicken. Es erscheint ein fetter Punkt und die Zeile wird farblich markiert (in der Regel braun). Starten Sie das Programm wie gewohnt, wird die Ausführung bei Erreichen eines Haltepunkts automatisch unterbrochen.

2.10 Fehlersuche

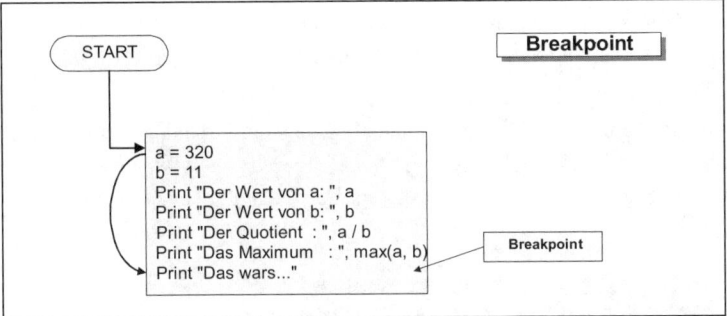

HINWEIS: Eine Alternative zum einzelnen Haltepunkt ist über das Menü *Debuggen/Ausführen bis Cursor-Position* einzustellen (Strg+F8).

Alle Debugging-Varianten lassen sich natürlich miteinander kombinieren, d. h., Sie setzen einen Haltepunkt, starten die Anwendung und arbeiten nach Erreichen des Haltepunkts das Programm zeilenweise ab. Prozeduren überspringen Sie gegebenenfalls mit ⇧+F8.

HINWEIS: Stehen mehrere Anweisungen in einer Zeile (durch Doppelpunkt getrennt), können Sie im Schrittbetrieb trotzdem jede Anweisung einzeln ausführen.

Werte anzeigen

Sie können sich den aktuellen Wert spezieller Variablen und Steuerelemente einfach per QuickInfo anzeigen lassen, wenn Sie (im Unterbrechungsmodus) mit der Maus auf die entsprechende Variable innerhalb der Codezeile zeigen. Den Unterbrechungsmodus erreichen Sie, indem Sie auf eine der nächsten Anweisungen innerhalb der Prozedur einen Haltepunkt setzen.

Die folgende Abbildung verdeutlicht, wie die Programmausführung an einem Haltepunkt stoppt und wie der Wert der Variablen *c* angezeigt wird.

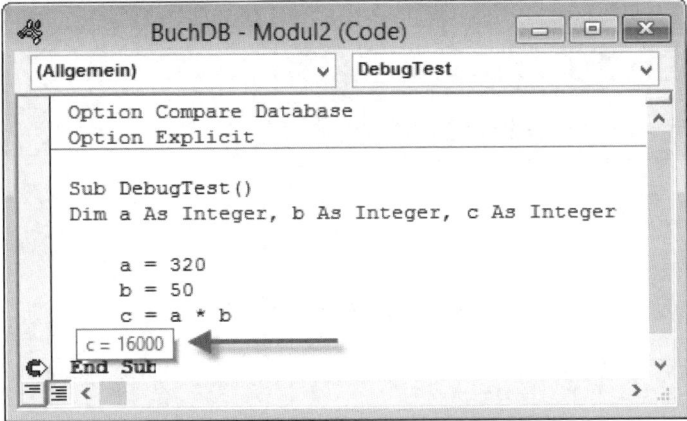

HINWEIS: Beachten Sie, dass es zwar mehrere Haltepunkte (braune Zeilen) im Programm geben kann, jedoch immer nur eine Stopp-Stelle (gelbe Zeile).

Anstatt sich Werte per QuickInfo anzeigen zu lassen, können Sie auch die Variable (oder den Ausdruck) mit der Maus markieren und anschließend den Menübefehl *Debuggen/Aktuellen Wert anzeigen* aufrufen ([⇧]+[F9]). Die gewünschte Information erscheint dann in einem gesonderten Fenster:

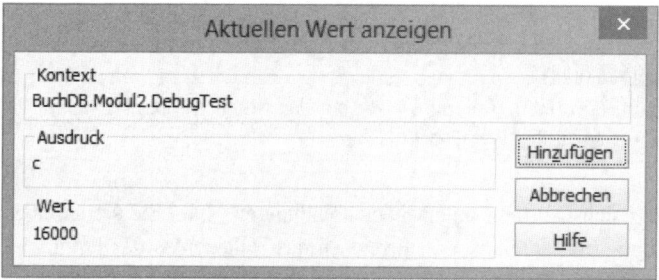

HINWEIS: Sie können sich Werte nur in der aktuellen Prozedur (in welcher die Unterbrechung stattfindet) anzeigen lassen, ansonsten erscheint *<Nicht im Kontext>*.

Aufrufeliste auswerten

Über den Menübefehl *Ansicht/Aufrufeliste* bzw. über die entsprechende Schaltfläche der *Debuggen*-Symbolleiste erscheint eine Liste mit aktiven Prozeduraufrufen[1], beginnend bei der zuletzt aufgerufenen Prozedur. So können Sie die Aufrufreihenfolge verfolgen.

Die aktiven Prozeduren werden oben in der Liste angezeigt, und zwar zuerst die letzte, dann die vorletzte usw. Um die Anweisung anzuzeigen, welche die nächste Prozedur auf der Liste aufruft, klicken Sie auf die Schaltfläche *Anzeigen*. Die folgende Abbildung zeigt ein Beispiel aus dem Praxisbeispiel "Mit dem Debugger arbeiten", das Sie ab Seite 157 finden.

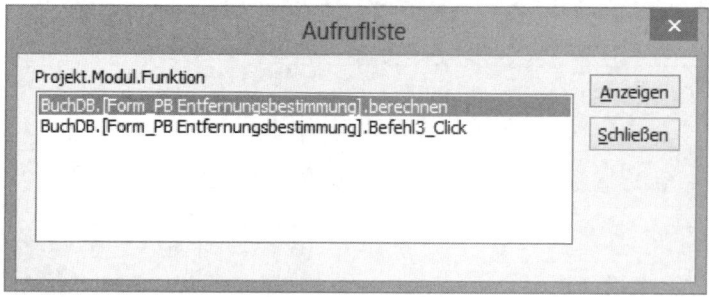

---

[1] Das sind Prozeduren, die zwar gestartet, aber noch nicht beendet wurden.

Weitere Hinweise

- Bevor Sie nach einer Quelltextänderung zum Öffnen des Formulars (bzw. Berichts/Moduls) und zum Debugging übergehen, sollten Sie zunächst den Menübefehl *Debuggen/Kompilieren von ...* aufrufen. Sie erhalten hier detaillierte Fehlermeldungen des Compilers, mit deren Hilfe Sie die gröbsten Programmierfehler bereits im Vorfeld beseitigen können.

- Sie können mit einer neuen Debug-Sitzung nur dann beginnen, wenn Sie das Programm vorher beendet haben (Schaltfläche *Zurücksetzen* bzw. das Formular schließen).

2.11 Fehlerbehandlung

Während das Debugging nur im Stadium der Programmentwicklung von Interesse ist, sollte eine "wasserdichte" Fehlerbehandlung allen zur Laufzeit nur denkbaren Missgeschicken mit geeigneten Mitteln begegnen, denn neben den logischen Fehlern, die Sie mit dem Debugger aufspüren können, enthält jeder Code eine ganze Reihe weiterer potenzieller Fehlermöglichkeiten, auf die Sie als Programmierer gefasst sein müssen. Beispiele für solche Fehler gibt es viele:

- Falsche Anwendereingaben in einem Formular
- Gesperrte Dateien, fehlende Disketten etc.
- Zu wenig Speicher

und so weiter.

2.11.1 Anweisungen zum Error-Handling

Reagiert Ihr Programm nicht auf einen Fehler, wird der bedauernswerte Anwender zum Beispiel mit folgender Meldung schockiert:

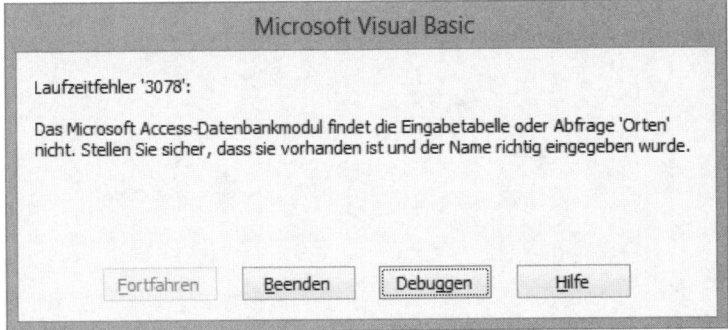

Wollen Sie einen solchen Anblick vielleicht zum Markenzeichen Ihrer zukünftigen Programme werden lassen? Das haben Sie nicht nötig, denn Access bietet genügend Möglichkeiten zur Fehlerbehandlung (siehe folgende Tabelle).

Anweisung/Funktion	Beschreibung
Resume	Wiederholt die fehlerhafte Codezeile, beispielsweise wenn ein Laufwerk nicht bereit ist oder eine Datei geöffnet werden soll, diese jedoch momentan gesperrt ist
Resume Next	Erzwingt das Fortsetzen der Programmausführung mit der nächsten Anweisung
On Error GoTo <label>	Tritt ein Fehler auf, wird zum angegebenen Label gesprungen
On Error Resume Next	Schaltet die Fehlerbehandlung aus. Tritt ein Fehler auf, wird die Programmausführung mit dem nächsten Befehl fortgesetzt
On Error GoTo 0	Schaltet die Fehlerbehandlung wieder ein
Err.Description	Eigenschaft des *Error*-Objekts, die einen Fehlertext liefert
Err.Number	Eigenschaft des *Error*-Objekts, die eine Fehlernummer liefert

2.11.2 Beispiele zum Error-Handling

Die Funktionen/Anweisungen zum Abfangen von Laufzeitfehlern sollen nun anhand einiger konkreter Anwendungen demonstriert werden.

BEISPIEL: *(Resume Next)* Mit folgendem "Programm" hätten Sie nie einen Fehler festgestellt, da die Programmausführung einfach fortgesetzt wird, obwohl die Multiplikation zu einem Fehler führt (Überschreitung des *Integer*-Wertebereichs):

```
Sub Form_Load ()
On Error Resume Next

Dim a As Integer, b As Integer

    a = 10000
    b = 10000
    a = a * b
End Sub
```

Sie können allerdings über das *Err*-Objekt einen möglichen Fehler abfragen:

```
Sub Form_Load ()
On Error Resume Next

Dim a%, b%

    a = 10000
    b = 10000
    a = a * b
    if err.Number <> 0 Then Beep
End Sub
```

Wollen Sie die Fehlerbehandlung wieder einschalten, müssen Sie die folgende Zeile in den Quelltext einfügen:

```
On Error GoTo 0
```

2.11 Fehlerbehandlung

BEISPIEL: *(On Error GoTo)* Diese bessere Variante gibt einen Fehlermeldungstext aus und setzt danach die Programmausführung fort. Sollte die Variable *a* jedoch im weiteren Verlauf benötigt werden, ist ein Programmabbruch unbedingt erforderlich.

```
Sub Form_Load ()
On Error GoTo fehler

Dim a As Integer, b As Integer

    a = 10000
    b = 10000
    a = a * b    ' Wertebereich überschritten !!!!!
Exit Sub

fehler:
    MsgBox Err.Description, 16, "Problem"
    Resume Next
End Sub
```

HINWEIS: Beachten Sie, dass nach der letzten regulären Anweisung ein *Exit Sub* stehen muss. Vergessen Sie dieses, wird die Fehlerbehandlung immer (also auch bei Fehlerfreiheit) ausgeführt. Die letzte Anweisung der Fehlerbehandlungsroutine muss ein *Resume Next* sein.

Soll die Prozedur/Funktion im Fehlerfall abgebrochen werden, verwenden Sie die Anweisungen *Exit Sub* oder *Exit Function*.

BEISPIEL: *(ExitSub)* Abbruch im Fehlerfall

```
Sub Test
On Error GoTo ende
...
Exit Sub
ende:
    Exit Sub         ' Bei Funktion :   Exit Function
    Resume Next

End Sub
```

Neben diesen doch recht einfachen Beispielen lassen sich mit *Resume* bzw. *Resume Next* auch anspruchsvollere Fehlerbehandlungen realisieren.

BEISPIEL: Komplette Fehlerbehandlung

```
Sub Test
On Error GoTo laufwerksfehler

'.....
Exit Sub
```

```
laufwerksfehler:
    Select Case MsgBox("Laufwerk nicht bereit", 37, "Problem")
        Case 2 ' abort
            Resume Next
        Case 4 ' wiederholen
            Resume
    End Select

End Sub
```

Mit einem Dialogfeld wird auf den Fehler reagiert, dass zum Beispiel das Laufwerk nicht verfügbar ist. Wählt der Bediener die Schaltfläche *Wiederholen*, wird die Anweisung *Resume* ausgeführt, andernfalls setzt die Programmausführung mit der nächsten Anweisung fort (*Resume Next*).

Neben diesen "unerwünschten" Fehlern kann man die o.g. Anweisungen auch bewusst provozieren, um zum Beispiel den Wertebereich einer Variablen zu prüfen.

BEISPIEL: Eingabekontrolle

```
Function IsSingle (s$)
On Error GoTo fehler
Dim n As Single

    IsSingle = False
    n = CSng(s)
    IsSingle = True
    Exit Sub
fehler:
    Exit Function
    Resume Next
End Sub
```

Tritt bei der Typumwandlung (*n=CSng(s)*) ein Fehler auf, ist der Rückgabewert der Funktion *False*, andernfalls *True*.

HINWEIS: Bevor Sie in einer Fehlerbehandlungsroutine für jeden nur denkbaren Fehler eine eigene Meldung ausgeben, sollten Sie besser die *Description*-Eigenschaft des *Err*-Objekts ausnutzen. Diese liefert einen Meldungstext in der aktuellen Landessprache. Dadurch sparen Sie sich, insbesondere bei der Programmierung mit Datenbank-Objekten, jede Menge Arbeit.

2.11.3 Fehlerbehandlung per Ereignis

Etwas mehr Komfort bietet die Fehlerbehandlung per *Error*-Ereignis in Formularen und Berichten. Hier können Sie direkt auf Fehler reagieren und deren Anzeige unterdrücken. Dazu wird die Fehlernummer an die Routine übergeben, über den zweiten Parameter bestimmen Sie, ob die Standardfehlermeldung trotzdem angezeigt (*acDataErrDisplay*) oder unterdrückt (*acDataErrContinue*) wird.

2.12 Standarddialogfelder

BEISPIEL: Eigene Fehlermeldung anzeigen

```
Private Sub Form_Error(DataErr As Integer, Response As Integer)
  MsgBox "Pech gehabt: Fehler " & CStr(DataErr)
  Response = acDataErrContinue
End Sub
```

HINWEIS: Das Ereignis tritt nicht bei VBA-Laufzeitfehlern und ADO-Fehlern auf. Hier müssen Sie die bereits besprochene Fehlerbehandlung verwenden.

2.11.4 Fehlerbehandlung komplett deaktivieren

Möchten Sie trotz diverser Fehlerbehandlung einen Fehler auslösen (zum Beispiel in der Programm-Testphase), können Sie dies über die VBA-Optionen für das gesamte Projekt realisieren:

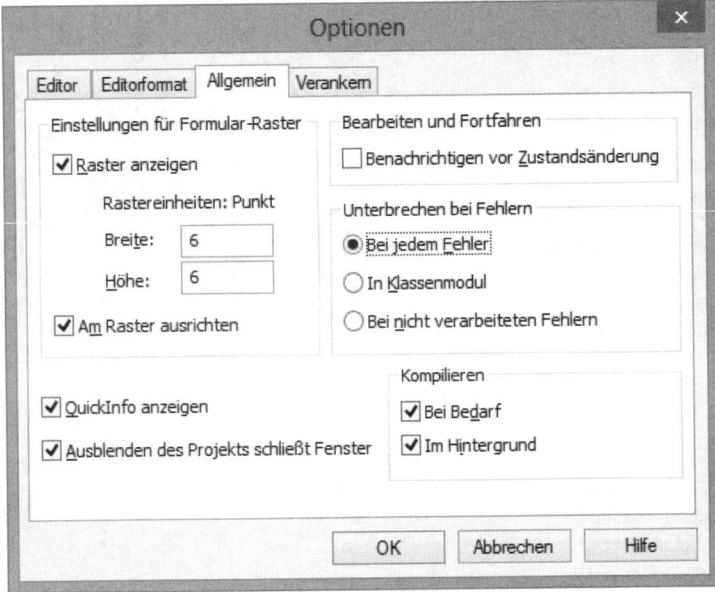

Wählen Sie einfach die Option *Bei jedem Fehler* in der Gruppe *Unterbrechen bei Fehlern*. Nachfolgend erhalten Sie dann den gewohnten (gefürchteten) Access-Fehlerdialog.

2.12 Standarddialogfelder

Auch wenn Sie lieber eigene Formulare gestalten, für Statusmeldungen, für die Ausgabe von Zwischenergebnissen oder für die einfache Werte-Eingabe empfiehlt sich das Verwenden der *MsgBox*- bzw. *InputBox*-Funktion, da Sie hier mit minimalem Aufwand zum Ziel kommen. Diese typischen Windows-Dialoge sind modal, d.h., das Programm kann erst nach dem Schließen des Meldungsfeldes fortgesetzt werden.

2.12.1 Einfache MsgBox-Anweisung

Für einfachste Ansprüche genügt der Aufruf von *MsgBox* mit einem einzigen Argument.

BEISPIEL: Die Anweisung

```
Dim gesKosten As Currency
gesKosten = 11586.25 / 3
MsgBox "Die Gesamtkosten betragen " & gesKosten
```

erzeugt das folgende Meldungsfeld:

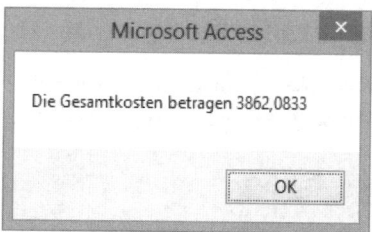

Wie Sie sehen, kann man auch Nicht-String-Variablen quasi wie Zeichenketten zum Meldungstext hinzuaddieren. Exaktere Ergebnisse erhält man durch Verwenden der *Format*$-Funktion.

BEISPIEL: Die dritte Zeile des Vorgängerbeispiels sollte man besser wie folgt programmieren:

```
MsgBox "Die Gesamtkosten betragen " & Format$(gesKosten, "Currency")
```

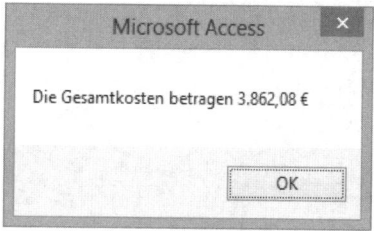

Die Breite des Meldungsfensters passt sich automatisch dem Inhalt an. Einen Zeilenumbruch können Sie aber durch Einfügen der VB-Konstanten *vbCrLf* erzwingen.

BEISPIEL: Einen Zeilenumbruch zum Vorgängerbeispiel hinzufügen

```
MsgBox "Die Gesamtkosten betragen " & vbCrLf & Format$(gesKosten, "Currency")
```

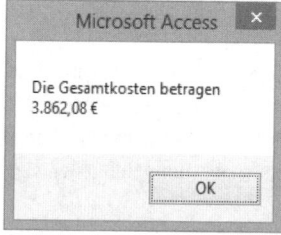

2.12.2 Ausführliche MsgBox-Anweisung

Individuellere Gestaltungsmöglichkeiten ergeben sich erst dann, wenn Sie die weiteren (benannten) Argumente der *MsgBox*-Anweisung verwenden.

Syntax:

```
MsgBox( prompt[, buttons][, title][, helpfile, context])
```

Für den Meldungstext (*prompt*) und den Fenstertitel (*title*) dürften sich weitere Erklärungen erübrigen. *helpfile* und *context* sind im Zusammenhang mit der Bereitstellung von Hilfefunktionen von Bedeutung. Genauer beleuchtet werden muss der Parameter *buttons*, der das Aussehen des Dialogfeldes aus der Summe der folgenden drei Werte für Schaltfläche, Symbol und Standardvorgabe bestimmt:

Code	Symbol	Bedeutung
0		Kein Symbol (Standardvorgabe)
16	⊗	Stoppzeichen
32		Fragezeichen
48		Ausrufezeichen
64		Informationszeichen

BEISPIEL: Meldungsfeld mit Stoppzeichen

```
Sub Test()
  MsgBox "Dateizugriff verweigert!", 16, "Problem"
End Sub
```

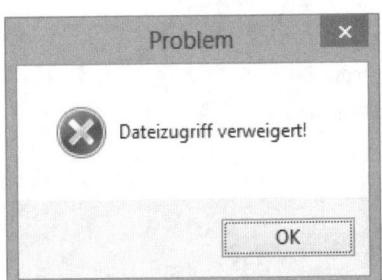

2.12.3 Rückgabewerte der MsgBox-Funktion

Soll die Meldungsbox mehrere Schaltflächen haben, so ergibt das natürlich erst dann einen Sinn, wenn man auch den Status der gewählten Schaltfläche auswerten kann. Anstelle der *MsgBox*-Anweisung sollten Sie dann die *MsgBox*-Funktion verwenden. Die Parameterleiste hat die gleiche

Syntax wie bei der *MsgBox*- Anweisung. Zum *buttons*-Parameter sind allerdings noch folgende Code-Werte hinzuzuaddieren:

Code für Schaltflächen	Schaltfläche(n)
0	
1	
2	
3	
4	
5	

Welche der Schaltflächen beim Aufruf den Fokus hat, bestimmen Sie durch Hinzuaddieren des folgenden Codes zum *buttons*-Parameter:

Code für Standard-schaltfläche	Bedeutung
0	Die erste Schaltfläche ist die Standardvorgabe
256	Die zweite Schaltfläche ist die Standardvorgabe
512	Die dritte Schaltfläche ist die Standardvorgabe

Hier die möglichen Rückgabewerte der Funktion:

Konstante	Wert	Bemerkung
vbOk	1	Schaltfläche OK gedrückt
vbCancel	2	Schaltfläche Abbrechen gedrückt
vbAbort	3	Schaltfläche Abbruch gedrückt
vbRetry	4	Schaltfläche Wiederholen gedrückt
vbIgnore	5	Schaltfläche Ignorieren gedrückt
vbYes	6	Ja-Schaltfläche gedrückt
vbNo	7	Nein-Schaltfläche gedrückt

BEISPIEL: Für eine einfache Ja/Nein-Abfrage genügt:

```
If MsgBox("Aktuelle Datei löschen?", 32 + 4, "Frage") = 6 Then Kill "C:\Test.Exe"
```

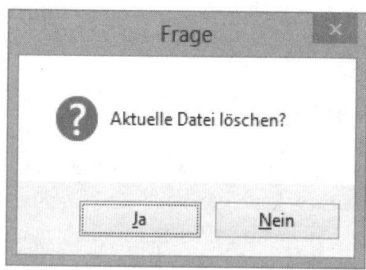

2.12 Standarddialogfelder

BEISPIEL: Und als krönender Abschluss ein nicht ganz ernstzunehmendes Meldungsfeld, mit dem Sie es Ihrem Kollegen "Besserwisser" endlich einmal heimzahlen können:

```
Select Case MsgBox("Achtung! Ihre Festplatte wird formatiert!", 64 + 2, "System-Info")
      Case 3   ' Abbrechen
      Case 4   ' Wiederholen
      Case 5   ' Ignorieren
End Select
```

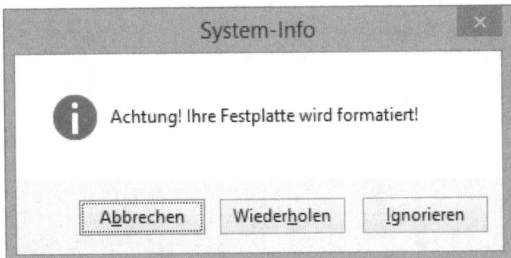

2.12.4 Abfrage von Werten mit der InputBox-Funktion

Ähnlich wie die *MsgBox*-Funktion ist die *InputBox*-Funktion aufgebaut. Wie bereits der Name suggeriert, dient sie vorrangig der Eingabe von Werten. Bedienung und Aussehen sind allerdings so mittelalterlich, dass Sie nur in "Notfällen" von der *InputBox*-Funktion Gebrauch machen sollten. Verwenden Sie stattdessen lieber eine selbst gestaltete Eingabemaske in einem Access-Formular, wo Sie auch Eingabeprüfungen durchführen können.

Syntax:

```
InputBox(prompt[,title] [, default] [, xpos] [, ypos] [, helpfile, context]) As String
```

Wie Sie sehen, ist der Rückgabewert vom *String*-Datentyp. Da die Parameter selbst erklärend sind bzw. denen der *MsgBox*-Funktion entsprechen, beschränken wir uns auf ein Beispiel.

BEISPIEL: *InputBox*-Funktion

```
Dim n%, answ$
answ = InputBox("Anzahl der Unbekannten","Eingabe der Ordnung", "4")
n = Val(answ)
```

... erzeugt das folgende Eingabefeld, dessen Rückgabewert nach dem Schließen zugewiesen wird:

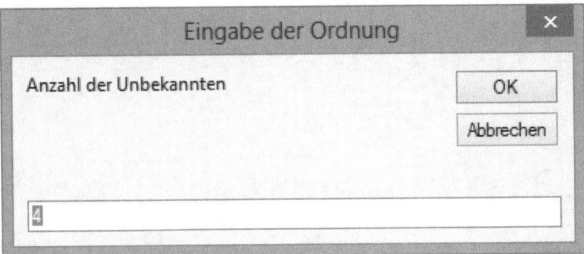

2.13 Übersichten und Ergänzungen

2.13.1 Datumskonstanten

Wert	Konstante	Beschreibung
1	vbSunday	Sonntag
2	vbMonday	Montag
3	vbTuesday	Dienstag
4	vbWednesday	Mittwoch
5	vbThursday	Donnerstag
6	vbFriday	Freitag
7	vbSaturday	Samstag

2.13.2 Rückgabewerte der VarType-Funktion

Wert	Konstante	Variablentyp
0	vbEmpty	Empty (nicht initialisiert)
1	vbNull	Null (ungültige Daten)
2	vbInteger	Ganzzahl (*Integer*)
3	vbLong	Ganzzahl (*Long*)
4	vbSingle	Gleitkommazahl einfacher Genauigkeit
5	vbDouble	Gleitkommazahl doppelter Genauigkeit
6	vbCurrency	Währungsbetrag (*Currency*)
7	vbDate	Datumswert (*Date*)
8	vbString	Zeichenfolge (*String*)
9	vbObject	Object
10	vbError	Fehlerwert
11	vbBoolean	Boole'scher Wert (*Boolean*)
12	vbVariant	*Variant* (nur bei *Variant*-Arrays)
13	vbDataObject	Datenzugriffsobjekt
14	vbDecimal	Dezimalwert
17	vbByte	*Byte*-Wert
8192	vbArray	Datenfeld (Array)

2.14 Praxisbeispiele

2.14.1 In einem Textfeld suchen

InStr- und *Len*-Funktion; *SelStart*- und *SelLength*-Eigenschaft; *InputBox*-Funktion; *SetFocus*-Methode; *Static*-Variablendeklaration

Diese scheinbar simple Aufgabenstellung ist sehr häufig anzutreffen. Die Programmierung bereitet aufgrund der komfortablen *InStr*-Funktion aber nur dann keine besonderen Schwierigkeiten, wenn es um das erstmalige Vorkommen eines Suchtextes geht. Etwas problematischer wird es, wenn die Suche fortgesetzt werden soll, um auch ein eventuelles mehrmaliges Vorkommen des Suchtextes festzustellen. Gründe genug, das prinzipielle Vorgehen anhand eines kleinen Demoprogramms zu erläutern.

Oberfläche

Erzeugen Sie ein neues Formular mit einem ungebundenen *Textfeld* und einer *Befehlsschaltfläche*, die Sie mit *Start* beschriften können (siehe Laufzeitansicht).

Quelltext

```
Private Sub Befehl0_Click()          ' Start oder Weiter
  Static suchText As String          ' zu suchende Zeichenfolge
  Static start As Integer            ' Beginn der Suche
  Dim pos As Integer                 ' Position des erstmaligen Auftretens
  Text0.SetFocus
  If Befehl0.Caption = "Start" Then
    suchText = InputBox("Geben Sie hier den zu suchenden Text ein:")
    start = 1
  End If
  pos = InStr(start, Text0.Text, suchText)
  If pos > 0 Then
    Text0.SelStart = pos - 1
    Text0.SelLength = Len(suchText)
    start = pos + Len(suchText)       ' neue Startposition
    Befehl0.Caption = "Weiter"
  Else
    MsgBox "Leider nichts gefunden!"
    Befehl0.Caption = "Start"
    Befehl0.SetFocus
  End If
End Sub
```

Test

Öffnen Sie das Formular und geben Sie nach dem Betätigen der *Start*-Schaltfläche den zu suchenden Text in das Bearbeitungsfeld der *InputBox* ein.

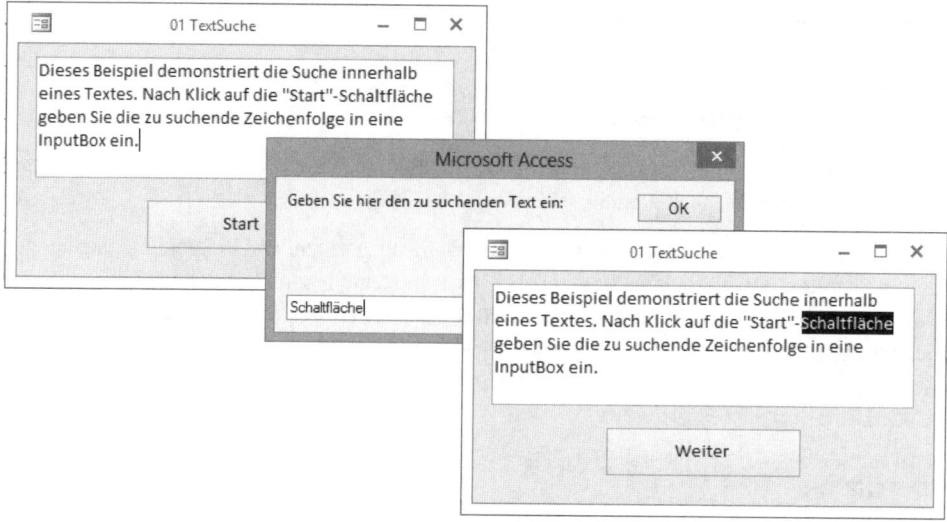

Falls die Zeichenfolge gefunden wird, erscheint sie im Textfeld markiert. Die Beschriftung der Befehlsschaltfläche ändert sich in *Weiter* und Sie können nach weiteren Vorkommen der Zeichenkette suchen lassen.

HINWEIS: Untersuchen Sie auch Extremfälle (z.B. einzelne Buchstaben direkt am Anfang, Groß-/Kleinschreibung).

Bemerkungen

- Achten Sie auf den Sinn der *Static*-Variablen!
- Die Anwendung der *SetFocus*-Methode für das Textfeld ist notwendig, weil sonst kein Zugriff auf deren *Text*- und *Sel*-Eigenschaft(en) möglich wäre.

2.14.2 Zeitangaben runden

Date-Datentyp; *TimerInterval*-Eigenschaft; *Timer*-Ereignis; *Round-,Time-, Format$*- Funktion;

Alle *Date*-Variablen sind Gleitkommazahlen, deren Nachkommastellen die Zeit repräsentieren. Ein Tag (also 24 Stunden) entspricht dem Wert 1, n Minuten entsprechen demnach dem Wert

```
n/(24 * 60) = n / 1440
```

Da man eine beliebige Zahl z durch den Ausdruck

```
z = Round(z/r) * r
```

auf den Wert r runden kann, ergibt sich eine verblüffend einfache Lösung des Problems.

2.14 Praxisbeispiele

Oberfläche

Auf ein Formular setzen Sie zwei attraktiv herausgeputzte *Bezeichnungsfelder*. Das eine soll die aktuelle Uhrzeit anzeigen, das andere die gerundete Uhrzeit.

Quelltext

```
Option Explicit
Const rundMin = 5              ' Runden auf 5 Minuten

Function roundTime As Date
    roundTime = Round(Time * 1440 / rundMin) * rundMin / 1440
End Function

Private Sub Form_Load()
    Me.TimerInterval = 1000    ' Sekundentakt für den Aufruf des integrierten Timers einstellen
End Sub

Private Sub Form_Timer()
    Bezeichnungsfeld0.Caption = Format$(Time, "hh:mm:ss")      ' Systemzeit mittels Time-Funktion holen
    Bezeichnungsfeld1.Caption = Format$(roundTime, "hh:mm:ss") ' gerundete Zeit
End Sub
```

Test

Links sehen Sie die aktuelle Systemzeit und rechts den auf fünf Minuten gerundeten Wert.

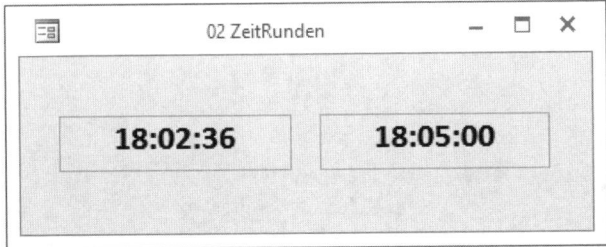

Bemerkungen

- Ändern Sie den Rundungsbereich durch Wahl einer anderen Konstanten *rundMin*.
- Den universellen Charakter der Lösung erkennen Sie auch daran, dass Sie anstatt der *Time*-Funktion auch die *Now*-Funktion einsetzen können.

2.14.3 Das Wochenende feststellen

TextBox-Objekt: *Change*-Ereignis; *Weekday*-, *CDate*-, *Format*-Funktion; *Date*-Variable; *Mod*-Operator; benutzerdefinierte Funktionen; Datumsformatierung; Fehlerbehandlung;

In vielen Fällen will man einfach nur wissen, ob ein bestimmtes Datum auf ein Wochenende (Sonnabend, Sonntag) fällt. Die im Folgenden demonstrierte Lösung ermittelt zusätzlich noch den genauen Wochentag.

Oberfläche

Auf das Testformular setzen Sie ein ungebundenes *Textfeld* für die Datumseingabe sowie zwei *Bezeichnungsfeld*er (siehe Laufzeitansicht).

Quelltext

```
Option Explicit
```

Herzstück des Programms ist eine "selbst gebastelte" Funktion, die trickreich die *Weekday*-Funktion (liefert Werte von 0...6) auswertet:

```
Function IsWeekend(dat As Date) As Boolean
  IsWeekend = (Weekday(dat) Mod 6 = 1)
End Function
```

Sobald sich der Inhalt des Textfeldes aufgrund einer Benutzereingabe geändert hat, wird das *Change*-Ereignis für das Textfeld ausgelöst:

```
Private Sub Text0_Change()
On Error GoTo fehler
Dim d As Date, s As String
d = CDate(Text0.Text)
s = Format$(d, "d.mmmm yyyy")
If IsWeekend(d) Then
  Bezeichnungsfeld0.Caption = "Der " & s & " fällt auf ein Wochenende!"
  Bezeichnungsfeld0.ForeColor = vbRed              ' Text rot einfärben
Else
  Bezeichnungsfeld0.Caption = "Der " & s & " ist ein Wochentag!"
  Bezeichnungsfeld0.ForeColor = vbBlack
End If
Bezeichnungsfeld1.Caption = Format$(d, "dddd")     ' Wochentag anzeigen
Exit Sub

fehler:
Bezeichnungsfeld0.Caption = "Kein Datum ..."
Bezeichnungsfeld1.Caption = ""
Exit Sub
Resume Next                                        ' Weitermachen!
End Sub
```

Test

Geben Sie ein beliebiges Datum ein, so erscheint das Ergebnis sofort. Fällt das Datum auf ein Wochenende, wird der Meldungstext rot eingefärbt.

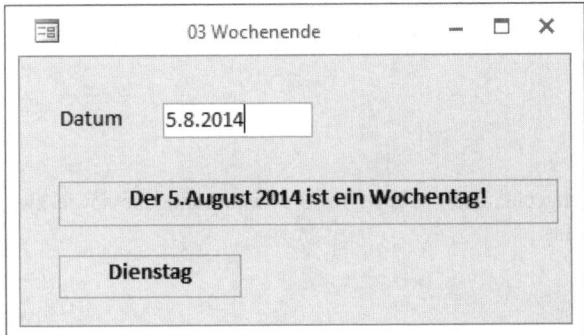

HINWEIS: Auch fehlerhafte oder unvollständige Datumseingaben bringen unser Programm nicht aus dem Konzept!

2.14.4 Mit dynamischen Arrays rechnen

Dim- und *ReDim*-Anweisung; *InputBox-* und *MsgBox*-Funktion; *For...Next*-Schleifen; *GoTo*-Anweisung; *Val-*, *Str$*-Funktion; dynamische Arrays; mathematische Anwendungen, Matrizen;

In VBA können Sie auch dynamische Arrays deklarieren, d.h., die Anzahl der Feldelemente braucht vorher nicht bekannt zu sein (siehe Seite 94). Sinnvolle Anwendungsmöglichkeiten ergeben sich z.B. bei mathematischen Problemen, wenn Werte in Matrizen abgelegt werden müssen.

In unserem Demo-Programm wollen wir *Lineare Gleichungssysteme (GLS)* nach dem bekannten *Gauss-Algorithmus* lösen[1]. Zum Abspeichern der Koeffizienten benötigen wir ein zweidimensionales (quadratisches) Array für die linke und ein eindimensionales Array für die rechte Seite des GLS. Die Anzahl der Unbekannten wird erst zur Laufzeit festgelegt, sie bestimmt die Abmessungen der beiden benötigten Arrays.

Oberfläche

Da wir alle Ein- und Ausgaben über *InputBox* bzw. *MsgBox* realisieren wollen, fällt die Bedienoberfläche recht spartanisch aus. Sie besteht lediglich aus einem Formular mit einer *Start-Befehlsschaltfläche*.

---

[1] Wer Mathematik nicht gerade zu seinen Lieblingsfächern zählt, sollte dieses Beispiel einfach ignorieren.

Quelltext

```
Option Explicit

Private n As Integer      ' Ordnung des GLS
Private a() As Single     ' linke Seite (Koeffizientenmatrix)
Private b() As Single     ' rechte Seite (Lösungsvektor)
```

Das Programm wird gestartet:

```
Private Sub Befehl0_Click()
On Error GoTo ende
Dim answ As String, dval As String, msg As String, title As String    ' für InputBox
Dim i As Integer, j As Integer
Const MB_OK = 0                         ' für OK-Schaltfl. bei MsgBox
 title = "Eingabe der Ordnung"          ' Beginn Eingabeprozedur
 msg = "Anzahl der Unbekannten"
 dval = "1"    ' Defaultwert für Rückgabe
 answ = InputBox(msg, title, dval)
 n = Val(answ)
 ReDim a(1 To n, 1 To n)   ' linke Seite dimensionieren
 ReDim b(1 To n)           ' dto. rechte Seite
 title = "Eingabe der Koeffizienten"
 dval = "0"
 For i = 1 To n
  For j = 1 To n
   msg = "a(" & Str$(i) & "," & Str$(j) & ")"
   answ = InputBox(msg, title, dval)
   a(i, j) = Val(answ)
  Next j
  msg = "b(" & Str$(i) & ")"
  answ = InputBox(msg, title, dval)
  b(i) = Val(answ)
 Next i
```

Nach Eingabe des letzten Koeffizienten wird die Lösungsprozedur aufgerufen:

```
 Call gauss
 title = "Lösung"
 msg = ""
 For i = 1 To n
  msg = msg & "x" & Str$(i) & " = " & Str$(b(i)) & Chr(13)
 Next i
 MsgBox msg, MB_OK, title
 Exit Sub
ende:
  End
  Resume Next
End Sub
```

2.14 Praxisbeispiele

Nun zu der Lösungsprozedur für lineare Gleichungssysteme, die in mehreren verschachtelten *For... Next*- Schleifen abläuft (Gauss-Algorithmus):

```
Private Sub gauss()
Dim i As Integer, j As Integer, k As Integer
 For k = n To 2 Step -1     ' Eliminationszyklus
  For i = 1 To k - 1
   b(i) = b(i) - b(k) * a(i, k) / a(k, k)
   For j = 1 To k - 1
    a(i, j) = a(i, j) - a(i, k) * a(k, j) / a(k, k)
   Next j
  Next i
 Next k
 For i = 1 To n             ' Rücksubstitutionszyklus
  For j = 1 To i - 1
   b(i) = b(i) - b(j) * a(i, j)
  Next j
  b(i) = b(i) / a(i, i)
 Next i
End Sub
```

Da es in diesem Beispiel vorrangig um die Arbeit mit dynamischen Feldvariablen geht, sollte man nicht gar zu viel Zeit für das Verständnis der internen Abläufe der Prozedur *gauss* verschwenden, sondern sich vielmehr auf das Anlegen der Arrays und den Zugriff auf dieselben konzentrieren.

Test

Öffnen Sie das Formular und lösen Sie z.B. folgendes Gleichungssystem mit fünf Unbekannten:

```
2X2 +      X4 + 2X5        =  2
X1 -  X2 - X3      + X5    = -2
2X1 +     2X3 + X4 -  X5   =  4
-X1 + X2 + X3 + X4 + X5    =  2
3X1 + 2X2 + 2X3 - 2X4      = -8
```

Es empfiehlt sich, vor der Eingabe das Gleichungssystem in Matrizenform niederzuschreiben. Bei dieser Gelegenheit sollte man außerdem die Reihenfolge der Gleichungen so umordnen, dass kein Hauptdiagonalelement den Wert null hat (ansonsten tritt ein Pivotfehler auf). Da in unserem Fall das erste Hauptdiagonalelement null ist, vertauschen wir einfach die erste und die letzte Gleichung:

```
 3  2  2 -2  0  X1 -8
 1 -1 -1  0  1  X2 -2
 2  0  2  1 -1  X3  4
-1  1  1  1  1  X4  2
 0  2  0  1  2  X5  2
```

Drücken Sie jetzt die *Start*-Schaltfläche und geben Sie zunächst die Anzahl der Unbekannten (5) in die InputBox ein. Anschließend ist ein wenig Geduld vonnöten, denn es sind die insgesamt 25 Koeffizienten des GLS einzugeben. Dabei ist z.B. *a(3,5) = -1* der Koeffizient der dritten Zeile und fünften Spalte und *b(3) = 4* der entsprechende Wert auf der rechten Seite.

Die ersten drei Eingaben in die InputBox:

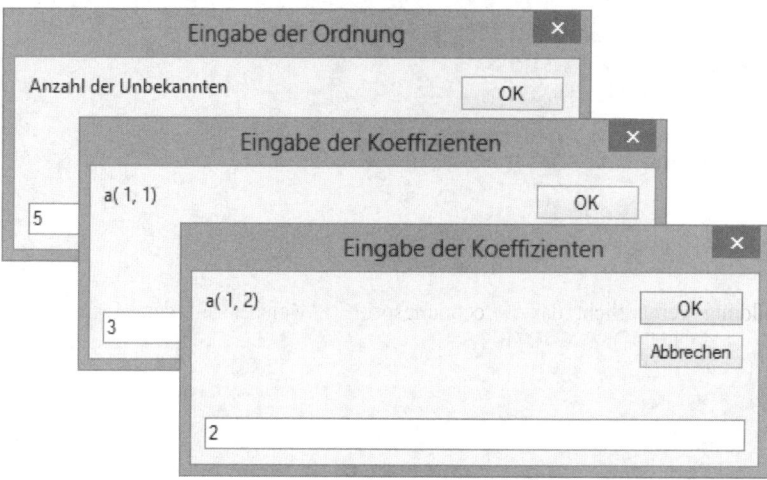

Nachdem das letzte Element *b(5)=2* eingegeben wurde, startet der Gauss-Algorithmus automatisch und liefert die Lösung $x_1 = 0$; $x_2 = 1$; $x_3 = -1$; $x_4 = 4$; $x_5 = -2$ in einem Meldungsfenster.

Die Lösung des Linearen Gleichungssystems mit 5 Unbekannten im Meldungsfenster:

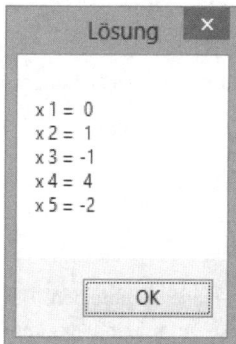

Bemerkungen

- Da es sich hier um eine sehr einfache Form des Gauss-Algorithmus handelt, wurde auf eine automatische Pivotsuche und weitere Fehlerbehandlungsroutinen verzichtet. Auch gibt es keine Möglichkeit, fehlerhafte Eingaben nachträglich zu korrigieren.

- Für höhere Genauigkeitsansprüche sollte man statt auf *Single*- auf *Double*-Arrays zurückgreifen.

2.14.5 Arbeiten mit dem Debugger

Fehlersuche; *ADO*-Recordset, *Clone*-Methode;

Den Wert des Debuggers lernt man erst dann so richtig zu schätzen, wenn von ihm wirklich der entscheidende Hinweis auf einen schwer auffindbaren logischen Programmfehler kommt, denn viele schlaue Programmideen scheitern bei der praktischen Umsetzung an Schussseligkeiten des Erfinders. Unser (zunächst fehlerhaftes) Demo-Programm soll die Entfernung zwischen zwei Orten (Luftlinie) berechnen.

Grundlagen

Die folgende Abbildung verdeutlicht das Berechnungsprinzip, welches auf dem Lehrsatz des Pythagoras beruht.

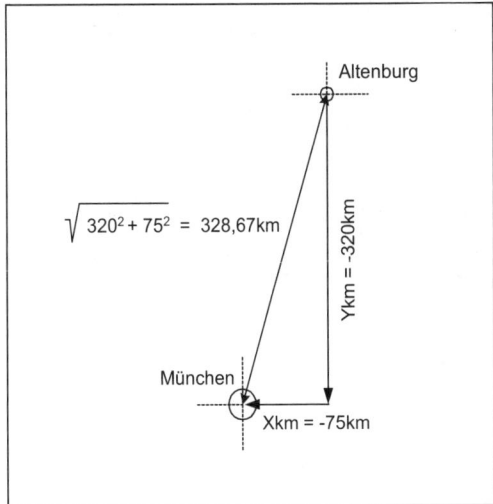

Die Ortsnamen und deren Koordinaten relativ zu einer bestimmten Stadt (im Beispiel ist der Bezugspunkt Altenburg) sollen in einer Access-Tabelle abgespeichert werden.

Die Datensatzstruktur:

Feldname	Felddatentyp	Bemerkung
Name	Text * 30	Bezeichnung der Ortschaft
Xkm	Single	West-Ost-Abweichung in km
Ykm	Single	Süd-Nord-Abweichung in km

Füllen Sie die Tabelle mit einigen Datensätzen:

Name	Xkm	Ykm
Altenburg	0	0
Berlin	75	175
Chemnitz	35	-10
Dresden	90	5
Frankfurt a.M.	-270	-100
Gera	-25	-18
Hannover	-185	160
Leipzig	0	35
Magdeburg	-50	120
München	-75	-320
*	0	0

Oberfläche

Als Vorbild kann die in der folgenden Abbildung gezeigte Benutzerschnittstelle dienen, die aus einem Formular mit drei (ungebundenen) *Textfeld*ern und fünf *Befehlsschaltfläche*n besteht:

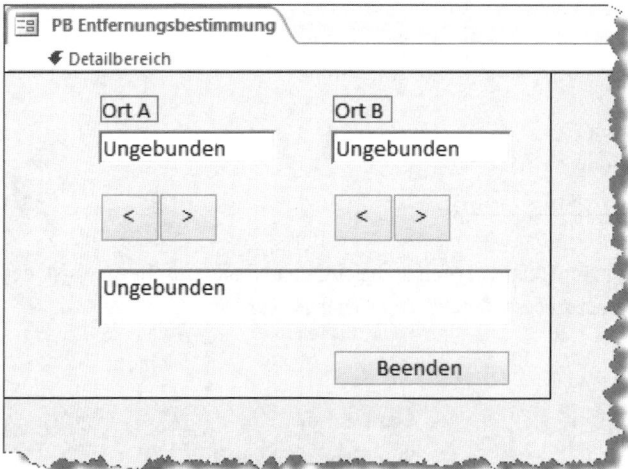

Quelltext

Die Realisierung erfolgt auf DAO-Basis, wir müssen also keine extra Library einbinden.

Für jeden der beiden Orte verwenden wir ein separates Recordset:

```
Private rsA As DAO.Recordset
Private rsB As DAO.Recordset
```

2.14 Praxisbeispiele

Das Herstellen der Verbindung zur Datenquelle und das Füllen beider Recordsets geschieht beim Laden des Formulars:

```
Private Sub Form_Load()
Dim pfad As String
Dim connStr As String
 Set rsA = CurrentDb.OpenRecordset("Orte")
```

Das zweite Recordset wird "geklont":

```
 Set rsB = rsA.Clone
```

Der erste Ort soll angezeigt werden:

```
 Text0.Value = rsA!Name
 Text1.Value = rsB!Name
 berechnen
End Sub
```

Mit unseren vier "handgestrickten" Navigationsschaltflächen blättern wir durch die Datensätze:

```
Private Sub Befehl0_Click()       ' <   (Ort A)
 rsA.MovePrevious
 If rsA.BOF Then rsA.MoveFirst
 Text0.Value = rsA!Name
 berechnen
End Sub

Private Sub Befehl1_Click()       ' >   (Ort A)
 rsA.MoveNext
 If rsA.EOF Then rsA.MoveLast
 Text0.Value = rsA!Name
 berechnen
End Sub

Private Sub Befehl2_Click()       ' <   (Ort B)
 rsB.MovePrevious
 If rsB.BOF Then rsB.MoveFirst
 Text1.Value = rsB!Name
 berechnen
End Sub

Private Sub Befehl3_Click()       ' >   (Ort B)
 rsB.MoveNext
 If rsB.EOF Then rsB.MoveLast
 Text1.Value = rsB!Name
 berechnen
End Sub
```

Die Entfernungsberechnung wird in folgender Prozedur erledigt:

```
Private Sub berechnen()
Dim dx As Long, dy As Long, dist As Long
```

```
dx = rsB!Xkm - rsA!Xkm : dy = rsB!Ykm - rsA!Ykm
dist = dx * dx + dy * dy
Text2.Value = "Die Entfernung zwischen " & rsA!Name & " und " & _
rsB!Name & " beträgt " & Format$(dist, "###0") & " km!"
End Sub
```

Test

Alles scheint wunderbar zu funktionieren bis ein Blick auf die berechneten Ergebnisse (36250 km Entfernung zwischen Altenburg und Berlin???) die euphorische Stimmung schlagartig dämpft. Ein Hilferuf an den Debugger!

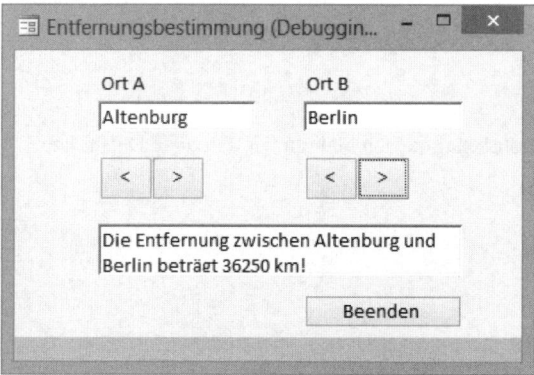

Schrittweises Abarbeiten

Zunächst sollten wir die Aktivitäten beim Laden des Formulars untersuchen. Wir setzen dazu einen Haltepunkt an den Beginn der *Form_Load*-Ereignisprozedur, indem wir einfach mit der Maus links auf den breiten grauen Rand klicken.

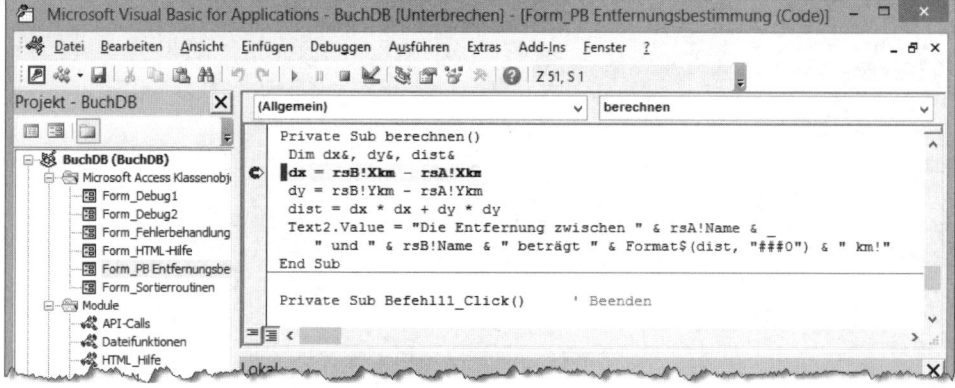

Nun starten wir das Programm wie gewohnt, d.h., wir öffnen es vom Access-Hauptfenster aus. Die Ausführung stoppt am Haltepunkt. Mittels F8-Taste bewegen wir uns schrittweise weiter, der gelbe

2.14 Praxisbeispiele

Pfeil zeigt den Programmfortschritt (siehe obige Abbildung). Bei dieser Gelegenheit untersuchen wir auch die aktuellen Werte von *Text0.Value*, ... per QuickInfo (mit der Maus darauf zeigen).

In der Prozedur *berechnen* angelangt, untersuchen Sie auf gleiche Weise den Wert der kritischen Variablen *dist*, denn hier vermuten wir den Übeltäter. Leider macht uns das Ergebnis (0) nicht wesentlich klüger.

Falls Ihnen die QuickInfo nicht genügt, setzen Sie die Schreibmarke in die Variable *dist* und wählen im *Debuggen*-Menü den Eintrag *Aktuellen Wert anzeigen* (⇧+F9). Falls Sie die *Debuggen*-Symbolleiste geöffnet haben, können Sie auch auf das Symbol mit der "Brille" klicken. Die Anzeige erfolgt nun relativ komfortabel in einem Dialogfeld.

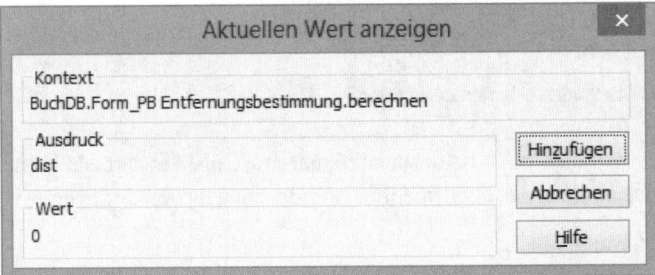

Wenn Sie im Dialogfeld *Aktuellen Wert anzeigen* auf die Schaltfläche *Hinzufügen* klicken, wird die Variable *dist* zur Liste der Überwachungsausdrücke hinzugefügt, wovon wir uns später überzeugen können.

Durch Klick auf die Schaltfläche ■ beenden wir vorerst den Debug-Modus und machen uns nach einer kleinen Denkpause bereit für einen zweiten Anlauf.

Überwachungsausdruck hinzufügen

Um die Ursache für die astronomischen Entfernungen nun endlich zu ergründen, soll der Programmablauf erst dann unterbrochen werden, wenn der Wert der Variablen *dist* die Größe von *10000* überschreitet. Vorerst löschen wir den bereits vorhandenen fetten braunen Haltepunkt (F9-Taste oder einfach nur darauf klicken).

Wählen Sie nun den Menübefehl *Debuggen/Überwachung hinzufügen* und tragen Sie in das Dialogfeld die Unterbrechungsbedingung entsprechend der folgenden Abbildung ein.

Erneut öffnen wir das Formular und blättern durch die Datensätze. Die Programmausführung wird unterbrochen, sobald die Bedingung *dist > 10000* erfüllt ist, das Fenster *Überwachungsausdrücke* erscheint.

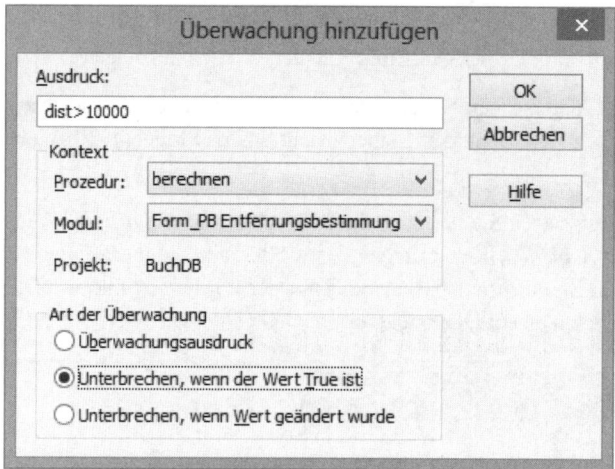

Langsam dämmert es: Da ein Überprüfen der Koordinatendifferenzen *dx* und *dy* normale Werte ergibt, kann also die Fehlerursache nur in einer falschen Formel zur Berechnung von *dist* liegen!

Daraus entspringt die rettende Erkenntnis:

HINWEIS: Bei der Umsetzung des Lehrsatz des Pythagoras haben wir dummerweise vergessen, die Wurzel zu ziehen!

Schnell korrigieren wir die fehlerhafte Anweisung in der Prozedur *berechnen*:

```
dist = Sqr(dx * dx + dy * dy)
```

... und der alte Pythagoras braucht sich nicht mehr im Grabe umzudrehen.

Bemerkungen

- Falls Sie mit der *Debuggen*-Symbolleiste arbeiten wollen, müssen Sie diese über den Menübefehl *Ansicht/Symbolleisten/Debuggen* aktivieren.

- Auch beim Debugging dürfen Sie die notwendigen Nutzereingaben nicht vergessen. Haben Sie z. B. einen Haltepunkt innerhalb der *Sub Befehl2_Click()* gesetzt, so müssen Sie zur Programmlaufzeit erst auf die Schaltfläche *Befehl2* klicken, um zu diesem Haltepunkt zu gelangen.

- Sie sollten nun den Code eines beliebigen anderen Moduls testen, um die notwendige Sicherheit beim Umgang mit dem Debugger zu erreichen.

Kapitel 3

Makros – eine Einführung

Obwohl sich unser Buch schwerpunktmäßig der VBA-Programmierung widmet, sind die konventionellen Makros leider für die Programmierung von Web-Applikationen ohne Alternative. Auch die Spezies der Datenmakros können wir nicht links liegen lassen, da diese über Features verfügen, die weit über die Möglichkeiten von VBA hinausgehen bzw. den VBA-Code drastisch vereinfachen. Der Access-Anwendungsprogrammierer kommt deshalb in vielen Fällen nicht umhin, sowohl VBA als auch Makros sinnvoll miteinander zu kombinieren.

HINWEIS: Einen ersten Eindruck vermitteln Ihnen die Einführungsbeispiele "Konventionelle Programmierung" und "Programmieren mit Datenmakro" in Kapitel 1.

3.1 Klassische Makros

In diesem Teil dieses Kapitels wollen wir uns in gebotener Kürze den elementaren Bedienfunktionen des Makro-Entwurfs widmen. Die Ausführungen richten sich nicht nur an den VBA-Programmierer, der mal eben schnell ein einfaches Makro (zum Beispiel Öffnen eines Formulars) schreiben will, sondern der sich auch auf komplexere Anwendungsfälle im Rahmen von Web-Applikationen vorbereiten muss.

3.1.1 Entwurfsoberfläche

Wählen Sie den Befehl *ERSTELLEN/Makros und Code/Makro*:

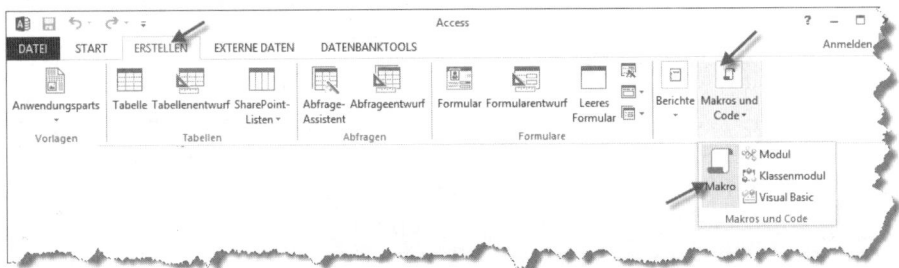

Es öffnet sich die Entwurfsoberfläche für Makros:

[Screenshot der Makro-Entwurfsoberfläche in Access mit dem Fenster Makro1, dem Befehl Meldungsfeld und dem Aktionskatalog auf der rechten Seite]

Der Aktionskatalog bietet drei Gruppen von Elementen:

- *Programmablauf*
  Mit verschiedenen Elementen können Sie das Makro strukturieren

- *Aktionen*
  Hier stehen die eigentlichen Befehle, nach Kategorien zusammengefasst

- *In dieser Datenbank*
  Hier finden Sie die eingebetteten Makros, die bereits in der aktuellen Datenbank enthalten sind

Der Codebereich (das Fenster *Makro1* in obiger Abbildung) ist der Platz für die Makrobefehle. Damit dieses Fenster nicht gar zu leer aussieht, wurde bereits ein Befehl *Meldungsfeld* hinzugefügt, allerdings müssen die Argumente noch angepasst werden.

Weitere neue Befehle wählen Sie entweder in der Liste *Neue Aktion hinzufügen* aus, oder aber Sie ziehen sie direkt aus dem Aktionskatalog in den Codebereich.

3.1.2 Eigenständige Makros

Ein eigenständiges Makro erscheint als Objekt im Navigationsbereich und wird getrennt vom aufrufenden Formular/Bericht gespeichert. Das macht seine Mehrfachnutzung möglich, da es von verschiedenen Formularen/Berichten aufgerufen werden kann.

Beispiel

Unser Makro soll die Aktion zum Öffnen eines Formulars ausführen.

- Wählen Sie *ERSTELLEN/Makros und Code/Makro* und öffnen Sie im Codefenster des Makro-Editors die Klappbox *Neue Aktion hinzufügen*, so sehen Sie eine alphabetisch geordnete Liste aller verfügbaren Aktionen.
- Selektieren Sie die Aktion *ÖffnenFormular*[1].

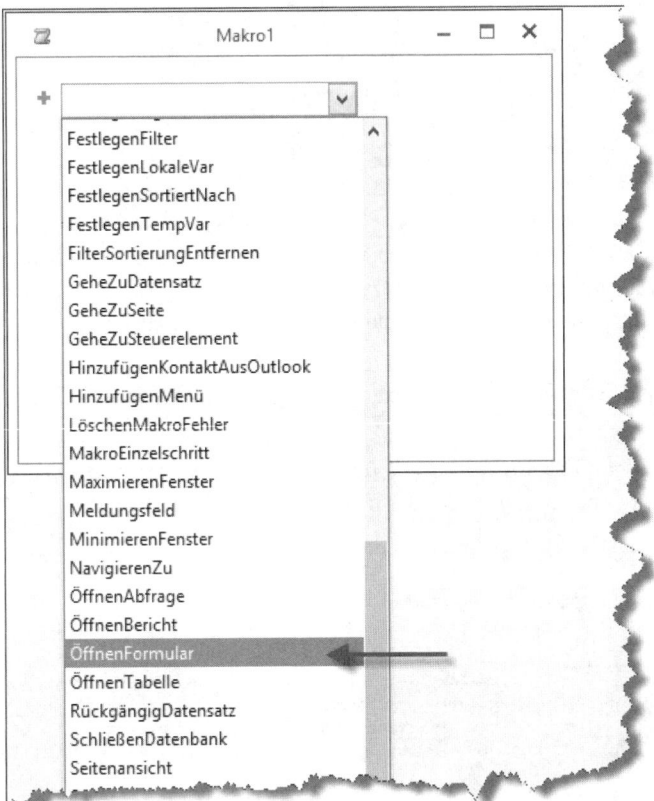

- Im Codebereich erscheint jetzt die *ÖffnenFormular*-Aktion mit all ihren Argumenten. Der Formularname muss unbedingt eingetragen werden!

---

[1] Alternativ können Sie im Aktionskatalog den Bereich *Aktionen und Datenbankobjekte* ausklappen, und von dort die Aktion *ÖffnenFormular* in den Codebereich ziehen.

Kapitel 3: Makros – eine Einführung

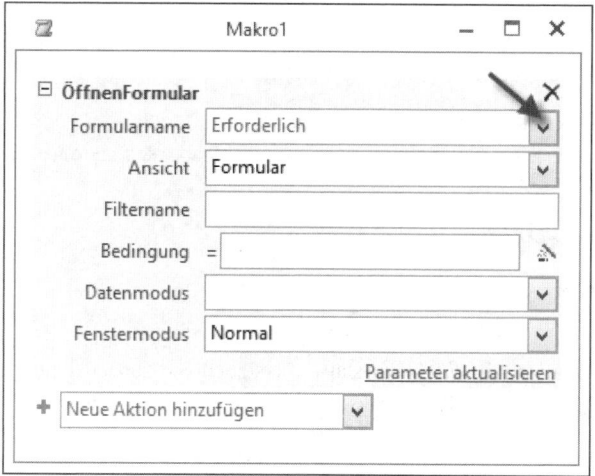

- Öffnen Sie die Klappbox *Formularname*, so werden Ihnen alle in der Datenbank vorhandenen Formulare angeboten. Wählen Sie eines davon aus (zum Beispiel *Arbeitnehmer*) und speichern Sie das Makro unter einem schlüssigen Namen ab (zum Beispiel *mcrArbeitnehmer*).

HINWEIS: Bevor Sie ein Makro ausführen können, muss es gespeichert werden!

- Das Makro kann nun mit dem Befehl *ENTWURF/Tools/Ausführen* gestartet werden, als Ergebnis sollte das gewünschte Formular (in unserem Beispiel *Arbeitnehmer*) erscheinen.

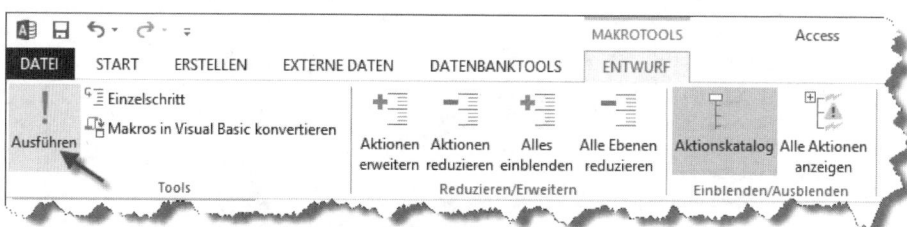

- Das Makro müsste jetzt im Navigationsbereich zu sehen sein und Sie können es auch von dort per Doppelklick starten (vorher Fenster schließen).

3.1 Klassische Makros

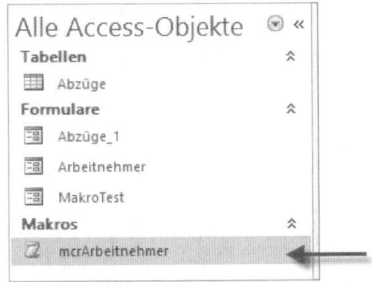

- Um das Makro mittels einer *Befehlsschaltfläche* zu starten, erstellen Sie zunächst ein neues Formular, auf welchem Sie eine *Befehlsschaltfläche* absetzen.
- Öffnen Sie die *Ereignis*-Seite des Eigenschaftenblatts und weisen Sie dem Ereignis *Beim Klicken* das in der Liste angebotene Makro zu.

HINWEIS: Wenn Sie dieses Makro nachträglich bearbeiten wollen, dann klicken Sie auf die Schaltfläche mit den drei Pünktchen, und Sie gelangen direkt in den Makro-Editor.

3.1.3 Eingebettete Makros

Häufig ist ein Makro nur an ein einziges Formular (oder Bericht) gebunden. Zu diesem Zweck verwendet man anstatt eigenständiger besser eingebettete Makros, die direkt in den Ereigniseigenschaften von Formularen, Berichten oder Steuerelementen gespeichert werden. Die Programmierung eingebetteter Makros unterscheidet sich nicht von der eigenständiger Makros. Lediglich die anfängliche Vorgehensweise ist anders. Während Sie für eigenständige Makros den entsprechenden Befehl im Menüband aufrufen (*ERSTELLEN/Makros und Code/Makro*), erzeugen Sie eingebettete Makros direkt in der Entwurfsansicht eines Formulars oder Berichts.

Beispiel

Anstatt ein neues Makro zu erstellen, wollen wir diesmal eines der in der *Nordwind*-Datenbank zahlreich vorhandenen eingebetteten Makros analysieren.

- Wir öffnen das Formular *Kundendetails* der *Nordwind*-Datenbank in der Entwurfsansicht und klicken auf die Befehlsschaltfläche mit der Beschriftung *Speichern und neuer Eintrag* im Formularkopf.

- Wir drücken die Taste [F4], um das *Eigenschaftenblatt* für diese Befehlsschaltfläche (*cmdSaveandNew*) anzuzeigen und klicken auf die Seite *Ereignis*. Wir wählen das Ereignis *Beim Klicken* und klicken rechts auf die kleine Befehlsschaltfläche mit den drei Pünktchen.

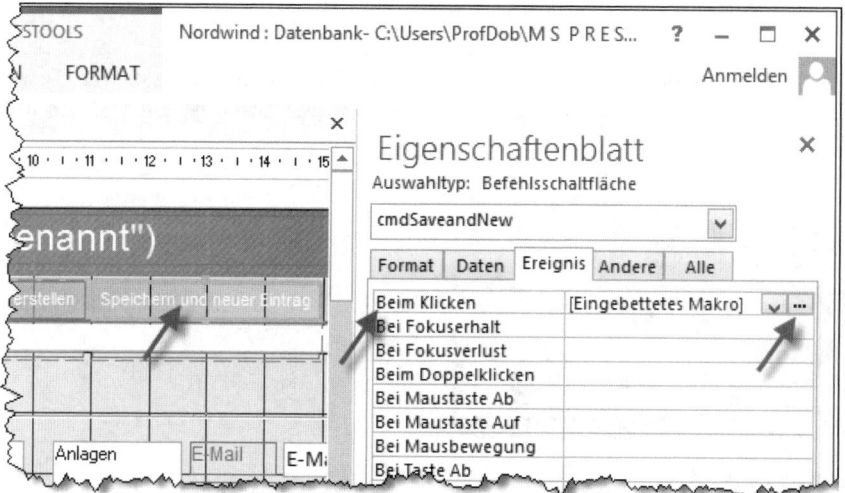

- Es öffnet sich der Makro-Editor und zeigt die Entwurfsansicht des eingebetteten Makros für das Schaltflächen-Steuerelement *cmdSaveandNew*.

- Wir klicken auf *BeiFehler*, um den Entwurf der Aktion zu aktivieren. Die Aktion und ihre Parameter werden nun durch einen grauen Kasten eingerahmt.

3.1 Klassische Makros

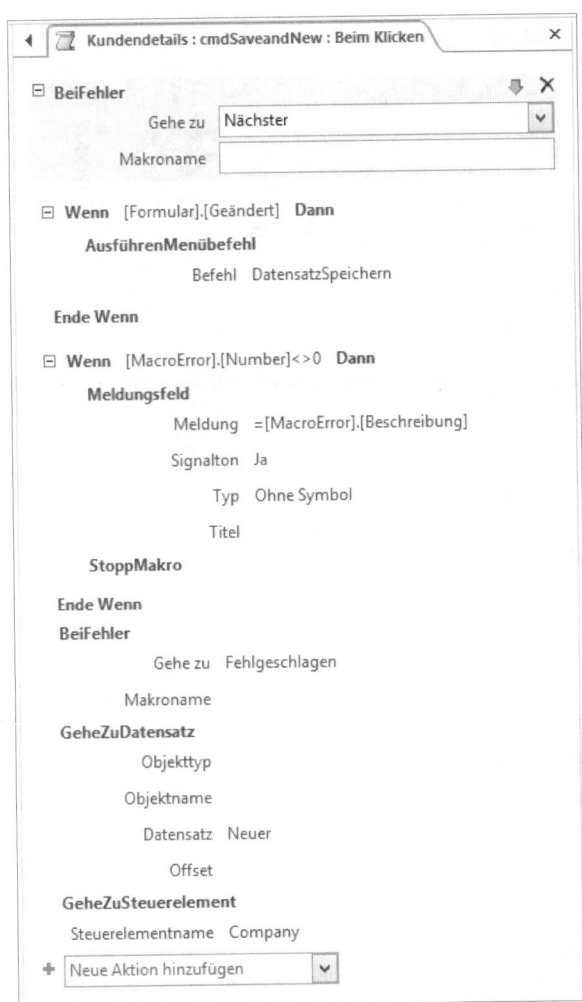

- Wenn wir mit der Maus auf einen Parameter zeigen, so erhalten wir kontextsensitive Hilfe. So gewährleistet der Parameter *Gehe Zu* der Aktion *Bei Fehler.Nächster*, dass bei einem Fehler die nächste Aktion des Makros ausgeführt wird. In das Feld *Makroname* (in unserem Fall bleibt es leer), würden wir den Namen eines Untermakros eintragen, wenn der Parameter *Gehe Zu* auf *Makroname* festgelegt würde.

- Mit dem Klick auf *Wenn* aktivieren wir den Entwurf der nächsten Aktion. Hier wollen wir etwas mit der Intellisense herumspielen und löschen den Inhalt des Textfelds. Dann tippen wir zum Beispiel *form* ein. Mit jedem neuen Zeichen bietet uns die IntelliSense eine reichhaltige Auswahl an möglichen Funktionen und Steuerelementen, die in dem *Wenn*-Ausdruck verwendet werden können.

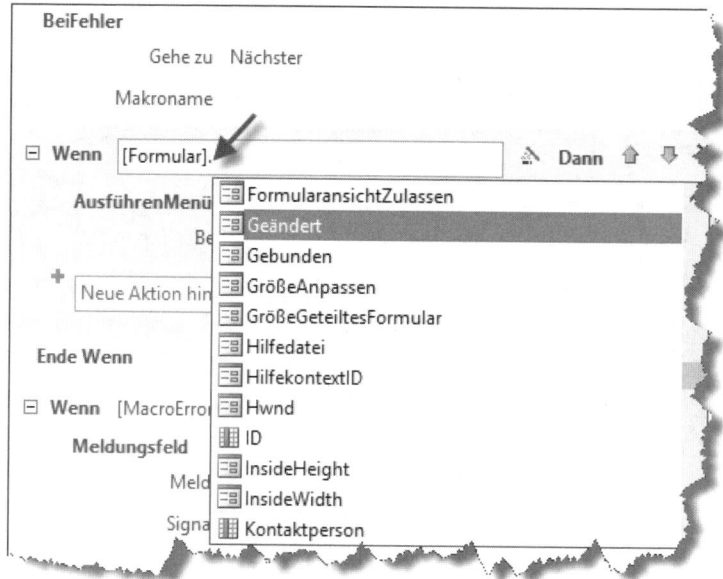

- Rechts neben dem Textfeld für den Ausdruck der Aktion *Wenn* befindet sich die Befehlsschaltfläche für den Ausdrucks-Generator, gefolgt von dem Wort *Dann*. *Dann* bedeutet, dass eine weitere Aktion auszuführen ist, wenn der Ausdruck im Textfeld *Wahr* ist. Mit den beiden grünen Pfeilen rechts neben *Dann* lässt sich die Aktionsreihenfolge ändern, das Kreuzchen daneben dient zum Löschen der Aktion.

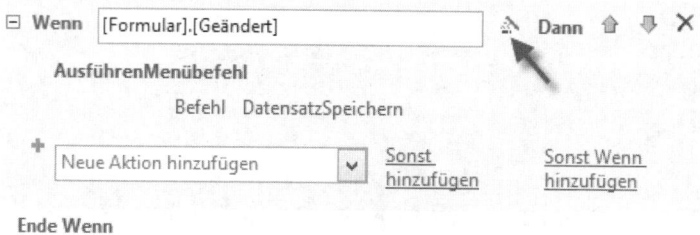

- Zusammenfassend lässt sich die Aktion *Wenn* wie folgt ausdrücken: Wurden im Formular Änderungen vorgenommen, so ist der Menübefehl *Datensatz speichern* auszuführen.
- Der weitere Verlauf des Makros liest sich wie folgt: Schlägt die Datensatzspeicherung fehl, so soll ein Meldungsfenster mit der Fehlerbeschreibung (plus Signalton), angezeigt werden. Anschließend wird das Makro gestoppt und beendet.
- Falls kein Fehler auftritt, wird mit *GeheZuDatensatz* ein neuer Datensatz angelegt und mit *Gehe-ZuSteuerelement* erhält das Steuerelement *Company* den Eingabefokus.

3.1 Klassische Makros   171

HINWEIS: Als Lernhilfe und zur Anregung für eigene Kreationen sollten Sie zunächst den Aufbau bereits fertiger Makros in diversen Beispieldatenbanken studieren. Das Studium obigen Beispiels zeigt, wie sich dabei auch recht komplexe Aufgabenstellungen automatisieren lassen. Dabei können Sie Ausdrücke verwenden, die auf Namensräume von Steuerelementen und Funktionen zugreifen und die sich dem Niveau der Programmiersprache VBA etwas annähern.

3.1.4 Das AutoKeys-Makro

Um Makros mittels Tastaturkürzel aufrufen zu können, müssen Sie ein eigenständiges Makro mit dem reservierten Namen *AutoKeys* anlegen.

Beispiel

Wir wollen über die Tastenkombination [Strg]+[A] ein in der Datenbank bereits vorhandenes Makro *mcrArbeitnehmer* (siehe Beispieldaten) aufrufen.

- Mit dem Befehl *ERSTELLEN/Makros und Code/Makro* eröffnen wir ein neues eigenständiges Makro.

- Wir klappen die Liste *Neue Aktion hinzufügen* auf und wählen die Aktion *Untermakro* (alternativ könnten wir auch aus der Kategorie *Programmablauf* des Aktionskatalogs die *Untermakro*-Aktion in den Code-Editor ziehen). Als Argument für das Untermakro geben wir die Zeichenfolge ^a ein)[1].

- In der Liste *Neue Aktion hinzufügen* des Untermakros selektieren wir die *AusführenMakro*-Aktion und weisen als Makroname-Argument den Namen *mcrArbeitnehmer* zu. Die Felder zu den Wiederholungen bleiben leer.

- Nun müssen wir das Makro nur noch unter dem reservierten Namen *AutoKeys* abspeichern.

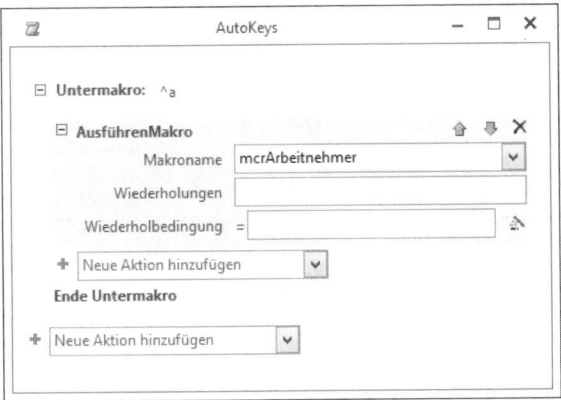

---

[1] Das Caret-Zeichen (^) wartet nach der Tastatur-Eingabe auf das nachfolgende Zeichen und wird erst angezeigt, wenn Sie anschließend ein Leerzeichen eingegeben haben.

- Wir geben die Tastenkombination [Strg]+[A] ein um zu testen, ob das Makro *mcrArbeitnehmer* ausgeführt wird (in unserem Fall müsste das Formular *Arbeitnehmer* erscheinen, siehe Beispieldaten).

Es ist ohne weiteres möglich, zum Makro *AutoKeys* weitere Aktionen, die auf andere Tastaturkürzel gelegt werden, hinzuzufügen. Einen Überblick über mögliche Tasten liefert die folgende Tabelle:

Zeichen	Taste
^	Strg
+	Shift
{F1}...{F12}	F1 bis F12

Beispiel

Mittels [F1]-Taste soll ein Meldungsfenster mit der Meldung *Das ist ein Test!* aufgerufen werden.

- Wir klicken mit der rechten Maustaste auf das bereits vorhandene Makro *AutoKeys* im Navigationsbereich und wählen im Kontextmenü die Entwurfsansicht.
- Im Makro-Editor klappen wir die Liste *Neue Aktion hinzufügen* auf und wählen *Untermakro*.
- In der Liste *Neue Aktion hinzufügen* des Untermakros selektieren wir die *Meldungsfeld*-Aktion und weisen als Meldung den Text *Das ist ein Test!* und als Titel den Text *Info* zu.

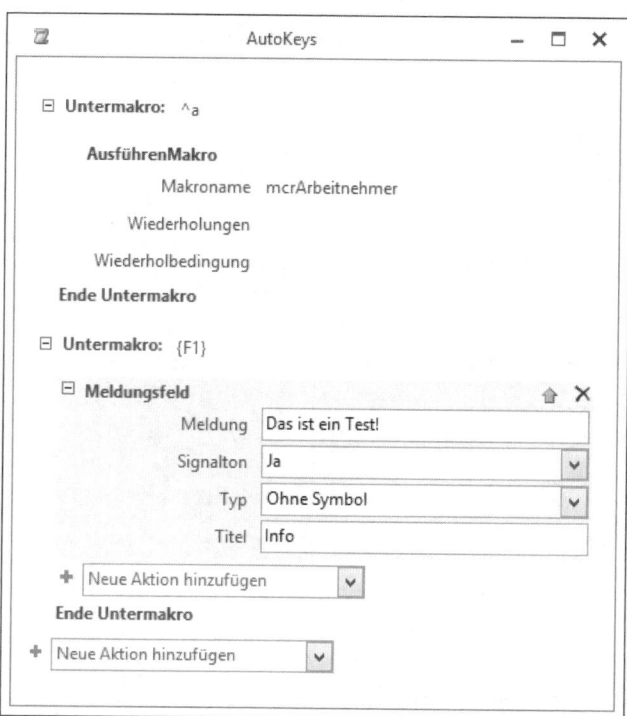

3.1 Klassische Makros

- Speichern Sie das Makro und drücken Sie die ⌞F1⌝-Taste:

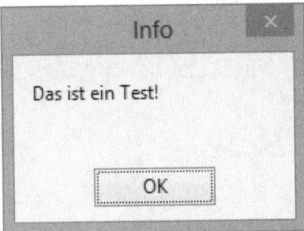

3.1.5 Das AutoExec-Makro

Ein weiteres Makro mit einem reservierten Namen heißt *AutoExec*, es wird beim Öffnen der Datenbank automatisch ausgeführt.

Beispiel

Nach dem Öffnen der Datenbank soll das Formular *Arbeitnehmer* angezeigt werden.

- Wählen Sie den Menü-Befehl *ERSTELLEN/Makros und Code/Makro* und öffnen Sie im Codefenster des Makro-Editors die Klappbox *Neue Aktion hinzufügen*.
- Selektieren Sie die Aktion *ÖffnenFormular*. Klappen Sie hier die Liste aller in der Datenbank vorhandenen Formulare auf und wählen Sie das Formular *Arbeitnehmer*.
- Speichern Sie das Makro unter dem Namen *AutoExec* ab.
- Schließen Sie die Datenbank und öffnen Sie sie erneut, so erscheint das Formular *Arbeitnehmer*.

Bemerkungen

- Wie Sie im *AutoExec*-Makro eine VBA-Prozedur mittels der *AusführenCode*-Aktion aufrufen wird im Kapitel 15 (Anwendungsdesign, Steuern der Anwendung) beschrieben.
- Um die Ausführung des *AutoExec*-Makros beim Öffnen der Datenbank zu unterbinden, halten Sie einfach die die ⌞⇧⌝-Taste gedrückt.

3.1.6 Potenziell gefährliche Makroaktionen

Aktionen, die potenziell gefährlich werden können, werden im Aktionskatalog mit einem Warndreieck gekennzeichnet:

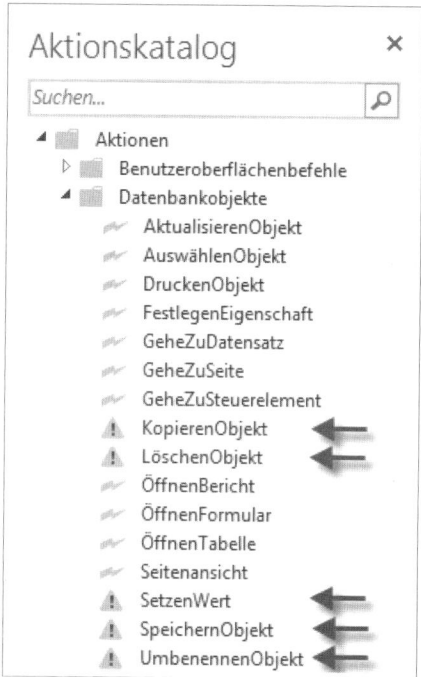

Enthalten Makros derartige Aktionen, werden sie nur dann ausgeführt, wenn die Datenbank vertrauenswürdig ist oder Sie beim Öffnen diese Inhalte ausdrücklich aktiviert haben.

Potenziell gefährliche Aktionen werden allerdings erst dann angezeigt, wenn Sie mit dem Befehl *ENTWURF/Einblenden/Ausblenden/Alle Aktionen anzeigen* ausdrücklich sichtbar gemacht werden:

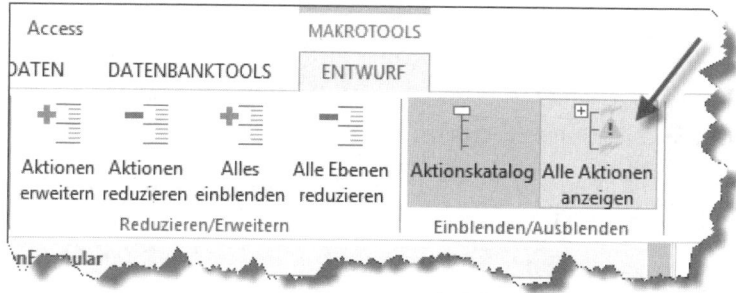

3.2 Datenmakros

Ein Datenmakro ist Logik, die Sie direkt an eine Tabelle "anheften" um datenorientierte Aktivitäten auf Tabellenebene durchzuführen. Weil Datenmakros auf Tabellenebene eingesetzt werden, wird exakt dieselbe Aktion immer dann ausgeführt, wenn Tabellendaten aktualisiert werden.

3.2.1 Einsatzmöglichkeitem

Es gibt viele unterschiedliche Möglichkeiten für die Verwendung von Datenmakros in Access, beispielsweise:

- Überprüfen, ob ein Kunde bezahlt hat, bevor weitere Bestellungen entgegengenommen werden
- Versandkosten automatisch als Teil der Verkaufstabelle berechnen
- Absichern, dass der Wert eines Felds innerhalb eines bestimmten Bereichs liegt, bevor der Datensatz abgespeichert wird
- Änderungen an einer Tabelle protokollieren

Natürlich wären die gleichen Regeln auch mit den herkömmlichen UI-Makros umsetzbar. Die entsprechende Logik müsste dann aber für jeden einzelnen Fall programmiert werden, in welchem Daten durch die Anwendung geändert werden. Wenn aber diese relativ einfachen Aktionen auf Datenebene implementiert werden, wird die UI-Logik entlastet und kann sich komplexeren Operationen widmen (mittels VBA Code und herkömmlichen Makros).

3.2.2 Funktionsprinzip

Datenmakros können Sie zu folgenden Tabellenereignissen hinzufügen:

- *Vor Änderung (BeforeChange)*
- *Vor Löschung (BeforeDelete)*
- *Nach Einfügung (AfterInsert)*
- *Nach Aktualisierung (AfterUpdate)*
- *Nach Löschung (AfterDelete)*

Wie Sie leicht erkennen, teilen sich die auswertbaren Ereignisse in zwei Gruppen auf, die *Vorabereignisse* und die *Nachfolgeereignisse*.

Datenmakros sind vergleichbar mit den Triggern des Microsoft SQL Server. Gewissermaßen ähnelt ein Datenmakro einer Validierungsregel, nur dass eine Validierungsregel recht "dumm" ist, denn sie kann keine Daten ändern oder bestimmen, welche Korrekturen erforderlich sind. Alles was sie kann ist die Anzeige einer Meldung an den User.

Oft verwendet man Datenmakros zur Durchsetzung von Geschäftsregeln – beispielsweise darf ein Betrag eine bestimmte Größe nicht überschreiten – oder für Datenkonvertierungen während der Eingabe. Obwohl sich dies auch leicht mit VBA-Code realisieren lässt, ist der große Vorteil von Datenmakros, dass sie immer und überall wirksam werden, wo man die Daten der Tabelle nutzt. Wenn Sie ein Datenmakro für ein bestimmtes Tabellenereignis definieren, wird es immer und zuverlässig ausgeführt, unabhängig davon wie auf die Daten zugegriffen wird (Makros, VBA, SQL, DAO, ...).

BEISPIEL: Im letzten Einführungsbeispiel von Kapitel 1 wird ein mit dem *Vor Änderung*-Ereignis verbundenes Datenmakro in eine *Personal*-Tabelle eingebettet, um sicherzustellen, dass das Monatsgehalt einer Person einen bestimmten Höchstbetrag nicht übersteigt. Jedes Mal, wenn das Monatsgehalt neu eingegeben oder aktualisiert werden soll, tritt das Datenmakro in Aktion. Egal ob direkt in die Tabelle geschrieben wird oder die Eingabe in einem oder mehreren angeschlossenen Formularen oder Berichten erfolgt – das Datenmakro beobachtet die Änderungen und überwacht die Tabellendaten.

Datenmakros teilen einige der fortgeschrittenen Konstrukte von UI-Makros, z.B. die Verzweigung mittels *Wenn (If)*-Aktion oder das Iterieren durch Datensätze mit der *Für jeden Datensatz (ForEachRecord)*-Aktion. Zusammen mit den Aktionen der Datenmakros ergibt dies ein leistungsfähiges Werkzeug für den Access-Entwickler.

HINWEIS: Datenmakros funktionieren sofort, sodass Sie einfach damit arbeiten und die Wirkungen beobachten können, ohne dass Sie kompilieren oder zwischen Entwurfs- und Datenblattansicht der Tabellen umschalten müssten.

3.2.3 Erzeugen von Datenmakros

Im Unterschied zu den konventionellen Makros werden Datenmakros nicht im Navigationsbereich unter Makros angezeigt, sondern für eine in der Datenblattansicht gezeigte Tabelle in der Registerkarte *Tabelle* verwaltet.

Es gibt zwei Haupttypen von Datenmakros:

- ereignisgesteuerte Datenmakros (siehe "Ein ereignisgesteuertes Datenmakro erstellen" ab Seite 184)

- benannte Datenmakros (siehe "Arbeiten mit einem benannten Datenmakro" ab Seite 189)

Erstere sind unmittelbar mit einem bestimmten Tabellenereignis verbunden, letztere können von verschiedenen Stellen aus aufgerufen werden (von VBA über die *RunDataMacro*-Methode).

Datenmakros nutzen denselben Makro-Editor, wie er auch für eingebettete und für UI-Makros eingesetzt wird. Der wesentliche Unterschied besteht darin, dass der Aktionskatalog unterschiedliche Aktionen in Abhängigkeit vom Kontext anbietet.

Im Allgemeinen werden Datenmakros erzeugt, indem mehrere Makro-Aktionen miteinander verknüpft werden, von denen jede eine einfache Operation ausführt, beispielsweise das Zuweisen eines Feldwertes in einem Datensatz.

Das Hinzufügen eines Datenmakros zu einer Tabelle ist recht einfach. Tatsächlich muss die Access-Tabelle nicht einmal in der Entwurfsansicht angezeigt werden – sie kann auch in der Datenblattansicht eingeblendet sein.

3.2 Datenmakros

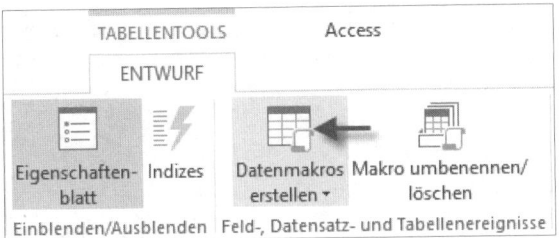

3.2.4 Datenmakros umbenennen, löschen und ändern

Über den Menübefehl *Makro umbenennen/löschen* lässt sich der Datenmakro-Manager öffnen. Dieser bietet eine Übersicht über alle in der Datenbank enthaltenen ereignisgesteuerten und benannten Datenmakros.

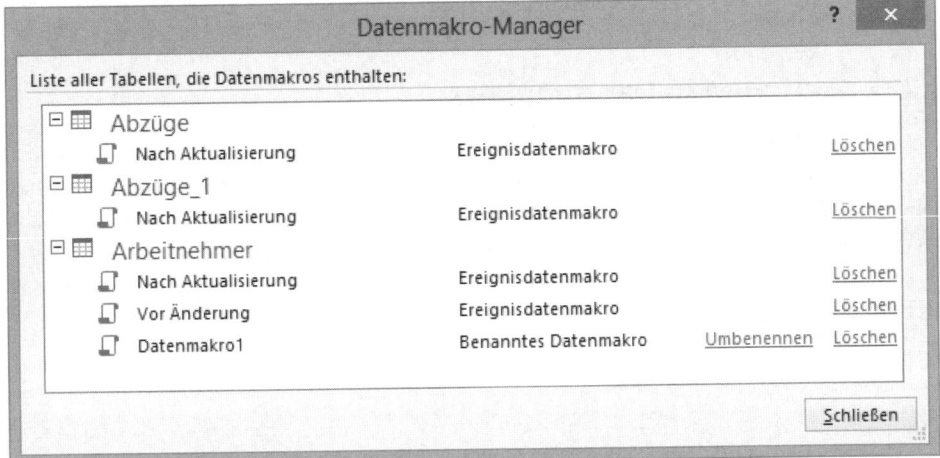

Leider lassen sich mit dem Datenmakro-Manager nur Umbenennungen und Löschungen vornehmen. Wollen Sie ein vorhandenes Datenmakro editieren, so müssen Sie wieder den Menübefehl *Datenmakros erstellen* verwenden und den Makro-Editor für das betreffende Tabellenereignis öffnen.

3.2.5 USysApplicationLog

Die *USysApplicationLog*-Tabelle ist eine Systemtabelle, die Datenmakro- und Anwendungsfehler protokolliert.

Die aufrufenden Makros können Parameterwerte übergeben und eine Collection von Rückgabewerten oder einen Fehler zurückbekommen. Die *USysApplicationLog* Tabelle kann leicht in der Backstage-Ansicht betrachten werden, die sowohl in Web- als auch Nicht-Web-Datenbanken zur Verfügung steht.

Vorher aber sollten Sie über das Kontextmenü *Navigationsoptionen*... (Klick mit der rechten Maustaste auf den Navigationsbereich) die Anzeigeoption *Systemobjekte anzeigen* einschalten.

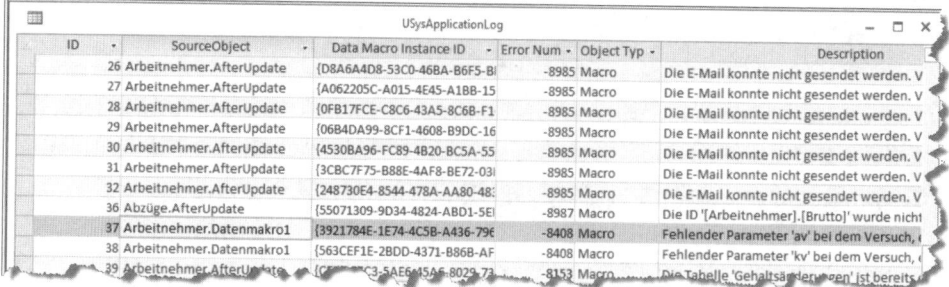

HINWEIS: Ein Eintrag in die Tabelle *USysApplicationLog* kann auch durch die Aktion *ProtokollierenEreignis* eines Nachfolgeereignisses erfolgen.

3.2.6 Aktionen in Datenmakros

Wie jedes andere Makro besteht auch ein Datenmakro aus einer Folge von Aktionen, die mit dem Makro-Editor bzw. dem Ausdrucks-Generator zugewiesen werden. Der erfahrene Makro-Programmierer wird allerdings feststellen, dass die Anzahl der pro Ereignis zur Verfügung stehenden Aktionen deutlich geringer ist als bei den herkömmlichen Makros.

Aktionen für alle Tabellenereignisse

Die folgende Tabelle zeigt die für alle Vorab- und Nachfolgeereignisse verfügbaren Aktionen.

Aktion	Beschreibung
Gruppieren	... ermöglicht es, Aktionen und Programmfluss in einem benannten Block zu gruppieren, der reduziert werden kann und nicht ausgeführt wird
Kommentar	... zeigt Informationen an, wenn das Makro ausgeführt wird
Wenn	... führt einen logischen Block aus, wenn die Bedingung wahr ist
AuslösenFehler	... teilt der Anwendung mit, dass ein Fehler ausgelöst wurde
BeiFehler	... legt die bei Auftreten des Fehlers auszuführende Aktion fest
FestlegenFeld	... weist das Ergebnis eines Ausdrucks dem Wert eines Felds zu
FestlegenLokaleVar	... erstellt oder ändert eine lokale Variable
LöschenMakroFehler	... löscht den Inhalt des *MacroError*-Objekts
NachschlagenDatensatz	... führt Aktionen mit dem Datensatz aus, der über das Abfrage-Argument nachgeschlagen wurde
StoppMakro	... beendet das aktuelle Makro sofort

Zusätzliche Aktionen der Nachfolgeereignisse

Die Nachfolgeereignisse (*Nach Einfügung*, *Nach Aktualisierung* und *Nach Löschung*) ermöglichen zusätzliche Aktionen, die von den Vorabereignissen (*Vor Änderung*, *Vor Löschung*) nicht unterstützt werden.

Aktion	Beschreibung
StoppAlleMakros	... beendet sofort alle gerade ausgeführten Makros
AusführenDatenmakro	... führt ein benanntes Makro in der Datenbank aus
DatensatzBearbeiten	... leitet einen Block ein, mit dessen Aktionen der Datensatz bearbeitet wird
DatensatzErstellen	... erzeugt einen neuen Datensatz
DatensatzLöschen	... löscht einen Datensatz, der durch einen Ausdruck spezifiziert wurde
AbbrechenDatensatzänderung	... beendet den *DatenSatzErstellen*- oder *DatensatzBearbeiten*-Datenblock, ohne den aktuellen Datensatz zu speichern
FürJedenDatensatz	... leitet einen Block mit Aktionen ein, die für jeden Datensatz ausgeführt werden, der einer Bedingung entspricht
ProtokollierenEreignis	... protokolliert einen Datensatz in der *USysApplicationLog*-Tabelle (siehe Seite 177)
SendenEMail	... sendet eine E-Mail

HINWEIS: Einige Aktionen (z.B. *FestlegenFeld*) sind nicht sofort, sondern erst innerhalb eines anderen untergeordneten Blocks verfügbar!

3.2.7 Auswahl des richtigen Tabellenereignisses

Wann soll ich welches Tabellenereignis verwenden? Im Folgenden wollen wir versuchen, diese Frage kurz zu beantworten sowie auf die Beschränkungen von Datenmakros einzugehen.

Vorabereignisse

Die Ereignisse *Vor Änderung* und *Vor Löschung* sind für schnelle, leichtgewichtige Operationen gedacht. Datenmakros, die mit diesen Ereignissen verknüpft sind, können die alten und neuen Werte des aktuellen Datensatzes auswerten und diese mit einem Rekord der aktuellen oder einer anderen Tabelle vergleichen, indem sie die Aktion *NachschlagenDatensatz* verwenden.

Sie können *FestlegenFeld* verwenden, um Daten in der geänderten Datenzeile zuzuweisen oder die Änderung unterdrücken. Um tatsächlich eine leichtgewichtige Operation vorzunehmen sollte man es aber vermeiden über eine Auflistung von Datensätzen zu iterieren. Auch ein Aufruf benannter Datenmakros ist aus gutem Grund nicht möglich.

HINWEIS: Das *Vor Änderung*-Ereignis feuert sowohl beim Einfügen als auch beim Aktualisieren, man kann aber den *IsInsert*-Ausdruck verwenden, um den Typ der Operation zu ermitteln.

Nachfolgeereignisse

Die Ereignisse *Nach Aktualisierung*, *Nach Einfügung* und *Nach Löschung* unterstützen auch länger andauernde Operationen, die beispielsweise Iterationen durchführen. Verfügbar sind die originalen und die geänderten Werte.

Die durch diese Ereignisse ausgelösten Makros können andere Datensätze innerhalb der Tabelle und in anderen Tabellen auswerten und modifizieren. Typischerweise sollten Sie diese Ereignisse nicht verwenden um den aktuellen Rekord zu modifizieren, dafür sind die Vorabereignisse *Vor Änderung* und *Vor Löschung* besser geeignet.

Gelegentlich brauchen Sie ein Datenmakro um den aktuellen Rekord zu modifizieren, wobei das Makro wiederholt rekursiv aufgerufen wird.

HINWEIS: Datenmakros sind auf 10 Rekursionsebenen beschränkt!

Man kann aber die *Aktualisiert ("FeldName")*-Funktion aufrufen, welche *Wahr* oder *Falsch* zurückgibt, um die Spalte(n) zu bestimmen, die von der aktuellen Änderung betroffen sind. Dieses Feature kann helfen, zyklische Rekursionen zu vermeiden.

Wichtige unterstützte Aktionen sind *DatensatzErstellen*, *DatensatzBearbeiten* und *Datensatz-Löschen*. Die Nachfolgeereignisse erlauben unter anderem auch das Erstellen einer Log-Datei (siehe "Änderungen von Tabelleninhalten protokollieren" ab Seite 194).

Einschränkungen

Auf folgende Einschränkungen der Datenmakros sei besonders hingewiesen:

- Im Unterschied zu den Triggern eines SQL-Servers funktionieren Datenmakros nicht innerhalb einer Transaktion. Access stellt keinerlei Transaktionsmechanismen für irgendwelche seriellen Datenoperationen zur Verfügung, diese sind alle atomar.

- Datenmakros können keine Daten von mehrwertigen (multi-value) oder angefügten (attachment) Spalten verarbeiten.

- Wenn SharePoint-Listen in Access-Applikationen offline sind, wird die Ausführung der Makros so lange verzögert, bis sich der User wieder mit dem Server verbindet. Alle Änderungen im abgetrennten Client werden automatisch an den Server geschickt sobald die Verbindung verfügbar ist und die Datenmakros auf dem Server laufen.

3.3 Praxisbeispiele

Zunächst zeigen wir zwei Beispiele für einfache Makros, die auch Sie in Ihrer täglichen Programmierpraxis gut gebrauchen können. Es folgen vier Beispiele zu Datenmakros, die alle auf einer gemeinsamen Datenbasis auf aufbauen und am besten von vorn nach hinten durchgearbeitet werden sollten.

3.3 Praxisbeispiele

3.3.1 Eingabe-Formular mit neuem Datensatz öffnen

ÖffnenFormular-, *GeheZuDatensatz*-Aktion; *Neuer*-Parameter;

Wollen Sie in ein Formular einen neuen Datensatz eingeben, so ist in der Regel sofort nach dem Öffnen des Formulars der erste Datensatz sichtbar. Man vergisst dabei häufig das Anlegen des neuen Datensatzes und überschreibt versehentlich den ersten. Es erscheint deshalb zweckmäßig, bereits beim Öffnen derartiger Formulare einen neuen Datensatz automatisch zu aktivieren.

- Mit dem Befehl *ERSTELLEN/Makros und Code/Makro* erzeugen wir ein neues eigenständiges Makro.

- Wir fügen die Aktion *ÖffnenFormular* hinzu und geben als Formularname *Arbeitnehmer* (oder den Namen eines anderen in der Datenbank vorhandenen Formulars) ein.

- In der Liste *Neue Aktion hinzufügen* fügen wir als zweite Aktion *GeheZuDatensatz* mit dem Argument *Neuer* hinzu.

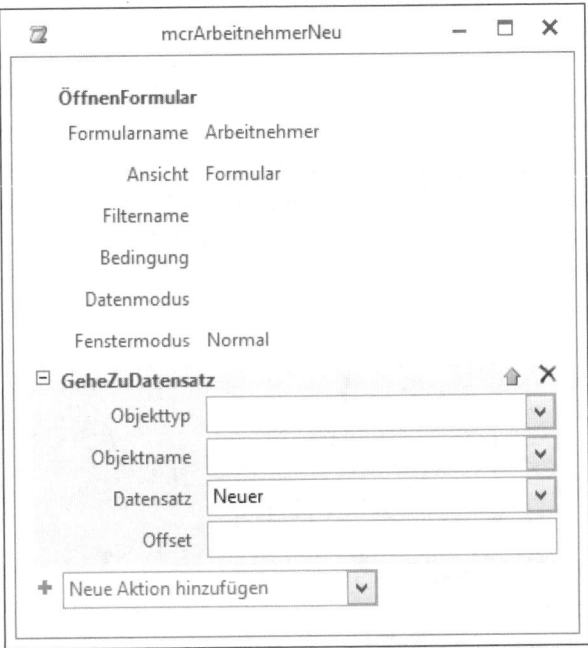

- Wir speichern das Makro unter dem Namen *mcrArbeitnehmerNeu* und schließen es.

- Nach einem Doppelklick auf *mcrArbeitnehmerNeu* im Navigationsbereich stellen wir fest, dass das *Arbeitnehmer*-Formular geöffnet und direkt der neue Datensatz angezeigt wird.

3.3.2 Einen Datensatznavigator selbst bauen

BeiFehler-, GeheZuDatensatz-Aktion; *Erster-, Vorheriger-, Nächster-, Letzter*-Parameter;

Es müssen nicht immer die standardmäßigen Navigationsschaltflächen zum Durchblättern der Datensätze verwendet werden. In diesem Beispiel wollen wir zeigen, wie stattdessen mit Makros hinterlegte Befehlsschaltflächen für etwas Abwechslung sorgen können.

Eigenständige Makros erstellen

Wir wollen vier eigenständige Makros (*mcrErster, mcrLetzter, mcrNächster, mcrVorheriger*) verwenden.

- Mit dem Befehl *ERSTELLEN/Makros und Code/Makro* erzeugen wir ein neues eigenständiges Makro.

- Wir fügen die Aktion *GeheZuDatensatz* hinzu und weisen dem Argument *Datensatz* den Parameter *Erster* zu.

- Wir speichern das Makro unter dem Namen *mcrErster* und schließen es.

- Völlig analog verfahren wir mit dem Makro *mcrLetzter*, selbstverständlich weisen wir hier als Parameter *Letzter* zu.

- Nicht ganz so einfach wird es mit den beiden noch verbliebenen Makros *mcrVorheriger* und *mcrNächster*. Hier müssen wir die Aktion *BeiFehler* mit dem Parameter *Nächster* für das Argument *Gehe zu* voranstellen[1] um zu vermeiden, dass bei Überschreiten von Anfang bzw. Ende der Datensatzliste eine Fehlermeldung erscheint.

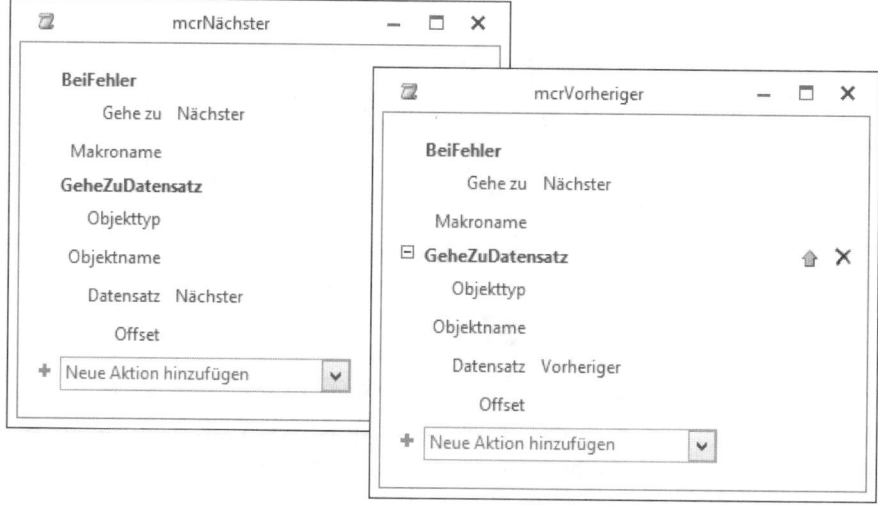

---

[1] Das entspricht *On Error Resume Next* in VBA.

3.3 Praxisbeispiele

HINWEIS: Lassen Sie sich nicht vom Parameter *Nächster* in der Aktion *BeiFehler* irritieren, denn damit ist die Fortsetzung im Fehlerfall gemeint (nächster Befehl im Programmablauf)! Der Parameter *Nächster* in der Aktion *GeheZuDatensatz* hingegen hat eine völlig andere Bedeutung (nächster Datensatz).

Oberfläche

- Öffnen Sie ein datengebundenes Formular (hier *Arbeitnehmer*) in der Entwurfsansicht und setzen Sie im Eigenschaftenblatt die Eigenschaft *Navigationsschaltflächen* auf *Nein*.

- Platzieren Sie im Detailbereich des Formulars nebeneinander vier Befehlsschaltflächen (*cmdErster*, *cmdVorheriger*, *cmdNächster*, *cmdLetzter*), welche die Funktionen zum Durchblättern der Datensätze übernehmen sollen.

- Weisen Sie im Eigenschaftenblatt jeder Befehlsschaltfläche dem Ereignis *Beim Klicken* das entsprechende Makro zu.

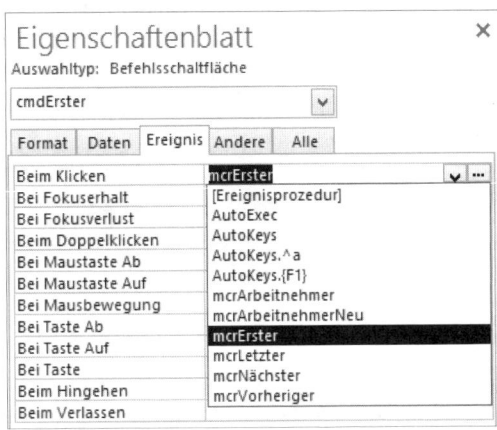

- Starten Sie das Formular per Doppelklick und blättern Sie durch die Datensätze.

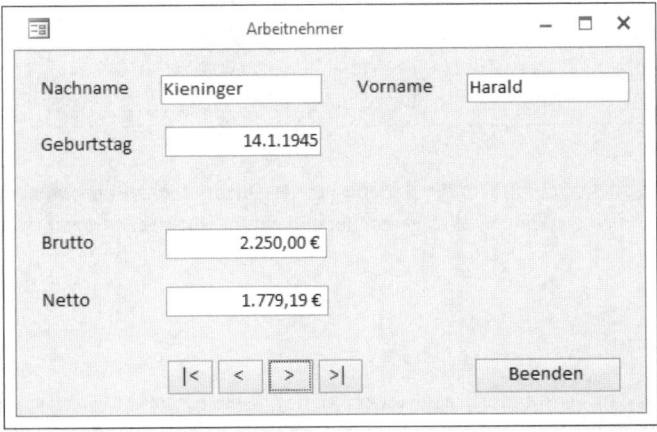

Bemerkungen

- Wir haben ganz bewusst keine eingebetteten, sondern eigenständige Makros verwendet. So haben wir die Möglichkeit, ohne Mehraufwand auch in anderen Formularen der Datenbank die standardmäßigen Navigationsschaltflächen zu ersetzen.

- Es dürfte für Sie auch kein Problem sein, Ihren "selbstgestrickten" Datensatznavigator um weitere Befehlsschaltflächen zum Hinzufügen und Löschen von Datensätzen zu ergänzen.

- Betrachten Sie dieses Beispiel vor allem als Lernbeispiel zur konventionellen Makro-Programmierung, denn mit VBA lassen sich derartige Probleme viel effektiver und eleganter lösen.

3.3.3 Ein ereignisgesteuertes Datenmakro erstellen

Wenn-, *NachschlagenDatensatz-*, *FestlegenLokaleVar*-Aktion; *Aktualisiert-*, *Updated*-Ausdruck;

Am Beispiel einer Gehaltsabrechnung für Arbeitnehmer wollen wir das Erstellen und die Funktionsweise eines mit dem Ereignis *Vor Änderung* verbundenen Datenmakros demonstrieren. Unser Beispiel ist etwas anspruchsvoller als das Einführungsbeispiel "Programmieren mit Datenmakro" von Kapitel 1, denn in unserem Datenmakro ist auch so genannte *LookUpRecord*-Funktionalität zu implementieren, da Werte in einer Fremdtabelle nachgeschlagen werden müssen.

Datenbank

Ausgangspunkt ist eine Tabelle *Arbeitnehmer*[1]:

ID	Nachname	Vorname	Geburtstag	Brutto	Netto
1	Müller	Paul	14.04.1976	1.900,00 €	1.508,13
2	Krause	Hans	11.11.1965	2.200,00 €	1.746,25
3	Schulze	Wolfgang	15.08.1949	1.350,00 €	1.071,56
4	Kowalski	Ede	10.05.1962	1.500,00 €	1.190,63
5	Wank	Friedhelm	30.12.1962	1.100,00 €	873,13
6	Kieninger	Harald	14.01.1945	2.250,00 €	1.785,94
7	Hoffmann	Ute	15.09.1954	810,00 €	642,94

Neben den allgemeinen Personaldaten wird in die Tabelle nur das *Brutto*-Gehalt eingegeben, das *Netto*-Gehalt hingegen soll mit einem Datenmakro berechnet und automatisch eingetragen werden.

---

[1] Dabei sind hier die *Netto*-Beträge bereits durch das Datenmakro eingetragen, im Ausgangszustand ist die *Netto*-Spalte leer!

3.3 Praxisbeispiele

Der Arbeitnehmeranteil der gesetzlichen Abzüge ist in der Tabelle *Abzüge* gespeichert. In unserem Beispiel besteht diese Tabelle einfachheitshalber aus nur zwei Datensätzen (Werte vor dem 31.12.2010 und Werte ab 1.1.2011[1]).

ID	KV	RV	PV	AV	Info
1	7,90%	9,95%	0,98%	1,40%	gültig bis 31.12.2010
2	8,20%	9,95%	0,98%	1,50%	gültig ab 1.1.2011

Sobald in der Tabelle *Arbeitnehmer* der *Brutto*-Wert verändert werden soll, müssen in der Tabelle *Abzüge* die Prozentwerte für Kranken-, Renten-, Pflege- und Arbeitslosenversicherung nachgeschlagen werden.

Erstellen des Datenmakros

Öffnen Sie die Tabelle *Arbeitnehmer* in der Entwurfsansicht und klicken Sie auf die Registerkarte *Entwurf*. Hier klappen Sie den Menüeintrag *Datenmakros erstellen* auf.

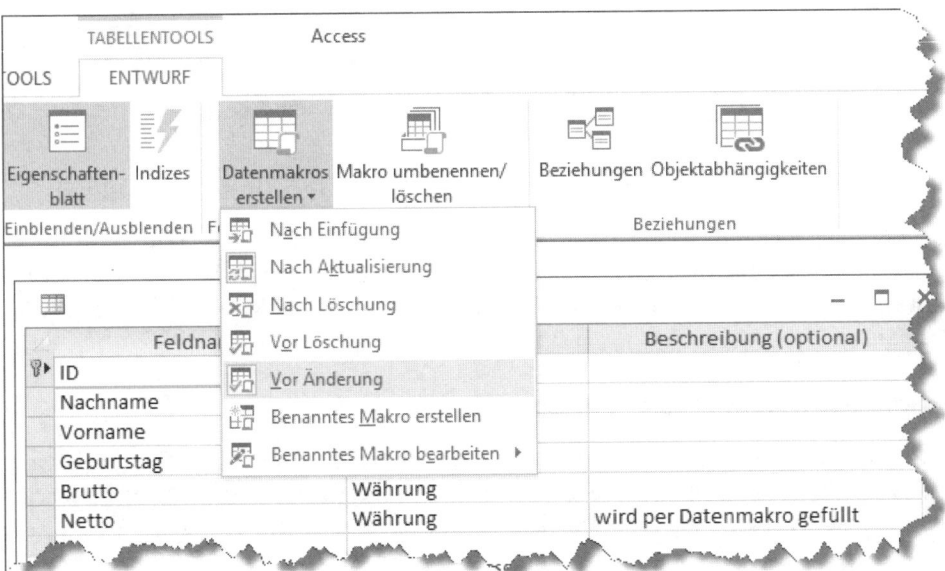

Es werden die fünf Tabellen-Ereignisse angeboten. Zum gleichen Ziel können Sie aber auch über die Datenblattansicht der Tabelle gelangen: Klicken Sie auf die Registerkarte *Tabelle* und auch hier werden Ihnen alle fünf Tabellenereignisse angeboten.

---

[1] Für die Richtigkeit können die Autoren keine Haftung übernehmen, Erweiterungen bzw. Spezifizierungen für weiter zurückliegende Jahre dürften aber kein Problem darstellen.

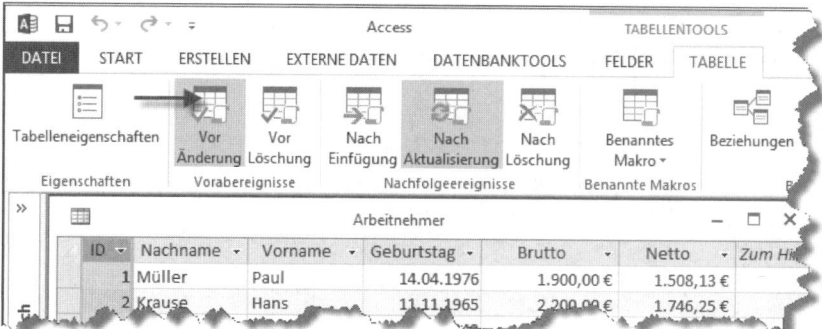

Wir entscheiden uns in beiden Fällen für das Ereignis *Vor Änderung* und es öffnet sich der Makro-Editor.

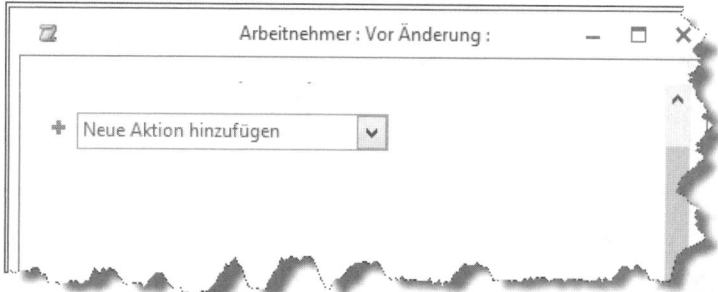

Warum haben wir uns für das Ereignis *Vor Änderung* entschieden?

Es handelt sich bei der Berechnung des Nettowerts um eine schnelle, leichtgewichtige Operation, da nur ein einzelner Datensatz geändert werden muss und eine Iteration über mehrere Datensätze nicht erforderlich ist. Das Abspeichern des geänderten Datensatzes erfolgt erst nach Abschluss der Bearbeitung.

Arbeiten mit dem Makro-Editor

Ihre "Programmiertätigkeit" besteht im Wesentlichen aus dem Festlegen einer Abfolge einzelner Aktionen[1], die im Kombinationsfeld *Neue Aktion hinzufügen* angeboten werden. Alternativ können Sie auch doppelt auf den entsprechenden Eintrag im Aktionskatalog klicken.

---

[1] Für den VBA-Programmierer wird das Verständnis der blockweise organisierten Struktur kein Problem darstellen, das dürften eher die furchtbaren deutschen Bezeichner sein.

3.3 Praxisbeispiele

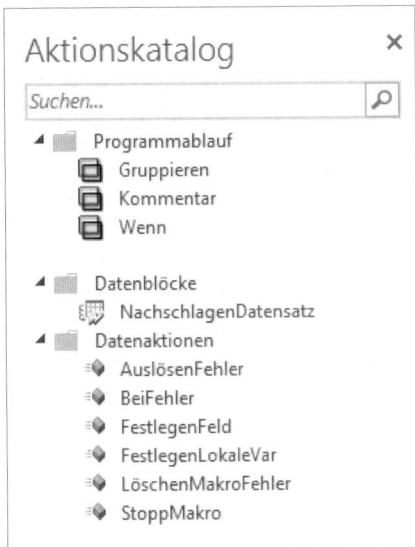

Das Eintragen des Codes in die sich bei Bedarf öffnenden Eingabefelder ist größtenteils selbsterklärend und wird vom Makro-Editor nach besten Kräften durch IntelliSense unterstützt.

Das vorweggenommene Endergebnis zeigt die folgende, wie es dazu kommt, erklären wir im Anschluss.

Im Folgenden wollen wir die Aktionen im Einzelnen kommentieren:

Wenn Aktualisiert

Das komplette Datenmakro ist in einem *Wenn*-Block eingeschlossen, der nur dann ausgeführt wird, wenn der Wert des *Brutto*-Felds geändert wurde:

```
Wenn Aktualisiert("Brutto") Dann
    ...
Ende Wenn
```

HINWEIS: Achten Sie darauf, dass der Feldnamen in doppelte Anführungszeichen einzuschließen ist, anderenfalls wird nur der Wert des Feldes genommen!

Datensatz nachschlagen

Bei der Aktion *NachschlagenDatensatz* werden Ihnen alle in der Datenbank verfügbaren Tabellen angeboten. Nach Auswahl der Tabelle *Abzüge* entscheiden wir uns für den zweiten Datensatz (gültig ab 1.1.2011) und tragen deshalb die folgende Bedingung ein:

```
Bedingung = [Abzüge].[ID] = 2
Alias    Abz
```

Um später vereinfacht auf die einzelnen Felder zugreifen zu können, haben wir für diesen Datensatz den Alias *Abz* eingetragen.

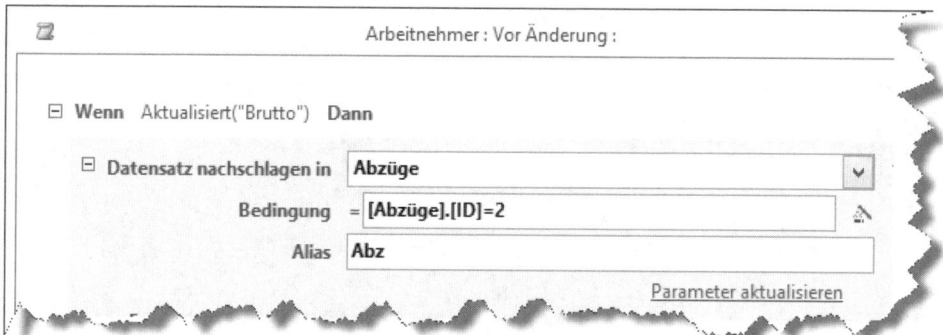

FestlegenLokaleVar

Mit dieser Aktion führen wir die eigentliche Berechnung des Nettogehalts durch, d.h., wir erzeugen eine lokale Variable *nett* und weisen ihr einen Ausdruck zu, in welchem Netto aus Brutto minus Abzüge ermittelt wird:

```
Name     nett
Ausdruck = [Arbeitnehmer].[Brutto]*(1-[Abz].[AV]-[Abz].[KV]-[Abz].[PV]-[Abz].[RV])
```

FestlegenFeld

Die letzte Aktion. Hier weisen wir dem Feld *Netto* der *Arbeitnehmer*-Tabelle den Wert der lokalen Variablen *nett* zu:

```
Name    Arbeitnehmer.Netto
Wert    [nett]
```

Schließen Sie den Makro-Editor und speichern Sie die Tabelle.

Test des Datenmakros

Zum Testen der Funktionsfähigkeit unseres Datenmakros brauchen wir nicht unbedingt ein Formular. Es genügt, wenn wir die Datenblattansicht der Tabelle *Arbeitnehmer* öffnen und dort einzelne Bruttogehälter ändern. Wie von Geisterhand werden die entsprechenden Nettogehälter eingetragen bzw. korrigiert.

Bemerkungen

- Für das Umbenennen und Löschen eines Datenmakros nutzen Sie den Menübefehl *Makro umbenennen/löschen*.

- Für das nachträgliche Bearbeiten eines vorhandenen Datenmakros gibt es keinen extra Menübefehl. Gehen Sie deshalb so vor, als wollten Sie ein neues Datenmakro zum Tabellenereignis *Vor Änderung* anlegen. Es öffnet sich der Makro-Editor mit dem bereits vorhandenen Datenmakro.

- Erwartungsgemäß werden Sie beim Experimentieren mit unserem Beispiel feststellen, dass Änderungen der Beitragssätze in der Tabelle *Abzüge* keinerlei unmittelbare Auswirkungen auf die Nettogehälter der Tabelle *Arbeitnehmer* haben, es sei denn, Sie ändern nacheinander alle Bruttogehälter und lassen sich jeweils den entsprechenden Nettowert berechnen und eintragen. Dies wäre, insbesondere bei vielen Datensätzen, eine "schildbürgerhafte" Vorgehensweise und wir müssen uns deshalb nach einer praktikableren Lösung umschauen (siehe folgendes Beispiel).

3.3.4 Arbeiten mit einem benannten Datenmakro

AusführenDatenmakro-, *FürJedenDatensatz-*, *DatensatzBearbeiten*-Aktion; *DoCmd*-Objekt: *SetParameter-*, *RunDataMacro*-Methode;

Ein benanntes oder "eigenständiges" Datenmakro ist zwar auch einer bestimmten Tabelle zugeordnet, im Unterschied zum ereignisgesteuerten Datenmakro aber keinem bestimmten Ereignis. Sie können ein benanntes Datenmakro in anderen Datenmakros, eigenständigen Makros oder auch per VBA-Code aufrufen.

Im vorliegenden Beispiel wollen wir zur Tabelle *Arbeitnehmer* (siehe Vorgängerbeispiel) ein benanntes Datenmakro hinzufügen, welches quasi "in einem Ritt" alle Nettogehälter korrigiert. Übergabeparameter sind die einzelnen Beitragssätze, die der Tabelle *Abzüge* entnommen werden sollen.

Vorbereitungen

Öffnen Sie die Tabelle *Arbeitnehmer* in der Datenblattansicht und klicken Sie auf der Registerkarte *Tabelle* auf *Benanntes Makro* und dann auf *Benanntes Makro erstellen*.

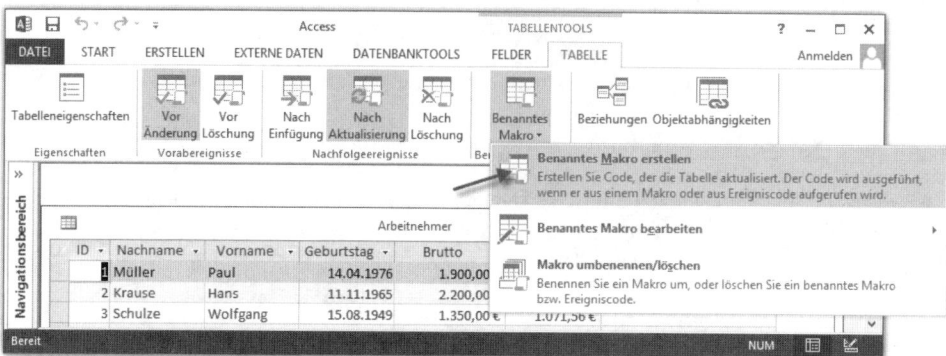

Es wird nun der Makro-Generator geöffnet, in welchem Sie mit dem Hinzufügen von Aktionen beginnen können.

Das fertige benannte Datenmakro zeigt die Abbildung:

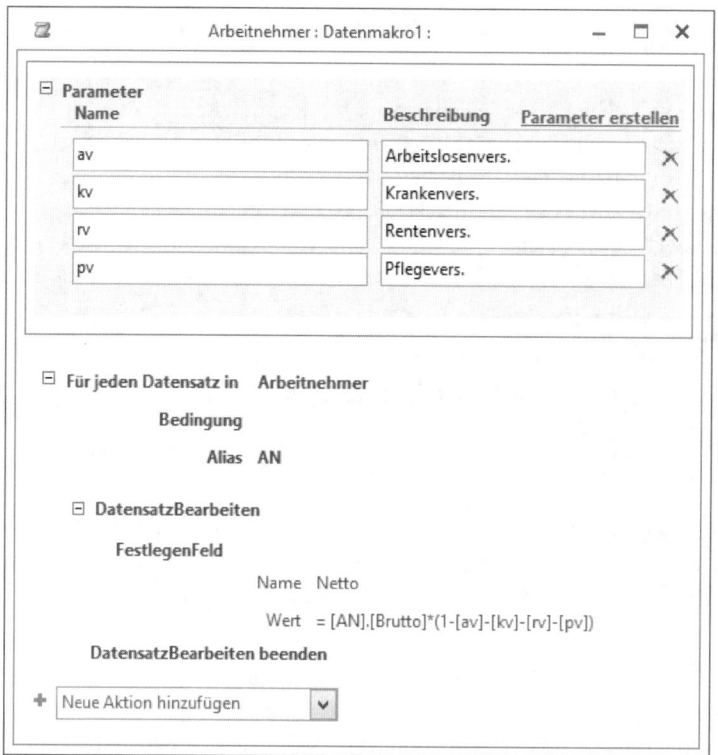

3.3 Praxisbeispiele

Wie Sie sehen, müssen zu Beginn die vier Übergabeparameter spezifiziert werden. Durch Klick auf den Link *Parameter erstellen* wird jeweils ein neuer Parameter hinzugefügt (gelöscht werden kann durch Klick auf das schwarze Kreuzchen rechts).

Es folgen nun einige Erklärungen zu den einzelnen Aktionen:

FürJedenDatensatz

Diese Aktion durchläuft ausnahmslos alle Datensätze der *Arbeitnehmer*-Tabelle, eine Bedingung gibt es deshalb nicht (leerer Eintrag). Der Zugriff auf jeden einzelnen Datensatz wird durch den Alias *AN* abgekürzt.

```
Für jeden Datensatz in Arbeitnehmer
    Bedingung
        Alias AN
```

DatensatzBearbeiten

Bei dieser Aktion kann der Alias entfallen. Eingebettet ist die *FestlegenFeld*-Aktion, in welcher dem *Netto*-Feld der aus dem *Brutto*-Feld und den Übergabeparametern *av*, *kv*, *rv* und *pv* errechnete Wert zugewiesen wird:

```
FestlegenFeld
    Name Netto
    Wert = [AN].[Brutto]*(1-[av]-[kv]-[rv]-[pv])
```

Wir belassen es beim standardmäßig vorgegebenen Namen *Datenmakro1*, können aber bei Bedarf den entsprechenden Menübefehl verwenden, um es aufgabenbezogen umzubenennen.

Schließen Sie den Makro-Editor und speichern Sie die Tabelle.

Der Aufruf erfolgt von einem weiteren Datenmakro, welches wir im Folgenden erstellen werden.

Aufruf des benannten Datenmakros

Wechseln Sie zur Tabelle *Abzüge* (Datenblatt- oder Entwurfsansicht ist egal) und fügen Sie ein ereignisgesteuertes Datenmakro hinzu. Die Vorgehensweise wurde bereits ausführlich im Vorgängerbeispiel beschrieben, diesmal wählen wir aber das Tabellenereignis *Nach Aktualisierung*.

Die Namen aller in der Datenbank vorhandenen benannten Datenmakros werden aufgeklappt. Wie Sie sehen, setzt sich der Namen (hier *Arbeitnehmer.Datenmakro1*) aus zwei Teilen zusammen, dem Namen der Tabelle, in welcher das Datenmakro gespeichert ist, und dem eigentlichen Namen.

AusführenDatenmakro

Wir benötigen nur eine einzige Aktion, nämlich *AusführenDatenmakro*[1]. Den vier zu übergebenen Parametern müssen die Werte der Felder *AV*, *KV*, *RV* und *PV* der Tabelle *Abzüge* zugewiesen werden.

---

[1] Die Aktion *AusführenDatenmakro* steht nur für Nachfolgeereignisse (*Nach Aktualisierung*, *Nach Einfügung*, *Nach Löschung*) zur Verfügung.

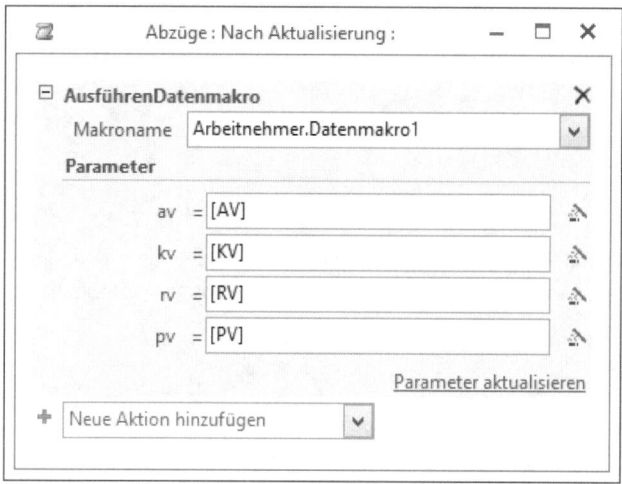

Schließen Sie den Makro-Editor und speichern Sie die Tabelle.

Test

Um das Zusammenspiel beider Datenmakros zu überprüfen, öffnen Sie am besten gleichzeitig die Tabellen *Arbeitnehmer* und *Abzüge* in der Datenblattansicht, sodass Sie beide Tabelleninhalte im Blick haben.

Führen Sie jetzt Änderungen der Beitragssätze in der Tabelle *Abzüge* aus, so werden nach dem Abspeichern der Änderungen schlagartig alle Nettogehälter in der Tabelle *Arbeitnehmer* korrigiert.

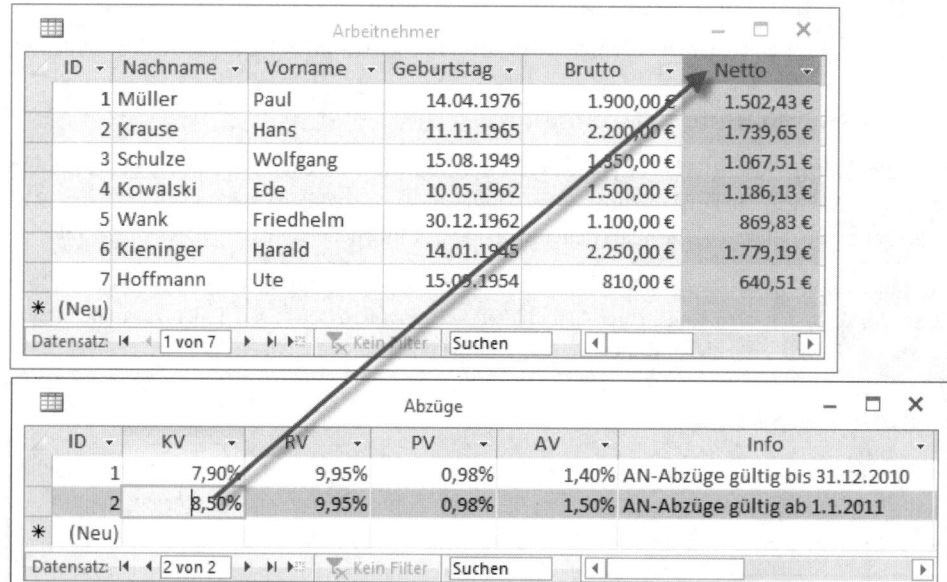

3.3 Praxisbeispiele

Bemerkungen

- Falls die Änderungen nicht sofort sichtbar werden, müssen Sie zunächst der Tabelle *Arbeitnehmer* den Fokus geben
- Das folgende Beispiel zeigt, wie Sie das benannte Datenmakro auch durch Klick auf eine Befehlsschaltfläche starten können

3.3.5 Per VBA auf ein benanntes Datenmakro zugreifen

DoCmd-Objekt: *RunDataMacro*-, *SetParameter*-Methode; *Replace*-Methode

Die für den Informationsaustausch zwischen VBA-Code und Makros äußerst hilfreiche *TempVars*-Auflistung steht bislang leider nur für UI-Makros und nicht für Datenmakros zur Verfügung. Lediglich die *RunDataMacro*-Methode des *DoCmd*-Objekts bietet uns eine Möglichkeit, per VBA ein benanntes Datenmakro aufzurufen.

Ziel des vorliegenden Beispiel soll es sein, das im Vorgängerbeispiel entwickelte Datenmakro per Klick auf eine Schaltfläche zu starten.

Oberfläche

Diesmal werden wir etwas mehr Aufwand als in den beiden Vorgängerbeispielen betreiben und den Tabellen *Arbeitnehmer* und *Abzüge* eigene Benutzerschnittstellen spendieren.

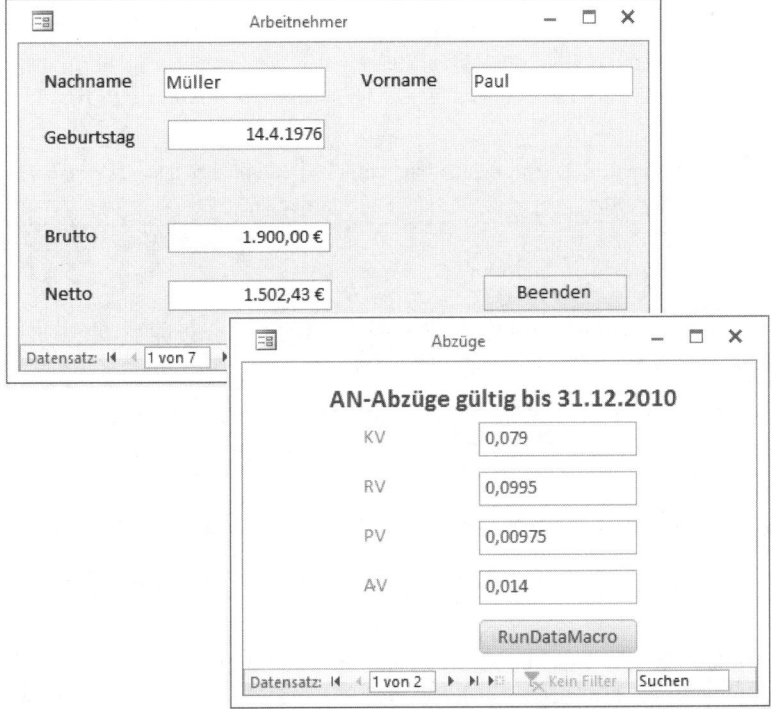

Quelltext

Das Ereignis *Beim Klicken* der Befehlsschaltfläche *RunDateMacro* hinterlegen wir mit folgendem VBA-Code:

```
Private Sub Befehl17_Click()
   DoCmd.SetParameter "av", Replace(txtAV, ",", ".")
   DoCmd.SetParameter "kv", Replace(txtKV, ",", ".")
   DoCmd.SetParameter "rv", Replace(txtRV, ",", ".")
   DoCmd.SetParameter "pv", Replace(txtPV, ",", ".")

   DoCmd.RunDataMacro "Arbeitnehmer.Datenmakro1"

End Sub
```

Dazu einige Erklärungen:

- Bevor das Datenmakro aufgerufen werden kann, muss es mittels *SetParameter*-Methode mit den vier erforderlichen Parametern versorgt werden, welche hier direkt den Textfeldern des *Abzüge*-Formulars entnommen werden
- Leider können die Parameterwerte mit dem Komma als Dezimaltrennzeichen nichts anfangen (Fehlermeldung), sodass mit einem Workaround (hier mittels *Replace*-Methode) die Umwandlung in einen Dezimalpunkt erfolgen muss

Test

Geben Sie in die Tabelle *Abzüge* einen neuen Datensatz ein oder ändern Sie einen vorhandenen. Im Unterschied zum Vorgängerrezept erfolgt die Aktualisierung der Nettogehälter in der Tabelle *Arbeitnehmer* nicht sofort, sondern erst nach dem Klick auf die Schaltfläche *RunDataMacro*.

> **HINWEIS:** Falls die Änderungen nicht sofort sichtbar werden, ist zunächst das *Arbeitnehmer*-Formular zu aktivieren.

Bemerkungen

- Vor dem Test müssen Sie das aus dem Vorgängerbeispiel in der *Abzüge*-Tabelle eventuell noch vorhandene ereignisgesteuerte Datenmakro entfernen
- Für den Informationsaustausch zwischen VBA-Code und Datenmakros eignen sich zur Not auch die Werte einer extra angelegten Hilfstabelle (Zugriff z.B. per DAO)

3.3.6 Änderungen von Tabelleninhalten protokollieren

Nach Aktualisierung-Ereignis; *DatensatzErstellen*-, *FestlegenFeld*-, *Wenn*-Aktion; *Alt*-Objekt; *Jetzt*-Funktion;

In diesem Beispiel wollen wir alle Änderungen der Bruttogehälter der *Arbeitnehmer*-Tabelle in einer extra Tabelle protokollieren. Dafür eignet sich das Nachfolgeereignisse *Nach Aktualisierung*, welches uns (ebenso wie die Tabellenereignisse *Nach Löschung* und *Nach Einfügung*) die Möglichkeit gibt, Datenänderungen innerhalb einer Tabelle zur verfolgen.

Entwurf des Logbuchs

Bevor wir mit der Programmierung beginnen können, müssen wir zunächst eine neue Tabelle *Gehaltsänderungen* erstellen, welche uns quasi als "Logbuch" für die vorgenommenen Änderungen dienen soll.

Feldname	Felddatentyp	Beschreibung (optional)
ID	AutoWert	
Nachname	Kurzer Text	
PersID	Zahl	ID aus Arbeitnehmer-Tabelle
Datum	Datum/Uhrzeit	Aktualisierungsdatum
AltesGehalt	Währung	Brutto vor Aktualisierung
NeuesGehalt	Währung	Brutto nach Aktualisierung

Erstellen des Datenmakros

Wir fügen der Tabelle *Arbeitnehmer* ein ereignisgesteuertes Datenmakro hinzu, das mit dem Ereignis *Nach Aktualisierung* verknüpft ist.

Hier der fertige Code, wie Sie ihn bequem im Makro-Editor erstellen:

```
Wenn  Aktualisiert("Brutto") Dann
      Datensatz erstellen in  Gehaltsänderungen
                       Alias
      FestlegenFeld
                      Name   Nachname
                      Wert   = [Arbeitnehmer].[Nachname]
      FestlegenFeld
                      Name   PersID
                      Wert   = [Arbeitnehmer].[ID]
      FestlegenFeld
                      Name   NeuesGehalt
                      Wert   = [Arbeitnehmer].[Brutto]
      FestlegenFeld
                      Name   AltesGehalt
                      Wert   = [Alt].[Brutto]
      FestlegenFeld
                      Name   Datum
                      Wert   = Jetzt()
Ende Wenn
```

Wenn

Diese Bedingung gewährleistet, dass das Datenmakro nur dann gestartet wird, wenn Änderungen am *Brutto*-Gehalt eines Arbeitnehmers vorgenommen und abgespeichert wurden.

DatensatzErstellen

Diese Aktion gibt es nur für Nachfolgeereignisse. Es wird ein neuer Datensatz in die Tabelle *Gehaltsänderungen* eingefügt. Die Werte der einzelnen Felder werden anschließend mit den diversen *FestlegenFeld*-Aktionen zugewiesen.

Etwas aus der Rolle fällt der Feldname *Alt*, denn ein Feld mit dieser Bezeichnung findet sich nicht in der Tabelle *Gehaltsänderungen*, sondern wird vom Makro-Editor als temporäres Objekt automatisch zur Verfügung gestellt. Den Wert *Jetzt()* für das aktuelle Datum können Sie mit Hilfe des Ausdrucks-Generators zuweisen.

Test

Öffnen Sie die Tabelle *Arbeitnehmer* in der Datenblattansicht und verändern Sie einige Bruttogehälter. Nach dem Abspeichern erscheint jede Änderung als neuer Datensatz in der Tabelle *Gehaltsänderungen*:

ID	Nachname	PersID	Datum	AltesGehalt	NeuesGehalt
1	Kieninger	6	21.01.2011	3.200,00 €	2.200,00 €
2	Hoffmann	7	21.01.2011	810,00 €	850,00 €
3	Hoffmann	7	07.05.2013	850,00 €	890,00 €
*	(Neu)				

Kapitel 4

Formulare und Steuerelemente

In diesem Kapitel finden Sie einen Überblick über die wichtigsten in Microsoft Access integrierten visuellen Objekte, die Sie zur Gestaltung variabler Benutzeroberflächen benötigen.

Da dieses Buch keine vollständige Referenz bereitstellt – diese Rolle kann viel effektiver die integrierte Access-Hilfe übernehmen – werden nur die aus der Sicht des Praktikers wichtigsten Eigenschaften, Ereignisse und Methoden in Form von Übersichten und kurzen Kommentaren bzw. knappen Beispielen zusammengestellt.

HINWEIS: Mehr zur Datenbindung der Steuerelemente finden Sie in Kapitel 7 (DAO) und 8 (ADO)!

4.1 Allgemeines

Die wichtigsten Objekte, mit denen wir es beim visuellen Entwurf der Bedienoberfläche zu tun haben, sind Formulare (*Forms*), Berichte (*Reports*) und Steuerelemente (*Controls*) wie z.B. *Befehlsschaltfläche* (*CommandButton*), *Textfeld* (*TextBox*), *Bezeichnungsfeld* (*Label*) etc. Wie allgemein für jedes Objekt zutreffend, so verfügen auch diese Objekte über

- Eigenschaften (Properties),
- Methoden (Methods) sowie
- Ereignisse (Events).

Die VBA-Entwicklungsumgebung sowie die integrierte Online-Hilfe ermöglichen es, dass die zu jedem Objekt verfügbaren Eigenschaften, Methoden und Ereignisse jederzeit (alphabetisch) aufgelistet werden, sodass Sie keinesfalls auf umständliches Nachschlagen oder gar Auswendiglernen angewiesen sind.

4.1.1 Gruppen von Eigenschaften

Die Eigenschaften von *Form-/Report-/Control*-Objekten lassen sich in drei Gruppen untergliedern:

- Format-Properties
- Daten-Properties (beziehen sich auf Datensätze/Records)
- Andere Properties

HINWEIS: Beachten Sie, dass viele Eigenschaften zur Entwurfszeit nicht gesetzt werden können (Read-only) bzw. nur zur Laufzeit zur Verfügung stehen.

Wie Sie bereits wissen, wird in VBA eine Eigenschaft von dem Objekt, zu dem sie gehört, durch einen Punkt (.), das ist der so genannte Separator, getrennt.

BEISPIEL: Dem Objekt *Me* (das ist das aktuelle Formular) wird die *Caption*-Eigenschaft (das ist die Beschriftung der Titelleiste) zugewiesen.

```
Me.Caption = "Hallo"
```

4.1.2 Methoden

Die von *Form-/Report-/Control*-Objekten standardmäßig ausführbaren Methoden (*Methods*) sind im Vergleich zur großen Anzahl von Ereignissen und Eigenschaften auf wenige begrenzt.

Auch beim Aufruf einer Methode wird der Objektbezeichner vom Namen der Methode durch einen Punkt (.) getrennt.

BEISPIEL: Das aktuelle Formular (*Me*) wird mittels *Move*-Methode an die Bildschirmposition 20 (Abstand vom linken Rand des Access-Hauptfensters in *Twips*) und 50 (Abstand vom oberen Rand in *Twips*) verschoben.

```
Me.Move 20, 50
```

4.1.3 Gruppen von Ereignissen

Bei *Ereignissen* (Events), auf welche Objekte reagieren können, lässt sich zwischen mehreren Kategorien unterscheiden:

- Fenster- und Fokus-Events
- Tastatur- und Maus-Events
- Daten- und Filter-Events
- Fehler- und zeitabhängige Events

Jeder Access-Programmierer weiß, dass beim Formular-/Berichtsentwurf Ereignisse auch im Eigenschaftenfenster zugewiesen werden können und dann als so genannte *Ereigniseigenschaften* auftreten, womit der hinterlegte Code (Makro, Ausdruck oder VBA) gemeint ist. Der VBA-

Programmierer ist aber gut beraten, eine saubere Trennung zwischen Eigenschaften und Ereignissen zu treffen und letztere nur im Codefenster zuzuweisen. Anstatt des Begriffs *Ereigniseigenschaft* sollte er besser die fachmännischere Bezeichnung *Ereignisbehandlungsroutine* (oder *Event-Handler*) verwenden.

Eine Ereignisbehandlungsroutine ist eine Sub-Prozedur, in deren Deklaration der Objektbezeichner vom Ereignis durch einen Unterstrich (_) getrennt ist.

BEISPIEL: Rahmencode des Event-Handlers für das *Click*-Ereignis des Objekts *Befehl0* (Befehlsschaltfläche).

```
Private Sub Befehl0_Click()
...
End Sub
```

4.2 Das Form-Objekt

Das Formular (*Form*) ist neben dem Bericht (*Report*) zweifelsfrei die wichtigste visuelle Benutzerschnittstelle. Ein *Form*-Objekt dient gewissermaßen als Basis (Container) für weitere Steuerelemente (Controls). Beachten Sie, dass es verschiedene Ansichten ein- und desselben Formulars gibt:

- Datenblattansicht
- Entwurfsansicht
- Formularansicht
- Geteilte Ansicht (Split View)
- Layoutansicht

HINWEIS: In den folgenden Zusammenstellungen werden nur die jeweils wichtigsten Eigenschaften, Methoden und Ereignisse des *Form*-Objekts aufgelistet. Eine vollständige Übersicht erhalten Sie in der Online-Hilfe.

4.2.1 Format-Eigenschaften

Format-Eigenschaften bestimmen das äußere Erscheinungsbild des Formulars.

Eigenschaft	Deutscher Bezeichner	Standard	Erläuterung
AllowFormView	Formularansicht zulassen	*True*	
AllowLayoutView	Layout Ansicht zulassen	*False*	
AutoCenter	Automatisch zentrieren	*False*	Formular wird beim Öffnen automatisch zentriert

Eigenschaft	Deutscher Bezeichner	Standard	Erläuterung
AutoResize	Größe anpassen	*True*	Formulargröße wird beim Öffnen automatisch an die Anzeige vollständiger Datensätze angepasst
BorderStyle	Rahmenart	*2*	Rahmentyp und Rahmenelemente (0=kein, 1=dünn, 2=veränderbar, 3=Dialog)
Caption	Beschriftung	Formular	Text in Titelleiste
CloseButton	Schließen-Schaltfläche	*True*	Bei *False* ist die Schließen-Schaltfläche sichtbar, aber deaktiviert
ControlBox	Mit Systemmenüfeld	*True*	Formular verfügt über ein Systemmenü (oben links)
CurrentSectionLeft, *CurrentSectionTop*	Aktueller Bereich links, Aktueller Bereich oben		Abstand zwischen linker/oberer Kante des aktuellen Bereichs und linker/oberer Kante des Formulars (Twips)
DatasheetAlternateBackColor	Alternative Hintergrundfarbe Datenblatt		Farbe für jede zweite Zeile in der Datenblattansicht
DatasheetGridLinesBehavior	Datenblatt Rasterlinienverhalten	*0*	Rasterlinien in der Datenblattansicht (0=beide, 1=nur horiz., 2=nur vert., 3=keine)
CurrentView, *DefaultView*	Aktuelle Ansicht, Standardansicht	*0*	Ansicht beim Öffnen (0=Einzelformular, 1=Endlosformular, 2=Datenblatt)
DividingLines	Trennlinien	*True*	Bereiche im Formular oder Datensätze im Endlosformular haben Trennlinien
FitToScreen	An Bildschirmgröße anpassen		Legt fest, ob die Formularbreite an den Bildschirm angepasst wird
GridX, *GridY*	Raster X, Raster Y	*10*	Horizontale und vertikale Einheiten des Gitternetzes in Entwurfsansicht
InsideHeight *InsideWidth*			Innenabmessungen eines Fensters (in Twips)
LayoutForPrint	Drucklayout	*False*	Verwendung von Druckerschriftarten (*True*) oder Bildschirmschriftarten (*False*)
MinMaxButtons	MinMaxSchaltflächen	*3*	keine=0, nur Min=1, nur Max=2, beide=3
Modal	Gebunden	*False*	Bei *True* ist Formular zu schließen, bevor Fokus auf anderes Objekt gesetzt werden kann
NavigationButtons	Navigationsschaltflächen	*True*	Anzeige von Navigationsschaltflächen und Datensatznummern
PaletteSource	Palettenherkunft	Standard	Verwendung der in Microsoft Access enthaltenen Farbpalette
Picture	Bild	(keines)	Pfad/Dateinamen der anzuzeigenden Bitmap

4.2 Das Form-Objekt

Eigenschaft	Deutscher Bezeichner	Standard	Erläuterung
Picture-Alignment	Bildausrichtung	2	Ort, wo Hintergrundbitmap erscheinen soll (o. links=0, o. rechts=1, Mitte=2, u. links=3, u. rechts=4, Formularmitte=5)
PictureSizeMode	Bildgrößenmodus	0	Darstellung des Hintergrundbildes (aktuelle Größe=0, Dehnen=1, Zoomen=3)
PictureTiling	Bild nebeneinander	False	Bilder nebeneinander anordnen
PictureType	Bildtyp	0	Bild wird als eingebettetes (0) oder verknüpftes (1) Objekt gespeichert.
PopUp	PopUp	False	Bei *True* erscheint Formular stets im Vordergrund (nur in Entwurfsansicht verfügbar)
RecordSelectors	Datensatzmarkierer	True	Das kleine Rechteck (bzw. Balken) links vom Datensatz wird angezeigt
ScrollBars	Bildlaufleisten	3	Anzeigemodus der horizontalen und vertikalen Bildlaufleisten (keine=0, nur horiz.=1, nur vert.=2, beide=3)
Section(n)	Bereich		Teilbereich eines Formulars (0=Detailbereich, 1=Kopfbereich, 2=Fußbereich)
ViewsAllowed	Zugelassene Ansicht(en)	0	Wechseln zwischen Formular und Datenblattansicht (0), nur Formular (1), nur Datenblatt (2)
WhatsThisButton	Schaltfläche Direkthilfe	False	Die ?-Schaltfläche in Titelleiste (nur wenn MinMax-Buttons=0)
Width	Breite		Gesamtbreite des Formulars (Twips)
WindowWidth *WindowHeight*	FensterHöhe, FensterBreite		Außenabmessungen des Fensters (in Twips, schreibgeschützt)

Width, InsideWidth, InsideHeight, WindowWidth, -Height, -Left, -Top

Diese Eigenschaften bestimmen die Abmessungen (Höhe, Breite) des *Form*-Objekts in der Maßeinheit *Twips* (1cm = 567 Twips). Die folgende Abbildung soll deshalb etwas Licht in die Dunkelheit bringen.

> **HINWEIS:** Achten Sie dabei auf den "feinen" Unterschied zwischen den Begriffen "Formular" und "Fenster". Unter "Formular" im engeren Sinn verstehen wir nur die Bereiche eines *Form*-Objekts (Kopf-, Fuß- und Detailbereich)[1].

---

[1] Der Leser möge Nachsicht üben, wenn (nicht nur in unserem Buch!) hin und wieder diese beiden Begriffe miteinander vermischt werden.

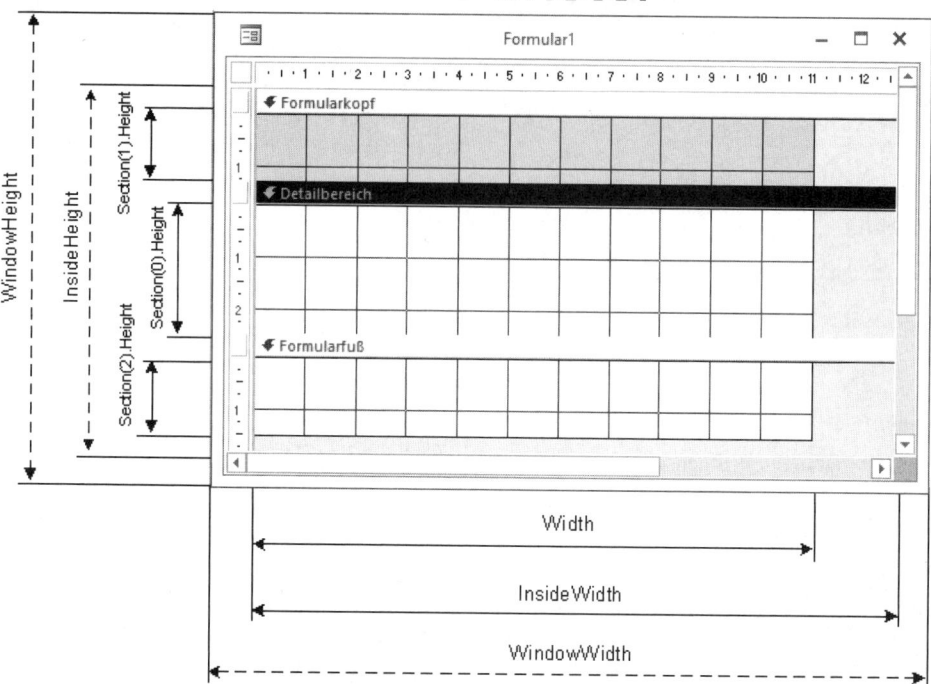

Die in obiger Abbildung gestrichelt eingezeichneten Maßlinien weisen darauf hin, dass sich zur Laufzeit eine geringfügig andere Länge gegenüber der Entwurfszeit ergibt.

BEISPIEL: Der folgende Event-Handler sorgt dafür, dass die Innenabmessungen des Fensters (*InsideWidth*, *InsideHeight*) exakt der Größe des Formularbereichs angepasst werden:

```
Private Sub Befehl0_Click()
  Dim formularHöhe As Integer, formularBreite As Integer
  Dim fensterHöhe As Integer, fensterBreite As Integer
```

Höhe und Breite des Formularbereichs bestimmen:

```
  formularHöhe = Me.Section(0).Height + Me.Section(1).Height + Me.Section(2).Height
  formularBreite = Me.Width
```

Höhe und Breite des Fensterinnenbereichs bestimmen:

```
  fensterHöhe = Me.InsideHeight
  fensterBreite = Me.InsideWidth
```

Breite und Höhe des Fensterinnenbereichs anpassen, falls erforderlich:

```
  If fensterBreite <> formularBreite Then
    Me.InsideWidth = formularBreite
  End If
  If fensterHöhe <> formularHöhe Then
```

```
            Me.InsideHeight = formularHöhe
        End If
End Sub
```

Section

Der Formularbereich kann aus verschiedenen "Unterbereichen" (Formularkopf, Detailbereich, Formularfuß) bestehen (siehe obige Abbildung). Diese Bereiche werden durch die (schreibgeschützte) *Section*-Eigenschaft des Form-*Objekts* dargestellt. *Section* kann auch als Objekt (quasi als Control) betrachtet werden. Dies ist kein Widerspruch, denn Eigenschaften können wiederum Objekte sein.

BEISPIEL: Die Anweisung:

```
Me.Section(0).BackColor = vbRed
```

färbt den Detailbereich eines Formulars oder Berichts rot.

Der Index der *Section*-Eigenschaft ist ein *Integer*-Wert, der einen bestimmten Bereich bezeichnet:

Index	Konstante	Beschreibung
0	*acDetail*	Detailbereich
1	*acHeader*	Kopfbereich
2	*acFooter*	Fußbereich

Section hat wiederum zahlreiche Eigenschaften (*BackColor, Visible, DisplayWhen, SpecialEffect* etc.), die man sich am besten anhand von Beispielen verdeutlicht.

BEISPIEL: Der Fußbereich wird ausgeblendet:

```
Me.Section(acFooter).Visible = False
```

DisplayWhen

Mit der *DisplayWhen*-Eigenschaft legen Sie fest, ob bestimmte Bereiche des Formulars nur am Bildschirm, nur beim Drucken oder immer angezeigt werden sollen.

Wert	Einstellung	Beschreibung
0	Immer	Der Bereich erscheint in der Formularansicht und auf dem Ausdruck (Standardeinstellung)
1	Nur beim Drucken	Der Bereich ist in der Formularansicht ausgeblendet, erscheint jedoch auf dem Ausdruck
2	Nur am Bildschirm	Der Bereich erscheint in der Formularansicht, jedoch nicht auf dem Ausdruck

SpecialEffect

Mit der *SpecialEffect*-Eigenschaft können Sie einem Bereich eine besondere Formatierung zuweisen.

Wert	Beschreibung	Wert	Beschreibung
0	Flach	3	Graviert
1	Erhöht	4	Schattiert
2	Vertieft	5	Unterstrichen

ControlBox, BorderStyle, MinMaxButtons, CloseButton

HINWEIS: Diese vier Eigenschaften können Sie nur in der Entwurfsansicht des Formulars einstellen, nicht zur Laufzeit!

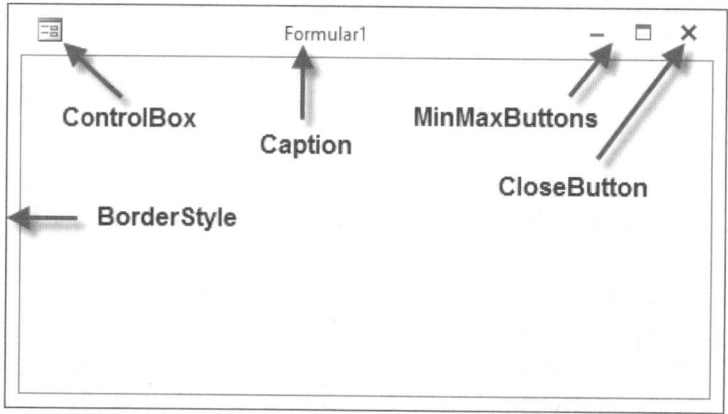

Wenn *BorderStyle* auf 0 oder 3 (kein oder Dialog) eingestellt ist, hat das Formular keine Maximieren-/ Minimieren-Schaltfläche, unabhängig von der Eigenschaft *MinMaxButtons*. Hat *BorderStyle* den Wert 0, so verfügt das Formular über keine Titelleiste. Sie können ein solches Formular nur mit Hilfe einer zusätzlichen Schaltfläche schließen (*DoCmd.Close*).

Bemerkungen

- Die Eigenschaft *BorderStyle* hat keinerlei Auswirkungen auf die Anzeige der Bildlaufleisten (*ScrollBars*), der Navigationsschaltflächen (*NavigationButtons*) oder der Datensatzmarkierer (*RecordSelectors*).

- Öffnen Sie das Formular in der Formularansicht und wechseln Sie dann zu einer anderen Ansicht, ist die *BorderStyle*-Einstellung auch in der anderen Ansicht wirksam.

Zu weiteren Format-Eigenschaften

Da die überwiegende Mehrzahl der in der Tabelle aufgezählten Format-Eigenschaften selbsterklärend ist, sollen sich weitere Erläuterungen auf folgendes Beispiel beschränken:

4.2 Das Form-Objekt

BEISPIEL: Der nachstehende Code verändert die Beschriftung der Titelleiste, entfernt die "störenden" Navigationsschaltflächen, Datensatzmarkierer und Trennlinien von der Oberfläche und lädt die Grafikdatei *BeimChef.jpg* aus dem aktuellen Verzeichnis:

```
Private Sub Form_Load()
  With Me
    .Caption = "Das hochnotpeinliche Verhör des Koautors"
    .ScrollBars = False
    .NavigationButtons = False
    .RecordSelectors = False
    .DividingLines = False
    .Picture = CurrentProject.Path & "\BeimChef.wmf"
  End With
End Sub
```

Bemerkungen

- Die Hintergrundfarbe eines Formulars kann nicht direkt eingestellt werden. Verwenden Sie stattdessen die *BackColor*-Eigenschaft des *Section*-Objekts.

- Über die Bedeutung der seltener benötigten (und deshalb in obiger Tabelle nicht aufgeführten) Eigenschaften eines Formulars (z.B. *ShowGrid* etc.) informiert Sie die Online-Hilfe.

4.2.2 Daten-Eigenschaften

Daten-Eigenschaften bestimmen die Anbindung und Anzeige von Datensätzen.

Eigenschaft	Deutscher Bezeichner	Standard	Erläuterung
AllowAdditions	Anfügen zulassen	True	Neue Datensätze dürfen hinzugefügt werden
AllowDeletions	Löschen zulassen	True	Gespeicherte Datensätze dürfen gelöscht werden
AllowEdits	Bearbeitungen zulassen	True	Gespeicherte Datensätze lassen sich bearbeiten
AllowFilters	Filter zulassen	True	Datensätze können gefiltert werden
CurrentRecord	Nur in VBA verfügbar!		Nummer des aktuellen Datensatzes
DataEntry	Daten eingeben	False	Das Formular zeigt beim Öffnen Datensätze an (*True* = Eingabe eines neuen Datensatzes)
Dirty	Geändert	False	Aktueller Datensatz wurde seit dem letzten Speichern nicht verändert
Dynaset	Nur in VBA verfügbar!	(leer)	Verwenden Sie *RecordsetClone*!
Filter	Filter	(leer)	Anzeige einer Teilmenge von Datensätzen (*FilterOn=True*)
FilterOn	FilterAktiv	False	Der Filter wird nicht angewendet
FilterOnLoad	Beim Laden filtern	False	Filter beim Laden des Formulars nicht aktiv
OrderBy	Sortiert nach	(leer)	Sortierreihenfolge für Datensätze (*OrderByOn=True*)
OrderByOn	SortierungAktiv	True	Sortierreihenfolge angewendet
OrderOnLoad	Beim Laden sortieren	True	Sortierung beim Laden des Formulars aktiv
RecordLocks	Datensätze sperren	0	Mehrere Benutzer können den gleichen Datensatz bearbeiten (1=erst nach Schließen des Formulars, 2=eine Seite)
RecordsetClone	Datensatzgruppe duplizieren	(leer)	Kopie der dem Formular zugrunde liegenden Abfrage oder Tabelle
RecordSource	Datenherkunft	(leer)	Datenherkunft für ein Formular (Tabelle, Abfrage, SQL-String)
RecordsetType	RecordsetTyp	0	Verfügbarer Typ (0,1=Dynaset, 2=Snapshot)

BEISPIEL: Die folgende Anweisung weist dem Formular als Datenherkunft die Tabelle *Personen* der aktuellen Datenbank zu (siehe auch Einführungsbeispiele in Kapitel 1).

```
Me.RecordSource = "Personen"
```

4.2.3 Weitere Eigenschaften

Diese beziehen sich auf sonstige Properties, die sich nicht eindeutig in die Format- oder Daten-Kategorie einordnen lassen.

4.2 Das Form-Objekt

Eigenschaft	Deutscher Bezeichner	Standard	Erläuterung
Application	Nur in VBA verfügbar!		Verweis auf Application-Objekt
Cycle	Zyklus	0	Tab-Taste im letzten Control (0 → 1. Feld des nächsten Datensatzes, 1 → 1. Control, 2 → 1. Control der Seite)
Form	Nur in VBA verfügbar!		Verweis auf Form-Objekt
HashModule	Nur in VBA verfügbar!	False	Form hat Klassenmodul
HelpContextID, HelpFile	HilfekontextID, Hilfedatei		zur Hilfeprogrammierung
HWnd	Nur in VBA verfügbar!		Handle auf aktuelles Fenster (für API-Zugriff)
KeyPreview	Tastenvorschau	False	Aktives Control erhält Tastaturereignisse (*True* → Formular)
Me	Nur in VBA verfügbar!		Verweis auf Formular, in welchem Code ausgeführt wird
MenuBar	Menüleiste		
Module	Nur in VBA verfügbar!		Verweist auf das zugehörige Klassenmodul
Name	Name	Formular1	Zeichenfolge für Namen des Formulars (nur in Entwurfsansicht)
Painting	Bildschirm aktualisieren	True	Darstellung des Formulars wird aktualisiert (ähnelt Echo-Aktion)
ShortcutMenu	Kontextmenü	True	Kontextmenüs sind zulässig (rechter Mausklick)
ShortcutMenuBar	Kontextmenüleiste		Bezeichner für Menüleistenmakro
Tag	Marke		Speichern einer beliebigen Zusatzinformation
TimerInterval	Zeitgeberintervall		Abstand zwischen zwei Timer-Ereignissen (in Millisekunden)

BEISPIEL: Die folgende Anweisung zeigt den Namen eines Formulars in einem Bezeichnungsfeld an:

```
Bezeichnungsfeld1.Caption = Me.Name
```

BEISPIEL: Der folgende Befehl weist dem aktuellen Formular eine Zusatzinformation zu:

```
Me.Tag = "Dieses Formular bitte nicht verändern!"
```

Bemerkungen

- Die *Form*-Eigenschaft ist im Wesentlichen nur im Zusammenhang mit Unterformularen/-berichten von Bedeutung

- Mehrere *Form*-Objekte können in einer *Forms*-Auflistung enthalten sein (siehe Kapitel 6)

- Zu *KeyPreview* sehen Sie unter "Tastatur- und Maus-Ereignisse" (Seite 210) nach
- Zur *TimerInterval*-Eigenschaft siehe Seite 214

4.2.4 Fenster- und Fokus-Ereignisse

Ereignisse dieses Typs werden durch Benutzeraktivitäten oder per Programmcode ausgelöst. Sie treten ein, wenn Sie ein Formular öffnen oder schließen, sich zwischen Formularen bewegen oder mit den Daten eines Formulars arbeiten.

Ereignisroutine (Event-Handler)	Ereignis-eigenschaft	Ereignis tritt ein ...
Activate()	Bei Aktivierung	wenn das Formular den Fokus erhält und zum aktiven Fenster wird
Close()	Beim Schließen	wenn das Formular geschlossen wird
Current()	Bei Anzeigen	wenn das Formular geöffnet oder der Fokus von einem Datensatz auf einen anderen gesetzt wird
Deactivate()	Bei Deaktivierung	wenn das Formular den Fokus abgibt
GotFocus()	Bei Fokuserhalt	wenn ein Formular den Fokus erhält
LostFocus()	Bei Fokusverlust	wenn ein Formular den Fokus abgibt
Load()	Bei Laden	wenn das Formular geöffnet und dessen Datensätze angezeigt werden
Open(Cancel As Integer)	Beim Öffnen	wenn das Formular geöffnet wird, jedoch bevor der erste Datensatz angezeigt wird
Resize()	Bei Größenänderung	wenn sich die Größe eines Formulars ändert und außerdem beim Öffnen
Unload(Cancel As Integer)	Beim Entladen	wenn das Formular geschlossen, aber noch auf dem Bildschirm angezeigt wird

Ereignisreihenfolge

Wenn ein Formular geöffnet wird, treten die Ereignisse in nachstehender Reihenfolge auf:

Open → *Load* → *Resize* → *Activate* → *GotFocus* → *Current*

Beim Schließen gilt:

Unload → *LostFocus* → *Deactivate* → *Close*

Klicken Sie auf ein benachbartes Formular, so werden nacheinander ausgelöst:

LostFocus → *Deactivate*

Wenn Sie das Formular wieder zurück in den Vordergrund holen:

Activate → *GotFocus*

4.2 Das Form-Objekt

Eine Größenänderung des Fensters löst nur ein *Resize*-Ereignis aus. Das bloße Anfassen und Verschieben eines Fensters bleibt hingegen ohne Ereignisfolgen.

Current

Beim Bewegen des Datensatzzeigers tritt das *Current*-Ereignis auf. Obwohl dieses eigentlich zur Gruppe der Daten- und Filter-Ereignisse zählt, wird es aufgrund seiner Bedeutung in der Ereignisreihenfolge schon hier vorweggenommen.

HINWEIS: Das *Current*-Ereignis wird früher als in obiger Ereignisreihenfolge ausgelöst, wenn innerhalb des *Load*-Event-Handlers *RecordSource* zugewiesen wird!

BEISPIEL: In einem (ungebundenen) Textfeld wird der Bruttowert angezeigt.

```
Private Sub Form_Current()
    Text1.Value = Me!Netto * (1 + MWSt)
End Sub
```

Event-Handler

Für die jedem Ereignis zugeordnete Ereignisbehandlungsroutine (Event-Handler) stellt Access einen vorgefertigten Prozedurrumpf zur Verfügung. Dieser wird erzeugt, wenn Sie im Visual Basic-Fenster oben links das entsprechende Objekt (*Form*) auswählen und anschließend im rechten Kombinationsfeld auf das gewünschte Ereignis klicken.

Der Prozedurbezeichner besteht aus dem Namen des Objekts und dem davon durch einen Unterstrich (_) abgetrennten Namen des Ereignisses. Auch wenn keine Übergabeparameter existieren, ist das (leere) Klammerpaar der Parameterliste anzugeben.

BEISPIEL: Der folgende Event-Handler reagiert auf das *Load*-Ereignis und weist der *RecordSource*-Property des Formulars (*Datenherkunft*-Eigenschaft) die Tabelle *Auto* der aktuellen Datenbank zu.

```
Private Sub Form_Load()
    Me.RecordSource = "Auto"
End Sub
```

Bemerkungen

- Zweckmäßigerweise werden, wie im obigen Beispiel, alle für ein Formular-Modul notwendigen Initialisierungen im *Open*- oder *Load*-Ereignis vorgenommen.
- Etwas schwierig ist bei Formularen die Unterscheidung der Ereignisse *Activate* und *GotFocus* sowie *Deactivate* und *LostFocus*. Wenn Sie zwischen zwei geöffneten Formularen wechseln, tritt für das erste Formular das *Deactivate*- und für das zweite Formular das *Activate*-Ereignis ein. Nur wenn das Formular keine sichtbaren aktivierten Steuerelemente enthält, tritt für das erste Formular vor *Deactivate* das Ereignis *LostFocus* und für das zweite Formular vor *Activate* das Ereignis *GotFocus* ein.

4.2.5 Tastatur- und Maus-Ereignisse

Diese Events werden durch Benutzereingaben hervorgerufen.

Ereignisroutine (Event-Handler)	Ereigniseigenschaft (deutsch)
KeyDown(KeyCode As Integer, Shift As Integer)	Bei Taste Ab
KeyPress(KeyAscii As Integer)	Bei Taste
KeyUp(KeyCode As Integer, Shift As Integer)	Bei Taste Auf
Click()	Beim Klicken
DblClick(Cancel As Integer)	Beim Doppelklicken
MouseDown(Button As Integer, Shift As Integer, X As Single, Y As Single)	Bei Maustaste Ab
MouseMove(Button As Integer, Shift As Integer, X As Single, Y As Single)	Bei Mausbewegung
MouseUp(Button As Integer, Shift As Integer, X As Single, Y As Single)	Bei Maustaste Auf
MouseWheel(Page As Boolean, Count As Long)	Bei Bewegen des Mausrades

KeyCode, KeyAscii und KeyPreview

Der *KeyCode*-Parameter im *KeyUp*- und *KeyDown*-Ereignis liefert die gedrückte Taste und ist eine Hexadezimalkonstante, welche auf die so genannten "Virtuellen Tastaturcodes" von Windows verweist. Im Unterschied dazu kann beim *KeyPress*-Event der ASCII- bzw. ANSI-Code des eingegebenen Zeichens zur Auswertung herangezogen werden.

Wenn Sie die *Formular*-Eigenschaft *KeyPreview* auf *True* einstellen, werden Tastatureingaben zunächst vom Formular empfangen und erst dann an das aktive Steuerelement weitergeleitet. Bei *False* (Standardeinstellung) empfängt nur das aktive Steuerelement das Ereignis.

BEISPIEL: Das nachfolgende Beispiel bezieht sich auf die *KeyPreview*-Eigenschaft. Wenn Sie z.B. im *Load*-Event:

```
Me.KeyPreview = True
```

setzen und folgenden Event-Handler für das *KeyDown*-Ereignis schreiben:

```
Private Sub Form_KeyDown(KeyCode As Integer, Shift As Integer)
   If KeyCode = &H71 Then MsgBox "F2-Taste gedrückt!"
End Sub
```

so erscheint nach dem Drücken der [F2]-Taste ein Meldungsfeld (&H71 ist der Code der [F2]-Taste).

Shift und Button

Alle Mausereignisse liefern neben den aktuellen Koordinaten X und Y (*Single*-Werte) auch noch die Parameter *Shift* und *Button*.

4.2 Das Form-Objekt

Shift wird in der Praxis relativ selten ausgewertet und erfasst den Status bestimmter Tasten, die auf der Tastatur gleichzeitig mit dem Mausereignis gedrückt werden (siehe *KeyDown*, *KeyUp*, *KeyPress*). *Button* kennzeichnet die gedrückte Maustaste:

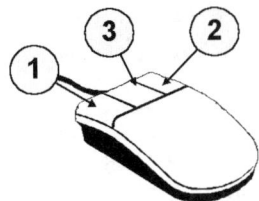

HINWEIS: Beachten Sie, dass die Mausereignisse für das Formular nicht ausgelöst werden, wenn Sie auf den Detailbereich klicken.

BEISPIEL: Der folgende Event-Handler für ein *MouseMove*-Ereignis erzeugt dann fortlaufende Pieptöne, wenn Sie bei gedrückter rechter Maustaste auf das Formular (unterhalb der Trennlinie) klicken und die Maus bewegen.

```
Private Sub Form_MouseMove(Button As Integer, Shift As Integer, X As Single, Y As Single)
  If Button = 2 Then Beep
End Sub
```

SendKeys

Diese Anweisung simuliert Tastatureingaben durch den Bediener, daher ist es zweckmäßig, sie bereits an dieser Stelle im Zusammenhang mit Tastaturereignissen zu erwähnen. Das Argument von *SendKeys* ist eine Zeichenkette. Jede Taste wird dabei durch mindestens ein Zeichen repräsentiert. Das Pluszeichen (+), Caret-Zeichen (^) und Prozentzeichen (%) sind für die ⇧-, Strg- und Alt-Taste vorgesehen. Sondertasten sind in geschweifte Klammern einzuschließen (Übersicht siehe Anhang D).

BEISPIEL: Die Anweisung:

```
SendKeys "%{F4}"
```

sendet die Tastenfolge Alt+F4 an das aktive Fenster und bewirkt damit ein Schließen der Applikation.

Optional kann man den so genannten "Wartemodus" als Argument anfügen. Ist der Wert *False* (Voreinstellung), setzt die Prozedur die Ausführung fort, unmittelbar nachdem die Tastenfolge gesendet wurde. Bei *True* muss die Tastenfolge verarbeitet werden, bevor die Prozedur die Ausführung fortsetzen kann.

Häufig soll sich die "Tastatureingabe" nicht auf das aktuelle Formular, sondern auf das aktive Steuerelement beziehen. Dann muss dieses Steuerelement vorher den Fokus erhalten.

BEISPIEL: Die Sequenz:

```
Text0.SetFocus
SendKeys "12345", True
```

füllt das Textfeld *Text0* mit den Ziffern *12345* und setzt danach die Ausführung fort.

SendKeys macht es auch möglich, quasi "wie von Geisterhand" andere Windows-Programme (z.B. den integrierten Taschenrechner) aufzurufen.

HINWEIS: Leider kann *SendKeys* den Code der Druck-Taste (*PrintScreen*) nicht senden, deshalb sind z.B. keine per Programm auslösbaren Screenshots möglich.

Page und Count

Beide Parameter werden im *MouseWheel*-Event übermittelt. Falls *Page = True*, so wurde die Seite geändert. *Count* gibt an, um wie viele Zeilen gescrollt wurde.

BEISPIEL: Der Event-Handler meldet, wenn mit dem Mausrad zu einer neuen Seite gescrollt wurde.

```
Private Sub Form_MouseWheel(ByVal Page As Boolean, ByVal Count As Long)
    If Page = True Then
        MsgBox "Eine neue Seite ist erreicht!"
    End If
End Sub
```

4.2.6 Daten- und Filter-Ereignisse

Formular-Ereignisse dieser Art treten unmittelbar mit der Bearbeitung von Datensätzen auf.

Ereignisroutine (Event-Handler)	Ereigniseigenschaft (deutsch)
AfterInsert()	Nach Eingabe
AfterUpdate()	Nach Aktualisierung
BeforeInsert(Cancel As Integer)	Vor Eingabe
BeforeUpdate(Cancel As Integer)	Vor Aktualisierung
Current()	Bei Anzeigen, siehe Fenster- und Fokus-Ereignisse
DataChange(Reason As Integer)	Bei Datenänderung
Dirty(Cancel As Integer)	Bei Änderung
Delete(Cancel As Integer)	Beim Löschen
AfterDelConfirm(Status As Integer)	Nach Löschbestätigung
BeforeDelConfirm(Cancel As Integer, Response As Integer)	Vor Löschbestätigung
ApplyFilter(Cancel As Integer, ApplyType As Integer)	Bei angewendetem Filter
Filter(Cancel As Integer, FilterType As Integer)	Bei Filter
AfterBeginTransaction()	Nach Transaktionsbeginn

4.2 Das Form-Objekt

Ereignisroutine (Event-Handler)	Ereigniseigenschaft (deutsch)
BeforeBeginTransaction()	Vor Transaktionsbeginn
OnConnect()	Beim Verbinden
OnDisconnect()	Beim Trennen
UndoBatchEdit()	Batchbearbeitung Rückgängig

BeforeInsert, AfterInsert, BeforeUpdate, AfterUpdate

BeforeInsert wird ausgelöst, wenn der Benutzer das erste Zeichen in einen neu angelegten Datensatz eingibt, *BeforeUpdate* beim Aktualisieren eines Datensatzes (Speichern bzw. Wechseln zum nächsten Datensatz).

AfterUpdate tritt auf, wenn der Datensatz aktualisiert ist, und *AfterInsert*, wenn der aktualisierte Datensatz ein neuer Datensatz ist.

Daraus ergibt sich die Ereignisreihenfolge:

BeforeInsert → *BeforeUpdate* → *AfterUpdate* → *AfterInsert*

HINWEIS: Wird das erste Zeichen eines neuen Datensatzes in ein *Textfeld* oder *Kombinationsfeld* eingegeben, tritt das Ereignis *BeforeInsert* vor dem *Change*-Ereignis ein.

Dirty

Dieses Formular-Ereignis wird ausgelöst, wenn in einem gebundenen Formular der Inhalt eines Text- oder Kombinationsfeldes geändert wird oder wenn bei einem Register-Steuerelement auf eine andere Seite verzweigt wird.

Das *Dirty*-Ereignis des Formulars tritt noch vor dem *Change*-Ereignis des betreffenden Text- bzw. Kombinationsfeldes auf. Das *Change*-Ereignis für Text-/Kombinationsfelder wird unterbunden, wenn der Parameter *Cancel* im *Dirty*-Event des Formulars *True* gesetzt wurde.

BEISPIEL: Ein gebundenes Formular enthält mehrere Textfelder. Nach dem erstmaligen Ändern des Inhalts eines beliebigen Textfeldes erscheint eine Abfrage, mit welcher Sie die Übernahme der Änderungen blockieren können.

```
Private Sub Form_Dirty(Cancel As Integer)
  If MsgBox("Sollen die folgenden Änderungen übernommen werden?", 36, "Frage") = vbNo Then
    Cancel = True
  End If
End Sub
```

HINWEIS: Im engen Zusammenhang mit dem *Dirty*-Ereignis steht die gleichnamige *Dirty*-Eigenschaft eines Formulars. Der Wert der *Dirty*-Eigenschaft ist *True*, wenn der aktuelle Datensatz seit dem letzten Speichern verändert wurde.

4.2.7 Weitere Ereignisse

Dieser Kategorie sollen weitere wichtige Ereignisse zugeordnet werden, auf welche ein Formular ebenfalls reagieren kann:

Ereignisroutine (Event-Handler)	Ereigniseigenschaft (deutsch)
Dirty(Cancel As Integer)	Bei Änderung
Error(DataErr As Integer, Response As Integer)	Bei Fehler
Timer()	Bei Zeitgeber

Error

Dieses Ereignis tritt dann ein, wenn in Microsoft Access ein Laufzeitfehler erzeugt wird. Das gilt auch für Fehler der Microsoft Jet Datenbank-Engine, leider aber nicht für Laufzeitfehler im VBA-Code!

Mit einem *Error*-Event-Handler können Sie eine Microsoft Access-Fehlermeldung abfangen und stattdessen eine benutzerdefinierte Meldung anzeigen. Der übermittelte Fehlercode *DataErr* erlaubt eine konkrete Auswertung der Fehlerursache.

Timer

Timer-Ereignisse treten in gleich bleibenden Intervallen auf, deren Länge mit der Eigenschaft *TimerInterval* des Formulars festzulegen ist. *TimerInterval* gibt das Intervall in Millisekunden an (0 bis 65.535 Millisekunden). Ist der Wert null (0), tritt das *Timer*-Ereignis nicht ein.

BEISPIEL: Wenn Sie die Eigenschaft:

```
TimerInterval = 1000
```

zugewiesen haben (z.B. im *Load*-Event), "nervt" Sie die folgende Ereignisbehandlung mit einem Piepton im Sekundentakt:

```
Private Sub Form_Timer()
  Beep
End Sub
```

4.2.8 Methoden

Im Vergleich zur Vielzahl der Eigenschaften und Ereignisse sind die einem *Form*-Objekt standardmäßig zur Verfügung stehenden Methoden auf relativ wenige beschränkt:

Methode	Erklärung
Move Left [,Top, Width, Height]	Verschiebt das Formular und verändert Abmessungen
SetFocus	Setzt den Fokus auf das Formular
GoToPage seite [,links,oben]	Setzt Fokus auf bestimmte Seite des Formulars
Recalc	Aktualisiert alle berechneten Controls

4.2 Das Form-Objekt

Methode	Erklärung
Refresh	Aktualisiert Datensätze ohne erneute Abfrage
Repaint	Aktualisiert die Bildschirmanzeige
Requery	Aktualisiert Datensätze mit erneuter Abfrage
Undo	Macht Änderung an Datensatz rückgängig

GoToPage und SetFocus

Beide Methoden beziehen sich auf die Verlagerung des Fokus innerhalb bzw. zwischen Formularen und Steuerelementen.

GoToPage setzt den Fokus auf das erste Steuerelement einer bestimmten Seite des aktiven Formulars. Die Argumente *links* und *oben* geben den Abstand (in Twips) vom linken bzw. oberen Fensterrand zum angezeigten Teil der Seite an. Beide Argumente haben eigentlich nur bei den Formularen Bedeutung, deren Seiten breiter als das Microsoft Access-Anwendungsfenster sind. Einen Seitenumbruch erzeugen Sie in der Entwurfsansicht mit dem Steuerelement (Control) *Seitenumbruch*. Die *DefaultView*-Eigenschaft des Formulars sollte dazu auf 0 eingestellt sein (Standardansicht = Einzelnes Formular).

BEISPIEL: Die Anweisung:

```
Forms!Reisen.GoToPage 3, 1000, 500
```

setzt den Fokus auf die dritte Seite des Formulars *Reisen* an die Position 1000 (linker Randabstand) und 500 (oberer Randabstand).

Mit *SetFocus* können Sie den Fokus nur auf ein sichtbares Formular bzw. Steuerelement setzen. Ein Formular und seine Steuerelemente bleiben so lange unsichtbar, bis das *Load*-Event des Formulars abgeschlossen ist. Dies hat zur Folge, dass im *Load*-Ereignis vor der *SetFocus*- die *Repaint*-Methode verwendet werden muss. Enthält das Formular Steuerelemente, deren *Enabled*-Property *True* ist (was in der Regel der Fall sein dürfte), können Sie den Fokus nicht auf das Formular selbst, sondern nur auf eines der Controls setzen. Versuchen Sie es trotzdem, so erhält das Steuerelement den Fokus, das ihn zuletzt besaß. Mit *SetFocus* können Sie den Fokus auch auf ein Unterformular setzen, welches selbst eine Art Control ist. Sie können den Fokus auch einem Steuerelement in einem Unterformular zuordnen, indem Sie ihn zunächst auf das Unterformular und anschließend auf das Control setzen.

HINWEIS: Da die Anwendung von *SetFocus* sich nicht nur auf Formulare, sondern vor allem auf Steuerelemente bezieht, sind entsprechende Beispiele erst später (Abschnitt "Steuerelemente", Seite 218) zu finden.

Recalc, Refresh, Repaint und Requery

Diese Methoden haben mit der Aktualisierungen des Formulars bzw. der angebundenen Datensätze zu tun.

Recalc aktualisiert sofort alle berechneten Steuerelemente eines Formulars ([F9]-Taste). Berechnete Steuerelemente unterscheiden sich von den gebundenen (Bound Controls) dadurch, dass sie keine gespeicherten Daten anzeigen, sondern das Ergebnis einer Berechnung.

BEISPIEL: Verwendung von *Recalc*

```
Sub Lager_AfterUpdate()
  Forms!Rechnungen.Recalc
End Sub
```

Refresh aktualisiert unmittelbar die Datensätze der *RecordSource*-Eigenschaft (Datenherkunft) des Formulars. Access aktualisiert Datensätze automatisch. *Refresh* bezieht sich lediglich auf Änderungen, die an Datensätzen der aktuellen Gruppe vorgenommen wurden, und fragt die Datenbank nicht erneut ab (dafür verwenden Sie die *Requery*-Methode).

BEISPIEL: Verwendung von *Refresh*

```
Private Sub Form_Activate()
  Forms!Personen.Refresh
End Sub
```

Repaint aktualisiert die Bildschirmanzeige des Formulars (z.B. auch alle erforderlichen Neuberechnungen der Steuerelemente). Im Unterschied zu *Refresh* aktualisiert *Repaint* lediglich dann den Bildschirm, wenn dessen Aktualisierung dadurch verzögert wurde, dass Microsoft Access zwischenzeitlich andere Aufgaben ausführen musste. *Repaint* unterscheidet sich von der Methode *Echo* des *DoCmd*-Objekts darin, dass eine sofortige einzelne Bildschirmaktualisierung erzwungen wird, während *Echo* die Aktualisierung ein- oder ausschaltet.

Requery ist ebenso wie für Formulare auch für Steuerelemente von Bedeutung. Diese Methode aktualisiert die einem Formular/Steuerelement zugrunde liegenden Daten durch erneutes Abfragen der Datensatzquelle (*RecordSource*) des Formulars.

Folgende Schritte werden dabei ausgeführt:

- Erneutes Ausführen der Abfrage

- Anzeigen aller neuen oder geänderten Datensätze oder Entfernen gelöschter Datensätze aus der Tabelle

- Aktualisieren der angezeigten Datensätze, die auf den Änderungen der *Filter*-Property des Formulars basieren

BEISPIEL: Aktualisieren mit *Requery*

```
Sub requeryListe()
  Dim liste As Control
  Set liste = Forms!Kunden!Kundenliste
  liste.Requery
End Sub
```

Wenn Sie den Objektnamen nicht angeben, führt *Requery* eine Abfrage der Datensatzquelle des aktiven Formulars bzw. Steuerelements durch.

4.2 Das Form-Objekt

Hat ein Steuerelement eines Unterformulars den Fokus, löst *Requery* lediglich eine Neuabfrage der Daten des Unterformulars aus (nicht des übergeordneten Formulars!).

Vergleich aller Aktualisierungsmethoden

Requery aktualisiert die einem *Form*- oder *Control*-Objekt zugrunde liegenden Daten, um Datensätze anzuzeigen, die neu sind oder die seit der letzten Abfrage gelöscht wurden. *Refresh* zeigt nur die Änderungen an, die an den aktuellen Datensätzen vorgenommen wurden, und keine neuen oder gelöschten Datensätze. *Repaint* aktualisiert lediglich das angegebene Formular und dessen Steuerelemente. *Requery* gibt die Kontrolle nicht an das Betriebssystem zurück, sodass es Microsoft Windows nicht möglich ist, weitere Nachrichten zu verarbeiten.

HINWEIS: Verwenden Sie *DoEvents*, um die Kontrolle vorübergehend an Windows zurückzugeben.

Undo

Diese Methode, die Änderungen an einem Datensatz aufhebt, sollte angewandt werden, bevor das Formular aktualisiert wird. Deshalb empfiehlt es sich, die Methode zur *BeforeUpdate*-Ereignisprozedur hinzuzufügen.

BEISPIEL: Wenn Flag *flg* den Wert *True* hat, werden alle Änderungen zurückgenommen.

```
Private Sub Form_BeforeUpdate(Cancel As Integer)
  If flg Then Me.Undo
End Sub
```

4.2.9 Unterformulare

SubForm- bzw. *SubReport*-Objekte treten auf einem Hauptformular wie Steuerelemente in Erscheinung. Sie können ein Unterformular entweder mit dem entsprechenden Tool aus der Werkzeugleiste auf das Hauptformular platzieren oder aber auch direkt per Drag & Drop aus dem Datenbankfenster auf das Hauptformular ziehen.

Wichtig sind die in der folgenden Tabelle zusammengestellten Eigenschaften:

Eigenschaft	Deutscher Bezeichner	Erläuterung
SourceObject	Herkunftsobjekt	Name des Herkunftsformulars/-berichts
LinkChildFields	VerknüpfenVon	Zu verknüpfendes Feld des Unterformulars/-berichts
LinkMasterFields	VerknüpfenNach	Zu verknüpfendes Feld des Hauptformulars/-berichts

BEISPIEL: Das Feld *Lieferant* eines Unterformulars *SubForm1* wird mit dem Feld *FirmenNr* des Hauptformulars verknüpft.

```
Me!SubForm1.LinkChildFields = "Lieferant"     ' Verknüpfen von
Me!SubForm1.LinkMasterFields = "FirmenNr"     ' Verknüpfen nach
```

> **HINWEIS:** Mehrere Unterberichte können übereinander gelegt werden. Durch Setzen der *Visible*-Eigenschaft können jeweils nur einer angezeigt und die übrigen ausgeblendet werden.

4.3 Steuerelemente (Controls)

In diesem Abschnitt beschränken wir uns auf die in Access integrierten Steuerelemente. Vieles, was hier ausgeführt wird, ist auch auf ActiveX-Komponenten (siehe Seite 233) übertragbar.

4.3.1 Allgemeines

Die folgende Abbildung zeigt die Gruppe *Steuerelemente*, wie sie auf der Registerkarte *Entwurf* des Menübands nicht zu übersehen ist.

Die für den VBA-Programmierer zunächst interessantesten Steuerelemente mit ihren Typbezeichnern sind in der folgenden Tabelle zusammengefasst:

Symbol	Deutscher Bezeichner	Typbezeichner
	Textfeld	TextBox
	Bezeichnungsfeld	Label
	Befehlsschaltfläche	CommandButton
	Registersteuerelement	TabControl
	Hyperlink	Hyperlink
	Webbrowsersteuerelement	Webbrowser
	Navigationssteuerelement	NavigationControl
	Optionsgruppe	OptionGroup
	Kombinationsfeld	ComboBox

4.3 Steuerelemente (Controls)

Symbol	Deutscher Bezeichner	Typbezeichner
	Diagramm	Diagram
	Linie	Line
	Umschaltfläche	ToggleButton
	Listenfeld	ListBox
	Rechteck	Rectangle
	Kontrollkästchen	CheckBox
	Ungebundenes Objektfeld	UnboundObjectFrame
	Anlage	Attachment
	Optionsfeld	OptionButton
	Unterformular/-bericht	SubForm/-Report
	Gebundenes Objektfeld	BoundObjectFrame
	Bild	Image
	ActiveX-Steuerelement	ActiveXControl

HINWEIS: Zusätzlich können Sie noch Bilder einfügen, die als Ressourcen in der Datenbank gespeichert werden (siehe dazu das Praxisbeispiel "Verwenden von Bild-Ressourcen" auf Seite 255). Weiterhin bieten sich noch Seitenumbrüche für die Formulargestaltung an.

Die folgenden Ausführungen beschränken sich auf eine Zusammenstellung der allgemeinsten Eigenschaften, Methoden und Ereignisse der in obiger Tabelle fett hervorgehobenen Steuerelemente. Weitere Details sind der Online-Hilfe zu entnehmen. Dort informieren Sie sich auch über die spezifischen Properties, Methods und Events, die so genannten Schlüsseleigenschaften, -methoden und -ereignisse, deren komplette Zusammenstellung und Erläuterung den Rahmen dieses Buches sprengen würde und Sache der Referenz ist.

HINWEIS: Aus Platzgründen wurden die zahlreichen Eigenschaften und Methoden des Registersteuerelements (*TabControl*) nicht mit in die folgenden Übersichten aufgenommen.

4.3.2 Allgemeine Eigenschaften auf einen Blick

Welche Eigenschaften sind am häufigsten und bei welchen Objekten anzutreffen? Die folgenden Tabellen sollen Ihnen dazu eine halbwegs praktikable Übersicht vermitteln.

Eigenschaft	Bezeichnungsfeld (Aa)	Textfeld (abl)	Befehlsschaltfläche	Umschaltfläche	Optionsgruppe	Optionsfeld	Kontrollkästchen	Kombinationsfeld	Listenfeld	Bild	Objektfeld	Gebundenes Objektfeld	Linie/Rechteck	Unterformular/-bericht
Application	●	●	●	●	●	●	●	●	●	●	●	●	●	●
BackColor	●	●			●			●	●		●	●	●	
BackStyle	●	●			●			●	●		●	●	●	
BorderColor	●	●			●			●	●		●	●	●	
BorderStyle	●	●			●			●	●		●	●	●	
BorderWidth	●	●				●	●	●			●	●	●	
BottomMargin	●	●												
Caption	●		●	●										
ControlSource		●		●	●	●	●	●	●			●		
ControlTipText	●	●	●	●	●	●	●	●	●		●	●		
ControlType	●	●	●	●	●	●	●	●	●	●	●	●	●	●
DefaultValue		●		●		●	●	●	●					
DisplayWhen	●	●	●	●	●	●	●	●	●	●	●	●	●	●
Enabled	●	●	●	●	●						●			●
EventProcPrefix	●	●	●	●	●	●	●	●	●	●	●	●	●	●
FontBold	●	●	●	●				●	●					
FontItalic	●	●	●	●				●	●					
FontName	●	●	●	●				●	●					
FontSize	●	●	●	●				●	●					
FontUnderline	●	●	●	●				●	●					
FontWeight	●	●	●	●				●	●					
ForeColor	●	●	●	●				●	●					
Height	●	●	●	●	●	●	●	●	●	●	●	●	●	●
HelpContextID	●	●	●	●	●	●	●	●	●	●	●	●		●
InSelection	●	●	●	●	●	●	●	●	●	●	●	●	●	●
Left	●	●	●	●	●	●	●	●	●	●	●	●	●	●
LeftMargin	●	●												
Locked		●						●	●					
Name	●	●	●	●	●	●	●	●	●	●	●	●		●
OldValue		●	●	●	●	●	●	●	●		●	●		
Parent	●	●	●	●	●	●	●	●	●	●	●	●	●	●

4.3 Steuerelemente (Controls)

Eigenschaft	Bezeichnungsfeld	Textfeld	Befehlsschaltfläche	Umschaltfläche	Optionsgruppe	Optionsfeld	Kontrollkästchen	Kombinationsfeld	Listenfeld	Bild	Objektfeld	Gebundenes Objektfeld	Linie/Rechteck	Unterformular/-bericht
RightMargin	•	•												
Section	•	•	•	•	•	•	•	•	•	•	•	•	•	•
ShortcutMenuBar	•	•	•	•	•	•	•	•	•	•	•	•	•	•
ShowDatePicker		•												
SpecialEffect	•	•			•	•	•	•	•			•	•	•
StatusBarText		•	•	•	•	•	•	•	•	•	•	•		•
TabIndex		•	•	•	•	•	•	•	•	•	•	•		•
TabStop		•	•	•	•	•	•	•	•	•	•	•		•
Tag	•	•	•	•	•	•	•	•	•	•	•	•	•	•
TextAlign	•	•			•	•								
TextFormat		•												
Top	•	•	•	•	•	•	•	•	•	•	•	•	•	•
TopMargin	•	•												
Value		•			•	•	•	•	•					
Visible	•	•	•	•	•	•	•	•	•	•	•	•	•	•
Width	•	•	•	•	•	•	•	•	•	•	•	•	•	•

Name (Name)

Diese wohl wichtigste Eigenschaft eines jeden Objekts hat den Datentyp *String* und kennzeichnet den Namen des Steuerelements und kann nur zur Entwurfszeit zugewiesen werden.

Access vergibt die *Name*-Eigenschaft selbstständig, nachdem Sie ein Steuerelement platziert haben. Oft lohnt sich aber eine Umbenennung, da die automatische Namensgebung mitunter umständlich und ohne erkennbare logische Reihenfolge ist. Erfahrene Programmierer orientieren sich bei der Namensgebung (zumindest für Standardsteuerelemente) ohnehin an den englischsprachigen Objektbezeichnern, wie sie auch den Typbezeichnern für die erweiterte Objektprogrammierung entsprechen.

HINWEIS: Die Standardnamen *Bezeichnungsfeld1* oder *Befehl1* wird der Profi in *Label1* bzw. *Command1* ändern.

Viele Softwarepuristen verwenden statt der Standardbezeichner konsequent Namen, die Rückschlüsse auf den Typ und die Funktion des Steuerelements erlauben[1].

Der Name einer Befehlsschaltfläche: *cmdBeenden*
Der Name eines Bezeichnungsfeldes: *lblErgebnis*

Application und Parent (Applikation und Hauptobjekt)

Application und *Parent* ermöglichen den Zugriff auf das aktuelle *Application*-Objekt (siehe Kapitel 6) bzw. auf das übergeordnete Objekt.

BEISPIEL: Herausfinden des übergeordneten Objekts eines Textfeldes *Text0*, welches sich in *Formular1* befindet.

```
Debug.Print Text0.Parent.Name     ' liefert "Formular1"
```

HINWEIS: Die *Parent*-Eigenschaft eines *Bezeichnungsfeldes* entspricht dem Steuerelement, mit dem das Bezeichnungsfeld verknüpft ist. Bei einem *Kontrollkästchen*, einem *Optionsfeld* oder einem anderen Steuerelement innerhalb einer *Optionsgruppe* entspricht *Parent* dem Namen der *Optionsgruppe*.

ForeColor, BackColor und BackStyle (Textfarbe, Hintergrundfarbe und Hintergrundart)

Die *ForeColor*-Eigenschaft verwenden Sie für die Textfarbe. Je nach Steuerelement bezieht sie sich auf die Beschriftung oder auf den Inhalt.

BEISPIEL: Die folgende Anweisung färbt die Beschriftung einer Befehlsschaltfläche rot:

```
Befehl1.ForeColor = QBColor(12)
```

BackColor und *BackStyle* werden oft verwechselt. Mit *BackColor* geben Sie die Farbe im Inneren eines Steuerelements an (Datentyp *Long*). Dazu muss die *BackColor*-Eigenschaft (falls verfügbar) auf 1 (Normal) eingestellt sein. Mit *BackStyle* können Sie lediglich angeben, ob das Steuerelement durchsichtig (transparent) sein soll. Ist der Wert 0 (Transparent), so scheint die Farbe des Formulars bzw. Berichts durch.

Das folgende Beispiel verweist auf einen interessanten Nebeneffekt.

BEISPIEL: Die folgende Anweisung blendet eine Befehlsschaltfläche aus:

```
Befehl0.BackStyle = 0
```

---

[1] In diesem Buch haben wir uns derlei strengen Einschränkungen nur dann unterworfen, wenn die Transparenz des Quelltextes davon auch wirklich profitiert.

BorderStyle, BorderColor, BorderWidth und SpecialEffect (Rahmenart, Rahmenfarbe, Rahmenbreite, Spezialeffekt)

Im Unterschied zu ihrer Bedeutung bei Formularen verwendet die *BorderStyle*-Eigenschaft für Steuerelemente die folgenden Einstellungen.

Wert	Bedeutung
0	Transparent (Standardeinstellung für Bezeichnungsfeld, Bild und Unterbericht)
1	Durchgezogen (Standardeinstellung)
2	Strichlinien
3	Kurze Strichlinien
4	Punkte
5	Wenige Punkte
6	Strichlinie Punkt
7	Strichlinie Punkt Punkt
8	Doppelt durchgezogen

Mit der *BorderWidth*-Eigenschaft können Sie die Breite des Rahmens angeben:

Wert	Breite	Bedeutung
0	Haarlinie	Der dünnste auf Ihrem System mögliche Rahmen (Standard)
1 bis 6	1 pt bis 6 pt	Die Breite in Punkt

BorderWidth lässt sich nur dann verwenden, wenn die Eigenschaft *SpecialEffect* auf Flach oder Schattiert (0 oder 4) und die Eigenschaft *BorderStyle* nicht auf Transparent (0) eingestellt ist.

Die genaue Rahmenbreite ist von Ihrem Computer und Ihrem Drucker abhängig, mitunter erscheinen Haarlinien und Rahmen der Dicke 1 pt gleich breit.

BEISPIEL: Die Sequenz:

```
Dim rot As Long, gelb As Long
rot = QBColor(12)
gelb = QBColor(14)
Me.Text2.BorderColor = rot
Me.Text2.ForeColor = rot
Me.Text2.BackColor = gelb
Me.Text2.BorderStyle = 4      ' gepunktete Randlinie
Me.Text2.BorderWidth = 3      ' Rahmendicke
```

versieht das in der folgenden Abbildung gezeigte Textfeld *Text2* mit roter Schrift, gelbem Hintergrund und dicker gepunkteter Umrandung.

Mit *SpecialEffect* können Sie die Art der Umrandung bestimmter Steuerelemente oder Bereiche verändern.

Wert	Einstellung	Bedeutung
0	Flach	Das Steuerelement erscheint flach und in den Standardfarben des Systems bzw. in benutzerdefinierten Farben, wie sie beim Entwurf eingestellt wurden
1	Erhöht	Oben und links ist das Steuerelement hervorgehoben, rechts unten hat es einen Schatten
2	Vertieft	Oben und links hat das Steuerelement einen Schatten, unten und rechts ist es hervorgehoben
3	Graviert	Um das Steuerelement läuft eine vertiefte Linie
4	Schattiert	Das Steuerelement hat einen Schatten unterhalb und rechts
5	Unterstrichen	Das Steuerelement hat eine vertiefte Linie unterhalb

Font-Eigenschaften und TextAlign (Schriftart, -größe, Fett, Kursiv, Unterstrichen, Textausrichtung)

Die *Font*-Eigenschaften entsprechen denen des *Report*-Objekts (siehe Kapitel 5) und werden deshalb hier nicht weiter erklärt. Die Werte von *TextAlign* erklärt die folgende Tabelle:

Wert	Einstellung	Beschreibung
0	Standard	Text wird links ausgerichtet; Zahlen und Daten werden rechts ausgerichtet
1	Linksbündig	Alle Daten werden links ausgerichtet
2	Zentriert	Alle Daten werden zentriert
3	Rechtsbündig	Alle Daten werden rechts ausgerichtet

BEISPIEL: Die Anweisung:

```
Text0.TextAlign = 2
```

lässt die Einfügemarke in der Mitte des Textfeldes blinken und bewirkt eine Zentrierung der Eingabe.

TextFormat (Textformat)

Diese Eigenschaft, die es auch bei Berichten gibt, wurde in Access 2007 für Textfelder eingeführt und unterstützt alle klassischen RTF-Formatierungen (*Rich Text Format*).

Konstante	Bedeutung
acTextFormatPlain	Nur-Text (unformatiert)
acTextFormatHTMLRichText	Rich-Text (nach HTML-Regeln formatiert)

Das interne Format ist HTML (aus Kompatibilitätsgründen mit dem SharePoint Server).

Wir beschränken uns an dieser Stelle auf ein kleines Beispiel.

4.3 Steuerelemente (Controls)

BEISPIEL: Einem Textfeld wird fetter Text zugewiesen.

```
Text0.TextFormat = acTextFormatHTMLRichText
Text0.Value = "<b> Dieser Text ist fett! </b>"
```

Wenn Sie den Text nicht per Code formatieren wollen, so erhalten Sie Unterstützung von den kleinen Symbolleisten, die beim Bearbeiten des Inhalts aktiviert werden:

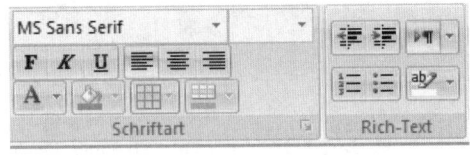

HINWEIS: Eine Demo finden Sie im Praxisbeispiel "Das Textfeld programmieren" (Seite 239).

Height, Width, Left, Top (Höhe, Breite, Links, Oben)

Jedes Steuerelement verfügt zumindest über die Positionseigenschaften *Left* und *Top*. Ist auch die Größe veränderlich, kommen noch *Width* und *Height* hinzu. Größen- und Positionsänderungen von Controls können unter Verwendung dieser vier Eigenschaften realisiert werden.

BEISPIEL: Eine Befehlsschaltfläche *Befehl1* wird mit der linken oberen Ecke zu den Formularkoordinaten X = 1000 Twips und Y = 500 Twips bewegt, wobei gleichzeitig auch die Abmessungen verändert werden.

```
With Befehl1
    .Left = 1000: .Top = 500        ' linke obere Ecke
    .Width = 600: .Height = 300     ' Breite und Höhe
End With
```

HINWEIS: Als Maßeinheit für diese Eigenschaften kommen nur *Twips* in Frage.

LeftMargin, RightMargin, BottomMargin, TopMargin, LineSpacing (Linker Rand, Rechter Rand, Unterer Rand, Oberer Rand, Zeilenabstand)

Diese Eigenschaften legen für Text- und Bezeichnungsfelder den Abstand des Textes vom Rand des Steuerelementes sowie den Zeilenabstand fest. Standardmäßig sind alle fünf Eigenschaften auf den Wert 0 (*Twips*) eingestellt.

Caption und Tag (Beschriftung und Marke)

Beide Eigenschaften sind vom *String*-Datentyp. Die *Caption*-Property dient zur Beschriftung und ist nur für bestimmte Controls verfügbar (*Befehlsschaltfläche*, *Bezeichnungsfeld* etc.). Demgegenüber verfügt (fast) jedes Steuerelement (Control) über die *Tag*-Eigenschaft, die quasi ein "unsichtbares" Etikett darstellt, das als "Notizzettel" frei genutzt werden kann und ansonsten keinen weiteren Einfluss hat.

BEISPIEL: Sie haben auf einem Formular ein sichtbares (*Bild1*) und ein unsichtbares Bildfeld (*Bild2*). Dem zweiten Bildfeld ist ein Bezeichnungsfeld für die Bildunterschrift zugeordnet. Im *Form_Open*-Event treffen Sie folgende Zuweisung:

```
Bild1.Tag = "Der Tiger"
Bild1.Visible = False
```

Im späteren Quelltext erhält *Bild2* den Inhalt von *Bild1* nebst Bildunterschrift:

```
Bild2.Picture = Bild1.Picture
Label2.Caption = Bild1.Tag
```

Visible, Enabled, Locked (Sichtbar, Aktiviert, Gesperrt)

Während man mit der *Visible*-Eigenschaft das Steuerelement generell ausblenden kann, ergeben sich mit *Enabled* und *Locked* interessante Kombinationsmöglichkeiten:

Enabled	Locked	Resultat
True	True	Das Control kann den Fokus haben, Daten werden normal angezeigt und können kopiert, aber nicht bearbeitet werden
False	False	Das Control kann den Fokus besitzen, Daten werden normal angezeigt und können kopiert und bearbeitet werden
False	True	Das Control kann nicht den Fokus haben, Daten werden normal angezeigt, können aber nicht kopiert und nicht bearbeitet werden
False	False	Das Control kann nicht den Fokus haben. Control und Daten sind deaktiviert (abgeblendet)

TabStop und TabIndex (InReihenfolge, Reihenfolgenposition)

Bei *TabStop = True* (Voreinstellung) kann der Anwender den Fokus durch Drücken der ⎋Tab-Taste zum Steuerelement bewegen. Die Eigenschaft kann mit der *Enabled*-Eigenschaft kombiniert werden, um z.B. das Auswählen einer Befehlsschaltfläche mittels ⎋Tab-Taste zu unterbinden.

Mit *TabIndex* kann die Position eines Steuerelements innerhalb der *TabStop*-Reihenfolge festgelegt werden.

ShortcutMenuBar, ControlTipText und StatusBarText (Kontextmenüleiste, SteuerelementTipText, Statusleistentext)

Diese Eigenschaften stellen auf unterschiedliche Weise Access-Hilfefunktionen bereit. *ShortCut-MenuBar* verweist auf den Namen eines Menümakros.

Die mit *ControlTipText* festgelegte Zeichenkette lässt ein Fenster mit dem QuickInfo-Text (auch als *TipText* bezeichnet) erscheinen, wenn Sie die Maus über das Steuerelement bewegen. Mit *StatusBarText* funktioniert es ähnlich, nur dass der Text in der Statusleiste des Access-Hauptfensters erscheint, solange das Control den Fokus hat.

4.3 Steuerelemente (Controls)

BEISPIEL: Verwendung von *ControlTipText* und *StatusBarText*

```
Private Sub Form_Open(Cancel As Integer)
Dim txt As String
 txt = "Klicken Sie, wenn Sie das Programm beenden wollen!"
 Befehl1.ControlTipText = txt
 Befehl1.StatusBarText = txt
End Sub
```

DisplayWhen, Section (Anzeigen, Bereich)

Mit der Eigenschaft *DisplayWhen* lässt sich festlegen, ob Steuerelemente eines Formulars auf dem Bildschirm, auf dem Drucker oder auf beiden erscheinen sollen.

BEISPIEL: Mit *Section* können Sie ermitteln, in welchem Bereich eines Formulars oder Berichts sich ein Steuerelement befindet.

```
Dim bereichsNummer As Integer
bereichsNummer = Forms![Angestellte]![Personencode].Section
```

Zur Kennzeichnung der einzelnen Bereiche siehe *Section*-Eigenschaft des *Form*-Objekts.

EventProcPrefix und InSelection (EreignisprozPräfix, InAuswahl)

Mit der Eigenschaft *EventProcPrefix* können Sie (innerhalb eines Event-Handlers) den Präfixteil des Ereignisprozedurnamens abrufen. Das ist eine Zeichenkette, die dem vor dem Unterstrich (_) stehenden Teil des Prozedurbezeichners entspricht. In der Regel dürfte das der Name des Steuerelements sein.

BEISPIEL: Die folgende Prozedur liefert das Ergebnis "Befehl0".

```
Private Sub Befehl0_Click()
 MsgBox Befehl0.EventProcPrefix
End Sub
```

Die *InSelection*-Eigenschaft (*True/False*) gibt an, ob das Steuerelement den Fokus besitzt (in der Entwurfsansicht).

BEISPIEL: Der folgenden Funktion werden als Parameter eine *Form*-Objektvariable und der Name eines Steuerelements (*String*) übergeben. Der Rückgabewert ist *True*, wenn dieses Steuerelement den Fokus hat, ansonsten *False*.

```
Function ausgewaehlt(frm As Form, ctrlName$) As Boolean
Dim i As Integer, ctrl As Control
 If frm.CurrentView <> 0 Then    ' nicht in Entwurfsansicht
  Exit Function
 Else
  For i = 0 To frm.Controls.Count-1
   Set ctrl = frm.Controls(i)
   If ctrl.InSelection = True Then
    If UCase(ctrl.Name) = UCase(ctrlName) Then
     ausgewaehlt = True: Exit Function
    End If
```

```
    Else
      ausgwaehlt = False
    End If
  Next i
  End If
End Function
```

HINWEIS: Einzelheiten zu *Form*-Objekten und *Controls*-Collections finden Sie in Kapitel 6.

ControlSource und ControlType und OldValue (Steuerelementinhalt und Steuerelementtyp)

Die *ControlSource*-Property gibt den Steuerelementeinhalt bei gebundenen Steuerelementen (Bound Controls) an. Umfangreiche Beispiele finden Sie dazu vor allem im Kapitel 9.

ControlType bezeichnet den Typ des Steuerelements und entspricht folgenden Konstanten:

Konstante	Steuerelement
acAttachment	Anlage
acBoundObjectFrame	Gebundenes Objektfeld
acCheckBox	Kontrollkästchen
acComboBox	Kombinationsfeld
acCommandButton	Befehlsschaltfläche
acCustomControl	ActiveX-Steuerelement
acImage	Bild
acLabel	Bezeichnungsfeld
acLine	Linie
acListBox	Listenfeld
acObjectFrame	Objektfeld oder Diagramm
acOptionButton	Optionsfeld
acOptionGroup	Optionsgruppe
acPage	Seite
acPageBreak	Seitenumbruch
acRectangle	Rechteck
acSubform	Unterformular/-bericht
acTabCtl	Registersteuerelement
acTextBox	Textfeld
acToggleButton	Umschaltfläche

Value und OldValue (Wert, AlterWert)

Die recht häufig angewendete *Value*-Eigenschaft repräsentiert den aktuellen Wert eines Steuerelements.

4.3 Steuerelemente (Controls)

BEISPIEL: Der Inhalt von Textfeldern wird zugewiesen.

```
Text0.Value = "Hallo"
Text1.Value = Text0.Value
```

BEISPIEL: Ein Kontrollkästchen wird "eingeschaltet".

```
Kontrollkästchen1.Value = True
```

BEISPIEL: Eine Optionsgruppe mit zwei Optionsfeldern zur Auswahl der Mehrwertsteuer.

```
Dim mwst As Single
If Rahmen1.Value = 1 Then mwst = 0.19 Else mwst = 0.07
```

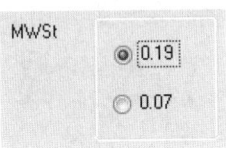

Mit der *OldValue*-Eigenschaft können Sie Eingaben in gebundene Steuerelemente wieder rückgängig machen und damit quasi eine Undo-Funktion realisieren. Wenn das Steuerelement nicht bearbeitet wurde, so hat dies keine Auswirkung. Wechseln Sie zu einem anderen Datensatz, so wird die Datensatzquelle aktualisiert und aktueller Wert und *OldValue* sind identisch.

BEISPIEL: Alle Änderungen in den Textfeldern des aktuellen Datensatzes des Formulars werden wieder verworfen.

```
Sub undoButton_Click()          ' Klick auf "Rückgängig"-Schaltfläche
  Dim ctlTxt As Control
  For Each ctlTxt in Me.Controls
    If ctlTxt.ControlType = acTextBox Then ctlTxt.Value = ctlTxt.OldValue
  Next ctlTxt
End Sub
```

4.3.3 Allgemeine Ereignisse auf einen Blick

Die folgenden Tabelle vermittelt Ihnen eine praktikable Übersicht über die wichtigsten Ereignisse (Events), auf welche Steuerelemente reagieren können. Eine detaillierte Erläuterung der Ereignisse und der Reihenfolge ihres Auftretens erfolgte bereits eingangs des Kapitels im Zusammenhang mit den Formularen.

Wenn Sie z. B. zu einem neuen Datensatz gehen und in ein *Textfeld* bzw. *Kombinationsfeld* ein Zeichen eingeben, treten die folgenden Ereignisse in der aufgeführten Reihenfolge ein:

KeyDown → *KeyPress* → *BeforeInsert* → *Change* → *KeyUp*

Beim Weiterbewegen zum nächsten Datensatz folgen:

BeforeUpdate → *AfterUpdate*

Ereignis	Bezeichnungsfeld	Textfeld	Befehlsschaltfläche	Umschaltfläche	Optionsgruppe	Optionsfeld	Kontrollkästchen	Kombinationsfeld	Listfeld	Bild	Objektfeld	Gebundenes Objektfeld	Rechteck/Linie	Unterformular/-Bericht	Detail
BeforeUpdate		•		•	•	•	•	•	•			•			
AfterUpdate		•		•	•	•	•	•	•			•			
Change		•					•								
Click	•	•	•	•	•	•	•	•	•	•	•	•	•	•	•
DblClick	•	•	•	•	•	•	•	•	•	•	•	•	•	•	•
Enter		•	•	•	•	•	•	•	•		•	•		•	
Exit		•	•	•	•	•	•	•	•		•	•		•	
GotFocus		•	•				•	•	•		•	•			
LostFocus		•	•				•	•	•		•	•			
MouseDown	•	•	•	•	•	•	•	•	•	•	•	•	•		•
MouseMove	•	•	•	•	•	•	•	•	•	•	•	•	•		•
MouseUp	•	•	•	•	•	•	•	•	•	•	•	•	•		•
KeyDown		•	•	•			•	•	•			•			
KeyUp		•	•	•			•	•	•			•			
KeyPress		•	•	•			•	•	•			•			

4.3.4 Methoden von Steuerelementen

Im Unterschied zu den recht zahlreichen Eigenschaften und Ereignissen von Steuerelementen fällt bei den Methoden die Ausbeute doch recht dürftig aus:

Move

Diese Methode verschiebt ein Steuerelement innerhalb des Formulars. Optional kann auch die Größe verändert werden.

BEISPIEL: Eine Befehlsschaltfläche wird verschoben (*1000 Twips* vom linken und *2000 Twips* vom oberen Rand entfernt) und erhält neue Abmessungen (Breite = *4000 Twips*, Höhe = *500 Twips*).

```
Befehl0.Move 1000, 2000, 4000, 500
```

SetFocus

Diese Methode verschiebt den Fokus zum Steuerelement.

BEISPIEL: Um auf die *Text*-Eigenschaft eines Textfeldes zuzugreifen, muss dieses vorher den Fokus erhalten.

```
Text1.SetFocus
Text1.Text = "Hallo"
```

HINWEIS: Wenn Sie statt der *Text*- die *Value*-Eigenschaft verwenden, ist ein Verschieben des Fokus nicht erforderlich.

SizeToFit

Mit dieser nur zur Entwurfszeit gültigen Methode können Sie die Abmessungen eines Steuerelements an seinen Inhalt (Text bzw. Grafik) anpassen.

BEISPIEL: Ein neues Formular mit einer neuen Befehlsschaltfläche wird erstellt. Die Größe der Befehlsschaltfläche passt sich der Länge der Beschriftung an.

```
Sub anpassenGroesse()
  Dim frm As Form, ctrl As Control
  Set frm = CreateForm
  Set ctrl = CreateControl(frm.Name, acCommandButton, , , , 400, 500)
  DoCmd.Restore          ' Anzeige des Formulars aktualisieren
  ctrl.Caption = "Das ist eine sehr lange Beschriftung!"
  ctrl.SizeToFit         ' Größe der Schaltfläche anpassen
End Sub
```

Undo

Diese Methode erlaubt für (fast) alle Steuerelemente ein Rücksetzen der vorgenommenen Änderungen. Vorteilhaft wird sie innerhalb der *Change*-Ereignisprozedur eingesetzt.

BEISPIEL: Änderungen in *Text0* werden zurückgesetzt, falls *Kontrollkästchen0* aktiviert ist.

```
Private Sub Text0_Change()
   If Kontrollkästchen0.Value Then Text0.Undo
End Sub
```

HINWEIS: Die *Undo*-Methode kann alternativ zu *SendKeys* verwendet werden, um in einer Ereignisprozedur den Wert der [Esc]-Taste zu senden.

4.3.5 Das Screen-Objekt

Das *Screen*-Objekt kennzeichnet das Access-Hauptfenster. Man kann damit auf das Objekt verweisen, welches momentan den Fokus besitzt, also auf ein Formular, einen Bericht oder ein Steuerelement.

ActiveForm-/ActiveReport-Eigenschaft

Diese schreibgeschützten Eigenschaften verweisen auf das Formular bzw. den Bericht mit dem Fokus. Wenn kein aktives Objekt existiert, gibt Microsoft Access einen Laufzeitfehler zurück.

BEISPIEL: Ermitteln des aktuellen Formulars:

```
Dim aktForm As Form
Set aktForm = Screen.ActiveForm
MsgBox "Das aktuelle Formular heißt " & aktForm.Name
```

Hat ein Unterformular den Fokus, verweist *ActiveForm* auf das Hauptformular. Wenn Sie die Eigenschaft *ActiveForm* verwenden, aber kein Formular oder Unterformular den Fokus hat, tritt ein Fehler auf. Gleiches gilt für Berichte.

ActiveControl-Eigenschaft

Diese schreibgeschützte Eigenschaft verweist auf das Steuerelement, welches den Fokus besitzt.

BEISPIEL: Ermitteln des aktuellen Steuerelements:

```
Dim ctl As Control

Set ctl = Screen.ActiveControl
MsgBox " Das aktive Steuerelement heißt " & ctl.Name
```

Häufig verwendet man das *Screen*-Objekt, um z.B. von einem Standardmodul aus auf das Formular (welches den Code benutzt) zu verweisen.

BEISPIEL: Von einem Modul aus wird die Schriftart eines Bezeichnungsfeldes des aktuellen Formulars geändert:

```
Screen.ActiveForm.Label1.FontName = "Arial"
```

HINWEIS: Wenn *ActiveControl* verwendet wird und kein Steuerelement den Fokus hat oder wenn alle Steuerelemente des aktiven Formulars ausgeblendet oder deaktiviert sind, tritt ein Laufzeitfehler auf.

Unterschied zwischen ActiveForm/ActiveReport und Me-Eigenschaft

Meistens bezieht sich *Me* auf das gleiche Formular bzw. den gleichen Bericht wie die Eigenschaften *ActiveForm* oder *ActiveReport* des *Screen*-Objekts. Beachten Sie aber folgenden "feinen" Unterschied:

HINWEIS: *ActiveForm* oder *ActiveReport* meinen immer das Formular bzw. den Bericht mit dem Fokus, während sich *Me* immer auf das Formular bzw. den Bericht bezieht, in dem Code ausgeführt wird.

So kann z.B. das *Timer*-Ereignis in einem Formular eintreten, das nicht den Fokus besitzt. In diesem Fall bezieht sich der Code *Screen.ActiveForm* auf das Formular mit dem Fokus und *Me* auf das Formular, in dem das *Timer*-Event eintritt.

MousePointer-Eigenschaft

Mit dieser Eigenschaft können Sie die Gestalt des Mauszeigers innerhalb des Access-Fensters ändern.

Wert (Integer)	Gestalt des Mauszeigers
0	Wird von Microsoft Access festgelegt (Standard)
1	Pfeil (für normale Funktion)
3	I-Balken (für Textauswahl)
7	N-S-Doppelpfeil (für vertikale Größenänderungen)
9	O-W-Doppelpfeil (für horizontale Größenänderungen)
11	Sanduhr (bitte warten)

BEISPIEL: Der Mauszeiger verwandelt sich während der Piep-Orgie in eine Sanduhr und wird abschließend wieder auf seinen Standardwert zurückgesetzt.

```
Screen.MousePointer = 11
For i = 1 To 2000
    Beep
Next i
Screen.MousePointer = 0
```

4.4 ActiveX-Steuerelemente

Falls Ihnen das relativ bescheidene Angebot an Standardsteuerelementen nicht ausreicht, wartet auf Sie eine breite Palette von ActiveX-Komponenten. In früheren Versionen von Microsoft Access wurden diese auch als benutzerdefinierte Steuerelemente, Zusatz- oder OCX-Steuerelemente bezeichnet.

4.4.1 Vergleich mit den integrierten Steuerelementen

Nur einige wenige Microsoft Access-Standardeigenschaften und -ereignisse gelten auch für ActiveX-Komponenten. Umgekehrt gibt es zum Beispiel viele Sprachelemente, über die bestimmte ActiveX-Steuerelemente zwar verfügen, die aber unter Microsoft Access tabu sind.

Gemeinsame Eigenschaften

Diese kann man auch zur Entwurfszeit im Standard-Eigenschaftenfenster einstellen.

Enabled	*Name*	*BorderStyle*
(Aktiviert)	(Name)	(Rahmenart)

Visible
(Sichtbar)

Locked
(Gesperrt)

Left
(Links)

Top
(Oben)

Height
(Höhe)

Width
(Breite)

DisplayWhen
(Anzeigen)

Tag
(Marke)

Object
(Objekt)

Class
(Klasse)

OLEClass
(OLE)

ControlSource
(Steuerelementeinhalt)

HelpContextID
(Hilfekontext)

ControlTipText
(SteuerelementTipText)

BorderWidth
(Rahmenbreite)

BorderColor
(Rahmenfarbe)

TabIndex
(Reihenfolgeposition)

TabStop
(InReihenfolge)

SpecialEffect
(Spezialeffekt)

Verb

HINWEIS: Diese allgemein gültigen Eigenschaften sehen Sie nicht im zusätzlichen Eigenschaftenfenster.

Gemeinsame Ereignisse

GotFocus
(Fokuserhalt)

LostFocus
(Fokusverlust)

Enter
(Hingehen)

Exit
(Verlassen)

Updated
(OLEAktualisierung)

Zum Bestimmen der weiteren Ereignisse, die von einem ActiveX-Steuerelement unterstützt werden, wählen Sie den Steuerelementenamen im *Objektselektor* des Code-Editors und lassen sich dann die Ereignisse im *Ereignisselektor* anzeigen.

Unterschiede

Die nachstehende Übersicht enthält die Sprachelemente für ActiveX-Steuerelemente, die nur von Visual Basic, nicht aber von Microsoft Access unterstützt werden (P=Property, E=Event, M=Method):

Align (P)

Arrange (P)

Container (P)

DataChanged (P)

DataSource (P)

Drag (M)

DragDrop (E)

DragIcon (P)

DragOver (E)

Index (P)

Negotiate (P)

DataField (P)

WhatsThisHelpID (P)

ZOrder (M)

ShowWhatsThis (M)

DragMode (P)

4.4 ActiveX-Steuerelemente

Aber auch bezüglich der Funktionsweise von ActiveX-Steuerelementen unter Microsoft Access und der Funktionsweise derselben Zusatzsteuerelemente in Microsoft Visual Basic gibt es einige erhebliche Unterschiede, z.B.:

- Microsoft Access erlaubt keine Control-Arrays. Aus diesem Grund wird die *Index*-Eigenschaft nicht unterstützt. Die *Index*-Eigenschaft wird jedoch für die *Controls*-Auflistung unterstützt.

- Microsoft Access unterstützt nicht die *Drag*-Methode oder andere Eigenschaften und Ereignisse, die den DragDrop-Funktionen zugeordnet sind. Sie können DragDrop-Funktionen in begrenztem Maße simulieren. Dazu verwenden Sie die Methoden *CreateDragImage* und *HitTest* zusammen mit den Eigenschaften *DropHighlight* und *MouseIcon*.

- Unter Microsoft Access können Sie in der Regel keine ActiveX-Komponente direkt an ein Feld in einer Tabelle oder Abfrage binden (fehlende *ControlSource*-Eigenschaft).

4.4.2 StatusBar als Beispiel

Stellvertretend für die Vielzahl der ActiveX-Komponenten wollen wir hier die *StatusBar*-Komponente unter die Lupe nehmen. Viele Anwendungen verwenden sie zur Anzeige diverser Informationen am unteren Bildschirmrand.

> **HINWEIS:** Wem es an der notwendigen Geduld beim Einarbeiten in das doch recht komplexe Objektmodell mangelt, der sollte sich hier nicht lange aufhalten, sondern sich gleich dem Praxisbeispiel "Eine Statusleiste programmieren" (Seite 252) zuwenden.

Auswahl

Wählen Sie die Registerkarte *Entwurf*. Durch Klick auf das Symbol *ActiveX-Steuerelemente* in der Gruppe *Steuerelemente* öffnet sich ein Dialogfeld, in welchem Sie das *Microsoft StatusBar Control, version 6.0* auswählen.

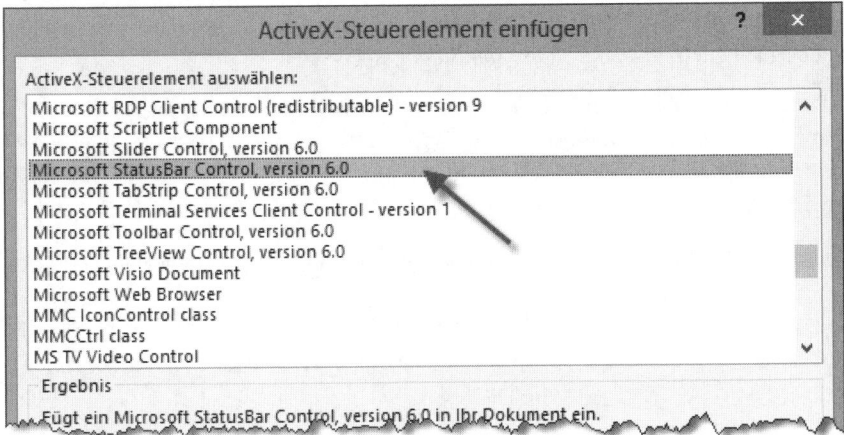

StatusBar-Eigenschaften

Die wichtigsten Eigenschaften sind:

Eigenschaft	Bedeutung
Font	Enthält alle Schrifteigenschaften (s.u.)
MinWidth	Minimale Breite eines *Panel*-Objekts innerhalb der *StatusBar* (Twips)
Panels	Auflistung (Collection), die alle *Panel*-Objekte enthält (s.u.)
Parent	Name des Formulars, welches die *StatusBar* enthält
SimpleText	Text der angezeigt wird, wenn die *Style*-Eigenschaft *sbrSimple* ist
Style	*sbrNormal* (Normalanzeige) oder *sbrSimple* (ein breites *Panel*-Objekt)

Die *Font*-Eigenschaft ist eigentlich ein Objekt, welches alle Schrifteigenschaften enthält. Die folgende Tabelle zeigt die möglichen Eigenschaften:

Eigenschaft	Einstellung
Bold, Italic, Strikethrough, Underline	Fettschrift, Kursiv, Durchgestrichen, Unterstrichen (*True* oder *False*)
Name	Namen einer installierten Schriftart (*String*)
Size	Schriftgröße in Punkten (Integer)
Weight	400 = normal, kursiv oder 700 = fett, fett-kursiv (*Integer*)

BEISPIEL: Die folgenden Anweisungen setzen die Schriftart auf *Arial* und *fett*:

```
Me.StatusBar1.Font.Name = "Arial"
Me.StatusBar1.Font.Bold = True
```

StatusBar-Methoden

Hier ist eigentlich nur die *Refresh*-Methode erwähnenswert, die eine vollständige Neudarstellung der Statusleiste erzwingt. Die Methode ist allgemeinerer Natur, da sie auch für viele andere ActiveX-Komponenten gilt (*ImageList, Slider, SpinButton, Register* etc.).

Obwohl im Allgemeinen ein Zusatzsteuerelement automatisch aktualisiert wird, gibt es Situationen, in denen man mit *Refresh* nachhelfen muss.

StatusBar-Ereignisse

Hier sollen nur die beiden Wichtigsten erwähnt werden, die nicht allgemeiner Natur sind:

Ereignis	Ereignis wird ausgelöst, wenn ...
PanelClick	Sie auf eine bestimmte Grundfläche (*Panel*-Objekt) klicken
PanelDblClick	dto. für Doppelklick

4.4 ActiveX-Steuerelemente

- Das Ereignis *PanelClick* tritt nur ein, wenn die *Style*-Eigenschaft der Statusleiste nicht auf *Simple* eingestellt ist.

  ```
  Private Sub Statusbar1_PanelClick(ByVal Panel As Object)
  ```

- Der übermittelte Verweis auf das *Panel*-Objekt kann verwendet werden, um auf die Eigenschaften dieser Grundfläche zuzugreifen.

  BEISPIEL: Der folgende Code ändert die *Bevel*-Eigenschaft der angeklickten Grundfläche.

  ```
  Private Sub StatusBar1_PanelClick(ByVal Panel As Object)
    If Panel.Bevel = sbrInset Then
      Panel.Bevel = sbrRaised
    Else
      Panel.Bevel = sbrInset
    End If
  End Sub
  ```

- Das *Updated*-Ereignis tritt ein, wenn die Daten des *StatusBar*-Controls seit dessen letzter Speicherung geändert wurden.

Panel-Objekt und Panels-Collection

Ein *Panel*-Objekt kann Text und eine Bitmap enthalten, die in einer Grundfläche eines *StatusBar*-Controls angezeigt werden. Eine *Panels*-Collection enthält eine Auflistung von *Panel*-Objekten.

Eigenschaft	Bedeutung
Alignment	Textausrichtung
AutoSize	Größenanpassung der Grundfläche an den Inhalt
Bevel	Stil der Umrandung
Index	Reihenfolgeposition innerhalb der Auflistung (beginnt mit 1)
Key	Zeichenfolge für eindeutige Kennzeichnung
Picture	Grafik, die mit der *LoadPicture*-Funktion zugewiesen werden kann
Style	Stileigenschaften
Width	Breite der Grundfläche

Auf jedes *Panel*-Objekt kann über die *Index*- oder *Key*-Eigenschaft der *Panels*-Collection zugegriffen werden.

BEISPIEL: Zwei gleichwertige Zugriffsmöglichkeiten.

```
Dim pan As Panel
Set pan = Me.StatusBar1.Panels(2)          ' Indexnummer
Set pan = Me.StatusBar1.Panels("Second")   ' Key
```

Sie können den Stil eines *Panel*-Objekts mit Hilfe seiner *Style*-Eigenschaft ermitteln oder festlegen (Voreinstellung = 0):

Konstante	Wert	Beschreibung
sbrText	0	Zeigt Text und ein Bitmap an (Zuweisung mit der *Text*-Eigenschaft bzw. *LoadPicture*-Funktion)
sbrCaps	1	Zeigt die Buchstaben FEST an, wenn die ⬇-Taste aktiviert ist (bzw. abgeblendet, wenn deaktiviert)
sbrNum	2	Zeigt die Buchstaben NUM an, wenn die [Num]-Taste aktiviert ist (bzw. abgeblendet, wenn deaktiviert)
sbrIns	3	Zeigt die Buchstaben EINFG an, wenn der Einfügemodus aktiviert ist (bzw. abgeblendet, wenn deaktiviert)
sbrScrl	4	Zeigt die Buchstaben ROLL an, wenn der Modus zum Rollen aktiviert ist (bzw. abgeblendet, wenn deaktiviert)
sbrTime	5	Zeigt die aktuelle Zeit im Systemformat an
sbrDate	6	Zeigt das aktuelle Datum im Systemformat an

Wichtig:

- Ein *Panel*-Objekt zeigt seine *Text*-Eigenschaft nur dann an, wenn die Eigenschaft *Style* des *StatusBar*-Objekts (!) auf *sbrNormal* eingestellt ist.

- Sie können auch die *Add*-Methode der *Panels*-Auflistung verwenden, um die Eigenschaft *Style* eines *Panel*-Objekts einzustellen, wenn Sie einer *Panels*-Auflistung eine neue Grundfläche hinzufügen wollen.

Panels-Methoden

Methode	Bedeutung
Add	Addiert ein *Panel*-Objekt zu einer *Panels*-Collection und gibt eine neue Objektreferenz zurück
Clear	Entfernt alle *Panel*-Objekte gleichzeitig
Item	Standardmethode für indizierten Zugriff
Remove	Entfernt ein einzelnes *Panel*-Objekt

Die *Add*-Methode hat eine Anzahl optionaler Argumente:

`object.Add([index],[key],[text],[style],[picture])`

object	Bezeichnet die *Panels*-Collection
index	Bezeichnet die Einfügeposition (sonst am Ende)
key	Identifikationsstring
text	Textinhalt
style	Siehe *Style*-Eigenschaft des *Panel*-Objekts
picture	Angezeigte Bitmap (*LoadPicture*-Function)

4.5 Praxisbeispiele

4.5.1 Das Textfeld programmieren

TextBox-Objekt: *Locked*-, *SelText*-, *SelLength*-, *SelStart*-, *TextFormat*- Eigenschaften, *SetFocus*-Methode, *KeyPress*-Ereignis; *CheckBox*-Objekt: *Value*-Eigenschaft, *Click*-Ereignis; ASCII-Code

Das Textfeld (*TextBox*) zählt unter Microsoft Access zu den wichtigsten Steuerelementen. Grund genug, auf einige "Kleinigkeiten" hinzuweisen, mit denen der Programmierer bei der praktischen Arbeit konfrontiert wird:

- Die im Zusammenhang mit der deutschen Ländereinstellung (Windows-Systemsteuerung) auftretenden Probleme bei der Eingabe von Dezimaltrennzeichen
- Eingabesperre für bestimmte Zeichen (z.B. für Buchstaben, wenn nur Ziffern zulässig sind)
- Nur Großbuchstaben zulassen
- Realisieren eines Schreibschutzes
- Zugriff auf selektierten Text
- Formatieren von Text

Das vorliegende Beispiel soll zeigen, wie man diese und ähnliche Probleme in den Griff bekommt.

Oberfläche

Auf dem Formular platzieren Sie ein ungebundenes Textfeld (*Text0*), ein Bezeichnungsfeld (*Bezeichnungsfeld0*) und fünf Kontrollkästchen (*Kontrollkästchen1* ... *Kontrollkästchen5*), deren Standardwert Sie im Eigenschaftenfenster auf null setzen.

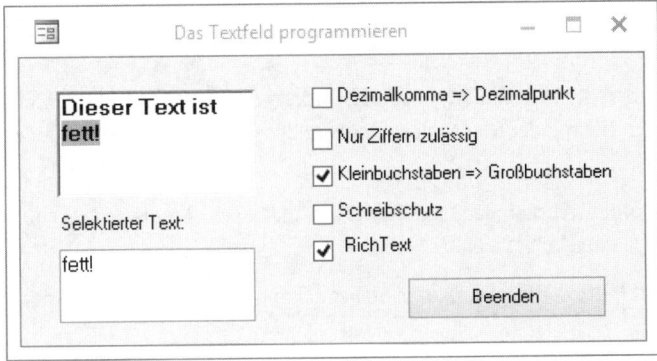

Quelltext

Den Schreibschutz zu ändern ist das kleinste Problem:

```
Private Sub Kontrollkästchen4_Click()
Text0.Locked = Not Text0.Locked
```

```
Text0.SetFocus
End Sub
```

Da im *KeyPress*-Ereignis auch der ASCII-Code der gedrückten Taste übergeben wird, kann man hier bequem die gewünschten Zeichen "umdrehen" bzw. filtern:

```
Private Sub Text0_KeyPress(KeyAscii As Integer)
  If Kontrollkästchen1.Value Then If KeyAscii = 44 Then KeyAscii = 46
  If Kontrollkästchen2.Value Then      ' nur Zahleneingabe
    Select Case KeyAscii
      Case 8, 46, 48 To 57             ' BS, . und 0 bis 9
      Case Else
        KeyAscii = 0
    End Select
  End If
```

Den Text formatieren (per HTML) oder Standardtext wählen:

```
Private Sub Text0_GotFocus()
  If Kontrollkästchen5.Value Then
    Text0.TextFormat = acTextFormatHTMLRichText
    Text0.Value = "<b> Dieser Text ist fett! </b>"
  Else
    Text0.TextFormat = acTextFormatPlain
    Text0.Value = "Normaler Text"
  End If
End Sub
```

Beim Loslassen der Maustaste wird der selektierte Text angezeigt:

```
Private Sub Text0_MouseUp(Button As Integer, Shift As Integer, X As Single, Y As Single)
  Bezeichnungsfeld0.Caption = Text0.SelText
End Sub
```

Test

- Nach dem Öffnen des Formulars können Sie sich von der Wirksamkeit jeder einzelnen Maßnahme überzeugen. Selektieren Sie mit der Maus einen Textbereich, so wird dieser sofort in das Bezeichnungsfeld übernommen.

- Beachten Sie auch die gewollten Ausnahmen, z.B. dass die ⌫-Taste (*KeyAscii* = 8) ihre Wirkung auch bei reiner Zahleneingabe beibehält.

- Den Text können Sie auch mit Hilfe der Registerkarten *Schriftart* und *Rich-Text* formatieren.

Bemerkungen

- Einen vorzeitigen Zeilenumbruch erreichen Sie mit der Tastenkombination Strg+↵.

- Neben *SelText* sind auch noch die Eigenschaften *SelStart* und *SelLength* erwähnenswert, die die Anfangsposition des markierten Bereichs und die Anzahl markierter Zeichen wiedergeben

- Eine ASCII-/ANSI-Tabelle finden Sie im Anhang C des Buchs

4.5.2 In ungebundene Textfelder ein- und ausgeben

TextBox-Objekt: *KeyUp*-Ereignis; *Format*$-Funktion; Klassenmodul (eigenständig)

Das Windows-typische Prinzip der objekt- und ereignisorientierten Programmierung gestattet es, dass man bei Berechnungen auf eine Ergebnistaste (=), wie z.B. beim Taschenrechner, verzichten kann. Stattdessen kann das Ergebnis sofort angezeigt werden, wenn irgendein Eingabewert verändert wurde. Wie Sie im vorliegenden Beispiel erkennen, kann man dabei sogar auf eine Unterscheidung zwischen Ein- und Ausgabefeldern völlig verzichten.

Oberfläche

Auf den Detailbereich eines neuen Formulars platzieren Sie drei Textfelder (*Text1*, *Text2*, *Text3*) mit den entsprechenden *Bezeichnungsfeld*ern.

Quelltext

Wir greifen aus reiner Bequemlichkeit auf das in Kapitel 6 entwickelte Klassenmodul *CKreis* zurück, welches Sie zunächst in die Datenbank importieren sollten (Quellcode siehe Begleitdateien). Anschließend schreiben Sie den folgenden Formularcode:

```
Option Compare Database
Option Explicit

Dim krs As New CKreis         ' ein Kreis-Objekt erzeugen
```

Die Tastaturereignisse werden am besten im *OnKeyUp*-Event des jeweiligen Textfeldes ausgewertet:

```
Private Sub Text1_KeyUp(KeyCode As Integer, Shift As Integer)   ' Radius-Eingabe/Anzeige
  krs.radius = Val(Text1.Text)
  Text2.Value = Format$(krs.umfang * 1000, "0\.000")
  Text3.Value = Format$(krs.flaeche * 1000, "0\.000")
End Sub

Private Sub Text2_KeyUp(KeyCode As Integer, Shift As Integer)   ' Umfang-Eingabe/Anzeige
  krs.umfang = Val(Text2.Text)
  Text1.Value = Format$(krs.radius * 1000, "0\.000")
  Text3.Value = Format$(krs.flaeche * 1000, "0\.000")
End Sub

Private Sub Text3_KeyUp(KeyCode As Integer, Shift As Integer)   ' Flächen-Eingabe/Anzeige
  krs.flaeche = Val(Text3.Text)
  Text1.Value = Format$(krs.radius * 1000, "0\.000")
  Text2.Value = Format$(krs.umfang * 1000, "0\.000")
End Sub
```

Test

Öffnen Sie das Formular und überzeugen Sie sich von den Vorzügen der objekt- und ereignisorientierten Programmierung, wie sie unter Windows möglich ist.

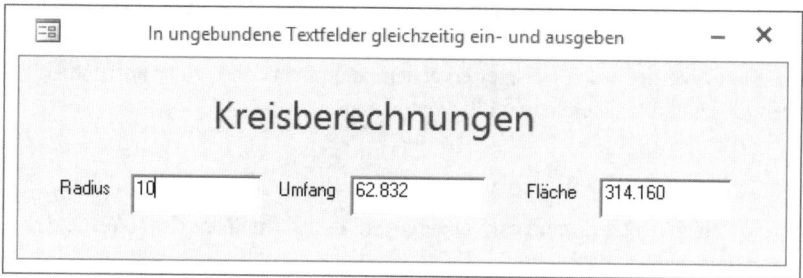

Egal ob Sie Radius, Umfang oder Fläche eingeben, wie von Geisterhand ändern die anderen Felder sofort ihren Wert. Kommas können zwar auch eingegeben werden, bleiben aber unberücksichtigt.

HINWEIS: Wie Sie das vermaledeite Komma bei der Eingabe rigoros ausmerzen können, zeigt das Praxisbeispiel "Das Textfeld programmieren" (Seite 239).

Bemerkungen

Bestimmt haben Sie sich schon über die ungewöhnlichen *Format*$-Anweisungen gewundert, mit welcher die drei Nachkommastellen und mindestens eine Vorkommanull erzwungen werden. Die besondere Programmierung resultiert aus der deutschen Ländereinstellung in Windows. Als Dezimaltrennzeichen funktioniert bei der Zahleneingabe (*Val*-Funktion) nur der Punkt, nicht aber das Komma. Hätten wir, wie normal üblich, z.B. eine solche Ausgabeanweisung vorgenommen:

```
Text1.Value = Format$(krs.radius, "##0.000")
```

so wäre in den beiden anderen Feldern jeweils das ungeliebte Komma als Dezimaltrennzeichen erschienen. Dies führt natürlich zu Komplikationen, da diese Felder ja auch gleichzeitig zur Eingabe dienen.

Bei der Anwendung der *Format*$-Funktion haben wir deshalb von einem Trick Gebrauch gemacht. Wir geben im Formatierungsstring Tausender aus (das Komma im Formatierungsstring entspricht dem Tausender-Separator!) und müssen deshalb die Werte der Variablen vorher mit 1000 multiplizieren. Als Resultat erhalten wir jetzt auch bei der Ausgabe einen Punkt als Dezimaltrennzeichen.

4.5.3 Ein ungebundenes Kombinationsfeld füllen

ComboBox-Objekt: *RowSourceType*-, *ColumnCount*-, *Column*-Eigenschaft; *AddItem*-, *RemoveItem*-, *DropDown*-Methode;

Listen- und Kombinationsfelder gehören zu den komplexeren Steuerelementen, die Ihnen Microsoft Access standardmäßig zur Verfügung stellt. Da Microsoft Access ein Datenbankpro-

4.5 Praxisbeispiele

gramm ist, sind seine Steuerelemente im Allgemeinen gebunden, so genannte "Bound Controls", die man über spezielle Eigenschaften (*RecordSource*, *RowSource* etc.) an die gewünschten Tabellen, Felder bzw. Datensätze "anbindet".

Es gibt aber auch andere Einsatzgebiete, wo Listen-/Kombinationsfelder nicht direkt an die Datenbank gekoppelt sind, sondern zur Anzeige beliebiger Auflistungen verwendet werden sollen.

Oberfläche

Auf das Formular setzen Sie ein *Kombinationsfeld*, ein *Bezeichnungsfeld* und zwei *Befehlsschaltflächen*.

Quelltext

Beim Laden des Formulars werden die erforderlichen Voreinstellungen vorgenommen. Auch ein erster Eintrag für das Kombinationsfeld wird hinzugefügt.

```
Private Sub Form_Load()
With Kombinationsfeld0
  .RowSourceType = "Value List"      ' Herkunftstyp = "Wertliste"
  .ColumnCount = 2                    ' 2 Spalten
  .ColumnWidths = "2 cm;2 cm"         ' Spaltenbreite in cm
  .Value = "Müller ; Max"             ' Beispieleintrag
End With
End Sub
```

Die *AddItem*-Methode überträgt die *Value*-Eigenschaft an die erste Position in der Liste (deshalb der Index *0*). Anschließend wird der Eintrag im Anzeigefeld gelöscht und die Liste aufgeklappt:

```
Private Sub Befehl0_Click()        ' Hinzufügen
  Kombinationsfeld0.AddItem(.Value, 0)
  Kombinationsfeld0.Value = ""
  Kombinationsfeld0.SetFocus
  Kombinationsfeld0.Dropdown        ' Aufklappen
End Sub
```

Ähnlich wie das Hinzufügen funktioniert das Entfernen. Als Parameter verlangt die *RemoveItem*-Methode einen gültigen Eintrag (oder einen Index):

```
Private Sub Befehl1_Click()        ' Löschen
With Kombinationsfeld0
  Call .RemoveItem(.Value)
  .Value = ""
  .SetFocus
  .Dropdown     ' Aufklappen
End With
End Sub
```

Leider wird im Eingabefeld des Kombinationsfeldes nur eine einzige Spalte angezeigt. Um zu demonstrieren, wie man nach erfolgter Auswahl eines Eintrages auf beide Spalten zugreifen kann, erfolgt deren Anzeige mit Hilfe der *Column*-Eigenschaft in einem separaten Bezeichnungsfeld:

```
Private Sub Kombinationsfeld0_Click()    ' Eintrag auswählen
  Dim z As Integer, s As Integer
  With Kombinationsfeld0
    z = .ListIndex
    Bezeichnungsfeld0.Caption = .Column(0, z) & " ; " & .Column(1, z)
  End With
End Sub
```

HINWEIS: Beachten Sie, z.B. in der *Column*-Eigenschaft, dass Zeilen- bzw. Spaltenindex eines Kombinationsfeldes immer mit *0* beginnen!

Test

Nach dem Öffnen des Formulars sollten Sie mittels *Hinzufügen*-Schaltfläche zunächst das Kombinationsfeld mit einigen Einträgen füllen, wobei jeder Eintrag aus zwei Spalten besteht. Trennen Sie die beiden Werte durch ein Semikolon (;).

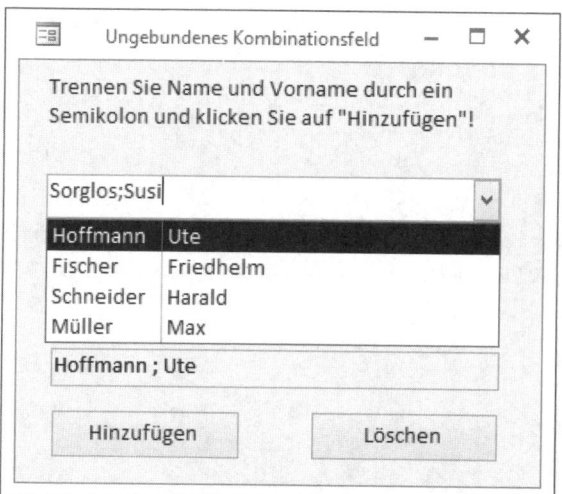

Anschließend können Sie das Kombinationsfeld aufklappen und Einträge auswählen (diese werden im Bezeichnungsfeld angezeigt) bzw. löschen.

Bemerkungen

- Aus Übersichtlichkeitsgründen wurde hier auf eine Fehlerbehandlung verzichtet. Zumindest beim Löschvorgang wäre eine solche aber zu empfehlen.

- Vom Prinzip her könnten Sie das Beispiel auch für Listenfelder anpassen, müssten dann aber für die Eingabe ein Textfeld vorsehen.

4.5.4 Ein Unterformular programmieren

Form-Objekt: RecordSource-, ControlSource-, Section-, BackColor-Properties; SubForm-Control-: LinkChildFields-, LinkMasterFields-Eigenschaften; Endlosformular;

Jedem Access-Programmierer dürfte bekannt sein, dass man für die überschaubare Darstellung von 1:n-Beziehungen sehr vorteilhaft Unterformulare einsetzen kann (für die erste Seite der Beziehung das Hauptformular, für die n-te Seite ein Unterformular). Wir wollen die Programmierung anhand einer Beispieldatenbank demonstrieren. Während die Lieferanten als Datensätze der *Firmen-*Tabelle im Hauptformular angezeigt werden, sollen die dazugehörigen Geräte aus der *BGA*-Tabelle im Unterformular zu sehen sein.

Entwurf des Unterformulars

Ein Unterformular wird wie ein ganz normales Formular entworfen. Im Eigenschaftenfenster stellen Sie "Endlosformular" als *Standardansicht* ein. Außerdem fügen Sie einen Kopf- und einen Fußbereich hinzu (Menü *Ansicht/Formularkopf/-fuß*). Die sieben Textfelder (*Text1, Text2 ... Text7*) werden nicht im Eigenschaftenfenster, sondern erst später per Code an die Datenbank gebunden. Den Detailbereich sollten Sie so schmal wie möglich halten, damit der Zeilenabstand im Endlosformular gering bleibt und viele Datensätze gleichzeitig angezeigt werden können.

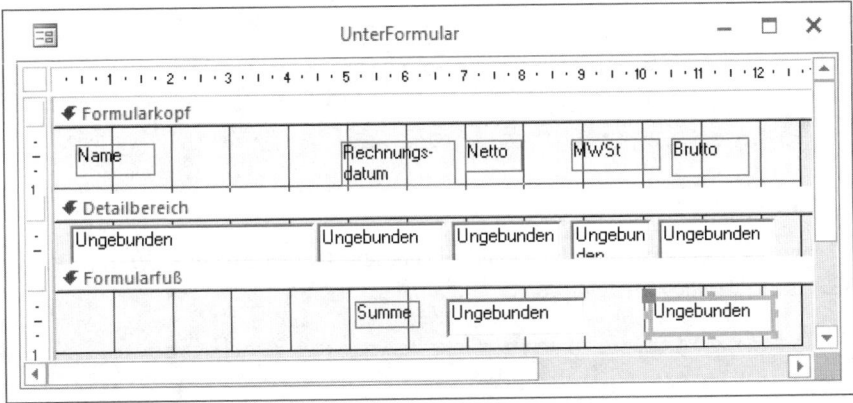

Auf eine *Beenden*-Schaltfläche sowie auf Datensatzmarkierer und Navigationsschaltflächen können wir verzichten. Eine vertikale Bildlaufleiste sollte allerdings vorhanden sein.

Programmieren des Unterformulars

Alle Dateneigenschaften werden beim Laden zugewiesen:

```
Private Sub Form_Load()
  RecordSource = "SELECT * FROM BGA ORDER BY RDatum"
  Text1.ControlSource = "Name" : Text2.ControlSource = "RDatum"
  Text3.ControlSource = "Netto" : Text4.ControlSource = "MWSt"
```

Bruttobetrag sowie die beiden Gesamtsummen müssen berechnet werden:

```
Text5.ControlSource = "=[Netto]*(1+ [MWSt])"
Text6.ControlSource = "=SUM([Netto])"
Text7.ControlSource = "=SUM([Netto]*(1+[MWSt]))"
```

Um das Äußere etwas aufzupeppen, färben wir Kopf- und Fußbereich gelb:

```
Section(1).BackColor = vbYellow : Section(2).BackColor = vbYellow
End Sub
```

Test des Unterformulars

Jedes Unterformular sollte auch für sich allein funktionsfähig sein. Öffnen Sie deshalb das Formular – es werden alle Datensätze der *BGA*-Tabelle nach Datum geordnet angezeigt.

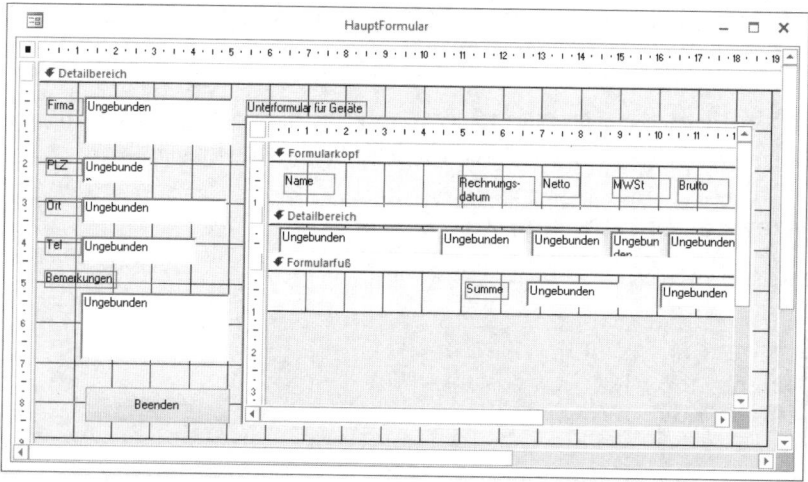

Entwurf des Hauptformulars

Entwerfen Sie ein zweites Formular (*Hauptformular1*) mit fünf Textfeldern (*Text1*, *Text2*, ... *Text5*) und einer Befehlsschaltfläche zum Schließen.

4.5 Praxisbeispiele

Lassen Sie im Detailbereich rechts genügend Platz für das Unterformular. Ziehen Sie nun das Unterformular per Drag & Drop aus dem Datenbankfenster auf das Hauptformular und ändern Sie seinen Namen im Eigenschaftenblatt in *SubForm1*.

Programmieren des Hauptformulars

Beim Öffnen des Hauptformulars werden zunächst dessen *Datensatzquelle* und die *Steuerelementinhalt*e der Textfelder zugewiesen:

```
Private Sub Form_Open(Cancel As Integer)
  RecordSource = "SELECT * FROM Firmen ORDER BY Firma"
  Text1.ControlSource = "Firma"
  Text2.ControlSource = "PLZ"
  Text3.ControlSource = "Ort"
  Text4.ControlSource = "Tel"
  Text5.ControlSource = "Bemerkungen"
```

Nun zum Unterformular. Per Code wird das erledigt, was sonst im Eigenschaftenfenster mit *Verknüpfen von* und *Verknüpfen nach* eingestellt wird:

```
  SubForm1.LinkChildFields = "Lieferant"    ' Verknüpfen von
  SubForm1.LinkMasterFields = "Nr"          ' Verknüpfen nach
End Sub
```

Test des Hauptformulars

Öffnen Sie das Hauptformular und blättern Sie durch die Firmentabelle. Am unteren Rand erscheinen Netto- und Bruttosumme aller von der angezeigten Firma gekauften Geräte. Hat eine Firma kein Gerät geliefert, so wird im Unterformular eine leere Zeile ausgegeben.

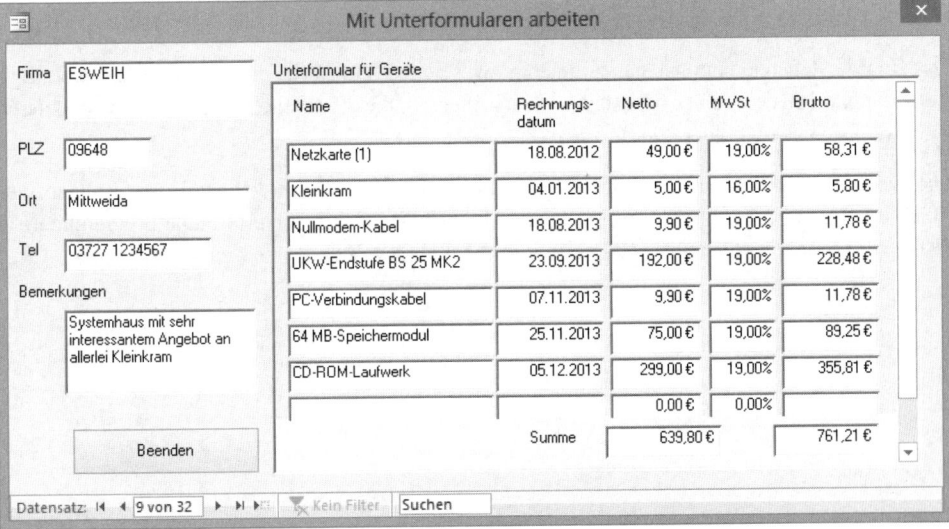

4.5.5 Das Register-Steuerelement kennen lernen

TabControl-Objekt: *Pages*- und *Controls*-Auflistung, *Value*-Eigenschaft, *Change*-Ereignis; *Control*-Objekt: *ControlType*-, *Locked*-Eigenschaft; *Form*-Objekt: *TimerInterval*-Eigenschaft, *Timer*-Ereignis; *AfterUpdate*-Ereignis; *SubForm*-Objekt: *LinkChildFields*-, *LinkMasterFields*-Eigenschaft; *CheckBox*-Objekt; *For Each*-Schleife; *OptionGroup*-Objekt; Optionsfeld;

Das standardmäßig vorhandene *Registersteuerelement* stellt beliebig viele Registerkarten (*Page*-Objekte) zur Verfügung, die als Container für weitere Steuerelemente dienen. Die vorliegende Demo will möglichst viele Programmiervarianten an einem Beispielformular verdeutlichen, deshalb werden auf die einzelnen Seiten (*Page*-Objekte) verschiedenartige Controls platziert, sogar ein Unterformular (*SubForm*-Objekt) ist mit von der Partie. Auf die einzelnen Objekte wird sowohl direkt als auch über die Auflistungen zugegriffen.

Das Register-Steuerelement hat eine relativ verschachtelte Objekt-Hierarchie. Die *Pages*-Auflistung enthält die einzelnen Registerkarten (Seiten) als *Page*-Objekte. Jedes *Page*-Objekt verfügt (wie bei Formularen) über eine *Controls*-Auflistung, die die einzelnen Steuerelemente erfasst. Es wird empfohlen, vor dem Durcharbeiten dieses Rezeptes den praktischen Umgang mit Auflistungen (*Collection*-Objekten) ein wenig geübt zu haben (siehe auch Kapitel 6).

Das Ziel der vorliegenden Demo: Wir wollen auf der ersten Registerkarte die jeweilige Lieferfirma anzeigen (Tabelle *Firmen*) und auf der zweiten Registerkarte in einem Endlos-Unterformular alle Geräte, die von dieser Firma geliefert wurden (Tabelle *BGA*). Eine dritte Registerkarte soll schließlich dazu dienen, diverse Anzeige-Optionen (Datum, Uhrzeit, Farbe etc.) einzustellen.

Oberfläche

Öffnen Sie ein neues Formular und platzieren Sie darauf ein Registersteuerelement (*RegisterStr1*), ein Textfeld (*Text0*), drei Bezeichnungsfelder (*Bezeichnungsfeld1* ... *Bezeichnungsfeld3*) und eine Befehlsschaltfläche (*Befehl1*).

Das Registersteuerelement hat standardmäßig zwei Seiten. Fügen Sie eine dritte Seite hinzu (über das Kontextmenü der rechten Maustaste). Beschriften Sie die erste Seite mit "Firma" und platzieren Sie darauf sieben Textfelder (*Text1* ... *Text7*).

Die zweite Seite erhält die Beschriftung *Geräte*. Einziges Steuerelement ist ein Unterformular *SubForm1*, welches wir bereits im vorhergehenden Praxisbeispiel "Ein Unterformular programmieren" (Seite 245) erstellt hatten und auf welches wir deshalb hier nicht nochmals eingehen werden.

4.5 Praxisbeispiele

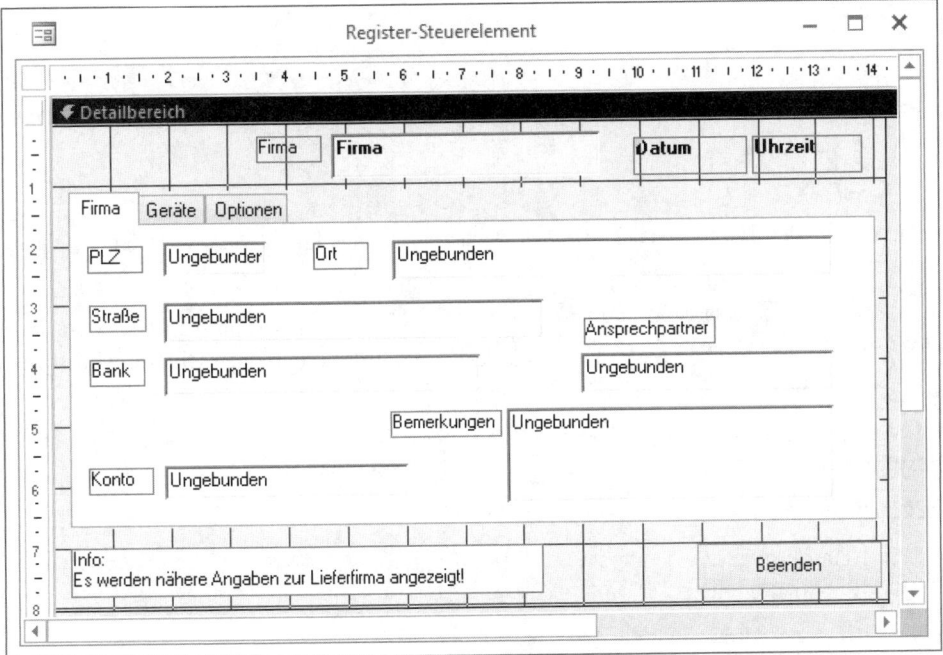

Fügen Sie nun eine dritte Seite mit der Beschriftung *Optionen* hinzu. Klicken Sie dazu mit der rechten Maustaste auf das Register-Steuerelement und wählen Sie im Kontextmenü *Seite einfügen*. Platzieren Sie auf der Seite vier Kontrollkästchen (*Kontrollkästchen1*... *Kontrollkästchen3*) und eine Optionsgruppe (*Rahmen1*) mit drei Optionsfeldern (*Option1*... *Option3*).

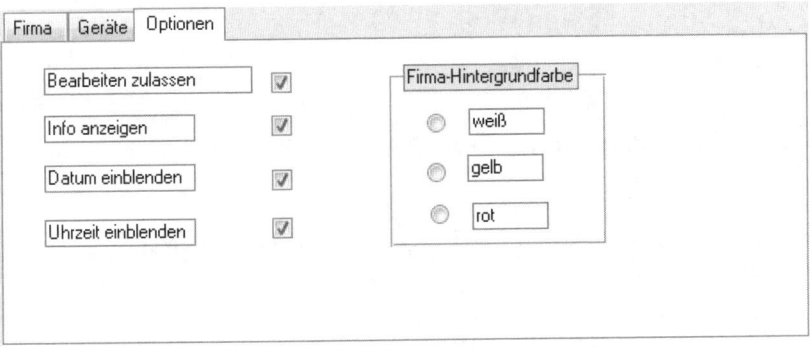

Quelltext

```
Option Explicit
```

Die folgende Variable brauchen wir später zum Durchlaufen von *Controls*-Auflistungen (*For Each ... Next*):

```
Private ctrl As Control
```

Beim Öffnen des Hauptformulars werden zunächst Datenherkunft und Steuerelementinhalte zugewiesen:

```
Private Sub Form_Open(Cancel As Integer)
  RecordSource = "SELECT * FROM Firmen ORDER BY Firma"
  Text0.ControlSource = "Firma"    : Text1.ControlSource = "PLZ"
  Text2.ControlSource = "Ort"      : Text3.ControlSource = "Straße"
  Text4.ControlSource = "Bank"     : Text5.ControlSource = "AP"
  Text6.ControlSource = "Konto-Nr" : Text7.ControlSource = "Bemerkung"
```

Jetzt kümmern wir uns um das Verknüpfen des Unterformulars auf der *Geräte*-Seite:

```
  SubForm1.LinkChildFields = "Lieferant"   ' Verknüpfen von
  SubForm1.LinkMasterFields = "Nr"         ' Verknüpfen nach
```

Schließlich sorgen wir noch für die Anfangseinstellungen:

```
  Call RegisterStr1_Change        ' Change-Event-Handler aufrufen
  Bezeichnungsfeld2.Caption = Date    ' aktuelles Datum anzeigen
  Rahmen1.DefaultValue = 1        ' Option1 ist Standard
  TimerInterval = 1000            ' Zeitgeberintervall für Uhr = 1 sek.
End Sub
```

Damit die Uhr ständig mitläuft:

```
Private Sub Form_Timer()
  Bezeichnungsfeld3.Caption = Time
End Sub
```

Den Wechsel von einer Registerkarte zur anderen wertet man am besten im *Change*-Event aus:

```
Private Sub RegisterStr1_Change ()
```

Das Prüfen der *Value*-Eigenschaft erlaubt die Anzeige spezifischer Informationen:

```
Select Case RegisterStr1.Value
  Case 0: Bezeichnungsfeld1.Caption = "Info:" & vbCrLf & _
                    "Es werden nähere Angaben zur Lieferfirma angezeigt!"
  Case 1: Bezeichnungsfeld1.Caption = "Info:" & vbCrLf & _
                    "Es werden die von der Firma gekauften Geräte angezeigt!"
  Case 2: Bezeichnungsfeld1.Caption = "Info:" & vbCrLf & "Hier können Sie Optionen einstellen!"
End Select
```

Nun wird die benutzerdefinierte *changeColor*-Funktion mit dem auf der *Optionen*-Seite ausgewählten Farben-Parameter aufgerufen:

4.5 Praxisbeispiele

```
Select Case Rahmen1.Value
  Case 1: Call changeColor(vbWhite)    ' weiß
  Case 2: Call changeColor(vbYellow)   ' gelb
  Case 3: Call changeColor(vbRed)      ' rot
End Select
End Sub
```

Alle Textfelder der *Firmen*-Seite werden herausgefischt und gefärbt:

```
Sub changeColor(col As Long)
  For Each ctrl In RegisterStr1.Pages(0).Controls
    ctrl.BackColor = col
  Next ctrl
End Sub
```

Schließlich widmen wir uns noch dem Code hinter den vier Kontrollkästchen. Etwas kompliziert erscheint das Freigeben bzw. Sperren der Steuerelemente auf den ersten beiden Seiten (zwei verschiedenartige, verschachtelte Durchläufe der *Pages* und der *Controls*-Auflistung!):

```
Private Sub Kontrollkästchen1_AfterUpdate()    ' Datensätze bearbeiten/sperren
Dim i As Integer, lck As Boolean

If Kontrollkästchen1.Value Then lck = False Else lck = True
  Text0.Locked = lck
  For i = 0 To RegisterStr1.Pages.Count - 1
    For Each ctrl In RegisterStr1.Pages(i).Controls
      If ctrl.ControlType = acTextBox Or ctrl.ControlType = acSubform Then ctrl.Locked = lck
    Next ctrl
  Next i
End Sub
```

Recht einfach wirken hingegen diese letzten drei Ereignisroutinen:

```
Private Sub Kontrollkästchen2_AfterUpdate()    ' Infozeile ein-/ausblenden
   Bezeichnungsfeld1.Visible = Kontrollkästchen2.Value
End Sub

Private Sub Kontrollkästchen3_AfterUpdate()    ' Datum ein-/ausblenden
   Bezeichnungsfeld2.Visible = Kontrollkästchen3.Value
End Sub

Private Sub Kontrollkästchen4_AfterUpdate()    ' Uhrzeit ein-/ausblenden
   Bezeichnungsfeld3.Visible = Kontrollkästchen4.Value
End Sub
```

Test

Öffnen Sie das Formular und testen Sie die Anzeige auf allen Registerseiten.

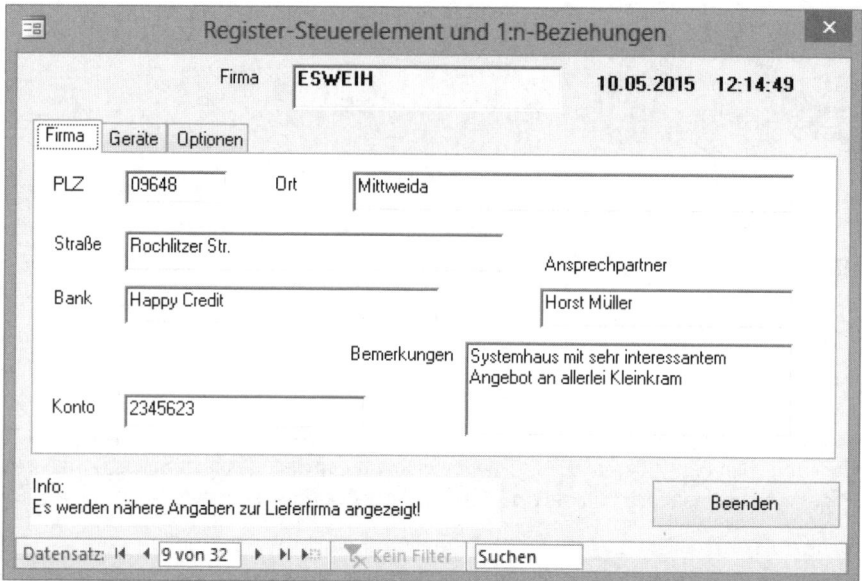

4.5.6 Die Statusleiste programmieren

StatusBar-Objekt: *Panels*-Collection, *AutoSize*-, *Style*-, *SimpleText*-, *Font*-Eigenschaft; Panel-Objekt; *LoadPicture*-Funktion;

Ein *StatusBar*-Objekt kann aus bis zu 16 *Panel*-Objekten bestehen. Jedes *Panel*-Objekt zeigt die Informationen an, die durch seine *Style*-Eigenschaft festgelegt sind. Zur Laufzeit können die *Panel*-Objekte (unter Verwendung von Methoden der *StatusBar*-Steuerelemente) hinzugefügt oder angepasst werden.

In unserem Beispiel verwenden wir ein *StatusBar*-Objekt mit drei *Panel*-Objekten, wovon die letzten beiden erst zur Laufzeit hinzugefügt werden (das erste ist standardmäßig bereits vorhanden!). Die einzelnen Panels dienen der Anzeige des Tastaturstatus (🔒-Taste) und zur Anzeige von Datum und Uhrzeit.

Außerdem erfolgt ein Hinweis, wenn sich die Maustaste über der *Beenden*-Schaltfläche befindet. In diesem Fall wird die Statusleiste durchgehend angezeigt.

Oberfläche

Öffnen Sie ein neues Formular in der Entwurfsansicht und fügen Sie zunächst über den Menüpunkt *Ansicht/Formularkopf/-fuß* einen Formularkopf und einen Formularfuß hinzu.

Platzieren Sie dort eine *Befehlsschaltfläche* und ein *StatusBar*-ActiveX-Steuerelement. Sie finden dieses unter der Bezeichnung *Microsoft StatusBar Control* ... im Dialogfeld *ActiveX-Steuerelement einfügen*.

4.5 Praxisbeispiele

> **HINWEIS:** Falls das *Microsoft StatusBar Control* nicht in der Liste der verfügbaren ActiveX-Steuerelemente angezeigt wird, ist eventuell ein Verweis auf die Bibliothek *Microsoft Windows Common Controls ...* (*MSCOMCTL.OCX*) nachzuholen (Menü *Extras/Verweise...* im VBA-Editor).

Quelltext

Obwohl der Code gut selbsterklärend ist, sollten Sie sich über die Eigenschaften und Methoden der Objekte *StatusBar* und *Panel* vorab im entsprechenden Abschnitt bzw. in der Hilfe informieren.

```
Private flag As Boolean

Private Sub Form_Load()
Dim verz As String
 flag = False
 verz = Application.CurrentProject.Path
 With Statusbar1
   .SimpleText = "Klicken Sie hier, um das Programm zu beenden!"
   .Panels(1).Style = sbrCaps                  ' zeigt Status der Feststelltaste
   .Font.Size = 12
   .Font.Bold = True
   .Panels.Add , , , sbrDate, LoadPicture(verz & "\kalender.ico")   ' zeigt Datum u. Symbol
   .Panels(2).AutoSize = sbrContents
   .Panels.Add , , , sbrTime, LoadPicture(verz & "\uhr.ico")        ' zeigt Uhrzeit u. Symbol
   .Panels(3).AutoSize = sbrContents
   .Panels(3).Bevel = sbrInset
   .Panels(3).Alignment = sbrRight
   .Width = Me.Width - 50
 End WithEnd Sub

Private Sub Befehl1_MouseMove(Button As Integer, Shift As Integer, X As Single, Y As Single)
 If Not flag Then
   Statusbar1.Style = sbrSimple              ' durchgehende Statusleiste
   flag = True
 End If
End Sub

Private Sub Detailbereich_MouseMove(Button As Integer, Shift As Integer, X As Single, _
                      Y As Single)
 If flag Then
   Statusbar1.Style = sbrNormal              ' Statusleiste mit Panels
   flag = False
 End If
End Sub
```

Test

HINWEIS: Bevor Sie das Formular öffnen, müssen Sie die beiden Bilder *KALENDER.ICO* und *UHR.ICO* in das Datenbankverzeichnis kopieren.

Nach dem Betätigen der ⬇-Taste sollte die Schrift im linken Panel fett erscheinen.

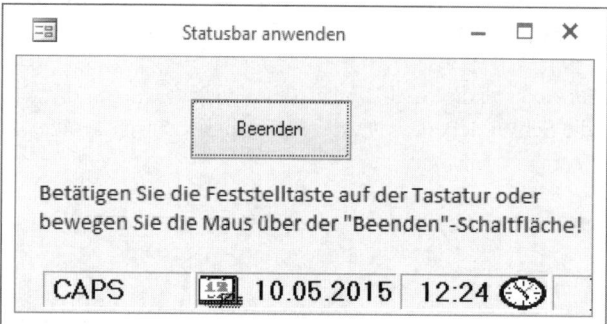

Bewegen Sie die Maus über die *Beenden*-Schaltfläche, so besteht die Statusleiste nur noch aus einem einzigen breiten Panel:

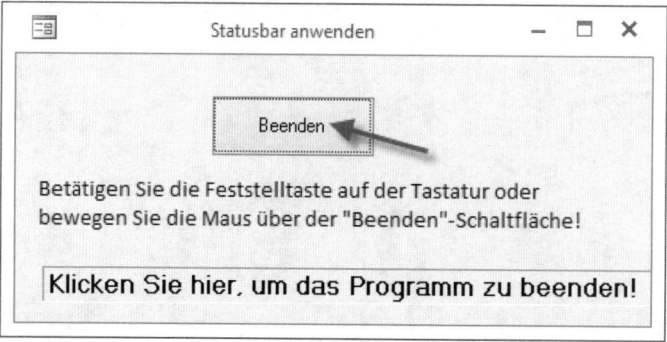

Bemerkungen

- Die beiden in die Statusleiste eingefügten Symbole (Kalender bzw. Uhr) sind möglicherweise zunächst irreführend, da sie als "unbewegliche" rein statische Gestaltungselemente kein echtes Datum bzw. keine echte Zeit anzeigen.

- Beachten Sie die unterschiedliche Bedeutung der *Style*-Eigenschaft für das *StatusBar*- und für das *Panel*-Objekt.

- Das Zustandsflag *flag* verhindert Flackereffekte während des *MouseMove*-Ereignisses.

- Die Platzierung der *StatusBar* im Fußbereich des Formulars gewährleistet, dass sich dieses Steuerelement (unabhängig von der Fensterhöhe) immer an der unteren Kante befindet.

4.5.7 Verwenden von Bild-Ressourcen

Seit Access 2010 besteht die Möglichkeit, mit VBA auf die in der aktuellen Datenbank abgelegten Bildressourcen zuzugreifen und diese zu manipulieren. Nutzen Sie dazu die *SharedResources*-Auflistung von *CurrentProject,* wie es das folgende Beispiel zeigt.

Bild-Ressourcen zur Entwurfszeit einfügen

Zunächst wollen wir die Möglichkeit nutzen, zur Entwurfszeit unsere Datenbank Ressourcen einzubetten, um diese beispielsweise in einem Formular oder einem Bericht zu verwenden.

Klicken Sie auf der Registerkarte *Entwurf* auf die Schaltfläche *Bild einfügen*, um den erforderlichen Assistenten aufzurufen. Über die Schaltfläche *Durchsuchen* können Sie zunächst Bilder der Formate JPG, GIF und PNG in Ihre Datenbank einbetten:

Dass die Bilder wirklich in der Datenbank landen merken Sie beim Hinzufügen schnell, denn die Dateigröße ändert sich bei jedem neuen Bild.

HINWEIS: Achten Sie darauf, dass die Bilder nicht zu groß sind, Access stürzt in diesem Fall gern mal ab.

In Ihren Formularen/Berichten können Sie jetzt die Bilder nutzen (Einfügen durch Klick auf die obige Auswahlliste). Die Vorteile:

- Sie sparen Platz in Ihrer Datenbank, da es sich um gut komprimierte Bilddateien handelt
- Sie können eine Ressource mehrfach verwenden
- Sie können eine mehrfach verwendete Ressource problemlos auf allen Objektinstanzen (Formularen/ Berichten) austauschen, wenn Sie das Bild in der oben gezeigten Ressourcenverwaltung austauschen

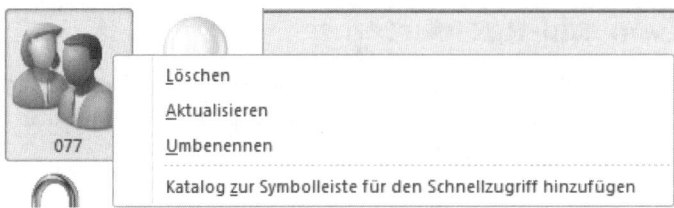

Ressourcen mit VBA verwalten

Wollen Sie auch zur Laufzeit mit den Ressourcen arbeiten, bietet sich die *SharedResources*-Auflistung an.

BEISPIEL: Anzeige aller Ressourcen im Direktfenster

```
Sub RessourcenAuflisten()
Dim i As Integer
   For i = 0 To CurrentProject.Resources.Count - 1
      Debug.Print "Name: " & CurrentProject.Resources(i).Name
      Debug.Print "Typ:  " & CurrentProject.Resources(i).Type
   Next i
End Sub
```

Die Ausgabe könnte wie folgt aussehen:

```
Name: Larissa
Typ:  0
Name: 181
Typ:  1
Name: 135
Typ:  1
Name: 052
Typ:  1
Name: 077
Typ:  1
```

Beim Typ 0 handelt es sich um Layouts, Typ 1 sind Grafiken, die Sie auch im Editor verwalten können.

Möchten Sie neue Ressourcen hinzufügen, müssen Sie sicherstellen, dass die Ressource gleichen Namens nicht schon vorhanden ist. Notfalls müssen Sie diese vorher löschen.

BEISPIEL: Löschen einer Ressource

```
Sub RessourceLöschen(name As String)
Dim i As Integer
   For i = 0 To CurrentProject.Resources.Count - 1
      If CurrentProject.Resources(i).name = name Then CurrentProject.Resources(i).Delete
   Next i
End Sub
```

4.5 Praxisbeispiele

HINWEIS: Doch Achtung: Löschen Sie die Ressource, so sollten alle Instanzen (Formulare/Berichte mit dieser Ressource) geschlossen sein, andernfalls tritt ein Laufzeitfehler auf.

Löschen Sie die Ressource und fügen Sie unter gleichem Namen eine neue Grafik in die *Resources*-Auflistung ein, so verwenden alle Formulare und Berichte, die diese Ressource nutzen, ab sofort die neue Abbildung.

BEISPIEL: Neue Ressource über die *AddSharedImage*-Methode des *CurrentProject*-Objekts einfügen

```
...
    CurrentProject.AddSharedImage "181", "c:\7.png"
...
```

HINWEIS: Selbstverständlich können Sie hier auch noch einen Dateidialog einfügen und ausgiebig Fehlerbehandlung betreiben, wir haben uns auf die notwendigsten Aufrufe beschränkt.

In den Formularen und Berichten können Sie jetzt die neuen Ressourcen nutzen, indem Sie den *PictureType* zunächst auf 2 (*Freigegeben*) festlegen und nachfolgend der *Picture*-Eigenschaft den Namen der Ressource zuweisen.

BEISPIEL: Ändern der Hintergrundgrafik einer Schaltfläche

```
Private Sub Befehl0_Click()
    Me.Befehl0.PictureType = 2
    Me.Befehl0.Picture = "052"
End Sub
```

4.5.8 Programmieren des Navigationssteuerelements

Seit Access 2010 besteht die Möglichkeit, mittels *Navigationssteuerelement* auf einfache Weise zwischen verschiedenen Formularen (und auch Berichten) hin- und herzuschalten.

HINWEIS: Gleich zu Beginn ein Wermutstropfen: Sie können per VBA zwar auf die Eigenschaften der einzelnen Schaltflächen zugreifen und diese teilweise auch ändern (Deaktivieren/Ausblenden), aber Sie können zur Laufzeit keine neuen Einträge hinzufügen oder löschen.

Beachten Sie ebenfalls, dass kein direktes *OnChange*-Ereignis für das Steuerelement zur Verfügung steht. Alternativ können Sie jedoch direkt auf die *Click*-Ereignisse der einzelnen Schaltflächen reagieren (asynchron zum Laden der Inhalte in das Unterformular) oder Sie nutzen die *Load*- und *Unload*-Ereignisse der betreffenden Unterformulare, was sicher auch sinnvoller ist, da diese auch beim direkten Aufruf des Formulars über den Navigationsbereich abgearbeitet werden.

Doch der Reihe nach.

Oberfläche entwerfen

Erzeugen Sie zunächst ein neues leeres Formular und fügen Sie ein *Navigationssteuerelement* hinzu. Zum einfachen Konfigurieren dieses Steuerelements schalten Sie am besten in die Layout-Ansicht um. Jetzt ist es problemlos möglich, vorhandene Formulare aus dem Navigationsbereich per Drag & Drop in das *Navigationssteuerelement* zu ziehen. Automatisch wird für jedes eingefügte Formular (bzw. für jeden Bericht) eine neue Schaltfläche erzeugt, deren *NavigationTarget-Name*-Eigenschaft auf den Namen des betreffenden Formulars verweist.

Damit ist das neue Navigationsformular bereits voll funktionstüchtig, VBA-Code benötigen Sie nicht. Alternativ können Sie jedoch sowohl die Beschriftung als auch die Optik der Schaltflächen anpassen.

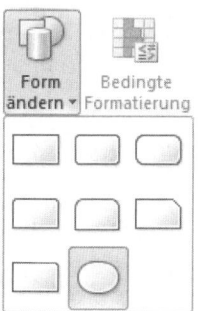

Wer es noch einfacher haben möchte, der nutzt die Hilfe von Assistenten, um das Navigationsformular mit einem der 6 vorgegebenen Layouts zu entwerfen:

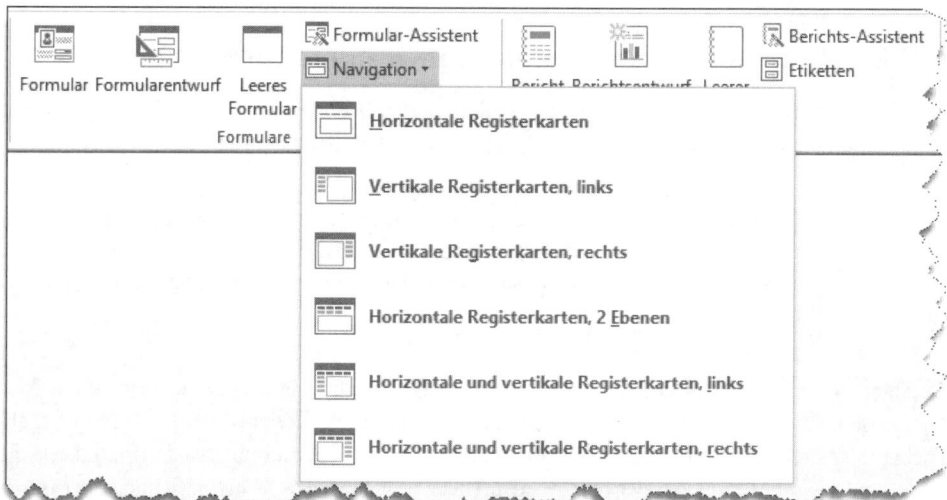

4.5 Praxisbeispiele

Doch was ist, wenn wir zur Laufzeit Einfluss auf die Navigation nehmen möchten? Drei grundsätzliche Möglichkeiten stehen uns offen:

- **Einfluss auf die grundsätzliche Optik**
  Wir nutzen die Eigenschaften des Navigationssteuerelements (*BackColor* etc.) bzw. der enthaltenen Schaltflächen

- **Einfluss auf die Sichtbarkeit/Verfügbarkeit von Schaltflächen**
  Wir nutzen die *Enabled-*/*Visible*-Eigenschaft der einzelnen Schaltflächen

- **Einfluss auf das ausgewählte Unterformular**
  Wir nutzen Sie die *DoCmd.BrowseTo*-Methode, um die Inhalte des Unterformulars frei zu verändern. Ist eine der Navigationsschaltflächen mit dem neu angezeigten Formular/Bericht verknüpft, wird diese Navigationsschaltfläche aktiviert.

Verwendung von VBA-Code

HINWEIS: Das komplette Beispielprogramm finden Sie in den Buchbeispielen, wir geben hier nur Ausschnitte wieder.

BEISPIEL: Navigationsschaltfläche aktivieren/deaktivieren

```
Private Sub Kontrollkästchen22_Click()
    NavigationButton6.Enabled = Not Kontrollkästchen22.Value
End Sub
```

BEISPIEL: Navigationsschaltfläche ein-/ausblenden

```
Private Sub Kontrollkästchen25_Click()
    NavigationButton6.Visible = Not Kontrollkästchen25.Value
End Sub
```

BEISPIEL: Navigieren per VBA aus dem Navigationsformular heraus

```
Private Sub Befehl29_Click()
    DoCmd.BrowseTo acBrowseToForm, "Unterformular", "08 Navigation.Navigationsunterformular"
End Sub
```

HINWEIS: Geben Sie das einzublendende Formular und das Ziel (den kompletten Pfad zum Unterformular!) an. Die Navigationsschaltfläche wechselt automatisch den Fokus, wenn es sich um ein verknüpftes Formular handelt.

BEISPIEL: Ausblenden einer Navigationsschaltfläche aus dem Unterformular heraus

```
Private Sub Befehl0_Click()
    Me.Parent.NavigationButton27.Visible = False
End Sub
```

BEISPIEL: Navigieren zwischen Formularen aus dem Unterformular heraus

```
Private Sub Befehl1_Click()
   DoCmd.BrowseTo acBrowseToForm, "07 Ressourcen", "08 Navigation.Navigationsunterformular"
End Sub
```

Test

Testen Sie die Möglichkeiten des Beispielprogramms und wechseln Sie mit Hilfe des Unterformulars das aktive Formular.

Kapitel 5

Berichte

Der Bericht (*Report*) ist neben dem Formular (*Form*) die wichtigste visuelle Benutzerschnittstelle unter Access. Bei den zur Verfügung stehenden Eigenschaften, Ereignissen und Methoden gibt es viele Gemeinsamkeiten mit dem *Form*-Objekt (siehe Kapitel 4).

Bereits mit Access 2007 wurden die Berichte um eine Reihe neuer Möglichkeiten bei der Interaktion mit dem Anwender (Maus, Tastatur) erweitert. Möglich wurde dies durch zwei neue Ansichten (Berichtsansicht, Layoutansicht), deren Funktionalität in Access 2010 etwas ergänzt wurde.

Außerdem verfügt das *Report*-Objekt (im Gegensatz zum Formular) über ein recht umfangreiches Arsenal an Grafikeigenschaften und -methoden, die dem Programmierer eine Vielzahl von optischen Gestaltungsmöglichkeiten bieten.

5.1 Allgemeines

Bevor wir uns den Eigenschaften, Methoden und Ereignissen des *Report*-Objekts zuwenden, wollen wir uns zunächst allgemeineren Fragen widmen, die mit dem Öffnen eines Berichts zusammenhängen.

5.1.1 Reportansichten

Öffnen Sie einen Bericht durch Doppelklick auf seinen Namen im Navigationsbereich, so wird standardmäßig die *Berichtsansicht* angezeigt (diese Einstellung kann mittels *DefaultView*-Eigenschaft geändert werden).

- In der *Berichtsansicht* können Sie z.B. Filter anwenden, Daten kopieren oder auf Steuerelemente oder Hyperlinks klicken

- In der *Layoutansicht* können Sie das Ergebnis am Format und an weiteren Einstellungen sofort im Kontext mit den Daten betrachten, Sie können z.B. Spalten verschieben, ihre Größe verändern oder neue Felder aus der Feldliste hinzufügen

- Um einen Bericht von Grund auf neu zu erstellen verwenden Sie die *Entwurfsansicht*

- Mit Hilfe der *Seitenansicht* können Sie vor dem Drucken überprüfen, wie das Ergebnis auf dem Papier aussehen wird

5.1.2 Die OpenReport-Methode

Zum Öffnen eines Reports verwendet man die *OpenReport*-Methode des *DoCmd*-Objekts (vergleichbar mit der *OpenForm*-Methode für Formulare).

Die Syntax zeigt, dass außer dem Berichtsnamen alle weiteren Argumente optional sind:

```
DoCmd.OpenReport(ReportName, [View], [FilterName], [WhereCondition], [WindowMode], [OpenArgs])
```

- *ReportName*
  Der Name des Berichts.

- *View*
  Eine *AcView*-Konstante, die die Ansicht bestimmt, in welcher der Report geöffnet wird .

- *FilterName*
  Namen einer gültigen Abfrage in der aktuellen Datenbank.

- *WhereCondition*
  Eine gültige SQL-WHERE-Bedingung (ohne WHERE).

- *WindowMode*
  Eine *AcWindowMode*-Konstante, welche den Modus angibt, in welcher das Formular geöffnet wird (*acWindowNormal, acHidden, acIcon, acDialog*).

- *OpenArgs*
  Bestimmt die *OpenArgs*-Eigenschaft, mit welcher Parameter an den Report übergeben werden können.

Die *AcView*-Konstanten:

Konstante	Wert	Erklärung
acViewNormal	0	Druckansicht (Standard)
acViewDesign	1	Entwurfsansicht
acViewPreview	2	Seitenansicht (Berichtsvorschau)
acViewPivotTable	3	PivotTable-Ansicht
acViewPivotChart	4	PivotChart-Ansicht
acViewReport	5	Berichtsansicht
acViewLayout	6	Layoutansicht

BEISPIEL: Der Bericht *Mitarbeiter* wird geöffnet, alle Mitarbeiter mit dem Namen "Müller" werden angezeigt.

```
DoCmd.OpenReport "Mitarbeiter", , , "Nachname = 'Müller'"
```

5.1.3 Parameterübergabe

Das *OpenArgs*-Argument der *OpenReport*-Methode kann für die Übergabe zusätzlicher Informationen an den Bericht genutzt werden.

BEISPIEL: Zusätzlich zur WHERE-Bedingung wird ein Datum, welches in einem Textfeld steht, per *OpenArgs* an einen Bericht übergeben.

```
Dim whereCond As String
whereCond = "Anzahl > 100 AND Auslaufartikel = True"        ' WHERE-Bedingung
definieren
DoCmd.OpenReport "Bericht1", acViewPreview, , whereCond, , Text1.Value  ' OpenArgs = Text1.Value
```

Anzeige des Datums im Bericht:

```
Private Sub Report_Open(Cancel As Integer)
    Bezeichnungsfeld0.Caption = "Geräteliste vom " & Me.OpenArgs
    Me.FilterOn = True
End Sub
```

HINWEIS: Eine komplette Anwendung, die die verschiedenen Ansichten eines Reports demonstriert, finden Sie im Praxisbeispiel "Aufruf eines Berichts mit Datenfilter" (Seite 295).

5.2 Wichtige Berichtseigenschaften

Bei der folgenden knappen Zusammenstellung der Eigenschaften, Ereignisse und Methoden werden nur diejenigen näher erläutert, die neu gegenüber dem *Form*-Objekt (siehe Kapitel 4) sind bzw. die sich in ihrer Funktion wesentlich unterscheiden.

5.2.1 Formateigenschaften

Diese Eigenschaften bestimmen das "Outfit" eines Berichts und entsprechen größtenteils denen des *Form*-Objekts.

Eigenschaft	Deutscher Bezeichner	Standard	Erläuterung
AllowLayoutView	Layoutansicht zulassen	True	erlaubt/verbietet Öffnen in Layoutansicht
AllowReportView	Berichtsansicht zulassen	True	erlaubt/verbietet Öffnen in Berichtsansicht
Caption	Beschriftung	Bericht	Text in Titelleiste
DefaultView	Standardansicht	0	0=Seitenansicht, 1=Berichtsansicht
PageHeader, PageFooter	Seitenkopf, Seitenfuß	0	Der Seitenkopf/-fuß wird auf allen Seiten eines Berichts gedruckt (1=außer Berichtskopf, 2=außer Berichtsfuß, außer Berichtskopf/-fuß).

Eigenschaft	Deutscher Bezeichner	Standard	Erläuterung
GrpKeepTogether	Gruppe zusammenhalten	1	Gruppen werden pro Spalte zusammengehalten (0=pro Seite)
GridX, GridY	Raster X, Raster Y	10	Horizontale bzw. vertikale Einheiten des Gitternetzes (Entwurfsansicht)
Height	Höhe		Gesamthöhe aller Bereiche
LayoutForPrint	Drucklayout	*False*	Verwenden von Druckerschriftarten (*True*) oder Bildschirmschriftarten (*False*)
Width	Breite		Breite des Detailbereichs
Picture	Bild	(keines)	Pfad/Dateinamen der anzuzeigenden Bitmap
PictureAlignment	Bildausrichtung		Ort, wo die Hintergrundbitmap erscheinen soll (siehe *Form*-Objekt)
PictureSizeMode	Bildgrößenmodus		Darstellung des Hintergrundbildes (siehe *Form*-Objekt)
PictureTiling	Bild nebeneinander		Bilder nebeneinander anordnen
PictureType	Bildtyp	0	Bild wird als eingebettetes (0) oder verknüpftes (1) Objekt gespeichert
PicturePages	Bildseiten	0	Seite(n), auf welcher ein Bild angezeigt werden soll (alle=0, erste=1, 2=keine)

5.2.2 Dateneigenschaften

Dateneigenschaften bilden eine Untermenge der entsprechenden Eigenschaften des *Form*-Objekts.

Eigenschaft	Deutscher Bezeichner	Standard	Erläuterung
RecordLocks	Datensätze sperren	0	siehe *Form*-Objekt
RecordSource	Datenherkunft		siehe *Form*-Objekt
Filter	Filter		siehe *Form*-Objekt
FilterOn	Filter aktiv	*False*	siehe *Form*-Objekt
FilterOnLoad	Beim Laden filtern	*False*	siehe *Form*-Objekt
OrderBy	Sortiert nach		siehe *Form*-Objekt
OrderByOn	Sortierung aktiv	*True*	siehe *Form*-Objekt
OrderOnLoad	Beim Laden sortieren	*True*	siehe *Form*-Objekt

5.2.3 Grafikeigenschaften

Eigenschaften (Properties) dieser Kategorie stehen im Zusammenhang mit der Ausführung von Grafikmethoden. Für das den Grafikoperationen zugrunde liegende Koordinatensystem sind folgende Eigenschaften maßgebend:

5.2 Wichtige Berichtseigenschaften

Eigenschaft	Standardwert	Erläuterung
ScaleMode	1	Maßeinheit für Koordinatenangaben (Twips)
ScaleWidth, *ScaleHeight*		Anzahl der Einheiten für horizontale oder vertikale Innenabmessungen der Seite
ScaleLeft, *ScaleTop*	0, 0	Koordinaten für linke obere Ecke einer Seite
CurrentX, *CurrentY*	0, 0	Festlegung der aktuellen Koordinaten für Grafikmethoden

ScaleMode

Durch Ändern der *ScaleMode*-Eigenschaft können Sie sich für eine andere Maßeinheit als die standardmäßig angebotenen *Twips* entscheiden:

Wert	Bezeichnung	Erläuterung
0	User	Nutzerdefiniert, siehe *ScaleWidth*, *ScaleHeight*
1	Twips	Standardeinstellung: 1.440 Twips = 1 Inch (Zoll)
2	Point	1 Point = 0,353 mm; 72 Point = 1 Inch
3	Pixel	Entspricht Bildschirmauflösung
4	Character	1 Zeichenhöhe = 1/6 Inch; 1 Zeichenbreite = 1/12 Inch
5	Inch	1 Inch (Zoll) = 2,54 cm
6	Millimeter	1 mm = 56,7 Twips
7	Zentimeter	1 cm = 567 Twips

ScaleLeft und ScaleTop, ScaleWidth und ScaleHeight

Mit Hilfe dieser Eigenschaften lässt sich auf der Berichts-Oberfläche ein vollständiges Koordinatensystem mit positiven und negativen Koordinaten einrichten. Standardmäßig verläuft die y-Koordinate von oben nach unten. Durch geeignete Skalierung können Sie aber auch die gewohnte, von unten nach oben verlaufende y-Achse einstellen.

BEISPIEL: Die Anweisungen:

```
ScaleWidth = 140
ScaleHeight = 130
ScaleLeft = - 10
ScaleTop = - 120
```

definieren das in der folgenden Abbildung gezeigte Koordinatensystem.

Left, Top, Width und Height

Die folgende Abbildung zeigt die Verhältnisse für das *Page*-Ereignis.

Hier entsprechen *Left* und *Top* dem linken und dem oberen Randabstand, wie er im Dialogfeld zum Menübefehl *Seite einrichten/Seitenlayout/Seite einrichten* festgelegt ist. *Width* und *Height* beziehen sich auf die Gesamtabmessungen des vom Berichts- und Seitenkopf, Detailbereich und Seiten- und Berichtsfuß definierten Gebietes, wie es beim Entwurf aufgezoomt werden kann.

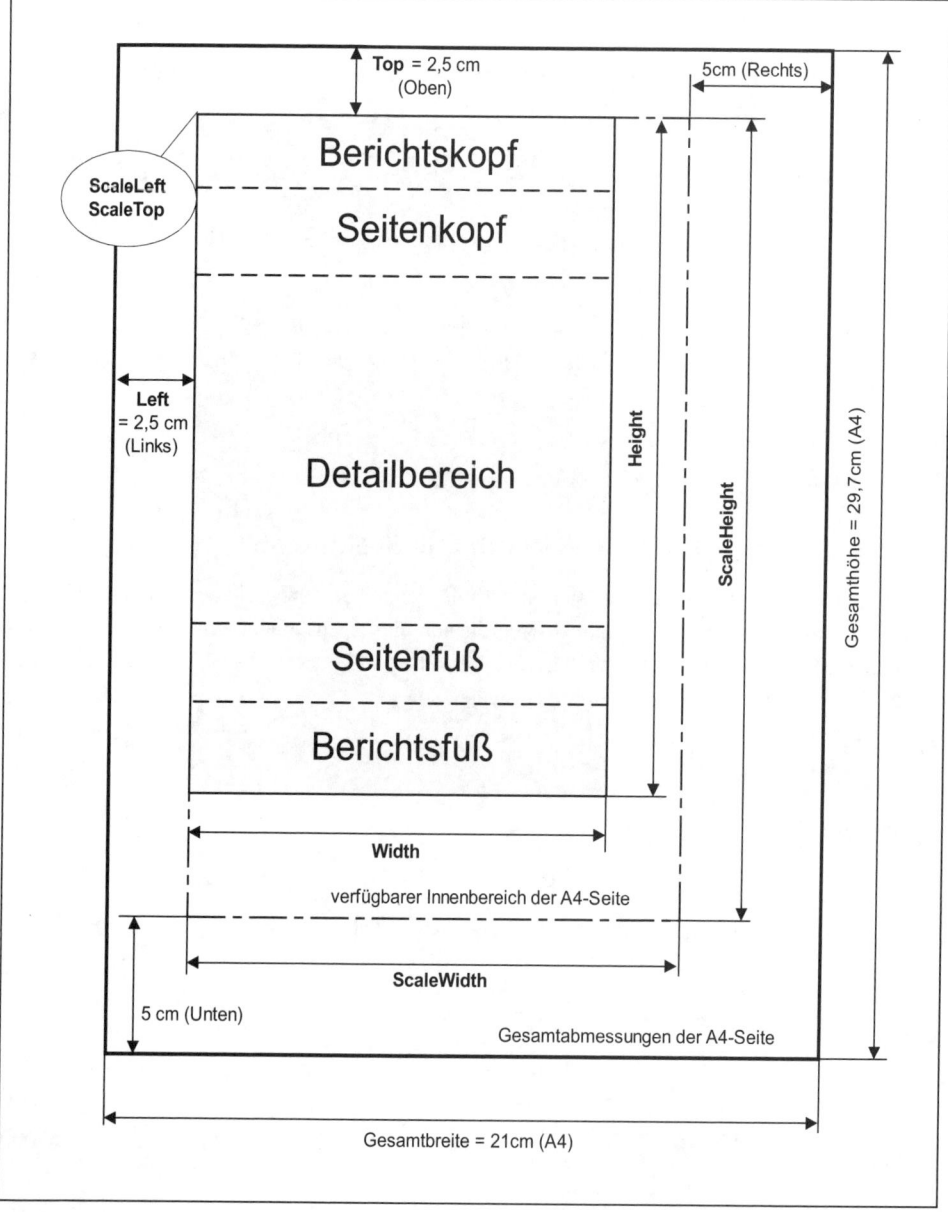

5.2 Wichtige Berichtseigenschaften

> **HINWEIS:** Verwechseln Sie *ScaleLeft, ScaleTop, ScaleHeight* und *ScaleWidth* nicht mit den Eigenschaften *Left, Top, Height* und *Width*!

Die *Scale*-Eigenschaften beziehen sich ausschließlich auf das innere Koordinatensystem des druckbaren Innenbereichs der Berichtsseite und auf die mit *ScaleMode* festgelegte Maßeinheit. Hingegen ist die Bedeutung von *Left, Top, Width* und *Height* davon abhängig, ob sie im *Page*-Ereignis des *Report*-Objekts oder im *Print*- bzw. *Format*-Ereignis eines seiner Bereiche (Detailbereich, Seitenkopf/-fuß, Berichtskopf/-fuß) stehen.

> **HINWEIS:** *Left, Top, Width* und *Height* werden immer in *Twips* interpretiert, sind also unabhängig von der *ScaleMode*-Einstellung!

> **BEISPIEL:** Der folgende Event-Handler liefert die kommentierten Ergebnisse, wenn die Seitenränder des Berichts durchgängig auf 2,5 cm eingestellt wurden (A4-Format) und Kopf-, Fuß- und Detailbereich die beim Entwurf festgelegten Abmessungen haben.

```
Private Sub Report_Page()
  ScaleMode = 7          ' Zentimeter
  Print Left / 567       ' linker Rand = 2,5 cm
  Print Top / 567        ' oberer Rand = 2,5 cm
  Print Height / 567     ' Gesamthöhe Kopf-/Fuß-/Detailbereich = 2 cm
  Print Width / 567      ' Breite Detailbereich = 10 cm
  Print ScaleLeft        ' X-Verschiebung des Koordinatensystems = 0
  Print ScaleTop         ' Y-     "            "             "   = 0
  Print ScaleHeight      ' Höhe des druckbaren Bereichs = 24,7 cm
  Print ScaleWidth       ' Breite des druckbaren Bereichs = 16 cm
End Sub
```

Sie können die Korrektheit überprüfen, indem Sie zum Beispiel zu *ScaleWidth* die linke und die rechte Randbreite addieren. Als Ergebnis erhalten Sie im vorliegenden Fall 21 cm (DIN A4-Breite).

> **HINWEIS:** Wenn Sie nicht innerhalb des *Report_Page*-, sondern innerhalb des *Format*- bzw. *Print*-Events zeichnen wollen, bezieht sich *Height* immer nur auf die Höhe des entsprechenden Bereichs (Detailbereich, Berichtskopf etc.), und der Koordinatenursprung (0,0) liegt in der linken oberen Ecke des Bereichs.

Bemerkungen

- Statt der Eigenschaften *ScaleHeight, ScaleWidth, ScaleLeft* und *ScaleTop* könnten Sie auch die *Scale*-Methode verwenden. Allerdings eignet sich diese nur zum Zuweisen, nicht aber zum Lesen der Abmessungen eines Koordinatensystems.

- Wenn Sie für *ScaleMode* einen Wert größer als 0 einstellen, werden die Eigenschaften *ScaleHeight* und *ScaleWidth* in die neue Maßeinheit geändert. Für *ScaleLeft* und *ScaleTop* wird automatisch der Wert 0 eingestellt. Darüber hinaus ändern sich auch die Einstellungen der Eigenschaften *CurrentX* und *CurrentY*.

CurrentX und CurrentY

Mit diesen Eigenschaften stellen Sie die aktuelle Druckposition für Grafikmethoden ein, wie es das folgende Beispiel zeigt.

BEISPIEL: Etwa in die Mitte der untersten Zeile eines A4-Blattes wird der Text "Hallo" ausgedruckt.

```
Private Sub Report_Page()
  Me.ScaleMode = 7          ' Zentimeter
  CurrentX = 8
  CurrentY = 24
  Print "Hallo"
End Sub
```

HINWEIS: Beachten Sie, dass sich die aktuelle Druckposition (*CurrentX/CurrentY*) nach Abschluss einer Grafikoperation ebenfalls verschoben hat.

5.2.4 Linien- und Stifteigenschaften

Damit legen Sie die Art der Linien fest, mit denen die Grafikmethoden *Line*, *Circle* oder *PSet* zeichnen.

Eigenschaft	Bezeichnung	Standard	Erläuterung
DrawWidth	Linienbreite	1	Stärke der gezogenen Linien
DrawStyle	Linientyp	0	Nur für *DrawWidth* = 1
DrawMode	Zeichnungsmodus	13	Art der Verknüpfung mit dem Hintergrund (*CopyPen*)

DrawWidth und DrawStyle

DrawWidth gibt die Breite einer Linie in Pixel an. Die Voreinstellung ist 1, was einer Breite von 1 Pixel entspricht. Ist der Wert größer als 1, erzeugen die Einstellungen 1 bis 4 für *DrawStyle* eine durchgezogene Linie. Wenn Sie für die *DrawWidth* den Wert 1 wählen, können Sie durch Zuweisen von *DrawStyle* die in der folgenden Übersicht enthaltenen Linienarten für die Methoden *Line* und *Circle* erhalten:

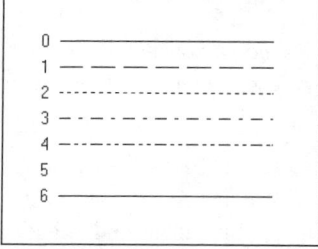

DrawMode

Mit dieser Eigenschaft (1...16) können Sie festlegen, ob und wie sich die für Grafikmethoden verwendete Farbe mit der Hintergrundfarbe des Berichts zur resultierenden Linienfarbe kombiniert. Standardmäßig ist der Wert 13 eingestellt (*CopyPen*), d.h., die Stiftfarbe entspricht der *ForeColor*-Property. Eine Beschreibung der übrigen Einstellungen finden Sie im Übersichtsteil dieses Kapitels (Seite 294).

5.2.5 Schrifteigenschaften

Diese Eigenschaften beziehen sich auf die *Print*-Methode.

Eigenschaft	Bezeichnung	Standardwert	Erläuterung
FontBold	Fettschrift	False	Nicht fett
FontItalic	Kursivschrift	False	Nicht kursiv
FontName	Schriftart		Abhängig von Systemschriftarten
FontSize	Schriftgröße	8	1 Punkt = 0,0353cm (1/72 Zoll)
FontStrikeThru	Durchgestrichen	False	Nicht durchgestrichen
FontUnderline	Unterstrichen	False	Nicht unterstrichen

5.2.6 Farb- und Mustereigenschaften

Für die Ausgabe von Farben und Mustern sind folgende Eigenschaften von Bedeutung:

Eigenschaft	Bezeichnung	Standard	Bemerkung
ForeColor	Textfarbe	Schwarz	Auch Linien- bzw. Rahmenfarbe für Rechtecke und Kreise
FillColor	Füllfarbe	Schwarz	Füllfarbe für Rechtecke und Kreise
FillStyle	Füllmuster	Transparent	Füllmuster für Rechtecke und Kreise
BackColor	Hintergrundfarbe	Weiß	&HFFFFFF

ForeColor und BackColor

Die Eigenschaft *ForeColor* gibt die Farbe an, welche die Methoden *Print*, *Line* und *Circle* für die Ausgabe verwenden. Wenn Sie einen Farbwert in einer Variablen speichern wollen, brauchen Sie den Datentyp *Long*.

BEISPIEL: Die folgende Sequenz druckt "Hallo" in roter Schrift:

```
Dim rot As Long
rot = vbRed
Me.ForeColor = rot
Me.Print "Hallo"
```

Die Eigenschaft *BackColor* können Sie auf bestimmte Bereiche des Berichts anwenden.

BEISPIEL: Die folgende Sequenz färbt den Detailbereich gelb.

```
Private Sub Report_Open(Cancel As Integer)
  Me.Section(0).BackColor = QBColor(14)
End Sub
```

FillColor und FillStyle

Die *FillColor*-Eigenschaft wird nur berücksichtigt, wenn die *FillStyle*-Property nicht transparent ist (also ungleich der Voreinstellung 1!). Die Farbe des Füllmusters hängt von *FillColor* ab.

Die möglichen Werte für *FillStyle* entnehmen Sie bitte der Abbildung.

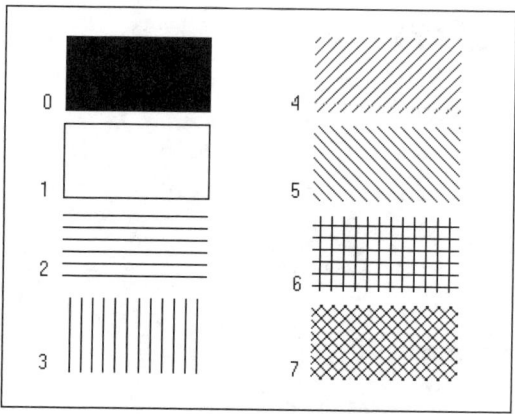

QBColor- und RGB-Funktion

Insgesamt 16 Grundfarben lassen sich mit der *QBColor*-Funktion erzeugen.

Code	Farbe	Code	Farbe	Code	Farbe	Code	Farbe
0	Schwarz	4	Rot	8	Dunkelgrau	12	Hellrot
1	Blau	5	Magenta	9	Hellblau	13	Hellmagenta
2	Grün	6	Ocker	10	Hellgrün	14	Hellgelb
3	Zyan	7	Hellgrau	11	Hellzyan	15	Weiß

BEISPIEL: Die Hintergrundfarbe eines Bildfeldes erhält einen zufälligen Wert:

```
Bild1.BackColor = QBColor(Rnd * 15)
```

Wesentlich feinere Farbabstufungen lassen sich mit der *RGB*-Funktion erreichen, mit welcher Sie aus den drei Grundfarben Rot, Grün und Blau eine beliebige Farbe mischen können.

```
farbe = RGB (rot, grün, gelb)
```

Die Argumente *rot, grün, blau* können Integer-Werte zwischen 0 und 255 annehmen.

Die folgende Tabelle enthält einige Standardfarben mit den zugehörigen Rot-, Grün- und Blau-Anteilen:

Farbe	Rot	Grün	Blau
Schwarz	0	0	0
Blau	0	0	255
Grün	0	255	0
Zyan	0	255	255
Rot	255	0	0
Magenta	255	0	255
Gelb	55	255	0
Weiß	255	255	255

BEISPIEL: Verwendung von *RGB*:

```
rot = RGB(255,0,0)
schwarz = RGB(0,0,0)
```

Farbkonstanten

Für eine Vielzahl von Farben können auch die in VBA integrierten Farbkonstanten wie *vbRed*, *vbWhite* etc. Verwendung finden.

BEISPIEL: Eine rote Stiftfarbe wird eingestellt:

```
Me.ForeColor = vbRed
```

HINWEIS: Eine Zusammenstellung wichtiger Farbkonstanten finden Sie im Übersichtsteil des Kapitels (Seite 294).

5.2.7 Sonstige Eigenschaften

Im folgenden Sammelsurium treffen Sie hauptsächlich solche Eigenschaften an, die es in äquivalenter Bedeutung bereits beim Formular gibt (siehe Kapitel 4).

Eigenschaft	Bezeichnung	Erläuterung
DateGrouping	Datumsgruppierung	Datumsangaben (0 = amerikanisch, 1 = deutsch)
FastLaserPrinting	Schneller Laserdruck	Siehe *Form*-Objekt
HelpFile	Hilfedatei	Siehe *Form*-Objekt
HelpContextID	Hilfekontext	Siehe *Form*-Objekt
Section(n)	Bereich	Siehe Erläuterung unten
Tag	Marke	Siehe *Form*-Objekt

Section

In Analogie zum *Form*-Objekt werden die einzelnen Bereiche eines Berichts durch die *Section*-Eigenschaft (schreibgeschützt) des *Report*-Objekts dargestellt.

Section kann auch als Objekt (quasi als Control) betrachtet werden. Dies ist kein Widerspruch, denn Eigenschaften können bekanntlich wiederum Objekte sein.

Der Index der *Section*-Eigenschaft ist ein *Integer*-Wert, der einen bestimmten Bereich bezeichnet:

Index	Konstante	Beschreibung
0	acDetail	Detailbereich
1	acHeader	Berichtskopfbereich
2	acFooter	Berichtsfußbereich
3	acPageHeader	Seitenkopfbereich
4	acPageFooter	Seitenfußbereich
5	acGroupLevel1Header	Gruppenebene 1 Kopfbereich
6	acGroupLevel1Footer	Gruppenebene 1 Fußbereich
7	acGroupLevel2Header	Gruppenebene 2 Kopfbereich
8	acGroupLevel2Footer	Gruppenebene 2 Fußbereich

Section hat wiederum zahlreiche Eigenschaften (*BackColor*, *AlternateBackColor*, *Visible*, *DisplayWhen* etc.), die man sich am besten anhand von Beispielen verdeutlicht:

BEISPIEL: Der Fußbereich eines Berichts (oder Formulars) wird ausgeblendet:

```
Me.Section(acFooter).Visible = False
```

BEISPIEL: Die Anweisung:

```
Me.Section(acDetail).AlternateBackColor = vbYellow
```

stellt alternierende Zeilenfarbe für den Detailbereich des Berichts (oder Formulars) ein.

HINWEIS: Auch für Steuerelemente können Sie die *Section*-Eigenschaft verwenden, um zu ermitteln, in welchem Bereich eines Formulars oder Berichts sich das Steuerelement befindet.

BEISPIEL: Die Variable *i* wird auf den Wert 2 gesetzt, falls sich das Textfeld *Text30* im Berichtsfußbereich (oder Formularfußbereich) befindet.

```
Dim i As Integer
i = Me!Text30.Section
```

5.3 Berichtsereignisse

Obwohl das eigentliche Medium eines Berichts das Papier und nicht der Bildschirm ist, gibt es bezüglich der Anzahl der Ereignisse (Events) kaum noch Unterschiede zwischen einem Report und einem Formular[1].

5.3.1 Allgemeine Ereignisse

Die folgende Tabelle zeigt wichtige *Report*-Ereignisse:

Ereignisroutine (Event-Handler)	Ereigniseigenschaft (deutsch)
Open(Cancel As Integer)	Beim Öffnen
Close()	Beim Schließen
Activate()	Bei Aktivierung
Deactivate()	Bei Deaktivierung
NoData(Cancel As Integer)	Bei Ohne Daten
Page()	Bei Seite
Error(DataErr As Integer, Response As Integer)	Bei Fehler
ApplyFilter	Bei angewendetem Filter
Filter	Bei Filter
Load	Bei Laden
Unload	Bei Entladen
GotFocus	Bei Fokuserhalt
LostFocus	Bei Fokusverlust
Resize	Bei Größenänderung
Timer	Bei Zeitgeber

Detailbereich, Kopf- und Fußzeile für die Seite bzw. für einen Bericht haben andere Ereignisse:

Ereignisroutine (Event-Handler)	Ereigniseigenschaft (deutsch)
Retreat()	Bei Rücknahme (nur Detailbereich und Berichtskopf/-fuß)
Print(Cancel As Integer, PrintCount As Integer)	Beim Drucken
Format(Cancel As Integer, FormatCount As _ Integer)	Beim Formatieren
Paint	Beim Anzeigen

---

[1] Das betrifft vor allem die Preview- und die Layout-Ansicht des Reports.

Open, Close, Activate, Deactivate, Error

Diese Ereignisse sind äquivalent zu den gleichnamigen Formular-Ereignissen. Dies betrifft auch die Reihenfolge, in der sie auftreten (siehe Kapitel 4).

Page, NoData, Print, Format

Das *Page*-Ereignis wird ausgelöst, nachdem Access die Seite eines Berichts zum Drucken formatiert hat, jedoch bevor die Seite gedruckt wird. Dieses Ereignis wird verwendet, um einen Rahmen für die Seite zu erstellen oder um der Seite andere grafische Elemente hinzuzufügen.

Das *NoData*-Ereignis wird vor dem erstmaligen Auftreten des *Page*-Events ausgelöst. Es tritt ein, nachdem Microsoft Access einen Bericht zum Drucken formatiert hat, der keine Daten enthält (leere Datensatzgruppe), aber bevor der Bericht gedruckt wird. Man verwendet dieses Ereignis um zu verhindern, dass ein leerer Bericht gedruckt wird.

Das *Print*-Ereignis tritt auf, wenn Daten in einem Berichtsbereich zum Drucken formatiert werden, jedoch bevor der Bereich gedruckt wird. Bei *Detailbereichen* wird *Print* für jeden Datensatz im Bereich ausgelöst, unmittelbar bevor die Daten gedruckt werden. In Gruppenköpfen/-füßen tritt *Print* bei jeder neuen Gruppe auf. Hier könnten Sie z.B. Seitensummen berechnen, die in die Kopf- oder Fußzeile gedruckt werden.

Das *Format*-Ereignis wird ausgelöst, wenn Access die Daten ermittelt, die in einen Berichtsbereich gehören, jedoch bevor der Bereich für die Vorschau oder für das Drucken formatiert wird. Das *Format*-Ereignis verwenden Sie auch bei Änderungen, die das Seitenlayout betreffen, wie z.B. das Ein-/Ausblenden von Steuerelementen oder wenn Sie auf Daten aus Bereichen zugreifen müssen, die nicht gedruckt werden (z.B. wenn Sie eine fortlaufende Summe berechnen, aber nur einzelne Seiten des Berichts drucken wollen).

BEISPIEL: Das aktuelle Datum wird fett formatiert an den durch *CurrentX* und *CurrentY* festgelegten Koordinaten ausgegeben:

```
Sub ReportHeader0_Print (Cancel As Integer, PrintCount As Integer)
  Me.FontBold = True
  Me.Print Date()
End Sub
```

BEISPIEL: In der Ereignisprozedur *Detailbereich_Print* wird die Farbe des Rechteck-Hintergrundes nach jeder ausgedruckten Zeile geändert:

```
Dim frb As Boolean

Private Sub Detailbereich_Print(Cancel As Integer, PrintCount As Integer)
    If frb Then
        Rechteck.BackColor = vbYellow
    Else
        Rechteck.BackColor = vbWhite
    End If
    frb = Not frb
End Sub
```

5.3.2 Tastatur- und Mausereignisse

Die meisten der im Folgenden aufgelisteten Ereignisse des *Report*-Objekts treffen nur für die Berichtsansicht (manchmal auch Layoutansicht) zu.

Ereignisroutine (Event-Handler)	Ereigniseigenschaft (deutsch)
KeyDown(KeyCode As Integer, Shift As Integer)	Bei Taste Ab
KeyPress(KeyAscii As Integer)	Bei Taste
KeyUp(KeyCode As Integer, Shift As Integer)	Bei Taste Auf
MouseDown	Bei Maustaste Ab
Click	Beim Klicken
DblClick	Beim Doppelklicken
MouseMove	Bei Mausbewegung
MouseUp	Bei Maustaste Auf
MouseWheel	Bei Mausrad

BEISPIEL: Um das *Click*-Ereignis zu demonstrieren, lassen wir uns mit Assistentenhilfe einen Bericht für die *Artikel*-Tabelle der *Nordwind*-Datenbank generieren und fügen in den Detailbereich ganz rechts eine Befehlsschaltfläche *Befehl1* ein (damit diese Schaltfläche nicht mit ausgedruckt wird, setzen wir deren *Anzeigen*-Eigenschaft auf *Nur am Bildschirm*). Der *Click*-Eventhandler unterscheidet sich nicht von dem eines Formulars:

```
Private Sub Befehl1_Click()
    DoCmd.OpenForm "Artikeldetails", acNormal, , "Artikelnr=" & [ArtikelNr], , acDialog
End Sub
```

Nach Öffnen des Berichts genügt ein Klick auf eine bestimmte Schaltfläche, um das Dialogfeld *Artikeldetails* zu öffnen.

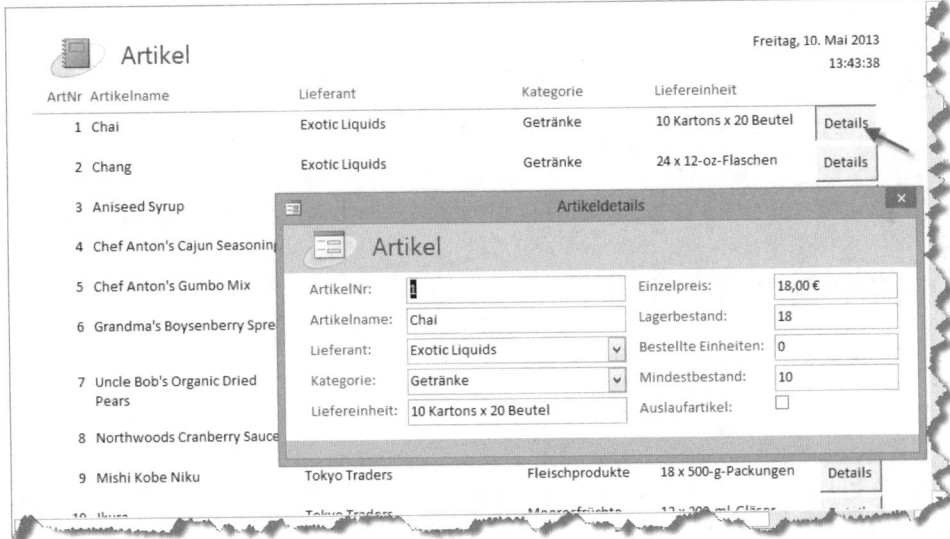

5.4 Berichtsmethoden

Ein wesentlicher Unterschied zwischen Report und Formular ist, dass man auf die Oberfläche eines Reports auch zeichnen kann. Der überwiegende Teil der Methoden eines Reports sind deshalb Grafikmethoden.

5.4.1 Grafikmethoden (Übersicht)

Die im Folgenden erörterten Grafikmethoden werden grundsätzlich nur im *Page*-Ereignis des Reports bzw. im *Print*- bzw. *Format*-Ereignis eines seiner Bereiche ausgeführt.

Methode	Erklärung
Print Ausgabeliste	Druckt Text
Line [[Step](x1, y1)] – [Step](x2, y2)[, [Farbe][, B[F]]]	Zeichnet Linie oder Rechteck
PSet [Step](x, y)[, Farbe]	Setzt einen Punkt
Circle [Step](x, y), Radius[, [Farbe][, [Startwert] [, [Endwert][, Seitenverhältnis]]]]	Zeichnet Kreis oder Kreissegment
TextHeight(Zeichenfolge)/TextWidth(Zeichenfolge)	Gibt Höhe/Breite einer Textzeichenfolge zurück
Scale [(x1, y1) – (x2, y2)]	Definiert Koordinatensystem

5.4.2 Scale

Mit dieser Methode können Sie die umständliche Definition eines Koordinatensystems mit den Eigenschaften *ScaleLeft*, *ScaleTop*, *ScaleWidth* und *ScaleHeight* vermeiden.

Syntax:

```
Scale [(x1, y1) - (x2, y2)]
```

Argumente im Einzelnen:

x1, y1   linke obere Ecke des Koordinatensystems

x2, y2   rechte untere Ecke des Koordinatensystems

BEISPIEL: Die Anweisung:

```
Scale (-10, 120)-(130, -10)
```

führt zum gleichen Koordinatensystem:

```
ScaleWidth = 140
ScaleHeight = 130
ScaleLeft = - 10
ScaleTop = 120
```

HINWEIS: Die *Scale*-Methode ohne Argumente setzt das Koordinatensystem auf die Maßeinheit *Twips* (Standard)!

5.4.3 Line

Diese Methode zieht eine gerade Linie.

Syntax:

`Line [[Step1](x1, y1)] - [Step2](x2, y2)[, [Farbe][, B[F]]]`

Die Argumente in der umfangreichen Parameterliste haben folgende Bedeutung:

Step1   Der Parameter gibt an, dass die Koordinaten des Anfangspunkts relativ zur aktuellen Grafikposition liegen, die durch *CurrentX* und *CurrentY* festgelegt ist.

x1, y1   Dies sind *Single*-Werte, welche die Koordinaten des Anfangspunktes der Linie oder der linken oberen Ecke des Rechtecks bezeichnen. Die Eigenschaften *ScaleMode*, *ScaleLeft*, *ScaleTop*, *ScaleHeight* und *ScaleWidth* legen die verwendete Maßeinheit fest. Werden *x1,y1* nicht angegeben, so beginnt die Linie an der von *CurrentX CurrentY* definierten Position.

Step2   Gibt an, dass die Endpunktkoordinaten relativ zu *x1,y1* liegen.

x2, y2   Dies sind *Single*-Werte für die Endpunktkoordinaten der zu zeichnenden Linie.

farbe   Legt die Farbe für die zu zeichnende Linie fest (*Long*-Wert). Wenn dieses Argument fehlt, wird die *ForeColor*-Eigenschaft verwendet. Sie können für dieses Argument auch direkt die Funktionen *RGB* oder *QBColor* einsetzen.

B   Bewirkt, dass ein Rechteck gezeichnet wird. Die angegebenen Koordinaten bestimmen dabei die linke obere und die rechte untere Ecke des Rechtecks.

F   Kann nur zusammen mit der Option *B* verwendet werden und gibt an, dass das Rechteck mit der Zeichenfarbe ausgefüllt werden soll. Bei B ohne F wird das Rechteck mit der Farbe und dem Muster ausgefüllt, die durch die Eigenschaften *FillColor* und *FillStyle* festgelegt sind.

BEISPIEL: Der folgende Code im *Print*-Ereignis des Seitenkopfes erzeugt dort ein neues Koordinatensystem (200 breit, 100 hoch, positiv verlaufende x- und y-Achse). Der Seitenkopf wird umrahmt und ein Dreieck in die Mitte gezeichnet.

```
Private Sub Seitenkopf_Print(Cancel As Integer, PrintCount As Integer)
    Scale (0, 100)-(200, 0)              ' neues Koordinatensystem
    Line (0, 100)-(200, 0), , B          ' umrahmendes Rechteck
    CurrentX = 100: CurrentY = 75        ' obere Dreieckspitze
    Line -Step(50, -50)                  ' rechte Dreieckkante
    Line -Step(-100, 0)                  ' untere Dreieckkante
    Line -Step(50, 50)                   ' linke Dreieckkante
End Sub
```

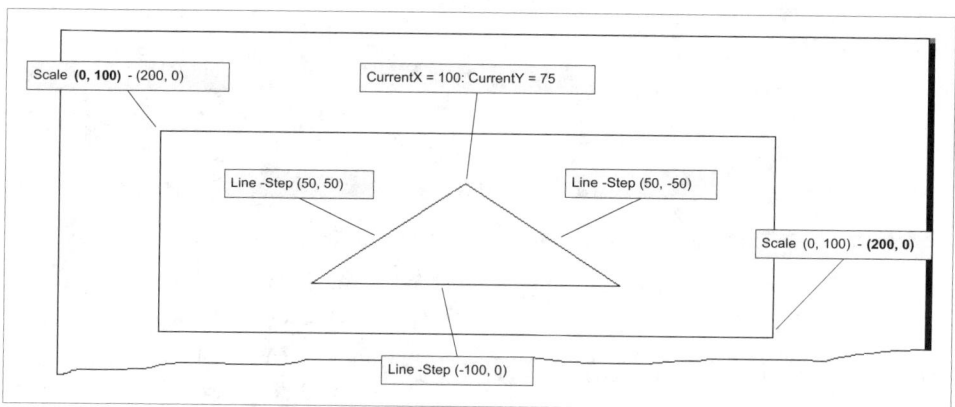

BEISPIEL: Die Anweisung:

`Line (0, 100)-(200, 0), QBColor(12), BF`

würde ein rot ausgefülltes umrahmendes Rechteck erzeugen.

5.4.4 PSet

Damit setzen Sie einen einzelnen Punkt.

Syntax:

`PSet [Step](x, y)[, Farbe]`

Die Argumentliste entspricht im Prinzip der (verkürzten) *Line*-Methode.

BEISPIEL: Umständlich, aber lehrreich: Längs der horizontalen Achse eines Berichts wird mit *PSet* eine rote Linie gezeichnet.

```
Dim mitte As Single, i As Integer
Me.ScaleMode = 3              ' Maßeinheit: Pixel
mitte = Me.ScaleHeight / 2    ' Mittelachse
For = 1 To Me.ScaleWidth
  Me.PSet(i, mitte), QBColor(12)
Next i
```

Bemerkungen

- Die Größe eines Punktes hängt von der Eigenschaft *DrawWidth* ab. Die Art, wie er gezeichnet wird, ist abhängig von den Eigenschaften *DrawMode* und *DrawStyle*.
- Für das Löschen eines Pixels verwenden Sie die Farbe Weiß (&HFFFFFF).

5.4.5 Circle

Damit zeichnen Sie einen Kreis, eine Ellipse oder einen Bogen auf einem *Report*-Objekt.

Syntax:

`Circle [Step](x, y), Radius[, [Farbe][, [Startwert][, [Endwert][, Seitenverhältnis]]]]`

Die Bedeutung der Argumente im Einzelnen:

Step	Gibt an, dass der Mittelpunkt relativ zu den aktuellen Koordinaten liegt
x, y	Definiert die Koordinaten des Mittelpunktes (*Single*-Werte)
radius	Radius (*Single*-Wert)
farbe	Parameter, der die Farbe der Kreislinie angibt (*Long*-Wert). Fehlt dieses Argument, so wird *ForeColor* genommen.
startwert, endwert	Für einen Kreis- oder Ellipsenbogen geben Start- und Endwert die Anfangs- und die Endposition des Bogens an (in Radiant). Standardmäßiger Startwert ist 0 Radiant, standardmäßiger Endwert ist 2 Pi Radiant (Vollkreis).
seitenverhältnis	Das Seitenverhältnis der Ellipse, Standardwert ist 1.0 (Kreis).

Bemerkungen

- Um den Start- bzw. Endwert in Grad angeben zu können, muss jeweils mit *Pi/180* multipliziert werden.

  ```
  Const Pi = 3.1416
  Dim rad As Single, grad As Single
  ...
  rad = grad * Pi / 180
  ```

- Die Winkelangaben zählen immer entgegen der Uhrzeigerrichtung.

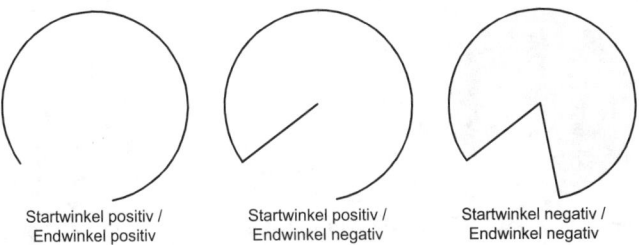

Startwinkel positiv / Endwinkel positiv   Startwinkel positiv / Endwinkel negativ   Startwinkel negativ / Endwinkel negativ

- Sind Start- bzw. Endwert negativ, so wird der jeweilige Radius mit eingezeichnet (Tortenstück).
- Nach Beendigung der *Circle*-Methode sind *CurrentX* und *CurrentY* auf die Mittelpunktskoordinaten eingestellt.
- Linienart und -breite, Füllfarbe und Füllmuster sind abhängig von den Eigenschaften *DrawMode*, *DrawStyle*, *DrawWidth*, *FillColor* und *FillStyle*.

BEISPIEL: Ein Tortendiagramm soll genau in der Mitte einer Berichtsseite erzeugt werden.

Im ersten Schritt zeichnen wir einen (leeren) Vollkreis:

```
Const Pi = 3.14159
Dim mitteX As Single, mitteY As Single, radius As Single
mitteX = Me.ScaleWidth / 2
mitteY = Me.ScaleHeight / 2
radius = Me.ScaleHeight / 4
Me.Circle (mitteX, mitteY), radius
```

Im nächsten Schritt wird die gelb gefüllte "Dreivierteltorte" erzeugt. Dazu müssen Start- und Endwinkel negative Vorzeichen haben.

```
Dim start As Single, ende As Single
start = -0.00000001
ende = -3 * Pi / 2                   ' 270 Grad
Me.FillColor = QBColor(14)           ' gelb
Me.FillStyle = 0                     ' solide Füllung
Me.Circle (mitteX, mitteY), radius, , start, ende
```

Wenn wir diesen Code in das *Page*-Event des Reports einbauen, erscheint das Kreisdiagramm sehr groß (Durchmesser entspricht der Hälfte der Seitenhöhe, ohne Ränder). Wir können den gleichen Code aber auch in das *Print*-Event des Detailbereichs einsetzen. Dann beziehen sich die *Scale*-Eigenschaften auf die von uns eingestellte Höhe und Breite des Detailbereichs, das Kreisdiagramm wird erheblich kleiner ausfallen.

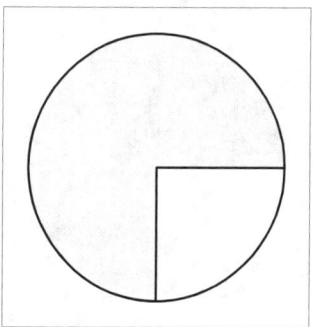

5.4.6 Print

Auch die Textausgabe zählt unter Windows mit zu den Grafikmethoden! Die *Print*-Methode gibt eine Zeichenkette (String) oder auch nur den Wert von Variablen bzw. Funktionen auf einem *Report*-Objekt (oder im *Direkt*-Fenster) aus. Dabei werden die aktuelle Farbe (*ForeColor*) und Schriftart (*Font*-Eigenschaften) verwendet.

Syntax:

```
Print {Spc(n) | Tab(n)} ausdruck zeichPos
```

Die Argumente:

Spc(n) — Wird optional verwendet, um n Leerzeichen auszugeben.

Tab(n) — Wird optional verwendet, um die Druckposition zur n-ten Spaltennummer zu bewegen. Tab ohne Argumente verschiebt die Druckposition zum Anfang des nächsten Ausgabebereichs.

ausdruck — Wird optional ausgedruckt (numerischer Ausdruck oder String)

zeichPos — Legt die Druckposition für das nächste Zeichen fest. Mehrere Ausdrücke können mit
einem Semikolon bzw. einem Leerzeichen getrennt werden.

BEISPIEL: Die folgenden zwei Programmzeilen liefern ähnliche (aber nicht identische) Ergebnisse.

```
Print "Hallo"; Tab(50); "Hallo"

Print "Hallo"; Space(50); "Hallo"
```

5.4.7 TextWidth und TextHeight

Beide Methoden geben die Breite bzw. Höhe einer Textzeichenfolge zurück.

Syntax:

```
TextHeight(Zeichenfolge)
```

bzw.

```
TextWidth(Zeichenfolge)
```

Mit *TextWidth/TextHeight* werden die horizontale bzw. vertikale Ausdehnung einer Textzeichenfolge in der mit *Scale* festgelegten Maßeinteilung ermittelt, wenn der Bericht formatiert und gedruckt wird. Das Ergebnis ist abhängig von den Schriftarteigenschaften (*FontName*, *FontSize* etc.). Sind Wagenrücklaufzeichen enthalten, so ermittelt *TextWidth* die Breite der längsten Zeile (vom Zeilenanfang bis zum Wagenrücklaufzeichen). *TextHeight* gibt in diesem Fall die kumulierte Höhe der Zeilen zurück, inklusive des normalen Abstandes über und unter jeder Zeile.

Sie können die von den Methoden *TextWidth* und *TextHeight* zurückgegebenen Werte verwenden, um den erforderlichen Platz für mehrere Textzeilen innerhalb eines Berichts zu berechnen.

BEISPIEL: Der Event-Handler druckt die Überschrift eines Berichtes 20 Pixel unterhalb des oberen Randes zentriert aus:

```
Private Sub Report_Page()
  Dim schrift As String
  schrift = "Produktbericht"
  Me.ScaleMode = 3           ' Pixel
```

```
    Me.FontSize = 24
    CurrentY = 20
    CurrentX = (Me.ScaleWidth - Me.TextWidth(schrift)) / 2
    Me.Print schrift
End Sub
```

5.4.8 Sonstige Methoden

Andere Report-Methoden als die für Grafikausgaben sind sehr spärlich, erwähnenswert sind eigentlich nur *Requery* (Datenaktualisierung in einem Unterbericht) und *SetTabOrder* (Tabulatorenreihenfolge im Detailbereich).

5.5 Weitere Features des Report-Objekts

Im Folgenden wollen wir Ihnen einige speziellere Features vorstellen, wie sie im Wesentlichen erst ab Access 2007 eingeführt wurden.

5.5.1 Rich-Text-Felder drucken

Bekanntlich kann man jetzt auch HTML-Steuerzeichen für die Formatierung von Text- bzw. Memofeldern verwenden. Setzen Sie dazu die *TextFormat*-Eigenschaft auf *Rich-Text*. Zusätzlich kann man die *Vergrößerbar*-Eigenschaft (*CanGrow*) auf *True* setzen.

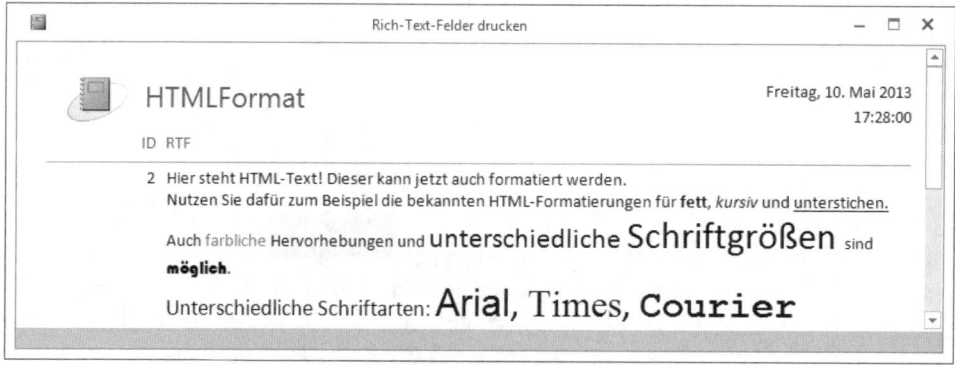

Sollten Sie die *TextFormat*-Eigenschaft auf *Nur-Text* gestellt haben, wird Ihnen der entsprechende HTML-Code des Datenfeldes angezeigt:

```
<div>Hier steht HTML-Text! Dieser kann jetzt auch formatiert werden. </div>

<div>Nutzen Sie dafür zum Beispiel die bekannten HTML-Formatierungen für <strong>fett</strong>,
<em>kursiv </em>und <u>unterstichen. </u></div>

<div>Auch <font color=red>farbliche </font><font
style="BACKGROUND-COLOR:#FFFF00">Hervorhebungen </font>und <font size=5>unterschiedliche
</font><font
size=6>Schriftgrößen </font>sind <font face="Bauhaus 93">möglich</font>.</div>
```

5.5.2 Verlauf eines Memofeldes drucken

Haben Sie die "Nur anfügen"-Eigenschaft eines Memofeldes aktiviert, werden alle Änderungen an diesem Feld mit Datumsstempel dokumentiert. Da dies kein reiner Selbstzweck ist, wollen Sie den Verlauf (bzw. die Historie) zusammen mit dem aktuellen Inhalt ausdrucken.

Hier hilft Ihnen die *Application.ColumnHistory*-Methode weiter:

ColumnHistory(Tabellenname, SpaltenName, Suchstring)

Tabellenname und *Spaltenname* dürften selbsterklärend sein, der *Suchstring* entspricht einer SQL WHERE-Klausel (ohne WHERE) bzw. dem Suchstring bei einem *Find*. Hier können Sie also den Primärschlüssel zur Suche einsetzen.

Entwerfen Sie wie gewohnt den Bericht, fügen Sie ein zusätzliches *Textfeld* ein und legen Sie dessen *Steuerelementinhalt* wie folgt fest:

=ColumnHistory([Datensatzquelle];"Bemerkung";"[ID]=" & Nz([ID];0))

Starten Sie den Bericht in der Druckvorschau und schnüffeln Sie in der "Vergangenheit" herum:

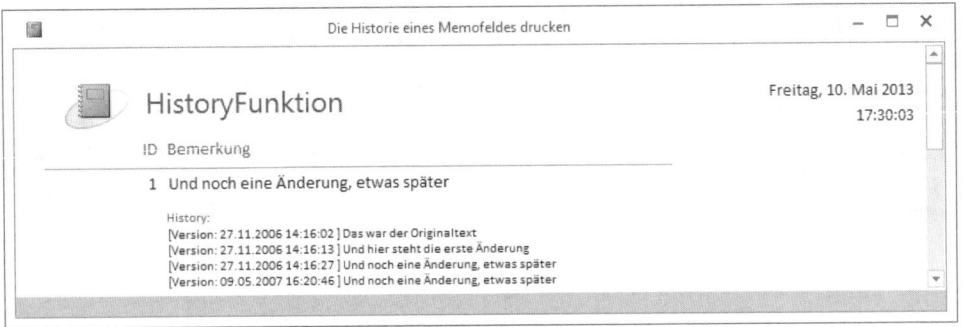

5.5.3 Eine Liste der Anlagen drucken

Seit Access 2007 besteht die Möglichkeit, Bilder, Dokumente etc. als Anlage in einer Tabelle zu speichern. Da Sie auch mehrere Anlagen pro Feld verwalten können, ist es sicher interessant, die Liste der enthaltenen Anlagen zu ermitteln.

Variante 1 (Gruppierung)

Den Zugriff auf den Inhalt des Anlagefeldes erhalten Sie über ein geschachteltes Recordset (quasi die Detaildatensätze). Dieses wird auch in der Liste der verfügbaren Datenfelder angezeigt und kann für die Gestaltung des Reports genutzt werden (siehe folgende Abbildung).

Ziehen Sie einfach das Feld *FileName* in den Detailbereich des Berichts und Sie erhalten eine Liste aller Anlagen. Allerdings wird in diesem Fall der übergeordnete Datensatz mehrfach aufgelistet.

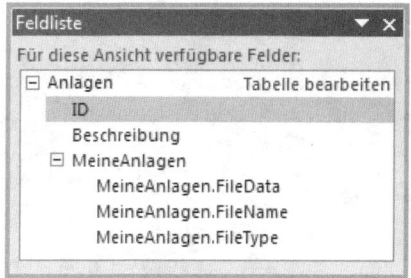

Um dies zu verhindern, gruppieren Sie die Daten einfach nach der ID des übergeordneten Datensatzes bzw. eines anderen Feldes.

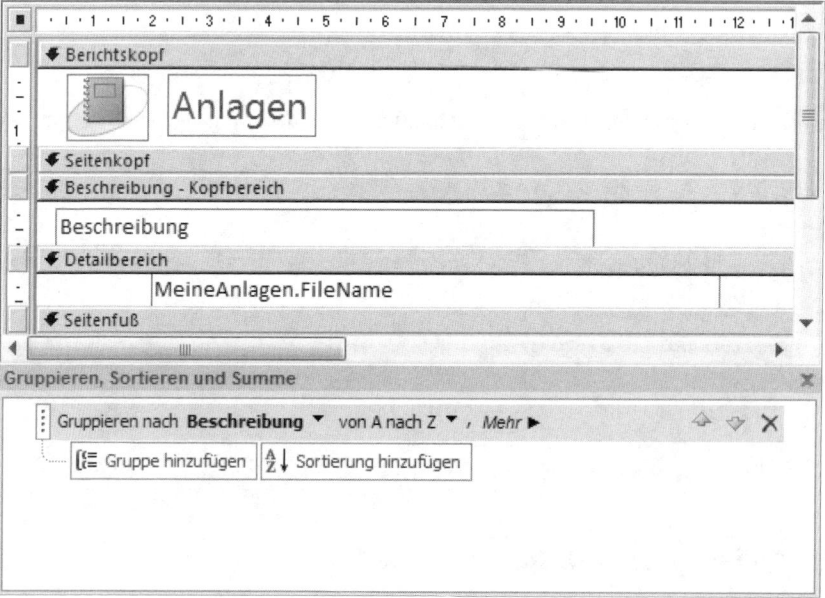

Der resultierende Bericht:

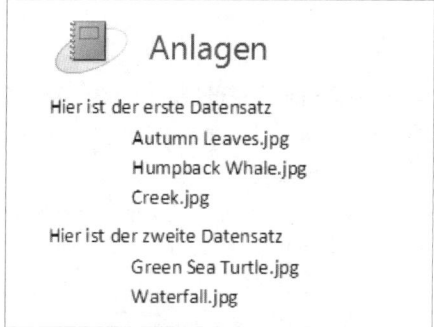

Variante 2 (VBA)

Wollen oder können Sie die Daten nicht gruppieren, bleibt Ihnen noch der Weg über ein zusätzliches *Recordset*. Mit diesem können Sie direkt auf die einzelnen Einträge des Anlage-Feldes zugreifen, wie es das folgende kleine Beispiel beschreibt.

BEISPIEL: Auslesen der Anlage-Feld-Details

```
Option Explicit
```

Ein extra Recordset definieren:

```
Private rst As Recordset
```

Das Recordset wird mit dem Öffnen des Reports initialisiert (gleiche Daten wie der Report):

```
Private Sub Report_Open(Cancel As Integer)
    Set rst = CurrentDb().OpenRecordset("Anlagen", dbOpenTable)
    rst.Index = "PrimaryKey"
End Sub
```

Mit der folgenden Funktion wird zunächst der passende Datensatz gesucht und anschließend ein Recordset für die Detaildaten (Anlagefeld) erzeugt.

```
Private Function GetAnlagen() As String
    Dim rsta As Recordset
    Dim s As String
    Dim i As Integer

    s = ""
    rst.Seek "=", Id.value
    Set rsta = rst.Fields("MeineAnlagen").value
```

Mit diesem Recordset können Sie die einzelnen Anlagen abarbeiten (wir erzeugen eine Textliste):

```
    Do While Not rsta.EOF
        s = s & Format(i, "00 : ") & rsta!filename & vbCrLf
        rsta.MoveNext
        i = i + 1
    Loop
    rsta.Close
    Set rsta = Nothing
    GetAnlagen = s
End Function
```

Alles was nun noch bleibt, ist das Zuweisen der obigen Funktion als *Steuerelementinhalt* eines Textfeldes:

```
=GetAnlagen()
```

Die folgende Abbildung zeigt das Endergebnis:

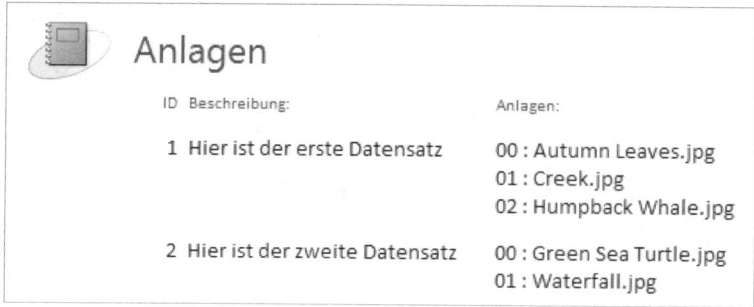

5.5.4 Berichte nachträglich filtern

Nachdem Sie einen Bericht entworfen haben, können Sie die getroffene Auswahl der Datensätze ändern bzw. weiter einschränken.

Variante 1 (IDE)

Mit der Version 2007 wurden auch erweiterte Filteroptionen in der Layout- bzw. der Berichtsansicht implementiert, die Sie unter anderem über die Kontextmenüs der einzelnen Datenfelder erreichen.

Wählen Sie beispielsweise den Filter "Ist gleich Getränke" wird dieser sofort auf die aktuelle Ansicht angewendet. Auf diese Weise können Sie einzelnen Spalten neue Filter hinzufügen bzw. diese über den entsprechenden Menüpunkt "Filter löschen aus [Spaltenname]" auch wieder deaktivieren.

5.5 Weitere Features des Report-Objekts

Variante 2 (VBA)

Dass derartige Filter auch aus VBA-Sicht problemlos realisierbar sind, dürfte nach einem Blick in die Eigenschaften des Berichts schnell klar werden:

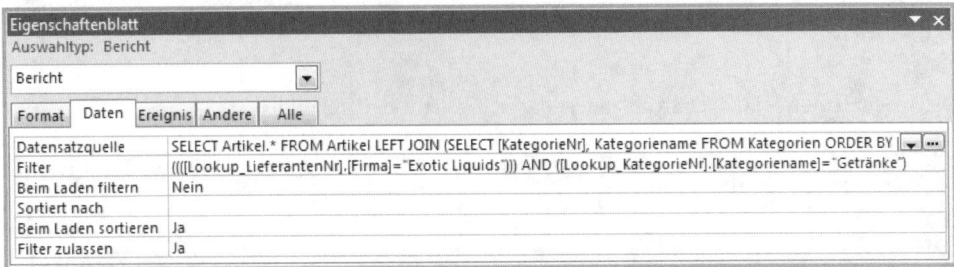

Es wird lediglich der *Filter*-Eigenschaft ein entsprechender Ausdruck zugewiesen, was wir auch aus dem Programm heraus realisieren können.

BEISPIEL: Filtern von Daten über eine Schaltfläche im Berichtskopf

```
Private Sub Befehl24_Click()
    Me.Filter = "([Lookup_LieferantenNr].[Firma]=""Exotic Liquids"")"
    Me.FilterOn = True
End Sub
```

Bemerkungen

- Möchten Sie dieses Feature den Nutzern Ihrer Berichte vorenthalten, was bei vordefinierten Reports durchaus sinnvoll ist, können Sie die Berichtseigenschaft "Filter zulassen" auf *False* setzen.

- Setzen Sie die Eigenschaft "Beim Laden filtern" auf *False,* andernfalls kann es schnell passieren, dass ein bereits vergessener Filter noch aktiv ist.

5.5.5 Berichte als PDF-Datei exportieren

Access bietet auch eine integrierte Funktionalität für den PDF-Export. Über das Menüband (*Externe Daten/Exportieren/PDF oder XPS*) steht Ihnen die gewünschte Funktion zur Verfügung.

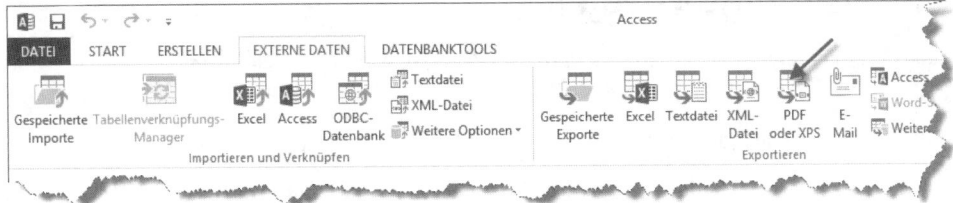

Alternativ können Sie den Export jedoch auch per Visual Basic-Code auslösen:

BEISPIEL: Export im PDF-Format

```
Sub ExportAlsPDF()
   DoCmd.OutputTo acOutputReport, "Berichte nachträglich filtern", acFormatPDF, "c:\Test.pdf", _
         True
End Sub
```

Nach dem Export wird, wenn vorhanden, der Acrobat-Reader aufgerufen:

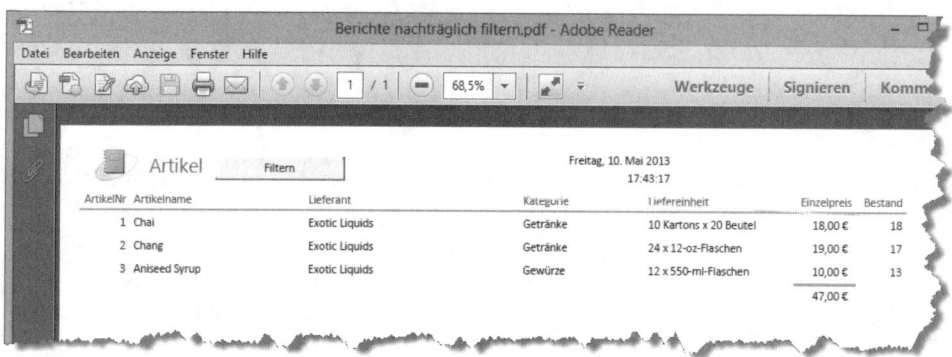

5.5.6 Berichte als RTF-Datei exportieren

Gleich einen Dämpfer vorweg: Dieses Feature funktioniert nur rudimentär, viele Formatierungen werden in der exportierten RTF-Datei nicht oder nur unvollständig wiedergegeben.

BEISPIEL: Export des Reports *Artikel* in das RTF-Format

```
Sub ExportAlsWord
   DoCmd.OutputTo acOutputReport, "Artikel", acFormatRTF, "c:\Test.rtf", True
End Sub
```

Neben Objekttyp, Objektname, Format und Dateiname (optional; alternativ fragt Access nach dem Dateinamen) können Sie auch gleich die verknüpfte Anwendung starten lassen (in diesem Fall Microsoft Word).

5.6 Das Printer-Objekt

Auch Access-Programmierer können auf das *Printer*-Objekt bzw. die *Printers*-Collection zugreifen. Doch da gibt es einige Einschränkungen:

- Das *Printer*-Objekt dient nur zur Konfiguration bzw. zur Abfrage der Drucker-Einstellungen
- Das *Printer*-Objekt stellt keinen DC (Gerätekontext) zur Verfügung, damit sind alle Wege zum direkten API-Zugriff verbaut

5.6 Das Printer-Objekt

- Das *Printer*-Objekt verfügt über keinerlei Methoden, diese sind dem übergeordneten Objekt (Bericht) zugeordnet

Lassen Sie sich aber von diesen Einschränkungen nicht beeindrucken. Allein die Möglichkeiten zur Druckerauswahl und Konfiguration sind schon mehr als nur einen Blick wert.

5.6.1 Wo finde ich das Printer-Objekt?

Auf ein *Printer*-Objekt können Sie über

- das *Application*-Objekt,
- die *Application.Printers*-Collection,
- das *Report*-Objekt oder
- das *Form*-Objekt

zugreifen. In allen Fällen handelt es sich zunächst um den aktuell als Standard eingerichteten Systemdrucker. Ändern Sie die Einstellungen des Druckers über *Application.Printer,* ändern sich die Druckeinstellungen für die gesamte Anwendung. Anders bei *Report.Printer* und *Form.Printer.* Hier ändern sich nur die Optionen für das gerade ausgewählte Objekt.

HINWEIS: Ist auf Ihrem System kein Drucker installiert bzw. eingerichtet, kommt es zum Laufzeitfehler 2205, sobald Sie auf eines der *Printer*-Objekte zugreifen. Berücksichtigen Sie dies mit einer entsprechenden Fehlerbehandlung.

5.6.2 Die Printers-Collection

Wie bereits erwähnt, stellt das *Application*-Objekt Ihnen eine Liste (Collection) aller verfügbarer Drucker zur Verfügung. Diese *Printers*-Collection können Sie zum einen zur Anzeige der jeweiligen Druckereigenschaften nutzen, zum anderen besteht auch die Möglichkeit, einen neuen Drucker auszuwählen.

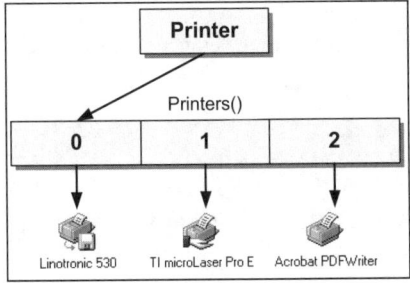

Einige Beispiele werden für Klarheit sorgen.

BEISPIEL: Anzeige des aktuellen Druckers im Direktfenster

```
Sub Test()
  Debug.Print Application.Printer.DeviceName
End Sub
```

BEISPIEL: Anzeige aller installierten Drucker im Direktfenster

```
Sub AllPrinters()
  Dim prn As Printer
  For Each prn In Application.Printers
    Debug.Print prn.DeviceName
  Next
End Sub
```

```
Direktbereich
Microsoft XPS Document Writer
Fax
\\P2660\HP LaserJet 4L
|
```

Auf die einzelnen Elemente der *Printers*-Collection können Sie über die folgenden Varianten zugreifen:

```
Printers!<Gerätename>
Printers("Gerätename")
Printers(Index)
```

HINWEIS: Beachten Sie, dass die Groß-/Kleinschreibung des Gerätenamens von Bedeutung ist. Greifen Sie über den Index auf einen Drucker zu, beginnt die Liste bei 0 (null).

5.6.3 Auswahl eines Druckers

Möchten Sie einen neuen Drucker auswählen, genügt es, wenn Sie dem jeweiligen *Printer*-Objekt ein neues Element aus der *Printers*-Collection zuweisen.

BEISPIEL: Zuweisen eines neuen Druckers

```
Set Application.Printer = Application.Printers(2)
```

Allerdings werden Sie wohl in den seltensten Fällen von dieser simplen Methode Gebrauch machen können. Meist ist es so, dass Sie dem Nutzer die Auswahl des Druckers überlassen wollen/müssen.

BEISPIEL: Auswahl eines Druckers über eine Dialogbox

Mit dem Laden des Formulars füllen wir ein Kombinationsfeld mit den Namen der installierten Drucker:

5.6 Das Printer-Objekt

```
Private Sub Form_Load()
 Dim prn As Printer
  For Each prn In Application.Printers
    Kombinationsfeld1.AddItem prn.DeviceName
  Next
```

Der aktuell gewählte Drucker wird im Kombinationsfeld angezeigt:

```
  Kombinationsfeld1.Value = Application.Printer.DeviceName
End Sub
```

Wählt der Nutzer einen Drucker aus, überschreiben wir das *Printer*-Objekt mit dem neuen Objekt. Gleichzeitig zeigen wir ein Dialogfeld mit dem neuen Namen an:

```
Private Sub Kombinationsfeld1_Change()
  Set Application.Printer = Application.Printers(Kombinationsfeld1.Value)
  MsgBox "Aktueller Drucker: " & Application.Printer.DeviceName
End Sub
```

Der Klick auf die Schaltfläche *Drucken* gibt den Bericht *Bericht1* auf dem gewählten Drucker aus:

```
Private Sub Button1_Click()
    DoCmd.Close acForm, Me.Name
    DoCmd.OpenReport "Bericht1"
End Sub
```

Das zugehörige Formular zeigt die folgende Abbildung:

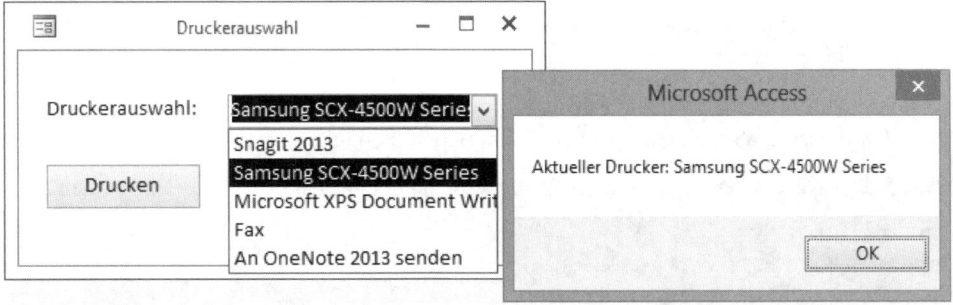

HINWEIS: Beachten Sie, dass der Drucker vor dem Aufruf eines Berichts ausgewählt werden muss. Weiterhin dürfen *Printer*-Eigenschaften nicht aus dem Bericht heraus geändert werden (Ereignismethoden), sondern nur über ein aufrufendes Formular bzw. eine aufrufende Prozedur.

BEISPIEL: Die folgende Anweisung ist nicht zulässig und führt zu einem Laufzeitfehler.

```
Private Sub Report_Open(Cancel As Integer)
 Set Me.Printer = Application.Printers(2)   ' -> Fehler
 ...
```

> **HINWEIS:** Die Einstellungen über *Application.Printer* gehen mit dem Beenden der Access-Anwendung verloren, d.h., Sie müssen diese eventuell in der Registry sichern und beim Neustart wiederherstellen.

5.6.4 Speichern von Berichts-Optionen

Im Gegensatz zum *Application.Printer*-Objekt ist es bei Formularen und Berichten möglich, die geänderten Druck-Einstellungen zu sichern. Beim erneuten Aufruf stehen die alten Optionen automatisch wieder zur Verfügung.

Zwei Weg bieten sich an:

- Einstellen der Optionen über den Dialog *Seite einrichten*
- Ändern der *Report.Printer*-Eigenschaften und Sichern des Berichts

Die zweite Variante ist mit relativ geringem Aufwand aus dem Quellcode heraus realisierbar.

> **BEISPIEL:** Ändern der Seitenausrichtung auf "Querformat" und Auswahl des Fax-Druckers
>
> ```
> Dim rep As Report
>
> DoCmd.OpenReport "Report1", acViewDesign, , , acHidden
> Set rep = Reports("Report1")
> rep.Printer = Application.Printers(2)
> rep.Printer.orientation = acPRORLandscape
> DoCmd.Close acReport, "Report1", acSaveYes    ' Sichern der Optionen
> ```

Ändern Sie mit einer der beschriebenen Methoden die Druck-Optionen, legt Access automatisch eine spezielle Datenstruktur an, in der die *Printer*-Eigenschaften gesichert werden.

Sie können im späteren Programmverlauf über die Abfrage der *UseDefaultPrinter*-Eigenschaft (*True/ False*) testen, ob spezielle Optionen für ein Bericht/Formular vorhanden sind.

> **BEISPIEL:** Ändern der Report-Einstellungen, wenn noch keine Optionen festgelegt wurden
>
> ```
> Dim rep As Report
> DoCmd.OpenReport "Report1", acViewDesign, , , acHidden
> Set rep = Reports("Report1")
> If rep.UseDefaultPrinter Then
>   rep.Printer = Application.Printers(2)
> ...
> ```

Damit dürften Sie die wichtigsten Möglichkeiten in Bezug auf das *Printer*-Objekt in Access kennen gelernt haben. Was bleibt, ist eine Zusammenfassung der *Printer*-Eigenschaften.

5.6.5 Eigenschaften des Printers

Die folgende Tabelle zeigt die wichtigsten Eigenschaften und deren Bedeutung.

Eigenschaft	Beschreibung/Hinweise
ColorMode	*acPRCMMonochrome* = monochrome Druckausgabe (Graustufen), *acPRCMColor* = farbige Druckausgabe
Copies	Die Anzahl der Kopien (Lesen/Schreiben)
DeviceName, DriverName, Port	... Informationen über den aktuellen Drucker Beispiel: Linotronic, winspool, LPT1
Duplex	... legt fest, ob und wie eine Seite beidseitig bedruckt wird
Orientation	Ausrichtung der Seite (*acPRORLandscape* = Querformat, *acPRORPortrait* = Hochformat)
PaperBin	Bestimmt, woher das Papier für den Druck kommt: *acPRBNAuto*, *acPRBNCassette*, *acPRBNEnvelope*, *acPRBNEnvManual*, *acPRBNFormSource*, *acPRBNLargeCapacity*, *acPRBNLargeFmt*, *acPRBNLower*, *acPRBNManual*, *acPRBNMiddle*, *acPRBNSmallFmt*, *acPRBNTractor*, *acPRBNUpper*
PaperSize	Die Papier- bzw. Seitengröße, z.B. *acPRPSA3* = DIN A3, 297 x 420 mm *acPRPSA4* = DIN A4, 210 x 297 mm *acPRPSA4Small* = DIN A4 klein, 210 x 297 mm *acPRPSA5* = DIN A5, 148 x 210 mm
PrintQuality	Die Druckqualität: *acPRPQDraft* = Entwurfsauflösung *acPRPQLow* = Geringe Auflösung *acPRPQMedium* = Mittlere Auflösung *acPRPQHigh* = Hohe Auflösung Der Rückgabewert ist die Auflösung in DPI (Dots Per Inch)

Neben den oben aufgeführten Eigenschaften, die Sie zum Beispiel über das *Application.Printer*-Objekt abrufen und setzen können, gibt es auch eine Reihe von Eigenschaften, die Report-spezifisch sind:

Eigenschaft	Beschreibung
BottomMargin	Der untere Seitenrand in Twips (567 Twips = 1 cm)
ColumnSpacing	Spaltenabstand (Fehler in der Online-Hilfe)
DataOnly	Ist dieser Wert *True*, werden nur die eigentlichen Daten, nicht die Oberflächenelemente der Datenblattansicht gedruckt
DefaultSize, ItemSizeHeight, ItemSizeWidth	Ist dieser Wert *False*, werden die Werte *ItemSizeHeight* und *ItemSizeWidth* für die Bestimmung der Größe des Detailabschnitts herangezogen, andernfalls werden die Werte ignoriert
ItemsAcross	Die Anzahl der Spalten pro Seite
ItemLayout	Legt die Druckrichtung bei mehrspaltigen Reports fest
LeftMargin	Der linke Seitenrand in Twips

Eigenschaft	Beschreibung
RightMargin	Der rechte Seitenrand in Twips
RowSpacing	Zeilenabstand (Fehler in der Online-Hilfe)
TopMargin	Der obere Seitenrand in Twips

5.7 Direkte Druckausgabe

Erinnern Sie sich noch an die Möglichkeiten der Druckerausgabe unter DOS? Wenn ja, dann dürften Ihnen die folgenden Zeilen recht bekannt vorkommen.

```
Open "LPT1" For output As #1
Print #1 ,"bla bla ..."          ' Ausgabe Text
Print #1 , Chr(12)               ' neue Seite
Close #1                         ' Ausgabe schließen
```

Die gleiche Vorgehensweise ist auch unter Windows bzw. Access möglich, sollte jedoch weitgehend vermieden werden. Zum einen "verschenken" Sie die Möglichkeiten, die der jeweilige Druckertreiber bietet, zum anderen machen Sie Ihr Programm wieder hardwareabhängig. Dies insbesondere wenn es darum geht, bestimmte Zeichensätze auszuwählen oder bestimmte Schriftattribute (Kursiv, Fett etc.) zu aktivieren. Zwangsläufig werden Sie sich wieder mit den bekannten (und berüchtigten) ESCAPE-Seqenzen beschäftigen müssen. Die Folge: Ihr Programm läuft mit dem Drucker des Herstellers A, aber nicht mehr mit einem Drucker des Herstellers B. Warum dann dieser Aufwand? Die Antwort findet sich wie so oft in den praktischen Gegebenheiten. Beispielsweise werden noch vielfach sehr spezielle Formular-Drucker eingesetzt, für die es keine sinnvollen Windows-Treiber gibt.

5.8 Übersichten

5.8.1 DrawMode-Eigenschaft

Code	Erläuterung
1	Schwarzer Stift
2	Inverse Einstellung 15 (*NotMergePen*)
3	Kombination der Hintergrundfarbe mit der inversen Stiftfarbe (*MaskNotPen*)
4	Inverse Einstellung 13 (*NotCopyPen*)
5	Kombination der Stift- mit der inversen Hintergrundfarbe (*MaskPenNot*)
6	Invertieren der Hintergrundfarbe (*Invert*)
7	XOR-Kombination der Stift- und der Hintergrundfarbe (*XorPen*)
8	Inverse Einstellung zu 9 (*NotMaskPen*)
9	Kombination der Stift- und der Hintergrundfarbe (*MaskPen*)
10	Inverse Einstellung zu 7 (*NotXorPen*)

Code	Erläuterung
11	Keine Operation (*NOP*)
12	Kombination der Hintergrund- mit der inversen Stiftfarbe (*MergeNotPen*)
13	Voreinstellung, die Stiftfarbe entspricht der ForeColor-Property (*CopyPen*)
14	Kombination der Stiftfarbe und der inversen Hintergrundfarbe (*MergePenNot*)
15	Kombination der Stiftfarbe und der Hintergrundfarbe (*MergePen*)
16	Weißer Stift

5.8.2 Farbkonstanten

Konstante	Wert	Beschreibung
vbBlack	&H0	Schwarz
vbRed	&HFF	Rot
vbGreen	&HFF00	Grün
vbYellow	&HFFFF	Gelb
vbBlue	&HFF0000	Blau
vbMagenta	&HFF00FF	Magenta
vbCyan	&HFFFF00	Zyan
vbWhite	&HFFFFFF	Weiß

5.9 Praxisbeispiele

5.9.1 Aufruf eines Berichts mit Datenfilter

Report-Objekt: *FilterOn*-Eigenschaft, Berichts-Ansicht, Layout-Ansicht, Zeilen nummerieren; *DoCmd*-Objekt: *OpenReport*-Methode; *CDate*- und *Format*-Funktion; *Select Case*-Anweisung; *OptionGroup*-Steuerelement; *Application*-Objekt: *TempVars*-Auflistung;

In vielen Fällen erfolgt der Aufruf eines Berichts nicht direkt, sondern aus einem vorgeschalteten Formular heraus (über Menüleiste oder Schaltfläche). Dabei werden im Allgemeinen die für die Filterung der anzuzeigenden Datensätze notwendigen Parameter vorher interaktiv im Formular festgelegt.

Für den Aufruf des Berichts über die *OpenReport*-Methode des *DoCmd*-Objekts gibt es verschiedene Möglichkeiten:

- *DoCmd.OpenReport Berichtsname, Ansicht, Filtername, Bedingung*
- *DoCmd.OpenReport Berichtsname, Ansicht, Filtername*
- *DoCmd.OpenReport Berichtsname, Ansicht*

Wir wollen uns hier auf die erste Variante beschränken. Als Beispiel stellen wir uns die Aufgabe, das Anlagevermögen der Tabelle *BGA* unserer Beispieldatenbank für ein bestimmtes Zeitfenster aufzulisten.

Dazu brauchen wir zwei neue Access-Objekte: Ein Formular und einen Bericht.

Oberfläche des Formulars

Da es sich um ein reines Bedienformular handelt, bleibt die Eigenschaft *Datensatzquelle* unbesetzt. Verändern Sie aber die Eigenschaften *Datensatzmarkierer* und *Navigationsschaltflächen* in *Nein*.

Beide Textfelder sind ungebunden. Rechts befindet sich eine ungebundene *Optionsgruppe* mit fünf *Optionsfeld*ern zur Auswahl der gewünschten Ansicht.

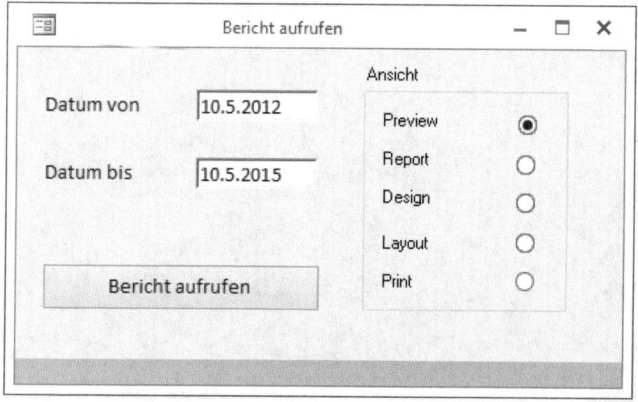

Quelltext für Formular

Zu Beginn werden standardmäßige Datumswerte eingestellt:

```
Private BeginnDatum As Date, EndeDatum As Date
Private Filter1 As String


Private Sub Form_Load()           ' Start
  BeginnDatum = Date - 365        ' vor etwa einem Jahr
  EndeDatum = Date                ' heute
  Text1.Value = Format$(BeginnDatum, "d.m.yyyy")
  Text2.Value = Format$(EndeDatum, "d.m.yyyy")
End Sub
```

Die Datumswerte sollen in der Report-Überschrift erscheinen und werden deshalb in der folgenden Prozedur als globale Variablen gespeichert. Hauptaufgabe aber ist die Definition des Filters, wobei die Datumsvariablen in "englische" Strings umformatiert werden müssen (siehe SQL-Kapitel 15):

```
Private Sub setFilter1()          ' setzt globale Variablen und Filter
  TempVars![Datum1] = Text1.Value
  TempVars![Datum2] = Text2.Value
```

5.9 Praxisbeispiele

```
    BeginnDatum = CDate(Text1.Value)
    EndeDatum = CDate(Text2.Value)
    Filter1 = "RDatum BETWEEN " & Format$(BeginnDatum, "\#m\/d\/yyyy\#") & _
            " AND " & Format$(EndeDatum, "\#m\/d\/yyyy\#")
End Sub
```

Der Bericht wird nun durch Übergabe entsprechender *AcView*-Konstanten (siehe Seite 263) mit der gewünschten Ansicht aufgerufen:

```
Private Sub Befehl1_Click()          ' Bericht aufrufen
    Call setFilter1
    Select Case Rahmen1.Value
        Case 1:  DoCmd.OpenReport "Bericht1", acViewPreview, , Filter1     ' Seiten-Ansicht
        Case 2:  DoCmd.OpenReport "Bericht1", acViewReport, , Filter1      ' Report-Ansicht
        Case 3:  DoCmd.OpenReport "Bericht1", acViewDesign, , Filter1      ' Entwurfs-Ansicht
        Case 4:  DoCmd.OpenReport "Bericht1", acViewLayout, , Filter1      ' Layout-Ansicht
        Case 5:  DoCmd.OpenReport "Bericht1", acViewNormal, , Filter1      ' Drucken
    End Select
End Sub
```

Oberfläche des Berichts

Öffnen Sie einen neuen Bericht in der Entwurfsansicht. Ändern Sie gleich zu Beginn die Standardeigenschaften des Berichts entsprechend der folgenden Abbildung:

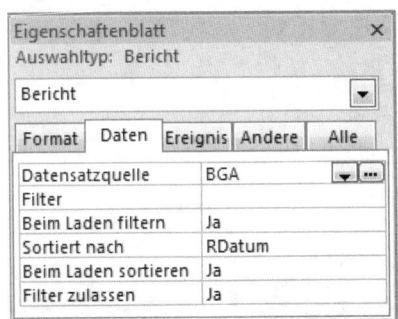

Sind Sie mit dem Berichtsgenerator einigermaßen vertraut, dürfte es für Sie keine Hürde sein, die in der folgenden Abbildung gezeigte Oberfläche "zusammenzuschieben".

Beachten Sie folgende Besonderheiten:

- Die Überschrift ist in einem *Bezeichnungsfeld* untergebracht und wird durch Setzen der *Caption*-Eigenschaft erst zur Laufzeit mit den Datumsangaben komplettiert.

- Um die Datensätze in der *LfdNr*-Spalte durchzunummerieren, legen Sie die Eigenschaft *Steuerelementinhalt* des Textfelds auf "=1" fest und die Eigenschaft *Laufende Summe* auf "Über Alles".

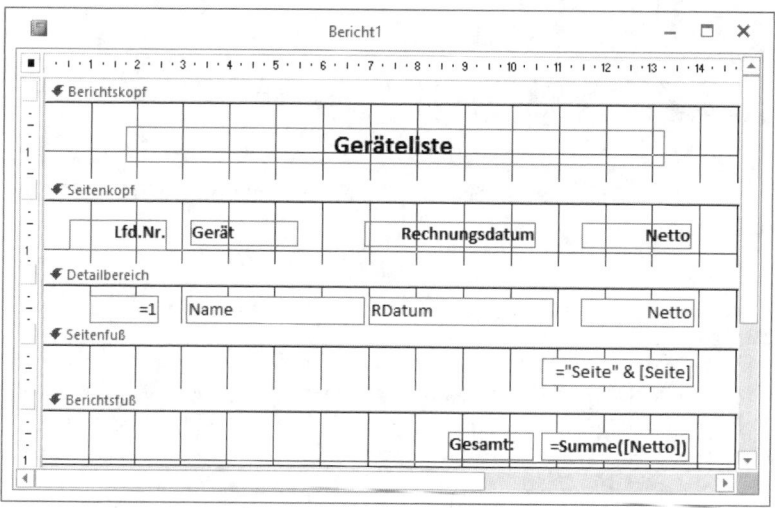

Quelltext des Berichts

Beim Öffnen des Berichts werden die Seitenüberschrift angepasst und das Filter eingeschaltet:

```
Private Sub Report_Open(Cancel As Integer)
    Bezeichnungsfeld0.Caption = "Geräteliste vom " & Format$(TempVars![Datum1], "d.m.yyyy") & _
                    " bis " & Format$(TempVars![Datum2], "d.m.yyyy")
    Me.FilterOn = True
End Sub
```

Test

Öffnen Sie das Formular, geben Sie ein Anfangs- und ein Enddatum ein und überzeugen Sie sich von den Besonderheiten der verschiedenen Report-Ansichten.

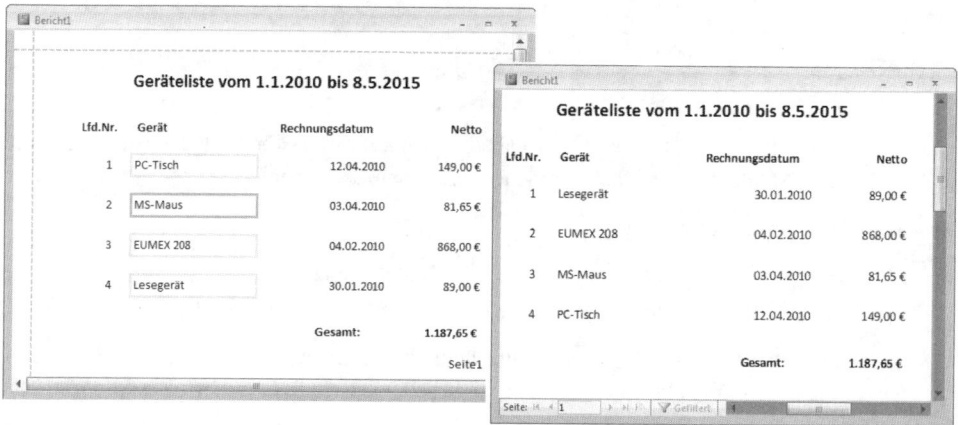

Bemerkungen

- Die Layout-Ansicht erlaubt es Ihnen, auch zur Laufzeit am Erscheinungsbild des Berichts herumzudoktern (Steuerelemente verschieben etc.). Dazu muss die Eigenschaft *AllowLayoutView* ("Layoutansicht zulassen") des Reports *True* sein (Standard).

- Die Übergabe von Datumsangaben etc. an den Report ist auch über den *OpenArgs*-Parameter von *DoCmd.OpenReport* möglich (siehe Seite 263), sodass auf globale Variable (wie im vorliegenden Beispiel) verzichtet werden kann.

- Wenn Sie wollen, können Sie im *OpenReport*-Ereignis auch noch bestimmte Formatierungen setzen, z.B. eine alternierende Zeilenfarbe einstellen (siehe *Section*-Objekt Seite 271):

```
Me.Section(acDetail).AlternateBackColor = vbYellow
```

5.9.2 Im Report gruppieren und rechnen

Report-Objekt: *Format*-Ereignis; Funktionszuweisungen in *ControlSource*-Eigenschaft; *Format*-Funktion; *Date*-Typ; Gruppieren (Report);

Für das Finanzamt soll eine Übersicht über das Anlagevermögen (Tabelle *BGA* der Beispieldatenbank dieses Kapitels) erstellt werden und zwar getrennt für Anschaffungen unter- und oberhalb der 400-Euro-Grenze (bezogen auf den Netto-Anschaffungspreis).

Die hier vorgestellte Lösung zeigt, wie man die Fähigkeiten des Berichtsgenerators sinnvoll durch VBA-Code ergänzen kann.

Oberfläche

Öffnen Sie einen neuen Bericht, dessen *Datensatzquelle* auf *BGA* zu setzen ist. Aktivieren Sie über das Kontextmenü die Ansicht *Berichtskopf/-fuß*.

Bestücken Sie die Oberfläche wie folgt mit *Bezeichnungs-* und *Textfeld*ern (von oben nach unten, von links nach rechts):

Berichtskopf	Ein Bezeichnungsfeld (*Bezeichnungsfeld0*)
Seitenkopf	Vier Bezeichnungsfelder (*Bezeichnungsfeld1* bis *Bezeichnungsfeld4*)
Detailbereich	Vier Textfelder (*Text1* bis *Text4*), *Text2* und *Text4* werden über ihre *Steuerelementinhalt*-Eigenschaft direkt mit den Feldern *Name* und *Netto* verbunden.
Gruppenkopf	Um, wie abgebildet, einen Gruppenbereich für das Kriterium "*Netto < 400*" einzufügen, wählen Sie den Befehl *Gruppieren und sortieren (*Registerkarte *Gruppierung und Summen*) und stellen im entsprechenden Dialog die Sortierkriterien gemäß der Abbildung ein.

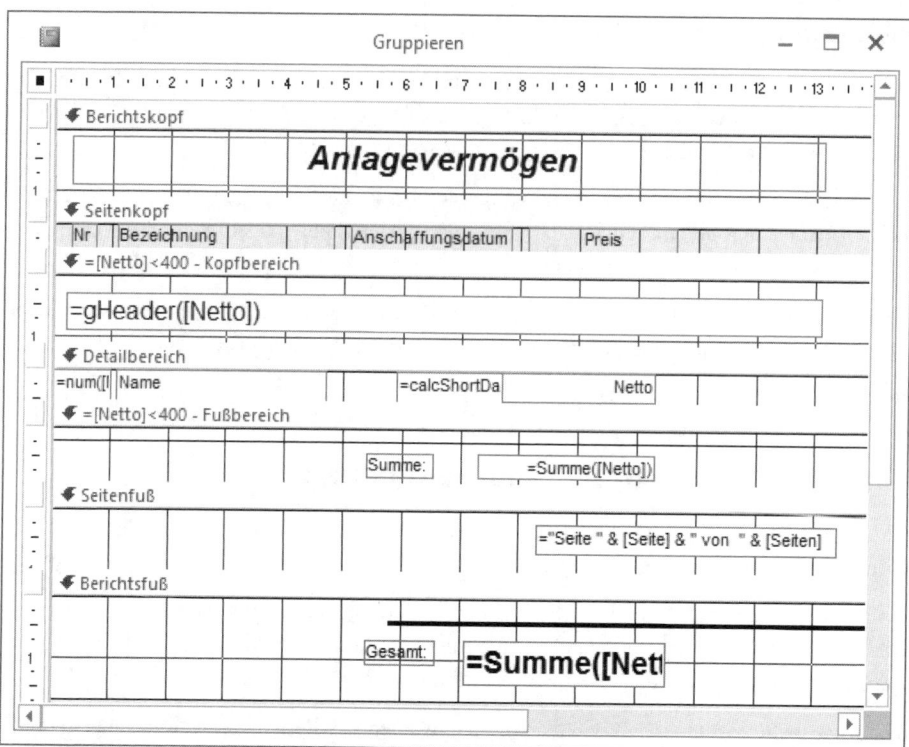

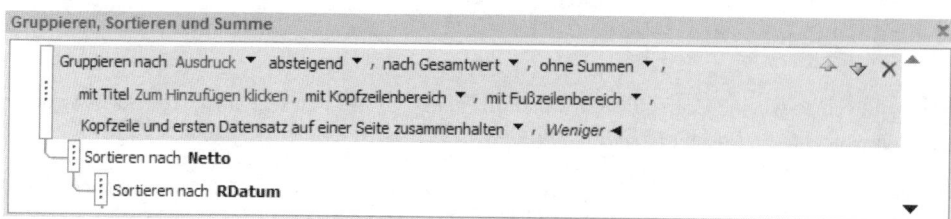

Innerhalb der Gruppe wird nach fallenden Nettobeträgen geordnet, bei Gleichheit wird das Rechnungs-datum herangezogen. Die variable Zwischenüberschrift erscheint in einem später anzubindenden Textfeld (*Text5*).

Gruppenfuß   Ein vorerst ungebundenes Textfeld (*Text6*) dient der Anzeige der jeweiligen Gruppensumme.

Seitenfuß   Am unteren Rand rechts soll die Seitenziffer (und die Gesamtanzahl der Seiten) in einem Textfeld (*Text7*) bereitgestellt werden. Den Steuerelementinhalt weisen wir am besten mit dem Ausdrucks-Generator zu (*Gebräuchliche Ausdrücke*, *Seite N von M*, Schaltfläche *Einfügen*).

Berichtsfuß   Hier soll in einem, vorerst ungebundenen, Textfeld (*Text8*) die Gesamtsumme erscheinen.

5.9 Praxisbeispiele

Bereits in diesem Zwischenstadium können Sie den Bericht erstmalig starten. Name und Nettopreis aller Geräte müssen, in zwei Gruppen aufgeteilt, aufgelistet werden. Vergessen Sie aber nicht, die *Format*-Eigenschaft der Textfelder (*Text4* bis *Text9*) auf *Währung* bzw. *Euro* umzustellen.

Quelltext

```
Private nrg, nrb As Integer                          ' Zähler für lfd. Nr

Private Function calcShortDate(RDatum As Date) As String   ' Kurzform Monat/Jahr aus Datum
ermitteln
  calcShortDate = Format$(RDatum, "mm\/yy")
End Function

Private Function num(netto As Currency) As String     ' zählt BGA u. GWG getrennt
If netto >= 400 Then
  nrg = nrg + 1
  num = Str(nrg) & "."                               ' BGA
Else
  nrb = nrb + 1
  num = Str(nrb) & "."                               ' GWG
End If
End Function

Private Function gHeader(netto As Currency) As String  ' setzt Gruppenüberschrift
If netto < 400 Then
  gHeader = "II. Geringerwertige Gebrauchsgüter (GWG)"
Else
  gHeader = "I.  Betriebsgrundausrüstungen (BGA)"
End If
End Function

Private Sub Gruppenkopf0_Format(Cancel As Integer, FormatCount As Integer)
  nrg = 0                              ' Zähler bei Gruppenanfang initialisieren
  nrb = 0
End Sub

Private Sub Report_Open(Cancel As Integer)   ' Start
' Zuweisen der Steuerelementeinhalte:
  Text1.ControlSource = "=num([Netto])"      ' lfd. Nr. innerhalb Gruppe
  Text3.ControlSource = "=calcShortDate([RDatum])"
  Text5.ControlSource = "=gHeader([Netto])"  ' Zwischenüberschrift für Gruppen
  Text6.ControlSource = "=Sum([Netto])"
  Text8.ControlSource = Text6.ControlSource  ' Endsumme
End Sub
```

Test

Öffnen Sie den Bericht und überzeugen Sie sich von seiner Funktionsfähigkeit:

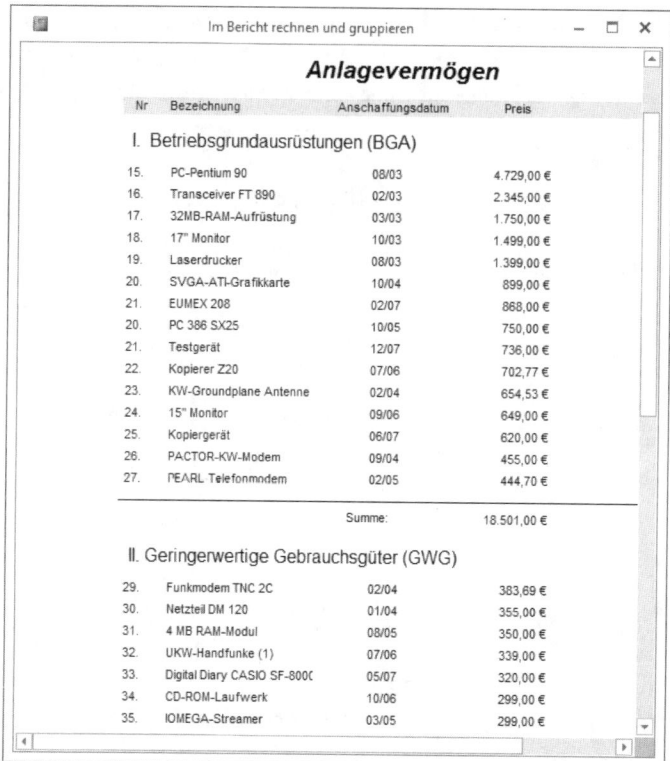

Bemerkungen

- Natürlich hätten wir statt der direkten Zuweisung der *ControlSource*-Eigenschaft auch die Eigenschaft *Steuerelementinhalt* für die noch ungebundenen Textfelder direkt in der Entwurfsansicht des Formulars setzen können. Allerdings sind dabei Besonderheiten in der Schreibweise zu beachten. Statt der Kommas sind Semikolons als Trennzeichen innerhalb der Liste der Übergabeparameter zu verwenden, und für die Aggregatfunktionen sind die deutschen Bezeichner einzusetzen.

5.9 Praxisbeispiele

BEISPIEL: Statt des VBA-Codes

`Text7.ControlSource ="=Sum(calcAfA([RDatum],[Netto],[AfA]))"`

können Sie auch den *Steuerelementinhalt* von *Text7* zur Entwurfszeit mittels Ausdrucks-Editor zuweisen:

`=Summe(calcAfA([RDatum];[Netto];[AfA]))`

- Die *CreateGroupLevel*-Methode ist leider nur zur Entwurfszeit verfügbar und damit lediglich zur Unterstützung der Entwicklung eigener Berichtsassistenten sinnvoll. Ebenfalls mit Einschränkungen verwendbar sind die gruppenspezifischen Eigenschaften *SortOrder*, *Group-On*, *GroupInterval*, *KeepTogether* etc.

5.9.3 Erstellen und Drucken eines Diagramms

Diagramm; SQL: Abfrage, SUM, INNER JOIN, GROUP BY

Schluss mit langweiligen Listen! In diesem Beispiel entwerfen wir ein Diagramm und fügen dieses als Unterbericht in unseren Report ein.

HINWEIS: Seit Access 2013 wird das Pivot-Diagramm nicht mehr unterstützt. Sie müssen mit dem *Diagramm*-Control oder Microsoft Excel arbeiten.

Entwurf Abfrage

Bevor Sie sich gleich an den Diagrammentwurf machen, sollten Sie zunächst die Daten entsprechend aufbereiten, sodass 1:n-Beziehungen auch mit den gewünschten Detaildatensätzen dargestellt werden können. Dazu verwenden Sie am besten eine Access-Abfrage.

Für unser Beispiel möchten wir die erzielten Umsätze der einzelnen Lieferfirmen berechnen. Dazu benötigen wir die folgenden Tabellen.

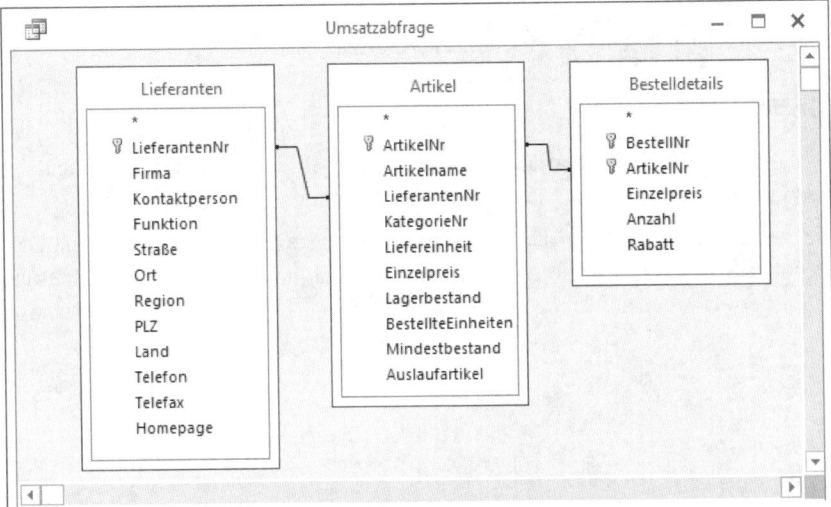

Die entsprechende SQL-Abfrage liefert uns zwei Spalten und für jede Firma die Summe der Umsätze:

```
SELECT
   Lieferanten.Firma,
   SUM(Bestelldetails.Einzelpreis*Bestelldetails.Anzahl) AS Bestellsumme
FROM
   Lieferanten INNER JOIN
      (Artikel INNER JOIN Bestelldetails ON Artikel.ArtikelNr =
      Bestelldetails.ArtikelNr) ON
         Lieferanten.LieferantenNr = Artikel.LieferantenNr
GROUP BY
   Lieferanten.Firma;
```

Das Ergebnis der Abfrage zeigt die folgende Abbildung:

Firma	Bestellsumme
Aux joyeux ecclésiastiques	163.135,00 €
Bigfoot Breweries	23.776,80 €
Cooperativa de Quesos 'Las Cabras'	26.768,80 €
Escargots Nouveaux	6.664,75 €
Exotic Liquids	35.916,80 €
Forêts d'érables	66.266,70 €
Formaggi Fortini s.r.l.	51.030,00 €
Gai pâturage	126.582,00 €
G'day, Mate	69.636,60 €
Grandma Kelly's Homestead	43.569,00 €
Heli Süßwaren GmbH & Co. KG	40.818,00 €
Karkki Oy	29.804,00 €
Leka Trading	44.935,80 €

Datensatz: 16 von 29 — Kein Filter — Suchen

Speichern Sie die Abfrage unter dem Namen *Umsatzabfrage* ab.

Erstellen Bericht

Markieren Sie die neue Abfrage Umsatzabfrage und wählen Sie im Menüband die Funktion *ERSTELLEN/Berichtsentwurf*. Es öffnet sich der Berichtsdesigner.

Verkleinern Sie den Detailbereich des neuen Berichts und fügen Sie in den Kopfbereich ein Diagramm ein. Der daraufhin eingeblendete Assistent kümmert sich um die nächsten Schritte und nimmt uns zunächst etwas Arbeit ab.

5.9 Praxisbeispiele

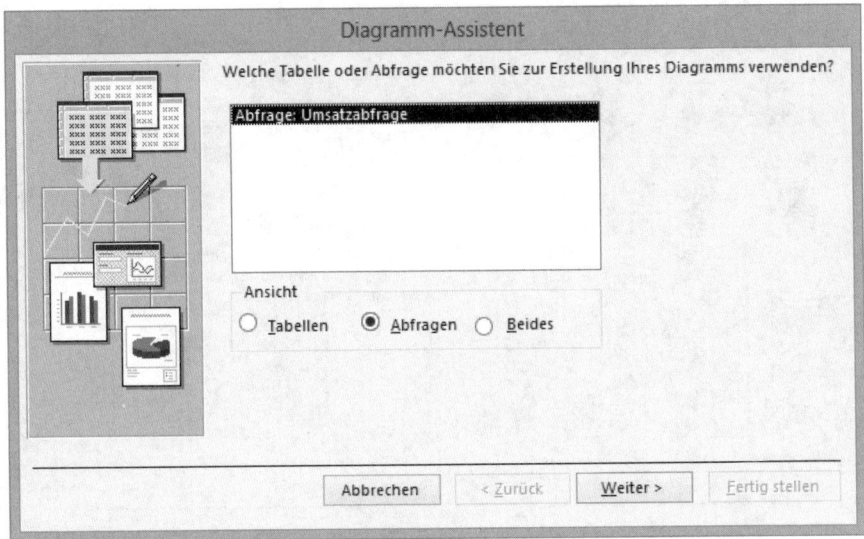

Wir benötigen beide Felder der Abfrage (Zeilen und Spalten):

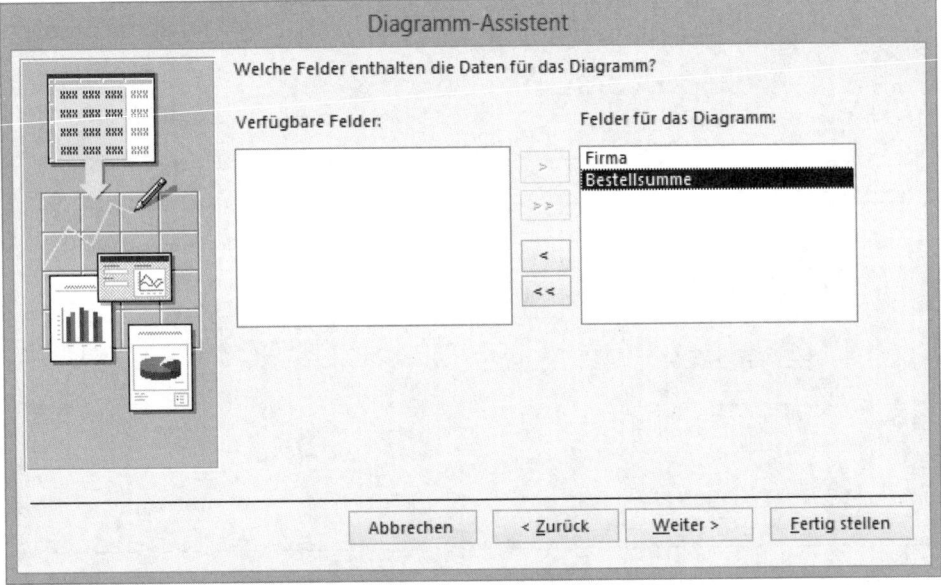

Nachfolgend müssen Sie sich für einen Diagrammtyp entscheiden. Dabei sollten Sie die Anzahl der Zeilen/Spalten berücksichtigen, damit diese auch sinnvoll dargestellt werden können.

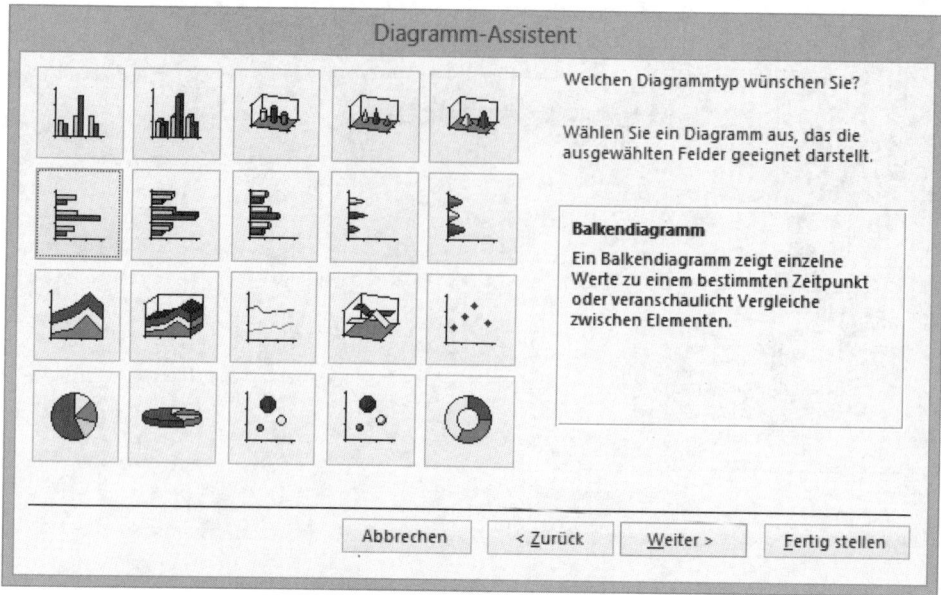

Der Assistent hat bereits die richtige Zuordnung von x- und y-Achse getroffen:

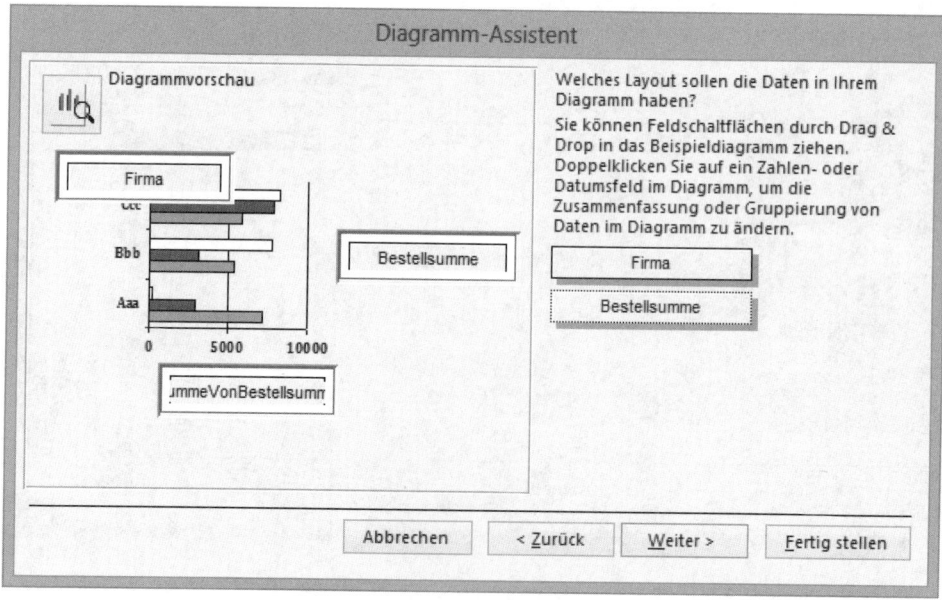

Damit können wir den Assistenten beenden und das Diagramm optisch anpassen.

Mit einem Doppelklick öffnen Sie das *Diagramm*-Objekt und können jetzt wie in Excel an den Elementen des Diagramm "herumspielen", d.h. Schriftarten und Formatierungen setzen, Elemente ausblenden (Legende) etc.

5.9 Praxisbeispiele

HINWEIS: Wundern Sie sich nicht, dass zur Entwurfszeit nur ein Platzhalter-Diagramm angezeigt wird, zur Laufzeit erscheint das gewünschte Diagramm.

Passen Sie nun noch das Seitenformat an und schon können Sie die Druckvorschau aufrufen:

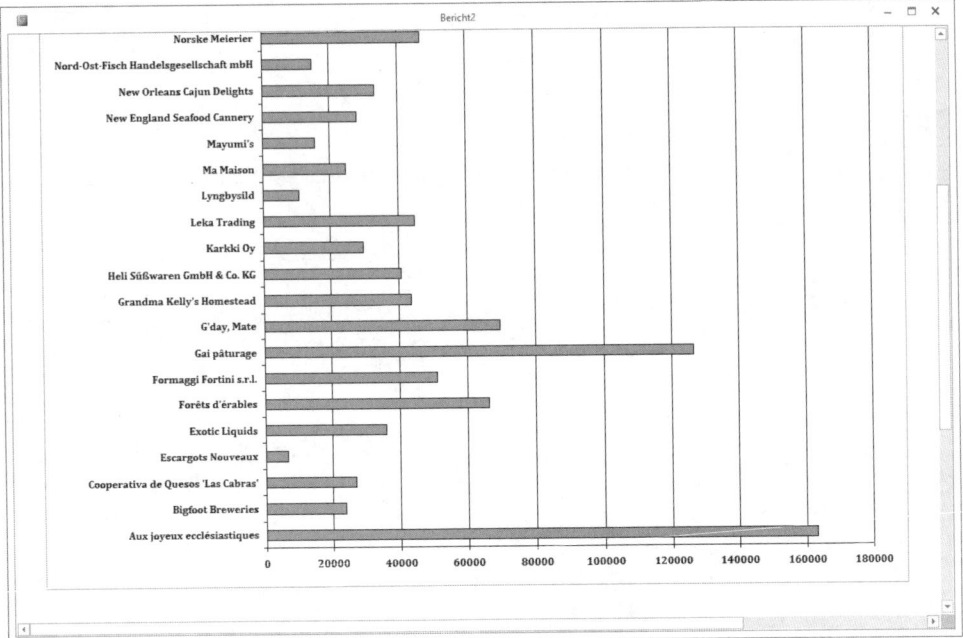

5.9.4 Berichte in Formularen anzeigen

Unterbericht; Formular

Sie können auch einen Bericht als Unterbericht in einem Formular anzeigen lassen und somit gleich eine Vorschau auf das spätere Druckergebnis generieren.

Bericht erstellen

Erstellen Sie zunächst per Assistent einen einfachen Bericht für die Tabelle *Artikel* (siehe Beispieldatenbank). Speichern Sie diesen unter dem Namen *Artikel* ab.

Formular erstellen

Erzeugen Sie jetzt (ebenfalls per Assistent) ein Formular für die Tabelle *Kategorien*. Ziehen Sie in der Entwurfsansicht den schon erstellten Bericht *Artikel* per Drag & Drop in das Formular, um diesen als Unterbericht einzufügen (siehe Laufzeitansicht). Verbinden Sie Formular und Unterbericht über die Eigenschaften *Verknüpfen nach* bzw. *Verknüpfen von* des Unterberichts, um jeweils alle Artikel der im Formular ausgewählten Kategorie anzuzeigen.

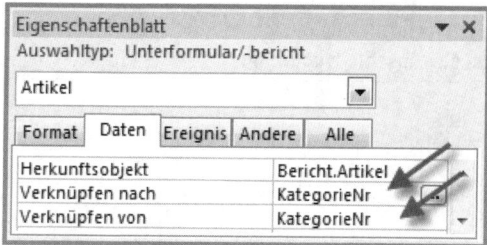

Test

Nach dem Start sollten Sie, je nach gewählter Kategorie, die passenden Artikel im untergeordneten Bericht sehen:

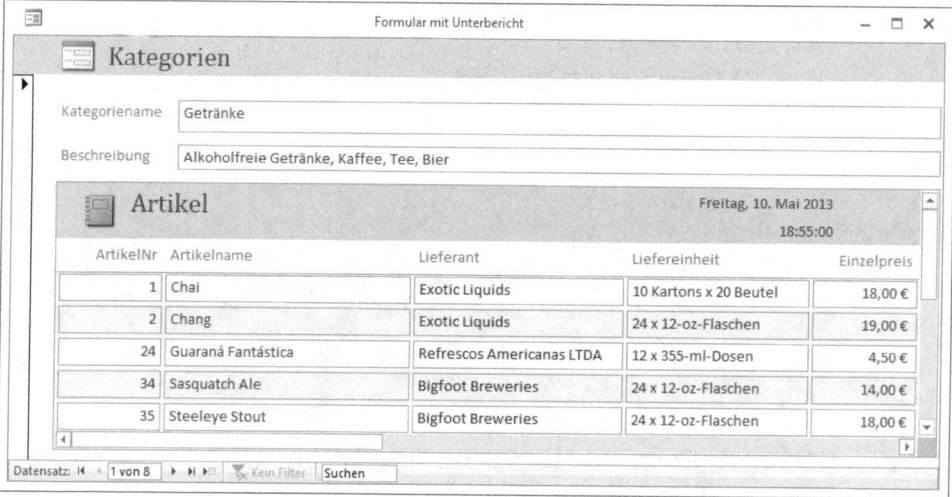

Kapitel 6

Programmieren mit Objekten

VBA ist bekanntlich keine eigenständige Programmiersprache, sondern lediglich eine Sprache zur Steuerung von Objekten, die von anderen Anwendungen, wie z.B. Microsoft Word oder Microsoft Access, bereitgestellt werden. In den Beispielen der Vorgängerkapitel haben Sie bereits auf viele konkrete Objekte der visuellen Benutzerschnittstelle von Access per VBA-Code zugegriffen und damit grundlegende Erfahrungen in der objekt- und ereignisorientierten Programmierung gesammelt. Jetzt aber wollen wir noch tiefer in die Geheimnisse der *Objektorientierten Programmierung* (OOP) eindringen und uns mit den adäquaten sprachlichen Mitteln, die VBA für die Verwaltung von Objekten bereitstellt, näher beschäftigen.

Konkreter praktischer Bezugspunkt sind auch hier die visuellen Objekte, wie Formulare, Reports und Standardsteuerelemente, obwohl sich das allgemeine OOP-Handwerkszeug natürlich auch auf die quasi "unsichtbaren" Datenzugriffsobjekte (DAO, ADO) ausdehnen lässt (siehe dazu Kapitel 7 und 8).

6.1 Objektvariablen

Außer den elementaren Datentypen, wie *Integer, Single* etc., gibt es in VBA noch eine ganze Reihe komplexerer Datentypen, die sogar komplette Objekte aufnehmen können. Die aus diesen *Objekttypen* abgeleiteten Variablen nennen wir deshalb *Objektvariablen*.

6.1.1 Objekttypen und Set-Anweisung

Die folgende Abbildung zeigt die unter Access wichtigsten Objekttypen in ihrer hierarchischen Ordnung (auf Ergänzungen wird später gesondert eingegangen). Gewissermaßen als Krönung präsentiert sich der allgemeine Datentyp *Object*, der quasi jeden Objekttyp aufnehmen kann.

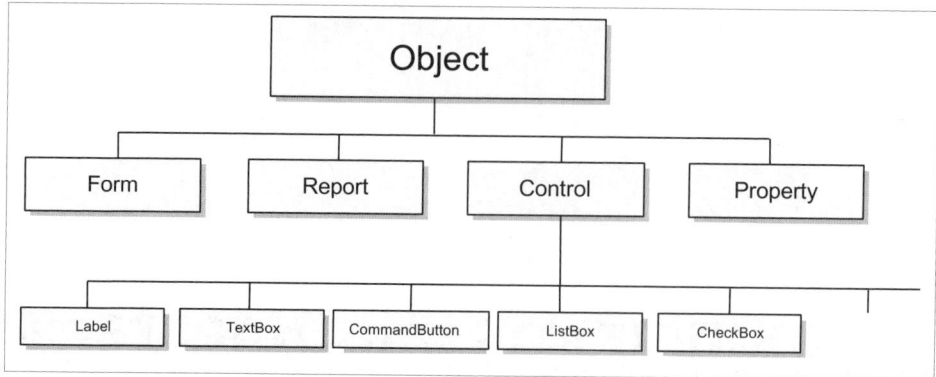

Objektvariablen können wiederum als Elemente von so genannten Auflistungen (*Collections*) auftreten, auf die wir später zu sprechen kommen.

Eine Objektvariable ist zunächst nichts weiter als ein Zeiger auf ein undefiniertes Objekt (*Nothing*) und lässt sich erst dann verwenden, wenn ihr mittels *Set*-Anweisung ein existierendes Objekt zugewiesen wird.

BEISPIEL: Die Verdopplung der Breite eines Textfeldes *Text0* auf konventionelle Art:

```
Text0.Width = 2 * Text0.Width
```

Gleiches lässt sich auch unter Verwendung von Objektvariablen erreichen:

```
Dim ctrl As Control
Set ctrl = Text0
ctrl.Width = 2 * ctrl.Width
```

Per Code kann einer Objektvariablen sowohl ein Objektausdruck als auch der Wert *Nothing* zugewiesen werden. Im letzteren Fall wird die Zuordnung des Objekts zur Objektvariablen beendet.

BEISPIEL: Die folgenden Zuweisungen sind zulässig:

```
Set ObjektA = ObjektB
Set ObjektB = Nothing
```

Eine Objektvariable wird erst nach dem Schließen des ihr zugeordneten Objekts auf *Nothing* festgelegt. Dadurch lässt sich ermitteln, ob die Variable auf ein gültiges Objekt verweist.

BEISPIEL: Gültigkeit von Objekten prüfen:

```
If Not ObjektA Is Nothing Then
  ' dieser Code wird nur bei gültigem Objekt ausgeführt ...
```

HINWEIS: In der *Set*-Anweisung müssen Sie immer den Namen eines konkreten Objekts angeben, der allgemeine Klassenname ist unzulässig!

6.1 Objektvariablen

BEISPIEL: Die Anweisung

```
Set ObjektA = ListBox
```

wäre falsch, da *ListBox* ein Objekttyp (d.h. eine Klasse) ist. Richtig ist:

```
Set ObjectA = ListBox1
```

6.1.2 Object-Datentyp

Variablen vom Datentyp *Object* werden intern als 32-Bit-Adressen (4 Bytes) gespeichert.

Early Binding und Late Binding

Die Deklaration einer Objektvariablen mit dem Datentyp *Object* bietet sich dann an, wenn der spezielle Objekttyp vor dem Ausführen der Prozedur nicht bekannt ist (*Late Binding*).

Andernfalls sollten Sie die Objektvariable besser mit ihrem spezifischen Typ deklarieren (*Early Binding*).

BEISPIEL: Drei gleichwertige Deklarationen für eine *TextBox*-Objektvariable:

```
Dim Text1 As Object      ' Late Binding
Dim Text1 As Control
Dim Text1 As TextBox     ' Early Binding
```

Die Verwendung spezifischer Objekttypen macht den Code lesbarer, ermöglicht automatische Typüberprüfungen und ergibt außerdem einen (geringen) Geschwindigkeitsvorteil.

Zu den spezifischen Objekttypen gehören neben den in diesem Kapitel behandelten Microsoft Access-Objekten auch Datenzugriffsobjekte (ADOs, DAOs), benutzerdefinierte Objekte und OLE-Automatisierungsobjekte.

BEISPIEL: Definition von Objekten:

```
Dim tblRechnungen As TableDef       ' TableDef-Objekt
Dim exOLE As Excel.Application      ' OLE-Automatisierungsobjekt
```

Wie jede andere Variable können Sie auch eine Objektvariable mit *Dim, Public, Private* oder *Static* deklarieren (siehe Kapitel 2). Eine Objektvariable muss den Typ *Variant, Object* oder einen spezifischen Objekttyp wie z.B. *Form, Control, ListBox* etc. haben.

BEISPIEL: Die folgenden Deklarationen sind zulässig:

```
Dim ObjektA                ' ObjektA als Variant-Datentyp deklarieren
Dim ObjektA As Object      ' ObjektA als Object-Datentyp deklarieren
```

HINWEIS: Variablen ohne Typangabe erhalten standardmäßig den Datentyp *Variant*.

6.1.3 Form- und Report-Objekt

Die zu beiden Objekttypen zugehörigen Codemodule sind so genannte *Klassenmodule*, von denen sich zur Laufzeit mit der *New*-Anweisung Instanzen ableiten lassen. Näheres dazu folgt im Abschnitt "Formular- und Berichtsmodule" (Seite 317).

Objektvariable der Typen *Form* und *Report* müssen natürlich über die gleichen Eigenschaften, Methoden und Ereignisse verfügen, wie sie für Formulare und Berichte bereits in den Kapiteln 4 und 5 dargestellt wurden.

Funktionen CreateForm/CreateReport

Diese beiden Funktionen erstellen ein Formular bzw. einen Bericht in der Entwurfsansicht und geben ein *Form*- bzw. ein *Report*-Objekt zurück. Sie eignen sich deshalb besonders für das Programmieren von Formular- und Berichtsassistenten.

Den Funktionen können zwei optionale Parameter übergeben werden:

`CreateForm([Datenbank[, Formularvorlage]])`

bzw.

`CreateReport([Datenbank[, Berichtsvorlage]])`

Die Bedeutung der Argumente wird nachfolgend beschrieben:

Datenbank: Stringausdruck mit dem Namen der Datenbank, in der die Formular- oder Berichtsvorlage enthalten ist. Ohne dieses Argument wird die aktuelle Datenbank (der von der Funktion *CurrentDb* zurückgegebene Wert) verwendet.

Formularvorlage, Berichtsvorlage: Stringausdruck mit dem Namen des Formulars oder des Berichts, das bzw. der als Vorlage zum Erstellen eines neuen Formulars/Berichts verwendet werden soll. Für die Standardvorlage setzen Sie dieses Argument auf *Normal*.

BEISPIEL: Die Befehlsfolge:

```
Dim rpt As Report

Set rpt = CreateReport
DoCmd.Restore
```

erstellt einen neuen Bericht in der Entwurfsansicht.

BEISPIEL: Die folgende Sequenz erstellt ein Formular für die Datenbank *FIRMA.MDB*, das auf einem Formular namens *KUNDEN* basiert, und stellt dessen *Datenherkunft* auf die Tabelle *KUNDEN* ein.

```
Dim frm as Form
Set frm = CreateForm("FIRMA.MDB", "KUNDEN")
DoCmd.Restore
frm.RecordSource = "KUNDEN"
```

Me-Objekt

Für jedes Formular bzw. jeden Bericht ist eine Objektvariable *Me* vordefiniert, die auf die aktuelle Instanz von *Form/Report* verweist. *Me* eignet sich insbesondere zur Übergabe von Informationen über die aktuelle Instanz eines Objekts an eine Prozedur in einem anderen Modul.

> **BEISPIEL:** In einem Standardmodul ist eine öffentliche Prozedur deklariert, die die Titelleiste eines beliebigen Formulars neu beschriftet.
>
> ```
> Public Sub changeTitel(frm As Form, titel As String)
>   frm.Caption = titel
> End Sub
> ```
>
> Von einem *Form*-Modul aus wird die Prozedur z.B. wie folgt aufgerufen:
>
> ```
> Call changeTitel (Me, "Hallo")
> ```

> **HINWEIS:** Lassen Sie sich nicht dadurch verwirren, dass in der Dokumentation teilweise von einer *Me*-Eigenschaft die Rede ist anstatt von einem *Me*-Objekt. Dies ist kein Widerspruch, da in OOP Eigenschaften Objekte sein können (und umgekehrt).

6.1.4 Control-Objekt

Ein *Control*-Objekt entspricht einem Steuerelement in einem Formular oder Bericht. Die verfügbaren Eigenschaften, Ereignisse und Methoden entsprechen denen des Steuerelementtyps, dessen Instanz es ist. Hervorzuheben ist die *ControlType*-Eigenschaft, da sie nur beim *Control*-Objekt einen Sinn hat.

ControlType-Eigenschaft

Diese Eigenschaft verweist auf den konkreten Typ eines Steuerelements, welches sich in einem Formular befindet. Sie können sich die entsprechenden Konstanten, wie *acLabel*, *acCommandButton*, *acTextBox* usw., im Objektkatalog anzeigen lassen und von dort aus in den Code einfügen. Klicken Sie dazu (bei geöffnetem VBA-Editor) auf den Menüpunkt *Ansicht/Objektkatalog* (bzw. [F2]-Taste). Wählen Sie dann *Access* und *<Global>*.

> **BEISPIEL:** Die Beschriftung aller Befehlsschaltflächen des Formulars wird geändert in *Button 3*, *Button 5* usw.
>
> ```
> Dim i As Integer
> For i = 0 To Controls.Count - 1
>   If Controls(i).ControlType = acCommandButton Then Controls(i).Caption = "Button " & Str$(i)
> Next i
> ```

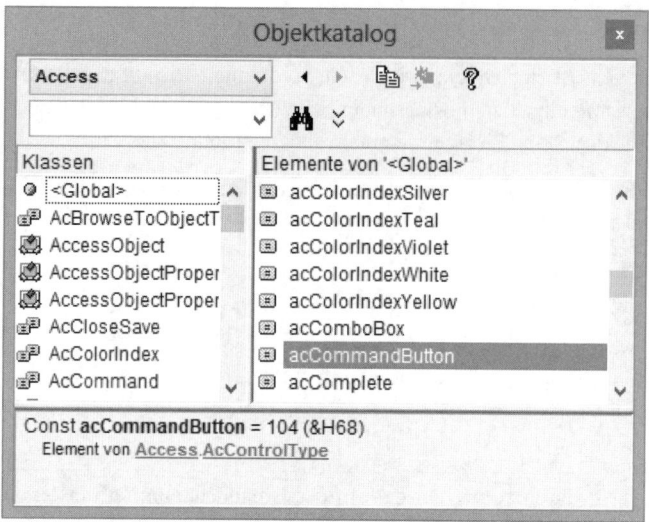

Die Eigenschaft *ControlType* ist nicht nur für die Suche nach einem bestimmten Steuerelement nützlich, sondern ermöglicht auch dessen Typänderung. Dies ist allerdings nur zur Entwurfszeit möglich. So können Sie z.B. ein Textfeld in ein Bezeichnungsfeld umwandeln, indem Sie die Eigenschaft *ControlType* des Textfeldes auf *acLabel* einstellen.

Die Eigenschaft *ControlType* wird auch für Steuerelemente verwendet, die mit der Funktion *CreateControl* erstellt werden. Eine konkrete Anwendung finden Sie im Praxisbeispiel "Ein Steuerelemente-Array automatisch erstellen" (Seite 348).

HINWEIS: Eine Zusammenstellung aller Konstanten von *ControlType* gibt es im Übersichtsteil des Kapitels (ab Seite 347).

Parent-Eigenschaft

Mit dieser schreibgeschützten Eigenschaft wird auf das übergeordnete Objekt eines Steuerelements verwiesen. Zurückgegeben wird ein Objekt vom Typ *Control,* falls das übergeordnete Objekt ein Steuerelement ist, bzw. ein *Form-* oder *Report*-Objekt, wenn das übergeordnete Objekt ein Formular oder ein Bericht ist.

BEISPIEL: Die Namen der übergeordneten Objekte einer Befehlsschaltfläche *Befehl1*, eines Kontrollkästchens *Kontrollkästchen1* und einer Optionsgruppe *Rahmen1*, welche die Optionsfelder *Option1* und *Option2* enthält, und von *Option1* werden ausgegeben. Als Letztes wird der Name des Formulars (*Form1*) zurückgegeben, das die Optionsgruppe enthält.

```
Option Explicit

Dim frm As Form           ' Referenz auf Formularinstanz deklarieren

Private Sub Form_Load()
    Dim frm As Form
```

6.1 Objektvariablen

```
    Dim ctl As Control
    Set frm = Forms!Form1
    Set ctl = frm.Befehl1
    Debug.Print ctl.Name & ": Übergeordnetes Steuerelement= " & ctl.Parent.Name
    Set ctl = frm.Kontrollkästchen1
    Debug.Print ctl.Name & ": Übergeordnetes Steuerelement= " & ctl.Parent.Name
    Set ctl = frm.Rahmen1
    Debug.Print ctl.Name & ": Übergeordnetes Steuerelement= " & ctl.Parent.Name
    Set ctl = frm.Option1
    Debug.Print ctl.Name & ": Übergeordnetes Steuerelement= " & ctl.Parent.Name

    Debug.Print Forms!Form1!Rahmen1.Parent.Name
End Sub
```

Die Vorlage:

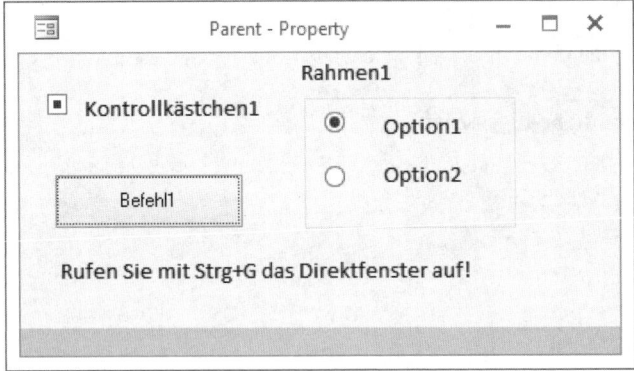

Das Ergebnis im Direktfenster:

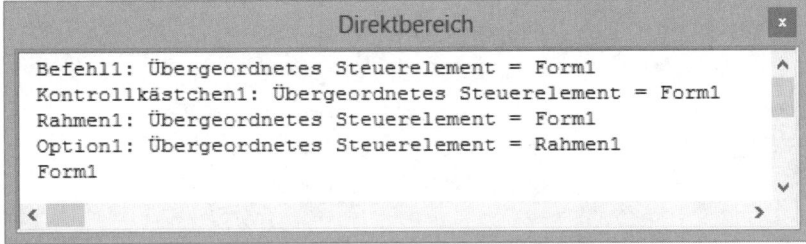

Funktionen CreateControl/CreateReportControl

Beide Funktionen ähneln den bereits beschriebenen Funktionen *CreateForm* bzw. *CreateReport*.

Mit *CreateControl* bzw. *CreateReportControl* können Sie ein Steuerelement für ein *Form*- bzw. für ein *Report*-Objekt erstellen.

BEISPIEL: Die Anweisungen

```
Dim frm As Form
Dim txt As TextBox
Set frm = CreateForm
Set txt = CreateControl(frm.Name, acTextBox)
```

erzeugen ein neues Formular in der Entwurfsansicht, in dessen linker oberer Ecke sich ein ungebundenes Textfeld befindet.

Die Syntax der Funktion ist allerdings etwas komplizierter, als es das Beispiel vermuten lässt:

```
CreateControl (Formularname, Steuerelementtyp [, Bereich
              [, Hauptobjekt [, Spaltenname [, Links [, Oben [, Breite [, Höhe]]]]]]])
```

Es folgt eine Beschreibung der einzelnen Argumente:

Formularname	Ein Zeichenfolgenausdruck, der den Namen des Formulars angibt, das das Steuerelement (Control) enthalten soll.
Steuerelementtyp	Eine Konstante, die den Typ des zu erstellenden Steuerelements angibt (siehe obige Tabelle zur *ControlType*-Eigenschaft).
Bereich	Eine der folgenden Konstanten, die den Bereich angibt, welcher das neue Steuerelement enthalten soll.

Die Konstanten auf einen Blick:

Konstante	Bereich
acDetail	Detailbereich (Voreinstellung)
acHeader	Formular- oder Berichtskopf
acFooter	Formular- oder Berichtsfuß
acPageHeader	Seitenkopf
acPageFooter	Seitenfuß
acGroupLevel1Header	Gruppenkopf Ebene 1 (nur Berichte)
acGroupLevel1Footer	Gruppenfuß Ebene 1 (nur Berichte)
acGroupLevel2Header	Gruppenkopf Ebene 2 (nur Berichte)
acGroupLevel2Footer	Gruppenfuß Ebene 2 (nur Berichte)

Wenn ein Bericht weitere Gruppenebenen enthält, werden die Gruppenköpfe/-füße fortlaufend nummeriert (beginnend mit 9).

Hauptobjekt	Zeichenfolgenausdruck, der den Namen des Steuerelements angibt, das dem zugeordneten Steuerelement übergeordnet ist (leere Zeichenfolge wenn kein Control übergeordnet ist).
Spaltenname	Name des Feldes, an welches das Steuerelement gebunden werden soll (nur bei *Bound Controls*, ansonsten leere Zeichenkette).

| Links, Oben | Koordinaten der oberen linken Ecke des Steuerelements (in *Twips*). |
| Breite, Höhe | Breite und Höhe des Steuerelements (in *Twips*). |

Sie können ein Steuerelement mit Hilfe der Anweisungen *DeleteControl* und *DeleteReportControl* wieder aus einem Formular oder Bericht entfernen.

6.2 Formular- und Berichtsmodule

Formular- und Berichtsmodule gehören zu den so genannten *Klassenmodulen*. Ein Klassenmodul repräsentiert einen bestimmten Objekttyp, es kann als Vorlage (gewissermaßen als "Prägestempel") für ein benutzerdefiniertes Objekt angesehen werden, welches auf einem Formular oder Bericht basiert. Innerhalb eines Klassenmoduls können Sie *Public*-Prozeduren für benutzerdefinierte Methoden und Eigenschaften des Objekttyps hinzufügen.

Außerdem gibt es auch *Eigenständige Klassenmodule*, die nicht an ein Formular oder an einen Bericht gebunden sind.

6.2.1 Instanzen von Formularen und Berichten

Wenn Sie ein Formular in der Formularansicht öffnen (direkt von der Entwicklungsumgebung aus oder aber auch per VBA-Code), erstellen Sie eine Instanz dieses Formulars. Erst diese Instanz ist das eigentliche Objekt! Das Gleiche gilt entsprechend, wenn Sie einen Bericht in der Seitenansicht öffnen.

Standard- und Nicht-Standardinstanzen

Normalerweise arbeiten Sie nur mit einer Instanz des Formulars, der so genannten *Standardinstanz*. Ein Formular hat nur eine einzige Standardinstanz, die automatisch vorhanden ist, wenn Sie das Formular öffnen. Sie könnten aber auch mehrere Instanzen ein- und desselben Formulars erstellen. Diese Kopien sind dann *Nicht-Standardinstanzen* und dürften für Sie dann von Interesse sein, wenn Sie z.B. verschiedene Datensätze desselben Formulars gleichzeitig anzeigen bzw. bearbeiten wollen.

HINWEIS: Eine Einführung liefert das Praxisbeispiel "Mit Formular-Instanzen arbeiten" (Seite 352).

Wenden wir uns zunächst der Bildung von *Standardinstanzen* zu: Generell bestehen zwei Möglichkeiten, die Standardinstanz eines Formulars bzw. Berichts per Code zu erzeugen:

- Ausführen der *OpenForm(OpenReport)*-Methode des *DoCmd*-Objekts.
- Aufruf der *CreateForm(CreateReport)*-Funktion und Wechseln in die Formularansicht für das neue Formular.

Für das Erzeugen von *Nicht-Standardinstanzen* eignet sich keine der beiden Möglichkeiten. Wir müssen dazu Klassenmodule im Zusammenspiel mit der *New*-Anweisung verwenden:

New-Anweisung

Die einfachste Möglichkeit zur Deklaration von Nicht-Standardinstanzen ist die Variablendeklaration mit dem Schlüsselwort *New*.

BEISPIEL: Der folgende Code erstellt eine neue Nicht-Standardinstanz des Formulars *Personal* und weist dieser eine Variable des Typs *Form* zu.

```
Dim frm As New Form_Personal
frm.Visible = True
```

HINWEIS: Eine Nicht-Standardinstanz des Formulars ist erst dann sichtbar, wenn deren *Visible*-Eigenschaft auf *True* eingestellt wird. Auch alle weiteren Eigenschaften beeinflussen diese Instanz des Formulars, werden aber nicht mit dem Formular gespeichert.

BEISPIEL: Kopieren Sie in ein Form-Modul (*Formular2*) folgenden Code:

```
Dim obj1 As New Form_Formular1
Dim obj2 As New Form_Formular1
Private Sub Form_Load()
 obj1.Visible = True
 obj2.Visible = True
End Sub
```

Wir setzen dabei voraus, dass in der Datenbank bereits ein (nicht geöffnetes!) *Form*-Objekt namens *Formular1* existiert. Wenn Sie *Formular2* öffnen, werden gleichzeitig auch zwei Nicht-Standardinstanzen von *Formular1* geöffnet. Mit dem Schließen von *Formular2* verschwinden diese wieder. Umgekehrt gilt dies nicht, denn mit dem Schließen einer oder beider Instanz(en) von *Formular1* bleibt *Formular1* (die Standardinstanz) erhalten.

Wird *New* bei der Deklaration nicht verwendet, existiert momentan keine Instanz des Objekts, sondern lediglich eine Referenz auf den Typ des Objekts (Klasse). Sollte trotzdem ein Zugriff versucht werden, folgt eine Fehlermeldung.

Abhilfe schafft hier die nachfolgende *Set*-Anweisung in Verbindung mit *New*. Allgemein sollten Sie diese Vorgehensweise (d.h. Referenzieren und Instanziieren in zwei getrennten Schritten) gegenüber einer Deklaration mit *New* bevorzugen, da sich die so erzeugten Objekte im Allgemeinen problemloser wieder aus dem Speicher entfernen lassen.

BEISPIEL: Der folgende Code führt zum gleichen Ergebnis wie das Vorgängerbeispiel.

```
Dim obj1 As Form            ' Referenzierung der Klasse
Dim obj2 As Form

Private Sub Form_Load()
 Set obj1 = New Form_Formular1    ' Instanziierung des Objekts
 obj1.Visible = True
 Set obj2 = New Form_Formular1
 obj2.Visible = True
End Sub
```

6.2 Formular- und Berichtsmodule

Die ersten beiden Zeilen hätte man hier auch folgendermaßen notieren können (Late Binding):

```
Dim obj1 As Object
Dim obj2 As Object
```

HINWEIS: Eine Nicht-Standardinstanz des Formulars kann nicht erstellt werden, wenn das Formular in der Entwurfsansicht geöffnet ist.

6.2.2 Benutzerdefinierte Form-/Report-Objekte

Allgemein erstellen Sie ein benutzerdefiniertes Objekt, indem Sie eine neue Instanz eines Klassenmoduls erzeugen. Jede innerhalb dieses Moduls definierte öffentliche Prozedur oder Funktion bzw. Variable/Konstante entspricht einer Methode bzw. Eigenschaft des benutzerdefinierten Objekts. Zunächst beschränken wir uns nur auf Formular- bzw. Berichts-Klassenmodule. Ein analoges Vorgehen gilt aber auch für die anschließend behandelten eigenständigen Klassenmodule.

Benutzerdefinierte Methoden

... sind relativ problemlos zu erstellen.

BEISPIEL: Im Codefenster eines Formulars *Form1* mit einer Befehlsschaltfläche *Befehl0* deklarieren Sie eine öffentliche Prozedur:

```
Public Sub verschiebeButton      ' Button wird in linke obere Ecke bewegt
  Befehl0.Left = 0
  Befehl0.Top = 0
End Sub
```

Auf die Methode *verschiebeButton* des Klassenmoduls *Form1* kann z.B. im Code eines zweiten Formulars *Form2* zugegriffen werden:

```
Dim frm As Form
Set frm = Form_Form1
frm.verschiebeButton
```

Form1 muss vorher geöffnet worden sein (Standardinstanz), andernfalls hätte *frm* mit *New* deklariert werden müssen.

Benutzerdefinierte Eigenschaften

... sind nicht ganz so trivial wie benutzerdefinierte Methoden zu erzeugen.

BEISPIEL: Obiges Klassenmodul soll eine Eigenschaft *buttonFarbe* erhalten. Dazu ist auf Modulebene von *Form1* eine entsprechende öffentliche Variable zu deklarieren:

```
Public buttonFarbe As Long       ' Farbe der Beschriftung des Buttons
```

Dieser Eigenschaft muss ein Wert zugewiesen werden, z.B. im *Resize*-Ereignis:

```
Sub Form_Resize()
  Befehl0.ForeColor = buttonFarbe
End Sub
```

Vom Formular *Form2* aus kann dann die Eigenschaft *buttonFarbe* von *Form1* wie folgt geändert werden:

```
frm.buttonFarbe = QBColor(12)     ' setzt Beschriftung auf rot
```

Damit die Änderung wirksam wird, muss in unserem Beispiel noch das *Resize*-Ereignis von *Form1* ausgelöst werden (Formulargröße verändern).

Während die Deklaration benutzerdefinierter Methoden einfach und schlüssig erscheint, erkennen Sie am obigen Beispiel die Problematik bei der Deklaration von Eigenschaften. Zum einen kann die Zuweisung der Eigenschaft nicht sofort erfolgen, sondern muss in eine geeignete Ereignisprozedur verpackt werden (in unserem Fall *Resize*). Zum anderen ist auch die Vergabe von Lese- und Schreibrechten (Read-only) nur umständlich zu realisieren. Aus diesem Grund stellt VBA für benutzerdefinierte Eigenschaften spezielle Prozeduren bereit, auf die im Folgenden näher eingegangen werden soll.

Property Let und Property Get

Beides sind so genannte "Eigenschaftsprozeduren" zum Schreiben bzw. Lesen von Eigenschaften.

BEISPIEL: Die umständliche Programmierung der Eigenschaft *buttonFarbe* im Klassenmodul *Form1* des Vorgängerbeispiels ersetzen Sie einfach durch folgenden Code:

```
Public Static Property Let buttonFarbe(farbe As Long)
   Befehl0.ForeColor = farbe
End Property
```

Damit die Eigenschaft nicht nur geschrieben, sondern auch gelesen werden kann, fügen Sie zur *Property Let*- Prozedur eine gleichnamige *Property Get*-Funktion hinzu:

```
Static Property Get farbe() As Long
 farbe = Befehl0.ForeColor
End Property
```

6.2.3 Eigenständige Klassenmodule

Eigenständige Klassenmodule sind nicht an ein bestimmtes Formular bzw. einen Bericht gekoppelt und eignen sich deshalb als Vorlage für beliebige nutzerdefinierte Objekte.

Erstellen eines Klassenmoduls

Nach Aufruf des Menübefehls *Einfügen/Klassenmodul* öffnet sich ein Codefenster, welches sich bis auf die Titelleiste nicht von einem gewöhnlichen Standardmodul unterscheidet.

6.2 Formular- und Berichtsmodule

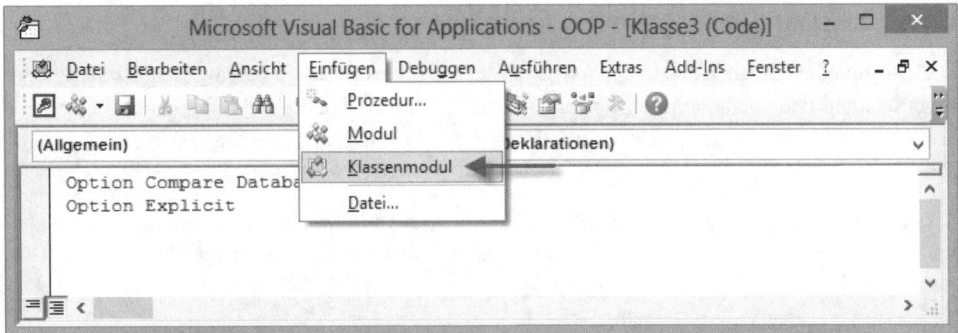

HINWEIS: Alternativ kann man ein leeres Klassenmodul auch außerhalb des VBA-Editors aus erzeugen. Wählen Sie dazu das entsprechende Symbol der Gruppe *Makros und Code* (Registerkarte *Erstellen*) des Menübands (siehe folgende Abbildung).

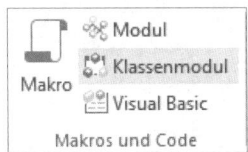

Nach erfolgter Definition von Eigenschaften und Methoden wird das Klassenmodul mit seinem Klassennamen (standardmäßig *Klasse1, Klasse2* etc.) abgespeichert und taucht im Navigationsbereich unter *Module* in trauter Gemeinsamkeit mit den "gewöhnlichen" Standardmoduls auf.

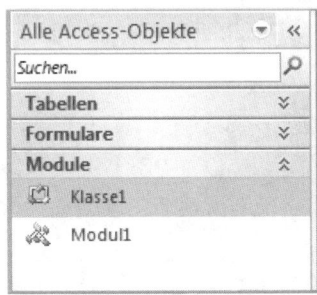

HINWEIS: Wenn Sie etwas genauer hinschauen, können Sie ein Klassenmodul auch anhand seines Symbols klar von einem Standardmodul unterscheiden.

Um nochmals auf die Begriffe einzugehen:

- Ein "Klassenmodul" definiert eine "Klasse". Mit völlig gleichwertiger Bedeutung wird eine Klasse mitunter auch als "Objekttyp" bezeichnet.

- Ein "Objekt" entsteht erst, wenn eine "Instanz" der Klasse gebildet wird. "Objekt" und "Objektvariable" sind austauschbare Begriffe.

Eigenschaften und Methoden definieren

Die prinzipielle Vorgehensweise unterscheidet sich nicht von der Erstellung benutzerdefinierter Eigenschaften und Methoden von Formular- und Berichtsmodulen. Alle öffentlichen Prozeduren des Klassenmoduls werden zu benutzerdefinierten Methoden, und alle öffentlichen *Property Let-*, *Property Get-* und *Property Set*-Prozeduren werden zu Objekt-Eigenschaften.

BEISPIEL: Ein Klassenmodul *CKreis* hat die Eigenschaften *radius* und *umfang* (letztere kann nur gelesen werden) und die Methode *zeichneMich* (kann nur von Reports genutzt werden, weil nur diese über Grafikmethoden verfügen).

```
Const Pi = 3.1416
Public radius As Double            ' Radius-Eigenschaft

Property Get umfang() As Double    ' Umfang lesen
  umfang = 2 * Pi * radius
End Property

Sub zeichneMich(rep As Report, x As Integer, y As Integer)
  rep.Circle (rep.x, rep.y, radius)
End Sub
```

Erzeugen von Objekten (Instanzenbildung)

Im Unterschied zu Formular- und Berichtsmodulen (diese haben jeweils eine Standardinstanz) existiert mit dem Erstellen eines eigenständigen Klassenmoduls noch keine Instanz (sprich Objekt) der Klasse. Eine solche muss erst noch gebildet werden (es können auch mehrere sein). Dies geschieht im Allgemeinen erst in anderen Codemodulen, die die Klasse verwenden. Auch hier haben wir es wieder mit den zwei Möglichkeiten der Instanziierung (Early Binding) zu tun:

Entweder die "Quick and Dirty"-Methode[1]:

```
Dim ObjVarName As New ObjectType
```

oder die "saubere" Variante:

```
Dim ObjVarName As ObjectType
...
Set ObjVarName As New ObjectType
```

---

[1] ... von der auch die Autoren reichlich Gebrauch machen.

6.2 Formular- und Berichtsmodule

BEISPIEL: In einem Berichtsmodul wird eine Instanz des im Vorgängerbeispiel definierten Objekttyps *CKreis* gebildet. Der Objektvariablen *krs* wird der Radius 1000 (*Twips*) zugewiesen. Die Variable *u* liest den Kreisumfang. Schließlich wird der Kreis mit den Mittelpunktskoordinaten $x = 2000$, $y = 1500$ auf dem Bericht gezeichnet.

```
Dim krs As New CKreis
Dim u As Double

krs.radius = 1000
u = krs.umfang

Call krs.zeichneMich(Me, 2000, 1500)
```

HINWEIS: Den vollständigen Code finden Sie im Praxisbeispiel "Mit einer eigenständigen Klasse experimentieren" (Seite 354).

WithEvents-Deklaration

Wenn Sie eine Objektvariable deklarieren wollen, die auf Ereignisse reagieren kann, so müssen Sie nach *Dim* bzw. *Public* das Schlüsselwort *WithEvents* einfügen:

```
Dim WithEvents ObjVarName As ObjectType
```

Allerdings ist eine derartige Deklaration nur in eigenständigen Klassenmodulen möglich, auch können Sie *WithEvents* nie zusammen mit *New* verwenden.

BEISPIEL: Eine Objektvariable *eventRefs* wird als Verweis-Auflistung in einem Klassenmodul deklariert. Jedes Mal, wenn ein neuer Verweis hinzugefügt wird, erscheint ein Meldungsfenster.

```
Public WithEvents eventRefs As References
Private Sub eventRefs_ItemAdded(ByVal ref As Access.Reference)
  MsgBox "Verweis auf " & ref.Name & " wurde hinzugefügt!"
End Sub
```

Bemerkungen zum Erzeugen von Objekten

Die Instanzenbildung mit *New* funktioniert unter Microsoft Access nur bei *Form*- und *Report*-Modulen, bei eigenständigen Klassenmodulen sowie für externe OLE-Server. Im Unterschied zu Visual Basic funktioniert sie nicht bei anderen Access-Objekten und auch nicht bei ActiveX-Steuerelementen.

BEISPIEL: Wenn auf dem aktuellen Formular eine Befehlsschaltfläche namens *Befehl0* existiert, so gelingt es nicht, zur Laufzeit eine weitere Instanz dieses Steuerelements zu erzeugen. So führt beispielsweise der folgende Code zu einer Fehlermeldung:

```
Dim obj1 As Control
Set obj1 = New Befehl0
```

HINWEIS: Wie es zur Entwurfszeit gelingt, ist im Praxisbeispiel "Ein Steuerelemente-Array automatisch erstellen" (Seite 348) beschrieben.

6.3 Auflistungen

Eine Auflistung ist eine geordnete Folge von Elementen, auf die als Einheit Bezug genommen wird. Ähnlich dem allgemeinen *Object*-Datentyp gibt es auch bei den Auflistungen einen allgemeinen Typ (*Collection*), dem die spezielleren Typen (*Forms*, *Reports*, *Properties*, *Controls*) untergeordnet sind. Dies betrifft auch beliebige andere Auflistungen (*References*, *Modules* etc.).

6.3.1 Forms/Reports

Die *Forms*- (bzw. *Reports*-)Auflistung enthält alle aktuell geöffneten Formulare (Berichte) einer Microsoft Access-Datenbank. Sie wird beginnend mit null (0) indiziert. Wenn wir uns im Folgenden ausschließlich auf Formulare konzentrieren, so gilt dies auch in analoger Weise für Berichte und, wie Sie im Weiteren noch erfahren werden, auch für beliebige andere Auflistungen.

Count-Eigenschaft

Die Gesamtanzahl von geöffneten Formularen der aktuellen Datenbank entspricht der *Count*-Eigenschaft der *Forms*-Auflistung.

BEISPIEL: In das Codemodul eines Formulars *Form1* mit einer Befehlsschaltfläche *Befehl0* kopieren Sie Folgendes:

```
Private frm1 As Form
Private frm2 As Form
Private frm3 As Form

Private Sub Befehl0_Click()
Dim i As Integer
 Set frm1 = New Form_Form1
 Set frm2 = New Form_Form1
 Set frm3 = New Form_Form1
 MsgBox Forms.Count
 For i = 0 To Forms.Count - 1
  Forms(i).Visible = True
  Forms(i).Caption = "Formularnummer " & Str$(i)
 Next i
End Sub
```

Nach Öffnen des Formulars (das ist die Standardinstanz) und einem Klick auf die Schaltfläche zeigt das Meldungsfeld (MessageBox) den Wert 4. Anschließend werden drei weitere Formulare angezeigt. Alle Titelleisten erscheinen mit neuer Beschriftung (Index 0 für die Standard-Instanz, Index 1 bis 3 für die Nicht-Standardinstanzen).

HINWEIS: Die Indizierung von Access-Auflistungen beginnt immer mit null (0).

Ein bestimmtes Formular aus der *Forms*-Auflistung kann man nicht nur (wie im obigen Beispiel gezeigt) über seinen Index selektieren, sondern auch durch Angabe seines Namens.

6.3 Auflistungen

BEISPIEL: Die beiden folgenden Zugriffsmöglichkeiten sind äquivalent.

```
Forms("Formular1").Label1.FontName = "Courier"
Forms!Formular1.Label1.FontName = "Courier"
```

For Each ... Next-Durchlauf

Eine Möglichkeit des Zugriffs auf alle Formulare bietet die *For Each...Next*-Schleifenanweisung.

BEISPIEL: Das Vorgängerbeispiel kann auch anders realisiert werden.

```
Private frm1 As Form
Private frm2 As Form
Private frm3 As Form
Private frm As Form

Private Sub Befehl0_Click()
Dim i As Integer
 Set frm1 = New Form_Form1
 Set frm2 = New Form_Form1
 Set frm3 = New Form_Form1
 i = 0
 For Each frm In Forms
  frm.Visible = True
  frm.Caption = "Formularnummer " & Str$(i)
  i = i + 1
 Next frm
End Sub
```

Bemerkungen

- Auf eine Nicht-Standardinstanz eines Formulars kann nicht über den Namen in der *Forms*-Auflistung verwiesen werden, sondern nur über die Indexnummer. Da Sie mehrere Nicht-Standardinstanzen eines Formulars erstellen können und jede Instanz den gleichen Namen hat, kann die *Forms*-Auflistung mehrere Formulare mit dem gleichen Namen enthalten, die sich lediglich durch ihre Indexnummern unterscheiden.

- Sie können ein *Form-/Report*-Objekt weder aus der *Forms-/Reports*-Auflistung löschen noch zu dieser hinzufügen.

6.3.2 Controls

Die *Controls*-Auflistung enthält alle Steuerelemente des geöffneten Formulars. Bis auf die folgende entsprechen die weiteren Eigenschaften der *Forms*-Auflistung.

ControlType-Eigenschaft

Über die *ControlType*-Eigenschaft ist eine Abfrage des Typs möglich.

BEISPIEL: Alle Steuerelemente eines Formulars werden durchlaufen. Falls Textfelder dabei sind, wird deren Hintergrundfarbe auf Gelb und deren Randfarbe auf Rot eingestellt.

```
Sub setTextfeldEigenschaften(frm As Form)
 Dim ctl As Control
 For Each ctl In frm.Controls
  If ctl.ControlType = acTextBox Then
   With ctl
    .SetFocus
    .Enabled = True
    .BorderStyle = 1
    .BackColor = vbYellow
    .BorderColor = vbRed
   End With
  End If
 Next ctl
End Sub
```

Die Prozedur wird von einem Formularmodul wie folgt aufgerufen:

```
setTextfeldEigenschaften Me
```

Zugriffsmöglichkeiten in Auflistungen

Die folgenden Beispiele gelten vom Prinzip her auch für den Zugriff auf Objekte beliebiger anderer Auflistungen.

Es gibt eine fast schon verwirrende Vielfalt von Schreibweisen, wie Sie auf ein Steuerelement zugreifen können. Am einfachsten geht es direkt vom zugehörigen Formularmodul aus.

BEISPIEL: Die folgenden Zeilen liefern gleichwertigen Code, um die Beschriftung der Befehlsschaltfläche *Befehl3* zu ändern.

```
Befehl3.Caption = "Beenden"
Me!Befehl3.Caption = "Beenden"
Me("Befehl3").Caption = "Beenden"
Me.Controls!Befehl3.Caption = "Beenden"
Me.Controls("Befehl3").Caption = "Beenden"
Me(0)
Me.Controls(0)
```

Die beiden ersten Varianten (hier wird auf *Controls* nur implizit verwiesen) werden fast ausschließlich praktiziert, sie sind nicht nur die einfachsten, sondern auch die schnellsten. Von den letzten beiden Varianten wird abgeraten, da sich der Index (der im Beispiel auf das erste Element der Auflistung verweist) auch ändern kann.

BEISPIEL: Etwas umständlicher gestaltet sich der Zugriff, wenn er von einem fremden Modul aus erfolgen soll.

```
Forms!Formular1!Befehl3.Caption = "Beenden"
Forms!Formular1.Controls!Befehl3.Caption = "Beenden"
Forms("Formular1").Controls!Befehl3.Caption = "Beenden"
```

```
Forms("Formular1").Controls("Befehl3").Caption = "Beenden"
Forms.Item("Formular1").Controls.Item("Befehl3").Caption = "Beenden"
```

Die letzte (wohl an Umständlichkeit kaum noch zu überbietende) Variante benutzt die ausführliche Schreibweise mittels *Item*-Methode.

6.3.3 Collection-Objekt

Das *Collection*-Objekt bietet eine elegante Möglichkeit, um einzelne Objekte einer verwandten Gruppe zusammenzufassen. Diese Objekte können durchaus unterschiedlichen Typs sein und müssen nur durch die Tatsache miteinander in Beziehung stehen, dass sie sich im gleichen *Collection*-Objekt befinden.

Deklaration

Ein *Collection*-Objekt kann mit *New* erstellt werden, also genauso wie *Form*- und *Report*-Objekte. Nach seiner Erstellung können dem *Collection*-Objekt mit der *Add-Methode* Elemente hinzugefügt bzw. mit der *Remove*-Methode entfernt werden.

> **HINWEIS:** Bezüglich des Zugriffs unterscheidet sich die Programmierung von *Collection*-Objekten nicht von der für *Forms/Reports* und *Controls*. So kann z.B. die gesamte Auflistung ebenfalls mit der *For Each ... Next*-Anweisung durchlaufen werden.

Add-Methode

Diese Methode, die einer *Collection*-Auflistung ein Element hinzufügt, verwendet drei Übergabeparameter, wovon die letzten beiden optional sind:

```
Objekt.Add(item [,key] [,before] [,after])
```

Die Argumente im Einzelnen:

Item   Element, das der Auflistung hinzugefügt wird

Key   Zeichenfolgenausdruck, der anstelle eines Index verwendet werden kann

Before   Relative Position in der Auflistung vor dem mit *before* gekennzeichneten Element

After   Relative Position in der Auflistung nach dem mit *after* gekennzeichneten Element

Die optionalen Argumente *before* und *after* müssen eine Zahl von 1 bis zum Wert der *Count*-Eigenschaft der Auflistung sein.

> **BEISPIEL:** Einem neuen *Collection*-Objekt werden ein Bezeichnungsfeld und zwei Textfelder hinzugefügt. Dabei wird die *Add*-Methode mit *benannten Argumenten* aufgerufen.

```
Dim ctrlColl As New Collection

Private Sub Form_Load()
  With ctrlColl
    .Add Item:=Label1            ' benanntes Argument!
```

```
  .Add Item:=Text1
  .Add Item:=Text2
 End With
End Sub
```

HINWEIS: Beachten Sie, dass die hinzuzufügenden Objekte nicht neu erstellt werden, sondern bereits vorhanden sein müssen.

Remove-Methode

Diese Methode entfernt ein Element aus einem *Collection*-Objekt:

```
Objekt.Remove(Index)
```

BEISPIEL: Der folgende Code entfernt das Objekt, dessen Index bei einem Schleifendurchlauf jeweils den Wert 2 hat.

```
Dim i As Integer
For i = 1 To ctrlColl.Count
 ctrlColl.Remove 2
Next i
```

Die Schleife wird so oft durchlaufen, bis schließlich alle Objekte der Auflistung entfernt sind.

Zugriff mittels Item-Methode

Diese Methode ermöglicht den Zugriff auf ein bestimmtes Element einer Auflistung:

```
Objekt.Item(Index)
```

Wenn der Index auf kein bereits existierendes Element verweist, tritt ein Fehler auf.

Obwohl die *Item*-Methode die wohl wichtigste Methode jeder beliebigen Auflistung ist, kann man sie auch ganz schnell wieder vergessen. Ein Widerspruch? Nein, denn als Standardmethode braucht sie nicht explizit angegeben zu werden.

BEISPIEL: Die folgenden Codezeilen sind äquivalent:

```
Debug.Print eineAuflistung(3)
Debug.Print eineAuflistung.Item(3)
```

Als Index kann nicht nur die Position, sondern auch der Schlüssel (der Objektname bzw. *key*-Argument in *Add*-Methode) des in der Auflistung befindlichen Objekts dienen.

BEISPIEL: Die folgenden Codezeilen sind äquivalent:

```
Forms.Item("Formular1").Label1.FontSize = 18
Forms("Formular1").Label1.FontSize = 18
```

HINWEIS: Ein ausführliches Beispiel, in welchem verschiedene Zugriffsvarianten gegenübergestellt werden, finden Sie im Praxisbeispiel "Auf Objekte in Auflistungen zugreifen" (Seite 357).

6.3.4 Dictionary-Objekt

Ab VBA 6 wurde das *Dictionary*-Objekt eingeführt, welches quasi ein "verbessertes" *Collection*-Objekt darstellt.

HINWEIS: Richten Sie einen Verweis auf *Microsoft Scripting Runtime* ein, um das *Dictionary*-Objekt nutzen zu können!

Im Unterschied zum *Collection*-Objekt ist die Reihenfolge der Parameter bei der *Add*-Methode vertauscht, der Schlüsselparameter (*Key*) ist nicht optional und muss deshalb immer angegeben werden. In der *For Each*-Schleife werden nicht die Objekte, sondern die Schlüssel durchlaufen.

BEISPIEL: Das aktuelle Formular und diverse Steuerelemente werden in einem *Dictionary*-Objekt abgelegt, wobei willkürlich Schlüssel (1, "C1", "Tb") vergeben werden. Beim Auslesen wird die Beschriftung der Befehlsschaltfläche geändert.

```
Dim dict As New Dictionary, i As Integer
With dict
  .Add 1, Me
  .Add "C1", Befehl1
  .Add "Tb", Text1
End With
Dim key                                    ' Variant!
For Each key In dict
  If key = "C1" Then dict(key).Caption = "Hallo"
Next key
```

Das *Dictionary*-Objekt verfügt außer über alle Eigenschaften/Methoden des *Collection*-Objekts (*Add, Remove, Count, Item*) noch über weitere komfortable Zugriffsmöglichkeiten, so kann beispielsweise mit der *Exists*-Methode die Existenz eines Schlüssels festgestellt werden.

BEISPIEL: Wenn, wie im Vorgängerbeispiel, ein Objekt mit dem Schlüssel "C1" enthalten ist, wird ein Piepton erzeugt.

```
If dict.Exists("C1") Then Beep
```

Neben der *RemoveAll*-Methode ist als ein weiterer Vorzug gegenüber dem *Collection*-Objekt festzustellen, dass ein Eintrag auch nachträglich geändert (überschrieben) werden kann, anstatt ihn erst zu löschen und anschließend erneut einzufügen.

BEISPIEL: Ändern des ersten Eintrags:

```
Set dict(1) = Label2
```

6.3.5 Property und Properties

Es existieren in Microsoft Access verschiedene Typen von Eigenschaften. Die Eigenschaften der folgenden Objekte können im Basic-Code durch eine Variable des *Property*-Objekttyps dargestellt werden, und jede Eigenschaft ist ein Element einer *Properties*-Auflistung:

- Eigenschaften für Datenzugriffsobjekte (DAO, ADO)
- Eigenschaften für Microsoft Access-Objekte und ActiveX-Komponenten

Eigenschaften des ersten Typs beziehen sich z.B. auf die Objekte *Connection, Database, Recordset* etc. Sie sind nicht Gegenstand dieses Kapitels, sondern werden ausführlicher in den Kapiteln 7 und 8 behandelt.

Auch jedes andere Microsoft Access-Objekt hat eine *Properties*-Auflistung, die über eingebaute *Property*-Objekte verfügt. *Property*-Objekte, die z.B. auf ein Formular angewendet werden, sind Elemente der Auflistung *Properties* eines Objekts vom Typ *Form*.

Property-Objekte in den *Properties*-Auflistungen der Objekte *Form*, *Report* und *Control* unterscheiden sich von *Property*-Objekten für den Datenzugriff z.B. dadurch, dass sie nicht über die Eigenschaft *Inherited* oder die *Append*-Methode verfügen.

BEISPIEL: Der folgende Aufruf liefert z.B. "MS Sans Serif", wenn im Formular eine Befehlsschaltfläche *Befehl1* existiert.

```
MsgBox Befehl1.Properties("FontName")
```

BEISPIEL: Eine allgemein verwendbare Routine, um eine benutzerdefinierte Eigenschaft *propName* zur *Properties*-Auflistung eines Formulars (*fName*) hinzuzufügen.

```
Sub eigenschaftHinzufügen(fName As String, propName As String, propWert As Variant)
    CurrentProject.AllForms(fName).Properties.Add propName, propWert
End Sub
```

Wir wollen nun eine neue Eigenschaft *neueProp* zu *Formular1* hinzufügen und mit dem Wert 20 belegen. Der Aufruf:

```
eigenschaftHinzufügen "Formular1", "neueProp", 20
```

Die Kontrolle im Direktfenster:

```
Debug.Print CurrentProject.AllForms("Formular1").Properties("neueProp").Value    ' liefert 20
```

HINWEIS: Mehr zu diesem Thema finden Sie im Praxisbeispiel "Properties-Auflistungen untersuchen" (Seite 360).

6.3.6 Module-Objekt und Modules-Auflistung

Ein *Module*-Objekt verweist auf ein Standardmodul oder auf ein Klassenmodul. Wie Sie den nachfolgend aufgeführten Eigenschaften, Methoden und Ereignissen entnehmen können, sind damit im Allgemeinen Quelltext-Module gemeint. Anwendungen ergeben sich damit vor allem in der Entwurfsphase, z.B. beim Programmieren von Assistenten, weniger zur Laufzeit.

Die *Modules*-Auflistung erfasst alle geöffneten (kompilierten oder nicht kompilierten) Module der Datenbank.

6.3 Auflistungen

Eigenschaft	Read-only	Erklärung
CountOfDeclarationLines	X	Liefert die Anzahl von Zeilen im Deklarationsbereich (*Long*)
CountOfLines	X	Liefert die Gesamtanzahl von Zeilen (*Long*)
Lines(ersteZeile, anzahlZeilen)	X	Liefert den Inhalt einer oder mehrerer Zeilen (*String*)
ProcBodyLine(procName, procType)	X	Liefert die Zeilennummer, in der eine Prozedur beginnt (*Long*)
ProcCountLines(procName, procType)	X	Liefert die Zeilenanzahl einer bestimmten Prozedur (*Long*)
ProcOfLine(zeile, procType)	X	Liefert den Namen der Prozedur, zu der eine bestimmte Zeile gehört (*String*)
ProcStartLine(procName, procType)	X	Liefert die Zeilennummer, in der eine Prozedur beginnt (*Long*)
Type	X	Gibt an, ob es sich um Standard- oder Klassenmodul handelt: *acStandard Module (0)*, *acClassModule (1)*

Methode	Erklärung
AddFromFile *Dateiname*	Fügt den Inhalt einer Textdatei hinzu
AddFromString *StringAusdruck*	Fügt einen *String* hinzu
CreateEventProc(*EreignisName, ObjektName*)	Erstellt eine Ereignisprozedur, gibt *Long* zurück (erste Zeile)
DeleteLines(*ersteZeile, anzahlZeilen*)	Löscht Zeilen
Find(*Ziel, anfangsZeile, anfangsSpalte, endZeile, endSpalte[ganzesWort, großKlein, musterVergleich]*)	Sucht den angegebenen Text (gibt *True* bei Erfolg zurück)
InsertLines(*ZeilenNr, Zeichenfolge*)	Fügt Zeilen ein
InsertText *Text*	Fügt Text ein
ReplaceLine(*ZeilenNr, Zeichenfolge*)	Ersetzt die angegebene Zeile

BEISPIEL: Die folgende Funktion erstellt ein neues Formular mit einer Befehlsschaltfläche und fügt eine *Click*-Ereignisprozedur für die Befehlsschaltfläche hinzu.

```
Function ClickEventProc() As Boolean
  Dim frm As Form, ctrl As Control, Dim mdl As Module, rückgabe As Long
  On Error GoTo Error_ClickEventProc
  Set frm = CreateForm
  Set ctrl = CreateControl(frm.Name, acCommandButton, , , , 800, 900)
  ctrl.Caption = "Klicke hier!"
  Set mdl = frm.Module
  rückgabe = mdl.CreateEventProc("Click", ctrl.Name)
  mdl.InsertLines rückgabe + 1, vbTab & "MsgBox ""Hallo!"""
  ClickEventProc = True
Exit_ClickEventProc:
  Exit Function
Error_ClickEventProc:
  MsgBox Err & " :" & Err.Description
  ClickEventProc = False
```

```
Resume Exit_ClickEventProc
End Function
```

Speichern Sie erst ab (Strg+S), um das neue Formular zu sehen!

Ereignis	Erklärung
Initialize	Tritt beim Erstellen einer neuen Instanz eines Klassenmoduls ein
Terminate	Tritt beim Vernichten einer neuen Instanz eines Klassenmoduls ein

Eigenschaften und Methoden der Modules-Auflistung

Diese Auflistung verfügt über die Eigenschaften *Application*, *Name*, *Count*, *Item*, *Parent*. Außer der bei Auflistungen immer vorhandenen *Item*-Methode gibt es keine weiteren. Die Indizierung beginnt bei null (0).

Module-Eigenschaft

Ein *Module*-Objekt kann selbst wiederum als Eigenschaft von Berichten und Formularen auftreten, wo sie auf das zugeordnete Formular- bzw. Berichtsmodul verweist.

BEISPIEL: Die *Beep*-Methode wird im *Open*-Event von *Formular1* eingefügt.

```
Dim mdl As Module
Set mdl = Forms!Formular1.Module
mdl.InsertText "Sub Form_Open(Cancel As Integer)" & vbCrLf & "Beep" & vbCrLf & "End Sub"
```

6.3.7 Reference-Objekt und References-Auflistung

Ein *Reference*-Objekt ist nichts anderes als ein Verweis auf eine Datei, die eine Klassenbibliothek enthält. Mögliche Dateitypen sind der folgenden Tabelle zu entnehmen. Die *References*-Auflistung umfasst alle Verweise der Anwendung.

Datei-Extension	Typ der Klassenbibliothek
.olb, .tlb	Klassenbibliothek
.mdb, .accdb, .mda, .mde	Datenbank
.exe, .dll	Ausführbare Datei
.ocx	ActiveX-Steuerelement

Eigenschaft	Read-only	Erklärung
BuiltIn	X	Gibt an, ob Standardverweis vorliegt (*True*), der nicht gelöscht werden kann
Collection	X	Liefert einen Verweis auf eine Auflistung, zu der Objekt gehört (vergleichbar mit Parent-Eigenschaft)
FullPath	X	Liefert den Pfad und den Dateinamen der Klassenbibliothek
GUID	X	Liefert eine globale eindeutige Kennung für Windows-Registrierung
IsBroken	X	Das Objekt zeigt auf gültigen Verweis in Windows-Registrierung (*True*)

6.3 Auflistungen

Eigenschaft	Read-only	Erklärung
Kind	X	Liefert die Art des Verweises: Project = Visual Basic Projekt (1) TypeLib = Datei
Major	X	Liefert den links vom Punkt stehenden Teil der Versionsnummer der Anwendung, auf welche der Verweis zeigt (*Long*)
Minor	X	Liefert den rechts vom Punkt stehenden Teil der Versionsnummer der Anwendung, auf welche der Verweis zeigt (*Long*)
Name	X	Liefert den Namen des *Reference*-Objekts (*String*)

BEISPIEL: Für jedes *Reference*-Objekt der *References*-Auflistung werden im Testfenster die Werte der Eigenschaften *Name*, *FullPath*, *GUID*, *Major* und *Minor* ausgegeben:

```
Sub eigenschaftenAnzeigen()
  Dim ref As Reference

  For Each ref In References
    If ref.IsBroken = False Then
      Debug.Print "Name: ", ref.Name
      Debug.Print "FullPath: ", ref.FullPath
      Debug.Print "Version: ", ref.Major & "." & ref.Minor
    Else
      Debug.Print "Verweis ist ungültig: ", ref.GUID
    End If
  Next ref
End Sub
```

Die Eigenschaften der *References*-Auflistung beschränken sich auf die standardmäßig bei jeder Auflistung vorhandenen (*Count*, *Parent*).

HINWEIS: Die Objekte innerhalb der *References*-Auflistung sind beginnend mit 1 indiziert!

Methode	Erklärung
AddFromFile (Dateiname)	Erstellt Verweis auf eine Klassenbibliothek
AddFromGUID (guid)	Erstellt ein *Reference*-Objekt basierend auf GUID (Windows-Registrierung)
RemoveReferenz	Entfernt einen Verweis aus der Auflistung

BEISPIEL: Der Verweis auf die Kalender-ActiveX-Komponente wird entfernt.

```
Dim ref As Reference
Set ref = References!MSACAL
References.Remove ref
```

Ereignis	Erklärung
ItemAdded	Tritt ein, wenn per Code ein Verweis hinzugefügt wurde
ItemRemoved	Tritt ein, wenn per Code ein Verweis entfernt wurde

6.4 Die Access-Objekthierarchie

In diesem Abschnitt wollen wir über den Tellerrand einzelner Objekte und Auflistungen hinaus blicken, Abstammungsverhältnisse beleuchten und weitere interessante Objekte kennen lernen. Zunächst wollen wir uns mittels Objektkatalog einen Gesamtüberblick verschaffen.

6.4.1 Der Objektkatalog

Tiefere Einblicke in die Objekthierarchie verschafft Ihnen der Objektkatalog. Bei geöffnetem Codefenster können Sie ihn mit der [F2]-Taste (bzw. dem Menübefehl *Ansicht/Objektkatalog*) aufrufen:

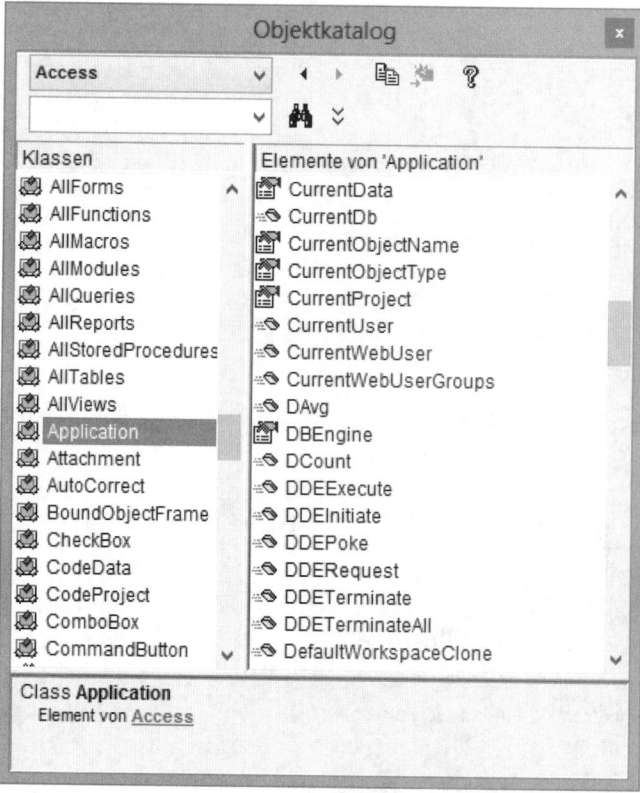

Die Informationen zu den Klassenbibliotheken bestehen aus Definitionen von Objekten und ihren Eigenschaften, Methoden, Ereignissen und Konstanten sowie den zugehörigen Funktionen und Anweisungen.

Auswahl der Klassenbibliothek

Oben links stellen Sie die Klassenbibliothek ein. Folgende Bibliotheken stehen standardmäßig immer zur Verfügung:

6.4 Die Access-Objekthierarchie

- Microsoft Access (*Microsoft Access 16.0 Object Library*)
- VBA (*Visual Basic For Applications*)
- Unsere aktuelle Datenbank (last, but not least!)

Sobald Sie einen Verweis auf eine weitere Bibliothek bzw. eine ActiveX-Komponente erstellt haben, können Sie sich auch die für diese Bibliothek verfügbaren Klassen mit ihren Methoden, Eigenschaften und Konstanten unter Verwendung des Objektkatalogs anzeigen lassen. Meist sind neben diversen ActiveX-Objekten noch folgende Bibliotheken anzutreffen (über den Menübefehl *Extras/Verweise*):

- Office (*Microsoft Office 16.0 Object Library*)
- DAO (*Microsoft Office 16.0 Access database engine Object Library* bzw. *Microsoft DAO 3.6 Object Library*, siehe Kapitel 7)
- ADODB (*Microsoft ActiveX Data Objects 6.1 Library*, siehe Kapitel 8)

Die Informationen sind sowohl in Klassen- als auch in Standardmodulen zu finden, beide Typen werden im Feld *Klassen* aufgelistet. Sie können die zugehörigen Methoden, Eigenschaften, Ereignisse und Konstanten im rechten Feld ansehen.

Bedienhinweise

- Als erster Eintrag im *Klassen*-Feld wird *<Global>* angezeigt. Im *Elemente*-Feld werden dazu alle Funktionen/Prozeduren, Eigenschaften/Methoden und auch Konstanten aufgelistet, auf die global zugegriffen werden kann.

- Sie können nach jeder Klasse und nach jedem Mitglied einer referenzierten Klassenbibliothek suchen lassen, indem Sie den Suchbegriff in das Feld *Suchtext* eingeben und dann in der Symbolleiste des Objektkatalogs auf das *Suchen*-Symbol klicken. Es erscheint ein zusätzliches Fenster mit den Suchergebnissen.

- Nutzen Sie weitere komfortable Funktionen der Objektablage, um sich die Arbeit zu vereinfachen: So können Sie direkt aus dem Objektkatalog heraus Code in ein Modul einfügen, die Hilfe für einen Eintrag aufrufen, direkt das Codemodul benutzerdefinierter Elemente aufrufen oder sich vor- bzw. rückwärts zu den bereits angezeigten Elementen bewegen.

6.4.2 Das Application-Objekt allgemein

Die folgende Abbildung zeigt die bisher besprochenen Access-Objekte bzw. deren Auflistungen in einem größeren Zusammenhang.

HINWEIS: Aus Platz- und Übersichtlichkeitsgründen wurden nicht alle Objekte der abgebildeten Objekthierarchie hinzugefügt (z.B. fehlen *References*- und *Modules*-Auflistungen).

An der Spitze einer VBA-Anwendung thront das *Application*-Objekt. Es ist von VBA vorgegeben. Alle übrigen Objekte ordnen sich in der Hierarchie unterhalb dieses Objekts an.

Mit Hilfe von Auflistungen (*Forms, Reports, Controls, Properties* etc.) können mehrere Objekte hintereinander bearbeitet werden. Die Kenntnis der oben abgebildeten "Abstammungsverhältnisse" ermöglicht, ausgehend vom *Application*-Objekt, den gezielten Zugriff auf bestimmte Elemente der untersten Ebene.

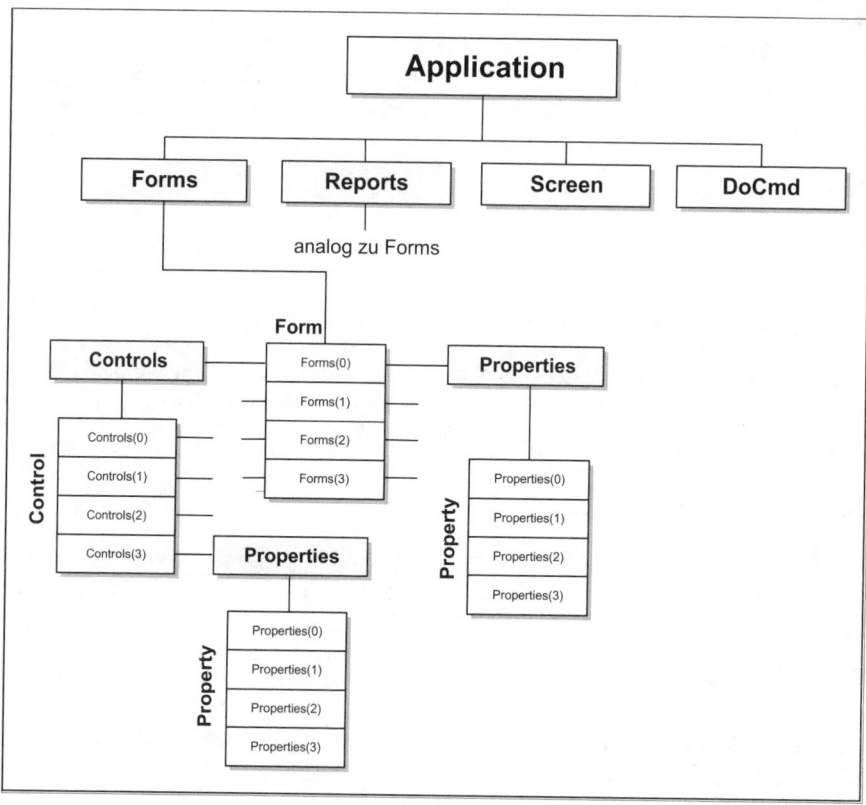

BEISPIEL: Zugriff auf das erste Control im vierten Formular der aktuellen Anwendung:

```
Dim ctrl As Control
Set ctrl = Application.Forms(3).Controls(0)
```

Bedeutung des Application-Objekts

Das Objekt *Application* bezieht sich auf die aktive Microsoft Access-Anwendung. Es enthält weit mehr als in obiger Abbildung gezeigt, also nicht nur alle Objekte und Auflistungen der Access-Bibliothek, sondern auch die der anderen Bibliotheken bzw. ActiveX-Komponenten, wenn sie in die Liste der Verweise aufgenommen wurden (wie z.B. die DAO- oder ADO-Datenzugriffsobjekte, auf die wir erst in den späteren Kapiteln eingehen werden).

6.4 Die Access-Objekthierarchie

HINWEIS: Wenn man das *Application*-Objekt bei Objektbezeichnern weg lässt (was im Allgemeinen der Fall ist), so wird automatisch darauf Bezug genommen. Man erreicht dadurch eine vereinfachte Schreibweise.

BEISPIEL: Abgekürzte Schreibweise:

```
Dim ctrl As Control
Set ctrl = Forms(3).Controls(0)
```

Zugriff auf Access von anderen Anwendungen aus

Microsoft Access ist eine COM[1]-Komponente. Sie können deshalb Microsoft Access-Objekte von anderen Anwendungen aus bearbeiten, die die COM-Schnittstelle unterstützen. Dazu verwenden Sie das *Application*-Objekt und den bereits bekannten *New*-Operator.

Auch andere Microsoft-Programme, wie z.B. Excel, sind COM-Komponenten. Deshalb können Sie eine Microsoft Access-Datenbank von diesen Programmen aus öffnen und mit den bereitgestellten Objekten arbeiten.

HINWEIS: Referenzieren Sie im Programm, von welchem aus Sie auf Access zugreifen wollen, die *Microsoft Access 16.0 Object Library*!

BEISPIEL: Erstellen einer neuen Instanz von Access über die COM-Schnittstelle von Visual Basic. Abschließend wird die Instanz wieder zerstört.

```
Dim appAccess As Access.Application
Set appAccess = New Access.Application
appAccess.Visible = True
' ... Arbeiten mit den Access-Objekten
Set appAccess = Nothing
```

Sie können auch über die klassische OLE-Automatisierung auf Access-Objekte zugreifen, z.B. aus älteren Anwendungen heraus, die nicht als COM-Komponenten fungieren können. Referenzieren Sie eine allgemeine *Object*-Variable und setzen Sie anstatt des *New*-Operators zur Instanzenbildung die *CreateObject*-Funktion ein.

HINWEIS: Ein Verweis auf die *Microsoft Access 16.0 Object Library* ist hier nicht erforderlich.

BEISPIEL: Erstellen einer neuen Instanz der Klasse *Application* ohne COM:

```
Dim appAccess As Object
Set appAccess = CreateObject("Access.Application")
appAccess.Visible = True
' ... Arbeiten mit den Access-Objekten
Set appAccess = Nothing
```

---

[1] *Component Object Model*

HINWEIS: Die gezeigte Art der Instanzenbildung aufgrund einer allgemeinen *Object*-Referenzierung ist mit erheblichen Performance-Einbußen verbunden (Late Binding). Auch die IntelliSense funktioniert aufgrund der fehlenden Referenzierung der Typbibliothek natürlich nicht mehr!

6.4.3 Eigenschaften und Methoden des Application-Objekts

Hier wollen wir uns nur auf einige wichtige Eigenschaften und Methoden beschränken und im Übrigen auf die Online-Dokumentation verweisen.

Application-Eigenschaft

Jedes Microsoft Access-Objekt verfügt über eine schreibgeschützte Eigenschaft *Application*, die das aktuelle *Application*-Objekt zurückgibt. Sie können diese Eigenschaft einsetzen, um auf alle Eigenschaften des *Application*-Objekts zuzugreifen.

BEISPIEL: So könnten Sie vom aktuellen Formular aus die Menüleiste des *Application*-Objekts neu zuweisen:

```
Me.Application.MenuBar = "Menü1"
```

BEISPIEL: Einsatz der Eigenschaften *Application* und *DBEngine*, um die Werte der Eigenschaft *DBEngine* in einem Meldungsfeld anzuzeigen:

```
Sub infoAnzeigen(obj As Object)
Dim apl As Object, i As Integer, str As String
 On Error Resume Next
 Set apl = obj.Application
 MsgBox "Visible-Eigenschaft = " & apl.Visible
 If apl.UserControl = True Then
  For i = 0 To apl.DBEngine.Properties.Count - 1
   str = str & apl.DBEngine.Properties(i).Name & ", "
  Next i
 End If
 MsgBox Left(str, Len(str) - 2) & ".", vbOK, "DBEngine-Eigenschaften"
End Sub
```

Der Aufruf:

```
infoAnzeigen Me
```

Das Ergebnis zeigt die folgende Abbildung:

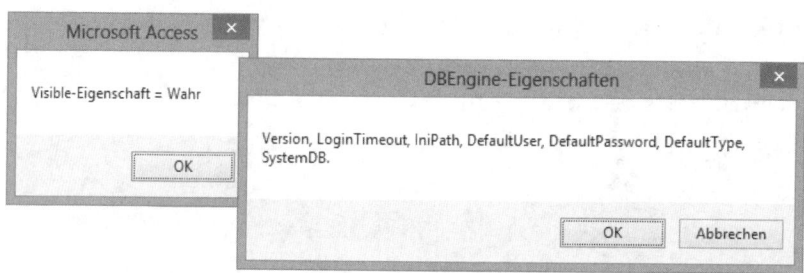

CurrentObjectName-/CurrentObjectType-Eigenschaft

Beide Eigenschaften verwenden Sie, um den Typ bzw. Namen des gerade aktiven Datenbankobjekts (Tabelle, Abfrage, Formular, Bericht, Makro, Modul, Serversicht, Datenbankdiagramm, Gespeicherte Prozedur) zu ermitteln. Das *aktive Datenbankobjekt* ist das Objekt mit dem Fokus bzw. das Objekt, in dem Code ausgeführt wird.

BEISPIEL: Im Codefenster von *Formular1* werden folgende Anweisungen ausgeführt:

```
Debug.Print Application.CurrentObjectName    ' Formular1
Debug.Print Application.CurrentObjectType    ' 2 = acForm
```

HINWEIS: Eine Zusammenstellung aller möglichen Rückgabewerte von *CurrentObjectType* finden Sie im Übersichtsteil dieses Kapitels (ab Seite 347).

BrokenReference-Eigenschaft

Mit dieser Eigenschaft lässt sich überprüfen, ob alle Verweise auf Klassenbibliotheken gültig sind. Falls die Anwendung ungültige Verweise enthält, kann die *References*-Auflistung (siehe Seite 332) durchlaufen werden, um nähere Informationen zu gewinnen.

BEISPIEL: Der Code testet auf ungültige Verweise und listet diese in einem Dialogfeld auf.

```
Dim ref As Reference
Dim st As String
If Application.BrokenReference Then
    st = "Folgende Verweise sind ungültig:" & vbCrLf
    For Each ref In Application.References
        If ref.IsBroken Then st = st & "    " & ref.Name & vbCrLf
    Next ref
Else
    st = "Alle Verweise sind gültig!"
End If
MsgBox st
```

SysCmd-Funktion

Eine sinnvolle Anwendung von *CurrentObjectType* und *CurrentObjectName* ergibt sich in Zusammenarbeit mit der *SysCmd*-Funktion.

BEISPIEL: Falls das aktive Objekt *Formular1* ist und geöffnet, geändert, aber nicht gespeichert wurde, wird das Formular gespeichert und dann geschlossen.

```
Sub formTesten()
    Dim z As Integer
    Dim aTyp As Integer
    Dim aName As String
    aTyp = Application.CurrentObjectType
    aName = Application.CurrentObjectName
    If aTyp = acForm And aName = " Formular1 " Then
```

```
            z = SysCmd(acSysCmdGetObjectState, aTyp, aName)   ' Zustand ermitteln
            If z = acObjStateDirty + acObjStateOpen Then      ' geändert, aber nicht gespeichert
                DoCmd.Close aTyp, aName, acSaveYes            ' speichern und schließen
            End If
        End If
End Sub
```

TempVars-Collection

In älteren Access-Versionen (vor Access 2007) wurden globale Variablen als *Public* deklariert und in einem öffentlichen Modul zur allgemeinen Verfügung gestellt. Dies hat jedoch einen gravierenden Nachteil: Tritt in der Anwendung ein Fehler auf, werden die Werte aller globalen Variablen von Access gelöscht.

Die *TempVars*-Collection des *Application*-Objekts schafft Abhilfe und bietet folgende Vorteile:

- Access löscht im Falle eines Fehlers nicht den Inhalt der *TempVars*-Collection.
- Es ist jederzeit ein Iterieren durch die Collection möglich, um auf alle globalen Variablen zuzugreifen.
- Die *TempVars*-Collection macht das Hinzufügen oder Modifizieren von Werten einfach. Falls der Wert noch nicht existiert, fügt ihn Access selbstständig zur Collection hinzu.
- Die Inhalte der *TempVars*-Collection können auch vorteilhaft zum Datenaustausch mit Makros eingesetzt werden, verwenden Sie Makro-Aktionen, um auf die Werte zuzugreifen[1].

BEISPIEL: Zuweisen eines Wertes:

```
Application.TempVars("varName_1").Value = Text0.Value
```

Lesen eines Wertes:

```
Me.Caption = Application.TempVars("varName_1").Value
```

Iterieren durch die Collection und Anzeige aller enthaltenen Werte im Direktfenster:

```
Public Sub DisplayTempVars()
    Dim tmp As Variant
    For Each tmp In TempVars
        Debug.Print tmp.Name & " = " & tmp.Value
    Next tmp
End
```

Man kann allerdings auch eine verkürzte Notation für den Zugriff auf die *TempVars*-Collection verwenden und sich damit einiges an Tipparbeit ersparen:

BEISPIEL: Die ersten beiden Codezeilen des Vorgängerbeispiels in verkürzter Notation:

```
TempVars![varName_1] = Text0.Value
Me.Caption = TempVars![varName_1]
```

---

[1] Leider funktioniert das nur für herkömmliche UI-Makros, die neuen Datenmakros können davon (noch) nicht profitieren.

SetOption-/GetOption-Methode

Mit diesen Methoden können Sie die Datenbankoptionen setzen bzw. in Erfahrung bringen.

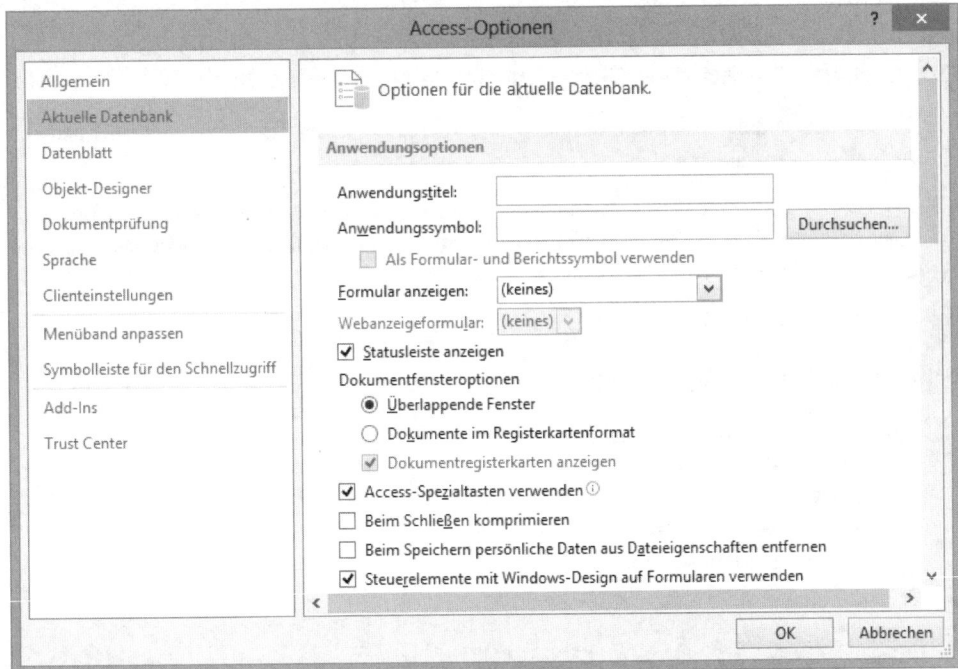

HINWEIS: Den Dialog *Access-Optionen* öffnen Sie über die Schaltfläche *Optionen* der Backstage-Ansicht (*Datei*-Register, unten).

BEISPIEL: So lässt sich das Optionshäkchen bei *Statusleiste anzeigen* per Code einstellen bzw. abfragen:

```
Application.SetOption "Show Status Bar ", False        ' Access-Statusleiste wird
ausgeblendet
Text0.Value = Application.GetOption("Show Status Bar")   ' liefert 0 (False)
```

Eine Übersicht wichtiger Stringausdrücke für bestimmte Optionen zeigt die Tabelle:

Text im Dialogfeld Optionen	Übergabestring
Statusleiste	"Show Status Bar"
Start-Dialogfeld	"Show Startup Dialog Box"
Systemobjekte	"Show System Objects"
Fenster in Taskleiste	"Use Taskbar For Each Document"
Namenspalte	"Show Macro Names Column"
Bedingungsspalte	"Show Conditions Column"

Text im Dialogfeld Optionen	Übergabestring
Linker -, Rechter -, Oberer -, Unterer Rand	"Left Margin", "Right Margin", "Top Margin", "Bottom Margin"
Liste zuletzt geöffneter Dateien	"Enable MRU File List"

OpenCurrentDataBase-, CloseCurrentDataBase-Methode

Beide Methoden sind dann sinnvoll, wenn Sie eine Microsoft Access-Datenbank von einer anderen Anwendung aus verwenden wollen.

BEISPIEL: Es wird demonstriert, wie man von einer anderen Anwendung aus (Excel, Word etc.) das Access-Hauptfenster öffnen und wieder schließen kann. Zwischenzeitlich wird das Formular *Kunden* der Datenbank *NORDWIND* angezeigt.

```
Dim appAccess As Access.Application

Private Sub Command1_Click()          ' Access öffnen
   Const pfad = "C:\Programme\Microsoft Office\Office\Samples\Nordwind.accdb"
   Dim frm As Form, strDB As String
   Set appAccess = New Access.Application
   appAccess.Visible = True
   appAccess.OpenCurrentDatabase pfad
   appAccess.DoCmd.OpenForm "Kunden"
End Sub

Private Sub Command2_Click()          ' Access schließen
 appAccess.CloseCurrentDatabase
 Set appAccess = Nothing
End Sub
```

HINWEIS: Vergessen Sie nicht, einen Verweis auf die *Microsoft Access 16.0 Object Library* einzurichten und den Pfad zur NORDWIND-Datenbank anzupassen!

ConvertAccessProject-Methode

Die Methode dient zur Umwandlung einer Access-Datenbank in eine andere Version (Argument *DestinationFileFormat*, z.B. *acFileFormatAccess2007*).

BEISPIEL: Dieser Code konvertiert eine Access 2003- in eine Access 2007-Datenbank im gleichen Verzeichnis.

```
Application.ConvertAccessProject SourceFilename:="C:\Firma\Kunden-Access2003.mdb", _
                     DestinationFilename:="C:\Firma\Kunden-Access2007.accdb", _
                     DestinationFileFormat:=acFileFormatAccess2007
```

Quit-Methode

Diese Methode beendet Microsoft Access und hat damit prinzipiell die gleiche Wirkung wie der Aufruf des Menübefehls *Datei/Beenden*. Sie können eine von mehreren Konstanten als Argument übergeben, um ein Datenbankobjekt vor dem Beenden zu speichern.

Konstante	Bedeutung
acSaveYes	Speichert alle Objekte, ohne ein Dialogfeld anzuzeigen (Standardeinstellung)
acPrompt	Zeigt ein Dialogfeld an, das fragt, ob Sie geänderte, noch nicht gespeicherte Datenbankobjekte speichern möchten
acExit	Beendet Microsoft Access, ohne Objekte zu speichern

6.4.4 Weitere wichtige Objekte

Den Anblick der kompletten Access-Objekthierarchie mit den zahlreichen untergeordneten Auflistungen wollen wir Ihnen hier lieber ersparen, es genügt, wenn Sie sich von der entsprechenden Seite der Online- Hilfe erschrecken lassen. Wir wollen uns hier nur auf *CurrentProject* und *CurrentData* und das damit im engen Zusammenhang stehende *AccessObject* beschränken.

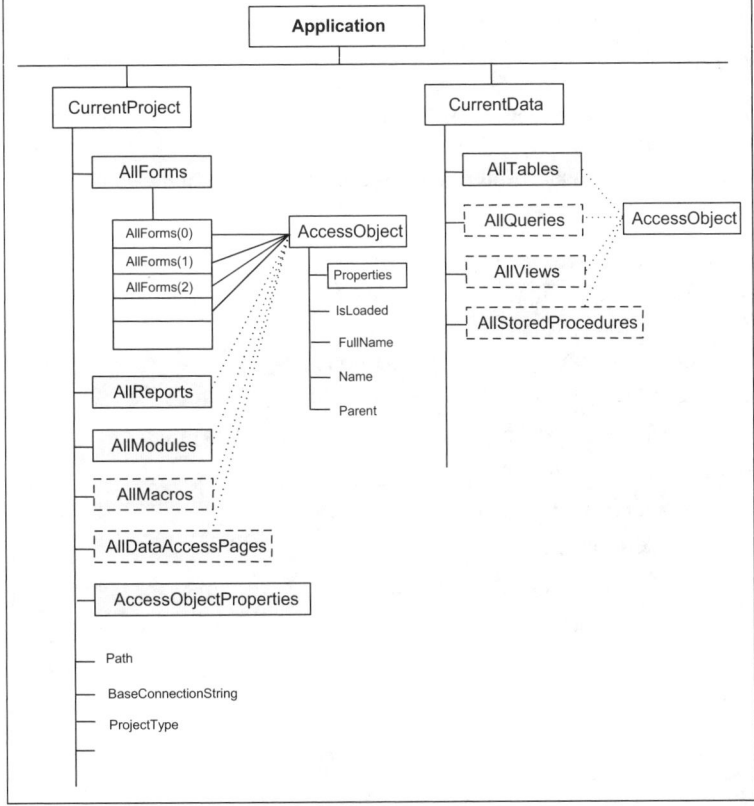

Die obige Abbildung unternimmt den Versuch, die doch recht verzwickten hierarchischen Beziehungen einigermaßen plausibel darzustellen (nur die wichtigsten Zusammenhänge).

Neben "normalen" Eigenschaften besitzen das *CurrentProject*-Objekt sowie das *CurrentData*-Objekt auch mehrere, mit *All...* bezeichnete Auflistungen, die wiederum Objekte des neuen Typs *AccessObject* enthalten.

Bemerkungen

- Die *Properties*-Auflistung des *AccessObject*s entspricht der *AccessObjectProperties*-Auflistung, die auch dem *CurrentProject*- bzw. *CurrentData*-Objekt zugeordnet werden kann.

- Ein Unterschied zwischen den Hauptobjekten *CurrentProject* und *CodeProject* sowie *CurrentData* und *CodeData* scheint angesichts ihrer identischen Eigenschaften, Objekte und Auflistungen nicht auf den ersten Blick ersichtlich zu sein. Das *CurrentProject*-Objekt verweist auf das Projekt zur Verwaltung des aktuellen Microsoft Access-Projekts[1] (*.adp*) bzw. der Microsoft Access-Datenbank (*.mdb* bzw. *.accdb*), während das *CodeProject*-Objekt auf das Projekt zur Verwaltung der Codedatenbank eines Microsoft Access-Projekts oder einer Access-Datenbank verweist.

Nun wollen wir einige wichtige Eigenschaften der neuen Objekttypen näher betrachten.

6.4.5 AccessObject

Bei allen mit *All...* beginnenden Auflistungsobjekten handelt es sich um Aufzählungen von Variablen des Typs *AccessObject*. Diese beinhalten als Eigenschaften allgemeine Informationen (*IsLoaded, Parent, Type* etc.) über das Objekt (also keine speziellen, wie z.B. die *Caption*-Eigenschaft eines *Form*-Objekts).

AccessObject ist gewissermaßen ein "Mädchen für alles", d.h., es passt zu jedem Element der *All...*-Auflistungen. Die folgende Tabelle zeigt einige Eigenschaften:

Eigenschaft	Beschreibung
DateCreated	Erstellungsdatum
DateModified	Datum der letzten Entwurfsänderung
IsLoaded	Ladezustand (*True/False*)
Name	Name des AccessObjects
Parent	Verweis auf übergeordnetes Objekt
Properties	Verweis auf Properties-Auflistung
Type	Objekttyp (*acTable*, *acForm* etc.)

---

[1] Nicht ab Access 2013 verfügbar!

6.4 Die Access-Objekthierarchie

BEISPIEL: Für alle Formulare einer Datenbankanwendung werden Name, Erstellungsdatum und Datum der letzten Änderung aufgelistet.

```
Dim a As AccessObject
For Each a In CurrentProject.AllForms
  With a
    Debug.Print .Name & vbCrLf & "Erstellt am " & .DateCreated & vbTab & _
                "Geändert am " & .DateModified
  End With
Next a
```

Das Ergebnis im Direktfenster könnte ähnlich der folgenden Abbildung ausfallen:

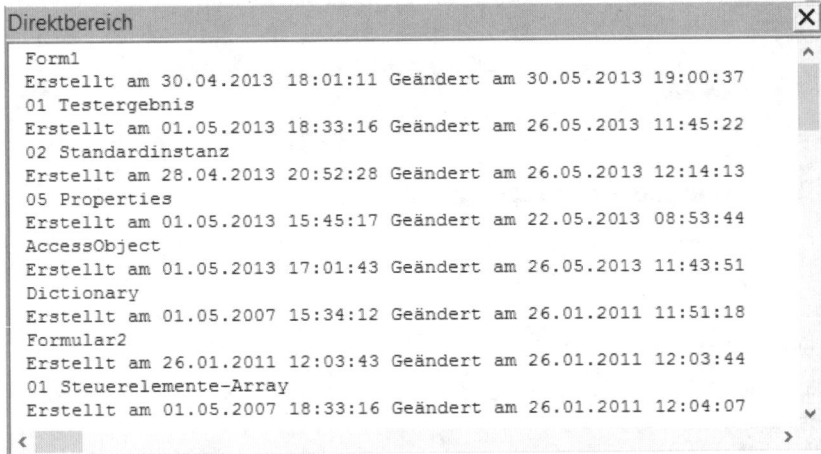

HINWEIS: Der Zugriff auf weitere Eigenschaften des *DataAccess*-Objekts wird im Zusammenhang mit den späteren Beispielen zu *CurrentProject* und *CurrentData* deutlich.

6.4.6 CurrentProject

Dieses Hauptobjekt beinhaltet die projektspezifischen Auflistungen (*AllForms*, *AllReports*, *AllModules* etc.) und Eigenschaften (*Path*, *ProjectType*, *Properties* etc.).

AllForms-Auflistung

In *AllForms* sind alle Formulare enthalten, egal ob geöffnet oder nicht. In der *Forms*-Auflistung des *Application*-Objekts hingegen finden Sie nur die geöffneten Formulare.

BEISPIEL: Das Durchlaufen der *Forms*-Auflistung:

```
Dim frm As Form
For Each frm In Application.Forms
  Debug.Print frm.Name, frm.Caption
Next frm
```

... liefert z.B. im Direktfenster die Zeile:

```
Formular2    Beispiel 2
Formular3    Beispiel 3
```

BEISPIEL: Das Durchlaufen der *AllForms*-Auflistung

```
Dim ao As AccessObject
For Each ao In Application.CurrentProject.AllForms
  Debug.Print ao.Name, ao.IsLoaded
Next ao
```

liefert auch das nicht geöffnete *Formular1*:

```
Formular1    Falsch
Formular2    Wahr
Formular3    Wahr
```

Die *Caption*-Eigenschaft steht bei einem *AccessObject* nicht zur Verfügung.

Path- und BaseConnectionString-Eigenschaft

Den Objekten *CurrenProject*, *CurrentData* etc. sind nicht nur Auflistungen untergeordnet, sondern auch noch ganz "normale" Eigenschaften wie *Path-* und *BaseConnection*. Diese sind schreibgeschützt und ermitteln Zeichenketten, d.h. das aktuelle Datenbankverzeichnis (*Path*) bzw. die Verbindungszeichenfolge (*BaseConnectionString*).

BEISPIEL: Eine Bitmap, die sich im Datenbankverzeichnis befindet, wird in ein *StatusBar*-ActiveX-Control geladen.

```
Dim verz As String
verz = Application.CurrentProject.Path
Statusbar1.Panels.Add , , , sbrDate, LoadPicture(verz & "\kalender.ico")
```

BEISPIEL: Die Verbindungszeichenfolge des aktuellen Projekts wird angezeigt:

```
Dim aktProjekt As Object
Set aktProjekt = Application.CurrentProject
MsgBox "Die Verbindungszeichenfolge lautet: " & aktProjekt.BaseConnectionString
```

ProjectType-Eigenschaft

Diese Eigenschaft liefert den Projekttyp:

- *acADP* = 1 → *.adp*-Projekt[1]
- *acMDB* = 2 → *.mdb*-bzw. *.accdb*-Projekt

---

[1] Seit Access 2013 nicht mehr unterstützt!

> **BEISPIEL:** Wenn Sie innerhalb *NORDWIND.ACCDB* im Direktfenster die folgende Anweisung ausführen, erhalten Sie den Wert 2.

```
Debug.Print Application.CurrentProject.ProjectType
```

6.4.7 CurrentData

Dieses weitere Hauptobjekt beinhaltet die datenbankspezifischen Auflistungen (*AllTables*, *AllQueries*, *AllViews* etc.) und Eigenschaften. Für Jet-Datenbanken (*.mdb* bzw. *.accdb*) kommt allerdings nur die *AllTables*-Auflistung in Betracht.

AllTables-Auflistung

In *AllTables* sind alle Tabellen der Datenbank enthalten, egal ob geöffnet oder nicht. Die *IsLoaded*-Property des *AccessObject* gibt Auskunft über den Öffnungsstatus.

> **BEISPIEL:** In *NORDWIND.ACCDB* sind die Tabellen *Artikel* und *Bestellungen* geöffnet. An einer beliebigen Stelle wird folgender Code ausgeführt:

```
Dim ao As AccessObject
For Each ao In Application.CurrentData.AllTables
   Debug.Print ao.Name, ao.IsLoaded
Next ao
```

Das Ergebnis im Direktfenster:

```
Artikel          Wahr
Bestelldetails   Falsch
Bestellungen     Wahr
Kategorien       Falsch
Kunden           Falsch
Lieferanten      Falsch
...
```

6.5 Übersichten

Die folgenden Tabellen enthalten eine Zusammenstellung von Konstanten der *ControlType*-Eigenschaft und der *CurrentObjectType*-Funktion.

6.5.1 Konstanten der ControlType-Eigenschaft

Konstante	Wert	Steuerelement
acLabel	100	Bezeichnungsfeld
acRectangle	101	Rechteck
acLine	102	Linie
acImage	103	Bild

Konstante	Wert	Steuerelement
acCommandButton	104	Befehlsschaltfläche
acOptionButton	105	Optionsfeld
acCheckBox	106	Kontrollkästchen
acOptionGroup	107	Optionsgruppe
acBoundObjectFrame	108	Gebundenes Objektfeld
acTextBox	109	Textfeld
acListBox	110	Listenfeld
acComboBox	111	Kombinationsfeld
acSubform	112	Unterformular
acObjectFrame	114	Objektfeld
acPageBreak	118	Seitenumbruch
acPage	124	Seite
acCustomControl	119	ActiveX-Steuerelement
acToggleButton	122	Umschaltfläche

6.5.2 Rückgabewerte der CurrentObjectType-Funktion

Konstante	Wert	aktives Objekt
acTable	0	Tabelle
acQuery	1	Abfrage
acForm	2	Formular
acReport	3	Bericht
acMacro	4	Makro
acModule	5	Modul
acDataAccessPage	6	Datenzugriffsseite
acServerView	7	Serversicht
acDiagram	8	Datenbankdiagramm
acStoredProcedure	9	Gespeicherte Prozedur

6.6 Praxisbeispiele

6.6.1 Ein Steuerelemente-Array automatisch erstellen

CreateForm- und *CreateControl-*Funktion; *ControlType-*Eigenschaft; *Form-* und *Control-*Objekt;

Sie wollen eine Eingabemaske mit einer matrixförmigen Anordnung von Textfeldern entwerfen. Das pixelgenaue Positionieren jedes einzelnen der vielen Steuerelemente (Controls) ist aber eine nervenaufreibende Angelegenheit, bei der eine ruhige Hand gefragt ist. Keines der Felder darf ver-

6.6 Praxisbeispiele

rutschen, um den Gesamteindruck nicht zu trüben. Spätestens hier entsteht bei Ihnen der Wunsch nach Automatisierung des Entwurfsprozesses.

Leider verfügen Steuerelemente über keine *Index*-Eigenschaft, über welche (wie z.B. in Visual Basic 6) problemlos auf Steuerelemente-Arrays zugegriffen werden könnte. Auch existiert keine Möglichkeit, zur Laufzeit mittels *Load*-Anweisung ein neues Steuerelement zu generieren.

Die Funktion *CreateControl* zeigt einen Ausweg, wie Sie sich trotzdem die Arbeit erleichtern können. Allerdings lässt sich diese Funktion nur in der Entwurfsansicht des Formulars verwenden.

Oberfläche

Sozusagen als "Startbasis" für unser kleines Demonstrationsprogramm brauchen wir ein neues Formular mit einer einzigen *Befehlsschaltfläche*.

HINWEIS: Das Startformular ist nicht identisch mit jenem, auf welchem wir später das Control-Array erstellen wollen!

Quellcode

In das Codemodul des Formulars kopieren Sie folgende Prozedur:

```
Option Explicit

Sub controlArray()
  Dim frm As Form
  Dim lbl As Control, txt As Control
  Dim x0 As Integer, y0 As Integer
  Dim breit As Integer, hochT As Integer, hochL As Integer
  Dim z As Integer, s As Integer      ' Zeilen- bzw. Spaltenindex

  Set frm = CreateForm              ' neues Formular in Entwurfansicht
  frm.Caption = "Steuerelemente-Array"
  frm.RecordSelectors = False       ' kein Datensatzmarkierer
  frm.NavigationButtons = False     ' keine Navigationsschaltflächen
  x0 = 200: y0 = 500                ' linke obere Ecke
  breit = 700                       ' Spaltenbreite (Twips)
  hochT = 500: hochL = 200          ' Höhe von Text- bzw.
                                    ' Bezeichnungsfeldern
  For z = 1 To 5                    ' für 5 Zeilen
    For s = 1 To 10                 ' für 10 Spalten
```

Ein ungebundenes Textfeld im Detailbereich erstellen:

```
    Set txt = CreateControl(frm.name, acTextBox, , "", "", _
                x0 + (s - 1) * breit, y0 + (z - 1) * (hochT + hochL))
```

Eigenschaften für Textfeld festlegen:

```
    txt.Width = breit: txt.Height = hochT
    txt.name = "text" & CStr(z) & CStr(s)
```

Untergeordnetes Bezeichnungsfeld für Textfeld erstellen:

```
   Set lbl = CreateControl(frm.name, acLabel, , txt.name, _
               "NewLabel", x0 + (s - 1) * breit, y0 + (z - 1) * (hochT + hochL) - hochL)
```

Eigenschaften für Bezeichnungsfeld festlegen:

```
   lbl.Height = hochL
   lbl.Width = breit
   lbl.name = "label" & CStr(z) & CStr(s)
   lbl.Caption = CStr(z) & "," & CStr(s)
   Next s
   Next z
   DoCmd.Restore   ' Formular in Normalgröße wiederherstellen
End Sub
```

HINWEIS: Beachten Sie, dass die mit *Set* zugewiesenen Namen *txt* bzw. *lbl* nicht identisch mit der *Name*-Eigenschaft dieser Steuerelemente sind!

Wenn Sie z.B. zweimal hintereinander eine völlig identische *Set*-Anweisung ausführen, wird die alte Instanz nicht überschrieben, sondern es kommt eine neue hinzu, deren Name zunächst von Microsoft Access automatisch vergeben wird (beginnend mit *Text0*, *Text1* etc.). Um den späteren Zugriff zu erleichtern, codieren wir den Zeilen- und Spaltenindex in die *Name*-Eigenschaft hinein (Beispiel: *Text24* = 2. Zeile, 4. Spalte).

Gestartet werden soll unser kleiner "Formularassistent" über die Befehlsschaltfläche:

```
Sub Befehl0_Click()
   Call controlArray
End Sub
```

Test

Öffnen Sie das Startformular, und klicken Sie auf die Befehlsschaltfläche *Neues Formular*.

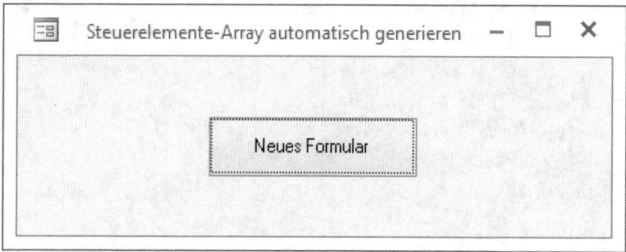

Microsoft Access ist einen kleinen Moment mit sich beschäftigt, dann erscheint, gewissermaßen aus dem "Nichts" heraus, die Entwurfsansicht eines neuen Formulars.

6.6 Praxisbeispiele

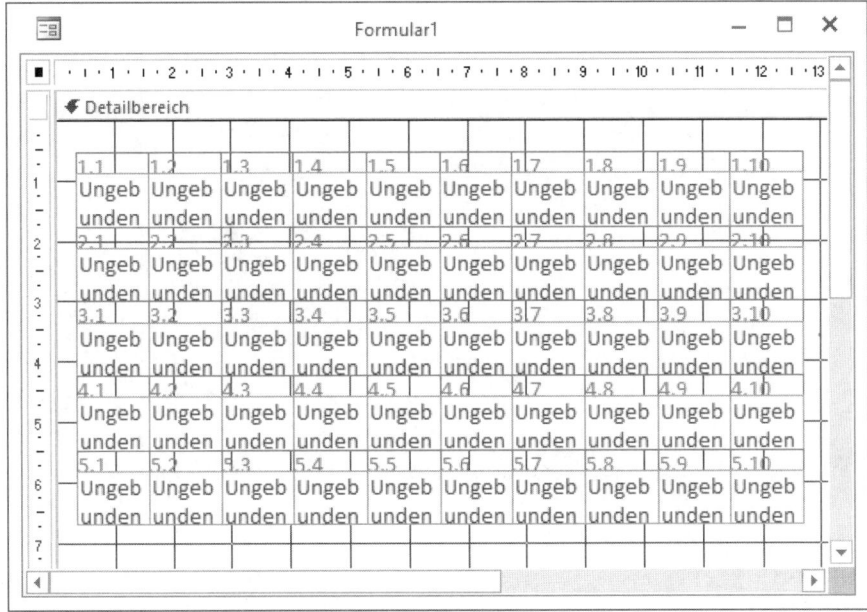

Schließen Sie dieses neue Formular über dessen Systemmenü. Es erscheint die Meldung aus der folgenden Abbildung:

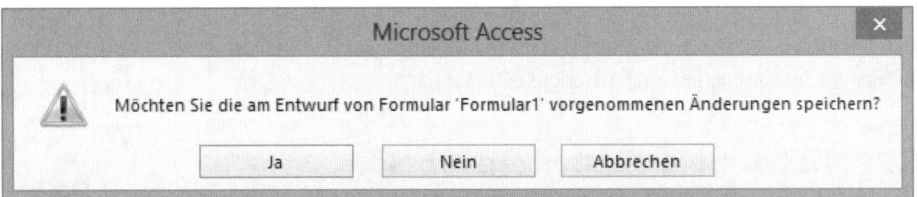

Antworten Sie mit *Ja* und verordnen Sie dem Formular im nun erscheinenden Dialogfeld gegebenenfalls einen neuen Namen.

Öffnen Sie nun das neue Formular (vom Navigationsbereich aus) und Sie können sich am Anblick einer aufgeräumten Bedienoberfläche mit einem exakt ausgerichteten Array erfreuen.

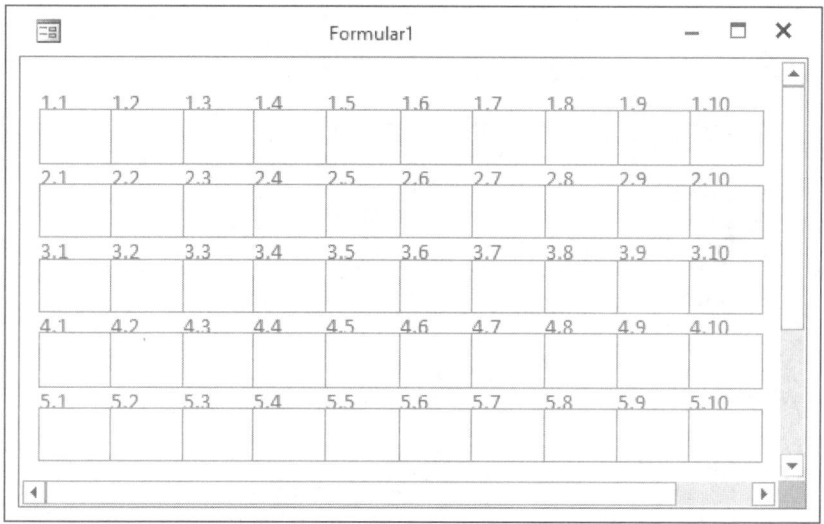

Bemerkungen

- Mit der gleichartig aufgebauten Funktion *CreateReportControl* können Sie auf analoge Weise Steuerelemente in einem Bericht erstellen.

- Bestens geeignet sind die Funktionen *CreateControl/CreateReport* zur Entwicklung von Assistenten für die automatisierte Formular- und Berichtserstellung.

- Sie können ein Steuerelement mit Hilfe der Anweisungen *DeleteControl/DeleteReportControl* wieder aus einem Formular oder Bericht entfernen.

6.6.2 Mit Formular-Instanzen arbeiten

Form-Objekttyp: *New-, Set*-Anweisung; *Nothing*-Objekt;

Formulare und Berichte sind unter Microsoft Access *Klassenmodule*, sie eignen sich damit als Vorlage (gewissermaßen "Prägestempel") für weitere Formulare/Berichte. Im vorliegenden Beispiel soll gezeigt werden, wie man von einem Formular mehrere "Kopien" (Nicht-Standardinstanzen) erzeugen und damit arbeiten kann.

Oberfläche

Binden Sie ein Formular an die Tabelle *Personal*[1], ändern Sie den Namen in *Standardinstanz* und binden Sie ein Textfeld an das Feld *Nachname*. Fügen Sie drei Befehlsschaltflächen (*Befehl1* ... *Befehl3*) hinzu.

---

[1] Die Tabelle wurde für dieses Beispiel aus *NORDWIND* importiert.

Quelltext

Das Referenzieren der beiden Objektvariablen erfolgt auf Modulebene:

```
Private frm1 As Form_Standardinstanz
Private frm2 As Form_Standardinstanz
```

Die erste Kopie bzw. Nicht-Standardinstanz wird erzeugt. Das Setzen der *Visible*-Eigenschaft auf *True* ist Voraussetzung dafür, dass das neue Formular auch sichtbar wird.

```
Private Sub Befehl1_Click()
 Set frm1 = New Form_Standardinstanz

 frm1.Visible = True
 frm1.Caption = "Erste Nicht-Standardinstanz"
```

Da die Schaltflächen *Befehl1* und *Befehl2* bei den Kopien nicht benötigt werden, sollte man sie deaktivieren. Das geht leider nur, wenn vorher der Fokus weggenommen wird:

```
 frm1.Befehl3.SetFocus
 frm1.Befehl1.Enabled = False
 frm1.Befehl2.Enabled = False
End Sub
```

Die zweite Kopie:

```
Private Sub Befehl2_Click()
 Set frm2 = New Form_Standardinstanz

 frm2.Visible = True
 frm2.Caption = "Zweite Nicht-Standardinstanz"
 frm2.Befehl3.SetFocus
 frm2.Befehl1.Enabled = False
 frm2.Befehl2.Enabled = False
End Sub
```

Das Schließen des Formulars:

```
Private Sub Befehl3_Click()
 DoCmd.Close
End Sub
```

Ein guter Platz fürs "Aufräumen" findet sich im *Form_Unload*-Ereignis:

```
Private Sub Form_Unload(Cancel As Integer)
 Set frm1 = Nothing
 Set frm2 = Nothing
End Sub
```

Test

Öffnen Sie das Formular und werden Sie Zeuge seiner wundersamen Vermehrung.

Da das neu erzeugte Formular alle Eigenschaften des Originals erbt, wozu auch die Position gehört, ist es zunächst fast deckungsgleich mit der Standardinstanz. Sie müssen es also anfassen und verschieben, um die darunter liegende Standardinstanz freizulegen. In jeder der beiden Kopien bzw. Nicht-Standardinstanzen können Sie sich völlig unabhängig durch die Datensätze bewegen.

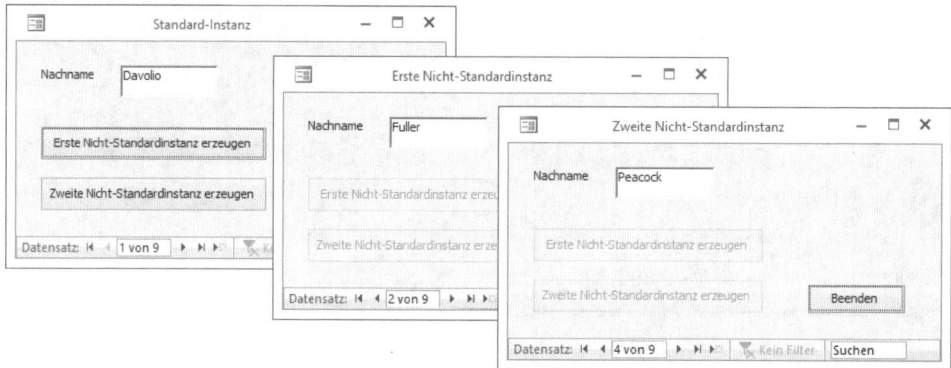

6.6.3 Mit einer eigenständigen Klasse experimentieren

Klassenmodul; *Property Let-* und *Property Get*-Eigenschaftsmethoden, *Initialize-* und *Terminate-*Ereignis; *Str$-* und *Val-*Funktion; *Report-*Objekt: *Circle-*Methode; *ScaleWidth-, ScaleHeight-, Width-* und *Height-*Eigenschaft, *Print-*Ereignis;

Zu Beginn machen wir uns Gedanken über die von der Klasse benötigten Zustandsvariablen, diese müssen nicht identisch mit den Eigenschaften sein! In unserem Fall brauchen wir nur eine einzige (private) Zustandsvariable *r*. Warum? Wie die folgende Tabelle zeigt, lassen sich alle drei Eigenschaften (*Radius, Umfang, Flaeche*) auf *r* zurückführen (so genannte "berechnete" Eigenschaften).

Lesezugriff (Property Get)	Schreibzugriff (Property Let)
Radius = r	r = Radius
Umfang = 2 * Pi * r	r = Umfang / 2 / Pi
Flaeche = Pi * r * r	r = Sqr(Flaeche / Pi)

Quelltext (Klassenmodul)

Über das Menü *Einfügen/Klassenmodul* erstellen wir folgendes Klassenmodul:

```
Private Const Pi = 3.1416
Private r As Double            ' Zustandsvariable
```

Eigenschaftsprozeduren:

```
Property Get Radius() As Double     ' Radius lesen
  Radius = r
End Property
```

```
Property Let Radius(rad As Double)    ' Radius schreiben
  r = rad
End Property

Property Get Umfang() As Double       ' Umfang lesen
  Umfang = 2 * Pi * Radius
End Property

Property Let Umfang(umf As Double)    ' Umfang schreiben
  Radius = umf / 2 / Pi
End Property

Property Get Flaeche() As Double      ' Fläche lesen
  Flaeche = Pi * Radius * Radius
End Property

Property Let Flaeche(flae As Double)  ' Fläche schreiben
  Radius = Sqr(flae / Pi)
End Property
```

Methode:

```
Sub zeichneMich(rep As Report)
  rep.Circle (rep.ScaleWidth / 2, rep.ScaleHeight / 2), Radius
End Sub
```

Die folgenden beiden Event-Handler stehen einem Klassenmodul standardmäßig zur Verfügung.

```
Sub Class_Initialize()                          ' beim Initialisieren eines Objekts
  MsgBox "Die Klasse 'CKreis' wurde initialisiert!"
End Sub

Sub Class_Terminate()                           ' beim Zerstören eines Objekts
  MsgBox "Die Instanz der Klasse 'CKreis' wurde aus dem Speicher entfernt!"
End Sub
```

Wir speichern das Klassenmodul unter dem Namen *CKreis* ab[1]. Dieser Name kennzeichnet die Objektklasse, für welche wir später (von anderen Modulen aus) Instanzen bilden werden.

Berichtsoberfläche

Unser Klassenmodul soll von einem Bericht benutzt werden. Dessen Oberfläche ist im Handumdrehen erstellt. In den Kopfbereich eines neuen Berichts platzieren Sie ein Bezeichnungsfeld für die Überschrift. Drei weitere Bezeichnungsfelder (*Bezeichnung1*, *Bezeichnung2* und *Bezeichnung3*) setzen Sie an den linken Rand des Detailbereichs.

---

[1] Es ist allgemein üblich, aber nicht zwingend vorgeschrieben, dass benutzerdefinierte Klassen mit dem Großbuchstaben "C" beginnen.

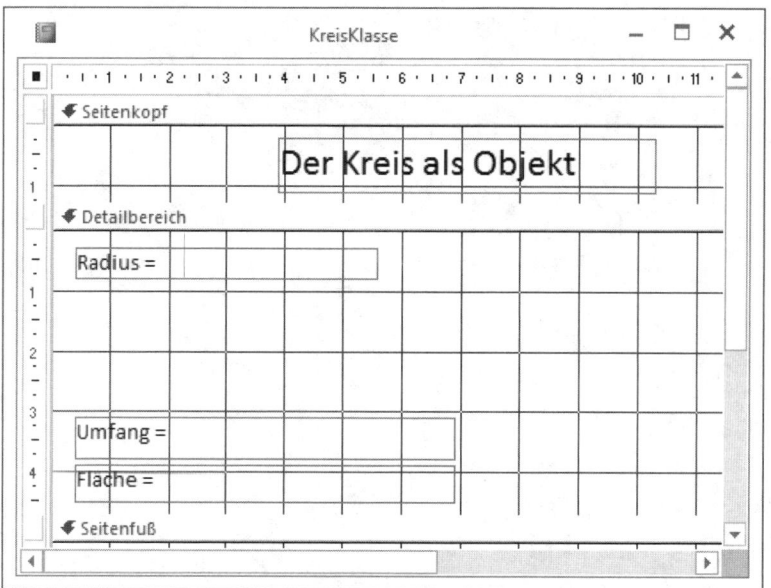

Quelltext (Berichtsmodul)

```
Dim krs As New CKreis        ' Objektinstanz bilden

Private Sub Detailbereich_Print(Cancel As Integer, PrintCount As Integer)
 Dim title As String, msg As String, answ As String
 Dim rmax As Integer
 rmax = Me.Height / 2       ' Default-Radius

 ' Radius eingeben -------------------------------------------
 msg = "Geben Sie einen Wert zwischen 0 und " & Str$(rmax) & " ein!"
 answ = InputBox(msg, "Radius des Kreises", rmax)

 ' selbst definiertes Objekt benutzen -------------------------
 krs.radius = Val(answ)     ' Eigenschaft zuweisen
 Call krs.zeichneMich(Me)   ' Methode aufrufen

 ' Koordinatenkreuz für Detailbereich zeichnen ----------------
 Me.DrawStyle = 3
 Me.Line (0, Me.Height / 2)-(Me.Width, Me.Height / 2)
 Me.Line (Me.Width / 2, 0)-(Me.Width / 2, Me.Height)

 ' Informationen anzeigen -------------------------------------
 Bezeichnungsfeld1.Caption = Bezeichnungsfeld1.Caption & Str$(krs.Radius) & " Twips"
 Bezeichnungsfeld2.Caption = Bezeichnungsfeld2.Caption & Str$(Round(krs.Umfang)) & " Twips"
 Bezeichnungsfeld3.Caption = Bezeichnungsfeld3.Caption & Str$(Round(krs.Flaeche)) & _
                             " Quadrat-Twips"
End Sub
```

Test

Öffnen Sie das Berichtsmodul. Durch die vorgeschaltete InputBox werden Sie zunächst zur Eingabe des gewünschten Radius aufgefordert, ehe der Report mit der Zeichnung erscheint:

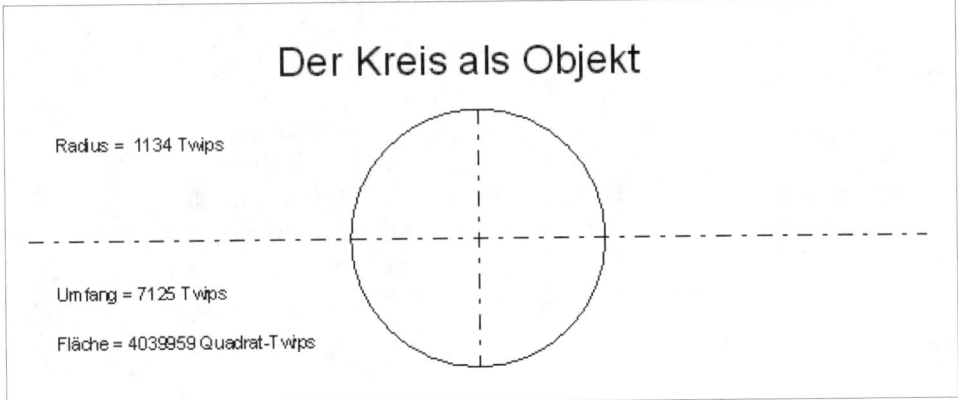

Nach Schließen des Berichts erscheint folgende Meldung:

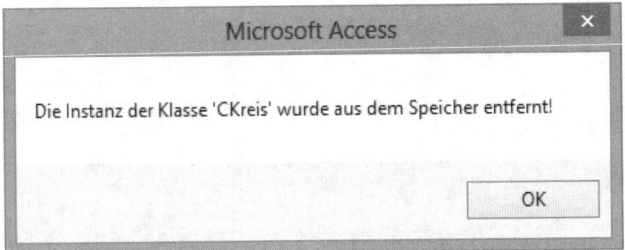

Bemerkungen

- Die beiden Standardereignisse *Class_Initialize* und *Class_Terminate* wurden nur interessehalber mit Meldungsfenstern bestückt, ansonsten ist dort auch Platz für sinnvollere Aktivitäten (z.B. Zuweisen von Standardeigenschaften)
- Das Klassenmodul *CKreis* steht natürlich nicht nur diesem *Report*-Modul, sondern auch allen anderen Modulen der Datenbank zur Verfügung

6.6.4 Auf Objekte in Auflistungen zugreifen

Object- und *New Collection*-Deklarationen; *Add*-Methode; *ControlType*-, *BackStyle*- und *BackColor*- Eigenschaft; *For Each*-Schleife; benannte Parameter

Für den Umsteiger ist die Arbeit mit Objekten und Auflistungen recht gewöhnungsbedürftig, da für Instanzenbildung und Zugriff verschiedene und teilweise gleichwertige Sprachkonstrukte zur Anwendung kommen können.

Da man die Unterschiede am besten durch Beispiele erfasst, werden im folgenden Beispiel verschiedene Verfahren nebeneinander gestellt:

- Erstellung einer *Collection*-Auflistung, bestehend aus Steuerelementen.
- Zugriff auf die bereits vorhandene *Controls*-Auflistung des *Application*-Objekts.

Der Zugriff auf die einzelnen Elemente der Auflistungen erfolgt optional mittels einer *For Each*- oder *For...Next*-Schleifenanweisung.

Oberfläche

Im Detailbereich eines neuen Formulars platzieren Sie vier Bezeichnungsfelder (*Bezeichnungsfeld1 ... Bezeichnungsfeld4*), vier Textfelder (*Text1 ... Text4*) und vier Befehlsschaltflächen (*Befehl1 ... Befehl4*).

Ändern Sie im Eigenschaftenfenster die Hintergrundart (*BackStyle*-Eigenschaft) der Bezeichnungsfelder (und eventuell der Textfelder) auf *Normal*, da nur in diesem Fall eine Hintergrundfarbe (*BackColor*- Eigenschaft) zugewiesen werden kann.

Quelltext

```
Private controlColl As New Collection    ' Collection-Objekt erstellen
Private contr As Object                  ' Objektvariable deklarieren
Private i As Integer                     ' Zählvariable
```

Die *Collection* wird im *Load*-Ereignis des Formulars zusammengestellt und enthält alle Bezeichnungsfelder und alle Textfelder. Die *Add*-Methode benutzt *benannte Parameter*:

```
Private Sub Form_Load()      ' Objekte der Collection hinzufügen
  With controlColl
    .Add Item:=Bezeichnungsfeld1
    .Add Item:=Bezeichnungsfeld2
    .Add Item:=Bezeichnungsfeld3
    .Add Item:=Bezeichnungsfeld4
    .Add Item:=Text1
    .Add Item:=Text2
    .Add Item:=Text3
    .Add Item:=Text4
  End With
End Sub
```

Die folgende Prozedur ändert die Hintergrundfarbe sowie den Inhalt der Bezeichnungs- und Textfelder. Als neuer Inhalt erscheint der laufende Index innerhalb der *Collection*. Dabei wird anhand der *ControlType*-Eigenschaft unterschieden, ob es sich um ein Bezeichnungsfeld oder ein Textfeld (*TextBox*) handelt. Die Prozedur erhält als Übergabeparameter ein Steuerelement (*ctrl*) und eine Farbkonstante (*colr*).

```
Private Sub setProp(ctrl As Control, colr As String)    ' Eigenschaften des Controls ändern
  With ctrl
    If .ControlType = acCommandButton Then Exit Sub
```

6.6 Praxisbeispiele

```
    If colr = "rot" Then .BackColor = RGB(255, 0, 0)
    If colr = "blau" Then .BackColor = RGB(0, 0, 255)
    If .ControlType = acLabel Then .Caption = i
    If .ControlType = acTextBox Then .Value = i
  End With
End Sub
```

Die folgende Ereignisbehandlungsroutine demonstriert den Zugriff auf die einzelnen Elemente der Collection mittels einer *For Each*-Schleifenanweisung:

```
Private Sub Befehl1_Click()        ' Collection-Auflistung mittels For Each ... Next
  i = 1
  For Each contr In controlColl
    Call setProp(contr, "rot")
    i = i + 1
  Next contr
End Sub
```

Test 1 (For Each ... mit Collection)

Nach Öffnen des Formulars und Klick auf die linke Befehlsschaltfläche färben sich die acht Steuerelemente rot und zeigen den Index an:

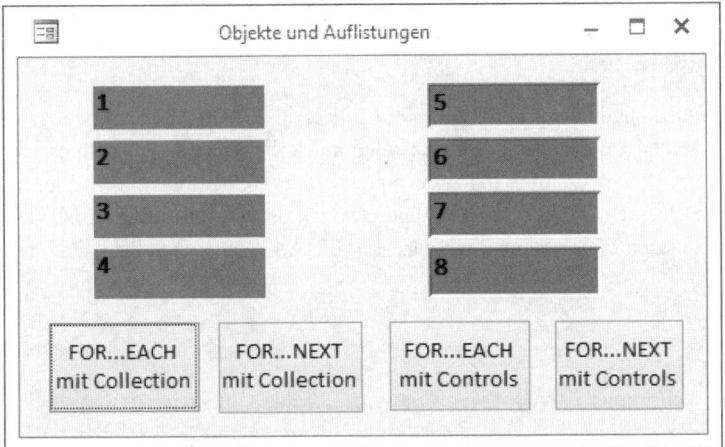

Programmergänzung (For...Next mit Collection)

Das gleiche Ergebnis wie mit einer *For Each*-Anweisung kann man auch mit einer *For...Next*-Schleifenanweisung erreichen. Die *Count*-Eigenschaft der *Collection* gibt die Anzahl der enthaltenen Objekte zurück. Beachten Sie, dass das erste Element den Index 1 hat.

```
Private Sub Befehl2_Click()        ' Collection-Auflistung mittels For...Next
  For i = 1 To controlColl.Count
    Call setProp(controlColl(i), "rot")
  Next i
End Sub
```

Programmergänzung (For Each ... bzw. For...Next mit Controls)

Wie man gänzlich ohne eine *Collection* auskommt, zeigt die folgende Routine. Sie greift auf die in der Objekthierarchie standardmäßig vorhandene *Controls*-Auflistung zurück. Auch hier hat man, genauso wie bei der *Collection*, die Möglichkeit des Durchlaufs der Auflistung mittels *For Each* ...- oder *For...Next*-Schleife. Beachten Sie, dass (im Unterschied zur *Collection*) der unterste Index mit 0 beginnt.

```
Private Sub Befehl3_Click()            ' Controls-Auflistung mittels For Each... Next
  i = 0
  For Each contr In Controls
    Call setProp(contr, "blau")
    i = i + 1
  Next contr
End Sub

Private Sub Befehl4_Click()            ' Controls-Auflistung mittels For...Next
  For i = 0 To Controls.Count - 1
    Call setProp(Controls(i), "blau")
  Next i
End Sub
```

Test 2 (Controls-Auflistung)

Wozu haben wir überhaupt erst umständlich eine *Collection* erstellt, obwohl standardmäßig bereits eine *Controls*-Auflistung vorhanden ist? Die Antwort können Sie sich selbst geben, wenn Sie das Ergebnis des folgenden Tests auswerten:

Nach dem Öffnen des Formulars und einem Klick auf die linke Befehlsschaltfläche färben sich die acht Steuerelemente blau. Achten Sie aber auf den angezeigten Index. Er erscheint willkürlich festgelegt und nicht durchgängig. Die angezeigten Indizes entsprechen der Reihenfolge, in welcher im Entwurfsmodus die Steuerelemente im Detailbereich "abgesetzt" wurden. Beachten Sie dabei, dass auch die vier Befehlsschaltflächen Objekte innerhalb der *Controls*-Auflistung sind, ihr Index aber nicht angezeigt wird.

Bemerkungen

- Eine Collection bietet sich immer dann an, wenn Sie auf einzelne Objekte zugreifen wollen (Sie selbst legen den Index fest!)
- Einer *Controls*-Auflistung sollte man dann den Vorzug geben, wenn auf alle Objekte ohne Unterschied zugegriffen werden soll (VBA legt den Index fest!)

6.6.5 Properties-Auflistungen untersuchen

Properties-Auflistung; *Property*-Typ; *For... Each*-Schleife; *Count*-Eigenschaft; *Debug*Objekt

In Visual Basic werden auch die Eigenschaften von Oberflächen-Objekten in Auflistungen zusammengefasst. Ein kleines Experimentierprogramm ist auch hier die ideale Möglichkeit, sich im Dschungel der Objekthierarchie zurechtzufinden. Wir wollen den Inhalt der *Properties*-Auflistungen sowohl für das aktuelle Formular als auch für eine Befehlsschaltfläche anzeigen.

6.6 Praxisbeispiele

Oberfläche

Obwohl wir unsere Testergebnisse im Direktfenster ausgeben wollen, brauchen wir zunächst ein Startformular. Öffnen Sie also ein neues Formular in der Entwurfsansicht und bestücken Sie es mit drei Schaltflächen (*Befehl0, Befehl1, Befehl2*).

Quelltext

Bei der *Properties*-Auflistung (Auflistung der Eigenschaften) für das Formular wählen wir die einfachste Programmiermethode in Form einer *For...Next*-Schleife:

```
Private i As Integer
Private Sub Befehl0_Click()                       ' Formulareigenschaften
On Error Resume Next
```

Zunächst die Kopfzeile drucken:

```
Debug.Print "Eigenschaften des Formulars '" & Me.name & "'"
Debug.Print "------------------------------------------------------"
Debug.Print "Index"; Tab(7); "Name"; Tab(34); "Typ"; Tab(42); "Wert"
Debug.Print "------------------------------------------------------"
```

Für die ersten 31 Formulareigenschaften werden Name, Typ und Wert ausgegeben:

```
For i = 0 To Me.Properties.Count - 1
  With Me.Properties(i)
    Debug.Print i; Tab(7); .name; Tab(34); .Type; Tab(42); .Value
  End With
  If i = 30 Then Exit For
Next i
End Sub
```

Nun wenden wir uns den Eigenschaften der Befehlsschaltfläche zu. Nur um verschiedene Möglichkeiten zu demonstrieren, wird hier bei der *Properties*-Auflistung von der *For Each...*-Schleifenanweisung Gebrauch gemacht. Gleichzeitig soll anhand der *Caption*-Eigenschaft gezeigt werden, wie man bestimmte "Properties" abfragen und manipulieren kann:

```
Private Sub Befehl1_Click()                    ' Eigenschaften der "Beenden"-Schaltfläche
Dim prop As Property
On Error Resume Next
i = 0
Debug.Print "Eigenschaften von '" & Me.Befehl2.name & "'"
Debug.Print "------------------------------------------------------"
Debug.Print "Index"; Tab(7); "Name"; Tab(34); "Typ"; Tab(42); "Wert"
Debug.Print "------------------------------------------------------"
For Each prop In Me.Befehl2.Properties
  If prop.Name = "Caption" Then prop.Value = "Schließen"    ' Eigenschaftswert wird verändert!
    Debug.Print i; Tab(7); prop.Name; Tab(34); prop.Type; Tab(42); prop.Value
    i = i + 1
Next prop
End Sub
```

Test

Bevor Sie das Formular öffnen, sollten Sie im Menü *Ansicht/Direktfenster* das *Debug*-Objekt zur Anzeige bringen. Das gelingt auch mit der Tastenkombination (Strg)+(G). In der Folge bleibt das Testfenster immer sichtbar, und Sie können quasi "Online" den Zeilenaufbau mitverfolgen.

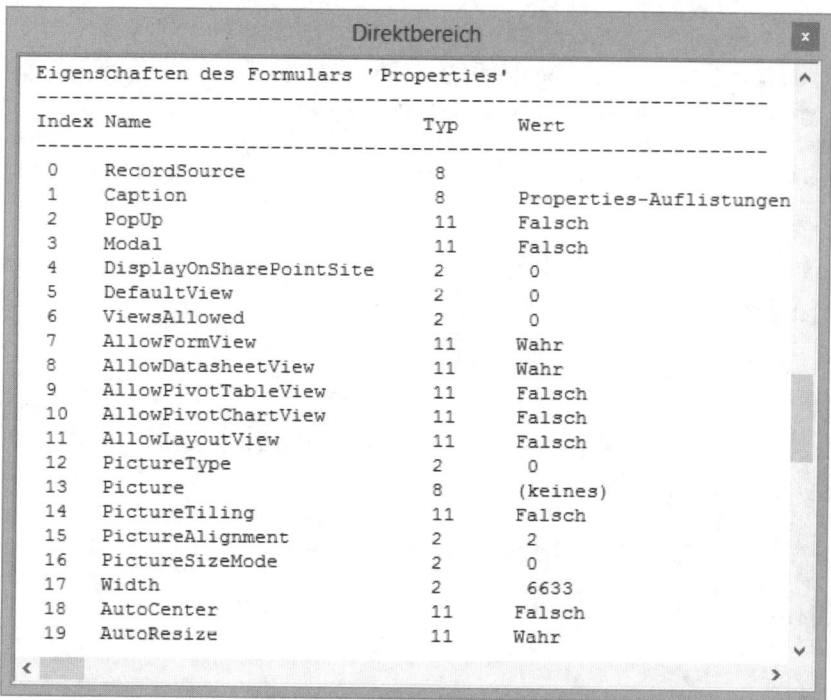

Anschließend können Sie noch die Auflistung für die Eigenschaften der Befehlsschaltfläche (*Befehl2*) durchlaufen lassen und sich ebenfalls im Direktfenster das Ergebnis betrachten.

HINWEIS: Achten Sie auf die veränderte *Caption*-Eigenschaft von *Befehl2* (im Direktfenster und im Formular steht jetzt *Schließen* anstatt *Beenden*)!

Bemerkungen

- Die Kapazität des Direktfensters ist nicht unerschöpflich. Ab und zu sollten Sie deshalb den Inhalt löschen. Das gelingt am einfachsten, wenn Sie alles mit der Maus markieren und anschließend die (Entf)-Taste betätigen.

- Über die Bedeutung der *Properties*-Auflistung im Zusammenhang mit den Objekten der Jet-Engine informieren Sie sich bitte im DAO-Kapitel 7.

Teil

Teil II: Datenschnittstellen

- **DAO-Programmierung**
- **ADO-Programmierung**
- **Datenbankverwaltung**
- **Microsoft SQL Server**
- **Access und Azure SQL**
- **Zugriff auf SQLite**

Kapitel 7

DAO-Programmierung

"Totgesagte leben länger ...", besser kann man wohl die Renaissance der DAO nicht umschreiben, denn von Version zu Version schien die ADO-Konkurrenz unaufhaltsam auf dem Vormarsch zu sein. Doch mittlerweile ist die Bedeutung von DAO wieder deutlich gewachsen[1]. Neben der besseren Performance mag ein weiterer Grund für die Wiederauferstehung sein, dass DAO mittlerweile direkter Bestandteil von Office geworden ist.

7.1 Allgemeines

Bei den Datenzugriffsobjekten (DAO) handelt es sich um eine objektorientierte Schnittstelle, die jedoch im Gegensatz zu den anderen Access-Objekten keinerlei visuelle Oberfläche besitzt.

7.1.1 DBEngine

An der Spitze der Objekthierarchie (siehe folgende Abbildung) thront das *DBEngine*-Objekt, es repräsentiert quasi das gesamte Datenbankmodul. Neben einigen nützlichen Methoden, die in Kapitel 10 beschrieben werden, ist vor allem die *LoginTimeout*-Eigenschaft für ODBC-Verbindungen interessant.

Obwohl die Engine die gesamte Funktionalität einer Datenbank zur Verfügung stellt, handelt es sich nicht um ein eigenständiges Produkt, sondern nur um eine Anzahl von Laufzeitbibliotheken (DLLs). Neben dem eigenen Access-Format werden auch Schnittstellen zu anderen Datenbankformaten (z.B. Excel) und vor allem die ODBC-Schnittstelle angeboten.

Durch das Kapseln der eigentlichen Datenbankschnittstellen in einem Objektmodell ist es für den Programmierer relativ egal, mit welchem Datenbankformat er arbeitet, die Engine entscheidet, ob direkt (Access) oder über zusätzliche DLLs (ISAM[2], ODBC[3]) auf die physikalische Datei zuge-

---

[1] Das gilt zumindest für den Einsatz mit der neueren Datenbank-Engine (ADE).

[2] *Indexed Sequential Access Method*

[3] *Open Database Connectivity*

griffen werden muss. Neben den einfachen Schreib-/Leseaktionen werden auch Sicherheitsmechanismen, Transaktionen und referenzielle Integrität hervorragend unterstützt.

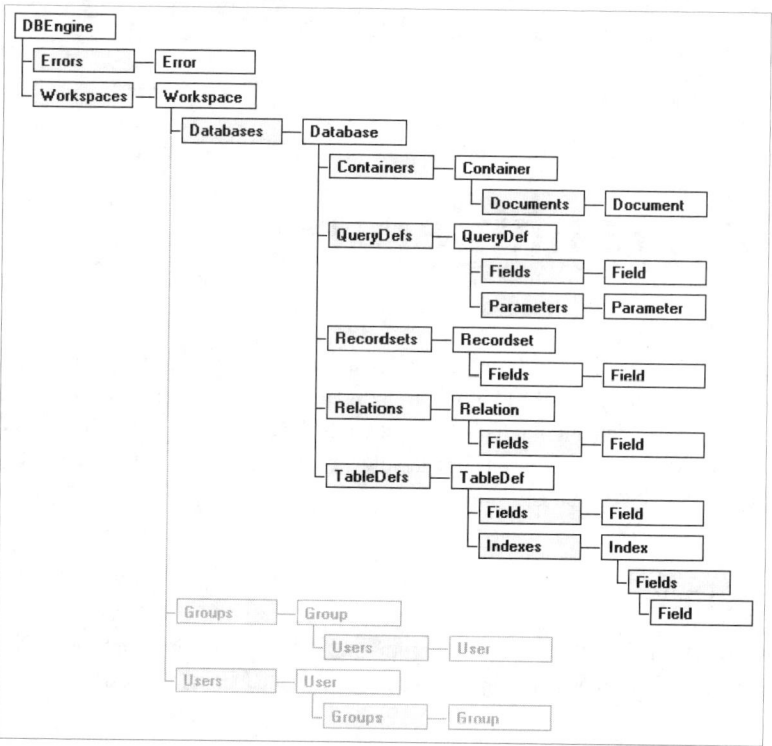

HINWEIS: Da bereits unter Access 2007 das klassische Benutzer-Sicherheitssystem (Benutzer, Gruppen, Passwörter, ...) ausgedient hatte, sind in der Objekthierarchie die entsprechenden Objekte (*Groups*, *Users*, ...) grau gekennzeichnet.

7.1.2 Workspace-Objekt

Von einem *DBEngine*-Objekt lassen sich mit der *CreateWorkspace*-Methode weitere *Workspace*-Objekte ableiten. Damit können Sie Ihre aktuelle Arbeitssitzung verwalten. Zu einem Arbeitsbereich gehören neben dem Usernamen und dessen Passwort[1] alle geöffneten Datenbanken und ODBC-Verbindungen. Weiterhin werden Transaktionen, User und Gruppen sowie diverse Optionen mit diesem Objekt verwaltet.

In den meisten Fällen werden Sie mit dem vorhandenen *Workspace*-Objekt auskommen und auf ein neues Objekt verzichten. Wichtig ist vor allem die Möglichkeit, mit diesem Objekt neue Datenbanken (hier ist die physische Datei gemeint!) anzulegen, zu öffnen und zu verwalten.

---

[1] Auch wenn Sie sich nicht mit anmelden, ist der Username mit "Admin" und das Passwort mit "" (Leerstring) gesetzt.

7.1.3 Database-Objekt

Unter einem *Database*-Objekt kann sich wahrscheinlich jeder etwas vorstellen, handelt es sich doch um ein virtuelles Abbild der Datenbank mit allen enthaltenen Tabellen und Abfragen. Formulare, Berichte und Module gehören allerdings nicht dazu.

- Ist die Datenbank geöffnet, können Tabellen, Abfragen und Relationen erstellt und genutzt werden. Für den SQL-Profi bietet sich zusätzlich die Möglichkeit, SQL-Befehle mittels *Execute*-Methode auszuführen.

- Über das *Database*-Objekt ist es problemlos möglich, die Datenbank zu analysieren. Weitere Ausführungen zum Thema finden Sie im Abschnitt "Tabellen/Indizes anlegen" (Seite 373) bzw. im Praxisbeispiel "Eine Datenbank analysieren" (Seite 422).

7.1.4 Recordset-Objekt

Nach dem virtuellen Abbild der Datenbank kommen wir jetzt zum virtuellen Abbild einer bzw. auch mehrerer Tabelle(n). So einfach wie es sich anhört, ist es allerdings nicht, bietet das DAO-Modell doch fünf verschiedene Typen für ein und denselben Sachverhalt:

- *Dynaset*
- *Snapshot*
- *Table*
- *Forward*
- *Dynamic*

Ein *Dynaset* stellt eine dynamische Sicht (View) auf eine oder auch mehrere Tabelle(n) der geöffneten Datenbank dar. Dynasets sind das Resultat einer Abfrage und repräsentieren quasi die Ergebnismenge. Unter bestimmten Bedingungen ist es möglich, ein Dynaset zu editieren. Im Gegensatz dazu stellt ein *Snapshot* das Abbild zum Zeitpunkt der Abfrage dar. Snapshots lassen sich nicht editieren und sind damit lediglich für die Anzeige und die Auswertung von Daten von Interesse.

Der dritte Typ (*Table*) unterscheidet sich von den beiden vorangegangenen dadurch, dass es sich immer um das Abbild einer Tabelle handelt. Dies schließt alle Zeilen und alle Spalten ein.

Die Datentypen *Forward* und *Dynamic* sind im Wesentlichen nur für die Arbeit mit ODBC-Datenquellen interessant und werden auch erst im entsprechenden Kapitel 10 näher beleuchtet. An dieser Stelle nur so viel: Beide Typen dienen der Optimierung von Datenbankzugriffen.

Über ein *Recordset*-Objekt werden die typischen Datenbank-Aktionen abgewickelt: Hinzufügen, Ändern, Löschen, Suchen etc.

7.1.5 Verwendung der Datenbankobjekte

Grundsätzlich handelt es sich bei den Datenbankobjekten um Objektvariablen, die in den meisten Fällen vor der Verwendung initialisiert werden müssen.

BEISPIEL: Die folgende Anweisung deklariert lediglich eine Variable vom Typ *Database*, mehr aber auch nicht.

```
Dim db As Database
```

Wollen Sie eine Eigenschaft abfragen oder eine Methode ausführen, initialisieren Sie die Variable durch das Zuweisen eines bestehenden Objekts:

```
Dim ws As Workspace
Dim db As DataBase

Set ws = dbEngine.Workspace(0)      ' Zuweisen der Standard-Workspace
Set db = ws.Databases(0)            ' Zuweisen der aktuellen Datenbank
```

BEISPIEL: Weiterhin können Objekte auch von Methoden (meist *Create...*) zurückgegeben werden:

```
Dim ws As Workspace
Dim db As DataBase

Set ws = dbEngine.Workspace(0)      ' Zuweisen der Standard-Workspace
Set db = ws.CreateDatabase("Personalverwaltung", dbLangGeneral)
```

Danach können Sie auf alle Eigenschaften und Methoden zugreifen:

```
db.Execute "DROP TABLE [telefonnummern]"
Text1.Value = db.Name
```

BEISPIEL: Ob ein erzeugtes Objekt gültig ist oder nicht, lässt sich mit folgender Abfrage überprüfen:

```
If db = Nothing Then        ' Objekt ist ungültig
```

Durch Zuweisen von *Nothing* können Sie die Verbindung von Objekt und Objektvariable aufheben (da es sich um Objekte handelt, muss das Schlüsselwort *Set* verwendet werden):

```
Set db = Nothing
```

7.2 Grundlegende Arbeitstechniken

Die folgenden Abschnitte fassen alle Informationen zu einer abgeschlossenen Thematik zusammen, es ist also durchaus möglich, dass im Interesse der Übersichtlichkeit Wiederholungen auftreten.

7.2.1 Arbeitsumgebung festlegen

Noch bevor Sie eine Datenbank öffnen oder anlegen, müssen Sie eine Arbeitsumgebung (*Workspace*) festlegen.

Öffnen Sie Access, werden Sie bei aktivierter Zugriffsverwaltung nach Ihrem Namen und Ihrem Passwort gefragt[1]. Mit diesen Angaben legt Access eine Standard-Arbeitsumgebung an. Das folgende Beispiel zeigt, wie Sie in einem VBA-Programm darauf Bezug nehmen.

BEISPIEL: Varianten, um eine Standard-Arbeitsumgebung zu öffnen:

```
Dim ws As Workspace

Set ws = DBEngine.Workspaces(0)
Set ws = DBEngine(0)
Set ws = Workspaces(0)
```

In einigen Fällen ist es jedoch wünschenswert, eine neue Arbeitsumgebung mit neuem User-Namen und anderem Passwort zu erstellen.

BEISPIEL: Neue Arbeitsumgebung *Test* öffnen, der User-Name ist *Anton*, das Passwort *geheim*:

```
Dim ws As Workspace
Set ws = DBEngine.CreateWorkspace ("Test", "Anton", "geheim")
```

Alle weiteren Aktionen in diesem Arbeitsbereich werden mit den Rechten des Users *Anton* ausgeführt (beim Anlegen von Tabellen und Abfragen wird Anton zum Owner dieser Objekte).

7.2.2 Datenbank anlegen und öffnen

Für manche mag die Frage nach dem Anlegen einer Datenbank vielleicht unbegründet erscheinen, wird das Access-Programm doch durch eine Datenbank gekapselt. An dieser Stelle sei deshalb noch einmal darauf hingewiesen, dass Sie Access-Programm und Access-Datenbank durchaus in zwei verschiedenen Dateien ablegen können und in vielen Fällen auch sollten.

Ausgangspunkt für das Erstellen einer Access-Datenbank ist das *Workspace*-Objekt. Mit der Methode *CreateDatabase* legen Sie eine leere Access-Datenbank an. Das nachfolgende Listing zeigt, wie es geht.

BEISPIEL: Anlegen einer Datenbank:

```
Dim ws As Workspace         ' Objektvariable vom Typ Workspace anlegen
Dim db As Database          ' Objektvariable vom Typ Database anlegen

' Zuweisen der aktuellen Arbeitsumgebung ...
Set ws = DBEngine.Workspaces(0)

' Erstellen der eigentlichen Datei ...
Set db = ws.CreateDatabase("c:\test.accdb", dbLangGeneral)
```

---

[1] Andernfalls werden Sie intern als User "Admin" verwaltet.

```
' Die neue Datenbank wird geschlossen ...
db.Close
```

Wie Sie dem Beispiel entnehmen können, wird nach Initialisieren des *Workspace*-Objektes die Methode *CreateDatabase* aufgerufen. Übergabeparameter ist neben dem Dateinamen die interne Sortierreihenfolge (*dbLangGeneral*) und das Datenbankformat (*dbVersion30*). Während Sie an der Sortierreihenfolge wahrscheinlich keine Änderungen vornehmen (es sei denn, Sie entwickeln Datenbanken, die auch im Ausland laufen sollen), ist das Datenbankformat ein wichtiger Parameter. Neben der Einstellung, ob die Datenbank verschlüsselt werden soll (optional), können Sie auch die älteren Access-Formate erzeugen. Diese Möglichkeit dürfte vor allem für den Datenaustausch interessant sein, unterstützt doch nicht jedes Programm die jeweils neueste Access-Version. Welche Konstanten Sie verwenden können, zeigt die folgende Tabelle (beachten Sie, dass Versionskonstanten nicht kombiniert werden dürfen).

Konstante	Bedeutung
dbEncrypt	Erstellt eine verschlüsselte Datenbank.
dbVersion10	Datenbanktyp Version 1.0
dbVersion11	Datenbanktyp Version 1.1
dbVersion20	Datenbanktyp Version 2.0
dbVersion30	Datenbanktyp Version 3.0 (kompatibel mit Version 3.5)
dbVersion120	Access 2007-Format
dbVersion140	Access 2010-Format
dbVersion150	Access 2013-Format[1]

Die beiden Anweisungen stehen für korrekte Parameter:

```
dbVersion30 + dbEncrypt
dbVersion11 + dbEncrypt
```

Das Verschlüsseln der Datenbank bedeutet jedoch noch lange nicht, dass die Datenbank auch vor unerlaubten Zugriffen geschützt ist. Dazu werden wir später das abgeleitete *Database*-Objekt verwenden. Bevor es so weit ist, beachten Sie folgende Fehlermöglichkeit: Existiert die Datenbank bereits, tritt ein Laufzeitfehler auf (3204), den Sie über eine Fehlerbehandlungsroutine abfangen müssen.

BEISPIEL: Anlegen einer Access 2003-Datenbank:

```
On Error Goto Dateifehler
Dim ws As Workspace
Dim db As Database

Set ws = DBEngine.Workspaces(0)
Set db = ws.CreateDatabase("c:\test.mdb", dbLangGeneral, dbVersion30)
db.Close
Exit Sub
```

---

[1] Eine vermutete *dbVersion160*-Konstante gibt es nicht!

7.2 Grundlegende Arbeitstechniken

```
Dateifehler:
 MsgBox Err.Description,16,"Problem"
 Exit Sub
 Resume Next
```

Noch besser wäre allerdings ein vorhergehender Test, ob die Datei bereits vorhanden ist. Allerdings werden Sie an dieser Stelle keine Unterstützung von Access bekommen, eine fertige Funktion existiert leider nicht. Die folgende Funktion zeigt, wie es trotzdem geht:

```
Function FileExist (dateiname As String) As Boolean
On Error GoTo fehler:
FileExist = Dir$(dateiname) <> ""
Exit Function
fehler:
    FileExist = False
    Resume Next
End Function
```

Mit der neuen Funktion *FileExist* können wir eine etwas speziellere Fehlerbehandlung programmieren. Ziel ist eine geöffnete Datenbank, egal ob sie schon existiert oder nicht.

BEISPIEL: Die folgende Sequenz dient zum Anlegen bzw. Öffnen einer Datenbank:

```
On Error GoTo openFehler
Dim ws As Workspace
Dim db As Database
Dim datenbank As String

datenbank = "c:\test.accdb"
Set ws = DBEngine.Workspaces(0)
If Not FileExist(datenbank) Then
  MsgBox "Datenbank wird angelegt!", 64, "Information"
  Set db = ws.CreateDatabase(datenbank, dbLangGeneral)
Else
  Set db = ws.OpenDatabase(datenbank, False, False)
End If
...
Exit Sub

openFehler:
    MsgBox "Datenbank konnte nicht geöffnet werden! " & Err.Description, 16, "Problem"
    Exit Sub
    Resume Next
```

Sollte die Datenbank noch nicht existieren, wird sie angelegt, andernfalls wird sie geöffnet (*OpenDatabase*-Methode). In jedem Fall ist nach der Ausführung der *If-Then-Else*-Bedingung die *Database*-Variable (*db*) initialisiert. Kommt es zu einem Fehler, wenn beispielsweise die Datenbank exklusiv gesperrt oder beschädigt ist, wird die aktuelle Prozedur nach einer Fehlermeldung abgebrochen.

Damit wären wir auch schon beim Öffnen von existierenden Datenbanken angekommen:

```
Set db = ws.OpenDatabase( dbName [, exclusive [, readOnly]] )
```

Parameter	Wert	Bedeutung
dbName	Dateiname	Der Pfad und das Verzeichnis der Datenbank
Exclusive	True/False	Mit *True* wird die Datenbank exklusiv für einen Nutzer geöffnet. Andere Nutzer haben keinen Zugriff auf die gesamte Datenbank. Diese Option sollten Sie nur verwenden, wenn Sie Änderungen an Tabellen vornehmen wollen.
readOnly	True/False	Die Datenbank wird schreibgeschützt geöffnet, spätere Zugriffe mit den Methoden *Append* oder *Edit* führen zu einem Laufzeitfehler

Eine weitere Möglichkeit zum Erstellen eines *Database*-Objekts stellt die folgende Anweisungsfolge dar:

```
Dim db As Database
Set db = CurrentDb()
```

Diese erstellt eine neue Instanz der aktuellen Datenbank.

Die Syntax

```
Set db = DBEngine.Workspaces(0).Databases(0)
' bzw.
Set db = DBEngine(0)(0)
```

sollten Sie nicht mehr verwenden, da in diesen Fällen keine neue Instanz angelegt, sondern mit der aktuellen Datenbank-Instanz gearbeitet wird. Dies kann in Multiuser-Umgebungen zu Problemen führen.

Um ein *Database*-Objekt von einer aktiven Access-Library abzuleiten, müssen Sie die *CodeDB*-Funktion verwenden:

```
Set db = CodeDB()
```

Zugriffsrechte

Wir müssen noch einmal auf die Zugriffsrechte zurückkommen: So wie wir die Datenbank angelegt haben, kann jeder Benutzer darauf zugreifen. Wollen Sie das verhindern, müssen Sie nach dem Erstellen bzw. Öffnen der Datenbank ein Passwort setzen. Verwenden Sie dazu die *NewPassword*-Methode des *Database*-Objekts.

BEISPIEL: Ein Passwort setzen Sie mit:

```
Set db = ...
...
db.NewPassword "", "geheim"
db.Close
```

Der erste Parameter bestimmt das bisherige Passwort, der zweite setzt das neue Passwort. Danach ist die Datenbank geschützt. Wenn Sie das Passwort vergessen, haben Sie keine Möglichkeit, die Datenbank zu öffnen. Vergessen Sie nicht, dass ein Passwort maximal 14 Zeichen umfassen darf!

Um die mit *NewPassword* gesicherte Datenbank zu öffnen, genügt der normale Aufruf von *OpenDatabase* nicht, es fehlt das Passwort. Der Aufruf muss wie folgt abgeändert werden:

```
Set ws = DBEngine.Workspaces(0)
Set db = ws.OpenDatabase("c:\test.accdb", False, False, ";pwd=geheim")
```

HINWEIS: Wichtig ist das Semikolon in ";*pwd=geheim*", ohne geht es nicht!

HINWEIS: Wenn Sie als Programmierer das Passwort automatisch generieren lassen, hat der Nutzer Ihrer Anwendung überhaupt keine Möglichkeit, die Datenbank zu öffnen (funktioniert natürlich nur bei Trennung von Programm und Daten).

7.2.3 Tabellen/Indizes anlegen

Ist die Datenbank angelegt und geöffnet (siehe vorhergehender Abschnitt), möchten Sie auch schon damit beginnen, die Datenbank mit Informationen zu füllen. Doch halt, die Daten werden ja in Tabellen gespeichert, und die gibt es noch gar nicht.

Zwei Wege führen in Access zur fertigen Tabelle:

- Anlegen über die Datenbank-Objekte (DAO)[1]
- Erstellen mit SQL-Befehlen über die *Execute*-Methode

Beide Verfahren haben ihre Vor- und Nachteile. Während das Programmieren mit den Objekten etwas aufwändiger ist, lassen sich über SQL-Befehle nicht alle Möglichkeiten der Datenbank-Engine ausschöpfen. In diesem Abschnitt stellen wir Ihnen deshalb die Programmierung mit Objekten vor, zur SQL-Programmierung finden Sie in Kapitel 9 einige Hinweise.

Tabellen

Für die Tabellendefinition brauchen Sie neben dem schon erwähnten *Database*-Objekt ein *TableDef*- und ein *Field*-Objekt.

BEISPIEL: Tabellendefinition:

```
Dim ws As Workspace
Dim db As Database
Dim td As TableDef
Dim fld As Field

Set ws = DBEngine.Workspaces(0)
Set db = ws.CreateDatabase("c:\test.accdb", dbLangGeneral)
```

---

[1] Natürlich auch mit Hilfe der ADOX, diese werden wir jedoch erst im Kapitel 9 näher beleuchten.

Natürlich muss das *TableDef*-Objekt auch initialisiert werden, dazu verwenden wir die *Create-TableDef*-Methode des *Database*-Objektes:

```
Set td = db.CreateTableDef()
```

Das so erzeugte Objekt hat weder einen Namen, noch ist in der Datenbank eine Tabelle angelegt worden.

Zuerst kümmern wir uns um die Tabellenbezeichnung:

```
td.Name = "Eine erste Tabelle"
```

Für die Namen gelten die Access-Konventionen, die Sie in der Online-Hilfe nachschlagen können. Verwenden Sie Access als Exportformat, sollten Sie beachten, dass einige Fremdformate nur acht Zeichen erkennen. Auch die Verwendung von Leerzeichen ist manchmal problematisch. Wichtigster Bestandteil einer Tabelle sind die einzelnen Spalten. Mit dem folgenden Aufruf erzeugen wir ein *Field*-Objekt, über das Sie alle wichtigen Spaltenoptionen einstellen können:

```
Set fld = td.CreateField("vorname", dbText, 30)
```

Die drei wichtigsten Eigenschaften *Spaltenname*, *Datentyp* und *Feldgröße* können Sie schon an dieser Stelle festlegen. Weitere Eigenschaften lassen sich im Anschluss setzen.

Die folgende Tabelle zeigt die zulässigen Datentypen bzw. die vordefinierten Konstanten[1].

HINWEIS: Vielleicht vermissen Sie in der Tabelle eine Konstante für Zählerfelder? Diese werden Sie auch nicht finden, ist doch das Zählerfeld nur ein Spezialfall des Feldtyps *Long*. Gleiches trifft auch auf den Datentyp *Hyperlink* zu, der auf dem Typ *dbMemo* basiert.

Konstante	Datentyp
dbBoolean	Ja/Nein
dbByte	Byte
dbInteger	Integer
dbLong	Long
dbCurrency	Currency
dbSingle	Single
dbDouble	Double
dbDate	Datum/Zeit
dbText	Text
dbLongBinary	Long Binary (OLE-Objekt)
dbMemo	Memo
dbGUID	GUID

---

[1] In der Online-Hilfe finden Sie zwar weitere Konstanten, diese sind jedoch lediglich für den Import bzw. das Einbinden von Fremdformaten vorgesehen.

7.2 Grundlegende Arbeitstechniken

Die so erzeugte Spalte können Sie mit:

```
td.Fields.Append fld
```

in die Tabelle einfügen. Zum Schluss muss nur noch die Tabelle gespeichert werden:

```
db.TableDefs.Append td
...
db.Close                ' Datenbank schließen
```

Das war es auch schon! Allerdings ist die so erzeugte Tabelle recht primitiv, da sie nur aus einem einzigen Feld besteht. Trotzdem dürfte das Beispiel für das Grundverständnis vollkommen ausreichen, alles weitere ist Beiwerk.

Für alle, die mehr mit Ihren Tabellen machen wollen, folgen jetzt einige komplexere Beispiele. Vorab jedoch noch zwei Tabellen, die einige Konstanten und Eigenschaften vorstellen, die in den Beispielen verwendet werden.

Konstante	Bedeutung
dbFixedField	Numerische Felder, d.h. festgelegte Größe
dbVariableField	Die Feldgröße kann geändert werden (nur für Textfelder)
dbAutoIncrField	Zählerfelder, Feld inkrementiert sich selbst
dbUpdatableField	Der Wert im Feld ist veränderbar
dbDescending	Das Feld wird in absteigender Reihenfolge (Z...A bzw. 999...0) sortiert
dbHyperlinkField	Das Feld enthält Hyperlink-Informationen (nur Memofelder)

Eigenschaft	Beschreibung
AllowZeroLength	Zulassen von leeren Zeichenfolgen ("", nicht NULL-Values), (*True*/*False*)
DefaultValue	Standard-Feldinhalt. Es kann sich um Konstanten oder Funktionen handeln (z.B. 1000 oder *Date()*). Alternativ lässt sich durch Zuweisen der Zeichenkette *GenUniqueId()* ein Zufallswert erzeugen.
Required	Zulassen von NULL-Values (*True*/*False*)
ValidationRule	Regel, die eingehalten werden muss, damit der Datensatz gespeichert wird. Beispiele: In ('Wien';'München';'Paris') < 1000 BETWEEN #1/1/1900# AND #1/1/2000# LIKE "P[A-F]###"
ValidateOnSet	*True*: Überprüfen, wenn die Eigenschaft gesetzt ist *False*: Überprüfen, wenn der Datensatz aktualisiert wird
ValidationText	Meldungstext, wenn die obige Regel verletzt wird (Error)

BEISPIEL: AutoWert-Feld (Zählerfeld):

```
Set fld = td.CreateField("Nr", dbLong)
fld.Attributes = dbAutoIncrField
td.Fields.Append fld
```

BEISPIEL: Einfaches Textfeld definieren (30 Zeichen, Eingabe erforderlich):

```
Set fld = td.CreateField("vorname", dbText, 30)
fld.Required = True
td.Fields.Append fld
```

BEISPIEL: Datumsfeld erstellen (Standardwert: Tagesdatum, Datum muss zwischen 31.12.2005 und 31.12.2017 liegen, sonst erscheint eine Fehlermeldung):

```
Set fld = td.CreateField("Einstellungsdatum", dbDate)
fld.DefaultValue = "=Date()"
fld.ValidationRule = "Between #12/31/2005# and #12/31/2017#"
fld.ValidationText = "Falsches Datum!"
td.Fields.Append fld
```

BEISPIEL: Zeitmarke festlegen:

```
Set fld = td.CreateField("Zeitmarke", dbDate)
fld.DefaultValue = "=Now()"
td.Fields.Append fld
```

BEISPIEL: Memofeld erzeugen:

```
Set fld = td.CreateField("Bemerkung", dbMemo)
td.Fields.Append fld
```

BEISPIEL: Integerfeld auf Werte kleiner als 1.000 und Standardwert 50 festlegen:

```
Set fld = td.CreateField("Raumnummer", dbInteger)
fld.ValidationRule = "<1000"
fld.DefaultValue = 50
td.Fields.Append fld
```

BEISPIEL: Quellcode für ein Hyperlinkfeld:

```
Set fld = td.CreateField("Hyperlink", dbMemo)
fld.Attributes = dbHyperlinkField + dbVariableField
td.Fields.Append fld
```

Indizes

Neben der Felddefinition ist auch die Verwendung von Indizes von Interesse. Zwei Möglichkeiten bieten sich an:

- Entweder erstellen Sie den Index noch vor dem Einfügen des *TableDef*-Objekts in die Datenbank,
- oder Sie müssen ein *TableDef*-Objekt neu zuweisen.

HINWEIS: In jedem Fall müssen die Indizes an ein initialisiertes *TableDef*-Objekt angehängt werden.

7.2 Grundlegende Arbeitstechniken

BEISPIEL: Indexdefinition:

```
Dim td As TableDef
Dim ind As Index
...
Set ind = td.CreateIndex("Name")    ' Index-Objekt initialisieren
ind.Fields = "name"                 ' Das Tabellenfeld auswählen
td.Indexes.Append ind               ' Index anhängen
```

Die folgende Tabelle zeigt die in Access möglichen Index-Varianten:

Typ	Bedeutung

Einfacher Index	Das betreffende Feld wird indiziert, es können doppelte Datensätze auftreten:
	`Dim ind As New index`
	`   ind.Name = "Name"          ' Indexname`
	`   ind.Fields = "Name"        ' Tabellenfeld`
	`   td.Indexes.Append ind`

Eindeutiger Index	Das betreffende Feld wird indiziert, es tritt ein Fehler auf, wenn doppelte Datensätze gespeichert werden:
	`Dim ind As New index`
	`   ind.Name = "Name"          ' Indexname`
	`   ind.Fields = "Name"        ' Tabellenfeld`
	`   ind.Unique = True`
	`   td.Indexes.Append ind`

Zusammengesetzter Index	Im Index sind mehrere Felder zusammengefasst:
	`Dim ind As New index`
	`   ind.Name = "Index1 "             ' Indexname`
	`   ind.Fields = "Name;Vorname"     ' Tabellenfelder`
	`   td.Indexes.Append ind`
	Die Kombination mit *eindeutigem Index* ist möglich.

Hauptindex	Dieser bestimmt einen Index zur eindeutigen Identifikation jedes Records in der Tabelle. Nur ein Index pro Tabelle kann Hauptindex sein:
	`Dim ind As New index`
	`   ind.Name = "PrimaryKey"     ' Defaultwert`
	`   ind.Fields = "Nr"           ' Tabellenfeld`
	`   ind.Primary = True`
	`   ind.Unique = True`
	`   td.Indexes.Append ind`
	Die Eigenschaft *Unique* wird durch die obige Bedeutung bereits impliziert.

HINWEIS: Verwenden Sie für einfache Indizes den gleichen Namen wie für das Feld. Zusammengesetzten Indizes können Sie einen beliebigen Namen geben. Der Hauptindex erhält immer den Namen *PrimaryKey*.

Eigenschaft	Beschreibung
IgnoreNulls	Legt fest, ob Records mit NULL-Werten in den Index aufgenommen werden dürfen (*True/False*).
Primary	Legt den Hauptindex fest (*True/False*). Pro Tabelle kann es nur einen Hauptindex geben.
Required	Nullwerte zulässig (*True/False*).
Unique	Eindeutiger Index (*True/False*).

7.2.4 Tabellen einbinden

Insbesondere bei der Trennung von Applikation und Datenbank ist es empfehlenswert, die externen Tabellen in die Applikationsdatenbank einzubinden. Einbinden bedeutet in diesem Fall, dass lediglich ein Verweis auf die Herkunft der Daten gespeichert wird. Alle folgenden Zugriffe erfolgen aber so, als ob es sich um eine normale Tabelle handeln würde. Das gilt auch für Tabellen, die in Fremdformaten (xBase etc.) vorliegen oder über die ODBC-Schnittstelle (SQL-Server) eingebunden sind.

Änderungen am Layout einer eingebundenen Tabelle sind nicht zulässig. Alle Beschränkungen des Fremdformates (Wertebereiche, Feldgrößen etc.) bleiben erhalten, lediglich der Tabellenname richtet sich jetzt nach der Access-Konvention. So können Sie z.B. auch einer dBase-Tabelle den Namen *Umsatzentwicklung 2018* geben.

Zum Einbinden der Tabelle müssen wir die bisherige Verfahrensweise etwas abändern. Anstatt wie bisher die *CreateTableDef*-Methode ohne Parameter aufzurufen, übergeben wir weitere Optionen:

```
CreateTableDef([Name[, Attribute[, Quelle[, Verbindung]]]])
```

Parameter	Bedeutung
Name	Der neue Tabellenname nach Access-Konvention.
Attribute	Zusätzliche Attribute für die Verbindung
Quelle	Der Name der Quelltabelle (ohne Extension)
Verbindung	Der Connect-String, bestehend aus dem Datenbankkennzeichen und dem Pfad (ISAM oder Access-Datenbanken) oder dem ODBC-Connect-String

Die folgenden Beispiele sollen lediglich einen knappen Überblick geben, auf das Thema "Einbinden externer Datenquellen" wird in Kapitel 9 gesondert eingegangen.

BEISPIEL: Einbinden einer SQL-Server-Datenbank über die ODBC-Schnittstelle; Tabellenname *autoren*, ODBC-Name *ServerTEST*, Datenbank *verleger*, UserID = *sa*, Passwort *geheim*.

```
Set db = CurrentDb()
Set td = db.CreateTableDef("Eingebundene Server-Tabelle")
```

BEISPIEL: Zusätzliches Festlegen des Connect-Strings inklusive Passwort

```
td.Connect = "ODBC;DATABASE=verleger;UID=sa;PWD=geheim;DSN=ServerTEST"
td.SourceTableName = "autoren"
db.TableDefs.Append td
```

Das Einbinden von Tabellen hat gegenüber dem direkten Öffnen der Fremd-Datenbank (über *OpenDatabase*) den Vorteil, bedeutend schneller zu sein. Greift die Datenbank-Engine auf Fremdformate zu, muss erst die Tabellenstruktur analysiert werden, was natürlich Zeit kostet. Beim Einbinden wird die Struktur der Fremdtabelle in der Access-Datenbank gespeichert (nicht die Daten!).

7.2.5 Tabellen verknüpfen (Relationen)

Wer bereits mit Access programmiert hat, kennt die bequeme Möglichkeit, im QbE-Fenster (*QbE=Query by Example*) Beziehungen zwischen Tabellen mit Hilfe eines grafischen Editors darzustellen bzw. zu generieren.

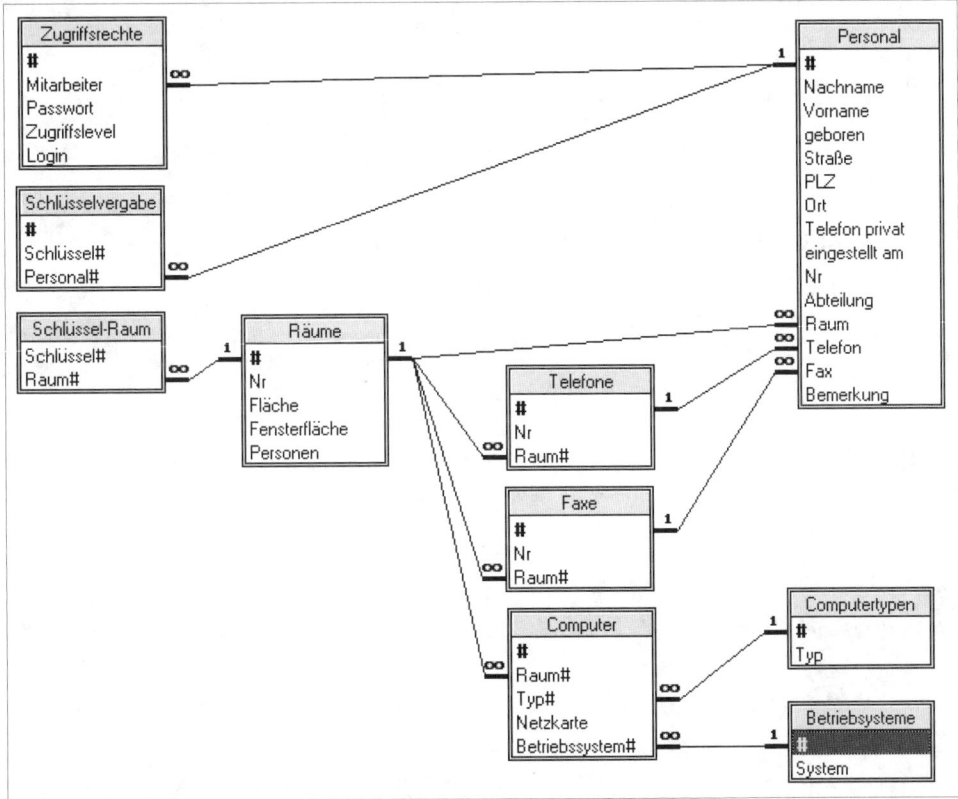

Neben der interaktiven Entwicklung kann man auch über die Datenzugriffsobjekte (DAO) diese Beziehungen festlegen. Alles, was Sie dazu brauchen, ist ein initialisiertes *Database*-Objekt sowie ein *Relation*-Objekt. Weiterhin muss innerhalb der Relation die Haupttabelle über einen Hauptindex (Primary Key) verfügen (z.B. über ein Zählerfeld).

BEISPIEL: Das Beispiel behandelt eine Tabellenverknüpfung über DAO. Einem Raum sollen mehrere Personen zugeordnet werden. Es handelt sich demnach um eine simple 1:n-Beziehung (Relation zwischen der Tabelle *Raum* und der Tabelle *Personen*).

```
Dim db As Database
Dim td As TableDef
Dim rel As Relation
Dim fld As Field
Set db = CurrentDb()              ' Database-Objekt initialisieren
```

Erstellen einer Relation mit dem Namen *Relation1* zwischen der Tabelle *Raum* und der Tabelle *Personen*:

```
Set rel = db.CreateRelation("Relation1", "Raum", "Personen")
```

Festlegen des Feldes in der Haupttabelle (Raum):

```
Set fld = rel.CreateField("#")
```

Festlegen des Feldes in der Fremdtabelle (*Personen*):

```
fld.ForeignName = "Raum#"
```

Anhängen des Feldes an die *Fields*-Auflistung der Relation:

```
rel.Fields.Append fld
```

Anhängen der Relation an die Relationsauflistung der Datenbank:

```
db.Relations.Append rel
db.Close
```

Im obigen Beispiel haben wir lediglich eine einfache Beziehung aufgebaut, referenzielle Integrität besteht noch nicht. Dazu müssen wir die *Attributes*-Eigenschaft des *Relation*-Objekts bemühen. Folgende Möglichkeiten bieten sich an:

Parameter	Bedeutung
dbRelationUnique	Zwischen den Tabellen-Feldern wird eine 1:1-Beziehung hergestellt
dbRelationDontEnforce	Die referenzielle Integrität der Beziehung wird nicht erzwungen
dbRelationInherited	Die verwendeten Tabellen befinden sich nicht in der aktuellen Datenbank
dbRelationUpdateCascade	Aktualisierungen werden weitergegeben
dbRelationDeleteCascade	Löschvorgänge werden weitergegeben. Im obigen Beispiel würde das bedeuten, dass, wenn ein Raum gelöscht wird, auch alle Personen mit der entsprechenden Raumnummer ebenfalls gelöscht werden.

BEISPIEL: Löschweitergabe an Detaildatensatz

```
Set rel = db.CreateRelation("Relation1", "Raum", "Personen")
Set fld = rel.CreateField("#")
fld.ForeignName = "Raum#"
rel.Attributes = dbRelationDeleteCascade
rel.Fields.Append fld
db.Relations.Append rel
```

7.2.6 Abfragen erstellen/ausführen

Führen Sie ein und dieselbe SQL-Abfrage mehrfach in einer Anwendung aus oder variiert nur ein Parameter, ist es sinnvoll, eine Abfrage zu erstellen. Access speichert diese in optimierter Form in der Datenbank. Natürlich können Sie die Abfrage nicht nur über den QbE-Editor erzeugen, sondern auch über die Datenbank-Engine. Alles, was Sie dazu brauchen, ist ein initialisiertes *Database*-Objekt sowie eine Objektvariable vom Typ *QueryDef*.

BEISPIEL: Erzeugen einer Abfrage *Abfrage1*, mit der alle Personen ermittelt werden, deren Nachname mit "A" beginnt:

```
Dim db As Database
Dim qd As QueryDef

Set db = CurrentDb()
Set qd = db.CreateQueryDef("Abfrage1", "SELECT * FROM personen WHERE nachname LIKE 'A*'")
```

HINWEIS: Möchten Sie die Abfrage nicht in der Datenbank speichern, übergeben Sie einfach einen Leerstring als Namen. In diesem Fall wird die Abfrage lediglich temporär erzeugt.

Parameterabfragen

Wird eine SQL-Abfrage mit unterschiedlichen Parametern aufgerufen, spricht man von so genannten Parameterabfragen. Erstellen Sie die Abfrage mit der Datenbank-Engine, sollten Sie die Parameter vor der eigentlichen SQL-Anweisung deklarieren. Verwenden Sie dazu die PARAMETERS-Klausel. Geben Sie jeweils den Namen und den Datentyp des Parameters an. Den Namen schließen Sie in eckigen Klammern ein.

BEISPIEL: Die Abfrage soll Mitarbeiter mit einem bestimmten Nachnamen auswählen:

```
Dim db As Database
Dim qd As QueryDef
Dim SQL As String

SQL = "PARAMETERS [Gesuchter Mitarbeiter] TEXT; " & _
      "SELECT * FROM personen " & _
      "WHERE nachname LIKE [Gesuchter Mitarbeiter]& '*'"

Set db = CurrentDb()
Set qd = db.CreateQueryDef("Parameterabfrage 1", SQL)
```

Beachten Sie die Aufrufsyntax für das Platzhalterzeichen "*", es erfolgt eine Stringaddition innerhalb der SQL-Anweisung.

Über die *Parameters*-Auflistung (Collection) des *QueryDef*-Objekts haben Sie später Zugriff auf die einzelnen Parameter.

BEISPIEL: Übergabe von Parametern an eine Parameterabfrage:

```
Dim db As Database
Dim rs As Recordset
Dim qd As QueryDef

Set db = CurrentDb
Set qd = db.QueryDefs("Parameterabfrage 1")
qd.Parameters("Gesuchter Mitarbeiter") = "Müller"
...
Set rs = qd.OpenRecordset
```

SQL-Pass-Through-Abfragen

Bei diesem Abfragetyp sind einige Besonderheiten zu beachten. Beim Anlegen der Abfrage geben Sie nicht den SQL-String an, da Access sonst davon ausgeht, dass es sich um eine Lokal-SQL-Abfrage handelt. Setzen Sie danach die *Connect*-Eigenschaft des *QueryDef*-Objekts. Zum Schluss können Sie der *SQL*-Eigenschaft die Pass-Through-Abfrage übergeben.

BEISPIEL: Pass-Through-Abfrage:

```
Dim db As Database
Dim qd As QueryDef

Set db = CurrentDb()
Set qd = db.CreateQueryDef("SQL-Pass-Through-Abfrage")
qd.Connect = "ODBC;DSN=BeispielSQL;UID=sa;PWD=;DATABASE=verleger"

qd.SQL = "SELECT * FROM verleger"
```

Mehr zum Aufbau des Connect-Strings finden Sie in den Kapiteln 9 und 10, die auch detailliert auf die Thematik "SQL-Pass-Through" eingehen.

HINWEIS: Handelt es sich um eine Abfrage, die keine Datensätze zurückgibt, müssen Sie die Eigenschaft *ReturnsRecords* auf *False* setzen.

In SQL-Pass-Through-Abfragen können Sie natürlich auch so genannte *Stored Procedures* verwenden, die wohl effektivste Variante im Client/Server-Betrieb.

Ausführen von Abfragen

Dabei müssen Sie zwischen zwei verschiedenen Modi unterscheiden:

- Die Abfrage liefert eine Ergebnismenge zurück (Auswahlabfrage).
- Es handelt sich um eine Aktionsabfrage (Löschen, Ändern etc.).

Der erste Fall wird in Kapitel 8 ausführlich dargestellt, im zweiten Fall nutzen Sie einfach die *Execute*-Methode des *QueryDef*-Objekts. Die Anzahl der betroffenen Datensätze ermitteln Sie mit der *RecordsAffected*-Eigenschaft des *QueryDef*-Objekts.

7.2.7 Öffnen von Tabellen/Abfragen

Bisher haben wir lediglich Tabellen und Abfragen angelegt und Anweisungen zum Öffnen der Datenbank kennen gelernt. Der nächste Schritt ist der Zugriff auf die eigentliche Information in den Tabellen. Wie wohl nicht anders zu erwarten, erfolgt dies ebenfalls über DAO. Access stellt dazu ein so genanntes *Recordset*-Objekt bereit, das über alle dafür notwendigen Methoden und Eigenschaften verfügt. Es existieren fünf verschiedene Varianten eines *Recordset*-Objekts, von denen uns allerdings vorläufig nur drei interessieren:

- *Dynaset*
- *Table*
- *Snapshot*

Ausgangsbasis für den Zugriff auf die im Folgenden näher beschriebenen *Recordset*-Objekte ist eine geöffnete Datenbank, d.h., Sie haben zum Beispiel mit *CurrentDB()* oder *OpenDatabase* eine Variable vom Typ *Database* initialisiert. Diese Variable repräsentiert ein virtuelles Abbild der gesamten Datenbank. Möchten Sie auf Tabellenebene arbeiten, müssen Sie ein *Recordset*-Objekt erstellen. Verwenden Sie dazu die *OpenRecordset*-Methode des Datenbankobjektes.

BEISPIEL: *Recordset*-Objekt:

```
Dim db As Database
Dim rs As Recordset
Set db = CurrentDB()
Set rs = db.OpenRecordset("SELECT * FROM Personal")
```

Neben der Auswahl der Tabelle/Abfrage können Sie optional den Typ des Recordsets sowie einige Parameter übergeben:

```
Objekt.OpenRecordset(Quelle[, Typ[, Optionen [,Sperren]]])
```

Typ	Konstante
Table	*dbOpenTable*
Dynaset	*dbOpenDynaset*
Snapshot	*dbOpenSnapshot*

Der *Optionen*-Parameter lässt sich aus den folgenden Konstanten durch Addition bzw. OR-Verknüpfung erzeugen (Parameter, die Sie nicht mehr verwenden sollten, sind in der Tabelle nicht enthalten!):

Konstante	Beschreibung
dbDenyWrite	Verhindert Datensatzänderungen durch andere Nutzer in einer Mehrnutzerumgebung
dbDenyRead	Verhindert Lesezugriffe durch andere Nutzer in einer Mehrnutzerumgebung
dbAppendOnly	Es lassen sich Datensätze anhängen, aber keine bestehenden Datensätze einsehen
dbInconsistent	Aktualisierungen wirken sich auf alle Felder des *Recordset*-Objekts aus, auch wenn Verknüpfungsbedingungen nicht erfüllt werden

Konstante	Beschreibung
dbConsistent	Aktualisierungen gelten nur für Felder, die vorgegebene Verknüpfungsbedingungen erfüllen (Standard)
dbSQLPassThrough	SQL-Anweisungen werden an den SQL-Server weitergereicht, die Bearbeitung findet auf dem Server statt
dbSeeChanges	Werden Daten durch einen anderen Nutzer in einer Multiuser-Umgebung verändert, die Sie ebenfalls bearbeiten, wird ein Laufzeitfehler ausgelöst

Die Werte für den neuen Parameter *Sperren* beeinflussen das Verhalten in Mehrnutzerumgebungen.

Konstante	Beschreibung
dbReadOnly	Die Datensätze können nur gelesen werden
dbPessimistic	Vollständiges Sperren der aktuell bearbeiteten Seite nach einem Edit-Aufruf
dbOptimistic	Das Sperren der aktuellen Seite erfolgt nur für die Dauer der Aktualisierung des Datensatzes (Update)

Die folgende Tabelle zeigt die prinzipiellen Unterschiede zwischen den drei Recordset-Typen:

Typ	Beschreibung/Verwendungszweck
Dynaset	Entspricht dem Abbild einer oder mehrerer Tabellen einer Datenbank. Es lassen sich Datensätze hinzufügen, löschen und verändern (mit Einschränkungen: 1:n-Beziehungen). Ein *Dynaset* kann das Ergebnis einer SQL-Abfrage oder eine ganze Tabelle sein. Verwendung: Arbeit mit Eingabemasken, Tabellen, Joins etc. Erstellen: ``` Dim dy As Recordset Dim db As Database Set db = CurrentDB() Set dy = db.OpenRecordset("SELECT name FROM Personen", dbOpenDynaset) ```
Table	Ist das logische Abbild einer Tabelle mit allen Spalten und Zeilen. Ein *Table*-Objekt ist besonders für die schnelle Suche in indizierten Tabellen geeignet. Ein *Table*-Objekt kann nicht das Ergebnis einer Abfrage sein, sondern immer nur eine existierende Tabelle. Verwendung: Suchfunktionen, Tabellendarstellung Erstellen: ``` Dim tb As Recordset Dim db As Database Set db = CurrentDB() Set tb = db.OpenRecordset("Personen", dbOpenTable) ```

7.2 Grundlegende Arbeitstechniken

Typ	Beschreibung/Verwendungszweck

Snapshot	Ist ein statisches Abbild der Tabelle. Aus dieser Tatsache ergibt sich auch, dass ein *Snapshot* nicht editiert werden kann. Zum Erzeugen des Abbildes muss das gesamte Abfrageergebnis im Speicher gehalten werden. Ist die Datenmenge sehr groß, kann dies unter Umständen zu einer drastischen Geschwindigkeitseinbuße führen.
	
	Das Abfrageergebnis sollte aus diesem Grund nur die Tabellenfelder enthalten, die wirklich benötigt werden.
	
	Verwendung: zur Anzeige von Daten
	
	`Dim db As Database`
	`Dim sh As Recordset`
	`Set db = CurrentDB()`
	`Set sh = db.OpenRecordset("SELECT name FROM Personen", dbOpenSnapshot)`

Ableiten von Recordset-Objekten

Neben den drei oben genannten Möglichkeiten können Sie auch ein *Recordset*-Objekt (Dynaset, Snapshot) von einem *QueryDef*-Objekt ableiten. Dazu muss allerdings die Query bereits definiert sein. Die Frage, warum wir nicht gleich ein *Recordset*-Objekt erstellen, lässt sich schnell beantworten: Abfragen müssen vor der Bearbeitung optimiert werden. Erstellen Sie beispielsweise ein *Recordset*-Objekt (Typ Dynaset), das das Ergebnis einer SQL-Abfrage über mehrere Tabellen ist, kann die Bearbeitung einige Zeit in Anspruch nehmen. Bei einem *QueryDef*-Objekt hingegen wird die optimierte Abfrage in der Datenbank gespeichert, die Ausführungszeiten verringern sich teilweise drastisch.

BEISPIEL: *QueryDef*-Objekt:

```
Dim qd As QueryDef
Dim rs As Recordset
' Öffnen einer vorhandenen Abfrage:
Set qd = CurrentDb().QueryDefs("Query1")
' Ableiten eines neuen Dynaset-Objjekts:
Set rs = qd.OpenRecordset(dbOpenDynaset)
```

Eine weitere Variante zur Erzeugung von Recordsets besteht in der *Clone*-Methode bzw. der *RecordsetClone*-Eigenschaft, die ein bestehendes Recordset dazu verwendet ein Duplikat zu erzeugen (gleiche Ergebnismenge). Während *Clone* eine Methode jedes *Recordset*-Objekts ist, können Sie die Eigenschaft *RecordsetClone* für ein Formular abfragen (es handelt sich um die Datenquelle des Formulars).

BEISPIEL: *Clone*-Methode:

```
Dim rs As Recordset, rs1 As Recordset
...
Set rs1 = rs.Clone()
' oder
Set rs1 = Me.RecordsetClone    ' Recordset des aktuellen Formulars
```

Nachdem Sie ein *Recordset*-Objekt auf eine der genannten Arten erstellt haben, können Sie auf die enthaltenen Daten zugreifen, Datensätze löschen, verändern etc.

7.3 Arbeiten mit Recordsets

7.3.1 Eigenschaften und Methoden von Recordsets

Die Tabellen auf den folgenden Seiten listen alle Eigenschaften und Methoden des *Recordset*-Objekts auf. Detailliertere Informationen zur Verwendung der einzelnen Eigenschaften und Methoden finden Sie in den späteren Abschnitten.

Eigenschaften des Recordset-Objekts (Erklärung: D = Dynaset, T = Table, S = Snapshot, r = Read, w = Write, f = False):

Eigenschaft	D	S	T	Beschreibung
AbsolutePosition	rw	rw	–	Relative Datensatznummer innerhalb eines Recordsets
BOF	r	r	r	Dateianfang (*True/False*)
Bookmark	rw	rw	rw	Lesezeichen (Datensatznummer)
Bookmarkable	r	r	r	Besteht die Möglichkeit, Lesezeichen zu verwenden?
CacheSize	rw	–	–	Größe des lokalen Datensatzpuffers
CacheStart	rw	–	–	Lesezeichen des ersten Datensatzes, der gepuffert wird
DateCreated	–	–	r	Erstellungsdatum der Tabelle
EditMode	r	r	r	Bearbeitungszustand des aktuellen Datensatzes
EOF	r	r	r	Dateiende (*True/False*)
Filter	rw	rw	–	Legt einen Filterausdruck fest
Index	–	–	rw	Name des aktuellen Index
LastModified	r	–	r	Lesezeichen des zuletzt bearbeiteten Datensatzes
LastUpdated	–	–	r	Datum + Uhrzeit, an dem die Tabelle verändert wurde
LockEdits	rw	–	rw	Einstellen des Sperrverhaltens in einer Multiuserumgebung
Name	r	r	r	Name des Objekts
NoMatch	r	r	r	Suchaktion erfolgreich?
PercentPosition	rw	rw	rw	Satzzeigerposition in Prozent
RecordCount	r	r	r	Anzahl der Datensätze
Restartable	r	r	f	Besteht die Möglichkeit, ein Requery auszuführen?
Sort	rw	rw	–	Legt einen Sortierausdruck fest
Transactions	r	f	r	Unterstützt die Datenbank Transaktionen?
Type	r	r	r	Tabelle, Dynaset oder Snapshot
Updatable	r	f	r	Können Datensätze geändert werden?
ValidationRule	r	r	r	Text der Gültigkeitsprüfung
ValidationText	r	r	r	Fehlertext nach einer Gültigkeitsprüfung

Methoden des *Recordset*-Objekts (Zeichenerklärung: D = *Dynaset*, T = *Table*, S = *Snapshot*):

7.3 Arbeiten mit Recordsets

Methode	D	S	T	Bemerkung
AddNew	x		x	Neuen Datensatz anhängen
CancelUpdate	x		x	Update-Operation abbrechen
Clone	x	x	x	Erstellt eine Kopie des Objektes
Close	x	x	x	Schließen des Objektes
CopyQueryDef	x	x		Kopie des *QueryDefs*-Objekts, auf dem der Recordset beruht
Delete	x		x	Löscht aktuellen Datensatz
Edit	x		x	Editiert aktuellen Datensatz
FillCache	x			Lokalen Cache füllen
FindFirst	x	x		Suche ersten Datensatz, der einem Kriterium entspricht
FindLast	x	x		Suche letzten Datensatz, der einem Kriterium entspricht
FindNext	x	x		Suche nächsten Datensatz, der einem Kriterium entspricht
FindPrevious	x	x		Suche vorhergehenden Datensatz, der einem Kriterium entspricht
GetRows	x	x	x	Liefert eine oder mehrere Zeilen aus einem *Recordset*-Objekt (als Variant-Array)
Move	x	x	x	Relative oder absolute Bewegung um n Datensätze
MoveFirst	x	x	x	Gehe zum ersten Datensatz
MoveLast	x	x	x	Gehe zum letzten Datensatz
MoveNext	x	x	x	Gehe zum nächsten Datensatz
MovePrevious	x	x	x	Gehe zum vorhergehenden Datensatz
OpenRecordset	x	x	x	Erstellen eines neuen Recordsets (siehe *Filter*-, *Sort*-Eigenschaft)
Requery	x	x		Aktualisiert die Abfrage durch erneutes Ausführen
Seek	x		x	Suche Datensatz mit Kriterium
Update	x		x	Übernahme von neuen/geänderten Datensätzen in die Datenbank

Bevor es so weit ist, um mit obigen Eigenschaften und Methoden zu arbeiten, sollten Sie überprüfen, ob das Recordset überhaupt Werte enthält, und wenn ja, wie viele.

Der einfachste Weg ist die Abfrage von *BOF* und *EOF*, den beiden Eigenschaften, mit denen Beginn und Ende des Recordsets gekennzeichnet werden.

BEISPIEL: *BOF* und *EOF*:

```
Dim rs As Recordset
Set rs = db.OpenRecordset("Testtabelle")
If rs.BOF AND rs.EOF Then
    ' ... keine Datensätze vorhanden
Else
    ' ... mindestens ein Datensatz vorhanden
End If
```

Satzzeiger nach dem Öffnen eines leeren Recordsets:

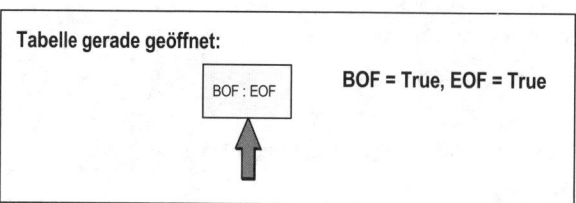

Eine weitere Möglichkeit besteht mit der *RecordCount*-Eigenschaft, die Auskunft darüber gibt, ob mindestens ein Datensatz vorhanden ist.

BEISPIEL: Verwendung von *RecordCount*:

```
Dim rs As Recordset
...
Set rs = db.OpenRecordset("Testtabelle")
If rs.RecordCount = 0 then
  ' ... keine Datensätze vorhanden
...
```

Für *Dynasets* und *Snapshots* wird bei vorhandenen Datensätzen der Wert 1 zurückgegeben. Nur bei Recordsets vom Typ *Table* handelt es sich um die Gesamtanzahl der Datensätze.

HINWEIS: Die Abfrage der korrekten Datensatzanzahl erfordert einen Sprung an das Ende der Datenmenge, da die Eigenschaft *RecordCount* nur die Anzahl der gelesenen Datensätze enthält (auch wenn der Name der Eigenschaft etwas anderes suggeriert!). Durch den Sprung an das Ende muss die Datenbank-Engine alle Datensätze lesen, die Eigenschaft *RecordCount* wird korrekt initialisiert.

BEISPIEL: *RecordCount*-Eigenschaft:

```
Dim db As Database
Dim dy As Recordset
Dim anzahl As Long
Set db = CurrentDb()
```

Dynaset erzeugen

```
Set dy = db.OpenRecordset("SELECT * FROM personen")
dy.MoveLast
anzahl = dy.RecordCount
dy.MoveFirst
```

HINWEIS: Handelt es sich um größere Datenmengen, sollten Sie eine solche Programmierung möglichst vermeiden, da der Sprung an das Ende einige Zeit in Anspruch nehmen kann (Besonderheit in Client/Server-Umgebungen: Verwenden Sie eine *Count*-Abfrage).

7.3.2 Datensätze anzeigen

Diese Aufgabe bezieht sich auf eine der wesentlichsten Änderungen gegenüber der Access-typischen Programmierung mit gebundenen Steuerelementen (Bound Controls). Für die Anzeige der Feldinhalte muss der DAO-Programmierer nun selbst sorgen. Welche Möglichkeiten bestehen und welche Besonderheiten dabei beachtet werden müssen, soll dieser Abschnitt zeigen.

Grundsätzlich können Sie den Feldinhalt über die *Value*-Eigenschaft ermitteln. Da die Schreibweise allerdings recht umständlich ist, haben die Access-Entwickler einige Vereinfachungen getroffen, wobei mehrere Möglichkeiten bestehen.

BEISPIEL: Das erste Feld des aktuellen Datensatzes einer Tabelle mit den Feldern *Nachname*, *Vorname*, *Gehalt* auslesen:

```
X = Recordset!Nachname
oder:
X = Recordset!Nachname.Value
oder:
X = Recordset(0)
' oder:
X = Recordset(0).Value
```

Wir möchten allerdings von der Praxis der beiden letzten Codezeilen abraten, da sich die Position von Feldern in einer Tabelle/Abfrage ändern kann. Sicherer ist das Vorgehen im ersten Beispiel bzw. die folgende Möglichkeit, um das Feld mit dem Namen *Gehalt* auszulesen:

```
X = Recordset("Gehalt").Value
```

oder:

```
X = Recordset("Gehalt")
```

Das Setzen der Feldinhalte geschieht analog:

```
Recordset!Gehalt = X
```

oder:

```
Recordset("Gehalt") = X
```

Beachten Sie allerdings, dass Tabellenfelder auch NULL-Werte enthalten können. Die direkte Zuweisung führt dann zu einem Laufzeitfehler:

```
s$ = dy!Gehalt
```

Zwei verschiedene Lösungsmöglichkeiten bieten sich an.

1. Sie realisieren eine Fehlerbehandlung (z.B. *On Error GoTo*):

   ```
   On Error Resume Next
   
   Dim dy As Recordset
   Dim s As String
   ...
   s = dy!Gehalt
   ```

Ein Nachteil dieser Variante soll nicht verschwiegen werden: Ist die Variable schon mit einem älteren Wert belegt, bleibt dieser erhalten, der Inhalt der Variablen entspricht nicht mehr den realen Daten!

2. Sie lesen die Werte in eine *Variant*-Variable ein:

```
Dim s As String, v
...
v = dy!Gehalt
If IsNull(v) Then s = "" Else s = v
```

Kürzer, aber nicht ganz so übersichtlich, ist die folgende Notation:

```
Dim s$, v
...
s = IIf(IsNull(dy!Gehalt), "0,00", dy!Gehalt)
```

Mit der Option weisen Sie einfach einen Standardwert zu (z.B. 0,00 Euro), wenn es sich um einen NULL-Wert handelt.

Eine weiteres Problem der direkten Programmierung sollte ebenfalls nicht verschwiegen werden: Die Darstellung von Grafiken bzw. OLE-Objekten aus einer Datenbank ist derzeit nicht bzw. nur sehr umständlich möglich.

HINWEIS: Zum Thema "Daten auslesen": Wollen Sie ein Array mit Werten füllen, können Sie sich das Auslesen der einzelnen Zellen sparen. Mit der Methode *GetRows* lässt sich ein *Variant*-Array mit einer einzigen Anweisung füllen.

BEISPIEL: *GetRows*-Methode

```
Dim db As Database
Dim rs As Recordset
Dim v As Variant
Dim zeile As Long, spalte As Long

Set db = CurrentDb
Set rs = db.OpenRecordset("SELECT nachname, vorname FROM Personen")
```

Füllen des Arrays (20 Zeilen):

```
v = rs.GetRows(20)
```

HINWEIS: *GetRows* verschiebt den Satzzeiger um die angegebene Anzahl von Zeilen!

Die Array-Grenzen ermitteln Sie mit der *UBound*-Funktion. Geben Sie als zweiten Parameter die jeweils gewünschte Arraydimension an (siehe folgende Abbildung).

7.3 Arbeiten mit Recordsets

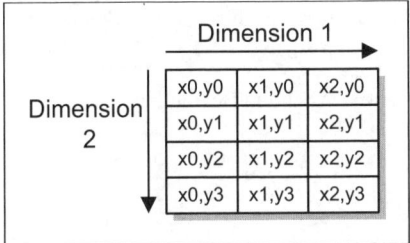

Die Umsetzung im Listing sieht folgendermaßen aus:

```
For zeile = 0 To UBound(v, 2)
    For spalte = 0 To UBound(v, 1)
        Debug.Print v(spalten, zeilen) & ", "
    Next spalte
    Debug.Print
Next zeile
```

Die etwas umständlichere Lösung des Problems:

```
Dim rs As Recordset
Dim a(1, 20) As String
Dim zeile As Long, spalte As Long
 Set rs = CurrentDb.OpenRecordset("SELECT nachname, vorname FROM Personen")
 For zeile = 1 To 20
    For spalte = 0 To 1
        a(spalte, zeile) = rs(spalte)
    Next spalte
    rs.MoveNext
 Next zeile
 ...
```

HINWEIS: Beachten Sie, dass auch genügend Datensätze vorhanden sind. Im obigen Beispiel würde ein Laufzeitfehler auftreten, wenn es weniger als 20 sind.

BEISPIEL: Zum Auslesen der gesamten Datenmenge wird gern eine *While*-Schleife verwendet:

```
While Not dy.EOF
   n = dy!nr
   s = dy!nachname
   g = dy!vorname
   dy.MoveNext
Wend
```

HINWEIS: Vergessen Sie die *MoveNext*-Methode, haben Sie die ideale Endlosschleife programmiert, also aufgepasst!

7.3.3 Datensätze hinzufügen/ändern

Grundsätzlich müssen Sie zwischen dem Editieren eines bestehenden und eines neuen Datensatzes unterscheiden. In beiden Fällen ist es angebracht, die Eigenschaft *Updatable* abzufragen. Ist der

Rückgabewert *True*, können Sie die Datenmenge bearbeiten. Ursache für ein zurückgegebenes *False* kann zum Beispiel ein Join in der SQL-Abfrage sein (*Dynaset*).

Mit der Eigenschaft *EditMode* lässt sich prüfen, ob der Datensatz schon in Bearbeitung ist.

Rückgabewert	Beschreibung
dbEditNone	Der Datensatz ist nicht in Bearbeitung.
dbEditInProgress	Der Datensatz ist im Edit-Modus.
dbEditAdd	Der Datensatz ist im Append-Modus (noch nicht in die Datenbank eingefügt).

Wird einer der beiden letzten Werte zurückgegeben, können Sie direkt in die einzelnen Felder schreiben.

Der Ablauf beim Einfügen eines neuen Datensatzes in die Datenbank ist immer der gleiche:

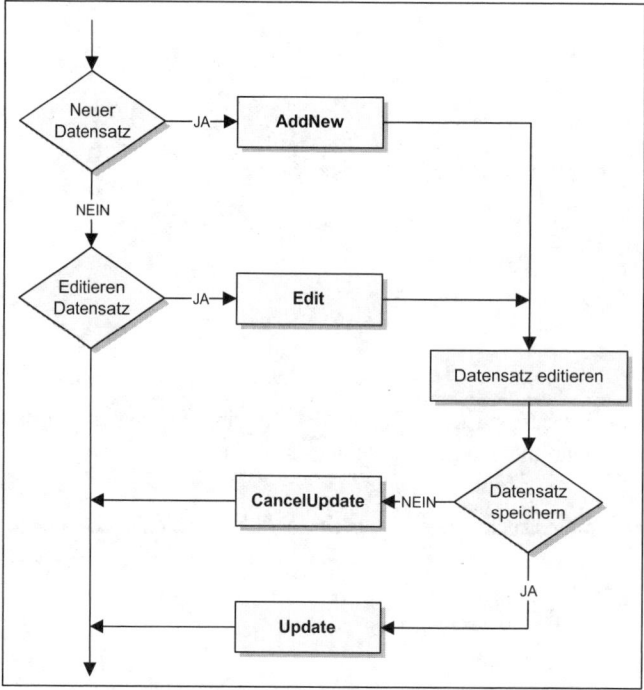

Nach dem Aufruf der Methode *AddNew* können Sie den einzelnen Feldern neue Werte zuweisen. Das gilt natürlich nur für editierbare Felder, Zählerfelder sind davon definitiv ausgeschlossen. Bis zu einem abschließenden *Update* bleibt der Datensatz in einem Zwischenpuffer, erst dann erfolgt die Übernahme in die Tabelle. Wollen Sie den Anfügevorgang abbrechen, müssen Sie anstatt der *Update*-Methode die *CancelUpdate*-Methode aufrufen.

Soll ein bestehender Datensatz editiert werden, ist er mit der *Edit*-Methode für die Bearbeitung zu öffnen. Der weitere Ablauf entspricht dem Vorgehen beim Anfügen von Datensätzen. Die obige Skizze sollte alle offenen Fragen beantworten.

7.3 Arbeiten mit Recordsets

BEISPIEL: In eine Tabelle *Personen* wird ein neuer Datensatz eingefügt. Anschließend wird dieser Datensatz editiert.

```
Dim db As Database
Dim tb As Recordset
```

Öffnen der Tabelle:

```
Set db = CurrentDb
Set tb = db.OpenRecordset("Personen", dbOpenTable)
```

Testen, ob die Tabelle editierbar ist:

```
If Not tb.Updatable Then Exit Sub
```

Einfügen Datensatz:

```
tb.AddNew
tb!nachname = "Lehmann"
tb!vorname = "Frieda"
```

Übernahme in die Datenbank:

```
tb.Update
```

Positionieren auf den zuletzt bearbeiteten Datensatz:

```
tb.Bookmark = tb.LastUpdated
```

Einschalten des Edit-Mode, verändern des Feldes *Nachname* und Übernahme in die Datenbank:

```
tb.Edit
tb!nachname = "Schmidt"
tb.Update
```

Vor der Übernahme prüft die Datenbank-Engine, ob alle Datentypen übereinstimmen und ob die vorgegebenen Regeln (Validation Rules) beachtet werden. Sollte eine der Bedingungen verletzt werden, tritt ein auffangbarer Laufzeitfehler auf. Verzichten Sie also nicht auf eine Datenprüfung bzw. eine ordentliche Fehlerbehandlung.

HINWEIS: Für den Multiuser-Zugriff genügen obige Codefragmente bei weitem nicht, Sie müssen vor dem Hinzufügen abfragen, ob die betreffende Datenbank für Schreibzugriffe überhaupt freigegeben ist. Mehr zum Thema "Multiuser" finden Sie in Kapitel 9.

7.3.4 Datensätze löschen

Nun wollen wir uns dem Löschen der soeben eingegebenen Datensätze zuwenden. Prinzipiell ist ein Datensatz mit einem einfachen Aufruf der *Delete*-Methode gelöscht. Danach beginnen allerdings die Probleme, muss doch der Satzzeiger auf eine definierte Position gebracht werden, denn es gibt keinen aktuellen Datensatz mehr (der Datensatzzeiger hängt quasi "in der Luft"). Ein Laufzeitfehler dürfte die logische Folge sein. Die Positionierung des Datensatzzeigers könnte wie in der folgenden Abbildung gezeigt aussehen:

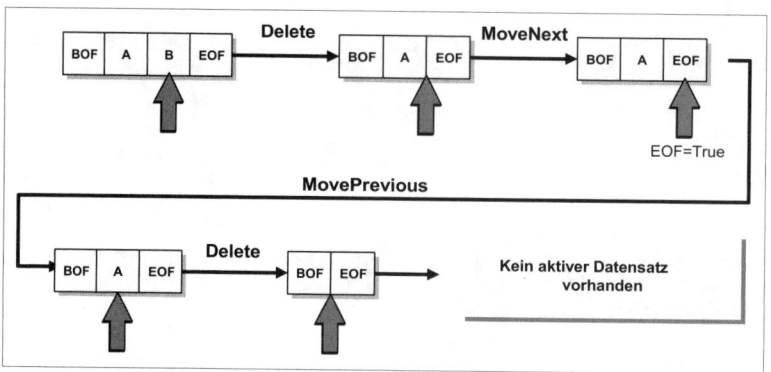

BEISPIEL: Löschen eines Datensatzes:

```
On Error GoTo fehler
```

Prüfen, ob die Datenmenge bearbeitet werden kann:

```
If Not dy.Updatable Then
    MsgBox "Datensätze können nicht bearbeitet werden!", 16, "Problem"
    Exit Sub
End If
```

Löschen des Datensatzes:

```
dy.Delete
```

Versuch, zum nächsten Datensatz zu wechseln:

```
dy.MoveNext
If dy.EOF Then dy.MovePrevious
Exit Sub
fehler:
    MsgBox Error, 16, "Problem" : Exit Sub
    Resume Next
```

Wie beim Editieren ist auch hier Voraussetzung, dass die Datenbasis überhaupt bearbeitet werden darf. Sie müssen also die Eigenschaft *Updatable* abfragen.

HINWEIS: Sollen mehrere Datensätze gelöscht werden, vermeiden Sie den Aufruf von *Delete* in einer Schleife und verwenden Sie besser gleich eine SQL-Anweisung.

Die Annahme, dass das Löschen von Datensätzen diese vollständig aus der Tabelle bzw. der Datei entfernt, ist zwar weit verbreitet, aber falsch! Falls Sie es nicht glauben: Speichern Sie 1.000 Datensätze in einer Datenbank und löschen Sie diese anschließend wieder. Sie werden feststellen, dass die Datenbank nach dem Löschen der Datensätze noch (fast) genauso groß ist wie vorher. Die Ursache: Datensätze werden nicht gänzlich aus der Tabelle entfernt. Die ehemaligen dBASE-Programmierer unter den Lesern werden sicher noch den Befehl *Pack* kennen. Erst damit wurden

7.3 Arbeiten mit Recordsets

die gekennzeichneten Datensätze endgültig aus der Datenbank verbannt. Einen ähnlichen Befehl stellt auch Access zur Verfügung:

`CompactDatabase quelle, ziel`

Die Ausführung der obigen Anweisung setzt in einer Mehrnutzerumgebung den exklusiven Zugriff auf die Datenbank voraus, andere Nutzer können also während der Zeit der Bearbeitung nicht mit der Datenbank arbeiten.

7.3.5 Datensätze sortieren

Beim Sortieren von Recordsets müssen wir wieder zwischen den drei verschiedenen Typen unterscheiden: Während sich Dynasets und Snapshots über die *Filter*-Eigenschaft bzw. den SQL-Aufrufstring sortieren lassen, müssen Tabellen über die *Index*-Eigenschaft sortiert werden. Daraus folgt, dass Sie die betreffenden Tabellenfelder vorher indiziert haben müssen.

Typ	Anweisung

Recordset *(Dynaset, Snapshot)*	Zum Sortieren eines Dynasets gibt es zwei Möglichkeiten:
	 `Dim dy As Recordset`
	 `Dim db As Database`
	
	 `Set db = CurrentDB()`
	 `Set dy = db.OpenRecordset("SELECT * FROM Artikel")`
	 `dy.Sort = "[name] Asc"`
	 `Set dy = dy.OpenRecordset()`
	 Günstiger ist jedoch die folgende Variante:
	 `Dim dy As Recordset`
	 `Dim db As Database`
	 `Set db = CurrentDB()`
	 `Set dy = db.OpenRecordset("SELECT * FROM Artikel ORDER BY name")`

Recordset *(Table)*	Ein *Table*-Objekt können Sie nur über die *Index*-Eigenschaft sortieren:
	 `Dim db As Database`
	 `Dim tb As Recordset`
	 `Set db = CurrentDB()`
	 `Set tb = db.OpenRecordset("Artikel", dbOpenTable)`
	 `tb.index = "name"`
	 Voraussetzung ist die Existenz eines entsprechenden Index. Die Sortierreihenfolge legen Sie mit der Definition des Index fest.

Über die reservierten Wörter *Asc* (aufsteigend, A ... Z) und *Desc* (absteigend, Z ... A) können Sie bei Dynasets und Snapshots die Sortierfolge bestimmen.

> **HINWEIS:** Beachten Sie, dass das einfache Setzen der *Sort*-Eigenschaft noch keine Auswirkung auf die Sortierfolge hat. Erst nach dem erneuten Ableiten des Recordsets ist dieses sortiert (siehe obiges Beispiel).

7.3.6 Datensätze suchen

Ähnlich wie beim Sortieren müssen Sie wieder zwischen Dynaset (Snapshot) und Table unterscheiden. Während in einem *Table*-Objekt über den aktuellen Index gesucht wird, können Sie beim *Dynaset* eine SQL-WHERE-Klausel angeben. Natürlich werden auch beim Suchen in Dynasets Indizes verwendet, falls diese vorhanden sind.

Typ	Anweisung

Recordset (*Dynaset*)	`Dim db As Database`
	`Dim dy as Recordset`
	`Set db = OpenDatabase("Firma.accdb")`
	`Set dy = db.OpenRecordset("SELECT * FROM Kunden")`
	`dy.FindFirst "Name = 'Max Müller'"`
	`If Not dy.NoMatch Then ' gefunden`
	Sinnvollerweise sollte der Dynaset nach dem Suchkriterium sortiert sein. Mit einem einfachen *MoveNext* können Sie weitere Übereinstimmungen überprüfen! In ungeordneten Dynasets müssen Sie die folgenden Datensätze mit *FindNext* suchen.

Recordset (*Table*)	Die Suche in einer *Table* gestaltet sich nicht ganz so universell wie beim *Dynaset*. Sie müssen einen Index definiert haben und können nur die *Seek*-Methode verwenden.
	`Dim db As Database`
	`Dim tb As RecordSet`
	`Set db = OpenDatabase("Firma.accdb")`
	`Set tb = db.OpenRecordset("Artikel", dbOpenTable)`
	`tb.index = "nr"`
	`tb.Seek "=", 17`
	`If Not tb.NoMatch Then ' gefunden`
	Die weiteren Datensätze finden Sie (so vorhanden) nach dem aktuellen Datensatz, da die Table (Index) im Allgemeinen aufsteigend sortiert ist.

In allen Fällen können Sie über die *NoMatch*-Eigenschaft abfragen, ob überhaupt ein Datensatz gefunden wurde. Ist der Rückgabewert *True*, dann wurde kein Record gefunden, die Satzzeigerposition bleibt unverändert. Welche Suchkriterien bzw. Methoden Sie verwenden können, zeigen die beiden folgenden Tabellen.

Methode	Beschreibung
FindFirst	Suche ersten Datensatz, der dem Kriterium entspricht
FindNext	Suche nächsten Datensatz, der dem Kriterium entspricht. Schneller geht es jedoch, wenn Sie die Datenbasis nach dem Kriterium sortieren und einfach auf den nächsten Datensatz wechseln.
FindLast	Suche letzten Datensatz, der dem Kriterium entspricht
FindPrevious	Suche vorhergehenden Datensatz, der dem Kriterium entspricht

7.3 Arbeiten mit Recordsets

Parameter für die Suche mittels *Seek*:

Parameter	Beschreibung
<	Kleiner als-Parameter
<=	Kleiner gleich-Parameter
=	Gleich-Parameter
>=	Größer gleich-Parameter
>	Größer als-Parameter
<>	Ungleich-Parameter

HINWEIS: Sie können auch in zusammengesetzten Indizes suchen. Geben Sie in diesem Fall einfach Kriterien für alle Indexfelder an.

BEISPIEL: Index *name* (nachname, vorname)

```
tb.Index = "name"
tb.Seek ">=", "Mayer", "Hans"
```

HINWEIS: Möglichkeiten zum Testen finden Sie im Praxisbeispiel "In Recordsets suchen" (siehe Seite 419).

7.3.7 Datensätze filtern

Aus der Menge der verfügbaren Daten sollen Datensätze, die bestimmten Kriterien entsprechen, herausgefiltert werden. Die Datenmenge wird also bezüglich der Zeilenanzahl eingeschränkt. Da laut Definition ein *Table*-Objekt immer alle Datensätze umfasst, können Sie ein solches nicht zum Filtern verwenden.

BEISPIEL: Filtern mit Variante 1:

```
Dim dy As RecordSet
Dim db As Database

Set db = OpenDatabase("Firma.accdb")
Set dy = db.OpenRecordset("SELECT * FROM Artikel")
dy.Filter = "nr <= 40"
Set dy = dy.OpenRecordset()
```

Günstiger ist jedoch Variante 2:

```
Dim dy As Recordset
Dim db As Database

Set db = OpenDatabase("Firma.accdb")
Set dy = db.OpenRecordset("SELECT * FROM Artikel WHERE nr <= 40")
```

Wie beim Sortieren, hat die alleinige Änderung der *Filter*-Eigenschaft keinen Einfluss auf die Datenmenge. Erst nach dem erneuten Ableiten des Recordsets ist dieser gefiltert.

Ein *Recordset*-Objekt vom Typ *Dynaset* ist zwar die universellste Möglichkeit, um mit Datensätzen zu arbeiten, aber nicht immer die schnellste.

Deshalb die folgenden Empfehlungen:

- **Sortieren**

  Für den häufigen Wechsel zwischen verschiedenen Sortierreihenfolgen und/oder Kriterien bietet sich ein Dynaset an.

- **Suchen**

  Haben Sie das Feld, in dem gesucht wird, indiziert, ist eine Table die erste Wahl. Für nicht indizierte Tabellen müssen Sie ein Dynaset verwenden.

- **Filtern**

  Nur mit einem Dynaset möglich.

7.3.8 DAO in gebundenen Formularen

Ihnen ist sicher aufgefallen, dass die Arbeit mit den Datenzugriffsobjekten nicht immer trivial ist, ganz zu schweigen vom Schreibaufwand. Aus diesem Grund bietet sich oft eine Mischung von DAO- und datengebundener Programmierung an.

Zugriff auf den aktuellen Record

Ist das Formular über die *RecordSource*-Eigenschaft an eine Tabelle oder Abfrage gebunden, stellt es für den Programmierer kein Problem dar, auf die einzelnen Felder des aktuellen Datensatzes zuzugreifen, da diese direkt als Eigenschaften des Formulars abgefragt bzw. gesetzt werden können.

BEISPIEL: Ändern der Felder *Name* und *Vorname*

```
Me!Name = "Holzmann"
Me!Vorname = "Walter"
```

Passen Sie allerdings bei der Verwendung der Bezeichner auf! Die folgende Zeile führt zu einem Fehler, da *Name* sowohl eine Eigenschaft des Formulars (schreibgeschützt) als auch ein Tabellenfeld ist:

```
Me.Name = "Holzmann"
```

Zugriff auf das Recordset des Formulars

Damit sind wir auch schon beim ersten Problem angekommen. Prinzipiell haben Sie keinen Zugriff auf das Recordset des aktuellen Formulars. Sie können sich lediglich eine Kopie erzeugen, mit der Sie beliebige Aktionen ausführen können.

7.3 Arbeiten mit Recordsets

HINWEIS: Änderungen an der Kopie haben teilweise keine Auswirkungen auf das *Recordset* des Formulars.

Aktion in der Kopie	Reaktion im Formular
Datensatz einfügen	Datensatz wird an die Datenmenge angehängt und ist sichtbar
Satzzeiger bewegen	Keinerlei Reaktion
Datensatz löschen	Datensatz wird entfernt, die Anzeige wird aktualisiert
Datensatz editieren	Datensatz wird geändert, die Anzeige wird aktualisiert
Datensatz suchen	Keinerlei Reaktion

Die Kopie können Sie sich mit Hilfe der Methode *RecordsetClone* erzeugen.

BEISPIEL: Erzeugen eines Recordsets

```
Dim rs As Recordset
Set rs = Me.RecordsetClone
```

HINWEIS: Bei der Kopie handelt es immer um ein und dasselbe Objekt, Eigenschaftsänderungen bleiben auch erhalten, wenn ein neues Objekt erzeugt wird.

BEISPIEL: Fehler beim Arbeiten mit *RecordsetClone*

```
Dim rs As Recordset
Set rs = Me.RecordsetClone
rs.Delete
Set rs = Me.RecordsetClone
rs.Delete            ' an dieser Stelle tritt ein Laufzeitfehler auf
```

Der Fehler beim zweiten Aufruf der *Delete*-Methode beruht darauf, dass der Datensatzzeiger immer noch auf eine ungültige Position (auf einen gelöschten Datensatz) zeigt. Daran ändert auch der zweite Aufruf von *RecordsetClone* nichts, es ist eben dasselbe Objekt.

Möchten Sie auf den aktuellen Datensatz des Formulars Bezug nehmen, müssen Sie den Satzzeiger der Recordset-Kopie entsprechend anpassen:

BEISPIEL: Verwendung der *Bookmark*-Eigenschaft zum Synchronisieren zweier Recordsets

```
Dim rs As Recordset

Set rs = Me.RecordsetClone
rs.Bookmark = Me.Bookmark
```

Der gleiche Ablauf ist auch in umgekehrter Reihenfolge denkbar.

BEISPIEL: Sie suchen in der Recordset-Kopie einen Datensatz und möchten diesen im aktuellen Formular anzeigen.

```
Dim rs As Recordset

Set rs = Me.RecordsetClone
rs.FindFirst "Ort LIKE '" & OrtSuchen.Value & "*'"
If Not rs.NoMatch Then Me.Bookmark = rs.Bookmark
```

BEISPIEL: Realisierung der Funktion *Weitersuchen*

```
Dim rs As Recordset

Set rs = Me.RecordsetClone
rs.Bookmark = Me.Bookmark
rs.FindNext "Ort LIKE '" & OrtSuchen.Value & "*'"
If Not rs.NoMatch Then Me.Bookmark = rs.Bookmark
```

Zwei weitere Formulareigenschaften geben Ihnen über den aktuellen Bearbeitungsstand des Formulars Auskunft: *NewRecord* (*True*: Es handelt sich um einen neuen Record) und *Dirty* (*True*: Am Datensatz wurden Veränderungen vorgenommen).

Ein weiterer wichtiger Aspekt bei der gemischten Programmierung sind die Ereignisse des Formulars, die über Datensatzoperationen Auskunft geben.

Datensatzoperationen

Die folgenden Abbildungen zeigen die Ereignisabläufe bei bestimmten Datensatzoperationen. Jede Veränderung der Satzzeigerposition hat den Aufruf der Ereignisprozedur *Current* zur Folge.

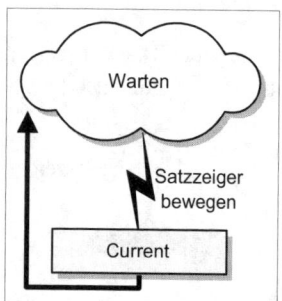

Wesentlich komplizierter als das Bewegen des Satzzeigers sind die Aktionen *Löschen* und *Einfügen*, wie es die folgende Abbildung zeigt.

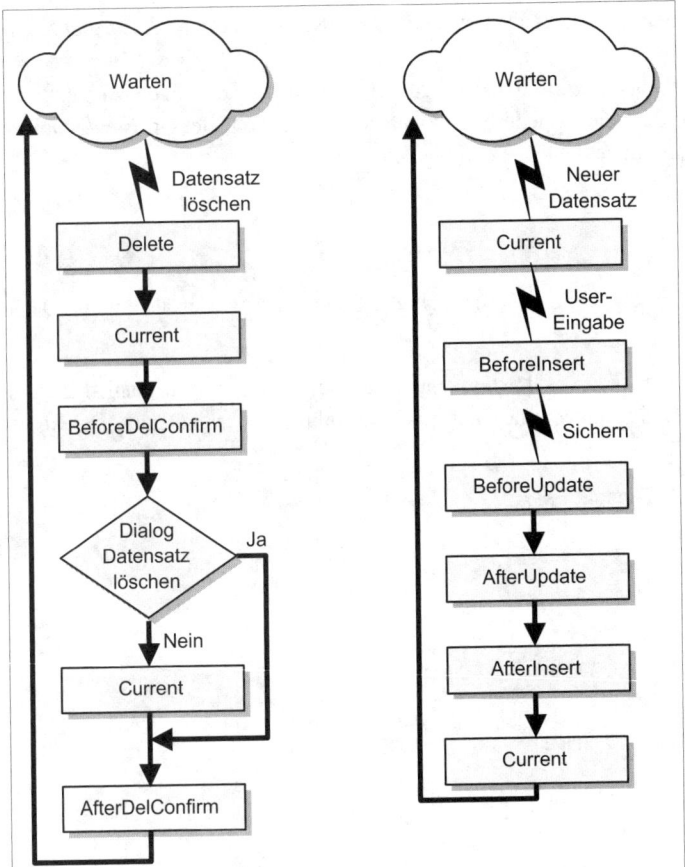

7.3.9 Auf Anlage-Felder zugreifen

Der Felddatentyp *Anlage* ersetzt den "alten" Datentyp *OLE Objekt*, welcher allerdings aus Kompatibilitätsgründen weiter mitgeschleppt wird.

Mit Hilfe von Anlagen können Sie mehrere Dateien unterschiedlichen Typs in einem einzigen Feld speichern. Wenn Sie über eine Datenbank mit Bewerbern verfügen, können Sie für jeden Bewerber einen Lebenslauf sowie ein Foto anfügen.

Im Gegensatz zum OLE-Feld handelt es sich bei einem Anlage-Feld um weit mehr als nur ein binäres Feld, im Hintergrund verwaltet Access in einer Systemtabelle neben den eigentlichen Daten (binär) noch weitere Verwaltungsinformationen, von denen derzeit jedoch nicht alle genutzt werden.

Im Grunde haben Sie es bei Anlage-Feldern mit 1:n-Beziehungen zu tun, können Sie doch in einem derartigen Feld mehrere Dateien speichern. Damit dürfte schnell klar sein, dass es mit dem direkten Zugriff auf die Binärdaten dieses Feldes per *Value*-Eigenschaft wohl nichts wird. Allerdings liegen Sie mit *Value* nicht ganz falsch, aus Sicht des Programmierers wird von der *Value*-Eigenschaft ein neues Recordset zurückgegeben, das in den einzelnen Zeilen die jeweiligen Anlagen verwaltet.

In diesem Zusammenhang geistern auch zwei weitere DAO-Klassen herum: *Recordset2* und *Field2*.

Während *Recordset2* lediglich über eine zusätzliche Eigenschaft verfügt (*ParentRecordset*, d.h. das übergeordnete Recordset von dem die aktuelle Instanz abgeleitet wurde), bietet ein *Field2*-Objekt zwei in diesem Zusammenhang interessante neue Methoden

- *LoadFromFile* und
- *SaveToFile*,

mit denen Sie Dateien in ein Anlage-Feld einlesen bzw. die Daten auch wieder als externe Datei speichern können.

Doch der Reihe nach. Zunächst wollen wir Ihnen in einem Beispiel zeigen, wie der Zugriff auf das Anlagefeld erfolgt und gleichzeitig einen Blick auf die Feldstruktur des enthaltenen Recordsets werfen.

BEISPIEL: Zugriff auf das Anlagefeld *Fotos*:

```
Private rsPersonal As Recordset
Private rsFotos As Recordset

Private Sub Befehl138_Click()
On Error Resume Next
Dim f As DAO.Field
```

Recordset abrufen (vom geöffneten Fenster):

```
    Set rsPersonal = Me.Recordset
```

Hier erfolgt der Zugriff auf das Anlage-Feld:

```
    Set rsFotos = rsPersonal.Fields("Fotos").Value
```

Im Direkt-Fenster geben wir die Satzstruktur des gerade erzeugten Recordsets und die jeweiligen Daten aus:

```
    For Each f In rsFotos.Fields
        Debug.Print "Feldname: " & f.Name & "(" & f.Type & ")"
        Debug.Print "Daten: " & f.Value
        Debug.Print " ----------------------------------------------------------------"
    Next
...
End Sub
```

Die angezeigten Daten:

```
Feldname: FileData(11)
Daten: # # # jpg ?????Aa?? ??????????????????"??????????????RÛN??????
R????????????????????????#À???d?!Ä#Aaaa#    A^??????#A~???#AŽ^??
L??????????????????????????????????????????????????????????????Äg`aaaa#  #
 ----------------------------------------------------------------
Feldname: FileFlags(4)
Daten:
```

7.3 Arbeiten mit Recordsets

```
Feldname: FileName(10)
Daten: EmpID1.jpg
--------------------------------------------------
Feldname: FileTimeStamp(8)
Daten:
--------------------------------------------------
Feldname: FileType(10)
Daten: jpg
--------------------------------------------------
Feldname: FileURL(12)
Daten:
--------------------------------------------------
```

Wie Sie sehen, werden die Felder

- *FileData,*
- *FileFlags,*
- *FileName,*
- *FileTimeStamp,*
- *FileType* und
- *FileURL*

im eingelagerten Recordset verwaltet.

Auf den ersten Blick erkennbar, handelt es sich bei *FileData* um die binären Daten[1]. Je nach Dateityp und Access-Einstellungen werden diese Daten in komprimierter oder Original-Form abgelegt. Wohlgemerkt handelt es sich hier nur um eine gespeicherte Datei, die nächste befindet sich, so vorhanden, im zweiten Datensatz des Recordsets.

FileFlags (Long) wird, wie Sie sehen können, derzeit nicht genutzt, was auch auf die Felder *FileTimeStamp* und *FileUrl* zutrifft.

Im Feld *FileName* wird der Name der gespeicherten Datei inklusive der Extension abgelegt, *FileType* enthält lediglich die Extension der Datei, was für das schnelle Suchen in den Anhängen recht praktikabel ist (auch per SQL).

Das folgende Beispiel zeigt, wie Sie Anlagen per VBA hinzufügen bzw. wieder entfernen können.

BEISPIEL: Wir haben in eine *Personal*-Tabelle ein Anlagefeld mit dem Namen *Fotos* eingefügt, in welchem pro Datensatz ein oder auch mehrere Fotos für die jeweilige Person abgespeichert werden können.

```
Private rsPersonal As Recordset
Private rsFotos As Recordset
```

---

[1] zuzüglich Verwaltungsinformationen

Pro Person können Sie einen oder auch mehrere Anlagen (Fotos) hinzufügen. Das Hinzufügen einer Anlage geschieht in unserem Fall über einen Datei-Öffnen-Dialog:

```
Private Sub Befehl1_Click()
Dim fdlg As FileDialog
    On Error Resume Next
    Set rsPersonal = Me.Recordset
    Set fdlg = Application.FileDialog(msoFileDialogOpen)
    If fdlg.Show Then
        rsPersonal.Edit
```

Ein Recordset auf Basis des Anlagefeldes wird geöffnet:

```
        Set rsFotos = rsPersonal.Fields("Fotos").Value
```

Eine neue Datei wird eingefügt:

```
        With rsFotos
```

Neuer Datensatz für die Datei:

```
            .AddNew
```

Die eigentlichen Daten einlesen und speichern:

```
            .Fields("FileData").LoadFromFile (fdlg.SelectedItems(1))
            .Update
        End With
        rsPersonal.Update
    End If
End Sub
```

Das Löschen der aktuellen Anlage:

```
Private Sub Befehl2_Click()
    On Error Resume Next
    Set rsPersonal = Me.Recordset
    rsPersonal.Edit
    Set rsFotos = rsPersonal.Fields("Fotos").Value
    rsFotos.Delete
    rsPersonal.Update
End Sub
```

HINWEIS: Das komplette Beispiel finden Sie in den Begleitdateien.

7.3.10 Auf mehrwertige Felder zugreifen

Sie wollen eine m:n-Beziehung auf einfache Weise realisieren, ohne dazu erst eine Interselektionstabelle erstellen zu müssen. Auf die Einträge wollen Sie per Code zugreifen. Verwenden Sie dazu ein mehrwertiges Feld (MVF = *Multi Value Field*), wie es bereits mit Access 2007 eingeführt wurde.

7.3 Arbeiten mit Recordsets

BEISPIEL: Eine einfache Tabelle *Buecherliste* hat die Felder *ID*, *Titel* und *Autoren*. Letzteres Feld ist ein MVF (kann beim Tabellenentwurf mittels *Nachschlage-Assistent*en erstellt werden).

```
Private db As Database
Private rs As Recordset
```

Beim Laden des Formulars wird das Recordset durchlaufen und die Werte aller Felder werden in einem *Listenfeld* angezeigt:

```
Private Sub Form_Load()
    Set db = CurrentDb
    Set rs = db.OpenRecordset("SELECT ID, Autoren.Value, Titel FROM Buecherliste")
    Do While Not rs.EOF
        Liste1.AddItem (rs.Fields(0).Value & "  " & rs.Fields(1).Value & "  " & rs.Fields(2).Value)
        rs.MoveNext
    Loop
    rs.Close
    Set rs = Nothing : Set db = Nothing
End Sub
```

HINWEIS: Das komplette Beispiel finden Sie in den Begleitdateien.

7.3.11 Verlaufsverfolgung eines Memo-Felds

Memo-Felder eignen sich bekanntlich zum Aufbewahren größerer Datenmengen. Die *AppendOnly*-Eigenschaft (Nur Anfügen) zwingt Access, einen Verlauf aller Änderungen eines Memo-Felds zu speichern.

Die *ColumnHistory*-Methode des *Application*-Objekts liefert dann den Verlauf der in einem Memo-Feld gespeicherten Werte.

Die Syntax:

```
Application.ColumnHistory(tblName, colName, filter)
```

Der Rückgabewert ist ein *String*.

Alle zu übergebenden Parameter sind ebenfalls vom *String*-Datentyp:

tblName	Name der Tabelle, die das *AppendOnly*-Feld enthält.
colName	Der Name des Felds, für welches der Verlauf angezeigt werden soll.
filter	Eine Filterbedingung zum Selektieren eines bestimmten Datensatzes (wie WHERE-Klausel, aber ohne WHERE).

BEISPIEL: Der Verlauf der Änderungen in der Spalte *Bemerkungen* des Angestellten mit der *PersonalNr* = 2 wird im Direktfenster ausgegeben.

```
Dim colHist As String
colHist = Application.ColumnHistory("Personal", "Bemerkungen", "PersonalNr=2")
Debug.Print colHist
```

```
Direktbereich
[Version: 12.05.2007 10:25:24 ] Studium der Informatik an der University of San Diego; Doktorarbeit
[Version: 12.05.2007 10:26:44 ] abgebrochenes Studium der Informatik an der University of San Diego
[Version: 12.05.2007 10:31:37 ] Andrew versteht nichts von Access.
[Version: 12.05.2007 10:32:30 ] Andrew wurde in eine andere Abteilung versetzt.
```

HINWEIS: Damit der Verlauf aufgezeichnet wird, müssen Sie beim Tabellenentwurf die Eigenschaft *Nur anfügen* des Memo-Felds auf *Ja* setzen.

7.4 Weitere Funktionen

In diesem Abschnitt finden Sie weitere Features der Datenbank-Engine, die sich nicht ohne weiteres in die vorhergehenden Abschnitte einordnen ließen.

7.4.1 Eigenschaften (Properties)

Neben den vordefinierten Eigenschaften bietet die Datenbank-Engine auch die Möglichkeit, eigene Eigenschaften zu definieren. Dies betrifft im Wesentlichen alle Datenbankobjekte.

BEISPIEL: Sie können über ein *Table*-Objekt dessen Beschreibung abfragen. Diese Eigenschaft wird nicht von der Datenbank-Engine bereitgestellt, sondern durch Access (es handelt sich also um eine selbst definierte Eigenschaft!).

```
Dim db As Database
Dim tb As Recordset
Set db = CurrentDb
Set tb = db.OpenRecordset("Städte und Telefonvorwahl", dbOpenTable)

label1.Caption = tb.Properties!Description
```

Definieren Sie neue Eigenschaften, müssen Sie diese mit der *Append*-Methode an die jeweils vorhandenen Objekte anhängen. Bevor es jedoch soweit ist, müssen Sie mit *CreateProperty* ein neues *Property*- Objekt erzeugen.

BEISPIEL: Für die Tabelle *Städte und Telefonvorwahl* wird eine neue Eigenschaft (*Anzahl Zugriffe*) erzeugt, in der alle Zugriffe auf die Tabelle dokumentiert werden können.

```
Dim db As Database
Dim td As TableDef
Dim prop As Property

Set db = CurrentDb
Set td = db.TableDefs("Städte und Telefonvorwahl")
Set prop = td.CreateProperty("Anzahl Zugriffe", DB_LONG, 0)
td.Properties.Append prop
```

7.4 Weitere Funktionen

Der *CreateProperty*-Methode übergeben Sie neben dem Namen auch den Datentyp und den Wert der neuen Eigenschaft. Danach können Sie die Eigenschaft entweder über das *TableDef*-Objekt abfragen:

```
Label1.Caption = td.Properties("Anzahl Zugriffe")
```

oder Sie öffnen ein Recordset und fragen dort die Eigenschaft ab bzw. setzen diese:

```
Set tb = db.OpenRecordset("Städte und Telefonvorwahl")
tb.Properties("Anzahl Zugriffe") = tb.Properties("Anzahl Zugriffe") + 1
```

Beim Abfragen oder Setzen von Eigenschaften müssen Sie grundsätzlich zwischen den selbst definierten und den vorgegebenen Properties unterscheiden. Während Sie Standard-Properties mit einer der drei folgenden Varianten verwenden können,

```
Object.Property = xyz
Object.Properties!Propertiename = xyz
Object.Properties("Propertiename") = xyz
```

sind für selbst definierte Eigenschaften nur die letzten beiden Varianten zulässig.

Eine Auflistung aller Eigenschaften einer Tabelle im Testfenster erhalten Sie, wenn Sie den folgende Quellcode ausführen:

```
Dim db As Database
Dim td As TableDef

Set db = CurrentDb
Set td = db.TableDefs("Städte und Telefonvorwahl")

For i = 0 To td.Properties.Count - 1
    Debug.Print td.Properties(i).Name
    Debug.Print Chr(9) & "Type: " & Choose(td.Properties(i).Type, _
        "Boolean", "Byte", "Integer", "Long", "Currency", _
        "Single", "Double", "Date", "", "Text", "Binär", _
        "Memo", "", "", "")
    Debug.Print Chr(9) & "Wert: " & td.Properties(i).Value
Next i
```

Die *Choose*-Funktion dekodiert lediglich die Datentypen.

Der Beispielausdruck:

```
Name
    Type: Memo
    Wert: Städte und Telefonvorwahl
Updatable
    Type: Boolean
    Wert: Wahr
DateCreated
    Type: Date
    Wert: 20.02.96 10:08:59
```

7.4.2 Transaktionen

Möglicherweise standen auch Sie schon mal vor folgendem Problem: Sie müssen in zwei Tabellen Änderungen vornehmen. Nach dem Editieren der ersten Tabelle stellen Sie fest, dass Sie auf die zweite Tabelle nicht mehr zugreifen können, weil User XY diese exklusiv gesperrt hat.

Die Entwickler der Datenbank-Engine haben auch für diesen Fall vorgesorgt: In die Jet-Engine ist ein leistungsfähiges Transaktionsmodell integriert.

Mit den Methoden:

- *BeginTrans*
- *CommitTrans*
- *Rollback*

können Sie eine UNDO-Funktion für Datenbanken aufbauen. Beachten Sie jedoch, dass nicht alle Datenbankformate diese Funktionen unterstützen. Über die *Transactions*-Eigenschaft können Sie die Fähigkeit einer Datenbank, Transaktionen zu ermöglichen, abfragen. Die folgende Skizze zeigt den prinzipiellen Ablauf:

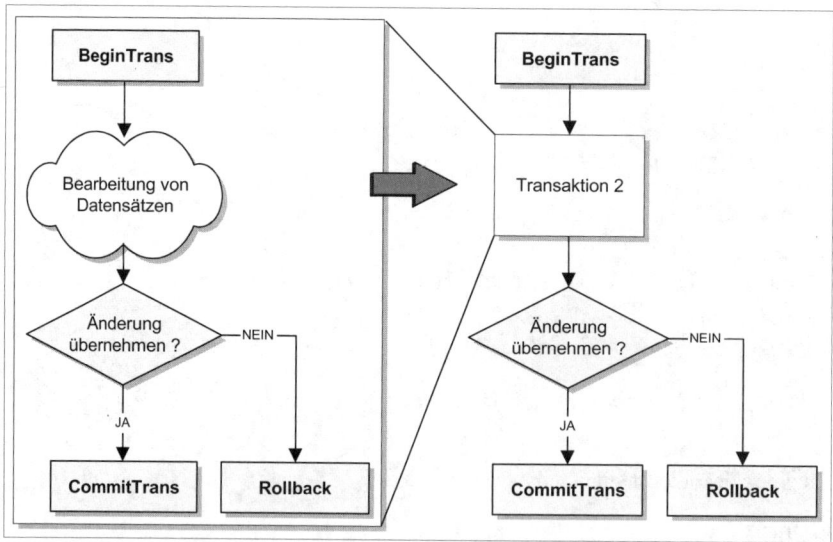

Wie Sie der obigen Abbildung entnehmen können, ist es problemlos möglich, Transaktionen ineinander zu verschachteln. Sie können sowohl Teiloperationen wieder rückgängig machen als auch die gesamte Bearbeitung.

BEISPIEL: Der Einsatz von Transaktionen in der Praxis:

```
Dim ws As Workspace, db As Database, tb As Recordset
Set ws = DBEngine.Workspaces(0)
Set db = CurrentDb
Set tb = db.OpenRecordset("Städte und Telefonvorwahl")
```

Beginn der Transaktion:

```
ws.BeginTrans
```

Bearbeitung (z.B. Ändern, Löschen, Einfügen etc.):

```
tb.Edit
tb("ort") = "ZZZZZZZZZZZZZZZZ"
tb.Update
If MsgBox("Änderung speichern?", 36, "Frage") = vbYes Then
    ws.CommitTrans          ' Übernahme
Else
    ws.Rollback             ' Verwerfen aller Änderungen
End If
```

HINWEIS: Da alle Operation innerhalb einer Transaktion gepuffert werden, können Sie durch Verwendung der oben genannten Methoden die Performance Ihrer Anwendung erheblich steigern (insbesondere in Netzwerkumgebungen!)

7.5 Praxisbeispiele

7.5.1 Eine Tabelle anlegen

Database-, *TableDef-* und *Field-*Objekt; *Fields-*Auflistung;

Normalerweise legen Sie eine neue Tabelle im Datenbankfenster an. Sie können das aber auch per Programmcode tun. Das kann für solche Fälle sinnvoll sein, in denen die Tabellenstruktur zur Entwurfszeit noch unbekannt ist bzw. sich im Programmverlauf ändert. Im vorliegenden Beispiel soll eine neue Tabelle für ein Fahrtenbuch innerhalb der Beispieldatenbank angelegt werden.

Oberfläche

Erstellen Sie die Entwurfsansicht eines Formulars, welches folgendes Aussehen haben könnte:

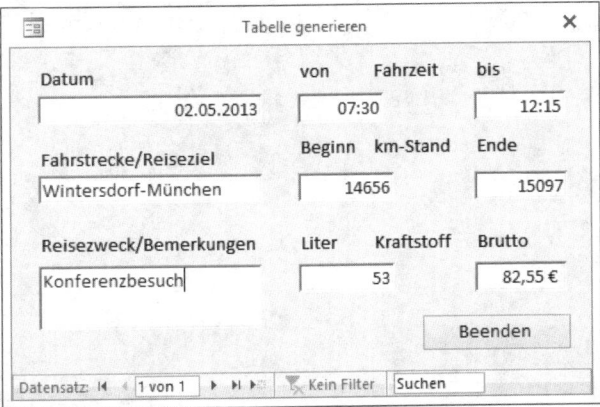

Die *Datensatzquelle* des Formulars und die *Steuerelementinhalte* der Textfelder werden erst später per Code zugewiesen. Die Namen der Textfelder ändern wir der Übersicht wegen in *Text1* bis *Text9* (von links oben nach rechts unten).

Quelltext

Binden Sie, wie bei allen Anwendungen die DAO verwenden, einen Verweis auf die *Microsoft Office 16.0 Access database engine Object Library* ein (die inzwischen veraltete *Microsoft DAO 3.6 Object Library* ginge in diesem Fall aber auch).

Zu Beginn sind die benötigten Objekte zu deklarieren:

```
Dim db As Database
Dim td As TableDef
Dim fld As Field
```

Den wesentlichen Programmcode bauen wir in das *Load*-Event des Formulars ein:

```
Private Sub Form_Load()
 Set db = CurrentDb
```

Nach Zuweisen des Datenbankobjekts können wir die neue Tabelle erstellen:

```
Set td = db.CreateTableDef
td.Name = "Fahrtenbuch"

Set fld = td.CreateField("Datum", dbDate)
td.Fields.Append fld

Set fld = td.CreateField("vonZeit", dbDate)
td.Fields.Append fld

Set fld = td.CreateField("bisZeit", dbDate)
td.Fields.Append fld

Set fld = td.CreateField("kmBeginn", dbLong)
td.Fields.Append fld

Set fld = td.CreateField("kmEnde", dbLong)
td.Fields.Append fld
Set fld = td.CreateField("Reiseziel",dbText,30)
td.Fields.Append fld

Set fld = td.CreateField("Reisezweck", dbMemo)
td.Fields.Append fld

Set fld = td.CreateField("Liter", dbSingle)
td.Fields.Append fld

Set fld = td.CreateField("Brutto", dbCurrency)
td.Fields.Append fld
```

7.5 Praxisbeispiele

Jetzt muss die Tabelle nur noch mit der Datenbank verbunden werden:

```
db.TableDefs.Append td          ' Tabelle an Datenbank koppeln
```

Dem Formular können wir nun seine Datensatzquelle zuweisen:

```
Me.RecordSource = "SELECT * FROM Fahrtenbuch ORDER BY Datum"
```

Schließlich binden wir noch die Textfelder an die entsprechenden Felder der neuen Tabelle:

```
Text1.ControlSource = "Datum"
Text2.ControlSource = "vonZeit"
Text3.ControlSource = "bisZeit"
Text4.ControlSource = "Reiseziel"
Text5.ControlSource = "kmBeginn"
Text6.ControlSource = "kmEnde"
Text7.ControlSource = "Reisezweck"
Text8.ControlSource = "Liter"
Text9.ControlSource = "Brutto"
End Sub
```

Test

Kompilieren Sie den Code und öffnen Sie anschließend das Formular. Es ist mit der neuen (leeren) Tabelle *Fahrtenbuch* verbunden. Sie können nun damit beginnen, Ihr Fahrtenbuch zu füllen. Wenn Sie auf der Registerkarte *Tabellen* des Navigationsbereichs nachschauen, entdecken Sie dort erwartungsgemäß eine neu hinzugekommene Tabelle mit dem Namen *Fahrtenbuch*:

Feldname	Felddatentyp
Datum	Datum/Uhrzeit
vonZeit	Datum/Uhrzeit
bisZeit	Datum/Uhrzeit
kmBeginn	Zahl
kmEnde	Zahl
Reiseziel	Kurzer Text
Reisezweck	Langer Text
Liter	Zahl
Brutto	Währung

Wenn Sie das Formular ein zweites Mal öffnen wollen, wird das erneute Erstellen der Tabelle mit einer Fehlermeldung verweigert. Sie müssen also vorher die bereits vorhandene Tabelle *Fahrtenbuch* löschen, um sie anschließend erneut generieren zu können. Eleganter als im Datenbankfenster lässt sich das per Code erledigen. Fügen Sie deshalb zu Beginn des *Load*-Ereigniscodes (direkt nach dem Zuweisen des *db*-Objekts) folgende Zeile ein:

```
db.TableDefs.Delete "Fahrtenbuch"
```

7.5.2 Navigieren mit DAO

DAO, *Database*- und *Recordset*-Objekt; *OpenRecordset*-, *MoveFirst*-, *MovePrevious*-, *MoveLast*- *AddNew*-, *Edit*-, *Update*-Methode; *CurrentDb*-, *IsNull*-Funktion; *Value*-, *Enabled*-, *BOF*-, *EOF*-, *Updatable*-, *EditMode*-Eigenschaft;

In Access ist ein Formular standardmäßig mit einem Datenbank-Navigator gekoppelt (Datensatzquelle = *RecordSource*-Eigenschaft), mit welchem wiederum bestimmte Steuerelemente (Bound Controls) verbunden werden können (Steuerelementinhalt = *ControlSource*-Eigenschaft). Die Nachteile dieses Komforts sind geringe Geschwindigkeit, keine eingebaute Löschfunktion, kein Schutz gegen unbeabsichtigtes Überschreiben usw. Dem fortgeschrittenen Programmierer bietet sich ein Ausweg. Er kann auf die eingebauten Navigationsschaltflächen gänzlich verzichten und stattdessen die umfangreichen Möglichkeiten der Datenzugriffsobjekte (DAO) nutzen. Aber Vorsicht, man muss sich nun um alles selbst kümmern: diverse Fehlerüberprüfungen, Anbinden der Steuerelemente (Aus- und Eingabe), Verriegeln nicht benötigter Tasten etc.

Oberfläche

Wir setzen auf ein neues Formulars drei Textfelder (*Text1, Text2* und *Text3*), sowie mehrere Befehlsschaltflächen (siehe Laufzeitansicht).

Der Eigenschaft *Navigationsschaltflächen* unseres Formulars weisen wir natürlich *Nein* zu. Die *Datensatzquelle* lassen wir unbesetzt, ebenfalls den *Steuerelementinhalt* der Textfelder, die damit den Status *Ungebunden* haben.

Quelltext

```
Private db As Database, tbl As Recordset
Private newFlag As Boolean         ' ist True bei neuem Datensatz

Private Sub Form_Load()
 Set db = CurrentDb
 Set tbl = db.OpenRecordset("BGA")  ' auch SQL-Abfrage möglich!
 Call anzeigen
 newFlag = False
 BefehlSichern.Enabled = False
End Sub
```

Eine Fehlerabfrage auf das Vorhandensein der Tabelle braucht nicht extra in das *Load*-Event eingebunden zu werden, da eine solche von Access bereitgestellt wird.

Bei der Anzeige des Tabelleninhaltes muss unbedingt eine Prüfung auf NULL-Werte erfolgen (*IsNull*-Funktion):

```
Private Sub anzeigen()          ' Anbinden der Felder zwecks Anzeige
 If Not IsNull(tbl![Name]) Then Text1.Value = tbl![Name] Else Text1.Value = ""
 If Not IsNull(tbl![RDatum]) Then Text2.Value = tbl![RDatum] Else Text2.Value = ""
 If Not IsNull(tbl![netto]) Then Text3.Value = tbl![netto] Else Text3.Value = ""
 BefehlLoeschen.Enabled = True
 BefehlVorwaerts.SetFocus
```

7.5 Praxisbeispiele

```
    BefehlSichern.Enabled = False
End Sub

Private Sub BefehlAnfang_Click()      ' zum Anfang
    tbl.MoveFirst
    Call anzeigen
End Sub

Private Sub BefehlZurueck_Click()     ' rückwärts
    tbl.MovePrevious
    If tbl.BOF Then tbl.MoveFirst
    Call anzeigen
End Sub

Private Sub BefehlVorwaerts_Click()   ' vorwärts
    tbl.MoveNext
    If tbl.EOF Then tbl.MoveLast
    Call anzeigen
End Sub
Private Sub BefehlEnde_Click()        ' zum Ende
    tbl.MoveLast
    Call anzeigen
End Sub
```

Wenn Sie den Quelltext bis hierher eingegeben haben, können Sie sich (nach dem Öffnen des Formulars) bereits durch die Datenbank bewegen. Sie werden aber feststellen, dass Eingaben in die Textfelder im gegenwärtigen Stadium noch ohne Wirkung bleiben.

Bevor die editierten Datensätze in die Datenbank übernommen werden können, muss überprüft werden, ob diese nicht schon bearbeitet werden (z.B. von einem anderen Nutzer) und ob eine Bearbeitung überhaupt erlaubt ist:

```
Private Sub BefehlSichern_Click()
  If tbl.Updatable And tbl.EditMode = dbEditNone Then    ' Datensatz ist editierbar
    If newFlag Then tbl.AddNew Else tbl.Edit             ' neu oder editieren?
    ' Eingabefelder => Kopierpuffer:
    If Text1.Value <> "" Then tbl![Name] = Text1.Value
    If Text2.Value <> "" Then tbl![RDatum] = Text2.Value
    If Text3.Value <> "" Then tbl![netto] = Text3.Value
    tbl.Update                       ' Kopierpuffer => Datenbank
    tbl.Bookmark = tbl.LastModified  ' zum neuen Datensatz wechseln
    Call anzeigen
  Else
    MsgBox "Kein Editieren möglich!"
  End If
  BefehlVorwaerts.SetFocus
  BefehlSichern.Enabled = False
  newFlag = False
  BefehlLoeschen.Enabled = True
End Sub
```

Bei einem neuen Datensatz ist analog wie beim Editieren zu verfahren:

```
Private Sub BefehlNeu_Click()
 If tbl.Updatable And tbl.EditMode = dbEditNone Then
  newFlag = True
  Text1.Value = ""
  Text2.Value = ""
  Text3.Value = ""
  BefehlLoeschen.Enabled = False
 End If
End Sub
```

Das eigentliche Hinzufügen eines neuen Datensatzes erfolgt nicht in obiger Routine, sondern erst beim
Sichern. Nun zum Löschen:

```
Private Sub BefehlLoeschen_Click()
 If tbl.Updatable And tbl.EditMode = dbEditNone Then
  If MsgBox("Wollen Sie den Datensatz wirklich löschen ?", vbYesNo) = vbYes Then
   tbl.Delete
   tbl.MoveNext                   ' zum nächsten Datensatz ...
   If tbl.EOF And Not tbl.BOF Then tbl.MoveLast
   Call anzeigen
  End If
 Else
  MsgBox "Datensatz kann momentan nicht gelöscht werden!"
 End If
End Sub
```

Das Sichern des Inhalts der Eingabemaske ist erst dann sinnvoll, wenn wenigstens in eines der Textfelder etwas eingegeben wurde:

```
Private Sub Text1_KeyPress(KeyAscii As Integer)
 BefehlSichern.Enabled = True
End Sub

Private Sub Text2_KeyPress(KeyAscii As Integer)
 BefehlSichern.Enabled = True
End Sub

Private Sub Text3_KeyPress(KeyAscii As Integer)
 BefehlSichern.Enabled = True
End Sub
```

Beim Schließen des Formulars ist die *Close*-Reihenfolge zu beachten:

```
Private Sub BefehlClose_Click()
 tbl.Close : db.Close : DoCmd.Close
End Sub
```

Test

Öffnen Sie das Formular und testen Sie alle Eventualitäten des Editierens, Hinzufügens und Löschens von Datensätzen.

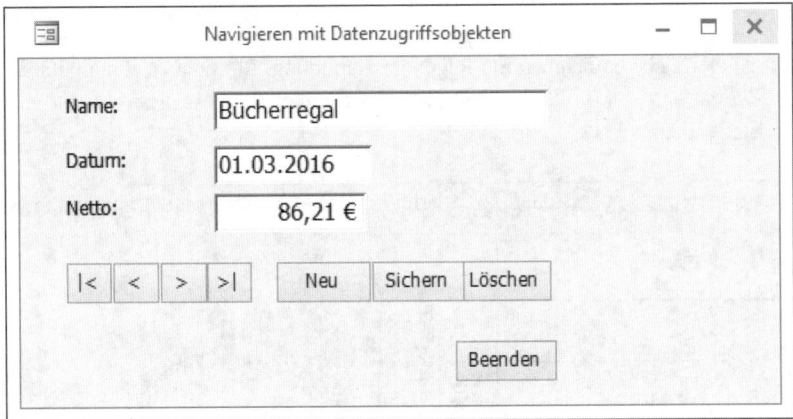

Ohne Sichern erfolgt keine Übernahme. Die Bewegungsmöglichkeiten durch die Tabelle sind zu keinem Zeitpunkt eingeschränkt, die rechten drei Tasten sind jederzeit sinnvoll gegeneinander verriegelt. Sie werden z.B. feststellen, dass ein neuer Datensatz vor dem Sichern nicht gelöscht werden kann und dass ein Sichern nur dann möglich ist, wenn der Inhalt mindestens eines Textfeldes verändert worden ist. Wenn Sie das Editieren bzw. Hinzufügen wieder rückgängig machen wollen, bewegen Sie sich einfach weiter, ohne zu sichern.

Bemerkungen

- Statt einer Tabelle wäre auch das Öffnen eines Dynasets möglich, z. B. mit:

  ```
  Set tbl = db.OpenRecordset("SELECT * FROM BGA ORDER BY Rdatum")
  ```

- Beachten Sie, dass hier die Sortierreihenfolge nach dem Einfügen eines neuen Datensatzes erst bei erneutem Programmstart sichtbar wird.

- Der mit der *Edit-* bzw. *AddNew*-Methode eingestellte Editier- bzw. Hinzufügen-Modus gilt nur für den gerade aktuellen Datensatz. Beim Weiterbewegen durch die Datenbank geht dieser Modus verloren, der Inhalt des Kopierpuffers wird vernichtet.

7.5.3 Den Datensatzzeiger bewegen

Slider-ActiveX-Komponente; *Database*-Objekt; *CurrentDb*-Funktion;

Das vorliegende Beispiel stellt Ihnen die verschiedenen Möglichkeiten vor, mit denen Sie den Satzzeiger in einer Datensatzgruppe bewegen können. Dazu gehört neben den einfachen Navigationsschaltflächen (*Erster*, *Letzter*, *Vorhergehender*, *Nächster*) auch das Implementieren von Lesezeichen (Bookmarks) und ein schnelles Positionieren mittels Schieberegler.

HINWEIS: Da die Bewegungsmöglichkeiten nur dann eindrucksvoll demonstriert werden können wenn eine größere Anzahl von Datensätzen zur Verfügung steht, wollen wir als Datensatzquelle die Tabelle *Städte und Telefonvorwahl* verwenden.

Oberfläche

Den Grundaufbau der Oberfläche entnehmen Sie folgender Abbildung. Am unteren Rand befindet sich ein *Microsoft Slider Control 6.0*, welches Sie über das Symbol *ActiveX-Steuerelement einfügen* des Menübands erreichen.

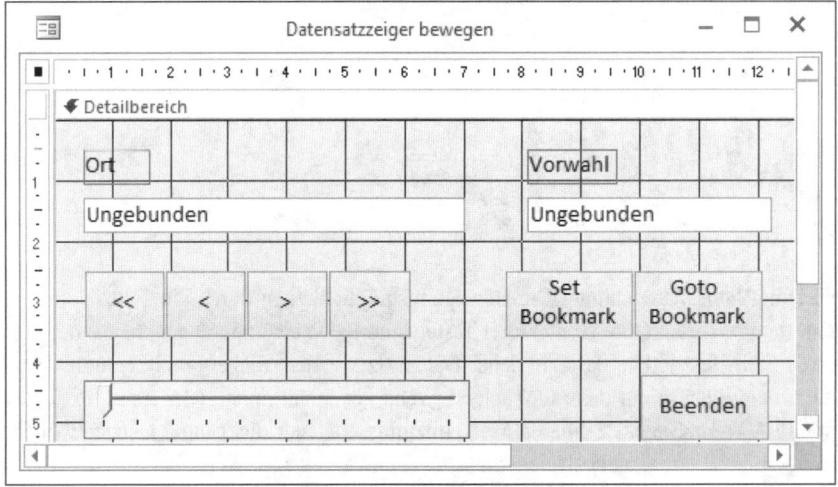

HINWEIS: Beachten Sie, dass es sich bei beiden Textfeldern um "ungebundene" Controls handelt, denn wir wollen die Datensätze erst zur Laufzeit darstellen.

Quelltext

Zunächst müssen wir einige globale Variablen definieren:

```
Private db As Database, dy As Recordset, lesezeichen
```

Mit dem Laden des Formulars initialisieren wir die *Recordset*-Variable (Typ *Dynaset*), über die wir auf die Datensätze zugreifen können.

```
Private Sub Form_Load()
  Set db = CurrentDb()
  Set dy = db.OpenRecordset("Städte und Telefonvorwahl", dbOpenDynaset)
```

Mit dem Bewegen auf den letzten Datensatz wird gleichzeitig die Gesamtzahl der Datensätze (Records) ermittelt, die sich über die *RecordCount*-Eigenschaft auslesen lässt:

```
  dy.MoveLast
  Slider1.Max = dy.RecordCount
```

7.5 Praxisbeispiele

Damit wäre auch schon der Maximalwert für den Schieberegler (*Slider*-Control) festgelegt. Das Rücksetzen des Satzzeigers auf den Anfang des Recordsets erfolgt mit:

```
dy.MoveFirst
Call anzeigen
End Sub
```

Die Prozedur *Anzeigen* sorgt dafür, dass der gerade aktuelle Datensatz auch auf dem Bildschirm erscheint. Normalerweise müsste erst auf NULL-Werte geprüft werden, wir verzichten aber darauf. Gleichzeitig wird die Position des Schiebers im Steuerelement (Slider-Control) korrigiert:

```
Sub anzeigen()
    Text0.Value = dy.Fields("ort")
    Text1.Value = dy.Fields("vorwahl")
    Scroll.Value = dy.AbsolutePosition      ' Position Slider setzen
End Sub
```

Das Bewegen auf den ersten bzw. letzten Datensatz ist trivial. Wenn Sie aber damit rechnen müssen, dass die Datenbank leer ist, sollten Sie eine Fehlerbehandlung vorsehen.

```
Private Sub Befehl0_Click()
    dy.MoveFirst
    Call anzeigen
End Sub

Private Sub Befehl3_Click()
    dy.MoveLast
    Call anzeigen
End Sub
```

Ein wenig aufwändiger gestaltet sich schon das Bewegen auf den vorhergehenden bzw. folgenden Datensatz:

```
Private Sub Befehl1_Click()
    dy.MovePrevious
    If dy.BOF Then dy.MoveFirst
    Call anzeigen
End Sub

Private Sub Befehl2_Click()
    dy.MoveNext
    If dy.EOF Then dy.MoveLast
    Call anzeigen
End Sub
```

Die beiden folgenden Abbildungen verdeutlichen noch einmal den Ablauf.

HINWEIS: In diesem Zusammenhang sei auf die *Move*-Methode hingewiesen, mit der Sie den Satzzeiger relativ oder absolut um eine bestimmte Anzahl von Datensätzen bewegen können.

Vorhergehender Datensatz:

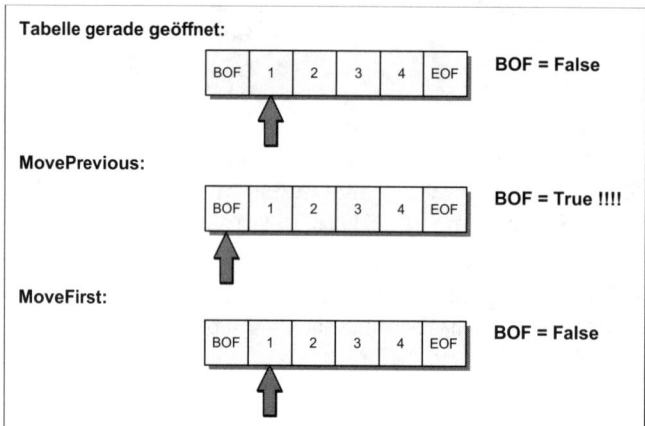

Nächster Datensatz:

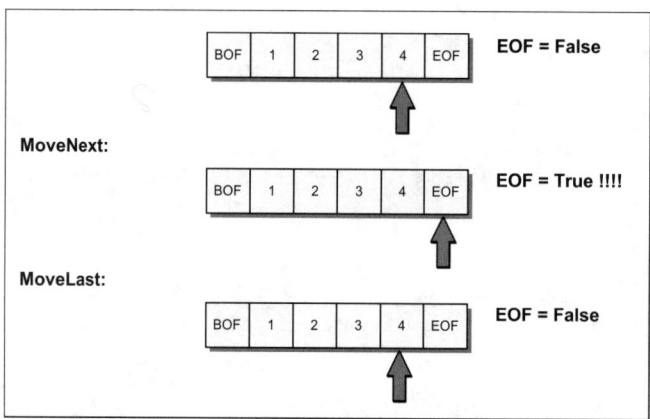

Eine effektive Möglichkeit, die Satzzeigerposition zu verschieben, bietet sich mit der *Absolute-Position*-Eigenschaft. Jede Veränderung am *Slider*-Control hat eine Änderung der Satzzeigerposition zur Folge.

```
Private Sub Slider1_Scroll()
    dy.AbsolutePosition = Slider1.Value
    Text0.Value = dy.Fields("Ort")
    Text1.Value = dy.Fields("Vorwahl")
End Sub
```

Die Arbeit mit den Lesezeichen ist relativ einfach, durch Auslesen der Eigenschaft *Bookmark* erhalten Sie einen "Zeiger" auf den aktuellen Datensatz.

```
Private Sub Befehl4_Click()             ' Set Bookmark
    lesezeichen = dy.bookmark
    Befehl12.Visible = True
End Sub
```

7.5 Praxisbeispiele

Die Schaltfläche *Goto Bookmark* wird erst eingeblendet, wenn ein Lesezeichen festgelegt worden ist. Dieses können Sie später dazu verwenden, den aktuellen Datensatz zu wechseln:

```
Private Sub Befehl5_Click()            ' Goto Bookmark
    dy.bookmark = lesezeichen
    anzeigen
End Sub
```

Test

Auf Grund der alphabetischen Sortierung des Recordsets ist es überhaupt kein Problem, sich mittels Schieberegler schnell durch Tausende von Datensätzen zu bewegen. Der "Feinabgleich" ist jederzeit mit den Navigationsschaltflächen möglich. Testen Sie auch das Setzen von Lesezeichen!

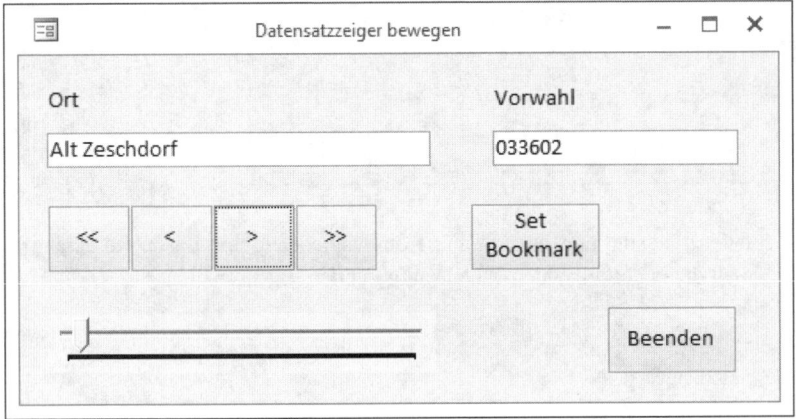

Bemerkungen

- Es besteht die Möglichkeit, den Satzzeiger auf den Modus "prozentual" zu setzen, verwenden Sie dazu die Eigenschaft *PercentPosition*.

- Die in den Beispieldaten mitgelieferte Tabelle *Städte und Telefonvorwahl* wurde gekürzt, um das Datenvolumen zu begrenzen.

7.5.4 In Recordsets suchen

Database- und *Table*-Objekt; *Recordset*-Objekt: *Seek-*, *OpenRecordset-*, *FindFirst-* Methode, *NoMatch*-Eigenschaft; *Kombinationsfeld-*, *Listenfeld*-Steuerelement;

Geht es um das Suchen in Tabellen, können Sie sich in Access zwischen zwei Varianten entscheiden: Die schnelle, aber etwas eingeschränkte Suche mit dem *Table*-Objekt oder die komfortable, aber langsame Suche mittels *Dynaset*. Wir wollen im Folgenden beide Lösungen gegenüberstellen.

Variante 1 (Recordset als Table-Objekt öffnen)

Den Grundaufbau der Oberfläche mit einem *Kombinationsfeld*, einem *Listenfeld* und einem *Textfeld* können Sie der folgenden Laufzeitabbildung entnehmen:

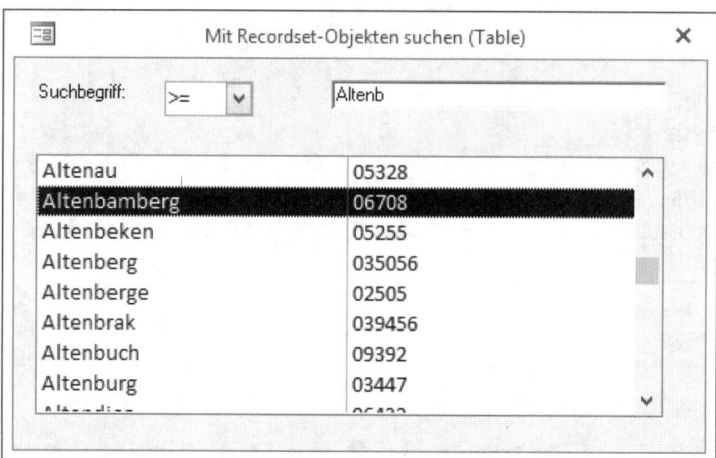

Kombinationsfeld und Textfeld sind ungebunden. Für Kombinationsfeld und Listenfeld verändern Sie im Eigenschaftenblatt die in der folgenden Tabelle aufgeführten Eigenschaften:

Steuerelement	Eigenschaft	Wert
Kombinationsfeld1	Herkunftstyp	Wertliste
	Datensatzherkunft	"=";">=";">";"<";"<="
	Spaltenanzahl	1
Liste1	Herkunftstyp	Tabelle/Abfrage
	Datensatzherkunft	Städte und Telefonvorwahl
	Spaltenanzahl	2
	Gebundene Spalte	1

Programmierung Variante 1

Die Suche mittels *Table*-Objekt beschränkt sich auf die Vergleichsoperatoren (>, <, >= etc.). Eine Suche mit Platzhaltern (LIKE) ist nicht möglich. Weiterhin wird vorausgesetzt, dass für alle Felder, in denen gesucht wird, ein Index vorhanden ist.

Beim Laden des Formulars legen wir eine *Recordset*-Variable an und wählen den gewünschten Index:

```
Private db As Database
Private rs As Recordset

Private Sub Form_Load()
    Set rs = CurrentDb.OpenRecordset("Städte und Telefonvorwahl", dbOpenTable)
    rs.Index = "Ort"
```

7.5 Praxisbeispiele

```
    Kombinationsfeld1.Value = "="
End Sub
```

Jede Änderung im Textfeld bzw. Kombinationsfeld hat zur Folge, dass ein entsprechender Datensatz in der Tabelle gesucht wird. Ist eine Übereinstimmung aufgetreten (*If Not rs.NoMatch*), wird er im Listenfeld markiert.

```
Private Sub Text1_Change()
    rs.Seek Kombinationsfeld1.Value, Text1.Text
    If Not rs.NoMatch Then Liste1.Value = rs.Fields("Ort")
End Sub

Private Sub Kombinationsfeld1_Click()
    Text1.SetFocus
    Text1_Change
End Sub
```

HINWEIS: Ist die Tabelle sehr groß, sollten Sie nicht bei jedem Tastendruck mit der Suche beginnen, sondern warten, bis die ⏎-Taste gedrückt wird (*KeyPress*-Event auswerten).

Variante 2 (Recordset als Dynaset öffnen)

Bei der Oberfläche brauchen Sie keine allzu großen Veränderungen vorzunehmen, löschen Sie einfach nur das Kombinationsfeld.

Programmierung Variante 2

```
Private db As Database
Private rs As Recordset
```

Die Änderungen im Listing beginnen beim *Form_Load*-Ereignis. Wir öffnen in diesem Fall das Recordset als *Dynaset*, dessen Sortierfolge mittels ORDER BY-Klausel angegeben wird:

```
Private Sub Form_Load()
    Set rs = CurrentDb.OpenRecordset("SELECT Ort FROM [Städte und Telefonvorwahl] ORDER BY Ort", _
                    dbOpenDynaset)
End Sub
```

Bei jedem Tastendruck wird reagiert:

```
Private Sub Text1_Change()
    rs.FindFirst "Ort LIKE '" & Text1.Text & "*'"
    If Not rs.NoMatch Then Liste1.Value = rs.Fields("Ort")
End Sub
```

Test

Beide Varianten erlauben eine komfortable Suche. Allerdings bietet Variante 2 wesentlich mehr Möglichkeiten, denn alle Varianten, die in Kapitel 15 (SQL) vorgestellt werden, können Sie hier ausprobieren.

7.5.5 Eine Datenbank analysieren

TreeView-ActiveX-Steuerelement; *Fields-, TableDefs-, QueryDefs-, Documents-, Containers-*Auflistung; *Document*-Objekt; *Select Case*-Anweisung;

Im Wesentlichen genügen für die Analyse unbekannter Access-Datenbanken die folgenden Objekte bzw. Auflistungen (Collections):

- *TableDefs*-Auflistung
- *QueryDefs*-Auflistung
- *Documents*-Auflistung

Während die ersten beiden für spezielle Datenbank-Objekte (Tabellen, Abfragen) zuständig sind, können Sie über die *Documents*-Auflistung die Verwaltungsstruktur der gesamten Datenbank untersuchen (Besitzer von Objekten, Formularen, Modulen etc.).

Oberfläche

Wie die folgende Laufzeitabbildung zeigt, brauchen Sie im Wesentlichen nur ein *Microsoft TreeView Control*, welches Sie durch Klick auf das Symbol *ActiveX-Steuerelemente* erreichen.

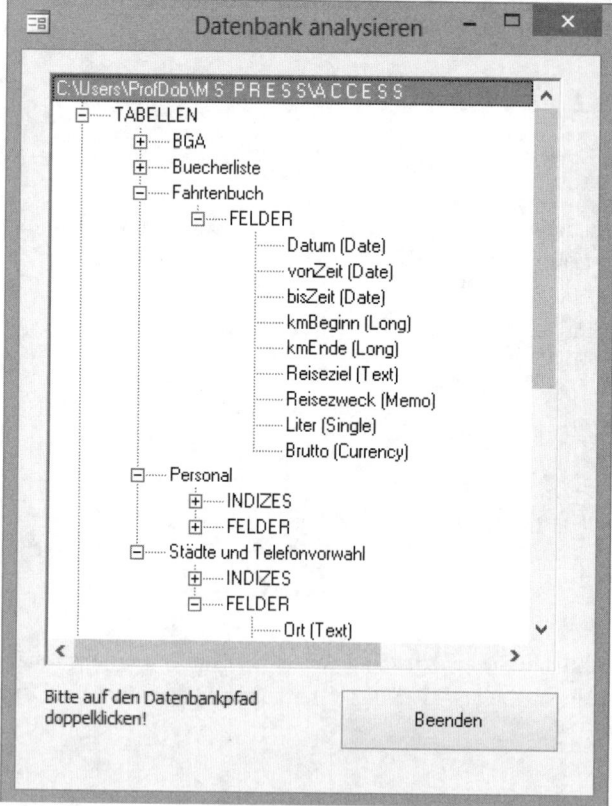

Quelltext 1 (Tabellendefinitionen)

Der komplette Code wird in das *Load*-Ereignis des Formulars eingebaut:

```
Private Sub Form_Load()
Dim db As Database
Dim nodX As Node
Dim A As Long, B As Long, C As Long, D As Long
Dim zw As String, i As Long, i1 As Integer, s As String
Dim conTest As Container, docTest As Document
  TreeView1.Nodes.Clear
```

In unserem Beispiel analysieren wir die aktuelle Datenbank, man kann durch Ersetzen der folgenden Anweisung natürlich auch eine externe Datenbank analysieren (siehe Bemerkungen).

```
Set db = CurrentDb
```

Die nachfolgende Sequenz erzeugt die Baumstruktur:

```
  Set nodX = TreeView1.Nodes.Add(, , , db.Name)         ' Root festlegen
  Set nodX = TreeView1.Nodes.Add(1, tvwChild, , "TABELLEN")
  A = nodX.Index

  For i = 0 To db.TableDefs.Count - 1                   ' Schleife für alle vorhandenen Tabellen
    zw = db.TableDefs(i).Name                           ' Tabellenname bestimmen
    If (db.TableDefs(i).Attributes And &H80000002) = 0 Then ' Systemtabellen herausgefiltern
      Set nodX = TreeView1.Nodes.Add(A, tvwChild, , zw)
      B = nodX.Index

      If db.TableDefs(zw).Indexes.Count > 0 Then        ' Indizes
        Set nodX = TreeView1.Nodes.Add(B, tvwChild, , "INDIZES")
        C = nodX.Index
        For i1 = 0 To db.TableDefs(zw).Indexes.Count - 1
          If db.TableDefs(zw).Indexes(i1).Name = "PrimaryKey" Then
            Set nodX = TreeView1.Nodes.Add(C, tvwChild, , _
              db.TableDefs(zw).Indexes(i1).Name & " (" & _
              db.TableDefs(zw).Indexes(i1).Fields & ")")
          Else
            Set nodX = TreeView1.Nodes.Add(C, tvwChild, , _
              db.TableDefs(zw).Indexes(i1).Name & " (" & _
              db.TableDefs(zw).Indexes(i1).Fields & ")")
          End If
        Next i1
      End If

      If db.TableDefs(zw).Fields.Count > 0 Then         ' Tabellenfelder anzeigen
        Set nodX = TreeView1.Nodes.Add(B, tvwChild, , "FELDER")
        C = nodX.Index
        For i1 = 0 To db.TableDefs(zw).Fields.Count - 1
          s = Choose(db.TableDefs(zw).Fields(i1).Type, "Boolean", _
                     "Byte", "Integer", "Long", "Currency", "Single", _
```

```
                        "Double", "Date", "", "Text", "Binär", "Memo", "", "", "")
            Set nodX = TreeView1.Nodes.Add(C, tvwChild, ,db.TableDefs(zw).Fields(i1).Name & _
                        " (" & s & ")")
        Next i1
    End If
  End If
Next i
```

Wie schon erwähnt, könnten wir über die Eigenschaft *Attributes* auch zwischen lokalen und eingebundenen Tabellen unterscheiden. Weiterhin lassen sich auf diesem Weg die Systemtabellen ein- bzw. ausblenden.

Quelltext 2 (Abfragen)

```
  Set nodX = TreeView1.Nodes.Add(1, tvwChild, , "ABFRAGEN")
  A = nodX.Index
  For i = 0 To db.QueryDefs.Count - 1
    ' Queryname bestimmen:
    zw = db.QueryDefs(i).Name
    Set nodX = TreeView1.Nodes.Add(A, tvwChild, , zw)
  Next i
```

Für Informationen über die Verwaltung der Datenbank bietet sich die *Containers*-Auflistung an:

```
  Set nodX = TreeView1.Nodes.Add(1, tvwChild, , "CONTAINER")
  A = nodX.Index

  For i = 0 To db.Containers.Count - 1
    Set conTest = db.Containers(i)
    zw = conTest.Name
    Set nodX = TreeView1.Nodes.Add(A, tvwChild, , zw)
    B = nodX.Index
    For i1 = 0 To conTest.Documents.Count - 1
        Set nodX = TreeView1.Nodes.Add(B, tvwChild, , conTest.Documents(i1).Name)
        C = nodX.Index
        Set nodX = TreeView1.Nodes.Add(C, tvwChild, , conTest.Documents(i1).Owner)
        Set nodX = TreeView1.Nodes.Add(C, tvwChild, , CStr(conTest.Documents(i1).DateCreated))
    Next i1
  Next i
End Sub
```

Test

Nach dem Programmstart klicken Sie zunächst doppelt auf die Pfadangabe, die oben im *TreeView*-Steuerelement erscheint. Anschließend können Sie sich durch die angezeigte Baumstruktur bewegen und den Aufbau der Datenbank erkunden (siehe obige Laufzeitabbildung).

Bemerkungen

- Soll eine externe Datenbank ausgewählt und analysiert werden, so können Sie dazu einen Dateidialog einfügen, siehe Kapitel 13.
- Die Analyse größerer Datenbanken kann durchaus etwas Zeit in Anspruch nehmen!

7.6 Komplexbeispiel: Telefonverzeichnis

Die im Zusammenhang mit der DAO-Programmierung wichtigsten Techniken sollen in einem größeren Beispiel zusammenfassend betrachtet werden. Ausgangspunkt ist die Tabelle *Städte und Telefonvorwahl*, für die eine ansprechende Dialogmaske mit Suchmöglichkeit programmiert werden soll.

7.6.1 Eingabemaske

Die Eingabemaske ist so aufgebaut, dass sie sich mit minimalen Änderungen auch für andere Projekte verwenden lässt. Sie sollten in der Lage sein, entsprechende Anpassungen später selbstständig vorzunehmen.

Die Laufzeitansicht der Eingabemaske:

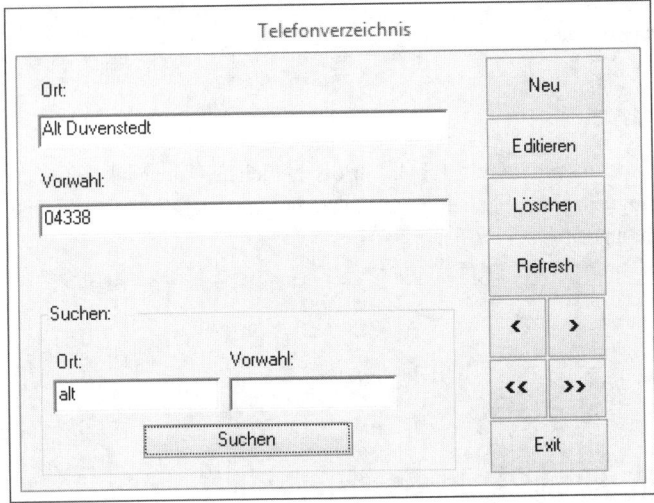

HINWEIS: Bei allen Eingabefeldern handelt es sich um ungebundene Steuerelemente, die Aufgabe der Datenbindung wird später unser Programm übernehmen.

7.6.2 Anforderungen

Bevor wir in die Untiefen der Programmierung hinabsteigen, wollen wir die Anforderungen an die Eingabemaske definieren.

Welche Funktionen (Tasten) benötigen wir?

- Formular schließen (die wichtigste Funktion, auf die sich wohl kaum verzichten lässt)
- Bewegungstasten (Vor, Zurück, Erster, Letzter)
- Neuer Datensatz
- Datensatz sichern, Bearbeitung abbrechen
- Datensatz löschen
- Datensatz suchen (optional)
- Datensatz drucken (optional)

Welche internen Funktionen müssen realisiert werden?

- Auswahl der betreffenden Datensätze (eine SELECT-Klausel)
- Ein-/Auslesen von Datensätzen (ohne Bound Control müssen wir diese Aufgabe selbst übernehmen)
- Syntax- und Wertebereichsüberprüfung (gern vernachlässigt, aber unumgänglich)
- Sicherheitsabfragen (Löschen, Sichern, Verlassen)
- Multiuser-Unterstützung
- Suchen mit Hilfe der Datenbankobjekte

7.6.3 Programmierung

Wir gehen davon aus, dass sich die zu editierende Tabelle in der aktuellen Datenbank befindet. Sollte das nicht der Fall sein, genügt es, wenn Sie bei der Initialisierung des *Database*-Objekts die Funktion *OpenDatabase* aufrufen (anstatt *CurrentDB*).

Variablen (Modulebene)

```
Option Explicit

Private db As Database
Private tb As Recordset
Private timeOut As Long
Private cTimeOut As Long
```

Über die Variable *cTimeOut* bestimmen Sie, wann ein Anwender daran erinnert werden soll, einen geöffneten Datensatz wieder zu schließen. Da wir mit Pessimistic-Locking arbeiten, sollte die Zeit zwischen Öffnen und Schließen des Datensatzes möglichst kurz sein, andere Benutzer haben in dieser Zeit keine Möglichkeit, den Datensatz zu editieren.

Startaktivitäten

Mit dem Laden des Fensters sperren wir zuerst alle Textfelder für die Bearbeitung. Auf diese Weise ist der Anwender gezwungen, die *Editieren*-Schaltfläche anzuklicken, wenn er Änderungen an den Daten durchführen möchte.

```
Private Sub Form_Load()
Dim i As Integer, c As Control
    Me.TimerInterval = 0
    timeOut = 0
    cTimeOut = 3                  ' nach 3 Sekunden TimeOut !!!
    Set db = CurrentDb()
    Set tb = db.OpenRecordset("Städte und Telefonvorwahl", DB_OPEN_TABLE)
    For i = 0 To Me.Controls.Count - 1
        Set c = Me.Controls(i)
        If TypeOf c Is TextBox Then
            c.Locked = True        ' schreibgeschützt
            c.Value = ""
        End If
        If TypeOf c Is CheckBox Then c.Enabled = False
    Next
    Call anzeigen
End Sub
```

Allgemeine Prozeduren/Funktionen

Die Prozedur *anzeigen* ist dafür verantwortlich, den aktuellen Datensatz in die Maske einzulesen. Ist kein aktueller Datensatz vorhanden, sind die Feldinhalte der Maske zu löschen.

```
Sub anzeigen()
    feld0.Value = auslesen("Ort")
    feld1.Value = auslesen("Vorwahl")
End Sub
```

Das Aussehen der obigen Prozedur ist von Feldanzahl und Datentyp abhängig. Schreibgeschützte Felder (Counter) können Sie in Bezeichnungsfeldern anzeigen, Typumwandlungen werden automatisch vorgenommen. Die Funktion *auslesen* übernimmt die undankbare Aufgabe, Fehler, die im Zusammenhang mit dem Auftreten von NULL-Values ausgelöst werden, zu umgehen. Von zentraler Bedeutung ist in diesem Zusammenhang die Verwendung einer *Variant*-Variablen:

```
Function auslesen(feldname As String) As Variant
On Error GoTo fehler3
Dim v As Variant
    v = tb.Fields("[" & feldname & "]")
    If (VarType(v) = vbNull) Or (VarType(v) = vbEmpty) Then auslesen = "": Exit Function
    If (VarType(v) = vbCurrency) Then auslesen = Format$(v, "#0.00"): Exit Function
    If (VarType(v) = vbBoolean) Then
        If v Then auslesen = 1 Else auslesen = 0
        Exit Function
    End If
```

```
    auslesen = CStr(v)
    Exit Function
fehler3:
    If tb.Fields("[" & feldname & "]").Type = dbBoolean Then
        auslesen = 0
    Else
        auslesen = ""
    End If
    Exit Function
    Resume Next
End Function
```

Die Fehlerbehandlungsroutine wird angesprungen, wenn kein Datensatz vorhanden ist. In diesem Fall wird je nach Datentyp ein Leerstring bzw. ein *False* zurückgegeben. Damit ist die Maske gefüllt, und wir können uns dem Hinzufügen von Datensätzen zuwenden.

Neuer Datensatz

Nach dem Klick auf die Schaltfläche *Neu* läuft folgende Routine ab:

```
Private Sub Neu_Click()
On Error GoTo fehler4
Dim i%, c As Control
```

Ist die Tabelle/Abfrage nicht editierbar, weisen wir an dieser Stelle den Versuch ab (Ursache: Es handelt sich z.B. bei der Abfrage um einen Join).

```
    If Not dy.Updatable Then
        MsgBox "Datensätze können nicht bearbeitet werden!", 16, "Problem"
        Exit Sub
    End If
```

Ist das Recordset editierbar, rufen wir die folgende Methode auf:

```
    dy.AddNew
```

Nachfolgend werden alle Eingabe-Steuerelemente zurückgesetzt. Eventuell könnten Sie an dieser Stelle Erweiterungen vornehmen (z.B. Datumsfelder mit aktuellem Datum initialisieren). Der Schreibschutz wird ebenfalls aufgehoben.

```
    For i = 0 To Me.Controls.Count - 1
        Set c = Me.Controls(i)
        If TypeOf c Is TextBox Then
            c.Locked = False : c.Value = ""
        End If
        If TypeOf c Is CheckBox Then
            c.Enabled = True : c.Value = 0
        End If
        If TypeOf c Is Label Then
            If c.BorderStyle = 1 Then c.Caption = ""
        End If
    Next
```

7.6 Komplexbeispiel: Telefonverzeichnis

```
    feld0.SetFocus
    Call tastenAktivieren
    Exit Sub
fehler4:
    MsgBox Error, 16, "Problem"
    Exit Sub
    Resume Next
End Sub
```

Mit der Prozedur *tastenAktivieren* werden alle Schaltflächen gesperrt (*Enabled = False*), die für das Anfügen nicht unbedingt erforderlich sind. Freigegeben sind lediglich die Schaltflächen *Sichern* und *Abbruch*, die sich hinter den Schaltflächen *Editieren* und *Neu* befinden:

```
Sub tastenAktivieren()
    Neu.Visible = Not Neu.Visible
    Edit.Visible = Not Edit.Visible
    ende.Enabled = Not ende.Enabled
    tRefresh.Enabled = Not tRefresh.Enabled
    Löschen.Enabled = Not Löschen.Enabled
    tprevious.Enabled = Not tprevious.Enabled
    tNext.Enabled = Not tNext.Enabled
    tfirst.Enabled = Not tfirst.Enabled
    tlast.Enabled = Not tlast.Enabled
End Sub
```

Auf diese Weise vermeiden wir Fehlfunktionen durch falsche Bedienung. Es kann nur gesichert oder verworfen werden, andere Möglichkeiten bestehen nicht.

Abbrechen der Eingabe

Entschließt sich der Anwender, die Eingaben zu verwerfen, drückt er die Schaltfläche *Abbruch*:

```
Private Sub Abbruch_Click()
On Error Resume Next
Dim i As Integer, c As Control
```

Auf die Funktion des Timers gehen wir später ein.

```
    Me.TimerInterval = 0
    timeOut = 0
```

Als Erstes werden alle Steuerelemente für Eingabefelder gesperrt:

```
    For i = 0 To Me.Controls.Count - 1
        Set c = Me.Controls(i)
        If TypeOf c Is TextBox Then c.Locked = True
        If TypeOf c Is CheckBox Then c.Enabled = False
    Next
```

Mit *CancelUpdate* werden begonnene Anfüge- bzw. Editiervorgänge abgebrochen:

```
    dy.CancelUpdate
```

Danach können wir den Datensatz anzeigen, der vor der Bearbeitung aktiv war:

```
Call anzeigen
```

Zuletzt werden die Bedienungstasten freigegeben:

```
    Call tastenAktivieren
End Sub
```

Datensatz übernehmen

Soll der Datensatz übernommen werden, ist die Schaltfläche *Sichern* zu wählen:

```
Private Sub Sichern_Click()
On Error GoTo saveFehler

Dim s As String, i As Integer, c As Control

    Me.TimerInterval = 0
    timeOut = 0
```

Die Funktion *felderFüllen* übernimmt die Aufgabe, die Inhalte der Eingabe-Controls in die zugehörigen Datenbankfelder einzulesen. Tritt ein Fehler auf, wird der Fehlertext zurückgegeben:

```
    s = felderFüllen
    If s <> "" Then
        MsgBox s, 16, "Problem"
        Me.TimerInterval = 1000
        Exit Sub
    End If
```

Die eigentliche Übernahme der Daten in die Tabelle/Datenbank findet mit der folgenden Anweisung statt:

```
    dy.Update
```

Da der Satzzeiger (Lesezeichen) bisher keine definierte Position hat, setzen wir das Lesezeichen auf den zuletzt editierten Datensatz:

```
    dy.Bookmark = dy.LastModified
```

Wie schon beim Abbruch sperren wir ebenfalls die Eingabe-Controls und aktivieren die Bedienungstasten:

```
    For i = 0 To Me.Controls.Count - 1
        Set c = Me.Controls(i)
        If TypeOf c Is TextBox Then c.Locked = True
        If TypeOf c Is CheckBox Then c.Enabled = False
    Next
    feld0.SetFocus
    Call tastenAktivieren
    Call anzeigen
    Exit Sub
saveFehler:
```

7.6 Komplexbeispiel: Telefonverzeichnis

```
    MsgBox Error, 16, "Problem"
    timeOut = 0
    Me.TimerInterval = 1000
    Exit Sub
    Resume Next
End Sub
```

Editieren eines Datensatzes

Neben dem Hinzufügen sollte auch das Editieren möglich sein. An dieser Stelle können jedoch Fehler auftreten, wenn dieser Datensatz bereits durch einen anderen Bearbeiter gesperrt ist. Im vorliegenden Programm bleibt der Datensatz bzw. die Seite so lange gesperrt, bis der Editiervorgang mit *CancelUpdate* abgebrochen bzw. bis mit *Update* gesichert wird.

```
Private Sub Edit_Click()
On Error GoTo fehlerbehandlung
Dim i As Integer, c As Control
```

Sollte der Datensatz schreibgeschützt sein (Ergebnis eines Joins, schreibgeschützt, keine Zugriffsrechte) beenden wir an dieser Stelle die Prozedur:

```
    If Not dy.Updatable Then
        MsgBox "Datensätze können nicht bearbeitet werden!", 16, "Problem"
        Exit Sub
    End If
    dy.Edit
```

Sollte beim Aufruf der Methode *Edit* kein Fehler aufgetreten sein, ist jetzt der Datensatz für alle anderen Benutzer gesperrt (Lesezugriff ist möglich).

Das obligatorische Sperren der Schaltflächen bzw. Freigeben der Eingabe-Controls erfolgt mit:

```
    Call TastenAktivieren
    For i = 0 To Me.Controls.Count - 1
        Set c = Me.Controls(i)
        If TypeOf c Is TextBox Then c.Locked = False
        If TypeOf c Is CheckBox Then c.Enabled = True
    Next
    timeOut = 0 : Me.TimerInterval = 1000
    Exit Sub
```

Die Fehlerbehandlung muss beim Editieren etwas spezieller ausgelegt werden. Ist beispielsweise kein aktueller Datensatz vorhanden (leere Tabelle), legen wir einfach einen neuen an, d.h., es wird ein *AddNew* ausgeführt:

```
fehlerbehandlung:
    Select Case Err
        Case 3021                ' kein aktueller Datensatz
            dy.AddNew            ' neuer Datensatz
            Beep
            MsgBox "Kein Datensatz vorhanden, es wird ein neuer " & _
```

```
            "angelegt!", 64, "Hinweis"
        Resume Next
```

In allen anderen Fällen wird die "normale" Fehlermeldung ausgegeben. Um den Text brauchen Sie sich nicht selbst zu kümmern, *Error* enthält bereits den vollständigen Fehlertext.

```
        Case Else
            MsgBox Error, 16, "Problem"
            Exit Sub
            Resume Next
    End Select
End Sub
```

Auslesen von Tabellenfeldern

Kommen wir noch einmal kurz auf die Funktion *felderFüllen* zurück, mit der die Inhalte der Eingabe-Controls in die Datenbankfelder gelesen werden:

```
Function felderFüllen() As String
On Error GoTo fehler2:
Dim c As Control
    felderFüllen = ""
```

Das jeweils ausgelesene Control speichern wir in der Variablen *c*. Tritt ein Fehler auf (Wertebereich überschritten, ungültiger Wert etc.), können wir den Eingabe-Fokus auf dieses Steuerelement setzen und den Sicherungsvorgang abbrechen.

```
    Set c = feld0
```

In den folgenden Zeilen wird, falls erforderlich, eine Typumwandlung vorgenommen, die vom Datentyp des einzelnen Feldes abhängt.

An dieser Stelle prüfen wir nicht die Integritätsregeln, diese Aufgabe überlassen wir der Datenbank-Engine. Dies trifft auch auf NULL-Werte oder Leerstrings zu.

```
    tb.Fields("[ort]") = füllen(feld0.Value)
    Set c = feld1
    tb.Fields("[vorwahl]") = füllen(feld1.Value)
    Exit Function
fehler2:
    felderfüllen = Error
    c.SetFocus
    Exit Function
    Resume Next
End Function
```

Leere Textfelder bedürfen einer gesonderten Bearbeitung. Anstatt eines Leerstrings speichern wir einen NULL-Wert:

```
Function füllen(s As String) As Variant
    If (s = "") Then
        füllen = Null           ' statt Leerstring ein NULL-Value
    Else
```

7.6 Komplexbeispiel: Telefonverzeichnis

```
        füllen = Trim(s)       ' gleich noch die Leerzeichen entfernen
    End If
End Function
```

Um unnötige Leerzeichen zu entfernen, wird die *Trim*-Funktion verwendet (siehe Kapitel 2).

Löschen von Records

Nach dem Eingeben bzw. Editieren fehlt nur noch das Löschen:

```
Private Sub Löschen_Click()
On Error GoTo fehler5
```

Sollte der Recordset gesperrt sein, brechen wir an dieser Stelle ab:

```
    If Not dy.Updatable Then
        MsgBox "Datensätze können nicht bearbeitet werden!", 16, "Problem"
        Exit Sub
    End If
```

Der Versuch, den Datensatz zu löschen:

```
    dy.Delete
```

Das Neupositionieren des Satzzeigers:

```
    dy.MoveNext
    If dy.EOF Then dy.MovePrevious
    anzeigen
    Exit Sub

fehler5:
    MsgBox Error, 16, "Problem"
    Exit Sub
    Resume Next
End Sub
```

Die Bewegungstasten

Nun müssen wir uns noch mit dem Programmieren der Navigationsschaltflächen (Erster, Vorhergehender, Nächster, Letzter) herumschlagen:

```
Private Sub tfirst_Click()
On Error Resume Next
    dy.MoveFirst : Call anzeigen
End Sub

Private Sub tlast_Click()
On Error Resume Next
    dy.MoveLast  : Call anzeigen
End Sub
```

```
Private Sub tNext_Click()
On Error Resume Next
    dy.MoveNext : If dy.EOF Then dy.MoveLast
    Call anzeigen
End Sub
Private Sub tprevious_Click()
On Error Resume Next
    dy.MovePrevious : If dy.BOF Then dy.MoveFirst
    Call anzeigen
End Sub
```

Damit sind alle wichtigen Grundfunktionen vorhanden, der Rest vereinfacht lediglich die Bedienung des Formulars.

Unterstützung von Funktionstasten

Für das Bewegen zwischen den Eingabefeldern können wir auch die Cursortasten (⇧, ⇩) verwenden (Ausnahme: Memofeld). Zwischen den Datensätzen kann mit Bild↑ und Bild↓ gewechselt werden. Den ersten und letzten Datensatz erreichen Sie mit Pos1 und Ende.

```
Private Sub Form_KeyDown(KeyCode As Integer, Shift As Integer)
Dim c As Control
    timeOut = 0
    Select Case KeyCode
        Case 33      ' vor
            If tNext.Enabled Then tNext_Click
        Case 34      ' zurück
            If tprevious.Enabled Then tprevious_Click
        Case 36      ' erster
            If tfirst.Enabled Then tfirst_Click
        Case 35      ' letzter
            If tlast.Enabled Then tlast_Click
        Case 38      ' up
            Set c = Me.ActiveControl
            If TypeOf c Is TextBox Then If c.MultiLine Then Exit Sub
            SendKeys "+{TAB}"
            KeyCode = 0
        Case 40, 13  ' down
            Set c = Me.ActiveControl
            If TypeOf c Is TextBox Then If c.MultiLine Then Exit Sub
            SendKeys "{TAB}"
            KeyCode = 0
    End Select
End Sub
```

Der Timer

Damit der Anwender ja nicht vergisst, dass der Datensatz während der Bearbeitung gesperrt ist, zeigt das Programm dann ein Meldungsfeld an, wenn 30 Sekunden lang keine Taste gedrückt wurde:

7.6 Komplexbeispiel: Telefonverzeichnis

```
Private Sub Form_Timer()
    timeOut = timeOut + 1
    If timeOut = cTimeOut Then
        Beep
        MsgBox "Editieren Sie oder geben Sie den aktuellen Datensatz wieder frei!", _
               64, "Hinweis"
        timeOut = 0
    End If
End Sub
```

Suchen

Für das Suchen in den Feldern *Ort* und *Vorwahl* verwenden wir zwei zusätzliche Eingabefelder. Gesucht wird mit der *Seek*-Methode (es handelt sich um ein *Table*-Objekt!). Sollte das eingegebene Kriterium nicht genügen, um einen Datensatz zu finden, setzen wir den Satzzeiger auf den vorherigen Datensatz zurück.

```
Private Sub ort_Change()
Dim lesezeichen
    If Not Edit.Enabled Then Exit Sub
    vorwahl.Value = ""
    lesezeichen = tb.Bookmark
    tb.Index = "ort"
    tb.Seek ">=", ort.Text
    If tb.NoMatch Then
        tb.Bookmark = lesezeichen
    Else
        Call anzeigen
    End If
End Sub
```

Beachten Sie, dass als Parameter ">=" angegeben wurde. Nur so ist es möglich, selbst mit bruchstückhaften Eingaben einen Datensatz zu finden.

7.6.4 Test und Bemerkungen

Starten Sie das Programm und prüfen Sie alle Bedienfunktionen auf Herz und Nieren! Überprüfen Sie auch das Verhalten in einer Netzwerkumgebung.

Sie sehen also, eine Erfassungsmaske zu schreiben ist ein absolut "triviales" Problem, zumindest aus der Sicht des Anwenders! Ob Sie aber für jedes Problem gleich die Datenbankobjekte (DAO) bemühen müssen, ist fraglich. Möglicherweise schießen Sie dann "mit Kanonen auf Spatzen". Für einfache Aufgaben genügen die gebundenen Steuerelemente (Bound Controls) vollkommen. Wenn nicht, erweitern Sie einfach die Masken mit VBA-Routinen unter Verwendung von Datenbankobjekten (z.B. für eine Suchroutine).

Kapitel 8

ADO-Programmierung

Die ADO (ActiveX Data Objects) wurden bereits unter Access 2000 mit der Zielstellung eingeführt, langfristig die klassischen DAO (*Data Access Objects*) abzulösen.

> **HINWEIS:** ADO ist nicht auf RDBMS (Relationale Datenbanken) beschränkt, sondern es kann auf beliebige Daten mit einem einheitlichen Modell zugegriffen werden.

Allein in dieser Verallgemeinerung liegt schon ein gravierender Unterschied zu den DAO, die stets an ein bestimmtes Datenformat gebunden sind.

Mit Access 2007 wurden, für viele sicherlich überraschend, die ADO wieder hinter die DAO in die zweite Reihe verbannt. Mehr noch: Ob die klassische ADO-Technologie überhaupt eine Zukunft hat, bleibt angesichts des allgegenwärtigen ADO.NET fragwürdig.

Allerdings liefert ADO nach wie vor die wesentliche Grundlage für den Zugriff auf diverse Datenquellen, dies sollte Grund genug sein, den ADO trotz ihres unübersehbaren "Karriereknicks" ein eigenes Kapitel zu widmen.

8.1 Ein erster Blick auf ADO

Mit ADO können Clientanwendungen über jeden OLE-DB-Provider auf Daten eines Datenbankservers zugreifen.

Die Vorteile von ADO liegen weiterhin in:

- der einfachen Programmierung,
- dem geringen Bedarf an Arbeitsspeicher,
- der Unterstützung wichtiger Features für das Erstellen von Client/Server-, mehrschichtigen und webbasierten Anwendungen,
- der Unterstützung von Remote Data Service (RDS),
- der Möglichkeit des Anlegens ungebundener Recordsets.

Die universellen Fähigkeiten von ADO machten diese Technologie auch für Anwendungen jenseits von Datenbanksystemen (RDBMS) interessant.

8.1.1 Kleines Einführungsbeispiel

Bereits im Vorgängerkapitel haben Sie ausgiebig mit Datenzugriffsobjekten gearbeitet, allerdings unter Verwendung der klassischen DAO-Technologie. Bevor wir nun tiefer in die Geheimnisse von ADO eindringen, soll anhand eines kleinen Codebeispiels ein erster Eindruck vermittelt werden.

Referenzieren der ADO-Bibliothek

Dies sollte immer der erste Schritt sein, denn anders als bei den Vorgängerversionen ist diese Library seit Access 2007 nicht mehr standardmäßig eingebunden. Sie müssen also zunächst (im VBA-Editor) das Menü *Extras/Verweise...* öffnen und die *Microsoft ActiveX Data Objects 6.1 Library* (dahinter verbirgt sich die aktuelle *msado15.dll*) referenzieren. Alternativ könnten Sie auch die *Microsoft ActiveX Data Objects 2.8 Library* wählen. Das Referenzieren der ebenfalls angebotenen älteren Versionen *2.0 ... 2.7* wäre ebenfalls möglich, macht aber in den meisten Fällen keinen Sinn.

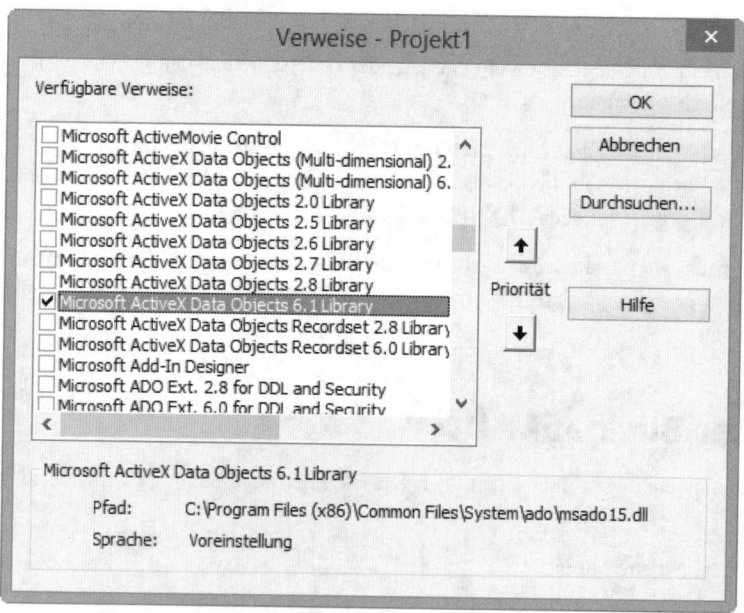

HINWEIS: Da Sie nun mit den ADO- und nicht mehr mit den DAO-Objekten arbeiten, und ein Mischen beider Versionen in der Regel nicht zu empfehlen ist, können Sie das Häkchen bei der standardmäßig eingebundenen *Microsoft Office 16.0 Access Database Engine Object Library* (bzw. *Microsoft DAO 3.6 Object Library*) entfernen.

Recordset und Verbindungszeichenfolge

Wichtigster Bestandteil eines jeden Datenzugriffsmodells ist ein *Recordset*-Objekt, welches eine bestimmte Menge von Datensätzen repräsentiert. Grundlage für das Öffnen eines Recordsets ist eine gültige *Verbindungszeichenfolge*[1] zu einer Datenquelle, diese kann sowohl der SQL Server als auch eine andere externe Datenbank sein, für welche es einen so genannten OLEDB-Provider gibt.

BEISPIEL: Die Eingabemaske für die Tabelle *Personal* einer externen Datenbank *NORDWIND.ACCDB* wird über ein ADO-*Recordset*-Objekt gefüllt.

```
Private rs As ADODB.Recordset       ' Referenzieren
Private connStr As String           ' Verbindungszeichenfolge
...
connStr = "Provider=Microsoft.ACE.OLEDB.16.0;Data Source= C:\Daten\NORDWIND.ACCDB;" & _
          "Mode=Share Deny Read|Share Deny Write;Persist Security Info=False"
Set rs = New ADODB.Recordset        ' Instanzieren

rs.Open "Personal", connStr, adOpenStatic, adLockOptimistic     ' Öffnen des Recordset-Objekts
Set Me.Recordset = rs                                            ' Navigationsschaltflächen "anklemmen"
Text0.ControlSource = "PersonalNr"
Text1.ControlSource = "Vorname"
...
```

HINWEIS: Den kompletten Code finden Sie im Praxisbeispiel "Mit ADO auf eine Access-Datenbank zugreifen" (Seite 474).

Bemerkungen

- Typisch (aber nicht Bedingung) für die Arbeit mit ADO ist die strikte Trennung von Datenbank und Benutzerschnittstelle, wie es im obigen Beispiel demonstriert wurde.
- Das universelle ADO-Konzept wird dadurch klar, dass durch einfaches Verändern der Verbindungszeichenfolge mit dem gleichen Code z.B. auch auf den SQL Server zugegriffen werden kann.
- Dem an die DAO gewohnten Programmierer wird zunächst vieles unverständlich und deutlich komplizierter vorkommen, insbesondere was die Vielzahl der Parameter innerhalb einer Verbindungszeichenfolge und beim Öffnen eines Recordset angeht.

8.1.2 Zur Geschichte von ADO

Die Version 1.0 stellte einen ODBC-OLE DB-Provider und grundlegende Client/Server-Funktionalitäten zur Verfügung. Das Objektmodell basierte auf einer Untermenge der Remote Data Objects (RDO) und zielte vor allem auf die Programmierung von Active Server Pages (ASP).

Im Zusammenhang mit dem Internet Explorer 4.0 (IE) und dem Internet Information Server 4.0 (IIS) entstand ADO 1.5 mit dem Ziel der Integration des Remote Data Service (RDS). RDS macht

---

[1] Später werden wir dazu ein *Connection*-Objekt verwenden.

es möglich, Daten von einem Server in eine Clientanwendung oder auf eine Webseite zu verschieben, die Daten auf dem Client zu ändern und die aktualisierten Daten dann im gleichen Arbeitsgang wieder auf den Server zu übertragen. ADO 1.5 wurde Teil der Microsoft Data Access Components (MDAC) und ergänzte ADO um einige weitere RDO 2.0-Features sowie abgekoppelte Recordsets, Remoting und Befehle als Methoden des Connection-Objekts.

Wahrscheinlicher Endpunkt dieser Entwicklung ist ADO 2.x, das neben den Features seiner Vorgänger unter anderem auch ungebundene, persistente und hierarchische Recordsets, Data Binding und eigene OLE DB-Provider erlaubt.

8.1.3 Hinweise zu den ADO-Bibliotheken

ADO besteht aus mehreren Objektbibliotheken, auf die wir im Folgenden kurz eingehen wollen.

ADODB-Library

Aktuell ist die ADODB-Bibliothek (*Microsoft ActiveX DataObjects 2.8 Library* bzw. *Microsoft ActiveX Data Objects 6.1 Library*), auf welche wir uns in diesem Kapitel ausschließlich beziehen wollen.

Um Verwechslungen mit gleichnamigen Bezeichnern anderer Bibliotheken, wie z.B. der *Microsoft DAO 3.6 Object Library,* auszuschließen, wird in vielen Quelltextbeispielen der Bibliotheksname *ADODB* dem Objektbezeichner vorangestellt, z.B.

```
Set rs = New ADODB.Recordset
```

Falls aber nur die *Microsoft ActiveX DataObjects 2.x Library* in Ihr Projekt eingebunden ist, kann man auch die verkürzte Schreibweise anwenden:

```
Set rs = New Recordset
```

ADOR-Library

Verwechseln Sie die *ADODB*-Bibliothek bitte nicht mit der *ADOR*-Bibliothek (*Microsoft ActiveX DataObjects Recordset 2.x Library*). Letztere ist eine "abgespeckte" und speziell für den Internet-Einsatz konzipierte "Recordset"-Version von *ADODB*, in welcher die Objekte *Command, Connection, Error(s)* und *Parameters* fehlen.

ADOX-Library

Bei ADOX (*Microsoft ADO Ext. 2.x for DDL and Security*) handelt es sich um eine Erweiterung der ADO-Bibliothek. Die wesentlichen Aufgaben von ADOX, auf welche wir erst in Kapitel 9 detailliert zu sprechen kommen, sind das Bereitstellen einer objektorientierten Schnittstelle für alle administrativen Aufgaben innerhalb einer Datenbank sowie das Bereitstellen von zusätzlichen Objekten zum Erstellen, Verändern von Tabellen, Indizes, Abfragen und Prozeduren.

RDS-Libraries

Einige der ADO-Features werden nicht von ADO, sondern von RDS (Remote Data Services) bereitgestellt. Dazu sind die RDS-Bibliothek (*Microsoft Remote Data Services Library*) und die RDSServer-Bibliothek (*Microsoft Remote Data Services Server Library*) einzubinden.

8.1.4 ADO und OLE DB

Bevor es zu Missverständnissen kommt, sollten wir zunächst die ADO-Philosophie etwas genauer unter die Lupe nehmen.

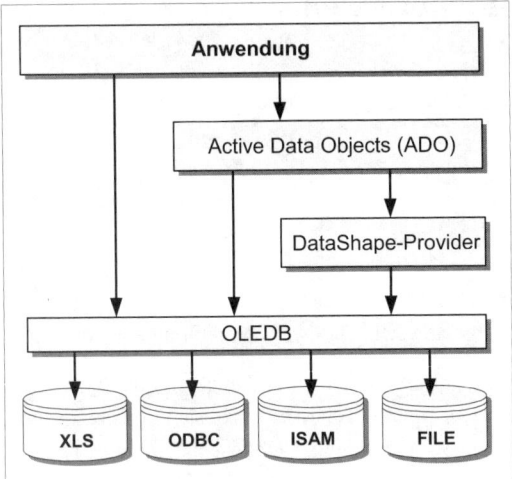

OLE DB definiert eine Reihe von Interfaces, die auf dem *Microsoft Component Object Model* (COM) basieren. Diese Interfaces kapseln die eigentliche Grundfunktionalität für den Zugriff auf unterschiedliche Datenquellen (relationale und/oder objektorientierte).

Die *Active Data Objects* (ADO) bauen auf diesem Modell auf und bieten dem Anwendungsprogrammierer eine objektorientierte Schnittstelle, die im Gegensatz zu den recht unflexiblen DAO mit relativ wenigen Objekten auskommt.

Eine Besonderheit stellt der *MSDataShape*-Provider dar, der aufbauend auf dem OLEDB-Treiber (aber unabhängig davon) die Grundfunktionalität für hierarchische Recordsets bereitstellt. Damit wird auch klar, warum sich hierarchische Recordsets nur mit clientseitigen Cursorn realisieren lassen: Die Grundfunktionalität dazu wird lediglich auf dem Clientrechner bereitgestellt, die Daten müssen zwangsläufig auf dem Client verwaltet werden.

Auf der Anwendungsebene finden sich die Microsoft-Programmiersprachen: Visual Basic, Java, VBScript, JavaScript und C/C++.

8.1.1 ADO-Objektmodell

Die für uns zunächst wichtigsten Objekttypen der ADO-Bibliothek zeigt die folgende Abbildung:

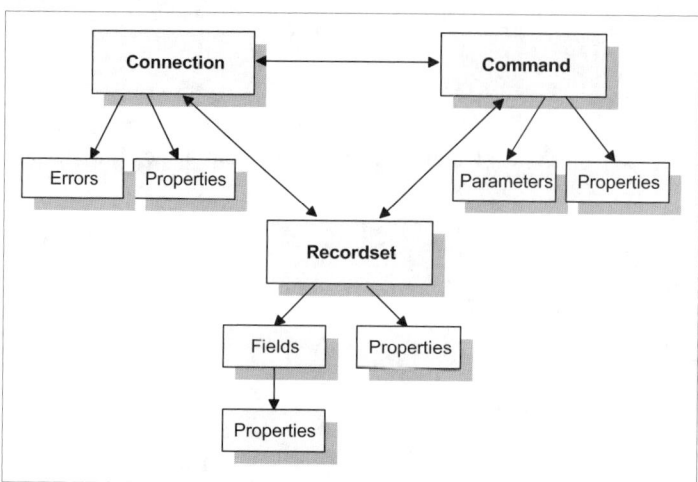

Auf der obersten Ebene der sehr flachen Hierarchie befinden sich gleichberechtigt das *Connection-*, *Command-* und *Recordset*-Objekt. Diese Objekte verfügen über untergeordnete Auflistungen.

Es folgt zunächst nur eine kurze überblicksartige Beschreibung der Objekte. Zur detaillierten Anwendung kommen wir erst im Mittelteil dieses Kapitels. Eine (fast) vollständige Zusammenfassung aller Eigenschaften, Methoden und Ereignisse finden Sie im Übersichtsteil dieses Kapitels (Seite 471).

Connection-Objekt

Über dieses Objekt stellen Sie eine Verbindung zur Datenquelle her. Mit seinen Eigenschaften legen Sie z.B. den Provider, den Cursortyp, die Standarddatenbank und das Verbindungszeitlimit (Timeout) fest. Das *Connection*-Objekt stellt auch Mechanismen zum Ausführen von Commands und zum Verwalten von Transaktionen bereit.

Command-Objekt

Dieses Objekt ist optional und muss von einem OLE DB-Provider nicht unbedingt zur Verfügung gestellt werden, denn ein Recordset können Sie auch ohne *Command*-Objekt öffnen (siehe Beispiel Seite 441).

Das *Command*-Objekt kapselt die Informationen zu einem Befehl, wie zum Beispiel eine SQL-Anweisung, Parameterdefinitionen etc. Die Art der zulässigen Kommandos ist letztlich vom Provider abhängig. Kommandos können auch vom Provider vorkompiliert werden, sodass sie schneller ablaufen, was sich vor allem bei parametrierten SQL-Abfragen und mehrfach benutzten Kommandos lohnt.

Recordset-Objekt

Ein *Recordset*-Objekt repräsentiert eine bestimmte Menge von Datensätzen (Zeilen) und Feldern (Spalten), wie sie im Allgemeinen aus einer Datenbankabfrage resultieren (einschließlich eines Cursors für diese Zeilen), und erlaubt deren Bearbeitung. Das *Recordset*-Objekt stellt auch Methoden und Eigenschaften bereit, mit denen Sie den Cursortyp festlegen und sich durch die Datenmenge bewegen können.

Allerdings können Sie keine Felder hinzufügen oder entfernen, da die Struktur eines durch eine Abfrage ermittelten Datensatzes feststehend ist und nicht verändert werden kann.

Etwas anders verhält es sich bei den *ungebundenen Recordsets*, die nicht aus einer Abfrage resultieren. Deren Struktur können Sie über die *Fields*-Collection des Recordset festlegen, siehe dazu das Beispiel "Ungebundene ADO-Recordsets erzeugen" im Praxisteil von Kapitel 14 (XML).

Properties-Auflistung

Jedes der ADO-Hauptobjekte beinhaltet *Properties*, eine Collection von *Property*-Objekten. Ein *Property*-Objekt versetzt ADO in die Lage, sich dynamisch an verschiedene Provider anzupassen. Dies ist umso wichtiger, weil bei weitem nicht alle Provider über dieselbe Funktionalität verfügen und man vermeiden möchte, dass das ADO-Objektmodell mit Eigenschaften überfrachtet wird, die man nur in wenigen Fällen benötigt.

> **HINWEIS:** Verwechseln Sie die in einem *Property*-Objekt gespeicherten Eigenschaften nicht mit den "normalen" Objekteigenschaften, wie Sie sie bislang kennen und über die auch jedes ADO-Objekt verfügt. Letztere sind *integrale* Eigenschaften und nicht Bestandteil der Properties-Auflistung, in welcher nur die *dynamischen* Eigenschaften enthalten sind

Errors-Auflistung

In einem (nur einer *Connection* zugeordneten) *Error*-Objekt finden Sie erweiterte Informationen zu den bei ADO-Operationen aufgetretenen Fehlern und Fehlerbedingungen, die vom Datenprovider ausgelöst wurden. Es ist mit dem *Err*-Objekt von VBA vergleichbar. In der *Errors*-Auflistung können mehrere Fehler enthalten sein.

Fields-Auflistung

Das (nur einem *Recordset* zugeordnete) *Field*-Objekt kapselt die Informationen zu einer einzelnen Datenspalte. Dazu gehören auch der Datentyp, die Genauigkeit und die numerische Skalierung.

> **HINWEIS:** Ein *Field*-Objekt kann nicht direkt angelegt werden, sondern tritt nur als Bestandteil der *Fields*-Collection des *Recordset*-Objekts auf.

Parameters-Auflistung

So richtig interessant wird das *Command*-Objekt erst durch seine *Parameters*-Collection, die dem *Command*-Objekt übergeben wird.

Obwohl Sie ein *Parameter*-Objekt unabhängig von einem *Command*-Objekt erzeugen können, muss es vor seiner Verwendung mit einem *Command* verbunden werden.

HINWEIS: Im Unterschied zum *Parameter*-Objekt existieren *Field*-, *Error*- und *Property*-Objekte nur innerhalb ihrer (übergeordneten) Parent-Objekte, können also nicht separat erzeugt werden.

8.2 ADO-Grundoperationen

Aufgrund der sehr umfangreichen Funktionalitäten der einzelnen ADO-Objekte wollen wir im Folgenden eine knappe anwendungsorientierte Beschreibung der wichtigsten Operationen bringen (Anwendungsbeispiele finden Sie wie immer im Praxisteil am Ende dieses Kapitels).

8.2.1 Beziehungen zwischen den Objekten

Die folgende Abbildung zeigt die wichtigsten Eigenschaften und Methoden, über welche die drei Hauptobjekte *Connection*, *Command* und *Recordset* des ADO-Modells miteinander kooperieren.

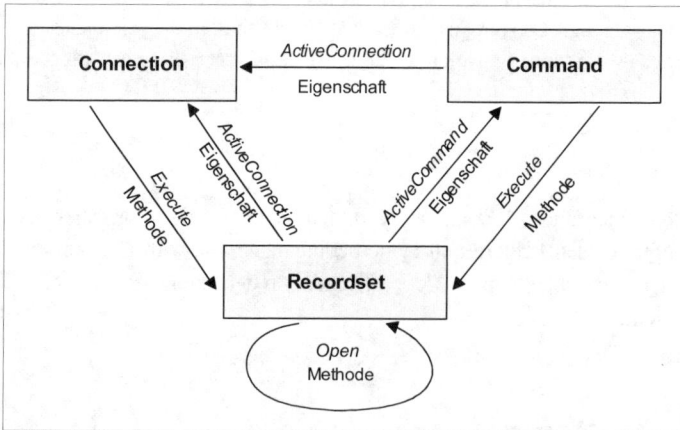

Sie erkennen auch die drei Möglichkeiten zum Zuweisen eines *Recordset*-Objekts (*Execute*-Methode des *Connection*- bzw. *Command*-Objekts, *Open*-Methode des *Recordset*-Objekts), auf die wir an späterer Stelle noch detailliert eingehen werden (siehe Abschnitt "Recordsets mit Daten füllen", Seite 451).

HINWEIS: Eine Zusammenstellung aller Eigenschaften, Methoden und Ereignisse der wichtigsten ADO-Objekte finden Sie im Übersichtsteil dieses Kapitels (Seite 471).

8.2.2 Die Verbindung zur Datenquelle

Bevor Sie überhaupt per ADO auf Daten zugreifen können, muss eine Verbindung zur Datenquelle geöffnet werden.

Open-Methode und ConnectionString-Eigenschaft

Die Datenbankverbindung kann durch Aufruf der *Open*-Methode des *Connection*-Objekts hergestellt werden.

Die Syntax:

```
Connection.Open [ConnectionString], [UserID], [Password], [Options]
```

BEISPIEL: Herstellen einer Verbindung zu einer Access-Datenbank, die sich im Anwendungsverzeichnis befindet:

```
Dim conn As New Connection
Dim pfad As String
pfad = CurrentProject.Path & "\Personen.accdb"
conn.Open "Provider = Microsoft.ACE.OLEDB.16.0;Data Source =" & pfad
```

Die Angaben über den Provider können Sie aber auch vorher als Einzeleigenschaft zuweisen und der *Open*-Methode nur die Datenquelle als Argument übergeben.

BEISPIEL: Es wird das gleiche Problem wie im Vorgängerbeispiel gelöst:

```
Dim conn As New Connection
pfad = CurrentProject.Path & "\Personen.accdb"
conn.Provider = "Microsoft.ACE.OLEDB.16.0"
conn.Open pfad
```

Auch ein "nackter" Aufruf der *Open*-Methode (also ohne Argumente) ist möglich, wenn vorher die *ConnectionString*-Eigenschaft zugewiesen wurde. Obwohl sich ein *ConnectionString* aus zahlreichen, durch Semikolon (;) getrennten Einzelangaben zusammensetzt, genügt es im einfachsten Fall, wenn nur Provider und Datenquelle angegeben werden.

BEISPIEL: Noch eine Lösung für das gleiche Problem:

```
Dim conn As New Connection
Dim pfad As String
pfad = CurrentProject.Path & "\Personen.accdb"
conn.ConnectionString = "Provider = Microsoft.ACE.OLEDB.16.0;Data Source = " & pfad
conn.Open
```

Weitere Argumente der Open-Methode

Gemäß obiger Syntax-Definition können der *Open*-Methode des *Connection*-Objekts neben *ConnectionString* als weitere optionale Argumente *UserID* und *Password* übermittelt werden.

> **HINWEIS:** Wenn Sie Benutzernamen und Kennwort sowohl in *ConnectionString*- als auch in den optionalen *UserId*- und *Password*-Argumenten übergeben, werden damit die in *ConnectionString* festgelegten Werte überschrieben.

CursorLocation-Eigenschaft

Der Ort, an dem die durch eine Datenbankabfrage gelieferten Datensätze verwaltet werden, wird durch die *CursorLocation*-Eigenschaft bestimmt.

Folgende Einstellungen kommen dafür in Frage:

- *adUseClient*
  Die Cursorverwaltung findet auf dem Client statt.

- *adUseServer*
  Die Cursorverwaltung findet auf dem Server statt.

Connection-Objekte werden standardmäßig mit einem serverseitigen Cursor erzeugt. Um damit zusammenhängende Probleme zu vermeiden (siehe Bemerkungen), wird vor dem Öffnen der Verbindung das Zuweisen eines clientseitigen Cursor empfohlen.

BEISPIEL: Eine Verbindung unter Benutzen eines clientseitigen Cursors wird geöffnet.

```
Set conn = New Connection
conn.CursorLocation = adUseClient
conn.Open "Provider = Microsoft.ACE.OLEDB.16.0;Data Source = C:\Test.accdb"
```

Bemerkungen

- Für einen Zugriff auf *.accdb*-Datenbanken ist sowohl ein clientseitiger als auch ein serverseitiger Cursor möglich. Letzterer ist zwar schneller, funktioniert aber nach den Erfahrungen der Autoren nicht immer einwandfrei, wenn mehrere Datensätze gleichzeitig angezeigt werden sollen.

- Für den Zugriff auf den SQL-Server ist der clientseitige Cursor deutlich schneller, weil die Netzbelastung erheblich niedriger ist.

Verbindung mit SQL-Server

Für die Verbindungsaufnahme mit einem SQL-Server (bzw. seiner Desktop-Version) sind die für den *ConnectionString* erforderlichen Parameter etwas zahlreicher und abhängig von den Sicherheitseinstellungen.

BEISPIEL: Herstellen einer Verbindung zur SQL-Server-Standarddatenbank *Verleger*, die sich auf dem Rechner *Server* befindet, unter Verwendung des in Windows integrierten Sicherheitsmechanismus.

```
Dim conn As New Connection
 conn.ConnectionString = "Provider=SQLOLEDB.1; Integrated Security=SSPI; " & _
                 "Persist Security Info=False; Initial Catalog=Verleger; Data Source=Server"
conn.Open
```

8.2 ADO-Grundoperationen

HINWEIS: Mehr zum Thema "SQL Server" finden Sie im Kapitel 10.

Asynchroner Verbindungsaufbau

Übergibt man der *Open*-Methode als *Options*-Argument die Konstante *adAsyncConnect*, so wird eine asynchrone Verbindungsaufnahme durchgeführt. Das bedeutet, dass die Programmabarbeitung fortgesetzt wird, ohne auf den Verbindungsaufbau zu warten.

Sobald die Verbindung verfügbar ist, erhält die *State*-Eigenschaft den Wert *adStateOpen*. Außerdem wird ein *ConnectComplete*-Ereignis ausgelöst, falls man das *Connection*-Objekt mit dem Schlüsselwort *WithEvents* deklariert hat.

BEISPIEL: Asynchrone Verbindungsaufnahme mit der Referenz-Datenbank *Verleger* des SQL Servers:

```
Dim WithEvents conn As Connection
conn.ConnectionString = "Provider=SQLOLEDB.1; Integrated Security=SSPI; " & _
            "Persist Security Info=False; Initial Catalog=Verleger; Data Source=Server"
```

Jetzt kann die Verbindung im asynchronen Modus geöffnet werden:

```
conn.Open Options:=adAsyncConnect
```

Das *ConnectComplete*-Event wird nicht nur im Erfolgsfall ausgelöst, sondern auch dann, wenn ein Fehler aufgetreten ist:

```
Private Sub conn_ConnectComplete(ByVal pError As Error, adStatus As EventStatusEnum, _
                  ByVal pConnection As Connection)
  If adStatus = adStatusErrorsOccurred Then
    MsgBox pError.Description, 16, "Verbindungsfehler"
  ElseIf adStatus = adStatusOK Then
    MsgBox "Verbindung hergestellt", 64, "Information"
  End If
End Sub
```

Ein Test der Verbindung wäre z.B. wie folgt möglich:

```
If conn.State = adStateOpen Then
  MsgBox "Die Verbindung ist geöffnet!", 64, "Info"
Else
  MsgBox "Die Verbindung ist ungültig!", 16, "Info"
End If
```

Transaktionsmethoden

Transaktionen sind überaus wichtig, wenn mehrere Änderungen an der Datenbank nach dem Prinzip "Alles oder nichts" durchgeführt werden sollen. Wollen Sie beispielsweise Geld per Homebanking von Konto A nach Konto B überweisen, muss der Betrag zunächst von Konto A abgezogen und dann zu Konto B hinzuaddiert werden. Falls zwischen beiden Operationen ein Computer abstürzt, wäre das Chaos vorprogrammiert. Der Überweisungsvorgang muss deshalb innerhalb einer geöffneten Transaktion durchgeführt werden.

Zur Unterstützung von Transaktionen verfügt das *Connection*-Objekt über die Methoden *BeginTrans*, *CommitTrans* und *RollbackTrans*.

BEISPIEL: Ein *Connection*-Objekt *conn* ist mit der Referenzdatenbank *Verleger* des MS SQL-Servers verbunden. Im Rahmen einer Transaktion werden die Preise aller Buchtitel um 5 € erhöht, wobei die Operationen zunächst an einem ADO-Recordset *rsTitel* vorgenommen werden.

```
conn.BeginTrans
Do Until rsTitel.EOF
    rsTitel!Preis = rs!Preis + 5
    rsTitel.Update
    rsTitel.MoveNext
Loop
If MsgBox("Änderungen übernehmen?", vbYesNo) = vbYes Then
    conn.CommitTrans
Else
    conn.RollbackTrans
End If
```

Da nicht alle Provider Transaktionen unterstützen, müssen Sie selbst sicherstellen, dass die *Transaction DDL*-Eigenschaft in der *Properties*-Auflistung des *Connection*-Objekts enthalten ist. Falls nicht, wird beim Aufrufen von Transaktionsmethoden ein Fehler erzeugt.

BEISPIEL: Eine Möglichkeit, um die Transaktionsfähigkeit einer Verbindung festzustellen:

```
Dim p As Property
For Each p In conn.Properties
If p.Name = "Transaction DDL" Then Command1.Enabled = True
Next
```

HINWEIS: Transaktionen können nur bei Verwendung eines serverseitigen Cursors (*CursorLocation = adUseServer*) durchgeführt werden.

Weitere Eigenschaften einer Verbindung

Für das *Connection*-Objekt sollte man sich noch die folgenden Eigenschaften vormerken:

- *ConnectionTimeout*
  ... gibt die Zeitdauer an, die auf den Verbindungsaufbau gewartet wird (Default = 15 Sek.)

- *Mode*
  ... gibt die Datenbankoperationen an und regelt den Zugriff (Access-Default = *adModeShareDenyNone*). Wenn Sie diese Eigenschaft unverändert belassen, können also auch andere Benutzer die Datenbank mit Lese- und Schreibrechten öffnen. Wichtig sind weiterhin die Werte *adModeRead* (Read- only-Zugriff) und *adModeShareExclusive* (jeder Zugriff ist untersagt).

- *IsolationLevel*
  ... definiert den Grad der gegenseitigen Beeinflussung bei gleichzeitigen Transaktionen durch mehrere Clients. Die Default-Einstellung *adXactChaos* zeigt z.B. an, dass Sie innerhalb einer Transaktion Änderungen aus anderen Transaktionen nicht überschreiben können.

Beenden einer Verbindung

Der Aufruf der *Close*-Methode löst ein *Disconnect*-Ereignis aus und beendet die Verbindung. Allerdings wird dabei das *Connection*-Objekt nicht aus dem Speicher entfernt! So können Sie es mit der Methode *Open* später erneut öffnen.

> **HINWEIS:** Die Verbindung zur Datenbank wird normalerweise auch ohne Aufruf von *Close* bei Beenden der Anwendung automatisch getrennt. Im Interesse einer sauberen Programmierung (Fehlerbehandlung!) sollte man aber *Close* in jedem Fall aufrufen.

> **BEISPIEL:** Der folgende Code sorgt für einen sauberen Programmabschluss:

```
Private Sub Form_Unload(Cancel As Integer)
  conn.Close
End Sub
```

8.2.3 Aktionsabfragen mit dem Command-Objekt

Änderungen an Gruppen von Datensätzen können schnell und bequem mit der *Execute*-Methode eines *Command*-Objekts ausgeführt werden. Dies ist ein sehr effizientes Verfahren, da lediglich eine SQL-Anweisung an den Server geschickt wird und die Übertragung der Daten über das Netzwerk zum Clientrechner nicht erforderlich ist, d.h. es werden grundsätzlich keine Recordsets zurückgegeben[1].

Vor Ausführung der *Execute*-Methode müssen wir uns für einige Eigenschaften des *Command*-Objekts interessieren.

ActiveConnection-Eigenschaft

Mit *ActiveConnection* wird dem *Command*-Objekt vor Aufruf von *Execute* ein *Connection*-Objekt zugeordnet.

> **BEISPIEL:** Unter der Voraussetzung, dass ein geöffnetes Verbindungsobjekt *conn* existiert, wird ein Bezug zwischen den Objekten *conn* und *cmd1* hergestellt:

```
Dim cmd1 As New Command
Set cmd1.ActiveConnection = conn
```

> **HINWEIS:** Da es sich bei der *ActiveConnection*-Eigenschaft um eine Objektreferenz handelt, musste die Zuweisung mit *Set* erfolgen.

CommandText- und CommandType-Eigenschaft

CommandText ist die wichtigste Eigenschaft eines *Command*-Objekts, sie enthält eine Zeichenkette mit dem auszuführenden Befehl.

---

[1] In diesem Zusammenhang spielt auch die Cursor-Problematik keine Rolle.

Die *CommandType*-Eigenschaft verweist auf den Typ des auszuführenden Befehls. Folgende Konstanten kommen dafür in Frage:

- *adCmdText*
  Die Zeichenkette enthält in der Regel ein SQL-Kommando (oder eine anderes, vom Provider unterstütztes Befehlsformat)

- *adCmdTable*
  Die Zeichenkette enthält den Namen einer Tabelle bzw. einer in der Acces-Datenbank gespeicherten Abfrage (Query)

- *adCmdStoredProc*
  Die Zeichenkette enthält den Namen einer so genannten Stored Procedure, das ist eine beim Server gespeicherte SQL-Anweisung (gilt nicht für Access-Datenbanken)

- *adCmdUnknown*
  (Default) Dieser Wert gilt automatisch immer dann, wenn Sie die *CommandType*-Eigenschaft nicht zuweisen. Zwar verhält sich ADO in diesem Fall intelligent und versucht, durch Nachfragen bei der Datenbank den passenden Befehlstyp selbst herauszufinden, jedoch ist dies mit erhöhtem Aufwand verbunden (Performance-Einbuße).

Execute-Methode

Haben Sie dem *Command*-Objekt die Eigenschaften *ActiveConnection*, *CommandText* und *CommandType* zugewiesen, so steht dem Aufruf der *Execute*-Methode nichts mehr im Wege.

Die Syntax:

```
Command.Execute [RecordsAffected], [Parameters], [Options]
```

BEISPIEL: Ausführen eines UPDATE bei geöffnetem Verbindungsobjekt:

```
Dim cmd1 As New Command
With cmd1
  Set .ActiveConnection = conn      ' conn = geöffnetes Connection-Objekt
  .CommandType = adCmdText
  .CommandText = "UPDATE personen SET gehalt = gehalt-200 WHERE Nachname = 'Tunichts'"
  .Execute
End With
```

RecordsAffected, Parameters und Options

Wie Sie obiger Syntaxdefinition entnehmen, können beim Aufruf von *Execute* zusätzlich die folgenden optionalen Argumente übergeben werden:

- *RecordsAffected*
  In dieser *Long*-Variablen gibt der Provider die Anzahl von Datensätzen zurück, auf die sich die Operation ausgewirkt hat

- *Parameters*
  In diesem Variant-Array werden Parameterwerte mit einer SQL-Anweisung übergeben

8.2 ADO-Grundoperationen

- *Options*
  Dieser *Long*-Wert gibt an, wie der Provider die *CommandText*-Eigenschaft interpretieren soll (*adCmdText* etc., siehe *CommandType*-Eigenschaft)

BEISPIEL: Die Anzahl der von einer Gehaltskürzung betroffenen Personen wird in einem Bezeichnungsfeld angezeigt:

```
Dim cmd1 As New Command, anzahl As Long

With cmd1
  Set .ActiveConnection = conn           ' conn = geöffnetes Connection-Objekt
  .CommandText = "UPDATE personen SET gehalt = gehalt-200 WHERE gehalt > 5000"
  .Execute anzahl, ,adCmdText
  Label2.Caption = Str$(anzahl)
End With
```

BEISPIEL: Der Willkür des Chefs sind diesmal nur die Mitarbeiter ausgesetzt, deren zweiter Buchstabe im Nachnamen ein "o" ist und der mit einem "i" endet.

```
Dim cmd1 As New Command
cmd1.CommandText = " UPDATE personen SET gehalt = gehalt-200 WHERE Nachname LIKE ?"
cmd1.CommandType = adCmdText
Set cmd1.ActiveConnection = conn         ' conn = geöffnetes Connection-Objekt
cmd1.Execute(Parameters:="_o%i")
```

Kommandos mutieren zu Methoden

Eine bemerkenswerte Fähigkeit des *Connection*-Objekts ist es, Kommandos quasi wie Methoden ausführen zu können (*query as method*). Vorher ist es aber erforderlich, dem *Command*-Objekt einen eindeutigen Namen zu geben.

BEISPIEL: Ein *Command*-Objekt wird zu einer Methode namens *Befehl1* eines *Connection*-Objekts.

```
With cmd1
  .Name = "Befehl1"
  Set .ActiveConnection = conn           ' Verweis auf geöffnete Verbindung
  .CommandText = "UPDATE personen SET gehalt = gehalt-200 WHERE Gehalt > 5000"
End With
conn.Befehl1                             ' Ausführen des Command-Objekts als Methode
```

8.2.4 Recordsets mit Daten füllen

Die im vorangegangenen Abschnitt beschriebenen Aktionsabfragen hatten allein die Veränderung von Daten zum Ziel, ohne dass diese Daten gelesen werden mussten. Falls Sie aber Daten anzeigen und satzweise editieren wollen, kommen Sie um einen Datentransport zwischen Client und Server (und um einen Cursor!) nicht herum. Auf dem Clientrechner stehen die Daten dann als Recordsets für eine Bearbeitung zur Verfügung.

> **HINWEIS:** Versuchen Sie möglichst viele Datenoperationen über Aktionsabfragen abzuwickeln, da dies im Allgemeinen schneller geht und die Netzbelastung niedrig hält. Recordsets hingegen sollten Sie nur in den wirklich notwendigen Fällen verwenden.

Ein *Recordset*-Objekt kann auf drei verschiedene Arten zugewiesen werden:

- Durch die *Execute*-Methode des *Connection*-Objekts
- Durch die *Execute*-Methode des *Command*-Objekts
- Durch seine eigene *Open*-Methode

Bevor ein Recordset erzeugt werden kann, muss in der Regel eine Verbindung (*Connection*-Objekt) geöffnet sein[1], wobei jedes der drei Verfahren die Verbindungsinformation auf andere Weise bezieht.

Recordset öffnen mit Connection.Execute

```
Set rs = conn.Execute(CommandText, [RecordsAffected], [Options])
```

Alle von der Ausführung erzeugten Datensätze werden in einem *Recordset*-Objekt gespeichert. Nach Abschluss dieser Operation wird ein *ExecuteComplete*-Ereignis ausgelöst.

Die Argumente:

- *CommandText*
  Zeichenkette mit der auszuführenden SQL-Anweisung (oder Tabellennamen, Stored Procedure oder ein vom Provider bestimmter Befehl).

- *RecordsAffected*
  In dieser *Long*-Variablen gibt der Provider die Anzahl von Datensätzen zurück, auf die sich die Operation ausgewirkt hat.

- *Options*
  Dieser *Long*-Wert gibt an, wie der Provider das *CommandText*-Argument interpretieren soll (*adCmdText, adCmdTable, adCmdStoredProc, adCmdUnknown*).

BEISPIEL: Das Gehalt aller Personen, die mehr als 2.000 € verdienen, wird um 100 € gekürzt. Die Anzahl dieser Personen wird in einem Meldungsfenster angezeigt.

```
Dim rs As New Recordset
Dim sql As String, anzahl As Integer
sql = "UPDATE personen SET gehalt = gehalt-100 WHERE gehalt > 2000"
Set rs = conn.Execute(sql,anzahl,adCmdText)
MsgBox Str$(anzahl)
```

---

[1] Ausnahmen sind z.B. ungebundene *Recordset*-Objekte, die nur im Arbeitsspeicher existieren.

8.2 ADO-Grundoperationen

Recordset öffnen mit Command.Execute

Die *Command.Execute*-Methode verwendet das *Connection*-Objekt, das in der *ActiveConnection*-Eigenschaft des *Command*-Objekts gesetzt ist:

```
Set rs = cmd.Execute(RecordsAffected, Parameters, Options)
```

> **HINWEIS:** Die Befehlszeichenkette ist vorher in der *CommandText*-Eigenschaft des *Command*-Objekts anzugeben, sie kann Parametersymbole (*?* oder *[par]*) enthalten, die erst bei Ausführung durch den entsprechenden Parameter im *Parameters*-Argument ersetzt werden.

BEISPIEL: Das Recordset wird mit Anrede und Nachnamen aller Personen gefüllt, die im Raum *E1* sitzen (Datenbank *Personal.accdb*).

```
Dim cmd1 As New Command
cmd1.CommandText = "SELECT personen.Anrede, Personen.Nachname FROM Personen " & _
                   "INNER JOIN Raeume ON Personen.RaumNr = Raeume.Nr WHERE Raeume.Raum = ?"
Set cmd1.ActiveConnection = conn      ' existierende Verbindung zuweisen
Dim rs As New Recordset
Set rs = cmd1.Execute(,"E1", adCmdText)
```

Recordset öffnen mit Recordset.Open

Die wohl am häufigsten benutzte *Recordset.Open*-Methode benötigt entweder eine Verbindungszeichenfolge oder einen *Connection*-Objektoperanden, oder sie verwendet das *Connection*-Objekt, das in der *ActiveConnection*-Eigenschaft gesetzt ist.

```
rs.Open [Source], [ActiveConnection], [CursorType], [LockType], [Options]
```

Bei den zahlreichen (optionalen) Argumenten sticht deren Vielgestaltigkeit ins Auge:

- *Source* kann eine Zeichenfolge (SQL-String etc.), ein *Command*-Objekt oder sogar der Dateinamen eines auf Festplatte gespeicherten Recordsets sein

- *ActiveConnection* ist entweder eine geöffnete *Connection*-Objektvariable oder eine Zeichenkette, wie sie der *ConnectionString*-Eigenschaft entspricht

- *CursorType* bezeichnet den Type des Cursors, den der Provider beim Öffnen des Recordsets verwendet (*adOpenForwardOnly*, *adOpenKeyset*, *adOpenDynamic*, *adOpenStatic*, siehe folgende Tabelle)

- *LockType* bestimmt das Sperrverhalten des Providers beim Öffnen des Recordsets (*adLockReadOnly,adLockPessimistic*, siehe übernächste Tabelle)

- *Options* gibt an, wie Provider das *Source*-Argument interpretieren soll, falls dies kein *Command*-Objekt ist (*adCmdText*, *adCmdTable* etc.).

Bei den folgenden Übersichten ist zu beachten, dass einige Argumente der *Open*-Methode alternativ auch als Eigenschaften eines *Recordset*-Objekts zugewiesen werden können.

CursorType-Werte:

Konstante	Bedeutung
adOpenForwardOnly	Vorwärts-Cursor (Default). Entspricht statischem Cursor, ein Blättern durch die Datensätze ist allerdings nur in Vorwärtsrichtung möglich.
adOpenDynamic	Dynamischer Cursor (Originalzugriff auf Datensätze). Von anderen Personen vorgenommene Hinzufügungen, Änderungen und Löschvorgänge werden angezeigt.
adOpenStatic	Statischer Cursor (statische Kopie von Datensätzen). Von anderen Benutzern vorgenommene Hinzufügungen, Änderungen oder Löschvorgänge können nicht angezeigt werden.
adOpenKeyset	Keyset-Cursor (Mittelding zwischen dynamischem und statischem Cursor). Von anderen Personen vorgenommene Datenänderungen können weiterhin angezeigt werden, hinzugefügte bzw. gelöschte Datensätze jedoch nicht.

LockType-Werte:

Konstante	Bedeutung
adLockReadOnly	Provider erlaubt nur Lesezugriff (Default)
adLockPessimistic	Provider sperrt während der Bearbeitung Datensätze vollständig
adLockOptimistic	Provider sperrt während der Bearbeitung die Datensätze nur dann, wenn *Update*-Methode aufgerufen wird
adLockBatchOptimistic	Optimistische Stapelaktualisierung im Stapelmodus (sonst Direktmodus, d.h. sofortige Aktualisierung der Datensätze)
adLockUnspecified	Keine spezifische Sperrung. Kopien erhalten den gleichen Locktype wie das Original.

HINWEIS: Falls es sich beim *Source*-Argument um eine SQL-Anweisung, eine Gespeicherte Prozedur oder eine Tabelle handelt, können Sie die Leistung durch Wahl eines passenden *Options*-Arguments optimieren.

Werte für *Options*-Argument:

Konstante	Bedeutung
adCmdText	Provider wertet *Source* als Textdefinition eines Befehls
adCmdTable	Provider liefert alle Datensätze der in *Source* benannten Tabelle über eine quasi SELECT * FROM Tabellen-Abfrage
adCmdTableDirect	Provider liefert alle Datensätze der in *Source* benannten Tabelle direkt
adCmdStoredProc	Provider wertet *Source* als gespeicherte Prozedur
adCmdUnknown	Der in *Source* verwendete Befehlstyp ist unbekannt
adCommandFile	*Source* bezeichnet den Dateinamen eines gespeicherten (persistenten) Recordsets
adAsyncExecute	Der in *Source* bezeichnete Befehl wird asynchron ausgeführt

8.2 ADO-Grundoperationen

Konstante	Bedeutung
adAsyncFetch	Nach Abruf der in der *CacheSize*-Eigenschaft festgelegten Anfangsmenge werden alle Operationen asynchron ausgeführt

Sie können die *Open*-Methode nur auf ein geschlossenes Recordset-Objekt anwenden. Wollen Sie das Recordset-Objekt ein zweites Mal (z.B. mit einer geänderten Abfrage) öffnen, muss es vorher geschlossen werden. Es existiert aber noch im Speicher. Beim erneuten Öffnen brauchen Sie deshalb nur die Argumente zuzuweisen, die Sie ändern möchten.

BEISPIEL: Das Recordset wird zunächst mit allen Datensätzen der *Personen*-Tabelle gefüllt, beim zweiten Öffnen sind nur alle *Müller* enthalten.

```
Dim rs As New Recordset
Set rs.ActiveConnection = conn
rs.CursorType = adOpenKeyset
rs.LockType = adLockOptimistic
rs.Open "Personen", , , , adCmdTable
rs.Close
rs.Open "SELECT * FROM Personen WHERE Nachname = 'Müller'" , , , , adCmdText
```

HINWEIS: Eine komplette Anwendung finden Sie im Praxisbeispiel "Ein ADO-Datenklassenmodul verwenden" (ab Seite 476).

Dem Recordset-Objekt Eigenschaften zuweisen

Wie Sie angesichts der vielen optionalen Argumente der *Open*-Methode vielleicht schon ahnen, gibt es alternativ die Möglichkeit, vor dem Öffnen des *Recordset*-Objekts die entsprechenden Werte (außer *Options*) auch als Eigenschaften zuzuweisen, sodass die *Open*-Methode quasi auch argumentefrei aufgerufen werden kann. So ist zum Beispiel das *LockType*-Argument der *Open*-Methode gleichzeitig auch eine Eigenschaft des *Recordset*-Objekts (siehe obige Tabelle).

HINWEIS: *adLockPessimistic* wird nicht unterstützt, wenn die *CursorLocation*-Eigenschaft auf *adUseClient* gesetzt ist.

BEISPIEL: Das gleiche Problem wie im Vorgängerbeispiel wird auf andere Weise gelöst.

```
Dim rs As New Recordset
rs.Source = "SELECT * FROM Personen ORDER BY Nachname"
rs.ActiveConnection = conn
rs.CursorType = adOpenKeyset
rs.LockType = adLockOptimistic
rs.Open
```

Mit welcher Methode sollte man ein Recordset öffnen?

Die Qual der Wahl, vor der der Programmierer beim Öffnen eines ADO-Recordsets steht, soll durch die folgenden Entscheidungshilfen erleichtert werden, denn jede der beschriebenen drei

Zugriffsmethoden ist so optimiert, dass sie die jeweiligen Stärken ihrer Objekte nutzt und somit ein Kompromiss zwischen Funktionalität und Leistung bietet:

- Beide *Execute*-Methoden sind vorrangig zur Ausführung von Befehlen gedacht, die keine Daten zurückgeben (z.B. Aktionsabfragen), und liefern ausschließlich *Recordset*-Objekte mit zwar schnellem, aber statischem Vorwärts-Cursor (*CursorType= adOpenForwardOnly*).

- Mit der *Command.Execute*-Methode können Sie parametrierte Befehle ausführen, mit denen Sie sehr effektiv variable Abfragen realisieren (siehe *Parameter*-Objekt).

- Mittels *Open*-Methode lässt sich der *CursorType* festlegen, der Objekt und Strategie des Datenzugriffs bestimmt. Außerdem können Sie den *LockType* einstellen. Dieser bestimmt den Grad der Isolierung von anderen Benutzern und ob der Cursor Aktualisierungen im Direktmodus (sofort) oder im Stapelmodus unterstützt.

Auch hier helfen Ihnen eigene Experimente im Praxisteil des Kapitels weiter auf dem Weg zur Erkenntnis.

8.3 Weitere Operationen mit Recordsets

Nach dem Öffnen bieten ADO-Recordsets eine Vielzahl weiterer Möglichkeiten, von denen nur die wichtigsten in diesem Abschnitt vorgestellt werden können. Bei vielen dieser Features handelt es sich um echte Neuerungen gegenüber den klassischen DAO.

HINWEIS: Bei den im Folgenden beschriebenen Eigenschaften und Methoden ist zu beachten, dass diese nicht bei jedem *Recordset*-Typ funktionieren können.

BEISPIEL: Wenn Sie die *Recordset.Open*-Methode ohne jegliche Argumente aufrufen, ohne vorher entsprechende Eigenschaften zugewiesen zu haben, gilt standardmäßig die Einstellung *CursorLocation = adUseServer* und *CursorType = adOpenForwardOnly*. Damit können Sie nur die *MoveNext*-Methode anwenden, und auch auf das Setzen der *Bookmark*-Eigenschaft müssen Sie verzichten.

8.3.1 Welche Recordset-Features werden unterstützt?

Nicht jeder Provider stellt alle Eigenschaften zur Verfügung. Im Zweifelsfall sollten Sie sich deshalb der Methode *Supports* bedienen, um das Vorhandensein bestimmter Features des *Recordset*-Objekts zu testen.

BEISPIEL: Test auf Lesezeichen-Unterstützung:

```
If rs.Supports(adBookmark) Then
  Static vBM As Variant
  vBM = rs.Bookmark
Else
  MsgBox "Keine Unterstützung von Lesezeichen"
End If
```

8.3 Weitere Operationen mit Recordsets

Über die Bedeutung der zahlreichen weiteren Konstanten der *Supports*-Methode informieren Sie sich bitte in der Online-Hilfe, aber auch die eingebaute IntelliSense der IDE liefert wertvolle Rückschlüsse (siehe folgende Abbildung).

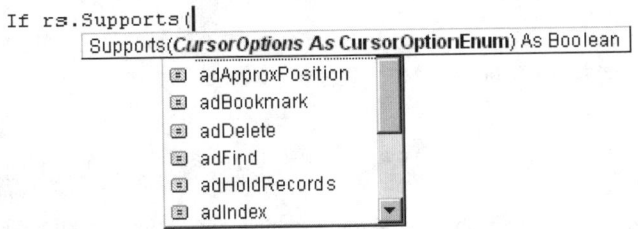

8.3.2 Editieren von Datensätzen

Im Unterschied zu den DAO gibt es bei ADO-Recordsets keinen speziellen Editiermodus. Der aktuelle Datensatz befindet sich im Kopierpuffer, und Sie können ungehemmt an seinen Feldern herumdoktern. Die Änderungen werden allerdings erst nach Ausführen der *Update*- (bzw. *UpdateBatch*)-Methode in die Datenbank geschrieben.

BEISPIEL: Ändern und Abspeichern

```
If rs!Nachname = "Mustermann" Then
  rs!Nachname = "Testperson"
  rs!Update
End If
```

BEISPIEL: Durch Wechseln zu einem anderen Datensatz kann man auf das Anwenden der *Update*-Methode verzichten, da dann eine Übernahme in die Datenbank automatisch erfolgt.

```
rs!Nachname = "Testperson"
rs!MoveNext
```

Durch Abfragen der *EditMode*-Eigenschaft kann man jederzeit feststellen, ob sich der aktuelle Datensatz in Bearbeitung befindet (siehe folgende Tabelle).

Konstante	Bedeutung
aEditNone	Im Moment findet keine Bearbeitung statt
aEditInProgress	Der aktuelle Datensatz wurde geändert, aber noch nicht gespeichert
aEditAdd	Im Kopierpuffer befindet sich ein neuer Datensatz, der aber noch nicht gespeichert ist
aEditDelete	Der aktuelle Datensatz wurde gelöscht

BEISPIEL: Nur wenn im Moment keine Bearbeitung stattfindet, kann ein neuer Datensatz hinzugefügt werden.

```
If rs.EditMode = adEditNone Then
  rs.AddNew
```

```
    rs.Fields("Nachname") = "Müller"
End If
```

8.3.3 Hinzufügen von Datensätzen

Neue Datensätze werden mit der *AddNew*-Methode des *Recordset*-Objekts erzeugt und nach ihrer Initialisierung mit der *Update*-Methode vom Kopierpuffer in die Datenbank befördert.

Die Syntax:

```
rs.AddNew [FieldList], [Values]
```

Zu den (optionalen) Argumenten:

- *FieldList*
  ... ist ein einzelner Name oder ein Array mit Namen oder Ordinalpositionen der Felder im neuen Datensatz

- *Values*
  ... ist ein Einzelwert oder ein Array mit Werten für die Felder im neuen Datensatz

Häufig arbeitet man mit dem Aufruf der argumentefreien *AddNew*-Methode.

BEISPIEL: Ein neuer Datensatz mit Herrn Mustermann wird angelegt und abgespeichert.

```
rs.AddNew
rs!Anrede = "Herr"
rs!Nachname = "Mustermann"
rs!Vorname = "Max"
rs.Update
```

Wenn Sie der *AddNew*-Methode optional *Fields*- und *Values*-Argumente übergeben, überträgt ADO den neuen Datensatz ohne viel Federlesens (also ohne Aufruf von *Update*) sofort in die Datenbank. Der Wert von *EditMode* bleibt dabei unverändert auf *adEditNone*.

HINWEIS: Wenn *Fields* ein Array ist, muss *Values* natürlich ebenfalls ein Array sein, andernfalls tritt ein Fehler auf. Beide Arrays müssen die gleiche Elementeanzahl haben, und die Reihenfolge der Feldnamen muss mit der Reihenfolge der Feldwerte übereinstimmen.

BEISPIEL: Eine andere Version des Vorgängerbeispiels:

```
rs.AddNew Array("Anrede", "Vorname", "Nachname", "RaumNr", "VorgesetzterNr"), _
          Array("Herr", "Max", "Mustermann", 10, 20)
```

8.3.4 Löschen von Datensätzen

Die *Delete*-Methode des *Recordset*-Objekts löscht den aktuellen Datensatz, falls die Default-Einstellung *LockType = adLockReadOnly* auf einen anderen Wert gesetzt wurde. Wenn sich das *Recordset*-Objekt im Modus für sofortige Aktualisierung befindet (*LockType = adLockOptimistic*,

8.3 Weitere Operationen mit Recordsets

adLockPessimistic), entfernt das Ausführen der *Delete*-Methode den aktuellen Datensatz aus der Datenbank. Andernfalls (*LockType = adLockBatchOptimistic*) werden die Datensätze zum Löschen im Zwischenspeicher markiert. Der tatsächliche Löschvorgang findet dann beim Aufrufen der *UpdateBatch*-Methode statt.

> **HINWEIS:** Verwenden Sie die *Filter*-Eigenschaft, um die gelöschten Datensätze anzuzeigen.

> **BEISPIEL:** Nur wenn im Moment keine Bearbeitung stattfindet, kann der aktuelle Datensatz gelöscht werden:
>
> ```
> If rs.EditMode = adEditNone Then
>     rs.Delete
>     rs.Update
> End If
> ```

Mittels der *Delete*-Methode lassen sich nicht nur einzelne, sondern auch ganze Gruppen von Datensätzen löschen.

Die Syntax:

```
Recordset.Delete [AffectRecords]
```

Konstante	Bedeutung
adAffectCurrent	Nur der aktuelle Datensatz wird gelöscht (Default)
adAffectGroup	Alle Datensätze, die der vorher gesetzten *Filter*-Eigenschaft genügen, werden gelöscht

> **BEISPIEL:** Alle Datensätze, die sich als Ergebnis der letzten Abfrage im Zwischenspeicher befinden, werden gelöscht:
>
> ```
> rs.Filter = adFilterFetchedRecords
> ...
> rs.Delete adAffectGroup
> ```

8.3.5 Recordsets filtern

Häufig möchte man nur bestimmte Datensätze aus einer Menge vorhandener Datensätze lesen, ohne dazu jedes Mal die Datenbank neu abfragen zu müssen. Die *Filter*-Eigenschaft des *Recordset*-Objekts erfüllt diesen Wunsch. Einem Chamäleon gleich kann sie dreierlei Gestalt annehmen:

- Zeichenfolge
  Diese besteht aus einer oder mehreren einzelnen Klauseln, die durch Operatoren (AND, OR LIKE) verknüpft sind, z.B. *"RaumNr = 'A20' OR RaumNr = 'A21'"*

- Bookmark-Array
  Die Lesezeichen müssen auf Datensätze im *Recordset*-Objekt verweisen.

- Vordefinierte Konstante (siehe folgende Tabelle)

Konstante	Bedeutung
adFilterNone	Entfernt den aktuellen Filter und füllt das Recordset wieder mit den Originaldaten
adFilterPendingRecords	Zeigt nur geänderte Datensätze, die noch nicht an den Server geschickt wurden (nur für Stapelmodus gültig)
adFilterAffectedRecords	Zeigt nur die vom letzten *Delete*, *Resync*, *UpdateBatch*- oder *CancelBatch* betroffenen Datensätze an
adFilterFetchedRecords	Zeigt nur die Datensätze im aktuellen Zwischenspeicher an (Ergebnisse der letzten Datenbankabfrage)
adFilterConflictingRecords	Zeigt Datensätze, die bei der letzten Stapelaktualisierung nicht verarbeitet werden konnten

BEISPIEL: Aus einer Personaltabelle werden alle Personen, deren Nachnamen man in ein Textfeld eingegeben hat, angezeigt. Die Anzahl der selektierten Personen erscheint in einem Bezeichnungsfeld (*Label1*). Die Eingabe von Platzhaltern (% oder _) ist aufgrund von LIKE möglich.

```
strName = Text0.Value
rs.Filter = "Nachname LIKE '" & strName & "'"
Label1.Caption = rs.RecordCount
```

Um den Filter wieder außer Kraft zu setzen, genügt die folgende Anweisung:

```
rs.filter = adFilterNone
```

Alternativ kommt für das Filtern von Datensätzen natürlich auch eine SELECT-Anweisung in Frage.

BEISPIEL: Obiges Beispiel auf andere Weise gelöst.

```
rs.Open "SELECT * FROM Personen WHERE Nachname LIKE '" & Text1.Text & "'"
Label1.Caption = rs.RecordCount
```

8.3.6 Ungebundene Recordsets

ADO-Recordsets sind nicht unbedingt an Datenbankobjekte oder SQL-Abfragen gebunden. So können Sie zur Programmlaufzeit ein neues *Recordset*-Objekt anlegen, das keinerlei Bezug zu irgendwelchen Datenbanken bzw. anderweitig gespeicherten (persistenten) Daten enthält. Damit steht Ihnen eine flexible Alternative zu den dynamischen Arrays aus benutzerdefinierten Datentypen zur Verfügung.

BEISPIEL: Ein ungebundenes ADO-Recordset-Objekt wird erzeugt:

```
Set rs = New Recordset
rs.Fields.Append "Name", adBSTR
rs.Fields.Append "Geburtsdatum", adDate
rs.Fields.Append "Telefon", adInteger
```

Jetzt kann das Recordset benutzt werden:

```
rs.Open
rs.AddNew
```

```
rs!Name = "Müller"
rs!Geburtsdatum = CDate("3.4.75")
rs!Telefon = 123456789
rs.Update
```

HINWEIS: Den kompletten Code finden Sie im Praxisbeispiel "ADO-XML-Streams nachbearbeiten" des Kapitels 14.

8.3.7 Recordsets abspeichern

Ein absolutes ADO-Novum ist die Möglichkeit, die Werte eines Recordsets direkt in einer Datei abzulegen. Dazu braucht es sich nicht unbedingt um ungebundene Recordsets zu handeln, auch jedes "normale" (d.h. an eine Datenbank gebundene) *Recordset*-Objekt kann auf diese Weise in eine separate persistente Form überführt werden.

Die Syntax:

```
rs.Save FileName, [PersistFormat]
```

Die Argumente:

- *FileName*
  ... ist der Dateipfad, wohin das Recordset gespeichert wird

- *PersistFormat*
  ... ist das Datenformat, in welchem das Recordset gespeichert wird (Default ist *adPersistADTG*)

Wie Sie sehen, wird unter ADO der Zugriff auf unterschiedliche Datentypen stark vereinheitlicht.

BEISPIEL: Ein (geöffnetes) Recordset-Objekt wird im Anwendungspfad abgespeichert.

```
fName = App.Path & "\Test.dat"
rs.Save fName, adPersistADTG
```

Zu einem späteren Zeitpunkt können Sie die Daten mittels *Open*-Methode wieder einlesen.

```
rs.Close         ' nur falls Recordset geöffnet ist
rs.Open App.Path & "\Test.dat"
```

HINWEIS: Ein bereits geöffnetes *Recordset*-Objekt müssen Sie vor dem erneuten Öffnen zunächst mittels *Close*-Methode schließen.

8.3.8 Bewegen in Recordsets

Zum Durchblättern der Datensätze werden auch unter ADO die "altehrwürdigen" Methoden *MoveFirst*, *MoveNext*, *MovePrevious* und *MoveLast* weiter verwendet. Die "Anschlagkontrolle" erfolgt durch Prüfen der *BOF*- bzw. *EOF*- Eigenschaft.

> **HINWEIS:** Vermeiden Sie das Verweilen des Datensatzzeigers auf der *EOF*- bzw. *BOF*-Position, da dies zum Fehler führt (keine gültige Datensatzposition).

BEISPIEL: Vorwärtsblättern in einem *Recordset*-Objekt *rsPerson*:

```
Public Sub nextPerson()           ' >
   rsPerson.MoveNext
   If rsPerson.EOF Then rsPerson.MoveLast
End Sub
```

Mit der *Move*-Methode existiert eine weitere Möglichkeit, den Datensatzzeiger zu bewegen, diesmal aber um mehrere Positionen.

Die Syntax:

```
Recordset.Move NumRecords, [Start]
```

Die Argumente:

- *NumRecords*
  Ein vorzeichenbehafteter *Long*-Wert, der die Verschiebung der Datensatzposition angibt

- *Start*
  ... ist ein Lesezeichen (*Bookmark*) für die Startposition. Alternativ kann eine der folgenden Konstanten eingesetzt werden:

Konstante	Move startet ...
adBookmarkCurrent	beim aktuellen Datensatz (Default)
adBookmarkFirst	beim ersten Datensatz
adBookmarkLast	beim letzten Datensatz

BEISPIEL: Der aktuelle Datensatz bewegt sich auf die drittletzte Position.

```
rs.Move -3, adBookmarkLast
```

Mit der *Bookmark*-Eigenschaft des *Recordset*-Objekts kann man sich bestimmte Positionen des Datensatzzeigers "merken", um später dorthin zurückzukehren.

8.3.9 Daten direkt einlesen

Um Datensätze direkt in einen String einzulesen, bietet sich die *GetString*-Methode an, die den Inhalt des *Recordset*-Objekts als Zeichenfolge zurückgibt.

Die Syntax:

```
str = rs.GetString(StrFormat, [NumRows], [ColDelimiter], [RowDelimiter], [NullExpr])
```

Die Argumente:

- *StrFormat*
  Der einzig mögliche Wert *adClipString* (Default) legt fest, dass Zeilen durch *RowDelimiter*,

Spalten durch *ColumnDelimiter* und NULL-Werte durch *NullExpr* voneinander getrennt werden

- *NumRows*
  Die gewünschte Anzahl von Datensätzen. Wird *NumRows* nicht festgelegt oder ist es größer als die Zeilenzahl des Recordset, werden alle Zeilen eingelesen.

- *ColDelimiter*
  Trennzeichen zwischen den Spalten (Default = TAB)

- *RowDelimiter*
  Trennzeichen zwischen den Zeilen (Wagenrücklaufzeichen bzw. *vbCrLf*)

- *NullExpr*
  Ausdruck, der anstelle eines NULL-Wertes verwendet werden soll (Default = Leerstring)

BEISPIEL: Die fünf ersten Datensätze eines *Recordset*-Objekts werden in einem Bezeichnungsfeld angezeigt. Die einzelnen Spalten sind durch Semikolon und drei Leerzeichen voneinander getrennt, jeder Datensatz beginnt mit einer neuen Zeile:

```
Label1.Caption = rs.GetString( , 5, ";   ")
```

8.3.10 Sortieren

Die *Sort*-Eigenschaft eines *Recordset*-Objekts ist eine Zeichenfolge, in welcher (durch Kommas voneinander getrennt) die Feldnamen entsprechend ihrer Sortierfolge angegeben werden. Optional kann, durch ein Leerzeichen getrennt, die Sortierrichtung festgelegt werden:

- *ASC* für aufsteigend (Default)
- *DESC* für absteigend

Die Datensätze werden dabei nicht tatsächlich neu geordnet, lediglich der Zugriff erfolgt entsprechend der festgelegten Sortierung.

HINWEIS: Falls die *CursorLocation*-Eigenschaft auf *adUseClient* festgelegt ist (bei Access-Datenbanken immer), wird zwecks Beschleunigung des Suchvorgangs für jedes in der *Sort*-Eigenschaft festgelegte Feld ein temporärer Index erstellt (falls nicht schon ein Index vorhanden ist).

BEISPIEL: Die in einem Recordset enthaltenen Datensätze einer *Personen*-Tabelle werden in alphabetischer Reihenfolge angezeigt. Personen mit gleichem Nachnamen werden nach fallendem Geburtsdatum geordnet (die jüngsten *Müller* also zuerst).

```
rs.Sort = "Nachname, Geburtsdatum DESC"
```

Durch Festlegen der *Sort*-Eigenschaft auf eine leere Zeichenfolge wird die ursprüngliche Reihenfolge der Datensätze wiederhergestellt. Alle temporär angelegten Indizes werden wieder gelöscht.

BEISPIEL: Aufheben der im obigen Beispiel festgelegten Sortierreihenfolge:

```
rs.Sort = ""
```

8.3.11 Suchen

Die *Find*-Methode des *Recordset*-Objekts sucht den nächstliegenden Datensatz, der einem vorgegebenen Kriterium entspricht. Falls die Suche erfolglos bleibt, ist der aktuelle Datensatz ungültig *(EOF = True* bzw. *BOF=True).*

Die Syntax:

```
rs.Find Criterion, [Offset], [Direction], [Bookmark]
```

Die Argumente:

- *Criterion*
  Zeichenkette mit dem Suchkriterium, z.B. *"Geburtsdatum > #30.11.1975#"*

- *Offset*
  Wo beginnt die Suchaktion? Der Default-Wert ist 0, d.h., die Suche startet beim aktuellen Datensatz. Ist der Wert z.B. 2, so wird beim übernächsten Datensatz begonnen.

- *Direction*
  In welcher Richtung (*adSearchForward, adSearchBackward*) soll gesucht werden?

- *Bookmark*
  Lesezeichen für den Datensatz, wo die Suche starten soll.

BEISPIEL: Es werden die Angaben zu allen Personen, die *Müller, Müllermann, Mühlmann* oder ähnlich heißen, im Direktfenster ausgedruckt:

```
Dim rs As New Recordset

rs.Open "SELECT * FROM Personen", conn, adOpenStatic
Do Until rs.EOF
  rs.Find "Nachname LIKE 'Mü%'"
  If Not rs.EOF Then                    ' notwendig, weil erfolglose Sucherei bei EOF endet!
    Debug.Print rs!Anrede, rs!Vorname, rs!Nachname, rs!Gehalt
    rs.MoveNext
  End If
Loop
```

8.3.12 Ereignisse auswerten

Sowohl *Connection-* als auch *Recordset*-Objekte verfügen über Ereignisse. Diese treten meist paarweise auf (vor und nach dem Auslösen einer Recordset-Operation), z.B. als *WillChangeRecord* und *RecordChangeComplete* oder *WillMove* und *MoveComplete*. Eine Zusammenstellung aller Ereignisse finden Sie im Übersichtsteil des Kapitels (Seite 471) bzw. in der Online-Dokumentation.

8.3 Weitere Operationen mit Recordsets

HINWEIS: Will man Ereignisse auswerten, so ist eine Deklaration des entsprechenden Objekts mit dem *WithEvents*- Schlüsselwort unumgänglich.

Innerhalb der Ereignisprozeduren kann eine ganze Reihe von Parametern ausgewertet werden, von denen die wichtigsten in der folgenden Tabelle zusammengestellt sind.

Parameter	Bedeutung
adReason	Liefert den Grund, weshalb das Ereignis ausgelöst wurde (z.B. *adRsnAddNew*, *adRsnUpdate*, *adRsnMoveNext*, *adRsnFirstChange* ...)
adStatus	Liefert den Status der Operation (z.B. *adStatusOK*, *adStatusCancel*, *adStatusErrorsOccured* in einer ...*Complete-* Eventprozedur)
pRecordset	Liefert eine Referenz auf das aktuelle *Recordset*-Objekt
pError	Enthält einen Verweis auf *Error*-Objekt (*adStatus = adStatusErrorsOccured*)

Stellvertretend für weitere Auslassungen über die Besonderheiten der zahlreichen Ereignisse und ihrer Mutanten sollen die folgenden zwei sinnvollen Anwendungen Licht in die Dunkelheit bringen.

BEISPIEL: Die *WillChangeRecord*-Ereignisprozedur eines *Recordset*-Objekts aus der *Personen*-Tabelle überprüft, ob bei der Gehaltseingabe die Grenze von 5.000 € überschritten wird. Wenn ja, wird die Update-Operation abgebrochen. Gleichzeitig lernen Sie eine weitere Einsatzmöglichkeit für die *EditMode*-Eigenschaft kennen.

```
Private WithEvents rs As Recordset
...
Private Sub rs_WillChangeRecord(ByVal adReason As EventReasonEnum, _
                    ByVal cRecords As Long, adStatus As EventStatusEnum, _
                    ByVal pRecordset As Recordset)

  Dim bCancel As Boolean                ' Anfangswert = False

  If rs.EditMode = adEditDelete Then Exit Sub   ' nach Löschoperation keine Überprüfung
  If adReason = adRsnUpdate Then
    If pRecordset!Gehalt > 5000 Then
      bCancel = True :  Beep
    End If
  End If
  If bCancel Then adStatus = adStatusCancel    ' Operation wird abgebrochen
End Sub
```

BEISPIEL: In der Beispieldatenbank *Personal.accdb* ist jedem Datensatz der *Personen*-Tabelle genau ein Datensatz der Tabelle *Raeume* zugeordnet (Master-Detail-Beziehung). Dazu verweist der Fremdschlüssel *RaumNr* der Tabelle *Personen* auf den Primärschlüssel *Nr* der Tabelle *Raeume*. Beim Bewegen durch das Recordset *rsRaum* soll das Recordset *rsPerson* stets aufs Neue mit den Personen gefüllt werden, die dem aktuellen Raum zugeordnet sind. Die Neubildung von *rsPerson* erfolgt durch Aufruf einer parametrierten Abfrage eines *Command*-Objekts innerhalb der *MoveComplete*-Ereignisprozedur von *rsRaum*.

```
Dim cmd As New Command
Dim rsPerson As New Recordset
Dim WithEvents rsRaum As Recordset        ' wegen MoveComplete
```

Das *Command*-Objekt speichert die parametrierte Abfrage:

```
cmd.CommandText = "SELECT * FROM Personen WHERE RaumNr = ? ORDER BY Nachname"
cmd.CommandType = adCmdText
Set cmd.ActiveConnection = conn
```

Das *Recordset*-Objekt für die Räume wird erzeugt:

```
Set rsRaum = New Recordset
rsRaum.CursorLocation = adUseClient
rsRaum.Open "SELECT * FROM Raeume ORDER BY Raum", conPers, adOpenKeyset, adLockOptimistic
```

Bewegt man den Datensatzzeiger weiter, ...

```
rsRaum.MoveNext
```

... wird das *MoveComplete*-Event von *rsRaum* ausgelöst. Innerhalb dieses Ereignisses erfolgt das Füllen von *rsPerson* mit den Datensätzen, die die parametrierte Abfrage liefert:

```
Private Sub rsRaum_MoveComplete(ByVal adReason As EventReasonEnum, _
            ByVal pError As Error, adStatus As EventStatusEnum, ByVal pRecordset As Recordset)
   Set rsPerson = cmd.Execute(Parameters:=pRecordset!Nr)
End Sub
```

8.4 Zugriff auf ADO-Auflistungen

Jedes der drei ADO-Hauptobjekte *Connection*, *Command* und *Recordset* verfügt über untergeordnete Auflistungen wie *Properties*, *Fields*, *Parameters* und *Errors* (siehe Seite 442), die die gleichnamigen ADO-Einzelobjekte *Property*, *Field*, *Parameter* und *Error* kapseln.

8.4.1 Allgemeine Features

Alle vier ADO-Auflistungen (*Properties*, *Errors*, *Fields*, *Parameters*) haben teilweise gleich lautende Eigenschaften und Methoden, wie sie typisch für alle *Collection*-Objekte sind:

8.4 Zugriff auf ADO-Auflistungen

Member	Betrifft	Erklärung
Count	Alle	Read-only-Eigenschaft, die die Anzahl der in der Auflistung enthaltenen Objekte angibt
Item	Alle	Standardmethode für den Zugriff auf die Objekte der Auflistung
Refresh	Parameters, Properties, Fields	Methode für verschiedene Aktualisierungen
Delete	Parameters, Fields	Methode, die einzelnes Objekt aus der Auflistung entfernt
Append	Parameters, Fields	Methode, die neues Objekt an Auflistung anhängt
Clear	Errors	Methode, die alle Objekte aus der Auflistung entfernt

Count-Eigenschaft

Da das Indizieren stets mit 0 beginnt, muss bei einer Schleife stets von *0* bis *Count–1* gezählt werden. Wenn Sie stattdessen die *For Each ... Next*-Anweisung verwenden brauchen Sie die *Count*-Eigenschaft nicht.

BEISPIEL: Zwei gleichwertige Möglichkeiten zum Durchlaufen der *Errors*-Collection eines *Connection*-Objekts:

```
Dim i As Integer
For i = 0 To conn.Errors.Count-1
  Debug.Print conn.Errors(i).Description
Next i
```

oder

```
Dim e As Error
For Each e in conn.Errors
  Debug.Print e.Description
Next e
```

Item-Methode

Über die *Item*-Methode ist der Zugriff auf die einzelnen Elemente einer Auflistung möglich. Dass Sie trotzdem beim Quelltextstudium nur selten darauf stoßen, hängt damit zusammen, dass es sich hierbei um die Standardmethode für alle Auflistungen handelt. Jedes Objekt kann bekanntlich nur ein einziges Standardmitglied (egal ob Methode oder Eigenschaft) haben. Standardmitglieder aber kann man einfach weglassen.

BEISPIEL: Folgende beiden Anweisungen sind identisch (siehe obiges Beispiel):

```
Debug.Print conn.Errors.Item(i).Description
Debug.Print conn.Errors(i).Description
```

8.4.2 Property und Properties

Bei einem *Property*-Objekt handelt es sich um eine dynamische Eigenschaft, die durch den Datenprovider definiert ist. Unter ADO verfügen *Connection*-, *Command*- *Recordset*- und *Fields*-Objekt über eine *Properties*-Auflistung.

Eigenschaft	Bedeutung
Attributes	Kennzeichnet ein oder mehrere Merkmale des *Property*-Objekts
Name	Name des *Property*-Objekts
Type	Datentyp des *Property*-Objekts
Value	Spezifischer, vom Datentyp abhängiger Wert des *Property*-Objekts

HINWEIS: Verwechseln Sie die in der *Properties*-Auflistung enthaltenen "dynamischen" *Property*-Objekte nicht mit den normalen "statischen" Objekteigenschaften!

BEISPIEL: Im Direktfenster sollen die Eigenschaften aller *Property*-Objekte eines geöffneten Recordset-Objekts ausgegeben werden.

```
Dim p As Property
For Each p In rs.Properties
  Debug.Print p.Name, p.Type, p.Value, p.Attributes
Next p
```

BEISPIEL: Wenn die (geöffnete) Verbindung Transaktionen unterstützt, soll eine Schaltfläche freigegeben werden:

```
Dim i As Integer
For i = 0 To conn.Properties.Count-1
  If conn.Properties(i).Name = "Transaction DDL" Then
    Command1.Enabled = True
    Exit For
  End if
Next i
```

8.4.3 Field und Fields

Ein *Field*-Objekt entspricht einer Spalte im *Recordset*-Objekt.

HINWEIS: Da *Fields* die Standardeigenschaft eines *Recordset*-Objekts ist, lässt man sie meistens weg.

BEISPIEL: Alle Spalten eines *Recordset*-Objekts werden im Direktfenster aufgelistet:

```
For i = 0 To rs.Fields.Count - 1
  Debug.Print rs.Fields(i).Name
Next i
```

BEISPIEL: Zwei gleichwertige Zuweisungen:

```
rs.Fields("Nachname") = "Mustermann"    ' ausführliche Schreibweise
rs!Nachname = "Mustermann"              ' so aber ist es kürzer
```

Mit der *Append*-Methode lassen sich zur Laufzeit neue Spalten zum Recordset hinzufügen.

8.4 Zugriff auf ADO-Auflistungen

BEISPIEL: Einige Operationen mit einem ungebundenen[1] ADO-Recordset:

Zunächst die Definition der Struktur:

```
Set rs = New Recordset
rs.Fields.Append "feld1", adChar
rs.Fields.Append "feld2", adInteger
rs.Open
```

Mit *AddNew* können Sie nun in gewohnter Weise das neue Recordset mit Werten füllen:

```
rs.AddNew
rs.Fields("feld1") = "D"
rs.Fields("feld2") = Asc("D")
```

Schneller geht es allerdings, wenn Sie die Werte gleich in *AddNew* übergeben:

```
rs.AddNew Array("feld1", "feld2"), Array("D", Asc("D"))
```

Die *Refresh*-Methode der *Fields*-Auflistung hinterlässt keine sichtbare Wirkung. Um Änderungen der Datenbankstruktur an ein *Recordset*-Objekt weiterzureichen, sollten entweder *Requery*- oder die *MoveFirst*-Methode verwendet werden (falls das *Recordset*-Objekt keine Lesezeichen unterstützt).

HINWEIS: Siehe auch Praxisbeispiel "ADO-XML-Streams nachbearbeiten" im Kapitel 14.

8.4.4 Parameter und Parameters

Ein *Parameter*-Objekt repräsentiert einen Einzelparameter. Es lässt sich mit der *CreateParameter*-Methode des *Command*-Objekts erzeugen.

```
Set Parameter = Command.CreateParameter (Name, Type, Direction, Size, Value)
```

Die Argumente:

- Über die zahlreichen Varianten des *Type*-Arguments (*adBinary*, *adChar*, *adInteger*, *adSingle*, *adDouble* etc.) informieren Sie sich bitte in der Online-Dokumentation.

- Das *Direction*-Argument gibt an, ob es sich um einen Eingabeparameter, einen Ausgabeparameter (*adParamInput*, *adParamOutput*) oder beides handelt bzw. ob es der Ausgabewert einer gespeicherten Prozedur sein soll.

- *Size* gibt die maximale Länge in Zeichen oder Byte an, *Value* ist logischerweise der Wert.

- Alle Argumente (*Name, Type, Direction, Value*) sind auch als Eigenschaften eines *Parameter*-Objekts verfügbar, hinzu kommen die Eigenschaften *Attributes, NumericScale, Precision*.

HINWEIS: Ein neu generiertes *Parameter*-Objekt lässt sich mit der *Append*-Methode an die *Parameters*-Collection anhängen.

---

[1] Ein Recordset, welches nicht mit einer Datenbank verbunden ist.

BEISPIEL: Der folgende auszugsweise Quelltext zeigt, wie man mit einem Parameter *betrag* das Gehalt aller Personen um 50 Euro kürzen kann:

```
Dim cmd As New Command
Dim par As New Parameter

cmd.CommandText = "UPDATE personen SET gehalt = gehalt-[betrag]"
Set par = cmd.CreateParameter ("betrag", adCurrency, adParamInput)
cmd.Parameters.Append par
par.Value = 50
Set rs = cmd.Execute
```

8.4.5 Error und Errors

Alle Fehler, an denen der ADO-Provider beteiligt war, werden als *Error*-Objekte der *Errors*-Auflistung des *Connection*-Objekts hinzugefügt. Einzelheiten zu den Fehlern sind den Eigenschaften des jeweiligen *Error*-Objekts zu entnehmen.

Eigenschaft	Bedeutung
Description	Fehlerbeschreibung (Zeichenkette)
HelpContext	Zugriffs-ID für Hilfetext
HelpFile	Name der Hilfedatei
NativeError	Providerspezifischer Fehlercode
Number	Fehlernummer, die das *Error*-Objekt eindeutig kennzeichnet
Source	Name der Fehlerquelle (z.B. Microsoft Cursor Engine)
SQLState	Fehlercode vom Provider (fünf Zeichen) aufgrund der Ausführung einer SQL-Anweisung

BEISPIEL: Die folgende Routine zeigt in einem Meldungsfenster nacheinander Nummer und Beschreibung aller Fehler an, die während des Programmablaufs aufgetreten sind:

```
Dim err As Error
On Error GoTo ADOError

... normaler Programmablauf ...

ADOError:
If Errors.Count > 0 Then
  For Each err In Errors
    MsgBox "Fehlernummer: " & err.Number & vbCrLf & err.Description
  Next err
End If
Resume Next
End Sub
```

HINWEIS: Alle *Error*-Objekte lassen sich mit der *Clear*-Methode aus der *Errors*-Auflistung entfernen.

8.5 Übersichten

8.5.1 Connection-Objekt

Eigenschaft	Bedeutung
Attributes	Summe von Konstanten: *adXactCommitRetaining*, *adXactAbortRetaining* (Ausführen zurückgehaltener Bestätigungen bzw. Abbrüche im Zusammenhang mit *CommitTrans* bzw. *RollbackTrans*)
CommandTimeOut	Zeitdauer, die auf Ausführung eines Befehls gewartet wird
ConnectionString	Zeichenfolge mit allen Informationen zum Einrichten einer Verbindung
ConnectionTimeout	Zeitdauer, die auf Herstellung einer Verbindung gewartet wird
CursorLocation	Konstante für Cursorposition: *adUseNone*, *adUseClient*, *adUseServer*
DefaultDatabase	Standarddatenbank (nur bei Providern mit mehreren DBs)
IsolationLevel	Isolierungsebene: *adXactUnspecified*, *adXactChaos*, *adXactBrowse*, *adXactCursorStability* etc. *adXactCursorStability* gibt z.B. an, dass in einer Transaktion Änderungen aus anderen Transaktionen nur angezeigt werden können, nachdem diese übernommen wurden.
Mode	Berechtigungen für Ändern der Verbindungsdaten: *adModeUnknown*, *adModeRead*, *adModeWrite*, *adModeReadWrite*, *adModeShareDenyRead*, *adModeShareDenyWrite*, *adModeShareExclusive*, *adModeShareDenyNone*
	Ändern nur bei geschlossener Connection!
Provider	Zeichenkette für den Namen des Providers
State	Verbindungsstatus: *adStateClosed*, *adStateOpen*, *adStateConnecting*, *adStateExecuting*, *adStateFetching*
Version	ADO-Versionsnummer (Version des Providers in Properties enthalten)

Methode	Ausgeführte Operation
BeginTrans, CommitTrans, RollbackTrans	Beginnt eine neue Transaktion, speichert alle Änderungen, macht alle Änderungen rückgängig
Cancel	Bricht die Ausführung eines asynchronen Aufrufs der *Open*- oder *Execute*-Methode ab
Close	Schließt *Connection*-Objekt (und alle abhängigen Objekte), ohne es aus dem Speicher zu entfernen
Execute	Führt eine festgelegte Abfrage, SQL-Anweisung, gespeicherte Prozedur oder durch Provider festgelegten Text aus (Parameter: *CommandText*, opt.: *RecordsAffected*, *Options*)
Open	Öffnet die Verbindung zur Datenquelle (opt. Parameter: *ConnectionString*, *UserID*, *Password*, *Options*)
OpenSchema	Fordert Infos über das Datenbankschema vom Provider

Ereignis	Wird ausgelöst, wenn ...
WillConnect, ConnectComplete, Disconnect	die aktuelle Verbindung gestartet oder beendet worden ist
WillExecute, ExecuteComplete	die Ausführung des aktuellen Befehls auf der Verbindung gestartet oder beendet worden ist
BeginTransComplete, CommitTransComplete, RollbackTransComplete	die aktuelle Transaktion auf der Verbindung gestartet worden ist, ausgeführt oder zurückgesetzt wird
InfoMessage	zusätzliche Informationen zur aktuellen Operation vorliegen

8.5.2 Command-Objekt

Eigenschaft	Bedeutung
ActiveConnection	Zugeordnetes *Connection*-Objekt
CommandText	Befehlstext, der an Provider ausgegeben werden soll
CommandTimeOut	Zeitdauer, die auf Ausführung eines Befehls gewartet wird
CommandType	Typ des *Command*-Objekts (*adCmdUnknown*, *adCmdText*, *adCmdTable*, *adCmdStoredProc*, *adCommandFile*)
Prepared	*True*, falls eine kompilierte Version des Befehls vor dessen Ausführung gespeichert werden soll
State	Objektstatus (*adStateClosed*, *adStateOpen*), Read-only

Methode	Ausgeführte Operation
Cancel	Bricht Ausführung eines asynchronen Aufrufs der *Execute*- oder *Open*-Methode ab
CreateParameter	Erstellt neues Parameter-Objekt (opt. Parameter: *Name*, *Type*, *Direction*, *Size*, *Value*)
Execute	Führt Abfrage, SQL-Anweisung oder Stored Procedure lt. *CommandText*-Eigenschaft aus (optionale Parameter: *RecordsAffected*, *Parameters*, *Options*)

8.5.3 Recordset-Objekt

Eigenschaft	Bedeutung
AbsolutePage	Seite, auf welcher der aktuelle Datensatz gespeichert ist: 1... *PageCount*
AbsolutePosition	Ordinalposition des aktuellen Datensatzes: *adPosUnknown*, *adPosBOF*, *adPosEOF*
ActiveConnection	Zugeordnetes *Connection*-Objekt
BOF und EOF	*True*, wenn sich aktueller Datensatzzeiger vor der ersten oder nach der letzten Zeile befindet
Bookmark	Lesezeichen zur eindeutigen Kennzeichnung des aktuellen Datensatzes
CacheSize	Anzahl der lokal zwischengespeicherten Datensätze
CursorLocation	Position des Cursormoduls: *adUseNone*, *adUseServer*, *adUseClient*

8.5 Übersichten

Eigenschaft	Bedeutung
CursorType	Cursortyp: *adOpenForwardOnly*, *adOpenKeyset*, *adOpenDynamic*, *adOpenStatic*
EditMode	Bearbeitungsstatus des akt. Datensatzes (Read-only): *adEditNone*, *adEditInProgress*, *adEditAdd*, *adEditDelete*
Filter	Variant-Wert zum Ausblenden von Datensätzen: Zeichenfolge, Bookmark-Array oder Konstante wie *adFilterAffectedRecords*, *adFilterFetchedRecords* etc. rückgängig mit *adFilterNone*
LockType	Art des Sperrens von Datensätzen: *adLockReadOnly*, *adLockPessimistic*, *adLockOptimistic*, *adLockBatchOptimistic*
MarshalOptions	Art der Datensätze, die durch Marshalling an Server übertragen werden: *adMarshalAll*, *adMarshalModifiedOnly*
MaxRecords	Maximale Anzahl von Datensätzen, die als Ergebnis einer Abfrage vom Provider zurückgeliefert werden sollen
PageCount	Anzahl der Datenseiten im Recordset
PageSize	Anzahl der Datensätze pro Seite
RecordCount	Aktuelle Anzahl von Datensätzen
Sort	Zeichenkette mit Feldnamen (durch Komma getrennt), nach denen im Recordset sortiert wird
Source	Zeichenkette (Read-only), die die Datenquelle des Recordset angibt: Command-Objekt, SQL-Zeichenkette, Tabellenname, Stored Procedure
State	Aktueller Status beim Ausführen einer asynchronen Methode (Read-only): *adStateClosed*, *adStateOpen*, *adStateConnecting*
Status	Status des aktuellen Datensatzes bezüglich Stapelaktualisierungen etc. (Read-only): *adRecOK*, *adRecNew*, *adRecModified*, *adRecDeleted*, *adRecUnmodified*, *adRecInvalid*, *adRecPermissionDenied* etc.

Methode	Operation
AddNew	Erstellt einen neuen Datensatz, falls Recordset aktualisierbar ist: [*FieldList*, *Values*]
Cancel	Beendet die Ausführung eines asynchronen Aufrufs der *Execute*- oder *Open*-Methode
CancelBatch	Bricht die bevorstehende Stapelaktualisierung ab: [*AffectRecords*] = *adAffectCurrent*, *adAffectGroup*, *adAffectAll*
CancelUpdate	Verwirft Änderungen, die vor Aufruf der *Update*-Methode vorgenommen wurden
Clone	Erstellt ein neues Recordset-Objekt als Duplikat ([*adLockUnspecified*], [*adLockReadOnly*])
Delete	Löscht den aktuellen Datensatz oder eine Gruppe: [*AffectRecords*] = *adAffectCurrent*, *adAffectGroup*
Find	Sucht den nächstliegenden Datensatz, der einem Kriterium entspricht: *Criteria* [*Offset*, *Direction*, *Bookmark*]
GetString	Liefert den Recordset als Zeichenfolge zurück: *StringFormat* [*NumRows*, *ColumnDelimiter*, *RowDelimiter*, *NullExpr*]
Move	Verschiebt die Position des aktuellen Datensatzes: *NumRecords* [*Start*]

Methode	Operation
MoveFirst, MoveLast, MoveNext, MovePrevious	Wechselt zum ersten, letzten, nächsten und vorhergehenden Datensatz
NextRecordset	Löscht das aktuelle Recordset-Objekt und liefert das nächste (für zusammengesetzte Befehlsanweisungen oder Stored Procedures)
Open	Öffnet einen Cursor: *Source*, [*ActiveConnection*, *CursorType*, *LockType*, *Options*]
Requery	Aktualisiert den Recordset durch erneutes Ausführen der zugrunde liegenden Abfrage
Resync	Aktualisiert den Recordset mit den Daten der zugrunde liegenden Datenbank: *AffectRecords*, *ResyncValues*
Save	Speichert den Recordset in eine Datei: *FileName* [*PersistFormat*]
Supports	Bestimmt, ob der Recordset einen bestimmten Funktionstyp unterstützt: *CursorOptions* = *adAddNew*, *adBookmark*, *adDelete*, *adUpdate* etc.
Update	Speichert alle vorgenommenen Änderungen: [*Fields*, *Values*]
UpdateBatch	Speichert alle anstehenden Stapelaktualisierungen in die Datenbank: [*AffectRecords*]

Ereignis	Wird ausgelöst, wenn ...
FetchProgress, FetchComplete	die Datenabrufoperation fortschreitet oder beendet wird
WillChangeField, FieldChangeComplete	sich der Wert des aktuellen Feldes ändert oder geändert hat
WillMove, MoveComplete, EndOfRecordset	sich die aktuelle Zeilenposition ändert, geändert hat oder das Ende des Recordset erreicht wurde
WillChangeRecord, RecordChangeComplete	sich Daten in der aktuellen Zeile eines Recordset ändern oder geändert haben
WillChangeRecordset, RecordsetChangeComplete	sich Daten im aktuellen Recordset ändern oder geändert haben

8.6 Praxisbeispiele

Die Beispiele dieses Abschnitts sollen gemäß dem Prinzip "So viel wie nötig" lediglich die prinzipielle Funktion des ADO-Objektmodells verdeutlichen. Sie beziehen sich deshalb auf lokale Access-Datenbanken (*.accdb*, *.mdb*). Dadurch kommt es teilweise zu Einschränkungen, wie z.B. fehlende Schreibrechte. Zur umfassenden praktischen Entfaltung kommt ADO ohnehin erst im Zusammenspiel mit dem SQL-Server (bzw. seiner Desktop-Version).

8.6.1 Mit ADO auf eine Access-Datenbank zugreifen

ADO-*Recordset*-Objekt: *ConnectionString*-Eigenschaft, *Open*-Methode; *Form*-Objekt: *Recordset*-Eigenschaft;

8.6 Praxisbeispiele

In diesem einführenden Beispiel wollen wir mit ADO auf eine lokale Datenbank (.*accdb*) zugreifen. Es handelt sich um eine einfache zweischichtige Anwendung, bei welcher die Eingabemaske (Frontend) in einer separaten .*accdb*-Datei enthalten ist.

Oberfläche

Wir erzeugen ein neues Formular und gestalten damit eine ungebundene Eingabemaske für einige Felder der Tabelle *Personen* (siehe Laufzeitabbildung am Schluss des Beispiels), die aus einer zweiten Datenbank *Personal.accdb* stammt. Das Anbinden an diese Datenbank, welche sich im gleichen Verzeichnis befindet, erledigen wir erst später per Code.

Wir wechseln in den VBA-Editor, entfernen über den Menübefehl *Extras/ Verweise...* das Häkchen bei *Microsoft Office 16.0 Access Database Engine Object Library* (bzw. *Microsoft DAO 3.6 Object Library*) und referenzieren stattdessen die *Microsoft ActiveX Data Objects 6.1 Library*.

Quelltext

Dreh- und Angelpunkt ist eine ADO-Recordset-Objektvariable:

```
Private rs As ADODB.Recordset
```

Die folgende Routine stellt die Verbindung zur Datenbank her, öffnet das ADO-Recordset-Objekt und "klemmt" die Textfelder an die gewünschten Datenbankfelder:

```
Private Sub Befehl0_Click()
Dim connStr As String
Dim verz As String

  verz = Application.CurrentProject.Path & "\Personal.accdb"
  connStr = "Provider=Microsoft.ACE.OLEDB.16.0;Data Source=" & verz & _
            "; Mode=Share Deny Read|Share Deny Write;Persist Security Info=False"
```

Liegt die externe Datenbank noch im "alten" (**.mdb*)-Format vor, so sind die beiden vorhergehenden Anweisungen wie folgt zu ersetzen:

```
verz = Application.CurrentProject.Path & "\Personal.mdb"
connStr = "Provider=Microsoft.Jet.OLEDB.4.0;Data Source=" & verz
```

Nun endlich geht es zur Sache:

```
  Set rs = New ADODB.Recordset
  rs.Open "Personen", connStr, adOpenStatic, adLockOptimistic
  Set Me.Recordset = rs
```

Das Anbinden der Steuerelemente (ist leider im Eigenschaftsblatt nicht mehr möglich):

```
  Text0.ControlSource = "Nr"
  Text1.ControlSource = "Vorname"
  Text2.ControlSource = "Nachname"
  Text3.ControlSource = "Geburtstag"
  Text4.ControlSource = "Gehalt"
End Sub
```

Test

Nach Programmstart klicken Sie zunächst auf die *Verbinden*-Schaltfläche, um anschließend durch die externe Datenbanktabelle zu blättern.

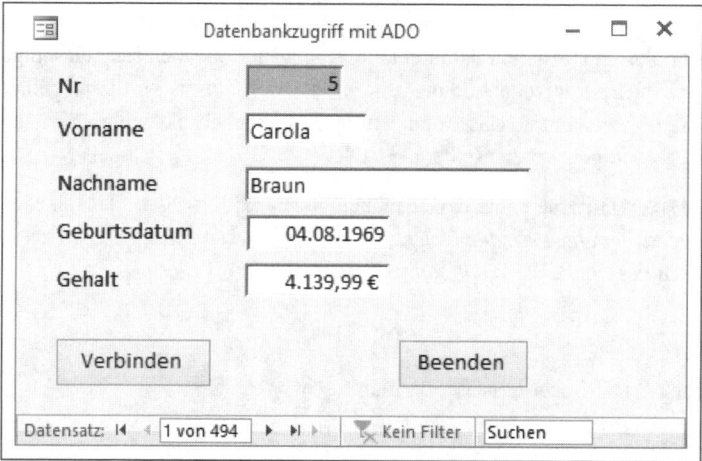

Bemerkungen

- Um den Programmieraufwand gering zu halten, wurde der *Open*-Methode des *Recordset*-Objekts eine Verbindungszeichenfolge übergeben und auf ein *Connection*-Objekt verzichtet.

- Sie werden feststellen, dass die angezeigten Daten schreibgeschützt sind. Eine verbesserte Lösung finden Sie im Praxisbeispiel "Ein intelligentes ADO-Frontend entwickeln" (Seite 479).

8.6.2 Ein ADO-Datenklassenmodul verwenden

Recordset-Objekt: *WithEvents*-Deklaration, *MoveComplete*-Ereignis; *Command*-Objekt: *Execute*-Methode, *CommandText*-, *CommandType*-, *ActiveConnection*-Eigenschaft; Property-Prozeduren; Parameter; Listenfeld;

Ein herausragendes ADO-Feature ist die Tatsache, dass auch ADO-Recordsets als Eigenschaften von Klassenmodulen in Erscheinung treten können. Dadurch sind gewisse Voraussetzungen für eine zeitgemäße objektorientierte Programmierung unter Berücksichtigung eines Dreischichtenmodells (Three Tier Model) gegeben. Das bedeutet im einfachsten Fall, dass die oberste Schicht (Benutzerschnittstelle/Frontend) möglichst "dumm" sein kann, während die "Intelligenz" des Programms in der darunter liegenden Schicht (Geschäftsobjekte) steckt und diese wiederum auf die unterste Schicht (Datenbank/Backend) zugreift.

Zwar lassen sich unter VBA keine echten verteilten Anwendungen erzeugen (echte ActiveX-DLL-Projekte sind nicht möglich), aber auch die "nur" interne Verwendung von Datenklassenmodulen trägt zur Erhöhung der Übersichtlichkeit und objektorientierten Programmierkultur bei.

8.6 Praxisbeispiele

Quelltext für Klassenmodul CData

Wählen Sie den Menübefehl *Einfügen/Klassenmodul* und richten Sie anschließend über den Menübefehl *Extras/Verweise...* eine Referenz auf die *Microsoft ActiveX Data Objects 2.8 Library* ein. Ändern Sie über den Eigenschaftendialog den Standardnamen *Klasse1* in *CData*.

```
Private conPers As Connection
Private comm As Command
Private rsPerson As Recordset
Private WithEvents rsRaum As Recordset
```

Die Eigenschaften der Klasse:

```
Public Property Get person() As Recordset      ' Read-only!
 Set person = rsPerson
End Property

Public Property Get raum() As Recordset
 Set raum = rsRaum
End Property

Public Property Let raum(rm As Recordset)
 Set rsRaum = rm
End Property
```

Die Methoden der Klasse:

```
Public Sub nextRaum()
 rsRaum.MoveNext
 If rsRaum.EOF Then rsRaum.MoveLast
End Sub

Public Sub previousRaum()
 rsRaum.MovePrevious
 If rsRaum.BOF Then rsRaum.MoveFirst
End Sub
```

Beim Initialisieren der Klasse wird die Verbindung zur Datenquelle eingerichtet, anschließend werden die weiteren Objekte (*Command* und *Recordset*) instanziiert und zugewiesen:

```
Private Sub Class_Initialize()
 Set conPers = New Connection
 With conPers
  .CursorLocation = adUseClient
  .Provider = "Microsoft.ACE.OLEDB.16.0"
  .Open CurrentProject.Path & "\Personal.accdb"
 End With

 Set comm = New Command
 comm.CommandText = "SELECT * FROM Personen WHERE RaumNr = ? ORDER BY Nachname"
 comm.CommandType = adCmdText
 Set comm.ActiveConnection = conPers
```

```
Set rsPerson = New Recordset
Set rsRaum = New Recordset
rsRaum.Open "SELECT * FROM Raeume ORDER BY Raum", conPers, adOpenStatic, adLockOptimistic
End Sub
```

Da wir das *Recordset*-Objekt *rsPerson* mit *WithEvents* deklariert haben, steht uns der folgende Event-Handler zur Verfügung, in welchem die Datensätze von Master- und Detailtabelle synchronisiert werden:

```
Private Sub rsRaum_MoveComplete(ByVal adReason As EventReasonEnum, ByVal pError As Error, _
                                adStatus As EventStatusEnum, ByVal pRecordset As Recordset)
  Set rsPerson = comm.Execute(Parameters:=pRecordset!Nr)
End Sub
```

Oberfläche

Wir brauchen lediglich zwei *Textfeld*er und ein *Listenfeld* (alle ungebunden) sowie drei *Befehlsschaltfläche*n (siehe Laufzeitabbildung am Ende des Beispiels).

Quelltext für Formular

Typisch für ein sauber programmiertes Frontend ist, dass Sie nicht mehr mit ADO-Interna belästigt werden:

```
Private datObj As CData                         ' Referenzieren der Klasse
```

Nun kann es losgehen:

```
Private Sub Form_Load()
  Set datObj = New CData                        ' Instanzieren des Objekts
  Set Me.Recordset = datObj.raum                ' Anbinden des Formulars an die Mastertabelle
  Text0.ControlSource = "Nr"
  Text1.ControlSource = "Raum"
  aktualisiere
End Sub
```

Die Methodenaufrufe:

```
Private Sub Befehl0_Click()      ' >
  datObj.nextRaum
  Set Liste1.Recordset = datObj.person
End Sub

Private Sub Befehl1_Click()      ' <
  datObj.previousRaum
  Set Liste1.Recordset = datObj.person
End Sub
```

8.6 Praxisbeispiele

Der Kehraus für das Objekt:

```
Private Sub Form_Unload(Cancel As Integer)
  Set datObj = Nothing
End Sub
```

Test

Nach dem Programmstart sollte alles wunschgemäß funktionieren. Nach dem Blättern zum nächsten Raum wird die Anzeige im Listenfeld sofort aktualisiert.

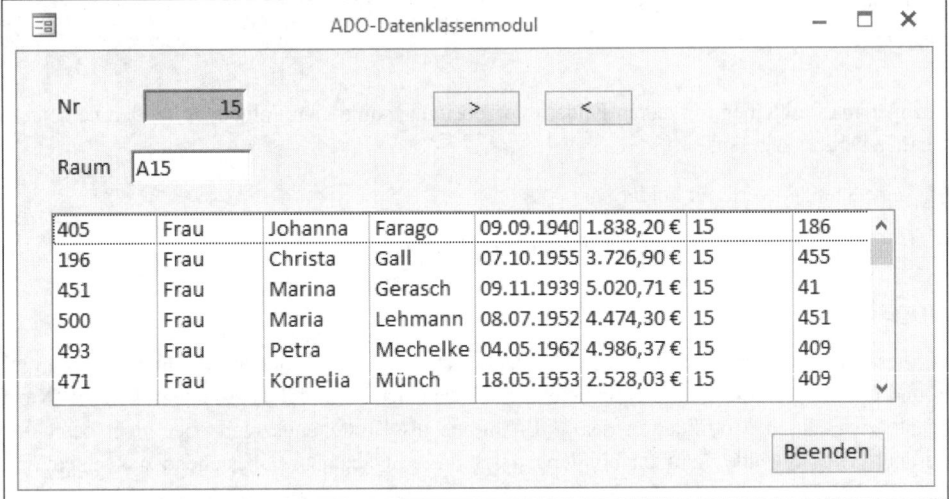

8.6.3 Ein intelligentes ADO-Frontend entwickeln

ADO-Recordset-Objekt, *ADO-Connection*-Objekt; *Open-*, *AddNew-*, *Delete-*, *MoveNext-*, *MovePrevious*-Methode; *Error*-Objekt; *Optionsfeld*-Steuerelement; Navigationsschaltflächen; berechnete Felder;

Beim Eintippen von Belegen mit Netto und MWSt ist es recht lästig, per Hand erst das Brutto auszurechnen. Außerdem wünscht man sich eine verkürzte und weniger fehleranfällige Eingabe der MWSt.

Dieses etwas anspruchsvollere Beispiel soll aus einer Artikeldatenbank *ArtikelDat.accdb* wahlweise Brutto oder Netto anzeigen, wobei auch die unterschiedliche Mehrwertsteuer berücksichtigt wird. Die Eingabemaske verhält sich "intelligent", da sie bei Bedarf den Bruttopreis aus dem abgespeicherten Nettopreis ermittelt bzw. es dem Benutzer erlaubt, wahlweise Brutto- oder Nettopreis einzugeben.

Datenbasis

Getreu dem ADO-Prinzip der "Trennung von Programm und Daten" werden die Daten in einer separaten Datenbank *ArtikelDat.accdb* gespeichert. Dort legen wir eine Tabelle *Artikel* an, die die in der Abbildung gezeigte einfache Struktur hat.

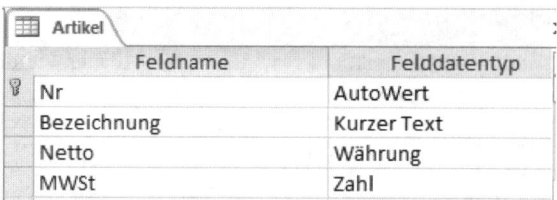

Um späteren Problemen mit leeren Feldern vorzubeugen, sollte man Folgendes bei den Feldeigenschaften berücksichtigen:

- keine Standardwerte für Felder
- "Nein" für "Eingabe erforderlich" (*Required = False*)

Eingabemaske

Wir verzichten auf den eingebauten Datensatznavigator und damit auch auf die üblichen "starren" Bound Controls, da diese die Feldinhalte aus der Datenbank nur 1:1 übernehmen können (Netto könnte zwar durch Modifikation der SQL-Abfrage als Brutto angezeigt, aber nicht bearbeitet werden). Die folgende Laufzeitabbildung zeigt die Eingabemaske, bestehend aus einem mit *Befehlsschaltflächen* "selbstgebastelten" Datensatznavigator, mehreren *Bezeichnungs-* und *Text*-feldern und den in zwei *Rahmen*-Steuerelementen eingebetteten *Optionsfeld*ern.

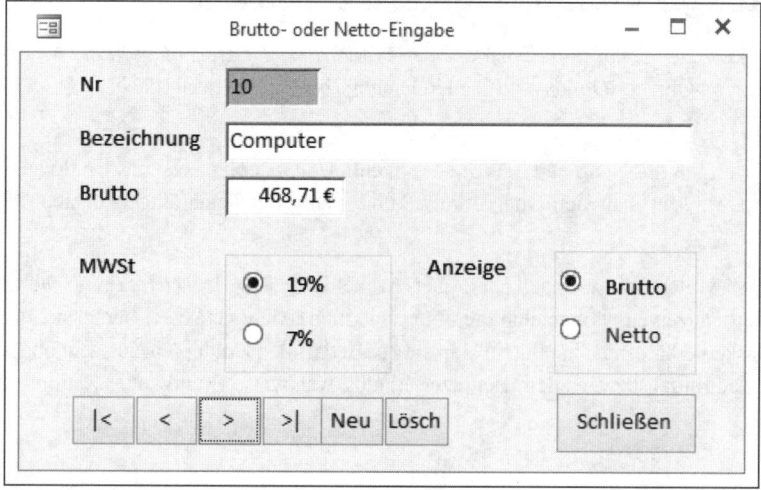

8.6 Praxisbeispiele

Beide Optionsfelder haben grundsätzlich unterschiedliche Funktion:

- *Rahmen1* ändert lediglich den Anzeigemodus (*Brutto/Netto*)
- *Rahmen2* ändert ein Feld in der Datenbank (*MWSt*)

Programmplanung

Um die Übersicht zu behalten und um die erforderlichen Rechenoperationen auf ein Minimum zu beschränken, sollte man sich vor dem Schreiben eines solchen Programms Gedanken über die auftretenden *Zustände* machen und über die *Ereignisse*, die einen *Zustandswechsel* hervorrufen. Hier das Ergebnis dieser Überlegungen:

- In unserem Programm können wir die Zustände *Brutto* und *Netto* unterscheiden
- *Rahmen1.Value* hat die Rolle einer *Zustandsvariablen*, die bei jeder Ereignisbehandlung die "Weichen" stellt
- Ein Zustandswechsel tritt nach Klick auf eines der beiden Optionsfelder im *Rahmen1* ein
- In Abhängigkeit vom Zustand werden die Routinen für das Anzeigen und das Speichern der Eingabemaske anders implementiert
- Beschränkung auf drei Hauptereignisse: Moduswechsel (Brutto <=> Netto), MWST ändern (7% <=> 19%) und Navigieren (Datensatzwechsel)

Quelltext

Über den Menübefehl *Extras/Verweise...* aktivieren Sie die *Microsoft ActiveX Data Objects 2.8 Library*. Die Funktionalität der Bound Controls wird nachgebildet durch die Aufeinanderfolge von drei Aktionen:

- Speichern
- Weiterbewegen zum nächsten Datensatz
- Anzeigen

HINWEIS: Auf Eigenschaften wie *RecordSource* und *ControlSource* muss verzichtet werden, stattdessen erfolgt ein Anbinden der Steuerelemente "per Hand" (*Value*-Eigenschaft).

```
Private conn As ADODB.Connection
Private rs As ADODB.Recordset

Const mwstA = 0.07, mwstB = 0.19
```

Die Startaktivitäten:

```
Private Sub Form_Load()
Dim pfad As String
 pfad = CurrentProject.Path & "\ArtikelDat.accdb"
 Set conn = New ADODB.Connection
```

```
conn.CursorLocation = adUseClient
conn.Provider = "Microsoft.ACE.OLEDB.16.0"
conn.Open pfad
Set rs = New ADODB.Recordset
rs.Open "SELECT * FROM Artikel ORDER BY Bezeichnung", conn, adOpenStatic, adLockOptimistic
Rahmen1.Value = 1      ' Brutto-Anzeige einstellen
Rahmen2.Value = 1      ' MWSt = 19%  einstellen
anzeigen               ' erster DS
End Sub
```

Die E/A-Prozeduren:

```
Private Sub speichern()
 If rs.RecordCount > 0 Then
  rs!Bezeichnung = Text1.Value
  If Rahmen1.Value = 1 Then     ' Bruttowert in Netto umrechnen
    rs!Netto = Text2.Value / (1 + rs!mwst)
  Else    ' Netto direkt abspeichern
    rs!Netto = Text2.Value
  End If
 End If
End Sub

Private Sub anzeigen()
 If rs.RecordCount > 0 Then
  Text0.Value = rs!Nr
  Text1.Value = rs!Bezeichnung
  If Rahmen1.Value = 1 Then
   Text2.Value = rs!Netto * (1 + rs!mwst)
  Else
   Text2.Value = rs!Netto
  End If
  If rs!mwst = mwstB Then Rahmen2.Value = 1 Else Rahmen2.Value = 2
 End If
End Sub
```

Eingaben in die Optionsfelder:

```
Private Sub Rahmen1_Click()     ' Brutto-/Netto-Anzeige geändert
 If Rahmen1.Value = 1 Then
   Bezeichnungsfeld4.Caption = "Brutto"
 Else
   Bezeichnungsfeld4.Caption = "Netto"
 End If
 anzeigen
End Sub

Private Sub Rahmen2_Click()    ' MWStgeändert
 speichern
 If Rahmen2.Value = 1 Then
   rs!mwst = mwstB
```

8.6 Praxisbeispiele

```
  Else
    rs!mwst = mwstA
  End If
  anzeigen
End Sub
```

Die Navigationsschaltflächen:

```
Private Sub Befehl0_Click()      ' |<
  speichern
  rs.MoveFirst
  anzeigen
End Sub
Private Sub Befehl1_Click()      ' <
  speichern
  rs.MovePrevious
  If rs.BOF Then rs.MoveFirst
  anzeigen
End Sub

Private Sub Befehl2_Click()      ' >
  speichern
  rs.MoveNext
  If rs.EOF Then rs.MoveLast
  anzeigen
End Sub

Private Sub Befehl3_Click()      ' >|
  speichern
  rs.MoveLast
  anzeigen
End Sub
```

Das Hinzufügen und Löschen von Datensätzen muss besonders sorgfältig programmiert werden. Der Löschroutine haben wir deshalb sogar eine Fehlerbehandlung spendiert (Ausgabe im Direktfenster):

```
Private Sub Befehl4_Click()      ' Neu
  speichern
  rs.AddNew Array("Bezeichnung", "Netto", "MWSt"), Array("", 0, 0.19)
  anzeigen
End Sub
Private Sub Befehl5_Click()      ' Löschen
Dim e As Error
  On Error GoTo ADOError
  If rs.EditMode = adEditNone Then
    If MsgBox(rs!Bezeichnung & " löschen?", 36, "Vorsicht") = 6 Then
      rs.Delete
      rs.Update
      If Not (rs.BOF And rs.EOF) Then rs.MoveNext
```

```
    If rs.EOF Then rs.MoveLast
    Else
      Beep
    End If
  End If

  anzeigen
  Exit Sub

ADOError:
  For Each e In conn.Errors
    Debug.Print e.Description
    Debug.Print e.NativeError
    Debug.Print e.SQLState
    Debug.Print e.Source
  Next e
End Sub
```

Die Eingabekorrektur für Dezimaltrennzeichen:

```
Private Sub Text2_KeyPress(KeyAscii As Integer)    ' bei Währung nur Komma erlaubt
  If KeyAscii = 46 Then KeyAscii = 44
End Sub
```

Die Schlussaktivitäten:

```
Private Sub Befehl10_Click()         ' Schließen
  DoCmd.Close
End Sub

Private Sub Form_Unload(Cancel As Integer)
  Set rs = Nothing
  conn.Close
End Sub
```

Test

Nach dem Öffnen des Formulars werden Sie die Möglichkeiten zu schätzen wissen, die sich durch die bequeme und intelligente Art der Eingabe und Anzeige ergeben. So bleibt z.B. im Netto-Modus ein Ändern der MWSt ohne Auswirkung auf die Anzeige.

HINWEIS: Die Übernahme eines geänderten Datensatzes in die Datenbank erfolgt erst nach dem Weiterblättern (andernfalls wäre eine extra Schaltfläche *Aktualisieren* erforderlich).

Kapitel 9

Datenbankverwaltung

Wer bereits mit den DAO gearbeitet hat, wird von den Active Data Objects (ADO) auf den ersten Blick enttäuscht. Wesentliche Funktionen, die ein Datenbankprogrammierer braucht, sind scheinbar nicht vorhanden (Erstellen von Datenbanken, Tabellen und Indizes, Benutzerverwaltung bzw. Sicherheitseinstellungen). Abhilfe schaffte in diesem Fall ADOX!

9.1 Datenbankverwaltung mit ADOX

Bei *Active Data Objects Extensions for Data Definition Language and Security* (kurz ADOX) handelt es sich um eine Erweiterung der ADO-Objekte.

Die zwei wesentlichen Aufgaben dieser Bibliothek:

- Bereitstellen einer objektorientierten Schnittstelle für alle sicherheitsrelevanten Aufgaben (User-, Gruppen- und Rechteverwaltung) innerhalb einer Datenbank, unabhängig vom jeweiligen Datenbanktyp (Provider)[1].

- Bereitstellen von zusätzlichen Objekten zum Erstellen, Verändern und Löschen von Schemaobjekten, wie z.B. Tabellen, Indizes, Abfragen und Prozeduren.

HINWEIS: Beachten Sie, dass nicht jeder OLEDB-Provider alle ADOX-Funktionen unterstützt. Gegebenenfalls sollten Sie vor der Verwendung einer Funktion prüfen, ob der Provider die Funktionalität bereitstellt.

Um die neuen Funktionen nutzen zu können, müssen Sie zunächst einen Verweis auf die ADOX-Bibliothek einrichten:

---

[1] Mit dem Access 2007-Format wurde auch die nutzerbasierte Sicherheit abgeschafft.

Kapitel 9: Datenbankverwaltung

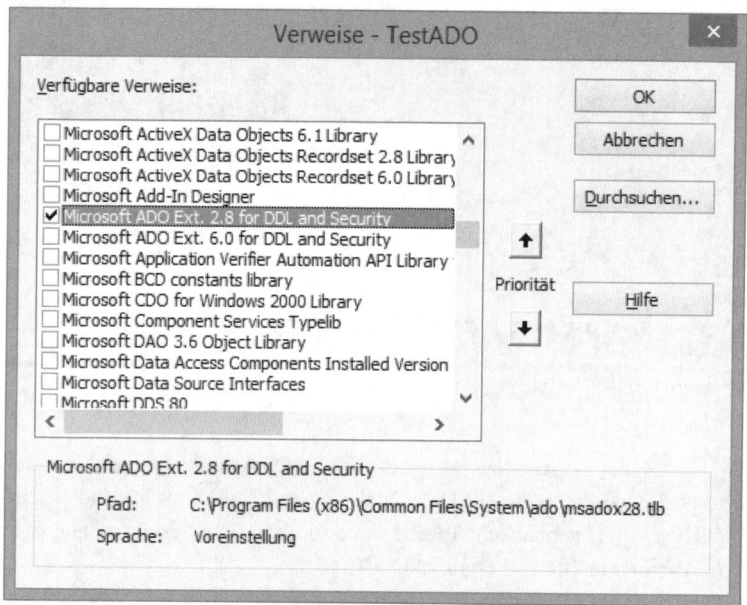

Die folgende Abbildung zeigt in einer Übersicht alle wichtigen Objekte/Collections, die von der ADOX-Bibliothek zur Verfügung gestellt werden.

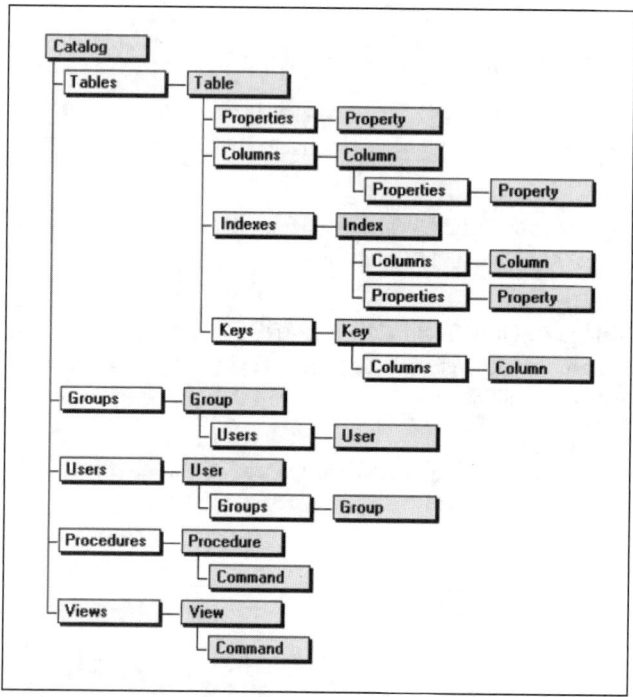

9.1.1 Datenbanken erstellen

Ausgangspunkt für das Erstellen einer neuen Datenbank ist ein *Catalog*-Objekt. Um welchen Datenbanktyp es sich handelt, ist zu diesem Zeitpunkt unerheblich. Es muss lediglich ein entsprechender OLEDB-Provider (z.B. Jet, SQL Server) vorliegen, der diese Funktionen auch unterstützt.

Mit einem einzigen Methodenaufruf (*Create*) ist die komplette Datenbank erstellt.

BEISPIEL: Erstellen einer Access 2007/2010/2013/2016-Datenbank:

```
Sub Erstelle_Access_Datenbank()
Dim cat As New ADOX.catalog

  cat.Create "Provider=Microsoft.ACE.OLEDB.16.0;Data Source=C:\Kunden.accdb"
End Sub
```

Wer etwas sauberer programmieren möchte, wird die folgende Variante verwenden:

```
Sub Erstelle_Access_Datenbank()
Dim cat As ADOX.catalog

  Set cat = New ADOX.catalog
  cat.Create "Provider=Microsoft.ACE.OLEDB.16.0;Data Source=C:\Kunden.accdb"
  Set cat = Nothing
End Sub
```

BEISPIEL: Erstellen einer Access 2003-Datenbank:

```
Dim cat As ADOX.Catalog

Set cat = New ADOX.Catalog
cat.Create "Provider=Microsoft.Jet.OLEDB.4.0;Data Source=C:\Kunden.mdb"
Set cat = Nothing
```

Was auf den ersten Blick nicht gleich ersichtlich ist, mit den Parametern der *Create*-Methode lassen sich noch weitere Optionen an den jeweiligen OLEDB-Provider übergeben. So können Sie beispielsweise bei Access-Datenbanken zusätzlich

- die System-Datenbank,
- einen Usernamen und ein Kennwort (der neue Besitzer der Datenbank)
- oder ein Datenbankkennwort vorgeben.

BEISPIEL: Datenbankkennwort vorgeben (nur Access)

```
Dim cat As New ADOX.Catalog

cat.Create "Provider=Microsoft.ACE.OLEDB.16.0;Data Source = C:\New.accdb;" & _
           "Jet OLEDB:Database Password=geheim;"
```

Wie Sie sehen, werden zusätzliche Eigenschaften bzw. Optionen einfach an den bestehenden String angehängt (Semikolon nicht vergessen!).

Die folgende Tabelle listet alle relevanten Optionen auf:

Option	Beschreibung
User ID, Password	Mit diesen beiden Optionen können Sie Anmeldename und Passwort vorgeben. Dieser Nutzer wird zum Besitzer der neuen Datenbank. Meist müssen Sie diese beiden Werte zusammen mit der Angabe der Systemdatenbank (siehe folgende Option) einsetzen.
Jet OLEDB:System database	Gibt den Standort der gewünschten Systemdatenbank vor
Locale Identifier	Gibt Sortierfolge, Zeichensatz für die neue Datenbank vor (diesen Wert können Sie in Deutschland weglassen)
Extended Properties	Durch Zuweisen eines Wertes können Sie Datenbanken in Fremdformaten (dBase etc.) erstellen
Jet OLEDB:Database Password	Setzt ein Datenbank-Passwort (bitte nicht mit der Userverwaltung verwechseln)
Jet OLEDB:Registry Path	Gibt einen Registry-Eintrag an, in dem alternative Jet-Optionen gespeichert sind
Jet OLEDB:Create System Database	Erzeugt eine neue Systemdatenbank (*True*/*False*)
Jet OLEDB:Engine Type	Erzeugt Datenbanken in Fremdformaten (siehe folgende Tabelle)

Zulässige Werte für den Parameter *Jet OLEDB:Engine Type*:

Typ	Wert
Microsoft Jet 1.0	1
Microsoft Jet 1.1	2
Microsoft Jet 2.0 (Access 95)	3
Microsoft Jet 3.x (Access 97)	4
Microsoft Jet 4.x (Access 2000/2002/2003)	5
Microsoft ACE 12 (Access 2007 … 2016)	6
dBASE III	10
dBASE 4	11
dBASE 5	12
Excel 3.0	20
Excel 4.0	21
Excel 5.0	22
Excel 8.0	23
Excel 9.0	24
Exchange 4	30
Lotus WK1	40
Lotus WK3	41
Lotus WK4	42
Paradox 3.x	50

9.1 Datenbankverwaltung mit ADOX

Typ	Wert
Paradox 4.x	51
Paradox 5.x	52
Paradox 7.x	53
Text 1.x	60
Html 1.x	70

HINWEIS: Microsoft ACE 12 (Access 2007/2010/2013/2016) erfordert "Provider=Microsoft.ACE.OLEDB.16.0;".

BEISPIEL: Eine alte Access 97-Datenbank erstellen

```
Sub Erstelle_Access_Datenbank()
Dim cat As ADOX.catalog

  Set cat = New ADOX.catalog
  cat.Create "Provider=Microsoft.Jet.OLEDB.4.0;" & _
             "Data Source=c:\access97.mdb;Jet OLEDB:Engine Type=4"
  Set cat = Nothing
End Sub
```

9.1.2 Tabellendefinition

Eines der wichtigsten Einsatzgebiete der ADOX findet sich beim Erstellen und Verwalten von Tabellen mit den zugehörigen Indizes.

Dreh- und Angelpunkt ist – wie wohl nicht anders zu erwarten – ein initialisiertes *Catalog*-Objekt.

Zwei Varianten bieten sich an:

- Erstellen einer neuen Datenbank mit nachfolgender Verwendung des *Catalog*-Objekts.
- Initialisieren des *Catalog*-Objekts mit der *ActiveConnection*-Eigenschaft.

Die erste Variante wurde bereits im vorhergehenden Abschnitt beschrieben, die zweite Variante zeigt das folgende Beispiel.

BEISPIEL: Verwenden der *ActiveConnection*-Eigenschaft

```
Dim cat As ADOX.catalog

  Set cat = New ADOX.catalog
  cat.Create "Provider=Microsoft.ACE.OLEDB.16.0;Data Source=C:\Kunden.accdb"
```

BEISPIEL: Verwenden der aktuellen Datenbank

```
Dim cat As New ADOX.Catalog
cat.ActiveConnection = Application.CurrentProject.Connection
```

Für die Tabellendefinition brauchen Sie neben dem schon erwähnten *Catalog*-Objekt, das die Datenbank repräsentiert, noch ein *Table*-Objekt.

BEISPIEL: Tabellendefinition

```
Dim cat As New ADOX.Catalog
Dim tbl As New Table

  cat.Create "Provider=Microsoft.ACE.OLEDB.16.0;Data Source=c:\kunden.accdb"
```

Das bereits mit *New* erzeugte *Table*-Objekt hat weder einen Namen noch ist in der Datenbank eine Tabelle angelegt worden. Kümmern wir uns also zuerst um den Tabellenbezeichner:

```
tbl.Name = "Kundenstammdaten"
```

Für die Tabellennamen gelten die Konventionen des jeweiligen Datenbankformats.

HINWEIS: Vorsicht mit Sonderzeichen im Tabellennamen!

Als Nächstes können wir uns mit den Tabellenspalten beschäftigen. Verwenden Sie die *Append*-Methode der *Columns*-Auflistung, um neue Tabellenspalten einzufügen.

```
tbl.Columns.Append "Nachname", adVarWChar, 50
tbl.Columns.Append "Vorname" , adVarWChar, 50
```

Die drei wichtigsten Eigenschaften – Spaltenname, Datentyp und Feldgröße – können Sie bereits an dieser Stelle festlegen. Abschließend muss das neue *Table*-Objekt auch dem Catalog, d.h. der Datenbank, hinzugefügt werden:

```
cat.Tables.Append tbl
```

Die folgende Tabelle zeigt die zulässigen Datentypen:

Konstante	Beschreibung
adTinyInt	1 Byte Ganzzahl
adSmallInt	2 Byte Ganzzahl
adInteger	4 Byte Ganzzahl
adBigInt	8 Byte Ganzzahl
adUnsignedTinyInt	1 Byte Ganzzahl ohne Vorzeichen
adUnsignedSmallInt	2 Byte Ganzzahl ohne Vorzeichen
adUnsignedInt	4 Byte Ganzzahl ohne Vorzeichen
adUnsignedBigInt	8 Byte Ganzzahl ohne Vorzeichen
adDecimal	Dezimaler *Variant*-Typ
adSingle	Gleitkommawert mit 4 Bytes (–3,402823E38 bis –1,401298E–45 für negative Werte; 1,401298E–45 bis 3,402823E38 für positive Werte)
adDouble	Gleitkommawert mit 8 Bytes (-1,79769313486232E308 bis –4,94065645841247E–324 für negative, 4,94065645841247E–324 bis 1,79769313486232E308 für positive Werte)

9.1 Datenbankverwaltung mit ADOX

Konstante	Beschreibung
adCurrency	Währungswert, eine Festkommazahl mit vier Stellen hinter dem Komma. Sie wird als 8 Byte umfassende Ganzzahl mit Vorzeichen, skaliert mit 10.000, gespeichert.
adNumeric	Numerischer Typ
adBoolean	Boolescher Variant-Typ. 0 ist *False* und <> 0 ist *True*
adUserDefined	Benutzerdefinierter Datentyp mit variabler Länge
adVariant	Automatisierungs-*Variant*-Typ
adGUID	Globaler eindeutiger Bezeichner (Globally Unique Identifier, GUID)
adDate	Automatisierungsdatum, das als Wert vom Typ *Double* gespeichert wird
adDBDate	Datenstruktur von Datenbankdatumsangaben
adDBTime	Datenstruktur von Datenbankzeitangaben
adDBTimeStamp	Struktur des Datenbankzeitstempels
adBSTR	Eine mit Nullzeichen endende Zeichenfolge (Unicode)
adChar	Zeichenfolge mit fester Länge
adVarChar	Zeichenfolge mit variabler Länge
adLongVarChar	Zeichenfolge mit *Long*-variabler Länge
adWChar	Zeichenfolge mit *Wide*-fester Länge
adVarWChar	(Standard) Zeichenfolge mit *Wide*-variabler Länge
adLongVarWChar	Zeichenfolge mit *Long*-/*Wide*-variabler Länge
adBinary	Binärdaten mit fester Länge
adVarBinary	Binärdaten mit variabler Länge
adLongVarBinary	Binärdaten mit Long-variabler Länge

Wie Sie sehen, haben die Microsoft-Entwickler bei den Datentypen nicht gegeizt.

HINWEIS: Möchten Sie den Datentyp einer Tabellenspalte erfahren, nutzen Sie einfach die *Type*-Eigenschaft des jeweiligen *Column*-Objekts.

BEISPIEL: Ermitteln des Datentyps

```
Debug.print tbl.Columns("Nachname").Type
```

HINWEIS: Beachten Sie, dass nicht jeder Daten-Provider alle Datentypen unterstützen muss.

HINWEIS: Die *Type*-Eigenschaft ist nach dem Anhängen an eine Auflistung schreibgeschützt.

Die bisher vorgestellten Möglichkeiten können jedoch bei weitem nicht überzeugen. Weitere Möglichkeiten, die Eigenschaften von Tabellenspalten zu beeinflussen, scheinen auf den ersten Blick nicht zu existieren. Doch halt, da war doch noch die *Properties*-Auflistung, die jedem *Column*-Objekt zugeordnet ist.

Eigenschaft	Bedeutung
Autoincrement	Zählerfeld
Default	Der Defaultwert für diese Spalte
Description	Kurzbeschreibung
Nullable	Nullwerte zulässig
Fixed Length	Feld mit fester Länge
Seed	Startwert für Zähler
Increment	Inkrement für Zähler
Jet OLEDB:Column Validation Text	Jet: Fehlermeldung bei Verletzung der Regel
Jet OLEDB:Column Validation Rule	Jet: Eingaberegel
Jet OLEDB:AutoGenerate	Jet: GUID-Werte
Jet OLEDB:Compressed UNICODE Strings	Jet: Unicode-Zeichen werden komprimiert
Jet OLEDB:Allow Zero Length	Jet: Leerstring ist zulässig
Jet OLEDB:Hyperlink	Jet: Feld enthält Hyperlink-Informationen

BEISPIEL: Das folgende Erzeugen eines Zählerfeldes

```
Dim cat As New ADOX.Catalog
Dim tbl As New Table

cat.ActiveConnection = "Provider=Microsoft.ACE.OLEDB.16.0;Data Source=c:\Kunden.accdb;"
tbl.Name = "Kundenstammdaten"
tbl.Columns.Append "Id", adInteger
tbl.Columns("Id").Properties("AutoIncrement") = True
```

... wird fehlschlagen. Der Grund ist recht einfach: Zu diesem Zeitpunkt besteht keinerlei Verbindung zwischen Tabellendefinition und Datenbank (bzw. dem Datenbanktyp). Mit Hilfe der *ParentCatalog*- Eigenschaft werden *Catalog* und *Table* miteinander verbunden, damit sind auch die Properties zugänglich:

```
cat.Create ("Provider=Microsoft.ACE.OLEDB.16.0;Data Source=C:\Kunden.accdb;")

tbl.Name = "Kundenstammdaten"
Set tbl.ParentCatalog = cat
...
tbl.Columns.Append "Id", adInteger
tbl.Columns("Id").Properties("AutoIncrement") = True
...
cat.Tables.Append tbl
```

Weitere Spalten-Optionen für die Tabelle können Sie über die *Attributes*-Eigenschaft (*Long*-Wert) festlegen:

Konstante	Beschreibung
adColFixed	Die Tabellenspalte hat eine feste Länge.
adColNullable	Die Tabellenspalte kann Null-Werte enthalten.

9.1 Datenbankverwaltung mit ADOX

HINWEIS: Sie können beide Konstanten miteinander kombinieren.

BEISPIEL: Spalte erzeugen, die auch NULL-Werte enthalten darf:

```
tbl.Columns.Append "Vorname", adVarWChar, 50
tbl.Columns("Vorname").Attributes = adColNullable
```

BEISPIEL: Datumsfeld erstellen (Standardwert: Tagesdatum, Datum muss zwischen 1.1.1995 und 1.1.2017 liegen, sonst Fehlermeldung):

```
...
tbl.Columns.Append "Datum", adDate
tbl.Columns("Datum").Properties("Jet OLEDB:Column Validation Rule") = _
        "Between #1/1/1995# and #1/1/2017#"
tbl.Columns("Datum").Properties("Jet OLEDB:Column Validation Text") = "Falsches Datum"
tbl.Columns("Datum").Properties("Default") = "=Date()"
...
```

Die Sortierfolge einer Tabellenspalte legen Sie mit der *SortOrder*-Eigenschaft fest.

Konstante	Beschreibung
adSortAscending	(Standard) Der Index wird in aufsteigender Reihenfolge sortiert (1, 2, 3 ...)
adSortDescending	Die Sortierreihenfolge des Index wird umgekehrt (9, 8, 7, ...)

BEISPIEL: Umkehren der Sortierfolge:

```
...
tbl.Columns.Append "Id", adInteger
tbl.Columns("Id").Properties("AutoIncrement") = True
tbl.Columns("Id").SortOrder = adSortDescending
...
```

9.1.3 Indexdefinition

Neben der reinen Felddefinition sind auch die Indizes von Bedeutung. Grundsätzlich müssen Sie den Index an ein bestehendes und initialisiertes *Table*-Objekt anhängen. Dazu verwenden Sie die *Indexes*-Auflistung.

BEISPIEL: Indexdefinition für das Feld *Nachname*.

```
Dim cat As New ADOX.Catalog
Dim tbl As New Table
Dim idx As New Index

    cat.Create ("Provider=Microsoft.ACE.OLEDB.16.0;Data Source=C:\Kunden.accdb;")
    tbl.Name = "Kundenstammdaten"
    tbl.Columns.Append "Nachname", adVarWChar, 50
    idx.Name = "Nachname"
    idx.Columns.Append "Nachname"
```

```
    tbl.Indexes.Append idx
...
    cat.Tables.Append tbl
```

Mit der *Type*-Eigenschaft beeinflussen Sie die Art des Index:

Konstante	Beschreibung
adKeyPrimary	Primärschlüssel (Hauptschlüssel)
adKeyForeign	Fremdschlüssel
adKeyUnique	Der Schlüssel schließt doppelte Werte aus.

BEISPIEL: Erzeugen eines Primärindex:

```
Dim cat As New ADOX.Catalog
Dim tbl As New Table
Dim idx As New Index
...
    tbl.Columns.Append "Id", adInteger
    tbl.Columns("Id").Properties("AutoIncrement") = True
    idx.Name = "PrimaryKey"
    idx.PrimaryKey = True
    idx.Columns.Append "Id"
    tbl.Indexes.Append idx
...
    cat.Tables.Append tbl
```

BEISPIEL: Erzeugen eines eindeutigen, zusammengesetzten Index:

```
tbl.Columns.Append "Nachname", adVarWChar, 50
tbl.Columns.Append "Vorname", adVarWChar, 50
idx.Name = "NachnameVorname"
idx.Unique = True
idx.Columns.Append "Nachname"
idx.Columns.Append "Vorname"
tbl.Indexes.Append idx
```

Mit der Eigenschaft *IndexNulls* beeinflussen Sie die Art, wie sich die Indizes in Bezug auf NULL-Werte in den Tabellen verhalten:

Konstante	Beschreibung
adIndexNullsDisallow (Standard)	NULL-Werte in Indexspalten sind nicht zulässig und werden mit einem Fehler quittiert
adIndexNullsIgnore	Datensätze, die NULL-Werte in Indexspalten enthalten, werden nicht in den Index aufgenommen. Eine Fehlermeldung wird nicht ausgelöst.
adIndexNullsIgnoreAny	Wie *adIndexNullsIgnore*, allerdings gilt diese Option auch für mehrspaltige Indizes

9.1 Datenbankverwaltung mit ADOX

HINWEIS: Diese Eigenschaft können Sie nur ändern, bevor Sie das *Index*-Objekt an eine Auflistung anhängen.

9.1.4 Erstellen von Prozeduren und Sichten

Der Begriff "Prozedur" dürfte bei einigen Access-Programmierern für etwas Verwirrung sorgen. Gemeint sind hier nicht die Code-Module einer Access-Datenbank, sondern "nur" die altbekannten Access-Abfragen (Parameterabfragen). Bei einem SQL Server sieht die Sache da schon etwas anders aus, hier sind die *Stored Procedures* auf dem Server gemeint.

Derartige Prozeduren können verschiedene Aufgaben realisieren:

- Rückgabe von Datenbankabfragen
- Ausführen von Lösch- oder Änderungsabfragen
- Erzeugen von Datenbankobjekten (Datenerstellungsabfragen)

Unter Sichten, auch als Views bezeichnet, sind nichts anderes als Abfragen über eine oder auch mehrere Tabellen zu verstehen, deren Definition in der Datenbank gespeichert wird. Die eigentlichen Daten werden erst beim Öffnen der Abfrage ermittelt.

BEISPIEL: Erzeugen einer Sicht:

```
Dim cat As New ADOX.Catalog
Dim cmd As New ADODB.Command

cat.ActiveConnection = "Provider=Microsoft.ACE.OLEDB.16.0;Data Source=C:\Kunden.accdb;"
cmd.CommandText = "SELECT * FROM kundenstammdaten"
cmd.CommandType = adCmdText
cat.Views.Append "Kunden", cmd
```

HINWEIS: Das Ergebnis ist eine Abfrage in der Access-Datenbank, die zwar vorhanden ist, von Access selbst jedoch nicht angezeigt wird. Der Grund ist eine strikte Trennung zwischen ADO- und DAO-Datenbankobjekten, ADO stellt wesentlich mehr Optionen zur Verfügung. Auf die neuen Abfragen können Sie nur aus dem ADO-Code heraus zugreifen.

BEISPIEL: Erstellen einer Prozedur mit Parameter:

```
Dim conn As New ADODB.Connection
Dim cmd As New ADODB.Command
Dim cat As New ADOX.Catalog

conn.Open "Provider=Microsoft.ACE.OLEDB.16.0;Data Source=C:\Kunden.accdb;"
Set cmd.ActiveConnection = conn
cmd.CommandText ="PARAMETERS [name] Text;" & "SELECT * FROM kunden WHERE nachname = [name]"
Set cat.ActiveConnection = conn
cat.Procedures.Append "Kundendaten", cmd
```

9.1.5 Tabellen verknüpfen (Relationen)

Durch das Verknüpfen von Tabellen mit Hilfe von Relationen bietet sich die Möglichkeit, der jeweiligen Datenbank-Engine mitzuteilen, welche Beziehungen zwischen den einzelnen Tabellen bestehen. Damit wird die Datenbank-Engine in die Lage versetzt, Löschweitergaben und Integritätsprüfungen zu realisieren.

BEISPIEL: Als Beispiel wollen wir eine Beziehung zwischen einer Tabelle *Personen* und einer Tabelle *Raeume* herstellen. Die folgende Abbildung zeigt das gewünschte Ergebnis.

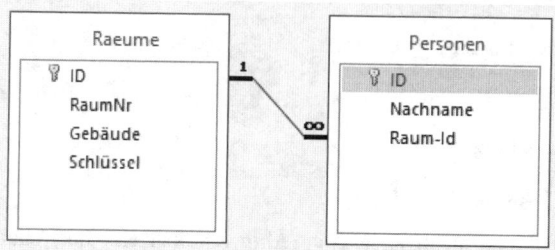

Jedem Raum sind *n* Mitarbeiter zugeordnet.

Mit Hilfe der ADOX wird ein neuer Schlüssel (Key) für die Tabelle *Personen* erzeugt. Dieser Fremdschlüssel (*ForeignKey*) zeigt auf den Primärindex der Tabelle *Raeume*:

```
Dim MyKey As New ADOX.Key
Dim cat As New ADOX.Catalog
cat.ActiveConnection = "Provider=Microsoft.ACE.OLEDB.16.0;Data Source=C:\Kunden.accdb;"
MyKey.Name = "RaumPerson"
MyKey.Type = adKeyForeign
MyKey.RelatedTable = "Raeume"
MyKey.Columns.Append "Raum-ID"
MyKey.Columns("Raum-Id").RelatedColumn = "Id"
MyKey.DeleteRule = adRICascade
cat.Tables("Personen").Keys.Append MyKey
```

Das Resultat in Microsoft Access:

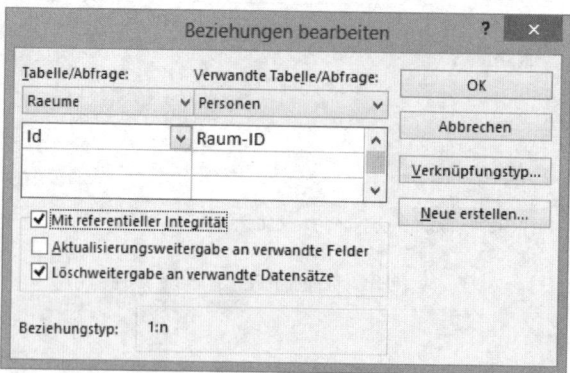

Die nachfolgende Tabelle zeigt die möglichen Werte für Löschweitergaben bzw. Änderungen, die über die Eigenschaften *UpdateRule* und *DeleteRule* gesteuert werden.

Konstante	Beschreibung
adRINone	(Default) Keine Aktion
adRICascade	Ändert die Kaskadierung
adRISetNull	Setzt den unbekannten Schlüsselwert auf Null
adRISetDefault	Setzt den unbekannten Schlüsselwert auf den Standardwert

Damit dürften die wichtigsten Funktionen der ADOX im Zusammenhang mit dem Erstellen von Datenbanken aufgezeigt sein. Im folgenden Abschnitt gehen wir noch auf einige spezielle Feldtypen ein, die teilweise erst mit Access 2007/2010 eingeführt wurden und etwas mehr administrativen Aufwand erfordern.

9.2 Erstellen spezieller Feldtypen

Sicher ist Ihnen nach dem Studium der vorhergehenden Abschnitte aufgefallen, dass von den bereits mit Access 2007 eingeführten Datentypen

- Memo-Feld mit Archiv-Funktion,
- Rich-Text-Feld,
- Anlage-Feld
- und Multivalue-Feld

nicht viel zu sehen war. Die Ursachen: Zum einen handelt es sich in fast allen Fällen nur um spezielle Eigenschaften, die ein Feld mit Basisdatentyp (z.B. Memo) um spezielle Funktionen erweitern, zum anderen wird Ihnen die ADOX-Library in diesem Zusammenhang nicht viel nützen, hier hilft nur DAO weiter. Gleiches trifft auch auf die mit Access 2010 eingeführten berechneten Spalten zu.

Doch zunächst wollen wir noch auf einen Feldtyp eingehen, der häufig verwendet wird, um Offline-Daten zu organisieren.

9.2.1 Automatische Zufallswerte (GUID)

Werden Daten an verschiedenen Stellen gesammelt und erst später in einer Tabelle zusammengeführt[1], ist es häufig günstiger, statt eines einfachen Zählerfeldes einen eindeutigen GUID-Primärschlüssel[2] zu verwenden. So werden Synchronisationskonflikte gleich von vornherein vermieden.

Doch wie erzeugen Sie eine derartige Spalte per VBA-Code?

---

[1] Ein typisches Access-Einsatz-Szenario (Außendienst mit Access-Anwendung).

[2] *Global Unique Identifier*

Verwenden Sie in Access dafür zunächst ein GUID-Feld. Zusätzlich müssen Sie über die Jet-spezifischen Eigenschaften noch den Wert *Jet OLEDB:AutoGenerate* auf *True* setzen.

BEISPIEL: Nachträgliches Erzeugen eines GUID-Feldes mit eindeutigen Zufallswerten in der aktuellen Datenbank

```
Sub Auto_GUID()
Dim catalog As New ADOX.catalog
Dim table As New ADOX.table
Dim column As ADOX.column
Dim index As ADOX.index

    catalog.ActiveConnection = Application.CurrentProject.Connection
    table.name = "tblAutowert"
    Set table.ParentCatalog = catalog
    Set column = New ADOX.column
    With column
        .ParentCatalog = catalog
        .name = "GUIDId"
        .Type = adGUID
        .Properties("Jet OLEDB:AutoGenerate").Value = True
    End With
    table.Columns.Append column
    table.Columns.Append "Daten", adVarWChar, 50
    catalog.Tables.Append table
End Sub
```

BEISPIEL: Verwenden einer externen Datenbank

```
...
    conn.ConnectionString = "Provider=Microsoft.ACE.OLEDB.16.0;Data Source=C:\Kunden.accdb;"
    conn.Open
    catalog.ActiveConnection = conn
    Set table = catalog.Tables("Kundenstammdaten")
...
```

Geben Sie in die neu erzeugte Tabelle einige Werte ein und überzeugen Sie sich von der Funktionsweise des GUID-Generators:

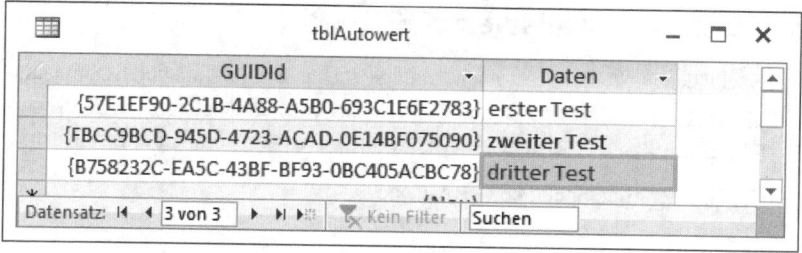

9.2 Erstellen spezieller Feldtypen

HINWEIS: Auch bei 1:n-Beziehungen kann jetzt ein Datenimport problemlos realisiert werden, da die verwendete GUID weltweit eindeutig ist. Der Nachteil dieses Datentyps ist sicher dessen Länge und damit seine Lesbarkeit.

9.2.2 Memofeld mit Archiv-Funktion (Nur anfügen)

Mit Access 2007 eingeführt, ist dieser Datentyp die (einfache) Erweiterung des schon bekannten Memo-Feldes. Im Gegensatz zu diesem bietet ein *Nur anfügen*-Feld[1] die Möglichkeit, die Änderungen des Feldes zu archivieren/dokumentieren.

An der Tabelle selbst werden auch keine Strukturänderungen vorgenommen, Access verwaltet die Vorgängerversionen des Feldinhalts in einer verborgenen Systemtabelle, zu der eine interne 1:n-Beziehung besteht. Gleichzeitig wird in dieser Tabelle das jeweilige Änderungsdatum festgehalten.

HINWEIS: Dieser Feldtyp kann nur in Datenbanken mit dem Access 2007-Format (*.accdb*) realisiert werden!

Erzeugen per Access-Editor

Erstellen Sie ein Memo-Feld und legen Sie dessen *Nur anfügen*-Eigenschaft mit *True (*Ja) fest.

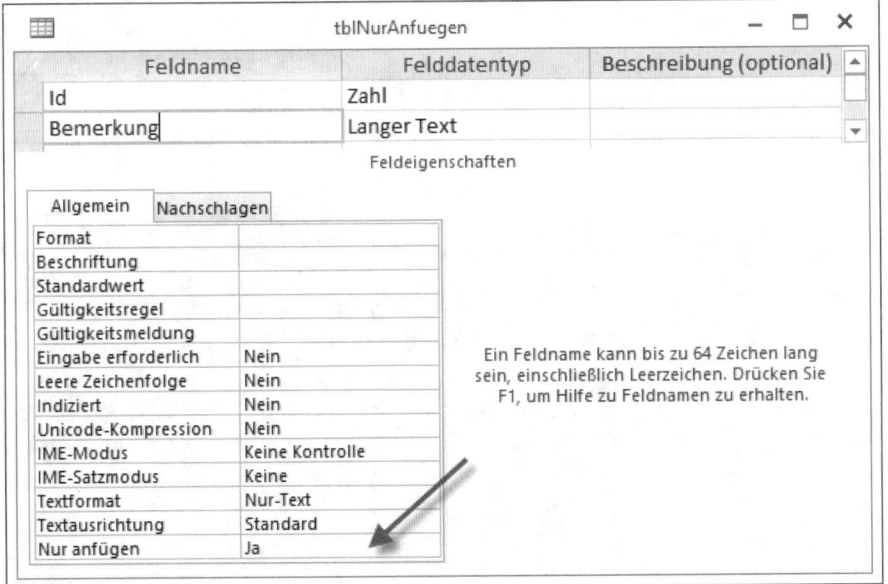

---

[1] Ein missverständlicher Name, da Sie den sichtbaren Text auch löschen können.

Erzeugen per VBA (DAO)

Wir erzeugen zunächst ein normales Memofeld und setzen später die Eigenschaft *AppendOnly* auf *True*.

BEISPIEL: Tabelle mit *Nur anfügen*-Feld

```
Sub CreateTable()
Dim db As DAO.Database
Dim td As DAO.TableDef
Dim fld As DAO.field

  Set db = CurrentDb()
  Set td = db.CreateTableDef("tblNurAnfuegen")

  Set fld = td.CreateField("Id", dbLong)
  td.Fields.Append fld

  Set fld = td.CreateField("Bemerkung", dbMemo)
  td.Fields.Append fld
  db.TableDefs.Append td
```

Achtung, Eigenschaft erst jetzt setzen:

```
  fld.Properties("AppendOnly") = True
End Sub
```

Bemerkung

Möchten Sie sich später die Historie des Feldes anzeigen lassen, können Sie in einem Formular entweder per Kontextmenü (*Verlauf anzeigen*) ein Popup-Fenster aufrufen:

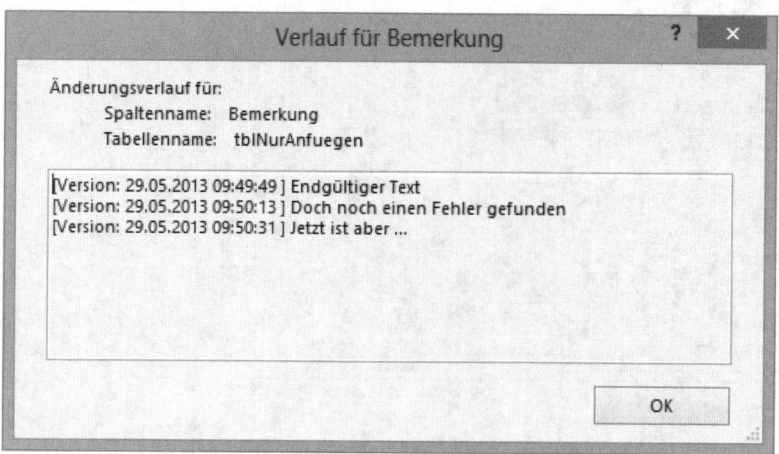

oder Sie weisen dem *Steuerelementinhalt* eines Textfeldes die folgende Methode zu:

`=ColumnHistory([tblNurAnfuegen];"Bemerkung";"[ID]=" & Nz([ID];0))`

9.2 Erstellen spezieller Feldtypen

Über die *ColumnHistory*-Methode werden die alten Feldinhalte aus der versteckten Systemtabelle für die gewünschte Spalte zusammengesucht.

9.2.3 Anlage-Feld

Mit dem *Anlage*-Feld hat Microsoft eine Lücke bei den verfügbaren Datentypen geschlossen. Die Aufgabe derartiger Felder ist das Speichern von Dateien (vornehmlich Grafiken) in der Datenbank. Im Gegensatz zu den guten alten OLE-Objekt-Feldern wird hier der Inhalt der Felder nicht verändert, gleichzeitig ist das Speichern mehrerer Dateien in einem Feld möglich.

Dass so viel Funktionalität nicht mit einem einzelnen Feld realisierbar ist, dürfte auf der Hand liegen, Access speichert die Felddaten in einer verborgenen Systemtabelle ab. Mit Hilfe spezieller Methoden bzw. einigen SQL-Erweiterungen können Sie die Dateien in die Datenbank laden, durchsuchen, ausgeben und natürlich auch löschen.

Allerdings birgt die Komplexität des neuen Datentyps auch einige Fallstricke in sich. So können Sie nicht jeden Dateityp in Anlagefeldern sichern, von Microsoft als "unsicher" eingestufte Dateitypen sind tabu, wie die folgende Abbildung zeigt:

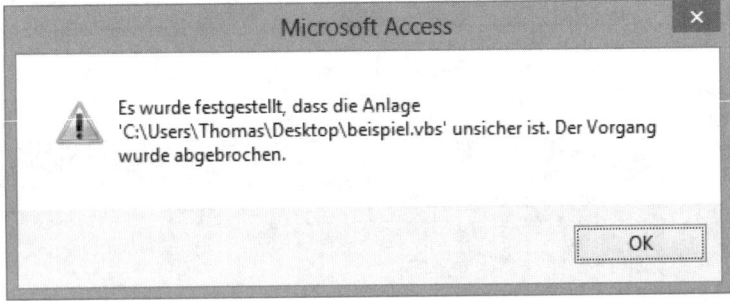

Eine recht sinnfreie "Sicherheitspolitik", ist es doch problemlos möglich, die gleiche Datei mit der Extension TXT in das Feld zu laden.

Das zweite Problem: Durch die interne Verwaltung als 1:n-Beziehung ist die Verarbeitung mit SQL wesentlich fehleranfälliger geworden, wir gehen gesondert darauf ein.

Last, but not least, werden Sie beim exzessiven Einsatz derartiger Felder auch schnell an die Grenzen von Access stoßen, bei 2 GByte ist nämlich Schluss. Vor vielen, vielen Jahren war das sicher noch eine ganze Menge, heute passt nicht mal mehr der Inhalt einer SD-Speicherkarte in eine Access-Datenbank.

HINWEIS: Anlage-Felder können nur mit Datenbanken im Access 2007/2010/2013/2016-Format (*.accdb*) realisiert werden!

Erzeugen per VBA (DAO)

Der Quellcode fällt recht knapp aus, mit einer neuen Konstanten ist es beim Erstellen des Feldes möglich, den gewünschten Datentyp zu erzeugen.

BEISPIEL: Erzeugen eines Anlagefelds

```
Sub MeinAnlageFeld()
Dim db As DAO.Database
Dim td As DAO.TableDef
Dim fld As DAO.field
  Set db = CurrentDb()
  Set td = db.CreateTableDef("tblAnlage")
  Set fld = td.CreateField("Id", dbLong)
  td.Fields.Append fld
  Set fld = td.CreateField("Anhang", dbAttachment)
  td.Fields.Append fld
  db.TableDefs.Append td
End Sub
```

Nach dem Ausführen der obigen Methode können Sie das Feld schon füllen:

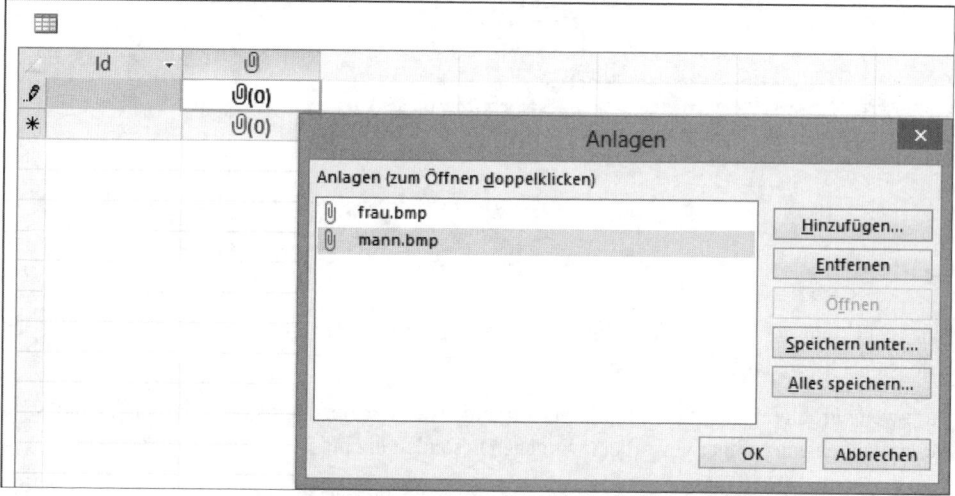

9.2.4 Rich-Text-Feld

Auch bei diesem Feldtyp handelt es sich um einen echten "Lückenfüller", der wegen der Kompatibilität zwischen SharePoint und Access eingeführt wurde.

Doch schon in der Bezeichnung lauert der erste Trugschluss, es handelt sich im Grunde um ein ganz normales Memofeld, das **HTML-formatierte Daten** enthalten kann. Intern handelt es sich also nur um eine zusätzliche Eigenschaft für den Feldtyp *Memo,* der im Zusammenhang mit dem Im- und Export bzw. der Darstellung in Formularen/Berichten eine Bedeutung bekommt.

9.2 Erstellen spezieller Feldtypen

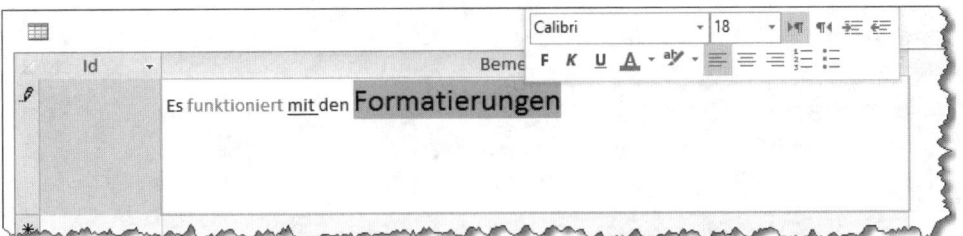

Erzeugen per VBA (DAO)

Prinzipiell könnten Sie ein normales Memofeld verwenden, in diesem Fall erkennt jedoch die Datenblatt-Ansicht nicht, dass es sich um formatierte Inhalte handelt. Setzen Sie aus diesem Grund die Eigenschaft *TextFormat* auf 1.

```
Sub CreateRichTextField()
Dim db As DAO.Database
Dim td As DAO.TableDef
Dim fld As DAO.field
Dim prop As DAO.Property

    Set db = CurrentDb()
    Set td = db.CreateTableDef("Test2")
    Set fld = td.CreateField("Id", dbLong)
    td.Fields.Append fld
    Set fld = td.CreateField("Bemerkung", dbMemo)
    td.Fields.Append fld
    db.TableDefs.Append td
    Set prop = fld.CreateProperty("TextFormat", 2, 1)
```

HINWEIS: Setzen Sie den Wert auf 0, ist es ein reines Textfeld.

```
    fld.Properties.Append prop
End Sub
```

HINWEIS: Es handelt sich um eine zusätzlich zu erzeugende Eigenschaft, deshalb das *Append*.

9.2.5 Multivalue-Feld (MVF)

Sicher kennen auch Sie die typische Problemstellung einer m:n-Beziehung, die im Normalfall mit drei Tabellen realisierbar ist (siehe folgende Abbildung).

Für das Beispiel gilt: Ein Angestellter kann beliebig viele Hobbys haben, ein Hobby kann von beliebig vielen Angestellten ausgeübt werden.

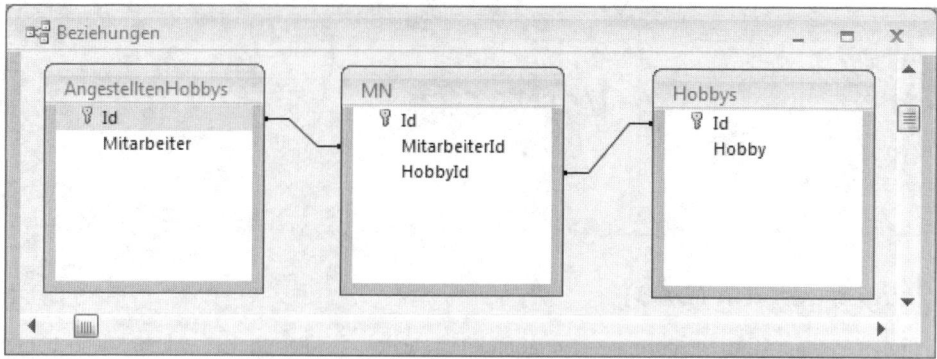

Seit Access 2007 wurde das aus relationaler Sicht Unmögliche wahr und Sie können obige Aufgabenstellung auch mit zwei Tabellen realisieren. Hier ist allerdings keine Hexerei am Werk, im Hintergrund werden nach wie vor drei Tabellen verwaltet, dies ist jedoch für den Endanwender (und leider auch für den Programmierer) nicht transparent.

HINWEIS: Dieses Feature ist nur mit Datenbanken im Access 2007-Format realisierbar!

Allerdings ist die Verwendung von Multivalue-Feldern nicht ganz unproblematisch. Der Übersichtlichkeit Ihrer Programme ist dieses "Feature" kaum zuträglich, ganz abgesehen davon, dass spätere Abfragen (SQL) schnell zu fehlerhaften Ergebnissen führen können. Auch ein Export derartiger Daten wird (von SharePoint abgesehen) schnell zum Geduldsspiel.

Als Beispiel wollen wir, ausgehend von obiger Lösung mit drei Tabellen, ein Multivalue-Feld erstellen, in welchem für einzelne Mitarbeiter die Hobbys verwaltet werden.

Erzeugen per Access-Editor

Erstellen Sie zunächst eine Tabelle *Hobbys*, die alle möglichen Hobbys in der Spalte *Hobby* aufnimmt. Füllen Sie die Tabelle mit einigen Beispieldatensätzen:

Nachfolgend können Sie sich der Tabelle *AngestelltenHobbys* zuwenden. Neben einem Primärschlüssel (Zählerfeld) und einem Textfeld für den Namen des Mitarbeiters fügen Sie noch ein weiteres Feld *Hobbys* mit Hilfe des Nachschlage-Assistenten hinzu.

9.2 Erstellen spezieller Feldtypen

Im ersten Schritt bestimmen Sie im Assistenten, dass die Werte einer Tabelle zu entnehmen sind:

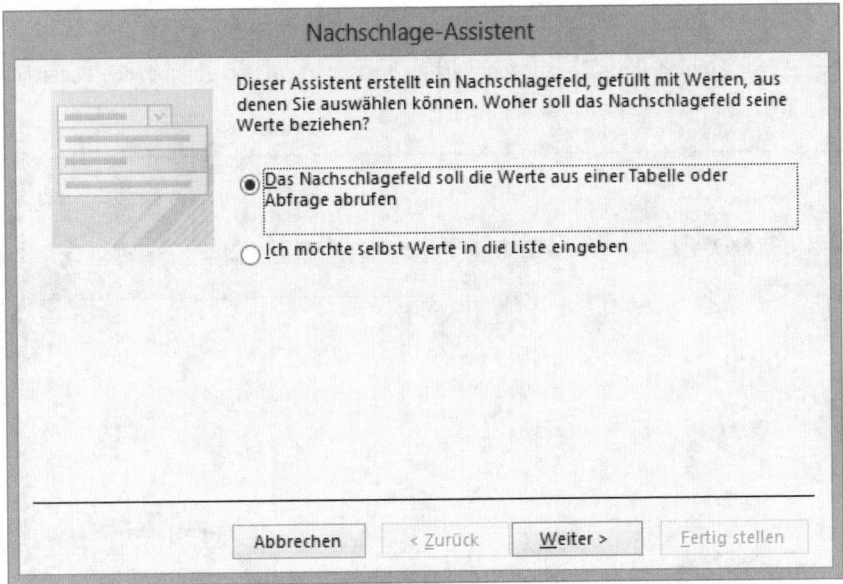

In den nachfolgenden Schritten entscheiden Sie sich für die Tabelle *Hobbys* und dort für das Feld *Hobby*. Eine extra Sortierfolge brauchen Sie nicht anzugeben. Bevor Sie die letzte Seite in einem Anfall von Flüchtigkeit mit *Fertig* abschließen, sollten Sie noch einen Blick auf eine unscheinbare Option werfen, die in diesem Dialog angezeigt wird.

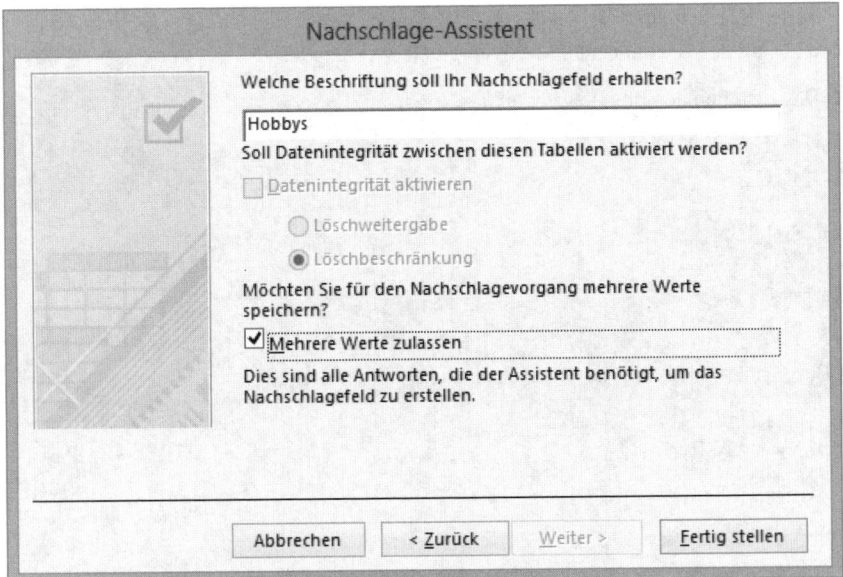

HINWEIS: Markieren Sie die Option *Mehrere Werte zulassen*, um ein Multivalue-Feld zu erstellen.

Das war es bereits, Sie können Ihren Tabellenentwurf jetzt abspeichern und einen ersten Datensatz aufnehmen:

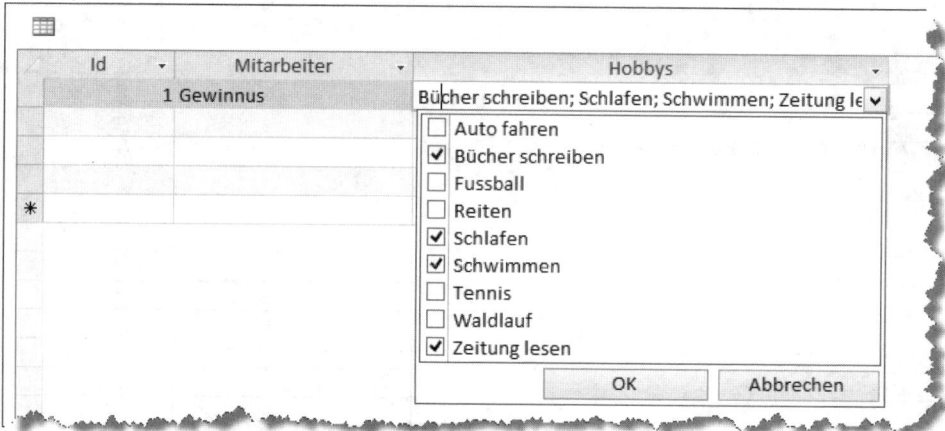

Erzeugen per Code (DAO)

Wie im vorhergehenden Absatz per Assistent demonstriert, wollen wir jetzt per Code für einen Mitarbeiter verschiedene Hobbys verwalten. Die Tabelle *Hobbys (*eine Spalte *Hobby)* ist bereits erstellt und mit einigen Datensätzen gefüllt.

Über einige neue Konstanten der DAO *DataTypeEnum* (*dbComplexByte*, *dbComplexLong*, *dbComplexText* ...) können Sie die neuen Multivalue-Felder erzeugen.

BEISPIEL: Das Erstellen der Tabelle *AngestelltenHobbys*

```
Sub MultiValueField()
Dim db As DAO.Database
Dim td As DAO.TableDef
Dim fld As DAO.field

  Set db = CurrentDb()
  Set td = db.CreateTableDef("AngestelltenHobbys")
```

Eindeutiger Bezeichner (auf Primärkey verzichten wir an dieser Stelle):

```
  Set fld = td.CreateField("Id", dbLong)
  fld.Attributes = dbAutoIncrField
  td.Fields.Append fld
```

Der Name des Mitarbeiters:

```
  Set fld = td.CreateField("Mitarbeiter", dbText, 100)
  td.Fields.Append fld
```

9.2 Erstellen spezieller Feldtypen

Das Feld für die Verwaltung der Hobbys:

```
Set fld = td.CreateField("Hobbys", dbComplexText, 255)
td.Fields.Append fld
db.TableDefs.Append td
```

> **HINWEIS:** Erst nach dem Anhängen an die Tabelle können die neuen Eigenschaften definiert werden!

Mehrfachwerte möglich:

```
fld.Properties.Append fld.CreateProperty("AllowMultipleValues", dbBoolean, True)
```

Die Detaildaten entstammen einer Tabelle:

```
fld.Properties.Append fld.CreateProperty("RowSourceType", dbText, "Table/Query")
```

Die Datenherkunft:

```
fld.Properties.Append fld.CreateProperty("RowSource", 12, "SELECT [Hobbys].[Hobby] FROM Hobbys;")
```

Die gebundene und anzuzeigende Spalte:

```
fld.Properties.Append fld.CreateProperty("BoundColumn", dbInteger, 1)
fld.Properties.Append fld.CreateProperty("ColumnCount", dbInteger, 1)
End Sub
```

Das war es bereits, Sie können jetzt die Tabelle *AngestelltenHobbys* öffnen und testen.

Bemerkungen

Zunächst scheint auch alles wunderbar zu funktionieren. Doch ein erster Blick in die Beziehungen der Datenbank bringt hervor, dass beide Tabellen aus Sicht des Anwender nicht in Beziehung stehen.

Dass dem auch so ist, werden Sie mit einem kleinen Test schnell feststellen. Fügen Sie einen zusätzlichen Datensatz in die Tabelle *AngestelltenHobbys* ein und wählen Sie das Hobby "Laufen". Einer plötzlichen Eingebung folgend, wollen Sie jetzt das Hobby in "Waldlauf" umbenennen. Dies funktioniert auch problemlos.

Ein erneuter Blick in die Tabelle *AngestelltenHobbys* zeigt jetzt jedoch immer noch das Hobby "Laufen", neue Datensätze können jedoch mit "Waldlauf" erstellt werden.

Für etwas Verwirrung dürfte allerdings das Editieren des zuerst angelegten Datensatzes führen, taucht doch jetzt in der Liste zusätzlich auch die Option "Laufen" wieder auf:

```
☐ Auto fahren
☑ Bücher schreiben
☐ Fussball
☑ Laufen
☐ Reiten
☑ Schlafen
☑ Schwimmen
☐ Tennis
☐ Waldlauf
☑ Zeitung lesen
```

Dem Chaos dürften damit Tür und Tor geöffnet sein, ein sinnvolles Abfragen, Exportieren oder Verwalten der Daten bleibt Wunschdenken und der Profi wendet sich mit Grausen[1] ...

9.2.6 Berechnete Spalten

Mit Access 2010 hielten auch berechnete Spalten in Access Einzug, ein Feature, das es bei anderen Datenbanksystemen bereits seit langem gibt und gab. Das Grundprinzip: intern basierend auf einer Spalte mit *Text-*, *Number-*, *Currency-*, *Boolean-* oder *DateTime*-Datentyp wird zusätzlich ein Ausdruck zugeordnet, der den Wert der Spalte basierend auf dem Wert anderer Spalten "berechnet".

An dieser Stelle werden sicher die Befürworter der reinen Lehre "graue Haare bekommen", handelt es sich doch in 99,9% der Fälle um redundante Informationen, die es in dieser Form eigentlich nicht in normalisierten Tabellen geben sollte. Stattdessen sollten Views zur Laufzeit diese Werte berechnen und zur Verfügung stellen. Doch genau an dieser Stelle ist auch der Vorteil des Verfahrens zu sehen: Statt umständlich mit zusätzlichen Abfragen können Sie direkt mit einer Tabelle arbeiten.

Der zusätzlich nötige Speicher für die Feldinhalte wird durch eine schnellere Verarbeitungszeit kompensiert, da ja die Berechnungen bereits beim Einfügen/Ändern der Daten durchgeführt werden und nicht erst beim Abarbeiten einer Abfrage.

Ein kleines Beispiel zeigt im Folgenden das Erstellen der berechneten Spalten und deren Verwendung in einem VBA-Programm.

Erzeugen per Access-Editor

Zunächst erstellen wir mit Access eine neue Datenbank und fügen in diese eine Tabelle *Mitarbeiter* ein. Neben einigen "konventionellen" Feldern fügen wir ein Währungsfeld *Gehalt* und ein berech-

---

[1] Oh Codd, oh Codd!

9.2 Erstellen spezieller Feldtypen

netes Feld *Jahresgehalt* ein. Für Letzteres können wir über die Feld-Eigenschaft *Ausdruck* die gewünschte Berechnungsfunktion festlegen.

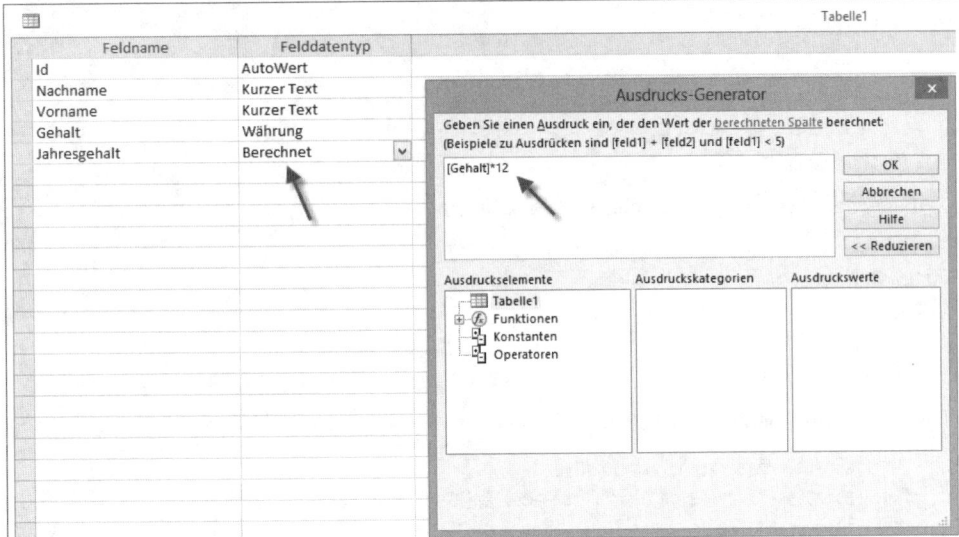

Nach dem Speichern der Tabelle können wir in einem ersten Test einige Datensätze hinzufügen, um die korrekte Funktion zu überprüfen:

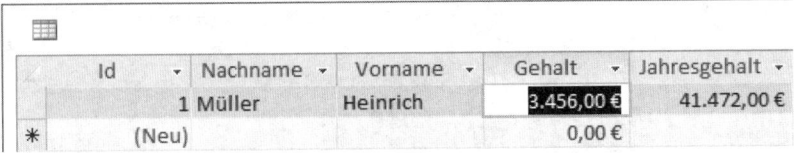

> **HINWEIS:** Es ist nicht möglich, das aktuelle Datum für den Inhalt von berechneten Feldern zu verwenden.

Erzeugen per Code (DAO)

An dieser Stelle werden Sie sich sicher fragen, wie Sie per Code zum gewünschten Ergebnis kommen. Statt tiefgehender Beschäftigung mit der *DataTypeEnum*, die zu wenig sinnvollen Ergebnissen führt, sollten Sie sich für die zusätzliche Eigenschaft *Expression* des *Fields*-Objekts interessieren. Dieser können Sie den gewünschte Ausdruck übergeben, der dafür nötige Datentyp wird von der Engine automatisch festgelegt.

> **BEISPIEL:** Erzeugen einer Tabelle *Kundenstammdaten*, die ein berechnetes Feld *NameKomplett* enthalten soll

```
Sub Erstelle_Berechnetes_Feld()
Dim db As DAO.Database
Dim td As DAO.TableDef
```

```
Dim fld As DAO.Field
```

Zunächst die "üblichen Verdächtigen" beim Erstellen einer neuen Tabelle:

```
Set db = CurrentDb()
Set td = db.CreateTableDef("Kundenstammdaten")

Set fld = td.CreateField("Id", dbLong)
fld.Attributes = dbAutoIncrField
td.Fields.Append fld
```

Auf diesen Feldern soll das berechnete Feld basieren:

```
Set fld = td.CreateField("Nachname", dbText, 100)
td.Fields.Append fld

Set fld = td.CreateField("Vorname", dbText, 100)
td.Fields.Append fld
```

Und hier kommt die wesentliche Felddefinition:

```
Set fld = td.CreateField("NameKomplett")
fld.Properties("Expression") = "[Nachname] & ("", ""+[Vorname])"
td.Fields.Append fld
db.TableDefs.Append td
End Sub
```

Ein kleiner Test dürfte jetzt das gewünschte Ergebnis zeigen:

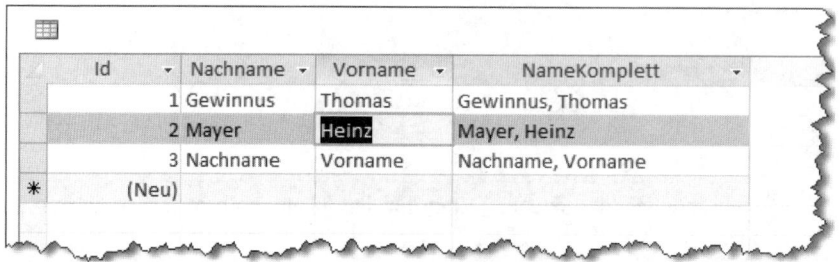

HINWEIS: Die Ausdrücke selbst können Sie gegebenenfalls im Eigenschafteneditor zusammenstellen.

9.2.7 Beschreibung von Datenbankfeldern setzen

Nach so viel Feldtypen wenden wir uns abschließend noch einer speziellen Eigenschaft zu, die der besseren Übersicht beim Tabellenentwurf dient. In Access haben Sie die Möglichkeit, jedem Tabellenfeld eine Beschreibung zuzuordnen. Doch wie können Sie diese Beschreibung erzeugen und später wieder abfragen? Beim *Column*-Objekt finden Sie keine entsprechende Eigenschaft, da es sich um eine treiberspezifische Eigenschaft handelt. Sie müssen also die *Properties*-Collection bemühen.

9.2 Erstellen spezieller Feldtypen

BEISPIEL: Setzen der Tabellenfeld-Beschreibung

```
Sub Erstelle_Tabellenfeld_Beschreibung()
Dim cat As New ADOX.catalog
Dim tbl As New ADOX.table

  cat.ActiveConnection = Application.CurrentProject.Connection
  tbl.name = "Tabelle1"
  Set tbl.ParentCatalog = cat

  tbl.Columns.Append "Daten", adInteger
  tbl.Columns("Daten").Properties("Description") = "Hier stehen die wichtigen Daten"
  cat.Tables.Append tbl
End Sub
```

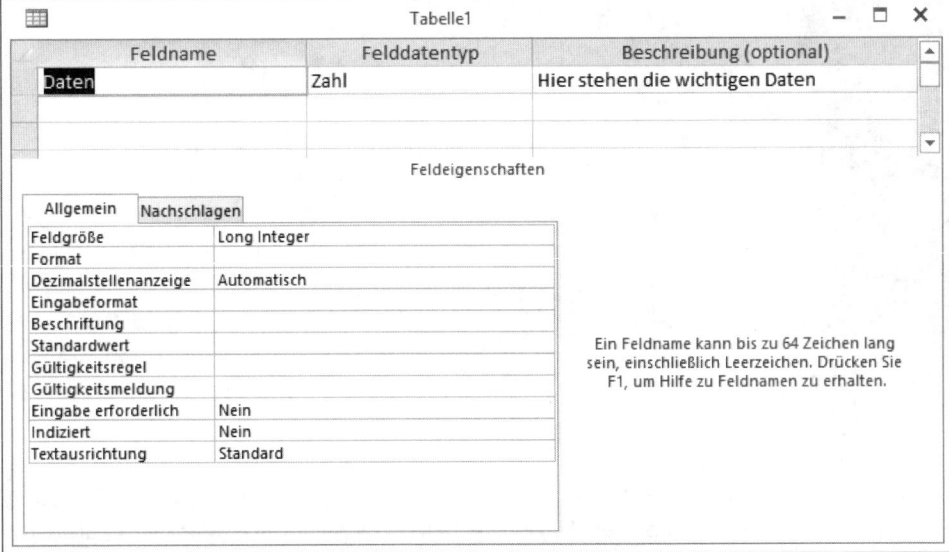

BEISPIEL: Anzeige der Tabellenfeld-Beschreibung in einem Meldungsfenster

```
Sub Beschreibung_Datenfeld_abrufen()
Dim catalog As New ADOX.catalog
Dim conn As New ADODB.Connection

  catalog.ActiveConnection = Application.CurrentProject.Connection
  MsgBox catalog.Tables("Tabelle1").Columns("Daten").Properties("Description").Value
End Sub
```

9.3 Zugriffsschutz in Access-Datenbanken

Im vorliegenden Abschnitt wollen wir uns vorerst nur auf Access-Datenbanken beschränken. Im folgenden Kapitel 10 werden dann die SQL Server-spezifischen Sicherheitsmechanismen vorgestellt.

Die einfachste Möglichkeit, Datenbanken zu schützen, haben Sie in diesem Kapitel bereits kennen gelernt. Hintergrund ist das Zuweisen eines Datenbank-Passwortes, die gleiche Funktion, die Sie auch über die Backstage-Ansicht *Datei/Information/Mit Kennwort verschlüsseln* realisieren können.

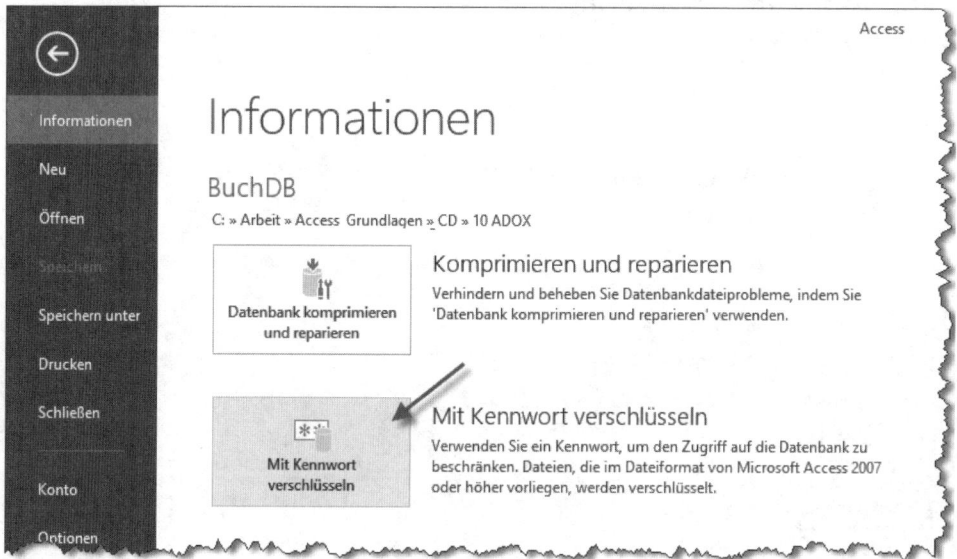

Das verwendete Verfahren scheint zwar relativ sicher, hat aber den Nachteil, nicht flexibel genug zu sein. Entweder kann der Nutzer auf die gesamte Datenbank zugreifen, oder er kann es nicht. Der folgende Abschnitt zeigt weitere Verfahren und deren Realisierung mit der Datenbank-Engine.

HINWEIS: Leider hatte sich Microsoft entschlossen, die nutzerbasierte Sicherheit im ab dem Access 2007-Datenbankformat (ACCDB) nicht weiter zu unterstützen. Alle folgenden Ausführungen beziehen sich deshalb ausschließlich auf das alte MDB-Datenbankformat (Access 2000/2003), das auch von Access 2007/2010/2013/2016 weiter unterstützt wird.

9.3.1 Grundlagen

Das von Access verwendete Sicherheitsmodell bietet Zugriffsschutz auf Benutzerebene. Einzelne Nutzer können wiederum in Gruppen erfasst werden, was die Verwaltung wesentlich vereinfacht.

9.3 Zugriffsschutz in Access-Datenbanken

Vordefiniert ist lediglich der Nutzer "Administrator", kurz "Admin". Weiterhin gibt es in jeder Access-Datenbank zwei Nutzergruppen: Administratoren und Benutzer. Solange Sie kein Administratoren-Passwort zugewiesen haben, merken Sie nichts vom internen Sicherheitsmodell. Das heißt jedoch noch lange nicht, dass es deaktiviert ist.

HINWEIS: In diesem Zusammenhang werden Sie sicher über den Begriff "Owner" oder "Besitzer" stolpern. Damit ist der Nutzer gemeint, der die zu sichernden Datenbankobjekte erstellt hat.

Informationen über die vorhandenen Nutzer und Nutzergruppen sowie deren Passwörter werden in der Systemdatenbank *System.mdw* abgelegt. Welche Rechte die Nutzer an einzelnen Datenbank-Objekten haben, wird verständlicherweise in der eigentlichen Datenbank (nicht in der Systemdatenbank!) abgelegt.

Die eigentliche Vergabe von Rechten sieht komplizierter aus als sie ist. Auf jeden Fall muss zwischen den Rechten einer Gruppe und den Rechten einer einzelnen Person unterschieden werden.

Weisen Sie beispielsweise der Gruppe "Buchhalter" die Berechtigungen an der Tabelle "Gehälter" zu, können alle Nutzer, die der Gruppe "Buchhalter" zugeordnet sind, auf diese Tabelle zugreifen, auch wenn die einzelne Person diese Rechte nicht hat. Die folgende Abbildung soll dies verdeutlichen:

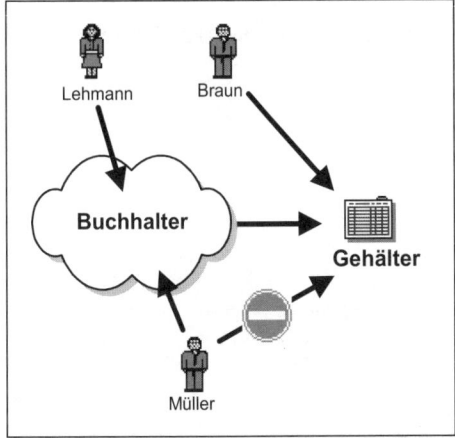

Lehmann und Müller sind beide der Gruppe "Buchhalter" zugeordnet und können dadurch auf die Tabelle "Gehälter" zugreifen, Müller als Nutzer hat keinen Zugriff (z.B. wenn er aus "Buchhalter" entfernt wird). Etwas anders sieht es mit Braun aus, der zwar nicht Mitglied der Gruppe ist, dafür aber Nutzerrechte hat, die den Zugriff auf "Gehälter" erlauben.

In diesem Zusammenhang sei noch einmal an die Thematik "Abfragen" erinnert. Eine Option der SQL-Abfrage war WITH OWNERACCESS OPTION.

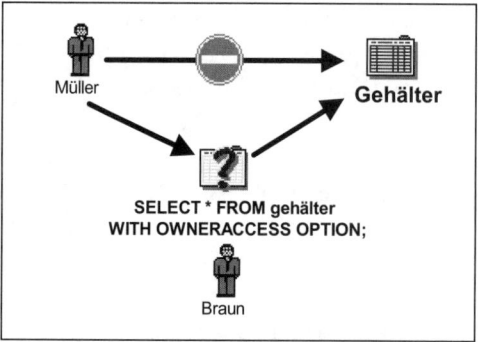

Ist diese Option angegeben, kann ein Nutzer die SQL-Abfrage auf den zugrunde liegenden Tabellen ausführen, auch wenn ihm die Rechte an den Tabellen selbst fehlen. Für die Abfrage werden die Rechte der Person verwendet, die die Abfrage erzeugt hat (der Owner). Wird der Owner der Abfrage gelöscht, kann die Abfrage nicht mehr ausgeführt werden.

Nun wollen wir uns der eigentlichen Programmierung zuwenden, die alle noch offenen Fragen hoffentlich beantworten wird. Dabei trennen wir die Beispiele nach den verwendeten Datenzugriffstechnologien DAO und ADO/ADOX.

9.3.2 Sichern auf Datenbankebene (DAO)

An dieser Stelle möchten wir Ihnen noch einmal kurz die Zuweisung eines Datenbankpasswortes demonstrieren.

BEISPIEL: Zuweisen des Passwortes *geheim*

```
Dim ws As Workspace
Dim db As DATABASE
Dim datenbank$
  datenbank = "c:\test.mdb"
  Set ws = DBEngine.Workspaces(0)
  Set db = ws.CreateDatabase(datenbank, dbLangGeneral, dbVersion30)
  db.NewPassword "", "geheim"
  db.Close
```

BEISPIEL: Zugriff auf eine passwortgeschützte Datenbank

```
...
  Set ws = DBEngine.Workspaces(0)
  Set db = ws.OpenDatabase("c:\test.mdb", False, False, ";pwd=geheim")
...
```

HINWEIS: Achten Sie auf das Semikolon vor *pwd=*!

9.3.3 Sichern auf Datenbankebene (ADO/ADOX)

BEISPIEL: Neue Datenbank mit Passwortschutz erzeugen

```
Dim cat As New ADOX.Catalog
  cat.Create "Provider=Microsoft.Jet.OLEDB.4.0;Data Source=c:\test.mdb;" & _
          "Jet OLEDB:Database Password=geheim;"
...
```

BEISPIEL: Öffnen einer geschützten Datenbank

```
Dim conn As New ADODB.Connection
  conn.Open "Provider=Microsoft.Jet.OLEDB.4.0;Data Source=c:\test.mdb;" & _
          "Jet OLEDB:Database Password=geheim;"
...
```

9.3.4 Erstellen neuer Benutzer und Gruppen (DAO)

Bevor Sie Rechte an Nutzer oder Gruppen vergeben können, müssen Sie diese registrieren. Die folgende Abbildung zeigt die Teile der Datenbank-Engine, mit denen Sie sowohl User und Usergruppen hinzufügen als auch verändern können.

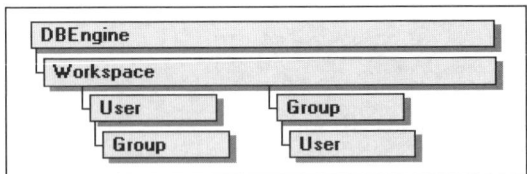

Grundsätzlich können Sie mit den obigen Objekten bzw. Auflistungen all das erreichen, was Sie auch über die Backstage-Ansicht (*Datei/Informationen/Benutzer und Berechtigungen*) realisieren können.

BEISPIEL: Hinzufügen einer Gruppe *Buchhalter*

```
Dim ws As Workspace
Dim newGroup As GROUP

  Set ws = DBEngine.Workspaces(0)
```

Der zweite Parameter ist die PID:

```
  Set newGroup = ws.CreateGroup("Buchhalter", "6537462")
  ws.Groups.Append newGroup
  ws.Groups.Refresh
```

BEISPIEL: Hinzufügen der Personen "Müller" und "Braun"

```
Dim ws As Workspace
Dim newUser As User
Dim UserName As String, UserPID As String, UserPW As String

  UserName = "Müller"
  UserPID = "93285"
  UserPW = "Müller"

  Set ws = DBEngine.Workspaces(0)
  Set newUser = ws.CreateUser(UserName, UserPID, UserPW)
  ws.Users.Append newUser
```

Müller wird der Gruppe *Buchhalter* zugeordnet:

```
  newUser.Groups.Append ws.CreateGroup("Buchhalter")

  UserName = "Braun"
  UserPID = "746834"
  UserPW = "Braun"

  Set newUser = ws.CreateUser(UserName, UserPID, UserPW)
  ws.Users.Append newUser
```

Braun wird der Gruppe *Administratoren* zugeordnet:

```
  newUser.Groups.Append ws.CreateGroup("Admins")
```

BEISPIEL: Nachträgliches Zuordnen von Braun zur Gruppe *Buchhalter*

```
Dim ws As Workspace
Dim newUser As User

  Set ws = DBEngine.Workspaces(0)

  Set newUser = ws.Users("Braun")
  newUser.Groups.Append ws.CreateGroup("Buchhalter")
```

9.3 Zugriffsschutz in Access-Datenbanken

BEISPIEL: Passwort von Braun neu festlegen

```
Dim ws As Workspace
  Set ws = DBEngine.Workspaces(0)
  ws.Users("Braun").NewPassword "Braun", "geheim"
```

BEISPIEL: Entfernen von Braun aus der Gruppe *Administratoren*

```
On Error Resume Next
Dim us As User
  Set us = DBEngine.Workspaces(0).Users("Braun")
  us.Groups.Delete "admins"
```

Die obigen Beispiele haben nun hoffentlich alle noch offenen Fragen im Zusammenhang mit Gruppen und Nutzern beantwortet. Damit können wir uns der Vergabe von Rechten zuwenden.

9.3.5 Vergabe von Rechten (DAO)

Zugriffsrechte für Objekte, das können zum Beispiel Tabellen oder auch ganze Datenbanken sein, werden nicht etwa am Objekt selbst gespeichert, sondern im zugehörigen *Document*-Objekt. Die Rechte selbst setzen sich aus der Kombination der folgenden Konstanten zusammen, die über die *Permissions*-Eigenschaft zugewiesen oder gelesen werden können.

Konstante	Beschreibung
dbSecNoAccess	Kein Zugriff auf das Objekt
dbSecFullAccess	Voller Zugriff auf das Objekt
dbSecDelete	Objekt kann gelöscht werden
dbSecReadSec	Sicherheitsbezogene Informationen des Objekts können gelesen werden
dbSecWriteSec	Zugriffsberechtigungen können geändert werden
dbSecWriteOwner	Einstellung der Owner-Eigenschaft kann geändert werden, d.h., ein anderer Nutzer kann zum Besitzer werden

Beim *Container*-Objekt für Tabellen oder bei allen *Document*-Objekten in einer *Documents*-Auflistung sind die in der Tabelle enthaltenen Einstellungen oder Rückgabewerte möglich.

Konstante	Beschreibung
dbSecCreate	Neue Dokumente können erstellt werden
dbSecReadDef	Tabellendefinition (einschließlich Spalten- und Indexinformationen) kann gelesen werden
dbSecWriteDef	Tabellendefinition (einschließlich Spalten- und Indexinformationen) kann geändert oder gelöscht werden
dbSecRetrieveData	Daten aus dem *Document*-Objekt können abgerufen werden
dbSecInsertData	Datensätze können hinzugefügt werden
dbSecReplaceData	Datensätze können geändert werden
dbSecDeleteData	Datensätze können gelöscht werden

Beim *Container*-Objekt für Datenbanken oder bei allen *Document*-Objekten in einer *Documents*-Auflistung sind die in der folgenden Tabelle aufgeführten Einstellungen oder Rückgabewerte möglich.

Konstante	Benutzer oder Gruppe
dbSecDBAdmin	Erteilt dem Benutzer die Erlaubnis, die Datenbank replizierbar zu machen und das Datenbankkennwort zu ändern
dbSecDBCreate	Kann neue Datenbanken erstellen (nur beim Container-Objekt für Datenbanken in der Systemdatenbank [*System.mdw*] zulässig)
dbSecDBExclusive	Exklusiver Zugriff
dbSecDBOpen	Datenbank kann geöffnet werden

Die oben genannten Zugriffsrechte entsprechen den aus dem Dialogfeld *Datenbanktools/Verwalten/Benutzer und Berechtigungen* bekannten Optionen:

HINWEIS: Bei der Vergabe von Rechten sollten Sie nicht zu kleinlich verfahren. Einige Berechtigungen müssen zugewiesen werden, ansonsten kann Access die Datenbank nicht korrekt öffnen. Dies trifft zum Beispiel auf die Systemtabellen zu. Am einfachsten ist es, wenn Sie jeden Nutzer zusätzlich zur Gruppe *Benutzer* hinzufügen.

BEISPIEL: Herrn Braun werden alle Rechte an der Tabelle *Gehälter* zugewiesen

```
Dim DB As DATABASE
Dim D As Document
```

```
Set DB = CurrentDb
Set D = DB.Containers!Tables.Documents("Gehälter")
D.username = "Braun"
D.Permissions = D.Permissions Or dbSecFullAccess
```

BEISPIEL: Der Gruppe *Buchhalter* werden die Leserechte an der Tabelle *Gehälter* erteilt

```
Dim DB As DATABASE
Dim D As Document

Set DB = CurrentDb
Set D = DB.Containers!Tables.Documents("Gehälter")
D.username = "Buchhalter"
D.Permissions = D.Permissions Or dbSecRetrieveData
```

Etwas anders sieht es aus, wenn Sie einem Nutzer oder einer Gruppe das Erstellen von Datenbanken verbieten wollen. In diesem Fall wird die Information in der Systemdatenbank abgelegt.

BEISPIEL: Die Gruppe *Buchhalter* darf keine neuen Datenbanken erstellen

```
Dim DB As DATABASE
Dim c As Container

Set DB = DBEngine(0).OpenDatabase(SysCmd(acSysCmdGetWorkgroupFile))
Set c = DB.Containers!Databases
c.username = "Buchhalter"
c.Permissions = c.Permissions And Not dbSecDBCreate
```

BEISPIEL: Für alle, die mit den logischen Operatoren noch nicht ganz klarkommen

Entziehen eines Rechts: Permissions = Permissions And Not <Recht>
Bewilligen eines Rechts: Permissions = Permissions Or <Recht>

Eine praktische Anleitung, die Sie Schritt für Schritt nachvollziehen können, finden Sie im folgenden Abschnitt.

9.3.6 Komplettbeispiel: Nutzerbasierte Sicherheit

Sollten Sie nach all den Objekten, Properties und Optionen ein flaues Gefühl in der Magengegend verspüren, geht es Ihnen nicht viel anders als den Autoren. Ein umfangreicheres Beispiel soll deshalb diese komplexe Materie etwas leichter verdaulich gestalten.

Ausgangspunkt ist Ihre Firmendatenbank, auf die im Wesentlichen die Nutzergruppen *Buchhalter* und *Pförtner*[1] zugreifen sollen. Dass Ihr Pförtner nicht alles zu sehen braucht, dürfte klar sein. Neben Ihnen als Chef bzw. Administrator sollen nur noch dem Mitarbeiter Bauer etwas tiefere Einblicke in die interne Datenbankstruktur gestattet werden. Alle anderen Personen oder Gruppen dürfen keinerlei Rechte an der Datenbank besitzen. Das trifft auch auf alle Angehörigen der Gruppe *Administratoren* zu.

---

[1] Die beiden Gruppen sollen lediglich unterschiedliche Zugriffslevel symbolisieren.

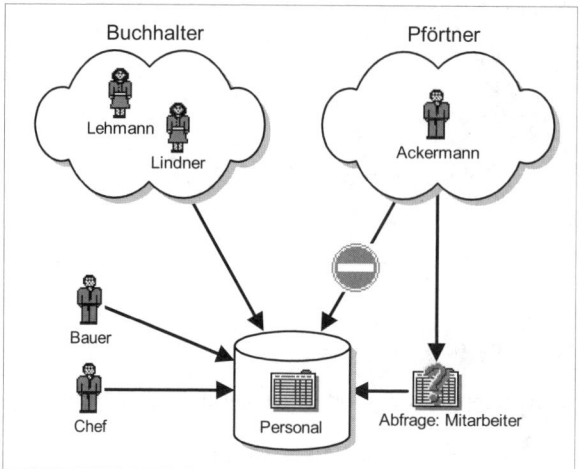

> **HINWEIS:** In der Kapitel-Datenbank finden Sie das komplette Beispiel in der gleichen Gliederung wie im vorliegenden Rezept (Formular *Arbeiten mit gesicherten Datenbanken*). Die Datenbank nutzen Sie lediglich als Programmierplattform, die Zieldatenbank wird erst zur Laufzeit erstellt und mit den nötigen Daten versehen.

Folgende Schritte sind erforderlich:

1. Nutzer und Gruppen erstellen (in der aktuellen Arbeitsgruppe)
2. Nutzer den Gruppen zuordnen
3. Datenbank erstellen (die Daten werden aus der Kapiteldatenbank importiert)
4. Rechte an der Datenbank vergeben

Oberfläche

Erstellen Sie eine einfache Oberfläche mit vier Schaltflächen, für die oben angegebenen vier Schritte.

1. Nutzer und Gruppen erstellen

Bevor Sie auch nur eine einzige Tabelle oder Abfrage erstellen, sollten Sie alle benötigten Nutzer und Gruppen definieren. Dies ist insbesondere für den User "Chef" wichtig, da dieser zum Owner (Besitzer) der Datenbank-Objekte gekürt werden soll.

Als *Workspace* wird die aktuelle Arbeitsumgebung verwendet. Wir gehen natürlich davon aus, dass Sie Administratoren-Rechte besitzen (unbedingt für das Erstellen von Nutzern und Gruppen erforderlich).

```
Dim ws As Workspace
    Set ws = DBEngine.Workspaces(0)
```

9.3 Zugriffsschutz in Access-Datenbanken

Gruppenname und PID übergeben:

```
ws.Groups.Append ws.CreateGroup("Buchhalter", "123456")
ws.Groups.Append ws.CreateGroup("Pförtner", "654321")
ws.Groups.Refresh
```

Name, PID, PW:

```
ws.Users.Append ws.CreateUser("Chef", "11111", "pwChef")
ws.Users.Append ws.CreateUser("Bauer", "22222", "pwBauer")
ws.Users.Append ws.CreateUser("Ackermann", "33333", "pwAckermann")
ws.Users.Append ws.CreateUser("Lindner", "44444", "pwLindner")
ws.Users.Append ws.CreateUser("Lehmann", "55555", "pwLehmann")
```

Wie Sie sehen, werden die neu erzeugten *Group*-Objekte sofort an die entsprechende Auflistung angehängt (kürzeste Schreibweise). Gleiches trifft auf die User zu, übergeben werden neben dem Namen die PID und das Kennwort.

2. Nutzer den Gruppen zuordnen

Bisher besteht keinerlei Zusammenhang zwischen Nutzern und Gruppen. Dem wollen wir jetzt abhelfen, indem wir die Damen *Lindner* und *Lehmann* der Gruppe *Buchhalter* sowie Herrn *Ackermann* der Gruppe *Pförtner* zuordnen. Uns selbst wollen wir natürlich nicht vergessen, der "Chef" gehört selbstverständlich zu den *Administratoren*.

```
Dim ws As Workspace
    Set ws = DBEngine.Workspaces(0)
    ws.Users("Lindner").Groups.Append ws.CreateGroup("Buchhalter")
    ws.Users("Lehmann").Groups.Append ws.CreateGroup("Buchhalter")
    ws.Users("Ackermann").Groups.Append ws.CreateGroup("Pförtner")
    ws.Users("Chef").Groups.Append ws.CreateGroup("Admins")
```

Die folgenden Gruppenzuordnungen (Benutzer) scheinen auf den ersten Blick wenig sinnvoll zu sein. Der Grund ist die recht komplexe Vergabe von Rechten an den Systemtabellen, die wir umgehen, wenn alle Nutzer zur Gruppe "Benutzer" gehören.

```
ws.Users("Bauer").Groups.Append ws.CreateGroup("Users")
ws.Users("Lindner").Groups.Append ws.CreateGroup("Users")
ws.Users("Lehmann").Groups.Append ws.CreateGroup("Users")
ws.Users("Ackermann").Groups.Append ws.CreateGroup("Users")
ws.Users("Chef").Groups.Append ws.CreateGroup("Users")
```

Allerdings wird uns diese Bequemlichkeit im weiteren Programmverlauf noch ein paar Probleme bereiten.

3. Datenbank erstellen

Zum ersten Mal erstellen wir eine neue Arbeitsumgebung, die unabhängig von Ihrer bisherigen Anmeldung ist. Das System verhält sich jetzt so, als ob der Nutzer "Chef" vor dem PC sitzt. Alle weiteren Aktionen (Erstellen von Datenbank-Objekten) haben zur Folge, dass der o.g. Nutzer zum Owner dieser Objekte wird. An dieser Stelle interessieren wir uns lediglich für die Sicherheitsaspekte.

Datenbank erzeugen:

```
Dim ws As Workspace
Dim db As Database
Dim dbaktuell As Database

Set ws = DBEngine.CreateWorkspace("DBTest", "Chef", "pwChef")
Set db = ws.CreateDatabase("GeschützteDatenbank", dbLangGeneral)
```

Bevor wir die Tabellen und Abfragen in der Datenbank erstellen, machen wir erst einmal "den Laden dicht", d.h., wir entziehen allen Nutzergruppen die Rechte an der neuen Datenbank. Diese Informationen werden in der Datenbank und nicht in der Systemdatenbank gespeichert.

```
Dim D As Document
```

Standard-Rechte entziehen (Gruppe *Administratoren*)

```
Set D = db.Containers!Databases.Documents("MSysDb")
D.UserName = "admins"
D.Permissions = D.Permissions And Not dbSecDBOpen
```

Standard-Rechte entziehen (User *Admin*)

```
Set D = db.Containers!Databases.Documents("MSysDb")
D.UserName = "admin"
D.Permissions = D.Permissions And Not dbSecDBOpen
```

Standard-Rechte entziehen (Gruppe *Benutzer*)

```
Set D = db.Containers!Databases.Documents("MSysDb")
D.UserName = "Users"
D.Permissions = D.Permissions And Not dbSecDBOpen
```

Für den Export der Tabelle *Personaldaten* in die neue Datenbank brauchen wir den Namen der aktuellen Datenbank. Der eigentliche Datentransfer wird natürlich mit SQL abgewickelt (einfacher geht es wohl nicht mehr):

```
Set dbaktuell = CurrentDb
' Tabelle exportieren
db.Execute ("SELECT * INTO [Personal] FROM [Personaldaten] IN '" + dbaktuell.Name + "'")
```

Beim Erstellen der Abfrage müssen wir auf die Option WITH OWNERACCESS OPTION achten, ohne die kein Zugriff auf die Tabelle *Personal* möglich ist.

```
db.CreateQueryDef "Mitarbeiter", _
                "SELECT anrede, vorname, nachname FROM [Personal] WITH OWNERACCESS OPTION"
```

Wie schon angekündigt, hat unsere Großzügigkeit mit der Gruppe *Benutzer* auch ihre Schattenseiten. Wir müssen dieser Gruppe für beide neu erzeugten Objekte die Rechte entziehen. Die Begründung ist etwas umständlich: Obwohl Nutzer, die nur dieser Gruppe angehören, keinen Zugriff auf die Datenbank haben, wird es doch dem Nutzer "Ackermann" möglich sein, in die Datenbank zu gelangen (dazu bekommt er natürlich die Rechte über die Gruppe *Pförtner*). Ist er erst einmal in der Datenbank, könnte er mit den Rechten der Gruppe *Benutzer* auch die Tabelle

9.3 Zugriffsschutz in Access-Datenbanken

Personal öffnen, obwohl er genau dies nicht soll. Sie sehen bereits jetzt, dass es sich um eine recht komplexe Materie handelt.

Standard-Rechte entziehen (Gruppe *Benutzer*)

```
Set D = db.Containers!Tables.Documents("Personal")
D.UserName = "Users"
D.Permissions = 0

Set D = db.Containers!Tables.Documents("Mitarbeiter")
D.UserName = "Users"
D.Permissions = 0
db.Close
ws.Close
```

4. Rechte in der Datenbank vergeben

Als letzter Schritt verbleibt die Rechtevergabe in der Datenbank. Die Anmeldung kann nur über den Nutzer "Chef" erfolgen. Keine andere Person oder Gruppe ist zu diesem Zeitpunkt in der Lage, sich in der Datenbank anzumelden.

```
Dim ws As Workspace
Dim db As Database
Dim D As Document

    Set ws = DBEngine.CreateWorkspace("DBTest", "Chef", "pwChef")
    Set db = ws.OpenDatabase("GeschützteDatenbank", False, False)
```

Über die *Containers*-Auflistung und die enthaltenen *Documents* können Sie jetzt den einzelnen Gruppen oder auch Nutzern die Rechte einräumen.

HINWEIS: Nach einem *Query*-Objekt werden Sie in der *Containers*-Auflistung vergeblich suchen.

```
Set D = db.Containers!Databases.Documents("MSysDb")
D.UserName = "Buchhalter"
D.Permissions = D.Permissions Or dbSecDBOpen
Set D = db.Containers!Databases.Documents("MSysDb")
D.UserName = "Pförtner"
D.Permissions = D.Permissions Or dbSecDBOpen
Set D = db.Containers!Databases.Documents("MSysDb")
D.UserName = "Bauer"
D.Permissions = D.Permissions Or dbSecDBOpen
Set D = db.Containers!Tables.Documents("Personal")
```

Tabelle *Personal* bearbeiten:

```
D.UserName = "Buchhalter"
D.Permissions = dbSecReplaceData Or dbSecInsertData Or
                dbSecDeleteData
```

```
    Set D = db.Containers!Tables.Documents("Mitarbeiter")
```

Tabelle *Mitarbeiter* lesen:

```
    D.UserName = "Pförtner"
    D.Permissions = dbSecRetrieveData
```

Der geheimnisvolle Mitarbeiter *Bauer* bekommt Vollzugriff auf die Tabelle *Personal*:

```
    Set D = db.Containers!Tables.Documents("Personal")
```

Tabelle *Personal* bearbeiten:

```
    D.UserName = "Bauer"
    D.Permissions = dbSecReadDef Or dbSecReplaceData Or dbSecInsertData Or dbSecDeleteData
```

... aber keinen Zugriff auf die restliche Verwaltung, denn so weit geht das Vertrauen nun auch wieder nicht.

```
    db.Close
    ws.Close
```

HINWEIS: Zum Test loggen Sie sich in der neuen Datenbank unter verschiedenen Namen ein und kontrollieren die Rechte der einzelnen Nutzer. Überprüfen Sie, ob externe User oder Gruppen Zugang zur neuen Datenbank haben.

9.3.7 Erstellen neuer Benutzer und Gruppen (ADOX)

Auch mit ADOX ist es problemlos möglich, Benutzer und Gruppen zu erzeugen. Die folgende Abbildung zeigt noch einmal die relevanten Objekte.

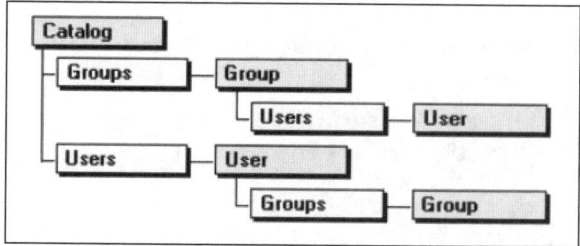

Die folgenden Beispiele entsprechen den DAO-Beispielen aus den vorhergehenden Abschnitten.

BEISPIEL: Hinzufügen einer Gruppe *Buchhalter*

```
Dim cat As New ADOX.Catalog
  cat.ActiveConnection = Application.CurrentProject.Connection
  cat.Groups.Append "Buchhalter"
```

BEISPIEL: Hinzufügen der Personen "Müller" und "Braun"

```
Dim cat As New ADOX.Catalog
  cat.ActiveConnection = Application.CurrentProject.Connection
```

9.3 Zugriffsschutz in Access-Datenbanken

```
cat.Users.Append "Müller", "pwMüller"
cat.Users.Append "Braun", "pwBraun"
```

Müller wird der Gruppe *Buchhalter* und Braun der Gruppe *Administratoren* zugeordnet

```
cat.Groups("Buchhalter").Users.Append "Müller"
cat.Groups("Admins").Users.Append "Braun"
```

Das obige Beispiel dürfte recht eindrucksvoll zeigen, wie intuitiv das Erzeugen von Usern und Gruppen mit Hilfe der ADOX ist. Das gleiche Beispiel mit DAO programmiert ist wesentlich länger.

BEISPIEL: Ändern des Passworts von "Braun"

```
Dim cat As New ADOX.Catalog
  cat.ActiveConnection = Application.CurrentProject.Connection
  cat.Users("Bauer").ChangePassword "pwBraun","geheim"
```

BEISPIEL: Entfernen von "Braun" aus der Gruppe *Administratoren*

```
Dim cat As New ADOX.Catalog
  cat.ActiveConnection = Application.CurrentProject.Connection
  cat.Groups("Admins").Users.Delete "Braun"
```

9.3.8 Vergabe von Rechten (ADOX)

Die Zuordnung von Rechten an Datenbankobjekten verläuft auch hier nach dem gleichen Prinzip wie bei den DAO, allerdings müssen wir hier nicht den Umweg über die *Document*-Objekte gehen. Den entsprechenden Gruppen (Collection *Groups*) und Usern (Collection *Users*) werden die Rechte mit Hilfe der Methode *SetPermissions* direkt zugewiesen.

Die Syntax:

```
Group|User.SetPermissions Name, ObjectType, Action, Rights [, Inherit][, ObjectTypeId]
```

Mit *Name* ist der Bezeichner des jeweiligen Datenbankobjektes (Tabellenname oder Abfragename etc.) gemeint.

HINWEIS: Wollen Sie Datenbank-Rechte setzen, übergeben Sie einen Leerstring.

ObjectType spezifiziert die Art des Datenbankobjektes (z.B. *adPermObjTable, adPermObjDatabase, adPermObjView, adPermObjProcedure*).

Der Parameter *Action* kann die in der folgenden Tabelle angegebenen Werte annehmen:

Konstante	Beschreibung
adAccessGrant	Die Gruppe oder der Benutzer erhält mindestens die angeforderten Berechtigungen
adAccessSet	Die Gruppe oder der Benutzer erhält genau die angeforderten Berechtigungen
adAccessDeny	Der Gruppe oder dem Benutzer werden die angegebenen Berechtigungen verweigert bzw. entzogen

Konstante	Beschreibung
adAccessRevoke	Alle der Gruppe oder dem Benutzer ausdrücklich gewährten Zugriffsrechte werden widerrufen

Die folgende Tabelle zeigt die Rechte (Parameter *Rights*) im Einzelnen.

Konstante	Beschreibung
adRightExecute	Berechtigung, das Objekt auszuführen (Abfrage)
adRightRead	Berechtigung, das Objekt zu lesen/öffnen (Datenbank, Tabelle)
adRightUpdate	Berechtigung, das Objekt zu aktualisieren/ändern (z.B. Tabelle)
adRightInsert	Berechtigung, in das Objekt Daten einzufügen (z.B. Records)
adRightDelete	Berechtigung, Daten im Objekt zu löschen (z.B. Records)
adRightReference	Berechtigung, auf das Objekt zu verweisen
adRightCreate	Berechtigung, das jeweilige Objekt zu erstellen
adRightWithGrant	Berechtigung, das Objekt zu verwalten
adRightReadDesign	Berechtigung, die Struktur des Objekts zu lesen
adRightWriteDesign	Berechtigung, die Struktur des Objekts zu schreiben
adRightFull	Summe aller o.g. Rechte
adRightNone	Keine Rechte
adRightDrop	Berechtigung, das Objekt zu löschen
adRightExclusiv	Berechtigung, auf das Objekt exklusiv zuzugreifen (z.B. Datenbank)
adRightReadPermissions	Berechtigung, die Zugriffsrechte des Objekts zu lesen
adRightWritePermissions	Berechtigung, die Zugriffsrechte des Objekts zu schreiben
adRightWriteOwner	Berechtigung, den Owner des Objekts zu ändern

Die folgenden Beispiele zeigen den praktischen Einsatz.

BEISPIEL: Herrn Braun werden Lese-Rechte an der Datenbank *Test.mdb* zugewiesen (Öffnen der Datenbank)

```
Dim conn As New ADODB.Connection
Dim cat As New ADOX.Catalog
  conn.ConnectionString = "Provider=Microsoft.Jet.OLEDB.4.0;Data Source=c:\test.mdb"
  conn.Open
  Set cat.ActiveConnection = conn
  cat.Users("Braun").SetPermissions "", adPermObjDatabase, adAccessSet, adRightRead
```

BEISPIEL: Herrn Braun werden alle Rechte an der Tabelle "Gehälter" zugewiesen

```
Dim conn As New ADODB.Connection
Dim cat As New ADOX.Catalog
  conn.ConnectionString = "Provider=Microsoft.Jet.OLEDB.4.0;Data Source=c:\test.mdb"
  conn.Open
  Set cat.ActiveConnection = conn
  cat.Users("Braun").SetPermissions "Gehälter", adPermObjTable, adAccessSet, adRightFull
```

9.3 Zugriffsschutz in Access-Datenbanken

BEISPIEL: Der Gruppe *Buchhalter* werden die Leserechte an der Tabelle *Gehälter* erteilt

```
Dim conn As New ADODB.Connection
Dim cat As New ADOX.Catalog
  conn.ConnectionString = "Provider=Microsoft.Jet.OLEDB.4.0;Data Source=Test.mdb"
  conn.Open
  Set cat.ActiveConnection = conn
  cat.Groups("Buchhalter").SetPermissions "Gehälter", adPermObjTable, adAccessSet, adRightRead
```

Die folgende Tabelle soll Umsteigern das Anpassen ihrer Programme erleichtern:

DAO	ADOX
dbSecNoAccess	*adRightNone*
dbSecFullAccess	*adRightFull*
dbSecDelete	*adRightDrop*
dbSecReadSec	*adRightReadPermissions*
dbSecWriteSec	*adRightWritePermissions*
dbSecWriteOwner	*adRightWriteOwner*
dbSecCreate	*adRightCreate*
dbSecReadDef	*adRightReadDesign*
dbSecWriteDef	*adRightWriteDesign*
dbSecRetrieveData	*adRightRead*
dbSecInsertData	*adRightInsert*
dbSecReplaceData	*adRightUpdate*
dbSecDeleteData	*adRightDelete*
dbSecDBAdmin	*adRightFull*
dbSecDBCreate	*adRightCreate*
dbSecDBExclusive	*adRightExclusive*
dbSecDBOpen	*adRightRead*

9.3.9 Verschlüsseln von Datenbanken

Alle bisher vorgestellten Verfahren haben einen wesentlichen Nachteil: Man kann zwar innerhalb der Datenbank verschiedene Sicherheitsstufen einführen, die physische Datei bleibt jedoch vollkommen ungeschützt. Ist ein ungebetener Gast an Informationen interessiert, kann er sich mit einem simplen Dateieditor tiefe Einblicke verschaffen[1].

---

[1] Die Struktur ist zwar nicht ganz so einfach wie der Aufbau von dBase-Dateien, es lassen sich jedoch genügend Einzelheiten erkennen.

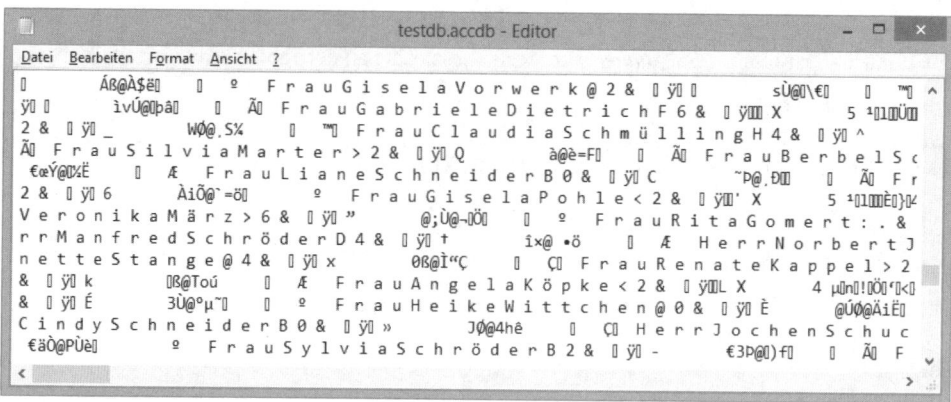

Wer sich an dieser Schwachstelle stört, der kann die Datenbank verschlüsseln. Bevor Sie damit aber beginnen, sollten Sie bedenken, dass jede Verschlüsselung zu Performance-Einbußen führt, denn bevor die Daten gelesen oder geschrieben werden können, muss die Engine erst eine entsprechende Konvertierung vornehmen.

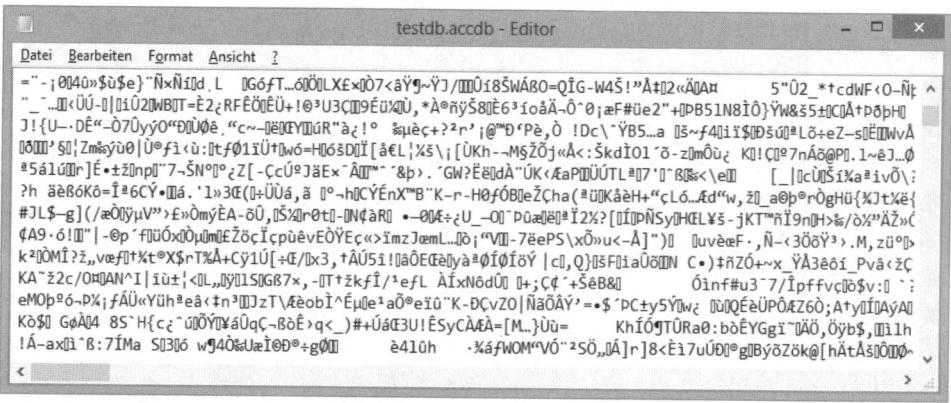

Für alle, die eine geschützte Datenbank weitergeben wollen, ergibt sich ein zusätzliches Problem: Verschlüsselte Datenbanken lassen sich nicht mit den konventionellen Packprogrammen (ZIP, ARJ etc.) komprimieren. Ursache ist die Verwürfelung der Daten, die das Erkennen redundanter Informationen ausschließt.

Verschlüsseln mit Hilfe der DAO

Dass Sie eine Datenbank über die Backstage-Ansicht sichern können, dürfte bekannt sein. Eine weitere Möglichkeit bietet sich mit der *CompactDatabase*-Methode des *DBEngine*-Objekts an.

BEISPIEL: Verschlüsseln einer Access-Datenbank

```
DBEngine.CompactDatabase "C:\Telefon.accdb","C:\Geheim.accdb","",dbEncrypt
```

Der letzte Parameter weist die Engine an, die Datenbank *Telefon.accdb* zu verschlüsseln und unter dem Namen *Geheim.accdb* auf einem anderen Laufwerk zu speichern.

9.3 Zugriffsschutz in Access-Datenbanken

Einige Besonderheiten sind allerdings zu beachten:

- Sie müssen die Datenbank exklusiv öffnen können, d.h., kein anderer Nutzer hat die Datenbank geöffnet.
- Quell- und Zieldatenbank dürfen nicht identisch sein, die verschlüsselte Datei kann immer nur unter einem anderen Dateinamen gespeichert werden. Löschen Sie gegebenenfalls anschließend die alte Datei mit *Kill* und benennen Sie die neue Datei mit *Name* um.
- Aus o.g. Gründen muss auf der Festplatte genügend Platz für zwei Dateien sein. Auf gepackten Laufwerken benötigt die neue Datenbank mehr Platz als die alte!

Ist die Datenbank mit einem Kennwort geschützt, müssen Sie dieses als fünften Parameter an die Methode übergeben.

BEISPIEL: Verschlüsseln einer geschützten Access-Datenbank

```
DBEngine.CompactDatabase "c:\db1.mdb","c:\verschlüsselt.mdb","", dbEncrypt, ";pwd=geheim"
```

HINWEIS: Zum Entschlüsseln einer Datenbank verwenden Sie die Konstante *dbDecrypt*.

Verschlüsseln mit Hilfe der ADO/JRO

An dieser Stelle werden Sie vielleicht überrascht sein, mit JRO schon wieder eine neue Abkürzung kennen zu lernen. Hierbei handelt es sich um die *Jet and Replication Objects*. Wie der Name schon andeutet, bieten diese Objekte geeignete Methoden, um unter anderem Access-Datenbanken zu verschlüsseln. Haupteinsatzgebiet ist allerdings die Replikation von Datenbanken, wir kommen in einem der folgenden Abschnitte darauf zurück.

BEISPIEL: Verschlüsseln der Datenbank *Test.mdb*

```
Dim je As New JRO.JetEngine

If Dir("c:\Back_test.mdb") <> "" Then Kill "c:\Back_test.mdb"
je.CompactDatabase "Data Source=c:\test.mdb;", _
            "Data Source=c:\back_test.mdb;Jet OLEDB:Encrypt Database=True"
If Dir("c:\Back_test.mdb") <> "" Then
   Kill "c:\test.mdb"
   Name "c:\back_test.mdb" As "c:\test.mdb"
End If
```

Nach dem Löschen der eventuell noch vorhandenen Backup-Datei wird mit Hilfe der Methode *CompactDatabase* die Datenbank verschlüsselt. Nachfolgend kann dann die neue Datei umbenannt werden.

HINWEIS: Im Übrigen gelten auch hier die Hinweise zum Gebrauch der DAO.

9.4 Multiuserzugriff

Eines der heikelsten Themen der Datenbankprogrammierung ist der Multiuserzugriff. Arbeiten mehrere Personen am gleichen Datenbestand, sind Überschneidungen kaum auszuschließen. Aus diesem Grund bietet Access verschiedene Strategien an:

- Sperren der gesamten Datenbank
- Sperren einer einzelnen Tabelle
- Optimistic Locking
- Pessimistic Locking

Während die ersten beiden Varianten recht restriktiv sind und wohl nur in Ausnahmefällen zum Einsatz kommen können (Administrieren der Datenbank, komprimieren etc.), bieten die letzten beiden Varianten gute Ansätze. Allerdings müssen wir an dieser Stelle leider eine Unterscheidung zwischen ADO und DAO treffen.

Mit Access 2000 wurde auch das so genannte Record-Locking eingeführt, das alternativ zum früher verwendeten Page-Locking verwendet werden kann. Die Auswahl treffen Sie unter Microsoft Access mit Hilfe der Optionen:

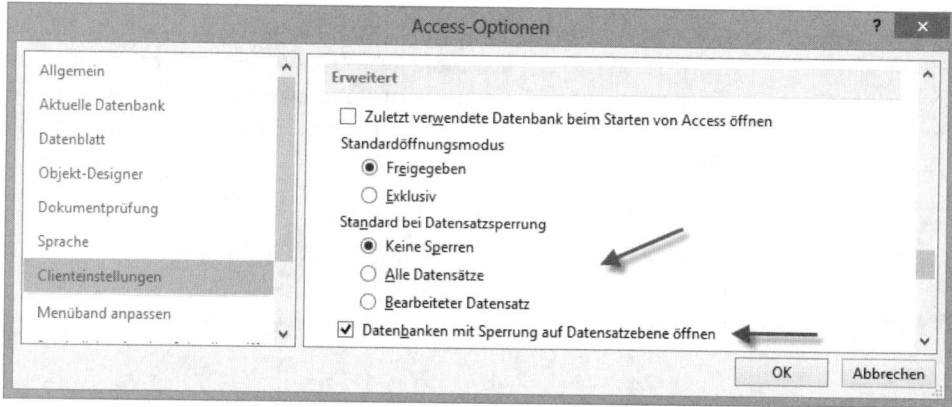

Während beim Record-Locking immer nur der gerade aktive Datensatz für andere User gesperrt wird, sind beim Page-Locking mehrere Datensätze von der Sperre betroffen. Die Seitengröße ist auf 4 KByte beschränkt. Wie viele Records sich in einer Seite befinden, hängt von der Größe der einzelnen Datensätze ab.

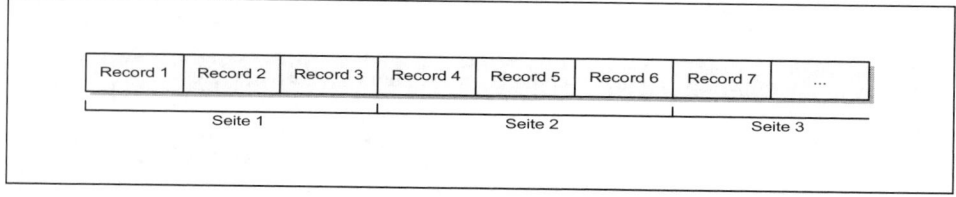

9.4 Multiuserzugriff

Arbeiten Sie zum Beispiel mit dem Datensatz 47, müssen Sie damit rechnen, dass eventuell die Sätze 46 und 48 ebenfalls gesperrt sind.

Haben zwei Clients Zugriff auf dieselben Daten, entscheidet der erste Zugriff über die Art des Lockings. Der zweite Client passt sich an.

HINWEIS: Arbeiten Sie mit externen Datenbanken, verwendet Access Record-Locking.

9.4.1 Verwenden der DAO

Mit den DAO können Sie die gesamte Palette der oben genannten Möglichkeiten ohne Einschränkung nutzen.

Optimistic Locking

Beim Optimistic Locking wird zum Zeitpunkt des Speicherns die aktuelle Seite gesperrt, d.h., die Seite ist nur während der Aktualisierung mittels *Update* gesperrt (*Recordset.LockEdits = False*).

```
... nicht gesperrt
dy.Edit
... nicht gesperrt ...
dy.Update     ' gepperrt!
... nicht gesperrt
```

Diese Variante garantiert eine möglichst kurze Sperrdauer, hat allerdings auch einige Nachteile. Beispielsweise können Nutzer A und Nutzer B den Datensatz gleichzeitig bearbeiten. Speichert Nutzer A den Datensatz ab, ist es Nutzer B nicht mehr möglich, seine Änderung ebenfalls zu speichern. Das Resultat ist eine Fehlermeldung bei Nutzer B.

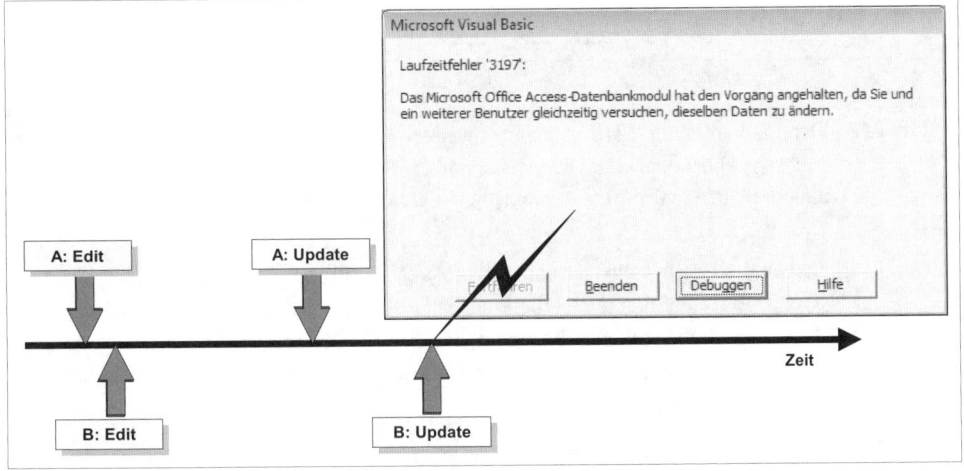

Pessimistic Locking

Etwas anders verhält es sich mit der Pessimistic Locking-Variante: Nach einem *Edit* bzw. einem *AddNew* ist die zugehörige Seite für alle anderen Nutzer so lange gesperrt, bis der Datensatz mit *Update* übernommen bzw. mit *CancelUpdate* verworfen wird (*Recordset.LockEdits = True*).

```
... nicht gesperrt
dy.Edit
... gesperrt ....
dy.Update
... nicht gesperrt
```

Die folgende Abbildung zeigt den zeitlichen Ablauf.

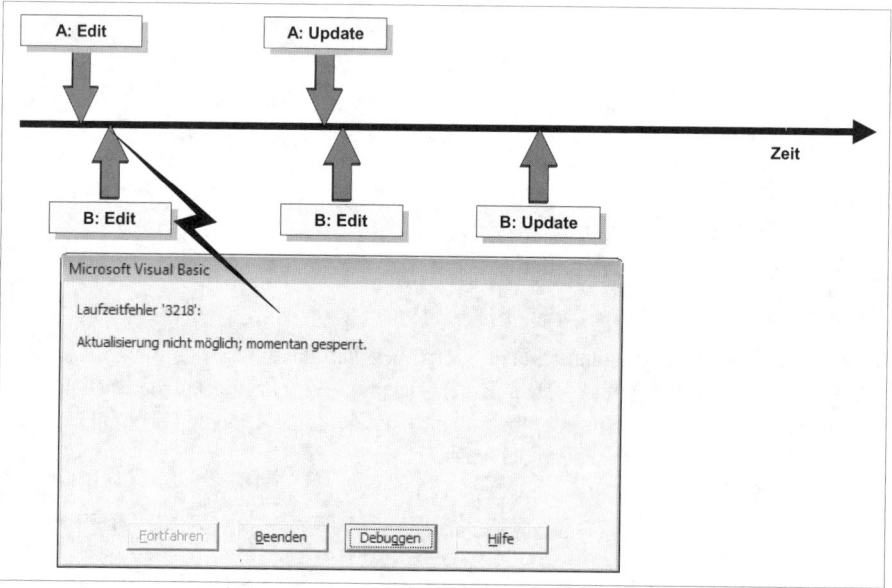

HINWEIS: Der Laufzeitfehler 3218 tritt mit etwas zeitlicher Verzögerung auf. Vermutlich versucht die Datenbankengine zunächst auf das Aufheben der Datensatzsperre durch den anderen Nutzer zu warten, um einen erfolgreichen Zugriff zu realisieren.

Nutzer B erhält keine Chance, den Datensatz überhaupt zu öffnen. Allerdings sollten Sie nicht vergessen, dass Nutzer B auch keine Bearbeitung der restlichen Datensätze der gesperrten Seite möglich ist. Aus diesem Grund sollte der Zeitraum zwischen Öffnen und Schließen des Datensatzes möglichst kurz gewählt werden. Eventuell verwenden Sie den Timer, um gesperrte Datensätze nach einer Timeout-Zeit wieder freizugeben.

Aus dem gezeigten Verhalten resultiert auch die unbedingte Notwendigkeit einer gezielten Fehlerbehandlung, d.h., einer Reaktion auf die Runtime-Fehler 3218 und 3197.

9.4 Multiuserzugriff

In einigen Fällen bietet es sich an, mit einer Funktion zu testen, ob der gewünschte Datensatz gesperrt ist oder nicht:

```
Function IsLocked (Rs As Recordset)
On Error GoTo openFehler

  IsLocked = False
  Rs.Edit          ' Versuch, den Datensatz zu öffnen
  Rs.CancelUpdate  ' Abbruch des Editierens.
  Exit Function

openFehler: ' konnte nicht geöffnet werden
  IsLocked = True
  Resume Next
  Exit Function
End Function
```

Sperren der gesamten Datenbank

Ein Sperren der gesamten Datenbank ist nur sinnvoll, wenn Sie grundlegende Änderungen an der Datenbank vornehmen wollen (Tabellen hinzufügen, löschen etc.). Setzen Sie dazu einfach den zweiten Parameter der *OpenDatabase*-Methode auf *True*.

BEISPIEL: Sperren der gesamten Datenbank

```
Dim db As DATABASE
Set db = DBEngine.Workspaces(0).OpenDatabase("FIRMA.accdb", True)
...
```

Sollte die Datenbank bereits genutzt werden, tritt ein Laufzeitfehler auf, den Sie zum Beispiel mit *On Error* abfangen müssen.

Sperren einzelner Tabellen

Möchten Sie umfangreichere Veränderungen an einer oder auch mehreren Tabellen vornehmen (z.B. Aktualisierung von Preisen mit UPDATE etc.), bietet sich diese Möglichkeit an.

BEISPIEL: Sperren einer Tabelle

```
Dim db As DATABASE
Dim dy  As Recordset
    Set db = DBEngine.Workspaces(0).OpenDatabase("z:\db.accdb")
    Set dy = db.OpenRecordset("Tabelle1", dbOpenDynaset, dbDenyWrite)
```

Alle anderen Benutzer haben keine Schreibrechte an der Datenbank, lediglich der Lesezugriff ist erlaubt. Wollen Sie diesen ebenfalls entziehen, müssen Sie zusätzlich die Option *dbDenyRead* angeben. Wie auch beim Sperren der Datenbank gilt hier: Bereits geöffnete Tabellen können Sie mit oben genannten Optionen nicht öffnen. Sie müssen warten, bis die Tabelle freigegeben wird.

Beide Möglichkeiten sollten Sie allerdings sparsam einsetzen, da diese mit einer Multiuser-Umgebung kaum zu vereinbaren sind. Oder möchten Sie sich vielleicht andauernd über ein Meldungsfeld ärgern, das Ihnen mitteilt, dass momentan kein Zugriff möglich ist?

9.4.2 Verwenden der ADO

Wie bereits erwähnt, ist die Verwendung von Pessimistic Locking in Multiuserumgebungen sicher die bessere Lösung, deshalb hier gleich ein entsprechendes Beispiel für einen Access-Datenbank.

BEISPIEL: Zugriff auf den ersten Datensatz

```
Sub PessimisticLocking()
Dim rs As ADODB.Recordset
Dim con As ADODB.Connection
Dim err As ADODB.Error
On Error GoTo fehler
```

Verbindung herstellen und öffnen:

```
Set con = New ADODB.Connection
con.ConnectionString = "Provider=Microsoft.Jet.OLEDB.4.0;" & _
    "Data Source=" & CurrentProject.Path & "\test1.mdb;"
con.Open
```

Recordset erstellen (Wichtig: Server-Cursor):

```
Set rs = New ADODB.Recordset
Set rs.ActiveConnection = con
rs.CursorType = adOpenKeyset
rs.LockType = adLockPessimistic
rs.CursorLocation = adUseServer
rs.Open "SELECT * FROM Artikel"
```

Hier wir die Datensatzsperre aktiv:

```
rs!Artikelname = "Neuer Wert" & CStr(Now)
MsgBox "Edit"
```

Und hier wird sie wieder gelöst:

```
rs.Update
rs.Close
con.Close
MsgBox "Fertig"
End Sub
```

Rufen Sie die Anwendung ruhig einmal von zwei PCs aus auf, und lassen Sie beim ersten PC die Messagebox mit der Beschriftung *Edit* geöffnet (Satzsperre ist aktiv). Auf dem zweiten PC sollte jetzt ein Laufzeitfehler auftreten, wenn Sie versuchen auf den ersten Datensatz zuzugreifen.

Ganz anders, wenn Sie auf dem zweiten PC zunächst ein *MoveNext* ausführen. Den jetzt aktiven zweiten Datensatz können Sie problemlos editieren.

Für die Auswahl zwischen Satz- oder Seitensperre steht Ihnen die Eigenschaft *Jet OLEDB:Database Locking Mode* zur Verfügung. Setzen Sie diese beim Öffnen einer Connection auf 1 (Satzsperre) oder 0 (Seitensperre).

Zum Sperren der gesamten Datenbank können Sie die *Mode*-Eigenschaft verwenden, setzen Sie diese auf *adModeShareExclusive*, kann kein anderer User auf die Datenbank zugreifen.

BEISPIEL: Sperren der gesamten Datenbank

```
Dim conn As New ADODB.Connection

conn.Mode = adModeShareExclusive
conn.Provider = "Microsoft.Jet.OLEDB.4.0"
conn.Open "c:\xyz_1.mdb"
...
```

9.5 ODBC-Verbindungen

Bevor Sie in Access eine ODBC[1]-Verbindung verwenden können, muss diese zunächst definiert werden. In diesem Abschnitt soll es deshalb im Wesentlichen um die Programmierung von ODBC-Verbindungen gehen. Als Alternative bietet sich noch die manuelle Konfiguration einer ODBC-Datenquelle an, auf die wir gleich zu Beginn kurz eingehen.

9.5.1 Ein Blick auf den ODBC-Datenquellen-Administrator

Für das manuelle Erstellen von ODBC-Verbindungen verwenden Sie den ODBC-Datenquellen-Administrator, den Sie in der Systemsteuerung finden.

HINWEIS: Auf einem 64 Bit-System wird strikt zwischen 32 Bit- und 64-Bit-ODBC-Datenquellen unterschieden. Deshalb gibt es auch zwei unterschiedliche Administrationsprogramme.

Bei der Einrichtung werden Sie zunächst aufgefordert, einen ODBC-Treiber auszuwählen. Die sich dann öffnende Maske wird durch den jeweiligen Treiber (herstellerabhängig) bereitgestellt, der Inhalt kann sich also von den nachfolgenden Abbildungen unterscheiden (MS SQL Server). Die wesentlichen Angaben dürften jedoch in allen Fällen die gleichen sein:

- Name der Verbindung
- Standort der Datenbank (eine physische Datei oder auch eine Netzwerkadresse)
- Sprachtreiber bzw. ANSI/ASCII-Umwandlung
- Schreibschutz bzw. Multiuser-Verhalten
- Sortierfolgen, Protokoll-Optionen , Cache-Größen etc.

---

[1] *Open Database Connectivity*

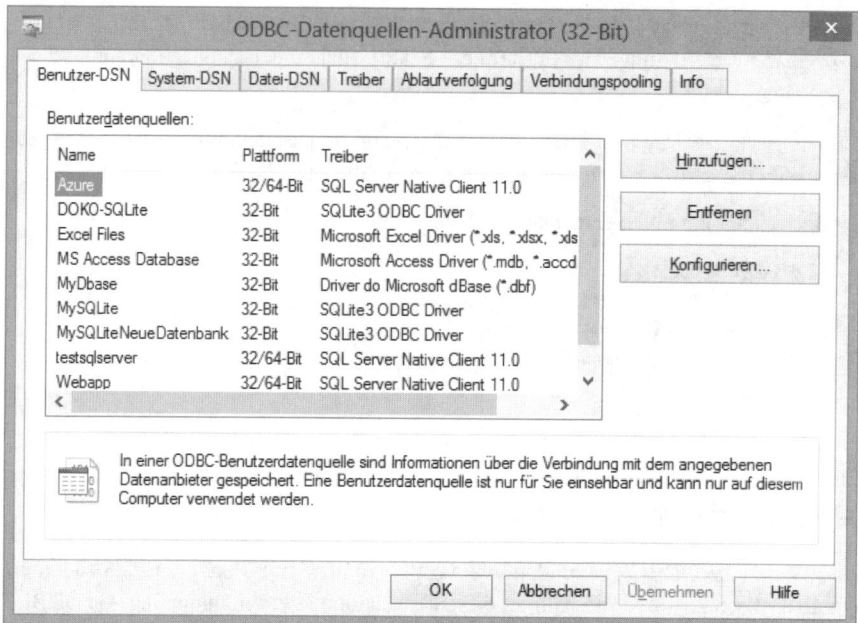

ODBC-Connection zu einem MS SQL Server aufbauen

Legen Sie zuerst einen Namen für Ihre Datenquelle fest. Die Bezeichnung hat nichts mit der verwendeten Datenbank und/oder Tabelle zu tun, es handelt sich lediglich um eine Beschreibung, über die Sie später auf diese Datenquelle zugreifen können. Mit der Angabe *Server* bestimmen Sie den Rechner, auf dem der SQL Server läuft. Handelt es sich um den gleichen PC, auf dem Sie auch mit Access arbeiten, geben Sie *local* bzw. *lokal* an (für SQL Server Express geben Sie *.\SQLEXPRESS* an).

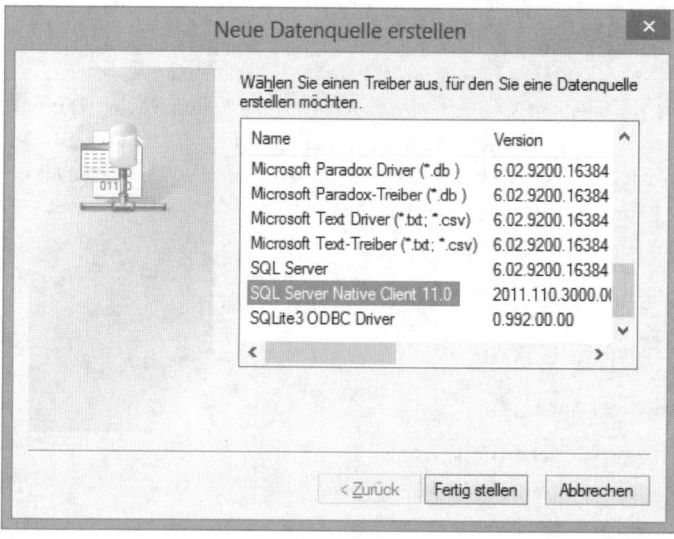

9.5 ODBC-Verbindungen

Ob Sie die ASCII-ANSI-Konvertierung aktivieren müssen, werden Sie spätestens dann feststellen, wenn zum Beispiel die Umlaute in den Steuerelementen falsch angezeigt werden.

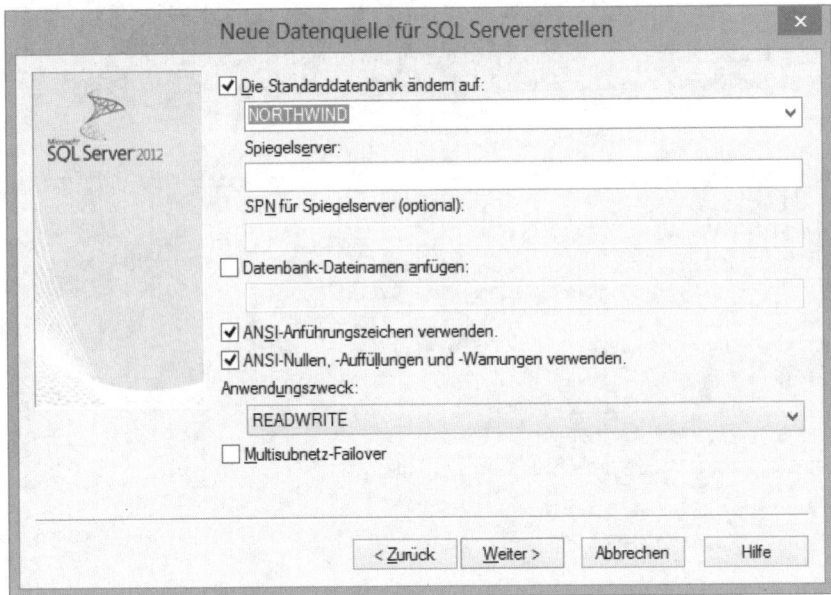

Den Namen der Datenbank brauchen Sie zu diesem Zeitpunkt noch nicht anzugeben, beim ersten Aufruf wird dieser automatisch abgefragt. Sollte es bei der späteren Einbindung der ODBC-Datenbank zu Problemen kommen, überprüfen Sie als Erstes die verwendete Sprachversion. Insbesondere landestypische Zeichen (zum Beispiel ß, ä, ü ...) in Tabellen- bzw. Spaltennamen führen bei falscher Sprachversion zu einem Verbindungsfehler ("Tabelle nicht gefunden ..." etc.).

Nach diesen Schritten sind alle Vorarbeiten abgeschlossen, und Sie können sich wieder Ihrer eigentlichen Aufgabe, der VBA-Programmierung, zuwenden.

9.5.2 Erstellen einer ODBC-Verbindung (DAO)

Wie Sie eine ODBC-Verbindung manuell einrichten, wurde bereits Abschnitt gezeigt, die gleiche Funktionalität wird auch durch die Methode *RegisterDatabase* des *DBEngine*-Objekts bereitgestellt:

`DBEngine.RegisterDatabase DBName, Treiber, OhneAnzeige, Attribute`

Die folgende Tabelle erklärt die Argumente:

Argument	Beschreibung
DBName	Ein Aliasname für die ODBC-Verbindung. Diesen Namen müssen Sie später beim Öffnen der Datenbank angeben.
Treiber	Der Name des ODBC-Treibers (z.B. "SQL Server").

Argument	Beschreibung
OhneAnzeige	Bei *True* wird kein ODBC-Dialogfeld angezeigt. In diesem Fall muss jedoch der Parameter Attribute alle zum Öffnen der Verbindung relevanten Informationen enthalten (Datenbankname, Passwort, Username etc.)
Attribute	Die zum Öffnen der Verbindung nötigen Informationen, wie Datenbankname, Zeichensatz etc. Die einzelnen Parameter sind durch ein Wagenrücklaufzeichen (*Chr(13)*) voneinander zu trennen.

BEISPIEL: Erstellen einer ODBC-Verbindung zur Datenbank *northwind*, Server *SQLExpress*, Servertyp *MS SQL Server*

```
Sub ODBC_Verbindung()
Dim Attr As String

  Attr = "Description=Ein erster Test" & Chr$(13)
  Attr = Attribs & "OemToAnsi=Yes" & Chr$(13)
  Attr = Attribs & "Server=.\SQLExpress" & Chr$(13)
  Attr = Attribs & "Database=northwind"
  DBEngine.RegisterDatabase "SQLProbe", "SQL Server", True, Attr
End Sub
```

Das Ergebnis können Sie im ODBC-Manager kontrollieren.

Der eigentliche Eintrag wird in der Registrierdatenbank verwaltet:

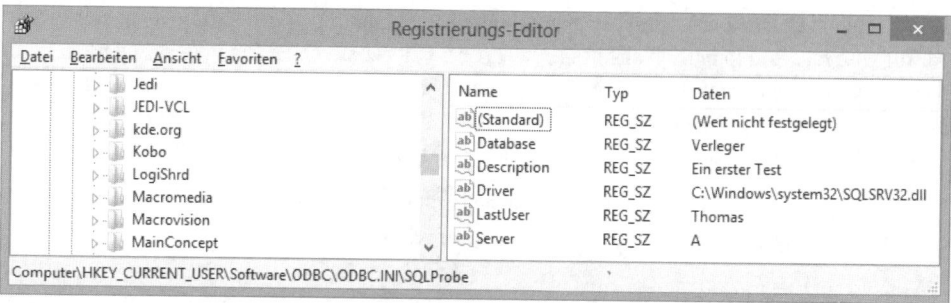

9.5.3 Öffnen einer ODBC-Verbindung (DAO)

Bevor Sie anfangen, den ODBC-*Connect*-String mühevoll "zusammenzubasteln", machen Sie es sich doch einfach! Geben Sie für *Connect* "ODBC;" an und starten Sie Ihre Anwendung. Access zeigt automatisch die ODBC-Dialogfelder an, in denen Sie die gewünschte Verbindung auswählen. In Ihrem Programm müssen Sie sich jetzt nur noch den *Connect*-String anzeigen lassen:

```
Dim db As DATABASE

Set db = OpenDatabase("", , "ODBC;")
MsgBox db.Connect
```

9.5 ODBC-Verbindungen

Das angezeigte Ergebnis könnte wie folgt aussehen:

Die Parameter im Einzelnen:

- Kennung für ODBC-Datenquelle
- Name der Datenquelle
- UserID
- evtl. Passwort
- Anwendungsname
- Sprache
- Datenbankname

Das Erstellen der Verbindung sollte jetzt kinderleicht sein:

```
Sub ODBC_Verbindung()
Dim db As Database
Dim td As TableDef

  Set db = CurrentDb
```

Neues *TableDef*-Objekt erstellen

```
  Set td = db.CreateTableDef("Verbindung zu SQL Server")
```

Verbindungsoptionen einstellen:

```
  td.Connect = "ODBC;DSN=FirmaSQL;UID=Tom;Trusted_Connection=Yes;" & _
               "APP=2007 Microsoft Office system;DATABASE=northwind"
  td.SourceTableName = "Customers"
  db.TableDefs.Append td
End Sub
```

Sollen trotzdem Passwort und UserID abgefragt werden, nehmen Sie diese aus dem String heraus oder fragen Sie diese über ein eigenes Dialogfeld ab.

[SQL Server-Anmeldung Dialog]

Natürlich können Sie auch mit den DAO eine Verbindung zum SQL Server herstellen. Beim Öffnen der Datenbank geben Sie anstatt des Datenbanknamens *ODBC* ein, der *Connect*-Parameter entspricht dem oben ermittelten *Connect*-String.

BEISPIEL: ODBC-*Database*-Objekt erstellen

```
Sub ODBC_Verbindung()
Dim db As Database
  Set db = OpenDatabase("ODBC", False, False, "ODBC;DSN=FirmaSQL;UID=Tom;" & _
                       "Trusted_Connection=Yes;DATABASE=northwind")
  MsgBox db.Name
End Sub
```

9.5.4 Öffnen einer ODBC-Verbindung (ADO)

Auch ADO bietet nach wie vor die Möglichkeit, ODBC-Connections als Grundlage für Datenbankverbindungen zu nutzen. Die offensichtlichste Möglichkeit ist Ihnen sicher nicht entgangen.

BEISPIEL: Der *Connection*-String für eine SQL Server-Verbindung

```
Provider=MSDASQL.1;Persist Security Info=False;Extended Properties="DRIVER=SQL
Server;SERVER=P200;APP=Access;WSID=P200;DATABASE=Verleger;Trusted_Connection=Yes"
```

Weniger bekannt ist eine zweite Variante, die uns etwas Schreibarbeit abnimmt – der Programmierer ist bekanntlich dankbar für jede Entlastung.

BEISPIEL: Mit dem folgenden Aufruf erreichen Sie das Gleiche wie im vorstehenden Beispiel (die Aufrufsyntax erinnert stark an das DAO-Beispiel aus dem vorhergehenden Abschnitt)

```
Dim conn As ADODB.Connection
Set conn = New ADODB.Connection
conn.ConnectionString = "DRIVER={SQL Server};SERVER=.\SQLExpress;" & _
                       "Trusted_Connection=Yes;DATABASE=northwind"
conn.Open
```

9.5.5 Konfigurieren von ODBC-Verbindungen

Das Verwenden von ODBC-Verbindungen bringt auch einige Besonderheiten mit sich, auf die es Rücksicht zu nehmen gilt. Dies betrifft insbesondere Timeout-Einstellungen. Die folgende Tabelle fasst die wichtigsten Eigenschaften zusammen.

Eigenschaft	Objekt	Bemerkung
LoginTimeout	DBEngine	Legt fest, nach wie vielen Sekunden eine Fehlermeldung angezeigt wird, falls das Login an der ODBC-Quelle fehlschlägt
ODBCTimeout	QueryDef	Legt fest, nach wie vielen Sekunden eine Fehlermeldung angezeigt wird, falls eine Anfrage (Query) an die ODBC-Quelle fehlschlägt
QueryTimeout	Database	Gibt an, wie viele Sekunden die Jet-Engine wartet, bevor ein Fehler aufgrund einer Zeitüberschreitung auftritt, wenn eine Abfrage auf einer ODBC-Datenbank ausgeführt wird
CacheSize, CacheStart	Recordset (Dynaset)	CacheSize legt die Anzahl von lokal gepufferten Datensätzen fest, die aus einer ODBC-Datenquelle stammen. CacheStart legt einen Wert fest, der das Lesezeichen des ersten Datensatzes im Recordset-Objekt angibt, der zwischengespeichert werden soll (z.B. ab Satz 200).

Auch die ADO bieten Ihnen die Möglichkeit, die Datenbankverbindungen in begrenztem Umfang zu konfigurieren. Dazu stehen Ihnen die Eigenschaften

- *CacheSize*
- *CommandTimeout*
- *ConnectionTimeout*

zur Verfügung.

9.6 Zugriff auf Fremdformate

In diesem Abschnitt wollen wir uns ausnahmsweise nicht mit Access beschäftigen, sondern auch einmal den Blick über den Tellerrand wagen. Allerdings soll es hier nicht um einen Vergleich "Was ist besser oder schneller?" gehen, sondern lediglich um Hinweise und Tipps zur Arbeit mit bestehenden Datenbanken.

Viele erfahrene Programmierer stehen vor dem Problem, einerseits die Möglichkeiten von Access nutzen zu wollen, andererseits aber auch weiter mit alten Daten in Fremdformaten arbeiten zu müssen. Programme, die seit langem bestehen, unterstützen meist noch das dBASE-Format für den Im- und Export, viele Programmierer wollen/können ihre Datenbanken nicht einfach von heute auf morgen umbauen.

9.6.1 dBASE III/IV- und FoxPro-Datenbanken

Wer kennt *dBASE* nicht, den Klassiker unter den Datenbankformaten? Fast jedes Programm bietet dafür eine Schnittstelle an, sei es zum Import von Stücklisten oder für die Ausgabe von Adressen etc. Man kann fast schon von einem Standard sprechen. Leider ist dieses Format etwas in die Jahre gekommen und entspricht keinesfalls mehr dem heutigen Stand. Das dürfte aber in den wenigsten Fällen der Grund für eine Konvertierung in das Access-Format sein. Ein lohnenswertes Ziel dürfte vielmehr die Weiternutzung der bestehenden Datenbank unter der Access-Oberfläche sein.

> **HINWEIS:** Sind Sie stolzer Besitzer von Access 2013/2016 und wollen mit dBASE-Dateien arbeiten? Wenn ja, wären Sie besser bei Access 2010 geblieben. Microsoft hat ab Access 2013 die komplette Unterstützung für das dBASE-Format entfernt. Sie können also derartige Tabellen weder importieren noch einbinden, geschweige denn exportieren. Ein echter Show-Stopper für viele Anwender, was auch ein Blick in einschlägige Foren beweist.

dBASE-Zugriff aus Access 2013/2016

Der einzige Web zu dBASE-Daten ist die Verwendung von ADO-Objekten, wie es das folgende Beispiel zeigt.

> **BEISPIEL:** Verwendung von ADO für den Zugriff auf dBASE-Datenbanken

```
Sub ADO_Zugriff()
    Dim conn As New ADODB.Connection
    Dim rs As ADODB.Recordset

    conn.Open "Driver={Microsoft dBASE Driver (*.dbf)};DriverID=277;Dbq=c:\temp;"
    Set rs = conn.Execute("SELECT * FROM Personen")
    While Not rs.EOF
        Debug.Print rs.Fields(0).Value
        '  ...
        rs.MoveNext
    Wend
```

Wer jetzt auf die Idee kommt, eine ODBC-Datenquelle zu erstellen und diese zum Beispiel für den Import zu nutzen, wird mit folgender Meldung konfrontiert:

dBASE-Zugriff aus Access 2010/2007/...

Grundsätzlich könnten Sie unter Access vor Version 2013 auch mit dBase-Daten arbeiten, allerdings müssen Sie auf einige Besonderheiten Rücksicht nehmen. Der wohl wesentlichste Unterschied besteht darin, dass es sich bei einer dBase-Datenbank nicht nur um eine einzige Datei

9.6 Zugriff auf Fremdformate

handelt, sondern um mehrere separate Files. Jede Tabelle, jeder Index etc. beansprucht, im Unterschied zu Access, eine separate Datei. Damit sind wir auch schon beim ersten Problem angekommen. Um eine Analogie zwischen Access und xBase zu schaffen, ist es nötig, alle dBase-Dateien in ein Verzeichnis zu kopieren. Dieses Verzeichnis wird dann als "Datenbank" bezeichnet.

HINWEIS: Bei Verweisen auf xBase-Datenbanken handelt es sich immer um Pfadangaben, die Dateinamen entsprechen den einzelnen Tabellen bzw. Indizes.

Aus obiger Vorgehensweise ergibt sich eine weitere Einschränkung: Tabellennamen müssen meist der 8+3-Konvention von DOS entsprechen (keine Leerzeichen etc.). Da dies beim Export von Access-Tabellen schnell zum Problem werden kann, sollten Sie unter Access gänzlich auf die Verwendung langer Tabellennamen bzw. Leerzeichen verzichten. Was für die Tabellennamen gilt, lässt sich auch auf die Spaltenbezeichnungen übertragen. Auch hier schränkt das dBase-Format den Programmierer auf zehn Zeichen ein.

Die folgende Tabelle stellt die wichtigsten Datentypen von Access und dBase gegenüber.

xBase	Access
Character	Text
Logical	Boolean
Numeric	Single
Float	Double
Date	Date/Time
Memo	Memo

Auf Zählerfelder müssen Sie im dBase-Format verzichten, es sei denn, Sie programmieren einen eigenen Zähler.

Ein Thema, dass bei der Einbindung von dBase-Daten keinesfalls vergessen werden darf, ist die Unterstützung von Indizes (aus Performance-Gründen unbedingt zu empfehlen). Bevor Access mit den vorhandenen dBase- (*.ndx* oder *.mdx*) bzw. FoxPro-Indizes (*.idx* oder *.cdx*) arbeiten kann, müssen Sie diese in einer *.inf*-Datei deklariert haben. Diese Datei trägt denselben Namen wie die indizierte Tabelle. Den Grundaufbau können Sie dem folgenden Beispiel entnehmen.

BEISPIEL: Tabelle *Telefon* (Ort, Vorwahl), beide Spalten indiziert (Index: *Telefon.mdx*):

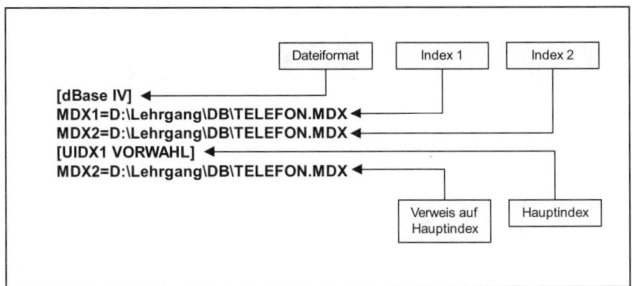

Die INF-Datei müssen Sie entweder "zu Fuß" erstellen oder Sie binden die Tabelle über den Menübefehl *Externe Daten* ein. Access fragt in letzterem Fall nach den zugehörigen Indizes. Haben Sie die Indizes eingebunden, werden diese bei Änderungen an der Tabelle natürlich ebenfalls aktualisiert.

Ein weiteres Problem werfen die gelöschten Datensätze auf, die in xBase-Tabellen über das Lösch-Flag gekennzeichnet werden. Diese Datensätze werden erst mit dem PACK-Kommando physisch entfernt. Die *CompactDatabase*-Methode von Access ist in diesem Zusammenhang nicht zu gebrauchen, dazu müssten Sie schon über dBASE bzw. FoxPro verfügen.

Wie Access mit gelöschten Datensätzen umgeht, bestimmt der Eintrag "Deleted" in der Registrierdatenbank.

Die Position der Einträge:

`HKEY_LOCAL_MACHINE\SOFTWARE\Microsoft\Jet\4.0\Engines\Xbase`

bzw.

`HKEY_LOCAL_MACHINE\SOFTWARE\Microsoft\Office\14.0\Access Connectivity Engine\Engines\Xbase`

Neben den Optionen für gelöschte Datensätze finden sich noch weitere Einstellungsparameter.

Name	Typ	Daten
(Standard)	REG_SZ	(Wert nicht festgelegt)
Century	REG_BINARY	00
CollatingSequence	REG_SZ	Ascii
DataCodePage	REG_SZ	OEM
Date	REG_SZ	MDY
DbcsStr	REG_BINARY	01
Deleted	REG_BINARY	01
Exact	REG_BINARY	00
Mark	REG_DWORD	0x00000000 (0)
NetworkAccess	REG_BINARY	01
PageTimeout	REG_DWORD	0x00000258 (600)
win32	REG_SZ	C:\PROGRA~1\COMMON~1\MICROS~1\OFFICE14\ACEXBE.DLL

Der Wert 1 für *Deleted* entspricht dem dBASE-Befehl *SET DELETED ON*. Damit wird die Access-Engine angewiesen, gelöschte Datensätze zu ignorieren. Ist der Wert auf 0 eingestellt, werden gelöschte Datensätze wie jeder normale Datensatz behandelt, können also bearbeitet und angezeigt werden.

Wie die weiteren Parameter in der Registrierdatenbank zu interpretieren sind, ist ausführlich in der Access-Hilfedatei beschrieben.

Für das Einbinden von dBase- bzw. FoxPro-Tabellen verwenden Sie einen der folgenden Connect-Strings.

Connect-Strings
"dBASE III;"
"dBASE IV;"
"FoxPro 2.0;"

9.6 Zugriff auf Fremdformate

Connect-Strings

"FoxPro 2.5;"

"FoxPro 2.6;"

HINWEIS: Anstatt des Datenbanknamens geben Sie den Pfad an.

BEISPIEL: Einbinden einer dBASE IV-Tabelle (DAO)

```
Dim db As Database
Dim td As TableDef
Dim dy As Recordset
```

Aktuelle Datenbank verwenden:

```
Set db = CurrentDB()
```

Neues *TableDef*-Objekt erstellen:

```
Set td = db.CreateTableDef("Verbindung zu dBase-Tabelle")
```

Verbindungsoptionen einstellen:

```
td.Connect = "dBASE IV;DATABASE=c:\dbase"
td.SourceTableName = "Kunden"
```

Tabellendefinition in Datenbank einfügen:

```
db.TableDefs.Append td
```

Zugriff auf die Tabelle:

```
Set dy = db.OpenRecordset("Verbindung zu dBase Tabelle")
```

BEISPIEL: Direktes Öffnen einer dBASE IV-Tabelle (langsamer als Einbinden)

```
Dim db As Database
Dim dy As Recordset
```

Datenbank öffnen:

```
Set db = OpenDatabase("c:\dbase\", False, False, "dBASE IV;")
```

Recordset erstellen:

```
Set dy = db.OpenRecordset("Kunden")
```

BEISPIEL: Einbinden einer FoxPro-Tabelle

```
Dim db As Database
Dim td As TableDef
```

Aktuelle Datenbank verwenden:

```
Set db = CurrentDB()
```

Neues TableDef-Objekt erstellen:

```
Set td = db.CreateTableDef("Verbindung zu FoxPro Tabelle")
```

Verbindungsoptionen einstellen:

```
td.Connect = "FoxPro 2.5;DATABASE=c:\foxpro"
td.SourceTableName = "Kunden"
```

Tabellendefinition in Datenbank einfügen:

```
db.TableDefs.Append td
```

9.6.2 Textdateien (TXT/ASC/CSV)

Im Zusammenhang mit dem Export von Daten in eine Textdatei sollte auch der Texttreiber der Datenbank-Engine nicht vergessen werden. Über das dabei verwendete Format entscheiden die Einstellungen in der Registrierdatenbank.

Konvertierungseinstellungen in der Registry

Zuständig ist der Schlüssel

```
\\HKEY_LOCAL_MACHINE\SOFTWARE\Microsoft\Jet\4.0\Engines\Text
```

bzw. (für die ACE)

```
\\HKEY_LOCAL_MACHINE\SOFTWARE\Microsoft\Office\14.0\Access Connectivity Engine\Engines\Text
```

der folgende Einträge aufweist:

Name	Typ	Wert
(Standard)	REG_SZ	(Wert nicht gesetzt)
CharacterSet	REG_SZ	ANSI
DisabledExtensions	REG_SZ	!txt,csv,tab,asc,tmp,htm,html
ExportCurrencySymbols	REG_BINARY	01
Extensions	REG_SZ	txt,csv,tab,asc
FirstRowHasNames	REG_BINARY	01
Format	REG_SZ	CSVDelimited
ImportFixedFormat	REG_SZ	RaggedEdge
ImportMixedTypes	REG_SZ	Majority Type
MaxScanRows	REG_DWORD	0x00000019 (25)
UseZeroMaxScanAs	REG_SZ	One
win32	REG_SZ	C:\PROGRA~1\COMMON~1\MICROS~1\OFFICE12\ACETXT.DLL

Auch mit ADOX ist es problemlos möglich, Benutzer und Gruppen zu erzeugen. Die folgende Abbildung zeigt noch einmal die relevanten Objekte. Wichtig dürften vor allem die Einträge *Format*, *FirstRowHasNames* und *CharacterSet* sein:

9.6 Zugriff auf Fremdformate

Eintrag	Wert	Beschreibung
Format	TabDelimited	Tabulator-Trennzeichen zwischen den Spalten
	CSVDelimited	CSV-Format (Zeichenketten in Anführungszeichen, Trennzeichen ist das Komma)
	Delimited (X)	X steht für ein beliebiges Trennzeichen (außer dem Anführungszeichen)
FirstRowHasNames	00	In der ersten Zeile stehen keine Spaltennamen
	01	In der ersten Zeile stehen die Spaltennamen
CharacterSet	OEM	AnsiToOem-Konvertierung wird vorgenommen
	ANSI	Speichern im ANSI-Format

HINWEIS: Der Eintrag *DisabledExtensions* ist auf den ersten Blick recht missverständlich, beachten Sie jedoch das Ausrufezeichen am Anfang des Eintrags. Dieses zeigt eine Negation an, womit die eingetragenen Extensions für den Zugriff freigegeben sind.

BEISPIEL: Auslesen einer Textdatei (ADO)

```
Dim conn As New ADODB.Connection
Dim rs As New ADODB.Recordset
Dim f As ADODB.Field
conn.Open "DRIVER={Microsoft Text Driver (*.txt; *.csv)};DBQ=C:\TEMP;"

rs.Open "SELECT * FROM [test.txt]", conn, adOpenStatic, adLockReadOnly, adCmdText

While Not rs.EOF
  For Each f In rs.Fields
    Debug.Print f.Name & "=" & f.Value
  Next f
  rs.MoveNext
Wend
...
```

Verwendung einer Schema.ini für den Import/Export

Die Verwendung der Registry-Einträge für die Parametrierung des Textfilters dürfte auf die Dauer kaum praktikabel sein, insbesondere wenn verschiedenartige Textdateien aus unterschiedlichen Quellen einzulesen sind. Hierfür bietet sich mit der Verwendung einer *Schema.ini*-Datei eine sinnvolle Alternative.

Der grundsätzliche Ablauf entspricht dem Vorgehen mit der Registrierdatenbank. Der Unterschied ist, dass Sie innerhalb der *Schema.ini* (gleiches Verzeichnis wie die zu importierende Datei) auch mehrere Sektionen für unterschiedliche Dateien vorsehen können.

BEISPIEL: *Schema.ini*

```
[tblPersonal.txt]
ColNameHeader=True
```

```
Format=Delimited(;)
MaxScanRows=0
CharacterSet=OEM


[tblMitarbeiter.csv]
ColNameHeader=False
Format=CSVDelimited
MaxScanRows=500
CharacterSet=ANSI
Col1=Employee_number Char Width 255
Col2=First_Name Char Width 255
...
```

Der Inhalt der Datei *Personal.txt* ist in der Abbildung zu sehen.

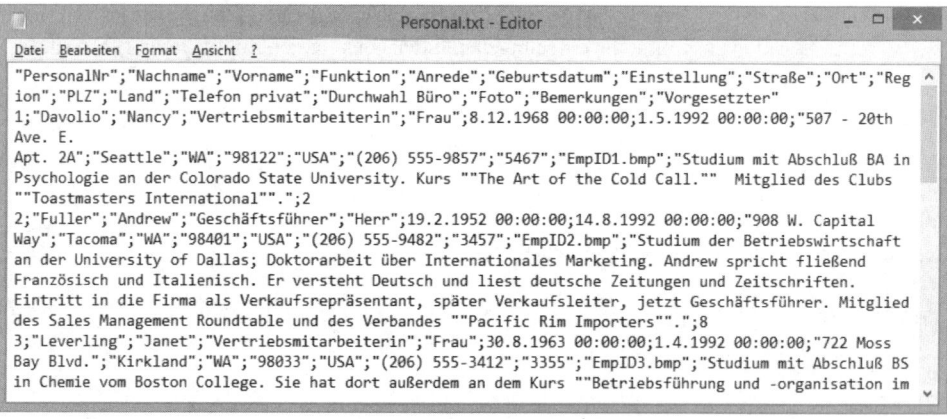

Die Parameter im Einzelnen:

Entry	Description
ColNameHeader	*True*, wenn die erste Zeile die Spaltennamen enthält
Format	Einer der folgenden Werte: *TabDelimited, CSVDelimited, Delimited (<Zeichen>), FixedLength*
MaxScanRows	Anzahl der Zeilen, die zum Bestimmen des Datentyps durchsucht werden (0=alle)
CharacterSet	Zeichensatz (OEM oder ANSI)
DateTimeFormat	Formatstring für das Datumsformat
CurrencySymbol	Währungssymbol (Default = Systemeinstellung)
CurrencyPosFormat	Position des Währungszeichens (Default = Systemsteuerung)
CurrencyDigits	Anzahl der Nachkommastellen (Default = Systemeinstellung)
CurrencyNegFormat	Format negativer Währungswerte (Default = Systemeinstellung)
CurrencyThousand-Symbol	Tausender-Trennzeichen für Währungswerte (Default = Systemeinstellung)

9.6 Zugriff auf Fremdformate

Entry	Description
CurrencyDecimal-Symbol	Dezimaltrennzeichen für Währungswerte (Default = Systemeinstellung)
DecimalSymbol	Dezimaltrennzeichen (Default = Systemeinstellung)
NumberDigits	Anzahl der Nachkommastellen (Default = Systemeinstellung)
NumberLeadingZeros	Führende Nullen anzeigen (Default = Systemeinstellung)
Spalte1, Spalte2, ...	Liste der Spalten im Format Col*n* = Spaltenname Type [Breite] Spaltenname: Spaltennamen mit Leerzeichen sollten in eckige Klammern eingeschlossen werden. Type: *Bit, Byte, Short, Long, Currency, Single, Double, DateTime, Text* oder *Memo*.

Mehrfach war die Rede von einer "Systemeinstellung", diese finden Sie in der Systemsteuerung bei *Zeit, Sprache und Region*:

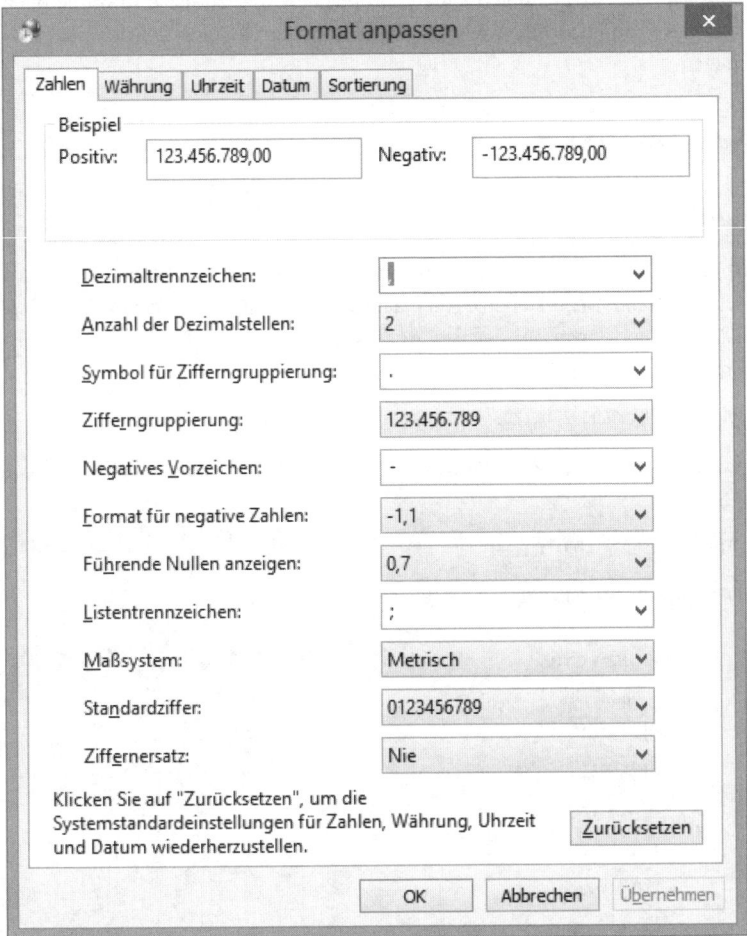

9.7 Einbinden externer Tabellen

Access-Datenbanken bieten mit der Einbindung von externen Datenquellen ein besonderes Feature, um dem Desktop-Programmierer die Arbeit zu erleichtern. Diese Art des Datenzugriffs unterscheidet sich grundsätzlich vom reinen Import. Die Daten bleiben in ihrem bestehenden Datenformat, lediglich aus der Sicht der Programmierers handelt es sich um eine Access-Tabelle (mit einigen Einschränkungen), die für die weitere Bearbeitung zur Verfügung steht.

Grundsätzlich bieten sich zwei Varianten an, jedoch nur letztere kann empfohlen werden:

- Direktes Öffnen der externen Tabelle
- Einbinden der externen Tabelle

Die erste Variante ist zwar flexibler, dafür dauert der Verbindungsaufbau aber etwas länger, da die Datenbank-Engine bei der Einbindung einer Tabelle einige Zusatzinformationen speichert, die einen späteren Verbindungsaufbau beschleunigen sollen. Gespeichert werden diese Informationen in der Access-Datenbank, über die auch alle weiteren Zugriffe laufen (Öffnen der Tabelle, Einfügen, Löschen, Suchen etc.).

9.7.1 Verwenden der DAO

Erstellen einer Verbindung

Das Erstellen einer Verbindung ist relativ einfach. Alles, was Sie dazu brauchen, ist ein geöffnetes *Database*-Objekt (z.B. mit *CurrentDB()* erstellen). Als Nächstes erzeugen Sie ein neues *TableDef*-Objekt, dem Sie einen Bezeichner zuweisen, der den Access-Richtlinien für Tabellennamen entspricht. Verwenden Sie dazu die *CreateTableDef*-Methode des *Database*-Objekts:

```
Set td = db.CreateTableDef("Verbindung zur Tabelle XYZ")
```

Der nächste Schritt gilt dem Festlegen der Verbindungsoptionen. Diese sind vom Datenbankformat der Quelltabelle abhängig:

```
td.Connect = "Excel 7.0;DATABASE=c:\temp\test.xls"
```

Die in Frage kommenden Connect-Strings zeigt die folgende Tabelle[1]:

Datenbanktyp	Kennzeichen
Access	"[Datenbank];"
dBASE III	"dBASE III;"
dBASE IV	"dBASE IV;"
dBASE 5	"dBASE 5.0;"
Excel 3.0	"Excel 5.0;"
Excel 4.0	"Excel 5.0;"
Excel 5.0	"Excel 5.0;"

---

[1] Paradox ist seit Access 2010 leider "unter die Räder gekommen" und nicht mehr verfügbar, dBASE ab Access 2013.

9.7 Einbinden externer Tabellen

Datenbanktyp	Kennzeichen
Excel 7.0	"Excel 8.0;"
Excel 95/97/2000/2002/2003	"Excel 8.0;"
Excel 2007/2010/2013/2016	"Excel 12.0"; bzw. "Excel 12.0 Xml;"
HTML-Import	"HTML Import;"
HTML-Export	"HTML Export;"
Text	"Text;"
ODBC	"ODBC; DATABASE=Datenbankname; UID=Benutzer; PWD=Kennwort; DSN=Datenquelle; LOGINTIMEOUT=Sekunden"

Legen Sie zum Schluss noch den Tabellennamen fest und speichern Sie die Tabellendefinition.

```
td.SourceTableName = "Kunden"
db.TableDefs.Append td
```

Einbinden einer Excel-Tabelle

Die Problematik soll an einem Beispiel verdeutlicht werden.

BEISPIEL: Erstellen der Verbindung zu einer Excel-Tabelle

```
Sub EXCEL_einbindung()
Dim td As DAO.TableDef

  Set td = CurrentDb().CreateTableDef("Verbindung zur Tabelle XYZ")
  td.Connect = "Excel 8.0;DATABASE=c:\mappe1.xlsx"
```

Wir wollen das erste Tabellenblatt lesen:

```
  td.SourceTableName = "Tabelle1$"
  CurrentDb.TableDefs.Append td
End Sub
```

Bei einem Test scheint auch alles wunderbar zu funktionieren, bis Sie auf die aberwitzige Idee verfallen, die Daten ändern zu wollen.

HINWEIS: Verknüpfte Excel-Daten können Sie nicht bearbeiten[1]!

Reaktivieren einer Verbindung

Sollte sich die Position der eingebundenen Tabelle ändern, brauchen Sie nicht die Verbindung zu löschen. Es genügt, wenn Sie den neuen Pfad angeben und die Methode *RefreshLink* aufrufen.

BEISPIEL: Eine Verbindung wird reaktiviert

```
Dim db As Database
Dim td As TableDef
```

---

[1] Lustige Lösungsmöglichkeit in der Microsoft Knowlegebase: Editieren Sie die Daten in Excel ...

```
Set db = CurrentDB()
Set td = db.TableDefs![Eingebundene Tabelle XYZ]
td.Connect = " dBASE 5.0;DATABASE=c:\dbNeu"
td.RefreshLink
```

Löschen einer Verbindung

Eine Verbindung löschen Sie, wenn Sie den entsprechenden Eintrag aus der *TableDefs*-Auflistung entfernen. Verwenden Sie dazu die *Delete*-Methode:

```
CurrentDatabase.TableDefs.Delete "Eingebundene Tabelle XYZ"
```

> **HINWEIS:** Natürlich löschen Sie mit *Delete* nur die aktive Verbindung, nicht die verbundene Tabelle!

9.7.2 Verwenden der ADOX

Erstellen einer Verbindung

Zwecks Erstellen einer Verbindung mit Hilfe der ADOX binden Sie zunächst die entsprechende Library ein. Nachfolgend können Sie, genau wie mit den DAOs, eine Verbindung erzeugen.

BEISPIEL: Verknüpfen einer Excel-Tabelle

```
Dim cat As New ADOX.Catalog
Dim tbl As New ADOX.Table
cat.ActiveConnection = CurrentProject.Connection
```

Neues Objekt erstellen und Eigenschaften setzen:

```
tbl.Name = "ExterneExcelTabelle"
Set tbl.ParentCatalog = cat
tbl.Properties("Jet OLEDB:Create Link") = True
tbl.Properties("Jet OLEDB:Link Provider String") = "Excel 12.0;"
tbl.Properties("Jet OLEDB:Link Datasource") = "C:\TEMP\Personal.xlsx"
tbl.Properties("Jet OLEDB:Remote Table Name") = "Personal"
```

Anfügen nicht vergessen:

```
cat.Tables.Append tbl
```

Wie Sie sehen, kommen Sie nicht um die Verwendung von speziellen Eigenschaften herum, auch wenn der Ablauf dem normalen Erstellen einer Tabelle gleicht.

Die folgende Tabelle zeigt die Bedeutung.

Eigenschaft	Beschreibung
Jet OLEDB:Create Link	Setzen Sie diesen Wert auf *True*, um eine Verknüpfung zu erzeugen
Jet OLEDB:Exclusive Link	Setzen Sie diesen Wert auf *True*, wenn Sie exklusiven Zugriff auf die Datenquelle wünschen

9.7 Einbinden externer Tabellen

Eigenschaft	Beschreibung
Jet OLEDB:Link Datasource	Datenbankname (meist der Verzeichnisname)
Jet OLEDB:Link Provider String	Der eigentliche Connection-String, mit dem Sie auch den Datentyp spezifizieren (z.B. "Excel 8.0;")
Jet OLEDB:Remote Table Name	Der Tabellenname
Jet OLEDB:Cache Link Name/Password	Setzen Sie diesen Wert auf *True*, wenn Sie gegebenenfalls Anmeldenamen und -passwort in der Access-Datenbank abspeichern möchten.

Bevor Sie am Connection-String verzweifeln, machen Sie es sich doch einfach. Sie erstellen mit Access die gewünschte Verknüpfung, öffnen diese im Entwurfsmodus und wählen danach *Eigenschaften*. Unter *Beschreibung* finden Sie die gewünschten Einträge.

Eigenschaftenblatt
Auswahltyp: Tabelleneigenschaften

Allgemein	
Unterdatenblatt erweitert	Nein
Unterdatenblatthöhe	0cm
Ausrichtung	Von links nach rechts
Beschreibung	Excel 12.0 Xml;HDR=YES;IMEX=2;ACCDB=YES;DATABASE=C:\Temp\Personal.xlsx;TABLE=Personal$
Standardansicht	Datenblatt
Gültigkeitsregel	
Gültigkeitsmeldung	
Filter	
Sortiert nach	
Unterdatenblattname	[Automatisch]
Verknüpfen von	
Verknüpfen nach	

Aktualisieren einer Verbindung

Die Verbindung aktualisieren Sie, indem Sie sowohl die Eigenschaft *Jet OLEDB:Link Datasource* als auch *Jet OLEDB:Create Link* erneut setzen.

BEISPIEL: Aktualisieren einer Verbindung

```
Dim cat As New ADOX.Catalog
cat.ActiveConnection = CurrentProject.Connection
cat.Tables("Tabelle3").Properties("Jet OLEDB:Link Datasource") = "C:\TEMP2"
cat.Tables("Tabelle3").Properties("Jet OLEDB:Create Link") = True
```

Löschen einer Verbindung

Wie auch bei den DAO genügt ein Löschen der entsprechenden Tabelle (in der Access-Datenbank), um die Verbindung zu lösen.

BEISPIEL: Löschen einer Verbindung

```
Dim cat As New ADOX.Catalog
cat.ActiveConnection = CurrentProject.Connection
cat.Tables.Delete ("Personen1")
```

9.8 Exportieren von Daten

Unter Access haben Sie folgende Möglichkeiten für den Export von Daten:

- *TransferDatabase*-Methode (*DoCmd*-Objekt)
- SQL-Befehle (SELECT INTO, INSERT INTO)

HINWEIS: Wählen Sie die zweite Variante, wenn Sie zum Beispiel mit Hilfe von generierten SQL-Anweisungen Daten exportieren möchten.

9.8.1 TransferDatabase-Methode

Im Wesentlichen können Sie über die *TransferDatabase*-Methode all das erreichen, was Ihnen auch das Access-Menüband (*Externe Daten/Exportieren*) bietet.

Die Syntax:

```
DoCmd.TransferDatabase [Transfertyp], Datenbankformat, Datenbankname
                      [, Objekttyp], Herkunft, Ziel[, Nur Struktur]
                      [, Anmeldename speichern]
```

Die folgende Tabelle zeigt die Argumente im Einzelnen.

Argument	Beschreibung
Transfertyp	Hiermit entscheiden Sie über die Art der Operation: *acExport, acImport* (Standard), *acLink*
Datenbankformat	Code für das zu importierende/exportierende Datenbankformat: *Microsoft Access* (Standardwert), *Jet 2.x, Jet 3.x, dBase III, dBase IV, dBase 5, ODBC*[1]
Datenbankname	Namen und Pfad der Datenbank, die zum Importieren/Exportieren verwendet werden soll
Objekttyp	Typ des Objekts, dessen Daten importiert bzw. exportiert werden sollen: *acTable* (Standardwert), *acQuery, acReport*
Herkunft	Namen des Objekts, das importiert/exportiert werden sollen
Ziel	Namen des importierten/exportierten Objekts in der Zieldatenbank
Nur Struktur	Übergeben Sie *True*, wird nur die Datenstruktur kopiert, nicht die eigentlichen Daten

BEISPIEL: Exportieren einer Tabelle in das Access-Format:

```
DDoCmd.TransferDatabase acExport, "Microsoft Access", "c:\temp\probe.accdb", acTable, _
                       "Personen", "PersonenNeu"
```

---

[1] Ab Access 2013 werden keine dBASE-Datenbanken mehr unterstützt!

9.8.2 Exportieren mit SQL-Anweisungen

Für den Export bietet sich in erster Linie die SELECT...INTO-Anweisung an, mit der Daten in eine noch nicht existierende Tabelle kopiert werden können.

Verwenden Sie in o.g. Anweisung zusätzlich die Klausel IN, können Sie die Abfrageergebnisse auch in einer externen Tabelle speichern. Das Datenformat hängt vom verwendeten Aufruf ab.

BEISPIEL: Export der Tabelle *Artikel* im Access-Format

```
SELECT Artikel.*
INTO Probe IN 'c:\daten\export.accdb'
FROM Artikel
```

Die Datenbank muss in diesem Fall bereits vorhanden sein, die Tabelle wird angelegt. Sollte die Tabelle schon existieren, tritt ein Laufzeitfehler auf (3010).

BEISPIEL: Import einer dBASE-Tabelle (nicht Access 2013/2016!)

```
SELECT *
INTO import
FROM test IN 'c:\' 'dBase IV;'
```

In die aktuelle Datenbank (Tabelle *Import*) wird die Datei *c:\test.dbf* importiert.

Die SQL-Anweisung können Sie entweder in einer Aktionsabfrage speichern und diese später aufrufen (eventuell mit Parametern), oder Sie verwenden die *Execute*-Methode des *Database*-Objekts (DAO) bzw. *Connection*-Objekts (ADO).

HINWEIS: Weitere Informationen über SQL-Anweisungen finden Sie im Kapitel 15.

9.9 Replizieren von Datenbanken

Mit Hilfe der Aktenkoffer-Replikation können Sie mehrere Kopien einer Datenbank auf verschiedenen Rechnern erzeugen. Die Bezeichnung "Kopie" trifft eigentlich nicht den Kern, werden doch die erzeugten Duplikate bei Bedarf synchronisiert, d.h., es erfolgt ein Datenabgleich, sodass alle Versionen auf dem gleichen Stand sind.

HINWEIS: Seit Einführung von Access 2007 ist Microsoft der Meinung, dass es sich bei der Replikation um ein überflüssiges und wenig genutztes Feature handelt. Datenbanken im Access 2007-Format unterstützen deshalb keine Replikation mehr. **Ab Access 2013 sind alle Replikationsfunktionen aus Access entfernt worden, es werden also auch keine bestehenden Projekte mehr unterstützt.**

9.10 Optimierung

Geht man davon aus, dass der Datenbankentwurf der bestimmende Faktor für eine Performance-Steigerung Ihrer Datenbankapplikation ist, dürfte klar sein, dass man mit der Optimierung bereits in diesem Frühstadium beginnen muss.

9.10.1 Indizes

Schon beim Tabellenentwurf bestimmen Sie durch den Einsatz von Indizes die spätere Ausführungsgeschwindigkeit. Prinzipiell gilt: Alle wichtigen Felder einer Tabelle sollten indiziert sein. Allerdings hat die Medaille auch ihre Kehrseite: Je mehr Indizes erstellt werden, umso größer ist die Datenbank und umso langsamer wird der Einfügevorgang (bzw. das Löschen), müssen doch mit jedem eingefügten Datensatz auch alle Indextabellen aktualisiert werden. Da aber beim Hinzufügen von Datensätzen selten hohe Ansprüche in Bezug auf die Geschwindigkeit gestellt werden, sollte man diese Nachteile im Interesse einer hohen Abfragegeschwindigkeit in Kauf nehmen[1]. Prinzipiell sollten immer die Felder indiziert werden, nach denen sortiert oder in denen gesucht wird. Weiterhin sollten Sie alle Felder indizieren, die in Verknüpfungen verwendet werden. Allerdings bestehen zwischen den einzelnen Indextypen gewisse Geschwindigkeitsunterschiede. Für die Suche nach einem Datensatz eignet sich ein Primärschlüssel am besten. Fast die gleiche Geschwindigkeit erreichen Sie mit einem eindeutigen Index. In zusammengesetzte Indizes sollten Sie aber nur die unbedingt notwendigen Felder einbeziehen.

9.10.2 Abfrage-Optimierung

Hauptziele der Optimierung von Datenbanken sind im Allgemeinen Suchvorgänge und Abfragen. Um auch in Access ein Maximum an Performance zu erreichen, hatte Microsoft die *Rushmore*-Technologie von FoxPro in die Datenbank-Engine von Access übernommen.

Was kann Rushmore? Grundsätzlich wird mit der Rushmore-Technologie nur der Zugriff auf Datensatzgruppen beschleunigt. Das betrifft beispielsweise Vergleiche mit einem der folgenden Operatoren <, >, =, <=, >=, <>, BETWEEN, LIKE, IN, die wiederum mit AND bzw. OR verknüpft sein können. Nicht optimiert werden Suchzugriffe mit SEEK oder der Zugriff auf die gesamte Datenbank. Allerdings müssen Sie einige Regeln beachten, damit die Rushmore-Technologie überhaupt effektiv umgesetzt werden kann. Wichtig ist vor allem die Indizierung der Vergleichsfelder. Bei Vergleichen mit dem LIKE-Operator sollten Sie keine Platzhalter vor dem Suchstring einfügen (z.B. LIKE "*ai"), derartige Abfragen lassen sich nicht optimieren! Weiterhin sollten Sie, wo immer es geht, auf Basic-Code und selbst definierte Funktionen (z.B. IIF) innerhalb von SQL-Abfragen verzichten, da sich auch diese Teile der Abfrage nicht optimieren lassen.

Sollen die Datensätze in einer Ergebnismenge gezählt werden, überlassen Sie am besten Access die Wahl des Feldes, indem Sie z.B. statt SELECT COUNT(name) ... einen Platzhalter verwenden: SELECT COUNT(*) ...

---

[1] Die physische Größe der Datenbank dürfte bei den heutigen Festplattenpreisen wohl kaum noch eine Rolle spielen.

9.10 Optimierung

Haben Sie einen Index mit umgekehrter Sortierfolge erstellt und ist der Vergleichsoperator nicht "=", dann kann die Abfrage nicht optimiert werden.

BEISPIEL: Einige optimierbare Ausdrücke

```
SELECT ... FROM ...
WHERE name = 'Mayer' AND vorname='Hans'
```

Der obige Ausdruck kann dann optimal eingesetzt werden, wenn sowohl das Feld *Name* als auch das Feld *Vorname* indiziert sind. Die Abfrage wird in zwei Einzelabfragen zerlegt, die Ergebnismengen werden mit AND verknüpft.

```
SELECT ... FROM ...
WHERE name = 'Mayer' OR plz='03345'
```

Die Abfrage besteht ebenfalls aus zwei Einzelabfragen, die Ergebnismengen werden jedoch vereinigt, da das Zutreffen einer Bedingung genügt.

9.10.3 Weitere Möglichkeiten

Neben den oben genannten Faktoren haben Sie noch weitere Einflussmöglichkeiten auf die Leistungsfähigkeit Ihrer Datenbank:

- Ändert sich die Ergebnismenge einer Abfrage selten, so sollten Sie anstatt der Abfrage besser eine Tabelle erstellen. Diese kann schneller und effektiver verarbeitet werden.
- Die Ergebnismenge einer Abfrage sollte nur die Felder enthalten, die unbedingt gebraucht werden (SELECT * FROM... möglichst vermeiden!).
- Komprimieren Sie ab und zu die Datenbank. Auf diese Weise wird die interne Datenstruktur wieder optimiert.
- Verwenden Sie in Netzwerken die Aktenkoffer-Replikation, so dass nur auf lokale Daten zugegriffen werden muss.
- Verwenden Sie Transaktionen, wenn Sie mehrere Datensätze verändern!
- Setzen Sie *CacheStart*, *CacheSize* und *FillCache* ein (externe Daten)!
- Nutzen Sie SQL-Pass-Through-Abfragen und Stored Procedures (externe Daten)!
- Verlagern Sie möglichst viel Funktionalität in den SQL Server (externe Daten)!
- Ersetzen Sie DAO/ADO durch SQL-Abfragen!
- Verknüpfen Sie Tabellen, anstatt diese direkt zu öffnen (externe Daten)!
- Verwenden Sie *Clone* anstatt *OpenRecordset*, um ein neues *Recordset*-Objekt zu erstellen!
- Handelt es sich um kleinere Datenmengen, die schreibgeschützt bleiben können, verwenden Sie ein *Snapshot*-Objekt!
- Verwenden Sie die Option *dbForwardOnly* beim Erstellen von Recordsets!

- Konvertieren Sie die Access-Datenbank in eine *.accde/.mde*-Datei! Auf diese Weise wird einerseits der enthaltene Programmcode vorkompiliert, andererseits wird die Datenbank komprimiert.

- Verwenden Sie den richtigen Cursor-Typ für den Zugriff (siehe folgender Abschnitt)

Nicht zuletzt dürfte auch der verfügbare Arbeitsspeicher eine wichtige Rolle spielen. Wie immer unter Windows gilt auch hier: Je mehr, desto besser. Für Windows 8/10 und eine mittlere Access-Datenbank sollten Sie Ihrem Rechner schon mindestens 3 bis 4 GByte Arbeitsspeicher gönnen.

9.10.4 ADO/DAO/ODBC – Was ist schneller?

Nach all den theoretischen Ergüssen in der vorhergehenden Abschnitten bleibt für viele nur eine entscheidende Frage: Welche Technologie ist schneller, lohnt sich ein Umstieg?

Sollten Sie jemanden finden, der Ihnen eine eindeutige Antwort geben kann, kein Problem, die Autoren erklären sich bereit, diese Meinung eindeutig und mit Beispiel zu widerlegen.

Grundsätzlich gilt: Je mehr Programmierkomfort, je mehr Objekte und Klassen, desto langsamer das spätere Programm. Andererseits spielt im Interesse einer sicheren und einfachen Programmierung nicht immer die letzte 1/10 Sekunde eine Rolle. Aus diesem Grund sollten im Allgemeinen praktische Erwägungen für die Auswahl der Technologie zu Rate gezogen werden.

Kriterium	Bemerkung
Anzahl der User	Mit diesem Kriterium fällt die Entscheidung zwischen einer Fileserver- und einer Client/Server-Lösung. Ab fünf bis zehn Usern (abhängig von der Datenmenge) sollte der Wechsel zu Client/Server-Lösungen erwogen werden, auch wenn hier teilweise mehr Arbeit auf den Programmierer zukommt.
Anzahl der Datensätze	Mit steigendem Datenaufkommen kann der einzelne Computer durch eine Client/Server-Lösung entlastet werden. Backup-Strategien lassen sich bei einem Client/Server-System wesentlich einfacher realisieren.
Größe des Netzwerks und Geschwindigkeit	Ein vielfach unterschätztes Kriterium ist die Geschwindigkeit des Netzwerks. Eine Client-Cursor-Lösung, die mit einem 10-MBit-Ethernet nur träge reagiert, ist bei 1000 MBit und großzügigem Arbeitsspeicher die schnellste Variante (ein effektiver Datendurchsatz von 14 bis 15 MByte/s ist realisierbar). Ein auf dem Server verwalteter Cursor kann da schnell zum Schlusslicht werden, da der Verwaltungsaufwand in keinem Verhältnis zur Zeitersparnis steht. Mit zunehmender User-Anzahl schwindet allerdings dieser Vorteil auch schnell dahin.
Art der Datensatz-manipulation	Grundsätzlich gilt: Jede Art von Cursorn ist vom Prinzip her uneffektiv. Nutzen Sie wo immer es geht die Vorteile von SQL. Wird auf wenige Datensätze zugegriffen (z.B. um eine Änderung vorzunehmen), empfiehlt sich die Verwendung eines Server-Cursors. Müssen mehrere Datensätze mehrfach durchlaufen werden, stellen clientseitige Cursor die bessere Wahl dar.
Geschäftsprozesse Komplexität	Mit steigender Komplexität sollte der Übergang zum 3-Schicht-Modell mit eigenem Server erwogen werden. Zum einen wird eine transparentere Programmstruktur erreicht, zum anderen lassen sich Änderungen wesentlich einfacher realisieren.
Internet-Applikation	Hier steht außer Frage, dass im Zusammenhang mit ASP nur die ADO in Frage kommen.

9.10 Optimierung

Nicht zuletzt bestimmen auch einige Programmier-Features, welchen Typ von Cursor Sie einsetzen müssen. So stehen die Möglichkeiten der hierarchischen Recordsets nur bei Verwendung eines clientbasierten Cursors zur Verfügung. Ähnliche Einschränkungen existieren leider auch bei der Verwendung der datengebundenen Grids.

Die beiden folgenden Diagramme sollen Ihnen als grobe Entscheidungshilfe dienen, welche Technologie die richtige für Sie ist. Im ersten Fall wurden Datensatzoperationen an einer etwas größeren Access-Tabelle ausgeführt. Die Datenbank befand sich auf dem gleichen Computer wie die Access-Anwendung:

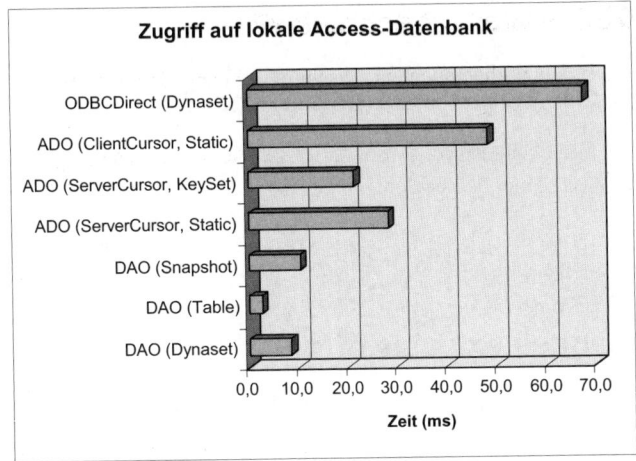

Wie Sie sehen, sind die guten alten DAO noch nicht ganz aus der Mode gekommen. Was die Performance anbelangt, schlagen sie sich recht gut.

Im zweiten Fall wurden 90.000 Datensätze von einem SQL-Server gelesen und bearbeitet. Die Laufzeitunterschiede dürften schnell erkennen lassen, dass Sie einen Server-Cursor in diesem Fall besser nicht nutzen:

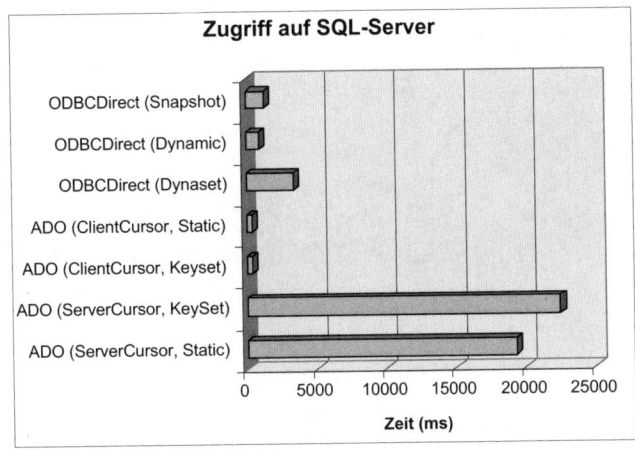

Allerdings ist es in diesem Fall sicher angebracht, über die Verwendung einer SQL-UPDATE-Anweisung nachzudenken, die Ausführung erfolgt auf dem Server und kostet den Client keine Rechenzeit.

Wie gesagt: Welche Technologie Sie schließlich nutzen, hängt auch davon ab, welches Problem Sie lösen möchten. Bei der Arbeit mit Access-Datenbanken sind die ADO zwar teilweise langsamer, spätere Umstellungen auf einen SQL Server sind jedoch wesentlich einfacher realisierbar (denken Sie daran, den Cursortyp zu ändern, siehe obige Diagramme!).

9.11 Tipps & Tricks

9.11.1 Wie prüft man die ADO-Versionsnummer?

Mit dem folgenden Code können Sie zum einen die Versionsnummer, zum anderen damit natürlich auch die Existenz von ADO auf dem Zielrechner überprüfen:

```
Dim ado As New ADODB.Connection
MsgBox ado.Version
```

9.11.2 Access-Datenbanken exklusiv öffnen

Fügen Sie einfach in den ConnectionString die Optionen *Share Deny Read* und *Share Deny Write* ein.

BEISPIEL: Exklusives Öffnen der Access-Datenbank (Access 2007/2010/2013/2016)

```
Sub Test()
Dim conn As New ADODB.Connection

    conn.ConnectionString = "Provider=Microsoft.ACE.OLEDB.16.0;Data Source=C:\Test.accdb;" & _
                            "Mode=Share Deny Read|Share Deny Write;Persist Security Info=False"
    conn.Open
    ...
End Sub
```

BEISPIEL: Exklusives Öffnen der Access-Datenbank (Access 2003).

```
Sub Test()
Dim conn As New ADODB.Connection

    conn.ConnectionString = "Provider=Microsoft.Jet.OLEDB.4.0;Data Source=C:\Test.mdb;" & _
                            "Mode=Share Deny Read|Share Deny Write;Persist Security Info=False"
    conn.Open
    ...
End Sub
```

9.11 Tipps & Tricks

9.11.3 Access-Datenbanken im Netzwerk

HINWEIS: Grundsätzlich sollten Sie bedenken, dass es sich bei Access-Datenbanken um Desktop-Datenbanken handelt, d.h., die Datenbanken sollten sich auf dem gleichen System wie die Anwendung befinden.

Sollten Sie dennoch Ihre Access-Datenbank "netzwerktauglich" machen wollen, können Sie die Datenbank auf einem File-Server ablegen, das Verzeichnis freigeben und den ConnectionString der Anwendung dahingehend anpassen, dass Sie statt eines lokalen Pfades einen Netzwerkpfad angeben. Dies kann auch ein UNC-Name sein.

BEISPIEL: ConnectionString für eine im Netzwerk (Computer *P4*, Laufwerk *C:*) freigegebene Access-Datenbank

```
Provider=Microsoft.ACE.OLEDB.16.0;Data Source=\\Server\C$\Test.accdb
```

9.11.4 Alle aktiven Verbindungen zur Datenbank auflisten

Sicher sind Sie auch schon auf das Problem gestoßen, dass Sie eine Datenbank sperren wollten, aber gleichzeitig einige Nutzer mit der Datenbank gearbeitet haben. Der schnellste Weg, dies festzustellen, führt über die Schemas.

Mit Hilfe der Methode *OpenSchema* können Sie treiberabhängige Informationen in Tabellenform (Dataset) abrufen. In unserem Fall nutzen wir das Schema JET_SCHEMA_USERROSTER, das uns eine Tabelle mit den aktiven Nutzern, deren Login-Namen sowie den jeweiligen Computer-Namen zurückgibt.

BEISPIEL: Anzeige der aktiven Nutzer

```
Sub Nutzeranzahl()
Dim rs As ADODB.Recordset
Dim conn As New ADODB.Connection
Dim s1 As String, s2 As String

Set conn = Application.CurrentProject.Connection
```

Verbindungsdaten abfragen:

```
Set rs = conn.OpenSchema(ADODB.SchemaEnum.adSchemaProviderSpecific, , _
                "{947bb102-5d43-11d1-bdbf-00c04fb92675}")
While Not rs.EOF
    s1 = rs.Fields("COMPUTER_NAME").Value
    s1 = Left(s1, InStr(s1, Chr(0)) - 1)
    s2 = rs.Fields("LOGIN_NAME").Value
    s2 = Left(s2, InStr(s2, Chr(0)) - 1)
    Debug.Print "Computer: " + s1 + "  Login: " + s2
    rs.MoveNext
Wend
End Sub
```

Die Anzeige im Direktfenster:

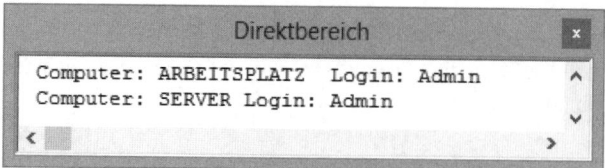

9.11.5 Das Datenbank-Kennwort ändern

Grundsätzlich müssen Sie zwischen Datenbank- und Nutzerkennwort unterscheiden.

Datenbankpasswort (DAO)

BEISPIEL: Öffnen einer Datenbank im Exklusiv-Modus und Zuweisung eines neuen Kennworts mit der Methode *NewPassword*

```
Sub test()
Dim ws As Workspace
Dim db As DAO.Database

  Set ws = DBEngine.Workspaces(0)
  Set db = ws.OpenDatabase("c:\test.accdb", True)
  db.NewPassword "", "geheim"
  db.Close
End Sub
```

Datenbankpasswort (JRO)

Binden Sie einen Verweis auf die JRO-Library und auf die *Microsoft Scripting Runtime* ein und verwenden Sie die folgende Funktion:

```
Sub SetNewDatabasePwd(ByVal dbname As String, ByVal oldpwd As String, ByVal newpwd As String)
    Dim JE As New JRO.JetEngine
    Dim file As New Scripting.FileSystemObject

    If file.FileExists(dbname + ".BAK") Then file.DeleteFile dbname + ".BAK"
    JE.CompactDatabase "Data Source=" + dbname + ";Jet OLEDB:Database Password=" + oldpwd, _
        "Data Source=" + dbname + ".BAK; Jet OLEDB:Database Password=" + newpwd
    If file.FileExists(dbname + ".BAK") Then file.DeleteFile dbname
    file.MoveFile dbname + ".BAK", dbname
End Sub
```

BEISPIEL: Verwendung obiger Routine

```
SetNewDatabasePwd "C:\Test.mdb", "geheim", "strenggeheim"
```

Nutzerpasswort

BEISPIEL: Verwenden Sie z.B. folgenden Code (entsprechende Rechte vorausgesetzt):

```
Dim catalog As New ADOX.catalog
Dim conn As New ADODB.Connection
conn.ConnectionString = "Provider=Microsoft.Jet.OLEDB.4.0;Data Source=c:\testdb.mdb" + _
"JET OLEDB:System Database=c:\SYSTEM.MDW"
conn.Open
catalog.ActiveConnection = conn
catalog.Users("Admin").ChangePassword "altesPWD", "neuesPWD"
```

HINWEIS: Vergessen Sie nicht, die Systemdatenbank (Pfad anpassen) anzugeben!

9.11.6 Abfragen über mehrere Datenbanken

Nutzen Sie die Möglichkeit, Tabellen aus verschiedenen Datenquellen einzubinden. Die Abfrage können Sie entweder zur Laufzeit erzeugen oder bereits in der Access-Datenbank speichern (weitere Informationen siehe Seite 550).

9.11.7 Datenbanken reparieren/komprimieren

Sollten Sie an diesem Beispiel angelangt sein, sind Sie wahrscheinlich schon Opfer eines Datenverlustes, d.h. "das Kind ist bereits in den Brunnen gefallen". Ursachen für Datenverluste sind z.B. Stromausfälle (Daten wurden unvollständig in die Datei geschrieben) oder ein instabiles Betriebssystem. Im extremsten Fall wird die gesamte Datenbank gelöscht.

HINWEIS: Lässt sich eine Access-Datei nicht mehr öffnen oder reparieren, versuchen Sie es doch einmal mit der Importfunktion. Die Autoren konnten auf diese Weise in einigen Fällen das Schlimmste verhüten und die wichtigsten Tabellen und Formulare restaurieren.

Bei einer Beschädigung sollten Sie die eingebauten Funktionen zum Reparieren einer Datenbank dem Backup vorziehen. Es gibt allerdings keine Garantie dafür, dass sich die Daten immer restaurieren lassen.

HINWEIS: Grundvoraussetzung für die im Folgenden vorgestellten Verfahren ist eine Trennung von Daten und Programm, d.h., es existieren mindestens zwei Dateien.

Access bietet über die Backstage-Ansicht die Funktion *Datenbank komprimieren und reparieren*. Die gleiche Funktion kann auch per Visual Basic-Code bereitgestellt werden.

DAO

Verwenden Sie die *Application.CompactRepair*-Methode:

```
CompactRepair(SourceFile, DestinationFile, LogFile)
```

Allerdings müssen Sie hier den Umweg über eine zweite Datei nehmen, die Methode kann die Zieldatei nicht direkt verändern.

BEISPIEL: Datenbank komprimieren und reparieren

```
Sub RepairAndCompact(name As String)
    If Dir(name & ".BAK") <> "" Then Kill name & ".BAK"
    Application.CompactRepair name, name & ".bak"
    If Dir(name & ".BAK") <> "" Then Kill name
    Name name & ".BAK" As name
End Sub
...
RepairAndCompact "c:\test.accdb"
```

Zweifeln Sie am Sinn des Komprimierens, so kopieren Sie einmal einige Tabellen in eine Datenbank und löschen Sie diese Tabellen anschließend wieder. Logischerweise müsste die Datenbank jetzt wieder genauso groß sein wie vorher – Irrtum! Unsere Datenbank schleppt nun jede Menge unnötigen Ballast mit sich herum. Gönnen Sie ihr eine Abmagerungskur!

ADO

Eigentlich ist die Beschriftung ADO falsch, die Programmierung erfolgt mittels JRO. Die Realisierung ist wesentlich einfacher, eine Trennung zwischen Komprimieren und Reparieren existiert nicht. Beide Aufgaben übernimmt die Methode *CompactDatabase*:

```
Sub RepairAndCompact(name As String)
    Dim je As New JRO.JetEngine
    If Dir(name & ".BAK") <> "" Then Kill name & ".BAK"
    je.CompactDatabase "Data Source=" & name & ";", "Data Source=" & name & ".bak" & ";"
    If Dir(name & ".BAK") <> "" Then Kill name
    Name name & ".BAK" As name
End Sub
```

Neben dem Reparieren und Defragmentieren bietet die *CompactDatabase*-Methode auch die Möglichkeit, ein Datenbank-Passwort zu setzen, die Datenbank zu ver-/entschlüsseln oder in eine neuere Version zu konvertieren.

Alternativ können Sie auch die *Application.CompactRepair*-Methode einsetzen.

Kapitel 10

Microsoft SQL Server

Neben allgemeinen Ausführungen zum Thema stehen Programmierung und Verwaltung des SQL Servers per VBA und SQL im Mittelpunkt dieses Kapitels.

> **HINWEIS:** Wenn nachfolgend vom "SQL Server" die Rede ist, dann ist damit der *Microsoft SQL Server* ab Version 2008 (bzw. der entsprechende *SQL Server Express*) gemeint[1].

10.1 Ein erster Schock ...

Alte Hasen der SQL Server-Programmierung werden jetzt gleich wieder an Ihre guten alten ADP-Projekte denken, doch da haben Sie die Rechnung ohne Microsoft gemacht:

Einen Migrationsassistenten o.ä. suchen Sie natürlich vergeblich. Es bleibt nichts anderes übrig, als eine neue Datenbank zu erstellen, alle Tabellen per ODBC einzubinden und dann für diese neue Formulare und Berichte zu erstellen, bzw. diese mit Hilfe von Access 2010 aus der ADP in die ACCDB zu importieren. Wer jetzt an viel Arbeit denkt, liegt nicht ganz falsch.

Weitere "Features" der Access-Versionen 2013/2016 im Server-Bereich:

- **keinerlei Server-Administrationsfunktionen aus Access heraus**
  Diese Entwicklung war aber bereits vorhersehbar, da schon in Access 2010 der SQL Server 2008 administrativ nicht mehr unterstützt wurde.

---

[1] Aus Access-Sicht gibt es zunächst keine grundsätzlichen Unterschiede zum aktuellen SQL Server 2016.

- **kein Upsizing Wizard**
  Hier müssen Sie auf andere Tools umsteigen (siehe Kapitel 11), die zwar leistungsfähiger sind, dafür aber auch etwas komplizierter in der Anwendung.

- **kein DMO-Unterstützung**
  Ab dem SQL Server 2012 werden die DMOs nicht mehr unterstützt, es gibt zwar die neuen SMOs, das nützt aber dem VBA-Programmierer herzlich wenig, da er mit .NET in Access nichts anfangen kann.

Willkommen in der neuen Welt von Microsoft, wo es nur noch Cloud-Datenbanken, Cloud-Apps, Tablets, Touchscreens und vor allem viele bunte Icons (halt nein, das sind ja jetzt Kacheln) gibt ...

Wir wollen dennoch das Beste aus den noch verbliebenen Möglichkeiten von Access machen. Dazu sehen wir uns zunächst den SQL Server etwas genauer an, bevor wir uns um die Einbindung in Access kümmern.

> **HINWEIS:** Als ergänzendes Kapitel empfehlen wir Ihnen das Kapitel 11 (Azure SQL), das sich ausschließlich mit den Azure SQL-Datenbanken beschäftigt.

10.2 Allgemeines

Nach diesen schlechten Nachrichten stellt sich die Frage, wie Sie aus Access heraus überhaupt noch mit dem Microsoft SQL Server zusammenarbeiten können.

Drei Möglichkeiten bestehen:

- **Einbinden von SQL Server-Tabellen per ODBC in die Access-Datenbank**
  Der Datenzugriff erfolgt, wie gewohnt, per DAO. Dies ist der empfohlene Weg, da Sie hier uneingeschränkt Gebrauch von den Formular- und Berichtsassistenten machen können.

- **Zugriff auf SQL Server Tabellen per ADO-Code**
  Die ADO-Recordsets können an Formulare gebunden werden, SQL Passthrough für den Zugriff auf Stored Procedures, Views etc. ist problemlos möglich. Wir empfehlen Ihnen, sich unbedingt mit Kapitel 8 vertraut zu machen.

- **Verwendung der SMOs für die Datenbankadministration**
  Dies sind die Nachfolger der DMOs, der Aufruf ist jedoch nur mit einem COM-Mapper möglich, siehe dazu Seite 643.

Doch mit welchen SQL Servern können Sie überhaupt Daten austauschen? Microsoft hat in dieser Beziehung eine breite Palette zu bieten:

- *SQL Server 2014*-Vollversion (*Enterprise*, *Business Intelligence* oder *Standard*)
- *Azure SQL*
- *SQL Server 2014 Express*

10.2 Allgemeines

- *SQL Server LocalDB 2014*
- und *SQL Server Compact 4.0*

HINWEIS: Aus Access heraus können Sie mit allen obigen Produkten zusammenarbeiten, außer mit dem SQL Server Compact, der konzeptionell keinen Zugriff per ODBC bietet.

Da es einige Unterschiede zwischen den obigen Versionen gibt, die auch für Sie als VBA-Programmierer relevant sind, möchten wir zunächst auf die Unterschiede und Einschränkungen eingehen.

10.2.1 SQL Server LocalDB

Hier haben wir es mit dem "jüngsten" Kind der Microsoft SQL Server-Familie zu tun. Es handelt sich um eine abgespeckte Version des *SQL Server Express* und gleichzeitig um dessen (teilweisen) Nachfolger im Bereich der Entwicklung. Wer zum Beispiel *Visual Studio* auf einem neuen System installiert, wird schnell feststellen, dass die alten Connectionstrings bei den Projekten angepasst werden müssen. Ursache ist der Wechsel von *SQL Server Express* auf *SQL Server LocalDB*.

Die Hauptvorteile dieser Version liegen in den reduzierten Anforderungen an das System. Grundsätzlich stehen die wichtigsten Features des *SQL Server Express* zur Verfügung, der wesentlichste Unterschied ist aus Entwicklersicht die gänzlich fehlende Unterstützung für den Netzwerkzugriff. Dies resultiert aus der Tatsache, dass der *SQL Server LocalDB* nur noch während der Ausführung der Clientanwendung läuft.

Startet die Anwendung, wird auch der Server gestartet. Mit dem Ende der Anwendung wird auch der Server heruntergefahren. Ein andauernd laufender Dienst, wie beim *SQL Server Express*, ist nicht mehr erforderlich.

Umstellung

Für Sie als Entwickler ist es zunächst wichtig, dass Sie bei einem Wechsel vom *SQL Server Express* zum *SQL Server LocalDB* lediglich die Verbindungszeichenfolge anpassen müssen[1].

BEISPIEL: Änderung bei der Verbindungszeichenfolge

Aus

```
Provider=SQLOLEDB.1;Integrated Security=SSPI;Data Source=.\SQLEXPRESS;
AttachDbFilename=C:\temp\db\database.mdf;User Instance=True
```

wird für **SQL Server LocalDB 2012**

```
Provider=SQLNCLI11;Integrated Security=SSPI;Data Source=(LocalDB)\v11.0;
AttachDbFilename=C:\temp\db\database.mdf;User Instance=False
```

---

[1] Auf weitere Änderungen und Einschränkungen gehen wir ab Seite 569 ein.

bzw. für **SQL Server LocalDB 2014**

```
Provider=SQLNCLI11;Integrated Security=SSPI;Data Source=(LocalDB)\MSSQLLocalDB;
AttachDbFilename=C:\temp\db\database.mdf;User Instance=False
```

HINWEIS: Ein Umstellen bisheriger Datenbank-Projekte erfordert auch die Konvertierung der Datenbankdatei (*.mdf*). Erstellen Sie besser eine Sicherheitskopie, bevor Sie erstmals per *SQL Server LocalDB* auf die Datenbank zugreifen.

Download und Installation

Die aktuellen Installationspakete für den *SQL Server LocalDB* (x86 oder x64) können Sie unter der folgenden Adresse kostenlos herunterladen:

LINK: http://www.microsoft.com/de-de/download/details.aspx?id=29062

Mit 43 MByte (x64) ist das Installationspaket im Vergleich zu den SQL Server bzw. SQL Server Express-Varianten fast schon winzig.

Auch die Installation gestaltet sich relativ problemlos.

BEISPIEL: Installation des *SQL Server LocalDB* ohne Nutzereingriff

Starten Sie die folgende Anweisung **mit Admin-Rechten**:

```
msiexec /i SqlLocalDB.msi /qn IACCEPTSQLLOCALDBLICENSETERMS=YES
```

Nach wenigen Sekunden sind alle Dateien auf dem System installiert und Sie können den Server nutzen.

10.2.2 SQL Server Express

Beim *SQL Server Express 2014* handelt es sich ebenfalls um eine "abgespeckte" SQL Server 2014 Datenbank-Engine, die unter allen aktuellen Windows-Betriebssystemen lauffähig ist. Die Weitergabe Ihrer damit entwickelten Anwendungen an den Endkunden ist lizenzgebührenfrei.

Sie können die aktuelle Version (derzeit SQL Server 2014) unter folgender Adresse herunterladen:

LINK: http://www.microsoft.com/de-de/download/details.aspx?id=29062

Dabei stehen mehrere Versionen zur Auswahl:

- **SQL Server Express** (x86, x64)
  der reine Server (Datenbankmodul) ohne *SQL Server Express Management Studio*
- **SQL Server Express mit Tools** (x86, x64)
  Datenbankmodul inklusive *SQL Server Management Studio Express*
- **SQL Server Express Advanced** (x86, x64)
  Datenbankmodul inkl. *SQL Server Management Studio Express* sowie zusätzlich *Reporting Services* und Volltextsuche

10.2 Allgemeines

Im Normalfall werden die SQL Server Express-Datenbanken zum Beispiel aus der Visual Studio-Oberfläche oder der Access 2010-ADP-Oberfläche heraus entwickelt, ohne weitere Tools verwenden zu müssen.

Da die entsprechenden Funktionen ab Access 2013 komplett entfernt wurden, sind Sie auf ein entsprechendes Management-Tool angewiesen. Für das Erstellen von Datenbanken, Tabellen, Views und Datenbankdiagrammen benötigen Sie deshalb das *SQL Server Management Studio*, oder Ihr VBA-Programm kümmert sich per T-SQL bzw. SMO darum. Installieren Sie also im Zweifel mindestens die *SQL Server Express mit Tools*-Version.

Als echte Client/Server-Datenbank-Engine bietet sich die Express Edition als Alternative zu den üblichen Desktop/Fileserver-Datenbanken an. Allerdings sollten Sie beachten, dass es sich beim Client/Server-Prinzip um einen etwas anderen Ansatz als bisher handelt, mit dem einfachen Portieren Ihrer alten Desktop-Anwendung auf den SQL Server ist es meist nicht getan.

10.2.3 Unterschiede SQL Server-Varianten/Jet-Engine

Trotz weitgehender Kompatibilität von Express Edition/Express Edition LocalDB und dem Standard SQL Server bestehen auch Unterschiede zwischen beiden Versionen. Während der SQL Server als eigenständiges Produkt vertrieben wird, finden Sie die Express Edition im Normalfall als reine Datenbank-Engine ohne eigene Administrationsoberfläche vor (es gibt lediglich einige Programme zum Konfigurieren des Netzwerkprotokolls/der Dienste, sowie ein einfaches Abfragetool).

Vergleich Express Edition und Standard SQL Server

Die wichtigsten Unterschiede zwischen der Express Edition und dem Standard SQL Server:

- Die Express Edition ist für den Desktop-Einsatz optimiert, d.h., es wird nur eine CPU unterstützt

- Die Standard Express Edition unterstützt weder die Notification Services noch die Analysis Services

- Unbedingt zu beachten ist die Beschränkung von Express Edition-Datenbanken auf 10 GByte[1]. Dieses Volumen ist für viele Anwendungen völlig ausreichend. Sollte das Datenaufkommen dieses Limit überschreiten, spricht nichts gegen eine Umstellung auf den eigentlichen SQL Server, Änderungen sind nicht erforderlich. Diese Beschränkung gilt allerdings nur auf Datenbankebene (eine Express Edition kann mehrere Datenbanken verwalten).

- Bei Verwendung der Express Edition sind die Replikationsfunktionen eingeschränkt

- Die Express Edition kann als "silent install" gut in eigene Installationspakete integriert werden, auch die Weitergabe von Datenbankdateien ist per "XCopy"-Fähigkeit recht einfach gelöst

- Last, but not least, ist die Express Edition kostenlos, was wohl in vielen Fällen der wichtigste Grund für ihren Einsatz sein wird

---

[1] Dies gilt ab der Version 2008 R2, vorher waren es 4 GByte.

Wer in obiger Liste Einschränkungen hinsichtlich Reporting Services, Volltextsuche und Administrationsoberfläche vermisst, hat vermutlich nur die einfache SQL-Server Express Edition installiert. Auf der Microsoft-Homepage werden jedoch auch noch weitere Express Editionen zum Download angeboten, die einen wesentlich größeren Funktionsumfang aufweisen (siehe Seite 568).

Unterschiede Express und LocalDB

Zunächst haben wir die Express-Version vom Standard SQL Server abgegrenzt. Doch worin unterscheiden sich nun *SQL Server Express* und *SQL Server LocalDB*?

- *SQL Server Express* läuft als eigenständiger Windows Service, *SQL Server LocalDB* hingegen wird als neuer Prozess durch den Datenbankzugriff (Treiber) gestartet und final auch wieder beendet

- *SQL Server Express* gestattet nach entsprechender Konfiguration auch den Zugriff aus dem Netzwerk, *LocalDB* ist auf das aktuelle System beschränkt (nur Kommunikation per Shared Memory)

- *SQL Server LocalDB* unterstützt nicht das Speichern von Daten per FILESTREAM

- Merge-Replication, Multiuser-Zugriff (aber mehrere Connections) und Volltextsuche werden vom *SQL Server LocalDB* ebenfalls nicht unterstützt

Betrachten Sie den *SQL Server LocalDB* also als Desktop-Datenbankengine mit eingeschränkten Fähigkeiten eines SQL Servers, quasi als Nachfolger der Jet-Engine. Gerade für reine Desktop-Projekte bietet sich diese Variante an, haben Sie doch später problemlos die Möglichkeit, Ihr Projekt zu migrieren, denn bis auf die Connectionstrings ändert sich nichts.

Vergleich zur Jet-Engine

Trotz der genannten Einschränkungen dürfte die Express-Version (teilweise auch LocalDB-Edition) für den Workgroup-Einsatz in kleineren Netzen die ideale Plattform sein, da sie im Gegensatz zu Desktop-Datenbanken, wie z.B. Access, einige wesentliche Vorteile bietet:

- Echte Client/Server-Datenbank-Engine

- Dynamische Sperren sind möglich (auf Satz-, Seiten-, Tabellenebene), diese werden durch die Engine automatisch verwaltet

- Die Express Edition bietet eine echte Transaktionsverwaltung, die im Fehlerfall eine konsistente Wiederherstellung der Datenbank ermöglicht

- Höhere Sicherheit, da kein direkter Zugriff auf die Datenbank möglich ist (zwei getrennte PCs vorausgesetzt)

- Bessere Unterstützung für XML-Daten

- Spätere Migration auf die Voll-Versionen des Microsoft SQL Servers ist problemlos möglich

10.2.4 Client- versus Fileserver-Programmierung

Bevor es in diesem Kapitel zu Missverständnissen kommt, möchten wir noch einmal die wesentlichen Unterschiede zwischen dem Fileserver- und dem Client/Server-Prinzip erläutern.

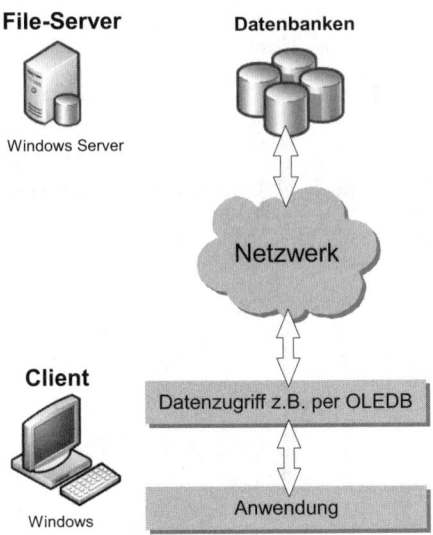

Die Begriffe "Client/Server" und "Fileserver" tauchen in (fast) jedem Beitrag zum Thema "Datenbanken im Netz" auf. Aus Anwendersicht sind die Grundprinzipien äquivalent, in beiden Fällen wird von einem oder mehreren Computern auf ein und dieselbe Datenbank zugegriffen. Die Netztopologie spielt in diesem Zusammenhang eine untergeordnete Rolle, wichtig ist nur, dass alle Anwender Zugriff auf den Rechner haben, der die Datenbank verwaltet.

Gänzlich unterschiedlich ist allerdings die Schnittstelle zu dieser Datenbank. Während beim Fileserver die einzelnen Arbeitsstationen auf Datei-Ebene (physisch) mit der Datenbank arbeiten, greifen beim Client/Server-Prinzip die Clients nur noch auf logischer Ebene auf die Datei zu, die eigentliche Datei- bzw. Verwaltungsstruktur ist überhaupt nicht relevant.

Möchte ein Client mit der Datenbank arbeiten (z.B. eine Tabelle öffnen), muss er eine Anfrage (z.B. SQL SELECT) an den Server absetzen. Dieser (nicht der Client!) bearbeitet und optimiert die Abfrage, prüft die Zugriffsberechtigungen und sendet gegebenenfalls die Daten über das Netz an den Client zurück.

Ein Fileserver hingegen kann nur eine Dateistruktur bereitstellen. Sind Daten abzufragen, muss die Arbeitsstation alle Tabellen/Indizes, welche die Abfrage betreffen, über das Netz laden und die Daten lokal bearbeiten. Für den Datenschutz ist jede einzelne Arbeitsstation selbst verantwortlich. Dies trifft auch auf die Zugriffsverwaltung bei Mehrnutzerbetrieb zu. Beim Client/Server-Prinzip wird dies zentral geregelt, beim Fileserver-Prinzip muss jede Arbeitsstation selbst für das Sperren von Seiten bzw. Datensätzen sorgen (z.B. per LACCDB/LDB-Datei bei Access).

Die wichtigsten Vor- und Nachteile beider Prinzipien auf einen Blick zeigt die folgende Tabelle:

Kriterium	Fileserver	Client/Server
Sicherheit	Die physische Datei ist ungeschützt, jede Arbeitsstation besitzt Schreib-/Leserechte. Für die interne Sicherheit muss jede Arbeitsstation selbst sorgen.	Die physische Datei kann mit allen Mitteln des Servers geschützt werden (z.B. nicht sichtbar). Die interne Sicherheit gewährleistet die Server-Engine.
Geschwindigkeit, Netzbelastung	Jede Abfrage erfordert den vollen Zugriff auf alle beteiligten Tabellen, sowie deren Übertragung. Jede Arbeitsstation muss verhältnismäßig großzügig ausgestattet sein, um eine halbwegs akzeptable Geschwindigkeit zu erreichen.	Geringe Netzbelastung, da nur die angeforderten Daten übertragen werden müssen. Durch Multiprozessor-Server lassen sich auch höchste Anforderungen an die Geschwindigkeit befriedigen.
Datenintegrität	Jede Anwendung ist für die Datenintegrität selbst verantwortlich, entsprechend hoch ist die Fehleranfälligkeit. Änderungen an der Datenbankstruktur wirken sich auf alle Arbeitsstations-Programme aus.	Die Integritätsregeln sind auf dem Server abgelegt und werden auch dort verwaltet. Fehlerhafte Daten werden durch den Server abgewiesen. Eine Erweiterung bzw. eine Änderung der Datenbankstruktur hat im Wesentlichen nur Einfluss auf den Server.

Stellen Sie sich vor, Sie wollen in einer Tabelle mit 500.000 Datensätzen einen Eintrag löschen. Ein SQL Server bewältigt diese Aufgabe problemlos. Nach der SQL-Anweisung DELETE FROM ... wird über das Netz höchstens noch eine Vollzugsmeldung zurückgesendet. Beim Fileserver müssen jedoch zunächst einmal alle Datensätze der betroffenen Tabelle auf den lokalen Computer geladen werden. Ein normales Netzwerk ist da schon ein paar Sekunden beschäftigt. Außerdem wollen ja vielleicht auch noch andere Teilnehmer mit der Tabelle bzw. dem Netzwerk arbeiten. Die Vorteile der Client/Server-Technologie dürften also an diesem Beispiel klar erkennbar sein.

Eine einfache Fileserver-Datenbank können Sie schon mit zwei Windows-PCs aufbauen. Sie speichern die Datenbank auf einem Rechner und geben das Verzeichnis im Netzwerk frei. Binden Sie auf dem zweiten Rechner das Verzeichnis ein, haben Sie die Möglichkeit, gleichzeitig von zwei Arbeitsstationen aus auf eine Datenbank zuzugreifen. Wer nicht über zwei PCs verfügt, kann das Verhalten nachvollziehen, indem er zwei Instanzen von Access auf einem PC ausführt (genügend Arbeitsspeicher vorausgesetzt).

Eine Client/Server-Datenbank erfordert etwas mehr Aufwand. Sie brauchen neben dem Client, der zum Beispiel unter Windows 8/10 läuft, einen Server (z.B. Windows 2012/2016 Server). Zusätzlich müssen Sie die SQL Server-Software kaufen (trifft nicht auf die Express Edition zu) und installieren. Dies könnte zum Beispiel Informix, Oracle oder Microsoft SQL Server sein.

Obwohl wir uns in diesem Buch auf den MS SQL Server beschränken, lassen sich die Ausführungen sinngemäß auch auf die anderen SQL Server übertragen. Dies trifft auch zu, wenn es sich zum Beispiel um einen Informix-Server handelt, der unter UNIX läuft. Das Betriebssystem spielt an

10.2 Allgemeines

dieser Stelle eine untergeordnete Rolle, wichtig ist nur, dass beide Rechner auf das gleiche Netzwerkprotokoll aufsetzen.

Wie Sie der folgenden Abbildung entnehmen können, befindet sich auf der Client-Seite zwischen Anwendung (z.B. Access-Anwendung) und Netzwerk-Interface eine zweite Schicht. Dabei kann es sich entweder um bestimmte Libraries, mit denen über das Netzwerk direkt auf den jeweiligen SQL Server zugegriffen werden kann (DLLs), OLEDB-Provider, oder um einen ODBC-Treiber handeln.

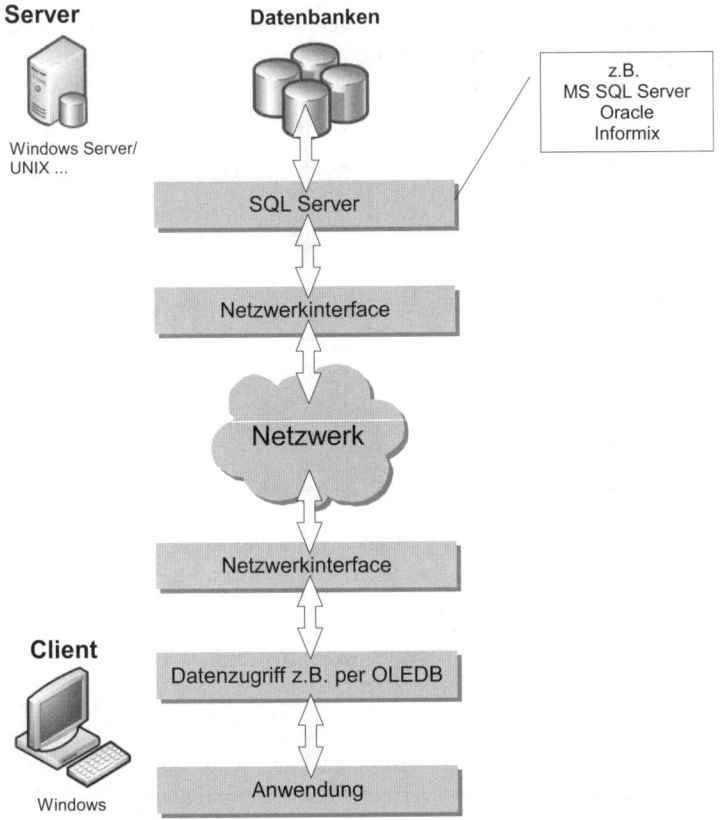

Für Sie als Access-Programmierer dürfte wohl meist die Variante "OLEDB-Provider" infrage kommen. Einfacher als auf diesem Weg lassen sich Anwendungen wohl kaum entwickeln. Dass auch die Performance durch den Einsatz der ADO nicht zu kurz kommt, hatten wir Ihnen in Kapitel 8 bereits demonstriert.

10.2.5 Installation SQL Server Express

Sollten Sie bereits auf Ihrer Festplatte nach dem *SQL Server Express* gesucht haben, werden Sie wahrscheinlich nicht fündig geworden sein. Die Express-Version gehört nicht zur Standard-Installation von Microsoft Access. Doch woher bekommen Sie diese?

Unter der Adresse

LINK: http://www.microsoft.com/de-de/download/details.aspx?id=29062

finden Sie die aktuelle Version von *Microsoft SQL Server 2014 Express*. Wie schon besprochen, werden Sie verschiedene Varianten vorfinden. Im Folgenden entscheiden wir uns für den *Express mit Advanced Services*, da wir im Rahmen dieses Kapitels auch Beispiele zur Volltextsuche realisieren wollen. Ganz nebenbei erhalten wir auch ein ganz brauchbares Verwaltungsprogramm für die SQL Server-Datenbanken.

HINWEIS: Alle Versionen liegen jeweils als x64- bzw. als x86-Version vor, entscheiden Sie sich also, je nach Zielsystem, für eine der beiden Varianten.

Nach dem Download (ca. 1,2 GB) unter oben angegebener Adresse finden Sie eine einzelne Installationsdatei (*SQLEXPRADV_x64_DEU.exe*) auf Ihrer Festplatte.

Bevor Sie jetzt zur Installation übergehen sollten Sie prüfen, ob auf Ihrem System mindestens die folgenden Voraussetzungen erfüllt sind:

- *Microsoft .NET Framework 4.0*
- *Microsoft .NET Framework 3.5*
- *Windows Windows PowerShell 2.0*
- *Microsoft Visual Studio Tools for Application 3.0*

Wenn nicht, sollten Sie zunächst obige Anwendungen herunterladen und installieren.

Nach dem automatischen Entpacken des SQL Server Express-Installationspakets in ein temporäres Verzeichnis und der Installation einiger Unterstützungsdateien wird zunächst die Systemkonfiguration untersucht, um fehlende Komponenten aufzuspüren.

Nachfolgend dürfen Sie entscheiden, welche Komponenten auf Ihrem System installiert werden sollen.

HINWEIS: Wir empfehlen die obigen Einstellungen zu übernehmen, denn so haben Sie auch gleich ein Verwaltungsprogramm (*Management Studio Express*) für die Datenbanken.

10.2 Allgemeines

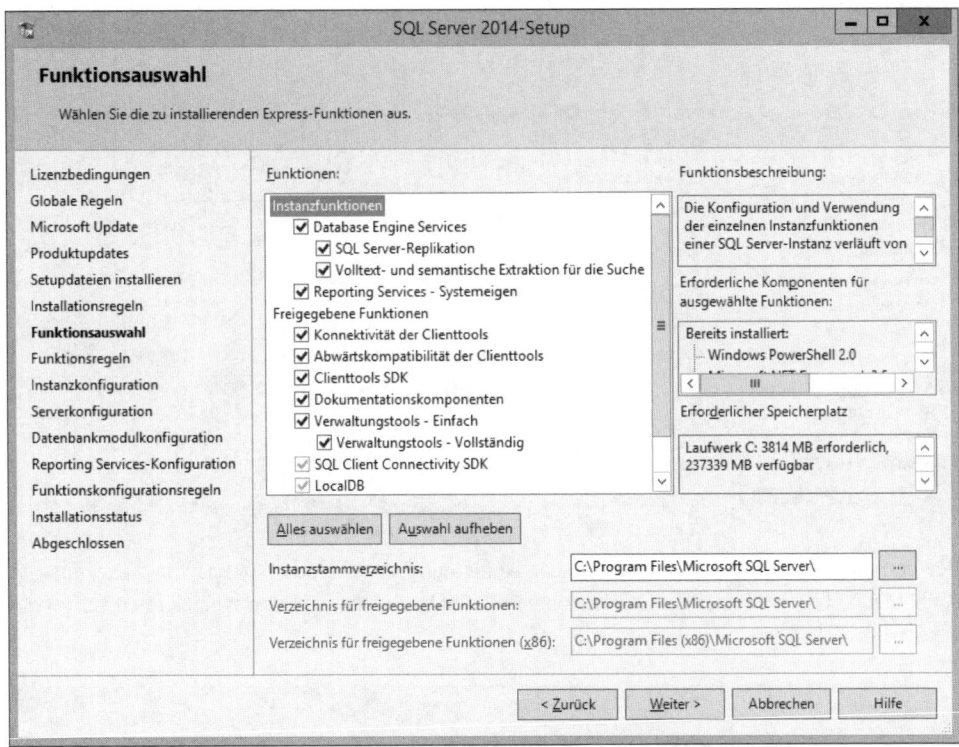

Im nächsten Schritt legen Sie den Namen des SQL Servers bzw. der Instanz fest.

Wird der Server als Standard-Instanz installiert, können Sie diesen über den PC-Namen ansprechen, andernfalls müssen Sie den Instanznamen an den PC-Namen anhängen.

BEISPIEL: Servername bei benannter Instanz (aktueller PC)

`.\SQLEXPRESS`

oder

`[PC-Name]\SQLEXPRESS`

Wir belassen es bei einer benannten Instanz, so bekommen wir mit anderen Installationen keine Probleme.

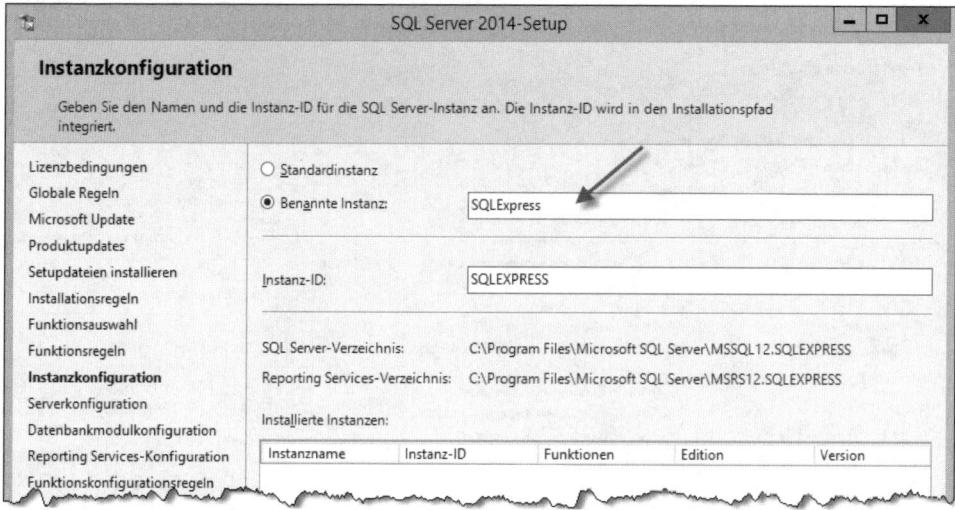

Bei der späteren Frage nach der Form der Anmeldung entscheiden wir uns für die gemischte Anmeldung, d.h., es können die Systemkonten oder SQL-Server-eigene Anmeldekonten verwendet werden.

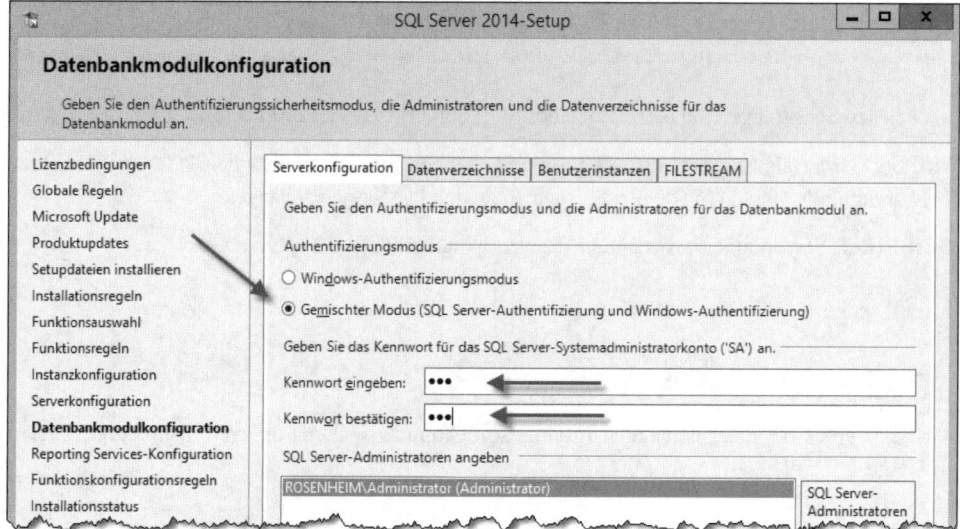

Letzteres ist sicher empfehlenswert wenn Sie Ihre Anwendung weitergeben wollen, denn meist haben Sie in diesen Fällen keinen Zugriff auf die Anmeldekonten des Systems.

Nach einigen weiteren Dialogen, die Sie alle auf den Standardwerten belassen können, ist die Installation abgeschlossen und Sie können den SQL Server verwenden.

10.2.6 Netzwerkzugriff für den SQL Server Express

Aus Sicherheitsgründen ist bei einem "frisch" installierten SQL Server Express die Unterstützung für Netzwerkzugriffe, d.h. Zugriffe von anderen Arbeitsstationen, deaktiviert. Versuchen Sie von einer anderen Arbeitsstation auf den SQL Server Express zuzugreifen, dürften Sie schnell eine Meldung in der Art "Keine Verbindung mit dem Server xxx" erhalten.

Für einen erfolgreichen Remotezugriff auf den SQL Server Express sind folgende Punkte wichtig:

- Der SQL Server Browser muss gestartet sein, damit der Server auch gefunden wird
- Der SQL Server muss das TCP/IP-Protokoll unterstützen
- Der SQL Server muss den Remotezugriff erlauben
- Meist ist es auch erforderlich, die gemischte Sicherheit zu aktivieren

Im Folgenden wollen wir obige Schritte abarbeiten.

SQL Server Browser aktivieren

Bei einer Installation des SQL Server Express wird zwar der Browser-Dienst installiert, er ist jedoch nicht aktiviert und kann damit auch nicht gestartet werden.

Wechseln Sie zum Aktivieren des Dienstes in den Konfigurations Manager (*Start/Alle Programme/ SQL Server 2014/Konfigurationstools*) und wählen Sie in der Rubrik *SQL Server Dienste* den *SQL Server Browser* aus (siehe folgende Abbildung).

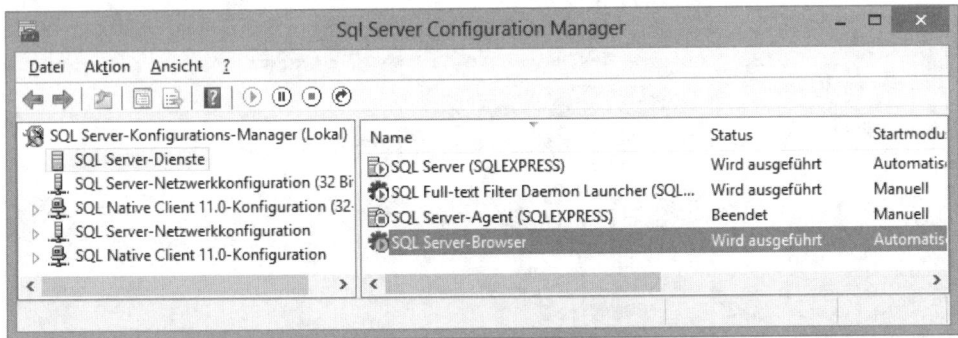

Über das Kontextmenü können Sie nun zunächst den Dienst aktivieren bevor Sie dessen Startart auf *Automatisch* festlegen.

Jetzt steht anderen Computern der Browser-Dienst (und damit die Informationen über aktuell laufende SQL-Server-Instanzen) zur Verfügung.

TCP/IP-Protokoll aktivieren

Standardmäßig ist für den *SQL Server Express* nur der Zugriff per "Shared Memory" aktiviert, nutzen Sie auch hier den Konfigurations Manager, um das TCP/IP-Protokoll zu aktivieren. Wählen

Sie dazu die Rubrik *SQL Server-Netzwerkkonfiguration/Protokolle für SQLEXPRESS* und aktivieren Sie auf der rechten Seite das TCP/IP-Protokoll:

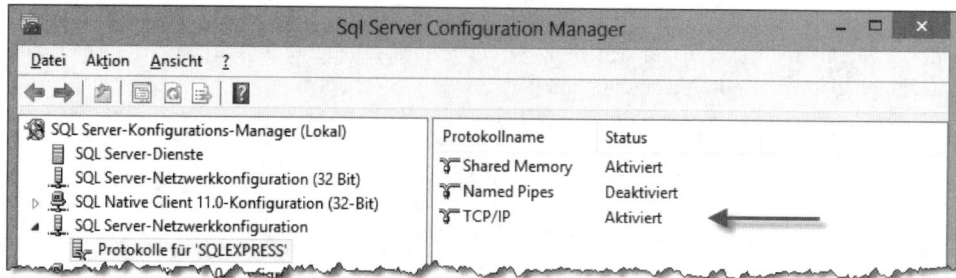

HINWEIS: Der Server muss nach dieser Änderung erneut gestartet werden.

Erlaubnis für Remotezugriff überprüfen

Öffnen Sie das *SQL Server Management Studio* und öffnen Sie über das Kontextmenü die Eigenschaften des aktuellen Servers. In der Rubrik *Verbindungen* muss die Option *Remoteverbindungen mit diesem Server zulassen* aktiviert sein:

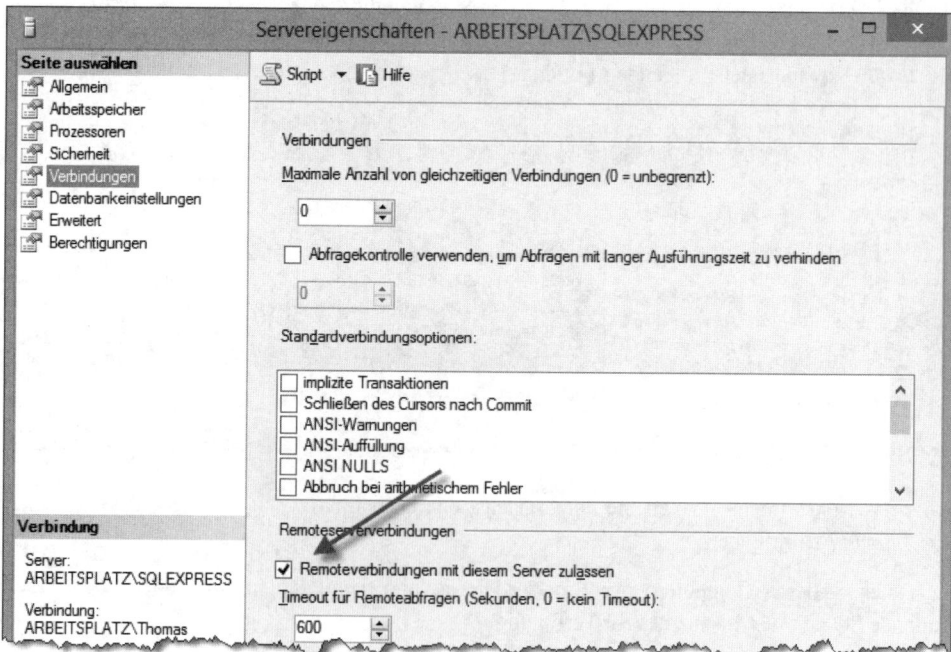

Gemischte Anmeldung aktivieren

Soll sich der Client mit Name und Passwort anmelden, müssen Sie die "gemischte Anmeldung" aktivieren. Dies realisieren Sie ebenfalls über das SQL Server Management Studio. Rufen Sie auch

10.2 Allgemeines

hier über das Kontextmenü den Dialog mit den Servereigenschaften auf und ändern Sie in der Rubrik *Sicherheit* die Serverauthentifizierung auf *SQL Server- und Windows-Authentifizierungsmodus*:

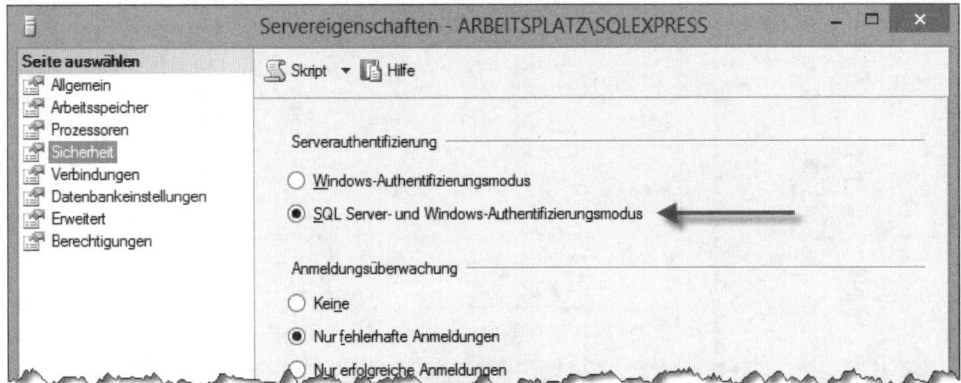

Haben Sie alle obigen Schritte abgearbeitet, dürfte dem Remotezugriff auf Ihren SQL Server Express nichts mehr im Wege stehen.

Für alle, die sich vergeblich abgemüht haben, eine Verbindung zum *SQL Server LocalDB* herzustellen:

HINWEIS: Es ist **nicht** möglich, auf den *SQL Server LocalDB* per Netzwerk zuzugreifen! Dies ist prinzipbedingt, es handelt sich nicht um eine Konfigurationsfrage (wie beim *SQL Server Express*).

10.2.7 Die wichtigsten Tools von SQL Server

Im Folgenden möchten wir Ihnen kurz die wichtigsten Tools, die mit dem Microsoft SQL Server ausgeliefert werden, vorstellen.

SQL Server Management Studio

Das wohl wichtigste Programm für den angehenden Datenbank-Administrator ist das *SQL Server Management Studio*. Angefangen mit dem Starten und Beenden von Serverdiensten über das Erstellen und Verwalten von Datenbanken und Nutzern bis hin zum Backup bzw. Restore, fast alle wesentlichen Aufgaben lassen sich mit diesem Tool realisieren.

HINWEIS: Das Tool ist leider nicht in der Standard SQL-Server Express-/LocalDB-Installation enthalten (siehe dazu Seite 568).

Kapitel 10: Microsoft SQL Server

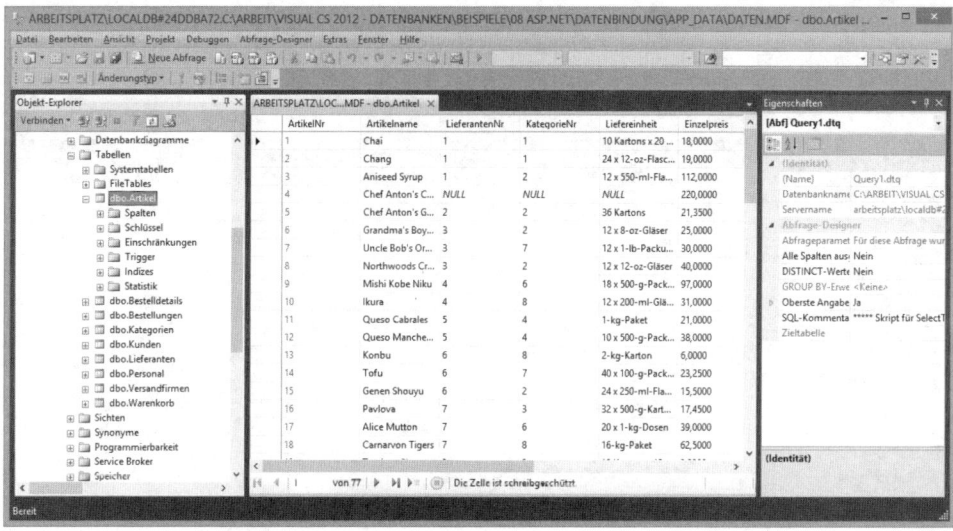

> **HINWEIS:** Im Rahmen dieses Kapitels werden wir mehrfach das *SQL Server Management Studio* als Alternative zur reinen T-SQL-Programmierung vorstellen.

SQLCMD

Auch das gibt es noch – ein Kommandozeilentool wie in der DOS-Steinzeit[1]! Neben dem Konfigurations-Manager ist SQLCMD das einzige Hilfsmittel der Standard Express Edition[2]. Doch für einen kurzen Test von Verbindungen oder das schnelle Abfragen einiger Statusinformationen mit Hilfe von Stored Procedures reicht das Programm vollkommen aus.

Wechseln Sie also ganz untypisch zur Eingabeaufforderung *(Start/Alle Programme/Zubehör/Eingabeaufforderung)* und starten Sie SQLCMD mit folgenden Parametern:

```
SQLCMD.EXE -S <Servername> -U <Username> -P <Passwort>
```

Nach erfolgreichem Login wählen Sie mit dem SQL-Kommando *USE <datenbankname>* eine Datenbank aus.

> **HINWEIS:** SQL-Befehle werden erst mit dem GO-Kommando gestartet.

Die folgende Abbildung zeigt das Programm in Aktion.

---

[1] Nachfolger des berühmt berüchtigten OSQL

[2] Die *Advanced Version* besitzt ein umfangreiches Konfigurationsprogramm.

10.2 Allgemeines

```
C:\Users\Thomas>sqlcmd -S arbeitsplatz\sqlexpress -U sa -P tom
1> use northwind
2> select * from products
3> go
Der Datenbankkontext wurde in 'NORTHWIND' geändert.
ProductID    ProductName                              SupplierID CategoryID QuantityPerUnit          Unit
UnitsInStock UnitsOnOrder ReorderLevel Discontinued
---------    ----------------                         ----------  ----------  ------------------    ----
         1 Chai
        39            0           10            0              1           1  10 boxes x 20 bags
         2 Chang
        17           40           25            0              1           1  24 - 12 oz bottles
         3 Aniseed Syrup
        13           70           25            0              1           2  12 - 550 ml bottles
         4 Chef Anton's Cajun Seasoning
        53            0            0            0              2           2  48 - 6 oz jars
         5 Chef Anton's Gumbo Mix
         0            0            0            1              2           2  36 boxes
         6 Grandma's Boysenberry Spread
       120            0           25            0              3           2  12 - 8 oz jars
         7 Uncle Bob's Organic Dried Pears
        15            0           10            0              3           7  12 - 1 lb pkgs.
         8 Northwoods Cranberry Sauce
         6            0            0            0              3           2  12 - 12 oz jars
         9 Mishi Kobe Niku
        29            0            0            1              4           6  18 - 500 g pkgs.
```

Query Analyzer (SQL Server Management Studio)

Auch das Abfrage- und Analysetool *Query Analyzer* wurde in das SQL Server Management Studio integriert. Neben der Funktion als recht komfortables Abfragetool ist das Optimieren von Abfragen und Datenbanklayouts eines der Haupteinsatzgebiete des Server Query Analyzer.

Geben Sie eine SQL-Anweisung ein, können Sie sich einen "Ausführungsplan" erstellen lassen, der detailliert Auskunft darüber gibt, welche Einzeloperation wie viel Zeit benötigt bzw. in welcher Reihenfolge die Operationen ausgeführt werden.

BEISPIEL: Es wird eine GROUP BY-Abfrage in der Tabelle *Mitarbeiter* ausgeführt. Deutlich ist die Verteilung der Rechenzeit zwischen den einzelnen Operationen zu erkennen. Der wesentlichste Teil kommt dem Sortieren der Tabelle (70%) zu.

Ergebnis der Abfrage:

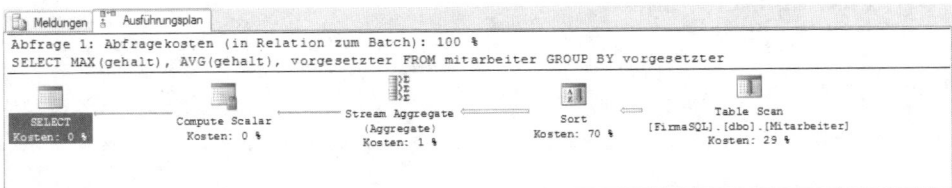

SQL Server Profiler

Mit dem SQL Profiler kann der Administrator einzelne Ereignisse auf dem SQL Server überwachen und in eine Log-Datei schreiben. Zum Beispiel lässt sich auf diese Weise die Nutzungsfrequenz einzelner Objekte (Prozeduren, Trigger) aufzeichnen und für eine Optimierung auswerten.

Weiterhin lassen sich Fehler in Stored Procedure bzw. Triggern recht gut lokalisieren, da alle Einzelschritte im Logfile aufgezeichnet werden.

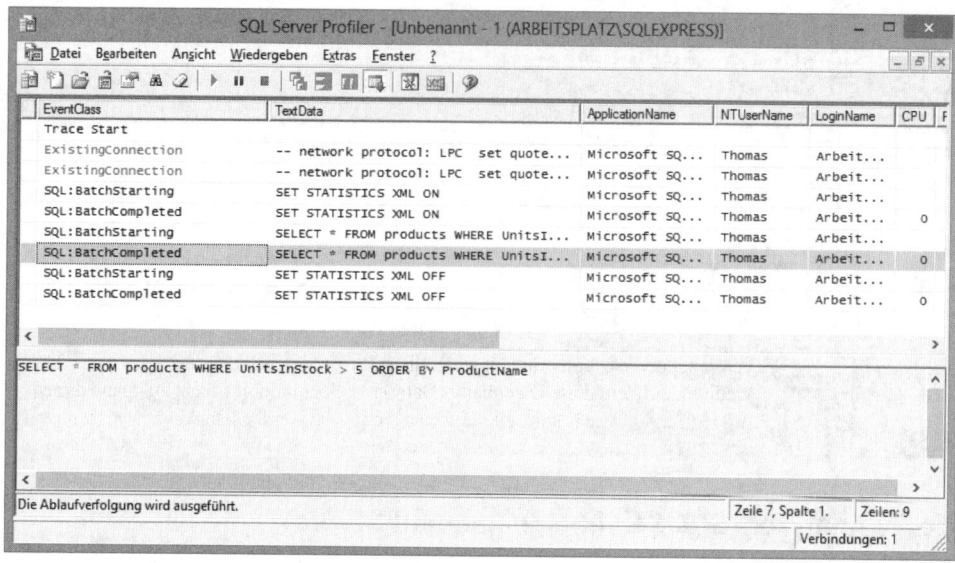

SQL Server Konfigurationsmanager

Mit diesem Tool können Sie zum einen die mit dem SQL Server im Zusammenhang stehenden Dienste starten und stoppen, gleichzeitig werden hier auch die verfügbaren Netzwerkprotokolle festgelegt.

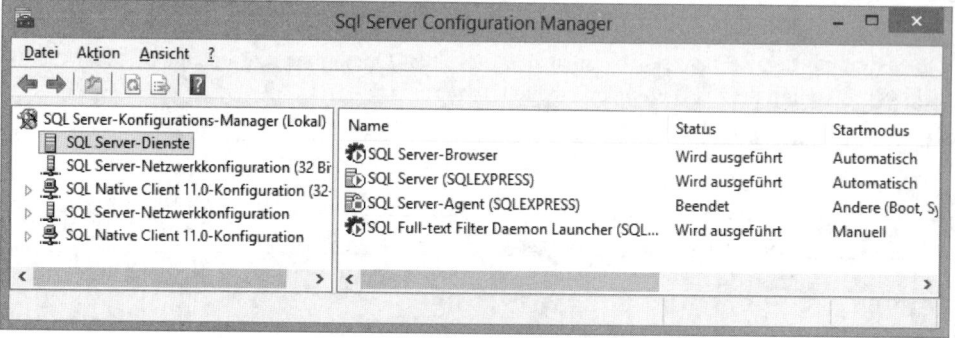

Das Tool finden Sie in der Programmgruppe des Microsoft SQL Servers.

10.2.8 Vordefinierte Datenbanken

Nach der Installation des Microsoft SQL Servers stehen Ihnen einige vordefinierte Datenbanken zur Verfügung. Welche Bedeutung diese haben, zeigt die folgende Tabelle:

Datenbank	Beschreibung
master	Enthält diverse Systemtabellen (z.B. sysdatabases) und Systemprozeduren (z.B. sp_addrole), in der Datenbank werden alle Anmeldekonten und alle Systemkonfigurationseinstellungen verwaltet
model	Ist eine Standarddatenbank, die beim Erzeugen neuer Datenbanken als Vorlage dient
msdb	Wird vom SQL Server-Agent verwendet, um Termine für Warnungen und Aufträge zu planen und Operatoren aufzuzeichnen
Northwind	(optional) Beispieldatenbank, die in leicht abgewandelter Form auch für viele Buchbeispiele eingesetzt wird (kann gegebenenfalls gelöscht werden)
AdventureWorks	(optional) Beispieldatenbank (kann gegebenenfalls gelöscht werden)
tempdb	Verwaltet diverse temporäre Objekte, die während des Betriebs erzeugt werden. Das Medium, auf dem diese Datenbank (Datei) abgelegt ist, sollte nicht zu knapp dimensioniert sein, da die Datenbank teilweise recht groß werden kann. Die Datenbank wird bei jedem Start vom SQL Server neu erstellt.

10.2.9 Einschränkungen

Die folgende Tabelle zeigt Ihnen die wichtigsten Einschränkungen beim SQL Server (teilweise versionsabhängig), obwohl man bei den meisten Werten kaum von Einschränkung reden kann. Meist setzt die verfügbare Plattenkapazität den Träumen des Entwicklers die Grenzen.

Einschränkung	SQL Server
Bytes pro Spalte (kurze Zeichenfolgen)	8.000
Bytes pro Spalte (text, ntext oder image)	2 Gigabyte
Bytes pro Zeile	8.060
Spalten pro Index	16
Spalten pro Tabelle	1.024
Spalten pro SELECT-Anweisung	4.096
Spalten pro INSERT-Anweisung	4096
Datenbankgröße	524.272 Terabyte
Datenbanken pro Instanz von SQL Server	32.767
Bezeichnerlänge (in Zeichen)	128
Schachtelungsebenen gespeicherter Prozeduren	32
Geschachtelte Unterabfragen	32
Schachtelungsebenen für Trigger	32
Nicht gruppierte Indizes pro Tabelle	999
Zeilen pro Tabelle	Begrenzt durch verfügbaren Speicherplatz
Tabellen pro Datenbank	Begrenzt durch die Anzahl der Objekte in einer Datenbank
Tabellen pro SELECT-Anweisung	Begrenzt durch die Anzahl der Objekte in einer Datenbank

Einschränkung	SQL Server
Trigger pro Tabelle	Begrenzt durch die Anzahl der Objekte in einer Datenbank
UNIQUE-Indizes oder -Einschränkungen pro Tabelle	249 nicht gruppierte und 1 gruppierter

10.2.10 Weitere SQL Server-Funktionen im Kurzüberblick

Neben der reinen SQL Server-Funktionalität als Datenbankmanagement-System (Datenverwaltung, Abfragen, Backup etc.) stellt eine SQL Server-Installation noch weitere Dienste zur Verfügung, die wir kurz einordnen wollen.

> **HINWEIS:** Welche Dienste installiert und auch gestartet werden, hängt von der jeweiligen SQL Server-Version ab.

SQL Server-Agent

Der *SQL Server-Agent*-Dienst ermöglicht es, administrative Aufgaben (Tasks) zeitgesteuert auszuführen. Die Aufträge können einen oder auch mehrere Schritte enthalten, die zu einem vorgegebenen Zeitpunkt, oder als Reaktion auf ein Ereignis, ausgeführt werden. Beispielsweise lässt sich auf diese Weise ein zeitgesteuertes Backup der Datenbanken realisieren. Last, but not least, können von diesem Dienst auch Benachrichtigungen oder Einträge in Windows-Protokolle vorgenommen werden. Verwalten können Sie diesen Dienst über das *Microsoft SQL Server Management Studio*.

Volltextsuche

Eine für den Datenbankprogrammierer recht wichtige Funktion ist die Volltextsuche, die in früheren Versionen (vor 2008) als eigener Dienst ausgeführt wurde. Im Unterschied zur Suche in Tabellenspalten mittels LIKE bietet die Volltextsuche wesentlich flexiblere Möglichkeiten der Suche, auf die wir im nächsten Kapitel näher eingehen werden.

Reporting Services

Die *Reporting Services* bieten Ihnen die Möglichkeit, komplexe Datenbankberichte serverbasiert zu entwickeln und bereitzustellen. Es ist also nicht mehr nötig, dass der Client die Daten herunterlädt und nachfolgend mit einem Reporting-Tool verarbeitet.

> **HINWEIS:** Im Rahmen dieses Buchs gehen wir **nicht** auf die *Reporting Services* ein.

Integration Services

Häufig ist es erforderlich, Daten unterschiedlichster Herkunft zusammenzuführen und zu verarbeiten. Bei dieser Aufgabe unterstützen Sie die *Microsoft Integration Services*, die sowohl das Kopieren/Herunterladen von Daten unterschiedlichster Form (XML, Excel CSV, Text etc.) als auch das Konvertieren/Verarbeiten übernehmen. Die Integration Services nutzen dazu so genannte Pakete in denen die Aufgaben organisiert sind.

10.2 Allgemeines

> **HINWEIS:** Im Rahmen dieses Buchs gehen wir **nicht** auf die *Integration Services* ein.

Analysis Services

Die *Microsoft SQL Server Analysis Services* (SSAS) stellen dem Anwender OLAP- (*Online Analytical Processing*) und Data Mining-Funktionen für Geschäftsanwendungen zur Verfügung. Kern des Ganzen sind mehrdimensionale Strukturen von Daten, die aus unterschiedlichen Datenquellen gesammelt und mit Hilfe von Data Mining-Modellen verarbeitet und ausgewertet werden.

> **HINWEIS:** Im Rahmen dieses Buchs gehen wir **nicht** auf die *Analysis Services* ein.

10.2.11 Datenbanken verwalten

Nachdem wir Ihnen in den vorhergehenden Abschnitten den SQL Server vorgestellt haben, stellt sich doch die Frage, wie können Sie als VBA-Programmierer den Server verwalten bzw. steuern?

Die Lösung fand sich bis zur SQL Server Version 2008 in Form einer Library, den so genannten *SQL Distributed Management Objects* (kurz DMO). Über diese Objekte war es Ihnen als Access-Programmierer möglich, den SQL Server aus dem Access-Programm heraus zu administrieren.

Ich habe Altprojekte – wo sind die Bibliotheken?

Doch ach, auch hier hat Microsoft mal wieder die Weiterentwicklung zielgerichtet eingestellt und dabei vergessen, dem VBA-Programmierer einen adäquaten Ersatz zu liefern.

> **HINWEIS:** Die DMO werden **nicht** automatisch mit einer SQL Server 2008- oder einer Access-Runtime-Installation auf dem Ziel-System installiert.

Und so bleibt uns nichts anderes übrig, als in den Untiefen des Webs nach den gewünschten Bibliotheken zu wühlen. Fündig werden Sie unter folgender Adresse:

LINK: http://www.microsoft.com/downloads/en/details.aspx?FamilyID=228de03f-3b5a-428a-923f-58a033d316e1&displaylang=en

Suchen Sie auf dieser Seite den Eintrag *SQLServer2005_BC.msi* bzw. die *Microsoft SQL Server 2005 Backward Compatibility Components*, laden Sie diese herunter und installieren Sie diese.

Verwendung

Um überhaupt mit den Objekten arbeiten zu können ist es erforderlich, dass Sie die zugehörige Typbibliothek *Microsoft SQLDMO Object Library* einbinden.

Nach diesen Schritten können Sie auf die SQL-DMO-Typenbibliothek zugreifen. Wie schon mehrfach erwähnt, bieten sich zwei Möglichkeiten für das Erstellen einer Objektreferenz an:

> **BEISPIEL:** Entweder Sie verwenden das Schlüsselwort *New* beim Erstellen der Variablen:

```
Dim SQLServ As New SQLOLE.SQLServer
```

oder Sie verwenden die Funktion *CreateObject*:

```
Dim SQLServ As SQLOLE.SQLServer
Set SQLServ = CreateObject ("SQLOLE.SQLServer")
```

BEISPIEL: Im Folgenden wird gezeigt, wie Sie sich in einen SQL Server einloggen und wie Sie Informationen über die vorhandenen Datenbanken mit den enthaltenen Tabellen abfragen und im Direktfenster ausgeben.

```
Private Sub TestDMO()
Dim serv As New SQLDMO.SQLServer
Dim db As New SQLDMO.Database
Dim tb As New SQLDMO.Table
```

Anmeldung ohne integrierte Sicherheit:

```
    serv.LoginSecure = False
    serv.Connect ".\SQLEXPRESS", "sa", "tom"
    Debug.Print "Datenbanken auf " & serv.NetName
    Debug.Print "------------------------------------------"
```

Alle Datenbanken abrufen:

```
    For Each db In serv.Databases
      Debug.Print db.Name
      Debug.Print "------------------------------------------"
      For Each tb In db.Tables
        Debug.Print "    Tabelle: " & tb.Name
      Next
      Debug.Print " "
    Next
  serv.Disconnect
End Sub
```

HINWEIS: Leider unterstützt der SQL Server ab Version 2012 die DMO nicht mehr, Sie sind auf die neueren SMOs angewiesen.

Der Newcomer – SMO

Mit dem SQL Server 2005 hatte Microsoft auch eine Library für die Administration des SQL Servers eingeführt. Das Ganze fungiert unter dem Namen *SQL Server Management Objects*, kurz SMO.

HINWEIS: Die SMOs sind mit dem SQL Server Version 7.0, 2000, 2005 und 2008, 2012, 2014, 2016 kompatibel, so können Sie auch versionsübergreifende Projekte realisieren.

Die Namensverwandtschaft zu den schon bekannten DMOs ist sicher nicht ganz zufällig, soll doch damit das gleiche Aufgabengebiet abgedeckt werden. Der wesentlichen Unterschied zwischen DMOs und SMOs: bei letzteren handelt es sich um reine .NET-Klassenbibliotheken.

10.3 Transact-SQL – die Sprache des SQL Servers

Dank der Realisierung als .NET-Assemblies müssen sich .NET-Programmierer nicht mehr mit COM-Objekten herumärgern (im Zusammenspiel mit den Interop-Libraries gab es teilweise Probleme), VBA-Programmierer blieben aber gänzlich außen vor.

Die einzige Möglichkeit zum Zugriff auf die SMOs ist das Erstellen eines COM-Wrappers mit Hilfe einer .NET-Sprache. Dieser Wrapper kann beliebige Funktion in den Libraries aufrufen und muss dem VBA-Programm dazu eine COM-Schnittstelle bieten.

HINWEIS: Ab Seite 643 finden Sie eine kleine Wrapper-Library (in VB.NET programmiert), die für die wichtigsten Aufgaben genutzt werden kann. Wer Lust hat, kann ja diese Bibliothek nach seinen Wünschen erweitern.

10.3 Transact-SQL – die Sprache des SQL Servers

Noch eine weitere Programmiersprache? Leider ja[1]! Dennoch brauchen Sie nicht alles was Sie bereits wissen über den Haufen zu werfen: Transact-SQL (kurz T-SQL) ist die logische Weiterentwicklung der Sprache SQL für den Microsoft SQL Server.

Haben Sie eine Abneigung gegen das Erlernen neuer Sprachen, müssen Sie an zwei wichtigen Stellen darauf verzichten, auch wenn es seit der Version 2005 möglich ist, CLR-Code auf dem Server auszuführen:

- Erstellen von Triggern
- Erstellen von Stored Procedures

Beide Objekte werden direkt auf dem SQL Server ausgeführt.

Alle, die sich mit der neuen Sprache anfreunden können, werden feststellen, dass man mit T-SQL meist sehr schnell zum Ziel kommt. Sei es, dass ein User eingerichtet wird oder eine kleine Änderung auf dem Server durchzuführen ist – T-SQL ist die universelle Lösung.

Leider hat die Sprache auch ihre Schattenseiten, einige Sprachkonstrukte sind zum einen sehr gewöhnungsbedürftig, zum anderen handelt es sich nicht um eine objektorientierte, sondern um eine prozedurale Programmiersprache. D.h., Sie dürfen wieder endlose Befehlslisten auswendig lernen und zwischen einer *Table* und einer *Database* besteht keinerlei logische Verknüpfung. Aus diesem Grund finden Sie in diesem Kapitel neben der T-SQL-Lösung teilweise auch eine ADO.NET- oder SMO-Lösung.

Doch zunächst wollen wir Ihnen noch die wichtigsten Grundregeln der Sprache erläutern.

10.3.1 Schreibweise

Wie auch einfache SQL-Anweisungen unterscheiden T-SQL-Anweisungen nicht zwischen Groß-/Kleinschreibung von Schlüsselwörtern, Variablen oder Prozeduren. Sie sollten dennoch davon

---

[1] Eigentlich kann von "leider" nicht die Rede sein. Mit relativ wenigen, dafür aber sehr effizienten Anweisungen lässt sich der SQL Server sehr schnell administrieren.

Gebrauch machen um die Übersicht zu erhöhen (Anweisungen groß schreiben, Bezeichner, Variablen etc. klein).

10.3.2 Kommentare

Wer seine Programme übersichtlich gestaltet spart auch nicht mit Kommentaren, damit er auch in einem halben Jahr noch weiß, was eine bestimmte Anweisung bezwecken soll. T-SQL stellt zwei Varianten zur Verfügung:

- Zeilenkommentare, die Sie auch aus anderen Programmiersprachen kennen, werden durch zwei Bindestriche eingeleitet.

- Mehrzeilige Kommentare beginnen mit "/*" und enden mit "*/" (die Programmiersprache C lässt an dieser Stelle grüßen).

BEISPIEL: Kommentare in einer Stored Procedure

```
CREATE PROCEDURE GespeicherteProzedur1
/* Hier kann
   ein mehrzeiliger
   Kommentar stehen */
As
   DECLARE @datum datetime
-- Ein einzeiliger Kommentar
   SET @datum = GetDate()
return
```

10.3.3 Zeichenketten

Wollen Sie in T-SQL Zeichenketten zuweisen oder übergeben, müssen Sie diese in einfache Anführungszeichen (Hochkomma) einschließen. Soll in der Zeichenkette selbst ein einfaches Anführungszeichen enthalten sein, müssen Sie an dieser Stelle zwei Hochkommas einfügen.

BEISPIEL: Verwendung von Zeichenketten

```
SELECT * FROM Suppliers WHERE CompanyName = 'Exotic Liquids'
```

Alternativ bei enthaltenem Hochkomma:

```
SELECT * FROM Suppliers WHERE CompanyName = 'Mayumi''s'
```

HINWEIS: Arbeiten Sie mit Unicode-Zeichen/-Spalten (NVARCHAR, NCHAR, NTEXT), stellen Sie der Zeichenkette ein "N" voran, um diese entsprechend zu kennzeichnen.

BEISPIEL: Verwendung Unicode-Zeichenkette

```
SELECT * FROM products WHERE ProductName = N'Chai'
```

10.3 Transact-SQL – die Sprache des SQL Servers

10.3.4 Variablen deklarieren/verwenden

Variablen werden in T-SQL durch ein vorangestelltes @-Zeichen gekennzeichnet. Sie finden zwar in der Hilfe auch Variablen, die mit zwei @-Zeichen beginnen, dabei handelt es sich jedoch um System-Variablen, die über bestimmte innere Zustände des SQL Servers Auskunft geben (z.B. @@VERSION).

Die eigentliche Deklaration (in einer Stored Procedure oder einem Trigger) erfolgt durch Voranstellen der Anweisung DECLARE, des Variablennamens und des Datentyps.

BEISPIEL: Deklaration einer Datums-Variablen

```
CREATE PROCEDURE GespeicherteProzedur1
As
   DECLARE @datum datetime
return
```

BEISPIEL: Deklaration mehrerer Variablen

```
DECLARE @Nachname NVARCHAR(30), @Vorname NVARCHAR(20), @PLZ NCHAR(5)
```

Die Verwendung der Variablen selbst ist allerdings etwas gewöhnungsbedürftig. Variablen dürfen nicht direkt zugewiesen werden, Sie müssen das Schlüsselwort SET verwenden.

BEISPIEL: Zuweisen eines Wertes

```
CREATE PROCEDURE GespeicherteProzedur1
As
   DECLARE @datum datetime
   SET @datum = GetDate()
return
```

Übrigens erreichen Sie mit der folgenden Anweisung den gleichen Effekt:

```
CREATE PROCEDURE GespeicherteProzedur1
As
   DECLARE @datum datetime
   SELECT @datum = GetDate()
return
```

Im weiteren Verlauf können Sie die Variablen zum Beispiel auch in eine SELECT-Anweisung einschließen, um diese in einem *DataSet* zurückzugeben.

Selbstverständlich können Sie Variablen auch die Ergebnisse von Abfragen zuweisen.

BEISPIEL: Zuweisen eines Abfrageergebnisses (die Abfrage darf nur einen Datensatz liefern)

```
DECLARE @MitarbeiterAnzahl INT
SELECT @MitarbeiterAnzahl = Count(*) FROM personen
```

HINWEIS: Bereits mit der Version 2008 wurde auch die Möglichkeit eingeführt, Variablen einfacher zu initialisieren, dies kann jetzt gleich bei der Definition erfolgen.

BEISPIEL: Vereinfachtes Initialisieren einer Variablen

```
CREATE PROCEDURE GespeicherteProzedur1
As
   DECLARE @datum datetime = GetDate()
   SELECT @datum
return
```

10.3.5 Bedingungen mit IF/ELSE auswerten

Zu jeder Programmiersprache gehören auch Anweisungen, mit denen man Bedingungen (*True/False*) auswerten kann. Auch T-SQL bietet mit der IF/ELSE-Anweisung ein entsprechendes Konstrukt.

Die Syntax:

```
IF Boolean_Ausdruck {SQL_Anweisung | Anweisungsblock}
[ELSE { SQL_Anweisung | Anweisungsblock }]
```

BEISPIEL: Einfache IF-Bedingung

```
ALTER Procedure GespeicherteProzedur1
AS
   IF (SELECT COUNT(*) FROM personen) > 400 RAISERROR('Mitarbeiter entlassen !!!', 16, 1)
return
```

BEISPIEL: IF/ELSE-Bedingung

```
ALTER Procedure GespeicherteProzedur1
AS
IF (SELECT COUNT(*) FROM personen) > 800
   RAISERROR('Mitarbeiter entlassen !!!', 16, 1)
ELSE
   RAISERROR('Mitarbeiter einstellen !!!', 16, 1)
return
```

Für Sie als Programmierer nichts Neues: Anweisungsblöcke müssen auch in T-SQL gekennzeichnet werden, in diesem Fall mit BEGIN und END.

BEISPIEL: Anweisungsblöcke

```
Alter Procedure "GespeicherteProzedur1" As
DECLARE @msg VARCHAR(30)
IF (SELECT COUNT(*) FROM personen) > 400 BEGIN
   SET @msg = 'Mindestens 10 Mitarbeiter entlassen !!!'
   RAISERROR(@msg, 16, 1)
END ELSE BEGIN
   SET @msg = 'Mitarbeiter einstellen !!!'
   RAISERROR(@msg, 16, 1)
END
return
```

10.3.6 Verwenden von CASE

Genügen Ihnen die Möglichkeiten von IF/ELSE nicht, weil Sie zum Beispiel nach mehreren Kriterien auswerten müssen, bedienen Sie sich einfach der CASE-Anweisung. Diese ist in der Lage, eine Tabellenspalte oder einen Ausdruck auszuwerten und das Ergebnis an das Dataset zu liefern.

```
CASE Ausdruck
     WHEN bedingung THEN Ausdruck
     [...n]
     [ELSE Ausdruck]
     END
```

BEISPIEL: Eine Stored Procedure, die das Maximum zweier Integerwerte ermittelt (nur zur Verdeutlichung, es geht auch einfacher).

```
ALTER PROCEDURE Test2 ( @A INT, @B INT)
AS
   DECLARE @MAXIMUM INT

SELECT
   @MAXIMUM = CASE
     WHEN @A > @B THEN  @A
     WHEN @A < @B THEN  @B
   ELSE
     @A
   END
RETURN @MAXIMUM
```

10.3.7 Verwenden von WHILE...BREAK/CONTINUE

Wie auch in Basic wiederholt eine WHILE-Schleife Anweisungen, solange eine bestimmte Bedingung erfüllt ist. In Verbindung mit WHILE werden in der Regel zwei weitere Anweisungen verwendet: BREAK und CONTINUE. Mit der BREAK-Anweisung brechen Sie die Bearbeitung der Schleife ab, mit der Anweisung CONTINUE wird die WHILE-Schleife neu gestartet.

Derartige Schleifen werden meist im Zusammenhang mit der zeilenweisen Bearbeitung von Datensätzen auf dem Server eingesetzt (Cursor-Programmierung).

BEISPIEL: Erzeugen eines Cursors und Durchlaufen aller Datensätze der Tabelle *Personen*

```
Alter Procedure "GespeicherteProzedur1" As
DECLARE @nachname VARCHAR(50)
DECLARE myCursor CURSOR FOR SELECT * FROM Personen
OPEN myCursor
FETCH NEXT FROM myCursor
FETCH NEXT FROM myCursor INTO @nachname
WHILE (@@FETCH_STATUS = 0) BEGIN
-- Hier sind weitere Anweisungen möglich
     FETCH NEXT FROM myCursor INTO @nachname
END
```

```
CLOSE myCursor
DEALLOCATE myCursor
return
```

Sie können auch das Ergebnis einer SQL-Anweisung auswerten:

```
WHILE EXISTS(SELECT nachname FROM Personen WHERE nachname = 'Müller')
...
```

10.3.8 Datum und Uhrzeit in T-SQL

Möchten Sie Datums- oder Zeitangaben in SQL-Abfragen einbauen, übergeben Sie den Wert als Zeichenkette und verwenden Sie am besten das folgende Format:

`'YYYYDDMM hh:mm:ss'`

Kürzel	Bedeutung
YYYY	Jahresangabe vierstellig
DD	Tag zweistellig
MM	Monat zweistellig
hh	Stunde
mm	Minute
ss	Sekunde

BEISPIEL: Verwendung obiger Datumskodierung (Abfrage 8.7.2016)

```
SELECT * FROM Orders WHERE OrderDate = '20160708'
```

mit Zeitangabe (16:30 Uhr):

```
SELECT * FROM Orders WHERE OrderDate = '20160708 16:30:00'
```

HINWEIS: Möchten Sie nur ein Datum oder eine Uhrzeit angeben, lassen Sie einfach den anderen Teil der obigen Datumsformat-Zeichenkette weg.

10.3.9 Verwenden von GOTO

Hurra, wir haben Sie endlich wieder, die gute alte GOTO-Anweisung! Alte Programmier-Hasen werden sich in die Anfänge der Programmierung zurückversetzt fühlen. Doch auch hier gilt: Weniger ist mehr!

BEISPIEL: Verwenden von GOTO

```
IF @gehalt > 5000
    GOTO entlassung
ELSE
    GOTO
...
```

```
return
entlassung:
    -- Hier können Sie die nötigen Formalitäten einleiten.
...
return
```

10.4 Praktisches Arbeiten mit dem SQL Server

In diesem Abschnitt wollen wir uns der SQL Server-Programmierung von der praktischen Seite nähern. Wir stellen Ihnen Realisierungsmöglichkeiten mit Hilfe der SMO, der ADOX sowie T-SQL-Anweisungen vor. Für welche Variante Sie sich letztlich entscheiden, hängt auch vom Einsatzfall ab. So bieten sich beispielsweise T-SQL-Skripts für das Erstellen der Datenbank mit den enthaltenen Objekten an, für die Verwaltung sind meist die SMO die bessere Wahl. Die Daten selbst werden Sie wohl mit ADO-Anweisungen oder der Access-Oberfläche auswerten.

10.4.1 Erstellen neuer SQL Server-Datenbanken

Der erste Schritt zu einer Client/Server-Anwendung ist sicher das Erzeugen der nötigen Datenbank auf dem SQL Server. Einen fertig installierten SQL Server bzw. eine installierte Express Edition setzen wir an dieser Stelle einmal voraus.

Für den SQL-Profi wenig überraschend, verwenden wir die CREATE DATABASE-Anweisung zum Erzeugen neuer Datenbanken.

Die Syntax (vereinfacht):

```
CREATE DATABASE <datenbankname>
[ ON [PRIMARY][ <filespec> [,...n] ] ]

<filespec> ::=
  ( [ NAME = logical_file_name, ]
    FILENAME = 'os_file_name'
  [, SIZE = size]
  [, MAXSIZE = { max_size | UNLIMITED } ]
  [, FILEGROWTH = growth_increment] ) [,...n]
```

Bevor Sie vor der Vielfalt der Optionen zurückschrecken, seien Sie beruhigt, mit

```
CREATE DATABASE abc
```

haben Sie bereits eine Datenbank auf dem Server erzeugt. Die automatisch eingestellten Optionen sind: 1 MByte Größe, 10 Prozent automatische Vergrößerung, unbeschränkte Dateigröße.

BEISPIEL: Aufruf aus einem Access-Programm heraus (ADO-Library einbinden)

```
Dim conn As New ADODB.Connection
conn.Open "Provider=SQLOLEDB.1;Integrated Security=SSPI;DATA SOURCE = .\SQLExpress"
conn.Execute "CREATE DATABASE abc"
```

BEISPIEL: Erzeugen einer Datenbank, mit einer Anfangsgröße von 14 MByte, einer Maximalgröße von 100 MByte und einer automatischen Vergrößerung um jeweils 1 MByte. Der Speicherort wird explizit vorgegeben.

```
CREATE DATABASE Products ON (
    NAME = buch_dat,
    FILENAME = 'buch.mdf',
    SIZE = 14,
    MAXSIZE = 100,
    FILEGROWTH = 1 )
```

10.4.2 Erzeugen und Verwalten von Tabellen

Nach dem Erstellen der Datenbank können Sie die gewünschten Tabellen erzeugen oder aus anderen Datenquellen importieren. Neben neuen Datentypen sind auch einige Änderungen gegenüber reinen Access-Datenbanken zu beachten. So ist es zwar unter bestimmten Umständen möglich, externe Datenquellen einzubinden, diese sind jedoch teilweise schreibgeschützt. Handelt es sich um lokale Datenquellen, sollten Sie sich für den Import entscheiden.

Tabellen erzeugen/verwalten mit T-SQL

An dieser Stelle möchten wir Ihnen nur einige Ergänzungen und Beispiele vorstellen. Wie Sie Tabellen und Indizes mit Hilfe von SQL-Anweisungen erstellen, wurde bereits ausführlich in Kapitel 9 besprochen.

BEISPIEL: Erstellen einer Tabelle *Kunden* mit einigen Einschränkungen und einem Defaultwert für das Feld *Status*

```
CREATE TABLE Kunden
(id         int IDENTITY(1,1) PRIMARY KEY CLUSTERED,
 Nachname   varchar(50) NOT NULL,
 Vorname    varchar(50) NOT NULL,
 Status     varchar(10), DEFAULT 'Aktiv',
 Datum      datetime NOT NULL DEFAULT (getdate()))
```

BEISPIEL: Mögliche Ausdrücke für *Check*

```
CHECK (PLZ IN ('12345', '23456', '34567'))
CHECK ID LIKE '99999[0-9][0-9]')
CHECK (gehalt > 2000)AND(gehalt < 6000)
```

BEISPIEL: Mögliche Ausdrücke für *Default*

```
Kennziffer  int NOT NULL DEFAULT 1
Datum       datetime NOT NULL DEFAULT (getdate())
Land        varchar(30) NULL DEFAULT('Deutschland')
```

BEISPIEL: Erzeugen einer berechneten Spalte

```
CREATE TABLE Buchungen
```

```
(   netto money,
    brutto money,
    mwst AS (brutto-netto) )
```

> **HINWEIS:** Wie Sie mit Hilfe der ADOX Tabellen erzeugen können, wurde bereits im Kapitel 9 gezeigt.

Temporäre Tabellen

Ein besonderes Feature des SQL Servers ist das Erzeugen von temporären Tabellen. Sie können sowohl lokale als auch globale temporäre Tabellen erstellen. Lokale temporäre Tabellen sind nur während der aktuellen Sitzung sichtbar, globale temporäre Tabellen sind von allen Sitzungen aus sichtbar.

Stellen Sie lokalen temporären Tabellennamen ein einzelnes Nummernzeichen (#) und globalen temporären Tabellennamen ein doppeltes Nummernzeichen voran (##).

Im Gegensatz zu Access stellt es kein Problem dar, dass zwei Nutzer gleichzeitig dieselbe temporäre Tabelle erstellen wollen. Der SQL Server hängt intern ein numerisches Suffix an den temporären Tabellennamen an, so bleiben die Tabellen immer eindeutig.

Temporäre Tabellen brauchen Sie nicht explizit zu löschen, da sie ohnehin automatisch entfernt werden. In einigen Fällen sollten Sie dennoch nicht darauf verzichten (siehe folgende Beispiele), insbesondere wenn ein und dieselbe Tabelle häufig erzeugt und gelöscht werden soll. Verwenden Sie einfach die DROP TABLE-Anweisung.

BEISPIEL: Erzeugen und Verwenden einer temporären Tabelle

```
Sub TemoraereTabelleErzeugen()
    Dim conn As New ADODB.Connection
    conn.Open "Provider=SQLOLEDB.1;Integrated Security=SSPI;DATA SOURCE = .\SQLExpress"
    With conn
        .Execute ("CREATE TABLE #test (nachname VARCHAR(30) NOT NULL Primary KEY)")
        .Execute ("INSERT INTO #test VALUES ('Mayer')")
    End With
End Sub
```

> **HINWEIS:** Der mehrfache Aufruf von CREATE TABLE führt zu einem Fehler, da die Tabelle immer noch existiert! Der Grund für dieses Verhalten: Die Tabelle wird erst mit dem Schließen der Connection gelöscht.

10.4.3 Erzeugen und Verwenden von Sichten (Views)

Mit den Sichten, auch als Views bezeichnet, bietet sich dem Access-Programmierer ein Ersatz für die von Access bekannten Abfragen, mit der Einschränkung, dass eine Sicht immer nur zur Abfrage von Daten verwendet werden kann (keine DDL-Anweisungen). Hintergrund ist in jedem Fall eine SQL-SELECT-Abfrage, die eine Menge von Datensätzen zurückgibt. Dabei ist es unerheblich, ob die Daten aus einer oder auch mehreren Tabellen stammen.

Verwenden von TSQL

Der einfachste Weg, aus einem Programm heraus eine View zu erzeugen, bietet sich mit T-SQL an. Haben Sie die nötigen Zugriffsrechte, genügt ein einziger Befehl, um die View auf dem SQL Server zu erstellen.

Die Syntax:

```
CREATE VIEW view_name [(column [,...n])] [WITH ENCRYPTION]
AS select_statement
[WITH CHECK OPTION]
```

Übergeben Sie der Anweisung neben dem View-Namen gegebenenfalls auch die Namen der einzelnen Spalten. Dies ist jedoch nur nötig, wenn es sich um berechnete Spalten oder gleiche Spaltennamen (bei Verknüpfungen) handelt.

BEISPIEL: Eine View erzeugen

```
CREATE VIEW Sonderaktion
AS
  SELECT
    Artikelname, Einzelpreis * 1.5 AS Aktionspreis
  FROM
    Artikel
```

BEISPIEL: Aus Access können Sie auch per ADO eine View erstellen:

```
Sub ViewErzeugen()
Dim conn As New ADODB.Connection
    conn.Open "Provider=SQLOLEDB.1;Integrated Security=SSPI;DATA SOURCE = .\SQLExpress;" & _
            "DATABASE=northwind"
    conn.Execute ("CREATE VIEW Kundenpreis AS SELECT ProductName As Artikel," &_
                " UnitPrice * 1.5 As Preis FROM Products ORDER BY ProductName")
End Sub
```

ORDER BY in Views verwenden

Sie verwenden ORDER BY in einer View und der SQL Server liefert einen Fehler bzw. die Datensätze sind nach wie vor unsortiert.

Die Ursache: Der SQL Server unterstützt kein ORDER BY in Views.

Ausnahme ist die zusätzliche Verwendung von *TOP 100 PERCENT* (SQL Server 2000) oder *TOP 99999999* (SQL Server 2005/2008/2012/2014).

BEISPIEL: Workaround für ORDER BY

```
CREATE VIEW Kundenpreis AS
    SELECT TOP 100 PERCENT ProductName As Artikel, UnitPrice * 1.5 As Preis
    FROM
        Products ORDER BY ProductName
```

10.4 Praktisches Arbeiten mit dem SQL Server

HINWEIS: Abhilfe schafft in jedem Fall eine Stored Procedure, die ein DataSet zurückgibt.

10.4.4 Verwenden von Gespeicherten Prozeduren

Mit den Gespeicherten Prozeduren (*Stored Procedures*) wenden wir uns einem der interessantesten SQLServer-Objekte zu. Früher wurden diese nur per T-SQL programmiert und auf dem Server gespeichert und ausgeführt (über eine API-Schnittstelle konnten auch Prozeduren mit Compiler-Sprachen, wie C oder Delphi, programmiert werden). Das hatte sich ab dem SQL Server 2005 grundlegend geändert: Auch VB.NET- und C#-Programmierer waren jetzt in die Lage versetzt, Stored Procedures als managed Code für den SQL Server zu programmieren.

Das wichtigste Aufgabengebiet der Stored Procedures: Auslagern von Aufgaben auf den Server, das Netzwerk als Flaschenhals entfällt.

Daneben bieten sich Gespeicherte Prozeduren auch als zusätzliche Programmebene an, zum Beispiel kann ein Satz von Prozeduren Geschäftsprozesse zentral auf dem Server realisieren. Die Programmlogik wird aus der einzelnen Client-Anwendung auf den Server verlagert. Damit lassen sich Anpassungen wesentlich einfacher und schneller realisieren als wenn Sie jede einzelne Client-Anwendung neu erstellen. Der Vorteil bei der Entwicklung im Team: Nicht jeder muss alle Tabellen auf dem Server kennen, es genügen die Schnittstellen, die mit Hilfe der Gespeicherten Prozeduren geschaffen wurden:

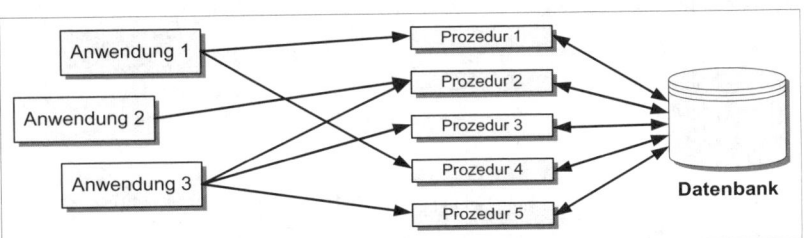

Neben den bereits vordefinierten Systemprozeduren (diese beginnen mit *sp_*), die den direkten Zugriff auf die Systemtabellen verhindern, können Sie eigene Prozeduren definieren, die Daten auf vier verschiedenen Wegen mit Ihrem Visual Basic-Programm austauschen können:

- Verwendung von Ausgabeparametern, die entweder Daten (z.B. Ganzzahl oder Zeichenwert) oder eine Cursor-Variable zurückgeben können
- Rückgabecodes, die immer einen ganzzahligen Wert beinhalten (wie bei Funktionen)
- Eine *DataTable* für jede SELECT-Anweisung, die von der Gespeicherten Prozedur aufgerufen wird
- Globaler Cursor, der auch außerhalb der Gespeicherten Prozedur referenziert werden kann

> **HINWEIS:** Auch für Gespeicherte Prozeduren gilt: Lassen Sie die Daten da wo sie sind: auf dem SQL Server. Was immer Sie auch mit den Daten anfangen wollen, überlegen Sie dreimal, bevor Sie diese zum Client herunterladen und bearbeiten, denn dafür ist ja T-SQL auf dem Server da.

Verwenden von Parametern

Wie jede Prozedur in VBA, lassen sich auch Gespeicherte Prozeduren mit Parametern aufrufen. Diese können sowohl zur Übergabe als auch zur Rückgabe von Werten dienen. Innerhalb der Prozedur können Sie den Parameter wie eine Variable verwenden.

Einen Parameter deklarieren Sie mit Name, Datentyp und gegebenenfalls mit einem Defaultwert.

BEISPIEL: Prozedur mit zwei Parametern (Integer und String)

```
CREATE PROCEDURE Test @Parameter1 int, @Parameter2 VARCHAR(50)
AS
SELECT
    @Parameter1 AS 'Parameter1', @Parameter2 AS 'Parameter2'
return
```

Rufen Sie obige Prozedur per ADO auf, müssen Sie vorher festlegen, welchen Wert die jeweiligen Parameter erhalten.

BEISPIEL: Aufruf der Prozedur mit den ADO

```
Sub StoredProcedureAbfragen()
Dim conn As New ADODB.Connection
Dim cmd As New ADODB.Command
Dim param1 As ADODB.Parameter

    conn.Open "Provider=SQLOLEDB.1;Integrated Security=SSPI;DATA SOURCE = .\SQLExpress;" & _
            "DATABASE=northwind"
    cmd.CommandType = adCmdStoredProc
    cmd.CommandText = "Test"
    cmd.ActiveConnection = conn
    cmd.Parameters.Append cmd.CreateParameter("Parameter1", adInteger, adParamInput)
    cmd.Parameters.Append cmd.CreateParameter("Parameter2", adVarChar, adParamInput, 50)
    cmd.Parameters("Parameter1").Value = 123
    cmd.Parameters("Parameter2").Value = "abc"
    cmd.Execute
End Sub
```

Nach dem Definieren des eigentlichen *Command*-Objektes müssen Sie sich noch um die Parameter kümmern. Diese werden zunächst mit Name und Datentyp initialisiert. Setzen Sie danach noch die gewünschten Werte und rufen Sie die *Execute*-Methode auf.

Recordsets als Rückgabewerte

Vielleicht haben Sie sich schon gefragt, wie Sie die Rückgabewerte der Prozedur (in unserem Fall ein Recordset) auswerten können. Hier die Lösung:

10.4 Praktisches Arbeiten mit dem SQL Server

BEISPIEL: Recordset als Rückgabewert

```
Sub StoredProcedureAbfragen()
Dim conn As New ADODB.Connection
Dim cmd As New ADODB.Command
Dim param1 As ADODB.Parameter
Dim rs As ADODB.Recordset

    conn.Open "Provider=SQLOLEDB.1;Integrated Security=SSPI;DATA SOURCE = .\SQLExpress;" & _
            "DATABASE=northwind"
    cmd.CommandType = adCmdStoredProc
    cmd.CommandText = "Test"
    cmd.ActiveConnection = conn
    cmd.Parameters.Append cmd.CreateParameter("Parameter1", adInteger, adParamInput)
    cmd.Parameters.Append cmd.CreateParameter("Parameter2", adVarChar, adParamInput, 50)
    cmd.Parameters("Parameter1").Value = 123
    cmd.Parameters("Parameter2").Value = "abc"

    Set rs = cmd.Execute

    While Not rs.EOF
       Debug.Print rs.Fields("Parameter1")
       Debug.Print rs.Fields("Parameter2")
       rs.MoveNext
    Wend
End Sub
```

BEISPIEL: Gespeicherte Prozedur, die eine Tabelle abfragt

```
CREATE PROCEDURE Test @Name VARCHAR(50)
As
SELECT *
FROM
    Products
WHERE
    ProductName LIKE @Name
return
```

Output-Parameter

Sie können Parameter nicht nur für den Hinweg, sondern auch für den Rückweg verwenden, d.h., die Prozedur gibt über die Parameter Werte zurück. In diesem Fall müssen bei Definition der Prozedur die Parameter als OUTPUT deklariert werden:

BEISPIEL: Gespeicherte Prozedur mit Output-Parameter

```
Alter Procedure Test @Parameter1 int OUTPUT, @Parameter2 VARCHAR(50) OUTPUT
As
Set   @Parameter1 = @Parameter1 + 12
Set   @Parameter2 = @Parameter2 + 'abcedfg'
return
```

BEISPIEL: Aufruf aus dem Access-Programm

```
Sub StoredProcedureAbfragenOUT()
Dim conn As New ADODB.Connection
Dim cmd As New ADODB.Command
Dim param1 As ADODB.Parameter

    conn.Open "Provider=SQLOLEDB.1;Integrated Security=SSPI;DATA SOURCE = .\SQLExpress;" & _
            "DATABASE=northwind"
    cmd.CommandType = adCmdStoredProc
    cmd.CommandText = "Test"
    cmd.ActiveConnection = conn
    cmd.Parameters.Append cmd.CreateParameter("Parameter1", adInteger, adParamInputOutput)
    cmd.Parameters.Append cmd.CreateParameter("Parameter2", adVarChar, adParamInputOutput, 50)
    cmd.Parameters("Parameter1").Value = 123
    cmd.Parameters("Parameter2").Value = "abc"

    cmd.Execute

    Debug.Print cmd.Parameters("Parameter1").Value
    Debug.Print cmd.Parameters("Parameter2").Value
End Sub
```

HINWEIS: Achten Sie darauf, bei *CreateParameter* den richtigen Datentyp und, wenn nötig, die Größe anzugeben. Dies ist insbesondere für den Rückgabewert wichtig.

Verwenden des Rückgabewertes

Neben den beiden bereits gezeigten Varianten bietet sich auch der bisher vernachlässigte *Return*-Wert jeder Gespeicherten Prozedur an. Damit lassen sich einfache Integer-Werte an das aufrufende Programm zurückgeben.

BEISPIEL: Verwenden von *Return*

```
Alter Procedure Test @name VARCHAR(50)
As
DECLARE @anzahl int

SELECT
    @anzahl = Count(*)
 FROM Products
 WHERE ProductName LIKE @name
return @anzahl
```

Der Aufruf aus einem VBA-Programm:

```
Sub StoredProcedureAbfragenRETURN()
Dim conn As New ADODB.Connection
Dim cmd As New ADODB.Command
Dim param1 As ADODB.Parameter
```

10.4 Praktisches Arbeiten mit dem SQL Server

```
conn.Open "Provider=SQLOLEDB.1;Integrated Security=SSPI;DATA SOURCE = .\SQLExpress;" & _
          "DATABASE=northwind"
cmd.CommandType = adCmdStoredProc
cmd.CommandText = "Test2"
cmd.ActiveConnection = conn
cmd.Parameters.Append cmd.CreateParameter("RETURN_VALUE", adInteger, adParamReturnValue, 4)
cmd.Parameters.Append cmd.CreateParameter("@name", adVarChar, adParamInput, 50, "C%")

cmd.Execute

Debug.Print cmd.Parameters("RETURN_VALUE").Value
End Sub
```

HINWEIS: Meist wird der Rückgabewert im Zusammenhang mit der Fehlerbehandlung verwendet. Rückgabewerte kleiner null werden als Error-Codes interpretiert.

10.4.5 Programmieren von Triggern

Als VBA-Programmierer sind Sie es gewohnt, mit Event-Prozeduren auf bestimmte Ereignisse zu reagieren. Einen ähnlichen Mechanismus stellen die Trigger dar. Ein Trigger wird gestartet, wenn Daten in Tabellen geändert werden, d.h., die Anweisungen INSERT, UPDATE oder DELETE aufgerufen werden.

HINWEIS: Wer hier Parallelen zu den Datenmakros (siehe Kapitel 3) sieht, liegt vollkommen richtig.

Trigger werden (wie Stored Procedures) auf dem SQL Server gespeichert und ausgeführt. Innerhalb eines Triggers, der mit TSQL programmiert wird, können Sie zum Beispiel andere Tabellen bearbeiten, Daten auf Einhaltung bestimmter Regeln überprüfen oder Aktionen rückgängig machen. Die gesamte Routine läuft in einer eigenen Transaktion ab, auftretende Fehler führen automatisch zu einem Rollback.

Obwohl vielfach die Meinung vertreten wird, Einschränkungen, Standardwerte und Regeln statt eines Triggers einzusetzen, empfehlen die Autoren gerade dem Access-Programmierer den Einsatz von Triggern, da es hier wesentlich effektivere Mechanismen gibt, Fehlercodes oder Meldungen an das Client-Programm zurückzugeben. Kommen wir nun zu den Einzelheiten.

Trigger-Arten

Wie schon erwähnt, können Sie Trigger für drei verschiedene Ereignistypen einsetzen:

- Update
- Insert
- Delete

Worauf Sie mit Ihrem Trigger reagieren, entscheiden Sie innerhalb der Trigger-Routine durch die Angabe der entsprechenden Schlüsselwörter.

Beim Erstellen eines Triggers müssen Sie Folgendes angeben:

- Einen Namen.
- Den Namen der Tabelle, für die der Trigger definiert wird.
- Die Anweisungen, die den Trigger aktivieren (INSERT, UPDATE oder DELETE).
- Die eigentliche Programmlogik.

Die Syntax (vereinfacht):

```
CREATE TRIGGER <Triggername>
ON <Tabellenname>
[WITH ENCRYPTION]
{   {FOR { [DELETE] [,] [INSERT] [,] [UPDATE] }
    [WITH APPEND]
    [NOT FOR REPLICATION]
    AS
      <Anweisungen>   }
```

BEISPIEL: Langsam haben Sie es satt, dass Sie als Systemadministrator weniger verdienen als die meisten anderen Mitarbeiter. Aus diesem Grund legen Sie eine maximale Gehaltsgrenze für alle Mitarbeiter fest. Dazu brauchen Sie nicht unbedingt die ganzen Client-Anwendungen anzupassen. Es genügt, wenn Sie auf dem Server einen Einfüge- bzw. Update-Trigger bereitstellen:

```
CREATE Trigger Personen_Trigger1 On dbo.Personen
FOR INSERT, UPDATE
AS DECLARE @neuesgehalt money
SELECT @neuesgehalt = i.gehalt
FROM inserted I
IF (@neuesgehalt > 5000)
BEGIN
    RAISERROR ('Sind Sie sicher? Schade um das Geld!',16,-1)
    ROLLBACK TRANSACTION
END
```

Gezielte Datensatzauswertung

Vielleicht haben Sie sich schon gefragt, wie man feststellen kann, welche Datensätze von einem UPDATE, INSERT oder DELETE betroffen sind. Zu diesem Zweck stellt der SQL Server innerhalb der Trigger-Routine zwei zusätzliche temporäre Tabellen zur Verfügung:

- Tabelle *inserted*
- Tabelle *deleted*

Diese Tabellen weisen das gleiche Layout auf wie die Tabelle, die den Trigger auslöst. Der Inhalt hängt von der jeweiligen Operation ab:

10.4 Praktisches Arbeiten mit dem SQL Server

Operation	Tabelleninhalt
INSERT	Die Tabelle *inserted* enthält die neuen Datensätze, die Tabelle *deleted* ist nicht definiert
UPDATE	Die Tabelle *deleted* enthält die Datensätze, die überschrieben werden sollen (alte Werte), die Tabelle *inserted* die neuen Werte
DELETE	Die Tabelle *deleted* enthält alle zu löschenden Datensätze, die Tabelle *inserted* ist nicht definiert

HINWEIS: Beachten Sie, dass Trigger nur einmal pro T-SQL-Anweisung aufgerufen werden, d.h., die Tabellen *inserted* und *deleted* können mehr als einen Datensatz enthalten. Müssen Sie spezifische Auswertungen realisieren, kommen Sie um eine Cursor-Programmierung (T-SQL) auf dem Server nicht herum. Arbeiten Sie mit CLR-Assemblies müssen Sie ebenfalls alle Datensätze, z.B. mit einem *DataReader*, verarbeiten.

BEISPIEL: Als misstrauischer Administrator möchten Sie verhindern, dass Datensätze endgültig gelöscht werden. Dazu erstellen Sie zunächst eine Tabelle mit dem gleichen Layout wie die Ursprungstabelle. Nachfolgend erzeugen Sie einen DELETE-Trigger, der die zu löschenden Datensätze in die zweite (Backup-) Tabelle kopiert (entfernen Sie Indizes, Identitäten und Time-Stamp-Felder aus der Backup-Tabelle).

```
ALTER TRIGGER tr_Backup
On dbo.Personen
FOR DELETE
AS
INSERT INTO PersonenBackup
    SELECT Nr, Anrede, Vorname, Nachname, Geburtstag, Gehalt, Raum, Telefon, Vorgesetzter
    FROM deleted
```

Geht Ihr Misstrauen noch weiter und möchten Sie zusätzlich den Usernamen und das Löschdatum speichern, verwenden Sie den folgenden Trigger:

```
ALTER TRIGGER "tr_Backup" On dbo.Personen
FOR DELETE
AS
INSERT INTO PersonenBackup
    SELECT Nr, Anrede,
           Vorname, Nachname,
           Geburtstag, Gehalt,
           Raum, Telefon,
           Vorgesetzter,
           SYSTEM_User, GetDate()
    FROM deleted
```

HINWEIS: Vergessen Sie nicht, der Backup-Tabelle vorher zwei neue Spalten hinzuzufügen (*Nutzer, Datum*).

Mit einem Trigger können Sie auch die Löschweitergabe bei verknüpften Tabellen realisieren.

BEISPIEL: Erstellen Sie für die Haupttabelle der Beziehung einen DELETE-Trigger mit folgendem Inhalt:

```
CREATE TRIGGER deleteroom
ON raum
FOR DELETE
AS
  DELETE FROM personen WHERE raum = deleted.nr
```

Nach dem Test werden Sie feststellen, dass dieser Trigger nicht ganz Ihren Erwartungen entspricht. Löschen Sie mehr als einen Datensatz in der Haupttabelle, bleiben bei den Details Datensätze übrig. Die Ursache haben wir bereits angesprochen: Der Trigger wird nur einmal ausgelöst, in der *Deleted*-Tabelle befindet sich mehr als nur ein Datensatz. Damit kann auch die WHERE-Klausel nicht funktionieren. Eine kleine Änderung löst das Problem:

```
CREATE TRIGGER deleteroom
ON raum
FOR DELETE
AS DELETE FROM personen WHERE raum IN (SELECT nr FROM deleted)
```

Allerdings wird diese Abfrage relativ langsam ausgeführt, wenn Sie nur einen Datensatz ändern. Mit Hilfe der Systemfunktion @@ROWCOUNT können Sie unterscheiden, ob es sich um mehr als einen Datensatz handelt:

```
CREATE TRIGGER deleteroom
ON raum
FOR DELETE AS
IF @@ROWCOUNT = 1
  DELETE FROM personen WHERE raum = deleted.nr
ELSE
  DELETE FROM personen WHERE raum IN (SELECT nr FROM deleted)
```

Auswerten von Spaltenänderungen

Innerhalb eines Triggers können Sie nicht nur feststellen, welche Datensätze von Änderungen betroffen sind, sondern auch, in welcher Spalte die Änderungen vorgenommen wurden. Diese Auswertung ist sinnvollerweise nur bei UPDATE-Triggern möglich, ein INSERT- oder ein DELETE-Trigger ändert bzw. löscht ja immer einen ganzen Datensatz.

BEISPIEL: Mit einem Trigger wird eine Änderung in der Spalte *Productname* verhindert

```
ALTER TRIGGER Products_Trigger1
ON dbo.Products
FOR UPDATE
AS
IF UPDATE (productname)
BEGIN
   RAISERROR ('Der Produktname darf nicht geändert werden!',16,-1)
   ROLLBACK TRANSACTION
END
```

10.4 Praktisches Arbeiten mit dem SQL Server

HINWEIS: Diese Einschränkung könnten Sie auch mit der Auswertung des aktuellen Nutzers oder einer Abfrage in einer Referenztabelle verbinden.

10.4.6 Erzeugen von Datenbankdiagrammen

Je umfangreicher Ihre Datenbanken werden, desto mehr Augenmerk sollten Sie auf die Verwaltung richten. Ein wichtiges Hilfsmittel in diesem Zusammenhang sind die Datenbankdiagramme, die mit ihrer Funktionalität den Access-Beziehungen gleichen.

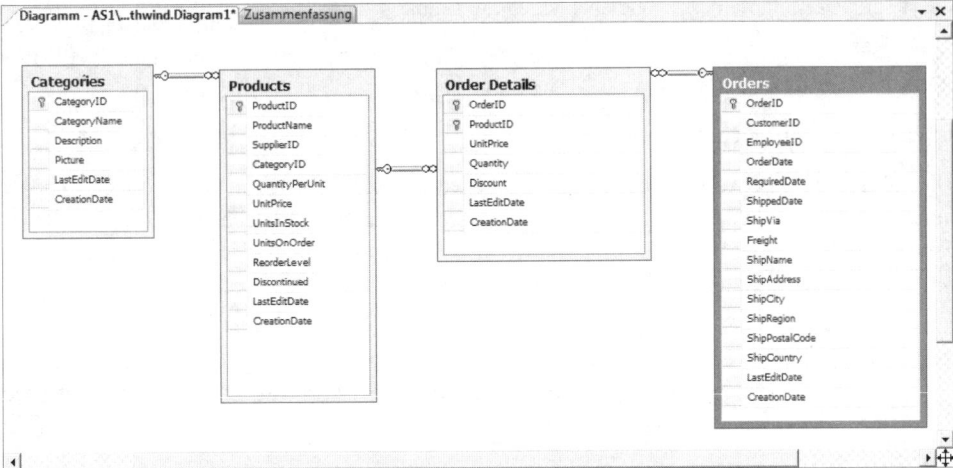

Zu einem fertigen Datenbankdiagramm gelangen Sie auf zwei Wegen:

- Sie definieren alle Tabellen mit den jeweiligen Abhängigkeiten und rufen dann den Diagramm-Designer auf. Ziehen Sie jetzt nur noch die gewünschten Tabellen in den Designer, die Verbindungen werden automatisch angezeigt.

- Sie verwenden den Diagramm-Designer von Anfang an als Entwurfsmittel für die gesamte Datenbank. In diesem Fall können Sie hier sowohl die Tabellen als auch die Beziehungen zwischen den Tabellen erstellen.

Folgende Operationen können Sie im Designer ausführen:

- Tabellen erzeugen/hinzufügen/löschen
- Beziehungen zwischen Tabellen aufbauen/löschen
- Eigenschaften von Tabellen bearbeiten
- Indizes verwalten
- Übersichten drucken
- Kommentare einfügen

Nutzen Sie das Datenbankdiagramm als übersichtliches Hilfsmittel zur Verwaltung der SQL Server-Datenbank. Teilen Sie die Diagramme auf, wenn ein Diagramm nicht genügend Übersicht bietet.

10.4.7 Volltextabfragen

Mit zunehmendem Einsatz von Datenbanken zur Verwaltung von Texten oder Dokumenten haben sich auch die Anforderungen an die Server-Software verändert. Informationen werden nicht mehr nur in einzelnen Tabellenspalten verwaltet (Nachname, Vorname etc.), sondern auch in bis zu 2 GByte großen Memofeldern[1]. Wie aber sollen die Daten in diesen Feldern gefunden werden? Das vielfach gebräuchliche

```
SELECT * FROM xyz WHERE memofeld LIKE '%Suchausdruck%'
```

ist viel zu langsam und unflexibel.

Die Lösung ist eine Volltextindizierung von beliebigen Tabellenspalten und -inhalten, d.h., in einem separaten Index wird für jedes eindeutige Wort gespeichert, in welcher Zeile bzw. in welcher Spalte es sich befindet. Bei der späteren Suche nach dem Wort genügt der Index, um alle Fundstellen des Wortes zu ermitteln.

> **HINWEIS:** Möchten Sie dieses Feature auch mit der Express Edition nutzen, müssen Sie sich die *SQL Server Express Edition* **with Advanced Services** von der Microsoft-Homepage herunterladen.

Bereits die Version 2008 wartete an dieser Stelle mit einer wesentlichen Änderung auf: die Volltextsuche ist jetzt fest in den SQL Server integriert, die Daten werden nicht mehr als eigene Dateien abgelegt, sondern in den Datenbank-Dateigruppen. Gleichzeitig ist es auch möglich, Daten die per Filestream abgelegt wurden zu indizieren. Die gültigen Datei-Extensions können Sie mit einer entsprechenden Spalte in der Datentabelle vorgeben.

Für die Administration der Volltextsuchfunktionen verwenden Sie entweder T-SQL-Befehle oder das SQL Server Management Studio. Die eigentlichen Abfragen werden wie gewohnt mit SQL ausgeführt, dazu stehen mit CONTAINS und FREETEXT zwei komplexe Befehle bereit. Im Gegensatz zur LIKE-Anweisung sind die beiden genannten Befehle nicht nur wesentlich schneller, sondern auch leistungsfähiger. Neben der reinen linguistischen Suche nach Wörtern und Ausdrücken lassen sich auch Abfragebegriffe wichten, d.h., es kann eine unscharfe Suche realisiert werden. Zusätzlich sind auch Angaben wie NEAR möglich, d.h., ein Wort befindet sich "in der Nähe" des anderen Wortes.

Allgemeine Voraussetzungen

Bevor Sie eine Tabelle mit einem Volltextindex versehen, müssen Sie sich einige Gedanken über das Layout machen.

---

[1] Bei Unicode nur 1 GByte, was aber auch reichen dürfte.

10.4 Praktisches Arbeiten mit dem SQL Server

Die zu indizierende Tabelle sollte über einen möglichst kurzen Primärschlüssel verfügen. Dies kann zum Beispiel eine *Identity*-Spalte (Integer, 4 Byte) sein. Je länger der Schlüssel, desto mehr Informationen müssen in den Volltextindex aufgenommen werden (über den Schlüssel wird die Position eines Wortes bestimmt). Ein wie auch immer gestalteter Primärindex ist jedoch Voraussetzung für eine Indizierung.

Nehmen Sie nur die Spalten in den Index auf, die Sie unbedingt benötigen, da sowohl Indexerstellung als auch Verwaltung sehr ressourcenintensiv sind.

Bedenken Sie, dass nur textbasierte Spalten indiziert werden können (TEXT, VARCHAR, NVARCHAR, FILESTREAM etc.).

Haben Sie diese Vorbereitungen abgeschlossen, können Sie über das SQL Server Management Studio die gewünschten Tabellen für die Volltextsuche anmelden:

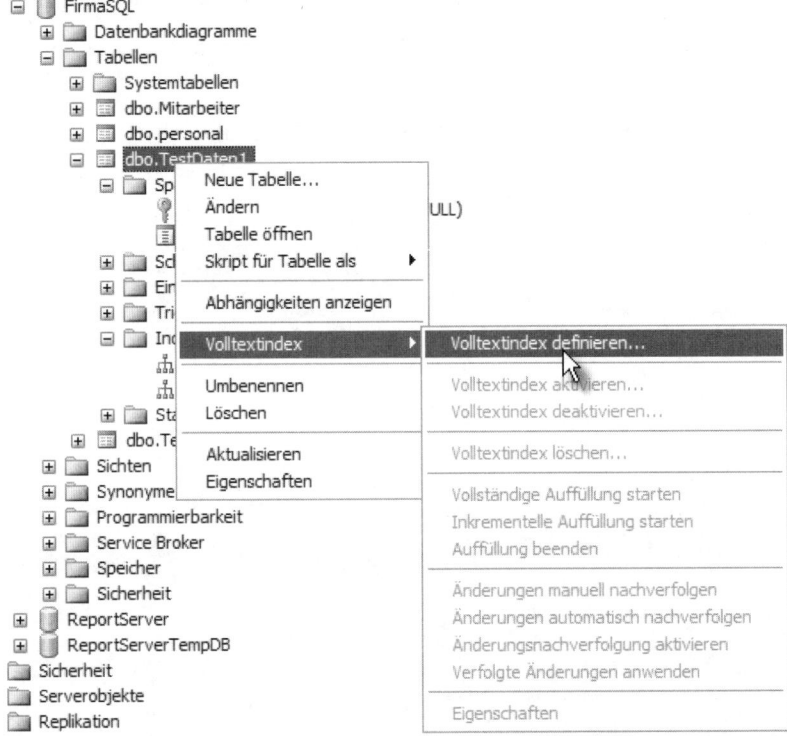

Nach dem Festlegen des Primärschlüssels und der Auswahl der zu indizierenden Spalten müssen Sie entscheiden, wie Änderungen in der Tabelle in Bezug auf den Volltextindex verarbeitet werden sollen:

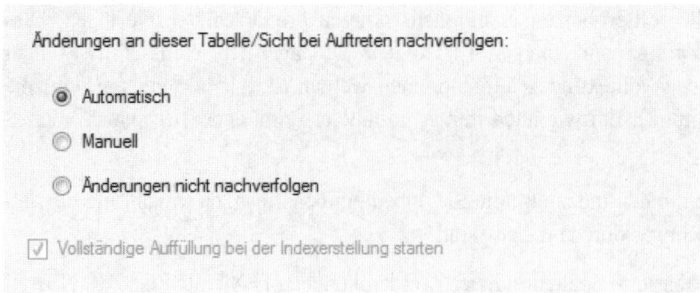

Ändern sich die Daten relativ selten und werden nur wenige Daten geändert, empfiehlt es sich, den Index automatisch zu aktualisieren (bei INSERT- bzw. UPDATE-Vorgängen), so bleibt der Index immer aktuell. Werden jedoch häufig umfangreichere Änderungen vorgenommen oder viele externe Dokumente verwaltet, kann es sinnvoller sein, den Index per Zeitplan zu aktualisieren.

Im folgende Schritt weisen Sie nur noch einen Volltextkatalog zu bzw. erstellen einen neuen Katalog. Dazu müssen Sie im SQL Server nur noch einen Namen angeben.

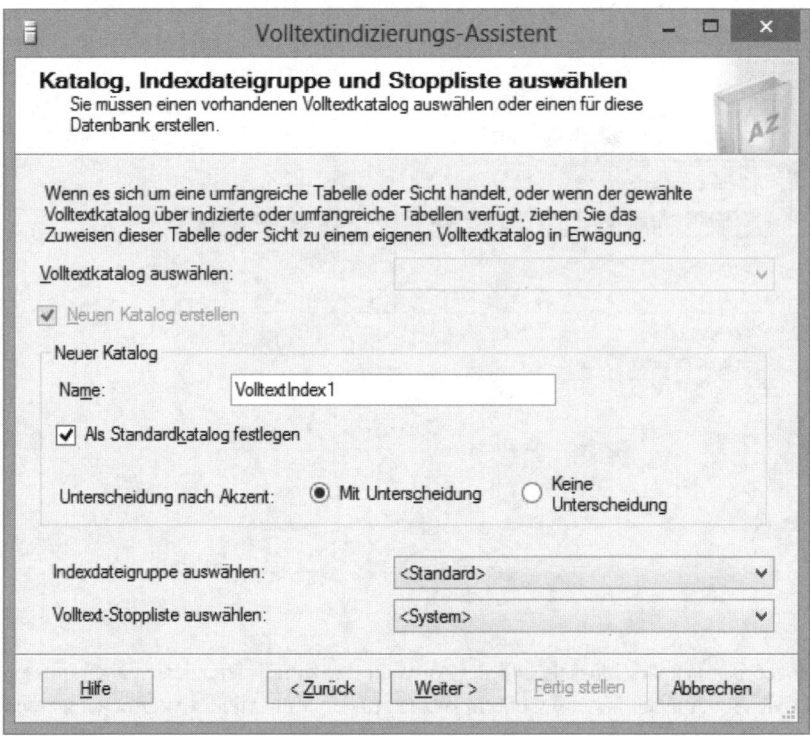

Über den Katalog lassen sich die Zeiten festlegen, zu denen der Index aktualisiert bzw. neu aufgebaut wird (siehe folgende Abbildung).

10.4 Praktisches Arbeiten mit dem SQL Server

[Dialogfenster: Neuer Zeitplan für Tabellen-Volltextindizierung]

HINWEIS: Vergessen Sie nicht, dass kurz nach dem Erstellen zwar ein Volltextindex existiert, dieser ist jedoch in keinem Fall aktuell. Je nach Größe des Datenbestandes dauert es einige Zeit, bis alle Stichworte verarbeitet sind.

Erstellen mit T-SQL

Auch mit TSQL können Sie einen Volltextindex erzeugen.

BEISPIEL: Volltextindex erzeugen

```
USE TestDB;
CREATE FULLTEXT CATALOG myCatalog AS DEFAULT;
CREATE FULLTEXT INDEX ON Lexikon(Beschreibung) KEY INDEX PK_Lexikon;
```

Abfragen von Daten

Damit können wir uns dem eigentlichen Ziel unserer Bemühungen zuwenden: der Abfrage von Informationen.

Wie schon erwähnt, bietet T-SQL in diesem Zusammenhang mit CONTAINS und FREETEXT zwei spezielle Anweisungen. Während CONTAINS sowohl für genaue als auch unscharfe Suche verwendet werden kann, bietet FREETEXT die Möglichkeit, auch ungenaue Ausdrücke suchen zu lassen (Gewichtung).

Die Syntax:

```
SELECT <feldliste>
    FROM <tabellenname>
    CONTAINS
        ( {spalte | *}, '<Suchausdruck>' )
```

Alternativ:

```
SELECT <feldliste>
    FROM <tabellenname>
    FREETEXT
        ( {spalte | *}, '<Suchausdruck>' )
```

BEISPIEL: Suche aller Einträge in einem Online-Lexikon, welche die Begriffe "Lehrbuch", "Kinderbuch", "Buch" enthalten

```
SELECT *
FROM lexikon
WHERE
    FREETEXT(*,'Lehrbuch Kinderbuch Buch')
```

Der Stern bei FREETEXT gibt an, dass alle Spalten durchsucht werden sollen. Sie können auch explizit die zu durchsuchenden Spalten angeben.

HINWEIS: Das Ergebnis aus 95.000 Datensätzen lag nach 0,05 Sekunden vor.

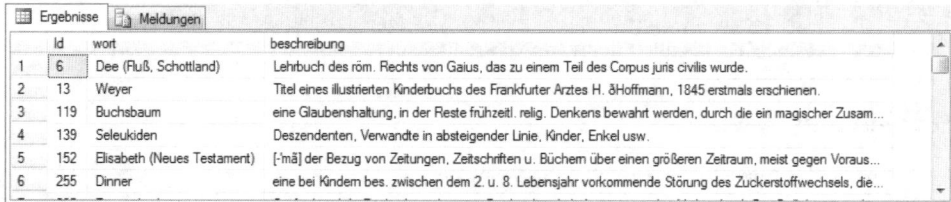

BEISPIEL: Gesucht werden alle bekannten Maler

```
SELECT
    wort, beschreibung
FROM
    Lexikon
WHERE
    CONTAINS(*, '"Maler"')
```

10.4 Praktisches Arbeiten mit dem SQL Server

BEISPIEL: Gesucht werden alle bekannten Maler, die keine Bildhauer waren

```
SELECT
    wort, beschreibung
FROM
    Lexikon
WHERE
    CONTAINS(*, '"Maler" AND NOT "Bildhauer"')
```

	wort	beschreibung
7	Uexküll	Christoph, * um 1500, † 1562, dt. Maler; hpts. Porträt- u. Altarbilder in Augsburg.
8	Geständnis	Friedrich von, * 1803, † 1887, östr. Maler. Historienbilder; Bildnisse der Wiener Aristokratie.
9	Blacher	[an'dʒe:-] Fra A., eigtl. Giovanni da Fiesole, * 1387, † 1455, ital. Maler der Frührenaissance (Altarbilder u. Fresken, u. a. im Klost...
10	Lübke	Horst, * 28.10.1936, dt. Maler u. Graphiker; Schüler von HAP Grieshaber.
11	Äthiopien	* 1430, † 1479, ital. Maler; religiöse Szenen u. Bildnisse; führte die Ölmalerei in die oberital. Kunst ein.
12	Aubusson	bed. grch. Maler, tätig um 330 v. Chr.; Hofmaler Alexanders d. Gr.

BEISPIEL: Gesucht werden alle bekannten Maler, die sich auch als Architekt betätigt haben. Das Wort "Architekt" sollte im Zusammenhang mit dem Begriff "Maler" auftauchen.

```
SELECT
    wort, beschreibung
FROM
    Lexikon
WHERE
    CONTAINS(*, 'Maler NEAR Architekt')
```

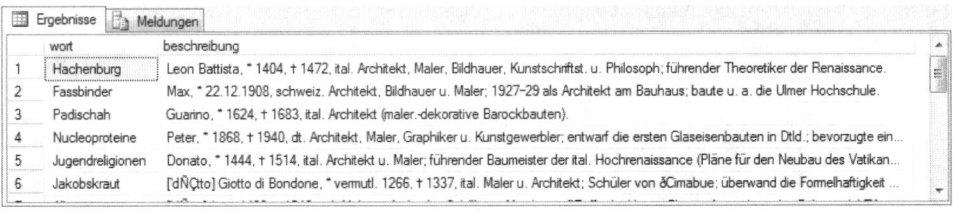

	wort	beschreibung
1	Hachenburg	Leon Battista, * 1404, † 1472, ital. Architekt, Maler, Bildhauer, Kunstschriftst. u. Philosoph; führender Theoretiker der Renaissance.
2	Fassbinder	Max, * 22.12.1908, schweiz. Architekt, Bildhauer u. Maler; 1927–29 als Architekt am Bauhaus; baute u. a. die Ulmer Hochschule.
3	Padischah	Guarino, * 1624, † 1683, ital. Architekt (maler.-dekorative Barockbauten).
4	Nucleoproteine	Peter, * 1868, † 1940, dt. Architekt, Maler, Graphiker u. Kunstgewerbler; entwarf die ersten Glaseisenbauten in Dtld.; bevorzugte ein...
5	Jugendreligionen	Donato, * 1444, † 1514, ital. Architekt u. Maler; führender Baumeister der ital. Hochrenaissance (Pläne für den Neubau des Vatikan...
6	Jakobskraut	[dʒɒtto] Giotto di Bondone, * vermutl. 1266, † 1337, ital. Maler u. Architekt; Schüler von õCimabue; überwand die Formelhaftigkeit...

BEISPIEL: Die Suche nach Teilbegriffen realisieren Sie mit Platzhaltern (*)

```
SELECT wort, beschreibung
FROM Lexikon
WHERE
    CONTAINS(*, '"Funk*"')
```

Auf gewichtetes Suchen mit ISABOUT bzw. WEIGHT können wir an dieser Stelle leider nicht weiter eingehen, der erste Ausblick dürfte jedoch schon die Vielfalt der Möglichkeiten andeuten.

Ergänzungen/Hinweise

Möchten Sie die Volltextsuche in Ihren Anwendungen einsetzen, sollten Sie sich in jedem Fall noch intensiver mit deren Grundlagen beschäftigen. So werden, basierend auf dem jeweiligen Ländercode, auch Wörter gefunden, die mit dem Suchwort verwandt sind (Mehrzahl, Steigerungsformen etc.). Zusätzlich bietet sich die Möglichkeit, so genannte Stoppwortlisten zu erstellen, die Wörter enthalten, die nicht in den Volltextindex aufgenommen werden sollen. Last, but not least, steht Ihnen auch ein Thesaurus zur Verfügung um die Suche auch per Synonym zu realisieren.

10.4.8 Datenbanken sichern und wiederherstellen

Zu jeder SQL Server-Anwendung sollte auch eine Funktion zum Sichern und Wiederherstellen der Daten gehören. Dies ist insbesondere seit der Version 2008 auch für Sie als Programmierer relevant, kann doch das Transaktionsprotokoll nicht mehr explizit abgeschnitten werden (DUMP TRANSACTION etc.).

Grundsätzlich bietet der SQL Server drei Varianten für eine Sicherung an:

- **Vollständig**
  Sichern Sie auf diese Weise die komplette Datenbank, dies ist immer empfehlenswert, wenn die Datenmenge dies zulässt, da Sie beim Wiederherstellen keine weiteren Dateien benötigen.

- **Differenziell**
  Diese Variante sichert nur die Änderungen, die seit der letzten vollständigen Sicherung erfolgt sind. Daraus folgt auch, dass Sie für das Wiederherstellen die komplette und die differenzielle Sicherung benötigen.

- **Transaktionsprotokoll**
  Diese Variante sichert lediglich das Transaktionsprotokoll und schneidet es anschließend ab.

Auf einen gern gemachten Fehler im Zusammenhang mit dem Backup eines SQL Servers möchten wir Sie an dieser Stelle noch einmal explizit hinweisen:

HINWEIS: Die Auswahl des Backup-Ziellaufwerks muss immer aus Sicht des SQL Servers, nicht aus Sicht der Arbeitsstation erfolgen. Der Server löst das Backup aus, nicht der Client, und so handelt es sich bei einem Ziellaufwerk "C:" um das des Servers und nicht des Clients.

Ein weiterer Stolperstein:

HINWEIS: Eine Backup-Datei kann mehrere Sicherungen enthalten. Wollen Sie immer größer werdende Backupdateien vermeiden, müssen Sie explizit vorgeben, dass die alten Sicherungen überschrieben werden (siehe weitere Ausführungen).

Vier Varianten für das Backup bieten sich an:

- das *Microsoft SQL Server Management Studio*
- T-SQL
- SMOs oder
- Sie kopieren einfach das Datenfile auf Ihr Backup-Medium (SQL Server Express)

Microsoft SQL Server Management Studio

Über das *Task*-Menü steht Ihnen im *Microsoft SQL Server Management Studio* die Backup-Funktion zur Verfügung. Im zugehörigen Dialog können Sie unter anderem das Zielmedium, den Backup-Typ, das Ablaufdatum, eine Beschreibung etc. vorgeben.

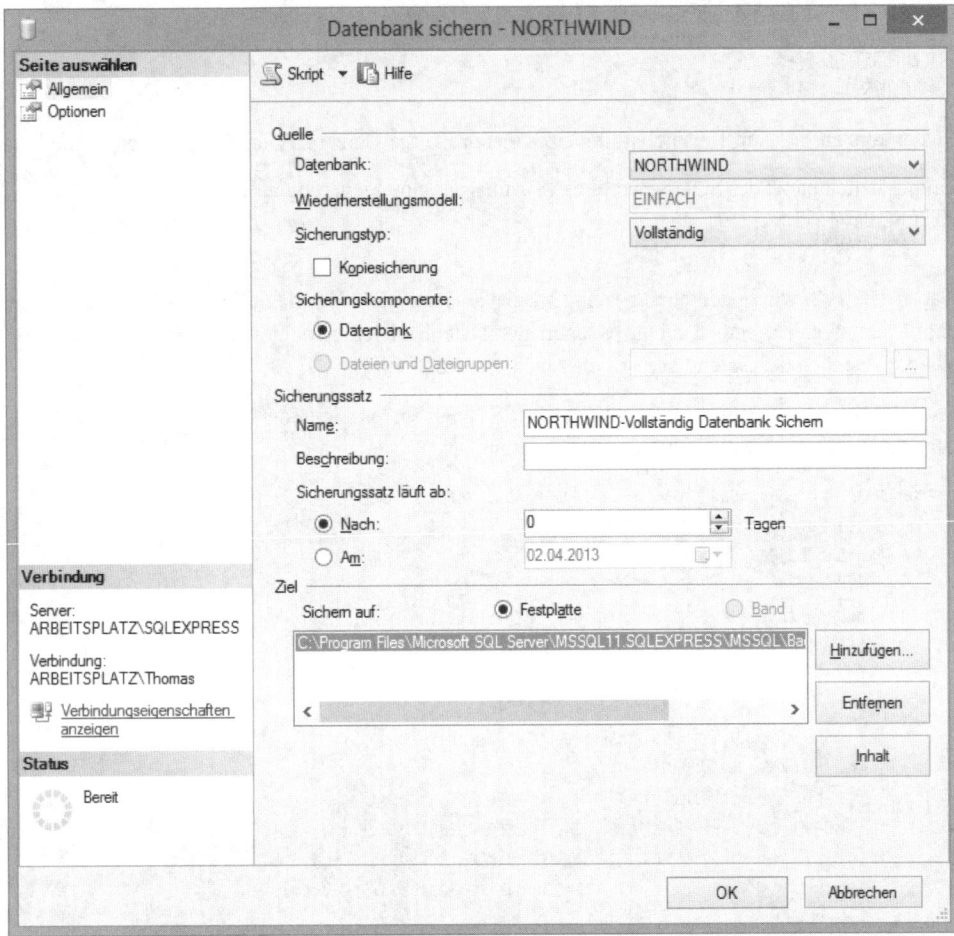

Unter *Optionen* finden sich erweiterte Einstellungen mit denen Sie festlegen können, ob alte Sicherungen überschrieben werden, ob die Sicherung überprüft werden soll, ob Prüfsummen gebildet und ob die Sicherung komprimiert werden soll.

T-SQL

Der schnellste Weg zum Backup führt über T-SQL, allerdings haben Sie hier als Programmierer kein sinnvolles Feedback.

HINWEIS: Achten Sie darauf, dass Sie sich bei der Connection mit dem Server nicht mit der gewünschten Datenbank, sondern zum Beispiel mit der Master-Datenbank verbinden, dies gilt insbesondere bei einem Wiederherstellen der Datenbank. Sie selbst sind sonst ein "störender" Anwender der betreffenden Datenbank.

BEISPIEL: Sichern der Datenbank *FirmaSQL* als Datei

```
BACKUP DATABASE FirmaSQL
  TO DISK ='c:\mitarbeiter.bak'
```

Später können Sie zum Beispiel auf einem anderen PC die Datenbank folgendermaßen wiederherstellen:

```
RESTORE DATABASE FirmaSQL
  FROM DISK ='c:\mitarbeiter.bak'
```

Ganz so einfach wie in den oben gezeigten Beispielen ist es im Normalfall nicht. Meist müssen Sie damit kämpfen, dass noch einige User in der Datenbank eingeloggt sind. Auch das komplette Wiederherstellen der Datenbank ist sicher nicht der Regelfall.

Mehr über die Anweisungen BACKUP und RESTORE finden Sie in der SQL Server-Online-Hilfe, der folgende Auszug bietet einen ersten Vorgeschmack:

```
BACKUP DATABASE { database_name | @database_name_var }
    < file_or_filegroup > [ ,...n ]
    TO < backup_device > [ ,...n ]
    [ WITH
    [ BLOCKSIZE = { blocksize | @blocksize_variable } ]
    [ [ , ] DESCRIPTION = { 'text' | @text_variable } ]
    [ [ , ] EXPIREDATE = { date | @date_var }
        | RETAINDAYS = { days | @days_var } ]
    [ [ , ] PASSWORD = { password | @password_variable } ]
    [ [ , ] FORMAT | NOFORMAT ]
    [ [ , ] { INIT | NOINIT } ]
    [ [ , ] MEDIADESCRIPTION = { 'text' | @text_variable } ]
    [ [ , ] MEDIANAME = { media_name | @media_name_variable } ]
    [ [ , ] MEDIAPASSWORD = { mediapassword | @mediapassword_variable } ]
    [ [ , ] NAME = { backup_set_name | @backup_set_name_var } ]
    [ [ , ] { NOSKIP | SKIP } ]
    [ [ , ] { NOREWIND | REWIND } ]
    [ [ , ] { NOUNLOAD | UNLOAD } ]
    [ [ , ] RESTART ]
    [ [ , ] STATS [ = percentage ] ] ]
```

HINWEIS: Nutzen Sie die ADO-Objekte, sollten Sie damit rechnen, dass ein Timeout auftritt, da das Wiederherstellen der Datenbank auch seine Zeit dauert. Prüfen Sie also, ob es sich um einen "normalen" Fehler oder lediglich eine Zeitüberschreitung handelt. Gegebenenfalls sollten Sie über die *Connection* die Timeout-Zeiten anpassen.

Backup-Alternativen

Wer gern einen übersichtlichen Quellcode und Ereignisbehandlung bevorzugt, der ist bei den DMOs bzw. SMOs besser aufgehoben. Leider sind erstere aus der Mode gekommen, letztere lassen sich aus VBA nicht sinnvoll aufrufen. Aus diesem Grund finden Sie in den Buchdaten eine ActiveX-DLL, die Ihnen sowohl ein Backup als auch ein Restore mit Fortschrittsanzeige ermöglicht.

BEISPIEL: Datenbanksicherung per SMO (in der COM-Library)

Binden Sie zunächst die COM-Library *SMOMapper* (siehe Seite 643) in Ihr Projekt ein. Nachfolgend können wir schon zur Tat schreiten:

```
Sub DatenbankBackup()
    Dim smo As New SmoMapper.CSMO
```

Festlegen des Servers (Anmeldung erfolgt standardmäßig per integrierter Sicherheit):

```
    smo.ServerName = ".\SQLEXPRESS"
    If smo.BackupDatabase("NORTHWIND", "c:\temp\daten.bck") Then
        MsgBox "Erfolgreich"
    Else
        MsgBox "Fehler"
    End If
    Set smo = Nothing
End Sub
```

Wiederherstellen der Datenbank:

```
Sub DatenbankRestore()
    Dim smo As New SmoMapper.CSMO

    smo.ServerName = ".\SQLEXPRESS"
    If smo.RestoreDatabase("NORTHWIND", "c:\temp\daten.bck") Then
        MsgBox "Erfolgreich"
    Else
        MsgBox "Fehler"
    End If
    Set smo = Nothing
End Sub
```

HINWEIS: Den VB.NET-Quellcode zur SMO-Mapper-Klasse finden Sie ab Seite 643.

10.5 Fehlerbehandlung

Nach Vorstellung der wichtigsten SQL Server-Objekte und -Funktionen möchten wir noch auf ein gern vernachlässigtes Thema eingehen. Sie ahnen es sicher, es geht um die leidige Behandlung von Fehlern, die im Zusammenhang mit der Ausführung von Triggern oder Gespeicherten Prozeduren auf dem Server auftreten.

10.5.1 Das Fehlermodell des SQL Servers

Grundsätzlich sollten Sie zwischen zwei Teilen der Fehlerbehandlung unterscheiden:

- Fehlerbehandlung auf dem Server, nachdem ein Fehler in einer Gespeicherten Prozedur oder einem Trigger aufgetreten ist
- Fehlerbehandlung auf dem Client, nachdem der Server einen Fehler zurückgegeben hat

Dass sich die Fehlerbehandlung auf dem Server nicht auf die Anzeige eines einfachen Dialogfeldes beschränken kann, dürfte auf der Hand liegen. Deshalb werden Ereignisse im SQL Server-Fehlerprotokoll, im Windows-Anwendungsprotokoll oder in beiden protokolliert:

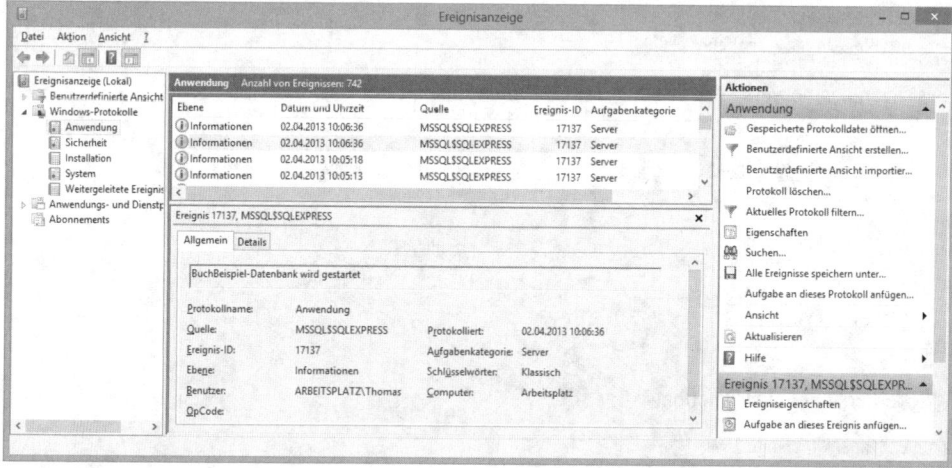

Der SQL Server unterscheidet, im Gegensatz zu VBA, die Fehler nach bestimmten Schweregraden:

- Bei Fehlern mit einem Schweregrad von 10 handelt es sich um Informationsmeldungen, die durch Fehler in den eingegebenen Informationen hervorgerufen wurden.
- Schweregrade von 11 bis 16 werden vom Benutzer erzeugt und können auch durch diesen behoben werden. Selbst definierte Fehlermeldungen sollten in diesem Bereich liegen.
- Software- oder Hardwarefehler haben die Schweregrade 17 bis 25. Der Fehler muss durch den Systemadministrator behoben werden. Liegt der Schweregrad zwischen 17 und 19, können Sie Ihre Arbeit fortsetzen, auch wenn möglicherweise eine bestimmte Anweisung nicht ausführbar ist.

10.5.2 Verwenden von @@ERROR

Möchten Sie Fehler innerhalb einer Gespeicherten Prozedur oder eines Triggers behandeln, können Sie die Variable @@ERROR auswerten. Diese gibt 0 zurück, wenn die letzte Anweisung erfolgreich ausgeführt werden konnte, andernfalls die Fehlernummer. In der Prozedur selbst stehen Ihnen weder der Schweregrad noch der Status der Meldungstexte zur Verfügung, all das kann ausschließlich in der Frontend-Anwendung (in diesem Fall Ihr Visual Basic-Programm) ausgewertet werden.

10.5 Fehlerbehandlung

Zwei Varianten bieten sich für die Auswertung von @@ERROR an:

- Sofortiges Testen oder Verwenden von @@ERROR nach der Anweisung
- Speichern von @@ERROR in einer ganzzahligen Variablen, sofort nachdem die *TransactSQL*-Anweisung abgeschlossen ist. Der Wert der Variablen kann später verwendet oder über *Return* zurückgegeben werden.

BEISPIEL: Verwenden von @@ERROR

```
CREATE PROCEDURE test
@Id int,
@nachname varchar(40),
@vorname varchar(20)
AS
INSERT INTO Personen VALUES(@id,@nachname,@vorname)
IF @@ERROR <> 0
    RETURN(101)
ELSE
    RETURN(0)
```

Das aufrufende Programm kann den Error-Code über die Parameter abfragen.

HINWEIS: Sie sollten @@ERROR grundsätzlich in einer Variablen speichern, da mit der Ausführung weiterer SQL-Anweisungen der Wert von @@ERROR zurückgesetzt wird (ein gern gemachter Fehler).

10.5.3 Verwenden von RAISEERROR

Mit der RAISEERROR-Anweisung lösen Sie aus der T-SQL-Routine heraus einen Fehler aus, dessen Meldung Sie in Ihrem Programm auswerten und/oder anzeigen können. Zusätzlich können die Meldungen auch im SQL Server-Fehlerprotokoll und im Microsoft Windows-Anwendungsprotokoll erscheinen.

Die Syntax:

```
RAISEERROR ({Message_id | Message_String}
            {, Schweregrad, Status} [, Argumente[,...n]] )
            [WITH option[,...n]]
```

Beim Aufruf können Sie entweder direkt einen Meldungstext übergeben, oder Sie rufen eine benutzerdefinierte Fehlermeldung über deren ID auf. Zusätzlich übergeben Sie noch den Schweregrad (z.B. 16) und den Status (ein Wert zwischen 1 und 127).

Option kann folgende Werte annehmen:

- **LOG**   Der Fehler wird in das Fehler- und Anwendungsprotokoll des Servers eingetragen. Im Server-Fehlerprotokoll enthaltene Fehler sind auf maximal 440 Byte beschränkt.
- **NOWAIT**   Sendet Meldungen sofort an den Client.

- **SETERROR**   Legt den @@ERROR-Wert auf *msg_id* oder 50.000 fest, unabhängig vom Schweregrad.

BEISPIEL: Aufruf einer Meldung

```
...
IF (@neuesgehalt > 5000)
BEGIN
    RAISERROR ('Sind Sie sicher? Schade um das Geld!',16,-1)
    ROLLBACK TRANSACTION
END
...
```

Mit Hilfe der Argumente lassen sich Detaildaten auf einfache Weise im Meldungstext platzieren. Sie müssen nicht lange Stringadditionen und Typumwandlungen vornehmen.

```
CREATE PROCEDURE "Test" @nachname VARCHAR(30) AS
...
    RAISERROR (' %s kann nicht in die Datenbank eingefügt werden!',16,-1,@nachname)
...
return
```

Nach dem direkten Aufruf der Prozedur aus Access mit dem Namen "Gewinnus" erhalten Sie das folgende Dialogfeld:

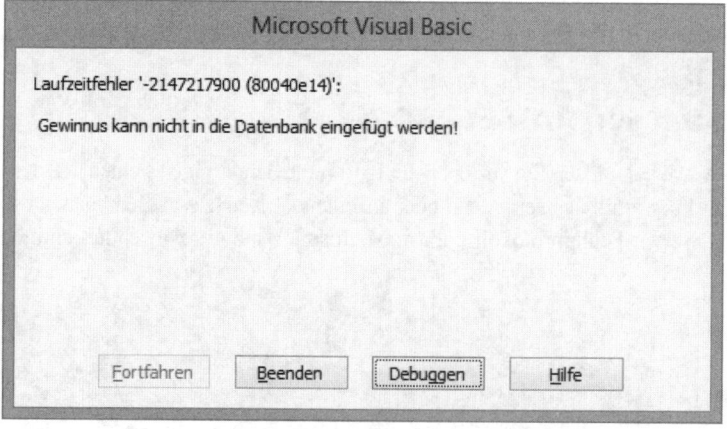

Etwas anders stellt sich die Situation in einem VBA-Programm dar. Hier kommt es zu einem Laufzeitfehler, den Sie wie gewohnt mit *On Error* behandeln können.

10.5.4 Fehlerbehandlung mit TRY...CATCH

Endlich wurde auch für T-SQL eine moderne Fehlerbehandlung eingeführt, die nicht mehr aus dem Programmiermittelalter stammt. Als Visual Basic-Programmierer werden Sie sich schnell zu Hause fühlen, handelt es sich doch um ein ganz bekanntes Konstrukt:

10.5 Fehlerbehandlung

```
BEGIN TRY
    { SQL-Anweisungen }
END TRY
BEGIN CATCH
    { SQL-Anweisungen }
END CATCH
```

HINWEIS: TRY...CATCH fängt nur Fehler mit einem Schweregrad größer 10 ab, niedrigere Schweregrade werden als Warnungen interpretiert! Fehler mit einem Schweregrad größer 20 werden nur abgefangen, solange die Datenbank-Engine die Verbindung nicht trennt.

Neben obigem Konstrukt stehen Ihnen auch noch die folgenden Funktionen zur Verfügung.

Funktion	Beschreibung/Rückgabewert
ERROR_NUMBER	Fehlernummer
ERROR_MESSAGE	Fehlerbeschreibung
ERROR_SEVERITY	Schweregrad
ERROR_STATE	Fehlerstatusnummer (Gleiche Fehlernummern können unterschiedliche Ursachen aufweisen, zur Unterscheidung gibt es die Fehlerstatusnummer)
ERROR_LINE	Zeilennummer
ERROR_PROCEDURE	Name der Prozedur, des Triggers oder der Funktion in dem der Fehler aufgetreten ist

Last, but not least, gibt es noch eine Anweisung, die im Zusammenhang mit der Fehlerbehandlung nutzbar ist, das berüchtigte GOTO, mit dem Sie einen TRY- oder CATCH-Block "fluchtartig" verlassen können.

HINWEIS: Wie Sie sehen, handelt es sich bei T-SQL nach wie vor um eine prozedurale Sprache, Kapselungen in Objekten (z.B. *Error*) sind noch Zukunftsmusik (zumindest auf der Server-Seite).

Doch jetzt wollen wir uns der Praxis zuwenden.

BEISPIEL: Einfache Stored Procedure, die einen recht vorhersehbaren Fehler auslöst

```
CREATE PROCEDURE Test
AS
    SELECT 10/0
return 0
```

```
Meldung 8134, Ebene 16, Status 1, Prozedur Test, Zeile 3
Fehler aufgrund einer Division durch Null.
```

BEISPIEL: Wir wollen es besser machen ...

```
ALTER PROCEDURE Test
AS

BEGIN TRY
    SELECT 10/0
END TRY
BEGIN CATCH
    SELECT ERROR_MESSAGE(), ERROR_NUMBER(), ERROR_LINE(), ERROR_SEVERITY()
END CATCH
return 0
```

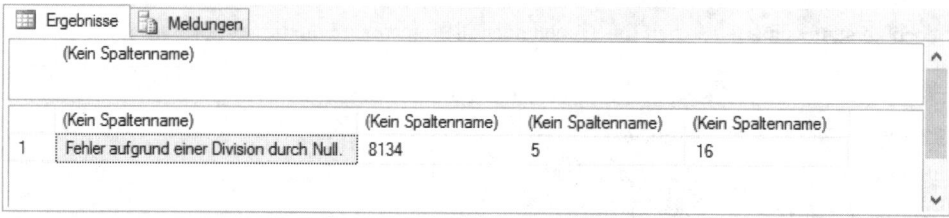

Sie können natürlich auch einen Fehler auswerten und einen "neuen" mit RAISERROR generieren.

BEISPIEL: Fehler erneut auslösen

```
ALTER PROCEDURE Test
AS

BEGIN TRY
    SELECT 10/0
END TRY
BEGIN CATCH
    SELECT ERROR_MESSAGE(), ERROR_NUMBER(), ERROR_LINE(), ERROR_SEVERITY()
    RAISERROR('Wer programmiert so einen Mi...?',16, -1)
END CATCH
return 0
```

Wenden wir uns jetzt der Client-Seite zu.

10.5.5 Fehlerbehandlung mit den ADO

Geht Ihnen die bisher beschriebene Fehlerbehandlung nicht weit genug, können Sie die *Errors*-Collection des *Connection*-Objekts verwenden, um neben der eigentlichen Meldung auch gleich noch die Fehlernummer, den Schweregrad und den Statuscode auszuwerten.

BEISPIEL: Aufruf der Gespeicherten Prozedur aus dem Access-Programm heraus. Der Fehler wird über das *Error*-Objekt ausgewertet. Kommt es zu mehr als einem Fehler, können Sie auch diese auswerten, da die gesamte *Errors*-Collection durchlaufen wird.

```
Sub test3()
```

10.5 Fehlerbehandlung

```
On Error GoTo Fehler

Dim err As ADODB.Error
Dim cmd As New ADODB.Command
Dim param1 As ADODB.Parameter
```

Stored Procedure konfigurieren und aufrufen:

```
cmd.CommandType = adCmdStoredProc
cmd.CommandText = "Test"
cmd.ActiveConnection = CurrentProject.Connection
cmd.Parameters.Append cmd.CreateParameter("nachname", adBSTR, adParamInput, 30)
cmd.Parameters("Nachname").Value = "Müller"
cmd.Execute
Exit Sub
```

Im Fehlerfall landen wir hier:

```
Fehler:
For Each err In cmd.ActiveConnection.Errors
    Debug.Print "Fehlernummer: " & err.Number
    Debug.Print "Beschreibung: " & err.Description
    Debug.Print "Quelle: " & err.Source
    Debug.Print "SQL Status: " & err.SQLState
    Debug.Print "NativeError: " & err.NativeError
    Debug.Print "-----------------------------------------"
Next

Resume Next
End Sub
```

Die Ausgabe im Direktfenster:

```
Fehlernummer: -2147217900
Beschreibung: Müller kann nicht in die Datenbank eingefügt werden!
Quelle: Microsoft OLE DB-Provider für SQL Server
SQL Status: 42000
NativeError: 50000
-----------------------------------------
```

Damit dürfte es kein Problem mehr sein, gegebenenfalls auf einen Server-Fehler zu reagieren. Den Begriff "Fehler" sollten Sie in diesem Zusammenhang aber nicht zu wörtlich nehmen. Es kann sich auch um die Meldung eines Triggers handeln, dass ein Datensatz nicht eingefügt werden kann. Die RAISEERROR-Anweisung stellt somit ein wesentliches Werkzeug zur Kommunikation zwischen Server und Client dar.

10.6 Datensicherheit auf dem Microsoft SQL Server

Im Folgenden stellen wir Ihnen, nach einem kleinen Überblick, zwei Varianten zum Administrieren des SQL Servers vor. Neben dem *SQL Server Management Studio* kommen T-SQL-Anweisungen zum Einsatz. Auf die Verwendung der SMO verzichten wir an dieser Stelle, da die Einbindung per Mapper-Klassen den Rahmen des Kapitels sprengen würde, außerdem ist die Verwendung von T-SQL an dieser Stelle wesentlich intuitiver als der endlose Aufruf von Objekten und Methoden.

Unterlassen Sie dies, kann jeder die Verwaltung der Datenbank übernehmen. Damit ist es möglich, Sie vom Datenbankzugriff auszuschließen – ein Szenario, das Sie sicherlich nicht verantworten möchten.

Klicken Sie im *SQL Server Management Studio* im Konsolenstamm *Sicherheit/Anmeldung* auf *sa*. Im folgenden Dialogfeld vergeben Sie ein neues Passwort, das Sie gut aufheben sollten.

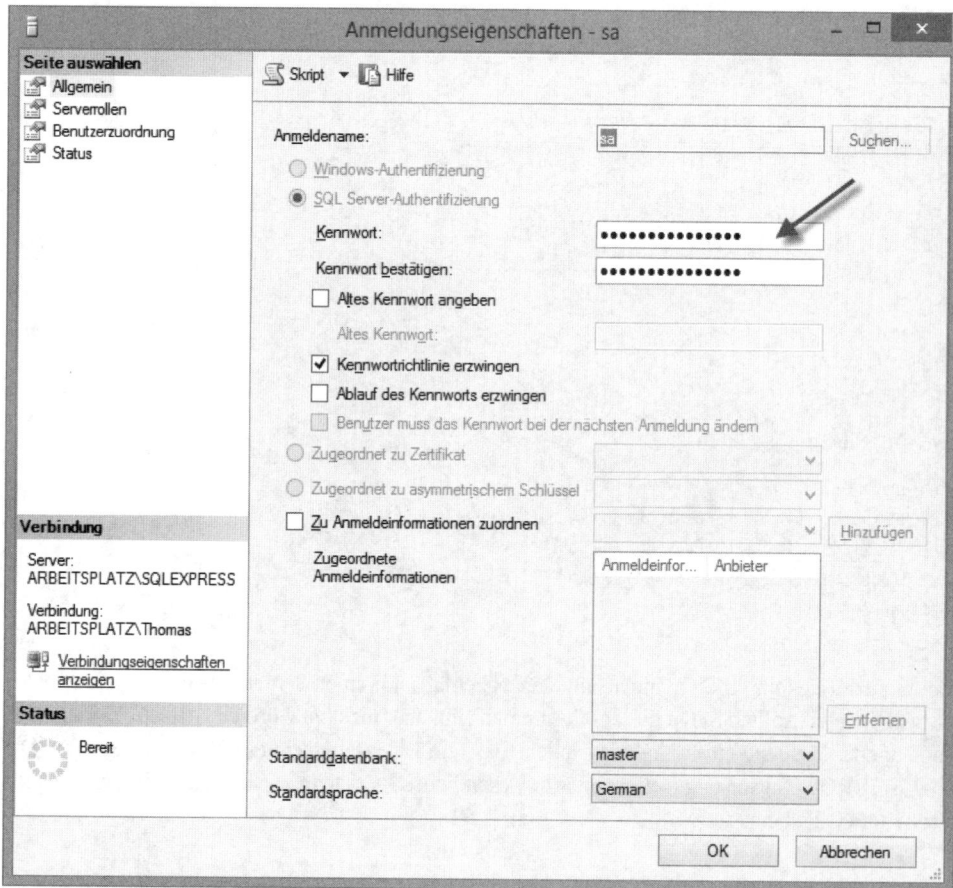

10.6.1 Überblick Sicherheitsmodell

Die Datenbanksicherheit eines SQL Servers stellt sich wesentlich komplexer dar als zum Beispiel bei einer lokalen Access-Datenbank. Zunächst gilt es zwischen

- SQL Server-Authentifizierung und
- Windows-Authentifizierung

zu unterscheiden. Während die erste Variante auf den User-Konten des SQL Servers beruht und auch nur dort verwaltet wird, verwendet die zweite Variante das Windows-Sicherheitsmodell und übernimmt die User des Betriebssystems für die Anmeldung am SQL Server. Meist wird jedoch eine Vermischung von SQL Server- und Windows Authentifizierung stattfinden, Sie sollten also dieses Modell verwenden. Mit Hilfe des *SQL Server Management Studio*s können Sie das gewünschte Sicherheitsmodell festlegen.

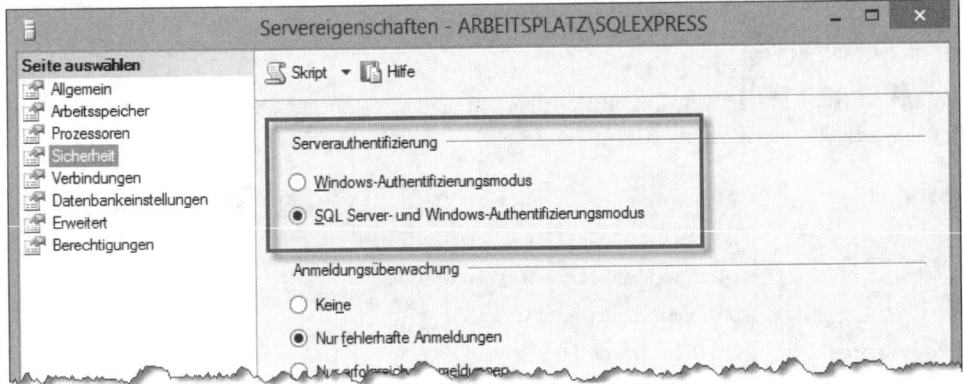

Der Vorteil dieser Variante: Die User brauchen sich im Allgemeinen nur einmal anzumelden (System-Login), für die Verbindung zum SQL Server wird in diesem Fall eine *Trusted Connection* aufgebaut. Sie kennen diese Form auch von den ADO-Connectionstrings.

Der Verbindungsstring enthält keinerlei Konteninformationen (Name, Passwort). Diese werden intern an den SQL Server übermittelt.

BEISPIEL: Connectionstring für eine Verbindung mit integrierter Sicherheit

Integrated Security=SSPI;Persist Security Info=False;Initial Catalog=Beispieldatenbank;Data Source=P200

Andererseits können Sie reine SQL Server-Konten erstellen, die zum Beispiel von Ihren Programmen zur internen Verwaltung genutzt werden, ohne dass es ein entsprechendes Windows-Konto gibt. Insbesondere für Internet-Verbindungen bietet sich diese Variante an, der Client sendet seine Login-Id sowie sein Passwort an den Server und erhält gegebenenfalls die Zugriffsrechte an der Datenbank bzw. bestimmten Tabellen.

BEISPIEL: Connectionstring für eine Verbindung mit SQL Server-Sicherheit

```
Persist Security Info=True;User ID=Doberenz; Password=geheim;Initial
Catalog=Beispieldatenbank; ...
```

Rollen (Gruppen)

Vielleicht ist Ihnen schon der Begriff *Rolle* aufgefallen, dabei handelt es sich im Grunde genommen um Gruppen, wie Sie sie auch von lokalen Datenbanksystemen (z.B. Access) oder der Windows-Systemverwaltung kennen. Derartige Rollen vereinfachen die Zuweisung von Rechten für User mit einheitlichen Anforderungen. Sie brauchen nicht mehr jedem einzelnen Nutzer diverse Rechte an unterschiedlichen Datenbankobjekten zuzuweisen, sondern es genügt, wenn Sie dies für die Rolle tun. Nachfolgend können Sie beliebige Nutzer in die Rolle einfügen.

Grundsätzlich müssen Sie zwei Typen von Rollen unterscheiden:

- Server-Rollen
- Datenbank-Rollen

Während Erstere für alle verwalteten Datenbanken gelten, lassen sich Datenbank-Rollen nur einer spezifischen Datenbank zuordnen.

Rolle	Bedeutung
bulkadmin	Darf BULK INSERT-Anweisung ausführen
dbcreator	Darf Datenbanken erstellen und verwalten
diskadmin	Darf Festplattendateien verwalten
processadmin	Darf SQL Server-Prozesse verwalten
securityadmin	Darf SQL-Benutzernamen verwalten
serveradmin	Darf SQL Server-Einstellungen konfigurieren
setupadmin	Darf erweiterte gespeicherte Prozeduren verwalten
sysadmin	Darf SQL Server-Installation durchführen

Neben den Server-Rollen sind auch für jede Datenbank bereits einige Rollen vordefiniert.

Rolle	Bedeutung
db_owner	Darf alle Aufgaben innerhalb der Datenbank wahrnehmen (inkl. Wartungs- und Konfigurationsaktivitäten)
db_accessadmin	Darf Benutzer und Gruppen der Datenbank hinzufügen
db_datareader	Darf Daten aus Tabellen abrufen (lesen)
db_datawriter	Darf Daten lesen und schreiben bzw. löschen
db_ddladmin	Darf Datenbankobjekte erzeugen und verwalten (DDL-Befehle)
db_securityadmin	Darf Anweisungs- und Objektberechtigungen in der Datenbank vergeben
db_backupoperator	Darf die Datenbank sichern
db_denydatareader	Darf keine Daten in der Datenbank anzeigen

10.6 Datensicherheit auf dem Microsoft SQL Server

Rolle	Bedeutung
db_denydatawriter	Darf keine Daten in der Datenbank ändern
public	Jeder Nutzer

Erstellen Sie in Ihrer Datenbank neue Konten (Nutzerlogins), können Sie diese den o.g. Rollen zuordnen. Damit sind auch die entsprechenden Rechte an die User vergeben.

> **HINWEIS:** Sollten Sie weitere Rollen benötigen, können Sie auch *nutzerdefinierte Rollen* erzeugen. In diesem Fall müssen Sie der Rolle jedoch noch entsprechende Rechte an den Datenbankobjekten einräumen, bevor Sie Nutzer in diese Rolle eintragen.

Rechte

Dass die Rechtevergabe recht differenziert für die unterschiedlichen Objekte sein kann, zeigt die folgende Tabelle:

Recht	Recht
ALTER DATABASE	DENY für Objekte
ALTER PROCEDURE	DROP
ALTER TABLE	EXECUTE
ALTER TRIGGER	GRANT
ALTER VIEW	GRANT für Objekt
BACKUP	INSERT
CHECKPOINT	READTEXT
CREATE DEFAULT	REFERENCES
CREATE INDEX	RESTORE
CREATE PROCEDURE	REVOKE
CREATE RULE	REVOKE für Objekt
CREATE SCHEMA	SELECT
CREATE TABLE	SETUSER
CREATE TRIGGER	TRUNCATE TABLE
CREATE VIEW	UPDATE
DBCC	UPDATE STATISTICS
DELETE	UPDATETEXT
DENY	WRITETEXT

10.6.2 Verwalten mit dem SQL Server Management Studio

Bevor wir zur eigentlichen Programmierung kommen, wollen wir Ihnen zeigen, wie Sie mit Hilfe des SQL Server Management Studios die Sicherheit auf SQL Server-Datenbanken einfach verwalten können.

Erstellen einer neuen Anmeldung

Neue Nutzer definieren Sie über den Konsolenstamm *Sicherheit/Anmeldungen*. Über das Kontextmenü können Sie einen neuen Nutzer hinzufügen. Im folgenden Dialogfeld geben Sie einen Nutzernamen ein.

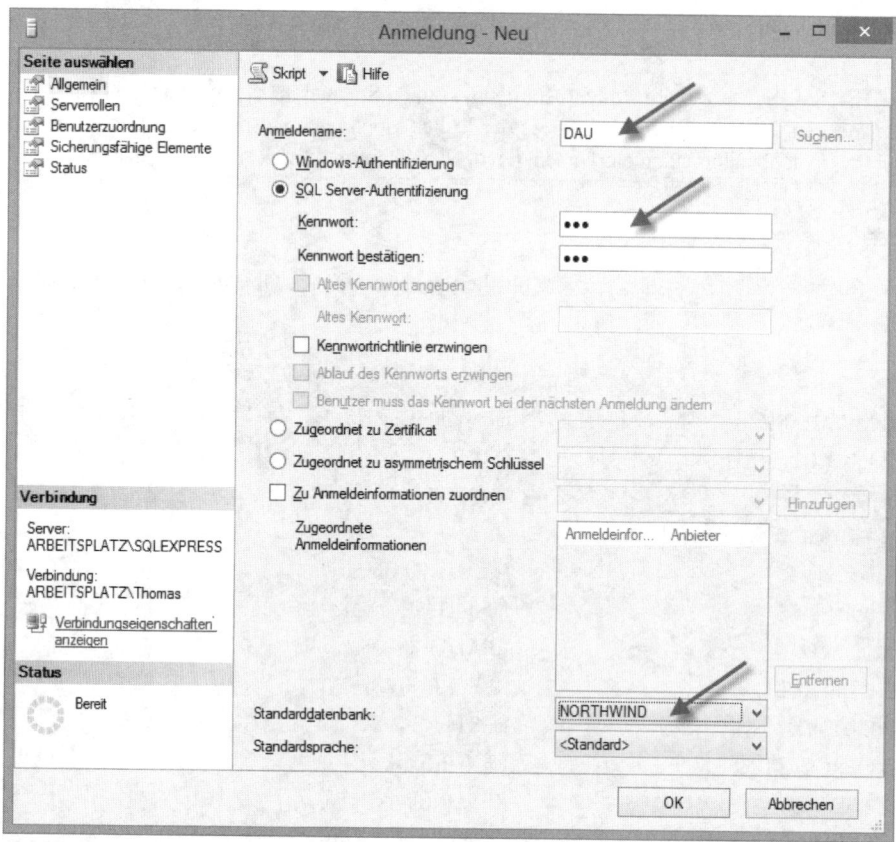

Gleichzeitig müssen Sie sich entscheiden, ob das Nutzerkonto auf dem SQL Server oder unter Windows verwaltet werden soll.

HINWEIS: Verwenden Sie die Windows-Sicherheit, muss der Nutzer unter Windows bereits existieren.

Legen Sie bei SQL Server-Authentifizierung noch das Passwort fest. Ganz zum Schluss lässt sich in diesem Dialogfeld auch die Standarddatenbank des neuen Kontos festlegen. Dabei handelt es sich um die Datenbank, die geöffnet ist, wenn keine Angabe im Connectionstring gemacht wurde.

Beenden Sie nach obiger Definition ruhig einmal das Management Studio und loggen Sie sich mit dem gerade erstellten Account erneut ein. Sie werden feststellen, dass Sie (falls vorhanden) Zugriff

10.6 Datensicherheit auf dem Microsoft SQL Server

auf die Tabellen der Datenbank *Northwind* haben (wir hatten diese ja als Standarddatenbank festgelegt).

Übermütig geworden, versuchen Sie jetzt auch einmal eine neue Datenbank zu erzeugen. Doch ach, hier werden Sie brüsk zurückgewiesen:

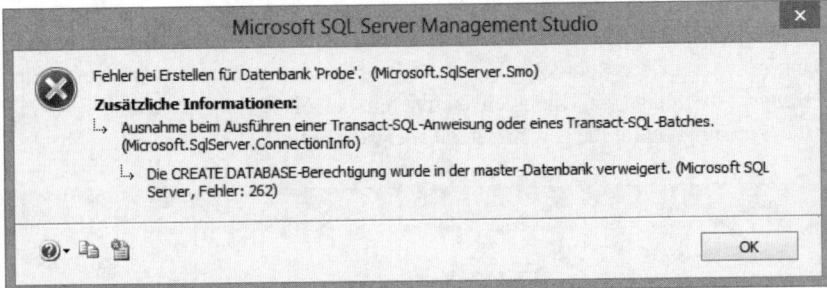

Hier fehlen dem Nutzer *DAU* einfach die entsprechenden Rechte an den Systemdatenbanken. Gleiches trifft auch zu, wenn Sie versuchen, Änderungen an der Tabellenstruktur in *Northwind* vorzunehmen.

Erstellen von Rollen

Nach dem Erstellen einer Anmeldung können Sie sich der Definition von Rollen (Gruppen) zuwenden. Das entsprechende Dialogfeld rufen Sie ebenfalls über den Konsolenstamm *Datenbanken/XYZ/Sicherheit/Rollen* auf. Tragen Sie einen Namen für die Rolle ein und fügen Sie die gewünschten Nutzer der Rolle hinzu.

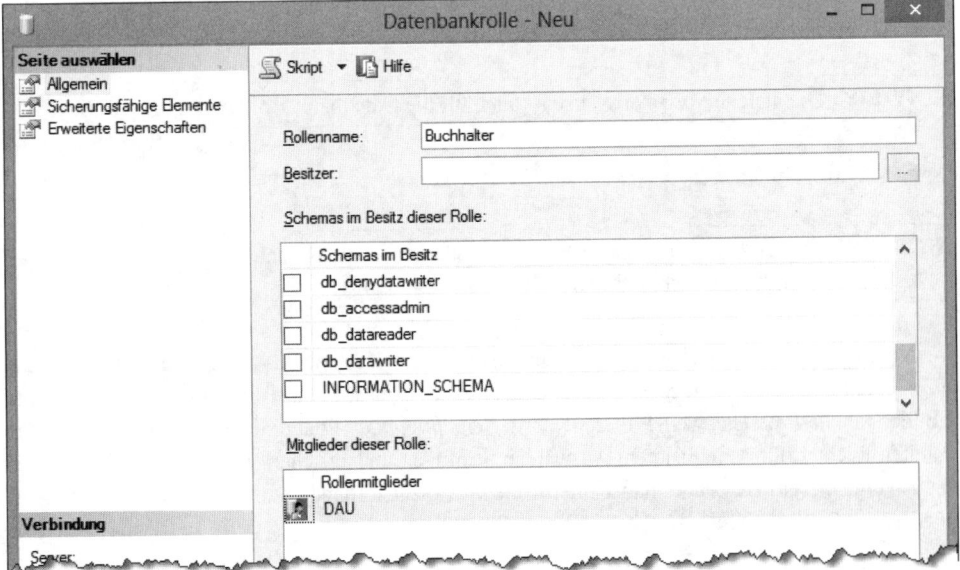

Verwalten von Rechten

Auf dem gleichen Weg wie das Erstellen von Nutzern oder Rollen können Sie auch das Dialogfeld zur Vergabe der Rechte aufrufen. Entsprechend der Vorgehensweise in geschützten Access-Datenbanken werden jetzt den Nutzern bzw. den Gruppen bestimmte Rechte an den einzelnen Datenbankobjekten eingeräumt bzw. wieder entzogen.

Zunächst müssen Sie jedoch dem einzelnen Nutzer auch den Zugriff auf die Datenbank überhaupt erlauben. Wählen Sie dazu in der Rubrik *Sicherheit/Anmeldung* den entsprechenden Nutzer und danach *Eigenschaften*. Im folgenden Dialogfeld aktivieren Sie die Rubrik *Benutzerzuordnung*. Legen Sie hier die Berechtigung für die gewünschten Datenbanken fest.

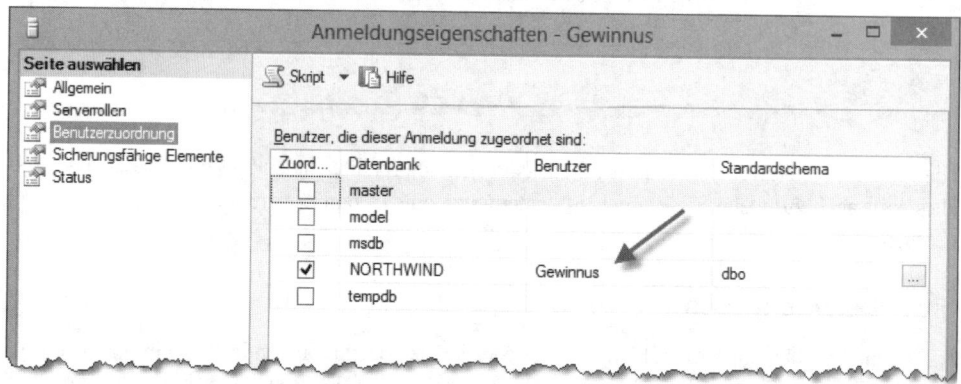

Nach diesen Vorarbeiten können wir uns der eigentlichen Rechtevergabe innerhalb der Datenbank zuwenden. Schließen Sie das Dialogfeld und wählen Sie die Eigenschaften der gewünschten Datenbank. Im nachfolgenden Dialogfeld können Sie jedem einzelnen Nutzer die gewünschten Rechte zuweisen.

HINWEIS: Die gleiche Vorgehensweise ist auch für die Datenbank-Rollen möglich.

Damit steht das Grundgerüst.

HINWEIS: Loggen Sie sich unter verschiedenen Namen in die Datenbank ein und testen Sie, ob die gewünschten Rechte richtig realisiert wurden.

Doch warum konnten wir eigentlich mit der frisch erstellten Anmeldung *DAU* auf die Datenbank *Northwind* bzw. die darin liegenden Tabellen zugreifen? Hier hilft ein Blick auf die Eigenschaften, z.B. der Tabelle *Products*, weiter. In der Rubrik *Berechtigungen* finden Sie die Rolle *public* mit den erteilten Rechten für Aktualisieren, Auswählen, Einfügen und Löschen. Bei Erstellen des Nutzers *DAU* wurde dieser bereits automatisch der Rolle *public* zugeordnet, damit stehen dem Nutzer *DAU* alle Rechte der Rolle *public* zur Verfügung.

10.6 Datensicherheit auf dem Microsoft SQL Server

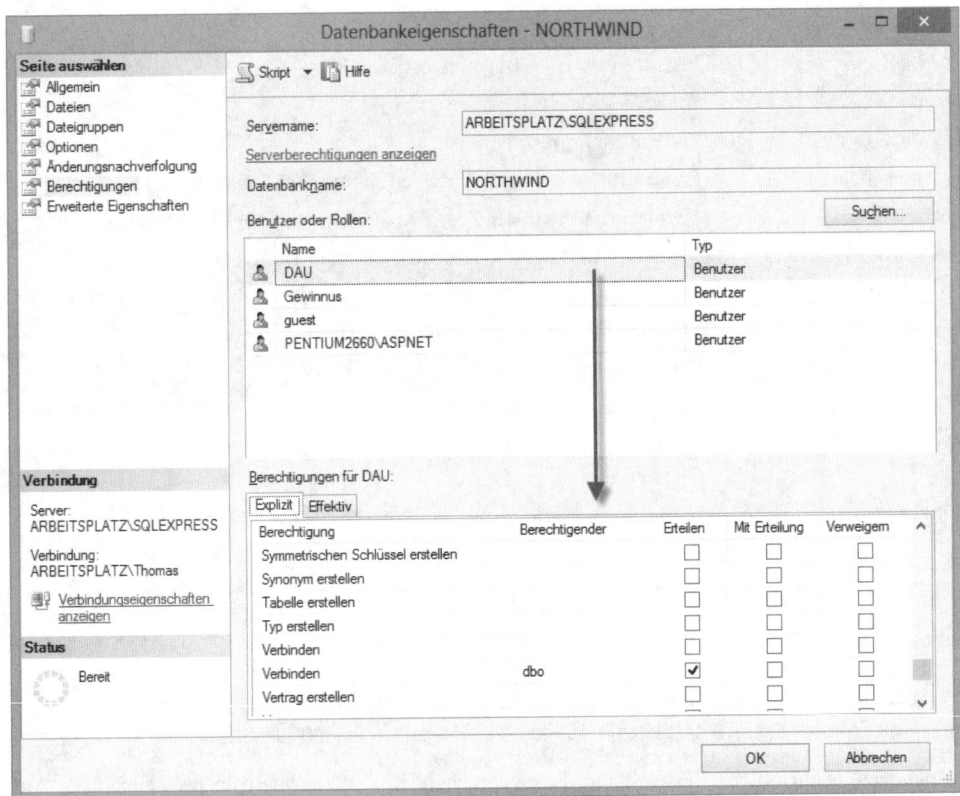

Nach all diesen Ausführungen dürfte es für Sie etwas einfacher sein, die Administration per T-SQL-Anweisungen im folgenden Abschnitt zu verstehen.

10.6.3 Verwalten mit T-SQL

Diese Variante sollten Sie verwenden, wenn Sie ohnehin viel mit SQL-Anweisungen arbeiten (z.B. SQL-Skripts). Gerade für VBA-Programmierer bietet sich diese Möglichkeit an, da Sie diverse Hilfetexte und Microsoft-Quellen ohne Probleme übernehmen können.

> **HINWEIS:** Der folgende Abschnitt erhebt nicht den Anspruch auf Vollständigkeit. Optionen und Parameter werden nur so weit besprochen, wie es unbedingt notwendig erscheint.

Überblick

Die folgende Tabelle zeigt die wichtigsten T-SQL-Anweisungen zum Administrieren von SQL Server-Datenbanken.

Anweisung	Beschreibung
sp_addlogin	Erstellt ein neues Nutzerkonto auf dem SQL Server
sp_password	Ändert das Kennwort eines Nutzers
sp_droplogin	Entfernt ein Nutzerkonto
sp_grantlogin	Erlaubt den Zugriff von NT-Konten auf den SQL Server
sp_revokelogin	Verhindert dauerhaft den Zugriff von NT-Konten auf den SQL Server
sp_denylogin	Verhindert den Zugriff von NT-Konten auf den SQL Server
sp_grantdbaccess	Fügt der aktuellen Datenbank ein Nutzerkonto hinzu
sp_addrole	Fügt der aktuellen Datenbank eine Rolle hinzu
sp_addrolemember	Fügt der Rolle ein neues Benutzerkonto hinzu
GRANT	Zuweisen von Rechten an Nutzer/Gruppen
REVOKE	Entziehen von Rechten

Der Aufruf der T-SQL-Anweisungen gestaltet sich mit der *Execute*-Methode des *Connection*-Objektes absolut einfach.

BEISPIEL: Aufruf einer T-SQL-Anweisung

```
Dim conn As New ADODB.Connection

    conn.Open "Provider=SQLOLEDB.1;Integrated Security=SSPI;DATA SOURCE = .\SQLExpress;"
    conn.Execute "EXECUTE sp_addlogin 'Gewinnus', "'geheim','Beispieldatenbank'"
```

Voraussetzung für obiges Beispiel sind die entsprechenden Rechte innerhalb der Datenbank. Auf die Anweisung EXECUTE können Sie eigentlich verzichten. Aus Gründen der besseren Lesbarkeit (es handelt sich ja um einen Proceduraufruf) sollten Sie es dennoch tun.

Erstellen eines neuen Users

Geht es darum, einen neuen Nutzer zu erzeugen, genügt der einfache Aufruf der Prozedur *sp_addlogin*:

```
sp_addlogin '<Loginname>'[,'<Password>'][,'<Datenbank>'][,'<Sprache>']
```

Übergeben Sie neben dem Nutzernamen noch das Passwort und den Namen der Standarddatenbank.

BEISPIEL: Erzeugen des neuen Kontos *Müller*

```
EXECUTE sp_addlogin "Müller", "geheim","Beispieldatenbank"
```

Löschen eines Benutzers

Vorhandene User/Konten löschen Sie mit der Prozedur *sp_droplogin*.

BEISPIEL: Löschen des Kontos *Müller*

```
EXECUTE sp_droplogin "Müller"
```

Erstellen einer neuen Rolle

Eine neue Rolle erzeugen Sie mit der Prozedur *sp_addrole*.

BEISPIEL: Erzeugen der Rolle *Verwaltung*

```
sp_addrole "Verwaltung"
```

Hinzufügen von Usern zu einer Rolle

Ein Konto bzw. einen User fügen Sie mit *sp_addrolemember* in eine bestehende Rolle ein.

BEISPIEL: Einfügen von *Müller* in die Rolle *Verwaltung*

```
EXECUTE sp_addrolemember "Verwaltung", "Müller"
```

Mit *sp_droprolemember* können Sie diesen User wieder entfernen.

Verwaltung von Rechten

Wie schon bei der Verwaltung mit dem SQL Server Management Studio, müssen wir zunächst einen Zugriff auf die Datenbank ermöglichen. Dazu nutzen wir die Prozedur *sp_grantdbaccess*.

HINWEIS: Da sich die Prozedur *sp_grantdbaccess* nur auf die aktuelle Datenbank bezieht, müssen Sie gegebenenfalls mit *USE* die Datenbank wechseln. Es ist kein Problem, zwei SQL-Anweisungen mit einem Aufruf von *Execute* auszuführen. Trennen Sie beide Anweisungen einfach per Semikolon.

BEISPIEL: User *Müller* erhält die Zugriffsrechte auf die Datenbank *Verleger*

```
USE Verleger; EXECUTE sp_grantdbaccess 'Müller'
```

Das eigentliche Zuweisen von Rechten innerhalb der Datenbank erfolgt mit dem Befehl GRANT (es handelt sich nicht um eine Prozedur!).

```
GRANT {ALL | Recht[,...n]} TO User|Rolle [, User|Rolle] ...
```

Folgende Rechte können Sie vergeben (die Bezeichner dürften für sich sprechen):

- CREATE DATABASE
- CREATE DEFAULT
- CREATE PROCEDURE
- CREATE RULE
- CREATE TABLE
- CREATE VIEW

BEISPIEL: Der User *Müller* erhält das Recht, Tabellen und Views zu erzeugen (der Aufruf bezieht sich auf die momentan aktive Datenbank)

```
GRANT CREATE TABLE, CREATE VIEW TO Müller
```

Möchten Sie Rechte an speziellen Objekten vergeben, müssen Sie eine erweiterte Form des GRANT-Befehls nutzen.

```
GRANT {ALL | Recht[,...n]}
    { [(Spalte[,...n])] ON {Tabelle | View}
        | ON {Tabelle | View}[(Spalte[,...n])]
        | ON {StoredProcedure }
    } TO User|Rolle [,...n]
```

Für Tabellen und Views können Sie die folgenden Rechte vergeben:

- SELECT
- UPDATE
- INSERT
- REFERENCES
- DELETE

BEISPIEL: Die User *Doberenz* und *Gewinnus* erhalten Lese-/Schreibrechte an der Tabelle *Personen*

```
GRANT INSERT, UPDATE ON personen TO Doberenz, Gewinnus
```

10.7 Tipps & Tricks

10.7.1 Alle registrierten Microsoft SQL Server ermitteln

Mit der COM-Library *SmoMapper* (siehe Seite 643) können Sie die Liste der erreichbaren SQL Server abfragen. Erstellen Sie einen Verweis auf *SmoMapper* und nutzen Sie die Methode *GetAll-SQLServers*.

BEISPIEL: Alle Server abfragen

```
Sub AlleServerAbfragen()
    Dim smo As New SmoMapper.CSMO
    Dim serverliste() As String
    Dim i As Integer

    serverliste = smo.GetAllSQLServers()
    For i = 0 To UBound(serverliste)
        Debug.Print serverliste(i)
    Next i
    Set smo = Nothing
End Sub
```

10.7 Tipps & Tricks

Das Abfrageergebnis:

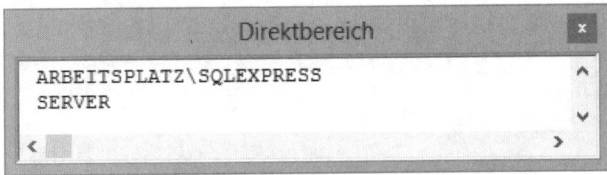

HINWEIS: Damit sinnvolle Werte angezeigt werden, muss auch der *SQL Server Browser-Dienst* aktiviert und gestartet sein. Bei der Express-Version ist dies standardmäßig nicht der Fall.

10.7.2 Alle Datenbanken ermitteln

Mit der COM-Library *SmoMapper* (siehe Seite 643) können Sie die Liste der verfügbaren Datenbanken eines Servers abfragen. Erstellen Sie einen Verweis auf *SmoMapper* und nutzen Sie die Methode *GetAllDatabases*:

BEISPIEL: Alle Datenbanken abfragen

```
Sub AlleDatenbankenAbfragen()
    Dim smo As New SmoMapper.CSMO
    Dim databaseliste() As String
    Dim i As Integer

    smo.ServerName = ".\SQLEXPRESS"
    databaseliste = smo.GetAllDatabases()
    For i = 0 To UBound(databaseliste)
        Debug.Print databaseliste(i)
    Next i

    Set smo = Nothing
End Sub
```

10.7.3 Alle Tabellen ermitteln

Mit der COM-Library *SmoMapper* (siehe Seite 643) können Sie die Liste der Tabellen einer Datenbank abfragen. Erstellen Sie einen Verweis auf *SmoMapper* und nutzen Sie die Methode *GetAll-Tables*.

BEISPIEL: Alle Tabellen abfragen

```
Sub AlleTabellenAbfragen()
    Dim smo As New SmoMapper.CSMO
    Dim tabellenliste() As String
    Dim i As Integer
```

```
    smo.ServerName = ".\SQLEXPRESS"
    tabellenliste = smo.GetAllTables("Northwind")
    For i = 0 To UBound(tabellenliste)
        Debug.Print tabellenliste(i)
    Next i
    Set smo = Nothing
End Sub
```

BEISPIEL: Alternativ können Sie auch folgende T-SQL-Abfrage verwenden:

```
SELECT
  [name]
FROM
   master.dbo.sysdatabases
WHERE dbid > 4
```

Eine dritte Variante gibt etwas detaillierter Aufschluss:

BEISPIEL: Auflisten aller Tabellen in der geöffneten Datenbank

```
SELECT
  *
FROM
 Information_Schema.Tables
```

Das Ergebnis sehen Sie in der folgenden Abbildung:

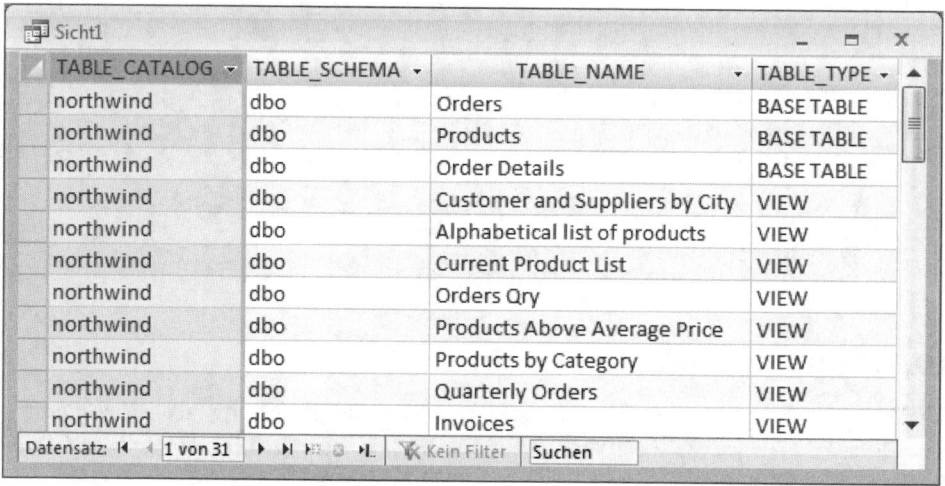

10.7.4 Eine Tabelle löschen

Kurz und knapp:

BEISPIEL: Mit SQL

```
DROP TABLE Mitarbeiter
```

10.7.5 Anzahl der Datensätze beschränken

Zwei Varianten bieten sich an:

Variante 1 (TOP)

Wie auch unter Jet-SQL können Sie die TOP-Klausel für die Einschränkung der Datensätze verwenden.

BEISPIEL: Maximal fünf Mitarbeiter anzeigen

```
SELECT
  TOP 5 *
FROM Mitarbeiter
```

Variante 2 (SET ROWCOUNT)

Mit Hilfe der Option SET ROWCOUNT können Sie für alle folgenden SQL-Anweisungen die maximale Anzahl der zurückgegebenen Datensätze bestimmen.

BEISPIEL: Maximal zehn Datensätze sollen zurückgegeben werden

```
SET ROWCOUNT 10
go
SELECT * FROM Mitarbeiter
go
```

HINWEIS: Mit "SET ROWCOUNT 0" schalten Sie die Beschränkung wieder aus!

Variante 3 (ROW_NUMBER)

Seit dem SQL Server 2005 steht auch eine ROW_NUMBER-Funktion zur Verfügung, die es ermöglicht, nicht nur die Anzahl der Datensätze zu beschränken sondern gleich einen Bereich auszuwählen (Paging). Die Funktion liefert eine sequenzielle Folge von Zahlen, beginnend bei 1 für jede Zeile der Datenmenge.

BEISPIEL: Die ersten zehn Datensätze der sortierten Tabelle *Orders* ermitteln

```
SELECT  OrderId, OrderDate
FROM    (SELECT ROW_NUMBER() OVER (ORDER BY OrderDate DESC)
            AS Row, OrderId, OrderDate FROM Orders)
         AS t1
WHERE   Row BETWEEN 1 AND 10
```

Einen anderen Bereich auswählen:

```
SELECT  OrderId, OrderDate
FROM    (SELECT ROW_NUMBER() OVER (ORDER BY OrderDate DESC)
            AS Row, OrderId, OrderDate FROM Orders)
         AS t1
WHERE   Row BETWEEN 11 AND 15
```

HINWEIS: Handelt es sich um eine große Anzahl von Datensätzen und befindet sich der gesuchte Bereich im vorderen Teil der Datenmenge, sollten Sie eventuell die Datenmenge mit TOP einschränken, um die Ausführungszeiten zu optimieren.

10.7.6 Platzhalterzeichen in TSQL

Für beliebige Zeichen verwenden Sie das Prozentzeichen (%), für einzelne Zeichen den Unterstrich (_).

BEISPIEL: Verwendung von Platzhalterzeichen

```
SELECT *
FROM
  Mitarbeiter
WHERE
  nachname LIKE 'Mül%'
```

10.7.7 Leerzeichen entfernen

Im Gegensatz zu Jet-SQL finden Sie auf dem Microsoft SQL Server keine TRIM-Funktion. Es stehen lediglich die Funktionen RTRIM (rechte Leerzeichen entfernen) und LTRIM (linke Leerzeichen entfernen) zur Verfügung. Sie können natürlich beide Funktionen gleichzeitig aufrufen.

BEISPIEL: Entfernen von Leerzeichen

```
SELECT *
FROM
  Mitarbeiter
WHERE
  nachname = LTRIM(RTRIM(@eingabewert))
```

10.7.8 Teilstrings erzeugen

Statt der von Jet-SQL bekannten MID-Funktion verwenden Sie SUBSTRING.

```
SUBSTRING (stringausdruck, start, length)
```

BEISPIEL: Es soll die Anzahl der Mitarbeiter bestimmt werden, deren Name mit einem bestimmten Buchstaben beginnt.

```
SELECT
   SUBSTRING(LastName, 1, 1) AS Buchstabe,
   COUNT(*) AS Anzahl
FROM
   dbo.Employees
GROUP BY
   SUBSTRING(LastName, 1, 1)
```

10.7.9 Mit einer Datenbankdatei verbinden

Bereits mit dem SQL Server 2005 wurde eine Möglichkeit eingeführt, sich direkt mit einer Datenbankdatei (*.mdf*) zu verbinden. Doch wie kann dies unter Access realisiert werden?

Zwei Varianten sind möglich:

- SQL Server Express (*.\SQLEXPRESS*)
- SQL Server Local DB (*(LocalDB)\MSSQLLocalDB*)

Beim Aufbau der ODBC-Verbindung wählen Sie einen der obigen SQL Server aus.

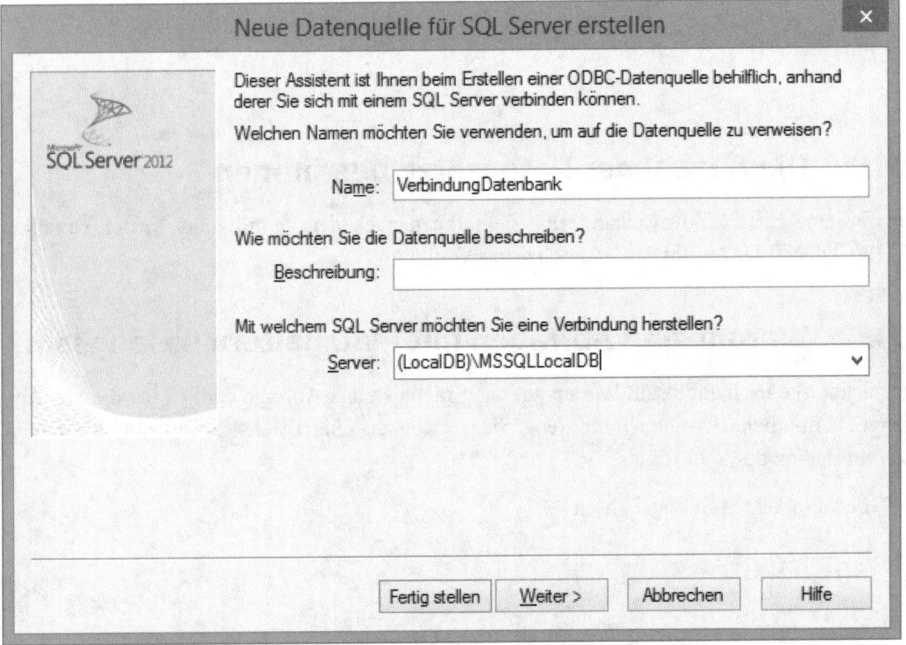

Nachfolgend geben Sie noch die nötigen Credentials (Name, Passwort) an und zum Schluss nicht den Namen der Datenbank an, sondern den Pfad und den Namen der Datenbankdatei:

BEISPIEL: Der resultierende ODBC-Connectionstring

```
ODBC;DRIVER=SQL Server Native Client 11.0;SERVER=(LocalDB)\MSSQLLocalDB;
UID=Thomas;Trusted_Connection=Yes;APP=Microsoft Office 2016;DATABASE=C:\ARBEIT\NORTHWIND.MDF
```

Greifen Sie mit ADO auf den LocalDB-Server zu, müssen Sie Ihren bisherigen Connectionstring etwas anpassen:

```
Dim conn As New ADODB.Connection
conn.Open "Provider=SQLNCLI11;Integrated Security=SSPI;Data Source=(LocalDB)\MSSQLLocalDB;" & _
    "AttachDbFilename=C:\temp\db\database.mdf"
```

10.7.10 Warum wird @@ERROR nicht korrekt verarbeitet?

Wahrscheinlich haben Sie vergessen, den Wert von @@ERROR in einer lokalen *Integer*-Variablen zu speichern. Führen Sie jetzt weitere SQL-Anweisungen aus, wird @@ERROR automatisch auf null zurückgesetzt, weitere Abfragen des Wertes oder die Rückgabe mit RETURN sind also sinnlos.

BEISPIEL: Fehlerauswertung

```
...
DECLARE @myError INT
...
SELECT @myError = @@ERROR
...
IF @myError <> 0
    ...
```

10.7.11 Die Anzahl der Datensätze bestimmen

Führen Sie eine SELECT-Anweisung aus, steht Ihnen nach der Verarbeitung in der Variablen @@ROWCOUNT die Anzahl der Datensätze zur Verfügung.

10.7.12 Warum sind Abfragen mit Platzhaltern so langsam?

Vielleicht sind Sie nach endlosem Warten auf das Ergebnis einer Abfrage endlich bei diesem Tipp angelangt. Vermutliche Ursache Ihrer Pein: Sie verwenden eine LIKE-Klausel mit Platzhalterzeichen am Beginn des Suchstrings.

BEISPIEL: Probleme mit Platzhaltern

```
SELECT *
FROM
    Mitarbeiter
WHERE
    nachname LIKE '%aye%'
```

10.7 Tipps & Tricks

Das Problem: Durch die Verwendung des Platzhalterzeichens am Beginn des Suchstrings kann der eventuell vorhandene Index nicht zur Suche genutzt werden. Es werden alle Datensätze durchlaufen, was je nach Tabellengröße eben seine Zeit dauert.

10.7.13 Groß-/Kleinschreibung berücksichtigen

Ist bei einem Vergleich von zwei Strings die Groß-/Kleinschreibung von Bedeutung, können Sie die Sortierfolge per COLLATE-Klausel beeinflussen.

BEISPIEL: Vergleich von Zeichenfolgen

```
SELECT *
FROM
   Mitarbeiter
WHERE
   nachname = 'Lorenz' COLLATE Latin1_General_CS_AS
```

10.7.14 Das Ergebnis einer Stored Procedure speichern

Dass eine Stored Procedure ein DataSet zurückgeben kann, dürfte Ihnen bekannt sein. Was aber, wenn Sie die Daten gar nicht zum Client senden möchten, sondern gleich auf dem Server, d.h. in einer Tabelle, sichern wollen?

Eine Antwort findet sich in der INSERT INTO-Anweisung.

BEISPIEL: Die Stored Procedure

```
CREATE PROCEDURE Test @Nachname VARCHAR(50)
As
SELECT * FROM Mitarbeiter
WHERE nachname LIKE @nachname
return
```

Der entsprechende Aufruf zum Sichern der Daten:

```
INSERT INTO
   SaveTable EXEC test 'Müller'
```

10.7.15 Eine Datenbank umbenennen

Mit Hilfe von T-SQL ist es fast kein Problem, eine bestehende Datenbank umzubenennen. Über das Wörtchen "fast" sollten Sie in jedem Fall stolpern, ist es doch notwendig, dass für diesen Vorgang die Datenbank in den Einzelbenutzermodus geschaltet werden muss.

Dazu rufen Sie ALTER DATABASE auf:

```
ALTER DATABASE FirmaSQL
SET SINGLE_USER
```

Ist die Ausführung erfolgreich, können Sie nachfolgend mit ALTER DATABASE die Datenbank umbenennen.

HINWEIS: Die bisher verwendete Stored Procedure sollten Sie laut Microsoft nicht mehr einsetzen!

```
ALTER DATABASE FirmaSQL
MODIFY NAME=FIRMA22
```

HINWEIS: Vergessen Sie nicht, die Datenbank wieder in den Normalmodus zurückzuschalten.

```
ALTER DATABASE Firma22
SET MULTI_USER;
```

Beachten Sie aber in jedem Fall, ob weitere User angemeldet sind, denn dann haben Sie schlechte Karten:

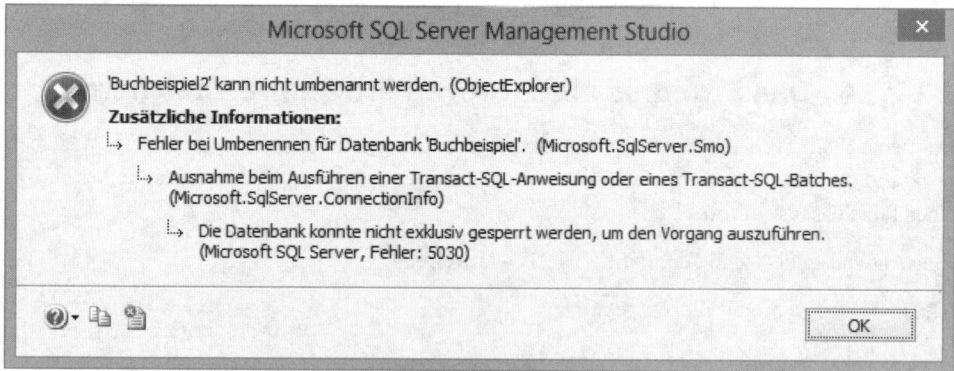

10.7.16 Eine Datenbank zwischen Servern verschieben

Möchten Sie die bereits erstellte Datenbank auf einem neuen System wieder verwenden, bietet sich die folgende Vorgehensweise an: Trennen Sie zunächst auf dem Ausgangs-PC die Datenbank vom SQL Server. Dazu verwenden Sie die Prozedur *sp_detach_db*.

BEISPIEL: Datenbank trennen

```
EXEC sp_detach_db 'Firmasql', 'true'
```

Danach ist die Datenbank vom Server getrennt, Sie können die beiden zugehörigen Dateien *(*.mdf, *.ldf)* kopieren.

Auf dem neuen Server kopieren Sie die Daten in das *\\MSSQL\Data*-Verzeichnis und rufen die Prozedur *sp_attach_db* auf.

BEISPIEL: Datenbank anfügen

```
EXEC sp_attach_db @dbname = 'FirmaSQL',
    @filename1 = 'c:\Programme\Microsoft SQL Server\MSSQL\Data\Firmasql.mdf',
    @filename2 = 'c:\Programme\Microsoft SQL Server\MSSQL\Data\Firmasql.ldf'
```

Danach können Sie die Datenbank auf dem neuen Server wie gewohnt nutzen.

10.7.17 Die Datenbankstruktur kopieren

Ein sicher recht häufiges Problem: Sie haben auf Ihrem PC eine SQL Server-Datenbank entwickelt und getestet und möchten nun diese Datenbank, bzw. deren Struktur, beim Kunden installieren.

Auf die Idee, die Struktur mit Hilfe des *SQL Server Management Studio*s beim Kunden zu erstellen, werden Sie hoffentlich nicht kommen. Doch das Management Studio ist dafür schon das richtige Tool.

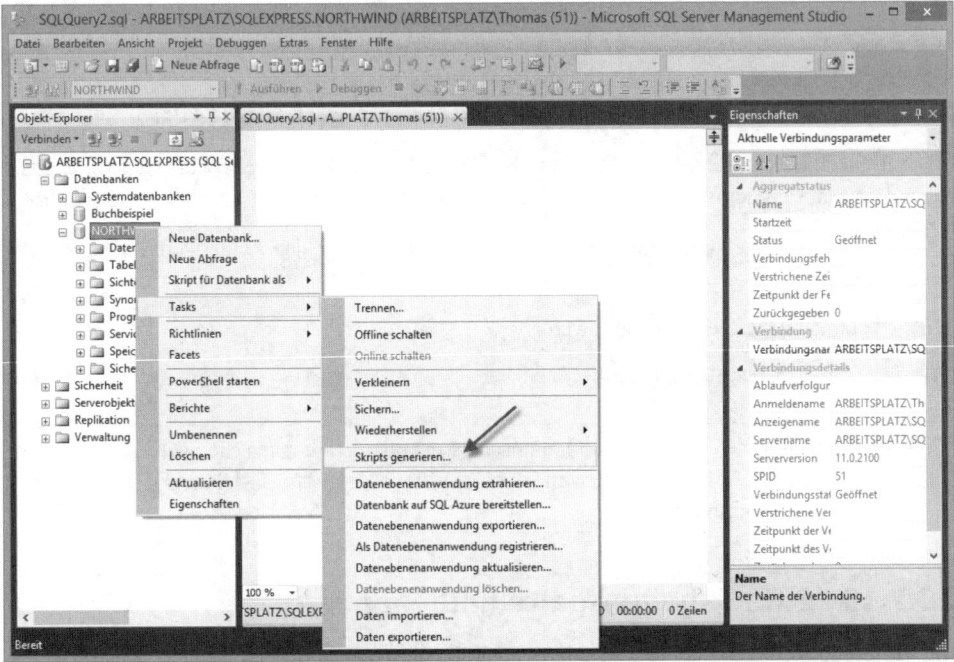

Wählen Sie Ihre Datenbank im Baum aus und klicken Sie mit der rechten Maustaste darauf. Über den Menüpunkt *Tasks/Skripts generieren* erreichen Sie einen Assistenten, der Ihnen alle wesentlichen Schritte beim Erzeugen eines SQL-Skripts erleichtert. Dieses Skript ist eine normale Textdatei, die auf dem Zielrechner mit dem Query Analyzer wieder eingespielt werden kann.

BEISPIEL: Auszug aus einem SQL-Skript

```
IF NOT EXISTS (SELECT * FROM sys.database_principals WHERE name = N'Gewinnus')
CREATE USER [Gewinnus] FOR LOGIN [Gewinnus] WITH DEFAULT_SCHEMA=[dbo]
GO
SET ANSI_NULLS ON
GO
SET QUOTED_IDENTIFIER ON
GO
```

```
IF NOT EXISTS (SELECT * FROM sys.objects WHERE object_id = OBJECT_ID(N'[dbo].[personal]') AND
type in (N'U'))
BEGIN
CREATE TABLE [dbo].[personal](
 [Name] [nvarchar](30) NULL,
 [Vorname] [nvarchar](20) NULL,
 [Geboren] [datetime] NULL,
 [Gehalt] [money] NULL,
 [Bemerkung] [ntext] NULL
) ON [PRIMARY] TEXTIMAGE_ON [PRIMARY]
END
GO
...
```

10.7.18 Nach dem Löschen IDENTITY auf 0 setzen

Löschen Sie alle Datensätze einer Tabelle (z.B. *DELETE FROM Mitarbeiter*) und fügen Sie einen neuen Datensatz ein, wird ein Identity-Feld statt mit Null mit dem nächstfolgenden Wert gefüllt.

Abhilfe schafft die Funktion DBCC CHECKIDENT, mit der Sie den Zählerwert wieder zurücksetzen können.

BEISPIEL: Zurücksetzen des Zählerwertes

```
DBCC CHECKIDENT (Mitarbeiter, RESEED, 0)
```

HINWEIS: Sind in der Tabelle keine Fremdschlüssel enthalten, können Sie auch die Anweisung TRUNCATE TABLE nutzen. Beachten Sie jedoch, dass TRUNCATE TABLE keine Trigger aktiviert.

10.7.19 Eine Tabellenspalte umbenennen

Mit Hilfe von T-SQL ist es kein Problem, auch Tabellenspalten umzubenennen. Rufen Sie die Systemprozedur *sp_rename* mit folgender Syntax auf:

```
sp_rename '<Tabelle.Spalte>', '<Tabelle.NeuerName>', 'COLUMN'
```

BEISPIEL: Tabellenspalte umbenennen

```
EXEC sp_rename 'Mitarbeiter.geburtstag', '[geboren am]', 'COLUMN'
```

10.7.20 Temporäre Tabellen unterscheiden

Zunächst gibt es natürlich einen Unterschied bei der Vergabe des Namens – während bei einer lokalen Tabelle lediglich ein Nummernzeichen (#) vorangestellt wird, müssen es bei einer globalen Tabelle schon zwei Nummernzeichen sein.

- **Globale Tabellen**
  werden in der Datenbank *TempDB* erzeugt, Besitzer ist in diesem Fall *dbo*. Die Tabelle wird erst gelöscht, wenn kein Benutzer die Tabelle verwendet

- **Lokale Tabellen**
  nutzt man lediglich für das kurzzeitige Speichern von Daten, werden diese Tabellen innerhalb von Prozeduren erzeugt, werden diese mit dem Ende der Prozedur wieder gelöscht

10.7.21 Daten aus verschiedenen Datenbanken anzeigen

Handelt es sich um die gleiche Verbindung und verfügen Sie über die entsprechenden Zugriffsrechte, sollte es kein Problem sein, Daten aus einer weiteren Datenbank zu lesen. Sie müssen in diesem Fall lediglich den vollständigen Tabellennamen angeben.

```
<Datenbankname>.<Username>.>Tabellenname>
```

BEISPIEL: Obwohl aktuell die Datenbank *TestSQL* geöffnet ist, können Sie die folgende SQL-Abfrage ausführen:

```
SELECT
    *
FROM
    northwind.dbo.customers
```

Alternativ können Sie die USE-Anweisung (T-SQL) verwenden, um vollständig die aktuelle Datenbank zu wechseln.

10.7.22 Einen SMO-Mapper realisieren

Leider werden die guten alten DMOs ab SQL Server 2012 nicht mehr unterstützt und die SMOs sind aus VBA nicht sinnvoll aufrufbar. Aus diesem Grund haben wir eine kleine Mapper-Klasse geschrieben, die es Ihnen ermöglicht:

- die Namen aller Server abzufragen
- die Namen aller Datenbanken eines Servers abzufragen
- ein Datenbank-Backup und -Restore zu realisieren

Sicher fallen Ihnen noch weitere Anwendungsfälle ein, diese sind im Rahmen der Library leicht nachrüstbar.

Quelltext

HINWEIS: Zu den Grundlagen der ActiveX-Programmierung verweisen wir Sie an das Kapitel 9, da wir uns an dieser Stelle nicht wiederholen wollen.

Erstellen Sie in Visual Studio eine neue *Klassenbibliothek* (sinnigerweise VB.NET) und löschen Sie die vorhandene Klasse.

Erweitern Sie das Projekt um folgende Verweise:

- *Microsoft.SqlServer.ConnectionInfo*
- *Microsoft.SqlServer.ConnectionInfoExtended*
- *Microsoft.SqlServer.Management.Sdk.sfc*
- *Microsoft.SqlServer.Smo*
- *Microsoft.SqlServer.SmoExtended*
- *Microsoft.SqlServer.SqlEnum*

Fügen Sie nun eine neue Klasse *CSMO* mit folgendem Inhalt ein:

```
Imports Microsoft.SqlServer.Management.Common
Imports Microsoft.SqlServer.Management.Smo
Imports System.Data.SqlClient
Imports System.Windows.Forms
Imports System.Collections.Specialized

<ComClass(CSMO.ClassId, CSMO.InterfaceId, CSMO.EventsId)> _
Public Class CSMO

#Region "COM-GUIDs"
    ' Diese GUIDs stellen die COM-Identität für diese Klasse
    ' und ihre COM-Schnittstellen bereit. Wenn Sie sie ändern, können vorhandene
    ' Clients nicht mehr auf die Klasse zugreifen.
    Public Const ClassId As String = "83e0fda0-a692-4104-8389-c5e84962de02"
    Public Const InterfaceId As String = "1009a95f-a929-419a-b429-a6c6260d6d3b"
    Public Const EventsId As String = "02559fca-3788-4304-9636-427b9e769d4a"
#End Region
```

Einige private Variablen, in denen wir die Verbindungsdaten speichern:

```
    Private smo_servername As String
    Private smo_username As String
    Private smo_password As String
    Private smo_loginsecure As Boolean
    Private frm As frmFortschritt

    ' Eine erstellbare COM-Klasse muss eine Public Sub New()
    ' ohne Parameter aufweisen. Andernfalls wird die Klasse
    ' nicht in der COM-Registrierung registriert und kann nicht
    ' über CreateObject erstellt werden.
    Public Sub New()
        MyBase.New()
        smo_loginsecure = True   ' Standardanmeldung integrierte Sicherheit
    End Sub
```

10.7 Tipps & Tricks

Abrufen aller SQL Server als *String*-Array:

```
Public Function GetAllSQLServers() As String()
    Dim dt As DataTable = SmoApplication.EnumAvailableSqlServers(False)
    Dim res(dt.Rows.Count) As String
    Dim i As Integer

    MessageBox.Show(dt.Rows.Count.ToString())
    For i = 0 To dt.Rows.Count - 1
        res(i) = dt.Rows(i)(0).ToString()
        MessageBox.Show(dt.Rows(i)(0).ToString())
    Next

    Return res
End Function
```

Abrufen aller Datenbanken eines gewählten Servers als *String*-Array:

```
Public Function GetAllDatabases() As String()
    ' Anmeldung festlegen
    Dim serv As New Server(smo_servername)
    If Not smo_loginsecure Then
        serv.ConnectionContext.LoginSecure = False
        serv.ConnectionContext.Login = smo_username
        serv.ConnectionContext.Password = smo_password
    End If

    Dim res As New StringCollection
    For Each db As Database In serv.Databases
        If db.IsSystemObject Then
            '
        Else
            res.Add(db.Name)
        End If
    Next db

    Dim arr(res.Count) As String
    res.CopyTo(arr, 0)
    Return arr
End Function
```

Eine Datenbank sichern:

```
Public Function BackupDatabase(databasename As String, filename As String) As Boolean
    Dim res As Boolean = False
    ' Anmeldung festlegen
    frm = New frmFortschritt()
    frm.Show()
    Try
        Dim serv As New Server(smo_servername)
        If Not smo_loginsecure Then
```

```vbnet
                serv.ConnectionContext.LoginSecure = False
                serv.ConnectionContext.Login = smo_username
                serv.ConnectionContext.Password = smo_password
            End If
            Dim bck As New Backup()
            bck.Action = BackupActionType.Database
            bck.Database = databasename
            bck.Incremental = False ' inkrementell
            bck.Initialize = True ' überschreiben
            bck.PercentCompleteNotification = 10
            AddHandler bck.PercentComplete, AddressOf bck_PercentComplete
            AddHandler bck.Complete, AddressOf bck_Complete
            bck.Devices.Add(New BackupDeviceItem(filename, DeviceType.File))
            bck.SqlBackup(serv)
            res = True
        Catch ex As Exception
            MessageBox.Show(ex.Message)
        End Try
        frm.Close()
        frm.Dispose()
        Return res
    End Function
```

Eine Datenbank wiederherstellen:

```vbnet
    Public Function RestoreDatabase(databasename As String, filename As String) As Boolean
        Dim res As Boolean = False
        ' Anmeldung festlegen
        frm = New frmFortschritt()
        frm.Show()
        Try
            Dim serv As New Server(smo_servername)
            If Not smo_loginsecure Then
                serv.ConnectionContext.LoginSecure = False
                serv.ConnectionContext.Login = smo_username
                serv.ConnectionContext.Password = smo_password
            End If
            Dim restore As New Restore()
            restore.Action = RestoreActionType.Database
            restore.Database = databasename
            AddHandler restore.PercentComplete, AddressOf bck_PercentComplete
            AddHandler restore.Complete, AddressOf bck_Complete
            restore.Devices.Add(New BackupDeviceItem(filename, DeviceType.File))
            restore.SqlRestore(serv)
            res = True
        Catch ex As Exception
            MessageBox.Show(ex.Message)
        End Try
        frm.Close()
        frm.Dispose()
```

10.7 Tipps & Tricks

```
        Return res
    End Function
```

Zwei interne Handler, mit denen auf Ereignisse beim Backup/Restore reagiert wird (Anzeige Fortschrittsbalken):

```
    Private Sub bck_Complete(sender As Object, e As ServerMessageEventArgs)
        frm.ProgressBar1.Value = 0
    End Sub

    Private Sub bck_PercentComplete(sender As Object, e As PercentCompleteEventArgs)
        frm.ProgressBar1.Value = e.Percent
    End Sub
```

Unser Interface für die Verbindungsdaten:

```
    Public WriteOnly Property ServerName As String
        Set(ByVal value As String)
            smo_servername = value
        End Set
    End Property

    Public WriteOnly Property UserName As String
        Set(ByVal value As String)
            smo_username = value
        End Set
    End Property

    Public WriteOnly Property Password As String
        Set(ByVal value As String)
            smo_password = value
        End Set
    End Property

    Public WriteOnly Property LoginSecure As Boolean
        Set(ByVal value As Boolean)
            smo_loginsecure = value
        End Set
    End Property

    Public Function Anzeige() As String
        Return " "
    End Function
End Class
```

Kompilieren

Wählen Sie in den Projekteigenschaften (Rubrik *Kompilieren*) die Option Für COM-Interop registrieren. Nachfolgend kann die Library kompiliert werden und steht damit auch unseren Access-Programmen zur Verfügung.

10.8 Übersichten

10.8.1 Datentypen

Datentyp	Bedeutung/Bemerkung
bit	Daten mit einem Wert von 0 oder 1
integer, int	4 Byte-Datentyp, der Zahlen von –2.147.483.648 bis 2.147.483.647 speichert
smallint	2 Byte-Datentyp, der Zahlen von –32.768 bis 32.767 speichert
tinyint	1 Byte-Datentyp, der Zahlen von 0 bis 255 speichert
decimal, numeric	Numerische Daten mit fester Genauigkeit und Dezimalstellenanzahl von –10^38–1 bis 10^38–1. Sie müssen die Genauigkeit (Anzahl der Ziffern) und die Anzahl der Dezimalstellen festlegen
float	Fließkommazahlen zwischen –1,79E+308 und 1,79E+308. Verwenden Sie derartige Werte nicht in WHERE-Klauseln, da es zu Rundungsfehlern kommen kann
real	Fließkommazahlen zwischen –3,40E+38 und 3,40E+38. Verwenden Sie derartige Werte nicht in WHERE-Klauseln, da es zu Rundungsfehlern kommen kann
money	Währungsdatenwerte zwischen –922.337.203.685.477,5808 und 922.337.203.685.477,5807 mit der Genauigkeit eines Zehntausendstels der Währungseinheit
smallmoney	Währungsdatenwerte von –214.748,3648 bis 214.748,3647 mit der Genauigkeit eines Zehntausendstels der Währungseinheit
date	Datumswerte ohne Uhrzeitangaben, der Datumsbereich erstreckt sich vom 1. Januar 1000 bis zum 31. Dezember 9999. Die Genauigkeit des Datentyps ist auf einen einzigen Tag beschränkt.
time	Tageszeit ohne Datumskomponente, der Wertebereich ist auf 00:00:00.0000000 bis 23:59:59.9999999 (Stunden, Minuten, Sekunden und Sekundenbruchteile) festgelegt
datetime	Datums- und Zeitdaten zwischen dem 1. Januar 1753 und dem 31. Dezember 9999 mit einer Genauigkeit von 300stel-Sekunden, also 3,33 Millisekunden
datetimeoffset	Dieser Datentyp berücksichtigt Zeitzonen, die als Zeitunterschied zusätzlich zur Datums- und Zeitangabe gespeichert werden
datetime2	Erweiterung des Datentyps *datetime*. Der Datumsbereich wurde vergrößert (1. Januar 0001 bis zum 31. Dezember 9999) und eine höhere Sekundenbruchteilgenauigkeit eingeführt.
smalldatetime	Datums- und Zeitdaten zwischen dem 1. Januar 1900 und dem 6. Juni 2079 mit einer Genauigkeit von einer Minute
cursor	Ein Verweis auf einen Cursor
uniqueidentifier	Ein global eindeutiger Bezeichner (GUID), verwenden Sie besser einen Identity-Wert
char	Nicht-Unicode-Zeichendaten fester Länge mit max. 8.000 Zeichen
varchar	Nicht-Unicode-Daten variabler Länge mit max. 8.000 Zeichen
text	Nicht-Unicode-Daten variabler Länge mit max. 2.147.483.647 Zeichen
nchar	Unicode-Daten fester Länge mit max. 4.000 Zeichen
nvarchar	Unicode-Daten variabler Länge mit max. 4.000 Zeichen
ntext	Unicode-Daten variabler Länge mit max. 1.073.741.823 Zeichen

10.8 Übersichten

Datentyp	Bedeutung/Bemerkung
binary	Binärdaten fester Länge mit max. 8.000 Byte
varbinary	Binärdaten variabler Länge mit max. 8.000 Byte
image	Binärdaten variabler Länge mit max. 2.147.483.647 Byte
varbinary(max)	externes Speichern unstrukturierter Daten im NTFS-Dateisystem
hierarchyid	Darstellung hierarchischer Strukturen. Sie können die Struktur sowohl in vertikaler als auch in horizontaler Richtung beschreiben. Zusätzliche Navigationsmethoden helfen Ihnen bei der SQL-Abfrage.
geography	Beschreibt Daten im WGS84-Koordinatensystem, d.h. in Längen- und Breitengraden. Die Datenübergabe erfolgt mit Hilfe spezieller Methoden (z.B. *STGeomFromText*) und Objekten (z.B. *Polygon*).
geometry	Darstellung von Daten im zweidimensionalen Raum. Die Datenübergabe erfolgt mit Hilfe spezieller Methoden (z.B. *STGeomFromText*) und Objekten (z.B. *Polygon*).
xml	XML-Daten variabler Länge mit max. 2.147.483.647 Zeichen

10.8.2 Unterschiede Access- und SQL Server-Datentypen

SQL Server	Access
char	Text
nchar	Text
varchar	Text
nvarchar	Text
text	Memo
ntext	Memo
image	OLE-Objekt
binary	Zahl:Byte
datetime	Datum/Zeit
smalldatetime	Datum/Zeit
decimal	Zahl:Decimal
numeric	Zahl:Decimal
real	Zahl:Single
float	Zahl:Double
int	Autowert, Zahl:LongInteger
smallint	Zahl:Integer
tinyint	Zahl:Byte
money	Zahl:Währung
smallmoney	Zahl:Währung
bit	Ja/Nein
timestamp	–
uniqueidentifier	Replikations-ID

Kapitel **11**

Access und Azure SQL

Haben wir uns in den bisherigen Kapiteln meist auf dem aktuellen PC bzw. in seiner näheren Umgebung, d.h. dem LAN, "herumgetrieben", so wollen wir nun unseren Blick in die Ferne schweifen lassen. Gemeint ist die Cloud, bzw. *Windows Azure*[1], das ist die entsprechende Microsoft-Variante.

Windows Azure wird von Microsoft als Plattform für eine ganze Reihe von Diensten vermarktet, so unter anderem für

- Webseiten
- Virtuelle Computer
- Mobile Services
- Cloud-Dienste
- Big Data
- Medien ...

Aus diesem riesigen Fundus von Möglichkeiten greifen wir uns im vorliegenden Kapitel eine recht spezielle Funktion heraus, die für den Datenbankprogrammierer sehr interessant ist. Die Rede ist von "SQL Azure", das sind SQL Server-Datenbanken, die direkt in der Cloud gehostet werden und die Ihnen auch in Ihren VBA-Anwendungen zur Verfügung stehen.

HINWEIS: Auf der Azure-Plattform verwendet Microsoft die Bezeichnung "SQL-Datenbank", eine Marketing-Worthülse ohne Informationsgehalt. Im vorliegenden Kapitel belassen wir es lieber beim alten Bezeichner "SQL Azure-Datenbank", um Verwechslungen mit lokalen SQL-Server-Datenbanken zu vermeiden.

---

[1] Ähnliche Dienste werden auch von Amazon und diversen anderen Anbietern bereitgestellt. Aus naheliegenden Gründen beschränken wir uns hier aber auf die Microsoft-Welt.

11.1 Einführung in SQL Azure-Datenbanken

Grundsätzlich können Sie sich eine SQL Azure-Datenbank zunächst als ganz normalen SQL-Server vorstellen, der sich jedoch nicht auf Ihrem PC oder in Ihrem Netzwerk, sondern in der berühmt berüchtigten Cloud befindet (*Database as a Service*). Im Unterschied zu einer lokalen Lösung sind Ihre SQL Azure-Datenbanken jedoch nicht die einzigem auf diesem Server, was im Weiteren zu einigen funktionalen Unterschieden zum lokalen SQL Server führt.

HINWEIS: Sie mieten in diesem Fall keinen eigenen Server, auf dem eine eigenständige SQL Server-Instanz läuft, sondern lediglich den Zugriff auf eine Reihe von Datenbanken.

11.1.1 Das Grundprinzip der "Webdatenbank"

Zunächst werfen wir noch einmal einen Blick auf den "Normalfall", wie Datenbank-Server schon seit Jahren betrieben werden. Folgende Abbildung zeigt diese Konstellation, bei der sich der Datenbank-Server im lokalen Netzwerk befindet. Den Extremfall, bei dem dieser mit dem PC des Endanwenders identisch ist, (LocalDB/SQL Server Express) lassen wir hier einmal außen vor.

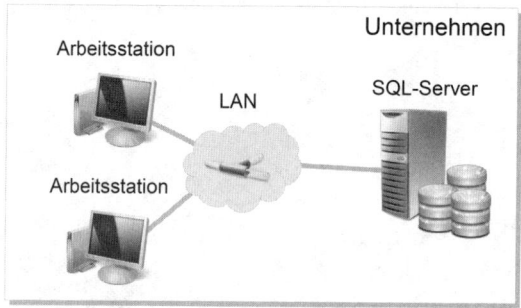

Per TCP/IP greifen die Clients mittels TDS-Protokoll[1] auf die zentralen Datenbanken im LAN zu. Im Normalfall haben Sie kaum Probleme, die Firewalls der einzelnen PCs sind für den entsprechenden Datentransfer freizugeben. Je nach Serverinstallation und Anwendungsfall können Sie die integrierte Sicherheit oder die SQL Server-Sicherheit für die Autorisierung der Clients nutzen.

Möchten Sie von anderen Unternehmensteilen oder von mobilen Clients auf die Datenbank zugreifen, müssen Sie eine eigene Lösung (Remotezugriff) realisieren, bei der zunächst ein Zugriff auf Ihr lokales Netzwerk und damit auch der Zugang zur Datenbank freigegeben wird.

Ganz anders stellt sich die Situation bei einer SQL Azure-Datenbank dar. Die folgende Abbildung zeigt zunächst eine grobe schematische Übersicht:

---

[1] *Tabular Data Stream*-Protokoll

11.1 Einführung in SQL Azure-Datenbanken

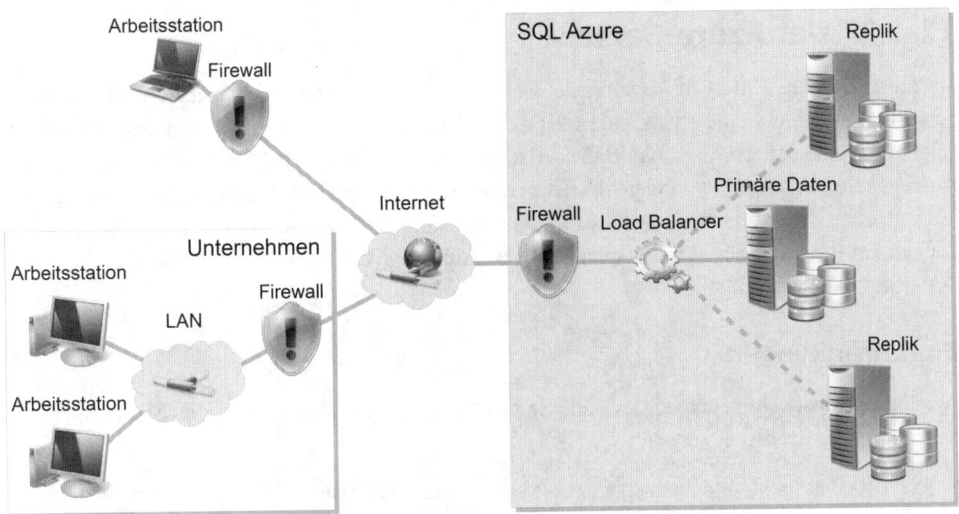

Der Endverbraucher kann jetzt sowohl ein oder mehrere Unternehmensnetzwerk(e), als auch eine freie Anzahl mobiler Clients sein, die sich per Internet mit den SQL-Server-Datenbanken verbinden können. Einleuchtend ist die Verwendung von Firewalls sowohl auf Seiten des Clients als auch auf Seiten des Servers. Zusätzlich ist der Datentransfer zwischen den Endpunkten verschlüsselt, um Lauschangriffe zu unterbinden. Allerdings führen all diese Sicherheitsmaßnahmen auch dazu, dass Ihre Anwendung nicht mehr ganz so einfach eine Verbindung zum SQL Server aufnehmen kann.

Die grundsätzliche Voraussetzung:

> **HINWEIS:** Sie müssen sicherstellen, dass eine TCP/IP-Kommunikation per SSL über den Port 1433 realisiert werden kann.

Ist diese Hürde genommen, kommt auf Seiten des Servers noch eine weitere Sicherheitsstufe hinzu: ein IP-Filter, der nur Clients mit zugelassener IP-Adresse durchlässt. Insbesondere diese Stufe wird Ihnen gelegentlich noch "viel Freude" bereiten, vor allem dann, wenn Ihre Clients mit dynamischen IP-Adressen arbeiten[1].

> **HINWEIS:** Dass auf diesem Weg noch entsprechende Anmelde-Credentials für eine korrekte Anmeldung erforderlich sind, setzen wir als bekannt voraus. Allerdings befinden wir uns jetzt nicht mehr in unserem Netzwerk, und damit endet natürlich auch der Komfort, sich am SQL Server per integrierter Sicherheit anmelden zu können. Sie arbeiten also ausschließlich mit der bekannten SQL Server-Authentifizierung.

---

[1] Hier hilft dann eigentlich nur die "Brechstangenlösung" mit der Freigabe des gesamten IP-Bereichs. Wir kommen später darauf zurück.

11.1.2 Der Azure-Server

Nachdem Sie die Hürde mit der reinen Datenverbindung genommen haben, erwartet Sie aus administrativer Sicht eine etwas andere Konstellation, als Sie es gewohnt sind. Obige Abbildung zeigte dies schematisch. Ein Load Balancer sorgt dafür, dass eingehende Anfragen so auf die vorhandenen Server aufgeteilt werden, dass zum einen die gleichmäßige Auslastung, zum anderen die Verfügbarkeit der Server sichergestellt ist. Ihre Datenbanken finden sich jetzt neben anderen Datenbanken auf den SQL-Servern. Entsprechende Backup-Repliken stehen für den "Notfall" bzw. den "Überlastfall" zur Verfügung.

Einschränkungen

Aus dieser Konstellation ergeben sich allerdings auch einige grundsätzliche Unterschiede zum SQL Server, wie Sie ihn bisher kennen:

- Sie haben es nicht mit einem eigenen exklusiven Server zu tun.
- Sie können den SQL Server nicht administrieren, sondern lediglich Ihre eigene(n) Datenbank(en).

Diese mehr grundsätzlichen Einschränkungen werden begleitet von einer Liste von Server-Funktionen, die (derzeit) nicht unterstützt werden[1]:

- Replikation
- Erweiterte Stored Procedures
- Filestream-Daten
- Verschlüsselung und Datenkompression
- Common Language Runtime (CLR) und CLR User-Defined Types
- ...

Wir hoffen, die Liste ist nicht zu lang und damit ein Ausschlusskriterium für Sie.

Über die vollständige Liste informieren Sie sich bitte auf den entsprechenden Microsoft-Webseiten:

LINK: http://azure.microsoft.com/documentation/articles/sql-database-general-limitations

LINK: http://azure.microsoft.com/documentation/articles/sql-database-transact-sql-information

Features

Bevor Sie jetzt vor lauter Einschränkungen resignieren, die gute Nachricht: Es werden so gut wie alle Datentypen der bekannten Microsoft SQL Server unterstützt. Eine vollständige und aktuelle Liste finden Sie hier:

LINK: http://msdn.microsoft.com/en-us/library/windowsazure/ee336233.aspx

---

[1] Diese Liste ist dauernden Änderungen unterworfen, es kann also sein, dass einige Funktion zu einem späteren Zeitpunkt verfügbar sind.

11.1 Einführung in SQL Azure-Datenbanken

Beim Erstellen der Tabellen müssen Sie jedoch darauf achten, dass diese über einen Clustered Index verfügen, eine unbedingte Voraussetzung für die Verwendung auf dem Azure-Server. Gerade bei der Umstellung bzw. beim Export alter Datenbanken werden Sie damit noch reichlich Arbeit haben.

Auch bei den bekannten SQL-Datenmanipulationsbefehlen (DML) müssen Sie sich nicht einschränken, hier arbeiten Sie wie gewohnt mit SELECT, DELETE, INSERT etc. Die berühmte Ausnahme bildet die schon angesprochene Volltextsuche, ein späteres CONTAINS oder FREETEXT ist nicht möglich, die bekannte LIKE-Klausel steht natürlich zur Verfügung.

Wer gern programmiert, kann sich wie gewohnt mit eigenen Stored Procedures austoben. IF, ELSE, BEGIN, DECLARE, CASE ... und auch die komplette Fehlerbehandlung funktionieren genauso wie auf einem lokalen SQL Server. Gleiches trifft auf die Aggregat-Funktionen zu.

Welche weiteren Funktionen zur Verfügung stehen, verrät Ihnen die folgende Website:

LINK: http://msdn.microsoft.com/en-us/library/ee336248.aspx

Damit wollen wir es an dieser Stelle zunächst belassen, im weiteren Verlauf des Kapitels gehen wir an der einen oder anderen Stelle auf weitere Unterschiede bei der Verwendung von SQL Azure-Datenbanken ein.

11.1.3 Die Frage nach den Kosten

Nein, auch wenn vieles im Internet auf den ersten Blick nichts kostet[1], umsonst bzw. kostenlos ist die Nutzung der Azure-Dienste nicht. Im Gegensatz zur lokalen Verwendung eines SQL Servers, bei der Sie sich mit

- einem Server und dessen laufenden Kosten
- einem Server-Betriebssystem
- einem SQL-Server
- und den nötigen Client-Zugriffslizenzen

beschäftigen müssen, stehen bei einer SQL Azure-Datenbank nur drei Einflussfaktoren auf Ihrer Liste:

- die Datenbankanzahl
- die Datenbankgröße
- und die Bandbreite, d.h. die Menge der **heruntergeladenen** Daten

Beim Ermitteln der Kosten hilft Ihnen auf einfache Weise die folgende Seite:

LINK: http://www.windowsazure.com/de-de/pricing/calculator/

---

[1] Im Zweifel bezahlen Sie mit Ihrem guten Namen oder Ihren persönlichen Daten. Alternativ auch mit Ihren Nerven, wenn die Werbung unerträglich wird, denn auf Dauer will jeder Anbieter mit Ihnen Geld verdienen.

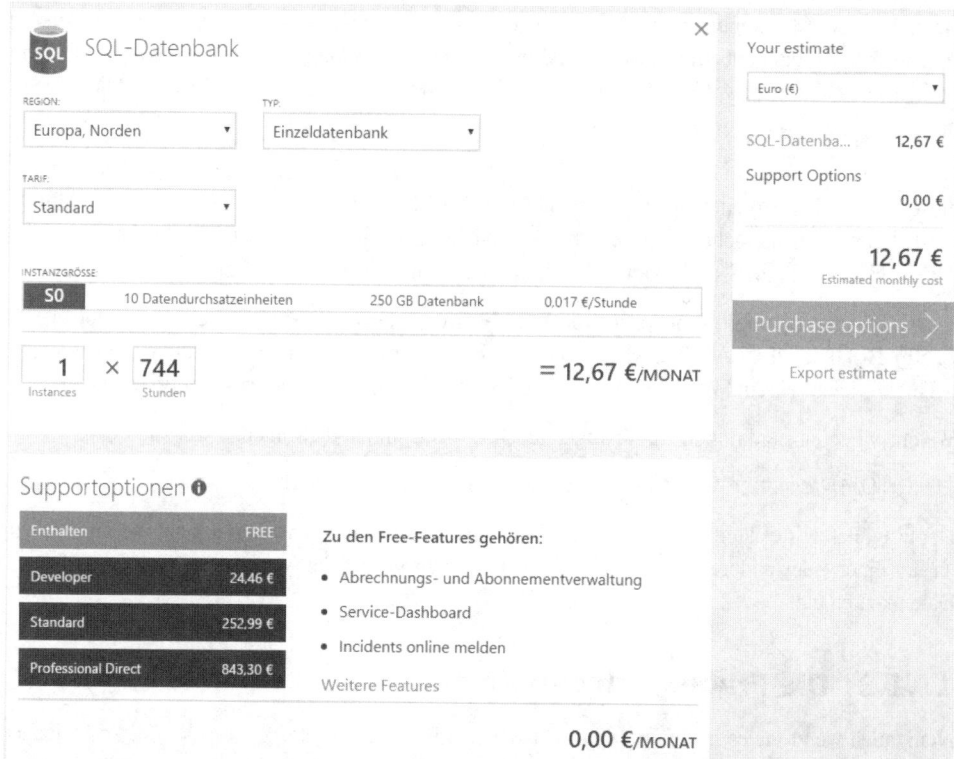

Wie Sie der obigen Abbildung entnehmen können, zahlen Sie im Fall einer 250 GByte großen SQL-Serverdatenbank aktuell mindestens 12,67 €/Monat. Darin enthalten sind bereits 5 GByte Bandbreite für den ausgehenden Datentransfer (die andere Richtung, d.h. das Befüllen, ist kostenlos). Bei einem zusätzlichen Traffic von weiteren 5 GByte kommen Sie damit derzeit auf lediglich 0,45 €/Monat.

HINWEIS: Die Preismodelle sind starken Änderungen unterworfen, die verschiedenen Anbieter scheinen sich derzeit gegenseitig das Wasser abzugraben.

11.2 Einrichten des Servers

Vor den Erfolg haben die Götter den Schweiß gesetzt, und so bleibt es nicht aus, dass Sie sich zunächst um einen entsprechenden Azure-Account bemühen müssen. Im zweiten Schritt warten dann die Mühen des Einrichtens auf Sie, was zumindest ein grundlegendes Verständnis der internen Struktur voraussetzt.

11.2.1 Die zentrale Organisationsstruktur

Ausgehend von Ihrem Account bei Windows Azure (dieser ist rein administrativ), quasi die oberste Ebene der Verwaltungsstruktur, können Sie unter anderem einen oder mehrere "Server" erstellen und verwalten. "Unter anderem" deshalb, weil Sie neben Servern auch die anderen Azure-Dienste (Websites, Cloud-Dienste etc.) nutzen können, die wir aber hier nicht betrachten wollen.

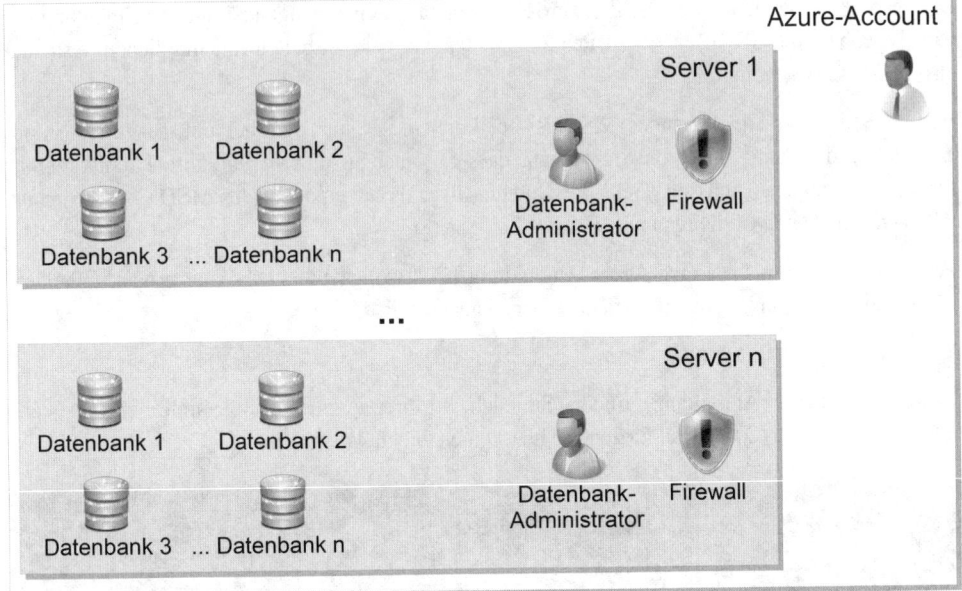

Den Begriff "Server" sollten Sie in diesem Zusammenhang allerdings nicht allzu ernst nehmen, handelt es sich doch nicht um ein physisches Gerät oder eine virtuelle Maschine, sondern lediglich um eine organisatorische Gruppe von Datenbanken, einen Datenbank-Administrator und eine Firewall.

Wesentlichster Aspekt des Servers ist die zugehörige Firewall, in der Sie die IP-Zugriffsregeln für alle in diesem Server enthaltenen Datenbanken festlegen.

HINWEIS: Sowohl die Server mit der Firewall und dem Datenbank-Administrator, als auch die einzelnen Datenbanken erstellt der Azure-Account. Der Datenbank-Administrator ist nur für die Inhalte, d.h. auch die entsprechenden Nutzer und deren Rechte zuständig.

Die obige Abbildung zeigt noch einmal die grundsätzliche Gliederung. Dort sehen Sie auch, dass jedem Server ein eigener Datenbank-Administrator-Account zugeordnet ist, dieser hat nichts mit dem Azure-Account zu tun.

Im Folgenden wollen wir die ersten Schritte anhand einer einfachen Datenbanklösung demonstrieren.

11.2.2 Einen Server und eine Datenbank erstellen

Der erste Schritt zum Erstellen Ihrer Datenbanken ist zunächst das Einrichten eines Microsoft-Kontos (z.B. Windows Live) oder eines Office 365-Kontos. Für einen ersten Test genügt auch die bereitgestellte 30-Tage-Testversion, die Sie über folgende Website aufrufen können:

LINK: http://www.windowsazure.com/de-de/pricing/free-trial/

Die Testversion hat neben ihrer zeitlichen Begrenzung auch eine mengenmäßige Beschränkung auf eine Datenbank (1 GByte), 10 Websites etc. Achten Sie beim Arbeiten mit möglichen Testdaten also auf diese Beschränkungen.

Verfügen Sie über ein passendes MSDN-Abo, können Sie auch darüber einen Azure-Account erzeugen und nutzen. Beachten Sie jedoch, dass Sie auch in diesem Fall Ihre Kreditkarteninformationen eingeben müssen. Geht die Nutzung über das Kontingent des MSDN-Abos hinaus, fallen entsprechende Gebühren an.

Verfügen Sie bereits über eine Azure-Anmeldung bzw. wollen Sie sich später erneut anmelden, können Sie die administrative Oberfläche über folgende Adresse erreichen:

LINK: https://portal.azure.com

Nach erfolgreicher Anmeldung finden Sie sich in Ihrer Azure-Schaltzentrale wieder (siehe folgende Abbildung). Zunächst dürften Sie hier keine Objekte vorfinden.

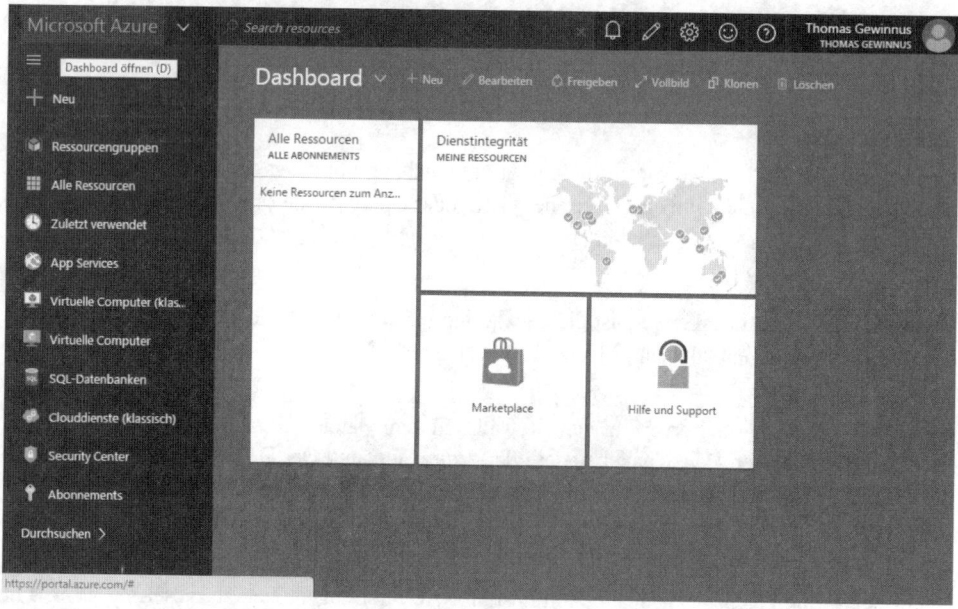

Auf der linken Seite sind die verschiedenen Azure-Services aufgelistet, die uns interessierenden Datenbanken stehen in der Rubrik *SQL-Datenbanken*.

11.2 Einrichten des Servers

HINWEIS: Auch wenn Sie am Anfang von diversen Assistenten "an die Hand genommen werden", der reguläre Weg zu neuen Datenbanken und anderen Objekten führt über die *Neu*-Schaltfläche in der linken oberen Ecke. Gleiches trifft auch für weitere Aktionen zu (z.B. Sichern etc.), auch hier finden Sie die entsprechenden Schaltflächen am unteren Bildschirmrand, was zumindest teilweise gewöhnungsbedürftig ist.

Nutzen wir jetzt jedoch den Assistenten und klicken auf *SQL-Datenbank erstellen*.

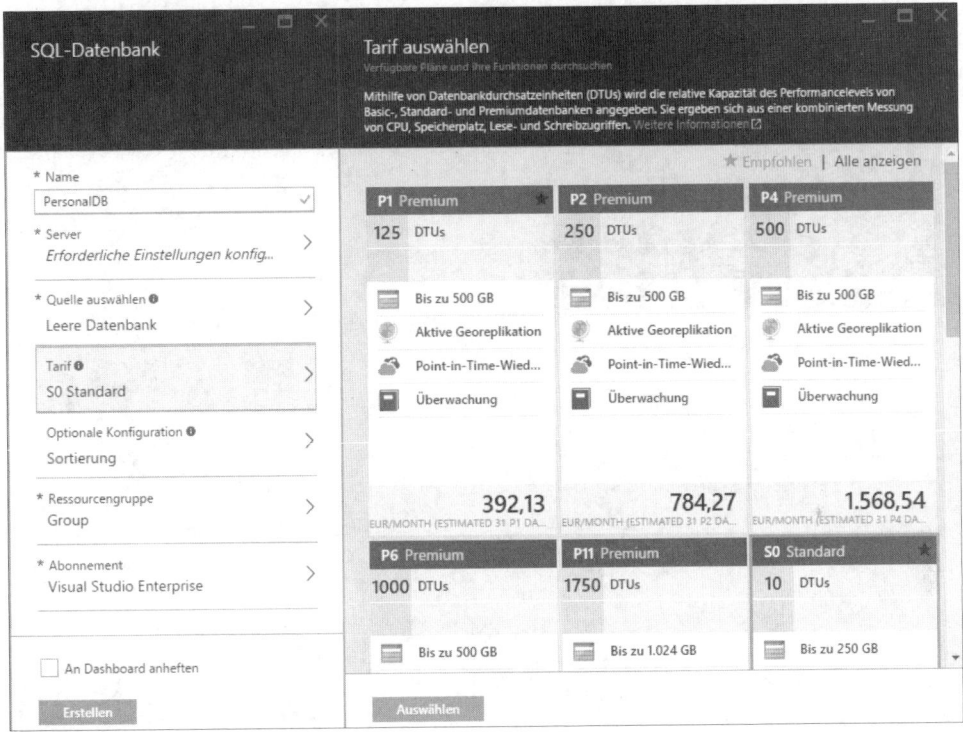

Wie obige Abbildung zeigt, können Sie jetzt bereits einen Namen, die Art und Größe der Datenbank, sowie die Sortierfolge bestimmen.

HINWEIS: Achten Sie insbesondere auch auf die Option *Server*. Hier erstellen Sie den administrativen Rahmen für Ihre Datenbanken. Fügen Sie später weitere Datenbanken hinzu, müssen Sie sich entscheiden, ob diese zum gleichen Server oder zu einem neuen Server hinzugefügt werden. Einen direkten Menüpunkt zum Erstellen von Servern werden Sie nicht finden.

Zu den einzelnen Optionen:

- *Name*
  Unter diesem Namen greifen Sie später auf die Datenbank zu (Teil des Connectionstrings)

- *Tarif*
  Wählen Sie hier welche Endgröße Ihre Datenbank haben soll. Selbstverständlich spielt hier der Preis eine wesentliche Rolle, der davon abhängt, welche Größe und welchen Datendurchsatz die neue Datenbank bietet.

- *Sortierfolge*
  Diese orientiert sich an den vom Microsoft SQL Server bekannten Sortierfolgen. Sie können den eingestellten Wert *SQL_Latin1_General_CP1_CI_AS* beibehalten.

Erstellen Sie Ihre erste Datenbank, oder haben Sie in der letzten Option die Einstellung *Neuer Datenbankserver* gewählt, werden Sie im folgenden Schritt des Assistenten nach den Daten des neuen Servers gefragt.

Alternativ können später neue Datenbanken auch zu schon vorhandenen Servern hinzugefügt werden.

HINWEIS: Der hier vergebene Anmeldename und das Anmeldekennwort sind die Administrator-Zugangsdaten für den SQL Server bzw. die Datenbanken. Über diesen Account erstellen Sie später weitere Nutzer mit eingeschränkten Rechten. Schreiben Sie sich die Daten also gut auf.

11.2 Einrichten des Servers

Die letzte Option auf dieser Seite ermöglicht es internen Azure-Diensten auf die betreffenden Datenbanken zuzugreifen. Hosten Sie später also eine Website oder eine Anwendung per Azure, können diese auf die Datenbank zugreifen.

Nach dem erfolgreichen Abschluss des Assistenten dauert es etwas, während die Datenbank erstellt wird. Öffnen Sie nachfolgend die Rubrik SQL-Datenbanken und wählen Sie die neue Datenbank, um sich die Datenbankeigenschaften anzeigen zu lassen:

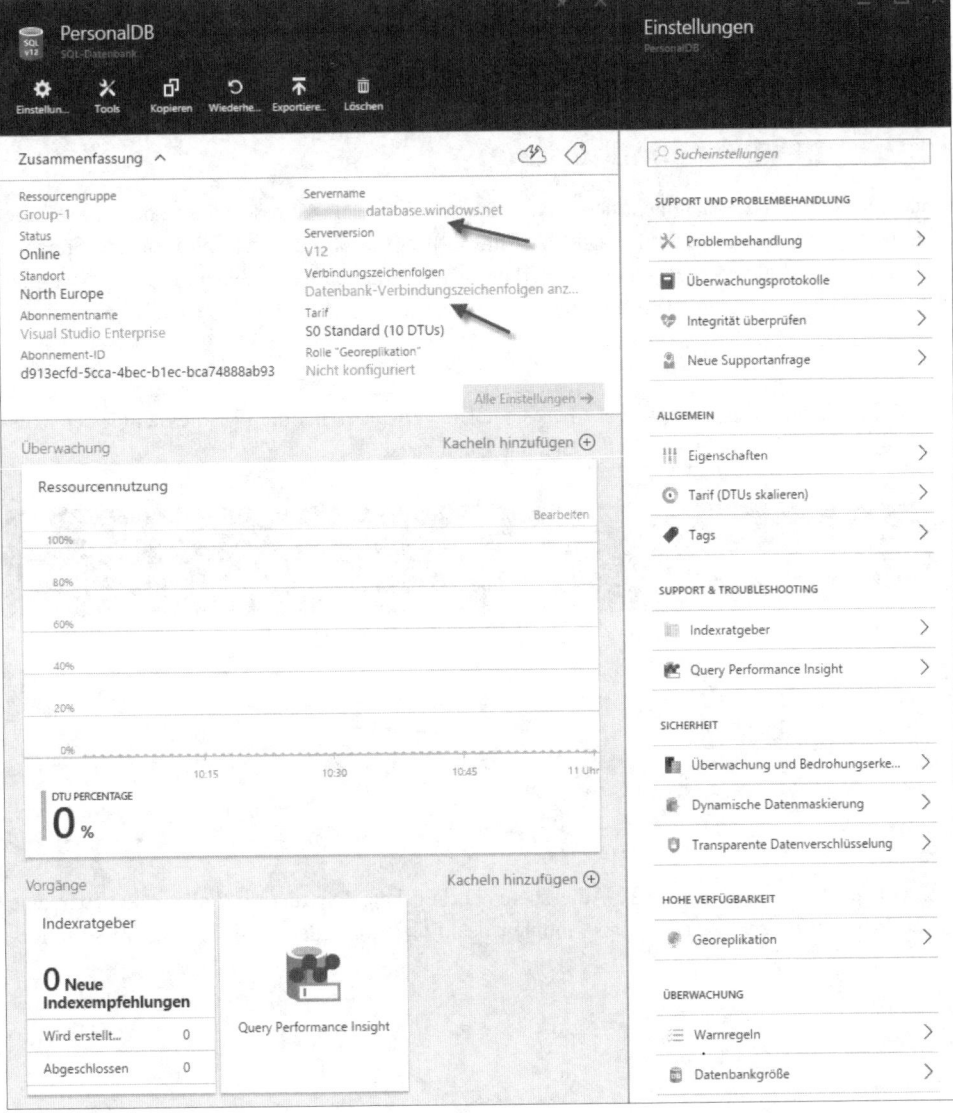

Zwei wichtigste Informationen/Optionen erreichen Sie über diese Seite:

- Den Namen des Servers und darüber auch die Firewallregeln für diesen Server. Der Klick auf diesen Eintrag ist unbedingt nötig, andernfalls können Sie keine externe Verbindung zur Datenbank aufbauen.

- Die zweite wichtige Information sind die Datenbankverbindungszeichenfolgen, diese nutzen Sie später für den ODBC-Connectionstring.

HINWEIS: Vergessen Sie also nicht, Ihre Client-IP für den Datenbankzugriff freizuschalten, andernfalls werden Sie später "viel Spaß" bei der Fehlersuche haben.

11.2.3 IP-Filter konfigurieren

Doch was ist, wenn Sie sich nicht den Luxus einer statischen IP-Adresse leisten können, weil Sie es zum Beispiel auch mit mobilen Clients (Einwahl) zu tun haben? Dann hilft nur die Freigabe eines Adressbereichs, was jedoch der Sicherheit nicht zuträglich ist. Wählen Sie dazu wie in der obigen Abbildung zu sehen, den Link mit dem Servernamen und klicken Sie nachfolgend auf den Eintrag *Firewalleinstellungen anzeigen*.

HINWEIS: Auch wenn es zunächst so aussieht: Sie verwalten hier die IP-Adressen für den aktuellen Server, nicht für die einzelne Datenbank.

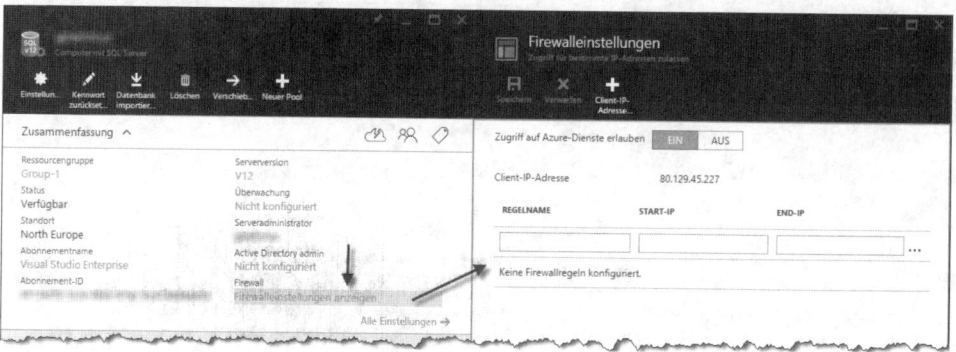

Hier können Sie die zulässigen IP-Adressbereiche angeben. Für unseren Fall müssen wir eine Regel "Alle" erstellen, die den Filter komplett deaktiviert, da jede mögliche IP-Adresse freigegeben ist.

HINWEIS: Achten Sie unbedingt auf den oberen Bildschirmrand, dort befinden sich die Schaltflächen zum *Speichern* und *Abbrechen*.

Alternativ können Sie als Datenbankadministrator später auch die Stored Procedure *sp_set_firewall_rule* verwenden, um obige Regeln zu erstellen.

11.2.4 Bemerkungen zum neu erstellten Account

Wir haben es bereits mehrfach erwähnt: Der im Zusammenhang mit dem Server erstellte Account ist der spätere Datenbankadministrator für die Datenbanken dieses Servers.

Entsprechend einer lokalen Lösung kann der Administrator alle Datenbanken, d.h. auch die *Master*-Datenbank, verwalten. Ist dieser Account per VB-Programm, SQL Server Management Studio oder per administrativer Weboberfläche mit dem Server verbunden, können Sie neben den ganz normalen Datenbankzugriffen per DML auch

- Datenbanken erstellen
- Datenbanken löschen
- sowie die komplette Nutzerverwaltung erstellen und administrieren

Es dürfte schnell klar werden, dass Sie sehr sorgfältig mit diesem Account umgehen müssen. Das Erstellen weiterer Accounts mit weniger umfassenden Rechten dürfte zu einer der ersten Aufgaben zählen, die Sie umzusetzen haben. Wir kommen später noch darauf zurück.

11.2.5 Die drei konzeptionellen Zugriffsmodelle

Die Datenbank in der Cloud ist im Rahmen einer Anwendung nur ein Aspekt (Back-end). Hinzu kommt im einfachsten Fall noch das Userinterface bzw. der Client (Front-End). So weit – so gut, doch wie passt dies mit einer im Web gehosteten Datenbank zusammen? Drei Zugriffsmodelle bieten sich an:

- das Code-Far-Modell
- das Code-Near-Modell
- und diverse Mischvarianten

Sehen wir uns das etwas genauer an:

Code-Far-Modell

Beim Code-Far-Modell greift Ihre Access-Anwendung (oder auch ein anderes Clientprogramm, z.B. das SQL Server Management Studio) mittels SQL Server Datenbank-Treiber per verschlüsselter TCP/IP-Verbindung (SSL über Port 1433) direkt auf die Azure-Datenbank zu.

Da hier der Code (Anwendung) und die Daten per Internet räumlich getrennt sind, spricht man auch vom Code-Far-Modell.

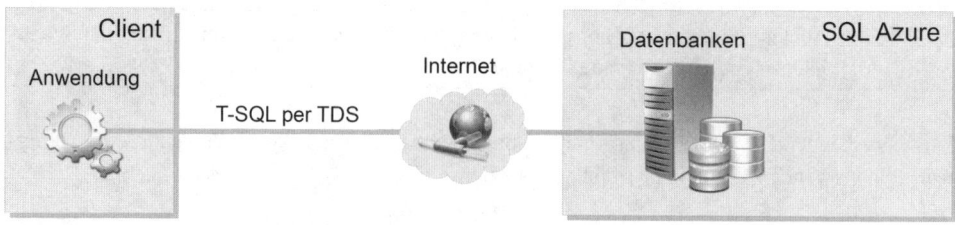

Um das Verbindungshandling etc. brauchen Sie sich nicht zu kümmern, das ist Aufgabe des Treibers. Für Sie interessant: Es werden die gewohnten T-SQL-Anweisungen an den Server übertragen und die Serverantworten zurückgegeben. Um Timing oder Verbindungsprobleme müssen Sie sich kümmern.

Code-Near-Modell

Beim Code-Near-Modell wird die Anwendungslogik ebenfalls in der Cloud gehostet, d.h. in diesem Fall als weiterer Azure-Dienst. Damit besteht quasi eine "räumliche" Nähe von Code (dies ist die ASP.NET-Anwendung) und Daten.

HINWEIS: Jetzt wissen Sie auch, warum beim Erstellen der Datenbank die Frage gestellt wurde, ob diese für Azure-Dienste zur Verfügung stehen soll.

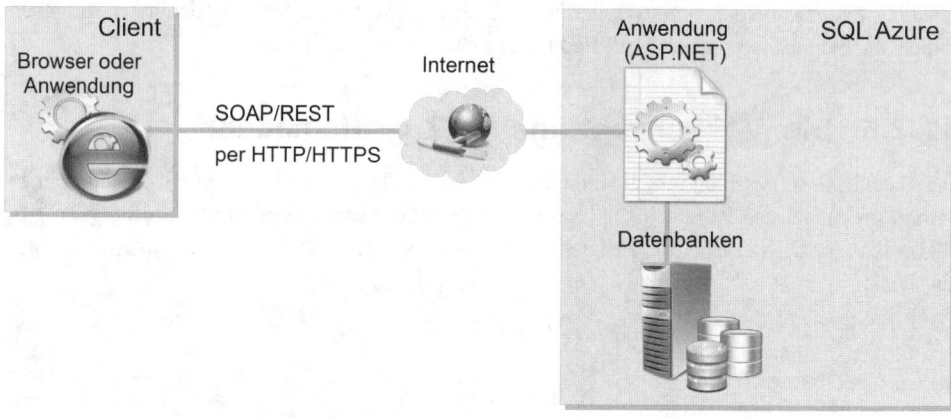

Ob die in Azure gehostete APS.NET-Anwendung lediglich Daten per Webdienst oder WCF weitergibt oder gleich als komplettes Front-End im Browser fungiert, hängt vom jeweiligen Anwendungsfall ab. Fakt ist, der Client (eine Anwendung oder der ganz normale Browser) hat keinen direkten Zugriff auf die Daten. Die Kommunikation wird jetzt per HTTP-/HTTPS-Protokoll abgewickelt. Dies hat den angenehmen Nebeneffekt, dass Sie sich jetzt nicht mehr mit den leidigen Firewall-Problemen (SSL-Kommunikation per Port 1433 und IP-Freigabe auf dem Server) herumärgern müssen. Accounts werden, soweit sie nicht vom Client durchgereicht werden, ausschließlich auf dem Server verwaltet und genutzt. Da auch keine T-SQL-Befehle Richtung Server gesendet werden, erhöht sich gleichzeitig die Datensicherheit.

11.2 Einrichten des Servers

HINWEIS: Um mögliche SQL-Injections in der ASP.NET-Anwendung müssen Sie sich jedoch nach wie vor kümmern.

Misch-Variante

Die reine Lehre gilt in den seltensten Fällen, und so bleibt es nicht aus, dass Sie eventuell auch von diversen Misch-Varianten Gebrauch machen müssen. Die folgende Abbildung zeigt ein mögliches Szenario, das zum einen

- die Code-Far- und die Code-Near-Variante vereint,
- gleichzeitig aber auch einen zusätzlichen SQL-Server auf der Client-Seite ins Spiel bringt.

Ersteres bietet mehr Flexibilität, z.B. laden Sie die Daten per Access-Anwendung auf den Server, nutzen diese später aber per Browser-Anwendung und umgehen damit die sonst nötige IP-Freigabe auf dem Azure-Server. Letzteres stellt ein mögliches Offline-Szenario dar, in dem die Daten zwischen lokalem und externem SQL-Server abgeglichen werden.

Allerdings sollten Sie bei dieser Misch-Form die Datensicherheit nicht aus den Augen lassen, denn hier geht die Übersicht schnell verloren.

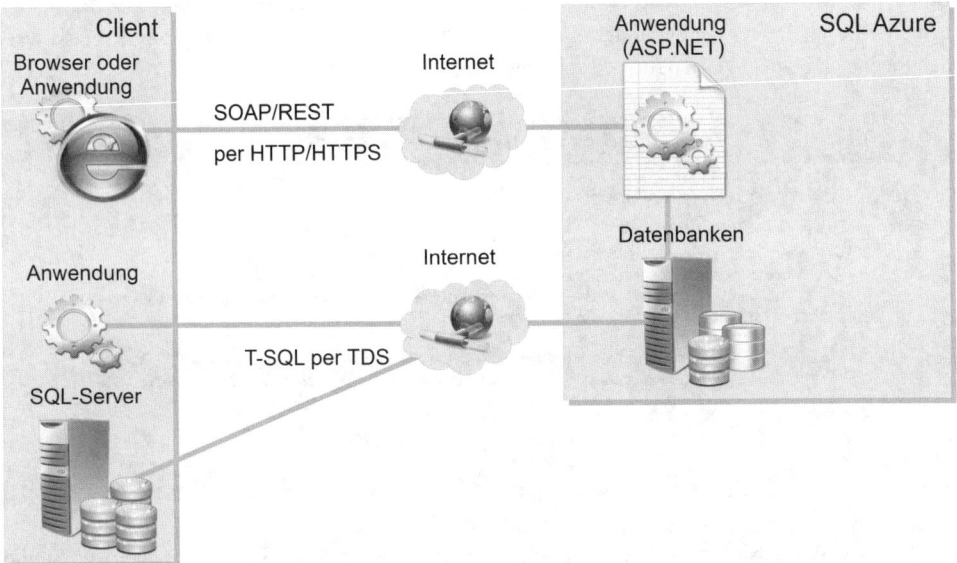

Im weiteren Verlauf des Kapitels beschränken wir uns auf den direkten Datenzugriff (Code-Far-Modell), die Darstellung der Arbeit mit den Azure ASP.NET-Websites würde an dieser Stelle zu weit führen.

11.3 Administrieren von Azure SQL-Datenbanken

Im vorliegenden Abschnitt wollen wir uns administrativen Aufgabenstellungen zuwenden, vor denen Sie bei der Arbeit mit Azure-Datenbanken unweigerlich stehen werden:

- Arbeiten mit dem SQL Server Management Studio
- Erzeugen von Nutzern
- Migration von bestehenden SQL Server-Datenbanken

11.3.1 Zugriff mit dem SQL Server Management Studio

Arbeiten Sie mit Microsoft SQL Server-Datenbanken, ist das Management Studio ein unverzichtbarer Helfer bei der Administration. Dies gilt auch für den Zugriff auf die SQL Azure-Datenbanken, alle wesentlichen Voraussetzungen sind mit dem Management Studio bzw. dem SQL Server-Client bereits auf Ihrem PC installiert. Alternativ finden Sie die nötigen Installationsdateien unter folgender Adresse:

LINK: http://www.microsoft.com/de-de/download/details.aspx?id=29062

Bevor Sie "des Wahnsinns fette Beute" werden, sollten Sie sich unbedingt vergewissern, ob Ihr aktueller PC auch über die die nötige IP-Freigabe auf dem Azure-Server verfügt. Andernfalls werden Sie gleich beim ersten Login-Versuch scheitern:

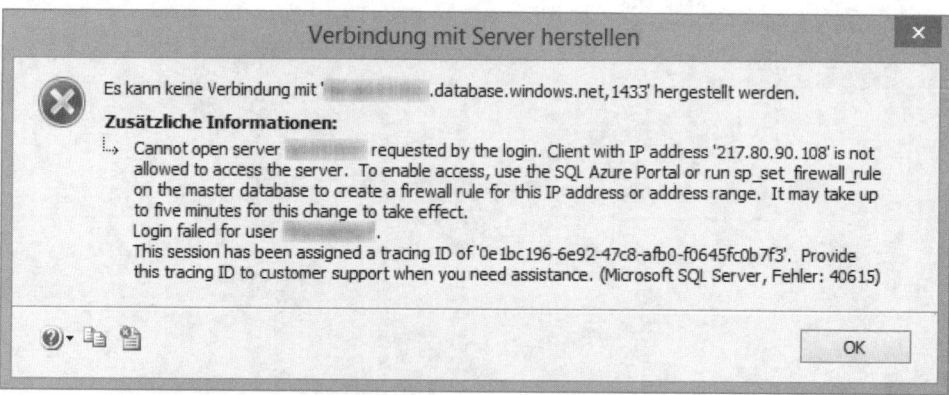

Doch was müssen Sie den nun in den Anmelde-Dialog vom SQL Server Management Studio eigentlich alles eintragen? Die folgende Abbildung gibt Auskunft.

Wie auch in einem lokalen Szenario benötigen Sie den Namen des Servers, diesen erfahren Sie in der administrativen Oberfläche von Microsoft Azure, wenn Sie sich in der Übersichtsseite die möglichen Connectionstrings anzeigen lassen[1].

---

[1] Diese werden für ADO.NET, ODBC, PHP und JDBC angezeigt.

11.3 Administrieren von Azure SQL-Datenbanken

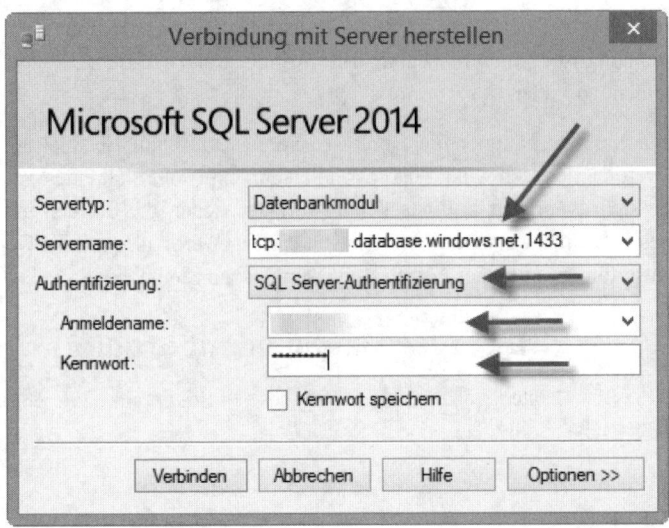

Das Muster für den Servernamen:

`tcp:<Name des Server>.database.windows.net,1433`

> **HINWEIS:** Als Authentifizierung müssen Sie in diesem Fall natürlich *SQL Server-Authentifizierung* auswählen.

Das Kennwort selbst haben Sie beim Erstellen der ersten Datenbank vergeben und hoffentlich noch nicht vergessen, geben Sie dieses ebenfalls ein.

Nachfolgend können Sie auf *Verbinden* klicken, nach wenigen Sekunden haben Sie die gewohnte Übersicht aller Datenbanken vor sich:

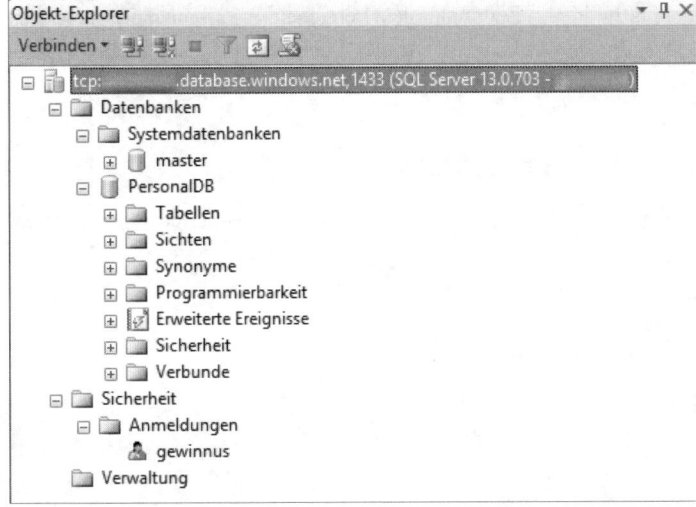

Neben Ihrer ersten Datenbank (im obigen Fall *PersonalDB*) finden Sie auch die *master*-Datenbank vor. Die einzige definierte Anmeldung ist zu diesem Zeitpunkt Ihr Administrator-Account. Weitere Objekte sind erwartungsgemäß nicht zu finden.

So weit – so schön, doch wenn Sie Ihre Neugier nicht bremsen können und zum Beispiel auf *Tabelle/ Neue Tabelle* klicken, werden Sie rasch wieder in die Realität zurückgeholt. Statt eines entsprechenden Editors finden Sie sich unverhofft in einer T-SQL-Vorlage wieder, die Sie erst mit Leben erfüllen müssen. Gleiches trifft später auch auf Änderungen etc. zu. Wer häufig mit T-SQL arbeitet, wird sich gleich zu Hause fühlen, mit einer kurzen Anweisung haben Sie bereits Ihre erste Tabelle in der Cloud erstellt:

```
CREATE TABLE ProbeTabelle
(
    Id int IDENTITY(1,1),
    Vorname nvarchar(50),
    Nachname nvarchar(50),
    CONSTRAINT PK PRIMARY KEY (Id)
)
```

Bis zum ersten Datensatz ist es jetzt nicht mehr weit, rufen Sie einfach die folgende Anweisung auf:

```
INSERT INTO ProbeTabelle(Nachname, Vorname) Values('Mayer','Hans')
```

Das war es schon, Sie haben eine Datenbank mit einer Tabelle erstellt und einen neuen Datensatz erzeugt. Von irgendwelchen Protokollen, Verschlüsselungen etc. haben Sie nichts mitbekommen, darum hat sich der Datenbanktreiber gekümmert. Sicher könnten wir an dieser Stelle noch weitere Objekte erzeugen etc., aber das finden Sie alles bereits im Kapitel 8 bzw. 15.

HINWEIS: Verlieren Sie niemals die Einschränkungen von Azure SQL-Datenbanken aus den Augen!

Und noch etwas sollten Sie bereits zu diesem Zeitpunkt nicht vergessen: Sie arbeiten die ganze Zeit mit dem Administrator-Account, der den Vollzugriff auf alle Datenbanken des aktuellen Azure-Servers ermöglicht.

11.3.2 Weitere Accounts erstellen

Folgende Schritte zu mehr Datensicherheit und einer möglichen Aufgabenverteilung sind erforderlich:

1. das Erzeugen eines neuen Login-Accounts
2. das Erzeugen eines neuen Datenbank-Nutzers
3. das Zuweisen von Rechten.

11.3 Administrieren von Azure SQL-Datenbanken

Neuen Login-Account erzeugen

Wechseln Sie zunächst in die master-Datenbank und führen Sie folgende T-SQL-Anweisung aus:

```
CREATE LOGIN Consumer WITH password='geheim!1';
```

HINWEIS: Das Passwort muss neben einer vorgegebenen Länge auch mindestens eine Ziffer und ein Sonderzeichen enthalten.

Aktualisieren Sie nach erfolgreicher Ausführung der Anweisung den Baumzweig *Sicherheit/ Anmeldung*, sollte der neue Login auch angezeigt werden:

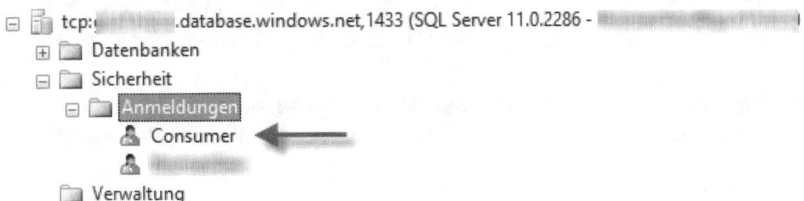

Dieser Account ist zunächst an keine Datenbank gebunden und bisher auch nicht mit irgendwelchen effektiven Rechten versehen.

Neuen Datenbank-Nutzer erzeugen

Wählen Sie nun Ihre eigentliche Datenbank aus und setzen Sie folgende T-SQL-Anweisung ab:

```
CREATE USER Anwender FROM LOGIN Consumer;
```

Damit ist ein entsprechender Datenbank-Nutzer ohne jeden Zugriff auf die Datenbankobjekte erstellt. Theoretisch könnten Sie sich bereits einloggen, dies hat jedoch keinerlei Sinn, da Sie keine Objekte abfragen können.

Zuweisen von Rechten

Letzter Schritt ist das Zuweisen der erforderlichen Rechte. Verwenden Sie dazu zum Beispiel die Stored Procedure *sp_addrolemember* und übergeben Sie den Rollen-Bezeichner und den schon definierten Nutzer:

```
EXEC sp_addrolemember 'db_datareader', 'Anwender';
```

Die Rolle *db_datareader* ermöglicht Lesezugriff für alle Datenbankobjekte.

Alternativ könnten Sie auch mit

```
GRANT SELECT ON ProbeTabelle TO Anwender
```

die Leserechte gezielt nur für den Nutzer *Anwender* und die Tabelle *ProbeTabelle* einräumen.

Jetzt dürfen Sie bereits mit dem Management Studio einen ersten Test wagen. Trennen Sie dazu die Verbindung und loggen Sie sich mit dem neuen Login-Account (*Consumer@<Servername>*) ein.

Vermutlich wird dieser Versuch zunächst fehlschlagen, da Sie für die *master*-Datenbank keine Rechte haben, Management Studio diese Datenbank jedoch zunächst abfragt.

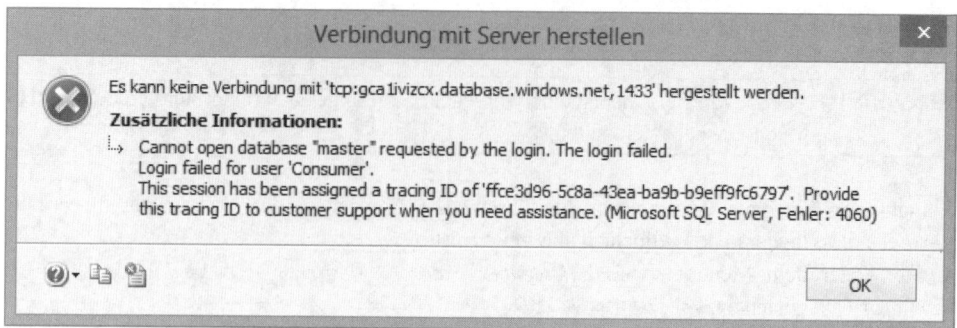

Für einen erfolgreichen Login müssen Sie im Anmelde-Dialog die Schaltfläche *Optionen* auswählen und unter *Verbindungseigenschaften* als Datenbank unsere *Probe*-Datenbank auswählen.

Nachfolgend können Sie mit

```
SELECT * FROM ProbeTabelle
```

bereits Daten abfragen.

Versuchen Sie jetzt jedoch ein

```
INSERT INTO ProbeTabelle(Nachname, Vorname) Values('Mayer','Hans')
```

auszuführen, wird Ihr Versuch, Daten in die Tabelle einzufügen, scheitern:

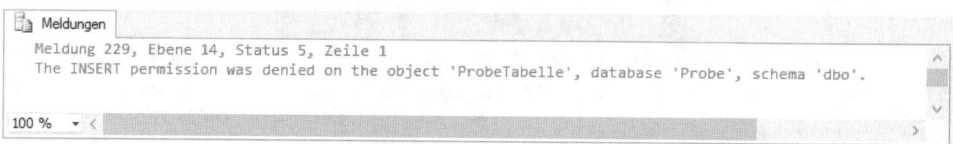

HINWEIS: Falls es dennoch klappt, Daten zu verändern oder zu löschen, sollten Sie einen Blick auf die Kopfzeile des Management Studios werfen. Wird dort als Connection vielleicht noch der Administrator angezeigt? Die Autoren hatten mit diesem Login-Problem einige Zeit zu kämpfen. Beenden Sie in diesem Fall am besten das Management Studio komplett und starten es erneut.

Zum jetzigen Zeitpunkt verfügen Sie über eine Datenbank nebst Tabelle und einigen Datensätzen in der Cloud, gleichzeitig haben Sie einen Nutzer erstellt, der lediglich Lesezugriff auf diese Tabelle hat.

HINWEIS: Zum Löschen von Nutzern und Logins können Sie statt der T-SQL-Anweisungen auch das Management Studio verwenden, selektieren Sie einfach die entsprechenden Baumknoten und klicken Sie auf die *Entf*-Taste.

11.3.3 Lokale Datenbanken migrieren

Dass ein kompletter Datenbankentwurf per T-SQL wohl eher unpraktikabel ist, dürfte selbst dem härtesten T-SQL-Entwickler einleuchten. Ganz abgesehen davon, dass wohl in den seltensten Fällen ein Projekt gänzlich neu gestartet wird. Gehen wir also davon aus, dass Sie lokal entweder bereits über eine komplette Datenbank verfügen, oder dass Sie Ihre neue Datenbank zunächst lokal entwerfen. In diesem Fall ist natürlich das Testen im Zusammenhang mit Ihrer Access-Anwendung zunächst etwas einfacher. Trotzdem kommt irgendwann der Zeitpunkt, wo Sie die Datenbank in die Cloud transferieren müssen.

Ein Tool, dass Sie bei der Migration unterstützt, ist auch wieder das *SQL Server Management Studio*. Unter dem Menüpunkt *Tasks/Datenbank auf SQL Azure bereitstellen* finden Sie den gewünschten Assistenten.

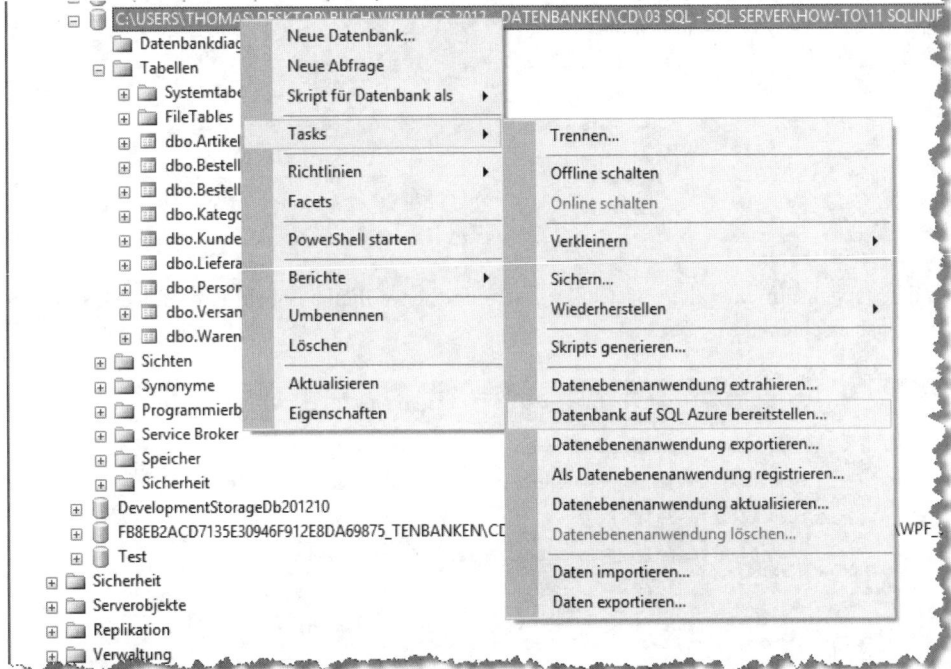

Ausgehend von der geöffneten lokalen Datenbank müssen Sie sich zunächst am Azure-Server anmelden (Admin-Account). Nachfolgend führt Sie ein Assistent durch die erforderlichen Schritte (siehe folgende Abbildung).

Wählen Sie einen freien Datenbanknamen und legen Sie die maximale Datenbankgröße fest. Nach dem Klick auf *Weiter* und nachfolgend auf *Fertigstellen* wird ein Export-Versuch unternommen.

Kapitel 11: Access und Azure SQL

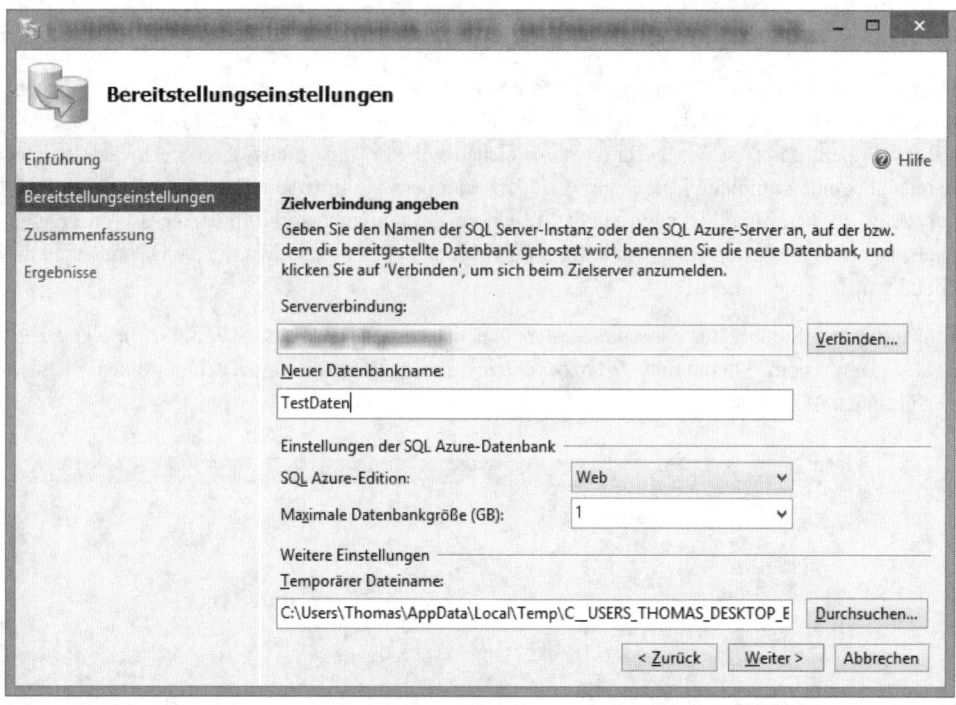

Handelt es sich um eine ältere Datenbank, werden Sie vermutlich auch durch folgende Fehlermeldungen erschreckt:

Das zentrale Problem sind in diesem Fall die fehlenden gruppierten Indizes, eine unbedingte Voraussetzung für alle Azure SQL-Datenbanken.

Sie können diesen Index auch nachträglich erstellen, z.B. mit:

```
CREATE CLUSTERED INDEX CI_Mitarbeiter_ID ON Mitarbeiter (Id)
```

11.3 Administrieren von Azure SQL-Datenbanken

Ist das Datenbanklayout kompatibel, verrichtet der Assistent seine Dienste und wird, je nach Datenbankgröße und Internetanbindung, nach einiger Zeit den Erfolg melden:

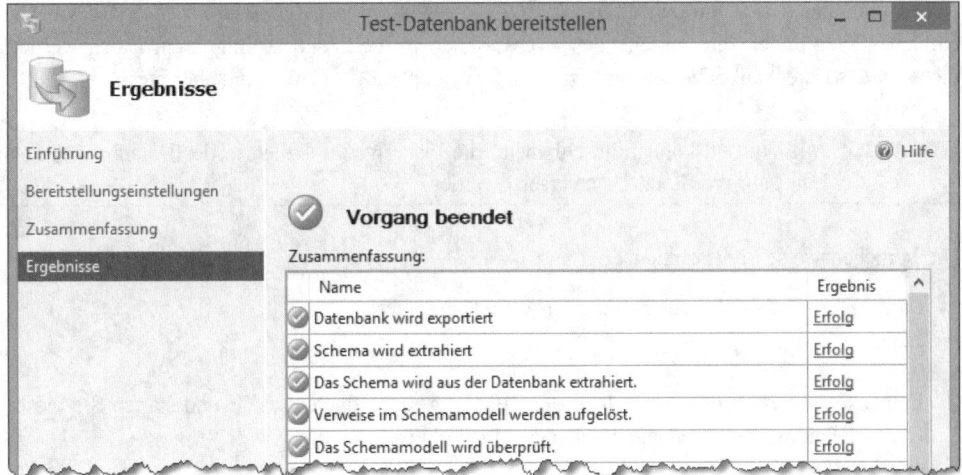

Alternativ können Sie auch den *SQL Database Migration Wizard* nutzen, der optional auch per Kommandozeile in Aktion tritt.

Den Download finden Sie unter:

LINK: http://sqlazuremw.codeplex.com/

Natürlich könnten Sie auch nur das Schema per T-SQL-Skript kopieren, beachten Sie aber, dass in diesem Fall umfangreichere Anpassungen am T-SQL-Skript notwendig werden können.

Weitere Alternativen für den Daten- bzw. Schema-Transfer sind *bcp*, die *SQL Server Integration Services* (SSIS) oder der *SQL Server Import und Export Wizard*. Je nach Tool können Sie nur Daten oder nur das Schema transferieren, informieren Sie sich bitte in der Dokumentation zu den jeweiligen Anwendungen oder in der folgenden Tabelle.

Tool	Schema-Transfer	Daten-Transfer
BCP	–	Ja
SQL Server Management Studio Script-Wizard	Ja	Ja (langsam)
SQL Server Import und Export Data	–	Ja
SSIS	–	Ja
SQL Database Migration Wizard	Ja	Ja
DAC	Ja	–
DAC Database Import/Export	Ja	Ja
SQL Azure Database Copy	Ja	Ja

11.3.4 Migrieren von Access-Datenbanken

Natürlich wollen wir auch noch ein Tool für die Migration bestehender Access-Datenbanken vorstellen. Es handelt sich um den *Microsoft SQL Server Migration Assistant for Access*, der einen einfachen Weg bietet, Ihre bestehenden Access-Daten in die Cloud zu migrieren. Dabei werden nicht nur das DatenbankSchema, sondern auch der (komplette) Datenbestand übertragen.

HINWEIS: Auf Wunsch können abschließend die bisherigen Tabellen in der Datenbank durch Links auf die Cloud-Daten ersetzt werden.

Die Vorgehensweise im Einzelnen:

1. Laden Sie sich das Tool unter folgender Adresse herunter:

    LINK: https://www.microsoft.com/en-us/download/details.aspx?id=43690

2. Entpacken Sie nach dem Download der ZIP-Datei die enthaltene EXE und starten Sie diese. Die Installation ist nach wenigen Sekunden abgeschlossen.

3. Nach erfolgreicher Installation müssen Sie sich noch eine entsprechende Lizenz (kostenlos) per Microsoft-Website besorgen und diese im Programm zuweisen (nach dem Registrieren laden Sie eine Lizenzdatei herunter).

4. Damit können Sie auch schon ein erstes Projekt erstellen. Wählen Sie zunächst das Installationsziel, d.h. in unserem Fall *SQL Azure*. Alternativ stehen Ihnen hier auch die diversen Microsoft-SQL-Server zur Verfügung.

5. Wählen Sie nachfolgend die gewünschte Access-Datenbank aus (*.mdb* oder *.accdb*).

6. Der Assistent ermöglicht es Ihnen, einzelne Tabellen und Abfragen gezielt auszuwählen, Sie müssen also nicht alles migrieren:

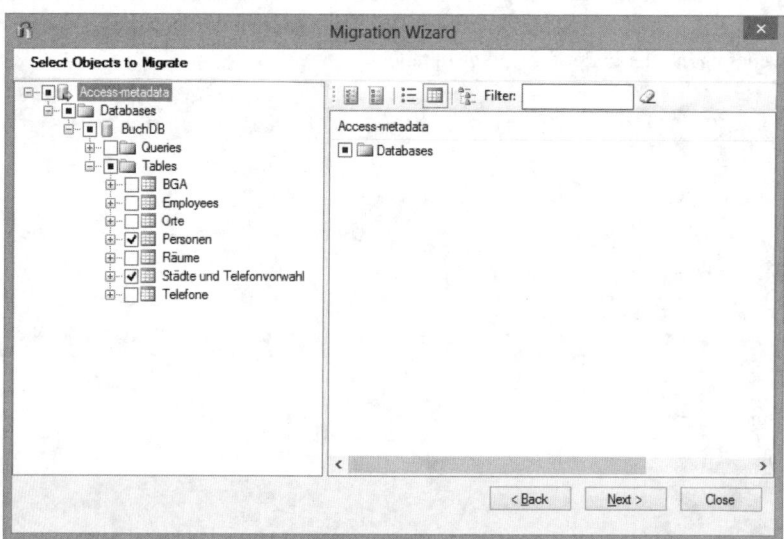

11.3 Administrieren von Azure SQL-Datenbanken

7. Bestimmen Sie im folgenden Schritt, ob Sie die Daten in eine bestehende Azure-Datenbank oder in eine neue kopieren möchten. In jedem Fall benötigen Sie jetzt die nötigen Account-Informationen.

   Wählen Sie *CreateNew Database*, können Sie die maximale Größe der Datenbank wie gewohnt festlegen.

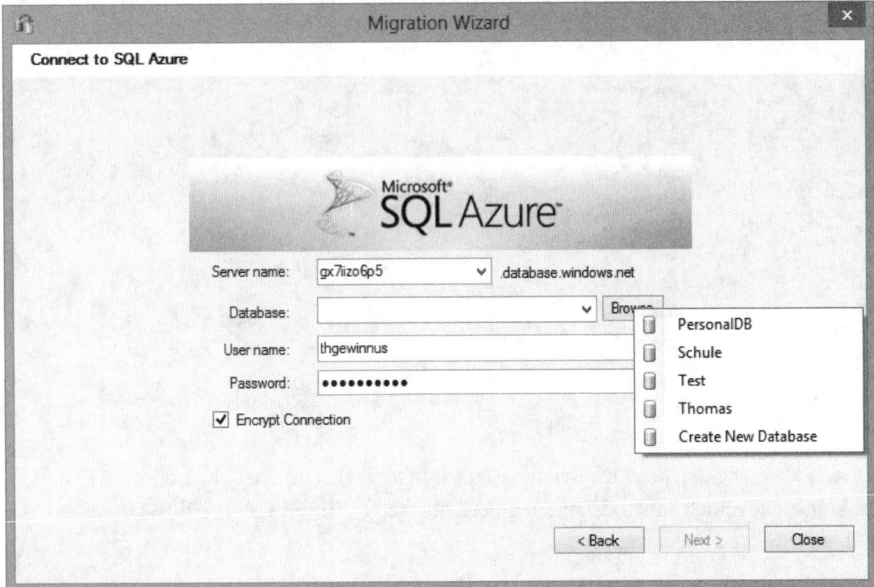

8. Damit ist der Assistent durchlaufen und die Synchronisation zwischen Quell- und Zieldatenbank kann starten. Das Programm ermittelt dazu die erforderlichen Aktionen und zeigt diese an, bevor Sie den eigentlichen Datentransfer starten.

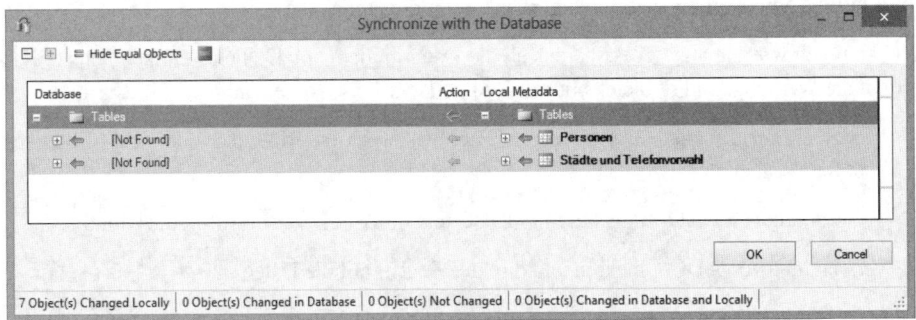

HINWEIS: Wer Änderungen am Datentyp-Mapping vornehmen möchte, bricht an dieser Stelle ab und editiert zunächst das Mapping-Schema (siehe folgende Abbildung).

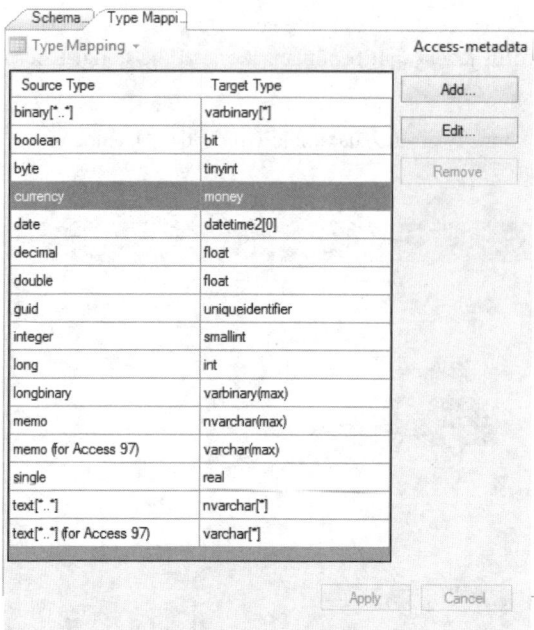

9. Je nach Datenmenge benötigt der Assistent einige Zeit. Die Zwischenschritte (Erstellen der Struktur etc.) werden Ihnen dabei detailliert angezeigt. Am Ende sollte Ihre Datenbank erfolgreich in der Cloud angelangt sein.

11.4 Praktische Umsetzung in Access

Bisher haben wir uns um den praktischen Feldeinsatz der Azure SQL-Datenbanken im Rahmen einer Access-Anwendung herumgedrückt. Doch vor der Kür kommt die Pflicht und so war ein Blick auf die administrativen Grundlagen sicher unumgänglich.

Wie kommen wir nun aus Access heraus an die Daten in der Cloud? Nichts einfacher als dies, verspricht die Werbung, und so bietet Microsoft folgende Möglichkeiten an:

- Einbinden der Tabellen in die Access-Datenbank (per ODBC-Link) und DAO-Datenzugriff über diese Tabellen
- Verwendung von DAO-Zugriffen mit ODBC und direkter Datenzugriff in die Cloud
- Verwendung von ADO-Objekten und direkter Zugriff auf die Daten

Jedes Verfahren hat seine Vor- und Nachteile, auf die wir im Folgenden kurz eingehen wollen.

11.4.1 Tabellen einbinden

Das Einbinden der Tabellen ist sicher die optimale Variante, wenn es um das Arbeiten mit den Daten (Formulare, Berichte) geht, Sie arbeiten im Weiteren wie mit lokalen Tabellen, bis auf die Geschwindigkeitsunterschiede werden Sie keinen großen Unterschied feststellen.

Die Schritte:

- Wählen Sie den Menüpunkt *Externe Daten/Importieren Verknüpfen/ODBC-Datenbank*
- Klicken Sie im folgenden Dialog auf *Eine Verknüpfung erstellen ...*
- Erstellen Sie im Datenquellendialog eine neue Datenquelle. Nutzen Sie dazu den Treiber *SQL Server Native Client 11.0*.
- In den folgenden Schritten müssen Sie den Servernamen und den Anmeldetyp (SQL Server-Authentifizierung mit Username und Passwort) festlegen:

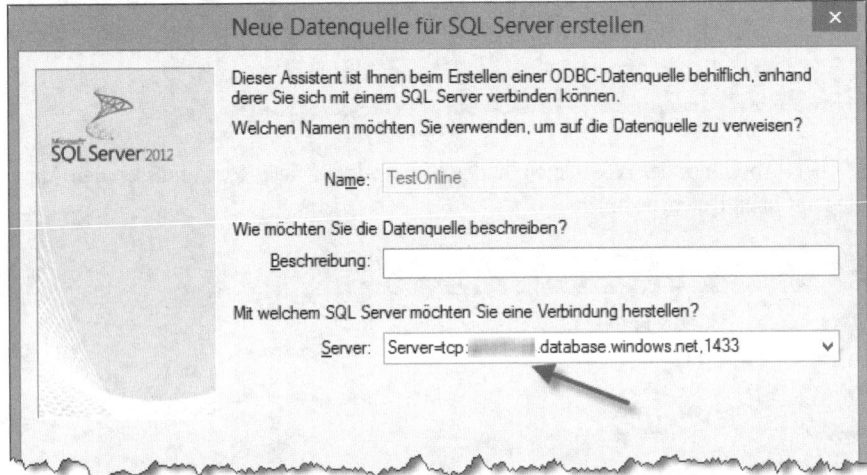

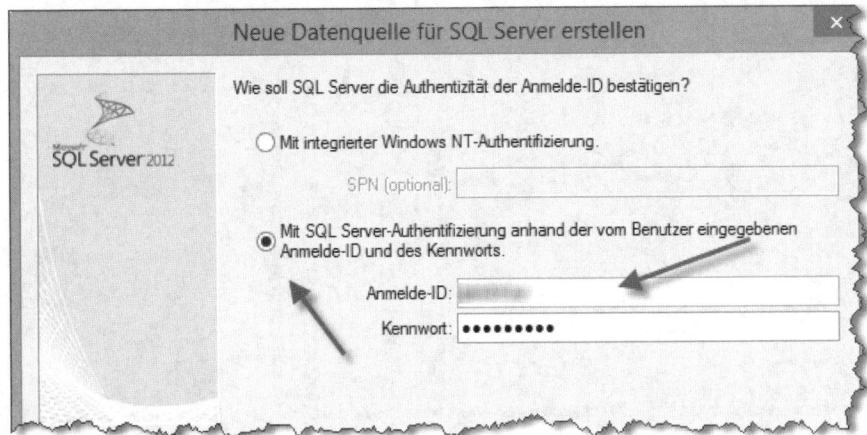

- Wichtig: Im folgenden Dialog wählen Sie gleich die Datenbank aus, deren Tabellen Sie einbinden wollen:

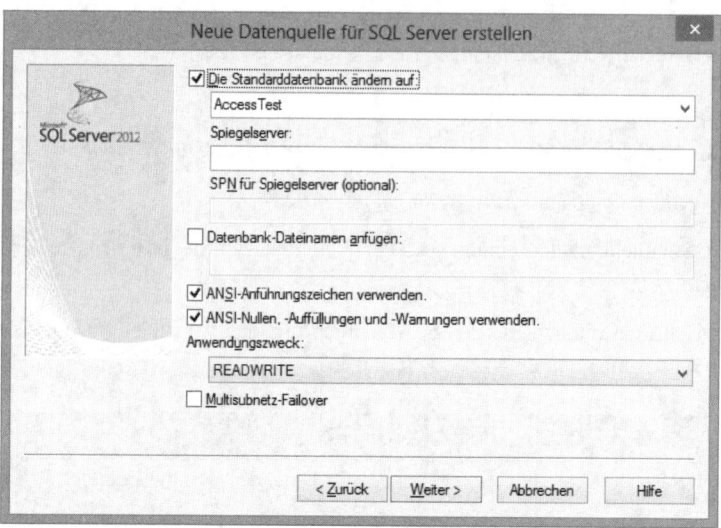

- Nach dem Abschluss des Assistenten landen Sie wieder in Access und müssen den Anmeldedialog mit Ihren Daten ausfüllen:

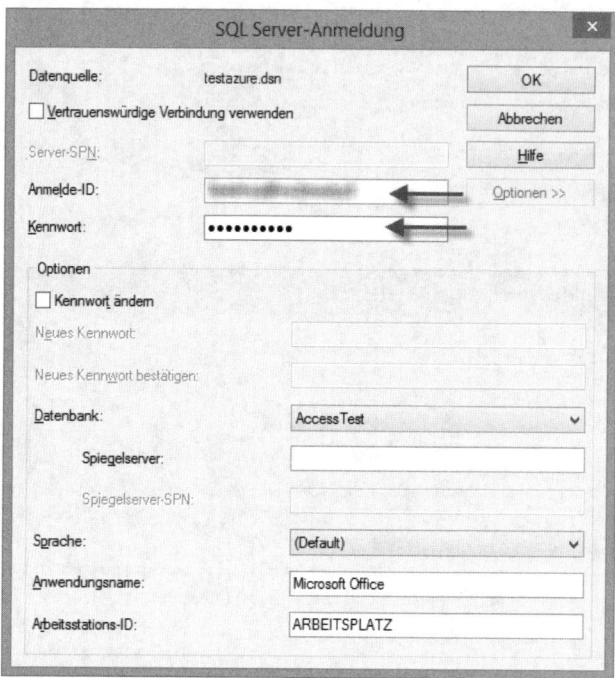

11.4 Praktische Umsetzung in Access

- Auswahl der zu importierenden/einzubindenden Tabellen, achten Sie dabei auf die Option *Kennwort speichern*:

HINWEIS: Speichern Sie das Kennwort nicht, muss der Anwender beim ersten Zugriff auf die Tabellen die Anmeldedaten eingeben.

Womit wir auch schon beim grundsätzlichen Problem angelangt sind:

HINWEIS: Die Anmeldedaten sind prinzipiell in der Datenbank gespeichert, **jeder** Nutzer hat Zugriff darauf.

BEISPIEL: Auflisten der Verbindungsdaten mit Username und Passwort

```
Sub ODBCDaten_auflisten()
    Dim td As dao.TableDef

    For Each td In CurrentDb.TableDefs
        If Left(td.Connect, 5) = "ODBC;" Then
            Debug.Print td.Connect
        End If
    Next td
    Set td = Nothing
End Sub
```

Wollen Sie dieses Manko umgehen, bleibt Ihnen nichts anderes übrig, als auf das Einbinden von Tabellen zu verzichten. Die Datenbindung können Sie dann erst zur Laufzeit mit ADO-Recordsets realisieren.

11.4.2 DAO- oder ADO-Zugriff – keine Frage!

Bevor hier ein langer Streit über die bessere der beiden Varianten aufkommt, ein kleiner Vergleich, welche Fehlermeldungen Ihnen beim Ausführen eines (fehlerhaften) SQL-Statements auf dem SQL Server zurückgegeben werden:

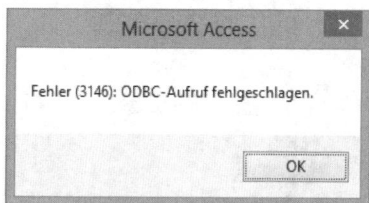

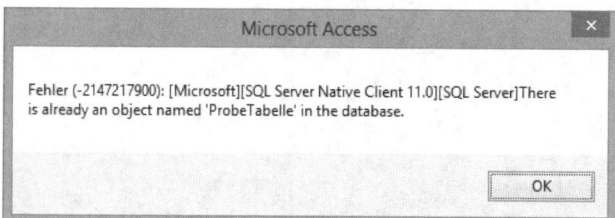

Dem Entwickler wird jetzt wohl schnell klar werden, dass er sich bei der DAO-Variante "wie ein Blinder mit Krückstock" durch sein Programm hangeln muss, Fehlerursache unbekannt.

Aus diesem Grund haben wir uns fast vollständig für ADO entschieden, einige kleinere Funktionen sind jedoch mit DAO leichter programmiert.

Doch was wollen wir damit eigentlich realisieren?

11.4.3 Unsere AzureSQL-Library

Geht es um den Zugriff auf SQL Serverdatenbanken und hier speziell auf Azure SQL-Datenbanken, so werden Sie mit einer Reihe von Vorgaben, Einschränkungen etc. konfrontiert, an die man nicht bei jedem Zugriff denkt. Deshalb haben wir für dieses Buch die wichtigsten Funktionen rund um den Datenbankzugriff in eine kleine Klasse *AzureSQL* gepackt. Hier die Features in der Übersicht:

- Zentrale Verwaltung der Zugriffsinformationen (Server, Datenbank, Username, Passwort)
- Bereitstellen von fertigen Connectionstrings für ADO und DAO
- Verbindungshandling
- Abfrage aller Tabellen auf dem Server
- Ausführen von T-SQL-Anweisungen
- Erstellen und Löschen von Datenbanken

11.4 Praktische Umsetzung in Access

- Abfragen, ob eine Datenbank existiert
- Kopieren von Datenbanken
- Erstellen von SQL-Passthrough-Abfragen
- Linken einzelner oder aller Tabellen einer Datenbank
- Erstellen von Logins und Nutzern
- Importieren und Exportieren von Tabellen
- Erzeugen von Offline ADO-Recordsets
- Steuerung der Firewall

HINWEIS: Die einzelnen Routinen werden in den folgenden Abschnitten ausführlich beschrieben und mit Beispielen vorgestellt.

11.4.4 Verbindung mit ADO aufbauen

Grundsätzlich ist es recht einfach, sich mit der Azure SQL-Datenbank zu verbinden, die dafür erforderlichen Connectionstrings finden Sie auf der Dashboard-Seite der jeweiligen Datenbank unter *Verbindungszeichenfolgen anzeigen*.

Doch schon hier lauert der erste Fallstrick, statt *{SQL Server Native Client 11.0}* müssen Sie auf älteren PCs *{SQL Server Native Client 10.0}* verwenden, da auch hier der Fortschritt nicht halt gemacht hat.

```
ADO.NET:

Server=tcp:██████.database.windows.net,1433;Database=Probe
;User ID=██████@██████;Password=
{Ihr_Kennwort_hier_eingeben};Trusted_Connection=False;Encrypt=
True;Connection Timeout=30;
```

```
ODBC:

Driver={SQL Server Native Client
10.0};Server=tcp:██████.database.windows.net,1433;Database
=Probe;Uid=██████@██████;Pwd=
{Ihr_Kennwort_hier_eingeben};Encrypt=yes;Connection
Timeout=30;
```

Um Sie der Sorge zu entheben, welcher Treiber denn nun zu verwenden ist, kümmert sich die Klasse *AzureSQL* selbst darum:

Die fünf wesentlichen Connectionstringparameter:

```
Private strDriver As String
Private strServer As String
Private strUser As String
Private strPassword As String
```

```
Private strDatabase As String
```

Eine Hilfsfunktion zum Test auf einen ODBC-Treiber:

```
Function IsODBCDriverInstalled(driver As String) As Boolean
    Const HKEY_LOCAL_MACHINE = &H80000002
    IsODBCDriverInstalled = False
    Set objRegistry = GetObject("winmgmts:\\.\root\default:StdRegProv")
    strKeyPath = "SOFTWARE\ODBC\ODBCINST.INI\ODBC Drivers\"
    objRegistry.EnumValues HKEY_LOCAL_MACHINE, strKeyPath, arrValueNames, arrValueTypes
    For i = 0 To UBound(arrValueNames)
        If arrValueNames(i) = "SQL Server Native Client 11.0" Then
            objRegistry = Nothing
            IsODBCDriverInstalled = True
            Exit Function
        End If
    Next
End Function
```

Im Konstruktur der Klasse *AzureSQL* wählen wir zunächst den "richtigen" Treiber aus:

```
Private Sub Class_Initialize()
    If IsODBCDriverInstalled("SQL Server Native Client 10.0") Then _
            strDriver = "{SQL Server Native Client 10.0}"
    If IsODBCDriverInstalled("SQL Server Native Client 11.0") Then _
            strDriver = "{SQL Server Native Client 11.0}"
End Sub
```

HINWEIS: Auf den Abdruck der Eigenschaftsdefinitionen für die Connectionstringparameter verzichten wir an dieser Stelle, siehe dazu die Buchbeispieldaten.

Falls Sie einen DAO-Connectionstring benötigen, können Sie folgende Eigenschaft nutzen:

```
Public Property Get DAOConnectionString() As String
    DAOConnectionString = "ODBC;" & _
        "DRIVER=" & strDriver & ";" & _
        "SERVER=" & strServer & ";" & _
        "UID=" & strUser & ";" & _
        "PWD=" & strPassword & ";" & _
        "DATABASE=" & strDatabase & ";" & _
        "Encrypt=Yes"
End Property
```

Das Gleiche noch mal für ADO-Zugriffe:

```
Public Property Get ADOConnectionString() As String
    ADOConnectionString = "DRIVER=" & strDriver & ";" & _
        "SERVER=" & strServer & ";" & _
        "UID=" & strUser & ";" & _
        "PWD=" & strPassword & ";" & _
        "DATABASE=" & strDatabase & ";" & _
        "Encrypt=Yes"
End Property
```

11.4 Praktische Umsetzung in Access

Da einige Befehle die Datenbank *master* voraussetzen, können wir auch dafür einen Connectionstring abrufen:

```
Private Property Get ADOConnectionStringMaster() As String
    ADOConnectionStringMaster = "DRIVER=" & strDriver & ";" & _
        "SERVER=" & strServer & ";" & _
        "UID=" & strUser & ";" & _
        "PWD=" & strPassword & ";" & _
        "DATABASE=master;" & _
        "Encrypt=Yes"
End Property
```

Also frisch ans Werk und einen ersten Test gewagt:

BEISPIEL: Verbindung mit einer vorhandenen Azure SQL-Datenbank herstellen

```
Dim Server As New AzureSQL
...
Sub Verbindungstest()
On Error GoTo Fehler
```

Hier müssen Sie Ihre Anmeldedaten eintragen:

```
    Server.Server = "tcp:xxxxxxxxxxxxx.database.windows.net,1433"
    Server.Database = "xxxxxxxxxx"
    Server.User = "xxxxxx@xxxxxxx"
    Server.Password = "xxxxxxxx"
```

Verbindung aufbauen:

```
    Server.Connection.Open
    Server.Connection.Close
    MsgBox "Verbindung erfolgreich"

Ende:
    On Error Resume Next
    Exit Sub

Fehler:
    MsgBox "Fehler (" & Err.Number & "): " & Err.Description
    Resume Ende
End Sub
```

HINWEIS: Sie müssen die oben fett hervorgehobenen Einträge durch Ihre Login-Daten ersetzen!

Haben Sie alles korrekt eingegeben, dürfte einer erfolgreichen Verbindung zur Datenbank (diese sollte natürlich vorhanden sein) nichts mehr im Wege stehen.

Intern macht das ADO-Connection-Objekt von den übergebenen ODBC-Parametern Gebrauch, aber davon bekommen Sie nichts mit.

Einige Hinweise:

- Gerade im Zusammenhang mit den nur per Internet verbundenen Datenbanken kommt es darauf an, die Verbindung nur so kurz wie möglich geöffnet zu halten.
- Wichtig ist auch, dass Sie innerhalb Ihrer Anwendung immer den gleichen Connectionstring verwenden, um die Vorteile des standardmäßigen Verbindungspoolings nutzen zu können.
- Beachten Sie weiterhin, dass eine Sitzung seitens des Servers nach spätestens 30 Minuten Leerlauf getrennt wird.
- Machen Sie von ausreichend Fehlerbehandlung Gebrauch.
- Behalten Sie ganz nebenbei im Hinterkopf, dass unnötig heruntergeladene Daten in diesem Fall nicht nur Zeit, sondern auch Geld kosten.

Sie sehen schon, es ist einiges zu beachten. Doch nicht genug der Pein, Sie müssen sich ab sofort auch wesentlich intensiver mit diversen Fehlermeldungen herumplagen, die teilweise auch ihre Ursache in der Verwendung der Cloud haben:

- die wohl jedem bekannten Netzwerkprobleme
- fehlerhafte Konfiguration der Firewalls
- überlastete Server
- Verbindungsabbruch wegen mehrfacher Fehlanmeldung über eine IP-Adresse
- Verbindungsabbruch wegen Wechsel der Serverdatenbank (im Fehlerfall wird auf die Kopien zurückgegriffen)
- zu hoher Speicherbedarf auf der Serverseite
- maximale Datenbankgröße oder -anzahl überschritten
- Connection-Timeouts
- zu große TempDB
- diverse Transaktionsprobleme ...

Eine gezielte und umfassende Fehlerbehandlung ist also unabdingbar.

Wie Sie ein T-SQL-Statement in der Datenbank per ADO ausführen, zeigt die Methode *Execute* der Klasse *AzureSQL*.

BEISPIEL: T-SQL-Anweisung ausführen

```
Function Execute(SQL As String) As Boolean
On Error GoTo Fehler
    Dim conn As ADODB.Connection
    Dim res As Long

    Execute = False
    Set conn = New ADODB.Connection
```

11.4 Praktische Umsetzung in Access

Den Connectionstring können wir abrufen:

```
conn.Open ADOConnectionString()
```

Befehl ausführen:

```
conn.Execute SQL, res, adExecuteNoRecords
Execute = True
```

```
Ende:
    On Error Resume Next
    Exit Function

Fehler:
    MsgBox "Fehler (" & Err.Number & "): " & Err.Description
    Resume Ende
End Function
```

Der spätere Aufruf kann dann wie folgt realisiert werden:

```
Server.Execute "CREATE TABLE xyz (id AS INTEGER ...)"
```

11.4.5 Datenbank erstellen

Abgesehen von der ersten Azure SQL-Server-Datenbank, bei der auch der Server und der zugehörige Administrator erstellt werden, ist es sicher von Interesse, auch per Client-Anwendung weitere Datenbanken zu erstellen.

Sie benötigen:

- einen entsprechenden Account (Server) mit den nötigen Rechten (*dbmanager*)
- ein Azure-Abo mit mehr als einer Datenbank
- eine Verbindung zur *master*-Datenbank des betreffenden Servers

BEISPIEL: Neue Datenbank erstellen (per *AzureSQL*-Klasse)

```
Function CreateDatabase(DBName As String, Optional Edition As String = "WEB", _
                       Optional MaxSize As Integer = 1) As Boolean
    Dim conn As ADODB.Connection
    Dim res As Long
    Dim strSQL As String
```

Wir basteln die SQL-Anweisung zusammen:

```
strSQL = "CREATE DATABASE [" & DBName & "] (EDITION='" & Edition & _
         "', MAXSIZE=" & CStr(MaxSize) & "GB)"
CreateDatabase = False
```

Verbindung zur *master*-Datenbank aufbauen:

```
Set conn = New ADODB.Connection
conn.Open ADOConnectionStringMaster
```

T-TSQL-Anweisung ausführen:

```
    conn.Execute strSQL, res, adExecuteNoRecords
    CreateDatabase = True
End Function
```

Die Verwendung im Programm:

```
Server.CreateDatabase("Buchbeispiel")
```

Wie Sie sehen, werden lediglich die Verbindung zur master-Datenbank geöffnet und ein *SQLCommand* ausgeführt.

11.4.6 Ist die Datenbank schon vorhanden?

Eingefleischte T-SQL-Programmmierer werden jetzt sicher gleich ein ellenlanges SQL-Statement im Kopf haben, mit dem sowohl die Existenz einer Datenbank geprüft, als auch das Erzeugen realisiert wird. Leider aber wird dies so nicht funktionieren.

HINWEIS: Für CREATE/ALTER/DROP DATABASE und CREATE/ALTER/DROP LOGIN gilt, dass diese Anweisungen **nicht** zusammen mit anderen Anweisungen in einem Batch verarbeitet werden können! Diese Anweisungen können auch **nicht** im Rahmen einer Parameterabfrage ausgeführt werden (keine *Parameters* beim *SqlCommand* zulässig)[1].

Tja, da ist dann erst einmal die Luft raus und Sie müssen etwas mehr Code produzieren:

BEISPIEL: Prüfen, ob die Datenbank schon vorhanden ist (Klasse *AzureSQL*)

```
Function DatabaseExists(DBName As String) As Boolean
    Dim conn As ADODB.Connection
    Dim rs As ADODB.Recordset
    Dim res As Long
    Dim strSQL As String

    strSQL = "SELECT COUNT(*) FROM sys.sysdatabases where name='" & DBName & "'"
    Set conn = New ADODB.Connection
    conn.Open ADOConnectionStringMaster
    Set rs = conn.Execute(strSQL, res)
    DatabaseExists = (rs.Fields(0).value = 1)
    rs.Close
    conn.Close
End Function
```

Zusammen mit der Methode *CreateDatabase* sieht jetzt Ihre Routine zum Erstellen einer neuen Datenbank wie folgt aus:

---

[1] Die Angst vor dem Gespenst der SQL-Injection geht um ...

11.4 Praktische Umsetzung in Access

BEISPIEL: Erstellen einer neuen Datenbank mit Prüfung

```
Sub Datenbank_Erstellen()
    Logindaten_festlegen
    If Server.DatabaseExists("Buchbeispiel") Then
        MsgBox "Datenbank ist schon vorhanden!"
    Else
        MsgBox "Datenbank wird erstellt!"
        If Server.CreateDatabase("Buchbeispiel") Then
            MsgBox "Datenbank erfolgreich erstellt!"
        End If
    End If
End Sub
```

Im obigen Fall fragen wir zunächst ab, ob eine gleichnamige Datenbank bereits existiert und erstellen diese nur, wenn sie noch nicht vorhanden ist. Mit T-SQL haben Sie nichts zu tun, die nötige Fehlerprüfung ist auch schon integriert.

11.4.7 Den aktuellen "Füllstand" abrufen

Bevor wir weitere Objekte erstellen, wollen wir zunächst noch einige Aufgaben rund um die Datenbank besprechen. Was lokal meist keine Rolle spielt, ist bei einer Azure SQL-Datenbank von Interesse: der aktuelle Füllstand. Zwei Gründe sprechen dafür:

- Sie bezahlen Ihre Datenbank je nach Größe
- Azure Datenbanken sind für eine maximale Größe eingerichtet

Um mehr über die Datenbank zu erfahren, bieten sich verschiedene Ansätze an, die wir Ihnen in den folgenden Beispielen vorstellen wollen.

BEISPIEL: Abfrage des Editionstyps und der maximalen Datenbankgröße für die **aktuelle Datenbank**

```
SELECT
    DATABASEPROPERTYEX (db_name(),'Edition') AS Edition,
    CAST(DATABASEPROPERTYEX (db_name(),'MaxSizeInBytes') AS int) / 1024 /1024 /1024 AS [max Size in GB]
```

Im Ergebnis erhalten Sie zum Beispiel folgende Werte:

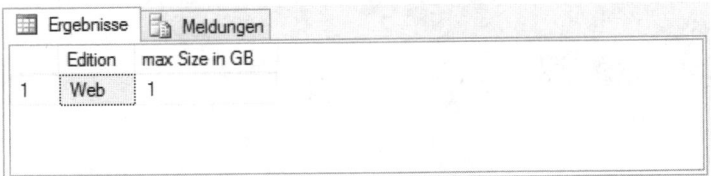

HINWEIS: Lassen Sie einfach eine Division durch 1024 weg, um den Wert in MB umzurechnen. In diesem Fall haben Sie einen direkten Vergleichswert mit dem folgenden Beispiel.

BEISPIEL: Die Größe der aktuellen Datenbank in MB abfragen

```
SELECT
    SUM(reserved_page_count) * 8.0 / 1024 AS [Size in MB]
FROM
    sys.dm_db_partition_stats
```

Mit beiden obigen Abfragen können Sie schon recht gut einschätzen, wann Sie die Datenbank eventuell vergrößern müssen.

BEISPIEL: Berechnung, wie viele MByte noch verfügbar sind (Klasse *AzureSQL*)

```
Function GetFreeMB() As Single
On Error GoTo Fehler
    Dim conn As ADODB.Connection
    Dim rs As ADODB.Recordset

    GetFreeMB = -1
    Set conn = New ADODB.Connection
    conn.Open ADOConnectionString()
Set rs = conn.Execute("SELECT CAST(DATABASEPROPERTYEX (db_name(),'MaxSizeInBytes') AS int) " & _
            " / 1024 /1024 - CAST(SUM(reserved_page_count) * 8.0 AS int)/ 1024 FROM " & _
            "sys.dm_db_partition_stats")
    GetFreeMB = rs.Fields(0).value

Ende:
    On Error Resume Next
    Exit Function

Fehler:
    MsgBox "Fehler (" & Err.Number & "): " & Err.Description
    Resume Ende
End Function
```

Die Verwendung der Methode:

```
Sub Freier_Speicher()
    Logindaten_festlegen
    MsgBox Server.GetFreeMB() & " MByte"
End Sub
```

Wer jedoch etwas genauere Informationen über die aktuelle Datenbank wünscht, kann auch dies mit einer Abfrage realisieren.

BEISPIEL: Belegungsgröße nach Tabellen in der aktuellen Datenbank

```
SELECT
    so.name AS [Table],
    st.row_count AS [Rows],
    SUM(reserved_page_count) * 8.0 / 1024 AS [Size in MB]
FROM
    sys.dm_db_partition_stats AS st,
```

11.4 Praktische Umsetzung in Access

```
        sys.objects AS so
WHERE
    st.object_id = so.object_id
GROUP BY
    so.name, st.row_count
```

	Table	Rows	Size in MB
1	Klassen	3	0.015625
2	Lehrer	3	0.015625
3	ProbeTabelle	3	0.015625
4	Schueler	5	0.015625

In unserer Klasse *AzureSQL* nutzen Sie dazu die Methode *CreateDatabaseInfoQuery*, die Ihnen obige Abfrage als Verknüpfung in die Access-Datenbank einbindet:

```
Function CreateDatabaseInfoQuery() As Boolean
On Error GoTo Fehler

    Dim qd As dao.QueryDef

    CreateDatabaseInfoQuery = False
    Set qd = CurrentDb.CreateQueryDef(strDatabase & "_DatenbankInformationen")
    qd.Connect = DAOConnectionString
    qd.SQL = "SELECT so.name AS [Table], st.row_count AS [Rows], " & _
            "SUM(reserved_page_count) * 8.0/1024 AS [Size in MB] FROM " & _
            "sys.dm_db_partition_stats AS st, sys.objects AS so " & _
            "WHERE  st.object_id = so.object_id Group BY  so.name, st.row_count"
    qd.Close
    CreateDatabaseInfoQuery = True
    RefreshDatabaseWindow

Ende:
    On Error Resume Next
    Exit Function

Fehler:
    MsgBox "Fehler (" & Err.Number & "): " & Err.Description
    Resume Ende
End Function
```

Damit dürften Sie jederzeit auf dem Laufenden sein, was den aktuellen Füllstand anbelangt. Im nächsten Schritt kümmern wir uns darum, wie die Datenbank gegebenenfalls zu vergrößern ist.

11.4.8 Was passiert, wenn die Datenbank zu klein wird?

Lokal wird dieses Problem wohl eher selten auftreten, aber bei einer Webdatenbank mit ihrer begrenzten Größe stehen Sie früher oder später vor dem Problem, dass die Datenbank zu klein ist. Eine entsprechende Fehlerbehandlung ist also ratsam.

> **HINWEIS:** Hinter der Fehlernummer 40544 versteckt sich die folgende Meldung: *The database has reached its size quota. Partition or delete data, drop indexes, or consult the documentation for possible resolutions. Code: 524289.*

Hier hilft Ihnen ALTER DATABASE weiter, wie es das folgende Beispiel zeigt:

BEISPIEL: Datenbank nachträglich vergrößern

```
ALTER DATABASE
    Schule
MODIFY (EDITION='business', MAXSIZE=150GB)
```

Doch Achtung:

> **HINWEIS:** Der Aufruf muss aus einer Connection zur *master*-Datenbank erfolgen, die obige Anweisung kann nicht mit anderen Anweisungen kombiniert werden und die Verwendung von Parametern ist unzulässig. Ganz nebenbei muss natürlich auch der Vollzugriff auf die gewünschte Datenbank möglich sein.

Die letzte Voraussetzung stellt in vielen Fällen Ihre Geduld als Programmierer auf die Probe, gibt es doch potenziell viele Nutzer, die sich ebenfalls gerade an der Datenbank austoben. Eine entsprechende Retry-Logik ist an dieser Stelle unvermeidlich.

11.4.9 Eine Datenbankkopie erstellen

Last, but not least, wollen wir noch auf einen kleinen Spezialfall eingehen. Die Rede ist von einer Form des Backups, die ausschließlich auf dem Server stattfindet. Erstellen Sie einfach eine Kopie der Datenbank unter einem neuen Namen. Da diese Datenbank ebenfalls redundant in den Microsoft-Rechenzentren gespeichert wird, verringert sich die Ausfallwahrscheinlichkeit, auch haben wir eine Sicherheitskopie die hilft, eventuelle logische Fehler an der Datenbank (Nutzerfehler) wieder rückgängig zu machen.

An dieser Stelle müssen Sie sich bei den Kosten keine allzu großen Sorgen machen, Sie bezahlen lediglich den Speicherplatz der neuen Datenbank, der Traffic, der beim Kopieren entsteht, ist "hausintern" kostenlos.

BEISPIEL: Kopieren der Datenbank auf dem gleichen Server (Klasse *AzureSQL*)

```
Function DatabaseCopy(DBName As String, DBCopyName As String) As Boolean
    Dim conn As ADODB.Connection
    Dim rs As ADODB.Recordset
    Dim res As Long
```

11.4 Praktische Umsetzung in Access

```
    Dim strSQL As String

    DatabaseCopy = False
    strSQL = "CREATE DATABASE [" & DBCopyName & "] AS COPY OF [" & DBName & "]"
    Set conn = New ADODB.Connection
    conn.Open ADOConnectionStringMaster
    conn.Execute strSQL, res, adExecuteNoRecords
    rs.Close
    conn.Close
    DatabaseCopy = True
End Function
```

HINWEIS: Die obige Anweisung wird asynchron ausgeführt, Sie können den Kopierprozess nur überwachen, indem Sie die beiden Views *sys.databases* und *sys.dm_database_copies* auswerten.

11.4.10 Tabelle(n) erstellen

Unsere neue Datenbank ist noch recht leer, und so wollen wir uns nun um die gewünschte Datenstruktur kümmern.

HINWEIS: Grundsätzlich können Sie sich zu diesem Thema auch im Kapitel 15 informieren, wo die CREATE TABLE-Anweisung wesentlich ausführlicher abgehandelt wird.

BEISPIEL: Tabelle erstellen (Klasse *AzureSQL*)

Achtung – jetzt müssen Sie sich mit der Zieldatenbank verbinden, nicht mit der master-Datenbank:

```
...
Sub Tabelle_erzeugen()
    Logindaten_festlegen
    Server.Database = "Buchbeispiel"
    Server.Execute "CREATE TABLE ProbeTabelle(Id int IDENTITY(1,1), " & _
           "Vorname nvarchar(50), Nachname nvarchar(50), " & _
           "CONSTRAINT PK PRIMARY KEY (Id))"
End Sub
```

Nach dem Aufruf obiger Anweisung sollte die Tabelle erzeugt werden.

Der eine oder andere Leser hat vielleicht gemerkt, dass wir bereits mehrfach darauf hingewiesen haben, unbedingt einen gruppierten Index zu verwenden, da anderenfalls kein Schreibzugriff möglich ist. Davon ist zwar oben nichts zu sehen, aber es gilt:

HINWEIS: Wenn Sie eine PRIMARY KEY-Einschränkung erstellen, wird automatisch ein eindeutiger gruppierter Index erzeugt, wenn noch kein gruppierter Index für die Tabelle vorhanden ist und Sie keinen gruppierten Index angeben.

Ein

```
CREATE TABLE Test (Spalte1 int, Spalte2 int)
```

funktioniert zwar, ein Einfügen von Daten in diese Tabelle wird jedoch nicht möglich sein. Dazu müssen Sie erst

```
CREATE CLUSTERED INDEX Test_Indexsp1 ON Test(Spalte1)
```

aufrufen.

Welche Einschränkungen beim Erstellen von Tabellen noch bestehen, zeigt die folgende Website:

LINK: http://msdn.microsoft.com/de-de/library/windowsazure/ee336258.aspx

11.4.11 Daten exportieren

Als Alternative zum manuellen Erstellen von Tabellen bietet sich auch der Export von Access-Tabellen an, die nachfolgend wieder in die Datenbank eingebunden werden.

BEISPIEL: Tabelle *Personen* aus der Access-Datenbank exportieren (Klasse *AzureSQL*)

```
Sub ExportTable(SourceTable As String, Optional ServerTable As String = "")
On Error GoTo Fehler

    If ServerTable = "" Then ServerTable = SourceTable
```

Hier verwenden wir ausnahmsweise mal DAO, das ist einfach kürzer:

```
    DoCmd.TransferDatabase acExport, "ODBC Database", DAOConnectionString, acTable, _
                    SourceTable, ServerTable
Ende:
    On Error Resume Next
    Exit Sub
Fehler:
    MsgBox "Fehler (" & Err.Number & "): " & Err.Description
    Resume Ende
End Sub
```

Die Verwendung der obigen Methode:

```
Sub Tabelle_Personen_Exportieren()
    Logindaten_festlegen
    Server.Database = "Buchbeispiel"
    Server.ExportTable "Personen"
End Sub
```

HINWEIS: Wie Sie die Server-Tabelle einbinden können, zeigt der nächste Abschnitt.

11.4.12 Daten einbinden

Haben Sie bereits Tabellen auf dem Server gespeichert, können Sie diese in Ihre Access-Datenbank einbinden.

BEISPIEL: Tabellen einbinden (Klasse *AzureSQL*)

```
Sub LinkTable(TableName As String)
    Dim td As dao.TableDef

    Set td = CurrentDb.CreateTableDef(TableName)
    td.Connect = DAOConnectionString
    td.Attributes = dbAttachSavePWD
    td.SourceTableName = TableName
    CurrentDb.TableDefs.Append td
    RefreshDatabaseWindow
End Sub
```

Alternativ können Sie auch gleich alle Tabellen einbinden:

```
Sub LinkAllTables()
On Error GoTo Fehler
    Dim conn As ADODB.Connection
    Dim rs As ADODB.Recordset
    Dim i As Integer
    Dim td As dao.TableDef
    Dim fehlermeldung As String

    fehlermeldung = ""
    Set conn = New ADODB.Connection
    conn.CursorLocation = adUseClient
    conn.Open ADOConnectionString
```

Alle Tabellen auf dem Server abfragen:

```
    Set rs = conn.Execute("SELECT name FROM sys.Tables")
    While Not rs.EOF
```

Verknüpfungen erstellen:

```
        Set td = CurrentDb.CreateTableDef(strDatabase & "_" & rs.Fields("Name").value)
        td.Connect = DAOConnectionString
        td.SourceTableName = rs.Fields("Name").value
        td.Attributes = dbAttachSavePWD
        CurrentDb.TableDefs.Append td
        rs.MoveNext
    Wend
    rs.Close
    conn.Close
    RefreshDatabaseWindow
    If fehlermeldung <> "" Then MsgBox fehlermeldung
    Exit Sub
```

```
Fehler:
    fehlermeldung = fehlermeldung & "Fehler (" & Err.Number & "): " & Err.Description & vbCrLf
    Resume Next
End Sub
```

Die Verwendung:

```
Sub Alle_Servertabellen_verknuepfen()
    Logindaten_festlegen
    Server.Database = "Buchbeispiel"
    Server.LinkAllTables
End Sub
```

11.4.13 Daten lesen

Hier bieten sich verschiedene Varianten an:

- Durchforsten der lokal eingebundenen Tabellen per DAO
- Lesen der Daten per aktivem ADO-Recordset
- Lesen der Daten mit einem Offline-Recordset

Zur Variante 1 können wir Sie an das Kapitel 7 verweisen.

BEISPIEL: Lesen der Daten per ADO-Recordset (Klasse *AzureSQL*)

```
Sub Datenabfrage_Servertabelle()
Dim rs As New ADODB.Recordset

    Logindaten_festlegen
    Server.Database = "Buchbeispiel"
    Server.Connection.Open
    Set rs = Server.Connection.Execute("SELECT * FROM Personen")
    While Not rs.EOF
        Debug.Print rs!Nachname.value
        rs.MoveNext
    Wend
    rs.Close
    Server.Connection.Close
End Sub
```

BEISPIEL: Lesen der Daten mittels Offline-Recordset (Klasse *AzureSQL*)

```
Function GetOfflineRecordset(SQL As String) As ADODB.Recordset
On Error GoTo Fehler

    Dim res As New ADODB.Recordset
    adoconn.Open
    res.CursorLocation = adUseClient
    res.LockType = adLockBatchOptimistic
    res.Source = SQL
```

11.4 Praktische Umsetzung in Access

```
        res.ActiveConnection = adoconn
        res.Open
        res.ActiveConnection = Nothing
        adoconn.Close
        Set GetOfflineRecordset = res

Ende:
    On Error Resume Next
    Exit Function

Fehler:
    MsgBox "Fehler (" & Err.Number & "): " & Err.Description
    Resume Ende
End Function
```

Die Verwendung:

```
Sub Datenabfrage_OfflineRecordset()
    Logindaten_festlegen

    Server.Database = "Buchbeispiel"
    Set rsPersonen = Server.GetOfflineRecordset("SELECT * FROM Personen")
    DoCmd.OpenForm "Personen"
    Set Forms!Personen.Recordset = rsPersonen
End Sub
```

Wir weisen das Offline-Recordset einem Formular als Datenquelle zu. Sie können also mit den Daten arbeiten, ohne dass eine aktive Verbindung zum Server besteht. Optional besteht die Möglichkeit, die Daten später zum Server zurückzuschreiben.

11.4.14 Daten schreiben

Hier erwartet Sie prinzipiell nichts Neues, nutzen Sie die Informationen in Kapitel 8 (ADO), um mit den Serverdaten zu arbeiten.

BEISPIEL: Schreiben in ein Offline Recordset (Klasse *AzureSQL*)

```
Sub Datenabfrage_OfflineRecordset2()
    Logindaten_festlegen
    Server.Database = "Buchbeispiel"
    Set rsPersonen = Server.GetOfflineRecordset("SELECT * FROM Personen")
```

Ab hier besteht keine Verbindung zum Server, Sie können beliebige Änderungen im Recordset vornehmen:

```
    rsPersonen!Nachname.value = "Moorbach"
    rsPersonen.Update
```

Die Änderungen zurückspeichern:

```
    Server.SaveChanges rsPersonen
End Sub
```

> **HINWEIS:** Alternativ können Sie auch die lokal eingebundenen Tabellen per Datenbindung und/oder DAO-Programmierung bearbeiten.

11.5 Abschließende Hinweise

Natürlich wollen wir es nicht unterlassen, Sie noch kurz auf einige Punkte hinzuweisen, die im Zusammenhang mit Azure SQL-Datenbanken von besonderer Relevanz sind.

11.5.1 Synchronisieren

Häufig besteht der Wunsch, Daten zwischen SQL Servern abzugleichen bzw. zu synchronisieren. Zwei wesentliche Szenarien sind relevant:

- Datenabgleich zwischen Azure SQL Servern bzw. -datenbanken
- Datenabgleich zwischen einer Azure SQL-Datenbank und einer lokalen Datenbank

Für Ersteres erstellen Sie auf dem Azure Server eine Synchronisierungsgruppe, der Sie die gewünschten Datenbanken hinzufügen. Gleichzeitig legen Sie den Konfliktlösungsmodus (Client gewinnt, Hub gewinnt) und den Synchronisierungsmodus (Bidirektional, zum Hub, vom Hub) fest. Ist die Gruppe erstellt, können Sie die Synchronisierungshäufigkeit sowie eigene Synchronisierungsregeln festlegen. Das Aktivieren der automatischen Synchronisation setzt zu den gewählten Zeitpunkten den Datenabgleich in Gang.

Etwas komplexer ist das Szenario, wenn Sie eine lokale Datenbank einbeziehen möchten. In diesem Fall müssen Sie zunächst den *SQL Azure Data Sync Agent* installieren, den Sie unter folgender Adresse finden:

LINK: https://www.microsoft.com/en-us/download/details.aspx?id=27693

Die weiteren Schritte beschreibt der folgende Artikel, an dieser Stelle wollen wir aus Platzgründen nicht näher darauf eingehen:

LINK: https://azure.microsoft.com/documentation/articles/sql-database-get-started-sql-data-sync

Einen letzten frustrierenden Hinweis können wir Ihnen leider nicht ersparen:

> **HINWEIS:** Wer jetzt vielleicht auf die Idee kommt, die Cloud-Daten in einer SQL Server Compact-Datenbank zu cachen (es soll auch Offline-Clients geben), sollte diesen Gedanken schnell wieder fallen lassen. Seit SQL Compact Edition 4.0 wird das Sync Framework offiziell nicht mehr unterstützt[1].

---

[1] Bei allem Respekt finden die Autoren das andauernde Hin und Her bei den Microsoft-Technologien mittlerweile nur noch lästig. Was heute richtig scheint, ist morgen schon obsolet. Produkte werden halbgar auf den Markt geworfen und reifen später als so genannte "Bananensoftware" beim Kunden. Gipfel dieses heillosen Durcheinanders sind endlose Installationsorgien von Tools und Libraries, die voneinander abhängen, aber natürlich ihrerseits auch dauernd in neuen Versionen verbreitet werden ...

11.5.2 Performance-Tipps

Kommen wir noch zu einem recht diffizilen Thema im Zusammenhang mit Azure SQL-Datenbanken, der Performance und deren Verbesserung.

Wir wollen Ihnen dazu einige Anregungen geben:

- Parametrieren Sie die Server so, dass diese auch regional liegen, dies verringert die Zugriffszeiten über das Internet (Sie entscheiden beim Erstellen des Servers, in welcher Region dieser stehen soll).
- Benötigen Sie weltweiten Zugriff ist es ratsam, mehrere Server in unterschiedlichen Regionen zu betreiben und diese zu synchronisieren.
- Arbeiten Sie mit sich selten ändernden Daten und legen Sie Wert auf eine maximale Anbindungsgeschwindigkeit, können Sie die Serverdaten auch spiegeln und durch mehrere parallele Verbindungen abrufen lassen.
- Verarbeiten Sie die Daten möglichst auf dem Server. Dies kann zum einen mit den schon erwähnten Stored Procedures erfolgen, zum anderen auch über ASP.NET-Websites, die Sie ebenfalls in Azure hosten. Die Anbindung Ihrer Clients kann dann per WCF-Dienst erfolgen.
- Benötigen Sie die Daten für einen Bericht, sollten Sie darüber nachdenken, diesen am besten gleich per *Azure SQL Server Reporting Services* zu erstellen. Das dafür nötige Dataset wird in diesem Fall auf dem Server verwaltet, Sie erhalten den fertigen Bericht.
- Entwerfen Sie potenzielle Azure SQL-Datenbanken zunächst lokal und testen bzw. optimieren Sie diese auch lokal. Abschließend können Sie die Datenbanken in die Cloud migrieren. Grund für dieses Vorgehen ist das Fehlen des SQL Profilers.
- Nutzen Sie Caching wo immer es geht.

> **HINWEIS:** Sie können natürlich nicht davon ausgehen, aus Azure SQL einen High Performance Server zu machen!

11.5.3 Die Firewall per T-SQL konfigurieren

Im vorliegenden Kapitel haben wir ja schon lang und breit von der IP-Firewall auf Seiten des Azure Servers berichtet. Wie Sie die Firewall für die jeweiligen Server per Website konfigurieren und welche Bedeutung diese hat, dürfte nach Lektüre dieses Kapitels klar sein. Wir wollen uns nur noch kurz damit befassen, wie Sie die Firewall-Regeln auch von einer Client-Anwendung aus ändern bzw. abfragen können.

> **BEISPIEL:** Die aktuellen Regeln abfragen
>
> Verbinden Sie sich dazu mit der jeweiligen master-Datenbank und setzen Sie folgende SQL-Abfrage ab:

```
SELECT * FROM sys.firewall_rules
```

Kapitel 11: Access und Azure SQL

	id	name	start_ip_address	end_ip_address	create_date	modify_date
1	7	Alle	0.0.0.1	255.255.255.255	2013-02-26 11:29:23.110	2013-02-26 11:29:23.110
2	1	AllowAllWindowsAzureIps	0.0.0.0	0.0.0.0	2013-02-14 09:20:33.090	2013-02-14 09:20:33.090

Wie Sie sehen, sind dies die gleichen Informationen, die auch auf der Website zu sehen sind.

BEISPIEL:

Eine neue IP-Regel definieren

Verbinden Sie sich mit der master-Datenbank und rufen Sie folgende Stored Procedure auf:

`sp_set_firewall_rule N'MeineRegel', '192.178.168.5', '192.178.168.10'`

HINWEIS: Natürlich können Sie sich hier nicht wie Münchhausen selbst aus dem Sumpf ziehen, Sie können also nicht Ihre aktuelle IP-Adresse freigeben, da Sie sich mit dieser gar nicht erst einloggen können!

BEISPIEL: IP-Regeln löschen

Rufen Sie aus der master-Datenbank die folgende Stored Procedure auf:

`sp_delete_firewall_rule N'MeineRegel'`

Für die allgemeine Freigabe können Sie auch die Methode *OpenFirewall* der Klasse *AzureSQL* nutzen:

BEISPIEL: Methode *OpenFirewall* (Klasse *AzureSQL*)

```
Function OpenFirewall() As Boolean
On Error GoTo Fehler
    Dim conn As ADODB.Connection
    Dim res As Long
    Dim strSQL As String
    
    strSQL = "sp_set_firewall_rule N'Vollzugriff', '0.0.0.0', '255.255.255.255'"
    OpenFirewall = False
    Set conn = New ADODB.Connection
    conn.Open ADOConnectionStringMaster
    conn.Execute strSQL, res, adExecuteNoRecords
    OpenFirewall = True

Ende:
    On Error Resume Next
    Exit Function
Fehler:
    MsgBox "Fehler (" & Err.Number & "): " & Err.Description
    Resume Ende
End Function
```

11.5.4 Arbeiten mit sqlcmd

Für Freunde der Kommandozeile haben wir eine gute Nachricht: Sie können natürlich auch mit *sqlcmd* auf Ihre Azure SQL-Datenbank zugreifen.

Nutzen Sie dazu folgende Syntax

```
sqlcmd -U <Nutzername>@<Servername> -P "<Kennwort>," -S <Servername>.database.windows.net
    -d <Datenbankname>
```

HINWEIS: Die USE-Anweisung steht Ihnen nicht zur Verfügung, loggen Sie sich also gleich mit dem richtigen Datenbanknamen ein. Lassen Sie diesen weg, handelt es sich um die master-Datenbank des betreffenden Servers.

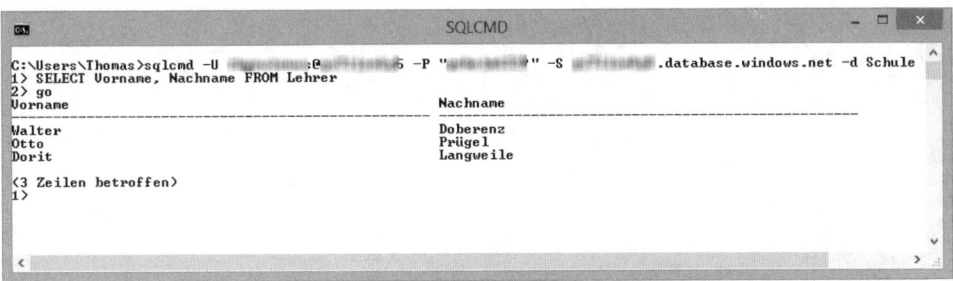

11.6 Fazit

Mit Azure SQL bietet sich dem Access-Programmierer eine einfache und schnelle Möglichkeit, um zentrale SQL Server-Datenbanken im Internet zu erstellen und einzubinden.

Nutzer können jederzeit auf diesen zentralen Datenbestand zugreifen und sind nicht an ein Firmennetzwerk gebunden. Sie können problemlos ein abgestuftes Sicherheitskonzept mit Nutzern und Nutzergruppen realisieren – einer der wesentlichsten Vorteile gegenüber den *Access Web Apps*.

Sie müssen nicht vertraute Konzepte über Bord werfen und arbeiten weiter mit VBA, Formularen und Berichten. Auch Ihr SQL Server-Know-how können Sie fast 1:1 nutzen.

Einziges Manko ist teilweise die Geschwindigkeit und natürlich die Notwendigkeit "online zu sein". Hier helfen Ihnen aber eventuell lokal zwischengespeicherte Tabellen weiter.

Kapitel 12

Zugriff auf SQLite

In diesem Kapitel wollen wir Ihnen eine sinnvolle Alternative für den meist überdimensionierten Einsatz des Microsoft SQL Servers, egal ob Express oder LocalDB, als auch eine Ergänzung für die Verwendung von Microsoft Access-Datenbanken als lokalen Datenspeicher vorstellen.

Die Hauptforderungen nach

- einfacher Installation/Distribution
- Unterstützung bekannter Technologien (ODBC, eingebundene Tabellen)
- Aufhebung der Restriktionen bezüglich der maximalen Datenbankgröße
- Unterstützung für Datenbindung
- gute Performance
- Plattformunabhängigkeit des Datenformats
- und, last but not least, die Datensicherheit

werden von dem im Folgenden vorgestellten SQLite in jedem Fall erfüllt.

> **HINWEIS:** Insbesondere der Punkt "Datenbankgröße" dürfte für viele Access-Programmierer von besonderem Interesse sein, ist doch das Limit von 2 GByte bei Access-Datenbanken schon lange nicht mehr zeitgemäß.

Wir beschränken uns an dieser Stelle ganz bewusst auf lokale Datenspeicher, viele Anwendungen erfordern nach wie vor keine Server-Infrastruktur und werden mit viel zu viel Ballast (zusätzliche Dienste, Probleme mit UAC, Datensicherung etc.) beim Kunden "abgeworfen". Administratoren und Anwender sind Ihnen sicher dankbar dafür, wenn Sie eine einfach installierbare Anwendung anbieten, die nicht gleich das gesamte System "umgräbt", um ein paar Datensätze zu speichern. Vielfach reicht auch schon eine XML-Datei, aber das ist eine andere Geschichte.

12.1 Was eigentlich ist SQLite?

Bei SQLite handelt es sich um eine Desktop-Datenbankengine, die im Gegensatz zum SQL Server ohne eine extra Server-Anwendung auskommt. Die komplette Funktionalität wird prinzipiell von **einer** DLL bereitgestellt (alternativ als einfacher ODBC-Treiber), die Anwendung greift direkt auf den eigentlichen Datenspeicher zu. Der Clou an dieser Lösung: Sie können trotz allem mit SQL als Abfragesprache arbeiten, müssen sich also nicht erst an eine neue Schnittstelle gewöhnen[1].

Einen grundsätzlichen Überblick zum Datenformat, zur verwendeten SQL-Syntax und zur DLL-Schnittstelle bietet Ihnen die folgende Website

LINK: http://www.sqlite.org

Im Folgenden wollen wir Ihnen mit einer unverbindlichen Gegenüberstellung der Vor- und Nachteile die Entscheidung für oder gegen SQLite erleichtern.

12.1.1 Vorteile

Davon bietet SQLite jede Menge:

- Die Datenbankengine ist winzig im Vergleich zu den etablierten Produkten (die DLL hat lediglich eine Größe von ungefähr 1 MB, der ODBC-Treiber bringt es auf 3,5 MByte).
- Es ist keinerlei administrativer Aufwand notwendig, wenn Sie mal vom Speichern der eigentlichen Datendatei absehen.
- Alle Daten sind in einer Datei zusammengefasst, endlose Dateilisten, wie bei dBase oder Paradox, sind nicht zu befürchten.
- SQLite implementiert eine Großteil der SQL92-Spezifikation, Sie können also Ihre SQL-Know-how weiter nutzen und müssen nicht umlernen.
- SQLite-Datenbanken sind plattformkompatibel, d.h., Sie können die Datei problemlos mit anderen Systemen auslesen und bearbeiten. Für fast jede Plattform und Programmiersprache werden entsprechende Schnittstellen angeboten. Dies ist im Zusammenhang mit dem Datenaustausch zu Android- und iOS-Anwendungen interessant.
- **Im Gegensatz zu einer Access-Datenbank kann man bei einer max. Datenbankgröße von 140 Terabyte kaum noch von einer Größenbegrenzung sprechen.**
- Datenbanken können verschlüsselt werden.
- Unterstützung für Trigger, Views und Constraints.
- **SQLite unterstützt verschiedene Formen der Volltextsuche, ein Feature, auf das wir z.B. bei Access-Datenbanken schon lange warten.**
- Es sind ADO.NET 2.0 Provider verfügbar, eine Weiterverwendung der Datei in .NET-Anwendungen steht also nichts im Wege.

---

[1] Am besten können Sie SQLite noch mit der Jet-Datenbankengine vergleichen.

Die beiden im Zusammenhang mit einer Access-Anwendung wesentlichen Punkte haben wir oben hervorgehoben. So können Sie durch das Einbinden einer SQLite-Datenbank zwei leidige Mankos der Access-Programmierung elegant "umschiffen".

12.1.2 Nachteile

Jede Medaille hat zwei Seiten und so müssen Sie auch bei SQLite mit einigen Einschränkungen und Nachteilen leben.

- Grundsätzlich sollten Sie immer das Konzept als Desktop-Datenbank im Auge behalten. Sie können zwar mit mehreren Anwendungen auf die Datendatei zugreifen, allerdings ist der Schreibmechanismus der Engine etwas eigenwillig, nur ein Prozess kann exklusiv auf die Datenbank zugreifen, Lesezugriffe werden in dieser Zeit geblockt.

- Keine Unterstützung für Stored Procedures und UDFs, Sie können jedoch eigene Scalar- und Aggregat-Funktionen schreiben, die als Callback in Ihrer Anwendung abgelegt sind.

- Es sind keine geschachtelten Transaktionen möglich.

- Keine direkte Replikationsunterstützung, Sie können jedoch eine zweite Datenbank mit ATTACH einbinden und nachfolgend die Daten mit einer Abfrage über die betreffenden Tabellen synchronisieren.

- Keinerlei Unterstützung für Nutzer- und Rechteverwaltung, es handelt sich um eine Desktop-Datenbank, die Sie jedoch verschlüsseln können.

12.2 Vorbereitungen

Möchten Sie SQLite im Zusammenhang mit einer Access-Anwendung nutzen, müssen Sie sich für eine geeignete Zugriffsmöglichkeit entscheiden. Die Autoren favorisieren zwei Varianten, die für unterschiedliche Anwendungsbereiche geeignet sind:

- ODBC-Zugriff

- Low-Level-DLL-Zugriff

Mit dem Einsatz eines ODBC-Treibers können Sie weitgehend Ihre Kenntnisse der DAO- oder ADO-Programmierung nutzen, das Einbinden von SQLite-Tabellen in die Access-Datenbank geschieht analog zu anderen externen Datenquellen.

Leider ist die ODBC-Unterstützung von Access nicht fehlerfrei und die Installation eines zusätzlichen Treibers nicht jedermanns Sache. Mit dem Low-Level-DLL-Zugriff können Sie diese Hürde umgehen, müssen aber auf einige Annehmlichkeiten, wie ADO- /DAO-Zugriff, verzichten. Wir haben es Ihnen dennoch etwas leichter gemacht, das Praxisbeispiel "Implementieren der Klasse SQLiteDatabase" ab Seite 725 stellt Ihnen eine OOP-Schnittstelle für die DLL-Grundfunktionen bereit, die viele Anwendungsfälle abdeckt. Die Verwendung diese Klasse wird dann ab Seite 735 näher beschrieben.

12.2.1 Download/Installation des ODBC-Treibers

Wie schon erwähnt, sind Sie mit dem ODBC-Treiber dann gut beraten, wenn Sie wie gewohnt Tabellen einbinden und/oder per DAO/ADO auf diese zugreifen wollen.

Den kostenlosen ODBC-Treiber finden Sie als 32- oder 64-Bit-Version unter der folgenden Adresse:

LINK: http://www.ch-werner.de/sqliteodbc

Laden Sie je nach System entweder *sqliteodbc.exe* oder *sqliteodbc_w64.exe* herunter und installieren Sie diesen Treiber.

HINWEIS: Arbeiten Sie unter x64 mit einem 32-Bit Access, benötigen Sie den 32-Bit-ODBC-Treiber!

Die erfolgreiche Installation des Treibers können Sie über den ODBC-Datenquellen-Administrator kontrollieren (*Systemsteuerung/Verwaltung/ODBC-Datenquellen*). Öffnen Sie die Rubrik System-DSN[1], sollten die entsprechenden Einträge des SQLite-Treibers bereits vorhanden sein.

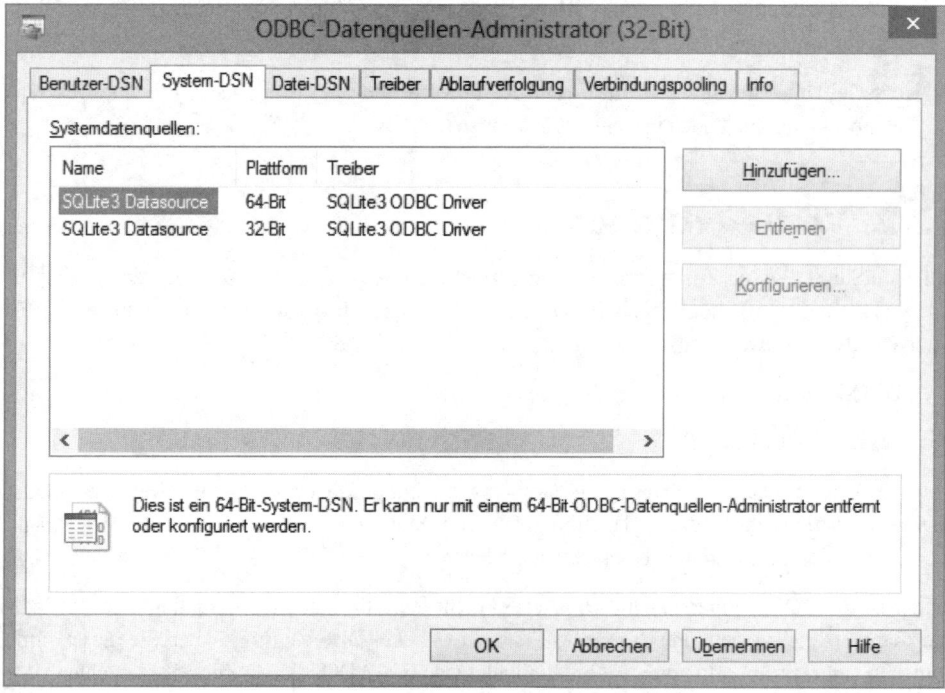

Sollten Sie bereits über eine SQLite-Datenbank verfügen, auf die Sie in Access zugreifen wollen, können Sie hier bereits eine entsprechende Benutzer-DSN erzeugen:

---

[1] Data Source Name = Name der Datenquelle

12.2 Vorbereitungen

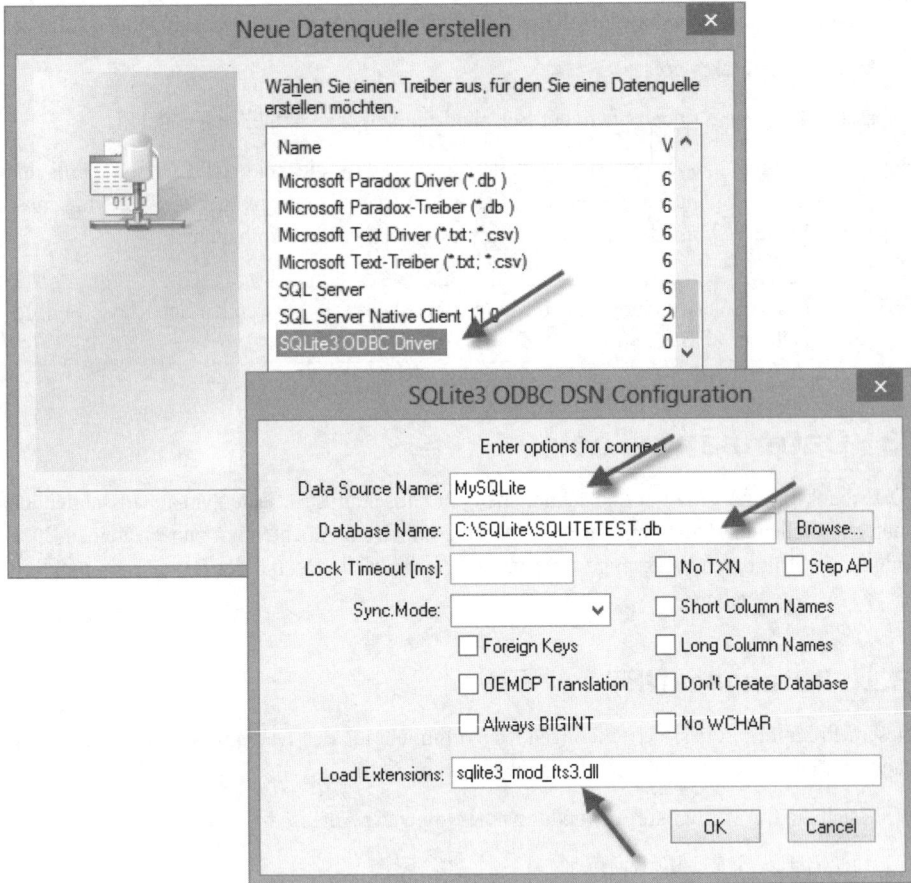

Beachten Sie, dass bei Verwendung von SQLite-Volltext-Tabellen in der jeweiligen Datenbank die entsprechende Extension *sqlite3_mod_fts3.dll* geladen werden muss (siehe obige Abbildung).

12.2.2 Download/Installation SQLite for Excel

Damit sind wir auch schon beim Low-Level-Zugriff angelangt. Der eine oder andere wird bei der Überschrift gestutzt haben, aber das hat schon seine Richtigkeit. Ursprünglich wurden die entsprechenden VBA-Routinen und eine weitere Schnittstellen-DLL[1] als Wrapper für Excel-Anwendungen erstellt.

Die Autoren haben die Quelltexte leicht angepasst und um einen in VBA geschriebenen Wrapper erweitert, so müssen Sie sich nicht in jedem Fall mit den Low-Level-Aufrufen herumplagen, sondern können viele Aufgaben mit der neuen Klasse *SQLiteDatabase* lösen.

---

[1] Diese DLL (*SQLite3_StdCall.dll*) ermöglicht den Aufruf der SQlite-DLL per StdCall-Konvention, andernfalls wäre aus VBA kein Zugriff möglich.

Die ursprünglichen Quelltexte bzw. die Schnitstellen-DLLs finden Sie unter der folgenden Adresse:

LINK: http://sqliteforexcel.codeplex.com

Die Anpassung für Access finden Sie in der Beispieldatenbank zum aktuellen Kapitel.

Bei eigenen Projekten müssen Sie immer darauf achten, dass die beiden DLLs *sqlite3.dll* und *SQLite3_StdCall.dll* im gleichen Verzeichnis wie Ihre Access-Datenbank stehen. Weiterhin muss Ihr Projekt das Modul *SQLite4Access* und die Klasse *SQLiteDatabase* enthalten.

HINWEIS: Mehr zur Verwendung finden Sie im Praxisbeispiel "Verwenden der Klasse SQLite-Database" ab Seite 735.

12.3 Datenbank-Tools

Eine Datenbank-Engine ist ja gut und schön, aber wer hat schon Lust, Datenbanken ausschließlich per Code zu erstellen bzw. zu administrieren? Aus diesem Grund möchten wir zunächst einen Blick auf einige der verfügbaren Werkzeuge werfen, bevor wir auf die Details der Programmierung mit Access bzw. VBA eingehen.

12.3.1 Database .NET

Mit diesem Programm, quasi der "eierlegenden Wollmilchsau" des Datenbankentwicklers, haben Sie unter anderem auch Ihre SQLite-Datenbanken voll im Griff.

Laden Sie sich die frei verfügbare Anwendung unter folgender Adresse herunter:

LINK: http://fishcodelib.com/Database.htm

Nach dem Download und dem Entpacken der einzigen EXE-Datei können Sie bereits loslegen, eine Installation oder Registrierung ist nicht nötig. Damit eignet sich das Programm auch phantastisch für den USB-Stick zum Mitnehmen, vor allem deshalb, weil neben SQLite auch noch folgende Datenbanken unterstützt werden:

- Microsoft Access, Microsoft Excel
- Firebird
- dBase, FoxPro
- OData, Generic OLE DB, Generic ODBC
- SQL Server, LocalDB, SQL Server Compact, SQL Azure
- MySQL
- Oracle
- IBM DB2
- IBM Informix

12.3 Datenbank-Tools

- PostgreSQL
- Sybase ASE

HINWEIS: Wer mag, kann auch eine Pro-Version erwerben, diese bietet einen erweiterten SQL-Editor, Datenbankdiagramme, einen Profiler etc.

Doch zurück zum Programm. Öffnen Sie eine bestehende SQLite-Datenbank über den Menüpunkt *Datei/VerbindenSQLite*, bzw. erstellen Sie auf diesem Weg auch eine neue Datenbank. Nachfolgend können Sie sich entweder im SQL-Editor oder per Assistent an der Datenbank austoben.

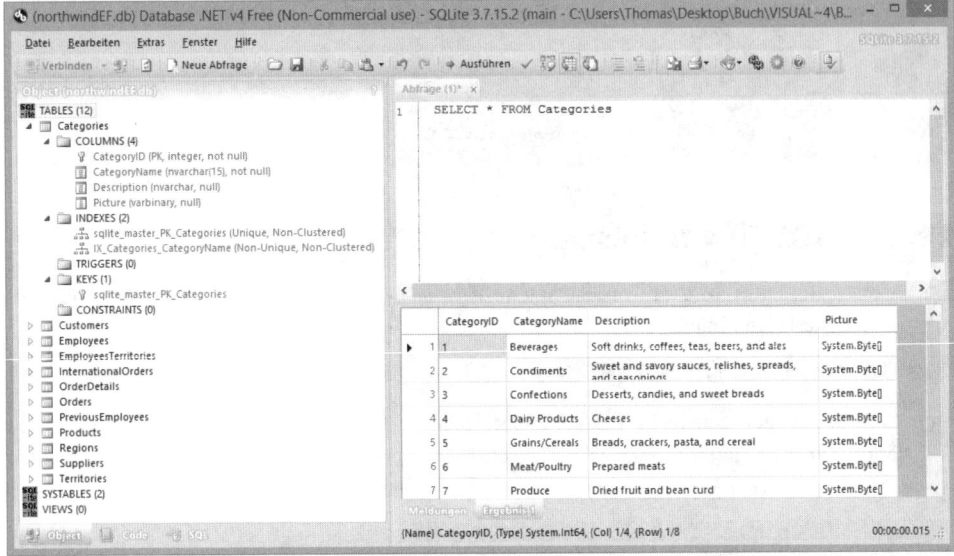

Für die Bearbeitung des Tabellenlayouts steht Ihnen ein leistungsfähiger Editor zur Verfügung, Sie müssen also nicht umständlich mit endlosen CREATE TABLE-Statements herumhantieren:

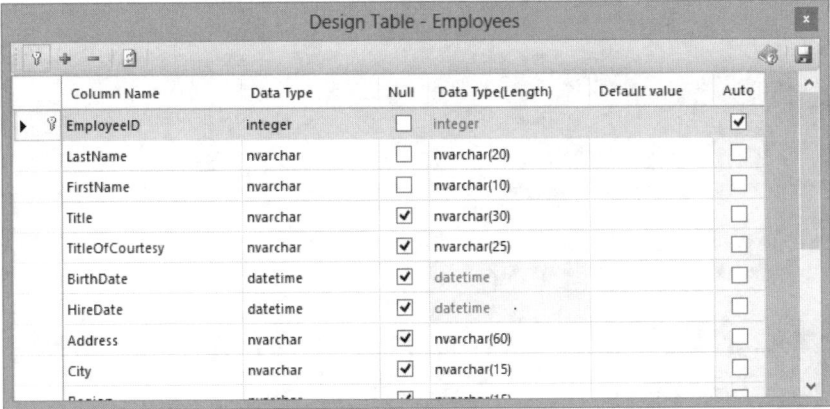

Ein recht praktisches Feature, Sie können sich aus der fertigen Datenbank auch ein SQL-Skript erstellen lassen, um die Datenbank beispielsweise erst beim Kunden per Skript zu generieren:

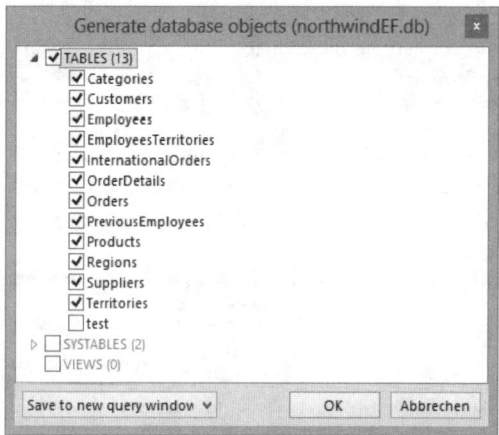

12.3.2 SQLite Administrator

Ein weiteres empfehlenswertes Tool ist *SQLite Administrator,* das Sie kostenlos unter folgender Adresse herunterladen können:

LINK: http://sqliteadmin.orbmu2k.de/

Entpacken Sie einfach den Inhalt der heruntergeladenen ZIP-Datei in ein Verzeichnis Ihrer Wahl und starten Sie die Datei *sqliteadmin.exe*. Nach Beantwortung der Frage nach der gewünschten Anzeigesprache können Sie auch schon loslegen:

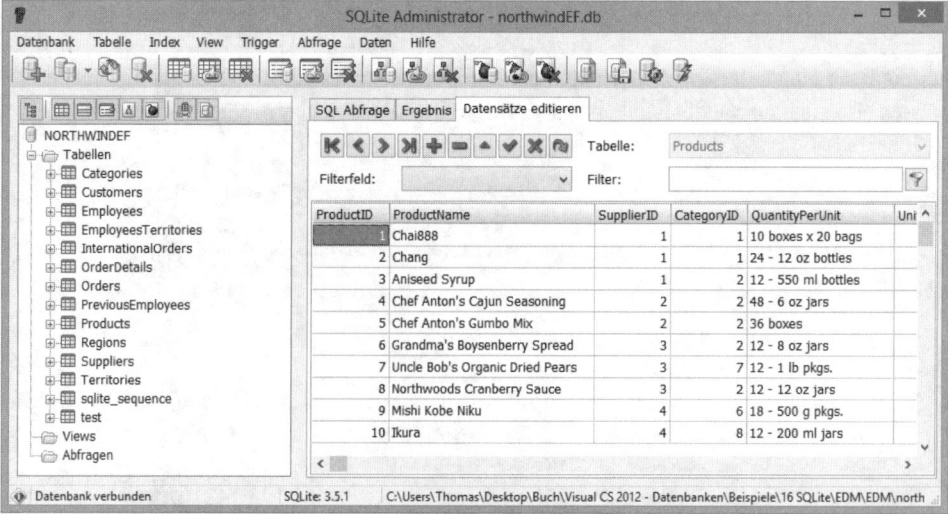

12.4 Praktische Aufgabenstellungen

Wer kein großer Freund von SQL ist, kann hier auch auf recht einfache Art und Weise eigene Trigger und Sichten definieren:

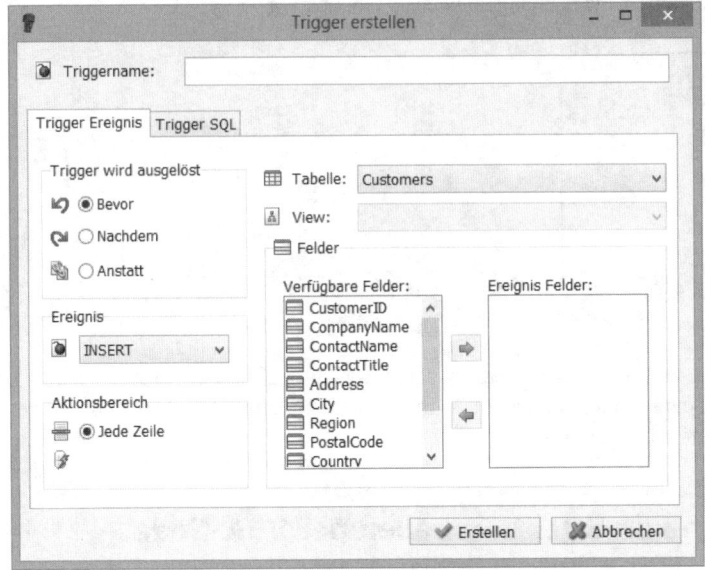

Die allgemeine Programmbedienung sollte Sie vor keine allzu großen Herausforderungen stellen, wir gehen deshalb nicht weiter darauf ein.

12.4 Praktische Aufgabenstellungen

Da wir ja mit einem ODBC-Provider arbeiten können, treffen die Ausführungen der Kapitel 7 und 8 (DAO, ADO) im Grunde auch auf SQLite-Datenbanken zu, wir wollen deshalb hier auf umfangreiche Wiederholungen verzichten.

Auch SQL steht nicht im Mittelpunkt dieses Abschnitts, sondern ist lediglich Mittel zum Zweck. Wir beschränken uns im Weiteren auf einige spezifische Aufgabestellungen und Besonderheiten.

12.4.1 Einbinden von SQLite-Tabellen per Assistent

Der für den Access-Entwickler zunächst naheliegende Weg ist es, externe Daten in die Access-Datenbank einzubinden. Nach der Installation des ODBC-Treibers ist dies auch für SQLite-Daten kein Problem.

Über den Menüpunkt *Externe Daten/Importieren und Verknüpfen/ODBC-Datenbanken* rufen Sie den Dialog *Externe Daten – ODBC-Datenbank* auf. Hier müssen Sie sich nur noch entscheiden, ob Sie die Daten importieren oder einbinden wollen. Wählen Sie abschließend die gewünschte Datenquelle aus, die Sie bei der Installation des Treibers bereits angelegt haben oder erstellen Sie eine neue Benutzerdatenquelle mit dem Link auf die SQLite-Datenbank. Ist dieser Schritt erfolgreich abgeschlossen, müssen Sie nur noch die gewünschten Tabellen auswählen und die Übernahme bestätigen.

Final finden Sie in Ihrer Datenbank die neu eingebundenen Tabellen vor:

HINWEIS: Wenn Sie mit dem Mauszeiger über den Tabelleneintrag fahren, wird Ihnen der basierende Connectionstring angezeigt.

12.4.2 Einbinden von SQLite-Tabellen per VBA-Code

Geben Sie Ihre Anwendung weiter, werden Sie kaum vom Nutzer erwarten können, dass er mit Hilfe des ODBC-Managers eine Verbindung erstellt und diese entsprechend einbindet. Doch das ist auch gar nicht nötig, bieten doch DAO und ADO einen einfachen Weg, zur Laufzeit Tabellen einzubinden.

BEISPIEL: SQLite-Datenbank per DAO einbinden

```
Sub Datenbank_Tabelle_Einbinden_DAO()
    Dim td As DAO.TableDef
```

Eine neues *TableDef*-Objekt erzeugen und den zukünftigen Namen festlegen:

```
    Set td = CurrentDb.CreateTableDef("KundenLINK")
```

Den Connectionstring angeben (die Systemdatenquelle müssen Sie angeben, der reine Verweis auf den Treiber führt zu einem Laufzeitfehler[1]):

```
    td.Connect = "ODBC;DSN=SQLite3 DataSource;BigInt = 0;LoadExt=sqlite3_mod_fts3.dll;" & _
                 "FKSupport = 0;NoWCHAR = 0;NoCreat = 0;LongNames = 0;ShortNames = 0;" & _
                 "NoTXN = 0;StepAPI = 0;Database=" + CurrentProject.Path & "\NeueDatenbank.db"
```

Auswahl der Quell-Tabelle in der SQLite-Datenbank:

```
    td.SourceTableName = "Kunden"
```

Einfügen der Verknüpfung in die aktuelle Datenbank:

```
    CurrentDb.TableDefs.Append td
End Sub
```

---

[1] Eine schon seit langem existierende Access-Macke

12.4 Praktische Aufgabenstellungen

HINWEIS: Achten Sie auf die Schreibweise der zu importierenden Tabellennamen, auch die Groß-/Kleinschreibung ist relevant.

Nachfolgend können Sie die Tabelle problemlos für Reports oder Formulare verwenden. Alternativ können Sie aber auch per Access zunächst eine neue Benutzer-DSN erstellen und diese dann einbinden. Bei Änderungen des Pfades oder der Einstellungen genügt es dann, die Benutzer-DSN zu ändern, statt alle eingebundenen Tabellen zu aktualisieren.

BEISPIEL: Zur Laufzeit eine Benutzer-DSN erzeugen und über diese die Tabelle einbinden

```
Sub ODBC_Datenquelle_Erstellen()
    Dim td As DAO.TableDef
```

Benutzer-DSN erzeugen:

```
    DBEngine.RegisterDatabase "MySQLite", "SQLite3 ODBC Driver", True, _
                "BigInt = 0;LoadExt=sqlite3_mod_fts3.dll;FKSupport = 0;NoWCHAR = 0;" & _
                "NoCreat = 0;LongNames = 0;ShortNames = 0;NoTXN = 0; StepAPI = 0; " & _
                "Database=" + CurrentProject.Path & "\SQLITETEST.db"
```

Benutzer-DSN für die Einbindung nutzen:

```
    Set td = CurrentDb.CreateTableDef("Kunden")
    td.Connect = "ODBC;DSN=DOKO-SQLite;"
    td.SourceTableName = "kunden"
    CurrentDb.TableDefs.Append td
End Sub
```

12.4.3 Datenbank per Code erstellen

Hier sind wir endlich an einem der interessantesten Punkte für den Programmierer angelangt. Wie erstelle ich zur Laufzeit meine Datenbank und andere Objekte? Anhand einiger kleinerer Beispiele zeigen wir Ihnen die grundsätzliche Vorgehensweise.

HINWEIS: Voraussetzung für die folgenden Beispiele ist die Verwendung des ODBC-Treibers.

BEISPIEL: Erzeugen einer neuen, leeren Datenbank per ADO, ist diese vorhanden, wird sie nur geöffnet

```
Sub Neue_Datenbank_Erstellen()
    Dim conn As New ADODB.Connection
    conn.Open "DRIVER={SQLite3 ODBC Driver};Database=" + CurrentProject.Path & _
            "\NeueDatenbank.db;"
    conn.Close
End Sub
```

HINWEIS: Eine verschlüsselte Datenbank können Sie auf diese Weise nicht öffnen, dazu fehlt ein entsprechender Parameter. Die daraus resultierende Fehlermeldung *File opened that is not a database file, file is encrypted or is not a database* ist vielleicht etwas missverständlich, fangen Sie den Fehler also ab und geben Sie eine eigene Meldung an den Anwender aus.

12.4.4 Tabellen erzeugen

Nach dem Erzeugen der Datenbank herrscht noch gähnende Leere, dem wollen wir jetzt abhelfen. Erster Schritt ist meist das Erstellen neuer Tabellen, alle anderen Objekte bauen ja mehr oder weniger darauf auf.

BEISPIEL: Erzeugen einer neuen Tabelle

```
Sub Neue_Datenbank_Erstellen_mit_Tabelle()
   Dim conn As New ADODB.Connection
   conn.Open "DRIVER={SQLite3 ODBC Driver};Database=" + CurrentProject.Path & _
       "\NeueDatenbank.db;LoadExt=sqlite3_mod_fts3.dll"
```

Die folgende Zeilen dürften Ihnen bereits bekannt vorkommen (siehe ADO-Kapitel 8).

Mittels *Connection*-Objekt wird ein SQL-Statement an die Datenbankengine geschickt, um die gewünschte Tabelle zu erstellen:

```
   conn.Execute "CREATE TABLE IF NOT EXISTS Kunden (" & _
       "   Id INTEGER NOT NULL PRIMARY KEY AUTOINCREMENT," & _
       "   Vorname VARCHAR(50) NOT NULL," & _
       "   Nachname VARCHAR(50) NOT NULL," & _
       "   Telefon VARCHAR(50)" & " );"
   conn.Close
End Sub
```

HINWEIS: Auf dem gleichen Weg können Sie auch alle anderen Datenbankobjekte (Views, Trigger etc.) erzeugen, die Vorgehensweise unterscheidet sich nicht von der bei einer Access- oder SQL Server-Datenbank. Über die zulässigen SQL-Befehle und deren Syntax klärt Sie die Hilfedatei auf der SQLite-Website auf[1].

Bitte umlernen – Datentypen einmal anders

Kommen wir noch einmal zu den obigen Datentypen zurück. Grundsätzlich kennt SQLite nur die folgenden Datentypen:

- NULL

- INTEGER (1, 2, 3, 4, 6 oder 8 Bytes, je nach Subtyp)

- REAL (8 Byte IEEE-Fließkommazahl)

---

[1] Es handelt sich um SQLite-spezifische Anweisungen, nicht Jet-SQL!

12.4 Praktische Aufgabenstellungen

- TEXT (UTF-8, UTF-16BE oder UTF-16LE)
- BLOB

Alle anderen Datentypen, die Sie angeben, werden intern einem der obigen Datentypen zugeordnet. Geben Sie also beispielsweise NVARCHAR(25) an, ist das zwar recht vorbildlich, intern können Sie aber in der erzeugten TEXT-Spalte speichern so viel Sie wollen. Hier hilft dann nur eine Constraint weiter.

Bevor wir Sie jetzt mit endlosen Zuordnungslogiken verwirren, werfen Sie lieber einen Blick auf die folgende Tabelle, die für Sie als VBA-Programmierer sicher wesentlich aufschlussreicher ist.

SQL-Datentyp	Access-Datentyp
TINYINTZahl (Integer)	Zahl (Integer)
SMALLINT	Zahl (Integer)
INT	Zahl (Long)
COUNTER, AUTOINCREMENT, IDENTITY, LONG, INTEGER, BIGINT	Zahl (Long)
VARCHAR, NVARCHAR, CHAR, NCHAR, TEXT, NTEXT, STRING, MEMO, NOTE, LONGTEXT, LONGCHAR, LONGVARCHAR	Langer Text
DOUBLE, FLOAT	Zahl (Double)
REAL	Zahl (Double)
BIT, YESNO, LOGICAL, BOOL	Ja/Nein
NUMERIC, DECIMAL, MONEY, CURRENCY	Zahl (Decimal)
TIME, DATE, TIMESTAMP, DATETIME, SMALLDATE, SMALLDATETIME	Datum/Uhrzeit
BLOB, BINARY, VARBINARY, IMAGE, GENERAL, OLEOBJECT	OLE-Objekt
GUID, UNIQUEIDENTIFIER	Text

HINWEIS: Die beiden Datentypen TEXT und BLOB haben eine maximale Kapazität von 1.000.000.000 Bytes.

Einschränkungen definieren

Wie schon erwähnt, können Sie sich nicht darauf verlassen, dass sich die Datenbankengine auch darum kümmert, dass in eine NVARCHAR(25)-Spalte auch nur 25 Zeichen eingegeben werden können. Wer hier für Konsistenz und Ordnung sorgen will, kommt um eine ganze Reihe von Constraint bzw. CHECK-Klauseln nicht herum.

BEISPIEL: Verwendung von CHECK-Klauseln

```
CREATE TABLE test (
```

Speichert Zeichenkette mit maximal 10 Zeichen:

```
Spalte1 VARCHAR(10) CHECK (LENGTH(Spalte1) < 11),
```

Speichert Zeichenkette mit den zulässigen Werten *Mann* und *Frau*:

```
Spalte2 VARCHAR(4) NOT NULL CHECK (Spalte2 IN ('Mann', 'Frau')),
```

Speichert Gleitkommazahl mit den zulässigen Werten *NULL* oder *größer 5*:

```
Spalte3 REAL NULL CHECK (Spalte3 > 5)
);
```

Wir könnten sicherlich noch viele weitere Möglichkeiten aufzeigen, aber da verweisen wir Sie besser an die Dokumentation auf der SQLite-Website.

12.4.5 Datenbankzugriff per ADO realisieren

Haben Sie die Datenbank mit den entsprechenden Datenbankobjekten erzeugt, wollen Sie sicher auch auf die Tabellen und Abfragen zugreifen. Nichts leichter als das, denn haben Sie Kapitel 8 (ADO) eingehend studiert, werden Sie keine Probleme haben, auch auf SQLite-Datenbanken zuzugreifen.

Ein Beispiel zeigt den Zugriff auf die Tabelle *Kunden*, die wir im vorhergehenden Beispiel erstellt hatten.

BEISPIEL: Tabelle per ADO bearbeiten

```
Sub Tabelle_mit_ADO_bearbeiten()
    Dim conn As New ADODB.Connection
    Dim rs As New ADODB.Recordset
```

Verbindung öffnen:

```
    conn.CursorLocation = adUseServer
    conn.Open "DRIVER={SQLite3 ODBC Driver};Database=" + CurrentProject.Path & _
        "\NeueDatenbank.db;LoadExt=sqlite3_mod_fts3.dll;"
    Set rs.ActiveConnection = conn
```

Recordset erzeugen:

```
    rs.CursorType = adOpenKeyset
    rs.LockType = adLockOptimistic
    rs.Open "kunden", , , , adCmdTable
```

Zwei neue Datensätze erzeugen:

```
    rs.AddNew
    rs!Vorname = "Max"
    rs!Nachname = "Mustermann"
    rs.Update
    rs.AddNew
    rs!Vorname = "Paul"
    rs!Nachname = "Beispiel"
```

12.4 Praktische Aufgabenstellungen

```
    rs.Update
```
Sprung auf den ersten Datensatz:
```
    rs.MoveFirst
    MsgBox rs!Nachname
```
Datensatzzeiger bewegen:
```
    rs.MoveNext
    MsgBox rs!Nachname
```
Datensatz löschen
```
    rs.Delete
```
Verbindung schließen:
```
    rs.Close
    conn.Close
End Sub
```

12.4.6 Die Bedeutung von Transaktionen bei SQLite

Solange Sie aber nur einige wenige Datensätze zwischen Programm und SQLite-Datenbank austauschen, werden Sie kaum über einen der größten Fallstricke von SQLite stolpern. Doch wehe, Sie möchten in einem Schwung zum Beispiel 10.000 Datensätze importieren/schreiben. In diesem Fall werden Sie zunächst maßlos enttäuscht sein. So benötigt der Import obiger 10.000 Datensätze auf einem schnellen Rechner sage und schreibe 90 Sekunden, ein Wert der wohl nicht mehr ganz zeitgemäß ist.

An dieser Stelle lohnt es sich, einen Blick auf die Abläufe beim Speichern von Datensätze in SQLite-Datenbanken zu werfen. Fügen Sie Daten in eine SQLite-Datenbank ein, und ist dieses INSERT-Statement nicht in einer Transaktion gekapselt, wird intern automatisch eine Transaktion gestartet (verbunden mit dem Erstellen einer Journaldatei), die INSERT-Anweisung ausgeführt und die Transaktion abgeschlossen (COMMIT). Das Ganze erfolgt 10.000 Mal, der immense Zeitbedarf dürfte damit klar erkennbar sein.

Die Lösung: Eine explizite Transaktion für den kompletten Einfügevorgang.

BEISPIEL: Einfügen von Datensätzen per Transaktion

```
Sub Neue_Tabelle_Füllen_mit_Transaktion()
    Dim conn As New ADODB.Connection
    Dim rs As New ADODB.Recordset
    Dim i As Integer
    Dim zeit As Single
    zeit = Timer
    conn.CursorLocation = adUseServer
    conn.Open "DRIVER={SQLite3 ODBC Driver};Database=" + CurrentProject.Path & _
            "\NeueDatenbank.db;LoadExt=sqlite3_mod_fts3.dll;"
    Set rs.ActiveConnection = conn
```

```
rs.CursorType = adOpenKeyset
rs.LockType = adLockOptimistic
rs.Open "Kunden", , , , adCmdTable
```

Transaktion starten:

```
conn.BeginTrans
For i = 0 To 9999
    rs.AddNew Array("Vorname", "Nachname"), Array("Max", "Mustermann")
    rs.Update
Next
```

Datenübernahme:

```
conn.CommitTrans
rs.Close
conn.Close
MsgBox "Zeit : " & Timer - zeit & " s"
End Sub
```

Auf dem gleichen PC benötigt obiges Beispiel nur noch 0,6 Sekunden für das Einfügen der Daten.

12.4.7 SOUNDEX verwenden

Im Unterschied zu Jet-SQL bietet die SQLite-Engine auch eine *SoundEx*-Funktion:

BEISPIEL: Verwendung von SOUNDEX

```
SELECT
    SOUNDEX(Nachname) AS SoundExValue
FROM
    Kunden
```

SoundExValue
▶ C000
C520
A523
C153
C153
G653

Doch bevor Sie jetzt versuchen, das obige Beispiel mit einer Access-Abfrage auszuführen, ein wichtiger Hinweis:

HINWEIS: SOUNDEX können Sie nur per SQL-Pass-Through aufrufen, d.h., Sie können die Anweisung nicht auf eine eingebundene Tabelle anwenden.

12.4 Praktische Aufgabenstellungen

Erstellen Sie deshalb zunächst die Abfrage wie gewohnt (z.B. in der SQL-Ansicht) und aktivieren Sie dann die Option *Pass-Through*. Zusätzlich müssen Sie jetzt im Eigenschaftenblatt die ODBC-Verbindung konfigurieren, indem Sie eine DSN zuweisen:

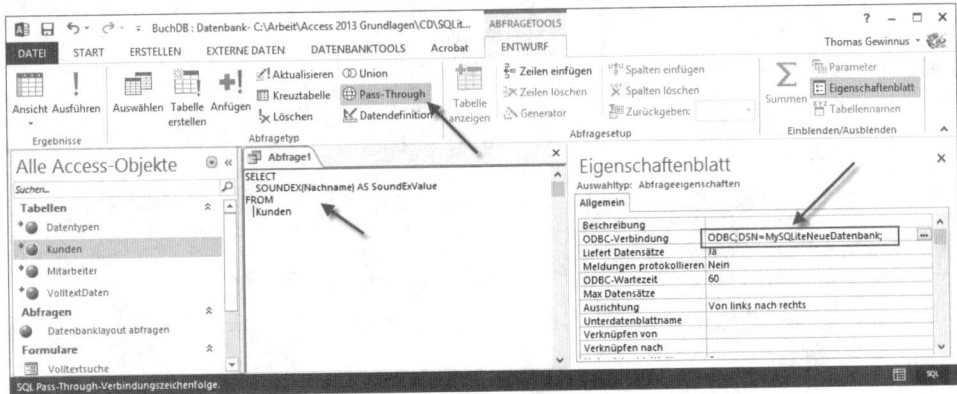

12.4.8 Volltextabfragen realisieren

Mit der Unterstützung für Volltextabfragen bietet SQLite einen echten Mehrwert gegenüber den Access-Datenbanken, wo Sie maximal mit einem SELECT ... WHERE ... LIKE arbeiten können, was mit zunehmender Datenbankgröße immer langsamer wird, da Sie in diesem Fall nicht mit Indizes arbeiten können. Nutzen Sie hingegen SQLite-Datenbanken, können Sie für entsprechend erzeugte Tabellen problemlos Volltextabfragen mit MATCH etc. realisieren.

Die Verwendung ist für den gestandenen SQL Server-Programmierer allerdings etwas "merkwürdig". So wird nicht etwa eine bestehende Tabelle für die Volltextsuche genutzt, sondern Sie erstellen eine neue "virtuelle" Tabelle, bei der Sie auch noch eine recht eigenartige Syntax verwenden.

Doch der Reihe nach, ein Beispiel sagt uns nicht nur in diesem Fall mehr als tausend Worte.

BEISPIEL: Volltextsuche für E-Mails realisieren (das komplette Beispiel finden Sie in den Begleitdateien)

Die nötigen Objekte für die Arbeit mit einem *DataSet* bereitstellen:

```
Sub TestVolltext()
    Dim Fundstelle As String
    Dim rs As New ADODB.Recordset
    Dim conn As New ADODB.Connection
```

Hier erstellen wir zunächst die Tabelle:

```
    conn.CursorLocation = adUseServer
    conn.Open "DRIVER={SQLite3 ODBC Driver};Database=" + CurrentProject.Path & _
        "\NeueDatenbank.db;LoadExt=sqlite3_mod_fts3.dll;"
    conn.Execute "CREATE VIRTUAL TABLE IF NOT EXISTS EMails USING FTS3(Betreff, Body);"
```

Was passiert hier im Detail? Eine Tabelle *Emails* wird unter Verwendung der Volltextsuche (FTS3) mit den beiden Spalten *Betreff* und *Body* erzeugt. Vermutlich vermissen Sie die Typangaben bei dieser Art von Tabellendefinition, aber das wäre unnötige "Folklore", die Werte würden in jedem Fall ignoriert. Spalten werden immer als Text interpretiert, eine ID benötigen Sie nicht, die wird automatisch über eine interne RowId bereitgestellt. Eine Abfrage à la "SELECT rowid, betreff, body FROM emails" ist also problemlos realisierbar.

Jetzt fügen wir einfach ein paar Datensätze in die Tabelle ein:

```
    conn.Execute "INSERT INTO EMails VALUES ('Zeile1', 'Hier steht Text für die
Volltextsuche');"
    conn.Execute "INSERT INTO EMails VALUES ('Zeile2', 'Ein anderer Text für die
Volltextsuche');"
    conn.Execute "INSERT INTO EMails VALUES ('Zeile3', 'Wir schreiben etwas über die" & _
                " Programmierung');"
```

Wir fragen die Tabelle ab und zeigen die Ergebnisse im Direktbereich an:

```
    Set rs.ActiveConnection = conn
    rs.CursorType = adOpenKeyset
    rs.LockType = adLockOptimistic
    rs.Open "SELECT betreff, Snippet(emails) AS snippet, body FROM emails WHERE emails" &_
            " MATCH 'Text'", , , , adCmdText
    While Not rs.EOF
        Debug.Print "Betreff: " & rs!betreff
        Debug.Print rs!body
        Debug.Print "---------------------------------"
        rs.MoveNext
    Wend
End Sub
```

Eine erste Beispielabfrage zeigt die folgende Abbildung:

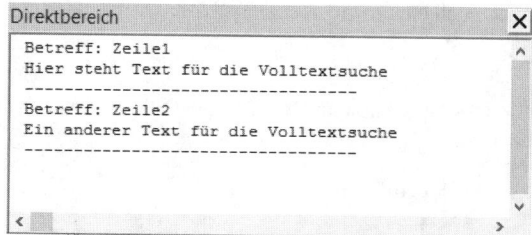

Vermutlich wird sich mancher die Augen reiben, fragen wir doch mit

```
... WHERE emails MATCH 'Text'
```

eine eigentlich nicht vorhandene Tabellenspalte ab. Sie vermuten richtig, wenn Sie davon ausgehen, dass in diesem Fall **alle Spalten** abgefragt werden.

Alternativ können Sie auch einen einzelnen Spaltennamen angeben:

```
... WHERE body MATCH 'Text'
```

12.4 Praktische Aufgabenstellungen

Geht es darum, einen Fund davon abhängig zu machen, dass zwei Wörter nahe beieinander stehen, können Sie NEAR verwenden. Standardmäßig dürfen die Wörter nicht weiter als zehn Terme voneinander entfernt sein, Sie können jedoch auch einen anderen Wert festlegen.

BEISPIEL: Verwendung von NEAR

Maximal 10 Terme Abstand:

```
SELECT *
FROM
   emails
WHERE
   emails MATCH 'ja NEAR Zwei'
```

Maximal 25 Terme Abstand:

```
SELECT *
FROM
   emails
WHERE
   emails MATCH 'ja NEAR/25 Zwei'
```

Neben dem zusätzlichen Operator NEAR können Sie auch AND, OR oder NOT einsetzen, mehrere Token einzeln angeben, Fundstellen lokalisieren etc. Weitere grundlegende Informationen zur Volltext-Engine und deren Syntax finden Sie unter folgender Adresse:

LINK: http://www.sqlite.org/fts3.html

Recht interessant ist auch die Möglichkeit, Teile der Fundstelle als Suchergebnis abzurufen. Nutzen Sie dazu die Funktion *Snippet*:

BEISPIEL: Ausschnitt der Fundstelle anzeigen:

```
SELECT
   Snippet(emails)
FROM
   emails
WHERE
   emails MATCH 'Damen'
```

HINWEIS: Geben Sie für die *Snippet*-Funktion die virtuelle Spalte mit dem Namen der Tabelle an.

Zurückgegeben wird ein HTML-Fragment, das die Umgebung der Fundstelle zeigt. Der eigentliche Suchtext wird mit <b></b> fett hervorgehoben (HTML-Ansicht vorausgesetzt), lange Texte werden mit "..." abgeschnitten.

	Snippet(emails)
	Sehr geehrte \<b\>Damen\</b\> und Herrn, wie Sie vielleicht befürchtet haben ...
\►*	

Wer weitere Informationen über die Funde abrufen will (Offset, Tabellenspalte etc.), kann dies mit den Funktionen *Offsets* und *MatchInfo* tun.

HINWEIS: Leider tritt beim Zusammenwirken von Access → ADO → ODBC-Treiber → SQLite-Datenbank ein Fehler auf, den Sie erst mit zunehmender Datenmenge im Textfeld feststellen werden. Die ADO-Abfragen liefern maximal 255 Zeichen zurück, unabhängig davon, wie viel Text in der Spalte enthalten ist. Eine Lösung ist die Verwendung einer eingebundenen Tabelle (siehe dazu Praxisbeispiel "Verwenden der Volltextsuche" ab Seite 720.

12.5 Praxisbeispiele

12.5.1 Verwenden der Volltextsuche

ADO-*Recordset*; SQL-Pass-Through; HTML-Verarbeitung; *WebBrowser*-Control;

Ziel unseres kleinen Beispiels ist eine Access-Anwendung, die per Volltextsuche eine angeschlossene SQLite-Datenbank durchsucht und die Ergebnisse in einem Access-Formular darstellt. Als Datenbasis verwenden wir eine Lexikon-Datenbank[1], Sie können also später mit jeder Menge Suchausdrücken experimentieren.

Doch warum eigentlich ein extra Beispiel, der vorhergehende Abschnitt hat doch schon die Volltextsuchfunktion vorgestellt? Der Grund ist die mangelnde Unterstützung von Memofeldern beim Datenzugriff per ADO oder DAO. Wir lösen das Problem durch eine mehrteilige Verarbeitung:

- Im ersten Schritt führen wir per ADO eine Volltextabfrage an der externen SQLite-Datenbank aus, die uns jedoch nicht den kompletten Eintrag, sondern nur die Stichworte und die Fragmente der Fundstellen zurückgibt. Diese fassen wir in einem HTML-Dokument zusammen und zeigen dieses in einem Webbrowser-Steuerelement an.

- Mit der Auswahl eines Eintrags im Webbrowser-Steuerelement bestimmen wir das zugehörige Stichwort und suchen dieses per DAO-Zugriff in der gleichzeitig in Access eingebundenen SQLite-Tabelle. Diese Variante ermöglicht auch den Abruf von Memofeldern, wir sind also nicht auf 255-Zeichen beschränkt.

---

[1] Diese ist aus rechtlichen Gründen verwürfelt, Schlagwort und Beschreibungstext passen nicht zueinander.

12.5 Praxisbeispiele

Vorbereitung

Bevor wir uns in die eigentliche Programmierung stürzen, müssen wir einige Vorbereitungen treffen, ohne die wir nicht zum Ziel kommen:

- Zunächst sollten Sie sicherstellen, dass der SQLite-ODBC-Treiber installiert ist
- Erstellen Sie eine neue Access-Datenbank
- Kopieren Sie in das Verzeichnis Ihrer Access-Datenbank die Beispieldatenbank *SQLITE-TEST.db* aus den Buchdaten
- Erstellen Sie eine neue ODBC-Benutzer-DSN (*Systemsteuerung/Verwaltung/ODBC-Datenquellen*) für die Datenbank *SQLITETEST.db* mit den gezeigten Einstellungen

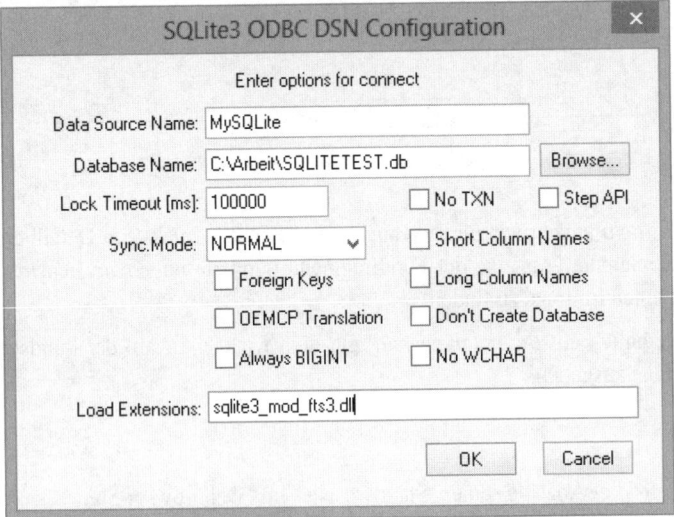

- Binden Sie die Tabelle *Volltextdaten* aus der SQLite-Datenbank über die neu erzeugte ODBC-Benutzer-DSN ein (*Externe Daten/Importieren und Verknüpfen/ODBC-Datenbank*)

HINWEIS: Achten Sie darauf, dass es sich wirklich um eine Verknüpfung und keinen Import handelt, andernfalls werden die Datensätze in Ihre Access-Datenbank importiert und Sie haben es mit zwei unabhängigen Tabellen zu tun.

- Öffnen Sie testweise die eingebundene Tabelle, diese sollte die entsprechenden Datensätze anzeigen.

Damit können wir uns der eigentlichen Benutzerschnittstelle zuwenden.

Oberfläche

Den Grundaufbau der Oberfläche können Sie der folgenden Abbildung entnehmen:

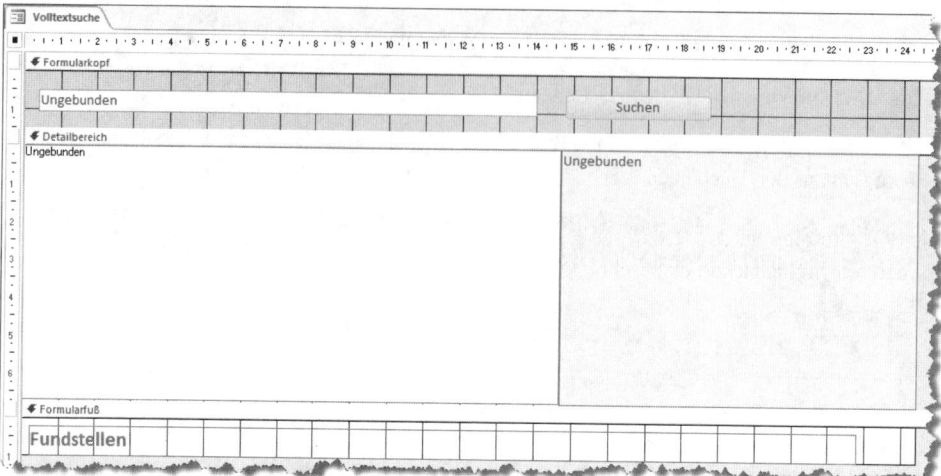

Das obere ungebundene *Textfeld* nutzen wir für die Eingabe des Suchausdrucks, im Detailbereich sind ein *Webbrowser*-Steuerelement (Anzeige der Fundfragmente) und ein ungebundenes *Textfeld* für die Anzeige des eigentlichen Eintrags zu finden.

Der Formularfuß enthält lediglich ein *Bezeichnungsfeld*, mit dem wir die Anzahl der Fundstellen entsprechend der Suchanfrage ausgeben.

Quelltext

Erster Schritt ist zunächst die Anzeige einer Standardseite im Webbrowser-Steuerelement, andernfalls erhalten wir die die "hübsche" Anzeige, dass die Adresse ungültig ist:

```
Private Sub Form_Load()
    Dim html As String
```

Ein rudimentäres HTML-Dokument erstellen:

```
html = "<!DOCTYPE HTML PUBLIC ""-//W3C//DTD HTML 4.0 Transitional//EN"" > " + _
    "<html><head><title></title></head><body>Geben Sie einen Suchtext ein!</body></html>"
Webbrowser0.Object.Document.Write html
```

Wir initialisieren auch das Suchfeld mit einem ersten Filterausdruck:

```
    Text1.Value = "Gold NEAR Silber"
End Sub
```

Mit dem Klick auf die *Suchen*-Schaltfläche starten wir die Volltextabfrage und erstellen aus den Fundstücken ein HTML-Fragment zur Anzeige im *Webbrowser*-Steuerelement:

```
Private Sub Befehl3_Click()
    Dim html As String
```

12.5 Praxisbeispiele

```
    Dim Fundstelle As String
    Dim conn As New ADODB.Connection
    Dim rs As New ADODB.Recordset
```

Die eigentliche Abfrage realisieren wir per ADO, wir müssen also zunächst eine entsprechende Verbindung erstellen:

```
    conn.CursorLocation = adUseServer
    conn.Open "DRIVER={SQLite3 ODBC Driver};Database=" + CurrentProject.Path & _
        "\SQLITETEST.db;LoadExt=sqlite3_mod_fts3.dll;"
    Set rs.ActiveConnection = conn
```

Die SQL-Abfrage für das Recordset basteln wir im Hintergrund zusammen, so kann die Eingabe auf den reinen Suchausdruck beschränkt werden:

```
    rs.CursorType = adOpenKeyset
    rs.LockType = adLockOptimistic
    rs.Open "SELECT wort, Snippet(Volltextdaten) AS snippet FROM VolltextDaten " & _
        "WHERE Beschreibung MATCH '" + Text1.Value + "'", , , , adCmdText
```

Aus den Fundstellen (nur die Fragemente) basteln wir das HTML-Dokument zusammen (Hyperlinkziel ist das eindeutige Stichwort):

```
    While Not rs.EOF
        html = html + "<a href=""" + rs!wort.Value + """>" + rs!snippet.Value + "</a><br><br>"
        rs.MoveNext
    Wend
```

Anzeige des HTML-Fragments (wir ersetzen nur den Body):

```
    Webbrowser0.Object.Document.body.innerHTML = html
```

Last, but not least, wollen wir auch noch die Anzahl der Funde anzeigen:

```
    Bezeichnungsfeld5.Caption = rs.RecordCount & " Fundstellen"
```

Recordset und *Connection* schließen:

```
    rs.Close
    conn.Close
End Sub
```

HINWEIS: Auf eine umfangreiche Fehlerbehandlung haben wir aus Gründen der Übersichtlichkeit verzichtet. In einem finalen Programm sollte diese jedoch nicht fehlen.

Mit dem Klick auf einen der Hyperlink-Einträge soll der komplette Text aus der Datenbank ausgelesen und angezeigt werden. Wir müssen also auf das *BeforeNavigate2*-Ereignis reagieren:

```
Private Sub Webbrowser0_BeforeNavigate2(ByVal pDisp As Object, URL As Variant, _
                flags As Variant, TargetFrameName As Variant, PostData As Variant, _
                Headers As Variant, Cancel As Boolean)
    Dim suchstring As String
    Dim rs As DAO.Recordset
```

Wenn es sich nicht um die Standardseite handelt (gleich bei Programmstart), extrahieren wir den Stichworteintrag aus dem Hyperlinkziel und fragen die eingebundene Tabelle ab:

```
If URL <> "about:blank" Then
    suchstring = Replace(URL, "about:", "")
    Set rs = CurrentDb.OpenRecordset("SELECT beschreibung FROM VolltextDaten WHERE wort = '" & _
                    suchstring + "'")
```

Anzeige des Eintrags im *Textfeld*:

```
    Text2.Value = rs.Fields(0).Value
    rs.Close
```

Wichtig ist der Abbruch der Navigation, andernfalls versucht der Webbrowser zur angegebenen Adresse zu wechseln und diese ist als URL ja nicht korrekt:

```
    Cancel = True
End If
End Sub
```

Test

Nach dem Start klicken Sie einfach auf die *Suchen*-Schaltfläche, ein geeigneter Suchausdruck ist bereits im Eingabefeld vorhanden.

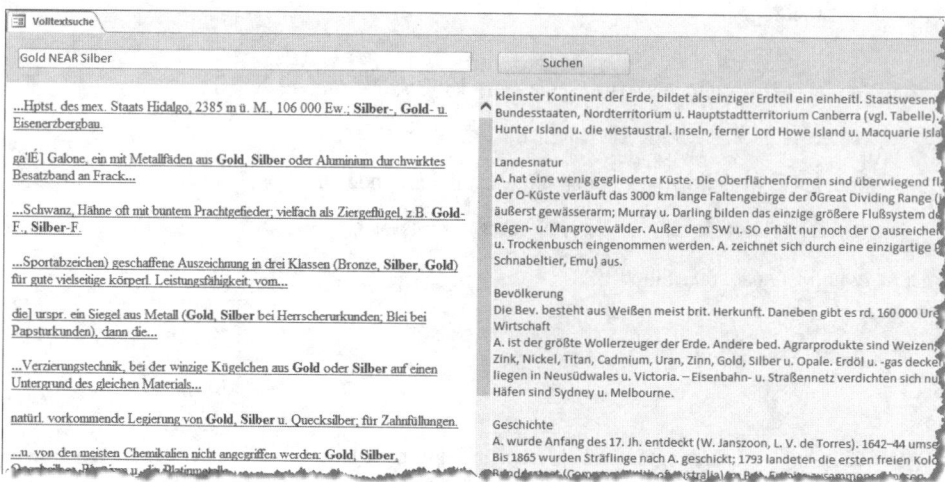

Wie Sie sehen, findet sich nach erfolgreicher Abfrage eine ganze Liste von Hyperlinks mit Fundstellen im Webbrowser-Steuerelement, klicken Sie auf einen der Einträge, können Sie den kompletten Text im Textfeld nachlesen.

Bemerkung

Leider ist bei Verwendung des ODBC-Treibers die Datenbeschränkung bei Memofeldern nicht der "Weisheit letzter Schluss", auch die Lösung mit der eingebundenen Tabelle überzeugt nicht in

12.5.2 Implementieren der Klasse SQLiteDatabase

DAO-/ADO-Programmierung; SQL; API-Zugriff

Interessieren Sie sich für einen etwas einfacheren Zugriff auf die SQLite-Datenbank, ohne erst einen ODBC-Treiber installieren zu müssen? Wenn ja, sind Sie hier richtig.

Dank der guten Vorarbeit des *SQLite for Excel*-Teams auf

LINK: http://sqliteforexcel.codeplex.com/

müssen wir uns nicht mehr um die absoluten Basics kümmern, sondern können die bisherige prozedurale Schnittstelle in eine wesentlich praktikablere Klasse *SQLiteDatebase* integrieren. Deren Methoden stellen uns dann die wichtigsten Funktionen rund um das Handling von SQLite-Datenbanken zur Verfügung.

HINWEIS: Die Klasse *SQLiteDatabase* ist kein kommerzielles Produkt, sondern stellt eine Fallstudie im Rahmen dieses Buchs dar. Fehler an der einen oder anderen Stelle sind also nicht auszuschließen. Da der komplette VBA-Code vorliegt, steht aber einer Erweiterung/Verbesserung nichts im Weg.

Funktionsumfang

Bevor wir zu den Einzelheiten kommen, zunächst ein Blick auf den Funktionsumfang der Klasse *SQLiteDatabase*:

- Öffnen und Schließen von SQLite-Datenbanken
- Ausführen von SQL-Anweisungen
- Abfrage von ungebundenen ADO-Recordsets (Lesezugriff)
- Import und Export von Abfragedaten
- Transaktionsunterstützung
- Komprimieren der Datenbank
- Backup-Funktionalität

HINWEIS: Die Klasse ist nicht für den ADO-Schreibzugriff vorgesehen, sondern dient vorrangig dem Datenaustausch mit und dem Handling von SQLite-Datenbanken.

Quelltext

Im Folgenden stellen wir Ihnen auszugsweise den Quellcode der Klasse *SQLiteDatabase* vor, damit Sie im Fehlerfall/bei eigenen Erweiterungen einen geeigneten Ansatzpunkt haben.

> **HINWEIS:** Neben der o.g. Klasse muss in der aktuellen Datenbank noch das Modul *SQLite4Access* (die prozedurale Schnittstelle) vorhanden sein. Die beiden SQLite-DLLs *sqlite3.dll* und *sqlite3_stdcall.dll* werden im aktuellen Verzeichnis der Access-Datenbank gesucht.

```
Option Compare Database
Option Explicit
```

Der interne Handle einer geöffneten SQLite-Datenbank:

```
Private myDbHandle As Long
```

Mit dem Erstellen der Klasse definieren wir zunächst, wo die beiden DLLs zu finden sind (Projektverzeichnis):

```
Private Sub Class_Initialize()
    Dim InitReturn As Long

    InitReturn = SQLite3Initialize(CurrentProject.Path)
    If InitReturn <> SQLITE_INIT_OK Then
        Err.Raise Err.LastDllError, , "Error Initializing SQLite."
        Exit Sub
    End If
    myDbHandle = 0
End Sub
```

Wird die Klasse terminiert, schließen wir eine möglicherweise noch geöffnete Datenbankverbindung:

```
Private Sub Class_Terminate()
    If myDbHandle <> 0 Then SQLite3Close myDbHandle
End Sub
```

Zum Aufwärmen eine recht einfache Methode, d.h. die Abfrage der SQLite-DLL-Version:

```
Property Get Version() As String
    Version = SQLite3LibVersion()
End Property
```

Die Funktion der beiden folgenden Methoden dürften jedem Datenbankprogrammierer geläufig sein:

```
Public Sub OpenDatabase(filename As String)
    SQLite3Open filename, myDbHandle
End Sub

Public Sub CloseDatabase()
```

12.5 Praxisbeispiele

```
    SQLite3Close myDbHandle
End Sub
```

Möchten Sie ein reines SQL-Statement (z.B. CREATE TABLE, INSERT, DELETE) absetzen, können Sie die Methode *ExecuteNonQuery* nutzen:

```
Public Function ExecuteNonQuery(ByVal sqlCommand As String) As Long
    Dim stmtHandle As Long
    Dim RetVal As Long

    If myDbHandle = 0 Then Err.Raise 99, , "database not open"
    SQLite3PrepareV2 myDbHandle, sqlCommand, stmtHandle
    ErrorCheck
    SQLite3Step stmtHandle
    SQLite3Finalize stmtHandle
    ExecuteNonQuery = SQLite3Changes(myDbHandle)
End Function
```

Wie beim ADO-Vorbild wird die Anzahl der betroffenen Datensätze zurückgegeben.

Basierend auf obiger Methode bietet *CreateQueryDef* die Möglichkeit, eine View in der SQLite-Datenbank zu erzeugen:

```
Public Sub CreateQueryDef(ByVal queryName As String, ByVal sqlCommand As String)
    ExecuteNonQuery "CREATE VIEW [" & queryName & "] AS " & sqlCommand
End Sub
```

Mit der Methode *ImportTable* wird eine SQLite-Tabelle in die aktuelle Access-Datenbank importiert, intern wird dazu die Methode *ImportQuery* verwendet:

```
Public Sub ImportTable(ByVal TableName As String, ByVal newTableName As String)
    If myDbHandle = 0 Then Err.Raise 99, , "database not open"
    ImportQuery "SELECT * FROM " & TableName, newTableName
End Sub
```

Mit *ImportQuery* steht dem Datenimport in die Access-Datenbank nichts mehr im Wege. Übergeben Sie eine SELECT-Abfrage mit beliebigem Filter und dem Namen der neuen Tabelle in Access:

```
Public Sub ImportQuery(ByVal sqlCommand As String, ByVal newTableName As String)
    Dim myStmtHandle As Long
    Dim rs As DAO.Recordset

    If myDbHandle = 0 Then Err.Raise 99, , "database not open"
    SQLite3PrepareV2 myDbHandle, sqlCommand, myStmtHandle
    ErrorCheck
```

Liefert die Abfrage ein sinnvolles Ergebnis,

```
    If SQLite3Step(myStmtHandle) = SQLITE_ROW Then
```

erzeugen wir eine lokale Access-Tabelle mit passendem Layout:

```
        CreateLocalTable myStmtHandle, newTableName
```

Nachfolgend werden alle Datensätze in die neue Tabelle kopiert:

```
    Set rs = CurrentDb.OpenRecordset(newTableName, dbOpenTable)
    ImportRecord myStmtHandle, rs
    While SQLite3Step(myStmtHandle) = SQLITE_ROW
        ImportRecord myStmtHandle, rs
    Wend
    rs.Close
Else
'       Debug.Print "SQLite3Step returned " & RetVal
End If
SQLite3Finalize myStmtHandle
End Sub
```

Für alle, die nicht nur Daten importieren, sondern zum Beispiel diese auch einzeln lesen/verarbeiten wollen, hier eine Methode, die ein ADO-*Recordset* mit den SQLite-Daten zurückgibt. Beachten Sie, dass es sich um ein verbindungsloses *Recordset* handelt, Änderungen werden also nicht in die Datenbank zurückgeschrieben.

```
Public Function OpenRecordset(ByVal sqlCommand As String) As ADODB.Recordset
    Dim myStmtHandle As Long
    Dim colCount As Long
    Dim rs As ADODB.Recordset
    Dim i As Long
```

Zunächst Abfrage der Daten:

```
    If myDbHandle = 0 Then Err.Raise 99, , "database not open"
    SQLite3PrepareV2 myDbHandle, sqlCommand, myStmtHandle
    ErrorCheck
```

Werden Daten geliefert, erzeugen wir das ADO-*Recordset* und füllen es mit den Daten aus der Abfrage:

```
    If SQLite3Step(myStmtHandle) = SQLITE_ROW Then
        Set rs = New ADODB.Recordset
        colCount = SQLite3ColumnCount(myStmtHandle)
        For i = 0 To colCount - 1
            rs.Fields.Append SQLite3ColumnName(myStmtHandle, i), _
                        MapTypADO(SQLite3ColumnType(myStmtHandle, i))
        Next
        rs.Open
        ' Daten in Recordset einlesen
        ImportRecordADO myStmtHandle, rs
        While SQLite3Step(myStmtHandle) = SQLITE_ROW
            ImportRecordADO myStmtHandle, rs
        Wend
        rs.MoveFirst
    Else
'       Debug.Print "SQLite3Step returned " & RetVal
    End If
```

12.5 Praxisbeispiele

Abschließend wird das *Recordset* von der Methode zurückgegeben:

```
    Set OpenRecordset = rs
    SQLite3Finalize myStmtHandle
End Function
```

CreateLocalTable ist eine interne Hilfsfunktion, die basierend auf einer SQLite-Abfrage eine neue Access-Tabelle erzeugt:

```
Private Sub CreateLocalTable(ByVal stmtHandle As Long, newTableName As String)
    Dim td As DAO.TableDef
    Dim colCount As Long
    Dim colValue As Variant
    Dim i As Long

    If myDbHandle = 0 Then Err.Raise 99, , "database not open"
    colCount = SQLite3ColumnCount(stmtHandle)

    ' Create Table
    Set td = CurrentDb.CreateTableDef(newTableName)
    For i = 0 To colCount - 1
        td.Fields.Append td.CreateField(SQLite3ColumnName(stmtHandle, i),
                    MapTyp(SQLite3ColumnType(stmtHandle, i)))
    Next
    CurrentDb.TableDefs.Append td
End Sub
```

ImportRecord liest einen kompletten Datensatz in ein lokales Recordset ein:

```
Private Sub ImportRecord(ByVal stmtHandle As Long, rs As DAO.Recordset)
    Dim colValue As Variant
    Dim colCount As Long
    Dim i As Long

    colCount = SQLite3ColumnCount(stmtHandle)
    rs.AddNew
    For i = 0 To colCount - 1
        rs.Fields(i).Value = ColumnValue(stmtHandle, i, SQLite3ColumnType(stmtHandle, i))
    Next
    rs.Update
End Sub
```

Hier noch das Pendant für ADO-Recordsets:

```
Private Sub ImportRecordADO(ByVal stmtHandle As Long, rs As ADODB.Recordset)
    Dim colValue As Variant
    Dim colCount As Long
    Dim i As Long

    colCount = SQLite3ColumnCount(stmtHandle)
    rs.AddNew
    For i = 0 To colCount - 1
```

```
            rs.Fields(i).Value = ColumnValue(stmtHandle, i, SQLite3ColumnType(stmtHandle, i))
    Next
    rs.Update
End Sub
```

Die beiden folgenden Funktionen mappen die Datentypen einer SQLite-Datenbank auf DAO- bzw. ADO-Datentypen. Hier ist eventuell noch Anpassungsbedarf gegeben (Zählerfelder etc.):

```
Private Function MapTyp(ByVal SQLiteType As Long) As Variant
    Select Case SQLiteType
        Case SQLITE_INTEGER:
            MapTyp = dbLong
        Case SQLITE_FLOAT:
            MapTyp = dbDouble
        Case SQLITE_TEXT:
            MapTyp = dbText
        Case SQLITE_BLOB:
            MapTyp = dbMemo
        Case SQLITE_NULL:
            MapTyp = dbText
    End Select
End Function

Private Function MapTypADO(ByVal SQLiteType As Long) As Variant
    Select Case SQLiteType
        Case SQLITE_INTEGER:
            MapTypADO = adInteger
        Case SQLITE_FLOAT:
            MapTypADO = adDecimal
        Case SQLITE_TEXT:
            MapTypADO = adBSTR
        Case SQLITE_BLOB:
            MapTypADO = adLongVarWChar
        Case Else
            MapTypADO = adBSTR
    End Select
End Function
```

Zum internen Auslesen von Werten aus der SQLite-Datenbank dient diese Methode, die je nach Datentyp die erforderliche DLL-Funktion verwendet:

```
Private Function ColumnValue(ByVal stmtHandle As Long, ByVal ZeroBasedColIndex As Long, _
                             ByVal SQLiteType As Long) As Variant
    Select Case SQLiteType
        Case SQLITE_INTEGER:
            ColumnValue = SQLite3ColumnInt32(stmtHandle, ZeroBasedColIndex)
        Case SQLITE_FLOAT:
            ColumnValue = SQLite3ColumnDouble(stmtHandle, ZeroBasedColIndex)
        Case SQLITE_TEXT:
            ColumnValue = SQLite3ColumnText(stmtHandle, ZeroBasedColIndex)
```

12.5 Praxisbeispiele

```
        Case SQLITE_BLOB:
            ColumnValue = SQLite3ColumnText(stmtHandle, ZeroBasedColIndex)
        Case SQLITE_NULL:
            ColumnValue = Null
    End Select
End Function
```

Möchten Sie Access-Abfrageergebnisse in einer SQLite-Datenbank sichern, verwenden Sie *ExportQuery*:

```
Public Sub ExportQuery(ByVal sqlCommand As String, ByVal newTableName As String)
Dim rs As DAO.Recordset
Dim cols As String
Dim i As Integer
Dim RetVal As Long
Dim myStmtHandle As Long

    If myDbHandle = 0 Then Err.Raise 99, , "database not open"
```

Transaktion starten:

```
    BeginTrans
```

Erzeugen der SQLite-Tabelle (per SQL) basierend auf dem Layout der Abfrage:

```
    Set rs = CurrentDb.OpenRecordset(sqlCommand, dbOpenForwardOnly)
    For i = 0 To rs.Fields.Count - 1
        If cols <> "" Then cols = cols & ","
        cols = cols & " [" & rs.Fields(i).Name & "] " & MapTyp2(rs.Fields(i))
    Next i
    ExecuteNonQuery "CREATE TABLE [" & newTableName & "] (" + cols + ")"
```

Wir erzeugen ein paar Platzhalter entsprechend der Spaltenanzahl der Abfrage:

```
    cols = ""
    For i = 0 To rs.Fields.Count - 1
        If cols <> "" Then cols = cols & ","
        cols = cols & "?"
    Next i
```

Insert-Abfrage mit Parametern vorbereiten:

```
    RetVal = SQLite3PrepareV2(myDbHandle, "INSERT INTO [" & _
                             newTableName & "] VALUES(" & cols & ")", myStmtHandle)
    ErrorCheck
```

Für alle Datensätze der Abfrage:

```
    While Not rs.EOF
        For i = 0 To rs.Fields.Count - 1
            If Not IsNull(rs.Fields(i).Value) Then
```

Parameter zuweisen:

```
                Select Case rs.Fields(i).Type
```

```
            Case dbBigInt, dbBoolean, dbByte, dbInteger, dbLong
                RetVal = SQLite3BindInt32(myStmtHandle, i + 1, rs.Fields(i).Value)
            Case dbDate, dbTimeStamp, Time
                RetVal = SQLite3BindText(myStmtHandle, i + 1, Format(rs.Fields(i).Value,
                                "yyyy-MM-dd HH:mm:ss"))
            Case dbCurrency, dbDecimal, dbNumeric, dbDouble, dbFloat, dbSingle
                RetVal = SQLite3BindDouble(myStmtHandle, i + 1, rs.Fields(i).Value)
            Case dbLongBinary, dbVarBinary
            ' ToDo
            Case Else
                RetVal = SQLite3BindText(myStmtHandle, i + 1, rs.Fields(i).Value)
        End Select
        End If
    Next i
```

INSERT-Abfrage ausführen:

```
        RetVal = SQLite3Step(myStmtHandle)
        If RetVal <> SQLITE_DONE Then
          Debug.Print "SQLite3Step returned " & RetVal, SQLite3ErrMsg(myDbHandle)
          Beep
        End If
        RetVal = SQLite3Reset(myStmtHandle)
        If RetVal <> SQLITE_OK Then
          Debug.Print "SQLite3Reset returned " & RetVal, SQLite3ErrMsg(myDbHandle)
          Beep
        End If
```

Nächster Datensatz:

```
        rs.MoveNext
    Wend
    rs.Close
    RetVal = SQLite3Finalize(myStmtHandle)
```

Transaktion abschließen:

```
    CommitTrans
End Sub
```

Die folgende Methode speichert einen Datensatz in der SQLite-Datenbank, übergeben Sie den Tabellennamen und die Spaltenwerte:

```
Sub SaveRecord(ByVal TableName As String, ParamArray Values())
Dim cols As String
Dim i As Integer
Dim RetVal As Long
Dim myStmtHandle As Long
```

Auch hier verwenden wir wieder Platzhalter für die Datenübergabe an das INSERT-Statement:

```
    cols = ""
    For i = 0 To UBound(Values)
```

12.5 Praxisbeispiele

```
            If cols <> "" Then cols = cols & ","
            cols = cols & "?"
    Next i
    ' Create Insert-Statement
    RetVal = SQLite3PrepareV2(myDbHandle, "INSERT INTO [" & TableName & "] VALUES(" & cols & _
                              ")", myStmtHandle)
    ErrorCheck
```

Werte schreiben:

```
    For i = 0 To UBound(Values)
        Select Case VarType(Values(i))
            Case vbBoolean, vbInteger, vbLong, vbByte
                RetVal = SQLite3BindInt32(myStmtHandle, i + 1, Values(i))
            Case vbDate
                RetVal = SQLite3BindText(myStmtHandle, i + 1, Format(Values(i), _
                                         "yyyy-MM-dd HH:mm:ss"))
            Case vbSingle, vbDouble, vbCurrency, vbDecimal
                RetVal = SQLite3BindDouble(myStmtHandle, i + 1, Values(i))
            Case vbEmpty, vbNull, vbObject
                ' ToDo
            Case Else
                RetVal = SQLite3BindText(myStmtHandle, i + 1, Values(i))
        End Select
    Next i
    RetVal = SQLite3Step(myStmtHandle)
    If RetVal <> SQLITE_DONE Then
        Debug.Print "SQLite3Step returned " & RetVal, SQLite3ErrMsg(myDbHandle)
    End If
    RetVal = SQLite3Reset(myStmtHandle)
    If RetVal <> SQLITE_OK Then
        Debug.Print "SQLite3Reset returned " & RetVal, SQLite3ErrMsg(myDbHandle)
    End If
    RetVal = SQLite3Finalize(myStmtHandle)
End Sub
```

Für das Erzeugen des CREATE TABLE-Befehls müssen wir ein Datentypmapping implementieren:

```
Private Function MapTyp2(fld As DAO.Field) As String
    If (fld.Attributes And dbAutoIncrField) = dbAutoIncrField Then
        MapTyp2 = "INTEGER NOT NULL PRIMARY KEY AUTOINCREMENT"
    Else
    Select Case fld.Type
        Case dbBigInt, dbBoolean, dbByte, dbInteger, dbLong
            MapTyp2 = "INTEGER"
        Case dbCurrency, dbDecimal, dbNumeric
            MapTyp2 = "DECIMAL"
        Case dbDate, dbTimeStamp
            MapTyp2 = "DATETIME"
```

```
            Case dbTime
                MapTyp2 = "TIME"
            Case dbDouble, dbFloat, dbSingle
                MapTyp2 = "DOUBLE"
            Case dbGUID
                MapTyp2 = "GUID"
            Case dbLongBinary, dbVarBinary
                MapTyp2 = "BLOB"
            Case dbMemo:
                MapTyp2 = "MEMO"
            Case Else
                MapTyp2 = "TEXT"
        End Select
    End If
End Function
```

Das Autoinkrementfeld können wir problemlos erzeugen, zur Laufzeit können, im Gegensatz zu Access, per INSERT auch Werte übergeben werden.

Zu jeder guten Datenbank gehört auch eine Backup-Funktion:

```
Public Function Backup(ByVal filename As String) As Long
    Dim myDbBackupHandle As Long
    Dim myBackupHandle As Long

    SQLite3Open filename, myDbBackupHandle
    myBackupHandle = SQLite3BackupInit(myDbBackupHandle, "main", myDbHandle, "main")
    If myBackupHandle <> 0 Then
        SQLite3BackupStep myBackupHandle, -1
        SQLite3BackupFinish myBackupHandle
    End If
    SQLite3ErrCode myDbBackupHandle
    SQLite3Close myDbBackupHandle
End Function
```

Datenbank komprimieren:

```
Public Sub Compact()
    SQLite3ExecuteNonQuery myDbHandle, "VACUUM;"
End Sub
```

Eine Transaktion starten und beenden bzw. verwerfen:

```
Public Sub BeginTrans()
    SQLite3ExecuteNonQuery myDbHandle, "BEGIN TRANSACTION"
End Sub

Public Sub CommitTrans()
    SQLite3ExecuteNonQuery myDbHandle, "COMMIT TRANSACTION"
End Sub
```

12.5 Praxisbeispiele

```
Public Sub RollbackTrans()
    SQLite3ExecuteNonQuery myDbHandle, "ROLLBACK TRANSACTION"
End Sub
```

Eine interne Fehlerprüfroutine, die mehrfach aufgerufen wird:

```
Private Sub ErrorCheck()
Dim errcode As Long
    errcode = SQLite3ErrCode(myDbHandle)
    If errcode <> 0 Then Err.Raise errcode, , SQLite3ErrMsg(myDbHandle)
End Sub
```

HINWEIS: Weitere Routinen sind an dieser Stelle denkbar, aber die wesentlichsten Funktionen sind mit obigen Methoden sicher abgedeckt. Alternativ steht Ihnen mit der *ExecuteNonQuery*-Methode natürlich die komplette SQL-Funktionsvielfalt zur Verfügung. Beachten Sie aber, dass es sich um SQLite-SQL handelt.

12.5.3 Verwenden der Klasse SQLiteDatabase

SQLiteDatabase; SQL; ADO-Recordset;

Wie Sie mit der im vorhergehenden Abschnitt erstellten Klasse *SQLiteDatabase* arbeiten, soll Gegenstand dieses Praxisbeispiels sein.

Oberfläche

Auf eine Oberfläche verzichten wir gänzlich, wir beschränken uns auf ein Modul, aus dem heraus wir die vier Test-Funktionen aufrufen.

HINWEIS: Stellen Sie sicher, dass die beiden DLLs *sqlite3.dll* und *SQLite3_StdCall.dll* im gleichen Verzeichnis wie die Datenbank abgelegt sind.

Quelltext

Binden Sie zunächst die Klasse *SQLiteDatabase* sowie das Modul *SQLite4Access* in Ihre Datenbank ein (siehe vorhergehender Abschnitt). In einem neuen Modul testen wir jetzt die neue Klasse.

HINWEIS: Die Verzeichnispfade der Beispiele passen Sie bitte gegebenenfalls an.

```
Option Compare Database
Sub Test()
  On Error Resume Next
```

Instanz erzeugen:

```
    Dim db As New SQLiteDatabase
    Dim i As Integer
```

Version ausgeben:

```
Debug.Print db.Version
```

Wir löschen in der aktuellen Access-Datenbank eine Tabelle, da wir diese im Weiteren aus der SQLite-Beispieldatenbank importieren wollen:

```
CurrentDb.TableDefs.Delete "SQLiteImport"
```

SQLite-Datenbank öffnen (wenn nicht vorhanden, wird diese jetzt erzeugt):

```
db.OpenDatabase "c:\temp\testabc1.db"
```

Tabelle per SQL erzeugen:

```
db.ExecuteNonQuery "CREATE TABLE IF NOT EXISTS MyFirstTable (Id INTEGER, Text TEXT, Value REAL)"
```

Wir erzeugen eine Abfrage/View in der Datenbank:

```
db.CreateQueryDef "Testabfrage", "SELECT * FROM myFirstTable WHERE Id > 10"
```

In einer Transaktion speichern wir 1000 Datensätze in der neuen Tabelle[1]:

```
db.BeginTrans
For i = 1 To 1000
```

Einzelnen Datensatz schreiben:

```
    db.SaveRecord "MyFirstTable", i, "Row#####" & i, i / 2
Next i
```

Transaktion abschließen:

```
db.CommitTrans
```

Wir importieren die Datensätze in die Access-Datenbank:

```
db.ImportQuery "SELECT * FROM MyFirstTable", "SQLiteImport"
```

Datenbank schließen:

```
db.CloseDatabase
End Sub
```

Das war doch wohl recht einfach und intuitiv.

Im folgenden Beispiel exportieren wir in die neue SQLite-Datenbank zwei Abfragen aus der aktuellen Access-Datenbank und erstellen abschließen ein Backup der kompletten SQL-Datenbank:

```
Sub test2()
    Dim db As New SQLiteDatabase
    db.OpenDatabase "c:\temp\export3.db"
    db.ExportQuery "SELECT * FROM Artikel", "Artikel"
    db.ExportQuery "SELECT * FROM Personal", "Personal"
```

---

[1] Sie erinnern sich: SQLite wird ohne Transaktion schneckenlangsam.

```
        db.Backup "c:\temp\export3_bck.db"
        db.CloseDatabase
End Sub
```

Wir rufen ein *Recordset* für Datensätze aus der SQLite-Datenbank ab und zeigen diese an:

```
Sub test3()
    Dim db As New SQLiteDatabase
    Dim rs As ADODB.Recordset

    db.OpenDatabase "c:\temp\export3.db"
    Set rs = db.OpenRecordset("SELECT * FROM Artikel")
    While Not rs.EOF
        Debug.Print rs!Artikelnr & " " & rs!Artikelname
        Debug.Print "-----------------"
        rs.MoveNext
    Wend
    rs.Close
    db.CloseDatabase
End Sub
```

Last, but not least, können wir auch eine Volltextabfrage starten, diese liefert im Gegensatz zum ODBC-Treiber den kompletten Inhalt und nicht nur die ersten 255 Zeichen:

```
Sub test4()
    Dim db As New SQLiteDatabase
    Dim rs As ADODB.Recordset
    db.OpenDatabase "C:\Arbeit\Access Grundlagen\CD\SQLite\sqlitetest.db"
    Set rs = db.OpenRecordset("SELECT wort, Snippet(Volltextdaten) as snippet,beschreibung " & _
                              "FROM VolltextDaten WHERE Beschreibung MATCH 'Gold'")
    While Not rs.EOF
        Debug.Print rs!beschreibung
        Debug.Print "-----------------"
        rs.MoveNext
    Wend
    rs.Close
    db.CloseDatabase
End Sub
```

12.6 Tipps & Tricks

Im Folgenden zeigen wir Ihnen einige interessante Lösungen und Möglichkeiten mit und für SQLite.

12.6.1 Für Liebhaber der Kommandozeile – Sqlite3.exe

Unter der Adresse

LINK: http://www.sqlite.org/download.html

finden Sie in der Rubrik *Precompiled Binaries For Windows* das gewünschte Tool *sqlite3.exe* (siehe *sqlite-shell-win32-x86-3071502.zip*). Laden Sie die ZIP-Datei herunter und entpacken Sie den Inhalt (eine EXE) in ein Verzeichnis Ihrer Wahl.

Möchten Sie eine Datenbank öffnen genügt es, wenn Sie die betreffende Datenbank per Drag & Drop auf die EXE ziehen.

Nachfolgend können Sie schon Ihre SQL-Kenntnisse prüfen, alternativ stehen Ihnen auch einige zusätzliche Kommandos zur Verfügung. Über deren Verwendung informieren Sie sich bitte in der Onlinehilfe.

Im Folgenden zeigen wir Ihnen an einem kleinen Beispielskript, wie Sie einen Datenbankexport im SQL-Format realisieren können.

BEISPIEL: Ein Mini-Skript *ExportSQLite.cmd*

```
sqlite3.exe %1 .dump >> output.sql
```

Ziehen Sie jetzt eine Datenbank per Drag & Drop auf dieses Skript, so wird die komplette Datenbank im SQL-Format ausgegeben.

12.6 Tipps & Tricks

Diese Funktionalität dürfte vor allem beim Exportieren der Daten in Fremdformate recht nützlich sein, einige kleine Anpassungen genügen meist und Sie können das Skript beispielsweise auf einen Microsoft SQL Server einspielen.

12.6.2 Eine SQLite-Datenbank reparieren

Mit dem blöden Spruch, dass eine Sicherungskopie immer der bessere Weg zu einer intakten Datenbank sei, ist Ihnen nicht geholfen, wenn keine Sicherungskopie existiert bzw. wenn diese zu alt ist. Wenn also "das Kind in den Brunnen gefallen ist" und Ihre App mysteriöse Fehler[1] produziert, sollten Sie sich mit dem Gedanken anfreunden, dass die Datenbank beschädigt ist.

Mit dem im vorhergehenden Abschnitt vorgestellten Programm *sqlite3.exe* können Sie zunächst eine Fehlerprüfung realisieren:

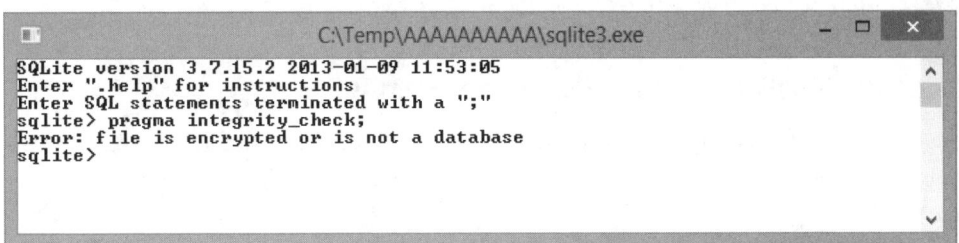

Mit der folgenden Anweisung starten Sie eine Integritätsprüfung, die in obigem Beispiel leider negativ ausfällt. Jetzt gilt es zu retten, was zu retten ist.

```
pragma integrity_check;
```

Zwei Varianten bieten sich an:

- Sie verwenden den *.restore*-Befehl von *sqlite3.exe*
- Sie exportieren die defekte Datenbank im SQL-Format

Die folgende Abbildung zeigt die erste Variante in Aktion:

---

[1] z.B. *The database disk image is malformed.*

Nun zu Variante 2: Mit dem Skript aus dem vorhergehenden Abschnitt können Sie ein SQL-Skript der kompletten Datenbank erstellen. Dieses kann nachbearbeitet und später ausgeführt werden. Abschließend sollten Sie wieder eine funktionstüchtige Datenbank besitzen.

HINWEIS: Eine Garantie, dass mit den beiden obigen Verfahren die Datenbank in jedem Fall wiederhergestellt werden kann, lässt sich nicht geben. Hier bleibt als Rettungsanker letztendlich nur die Sicherungskopie.

12.6.3 Eine Beispieldatenbank herunterladen

Für erste Tests eignet sich nach wie vor die *Northwind*-Datenbank recht gut. Eine entsprechende Portierung in das SQLite-Format finden Sie unter der Adresse:

LINK: http://sqlite.phxsoftware.com/forums/t/1377.aspx

12.6.4 Testen ob Tabelle vorhanden ist

Möchten Sie prüfen, ob eine spezifische Tabelle in der Datenbank bereits vorhanden ist, nutzen Sie folgende Hilfsfunktion:

```
Function TableExists(tblName As String) As Boolean
    Dim db As New SQLiteDatabase
    Dim rs As ADODB.Recordset
    Dim res As Boolean
    db.OpenDatabase "c:\temp\export3.db"
    Set rs = db.OpenRecordset("SELECT Count(*) FROM sqlite_master WHERE " & _
                       "type='table' AND lower(name) = lower('" & tblName & "')")
    res = CBool(rs.Fields(0).Value)
    rs.Close
    db.CloseDatabase
    TableExists = res
End Function
```

Die Verwendung zeigt das folgende Beispiel:

BEISPIEL: Test auf vorhandene Tabelle

```
If TableExists("Artikel") Then msgbox("Tabelle ist vorhanden!")
```

12.6.5 Die Datenbank defragmentieren

Wie auch bei jedem anderen Datenbanksystem wird die Datendatei durch Löschvorgänge und Änderungen mit der Zeit fragmentiert, d.h., es verbleiben "Leerstellen" in der Datei und diese wächst immer mehr an. Um es kurz zu machen: SQLite stellt die SQL-Anweisung VACUUM zur Verfügung, um die Datenbank zu reorganisieren. Verwenden Sie die *SQLiteDatabase*-Klasse müssen Sie nach dem Öffnen der Datenbank nur noch die Methode *Compact* aufrufen.

BEISPIEL: Datenbank defragmentieren

```
Dim db As New SQLiteDatabase
db.OpenDatabase "c:\temp\export3.db"
db.Compact
db.CloseDatabase
```

12.6.6 Mehrere Datenbanken verknüpfen

Möchten Sie Abfragen über mehrere Datenbankdateien realisieren, hilft Ihnen die ATTACH-Anweisung weiter. Führen Sie diese in einer geöffneten Verbindung aus, wird eine weitere Datenbankdatei eingebunden. Sie haben nachfolgend die Möglichkeit, Abfragen über Tabellen aus zwei verschiedenen Datenbanken zu realisieren.

BEISPIEL: Öffnen der Testdatenbank und der Backup-Datenbank

```
Dim db As New SQLiteDatabase
Dim rs As ADODB.Recordset
db.OpenDatabase "c:\temp\export3.db"
db.ExecuteNonQuery "ATTACH DATABASE 'c:\temp\export3_bck.db' AS XYZ"
Set rs = db.OpenRecordset("SELECT * FROM XYZ.Artikel")
While Not rs.EOF
    Debug.Print rs!Artikelname
    Debug.Print "-----------------"
    rs.MoveNext
Wend
rs.Close
db.CloseDatabase
```

HINWEIS: Zusammen mit der Anweisung INSERT INTO können Sie mit SQL auf diese Weise Tabellendaten zwischen zwei Datenbanken austauschen.

12.6.7 Eine Abfrage/Tabelle kopieren

SQLite stellt keine SELECT INTO-Abfrage zur Verfügung (Einfügen von Abfragewerten in neue Tabelle) und so bleibt nichts anderes übrig, als dies mit zwei Abfragen zu "simulieren".

BEISPIEL: Das Abfrageergebnis soll in eine neue Tabelle *Abfragedaten* kopiert werden. Ist die Tabelle nicht vorhanden, soll Sie erstellt werden.

```
Dim db As New SQLiteDatabase
Dim rs As ADODB.Recordset
db.OpenDatabase "c:\temp\export3.db"
db.ExecuteNonQuery "CREATE TABLE IF NOT EXISTS Abfragedaten AS SELECT * FROM Artikel;"
db.ExecuteNonQuery "INSERT INTO Abfragedaten SELECT * FROM Artikel;"
db.CloseDatabase
```

Die erste Anweisung erstellt die Tabellenstruktur (ohne Index, Contraints etc.), die zweite Anweisung kopiert die Daten.

12.6.8 Ein Backup implementieren

Prinzipiell genügt es, wenn Sie im unbenutzten Zustand die komplette Datenbank-Datei einfach kopieren, es sind alle Informationen enthalten. Doch bei Multiuserzugriff ist es besser, diese Aufgabe der Datenbank zu überlassen.

Das *SQLiteDatabase*-Objekt stellt dazu die Methode *Backup* zur Verfügung.

BEISPIEL: Datenbankbackup

```
Dim db As New SQLiteDatabase
db.OpenDatabase "c:\temp\export3.db"
db.Backup "c:\temp\export3_bck.db"
db.CloseDatabase
```

12.6.9 Tabellen zwischen Datenbanken kopieren

Wie im Beispiel "Mehrere Datenbanken verknüpfen" (Seite 741) gezeigt, lassen sich weitere Datenbanken per ATTACH in eine bestehende Connection einbinden. Über den Aliasnamen können Sie die Tabellen der beiden Datenbanken auseinanderhalten. Verbinden Sie dieses Möglichkeit mit der im Beispiel "Eine Abfrage/Tabelle kopieren" (Seite 741) gezeigten Vorgehensweise, steht dem Kopieren einzelner Tabellen bzw. Abfragen in eine weitere Datenbank nichts mehr im Weg.

BEISPIEL: Tabelle zwischen Datenbanken kopieren

Ausgehend von einer geöffneten Verbindung zur *Ziel*-Datenbank binden wir die Datenbank *Northwindef.db* ein:

```
ATTACH DATABASE 'northwindef.db' AS NW;
```

Falls noch nicht vorhanden, erstellen wir die Zieltabelle:

```
CREATE TABLE IF NOT EXISTS Ziel.Abfragedaten AS SELECT * FROM NW.Products;
```

Abschließend kopieren wir die Daten:

```
INSERT INTO Ziel.Abfragedaten SELECT * FROM NW.Products;
```

12.6.10 Ersatz für TOP

Als T-SQL-Programmierer ist Ihnen sicher die TOP-Klausel ein Begriff, damit haben Sie die Möglichkeit, die Anzahl der Datensätze, die als Abfrageergebnis zurückgegeben werden, zu beschränken.

SQLite kennt diese Klausel nicht, Sie müssen stattdessen die LIMIT-Klausel verwenden.

BEISPIEL: Aus

```
SELECT TOP 10 * FROM Products
```

wird

```
SELECT * FROM Products LIMIT 10
```

12.6.11 Metadaten auswerten

Wer mehr über eine SQLite-Datenbank erfahren möchte, kann einen Blick in die System-Tabelle *sqlite_master* werfen:

```
SELECT * FROM sqlite_master
```

Die Anweisung zaubert folgende Daten auf den Bildschirm[1]:

	type	name	tbl_name	rootpage	sql
1	table	Regions	Regions	2	CREATE TABLE [Regions]([RegionID] integer primary key NOT NULL, [RegionDescription] nvarchar(50) NOT NULL COLLATE NOCASE)
2	table	PreviousEmployees	PreviousEmployees	3	CREATE TABLE [PreviousEmployees]([EmployeeID] integer primary key NOT NULL, [LastName] nvarchar(20) NOT NULL COLLATE NOCASE, [FirstName] nvarchar(10) NOT NULL COLLATE NOCASE, [Title] nvarchar(30) NULL COLLATE NOCASE, [TitleOfCourtesy] nvarchar(25) NULL COLLATE NOCASE, [BirthDate] datetime NULL, [HireDate] datetime NULL, [Address] nvarchar(60) NULL COLLATE NOCASE,
3	table	Employees	Employees	6	CREATE TABLE [Employees]([EmployeeID] integer primary key autoincrement NOT NULL
4	table	sqlite_sequence	sqlite_sequence	8	CREATE TABLE sqlite_sequence(name,seq)
5	table	Customers	Customers	9	CREATE TABLE [Customers]([CustomerID] nchar(5) primary key NOT NULL COLLATE NOCASE
6	index	sqlite_autoindex_Customers_1	Customers	10	NULL
7	table	Suppliers	Suppliers	12	CREATE TABLE [Suppliers]([SupplierID] integer primary key autoincrement NOT NULL
8	table	InternationalOrders	InternationalOrders	14	CREATE TABLE [InternationalOrders]([OrderID] integer primary key NOT NULL
9	table	OrderDetails	OrderDetails	15	CREATE TABLE [OrderDetails]([OrderID] integer NOT NULL
10	index	sqlite_autoindex_OrderDetails_1	OrderDetails	16	NULL

Wie Sie sehen, ist für jedes Objekt die komplette DDL-Anweisung gespeichert, Sie können diese Informationen entsprechend parsen.

Eine etwas übersichtlichere Variante für die Darstellung der Tabelleneigenschaften bietet sich an mit der Anweisung

```
pragma table_info([<Tabellenname>])
```

Die zurückgegebene Tabelle entspricht im Wesentlichen der Darstellung in einem Tabellen-Layout-Editor:

---

[1] bzw. in ein *Recordset* (hier verwenden wir *Database .NET* zur Abfrage)

cid	name	type	notnull	dflt_value	pk
0	ProductID	integer	1	NULL	1
1	ProductName	nvarchar(40)	1	NULL	0
2	SupplierID	integer	0	NULL	0
3	CategoryID	integer	0	NULL	0
4	QuantityPerUnit	nvarchar(20)	0	NULL	0
5	UnitPrice	money	0	0	0
6	UnitsInStock	smallint	0	0	0
7	UnitsOnOrder	smallint	0	0	0
8	ReorderLevel	smallint	0	0	0
9	Discontinued	bit	1	0	0
10	DiscontinuedDate	datetime	0	NULL	0

Möchten Sie die letzten Werte der Autoinkrement-Felder für einzelne Tabellen abrufen, nutzen Sie die Tabelle *sqlite_sequenz*:

name	seq
Employees	9
Orders	11077
Products	77
Suppliers	29
Categories	15
test	3
NULL	NULL

Mit diesen drei Anweisungen können Sie schon eine ganze Menge über unbekannte Datenbanken herausfinden, für weitergehende Informationen verweisen wir Sie wieder an die SQLite-Dokumentation im Internet.

12.6.12 Timestamp als Defaultwert verwenden

Da die Syntax etwas gewöhnungsbedürftig ist, wollen wir noch auf einen Spezialfall eingehen. Möchten Sie das aktuelle Datum als Default-Wert für eine Tabellenspalte verwenden, definieren Sie die Spalte bitte wie folgt:

```
CREATE TABLE Test (
    Id INTEGER NOT NULL PRIMARY KEY AUTOINCREMENT,
    Eingabedatum DATETIME DEFAULT (datetime('now')),
    ...
);
```

Übergeben Sie keinen Wert an die Spalte, trägt die SQLite-Engine automatisch das aktuelle Datum und die Zeit in die Spalte ein.

12.6.13 Export in XML-Format

Direkte Unterstützung für einen XML-Export bietet SQLite nicht, mit Hilfe eines ADO-Recordsets und dessen *Save*-Methode haben Sie aber auch dieses Problem schnell gemeistert:

BEISPIEL: Exportieren von Abfragedaten im XML-Format

```
Dim db As New SQLiteDatabase
Dim rs As ADODB.Recordset
db.OpenDatabase "c:\temp\export3.db"
Set rs = db.OpenRecordset("SELECT * FROM Artikel")
rs.Save "c:\temp\Artikel.xml", adPersistXML
rs.Close
db.CloseDatabase
```

12.7 Fazit

Sie haben es sicher bemerkt, SQLite ist – sowohl was die Distribution als auch die Features anbelangt – die ideale **Desktop-Datenbank**. Gerade die Volltextsuche sucht man bei Microsoft in dieser Rubrik vergeblich. Die gegenüber Access-Datenbanken nicht vorhandene Einschränkung bezüglich der maximalen Dateigröße ist ein weiteres gewichtiges Argument.

Auch wer an der Verbindung zu mobilen Lösungen (iOS, Android) arbeitet, wird mit diesem Datenformat seine Freude haben. Sie können eine Datenbank problemlos zwischen den Plattformen austauschen, Sie müssen nicht mal die Indizes neu aufbauen.

Auch die Kompatibilität zu den anderen Microsoft-Technologien (.NET-Framework) ist dank ADO.NET-Datenprovider hervorragend gelöst.

Einen Einsatz im Netzwerk würden wir aus prinzipiellen Gründen (Sicherheit, Locking etc.) nicht empfehlen. Da sind Sie mit einem echten SQL Server viel besser beraten.

Teil III: Weitere Technologien

- **Dateien und Verzeichnisse**
- **XML in Theorie und Praxis**
- **SQL im Einsatz**
- **Anwendungsdesign**
- **Menüband und Backstage**
- **Programmschnittstellen**

Kapitel 13

Dateien und Verzeichnisse

13.1 Allgemeines

Man kann die einfachen Dateien (Textdateien, Binärdateien, typisierte Dateien) durchaus als die Vorläufer der Datenbanken bezeichnen, ermöglichen sie doch ein persistentes (dauerhaftes) Speichern von Informationen in recht überschaubaren Formaten.

VBA bietet für den Zugriff auf Dateien und Verzeichnisse eine breite Palette von Möglichkeiten an. Bevor wir aber dazu kommen, wollen wir einige grundsätzliche Begriffe klären.

13.1.1 ANSI/ASCII/Unicode

Bei allen drei Abkürzungen handelt es sich um Kürzel für Zeichensätze. Während ANSI und ASCII sich kaum unterscheiden (lediglich einige Zeichen sind verändert), ist der Unterschied zum Unicode-Zeichensatz beträchtlich, wird doch jedes Zeichen mit 16 Bit (statt 8) kodiert. Daraus resultiert ein wesentlicher Vorteil: Mit einer Speicherstelle lassen sich bis zu 65.536 Zeichen darstellen.

Access verwendet intern ebenfalls den Unicode-Zeichensatz. Arbeiten Sie mit API-Funktionen, werden Strings jedoch automatisch in ANSI-Zeichen umgewandelt.

Die Umwandlung von ANSI auf ASCII stellt kein allzu großes Problem dar; mit zwei API-Funktionen haben Sie sowohl die ANSI/ASCII- als auch die ASCII/ANSI-Umwandlung im Griff:

```
Declare Function CharToOem Lib "user32" Alias "CharToOemA" (ByVal lpszSrc As String, _
                                                ByVal lpszDst As String) As Long
```

bzw.

```
Declare Function OemToChar Lib "user32" Alias "OemToCharA" (ByVal lpszSrc As String, _
                                                ByVal lpszDst As String) As Long
```

BEISPIEL: Der Inhalt von *Text1* wird vom ASCII- zum ANSI-Zeichensatz umgewandelt

```
Dim textVariable As String
textVariable = Text1.Value
OemToChar textVariable, textVariable
Text1.Value = textVariable
```

13.1.2 Gemeinsamer Dateizugriff

Für die Arbeit in einer Multiuser-/Multitasking-Umgebung gelten andere Spielregeln als zum Beispiel unter DOS. Um Probleme beim Zugriff mehrerer Anwendungen auf ein und dieselbe Datei zu vermeiden, gibt es verschiedene Zugriffsmodi, mit denen temporär die Schreib- bzw. Leserechte an einer Datei eingeschränkt werden können. Dabei handelt es sich nicht um die bekannten Dateiattribute, die Sie mit *GetAttr* abfragen können.

Modus	Beschreibung
Shared	Jeder andere Prozess hat Schreib- und Leserechte für diese Datei
Lock Read	Die Datei kann durch andere Anwendungen nicht gelesen werden. Diese Einschränkung lässt sich natürlich nur dann setzen, wenn noch keine andere Anwendung diesen Zugriffsmodus gewählt hat.
Lock Write	Nur die aktuelle Anwendung darf in die Datei schreiben, andere Anwendungen haben keine Schreibrechte. Voraussetzung: Dieser Modus ist noch nicht aktiviert!
Lock Read Write	Zusammenfassung der beiden vorhergehenden Zugriffsrechte

HINWEIS: Setzt *Programm 1* beim Öffnen der Datei *XYZ* den Modus *Lock Write* und versucht *Programm 2* die Datei *XYZ* zum Schreiben zu öffnen, tritt in *Programm 2* der Laufzeitfehler 70 (*Zugriff verweigert*) auf. Aus diesem Grund sollten Sie nie auf eine entsprechende Fehlerbehandlung verzichten. Wenn Sie grundlegende Änderungen an der Datei vornehmen (Löschen), ist es dringend anzuraten, anderen Anwendungen für diese Zeit die Leserechte zu entziehen.

13.1.3 Verwenden der File System Objects

Gleich zu Beginn wollen wir auf die *File System Objects* (kurz FSO) eingehen, von denen auch der Access-Programmierer profitieren kann.

HINWEIS: Eine Auflistung der wichtigsten Eigenschaften und Methoden des FSO finden Sie im Übersichtsteil dieses Kapitels (Seite 792)!

Microsoft bietet mit dieser Library, die eigentlich für die Skript-Programmierung gedacht war, die Möglichkeit, den Zugriff auf Dateien bzw. das Dateisystem auf eine objektorientierte Stufe zu stellen. Statt vieler voneinander unabhängiger Prozeduren und Funktionen orientieren sich die Objekte an der Baumstruktur des Dateisystems und bilden die Verzeichnisse und Laufwerke als Collections ab. Die Datei-/Verzeichnis-Eigenschaften werden folgerichtig als Objekt-Eigenschaften abgebildet.

Leider hat dieses Vorgehen auch seine Schattenseiten: Möchten Sie in Ihren Programmen auf die oben genannte Funktionalität zugreifen, kommen Sie eventuell nicht um die Weitergabe der Datei *scrrun.dll* herum. Noch eine weitere DLL, die neben zusätzlichem Platz auch weitere Installationsprobleme mit sich bringt. Last, but not least, fehlen leider auch noch diverse Funktionen, die Sie mit den konventionellen Funktionen realisieren müssen (z.B. Zugriff auf Binär- und typisierte Dateien).

13.1 Allgemeines

Wir wollen uns davon im Weiteren jedoch nicht beeinflussen lassen und stattdessen die vorhandenen Features näher untersuchen.

Grundsätzlich steht vor der Verwendung der FSO die Einbindung der *Microsoft Scripting Runtime*-Bibliothek (VBA-Editor: Menübefehl *Extras/Verweise*).

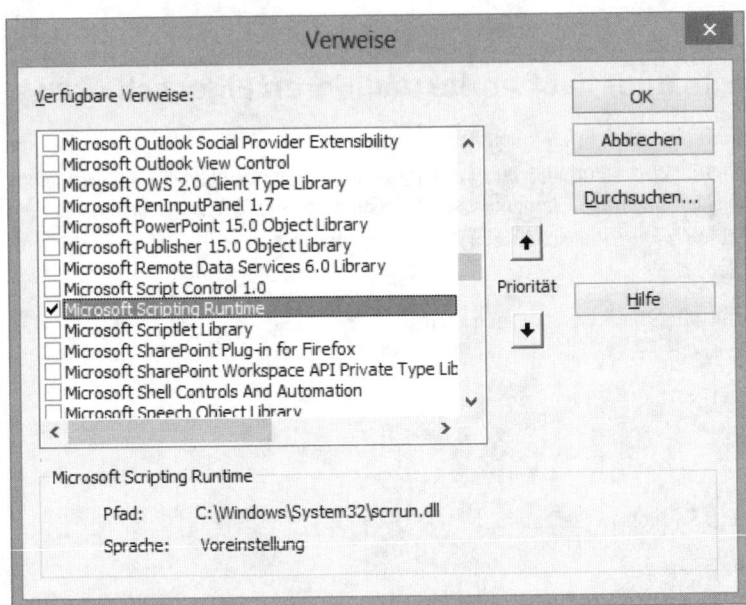

Nachfolgend können Sie eine erste Instanz der Klasse *FileSystemObject* erzeugen. An dieser Stelle scheiden sich allerdings die Geister daran, wie das Objekt erstellt werden soll. Grundsätzlich sollten Sie Objekte mit *CreateObject* nur dann erzeugen, wenn sie wirklich gebraucht werden. Aus Bequemlichkeitsgründen können wir beim übergeordneten FSO jedoch darauf verzichten und den einfacheren Weg einschlagen:

```
Public myfso As New FileSystemObject      ' in einem BAS-Modul
```

Um die Freigabe des Objekts brauchen wir uns nicht weiter zu kümmern, mit dem Programmende wird auch die Instanz freigegeben. Etwas anders liegt der Fall bei der Arbeit mit ASP-Dateien bzw. VBScript. Hier bleibt uns nichts anderes übrig, als mit

```
Dim myfso
Set myfso = CreateObject("Scripting.FileSystemObject")
...
Set myfso = Nothing
```

die Instanz zu erstellen bzw. zu löschen.

13.2 Zugriff auf das Dateisystem

Statt einer Liste aller Eigenschaften, Methoden und Collections möchten wir Ihnen an einigen praktischen Einsatzfällen die Verwendung der FSO verdeutlichen. Wofür früher vielfach API-Funktionen mit endlosen Parameterlisten bemüht werden mussten, ist jetzt ohne Probleme eine Eigenschaft abrufbar.

13.2.1 Ermitteln aller Laufwerke und deren Eigenschaften

Ausgehend von einem initialisierten *FileSystemObject* können Sie mit Hilfe der *Drives*-Collection alle nötigen Informationen über die vorhandenen Laufwerke sowie deren Eigenschaften gewinnen. Einziger Weg um auf die einzelnen Elemente der Auflistung zuzugreifen ist das *For Each*-Konstrukt. Obwohl es eine *Count*-Eigenschaft gibt, kann nicht über einen Index auf einzelne Laufwerke zugegriffen werden.

BEISPIEL: Anzeige aller Laufwerke zzgl. Eigenschaften

```
Sub Test()
Dim myfso As FileSystemObject
Dim mydrive As Drive
```

Objekt erstellen:

```
Set myfso = CreateObject("Scripting.FileSystemObject")
```

Collection durchlaufen:

```
For Each mydrive In myfso.Drives
    If mydrive.IsReady Then
        Debug.Print mydrive.DriveLetter & ": [" & mydrive.VolumeName & "]"
        Debug.Print "    Dateisystem        :" & mydrive.FileSystem
        Debug.Print "    Laufwerksystyp     :" & Choose(mydrive.DriveType+1, "Unknown", _
                                                "Removable", _
                                                "Fixed", _
                                                "Network", _
                                                "CD-ROM", _
                                                "RAM Disk")
        Debug.Print "    Speicher verfügbar:" & CStr(mydrive.AvailableSpace)
        Debug.Print "    Speicher frei      :" & CStr(mydrive.FreeSpace)
        Debug.Print "    Speicher gesamt    :" & CStr(mydrive.TotalSize)
        Debug.Print "    Seriennummer       :" & CStr(mydrive.SerialNumber)
    Else
        Debug.Print mydrive.DriveLetter & ": Kein Datenträger"
    End If
Next
Set myfso = Nothing
End Sub
```

13.2 Zugriff auf das Dateisystem

Das Resultat im Direktfenster (Aufruf mit Strg + G):

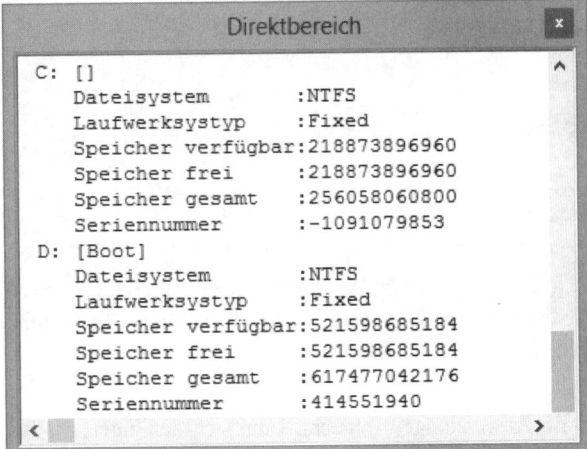

HINWEIS: Achten Sie darauf, mit *IsReady* die Bereitschaft des Laufwerks zu testen!

13.2.2 Ermitteln aller Verzeichnis-Eigenschaften

Neben den Laufwerkseigenschaften dürften auch die Informationen über einzelne Verzeichnisse von Interesse sein. In diesem Zusammenhang spielt die Methode *GetFolder* eine Schlüsselrolle, sie gibt ein so genanntes *Folder*-Objekt zurück, über dessen Eigenschaften Sie Zugriff auf Datum, Größe, Name etc. erhalten.

BEISPIEL: Verzeichnis-Eigenschaften feststellen

```
Sub Test()
Dim myfso As FileSystemObject
Dim myf1 As Folder
  Set myfso = CreateObject("Scripting.FileSystemObject")
  Set myf1 = myfso.GetFolder(".")
  Debug.Print myf1.Name
  Debug.Print "Erzeugt am        : " & CStr(myf1.DateCreated)
  Debug.Print "Letzter Zugriff am: " & CStr(myf1.DateLastAccessed)
  Debug.Print "Letzte Änderung am: " & CStr(myf1.DateLastModified)
  Debug.Print "Kurzname: " & CStr(myf1.ShortName)
  Debug.Print "Kurzpfad: " & CStr(myf1.ShortPath)
  Debug.Print "Größe: " & CStr(myf1.Size)
  Set myfso = Nothing
End Sub
```

```
Direktbereich
Documents
Erzeugt am          : 14.01.2013 14:10:20
Letzter Zugriff am: 10.05.2015 17:43:20
Letzte Änderung am: 10.05.2015 17:43:20
Kurzname: DOCUME~1
Kurzpfad: C:\Users\ProfDob\DOCUME~1
```

HINWEIS: Die Eigenschaft *Size* gibt die Verzeichnisgröße inklusive aller Unterverzeichnisse zurück. Verwenden Sie diese Eigenschaft mit Bedacht, da es bei vielen Dateien und Verzeichnissen zu entsprechenden Wartezeiten kommen kann.

Wer doch noch kurze Dateinamen (16-Bit-Anwendungen) braucht, kann sich der Eigenschaften *ShortName* und *ShortPath* bedienen.

HINWEIS: Eine Sonderrolle kommt dem Folder "." zu, es handelt sich um das gerade aktive Verzeichnis (siehe obiges Beispiel). Beachten Sie jedoch, dass Sie mit *GetFolder* lediglich Unterverzeichnisse eines Laufwerks abfragen können. Wenden Sie die Methode auf die Root des Laufwerks an, kommt es beim Abruf der Folder-Eigenschaften zu einem Laufzeitfehler!

13.2.3 Auflisten aller Unterverzeichnisse eines Folders

Ähnlich wie beim Zugriff auf die Laufwerke (*Drives*) ist auch hier nur die Verwendung eines *For Each*-Konstrukts möglich.

BEISPIEL: Alle Unterverzeichnisse der Root-Directory anzeigen

```
Sub Test()
Dim myfso As FileSystemObject
Dim myf1 As Folder, myf2 As Folder
 Set myfso = CreateObject("Scripting.FileSystemObject")
 Set myf1 = myfso.GetFolder("c:\")     ' Verzeichnis anpassen!
 Debug.Print myf1.Name
 For Each myf2 In myf1.SubFolders
   Debug.Print myf2.Name
 Next
 Set myfso = Nothing
End Sub
```

HINWEIS: Laut vorhergehendem Abschnitt könnten Sie nachfolgend alle Verzeichniseigenschaften auswerten.

13.2 Zugriff auf das Dateisystem

Das Ergebnis im Direktfenster:

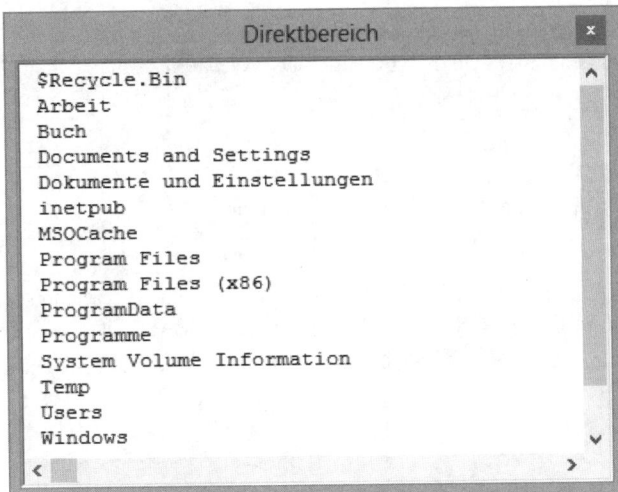

13.2.4 Rekursiv alle Unterverzeichnisse auflisten

Ging es um die rekursive Suche in Verzeichnissen, ließ die Verwendung der bisherigen VBA-Funktionen jeden Programmierer verzweifeln, ein direkter rekursiver Aufruf war nicht möglich. Mit diesem Manko räumt das *FileSystemObject* auf. Das folgende Beispiel zeigt Ihnen, wie Sie rekursiv alle Unterverzeichnisse zu einer beliebigen Root auflisten können.

HINWEIS: Eine Erweiterung auf Dateien ist problemlos möglich, in diesem Fall ist lediglich die *Files*-Auflistung zusätzlich zu verwenden.

BEISPIEL: Alle Unterverzeichnisse anzeigen

```
Dim level As Integer
```

Level dient lediglich dazu, die Ausgabe für die Unterverzeichnisse mit Leerzeichen entsprechend einzurücken.

Hier die eigentliche Funktion, die rekursiv aufgerufen werden kann:

```
Sub ShowSubfolders(f As Folder)
Dim myf2 As Folder
  level = level + 1
  For Each myf2 In f.SubFolders
    Debug.Print Space(level * 3) & "\" & myf2.Name
    ShowSubfolders myf2
  Next
  level = level - 1
End Sub
```

Da die *SubFolders*-Auflistung nicht die Verzeichniseinträge "." und ".." enthält, können wir auf eine Sonderbehandlung an dieser Stelle verzichten.

Der Aufruf der obigen Funktion erfolgt nach der Initialisierung eines *FileSystemObjects* mit nachfolgender Auswahl des Root-Verzeichnisses (in diesem Fall *C:\Users\Chef\Access*)

```
Dim myfso As FileSystemObject, myf1 As Folder
level = 0
Set myfso = CreateObject("Scripting.FileSystemObject")
Set myf1 = myfso.GetFolder("C:\Users\Chef\Access")      ' Root-Verzeichnis anpassen!
ShowSubfolders myf1
Set myfso = Nothing
```

```
Direktbereich
    \CD
        \01 Einführung
        \02 VBA
        \03 Datenmakros
        \04 Controls
        \05 Berichte
        \06 OOP
        \07 DAO
        \08 ADO
        \09 SQL
        \10 ADOX
        \11 SQLServer
            \SmoMapper
                \SmoMapper
                    \bin
```

13.2.5 Ein Verzeichnis erzeugen

Installationsprogramme oder Exportfunktionen nehmen vom Bediener häufig Zielpfade entgegen, die gleich mehrere Unterverzeichnisse enthalten können. Die *MkDir*-Funktion liefert für dieses Problem keine optimale Lösung, weil damit das gleichzeitige Anlegen von mehr als einem Unterverzeichnis unmöglich ist. Abhilfe schafft die folgende Prozedur:

```
Sub Mk_Dir(bez1 As String)
On Error Resume Next
Dim verz As String, bez As String
  bez = bez1 : verz = Left$(bez, 3)
  bez = Right$(bez, Len(bez) - 3)
  If Right$(bez, 1) <> "\" Then bez = bez & "\"
  verz = verz & Mid$(bez, 1, InStr(bez, "\") - 1)
  bez = Right$(bez, Len(bez) - InStr(bez, "\"))
  While Right$(verz, 1) <> "\"
    MkDir verz
    If bez <> "" Then
      verz = verz & "\" & Mid$(bez, 1, InStr(bez, "\") - 1)
```

13.2 Zugriff auf das Dateisystem

```
    Else
        verz = verz & "\"
    End If
    bez = Right$(bez, Len(bez) - InStr(bez, "\"))
  Wend
End Sub
```

BEISPIEL: Erzeugen eines Verzeichnisbaums:

```
Mk_Dir "C:\Buch\MS-Access\CD\How_To"
```

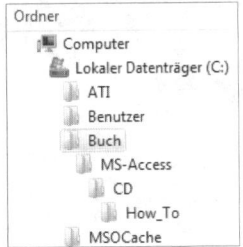

Wenn aber das Verzeichnis bereits existiert? Kein Problem, die Funktion ignoriert den auftretenden Laufzeitfehler (*On Error Resume Next*).

13.2.6 Das Datenbankverzeichnis bestimmen

Häufig braucht der Programmierer einen Verweis auf das Verzeichnis, in welchem sich die aktuelle Datenbank befindet (das ist im Allgemeinen nicht das Verzeichnis, in welchem Access untergebracht ist oder von welchem aus Sie Access starten!). Man möchte zum Beispiel im Quelltext nicht den kompletten Pfadnamen für die zur Laufzeit zu ladenden Bitmaps angeben, denn spätestens dann, wenn die Applikation auf einen anderen PC portiert werden soll, dürfte es Probleme geben, da dort die Pfadangaben nicht mehr stimmen. Die *CurDir()*-Funktion ist zur Ermittlung des Pfades nicht geeignet! Was also ist zu tun?

Als Lösung bietet sich die Eigenschaft *Path* des *CurrentProject*-Objekts an.

BEISPIEL: Eine Hilfsfunktion, um das Datenbankverzeichnis zu ermitteln

```
Function aktVerz() As String
    aktVerz = Application.CurrentProject.Path
End Function
```

13.2.7 Abfragen des Temp-/System/...-Verzeichnisses

Im Zusammenhang mit dem Installieren von Dateien und dem Sichern von Informationen sind für den Programmierer auch drei Verzeichnisse von Interesse. Die Rede ist vom System-, Windows- sowie vom Temp-Verzeichnis. Alle drei Verzeichnisnamen können Sie direkt über die *GetSpecialFolder*-Methode des *FileSystemObject*s abrufen.

BEISPIEL: Anzeige von System-, Windows-, Temp- und aktuellem Verzeichnis

```
Dim myfso As FileSystemObject, myf1 As Folder, myf2 As File

Set myfso = CreateObject("Scripting.FileSystemObject")
Debug.Print "Systemverzeichnis  :" & myfso.GetSpecialFolder(SystemFolder)
Debug.Print "Windowsverzeichnis :" & myfso.GetSpecialFolder(WindowsFolder)
Debug.Print "Tempverzeichnis    :" & myfso.GetSpecialFolder(TemporaryFolder)
Debug.Print "Akt. Verzeichnis :" & myfso.GetFolder(".")
Set myfso = Nothing
```

Ausgabe im Direktfenster:

```
Direktbereich
Systemverzeichnis  :C:\Windows\System32
Windowsverzeichnis :C:\Windows
Tempverzeichnis    :C:\Users\ProfDob\AppData\Local\Temp
Akt. Verzeichnis :C:\Users\ProfDob\Documents
```

13.2.8 Prüfen, ob eine Datei existiert

VBA verfügt leider über keine Funktion, mit der Sie das Vorhandensein einer Datei testen können. Abhilfe schafft eine "selbst gebastelte" Funktion:

```
Function FileExist (dateiname As String) As Boolean
 On Error GoTo fehler:
 FileExist = Dir$(dateiname) <> ""
 Exit Function
fehler:
    FileExist = False
    Resume Next
End Function
```

BEISPIEL: Die Verwendung obiger Funktion

```
Dim db As Database
If Not FileExist("C:\TEST.ACCDB") Then
    MsgBox "Datenbank nicht gefunden!", 16, "Problem"
    Exit Sub
Else
    Set db = OpenDatabase("C:\TEST.ACCDB", False, False)
End If
```

HINWEIS: Allerdings lässt sich einem zurückgelieferten Wert *True* nicht entnehmen, ob die Datenbank von Ihnen auch exklusiv geöffnet werden kann. Es wird lediglich festgestellt, dass die Datei physisch vorhanden ist.

13.2.9 Verzeichnisse/Dateien kopieren/löschen

Zur Lösung dieser Aufgaben stellen *Folder-* bzw. *File*-Objekt der FSO entsprechende Methoden bereit:

Methode	Beschreibung
Copy	Übergeben Sie das Zielverzeichnis bzw. den Zieldateinamen. Optional können Sie auch bestimmen, ob vorhandene Dateien/Verzeichnisse überschrieben werden (Default-Einstellung) oder nicht.
Move	Übergeben Sie das Zielverzeichnis bzw. den Zieldateinamen.
Delete	Optional können Sie bestimmen, ob Read-Only-Attribute der Datei/des Verzeichnisses ignoriert werden.

BEISPIEL: Löschen des TEMP-Verzeichnisses

```
Sub Test()
Dim myfso As FileSystemObject
Dim myf1 As Folder

Set myfso = CreateObject("Scripting.FileSystemObject")
Set myf1 = myfso.GetFolder("C:\Temp")
myf1.Delete False
Set myfso = Nothing
End Sub
```

HINWEIS: Beachten Sie, dass Folder im Gegensatz zu den bekannten DOS-Befehlen auch gelöscht werden, wenn sie nicht leer sind. Ein *Delete* in der Root eines Laufwerks kann also verheerende Folgen haben.

HINWEIS: Alternative Lösungen zum Kopieren und Löschen (unter Verzicht auf die FSO) finden Sie im Praxisbeispiel "Die Shellfunktionen verwenden" (Seite 801).

13.2.10 Auflisten aller Dateien eines Verzeichnisses

Geht es um das Setzen bzw. Lesen von Dateiattributen, Datum und Dateigröße, hilft Ihnen die *Files*-Auflistung des *Folder*-Objekts weiter. Für unser Beispiel schreiben wir eine zusätzliche Funktion *DecodeAttribute*, die uns dabei hilft, die Dateiattribute in einem String darzustellen. Für jedes gesetzte Attribut verwenden wir einen Buchstaben.

```
Function DecodeAttribute(a As Long) As String
Dim s As String
  If a And 1 Then s = s & "R" Else s = s & " "    ' readonly
  If a And 2 Then s = s & "H" Else s = s & " "    ' hidden
  If a And 4 Then s = s & "S" Else s = s & " "    ' system
  If a And 8 Then s = s & "V" Else s = s & " "    ' volume
  If a And 16 Then s = s & "D" Else s = s & " "   ' directory
```

```
If a And 32 Then s = s & "A" Else s = s & " "     ' archiv
If a And 64 Then s = s & "L" Else s = s & " "     ' link
If a And 128 Then s = s & "C" Else s = s & " "    ' compressed
DecodeAttribute = s
End Function
```

Die eigentliche Ausgabe aller Dateien:

```
Dim myfso As FileSystemObject
Dim myf1 As Folder, myf2 As File

Set myfso = CreateObject("Scripting.FileSystemObject")
Set myf1 = myfso.GetFolder("c:\")
Debug.Print myf1.Name
For Each myf2 In myf1.Files
  Debug.Print DecodeAttribute(myf2.Attributes) & "   " & myf2.Name & Format(myf2.Size, _
                                            "   ###,###,###,##0 Bytes")
Next
Set myfso = Nothing
```

HINWEIS: Beachten Sie die Formatierung der Dateigröße: Als letzten Platzhalter müssen Sie eine Null (0) verwenden, andernfalls wird bei einer Dateigröße von 0 Bytes keine Zahl angezeigt.

```
Direktbereich
      A    autoexec.bat        24 Bytes
RHS   A    bootmgr        398.156 Bytes
 HS   A    BOOTNXT              1 Bytes
      A    config.sys          10 Bytes
 HS   A    hiberfil.sys 2.790.301.696 Bytes
 HS   A    pagefile.sys   603.979.776 Bytes
 HS   A    swapfile.sys   268.435.456 Bytes
```

13.2.11 Name, Pfad und Extension einer Datei ermitteln

Wer schon einmal mit der Programmiersprache Delphi gearbeitet hat, kennt sicherlich noch die Funktion *FileSplit*, mit der man eine vollständige Pfadangabe in die drei Komponenten Verzeichnis, Dateiname und Extension zerlegen konnte.

VBA bietet leider keine solch komfortable Funktion, obwohl sie häufig gebraucht wird, beispielsweise für die SELECT-Klausel in SQL-Strings:

```
SELECT * INTO " & file & " IN '" & path & "' 'dBase IV;' FROM [ADRESSE]
```

Woher aber wollen Sie die beiden Bezeichner für *file* und *path* nehmen, wenn nur ein kompletter Dateiname wie zum Beispiel *C:\Daten\Dbase\Adressen\Adresse.dbf* vorliegt? Das folgende Beispiel zeigt eine Lösung.

13.2 Zugriff auf das Dateisystem

BEISPIEL: Eine Prozedur, die den Dateinamen *s* in Pfad, Name und Extension zerlegt

```
Sub FileSplit(ByVal s As String, path As String, file As String, ext As String)
Dim i As Integer
For i = Len(s) To 1 Step -1
   If Mid$(s, i, 1) = "\" Then       ' keine Extension vorhanden
      ext = "" : Exit For
   End If
   If Mid$(s, i, 1) = "." Then
      ext = Right$(s, Len(s) - i)
      s = Left$(s, i - 1) : Exit For
   End If
Next i
i = Len(s)
If InStr(s, "\") <> 0 Then
   Do While Mid$(s, i, 1) <> "\"
      i = i - 1
   Loop
End If
path = Left$(s, i)
file = Right$(s, Len(s) - i)
End Sub
```

Die Prozedur *FileSplit* prüft zuerst auf das Vorhandensein eines Punktes. Ist dieser vorhanden, werden alle rechts befindlichen Zeichen als Extension interpretiert. Bei der Suche nach dem Punkt ist unbedingt am Ende des Strings anzufangen, da ein Dateiname auch mehrere Punkte enthalten kann. Danach wird der am weitesten rechts stehende Backslash (\) gesucht. An dieser Stelle ist der String zu teilen.

Übergeben Sie obiger Prozedur die Werte in folgender Reihenfolge:

- Dateibezeichnung
- Variable für das Verzeichnis
- Variable für den Dateinamen
- Variable für die Extension

HINWEIS: Die zusätzliche Angabe von *ByVal* für den ersten Parameter ist unbedingt erforderlich, da sonst die übergebene Variable durch die Prozedur verändert werden würde.

Ein Anwendungsbeispiel für die FileSplit-Prozedur:

BEISPIEL: Der Dateinamen für die aktuelle Datenbank *C:\Users\Chef\Test.accdb* wird "zerlegt" und das Ergebnis in drei Bezeichnungsfeldern angezeigt:

```
Dim s As String, pfad As String, fileName As String, ext As String
s = Application.CurrentDb.Name
FileSplit s, pfad, fileName, ext
Bezeichnungsfeld1.Caption = pfad           ' zeigt "C:\Users\Chef\"
Bezeichnungsfeld2.Caption = fileName       ' zeigt "Test"
Bezeichnungsfeld3.Caption = ext            ' zeigt "accdb"
```

13.2.12 Einen Tempfile-Namen erzeugen

Neben der bereits gezeigten Möglichkeit, den Namen des *Temp*-Verzeichnisses zu ermitteln, können Sie auch einen eindeutigen Dateinamen erzeugen:

```
Dim myfso As FileSystemObject
Set myfso = CreateObject("Scripting.FileSystemObject")
Debug.Print myfso.BuildPath(myfso.GetSpecialFolder(TemporaryFolder), myfso.GetTempName)
Set myfso = Nothing
```

BEISPIEL: Folgende Dateinamen wurden mit obigem Code erzeugt:

```
C:\Users\Chef\AppData\Local\Temp\rad43CE4.tmp
C:\Users\Chef\AppData\Local\Temp\rad01580.tmp
C:\Users\Chef\AppData\Local\Temp\radB2841.tmp
```

Bemerkungen

- Auf den Dateizugriff (Textdateien) mit Hilfe der FSO gehen wir im folgenden Abschnitt (ab Seite 794) detailliert ein.

- Für die Dateisuche (ohne FSO) verweisen wir auf das Praxisbeispiel ab Seite 799.

13.3 Textdateien

Für die verschiedensten Zwecke werden immer wieder Textdateien gebraucht, sei es, dass Konfigurationsdateien anderer Programme eingelesen werden müssen oder dass Programmeinstellungen zu speichern sind.

Textdateien sind zeichen- und zeilenweise organisiert. Jede Zeile wird durch die ASCII-Zeichen 13 und 10 abgeschlossen (13 = Wagenrücklauf, 10 = Zeilenvorschub). Die Länge einer Zeile wird allein durch die Position der beiden Zeilenendzeichen bestimmt.

Ansicht einer Textdatei im Hex-Editor:

```
44 69 65 73 65 72 20 54 65 78 74 20 69 73 74 20   Dieser Text ist
65 69 6E 20 54 65 73 74 74 65 78 74 20 0D 0A 66   ein Testtext  f
FC 72 20 65 69 6E 65 20 54 65 78 74 64 61 74 65   ür eine Textdate
69 2E 0D 0A 45 69 6E 7A 65 6C 6E 65 20 5A 65 69   i.  Einzelne Zei
6C 65 6E 20 6B F6 6E 6E 65 6E 20 61 75 63 68 20   len können auch
72 65 63 68 74 20 6C 61 6E 67 20 73 65 69 6E 2C   recht lang sein,
20 44 65 66 61 75 6C 74 20 73 69 6E 64 20 6A 65   Default sind je
64 6F 63 68 20 32 35 35 20 5A 65 69 63 68 65 6E   doch 255 Zeichen
```

Für das Arbeiten mit Textdateien gibt es prinzipiell zwei Möglichkeiten:

- Das FSO (*FileSystemObject*) oder

- der klassische Zugriff mit den "uralten" Visual Basic-Anweisungen für Dateioperationen

13.3.1 Klassischer Zugriff auf Textdateien

In Visual Basic werden Dateien über Ein- und Ausgabepuffer bearbeitet und mit der *Open*-Anweisung erzeugt. Dem Puffer wird damit eine eindeutige Dateinummer zugewiesen. Auf diese Weise können problemlos mehrere Dateien geöffnet und bearbeitet werden.

Öffnen

Schon beim Öffnen einer Textdatei müssen Sie sich entscheiden, ob Sie:

- lesen (*Input*),
- schreiben (*Output*) oder
- anfügen (*Append*)

wollen. Verwenden müssen Sie in jedem Fall die *Open*-Anweisung, der Aufruf unterscheidet sich allerdings.

BEISPIEL: Einlesen der *Win.ini*

```
Dim datei As String
datei = "c:\windows\win.ini "
Open datei For Input As #1
```

BEISPIEL: Eine Textdatei schreiben

```
Dim datei As String
datei = "c:\test.txt"
Open datei For Output As #1
```

BEISPIEL: Text an die *Autoexec.bat* anhängen

```
Dim datei As String
datei = "c:\autoexec.bat"
Open datei For Append As #1
```

Sollte die *Open*-Anweisung nicht vom Erfolg gekrönt sein, tritt im Allgemeinen der Laufzeitfehler 53 auf, den Sie über die *On Error Goto*-Anweisung abfangen können.

BEISPIEL: Abfangen eines Laufzeitfehlers

```
On Error GoTo fehlerMeldung
Dim datei As String
datei = "c:\autoexec.bat"
Open datei For Input As #1
...
Close #1
Exit Sub
fehlerMeldung:
    MsgBox "Fehler beim Öffnen der Datei! ", 16, "Problem"
    Exit Sub
    Resume Next
```

Für das Einlesen von Texten bieten sich drei Möglichkeiten an:

Zeilenweises Einlesen

... benötigen Sie, um beispielsweise mehrere Tabellenfelder zu füllen.

```
While Not EOF(1)
    Line Input #1, s
    List1.AddItem s
Wend
```

Solange das Dateiende nicht erreicht ist (*While Not EOF(1)*), wird die Datei zeilenweise eingelesen. Durch die *Line Input*-Anweisung werden die beiden Zeilenendzeichen (13, 10) entfernt, der String enthält nur den reinen Text.

Bestimmte Anzahl von Zeichen lesen

... brauchen Sie für das Füllen von Memofeldern, da Sie die in der Datei enthaltenen Zeilenendzeichen in das Textfeld übernehmen müssen, um einen Zeilenumbruch zu erzielen:

```
s = Input(LOF(1), 1)
Text1.Text = s
```

Die obige Anweisung funktioniert jedoch nur für Textdateien, die kleiner als 64 KByte sind. Mit der *LOF*-Funktion wird die Größe der geöffneten Datei bestimmt und als Parameter für die Anzahl der zu lesenden Zeichen verwendet.

Variablen einlesen

An dieser Stelle möchten wir Sie auf ein Problem hinweisen, das im Zusammenhang mit der deutschen Version von Windows entsteht. Die nachfolgend beschriebene Funktion liest bis zu einem auftretenden Komma und ordnet den gelesenen Wert einer Variablen zu – aber Gleitkommawerte werden in Deutschland mit einem Komma getrennt! Wundern Sie sich also nicht, wenn nach dem Zurücklesen über diese Funktion zwar kein Laufzeitfehler eintritt (das macht die Sache so gefährlich!), aber die Werte falsch bestimmt werden.

BEISPIEL: Die Sequenz

```
Dim Betrag As Single, MwSt As Single
Input #1, Betrag, MwSt
```

... wird in deutschsprachiger Entwicklungsumgebung nicht korrekt arbeiten, aber im englischen Sprachraum ohne Probleme funktionieren.

Schreiben

Die Entscheidung für das Anhängen bzw. das Schreiben (in eine leere Datei) wurde bereits mit der *Open*-Anweisung getroffen. Die eigentlichen Ausgabefunktionen unterscheiden sich nicht voneinander.

BEISPIEL: Einfaches Schreiben:

```
Open filename For Output As #1
```

Anhängen:
```
Open filename For Append As #1
```

BEISPIEL: Inhalt eines Textfeldes sichern

```
Dim i As Integer, s As String
Text1.SetFocus
s = "c:\test.txt"
Open s For Output As #1
Print #1, Text1.Text
Close #1
```

Bemerkungen

- Bestehende Dateien werden ohne Warnung überschrieben
- Vergessen Sie nicht, die geöffnete Datei mit *Close* zu schließen, da sonst der Inhalt teilweise oder ganz verloren gehen kann
- Eine komplexe Anwendung finden Sie im Praxisbeispiel "Auf eine Textdatei zugreifen" (siehe Seite 794)

13.3.2 Zugriff auf Textdateien mit den File System Objects

Neben den bereits vorgestellten klassischen Möglichkeiten des Dateizugriffs bietet sich auch die Verwendung der *File System Objects* an. Grundsätzlich ist die Vorgehensweise gleich, statt einzelner Funktionen verwenden Sie nun Methoden. Ein wesentlicher Unterschied besteht jedoch: Mit Hilfe der FSO können Sie sowohl ANSI als auch Unicode-Dateien erzeugen bzw. lesen.

Dreh- und Angelpunkt ist ein geöffnetes *TextStream*-Objekt, über das alle Aktionen abgewickelt werden.

Eigenschaften	Beschreibung
AtEndOfLine	Zeilenende erreicht (*True*/*False*)
AtEndOfStream	Dateiende erreicht (*True*/*False*)
Column	Zeichenposition innerhalb der aktuellen Zeile (schreibgeschützt)
Line	Aktuelle Zeilennummer (Achtung! Auch wenn die Versuchung groß ist: diese Eigenschaft ist schreibgeschützt!)

Die Methoden des *TextStream*-Objekts:

Methoden	Beschreibung
Close	Datei schließen
ReadAll	Die gesamte Datei einlesen
ReadLine	Einlesen einer Zeile (ohne Zeilenumbruchzeichen)
Read	Einlesen einer bestimmten Anzahl von Zeichen

Methoden	Beschreibung
SkipLine	Eine Zeile beim Einlesen überspringen
Skip	Überspringen einer bestimmten Anzahl von Zeichen
WriteBlankLines	Erzeugt eine vorgegebene Anzahl von Leerzeilen
WriteLine	Schreibt eine neue Zeile
Write	Schreibt eine Zeichenkette in die Datei (ohne Zeilenumbruch)

Wie immer bei den FSO beginnt alles mit dem Initialisieren des *FileSystemObject*, danach bieten sich vier verschiedene Wege zum *TextStream*-Objekt an:

BEISPIEL: Über *FileSystemObject*:

```
Dim fso As FileSystemObject
Dim txt As TextStream
Set fso = CreateObject("Scripting.FileSystemObject")
Set txt = fso.CreateTextFile("c:\abc.txt")
```

oder

```
Set txt = fso.OpenTextFile("c:\autoexec.bat")
```

BEISPIEL: Über ein *Folder*-Objekt:

```
Dim fso As FileSystemObject
Dim fol As Folder
Dim txt As TextStream
  Set fso = CreateObject("Scripting.FileSystemObject")
  Set fol = fso.GetFolder("c:\windows")
  Set txt = fol.CreateTextFile("autoexec.bat")
```

BEISPIEL: Über eine *File*-Objekt:

```
Dim fso As FileSystemObject
Dim fol As Folder
Dim fil As File
Dim txt As TextStream
  Set fso = CreateObject("Scripting.FileSystemObject")
  Set fol = fso.GetFolder("c:\windows")
  Set fil = fol.Files("win.ini")
  Set txt = fil.OpenAsTextStream(ForWriting)
```

HINWEIS: Bei allen Varianten können Sie durch den optionalen Parameter *unicode* angeben, ob die Datei als Unicode-Datei interpretiert werden soll.

BEISPIEL: Lesen einer Textdatei (ANSI)

```
Dim fso As FileSystemObject
Dim txt As TextStream
Set fso = CreateObject("Scripting.FileSystemObject")
```

13.3 Textdateien

Nachfolgend wird die Datei *User.info* geöffnet, und alle Zeilen werden im Direktfenster ausgegeben:

```
Set txt = fso.OpenTextFile("c:\User.info", ForReading, False)
While Not txt.AtEndOfStream
  Debug.Print txt.ReadLine
Wend
txt.Close
Set fso = Nothing
```

BEISPIEL: Schreiben einer Textdatei (Unicode)

```
Dim fso As FileSystemObject
Dim txt As TextStream
Dim i As Integer
  Set fso = CreateObject("Scripting.FileSystemObject")
  Set txt = fso.CreateTextFile("c:\info.txt", True, True)
  For i = 1 To 10
    txt.WriteLine "Das ist Zeile " & CStr(i)
  Next i
  txt.Close
```

HINWEIS: Insbesondere beim Schreiben von Dateien sollten Sie auf die *Close*-Anweisung nicht verzichten. Zum einen werden die verwendeten Ressourcen wieder freigegeben, zum anderen ist der Programmcode wesentlich transparenter.

Wie Sie der folgenden Hex-Editor-Ansicht entnehmen können, ist jedes zweite Byte (das höherwertige) der neuen Textdatei mit null belegt, da der ANSI-Zeichensatz nicht über die höherwertigen Bytes dargestellt werden muss.

```
FF FE 44 00 61 00 73 00 20 00 69 00 73 00 74 00    ÿþD□a□s□ □i□s□t□
20 00 5A 00 65 00 69 00 6C 00 65 00 20 00 31 00    □Z□e□i□l□e□ □1□
0D 00 0A 00 44 00 61 00 73 00 20 00 69 00 73 00    □□□□D□a□s□ □i□s□
74 00 20 00 5A 00 65 00 69 00 6C 00 65 00 20 00    t□ □Z□e□i□l□e□ □
32 00 0D 00 0A 00 44 00 61 00 73 00 20 00 69 00    2□□□□□D□a□s□ □i□
73 00 74 00 20 00 5A 00 65 00 69 00 6C 00 65 00    s□t□ □Z□e□i□l□e□
20 00 33 00 0D 00 0A 00 44 00 61 00 73 00 20 00    □3□□□□□D□a□s□ □
69 00 73 00 74 00 20 00 5A 00 65 00 69 00 6C 00    i□s□t□ □Z□e□i□l□
65 00 20 00 34 00 0D 00 0A 00 44 00 61 00 73 00    e□ □4□□□□□D□a□s□
```

Fazit: Ob Sie sich nun für die Verwendung der FSO oder der konventionellen Basic-Anweisungen entscheiden, ist eigentlich relativ egal.

HINWEIS: Beachten Sie jedoch, dass Sie bei den FSO eventuell die Datei *Scrrun.dll* mit Ihrer Anwendung weitergeben müssen.

13.4 Typisierte Dateien

Für das Sichern numerischer Daten und nutzerdefinierter Typen bietet sich statt einer Textdatei eine so genannte typisierte Datei an. Typisierte Dateien sind durch eine konstante Datensatzlänge gekennzeichnet, zwischen den einzelnen Datensätzen ist kein Trennzeichen vorhanden. Sie müssen also genau wissen, wie groß ein Datensatz ist.

Bei typisierten Dateien brauchen Sie keine Unterscheidung zwischen Schreib- und Lesezugriff zu treffen. Sie können also in einer Datei lesen und schreiben.

13.4.1 Öffnen

Vor dem Öffnen der Datei definieren Sie die Struktur des Datensatzes.

BEISPIEL: Arbeiten mit typisierten Dateien:

```
Type TMitarbeiter
  Name As String * 30
  Vorname As String * 20
End Type
```

Der definierte Typ (bzw. die Variable dieses Typs) besitzt eine bestimmte Länge, die aus der Anzahl und dem Typ der verwendeten Felder resultiert.

Das Öffnen der Datei gestaltet sich ebenso einfach wie bei einer Textdatei:

```
Dim Datei As String
Dim file As Integer
Dim mitarbeiter As TMitarbeiter

Datei = "c:\daten\personal.dat"
file = FreeFile
Open datei For Random As file Len = Len(linie)
```

Interessant ist der Parameter *Len*, mit dem die Länge des einzelnen Datensatzes bestimmt wird. Geben Sie keinen Wert an, so wird die Datensatzlänge von Access mit 128 Byte festgelegt. Über die *Len()*-Funktion können Sie die Größe einer Strukturvariablen bestimmen.

Da der Parameter *Len* vom Datentyp *Integer* ist, ergibt sich die maximale Anzahl von Bytes pro Datensatz zu 32.767.

13.4.2 Lesen/Schreiben

Mit der *Get*-Anweisung können Sie den Inhalt der Datei lesen. Im Unterschied zur Textdatei benötigen Sie noch einige zusätzliche Befehle zur Positionierung des Datensatzzeigers sowie zur Bestimmung der Anzahl von Datensätzen.

BEISPIEL: Wie bestimme ich die Anzahl der Datensätze?

```
Datei = "c:\daten\personal.dat"
file = FreeFile
```

13.4 Typisierte Dateien

```
Open datei For Random As file Len = Len(mitarbeiter)
anzahl = LOF(file)\ Len(mitarbeiter)          ' Integer-Division!
Close file
```

BEISPIEL: Wie positioniere ich den Satzzeiger?

```
Open ...
Seek file, 25
...
Close file
```

Es gibt auch eine Funktion *Seek*, welche die Position des Datenzeigers liefert:

```
Open ...
Seek file, 25
i = Seek(file)
...
Close file
```

HINWEIS: Der erste Datensatz einer typisierten Datei hat stets die Satznummer 1!

BEISPIEL: Wie lese ich einen Datensatz?

```
Open ...
Get file,, mitarbeiter
...
Close file
```

Die obige Sequenz liest den aktuellen Datensatz, während:

```
Open ...
Get file,17, mitarbeiter
...
Close file
```

den Datensatz 17 in die Variable *mitarbeiter* einliest.

BEISPIEL: Wie schreibe ich einen Datensatz?

```
Open ...
Put file ,,linie
...
Close file
```

Die Sequenz schreibt die Werte der Variablen *linie* an der aktuellen Position, während

```
Open ...
Put file ,12,linie
...
Close file
```

die Werte in den Datensatz 12 schreibt.

HINWEIS: Ist die angegebene Satznummer größer als die Anzahl der vorhandenen Datensätze, wird der Wert an die Datei angehängt, einen Append-Modus gibt es nicht.

13.5 Weitere Dateien

Neben Text- und typisierten Dateien bietet Access noch eine dritte Möglichkeit: Der Zugriff auf Byte-Ebene. Außerdem verdienen die, veralteten, INI-Dateien eine gesonderte Betrachtung.

13.5.1 Binärdateien

Eigentlich ist eine Binärdatei eine spezielle Form der typisierten Datei, die Datensatzlänge variiert und ist mindestens 1 Byte groß. Wie viele Bytes gelesen bzw. geschrieben werden, hängt vom verwendeten Variablentyp ab.

BEISPIEL: Die Verwendung der Befehle *Get* und *Put* erfolgt nach dem Öffnen wie bei den typisierten Dateien

```
Datei = "c:\daten\personal.dat"
file = FreeFile
Open datei For Random As file
Get file,,i%
```

BEISPIEL: Die Anweisung:

```
Get file,17,i%
```

liest einen Integerwert ab Position 17 ein. Diesmal ist jedoch nicht der Datensatz, sondern das einzelne Byte gemeint.

BEISPIEL: Der Inhalt der *Readme.txt* wird zeichenweise im Direktfenster ausgegeben

```
Dim zeichen As Byte
Open "c:\Readme.txt" For Binary As #1
While Not EOF(1)
    Get #1, , zeichen
    Debug.Print zeichen & Chr(9) & CStr(Asc(zeichen))
Wend
Close #1
```

Auf das Neupositionieren des Satzzeigers können wir verzichten. Jede Leseoperation verschiebt den Zeiger um die Anzahl der gelesenen Bytes.

An dieser Stelle möchten wir allerdings davon abraten, mit *Put* und *Get* größere Mengen an Daten zu lesen bzw. zu schreiben. Beide Funktionen sind relativ langsam, es ist besser, wenn Sie entsprechende API-Funktionen verwenden.

13.5.2 INI-Dateien

Zu diesem Dateityp finden Sie hier nur einige kurze Hinweise, denn VBA-Programmierer sollten statt der INI-Dateien besser die Registrierdatenbank verwenden (siehe nachfolgenden Abschnitt). Windows bietet zwei verschiedene Möglichkeiten, Daten in einer INI-Datei zu sichern:

- Speichern in der *Win.ini*
- Anlegen einer eigenen INI-Datei

Auf die erste Möglichkeit sollten Sie weitestgehend verzichten, da es sich hierbei um eine Systemdatei handelt, in der private Einträge eigentlich nichts zu suchen haben. Außerdem ist es später immer recht aufwändig, die *Win.ini* von überflüssigen Einträgen zu säubern.

Lesen und Schreiben

Zum Arbeiten mit der *Win.ini* benötigen Sie zwei API-Funktionen:

```
Declare Function WriteProfileString Lib "kernel32" _
    Alias "WriteProfileStringA" (ByVal lpszSection As String, _
    ByVal lpszKeyName As String, ByVal lpszString As String) As Long

Declare Function GetProfileString Lib "kernel32" _
    Alias "GetProfileStringA" (ByVal lpAppName As String, _
    ByVal lpKeyName As String, ByVal lpDefault As String, _
    ByVal lpReturnedString As String, ByVal nSize As Long) As Long
```

BEISPIEL: Der Eintrag in der *Win.ini*:

```
[Testabschnitt]
Verzeichnis=c:\test\grafik
```

wird durch nachfolgenden Code erzeugt, und anschließend wird der Eintrag *Verzeichnis* in die Variable *s1* eingelesen:

```
Dim s As String, s1 As String, l As Long
```

Schreiben der Daten:

```
s = "c:\test\grafik"
If WriteProfileString("Testabschnitt", "Verzeichnis", s) = 0 Then
  MsgBox "Schreibfehler!", 16, "Problem"
  Exit Sub
End If
```

Lesen der Daten:

```
s1 = Space$(200)
l = GetProfileString("Testabschnitt", "Verzeichnis", "c:\", s1, 200)
s1 = Left$(s1, l)
Text1.Value = s1
```

WriteProfileString und GetProfileString

Zur Funktion *WriteProfileString* gibt es nicht viel zu sagen: Sie übergeben den Namen des Abschnitts, den Namen des Eintrags und zum Schluss den eigentlichen Wert.

Etwas komplizierter ist da schon die Verwendung von *GetProfileString*. Anstatt eines Wertes übergeben Sie einen initialisierten String (*s1*), der zum Beispiel mit Leerzeichen gefüllt sein kann. Damit der API-Funktion die Größe des Strings bekannt ist, übergeben Sie diesen Wert ebenfalls (200). Aus dem Rückgabewert der Funktion können Sie auf die Anzahl der gelesenen Zeichen schließen, mit der *Left*-Funktion schneiden wir den Rest des Strings einfach ab. Sollte der Leseversuch fehlschlagen, befindet sich im Puffer der Defaultwert, den wir mit dem dritten Parameter übergeben haben (im Beispiel *c:*).

Weitere API-Funktionen

Für eigene INI-Dateien, die im Windows-Verzeichnis abgelegt werden, sind zwei weitere API-Funktionen zuständig:

```
Declare Function GetPrivateProfileString Lib "kernel32" _
    Alias "GetPrivateProfileStringA" (ByVal lpApplicationName As String,_
    ByVal lpKeyName As Any, ByVal lpDefault As String, _
    ByVal lpReturnedString As String, ByVal nSize As Long, _
    ByVal lpFileName As String) As Long

Declare Function WritePrivateProfileString Lib "kernel32" _
    Alias "WritePrivateProfileStringA"(ByVal lpApplicationName As String, _
    ByVal lpKeyName As Any, ByVal lpString As Any,_
    ByVal lpFileName As String) As Long
```

Lassen Sie sich nicht von der Parameterfülle verwirren, die Verwendung erfolgt ähnlich einfach wie bei *WriteProfileString* und *GetProfileString*.

BEISPIEL: Verwendung von *WritePrivateProfileString*:

```
Dim n As Long
n = WritePrivateProfileString("Abschnitt1", "Eintrag", "4711", "test.ini")
```

Obige Anweisungen erzeugen eine Datei *Test.ini*, die folgenden Inhalt hat:

```
[Abschnitt1]
Eintrag=4711
```

13.6 Die Registrierdatenbank

Jeder VBA-Programmierer sollte über grundlegende Kenntnisse der Registrierdatenbank, dem Nachfolger der INI-Dateien, verfügen.

13.6.1 Einführung

Die eigentliche Registrierdatenbank lässt sich über API-Aufrufe oder den Registrierungseditor *Regedit.exe* bearbeiten (Aufruf von *regedit* über *Start/Ausführen...*).

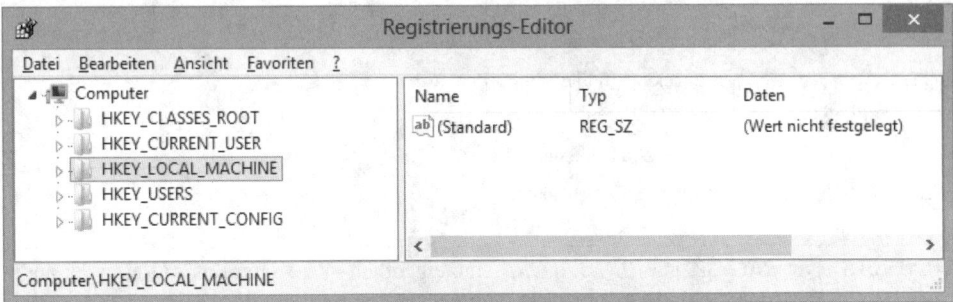

Was auf den ersten Blick relativ unübersichtlich aussieht, folgt einem einfachen Konzept. Ausgehend vom Arbeitsplatz finden Sie folgende Teilbäume:

Element	Beschreibung
HKEY_LOCAL_MACHINE	Enthält die Konfigurationsinformationen für den Computer (alle Benutzer/User)
HKEY_USERS	Die Wurzel (Root) für alle Benutzerprofile
HKEY_CURRENT_USER	Zeigt die Konfigurationsinformationen für den momentan angemeldeten Benutzer (z.B. Programmgruppen, Bildschirmfarben etc.). HKEY_CURRENT_USER ist ein Teilschlüssel von HKEY_USERS.
HKEY_CLASSES_ROOT	Ist ein Teilschlüssel von HKEY_LOCAL_MACHINE\SOFTWARE. Hier sind die Dateiverknüpfung und OLE-Objekte gespeichert

Auf die Teilbäume *HKEY_CURRENT_CONFIG* und *HKEY_DYN_DATA* wollen wir nicht weiter eingehen, da alle enthaltenen Informationen auch über API-Funktionen abgefragt werden können, das direkte Auslesen bzw. Verändern ist nicht empfehlenswert.

Für den Access-Programmierer ist im Wesentlichen nur der *SOFTWARE*-Teilbaum von *HKEY_-LOCAL_MACHINE* und *HKEY_CURRENT_USER* interessant. Daten, die für jeden User zutreffen, sollten Sie nach folgendem Muster unter *HKEY_LOCAL_MACHINE* speichern:

```
HKEY_LOCAL_MACHINE\SOFTWARE\Firmenname\Produktname\Versionsnummer\...
```

Benutzerspezifische Informationen (z.B. Farbeinstellungen, Fenstergrößen etc.) speichern Sie statt unter *HKEY_LOCAL_MACHINE* in *HKEY_CURRENT_USER* nach dem gleichen Muster.

Die nachfolgende Zeile steht für einen korrekten Eintrag:

HKEY_LOCAL_MACHINE\SOFTWARE\Microsoft\Jet\4.0

Wie Sie die einzelnen Schlüssel bezeichnen, bleibt Ihnen überlassen, Sie müssen lediglich sicherstellen, dass kein gleichnamiger Schlüssel in derselben Baumebene existiert (in einem Verzeichnis lassen sich ja auch nicht zwei gleichnamige Unterverzeichnisse speichern).

Ist ein Schlüssel nach der o.g. Konvention erstellt, können Sie die eigentlichen Einträge anlegen. Die verfügbaren Datentypen der Registrierung finden Sie in der folgenden Tabelle:

Typ	Beschreibung
REG_BINARY	Binärer Werteintrag
REG_SZ	Zeichenkette (nullterminiert)
REG_DWORD	DWORD-Eintrag
REG_MULTI_SZ	Mehrere Zeichenketten
REG_EXPAND_SZ	Erweiterbare Zeichenkette

HINWEIS: Nur *REG_SZ* und *REG_DWORD* sind eigentlich interessant. Das Auslesen der anderen Typen ist unter Access nicht oder nur schwer möglich.

Die vorgestellten Funktionen fassen die teilweise recht aufwändigen API-Aufrufe zusammen und beschränken sich auf ein Minimum an Parametern. So wurde unter anderem gänzlich auf die Möglichkeit verzichtet, unter Windows 7 entsprechende Sicherheitsmechanismen zu verwenden. Probieren Sie die Funktionen aus und wollen Sie die Ergebnisse mit dem Registrierungseditor kontrollieren, müssen Sie die Anzeige nach jeder der o.g. Funktionen aktualisieren.

13.6.2 API/VBA-Zugriff auf die Registrierungsdatenbank

Wie Sie sich erinnern, besteht die "Registry" aus einer Baumstruktur von Schlüsseln (Keys), in denen einzelne Werte (Values) gespeichert werden können. Dass der Vergleich mit einem Verzeichnisbaum gar nicht so abwegig ist, sollen die folgenden Eigenschaften zeigen:

Eigenschaft	Beschreibung
Name	Ein String für den Zugriff auf den Schlüssel. Es muss sich um einen eindeutigen Namen handeln, auf der gleichen Baumebene darf es keine gleichnamigen Schlüssel geben. Der Bezeichner darf keine Backslash- (\) oder Null-Zeichen enthalten, Leerzeichen sind erlaubt.
Class	Der Objekt-Klassenname wird im Normalfall nicht genutzt und ist deshalb optional
Security Descriptor	Unter Windows NT können Security Descriptors verwendet werden, mit denen der Zugriff auf diesen Schlüssel geregelt wird. Diese Eigenschaft ist optional.
Last write time	Eine Zeitmarke, die über die letzte Änderung informiert
Value(s)	Null oder mehr Einträge, die unter diesem Schlüssel gespeichert werden. Nähere Details zu den Einträgen entnehmen Sie bitte der folgenden Tabelle.

13.6 Die Registrierdatenbank

Der einzelne Eintrag unter einem Schlüssel besteht wiederum aus mehreren Teilen, die Sie der folgenden Tabelle entnehmen können:

Teil	Beschreibung
Name	Bezeichner, über den der Feldwert identifiziert wird. Der Name kann bis zu 32.767 Unicode-Zeichen (65.534 Bytes) enthalten, Backslash- (\) und Null-Zeichen sind zulässig.
Type	Definiert den Datentyp. In Windows 3.1 handelte es sich immer um REG_SZ, d.h. nullterminierte Strings. Verwenden Sie nur die vordefinierten Datentypen, damit Änderungen mit dem Registrierreditor problemlos möglich sind.
Data	Die eigentlichen Daten. Es lassen sich maximal 1 MByte speichern, Sie sollten sich jedoch darauf beschränken, nur die unbedingt nötigen Informationen in der Registrierdatenbank abzulegen. Eine weitere Möglichkeit besteht darin, nur einen Verweis auf die eigentlichen Daten zu speichern. Diese befinden sich dann in einer eigenen Datei.

13.6.3 API-Konstanten/Funktionen für den Registry-Zugriff

Die Konstanten:

```
Public Const HKEY_CURRENT_USER = &H80000001
Public Const HKEY_LOCAL_MACHINE = &H80000002
```

ermöglichen uns den Zugriff auf die einzelnen Teilbäume.

```
Public Const KEY_QUERY_VALUE = &H1
Public Const KEY_SET_VALUE = &H2
Public Const KEY_CREATE_SUB_KEY = &H4
Public Const KEY_ENUMERATE_SUB_KEYS = &H8
Public Const KEY_NOTIFY = &H10
Public Const KEY_CREATE_LINK = &H20
Public Const KEY_READ = KEY_QUERY_VALUE Or _
                        KEY_ENUMERATE_SUB_KEYS Or _
                        KEY_NOTIFY
Public Const KEY_WRITE = KEY_SET_VALUE Or _
                         KEY_CREATE_SUB_KEY
Public Const KEY_EXECUTE = KEY_READ
Public Const KEY_ALL_ACCESS = KEY_QUERY_VALUE Or _
                              KEY_SET_VALUE Or _
                              KEY_CREATE_SUB_KEY Or _
                              KEY_ENUMERATE_SUB_KEYS Or _
                              KEY_NOTIFY Or KEY_CREATE_LINK
Public Const ERROR_SUCCESS = 0&
Public Const REG_NONE = 0
Public Const REG_SZ = 1
Public Const REG_DWORD = 4
Public Const REG_OPTION_NON_VOLATILE = &H0
Public Const REG_CREATED_NEW_KEY = &H1
```

Wundern Sie sich nicht über die obigen Deklarationen, in der *Win32api.txt* sind leider nicht alle Konstanten enthalten, die Werte stammen direkt aus einer C-Header-Datei (WINNT.H).

Sollten Sie die folgenden Deklarationen mit denen in der *Win32api.txt* vergleichen, werden Sie feststellen, dass einige Änderungen vorgenommen wurden. Statt umständlicher Typdeklarationen übergeben wir in vielen Fällen einfach einen NULL-Pointer (0& As Any):

```
Declare Function RegOpenKeyEx Lib "advapi32.dll" Alias "RegOpenKeyExA" _
    (ByVal hKey As Long, ByVal lpSubKey As String, ByVal ulOptions As Long, _
    ByVal samDesired As Long, phkResult As Long) As Long
```

Die Funktion *RegOpenKeyEx* öffnet einen Schlüssel für die Bearbeitung. Der Befehl:

```
Declare Function RegCloseKey Lib "advapi32.dll" (ByVal hKey As Long) As Long
```

schließt den Schlüssel nach der Bearbeitung. Die Anweisung:

```
Declare Function RegQueryValueEx Lib "advapi32.dll" Alias "RegQueryValueExA" _
    (ByVal hKey As Long, ByVal lpValueName As String, ByVal lpReserved As Long, _
    lpType As Long, lpData As Any, lpcbData As Any) As Long
```

liest einen Wert ein (der zugehörige Schlüssel muss bereits geöffnet sein). Der Befehl:

```
Declare Function RegCreateKeyEx Lib "advapi32.dll" Alias "RegCreateKeyExA" _
    (ByVal hKey As Long, ByVal lpSubKey As String, ByVal Reserved As Long, _
    ByVal lpClass As String, ByVal dwOptions As Long, ByVal samDesired As Long, _
    ByVal lpSecurityAttributes As Any, phkResult As Long, lpdwDisposition As Long) As Long
```

erzeugt einen Schlüssel. Existiert dieser bereits, werden Sie über *phkResult* darauf aufmerksam gemacht. Die folgende Deklaration erzwingt das Schreiben eines neu erstellen Schlüssels:

```
Declare Function RegFlushKey Lib "advapi32.dll" (ByVal hKey As Long) As Long
```

Die folgenden beiden Prozeduren sind eigentlich eine. Für die Übergabe des *lpData*-Wertes müssen wir die Deklaration für Strings und Long-Werte entsprechend anpassen (die Funktion erwartet einen Zeiger auf einen Byte-Puffer). Wir könnten auch mit *Any* arbeiten, die folgende Lösung dürfte jedoch übersichtlicher sein.

```
Declare Function RegSetValueEx_String Lib "advapi32.dll" Alias "RegSetValueExA" _
    (ByVal hKey As Long, ByVal lpValueName As String, ByVal Reserved As Long, _
    ByVal dwType As Long, ByVal lpData As String, ByVal cbData As Long) As Long
Declare Function RegSetValueEx_DWord Lib "advapi32.dll" Alias "RegSetValueExA" _
    (ByVal hKey As Long, ByVal lpValueName As String, ByVal Reserved As Long, _
    ByVal dwType As Long, lpData As Long, ByVal cbData As Long) As Long
```

Zum Löschen von Schlüsseln und Einträgen werden die folgenden Funktionen verwendet:

```
Declare Function RegDeleteKey Lib "advapi32.dll" Alias "RegDeleteKeyA" _
    (ByVal hKey As Long, ByVal lpSubKey As String) As Long
Declare Function RegDeleteValue Lib "advapi32.dll" Alias "RegDeleteValueA" _
    (ByVal hKey As Long, ByVal lpValueName As String) As Long
```

Bei allen im Folgenden vorgestellten Funktionen können Sie über den Rückgabewert prüfen, ob die Funktion erfolgreich ausgeführt werden konnte.

13.6.4 Prüfen, ob ein Schlüssel existiert

Ausnahmen bestätigen die Regel: Ist der Rückgabewert dieser Funktion *False*, liegt nicht etwa ein Fehler vor, sondern der Eintrag ist einfach nicht vorhanden.

Übergeben Sie der Funktion die Wurzel (Root), d.h. die Konstanten *HKEY_CURRENT_USER* oder *HKEY_LOCAL_MACHINE* sowie den Schlüsselnamen:

```
Function ExistKey(root As Long, schlüssel As String) As Boolean
Dim lResult As Long, keyHandle As Long
    lResult = RegOpenKeyEx(root, schlüssel, 0, KEY_READ, keyHandle)
    If lResult = ERROR_SUCCESS Then RegCloseKey keyHandle
    ExistKey = (lResult = ERROR_SUCCESS)
End Function
```

Die Funktion bemüht sich, den gesuchten Schlüssel zu öffnen. Ist der Versuch erfolgreich, existiert der Schlüssel, und es wird *True* zurückgegeben.

Falls Sie mit:

```
ExistKey = (lResult = ERROR_SUCCESS)
```

nichts anfangen können:

Nach dem Vergleich von *lResult* mit der Konstanten *ERROR_SUCCESS* wird das Ergebnis der Funktion zugewiesen. Und hier die Langschreibweise:

```
If lResult = ERROR_SUCCESS Then
  ExistKey = True
Else
  ExistKey = False
End If
```

13.6.5 Einen vorhandenen Wert auslesen

Übergeben Sie der folgenden Funktion die Root, den vollständigen Namen des Schlüssels sowie den Feldbezeichner. Ist die Funktion erfolgreich, können Sie über *Value* den Feldinhalt auslesen. Beachten Sie, dass *Value* vom Typ *Variant* ist. Die Funktion wandelt die Datenformate der Registrierdatenbank automatisch in die entsprechende Form um.

```
Function GetValue(root As Long, key As String, field As String, value As Variant) As Boolean
Dim lResult As Long, keyhandle As Long, dwType As Long
Dim zw As Long, puffergröße As Long, puffer As String
```

Öffnen des Schlüssels:

```
lResult = RegOpenKeyEx(root, key, 0, KEY_READ, keyhandle)
GetValue = (lResult = ERROR_SUCCESS)
If lResult <> ERROR_SUCCESS Then Exit Function
```

Abfrage der Feldgröße und des Typs:

```
lResult = RegQueryValueEx(keyhandle, field, 0&, dwType, ByVal 0&, puffergröße)
```

```
    GetValue = (lResult = ERROR_SUCCESS)
    If lResult <> ERROR_SUCCESS Then Exit Function        ' Feld existiert nicht
```

Je nach Typ werden die Felder in einen initialisierten String (*Space*) oder einen Long-Wert eingelesen:

```
    Select Case dwType
      Case REG_SZ         ' nullterminierter String
        puffer = Space$(puffergröße + 1)
        lResult = RegQueryValueEx(keyhandle, field, 0&, dwType, ByVal puffer, puffergröße)
        GetValue = (lResult = ERROR_SUCCESS)
        If lResult <> ERROR_SUCCESS Then Exit Function
        value = puffer
      Case REG_DWORD      ' 32-Bit Number   !!!! Word
        puffergröße = 4    ' = 32 Bit
        lResult = RegQueryValueEx(keyhandle, field, 0&, dwType, zw, puffergröße)
        GetValue = (lResult = ERROR_SUCCESS)
        If lResult <> ERROR_SUCCESS Then Exit Function
        value = zw
```

An dieser Stelle könnten Sie weitere Datentypen unterstützen, z.B. *Binary* durch Verwendung eines *Byte*-Arrays etc.

```
End Select
    If lResult = ERROR_SUCCESS Then RegCloseKey keyHandle
    GetValue = True
End Function
```

13.6.6 Einen Schlüssel erstellen

Die folgende Funktion erwartet als Parameter die Wurzel (Root), den Namen des neuen Schlüssels und die Klassenbezeichnung.

```
Function CreateKey(root As Long, newkey As String, class As String) As Boolean
Dim lResult As Long, keyhandle As Long
Dim Action As Long
  lResult = RegCreateKeyEx(root, newkey, 0, class, REG_OPTION_NON_VOLATILE, _
            KEY_ALL_ACCESS, 0&, keyhandle, Action)
```

Beim Aufruf der Funktion wurde auf die Verwendung von NT-Sicherheitsmechanismen verzichtet. Statt des NULL-Pointers müssten Sie einen Zeiger auf eine Struktur vom Typ *SECURITY_ATTRIBUTES* übergeben.

```
  If lResult = ERROR_SUCCESS Then
     If RegFlushKey(keyhandle) = ERROR_SUCCESS Then RegCloseKey keyhandle
  Else
     CreateKey = False
     Exit Function
  End If
  CreateKey = (Action = REG_CREATED_NEW_KEY)
End Function
```

13.6.7 Einen Wert setzen bzw. ändern

Neben der Root-Konstanten, dem Schlüsselnamen und dem Namen des Feldes übergeben Sie der folgenden Funktion eine Variable vom Typ *String* oder *Long*, die den zu speichernden Wert enthält.

```
Function SetValue(root As Long, key As String, field As String, value As Variant) As Boolean
Dim lResult As Long
Dim keyHandle As Long
Dim s As String, l As Long
```

Schlüssel öffnen (bzw. der Versuch):

```
lResult = RegOpenKeyEx(root, key, 0, KEY_ALL_ACCESS, keyHandle)
If lResult <> ERROR_SUCCESS Then
    SetValue = False
    Exit Function
End If
```

Je nach *Variant*-Typ wandeln wir in eine *String*- oder *Long*-Variable um (ein *Variant* kann nicht übergeben werden, der Speicheraufbau ist anders!) und rufen die zugehörige Funktion auf:

```
Select Case VarType(value)
  Case vbInteger, vbLong
    l = CLng(value)
    lResult = RegSetValueEx_DWord(keyhandle,field,0,REG_DWORD,l,4)
  Case vbString
    s = CStr(value)
    lResult=RegSetValueEx_String(keyhandle,field,0,REG_SZ, s, Len(s) + 1)
  ' Hier könnten noch weitere Datentypen gespeichert werden
End Select
RegCloseKey keyHandle
SetValue = (lResult = ERROR_SUCCESS)
End Function
```

13.6.8 Einen Schlüssel löschen

Wenn Sie einen Schlüssel löschen, dürfen keine Subkeys vorhanden sein. Entfernen Sie diese gegebenenfalls vorher. Enthaltene Felder werden automatisch gelöscht.

```
Function DeleteKey(root As Long, key As String) As Boolean
Dim lResult As Long
    lResult = RegDeleteKey(root, key)
    DeleteKey = (lResult = ERROR_SUCCESS)
End Function
```

13.6.9 Ein Feld löschen

Neben der Root-Konstanten und dem Schlüssel übergeben Sie der folgenden Funktion den Namen des zu löschenden Feldes:

```
Function DeleteValue(root As Long, key As String, field As String) As Boolean
Dim lResult As Long, keyHandle As Long
    lResult = RegOpenKeyEx(root, key, 0, KEY_ALL_ACCESS, keyHandle)
    If lResult <> ERROR_SUCCESS Then
        DeleteValue = False : Exit Function
    End If
    lResult = RegDeleteValue(keyHandle, field)
    DeleteValue = (lResult = ERROR_SUCCESS)
    RegCloseKey keyHandle
End Function
```

13.6.10 Aufruf der Funktionen

Die oben vorgestellten Funktionen für den Registry-Zugriff sollen mit einem kleinen Testprogramm geprüft werden. Wie die Bedienoberfläche etwa aussehen könnte, zeigt die folgende Abbildung.

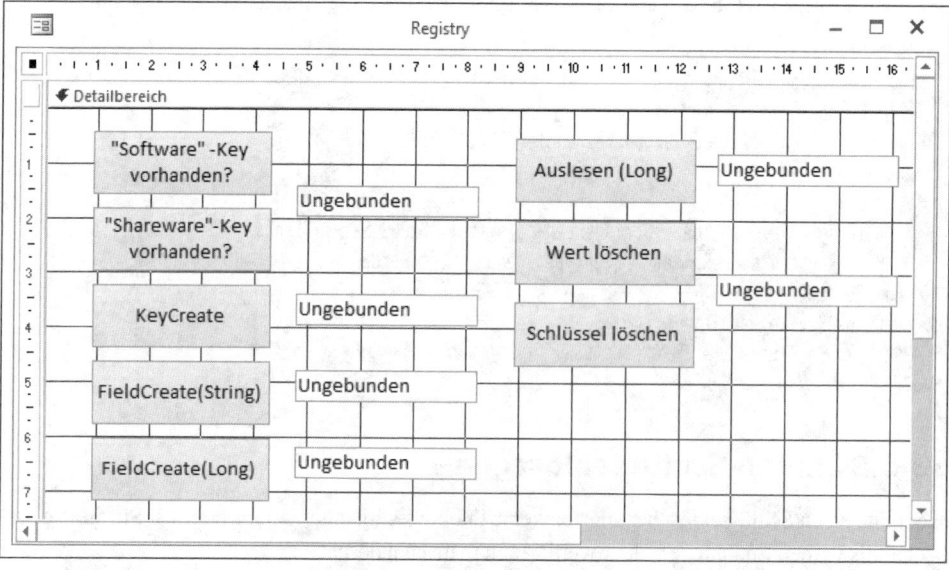

Der Test, ob der Schlüssel *Software* vorhanden ist (das sollte eigentlich der Fall sein):

```
Private Sub Befehl0_Click()
    If ExistKey(HKEY_LOCAL_MACHINE, "Software") Then
        Text0.Value = "vorhanden"
    Else
        Text0.Value = "nicht vorhanden"
    End If
End Sub
```

13.6 Die Registrierdatenbank

Mit der gleichen Routine testen wir das Vorhandensein von *Shareware*. Sollte die Funktion *True* zurückgeben, löschen Sie den Schlüssel, in dieser Baumebene haben solche Einträge nichts zu suchen:

```
Private Sub Befehl1_Click()
   If ExistKey(HKEY_LOCAL_MACHINE, "Shareware") Then
    Text0.Value = "vorhanden"
   Else
    Text0.Value = "nicht vorhanden"
   End If
End Sub
```

Im nächsten Schritt wollen wir den aktuellen Baum um den Eintrag: *\Doberenz & Gewinnus\Testanwendung\1.0* erweitern:

```
Private Sub Befehl2_Click()
  If CreateKey(HKEY_LOCAL_MACHINE, "SOFTWARE\Doberenz & Gewinnus" & _
           "\Testanwendung\1.0", "Anwendungsdaten") Then
   Text1.Value = "Hat funktioniert"
  Else
   Text1.Value = "Fehler"
  End If
End Sub
```

Das erneute Ausführen der Funktion führt zum Rückgabewert *False*, da der Schlüssel bereits existiert. Unter dem neuen Schlüssel sollen ein String

```
Private Sub Befehl3_Click()
Dim s As String
   s = "45-1246-31-2007"
   If SetValue(HKEY_LOCAL_MACHINE, "SOFTWARE\Doberenz & Gewinnus\Testanwendung\1.0", _
            "ProgrammID", s) Then
    Text2.Value = "Hat funktioniert"
   Else
    Text2.Value = "Fehler"
   End If
End Sub
```

und ein *Long*-Wert gespeichert werden:

```
Private Sub Befehl4_Click()
Dim l As Long
   l = 47110001
   If SetValue(HKEY_LOCAL_MACHINE, "SOFTWARE\Doberenz & " & _
   "Gewinnus\Testanwendung\1.0", "TestLong", l) Then
     Text3.Value = "Hat funktioniert"
   Else
    Text3.Value = "Fehler"
   End If
End Sub
```

Die neu angelegten Felder auslesen:

```vb
Private Sub Befehl5_Click()
Dim wert As Variant
  If GetValue(HKEY_LOCAL_MACHINE, "SOFTWARE\Doberenz & " & _
  "Gewinnus\Testanwendung\1.0", "ProgrammID", wert) Then
    Text4.Value = CStr(wert)
  Else
    Text4.Value = "???"
  End If
End Sub
```

Löschen des *Long*-Feldes:

```vb
Private Sub Befehl6_Click()
  If DeleteValue(HKEY_LOCAL_MACHINE, "SOFTWARE\Doberenz & Gewinnus\Testanwendung\1.0", _
  "TestLong") Then
    Text5.Value = "OK"
  Else
    Text5.Value = "Fehler"
  End If
End Sub
```

Löschen des Teilschlüssels *1.0*:

```vb
Private Sub Befehl7_Click()
  If DeleteKey(HKEY_LOCAL_MACHINE, "SOFTWARE\Doberenz & Gewinnus\Testanwendung\1.0") Then
    Text5.Value = "OK"
  Else
    Text5.Value = "Fehler"
  End If
End Sub
```

Zum Löschen des restlichen Baumes können Sie entweder das Programm ändern, oder Sie verwenden den Registriereditor. Allerdings sollten Sie dabei nicht allzu sorglos vorgehen, eine fehlgeschlagene Aktion könnte die Neuinstallation einer Anwendung (schlimmstenfalls die von Windows) nach sich ziehen.

13.7 Dateidialoge

Wir stellen Ihnen die zwei wichtigsten Varianten für die dialoggestützte Dateiauswahl vor[1]:

- Die *Microsoft Office 16.0 Library* bietet Ihnen sowohl einen Dateiauswahldialog als auch einen Verzeichnis-Auswahldialog als eigene Objekte an. Sie brauchen sich also nicht mit zusätzlichen ActiveX-Controls oder dem Windows-API zu belasten.

- Wer aber die Office-Library nicht verwenden möchte, sondern den Direktzugriff auf das Windows-API favorisiert, für den bietet sich die ab Seite 785 beschriebene zweite Variante an.

---

[1] Es ginge auch per ActiveX-Steuerelement, aber warum wollen Sie sich die Arbeit komplizierter als notwendig machen?

13.7 Dateidialoge

> **HINWEIS:** Wie Sie mit der API-Funktion *SHBrowseForFolder* eine Verzeichnisauswahl realisieren können wird ab Seite 790 beschrieben.

13.7.1 Variante 1 (Office 16 Library)

Bevor wir zu den Einzelheiten kommen, ist es sicher interessant zu wissen, welche Dialoge Sie aus Access heraus aufrufen können:

- Open-Dialog
- SaveAs-Dialog
- FilePicker (Datei-Auswahldialog)
- FolderPicker (Verzeichnis-Auswahldialog)

Das zum Aufruf erforderliche *FileDialog*-Objekt wird Ihnen vom *Application*-Objekt zur Verfügung gestellt. Nutzen Sie das Objekt zum ersten Mal, werden Sie gefragt, ob Sie die *Office 16 Library* einbinden möchten. Beantworten Sie die Frage ruhig mit *Ja*. In diesem Fall stehen Ihnen die Konstanten für die Konfiguration zur Verfügung.

BEISPIEL: Ein einfacher Aufruf eines Open-Dialogs könnte wie folgt aussehen:

```
If Application.FileDialog(msoFileDialogOpen).Show Then
  MsgBox Application.FileDialog(msoFileDialogOpen).SelectedItems(1)
End If
```

Eleganter und übersichtlicher als obiger Code ist allerdings die folgende Variante.

BEISPIEL: Aufruf eines Open-Dialogs mittels *FileDialog*-Objekt

```
Dim dlg As FileDialog

Set dlg = Application.FileDialog(msoFileDialogOpen)
If dlg.Show Then
  MsgBox dlg.SelectedItems(1)
End If
```

So ganz nebenbei haben Sie auch gleich noch die wichtigste Methode des *FileDialog*-Objektes kennen gelernt. Wie im richtigen Leben gilt auch hier: ohne *Show* geht gar nichts.

Über die Funktion *FileDialog* können Sie mit den Konstanten

- *msoFileDialogFilePicker*,
- *msoFileDialogFolderPicker*,
- *msoFileDialogOpen*

die bereits genannten Dialogtypen abrufen.

Mit den Eigenschaften des Objekts nehmen Sie Einfluss auf

- den Titel des Dialogfeldes
- den Text der Schaltflächen
- die Dateifilter (*.txt etc.)
- das Ausgangsverzeichnis
- die Ansicht des Dialogs (Details, Liste etc.)
- die Anzahl der markierbaren Dateien (Multiselect)

Die folgende Tabelle zeigt die Eigenschaften und ihre Bedeutung:

Eigenschaft	Beschreibung
Title	Die Beschriftung des Dialogfeldes
InitialFileName	Das Ausgangsverzeichnis bzw. ein bereits vorgegebener Dateiname
ButtonName	Die Beschriftung der Schaltfläche
Filters	Über diese Collection werden alle Dateifilter für das Dialogfeld bestimmt. Mit *Add* fügen Sie der Collection neue Elemente hinzu.
FilterIndex	... legt den Standard-Filter beim Öffnen des Dialogs fest (Index in der Collection *Filters*)
AllowMultiselect	Mit *True* legen Sie fest, dass mehr als eine Datei markiert werden kann
SelectedItems	Über diese Collection rufen Sie die markierten Dateien bzw. Verzeichnisse ab
InitialView	... bestimmt, welche Ansicht das Dialogfeld beim Öffnen zeigt

Einige Beispiele dürften für mehr Klarheit sorgen:

BEISPIEL: Anzeige eines Dateiauswahldialogs mit zulässiger Mehrfachauswahl

```
Private Sub Befehl0_Click()
Dim dlg As FileDialog
Dim si As Variant
```

Objekt erzeugen:

```
Set dlg = Application.FileDialog(msoFileDialogFilePicker)
```

Mehrfachauswahl zulässig:

```
dlg.AllowMultiSelect = True
```

Buttonbeschriftung ändern:

```
dlg.ButtonName = "Backup"
```

Dateifilter definieren:

```
dlg.Filters.Add "Alle", "*.*"
dlg.Filters.Add "Texte", "*.txt; *.rtf; *.doc"
dlg.Filters.Add "Grafiken", "*.gif; *.jpg; *.jpeg"
```

13.7 Dateidialoge

Den ersten Filter aktivieren:

```
dlg.FilterIndex = 0
```

Den Ausgangspfad einstellen:

```
dlg.InitialFileName = "c:\"
```

Die Ansicht bestimmen:

```
dlg.InitialView = msoFileDialogViewDetails
```

Den Dialogtitel ändern und Anzeigen:

```
dlg.Title = "Datei-Backup"
If dlg.Show Then
```

Auswerten:

```
  For Each si In dlg.SelectedItems
    MsgBox si
  Next
End If
End Sub
```

Das nicht funktionierende *SaveAs*-Dialogfeld wird nachprogrammiert

```
Private Sub Befehl1_Click()
Dim dlg As FileDialog
Dim si As Variant
  Set dlg = Application.FileDialog(msoFileDialogFilePicker)
  dlg.Title = "Sichern als"
  dlg.ButtonName = "Sichern"
  dlg.AllowMultiSelect = False
  dlg.InitialFileName = "c:\daten.dat"
  If dlg.Show Then
    MsgBox dlg.SelectedItems(1)
  End If
End Sub
```

Damit dürften Sie einen ersten Einblick in die *FileDialog*-Objekte gewonnen haben.

13.7.2 Variante 2 (Windows-API)

Wollen Sie auf die integrierten *FileDialog*-Objekte verzichten, weil Sie die etwas einfacheren Dialogboxen bevorzugen und verfügen Sie nicht über die erforderlichen ActiveX-Controls, dann wird Sie die im Folgenden programmierte Klasse *Dialog* interessieren. Enthalten sind die bekannten Standard-Dialogfelder zum Laden und Speichern von Dateien.

Wir haben versucht, die Anwendung dieser Klasse so einfach wie möglich zu gestalten. Aus diesem Grund werden Sie auch nicht all jene Optionen wiederfinden, die von entsprechenden ActiveX-Steuerelementen bereitgestellt werden.

Quelltext (Klassendefinition)

Dass der Aufruf der API-Funktionen nicht ganz unkompliziert ist, dürfte aus dem Umfang des folgenden Listings ersichtlich sein. Je universeller eine Funktion ist, umso umfangreicher sind auch die Vorbereitungen und die Fehlermöglichkeiten.

Der erste Schritt ist das Anlegen eines neuen Klassenmoduls (Menübefehl *Einfügen/Klassenmodul*). Übernehmen Sie danach folgende Eintragungen in den Deklarationsabschnitt der Klasse:

```
Option Compare Database
Option Explicit

Private Const MAX_PATH = 260
```

HINWEIS: Achten Sie bei der Übernahme der folgenden Struktur peinlichst genau auf die verwendeten Datentypen. Diese weichen zum Teil von den Definitionen in der Datei *Win32api.txt* ab.

```
Private Type OPENFILENAME
    lStructSize As Long
    hwndOwner As Long
    hInstance As Long
    lpstrFilter As String
    lpstrCustomFilter As Long
    nMaxCustFilter As Long
    nFilterIndex As Long
    lpstrFile As String
    nMaxFile As Long
    lpstrFileTitle As Long
    nMaxFileTitle As Long
    lpstrInitialDir As String
    lpstrTitle As Long
    Flags As Long
    nFileOffset As Integer
    nFileExtension As Integer
    lpstrDefExt As Long
    lCustData As Long
    lpfnHook As Long
    lpTemplateName As Long
End Type
```

Die Einbindung der beiden API-Funktionen:

```
Private Declare Function GetOpenFileName Lib "comdlg32.dll" Alias "GetOpenFileNameA" _
    (pOpenfilename As OPENFILENAME) As Long

Private Declare Function GetSaveFileName Lib "comdlg32.dll" Alias "GetSaveFileNameA" _
    (pOpenfilename As OPENFILENAME) As Long
```

13.7 Dateidialoge

Die Konstanten für die Funktionsaufrufe:

```
Private Const OFN_READONLY = &H1
Private Const OFN_OVERWRITEPROMPT = &H2
Private Const OFN_HIDEREADONLY = &H4
Private Const OFN_NOCHANGEDIR = &H8
Private Const OFN_SHOWHELP = &H10
Private Const OFN_ENABLEHOOK = &H20
Private Const OFN_ENABLETEMPLATE = &H40
Private Const OFN_ENABLETEMPLATEHANDLE = &H80
Private Const OFN_NOVALIDATE = &H100
Private Const OFN_ALLOWMULTISELECT = &H200
Private Const OFN_EXTENSIONDIFFERENT = &H400
Private Const OFN_PATHMUSTEXIST = &H800
Private Const OFN_FILEMUSTEXIST = &H1000
Private Const OFN_CREATEPROMPT = &H2000
Private Const OFN_SHAREAWARE = &H4000
Private Const OFN_NOREADONLYRETURN = &H8000
Private Const OFN_NOTESTFILECREATE = &H10000
Private Const OFN_NONETWORKBUTTON = &H20000
Private Const OFN_NOLONGNAMES = &H40000
Private Const OFN_EXPLORER = &H80000
Private Const OFN_NODEREFERENCELINKS = &H100000
Private Const OFN_LONGNAMES = &H200000
```

Über die Methode *OpenFile* kann der zugehörige Dateidialog angezeigt werden. Um das Einbinden ins Programm so einfach wie möglich zu gestalten, sind beide Übergabewerte optional, als Rückgabewert kann der Dateiname ausgewertet werden.

```
Public Function OpenFile(Optional filterstring, Optional verzeichnis) As String
Dim pOpenfilename As OPENFILENAME
Dim filename As String
Dim initdir As String
Dim filter As String
Dim l As Long
```

Da die Funktion *GetOpenFileName* nullterminierte Strings bzw. speziell initialisierte String-Puffer erwartet, sind einige Vorarbeiten erforderlich:

```
    filename = Chr(0) & Space(MAX_PATH)
```

Falls die optionalen Parameter nicht übergeben wurden, werden Defaultwerte eingesetzt:

```
    If IsMissing(filterstring) Then
        filter = "Alle Dateien (*.*)|*.*"
    Else
        filter = filterstring
    End If

    If IsMissing(verzeichnis) Then
        initdir = CurDir
    Else
```

```
        initdir = verzeichnis
    End If
```

Der Filter-String muss konvertiert werden, zwischen den einzelnen Filterbezeichnern steht eine Null:

```
    If Right$(filter, 1) <> "|" Then filter = filter & "|"
    For l = 1 To Len(filter)
        If Mid$(filter, l, 1) = "|" Then Mid$(filter, l, 1) = Chr(0)
    Next l
    filter = filter & Chr(0) & Chr(0)
```

Füllen der Struktur, an dieser Stelle könnten Sie noch Anpassungen vornehmen (*Flags*):

```
    With pOpenfilename
        .lStructSize = Len(pOpenfilename)
        .hwndOwner = Screen.ActiveForm.hwnd
        .lpstrFile = filename
        .nMaxFile = MAX_PATH
        .lpstrFilter = filter
        .nFilterIndex = 1
        .lpstrInitialDir = initdir
        .Flags = OFN_EXPLORER Or OFN_PATHMUSTEXIST Or OFN_FILEMUSTEXIST
    End With
```

Aufruf der Funktion und nachfolgendes Auswerten der Rückgabewerte:

```
    If GetOpenFileName(pOpenfilename) <> 0 Then
        filename = pOpenfilename.lpstrFile
        OpenFile = Left$(filename, InStr(filename, Chr(0)) - 1)
    Else
        OpenFile = ""
    End If
End Function
```

Die Funktion *SaveFile* hat fast den gleichen internen Aufbau, optional kann jedoch ein Dateiname angegeben werden:

```
Public Function SaveFile(Optional dateiname, Optional filterstring, Optional verzeichnis) As String
Dim pOpenfilename As OPENFILENAME
Dim filename As String
Dim initdir As String
Dim filter As String
Dim l As Long

    If IsMissing(dateiname) Then
        filename = Chr(0) & Space(MAX_PATH)
    Else
        filename = dateiname & Chr(0) & Space(MAX_PATH)
    End If
```

13.7 Dateidialoge

```
        If IsMissing(filterstring) Then
            filter = "Alle Dateien (*.*)|*.*"
        Else
            filter = filterstring
        End If
        If IsMissing(verzeichnis) Then
            initdir = CurDir
        Else
            initdir = verzeichnis
        End If
        If Right$(filter, 1) <> "|" Then filter = filter & "|"
        For l = 1 To Len(filter)
            If Mid$(filter, l, 1) = "|" Then Mid$(filter, l, 1) = Chr(0)
        Next l
        filter = filter & Chr(0) & Chr(0)

        With pOpenfilename
            .lStructSize = Len(pOpenfilename)
            .hwndOwner = Screen.ActiveForm.hwnd
            .lpstrFile = filename
            .nMaxFile = MAX_PATH
            .lpstrFilter = filter
            .nFilterIndex = 1
            .lpstrInitialDir = initdir
            .Flags = OFN_EXPLORER
        End With
        If GetSaveFileName(pOpenfilename) <> 0 Then
            filename = pOpenfilename.lpstrFile
            SaveFile = Left$(filename, InStr(filename, Chr(0)) - 1)
        Else
            SaveFile = ""
        End If
End Function
```

Beispielprogramm

Die Verwendung der Klasse *Dialog* ist denkbar einfach, ein kleines Beispielprogramm zeigt mögliche Aufrufvarianten.

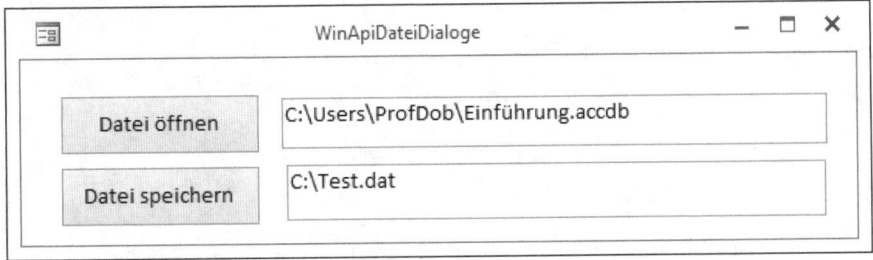

Die Varianten beim Öffnen-Dialog:

```
Private Sub Befehl0_Click()
 Text0.Value = Dialog.OpenFile("Access (*.accdb)|*.accdb", "c:\")
 ' oder
 Text0.Value = Dialog.OpenFile("Access (*.mdb)|*.mdb;*.mda")
 ' oder
 Text0.Value = Dialog.OpenFile()
End Sub
```

Die Varianten beim Speichern-Dialog:

```
Private Sub Befehl1_Click()
 Text1.Value = Dialog.SaveFile("c:\test.dat", "*.dat|*.dat", "c:\")
 ' oder
 Text1.Value = Dialog.SaveFile("c:\test.dat", "*.dat|*.dat")
 ' oder
 Text1.Value = Dialog.SaveFile("c:\test.dat")
 ' oder
 Text1.Value = Dialog.SaveFile()
End Sub
```

Test

Starten Sie das Programm und überprüfen Sie Aussehen und Funktion der Dialogfelder.

13.7.3 Verzeichnisdialog (Windows-API)

Ebenso wie einen Dateidialog kann man unter Verwendung entsprechender API-Funktionen auch einen Verzeichnisdialog aufrufen. Basis ist die folgende Datenstruktur:

```
Private Type BrowseInfo
    hwndOwner As Long
    pIDLRoot As Long
    pszDisplayName As Long
    lpszTitle As Long
    ulFlags As Long
    lpfnCallback As Long
    lParam As Long
    iImage As Long
End Type
```

Die notwendigen API-Funktionen und -Konstanten:

```
Private Declare Sub CoTaskMemFree Lib "ole32.dll" (ByVal hMem As Long)

Private Declare Function lstrcat Lib "kernel32" Alias "lstrcatA" _
      (ByVal lpString1 As String, ByVal lpString2 As String) As Long

Private Declare Function SHBrowseForFolder Lib "shell32" (lpbi As BrowseInfo) As Long
```

13.7 Dateidialoge

```
Private Declare Function SHGetPathFromIDList Lib "shell32" (ByVal pidList As Long, _
    ByVal lpBuffer As String) As Long

Private Const BIF_RETURNONLYFSDIRS = 1
Private Const MAX_PATH = 256
```

Die folgende Funktion kapselt obige API-Aufrufe und erzeugt einen Verzeichnisdialog mit Rückgabe eines Pfads.

```
Public Function BrowseForFolder(Beschriftung As String) As String
Dim pidl As Long
Dim path As String
Dim bi As BrowseInfo
  bi.hwndOwner = Screen.ActiveForm.hWnd
  bi.lpszTitle = lstrcat(Beschriftung, "")
  bi.ulFlags = BIF_RETURNONLYFSDIRS
  pidl = SHBrowseForFolder(bi)
  If pidl Then
     path = String(MAX_PATH, 0)
     SHGetPathFromIDList pidl, path
     CoTaskMemFree pidl
     path = Left$(path, InStr(path, vbNullChar) - 1)
  End If
  BrowseForFolder = path
End Function
```

Der Quelltext zum Aufruf der Funktion beschränkt sich auf diesen Event-Handler:

```
Private Sub Befehl0_Click()
   Text0.Value = BrowseForFolder("Wählen Sie ein Verzeichnis aus ...")
End Sub
```

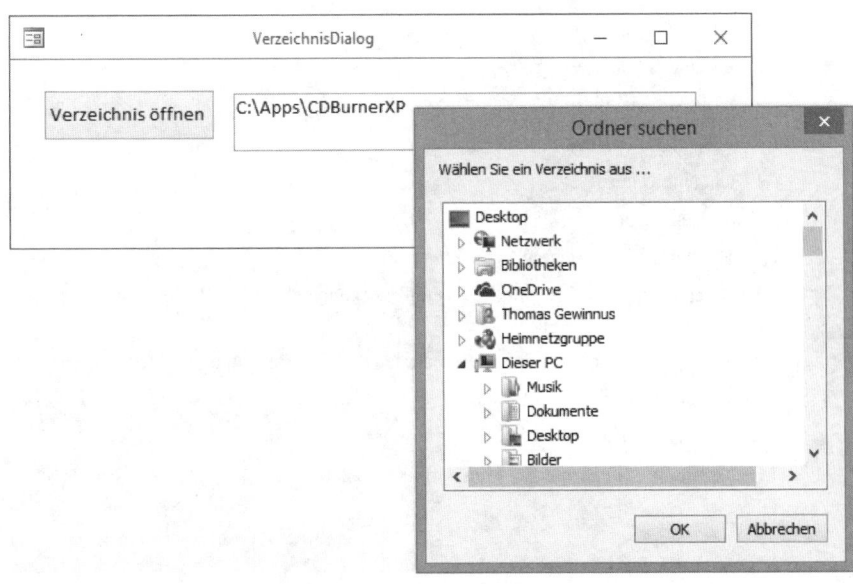

13.8 Übersichten

13.8.1 Dateifunktionen in Access

An dieser Stelle wollen wir Sie nicht mit endlosen Parameterlisten langweilen, denn die genaue Syntax der einzelnen Anweisungen und Funktionen können Sie viel bequemer in der Online-Hilfe nachschlagen.

Befehl	Beschreibung
FreeFile	Liefert eine freie Dateizugriffsnummer (Handle), die für die *Open*-Anweisung verwendet werden kann
Open	Öffnet eine Datei und ordnet ihr eine Dateizugriffsnummer zu
Print	Realisiert die Ausgabe in eine sequenzielle (Text-)Datei
Write	Schreibt in eine sequenzielle (Text-)Datei
Input	Liest eine Textdatei
Line Input	Liest eine Zeile aus einer Textdatei
Get	Liest Random- oder Binärdateien
Put	Schreibt in Random- bzw. Binärdateien
Seek	Setzt die Position des Dateizeigers
EOF	Wird *True*, wenn sich der Dateizeiger am Dateiende befindet
Loc	Ermittelt die aktuelle Position des Dateizeigers
LOF	Ermittelt die Größe einer geöffneten Datei (Rückgabewert in Byte)
Reset	Schließt alle offenen Dateien
Close	Schließt eine oder mehrere offene Dateien
CurDir	Fragt das aktuelle Verzeichnis ab
ChDir	Wechselt das Verzeichnis
ChDrive	Wechselt das Laufwerk
MkDir	Legt ein Verzeichnis an
RmDir	Löscht ein Verzeichnis
Kill	Löscht eine Datei
FileCopy	Kopiert eine Datei
Name	Benennt eine Datei oder ein Verzeichnis um
FileAttr	Setzt den Zugriffsmodus. Mit dieser Funktion können Sie nicht die Dateiattribute setzen!
FileDateTime	Bestimmt die Uhrzeit und das Datum der letzten Änderung an einer Datei
GetAttr	Bestimmt die DOS-Dateiattribute
SetAttr	Setzt die Dateiattribute
FileLen	Bestimmt die Dateigröße einer ungeöffneten Datei

13.8.2 FSO-Eigenschaften und -Methoden

Das *FileSystemObject*-Objekt, bereitgestellt von der *Microsoft Scripting Runtime*-Bibliothek (*scrrun.dll*), bietet eine reichhaltige Funktionalität für die Arbeit mit Verzeichnissen und Dateien (Seite 750 bzw. 765). Die folgenden Tabellen geben eine Zusammenstellung wichtiger Eigenschaften und Methoden.

Eigenschaft	Beschreibung
Attributes	Setzt oder liefert die Attribute von Dateien oder Verzeichnissen (Read/Write oder Read-only)
Column	Read-only Eigenschaft, welche die Spaltennummer der aktuellen Zeichenposition in einer *TextStream*-Datei liefert
DateCreated	Liefert Datum und Zeit, wann ein Verzeichnis oder eine Datei erstellt wurden (Read-only)
DateLastAccessed	Liefert Datum und Zeit, wann letztmalig auf ein Verzeichnis oder eine Datei zugegriffen wurde (Read-only)
Drive	Liefert den Buchstaben des Laufwerks, auf dem sich eine bestimmte Datei/Verzeichnis befindet (Read-only)
Drives	Liefert eine Auflistung aller auf dem Computer verfügbaren *Drive*-Objekte
FileSystem	Liefert den Typ des Dateisystems des Laufwerks
Files	Liefert eine Auflistung aller *File*-Objekte in einem Verzeichnis (auch versteckte und System-Dateien)
FreeSpace	Liefert den auf einem Laufwerk für einen Benutzer verfügbaren freien Platz (Read-only)
IsReady	Liefert *True*, wenn ein bestimmtes Laufwerk bereit ist
IsRootFolder	Liefert *True*, falls ein bestimmtes Verzeichnis das Root-Verzeichnis ist
Line	Liefert die aktuelle Zeilennummer in einem *TextStream* File (Read-only)
ParentFolder	Liefert das übergeordnete Verzeichnis eines bestimmten Verzeichnisses oder einer Datei (Read-only)
Path	Liefert den Pfad für eine bestimmte Datei (bzw. Ordner oder Laufwerk)
RootFolder	Liefert ein *Folder*-Objekt, welches das Root-Verzeichnis eines bestimmten Laufwerks repräsentiert (Read-only)
ShortPath	Liefert den kurzen Pfad, wie er von Programmen mit der alten 8.3 Dateinamenskonvention genutzt wird
Size	Liefert für Dateien die Größe in Bytes, für Verzeichnisse die Größe aller hier und in den Unterverzeichnissen enthaltenen Dateien
SubFolders	Liefert eine Auflistung aller *Folder*-Objekte in einem bestimmten Verzeichnis
TotalSize	Liefert die totale Größe eines Laufwerks in Bytes
Type	Liefert die Information über den Type einer Datei oder eines Verzeichnisses (z.B "Text Document" für *.txt*-Dateien)
VolumeName	Setzt oder liefert den Volume-Name eines bestimmten Laufwerks (Read/Write)

Wichtige FSO-Methoden:

Methode	Beschreibung
BuildPath	Erstellt aus Pfad und Dateiname eine vollständige Angabe, gegebenenfalls wird Backslash eingefügt
CopyFile	Kopiert eine Datei
CopyFolder	Kopiert ein Verzeichnis (inkl. aller enthaltenen Unterverzeichnisse und Dateien)
CreateFolder	Erzeugt ein Verzeichnis
CreateTextFile	Erzeugt eine Textdatei
DeleteFile	Löscht eine Datei
DeleteFolder	Löscht ein Verzeichnis (inkl. aller enthaltenen Unterverzeichnisse und Dateien)
DriveExists	Prüft, ob ein Laufwerk vorhanden ist
FileExists	Prüft, ob eine Datei vorhanden ist
FolderExists	Prüft, ob ein Verzeichnis vorhanden ist
GetAbsolutePathname	Erstellt einen vollständigen Dateinamen (Laufwerk, Verzeichnis, Dateiname)
GetBaseName	Gibt den Dateinamen ohne Extension zurück
GetDrive	Gibt ein *Drive*-Objekt zurück
GetDriveName	Gibt den Namen eines *Drive*-Objekts zurück
GetExtensionName	Gibt den Name der Dateierweiterung eines Pfads zurück
GetFile	Gibt ein *File*-Objekt zurück
GetFileName	Gibt den Dateinamen mit Extension zurück
GetFolder	Gibt ein *Folder*-Objekt zurück
GetParentFolderName	Gibt das übergeordnete Verzeichnis des letzten Komponente eines Pfads zurück
GetSpecialFolder	Gibt ein spezielles Verzeichnis zurück (*Windows*, *System*, *Temp*)
GetTempName	Gibt einen zufällig generierten Verzeichnis- oder Dateinamen zurück
MoveFile	Verschiebt eine Datei bzw. benennt diese um
MoveFolder	Verschiebt einen Ordner bzw. benennt diesen um
OpenTextFile	Öffnet eine Textdatei

13.9 Praxisbeispiele

13.9.1 Auf eine Textdatei zugreifen

Dynamisches Array: *ReDim Preserve; Split-* und *Join-*Methode; Dateioperationen: *Open ... For Input, Open ... For Output*;

Es muss nicht immer gleich eine Datenbanktabelle sein, wenn Informationen auf die Festplatte ausgelagert werden sollen. Das vorliegende Beispiel erläutert, wie man auch mit den Mitteln einer normalen Textdatei eine einfache Adressverwaltung realisieren kann. Als Arbeitsspeicher dient ein dynamisches Array, dessen Größe sich der Anzahl der Datensätze anpasst und dessen Inhalt bei

Programmbeginn automatisch aus der Textdatei gefüllt und bei Programmende wieder dort abgelegt wird.

Oberfläche

Wie die Laufzeitabbildung (siehe Test) zeigt, benötigen wir für unser Beispiel ein Formular mit neun ungebundenen *Text*feldern, acht *Befehlsschaltfläche*n und einigen *Bezeichnungsfeld*ern.

HINWEIS: Jede Zeile der Textdatei entspricht einer kompletten Adresse und enthält die durch Tabs getrennten Felder mit den Einzelinformationen (Nachname, Vorname, Geburtsdatum usw.).

Programmierung

```
Option Explicit

Private datei As String    ' Pfad der Kalender-Datei
Private A() As String      ' dynamisches Array
Private imax As Integer    ' oberer Index von A
Private ix As Integer      ' lfd. Zeilenindex (0 ... imax)
```

Beim Laden des Formulars die Datei lesen:

```
Private Sub Form_Load()
On Error GoTo fehler
  Dim s As String
  ix = -1
  imax = -1
  datei = Application.CurrentProject.Path & "\Adressen.txt"
  Open datei For Input As #1
  Do While Not EOF(1)
    ix = ix + 1
    Line Input #1, s
    ReDim Preserve A(ix)
    A(ix) = s
  Loop
  Close #1              ' Datei schließen
  imax = UBound(A)
  ix = 0
  Call anzeigen
  Exit Sub
fehler:
  MsgBox "Fehler beim Lesen der Datei " & datei & " !", 16, "Problem"
  Call Befehl5_Click   ' neuer Eintrag
  Exit Sub
  Resume Next
End Sub
```

Aktuellen Datensatz anzeigen:

```
Private Sub anzeigen()
Dim Z() As String                    ' speichert eine einzelne Zeile
    Z = Split(A(ix), vbTab)          ' Eintrag aufsplitten (Trennzeichen = Tabulator)
    Text0.Value = Z(0):  Text1.Value = Z(1):  Text2.Value = Z(2)
    Text3.Value = Z(3):  Text4.Value = Z(4):  Text5.Value = Z(5)
    Text6.Value = Z(6):  Text7.Value = Z(7):  Text8.Value = Z(8)
    Bezeichnungsfeld0.Caption = Str$(ix + 1) & " von " & Str$(imax + 1)  ' Nummer und Gesamtzahl
End Sub
```

Anzeige löschen:

```
Private Sub clearUI()
    Text0.Value = "":  Text1.Value = "":  Text2.Value = "":
    Text3.Value = "":  Text4.Value = "":  Text5.Value = "":
    Text6.Value = "":  Text7.Value = "":  Text8.Value = ""
End Sub
```

Neuer Eintrag:

```
Private Sub Befehl5_Click()
    imax = imax + 1
    ReDim Preserve A(imax)
    ix = imax
    Call clearUI
End Sub
```

Eintrag löschen:

```
Private Sub Befehl6_Click()
Dim i As Integer
  If MsgBox("Aktuellen Eintrag löschen?", 36, "Eintrag temporär löschen") = 6 Then
    Call clearUI
    If ix > 0 Then
      For i = ix To imax - 1
        A(i) = A(i + 1)
      Next i
      ReDim Preserve A(imax - 1)
      imax = UBound(A)
    Else
      Call Befehl4_Click       ' ersten Eintrag stehen lassen und nur Inhalt löschen
    End If
  End If
End Sub
```

Eintrag temporär speichern:

```
Private Sub Befehl4_Click()
Dim Z() As String
    ReDim Z(8)
    Z(0) = Text0.Value
    Z(1) = Text1.Value
```

13.9 Praxisbeispiele

```
    Z(2) = Text2.Value
    Z(3) = Text3.Value
    Z(4) = Text4.Value
    Z(5) = Text5.Value
    Z(6) = Text6.Value
    Z(7) = Text7.Value
    Z(8) = Text8.Value
    A(ix) = Join(Z, vbTab)      ' akt. Zeile mit Tabs als Trennzeichen  zusammensetzen und
                                ' im Hauptarray speichern
End Sub
```

Zum ersten Datensatz blättern:

```
Private Sub Befehl0_Click()
 ix = 0
 Call anzeigen
End Sub
```

Zurück blättern:

```
Private Sub Befehl1_Click()
 If ix > 0 Then ix = ix - 1
 Call anzeigen
End Sub
```

Vorwärts blättern:

```
Private Sub Befehl2_Click()
 If ix < imax Then ix = ix + 1
 Call anzeigen
End Sub
```

Zum letzten Datensatz blättern:

```
Private Sub Befehl3_Click()
  ix = imax
  Call anzeigen
End Sub
```

Erst beim Schließen des Formulars werden alle Informationen in die Datei übernommen:

```
Private Sub Form_Unload(Cancel As Integer)   ' gesamte Adressdatei persistent speichern
On Error GoTo fehler
Dim i As Integer
   If MsgBox("Alle Änderungen in Adressdatei speichern?", 36, "Formular wird geschlossen") = 6
Then
       Open datei For Output As #1
       For i = 0 To imax       ' alle Zeilen im Hauptarray durchlaufen und
          Print #1, A(i)       ' ... in der Datei speichern
       Next i
       Close #1                ' Datei schließen
   End If
   Exit Sub
```

```
fehler:
  MsgBox "Fehler beim Schreiben der Datei!", 16, "Problem"
  Exit Sub
  Resume Next
End Sub
```

Formular schließen:

```
Private Sub Befehl7_Click()
  DoCmd.Close
End Sub
```

Test

Beim Öffnen des Formulars wird die Datei *Adressen.txt* automatisch eingelesen. Ist die Datei nicht im Datenbankverzeichnis enthalten, so erscheint eine Fehlermeldung und ein neuer Datensatz wird angelegt.

Sie können nun die Eingabemaske ausfüllen und weitere Datensätze hinzufügen bzw. löschen.

HINWEIS: Vergessen Sie nicht, die Schaltfläche *Speichern* zu betätigen, um vorgenommene Änderungen oder einen neu hinzugefügten Datensatz zunächst in das dynamische Array (Arbeitsspeicher) zu übernehmen.

Das Abspeichern des Arrayinhalts in die Datei *Adressen.txt* erfolgt erst beim Schließen des Formulars. Eine bereits vorhandene Datei wird dabei komplett überschrieben.

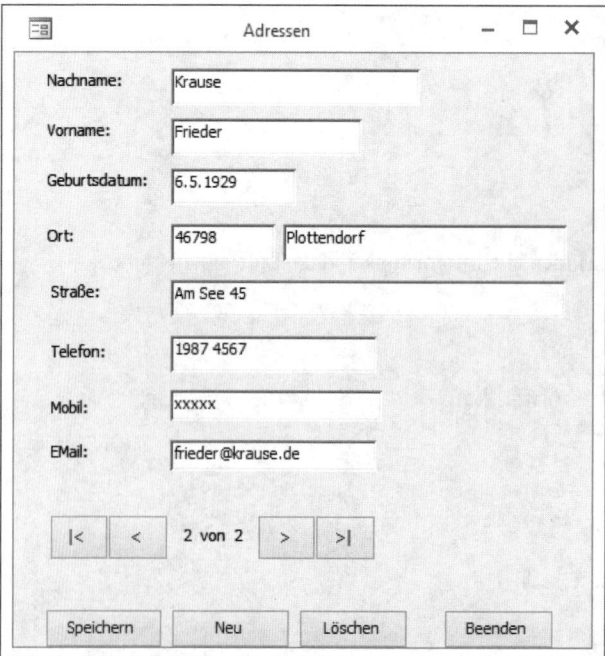

13.9 Praxisbeispiele

HINWEIS: Ist die Datei nicht vorhanden, so wird sie beim Speichern neu angelegt und mit dem Arrayinhalt gefüllt.

Bemerkungen

- Das Beispiel dürfte recht anschaulich den Datenaustausch zwischen einem temporären Speichermedium (dynamisches Array) und einem persistenten Speichermedium (Textdatei) verdeutlichen.

- Anstatt wie in unserem Beispiel für den Dateizugriff die "Uralt-Basic"-Befehle (*Open, Print* ...) zu verwenden, könnten Sie als moderne Alternative auch die FSO (*File System Object*s) verwenden, allerdings ist dazu die Einbindung der *Microsoft Scripting Runtime*-Bibliothek erforderlich (siehe Seite 765).

- Auch die zu Mobiltelefonen mitgelieferte Software benutzt häufig Textdateien zum Übertragen bzw. Speichern von Verzeichnissen, Kalendereinträgen etc. auf die Festplatte des Rechners, wobei ein ähnliches Format wie in unserem Beispiel zum Einsatz kommt.

13.9.2 Dateien suchen

WinAPI: *FindFirstFile*-, *FindNextFile*-, *FindClose*-Funktionen;

Für das Suchen von Dateien bietet der Einsatz von API-Funktionen eine schnelle und einfach zu realisierende Möglichkeit, die auch rekursive Aufrufe unterstützt.

Oberfläche

Erforderlich sind drei ungebundene *Text*felder (davon ein mehrzeiliges) sowie eine *Befehlsschaltfläche*. Die Verwendung von *Bezeichnungsfeld*ern bleibt Ihnen überlassen.

Quelltext

Wie nicht anders zu erwarten, müssen zunächst einige API-Deklarationen eingefügt werden:

```
Private Const MAX_PATH = 259
Private Type FILETIME
        dwLowDateTime As Long
        dwHighDateTime As Long
End Type

Private Type WIN32_FIND_DATA
        dwFileAttributes As Long
        ftCreationTime As FILETIME
        ftLastAccessTime As FILETIME
        ftLastWriteTime As FILETIME
        nFileSizeHigh As Long
        nFileSizeLow As Long
        dwReserved0 As Long
        dwReserved1 As Long
        cFileName As String * MAX_PATH
        cAlternate As String * 14
End Type

Private Declare Function FindFirstFile Lib "kernel32" Alias "FindFirstFileA" _
        (ByVal lpFileName As String, lpFindFileData As WIN32_FIND_DATA) As Long

Private Declare Function FindNextFile Lib "kernel32" Alias "FindNextFileA" _
        (ByVal hFindFile As Long, lpFindFileData As WIN32_FIND_DATA) As Long

Private Declare Function FindClose Lib "kernel32" (ByVal hFindFile As Long) As Long

Private Const FILE_ATTRIBUTE_DIRECTORY = &H10
```

Lassen Sie sich nicht abschrecken, das eigentliche Programm ist wesentlich kürzer, als es obige Funktionen erwarten lassen. Der Funktion *GetAllFiles* übergeben Sie einfach den Suchpfad sowie das Suchkriterium (z.B. *.* für alle Dateien):

```
Sub GetAllFiles(directory As String, mask As String)
Dim rec As WIN32_FIND_DATA
Dim filename As String
Dim fh As Long

  DoEvents
  If Right$(directory, 1) <> "\" Then directory = directory & "\"
  fh = FindFirstFile(directory & mask, rec)
  If fh = 0 Then Exit Sub
  Do
   filename = Left$(rec.cFileName, InStr(rec.cFileName, Chr(0)) - 1)
   If (rec.dwFileAttributes And FILE_ATTRIBUTE_DIRECTORY)=FILE_ATTRIBUTE_DIRECTORY _
   Then
```

```
    If (filename <> ".") And (filename <> "..") Then GetAllFiles directory & filename, mask
  Else
    dateien = dateien & directory & filename & Chr(13) & Chr(10)
  End If
  Loop While FindNextFile(fh, rec)
  FindClose fh
End Sub
```

Sollen weitere Selektionen über die Dateiattribute vorgenommen werden, müssen Sie diese mit den FILE...-Konstanten durchführen (siehe *If (rec.dwFileAttributes And FILE_ATTRIBUTE ...)*). Wenn es Sie interessiert, können Sie über die Struktur *WIN32_FIND_DATA* weitere Informationen über die Datei einholen (Größe, Datum, DOS-Name usw.).

Die Verwendung von *GetAllFiles* in unserem Testprogramm:

```
Dim dateien As String
...
Private Sub Befehl0_Click()
  dateien = ""
  GetAllFiles Text0.Value, Text1.Value
  Text2.Value = dateien
End Sub
```

13.9.3 Die Shellfunktionen verwenden

WinAPI: *SHFileOperation*-Funktion, SHFILEOPSTRUCT-Struktur; *IsMissing*-Funktion;

Die Windows-Shell bzw. der Explorer stellen über die API-Schnittstelle die wohl jedem bekannten Dialoge zum Kopieren, Verschieben, Umbenennen und Löschen von Dateien und Verzeichnissen zur Verfügung.

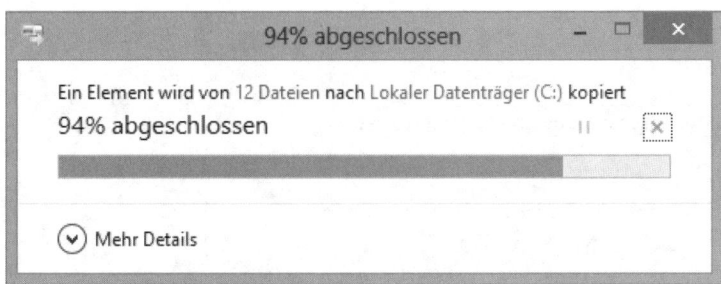

Die Dateioperationen werden über die Funktion *SHFileOperation* abgewickelt. Optionen, Dateinamen etc. übergeben Sie in einem Record mit folgendem Aufbau:

```
Private Type SHFILEOPSTRUCT
        hwnd As Long
        wFunc As Long
        pFrom As String
        pTo As String
```

```
        fFlags As Integer
        fAnyOperationsAborted As Boolean
        hNameMappings As Long
        lpszProgressTitle As String
End Type
```

Die Parameter im Einzelnen:

- Handle des übergeordneten Fensters (Ihre Anwendung)
- Konstante für die Funktion (*FO_MOVE*, *FO_COPY*, *FO_DELETE*, *FO_RENAME*)
- Quelle (ein oder mehrere nullterminierte Strings, die mit einem leeren String abgeschlossen werden)
- Ziel (siehe Quelle)
- Spezielle Optionen (siehe Online-Hilfe)
- Rückgabe von *True* bei vorzeitigem Abbruch der Operation
- Zeiger auf ein Array, mit dem getestet werden kann, welche Dateien kopiert oder verschoben wurden
- Titel für das Dialogfeld mit dem Fortschrittsbalken

Um die Funktionen möglichst einfach in ein Programm einbinden zu können, kapseln wir diese in einem Klassenmodul.

Oberfläche

Für den Test der Dateioperationen verwenden wir ein Formular mit folgendem Aufbau:

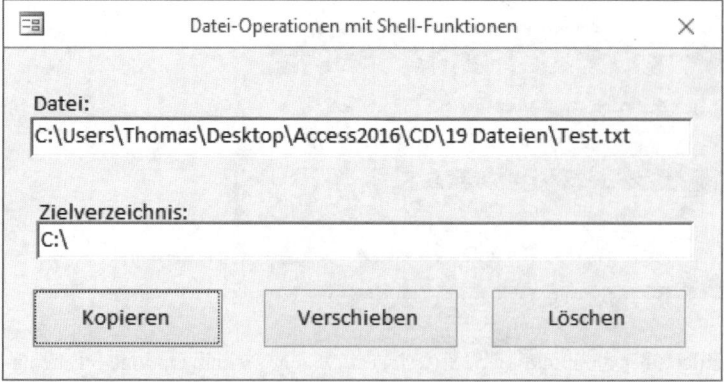

Quelltext (Klassenmodul)

Erzeugen Sie ein neues Klassenmodul mit dem Namen *FileOperation* (Menü *Einfügen/Klassenmodul* des VBA-Editors).

Neben der bereits oben beschriebenen Struktur *SHFILEOPSTRUCT* nehmen Sie noch folgende Konstanten bzw. die API-Funktion *SHFileOperation* in den Deklarationsabschnitt auf:

```
Private Const FO_MOVE = &H1
Private Const FO_COPY = &H2
Private Const FO_DELETE = &H3
Private Const FO_RENAME = &H4
Private Const FOF_MULTIDESTFILES = &H1
Private Const FOF_CONFIRMMOUSE = &H2
Private Const FOF_SILENT = &H4
Private Const FOF_RENAMEONCOLLISION = &H8
Private Const FOF_NOCONFIRMATION = &H10
Private Const FOF_WANTMAPPINGHANDLE = &H20
Private Const FOF_ALLOWUNDO = &H40
Private Const FOF_FILESONLY = &H80
Private Const FOF_SIMPLEPROGRESS = &H100
Private Const FOF_NOCONFIRMMKDIR = &H200


Private Declare Function SHFileOperation Lib "shell32.dll" Alias "SHFileOperationA" _
            (lpFileOp As SHFILEOPSTRUCT) As Long
```

Die Übergabewerte für die Kopierfunktion sind ein Array mit den Dateinamen, das Zielverzeichnis sowie eine boolesche Variable, die bestimmt, ob auch Unterverzeichnisse kopiert werden sollen.

```
Public Sub Copy(dateinamen() As String, zielverzeichnis$, Optional inklUnterverzeichnisse)
  Dim filenames As String
  Dim i As Integer
  Dim shellinfo As SHFILEOPSTRUCT
```

Die Funktion *SHFileOperation* kann mit einem Stringarray nichts anfangen, wir müssen einen String erzeugen, in dem die einzelnen Einträge mit einem Null-Zeichen voneinander getrennt sind:

```
  For i = 0 To UBound(dateinamen)
     filenames = filenames & dateinamen(i) & Chr(0)
  Next i
  filenames = filenames & Chr(0)
  With shellinfo
    .hwnd = Screen.ActiveForm.hwnd
    .wFunc = FO_COPY
    .pFrom = filenames
    .pTo = zielverzeichnis
    If Not IsMissing(inklUnterverzeichnisse) Then
      If Not inklUnterverzeichnisse Then .fFlags = FOF_FILESONLY
    End If
  End With
  SHFileOperation shellinfo
End Sub
```

Das Verschieben von Dateien funktioniert analog:

```
Public Function Move(dateinamen() As String, zielverzeichnis As String, _
                    Optional inklUnterverzeichnisse)
  Dim filenames As String
  Dim i As Integer
  Dim shellinfo As SHFILEOPSTRUCT
  For i = 0 To UBound(dateinamen)
     filenames = filenames & dateinamen(i) & Chr(0)
  Next i
  filenames = filenames & Chr(0)
  With shellinfo
   .hwnd = Screen.ActiveForm.hwnd
   .wFunc = FO_MOVE
   .pFrom = filenames
   .pTo = zielverzeichnis
   If Not IsMissing(inklUnterverzeichnisse) Then
      If Not inklUnterverzeichnisse Then .fFlags = FOF_FILESONLY
   End If
  End With
  SHFileOperation shellinfo
End Function
```

Beim Löschen von Dateien brauchen wir ein Zielverzeichnis natürlich nicht anzugeben:

```
Public Function Delete(dateinamen() As String, Optional inklUnterverzeichnisse)
  Dim filenames As String
  Dim i As Integer
  Dim shellinfo As SHFILEOPSTRUCT
  For i = 0 To UBound(dateinamen)
    filenames = filenames & dateinamen(i) & Chr(0)
  Next i
  filenames = filenames & Chr(0)
  With shellinfo
   .hwnd = Screen.ActiveForm.hwnd
   .wFunc = FO_DELETE
   .pFrom = filenames
   .pTo = "" & Chr(0)
   If Not IsMissing(inklUnterverzeichnisse) Then
    If Not inklUnterverzeichnisse Then .fFlags = FOF_FILESONLY
   End If
  End With
  SHFileOperation shellinfo
End Function
```

Test

Die Abbildung zeigt als Beispiel die bekannte Sicherheitsabfrage vor dem Löschen einer Datei:

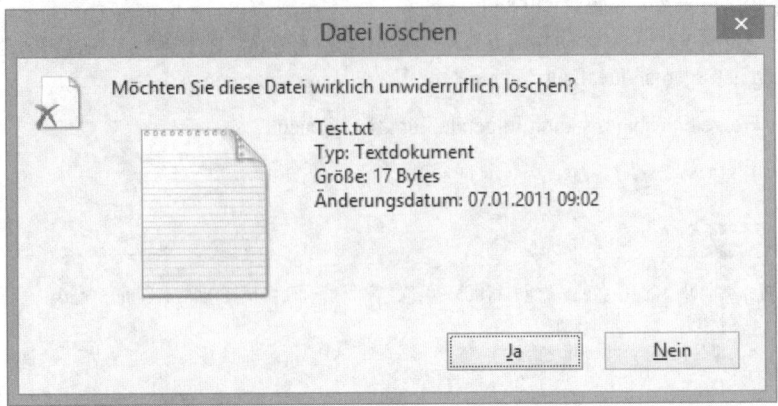

Bemerkungen

- Einer der wesentlichsten Vorteile der Funktion *SHFileOperation* ist die automatische Anzeige von Zusatzdialogfeldern (z.B. Warnung beim Überschreiben von Dateien).
- Eine alternative Realisierung mittels *FileSystemObject* (FSO) wird im Abschnitt "Verzeichnisse/Dateien kopieren/löschen" (Seite 759) beschrieben.

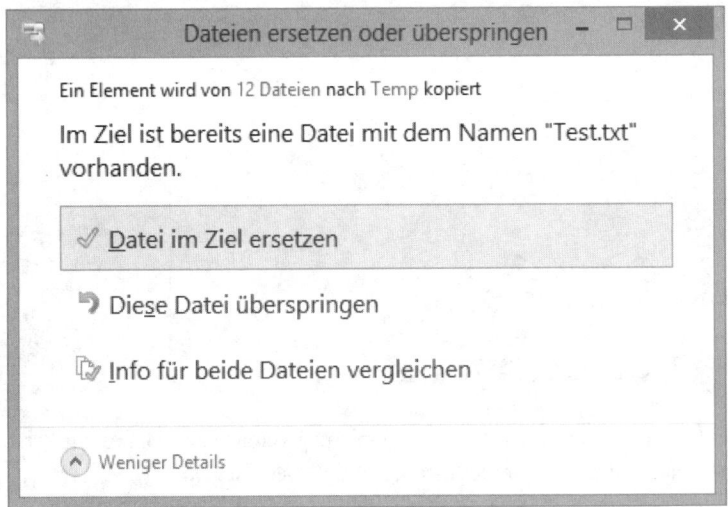

13.9.4 Einen Verzeichnisbaum in eine TreeView einlesen

TreeView-Control: *Nodes*-Auflistung: *Add*-, *Clear*-Methode, *Count*-Eigenschaft; *FileSystemObject*-Objekt: *Folder*-Eigenschaft, *GetFolder*-Methode;

Das *TreeView* ist ein ActiveX-Control (*Microsoft TreeView Control 6.0*) und Bestandteil des Office-Pakets. Es eignet sich naturgemäß ideal zur Anzeige von Verzeichnisstrukturen.

Zum Einlesen eines Verzeichnisbaums kann folgende Funktion dienen:

```
Private Sub einlesen(path As Folder, Parent As Node)
On Error GoTo ende
  Dim fld As Folder, n As Node
    For Each fld In path.SubFolders
      Set n = TreeView1.Nodes.Add(Parent.Key, tvwChild,"c" & CStr(TreeView1.Nodes.Count + 1), _
                        fld.Name)
      einlesen fld, n     ' rekursiver Aufruf!
    Next fld
ende:
  Resume Next
  Exit Sub
End Sub
```

Anzeigen des kompletten Verzeichnisbaums für Laufwerk C:

```
Dim FSO As New FileSystemObject
TreeView1.Nodes.Clear
einlesen FSO.GetFolder("c:\"), TreeView1.Nodes.Add(, , "c1", "c:\")     ' Root-Verzeichnis
anpassen!
```

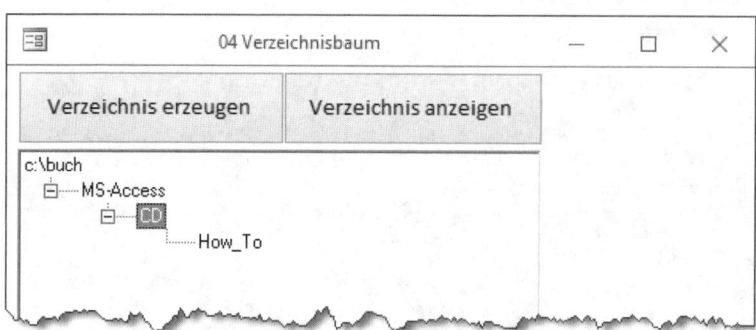

Um den Code nicht aufzublähen, haben wir die Programmierung vereinfacht, d.h., es wird erst der komplette Verzeichnisbaum ermittelt, bevor die Anzeige erfolgt. Der Nachteil:

HINWEIS: Bis die Anzeige des kompletten Verzeichnisbaums erscheint, kann durchaus einige Zeit vergehen (bis zu einer Minute bei einem gut gefüllten Laufwerk)!

Kapitel 14

XML in Theorie und Praxis

Mit XML (*eXtensible Markup Language*) hat sich eine mächtige Metasprache für das Speichern und Austauschen von Daten etabliert. Es gibt inzwischen kaum noch eine Anwendung, die nicht mit XML-Unterstützung beworben wird.

XML ist allgegenwärtig, vieles bleibt dabei aber für den Programmierer unsichtbar, da es in Objekten gekapselt ist bzw. von Access für Sie automatisch im Hintergrund erledigt wird.

Das vorliegende Kapitel kann keinen Anspruch auf Vollständigkeit erheben, sondern nur einen ersten Einblick vermitteln. Weitere Informationen zum Thema finden Sie in den Praxisbeispielen am Ende des vorliegenden Kapitels bzw. im Kapitel 10 (Microsoft SQL Server).

14.1 XML – etwas Theorie

14.1.1 Allgemeines

Eine der wesentlichsten Ideen hinter dem Konzept von XML ist der Ansatz, Informationen nicht nur darzustellen (wie zum Beispiel in HTML mit seiner festgelegten Syntax), sondern auch deren Inhalt bzw. deren Struktur zu beschreiben. Gleichzeitig soll ein möglichst flexibler und einfacher Datenaustausch zwischen verschiedenen Anwendungen und System-Plattformen möglich sein.

Wie auch bei HTML werden in XML Informationen im Textformat gespeichert. Die einzelnen Elemente des Dokumentes werden durch so genannte Tags gekennzeichnet, diese können ineinander verschachtelt sein.

Im Unterschied zu HTML handelt es sich bei XML jedoch um eine Metasprache, mit deren Hilfe sich neue Sprachen zum Beschreiben von Dokumenten definieren lassen. Die Metasprache XML liefert quasi die grammatikalischen Regeln für den Aufbau von Dokumenten.

HTML, eine klassische Beschreibungssprache, umfasst im Gegensatz dazu lediglich einen festen Satz von vordefinierten Befehlen, der nicht einfach erweiterbar ist. HTML dient im Wesentlichen nur der Darstellung von Informationen.

Das einfache Beispiel einer Adressliste soll den Unterschied verdeutlichen. In einer HTML-Datei würden auch Sie die Informationen sicherlich in Form einer Tabelle darstellen.

BEISPIEL: Adressliste als HTML-Datei

```
<html><head><title>Adressen</title></head><body>
<table>
  <tr>
    <td>Name</td>
    <td>Vorname</td>
    <td>Strasse</td>
    <td>PLZ</td>
    <td>Ort</td>
  </tr>
  <tr>
    <td>Müller</td>
    <td>Norbert</td>
    <td>Wiesenweg 3</td>
    <td>12345</td>
    <td>Waldhausen</td>
  </tr>
  <tr>
    ...
  </tr>
</table>
</body>
</html>
```

Die obigen Anweisungen sagen lediglich etwas über die Gestaltung der HTML-Seite aus. Einen Zusammenhang zwischen der Tabellenzelle "Name" und dem Inhalt "Müller" kann ein Programm nur schwer herstellen. Eine automatisierte Analyse und Weiterverarbeitung der Datei wird damit fast unmöglich.

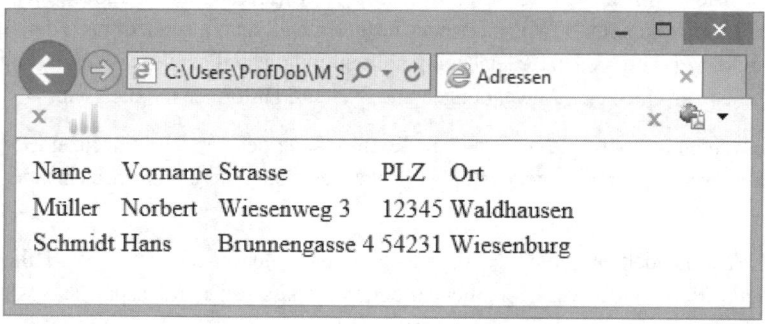

BEISPIEL: Ein einfaches XML-Dokument (Adressverwaltung).

```
<Adressen>
  <Adresse>
    <Name>Müller</Name>
```

14.1 XML – etwas Theorie

```
        <Vorname>Norbert</Vorname>
        <Strasse>Wiesenweg 3</Strasse>
        <PLZ>12345</PLZ>
        <Ort>Waldhausen</Ort>
    </Adresse>
    <Adresse>
        <Name>Schmidt</Name>
        <Vorname>Hans</Vorname>
        <Strasse>Brunnengasse 27</Strasse>
        <PLZ>23451</PLZ>
        <Ort>Wiesenburg</Ort>
    </Adresse>
</Adressen>
```

Wie Sie sehen, steht bei XML die Datenstruktur im Vordergrund. Eine Datenbank-Anwendung, wie zum Beispiel Access, kann relativ leicht feststellen, welche Elemente sich als relationale Tabelle(n) abbilden und importieren lassen.

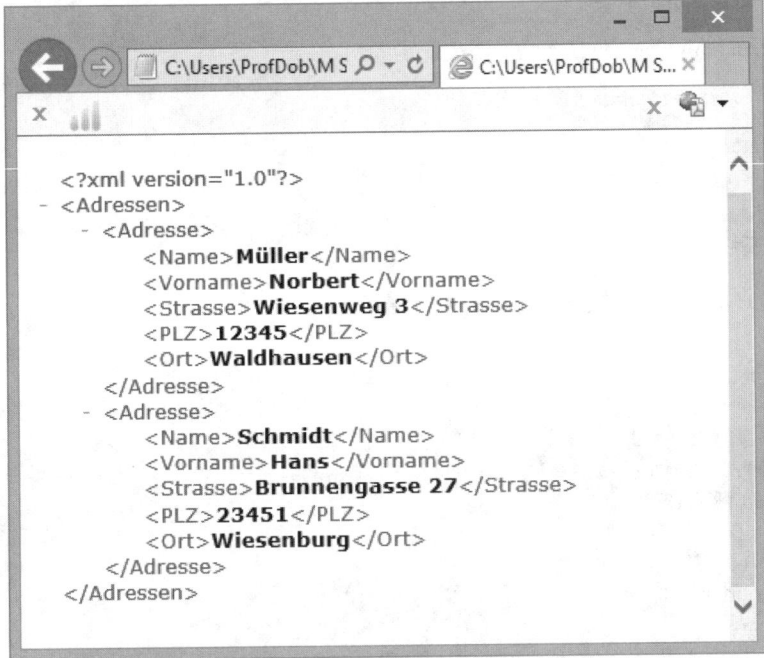

Im Unterschied zu einer relationalen Datenbank stellt es für ein XML-Dokument kein Problem dar, zum Beispiel einen zweiten Vornamen oder eine zweite Wohnadresse zu speichern.

BEISPIEL: Ein zusätzlicher Vorname in den Adressdaten

```
<Adressen>
    <Adresse>
        <Name>Müller</Name>
```

```
      <Vorname>Norbert</Vorname>
      <Vorname>Paul</Vorname>
      <Strasse>Wiesenweg 3</Strasse>
      <PLZ>12345</PLZ>
      <Ort>Waldhausen</Ort>
   </Adresse>
...
   </Adresse>
```

Wie in den obigen Beispielen erkennbar ist, besteht zunächst keine Einschränkung in Bezug auf Anzahl, Länge und Datentyp einzelner Parameter. Es handelt sich lediglich um Textdaten, die von den Tags begrenzt und damit gekennzeichnet werden.

14.1.2 Der XML-Grundaufbau

Wie schon erwähnt, handelt es sich bei XML-Dokumenten um reine Textdateien, die durch Tags strukturiert werden. Innerhalb der XML-Daten lassen sich drei Abschnitte unterscheiden, von denen die beiden ersten optional sind:

- der Prolog mit Steueranweisungen (*Processing Instructions*)
- die DTD (*Document Type Definition*)
- der eigentliche Datenteil

BEISPIEL: Prolog

```
<?xml version="1.0" standalone="yes" ?>
```

BEISPIEL: DTD (Definieren von Datentypen)

```
<!DOCTYPE DATEN [
<!ELEMENT NAME    (#PCDATA)>
<!ELEMENT VORNAME (#PCDATA)>
<!ELEMENT ORT     (NAME)>
<!ELEMENT PERSON  (NAME, VORNAME)>
<!ATTLIST ORT marke ID #REQUIRED>
<!ATTLIST PERSON ort IDREF #REQUIRED> ]>
```

BEISPIEL: Strukturierter Datenteil

```
<Adressen>
   <Adresse>
      <Name>Müller</Name>
      <Vorname>Norbert</Vorname>
      <Strasse>Wiesenweg 3</Strasse>
      <PLZ>12345</PLZ>
      <Ort>Waldhausen</Ort>
   </Adresse>
</Adressen>
```

14.1 XML – etwas Theorie

Innerhalb der drei Abschnitte werden

- Elemente,
- Attribute,
- Kommentare

unterschieden.

BEISPIEL: Ein Element (*Vorname* ist der Elementname, *Norbert* ist der Elementinhalt)

```
<Vorname>Norbert</Vorname>
```

BEISPIEL: Ein Attribut (fett hervorgehoben, Hauptwohnsitz ist der Attributname, danach folgt der Wert in Anführungszeichen)

```
<Adresse Hauptwohnsitz="JA">
    <Name>Müller</Name>
    <Vorname>Norbert</Vorname>
</Adresse>
```

BEISPIEL: Ein Kommentar (fett hervorgehoben)

```
<Adressen>
<!-- ab hier folgen die eigentlichen Daten -->
    <Adresse>
        <Name>Müller</Name>
        <Vorname>Norbert</Vorname>
...
```

In den folgenden Abschnitten wird im Detail auf die einzelnen Abschnitte bzw. Elemente eingegangen. Doch bevor es so weit ist, wollen wir uns zunächst mit den Grundregeln der Sprache XML auseinander setzen.

14.1.3 Wohlgeformte Dokumente

Gerade bei einer so flexiblen Sprache wie XML kommt es darauf an, dass zumindest einige Grundregeln von allen Anwendern eingehalten werden. Nur so ist ein effizientes und schnelles Analysieren der Dokumente möglich. Hält ein Dokument all diese Regeln ein, wird es als *wohlgeformtes* Dokument bezeichnet. Prüft ein XML-Parser zusätzlich die DTD-Beschreibung oder das XSD-Schema, um die Korrektheit des XML-Dokumentes zu testen, und ist diese Prüfung erfolgreich, bezeichnet man das Dokument als *gültig*. Eine Gültigkeitsprüfung ist jedoch nicht zwingend vorgeschrieben.

Doch zurück zu den Grundregeln für ein wohlgeformtes XML-Dokument.

Folgende Regeln müssen Sie in jedem Fall einhalten:

- Jedes Dokument verfügt nur über ein Stammelement.
- Start- und Ende-Tags passen zusammen (Groß-/Kleinschreibung beachten!), d.h., für jeden Start-Tag ist ein entsprechender Ende-Tag vorhanden. Leere Elemente können mit einem einzelnen Tag dargestellt werden, das mit einem Schrägstrich "/" endet.
- Elemente müssen korrekt geschachtelt sein und dürfen sich nicht überschneiden.
- Die Sonderzeichen <, >, &, ", und ' müssen im Datenteil eines Elements durch &lt, &gt, &amp, &quot, &apos ersetzt werden.
- Jedes Attribut darf nur einen Wert haben.
- Attributwerte müssen in doppelte oder einfache Anführungszeichen gesetzt werden.
- Die Zeichenfolgen <[[und]]> sind nicht zulässig.

BEISPIEL: Ein wohlgeformtes XML-Dokument

```
<DATEN>
    <ERDE>
        <KONTINENT>
            <NAME>Europa</NAME>
            <FLÄCHE>10500000</FLÄCHE>
            <EINWOHNER>718500000</EINWOHNER>
            <LAND>
                <NAME>Frankreich</NAME>
                <FLÄCHE>543965</FLÄCHE>
                <EINWOHNER>57800000</EINWOHNER>
            </LAND>
            <LAND>
                <NAME>Deutschland</NAME>
                <FLÄCHE>356854</FLÄCHE>
                <EINWOHNER>80767600</EINWOHNER>
                <ORT marke="01">
                    <NAME>Altenburg</NAME>
                </ORT>
                <ORT marke="02" >
                    <NAME>Frankfurt Oder</NAME>
                </ORT>
            </LAND>
        </KONTINENT>
    </ERDE>
</DATEN>
```

BEISPIEL: Ein nicht wohlgeformtes XML-Dokument

```
<DATEN>
    <ERDE>
        <KONTINENT>
```

14.1 XML – etwas Theorie

```
            <NAME>Europa</NAME>
            <FLÄCHE>10500000</FLÄCHE>
            <EINWOHNER>718500000</EINWOHNER>
            <LAND>
                <NAME>Frankreich</NAME>
                <FLÄCHE>543965</FLÄCHE>
                <EINWOHNER>57800000</EINWOHNER>
            </LAND>
            <LAND>
                <NAME>Deutschland</LAND></NAME>
                <FLÄCHE>356854</FLÄCHE>
                <EINWOHNER>80767600</EINWOHNER>
                <ORT marke=01>
                    <NAME>Altenburg</NAME>
                </ORT>
                <ORT marke=02>
                    <NAME>Frankfurt Oder</NAME>
                </ORT>
        </KONTINENT>
    </ERDE>
</daten>
<Personen>
    <PERSON>
        <NAME>Müller</NAME>
    </PERSON>
    <PERSON>
        <NAME>Lehmann</NAME>
        <VORNAME>Heinz</VORNAME>
    </PERSON>
</Personen>
```

Die Fehler:

- Start- und Ende-Tag von <DATEN> stimmen nicht überein
- es sind zwei Stammelemente (*DATEN, Personen*) vorhanden
- die Attribute (*marke*) sind nicht in Anführungszeichen gesetzt
- die Tags <LAND> und <NAME> bei Deutschland überschneiden sich

14.1.4 Processing Instructions (PI)

Für die Verarbeitung von XML-Dokumenten sind so genannte *Processing Instructions* (kurz PI) vorgesehen. PIs werden mit einem Fragezeichen eingeleitet und geschlossen ("<? ... ?>").

Beginnt die PI mit dem Schlüsselwort XML, handelt es sich um eine reservierte XML-Standarddefinition, die dem verarbeitenden Programm (Parser) Informationen über zusätzliche Steuerdateien (DTD), den Zeichensatz und Versionsinformationen liefert.

BEISPIEL: Einfache Angabe der Versionsnummer

```
<?xml version="1.0"?>
```

BEISPIEL: Definition eines spezifischen Zeichensatzes über das Schlüsselwort *encoding*

```
<?xml version="1.0" encoding="UTF-16"?>
```

Jeder XML-Parser muss zumindest die Formate *UTF-8* und *UTF-16* (internationaler Zeichensatz) verarbeiten können.

Möchten Sie dem Parser mitteilen, dass eine externe DTD vorhanden ist, können Sie dies mit der Option *standalone* realisieren. Gültige Werte sind

- *yes* (keine externe DTD vorhanden) und
- *no* (eine externe DTD ist vorhanden, der Dateiname steht in der *DOCTYPE*-Definition)

BEISPIEL: Keine externe DTD vorhanden

```
<?xml version="1.0" standalone="yes" ?>
```

BEISPIEL: Eine externe DTD (*welt.dtd*) ist vorhanden

```
<?xml version="1.0" standalone="no" ?>
<!DOCTYPE WELT SYSTEM "welt.dtd">
```

HINWEIS: Mittlerweile haben sich die XSD-Schemas gegenüber der *Document Type Definition* durchgesetzt, wir gehen deshalb im Rahmen dieses Buchs nicht weiter auf die DTD ein.

14.1.5 Elemente und Attribute

Wie schon erwähnt, bestehen Elemente aus einem Start- und einem Ende-Tag. Beide Tags schließen den Inhalt (dies kann Text sein, aber auch ein bzw. mehrere Elemente) ein. Die folgende Abbildung zeigt den Aufbau eines Elements:

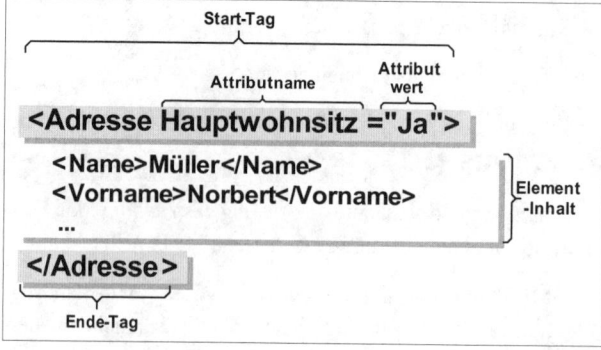

14.1 XML – etwas Theorie

Jedes Element muss den folgenden Regeln genügen:

- Der Elementname beginnt mit einem Buchstaben oder einem Unterstrich
- Nach dem ersten Zeichen können beliebige Zeichen folgen
- Elementnamen berücksichtigen die Groß-/Kleinschreibung
- Elementnamen dürfen keine Leerzeichen enthalten
- Start- und Ende-Tag müssen in der Schreibweise übereinstimmen
- Leere Elemente, auch als "Singleton" bezeichnet, können mit einem Tag (z.B. <Adresse/> statt <Adresse></Adresse>) gekennzeichnet werden

Attribute sind zusätzliche Eigenschaften, die dem Start-Tag hinzugefügt werden können, um den Inhalt näher zu spezifizieren. Wie auch bei den Elementnamen wird zwischen Groß-/Kleinschreibung unterschieden, Attributwerte müssen in doppelten Anführungszeichen eingeschlossen werden. Ein Attribut darf nur einen Wert haben.

BEISPIEL: Falsche Deklaration

```
<Anschrift Name="Müller" Vorname="Norbert" Vorname="Hans">
```

In diesem und in den meisten anderen Fällen ist es günstiger, Attribute als untergeordnete Elemente darzustellen.

BEISPIEL: Richtige Deklaration

```
<Anschrift>
  <Name>Müller</Name>
  <Vorname>Norbert</Vorname>
  <Vorname>Hans</Vorname>
  <Vorname>Werner</Vorname>
</Anschrift>
```

HINWEIS: Beachten Sie, dass jedes XML-Dokument über genau ein Wurzel-Element (Root) verfügen muss!

14.1.6 Verwendbare Zeichensätze

In den vorhergehenden Abschnitten war ja bereits kurz die Rede von Zeichensätzen und in diesem Zusammenhang fiel auch die Bezeichnung "UTF". Hierbei handelt es sich um die Abkürzung für *Unicode Transformation Format*.

Diese Formate bilden die Zeichenfolgen der XML-Daten als eindeutige Byte-Sequenzen ab. Zur eindeutigen Identifikation wird an den Beginn der Datei/des Datenstroms eine spezielle Identifikationsmarke, die *BOM (Byte Oder Mark)* eingefügt. Ein Blick in eine UTF-16-XML-Datei zeigt, was gemeint ist:

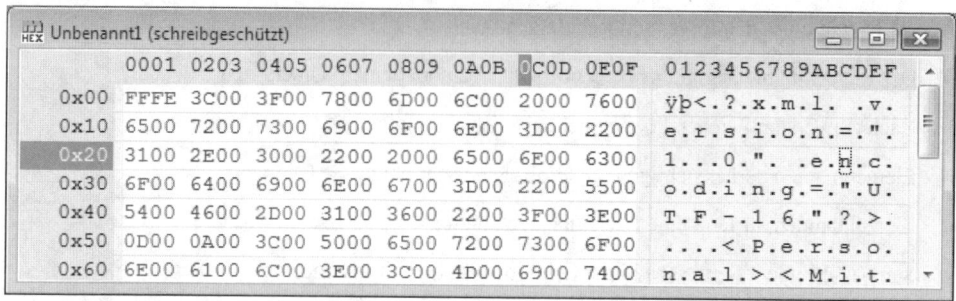

Während Sie zum Beispiel in Notepad oder im Internet Explorer nur die gewohnten Processing Instructions am Beginn des Dokuments vorfinden, zeigt der Hex-Editor zwei zusätzliche Bytes am Dateianfang "FFFE". Dabei handelt es sich um die BOM für eine UTF-16-Kodierung im LE-Format[1] (*Little-Endian*).

Sehen Sie sich dagegen eine mit den ADO (*Recordset.Save*) erzeugte XML-Datei an, werden Sie keine BOM vorfinden.

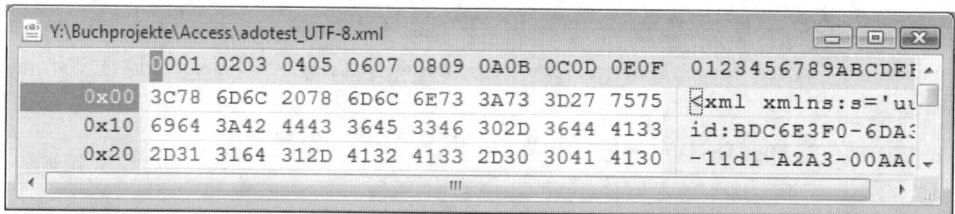

Diese im UTF-8-Format gespeicherte Datei kann auf BOM und explizite Formatangaben in den Processing Instructions verzichten, da es sich automatisch um das Standard-XML-Format UTF-8 handelt. Gleiches trifft auf eine im ASCII-Format gespeicherte XML-Datei zu (die Zeichen bis 127 sind in ASCII und UTF-8 identisch).

HINWEIS: Im Gegensatz zu UTF-8 besitzt eine UTF-16 kodierte Datei immer einen BOM!

Doch was ist, wenn eine reine ASCII-XML-Datei beispielsweise einen Umlaut enthält? Spätestens hier zeigt Ihnen der Internet Explorer beim Laden die "Rote Karte" (siehe folgende Abbildung).

---

[1] Bei Unicode-Zeichen kann das höherwertige Byte das erste Byte (Little-Endian) oder das zweite Byte (Big-Endian) sein.

14.2 XSD-Schemas

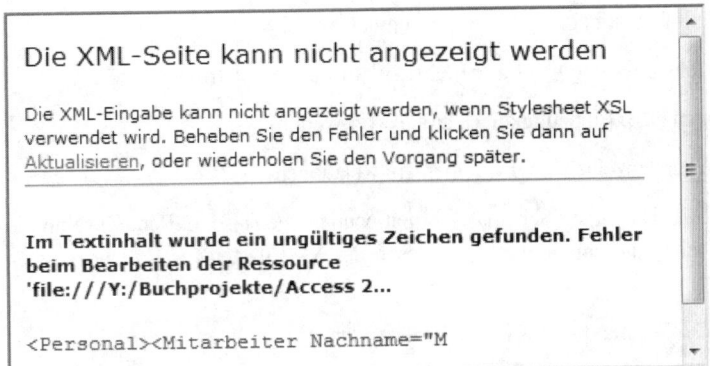

Der Umlaut (in diesem Fall "ü") wird mit "FC" kodiert, dies entspricht jedoch keinem zulässigen UTF-8-Code. UTF-8 verwendet in diesem Fall zwei Byte zur Kodierung des betreffenden Zeichens (C3BC). Beachten Sie dies, wenn Sie eine XML-Datei per Notepad erzeugen. Hier müssen Sie im Speichern-Dialog die richtige Kodierung auswählen:

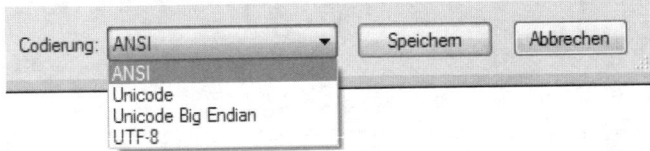

Auch beim Programmieren mit DOM oder ADO können Sie schnell über die Fallstricke der Kodierung stolpern, wenn Sie zum Beispiel mit ADO-Streams arbeiten und zusätzlich direkten Einfluss auf die Processing Instructions nehmen. Tritt hier eine Diskrepanz zwischen der in den Processing Instructions genannten Kodierung und der tatsächlich verwendeten Kodierung (bzw. der BOM) auf, ist die Datei später nicht mehr lesbar.

14.2 XSD-Schemas

Bei der Arbeit mit XML-Dateien ist Ihnen sicher schon mehrfach der Begriff *XSD-Schema* begegnet. Worum handelt es sich hierbei eigentlich? Zunächst einmal wird mit XSD die *XML Schema Definition Language* bezeichnet.

14.2.1 Das Grundprinzip

Ein XSD-Schema ist ein eigenständiges Dokument (oder auch ein zusätzlicher Teil des XML-Dokuments), das die Struktur der XML-Daten beschreibt. Grundsätzlich können Sie also ein XSD-Schema mit den Strukturinformationen z.B. einer Access- oder SQL-Server-Datenbank vergleichen.

Ein Schema kann folgende Informationen und Vorgaben enthalten:

- Die Definition der einzelnen Datentypen für die XML-Elemente und -Attribute
- Diverse Einschränkungen (z.B. Eindeutigkeit (Unique) von Werten)
- Zusammenhänge zwischen einzelnen XML-Elementen (Relationen)

Nur beim Vorliegen von XML-Daten und Schema-Informationen können also logische Zusammenhänge hergestellt werden, ohne die ein sinnvolles Auslesen der XML-Daten meist nicht möglich wäre.

BEISPIEL: Ein einfaches Schema für zwei Tabellen, in denen Telefondaten für Mitarbeiter gespeichert werden können

```xml
<?xml version="1.0" standalone="yes" ?>
<xs:schema id="Telefon" targetNamespace="http://www.tempuri.org/Telefon.xsd"
xmlns:mstns="http://www.tempuri.org/Telefon.xsd" xmlns="http://www.tempuri.org/Telefon.xsd"
xmlns:xs="http://www.w3.org/2001/XMLSchema" xmlns:msdata="urn:schemas-microsoft-com:xml-msdata"
attributeFormDefault="qualified" elementFormDefault="qualified">
    <xs:element name="Telefon" msdata:IsDataSet="true" msdata:Locale="de-DE">
        <xs:complexType>
            <xs:choice maxOccurs="unbounded">
```

Hier wird die erste Tabelle definiert:

```xml
                <xs:element name="Mitarbeiter">
                    <xs:complexType>
```

Die Definition der Tabellenspalten (Attribute):

```xml
                        <xs:attribute name="ID" form="unqualified" msdata:AutoIncrement="true" type="xs:int" />
                        <xs:attribute name="Vorname" form="unqualified" type="xs:string" />
                        <xs:attribute name="Nachname" form="unqualified" type="xs:string" />
                    </xs:complexType>
                </xs:element>
```

Die zweite Tabelle:

```xml
                <xs:element name="Telefone">
                    <xs:complexType>
                        <xs:attribute name="MitarbeiterId" form="unqualified" type="xs:int" />
                        <xs:attribute name="Nummer" form="unqualified" type="xs:string" />
                    </xs:complexType>
                </xs:element>
            </xs:choice>
        </xs:complexType>
```

Definition eines Primärschlüssels:

```xml
        <xs:key name="TelefonKey1" msdata:PrimaryKey="true">
            <xs:selector xpath=".//mstns:Mitarbeiter" />
            <xs:field xpath="@ID" />
        </xs:key>
```

14.2 XSD-Schemas

Festlegen des Zusammenhangs zwischen beiden Tabellen (Relation):

```
<xs:keyref name="MitarbeiterTelefone" refer="mstns:TelefonKey1">
  <xs:selector xpath=".//mstns:Telefone" />
  <xs:field xpath="@MitarbeiterId" />
</xs:keyref>
  </xs:element>
</xs:schema>
```

Die folgende Abbildung zeigt das relationale Abbild des obigen Schemas:

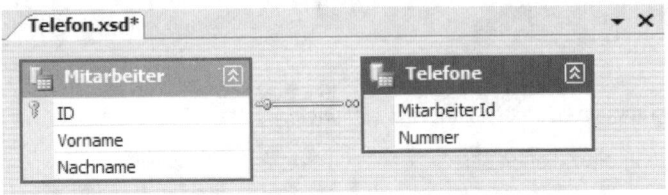

HINWEIS: Im folgenden Abschnitt werden wir uns um das Erstellen dieses Schemas kümmern.

BEISPIEL: Ein auf dem vorhergehenden Schema aufbauendes XML-Dokument

```
<?xml version="1.0" encoding="utf-8" ?>
<Telefon xmlns="http://www.tempuri.org/Telefon.xsd">
  <Mitarbeiter ID="0" Vorname="Thomas" Nachname="Gewinnus"></Mitarbeiter>
  <Mitarbeiter ID="1" Vorname="Walter" Nachname="Doberenz"></Mitarbeiter>
  <Telefone MitarbeiterId="0" Nummer="0335-1234567"></Telefone>
  <Telefone MitarbeiterId="0" Nummer="0172-888777666"></Telefone>
  <Telefone MitarbeiterId="1" Nummer="0345-12345678"></Telefone>
  <Telefone MitarbeiterId="1" Nummer="0171-111222333"></Telefone>
</Telefon>
```

Wie Sie sehen, werden zum Speichern der Informationen (*Nachname*, *Vorname*) Attribute statt Elemente verwendet. Auf diese Weise ist das Dokument etwas kompakter.

Den Elementen *Mitarbeiter* sind je zwei (beliebig viele) Elemente aus *Telefone* zugeordnet, die klassische 1:n-Beziehung aus der relationalen Welt.

14.2.2 Ein XSD-Schema mit Microsoft Access erzeugen

Im vorhergehenden Abschnitt sind wir von einem vorhandenen XSD-Schema ausgegangen. Wie aber kommen wir zu einer solchen Datei?

Obwohl Microsoft Access keinen direkten Editor für das Erzeugen von Schemas besitzt, ist es kein Problem, für bestehenden Beziehungen in der Datenbank ein passendes XSD-Schema zu erzeugen. Verwenden Sie dazu einfach die XML-Export-Funktion, die auch eine Option zum Erzeugen von Schemadaten bietet.

Analog zum vorhergehenden Beispiel (Telefondaten) wollen wir aus zwei Access-Tabellen eine entsprechende Schema-Datei erzeugen.

1. Erzeugen Sie zunächst zwei Tabellen *Mitarbeiter* und *Telefone* mit der in der folgenden Abbildung gezeigten Struktur:

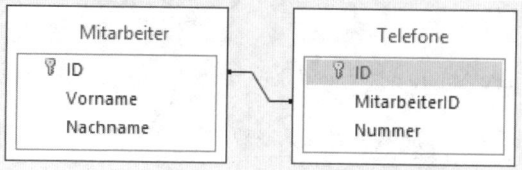

2. Verknüpfen Sie die beiden Tabellen (*Datenbanktools/Beziehungen*).
3. Fügen Sie einige Datensätze in die Tabellen ein.
4. Markieren Sie die Tabelle Mitarbeiter und wählen Sie *Externe Daten/Exportieren/XML-Datei*.
5. Vergeben Sie im folgenden Dialog zunächst einen Dateinamen und klicken Sie auf *Weiter*.
6. In den anschließend abgefragten Optionen sollten Sie die Option *Schema der Daten (XSD)* markieren und auf die Schaltfläche *Weitere...* klicken. Der daraufhin angezeigte Dialog ermöglicht Ihnen sowohl die Auswahl der zur Tabelle *Mitarbeiter* in Beziehung stehenden Tabellen als auch die Auswahl des XML-Formats.

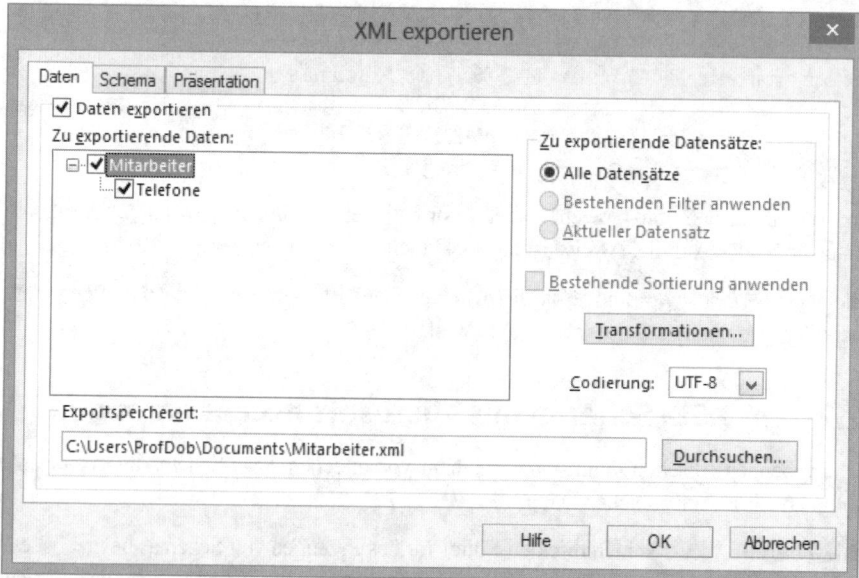

HINWEIS: Voraussetzung für die Anzeige abhängiger Tabellen sind entsprechende Beziehungen in der Datenbank!

14.2 XSD-Schemas

7. Nach dem Klick auf die *OK*-Schaltfläche sollten sich die gewünschte XSD-Datei und natürlich auch die XML-Datei auf Ihrer Festplatte befinden.

8. Nach einem Blick in die XML-Datei werden Sie feststellen, dass Access, im Gegensatz zum Beispiel im vorhergehenden Abschnitt, die Daten in hierarchischer Form anordnet:

```xml
<?xml version="1.0" encoding="UTF-8" ?>
<dataroot xmlns:od="urn:schemas-microsoft-com:officedata" xmlns:xsi="http://www.w3.org/2001/XMLSchema-instance" xsi:noNamespaceSchemaLocation="Mitarbeiter.xsd" generated="2007-04-02T10:24:08">
    <Mitarbeiter>
        <ID>1</ID>
        <Vorname>Thomas</Vorname>
        <Nachname>Gewinnus</Nachname>
        <Telefone>
            <ID>1</ID>
            <MitarbeiterID>1</MitarbeiterID>
            <Nummer>0335-12345678</Nummer>
        </Telefone>
    </Mitarbeiter>
    <Mitarbeiter>
        <ID>2</ID>
        <Vorname>Walter</Vorname>
        <Nachname>Doberenz</Nachname>
        <Telefone>
            <ID>2</ID>
            <MitarbeiterID>2</MitarbeiterID>
            <Nummer>0172-888777666</Nummer>
        </Telefone>
        <Telefone>
            <ID>3</ID>
            <MitarbeiterID>2</MitarbeiterID>
            <Nummer>0353-4879898343</Nummer>
        </Telefone>
    </Mitarbeiter>
</dataroot>
```

Auch das Schema ist deutlich aufwändiger:

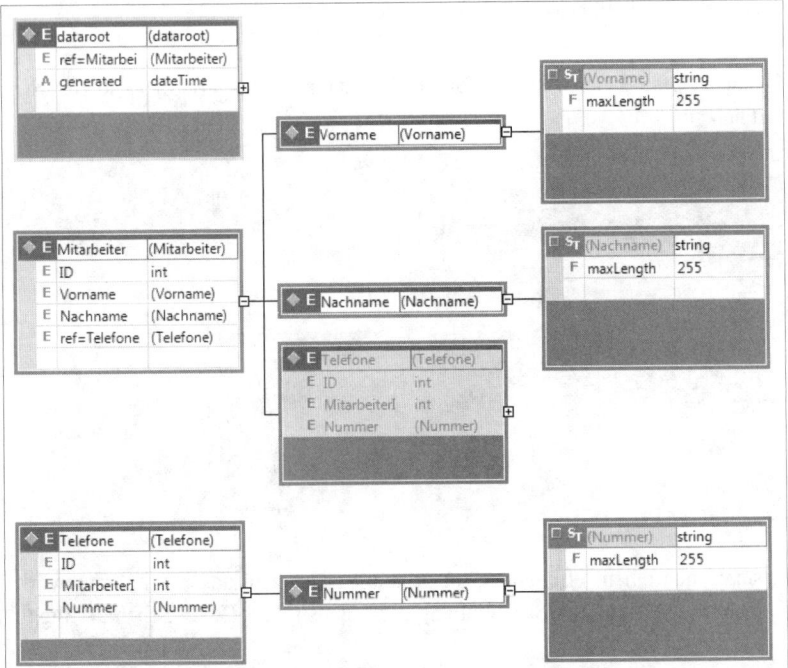

Der Import der Daten, zum Beispiel in eine C#-Applikation (ADO.NET), mit Hilfe des obigen Schemas dürfte jetzt kein Problem mehr darstellen.

BEISPIEL: C#-Applikation zum Einlesen der obigen XML-Daten

```
using System.Xml;
...
     private void button1_Click(object sender, EventArgs e)
     {
```

Wir wählen ein *XmlDataDocument*-Objekt, so haben wir ein relationale Sicht auf die Daten (*DataSet*-Eigenschaft) und können trotzdem per DOM direkt auf die XML-Daten zugreifen:

```
     XmlDataDocument xmldoc = new XmlDataDocument();
```

Einlesen des Schemas:

```
     xmldoc.DataSet.ReadXmlSchema("Mitarbeiter.xsd");
```

Einlesen der Daten:

```
     xmldoc.Load("Mitarbeiter.xml");
```

Die Anzeige in einem *DataGrid*:

```
     dataGrid1.DataSource = xmldoc.DataSet;
     }
...
```

HINWEIS: Wir verwenden in diesem Fall das gute alte *DataGrid*, da dieses zur Laufzeit eine Auswahl der enthaltenen *DataTables* anbietet.

Die jetzt in C# angezeigten Daten zeigen deutlich die hierarchische Struktur, wie wir Sie von Access exportiert haben:

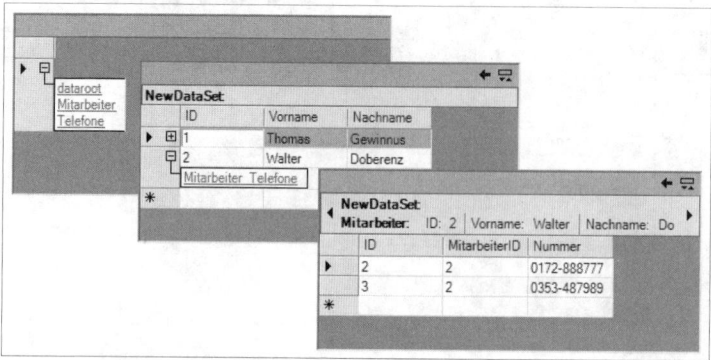

Wie Sie sehen, steht auch einem effizienten und schnellen Datenaustausch mit Framework-Anwendungen nichts im Wege, wenn die Beschreibung der Datenstruktur (XSD-Schema) mitgeliefert wird.

14.3 XML-Verarbeitung mit dem DOM

Nachdem Sie in den vorhergehenden Abschnitten mit ausreichend Theorie "gefoltert" wurden, wollen wir Ihrer Kreativität nicht weiter im Wege stehen und uns endlich der praktischen Umsetzung zuwenden. Wie im gesamten Buch üblich, schonen wir Sie auch in diesem Fall nicht. Obwohl es in Access einfachere Wege zum Erzeugen von XML-Dateien gibt, wollen wir Sie zunächst mit der "Low-Level"-Programmierung vertraut machen. Zum einen bietet sich hier die Möglichkeit, das in den vorhergehenden Abschnitten gelernte "hautnah" nachzuvollziehen, zum anderen bekommen Sie so ein besseres Verständnis für die diversen Optionen bei der XML-Ausgabe.

14.3.1 Was ist das DOM?

DOM: Wieder eines der vielen Kürzel, mit denen Sie als Programmierer traktiert werden! DOM steht für *Document Object Model* und definiert ein Objektmodell, mit dem sich XML-Dokumente plattformübergreifend bearbeiten lassen.

DOM erspart Ihnen den steinigen Weg, eine XML-Datei als Textdatei zu verarbeiten, d.h. mühsam zu parsen und zu filtern. Alle XML-Elemente werden durch das DOM als Eigenschaften bzw. Collections von Objekten abgebildet. Elemente lassen sich über Methoden erzeugen, modifizieren und löschen. Die XML-Daten werden als Baum mit einzelnen Zweigen dargestellt. Weiterhin können Sie über das DOM auch allgemeine Informationen über das Dokument abfragen.

Die wichtigsten Knotentypen, die mit DOM angesprochen werden können:

- Document Type
- Processing Instruction
- Element
- Attribute
- Text

Die folgende Tabelle gibt Ihnen eine knappe Übersicht über die wichtigsten Objekte:

Objekt	Beschreibung
DOMDocument	Diese Objekt repräsentiert das gesamte XML-Dokument bzw. dessen Hauptknoten
XMLDOMNode	Dieses Objekt repräsentiert einen einzelnen Knoten innerhalb des XML-Baums
XMLDOMNodeList	Collection von *XMLDOMNode*-Objekten
XMLDOMNamedNodeMap	Ebenfalls eine Collection von *XMLDOMNode*-Objekten, mit denen der Zugriff auf die Attribute möglich ist
XMLDOMParseError	Objekt zur gezielten Fehleranalyse, das neben der Fehlerbeschreibung auch die Position und die Fehlernummer bereitstellt
XMLDOMAttribute	Objekt zum Zugriff auf Element-Attribute

Objekt	Beschreibung
XMLDOMCDATASection	Objekt für den Zugriff auf CDATA-Abschnitte (diese werden nicht vom Parser verarbeitet)
XMLDOMCharacterData	Objekt für Textmanipulationen
XMLDOMComment	Objekt für Zugriff auf Kommentare
XMLDOMDocumentType	Objekt für den Zugriff auf DTD
XMLDOMElement	Dieses Objekt repräsentiert ein Element
XMLDOMEntity	Dieses Objekt repräsentiert eine Entität
XMLDOMImplementation	Über die Methode *HasFeature* können Informationen über die DOM-Implementation angefragt werden
XMLDOMProcessingInstruction	Dieses Objekt repräsentiert eine Processing Instruction (PI)
XMLDOMText	Der textuelle Inhalt eines Elements oder eines Attributes

Ist auf Ihrem PC der *Microsoft Internet Explorer* installiert, stellt Ihnen dieser auch die nötige XML-Library mit den oben genannten Objekten zur Verfügung. Zum Zeitpunkt der Drucklegung dieses Buches ist die Library-Version *Microsoft XML v6.0* aktuell und damit auch Grundlage aller weiteren Beispiele dieses Kapitels.

HINWEIS: Im Rahmen dieses Kapitels gehen wir auf die einzelnen Objekte nur so weit ein, wie es für das Verständnis der Beispiele nötig ist. Weiterführende Informationen über die Methoden und Eigenschaften der diversen DOM-Objekte finden Sie in der Online-Hilfe oder unter der Adresse *http://www.w3.org*.

14.3.2 Erste Schritte

Bevor Sie sich mit den folgenden Beispielen beschäftigen, sollten Sie die Library *Microsoft XML v6.0* einbinden. Wählen Sie dazu im VBA-Editor den Menübefehl *Extras/Verweise...* und markieren Sie im folgenden Dialogfeld die genannte Library.

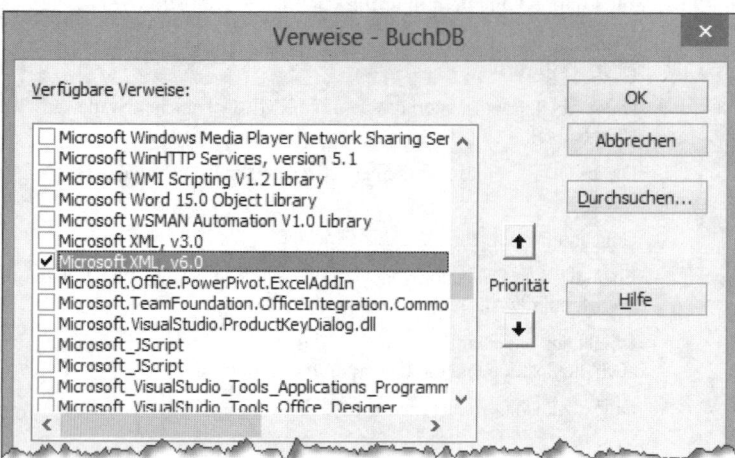

14.3.3 Erzeugen von Instanzen

Ausgangspunkt aller weiteren "Experimente" ist das *DOMDocument*-Objekt, mit dem Sie den Zugriff auf ein XML-Dokument realisieren können.

> **HINWEIS:** In der Microsoft XML-Library finden Sie mehrere *DOMDocument*-Klassen, hierbei handelt es sich um verschiedene Versionen ein und derselben Klasse. Wo notwendig, weisen wir Sie auf die Verwendung der speziellen Versionen hin.

Eigenschaft	Beschreibung
async	Ein-/Ausschalten des asynchronen Einlesens der XML-Daten
doctype	Gibt ein *DOMDocumentType*-Objekt zurück, mit dem die DTD bearbeitet/analysiert werden kann
documentElement	Gibt das Root-Element der XML-Daten als *DOMElement*-Objekt zurück
parseError	Gibt ein *XMLDOMParseError*-Objekt zur Fehleranalyse zurück
preserveWhiteSpace	Beeinflusst die Interpretation von Leerzeichen, Tabs und Zeilenumbrüchen
readyState	Gibt den Verarbeitungsstatus des XML-Dokuments zurück
url	Gibt die URL des aktuell geladenen Dokumente zurück
validateOnParse	Beeinflusst die Fehlerkontrolle des Parsers
xml	Gibt das aktuelle XML-Dokument als String zurück

Wichtige Methoden des *DOMDocument*-Objekts:

Methode	Beschreibung
createAttribute	Erzeugt ein neues Attribut
createCDATASection	Erzeugt eine neue CDATA-Section
createComment	Erzeugt einen neuen Kommentar
createDocumentFragment	Erzeugt ein Teildokument, das zum Einfügen in andere Baumzweige verwendet werden kann
createElement	Erzeugt ein neues Element
createEntityReference	Erzeugt eine neue Entity-Referenz
createNode	Erzeugt einen neuen Knoten
createProcessingInstruction	Erzeugt eine Processing Instruction (PI)
createTextNode	Erzeugt einen Text-Knoten
getElementsByTagName	Gibt eine Collection von Objekten zurück, die dem gewünschten Kriterium (Name) entsprechen (es sind Platzhalter erlaubt)
load	Lädt ein XML-Dokument aus einer Datei/URL
loadXML	Lädt ein XML-Dokument aus einem String
nodeFromID	Gibt einen Knoten zurück, dessen ID-Attribut mit dem Kriterium übereinstimmt
save	Sichert das Dokument als XML-Datei

Wichtige Ereignisse des *DOMDocument*-Objekts:

Ereignis	Beschreibung
ondataavailable	Ereignis tritt ein, wenn Daten für die Verarbeitung bereitstehen
onreadystatechange	Ereignis tritt mit jeder Änderung der *readyState*-Eigenschaft auf

Eine Instanz bilden Sie wie im folgenden Beispiel angegeben.

BEISPIEL: Instanz bilden

```
Dim xmlDoc As MSXML.DOMDocument60
...
Set xmlDoc = New MSXML.DOMDocument60
```

Die erzeugte Instanz können Sie nach der Verwendung mit der folgenden Anweisung wieder löschen:

```
Set xmlDoc = Nothing
```

14.3.4 Laden von Dokumenten

Haben Sie erfolgreich eine Instanz erzeugt, können Sie auch schon ein neues XML-Dokument erzeugen oder eine vorhandene Datei von der Festplatte oder aus dem Internet laden. Die *Load*-Methode unterstützt sowohl "normale" Pfadangaben (*\\server\e\files\test.xml* bzw. *c:\test.xml*) als auch URL-Angaben mit Webadressen (*http://www.xyz-abc.com/test.xml*).

BEISPIEL: Laden einer Datei

```
If xmlDoc.Load("C:\test7.xml") Then ' erfolgreich geladen ...
...
Else ' Fehler beim Laden der Datei ...
...
End If
```

Alternativ können Sie die Dokumente auch aus einer *String*-Variablen laden. Verwenden Sie dazu die *LoadXML*-Methode.

BEISPIEL: Laden von XML-Daten aus einem String

```
Dim xmlDoc As New DOMDocument60
Dim mystr As String

mystr = "<WELT>"
mystr = mystr & "  <KONTINENTE>"
mystr = mystr & "  </KONTINENTE>"
mystr = mystr & "</WELT>"
If xmlDoc.loadXML(mystr) Then ' erfolgreich geladen ...
  MsgBox "ok"
Else ' Fehler beim Laden der Datei ...
  MsgBox "Problem"
End If
```

14.3.5 XML-Fehlerprüfung/-Analyse

Sicher ist Ihnen beim Experimentieren mit den vorhergehenden Beispielen schon aufgefallen, dass im Fehlerfall zwar die entsprechende Methode fehlschlägt, woran es gelegen hat, konnten Sie jedoch nicht feststellen. Möchten Sie nun unterscheiden, ob es an einer fehlenden Datei bzw. fehlerhaften Pfadangaben liegt oder an einem Fehler in den XML-Daten, bleibt Ihnen nichts anderes übrig, als sich etwas intensiver mit der Fehler-Analyse mittels DOM zu beschäftigen.

Das *parseError*-Objekt

Nach einem aufgetretenen Fehler können Sie über das *parseError*-Objekt die Fehlerursache genauer spezifizieren. Die folgende Tabelle listet Ihnen die einzelnen Eigenschaften des Objektes und deren Bedeutung auf:

Eigenschaft	Beschreibung
errorCode	Der Fehlercode
reason	Eine verbale Beschreibung des Fehlers
line	Zeilennummer, in der der Fehler aufgetreten ist
linePos	Spaltennummer bzw. Zeichen, an dem der Fehler aufgetreten ist
srcText	Die fehlerhafte Zeile als String
url	Der URL des geladenen Dokuments
filePos	Absolute Zeichenposition des Fehlers

BEISPIEL: Fehlerauswertung (im vorliegenden Dokument wurde absichtlich der Start-Tag falsch ausgeschrieben)

```
Dim xmlDoc As New DOMDocument60
If xmlDoc.Load("C:\test7.xml") Then ' erfolgreich geladen ...
  MsgBox "Ok"
Else ' Fehler beim Laden der Datei ...
  MsgBox "Fehlernummer    : " & xmlDoc.parseError.errorCode & Chr(10) & _
         "Fehlerursache   : " & xmlDoc.parseError.reason & _
         "Fehler in Zeile : " & xmlDoc.parseError.Line & Chr(10) & _
         "Zeilentext      : " & xmlDoc.parseError.srcText
End If
```

Das Resultat ist eine Fehlermeldung, die wir Ihnen nicht vorenthalten wollen (siehre folgende Abbildung).

Die Fehlerursache im vorhergehenden Beispiel war ein simpler Schreibfehler. Was aber, wenn es sich um ein ungültiges Dokument laut DTD handelt? Die Antwort findet sich in der Eigenschaft *validateOnParse*, welche die Fehlerprüfung ein- bzw. ausschaltet (Default).

Kapitel 14: XML in Theorie und Praxis

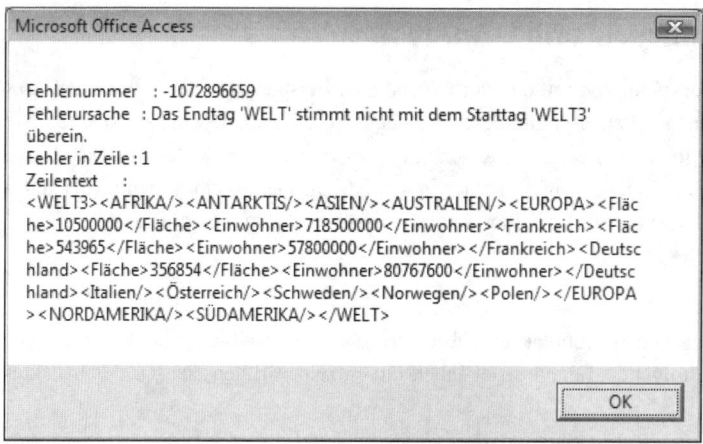

BEISPIEL: In den Begleitdateien finden Sie ein fehlerhaftes XML-Dokument, bei dem ein Element (*Name*) zwar verwendet wird, aber nicht in der DTD definiert ist.

```
Sub XML_Fehleranalyse()
Dim xmlDoc As New DOMDocument60
  If MsgBox("Fehlerprüfung?", vbYesNo, "Frage") = vbYes Then
    xmlDoc.validateOnParse = True
  Else
    xmlDoc.validateOnParse = False
  End If
  If xmlDoc.Load(CurrentProject.Path & "\fehler.xml") Then   ' erfolgreich geladen ...
    MsgBox "Ok"
  Else       ' Fehler beim Laden der Datei ...
    MsgBox "Fehlernummer    : " & xmlDoc.parseError.errorCode & Chr(10) & _
           "Fehlerursache   : " & xmlDoc.parseError.reason & _
           "Fehler in Zeile : " & xmlDoc.parseError.Line & Chr(10) & _
           "Zeilentext      : " & xmlDoc.parseError.srcText
  End If
End Sub
```

Nach dem Abfragedialogfeld, ob eine Fehlerprüfung durchzuführen ist oder nicht, wird Ihnen entweder gemeldet, das Dokument ist fehlerfrei, oder es erscheint das folgende Dialogfeld:

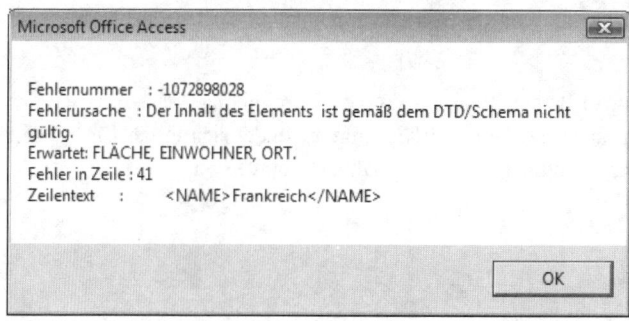

14.3 XML-Verarbeitung mit dem DOM

Sinnvoll ist das Abschalten der Fehlerprüfung eigentlich nur, wenn ein eventuell beschädigtes Dokument noch gerettet werden soll. Andernfalls dürften höchstens Performancegründe einer intensiven Fehlerprüfung entgegenstehen.

14.3.6 Erzeugen von XML-Dokumenten

Bevor wir uns mit der Verarbeitung vorhandener XML-Dokumente beschäftigen, wollen wir zunächst "selber Hand anlegen" und neue XML-Dokumente erzeugen.

An mehreren kleinen Einzelbeispielen, die Sie im Direktfenster des VBA-Editors nachvollziehen können, wollen wir die Vorgehensweise beim Erstellen von XML-Dokumenten mit Hilfe des DOM aufzeigen.

BEISPIEL: Ein erstes XML-Dokument

```
Sub XML_Versuch_1()

    Dim xmlDoc As DOMDocument60
    Dim root As IXMLDOMNode
```

Eine Instanz bilden:

```
    Set xmlDoc = New DOMDocument60
```

Wir erzeugen ein Wurzel-Element ...

```
    Set root = xmlDoc.createElement("WELT")
```

... und fügen dieses dem *DOMDocument* hinzu:

```
    xmlDoc.appendChild root
    MsgBox xmlDoc.xml
End Sub
```

Klein, aber fein präsentiert sich unser erstes XML-Dokument in der Messagebox:

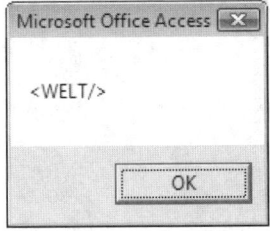

BEISPIEL: Basierend auf den Erkenntnissen des vorhergehenden Beispiels erweitern wir das Programm so, dass dem Element *WELT* weitere untergeordnete Elemente zugeordnet werden. Das erzeugte XML-Dokument soll in diesem Fall als Datei gesichert werden.

```
Sub XML_Versuch_2()
    Dim xmlDoc As DOMDocument60
    Dim root As IXMLDOMNode
    Dim node As IXMLDOMNode
```

Instanz und Wurzelelement erzeugen:

```
Set xmlDoc = New DOMDocument60
Set root = xmlDoc.createElement("WELT")
xmlDoc.appendChild root
```

Ähnlich wie bei einem *TreeView*-Control werden nun dem bereits erzeugten Root-Knoten weitere Untereinträge hinzugefügt:

```
Set node = xmlDoc.createElement("AFRIKA")
root.appendChild node
Set node = xmlDoc.createElement("ANTARKTIS")
root.appendChild node
Set node = xmlDoc.createElement("ASIEN")
root.appendChild node
Set node = xmlDoc.createElement("AUSTRALIEN")
root.appendChild node
Set node = xmlDoc.createElement("EUROPA")
root.appendChild node
Set node = xmlDoc.createElement("NORDAMERIKA")
root.appendChild node
Set node = xmlDoc.createElement("SÜDAMERIKA")
root.appendChild node
MsgBox xmlDoc.xml
```

Wir sichern die XML-Daten in einer Datei:

```
xmlDoc.Save ("c:\Test2.xml")
End Sub
```

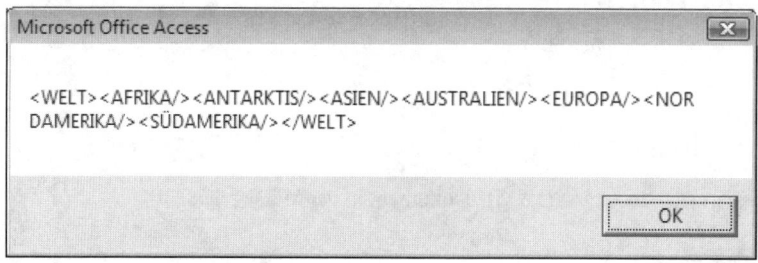

Die Anzeige im Internet Explorer ist hingegen wesentlich aufschlussreicher:

```
- <WELT>                      + <WELT>
    <EUROPA />
    <NORDAMERIKA />
    <SÜDAMERIKA />
    <ASIEN />
    <AUSTRALIEN />
    <AFRIKA />
    <ANTARKTIS />
  </WELT>
```

14.3.7 Auslesen von XML-Dateien

Nachdem wir bereits eine erste einfache XML-Datei erzeugt haben, können wir diese auch laden und anzeigen lassen. Dazu benötigen wir in jedem Fall neben dem bekannten *DOMDocument*-Objekt auch ein *XMLDOMNode*-Objekt, um zumindest auf das Wurzel-Element der XML-Daten zugreifen zu können. Die wichtigsten Eigenschaften und Methoden zeigen die folgenden beiden Tabellen.

Eigenschaft	Beschreibung
attributes	Collection von Attributen
baseName	Nodename ohne Präfix
childNodes	Collection mit allen Untereinträgen (-Knoten)
dataType	Datentyp des Knotens
definition	Liefert die zum Knoten gehörende DTD
firstChild	Liefert den ersten Untereintrag
lastChild	Liefert den letzten Untereintrag
nextSibling	Liefert den Nachfolger in der gleichen Baumebene
nodeName	Liefert den Name des Elementes/Attributes
nodeType	Spezifiziert den Knotentyp
nodeTxpedValue	Der enthaltene Knotenwert
nodeTypeString	Knotentyp in String-Form
nodeValue	Der mit dem Knoten verbundene Text
ownerDocument	Das dem Knoten übergeordnete Dokument
parentNode	Der dem Knoten übergeordnete Knoten
parsed	Gibt Auskunft darüber, ob der aktuelle Knoten mit allen Untereinträgen bereits geparst wurde
previousSibling	Liefert den Vorgänger in der gleichen Baumebene
text	Der Text-Inhalt des Knotens und aller Untereinträge
xml	Die XML-Daten des Knotens und aller Untereinträge

Wichtige Methoden des *XMLDOMNode*-Objekts:

Methode	Beschreibung
appendChild	Fügt einen neuen untergeordneten Knoten ein
cloneNode	Erzeugt eine Kopie des aktuellen Knotens
hasChildNodes	Gibt Auskunft darüber, ob der Knoten Untereinträge hat
insertBefore	Fügt einen Knoten vor dem aktuellen Knoten ein
removeChild	Entfernt einen untergeordneten Knoten
replaceChild	Ersetzt einen untergeordneten Knoten

Methode	Beschreibung
selectNodes	Liefert eine Collection von Node-Objekten, die dem gewünschten Kriterium entsprechen
selectSingleNode	Liefert das erste gefundene Node-Objekt, das dem gewünschten Kriterium entspricht

Bestimmen des Wurzel(Root)-Elementes

BEISPIEL: Einlesen der eben erzeugten Datei und Anzeige des ersten Elements

```
Sub XML_Versuch_3()

  Dim xmlDoc As DOMDocument60
  Dim root As IXMLDOMNode
  Dim node As IXMLDOMNode

  Set xmlDoc = New DOMDocument60
  xmlDoc.Load ("c:\Test2.xml")
```

Einen "Zeiger" auf das Wurzelelement ("WELT") bestimmen:

```
  Set root = xmlDoc.documentElement
```

Nachfolgend können wir den ersten Untereintrag ermitteln und anzeigen:

```
  Set node = root.firstChild
  MsgBox node.nodeName
End Sub
```

Die Ausgabe lautet *Afrika*, entsprechend der Reihenfolge, in der die Elemente im vorhergehenden Beispiel gesichert wurden.

Anzeige aller Elemente einer Baum-Ebene

Dass Sie sich nicht nur auf das erste Element beschränken brauchen, zeigt Ihnen das folgende Beispiel gleich in mehreren Varianten: Entweder Sie lesen die Elemente über die *ChildNodes*-Collection des Wurzel-Elementes aus oder Sie "hangeln" sich mit der Methode *NextSibling* durch die Objektliste oder Sie sind ein ganz konventioneller Programmierer, d.h. Sie verwenden die gute alte *For-Next*-Schleife. Das Ergebnis ist in allen Fällen das gleiche.

BEISPIEL: Anzeige der einzelnen Elemente mit Hilfe der DOM-Eigenschaften und Methoden im Direktfenster.

```
Sub XML_Versuch_4()
  Dim xmlDoc As DOMDocument30
  Dim root As IXMLDOMNode
  Dim node As IXMLDOMNode
  Dim list As IXMLDOMNodeList
  Dim i As Integer
  Set xmlDoc = New DOMDocument30
  xmlDoc.Load ("c:\Test2.xml")
  Set root = xmlDoc.documentElement
```

14.3 XML-Verarbeitung mit dem DOM

Auslesen mit Hilfe der Collection *ChildNodes*:

```
Set list = root.childNodes
For Each node In list
  Debug.Print node.nodeName
Next node
```

Auslesen mit Hilfe der Methode *NextSibling*:

```
Set node = root.firstChild
While Not (node Is Nothing)
  Debug.Print node.nodeName
  Set node = node.nextSibling
Wend
```

Auslesen mit einer einfachen *For-Next*-Schleife:

```
For i = 0 To root.childNodes.length - 1
  Debug.Print root.childNodes.Item(i).nodeName
Next
End Sub
```

Die Ausgabe im Direktfenster:

Direktzugriff auf einzelne Elemente

Sicher dürfte es recht mühsam sein, bei der Suche nach einem bestimmten Baumelement immer gleich die ganze Liste zu durchsuchen, um zum Beispiel das Element "EUROPA" zu finden. In diesem Fall hilft Ihnen die *SelectSingleNode*-Methode weiter.

BEISPIEL: Verwendung von *SelectSingleNode*

```
Sub XML_Versuch_5()
  Dim xmlDoc As DOMDocument60
  Dim root As IXMLDOMNode
  Dim node As IXMLDOMNode
  Set xmlDoc = New DOMDocument60
  xmlDoc.Load ("c:\Test2.xml")
  Set root = xmlDoc.documentElement
  Set node = root.selectSingleNode("EUROPA")
  MsgBox node.nodeName
End Sub
```

Erwartungsgemäß wird Ihnen der zugehörigen Knotenname angezeigt.

Über das zurückgegebene Objekt vom Typ *IXMLDOMNode* können Sie aber wiederum auf die jeweiligen Untereinträge des Knotens zugreifen usw. Doch bevor wir dies demonstrieren, möchten wir unsere Datenbasis etwas vergrößern und zusätzliche Informationen im XML-Baum abspeichern.

14.3.8 Einfügen von Informationen

Nachdem Sie die XML-Daten geladen und einen bestimmten Knoten ausgewählt haben, können Sie diesem zusätzliche Informationen in Form von Attributen oder Elementen hinzufügen.

BEISPIEL: Den einzelnen Kontinenten, die bereits in der Datei enthalten sind, ordnen wir noch die Fläche, die Anzahl der Einwohner und einige Länder zu. Dabei werden wir uns jedoch auf einige Auszüge beschränken, für eine komplette Auflistung dürfte an dieser Stelle weder der Platz noch der Bedarf vorhanden sein:

```
Sub XML_Versuch_6()
  Dim xmlDoc As DOMDocument60
  Dim root As IXMLDOMNode
  Dim node As IXMLDOMNode

  Set xmlDoc = New DOMDocument60
  xmlDoc.Load ("c:\Test2.xml")
```

Auswahl eines bestimmten Knotens:

```
  Set root = xmlDoc.documentElement
  Set node = root.selectSingleNode("EUROPA")
```

Einfügen von Zusatzinformationen:

```
  With node.appendChild(xmlDoc.createElement("Fläche"))
    .Text = "10500000"
  End With

  With node.appendChild(xmlDoc.createElement("Einwohner"))
    .Text = "718500000"
  End With
```

Wie Sie sehen, verwenden wir eine recht kurze Schreibweise für den Zugriff auf den zurückgegebenen ChildNode. Sie könnten auch umständlich den Rückgabewert einer Variablen von Typ *IXMLDOMNode* zuweisen und nachfolgend auf die Eigenschaften zugreifen.

Einfügen weiterer Elemente:

```
  node.appendChild xmlDoc.createElement("Frankreich")
  node.appendChild xmlDoc.createElement("Deutschland")
  node.appendChild xmlDoc.createElement("Italien")
  node.appendChild xmlDoc.createElement("Österreich")
  node.appendChild xmlDoc.createElement("Schweden")
  node.appendChild xmlDoc.createElement("Norwegen")
```

14.3 XML-Verarbeitung mit dem DOM

```
node.appendChild xmlDoc.createElement("Polen")
```

Auch hier nutzen wir die Möglichkeit, den zurückgegebenen Wert (es handelt sich um ein Objekt vom Typ *IXMLDOMNode*) gleich an die nächste Methode weiterzugeben. So ersparen wir uns unnötige Variablen und natürlich auch einige Zeilen Quellcode.

```
    xmlDoc.Save ("c:\Test6.xml")
End Sub
```

Das Aussehen der Datei nach diesen Erweiterungen zeigt die folgende Abbildung:

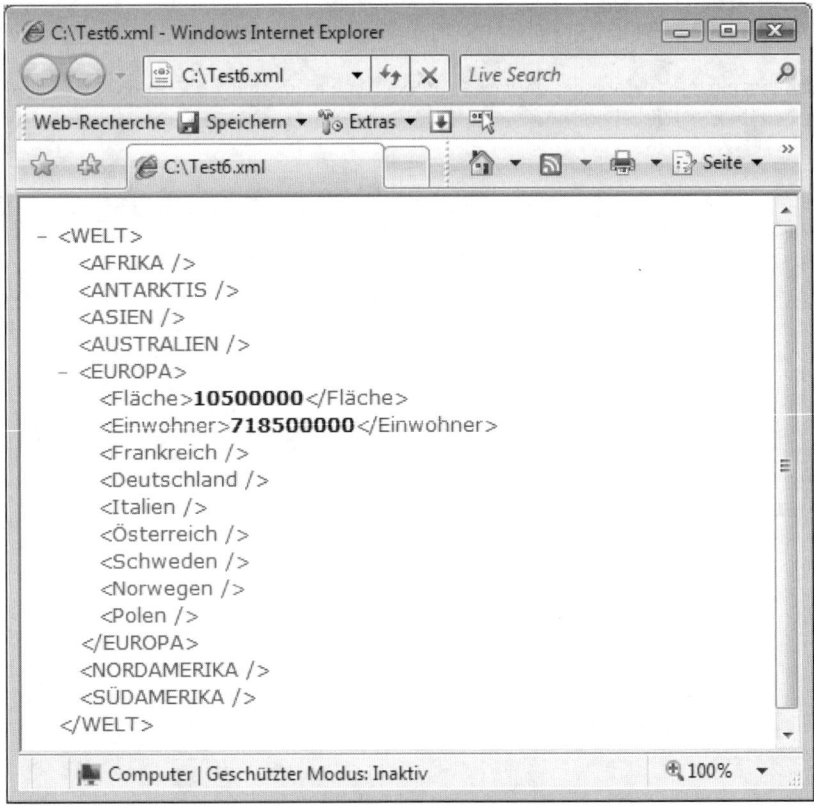

Möchten Sie sich nicht umständlich durch die Objekt-Struktur hangeln, können Sie auch direkt den "Pfad" zum gesuchten Element angeben.

BEISPIEL: Erweitern der Einträge von *Deutschland* und *Frankreich* um die Einträge *Fläche* und *Einwohner*.

```
Sub XML_Versuch_7()
    Dim xmlDoc As DOMDocument60
    Dim root As IXMLDOMElement
    Dim node As IXMLDOMNode

    Set xmlDoc = New DOMDocument60
```

```
xmlDoc.Load ("c:\Test6.xml")
Set root = xmlDoc.documentElement
```

Wir bestimmen direkt aus der Root heraus den gesuchten Knoten ...

```
Set node = root.selectSingleNode("EUROPA/Deutschland")
```

... und fügen auf bewährte Weise zwei neue Einträge hinzu:

```
With node.appendChild(xmlDoc.createElement("Fläche"))
  .Text = "356854"
End With
With node.appendChild(xmlDoc.createElement("Einwohner"))
  .Text = "80767600"
End With
Set node = root.selectSingleNode("EUROPA/Frankreich")
...
xmlDoc.Save ("c:\Test7.xml")
End Sub
```

Das resultierende Dokument können Sie sich im Internet Explorer ansehen:

```
- <WELT>
    <AFRIKA />
    <ANTARKTIS />
    <ASIEN />
    <AUSTRALIEN />
  - <EUROPA>
      <Fläche>10500000</Fläche>
      <Einwohner>718500000</Einwohner>
    - <Frankreich>
        <Fläche>543965</Fläche>
        <Einwohner>57800000</Einwohner>
      </Frankreich>
    - <Deutschland>
        <Fläche>356854</Fläche>
        <Einwohner>80767600</Einwohner>
      </Deutschland>
      <Italien />
      <Österreich />
      <Schweden />
      <Norwegen />
      <Polen />
    </EUROPA>
    <NORDAMERIKA />
    <SÜDAMERIKA />
  </WELT>
```

Mit dem nun etwas umfangreicheren XML-Dokument können wir uns noch einmal dem Navigieren zwischen den einzelnen Baumknoten zuwenden. Ein Praxisbeispiel ab Seite 873 ("Navigieren

14.3 XML-Verarbeitung mit dem DOM

zwischen einzelnen XML-Baumknoten") demonstriert Ihnen recht anschaulich die Vorgehensweise.

14.3.9 Attribute oder Element

So manchem wird sich beim Betrachten des obigen XML-Dokuments die Frage stellen, ob die gewählte Struktur überhaupt effizient ist. Bisher haben wir alle Informationen ausnahmslos in Elementen abgebildet. Doch ist dies auch der richtige Weg?

Enthält ein Element weitere hierarchisch angeordnete Elemente ist die Verwendung sicher notwendig (Kontinent → Land). Die Detailinformation für Fläche und Einwohnerzahl dürfte sich jedoch als Attribut wesentlich platzsparender unterbringen lassen.

Erstellen von Attributen

Im folgenden Beispiel möchten wir die Informationen von Fläche und Einwohnerzahl als Attribute in die XML-Daten schreiben. Dazu bauen wir auf die Datei *Test6.xml* auf.

BEISPIEL: Erstellen von Attributen

```
Sub XML_Versuch_7_Attribute()
Dim xmlDoc As DOMDocument60
Dim root As IXMLDOMElement
Dim node As IXMLDOMNode
Dim att As IXMLDOMAttribute
```

Laden des Basis-Dokuments:

```
Set xmlDoc = New DOMDocument60
xmlDoc.Load ("c:\Test6.xml")

Set root = xmlDoc.documentElement
```

Zunächst bearbeiten wir das Element "Deutschland":

```
Set node = root.selectSingleNode("EUROPA/Deutschland")
```

Variante 1, ein Attribut zu definieren und zu parametrieren:

```
Set att = xmlDoc.createAttribute("Fläche")
att.Value = 356854
node.Attributes.setNamedItem att
```

Und hier eine etwas kürzere Variante:

```
node.Attributes.setNamedItem xmlDoc.createAttribute("Einwohner")
node.Attributes.getNamedItem("Einwohner").nodeValue = 80767600
```

Das Gleiche für "Frankreich":

```
Set node = root.selectSingleNode("EUROPA/Frankreich")
node.Attributes.setNamedItem xmlDoc.createAttribute("Fläche")
node.Attributes.setNamedItem xmlDoc.createAttribute("Einwohner")
```

```
node.Attributes.getNamedItem("Fläche").nodeValue = 543965
node.Attributes.getNamedItem("Einwohner").nodeValue = 57800000
```

Auch das Element "EUROPA" enthält noch zwei überflüssige Elemente, die wir in Attribute umwandeln:

```
Set node = root.selectSingleNode("EUROPA")
```

Neue Attribute definieren:

```
node.Attributes.setNamedItem xmlDoc.createAttribute("Fläche")
node.Attributes.setNamedItem xmlDoc.createAttribute("Einwohner")
```

Die Werte aus den Elementen in die Attribute kopieren:

```
node.Attributes.getNamedItem("Fläche").nodeValue = root.selectSingleNode("EUROPA/Fläche").Text
node.Attributes.getNamedItem("Einwohner").nodeValue = root.selectSingleNode("EUROPA/Einwohner").Text
```

Die überflüssigen Elemente löschen:

```
root.selectSingleNode("EUROPA").removeChild root.selectSingleNode("EUROPA/Fläche")
root.selectSingleNode("EUROPA").removeChild root.selectSingleNode("EUROPA/Einwohner")
```

Speichern:

```
xmlDoc.Save ("c:\Test7_Attribute.xml")
End Sub
```

So sieht das Dokument wesentlich übersichtlicher und eleganter aus:

```
- <WELT>
    <AFRIKA />
    <ANTARKTIS />
    <ASIEN />
    <AUSTRALIEN />
  - <EUROPA Fläche="10500000" Einwohner="732500000">
      <Frankreich Fläche="543965" Einwohner="57800000" />
      <Deutschland Fläche="356854" Einwohner="80767600" />
      <Italien />
      <Österreich />
      <Schweden />
      <Norwegen />
      <Polen />
    </EUROPA>
    <NORDAMERIKA />
    <SÜDAMERIKA />
  </WELT>
```

Auslesen von Attributen

Neben dem Speichern der Information ist sicher auch das Abrufen von Interesse. Dazu können Sie sowohl per Index als auch Bezeichner auf die einzelnen Attribute zurückgreifen.

14.3 XML-Verarbeitung mit dem DOM

BEISPIEL: Auslesen der Attribute aus *Test7_Attribute.xml*

```
Sub XML_Versuch_7_Attribute_Auslesen()
Dim xmlDoc As DOMDocument60
Dim root As IXMLDOMElement
Dim node As IXMLDOMNode
Dim att As IXMLDOMAttribute
Dim list As IXMLDOMNodeList

Set xmlDoc = New DOMDocument60
xmlDoc.Load ("c:\Test7_Attribute.xml")
Set root = xmlDoc.documentElement
```

Alle Attribute extrahieren per Collection:

```
Set list = root.childNodes
For Each node In list
  Debug.Print node.nodeName
  For Each att In node.Attributes
    Debug.Print "   Attribut: " & att.Name & "=" & att.Value
  Next
Next node
End Sub
```

Die Ausgabe:

```
Direktbereich
AFRIKA
ANTARKTIS
ASIEN
AUSTRALIEN
EUROPA
    Attribut: Fläche=10500000
    Attribut: Einwohner=718500000
NORDAMERIKA
```

BEISPIEL: Direkter Zugriff auf ein Element und dessen Attribut (Auslesen der Einwohnerzahl von Deutschland)

```
Sub XML_Versuch_7_Attribute_Auslesen2()
Dim xmlDoc As DOMDocument60
Dim root As IXMLDOMElement

  Set xmlDoc = New DOMDocument60
  xmlDoc.Load ("c:\Test7_Attribute.xml")
  Set root = xmlDoc.documentElement
  MsgBox "Einwohnerzahl Deutschland: " & _
        root.selectSingleNode("EUROPA/Deutschland").Attributes.getNamedItem("Einwohner").Text
End Sub
```

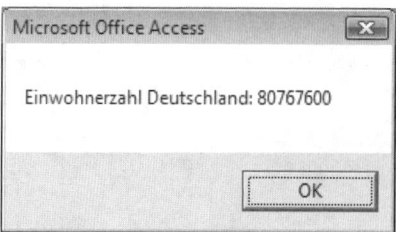

HINWEIS: Achten Sie darauf, eine Fehlerbehandlung zu implementieren, ist ein Attribut nicht vorhanden, tritt ein Laufzeitfehler auf!

Alternativ können Sie auf ein Attribut auch mit XPath-Ausdrücken (siehe folgende Abschnitte) zugreifen, in diesem Fall wird das Attribut mit einem "@"-Zeichen markiert.

BEISPIEL: Direkter Zugriff auf die Flächenangabe von Deutschland

```
Sub XML_Versuch_7_Attribute_Auslesen2()
Dim xmlDoc As DOMDocument60

  Set xmlDoc = New DOMDocument60
  xmlDoc.Load ("c:\Test7_Attribute.xml")
  MsgBox "Fläche Deutschland: " & xmlDoc.selectSingleNode("//*/Deutschland/@Fläche").Text
End Sub
```

Kürzer geht es nicht mehr.

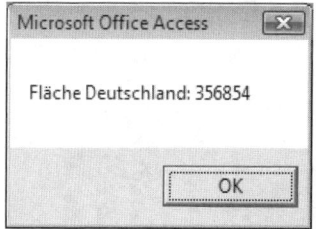

14.3.10 Suchen in den Baumzweigen

"Wer sucht, der findet auch!", diese Weisheit gilt natürlich auch für den XML-Programmierer, da gerade die hierarchischen Baumstrukturen zwar optisch recht anschaulich, aber programmiertechnisch recht unübersichtlich sind.

Die wohl trivialste, gleichzeitig aber auch umständlichste Variante zum Suchen hatten wir Ihnen bereits vorgestellt. Sie können sich, wie ab Seite 834 demonstriert, einfach durch die Liste der Knoten "hangeln", was jedoch recht zeitaufwändig und auch wenig effizient ist. Wesentlich schneller und komfortabler geht es mit den folgenden Methoden:

14.3 XML-Verarbeitung mit dem DOM

Methode	Beschreibung
GetElementsByTagName(Suchstring)	Liefert eine Collection von *XMLDOMNode*-Objekten basierend auf dem übergebenen Suchstring bzw. Tag-Namen. Mit "*" können Sie alle Elemente abrufen. Geben Sie lediglich einen Tag-Namen an, werden Ihnen alle Vorkommen dieses Tags aufgelistet, unabhängig von der gerade aktiven Baumebene.
SelectNodes(Suchstring)	Liefert eine Liste von *XMLDOMNode*-Objekten, die dem übergebenen Suchstring entsprechen. Der Suchstring bezieht sich im Normalfall auf die gerade aktive Baumebene.
SelectSingleNode(Suchstring)	Diese Methode verhält sich wie *SelectNodes,* mit dem Unterschied, dass lediglich das erste gefundene Element zurückgegeben wird.

BEISPIEL: Aus der Datei *Test7.xml* sollen alle Elemente, unabhängig von ihrer Baumebene, ermittelt werden, die den Namen *Fläche* tragen. Die Element-Namen, der jeweilige Parent sowie der Inhalt der *Text*-Eigenschaft sollen im Direkt-Fenster angezeigt werden.

```
Sub XML_Versuch_8()
  Dim xmlDoc As DOMDocument60
  Dim root As IXMLDOMElement
  Dim node As IXMLDOMNode
  Dim list As IXMLDOMNodeList
  Dim i as Integer

  Set xmlDoc = New DOMDocument60
  xmlDoc.Load ("c:\Test7.xml")
  Set root = xmlDoc.documentElement
  Set list = xmlDoc.getElementsByTagName("Fläche")
  For i = 0 To (list.length - 1)
    Debug.Print list.Item(i).parentNode.nodeName & "   Fläche: " & list.Item(i).Text
  Next
End Sub
```

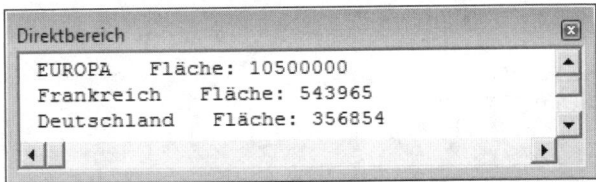

Statt Sie auf den folgenden Seiten mit endlosen undurchsichtigen Auflistungen von Optionen und Parametern zu quälen, haben wir uns entschieden, Ihnen anhand einiger aussagekräftiger Beispiele die Möglichkeiten der drei genannten Methoden zu demonstrieren.

BEISPIEL: Das zugehörige Beispielprogramm hat folgenden Aufbau:

```
Sub XML_Versuch_9()
  Dim xmlDoc As DOMDocument60 : Dim node As IXMLDOMNode : Dim s As String
```

Eingabe des gewünschten Suchstrings:

```
s = InputBox("Geben Sie den Suchstring an:", "Eingabe", "//*")
If Trim(s) = "" Then Exit Sub
```

Öffnen der Datei:

```
Set xmlDoc = New DOMDocument60
xmlDoc.Load ("c:\Test7.xml")
```

Auswahl und Anzeige der Daten im Direktfenster:

```
For Each node In xmlDoc.selectNodes(s)
  If Trim(node.Text) <> "" Then
    Debug.Print node.nodeName & Chr(9) & Chr(9) & " (Text: " & node.Text & ")"
  Else
    Debug.Print node.nodeName
  End If
Next
End Sub
```

Die verschiedenen Suchstrings nebst zugehörigem Ergebnis:

Suchstring	Beschreibung/Ausgabe
/*	Rückgabewert ist das Root-Element: WELT (Text: 1050000071850000054396557800000035685480767600)
/WELT	Auswahl des Root-Elements über den Namen: WELT (Text: 1050000071850000054396557800000035685480767600)
//*	Rückgabewert ist eine Collection aller Knoten: WELT (Text: 1050000071850000054396557800000035685480767600) AFRIKA ASIEN AUSTRALIEN EUROPA (Text: 1050000071850000054396557800000035685480767600) Fläche (Text: 10500000) Einwohner (Text: 718500000) Frankreich (Text: 54396557800000) Fläche (Text: 543965) Einwohner (Text: 57800000) Deutschland (Text: 35685480767600) Fläche (Text: 356854) Einwohner (Text: 80767600) Italien Österreich Norwegen Polen NORDAMERIKA SÜDAMERIKA

14.3 XML-Verarbeitung mit dem DOM

Suchstring	Beschreibung/Ausgabe
/WELT/*	Anzeige aller Untereinträge von "WELT": AFRIKA ANTARKTIS ASIEN AUSTRALIEN EUROPA (Text: 105000007185000005439655780000035685480767600) NORDAMERIKA SÜDAMERIKA
/WELT/*[Frankreich]	Sucht alle Knoten unterhalb von "WELT", die einen Unterknoten mit dem Namen "Frankreich" haben: EUROPA (Text: 105000007185000005439655780000035685480767600)
/WELT/*[not(Frankreich)]	Sucht alle Knoten unterhalb von "WELT", die keinen Unterknoten mit dem amen "Frankreich" haben: AFRIKA ANTARKTIS ASIEN AUSTRALIEN NORDAMERIKA SÜDAMERIKA
WELT/EUROPA/*[Fläche or Einwohner]	Sucht alle Knoten unterhalb von "WELT/EUROPA", die einen Unterknoten mit dem Namen "Fläche" oder "Einwohner" haben: Frankreich (Text: 54396557800000) Deutschland (Text: 35685480767600)
WELT/EUROPA/*[Fläche > 400000]	Sucht alle Knoten unterhalb von "WELT/EUROPA", die eine Fläche > 400000 haben: Frankreich (Text: 54396557800000) Sie können und sollten den Eintrag "Fläche" vor der Vergleichsoperation mit der Funktion number in einen numerischen Wert umwandeln. WELT/EUROPA/*[number(Fläche) > 400000]
/WELT/*[last()]	Sucht den letzten Knoten unterhalb von "WELT": SÜDAMERIKA
WELT/*[3]	Der vierte Untereintrag unter "WELT": ASIEN

Diese Übersicht dürfte Ihnen einen ersten Einblick in die Möglichkeiten der Suche gewährt haben, mehr Informationen finden Sie in der Online-Hilfe zum DOM unter dem Stichwort "XSL Pattern Syntax".

14.3.11 Das Interpretieren von Leerzeichen

Wie in jeder Textdatei – und um nichts anderes handelt es sich bei einer XML-Datei – kommen im Text auch Leerzeichen, Zeilenumbrüche und Tabulatorzeichen vor. Gerade bei XML-Daten werden die genannten Zeichen gern dazu verwendet, um eine gewisse Gliederung innerhalb der Daten zum Ausdruck zu bringen und eine einfachere Lesbarkeit zu gewährleisten.

Für den Programmierer bzw. das analysierende Programm ist es in vielen Fällen schon ein Unterschied, ob Leerzeichen signifikant sind.

Zwei Varianten für die Interpretation bieten sich an:

- Steuerung mit Hilfe der DOM-Eigenschaft *PreserveWhiteSpace*
- Definition eines Attributes *xml:space* beim Erstellen der XML-Daten

BEISPIEL: Ausgehend von folgenden XML-Daten soll die Auswirkung der *PreserveWhiteSpace*-Eigenschaft dargestellt werden.

```
<?xml version="1.0"?>
<DATEN>

        Wort1   Wort2   Wort3
    Wort4  Wort5
</DATEN>
```

Das zugehörige kleine Beispielprogramm liest die XML-Daten aus einem String ein und gibt die Ergebnisse in einer Messagebox aus:

```
Sub XML_Versuch_Space1()
  Dim xmlDoc As New DOMDocument30
  Dim s As String
  xmlDoc.preserveWhiteSpace = False
```

Erzeugen der XML-Daten:

```
s = "<?xml version=""1.0""?>" & Chr(13) & Chr(10)
s = s & "<DATEN>" & Chr(13) & Chr(10) & Chr(13) & Chr(10)
s = s & "           Wort1   Wort2   Wort3          " & Chr(13) & Chr(10)
s = s & Chr(9) & "Wort4  Wort5" & Chr(10) & Chr(13)
s = s & "</DATEN>"
```

Laden der XML-Daten:

```
xmlDoc.loadXML s
```

Ausgabe der Textdaten des Root-Elementes mit und ohne *PreserveWhiteSpace*:

```
  MsgBox xmlDoc.documentElement.Text, , "preserveWhiteSpace = False"
  xmlDoc.preserveWhiteSpace = True
  MsgBox xmlDoc.documentElement.Text, , "preserveWhiteSpace = True"
End Sub
```

Mit *PreserveWhiteSpace = False* erhalten Sie einen String, der am Anfang und am Ende "beschnitten" ist, die folgende Abbildung zeigt das genaue Resultat:

```
    Wort1   Wort2   Wort3
Wort4  Wort5
```

14.3 XML-Verarbeitung mit dem DOM

PreserveWhiteSpace = True liefert uns die Originaldaten inklusive aller Zeilenumbrüche:

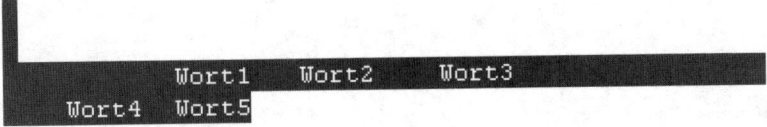

Möchten Sie schon beim Erstellen der Daten auf das Ausgabeverhalten Einfluss nehmen, nutzen Sie die Möglichkeit, für einzelne Tags die Interpretation von Leerzeichen zu steuern. Dazu genügt es, wenn Sie mittels DTD ein zusätzliches Attribut *xml:space* definieren und den Wert *preserve* zuweisen. In diesem Fall wird signifikanter Leerraum nicht vom Parser entfernt.

BEISPIEL: Definition des Attributs für das Element *DATEN*

```
<!ATTLIST DATEN xml:space (default|preserve) "preserve">
```

BEISPIEL: Ausgehend von einer um eine DTD erweiterten Variante des vorherigen Beispielprogramms möchten wir Ihnen die Auswirkungen des Attributes bzw. der *PreserveWhiteSpace*-Eigenschaft demonstrieren.

Die XML-Daten in einer lesbaren Form:

```
<?xml version="1.0"?>
<!DOCTYPE DATEN [
<!ELEMENT DATEN (#PCDATA)>
<!ATTLIST DATEN xml:space (default|preserve) "preserve">
]>
<DATEN>
          Wort1  Wort2  Wort3
   Wort4  Wort5
</DATEN>
```

Das modifizierte Beispielprogramm:

```
Sub XML_Versuch_Space2()
  Dim xmlDoc As New DOMDocument30
  Dim s As String
  xmlDoc.preserveWhiteSpace = False
  s = "<?xml version=""1.0""?>" & Chr(10) & Chr(13)
  s = s & "<!DOCTYPE DATEN [" & Chr(10) & Chr(13)
  s = s & "<!ELEMENT DATEN (#PCDATA)>" & Chr(10) & Chr(13)
  s = s & "<!ATTLIST DATEN xml:space (default|preserve) ""preserve"">" & Chr(10) & Chr(13)
  s = s & "]>" & Chr(10) & Chr(13)
  s = s & "<DATEN>" & Chr(10) & Chr(13) & Chr(10) & Chr(13)
  s = s & "          Wort1  Wort2  Wort3            " & Chr(10) & Chr(13)
  s = s & Chr(9) & "Wort4  Wort5" & Chr(10) & Chr(13)
  s = s & "</DATEN>"
  xmlDoc.loadXML s
  MsgBox xmlDoc.documentElement.Text, , "preserveWhiteSpace = False"
  xmlDoc.preserveWhiteSpace = True
  MsgBox xmlDoc.documentElement.Text, , "preserveWhiteSpace = True"
End Sub
```

In beiden Fällen erhalten Sie dasselbe Resultat, den unveränderten String:

14.4 XML-Integration in Access

Nachdem Sie in den vorhergehenden Abschnitten die Verarbeitung von XML-Daten mit Hilfe des DOM kennen gelernt haben, wollen wir Ihnen natürlich nicht die wesentlich einfacheren Varianten vorenthalten. Das nötige fundamentale Rüstzeug haben Sie ja jetzt bereits, denn für das Verständnis einiger Abläufe dürften elementare Kenntnisse über das DOM unabdingbar sein, da alle im Weiteren genannten Verfahren intern ebenfalls auf das DOM aufsetzen. Welche weiteren Schnittstellen zu XML hat Access denn nun zu bieten?

14.4.1 Importieren

Da wäre natürlich zuerst einmal die Funktion *Externe Daten/Importieren* zu erwähnen, mit welcher der Anwender unter anderem XML-Daten in seine Access-Datenbank importieren kann. Nach der Auswahl einer Datei kann in einem weiteren Dialogfeld spezifiziert werden, ob

- lediglich die Struktur
- oder die Struktur und die Daten

importiert werden sollen oder ob die Daten an eine vorhandene Tabelle angehängt werden sollen.

14.4 XML-Integration in Access

Erster Versuch

Probieren Sie die genannte Funktion mit der aus den vorhergehenden Abschnitten bekannten Datei *Test7.xml* werden Sie etwas enttäuscht sein. Sie finden nach dem Import vier neue Tabellen vor, die nicht miteinander verknüpft sind (siehe folgende Abbildung).

- "Deutschland",
- "EUROPA",
- "Frankreich" und
- "WELT"

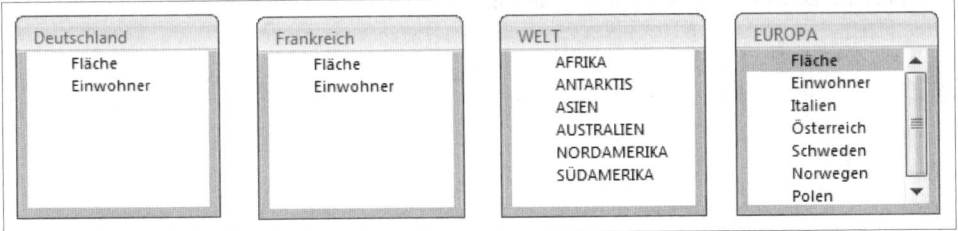

Nachdem sich die erste Enttäuschung gelegt hat, sollte ein Blick auf die XML-Datenbasis (siehe folgende Abbildung) den Grund für dieses Verhalten erkennen lassen.

```xml
- <WELT>
    <AFRIKA />
    <ANTARKTIS />
    <ASIEN />
    <AUSTRALIEN />
  - <EUROPA>
      <Fläche>10500000</Fläche>
      <Einwohner>718500000</Einwohner>
    - <Frankreich>
        <Fläche>543965</Fläche>
        <Einwohner>57800000</Einwohner>
      </Frankreich>
    - <Deutschland>
        <Fläche>356854</Fläche>
        <Einwohner>80767600</Einwohner>
      </Deutschland>
      <Italien />
      <Österreich />
      <Schweden />
      <Norwegen />
      <Polen />
    </EUROPA>
    <NORDAMERIKA />
    <SÜDAMERIKA />
  </WELT>
```

Zu verschieden sind die hierarchische XML-Struktur mit ihren fast beliebigen Schachtelungen und demgegenüber die klar und eindeutig festgelegte relationale Struktur der Access-Datenbank. Dem Importfilter bleibt in diesem Fall nichts anderes übrig, als alle Elemente mit Unterelementen als eigene Tabelle zu transferieren, wie es unser erster Versuch nicht eindrucksvoller belegen kann.

Zweiter Versuch

In diesem Fall wollen wir mit einer etwas geänderten XML-Struktur, aber den gleichen Daten einen zweiten Anlauf wagen.

Im Gegensatz zum vorhergehenden Versuch haben wir es jetzt mit einem einheitlichen Set an Elementen zu tun, die eine immer wiederkehrende Struktur aufweisen, also die besten Voraussetzungen für einen erfolgreichen Import der Daten.

```
- <WELT>
  + <KONTINENT>
  + <KONTINENT>
  + <KONTINENT>
    <KONTINENT>
  - <KONTINENT>
      <NAME>Europa</NAME>
      <FLÄCHE>10500000</FLÄCHE>
      <EINWOHNER>718500000</EINWOHNER>
    - <LAND>
        <NAME>Frankreich</NAME>
        <FLÄCHE>543965</FLÄCHE>
        <EINWOHNER>57800000</EINWOHNER>
      </LAND>
    - <LAND>
        <NAME>Deutschland</NAME>
        <FLÄCHE>356854</FLÄCHE>
        <EINWOHNER>80767600</EINWOHNER>
      </LAND>
    + <LAND>
    + <LAND>
    + <LAND>
    + <LAND>
    + <LAND>
    </KONTINENT>
  + <KONTINENT>
  + <KONTINENT>
</WELT>
```

Wie zu erwarten, werden wir vom Importfilter nicht enttäuscht, lediglich der Zusammenhang zwischen "KONTINENT" und "LAND" ist verloren gegangen:

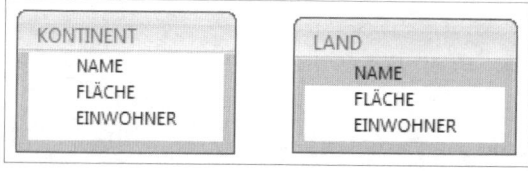

14.4 XML-Integration in Access

Sehen wir uns den Zusammenhang zwischen den beiden obigen Abbildungen etwas genauer an, fällt folgende Vorgehensweise des Filters auf: Ausgehend vom Root-Element werden die untergeordneten gleichartigen Knoten als ein Tabellenname interpretiert. Die Unter-Elemente dieser Knoten sind wiederum die Spaltennamen der neuen Tabelle. Die Struktur-Umwandlung könnte auch wie folgt dargestellt werden:

Struktur	Beispiel

`<DATENBANK>`
  `<TABELLE>`
    `<Spalte_1>...</Spalte_1>`
    ...
    `<Spalte_N>...</Spalte_N>`
  `</TABELLE>`
  ...
  `<TABELLE>`
    `<Spalte_1>...</Spalte_1>`
    ...
    `<Spalte_N>...</Spalte_N>`
  `</TABELLE>`
`</DATENBANK>`
	`<WELT>`
	  `<KONTINENT>`
	    `<NAME>...</NAME>`
	    `<FLÄCHE>...</FLÄCHE>`
	    `<EINWOHNER>...</EINWOHNER>`
	  `</KONTINENT>`
	  ...
	  `<KONTINENT>`
	    `<NAME>...</NAME>`
	    `<FLÄCHE>...</FLÄCHE>`
	    `<EINWOHNER>...</EINWOHNER>`
	  `</KONTINENT>`
	`</WELT>`

HINWEIS: Sollten sich in der "Tabellen"-Baumebene verschiedenartige Elemente befinden, werden einfach mehrere Tabellen angelegt. Gleichartige Elemente werden zu einer Tabelle zusammengefasst. Entsprechen die Unterknoten nicht dem obigen Schema, erzeugt der Importfilter ebenfalls eine neue Tabelle, wie in unserem Fall auch (Tabelle "LAND").

14.4.2 Exportieren

Etwas einfacher als der Import gestaltet sich der Export, da es kein Problem darstellt, relationale Datenbestände im XML-Format abzubilden. Allerdings bietet Ihnen der Exportfilter eine ganze Reihe von Optionen, wie Sie die Daten auf die Festplatte bringen.

Wählen Sie zunächst eine Tabelle oder Abfrage aus und rufen Sie dann per Menüband die Funktion *Externe Daten/Exportieren/XML-Datei* auf. Beantworten Sie zunächst die Frage nach dem Dateinamen. Im nachfolgenden Dialogfeld klicken Sie auf die Schaltfläche *Weitere*.

Die erste Tabulatorseite des Optionsdialogs bestimmt, ob überhaupt Daten exportiert (oder nur die Struktur) werden, welche Codierung verwendet wird, ob eine Transformation mittels XSL ausgeführt werden soll und in welche Datei die Daten auszugeben sind.

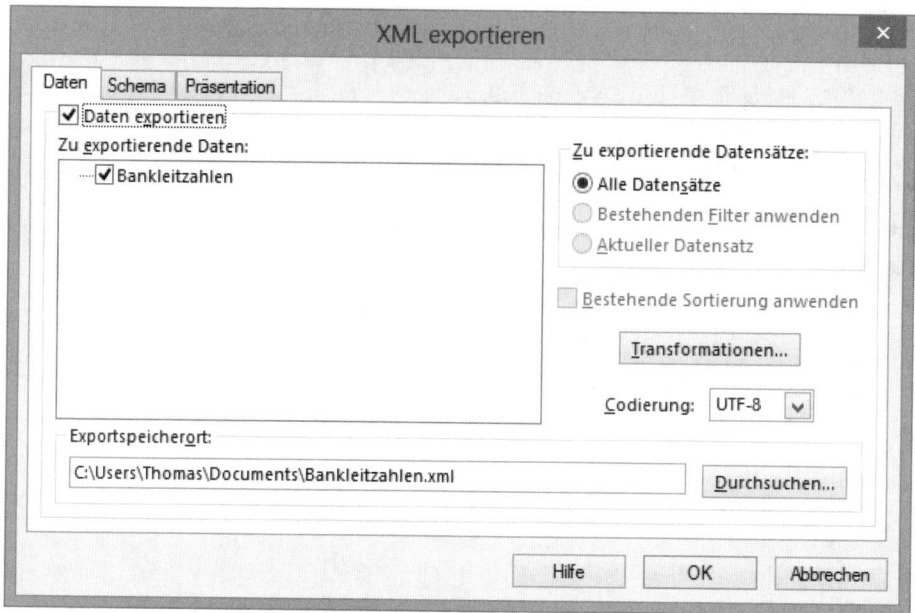

Auf der zweiten Registerkarte *Schema* wählen Sie aus, ob überhaupt das Datenschema zu speichern ist, und wenn ja, ob intern oder extern.

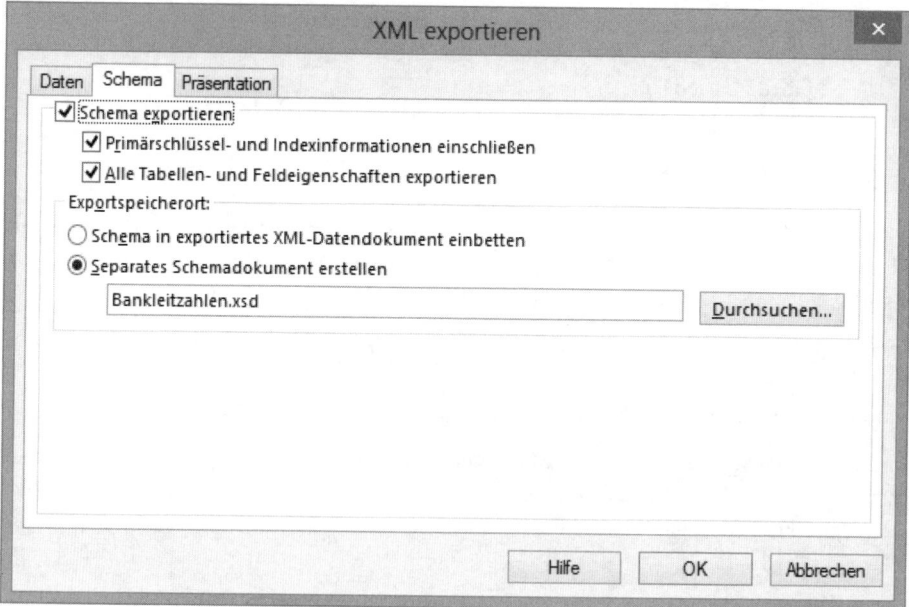

Weiterhin können Sie bestimmen, ob die Primärschlüssel und Indexdefinitionen gesichert werden.

14.4 XML-Integration in Access

Die Registerkarte *Präsentation* bestimmt zunächst, ob die Daten auch im HTML-Format ausgegeben werden sollen. Dazu bieten sich zwei Varianten an: Verarbeitung der XML- und XSL-Daten auf dem Client oder auf dem Server (mittels ASP-Seite):

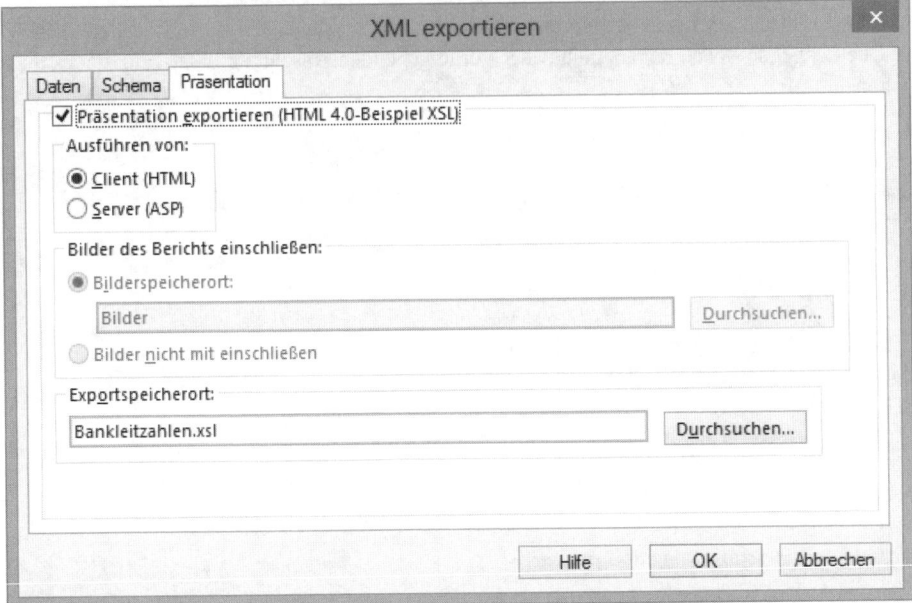

BEISPIEL: Exportieren Sie die Tabelle *Bankleitzahlen* aus der Beispieldatenbank (mit Schema und clientseitiger Präsentation), erhalten Sie eine XML-Datei mit folgendem Aufbau:

```xml
<?xml version="1.0" encoding="UTF-8" ?>
<dataroot xmlns:od="urn:schemas-microsoft-com:officedata"
    xmlns:xsi="http://www.w3.org/2000/10/XMLSchema-instance"
    xsi:noNamespaceSchemaLocation="Bankleitzahlen.xsd">
  <Bankleitzahlen>
     <BLZ>10000000</BLZ>
     <Bank>LANDESZENTRALBANK</Bank>
     <PLZ>10591</PLZ>
     <ORT>BERLIN</ORT>
  </Bankleitzahlen>
  <Bankleitzahlen>
     <BLZ>10010010</BLZ>
     <Bank>POSTBANK</Bank>
     <PLZ>10916</PLZ>
     <ORT>BERLIN</ORT>
  </Bankleitzahlen>
  <Bankleitzahlen>
     <BLZ>10010111</BLZ>
     <Bank>BFG BANK</Bank>
     <PLZ>10831</PLZ>
     <ORT>BERLIN</ORT>
  </Bankleitzahlen>
```

Die Exportstruktur entspricht dem Modell aus der vorhergehenden Tabelle. Unter dem Wurzelknoten sind die gleichnamigen Einzeleinträge für die Tabelle *Bankleitzahlen* angeordnet, unter diesen wiederum die Daten für die einzelnen Spalten. Zusätzlich findet sich als Attribut der Verweis auf die Schema-Daten im Root-Knoten wieder.

Da die Option für clientseitige Präsentation angegeben war, wird auch eine HTML-Datei erzeugt, deren Quelltext Ihnen nach dem Studium der vorhergehenden Abschnitte nicht ganz unbekannt vorkommen dürfte:

```
<HTML xmlns:signature="urn:schemas-microsoft-com:office:access">
<HEAD>
<META HTTP-EQUIV="Content-Type" CONTENT="text/html;charset=UTF-8"/>
</HEAD>

<SCRIPT event=onload for=window>

  objData = new ActiveXObject("MSXML.DOMDocument");
  objData.async = false;
  objData.load("Bankleitzahlen.xml");
  if (objData.parseError.errorCode != 0)
    alert(objData.parseError.reason);
  objStyle = new ActiveXObject("MSXML.DOMDocument");
  objStyle.async = false;
  objStyle.load("Bankleitzahlen.xsl");
  if (objStyle.parseError.errorCode != 0)
    alert(objStyle.parseError.reason);

  document.open("text/html","replace");
  document.write(objData.transformNode(objStyle));
</SCRIPT>
</HTML>
```

Mittels Skript wird ein DOM-Objekt erzeugt, das zunächst die Datei *Bankleitzahlen.xml* lädt. Zusätzlich wird die zugehörige XSL-Datei[1] geladen, um mit ihrer Hilfe die XML-Dateien in einem Tabellenlayout zu formatieren (*objData.transformNode(objStyle)*).

---

[1] XSL: Extensible Stylesheet Language (eine Sprache, mit der XML-Daten über Stylesheets, in denen Regeln für die Darstellung definiert sind, in das HTML-Format umgewandelt werden können).

14.4 XML-Integration in Access

Die folgende Abbildung zeigt das Ergebnis der Transformation im Internet Explorer.

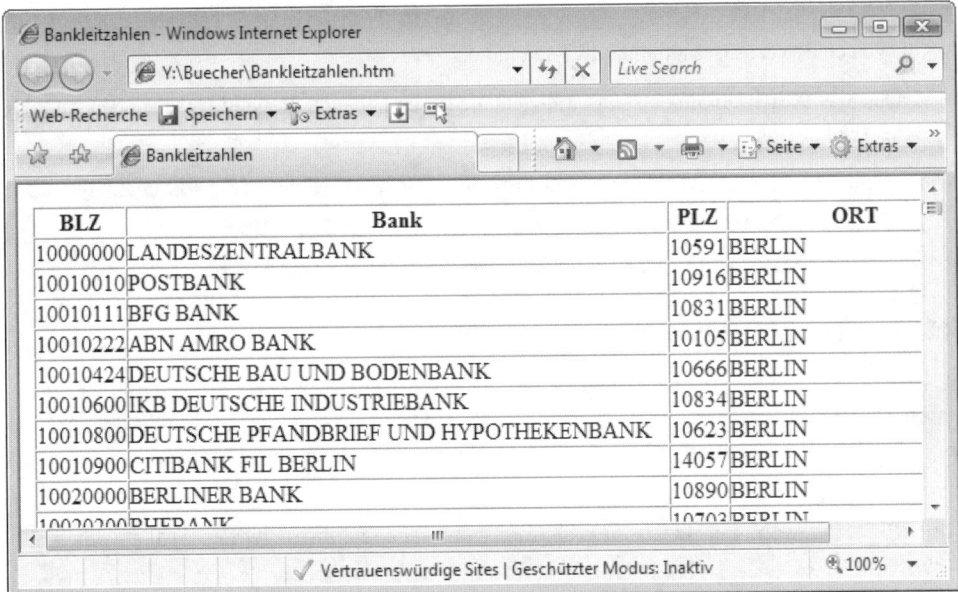

Damit dürfte sowohl der Anzeige der Daten als auch dem Einlesen in andere Anwendungen nichts mehr entgegenstehen.

14.4.3 XML-Transformation mit XSLT

Neben dem Ablegen von Daten im XML-Format gewinnt auch der Austausch und damit die Anpassung (Transformation) von Daten immer mehr an Bedeutung. An dieser Stelle genügen die bisher vorgestellten XML-Möglichkeiten nicht mehr, wir brauchen eine Sprache zum Transformieren und Formatieren der XML-Daten. Genau diesen Aufgabenbereich übernimmt XSL (für *Extensible Stylesheet Language*).

Was ist XSL

XSL ist von XML abgeleitet und verwendet dessen Syntax und Regeln, Sie können also einen einfachen Texteditor zum Erstellen und Bearbeiten verwenden.

BEISPIEL: Ein einfaches XSL-Dokument ohne Funktion

```
<?xml version="1.0" encoding="UTF-8" ?>
<xsl:stylesheet version="1.0" xmlns="http://www.w3.org/1999/XSL/Transform">
</xsl:stylesheet>
```

Der Ablauf beim Anzeigen einer XML-Datei mit zugehöriger XSLT-Datei in einem Browser:

- Laden der XML-Daten,
- Suchen eines Verweises auf ein XSLT-Dokument,
- Laden des XSLT-Dokuments und Anwenden der enthaltenen Regeln/Anweisungen auf das XML-Dokument,
- Ergebnis ist ein neuer XML-Baum, der im Falle einer XML-HTML-Transformation jetzt auch HTML-Tags (Formatanweisungen) enthält,
- das neue HTML-Dokument wird vom Browser verarbeitet und angezeigt.

XSL in Microsoft Access

Wie bereits kurz angedeutet ist Access in der Lage, XSL-Dateien für die Formatierung von Ausgabedaten (HTML) zu erzeugen. Gleichzeitig ist es jedoch auch möglich, beim Export von Daten eine eigene XSL-Datei anzugeben und damit die Daten zu filtern, zu transformieren und zu formatieren.

BEISPIEL: Ausgabe der Tabelle *Bankleitzahlen* im Tabellenformat mit den Spalten *Bank* und *Bankleitzahl*.

Erstellen Sie zunächst die XSL-Datei mit einem Editor (z.B. Notepad) oder kopieren Sie diese aus den Begleitdateien auf die Festplatte.

```
<?xml version="1.0" encoding="UTF-8" ?>
<xsl:stylesheet version="1.0" xmlns:xsl="http://www.w3.org/1999/XSL/Transform">
  <xsl:output method="html" version="4.0" indent="yes" />
  <xsl:template match="dataroot">
    <html>
      <body>
        <table>
          <xsl:apply-templates select="Bankleitzahlen" />
        </table>
      </body>
    </html>
  </xsl:template>
  <xsl:template match="Bankleitzahlen">
    <tr>
      <td>
        <xsl:value-of select="BLZ" />
      </td>
      <td>
        <xsl:value-of select="Bank" />
      </td>
    </tr>
  </xsl:template>
</xsl:stylesheet>
```

14.4 XML-Integration in Access

Wählen Sie in Access die Tabelle *Bankleitzahlen* aus und rufen Sie die Funktion *Externe Daten/ Exportieren/ XML-Datei* auf. Wählen Sie einen Dateinamen und klicken Sie auf die Schaltfläche *Weitere*.

In folgenden Dialogfeld klicken Sie auf den Button *Transformationen* und fügen über die Schaltfläche *Hinzufügen* die oben genannte Datei ein.

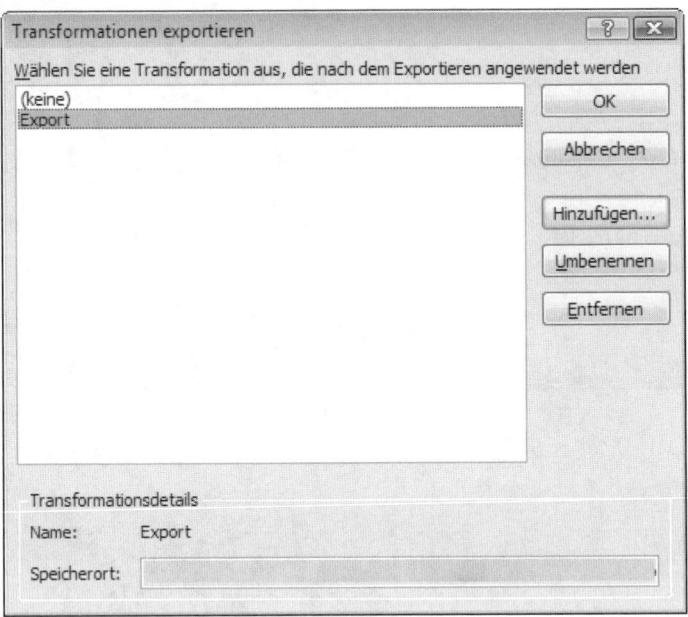

Klicken Sie auf *OK* und Access wandelt Ihre Daten mit Hilfe der XSL-Datei in das von Ihnen gewünschte Format um.

Auf die Sprachelemente von XSL können wir an dieser Stelle aus Umfangsgründen (es handelt sich um eine komplette Beschreibungssprache mit Schleifen, Bedingungen etc.) nicht eingehen. Zum obigen Beispiel nur soviel:

- Ausgehend vom reinen XML-Exportdokument sollen Knoten und Attribute durch HTML-Tags zur Formatierung (Tabellenformat) ersetzt werden.
- Zunächst wird für das Root-Element *dataroot* (ist immer beim XML-Export von Access enthalten) ein rudimentäres HTML-Dokument mit einer Tabelle erzeugt. Dazu verwenden wir ein Template, das den Knoten *dataroot* mit unseren Formatierungsanweisungen ersetzt.
- In obiges Template wird ein weiteres Template eingeschachtelt. Dieses ist dafür verantwortlich, für alle Elemente von Bankleitzahlen (entspricht den Tabellenzeilen) die beiden Spalten *BLZ* und *Bank* mit den erforderlichen Daten zu erzeugen:

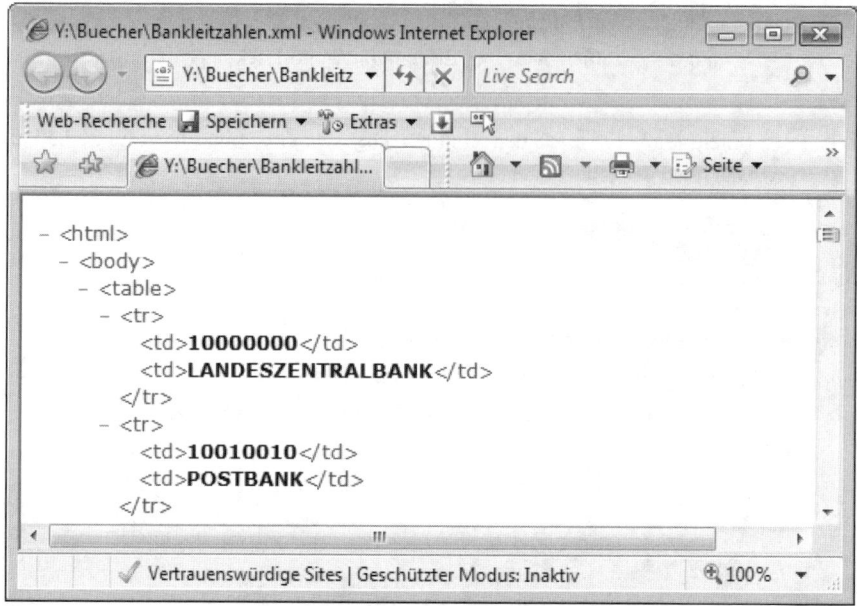

- Benennen Sie nun die XML-Datei in *BLZ.html* um, kann auch ein Browser damit etwas anfangen:

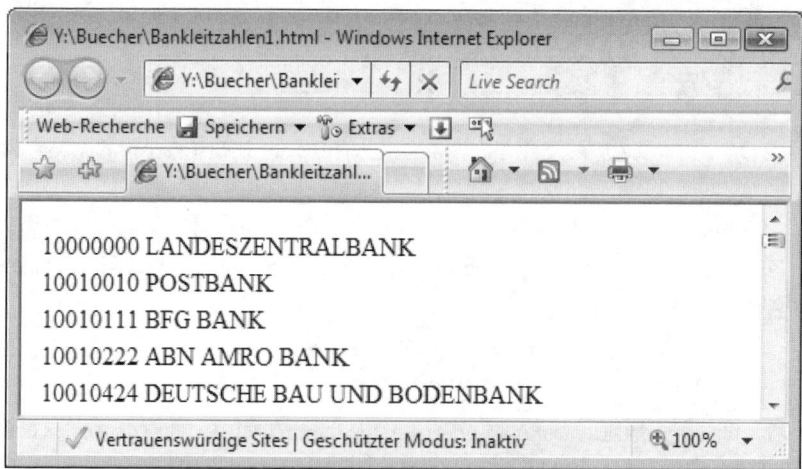

14.4.4 Application-Objekt (ImportXML/ExportXML)

Was über die Oberfläche von Access möglich ist, stellt auch für den Programmierer keine Hürde dar: Mit Hilfe des *Application*-Objektes und den Methoden *ImportXML* und *ExportXML* haben Sie die Möglichkeit, sowohl XML-Daten zu importieren als auch zu exportieren.

14.4 XML-Integration in Access

HINWEIS: Bei der Beschreibung der beiden Methoden beschränken wir uns auf die wichtigsten Parameter und Optionen.

ImportXML-Methode

Die Syntax:

```
Application.ImportXML(DataSource, Flags)
```

Die folgende Tabelle gibt Auskunft über die Parameter:

Parameter	Beschreibung
DataSource	Der Name und der Pfad der zu importierenden XML-Datei
Flags	Mit diesem Wert wird bestimmt, ob lediglich Daten an eine bestehende Tabelle angehängt (*acAppendData*), Struktur und Daten zu importieren sind (*acStructureAndData*) oder ob lediglich die Struktur der XML-Daten importiert wird (*acStructureOnly*). (Optional)

HINWEIS: Sollten beim Importieren der XML-Daten Probleme auftreten, werden diese in einer Tabelle *ImportErrors* aufgelistet, ein Laufzeitfehler tritt nicht auf. Der Programmierer ist also dafür verantwortlich, gegebenenfalls eine entsprechende Meldung anzuzeigen, wenn die Tabelle nach Ausführung der Methode *ImportXML* vorhanden ist.

BEISPIEL: Importieren von Struktur und Daten aus der Datei *daten2.xml*

```
Application.ImportXML CurrentProject.Path & "\daten2.xml"
```

ExportXML-Methode

Mit jeder Menge Parametern gesegnet, präsentiert sich die *ExportXML*-Methode. Die Syntax:

```
Application.ExportXML(ObjectType, DataSource, DataTarget, SchemaTarget, PresentationTarget, _
                     ImageTarget, Encoding, OtherFlags, WhereCondition)
```

Nach einem Blick in die folgende Tabelle dürften sich Befürchtungen angesichts der Vielzahl von Möglichkeiten schnell verflüchtigen: Die Parameter beschreiben nichts anderes als die Dialogfelder beim Export über den Menübefehl *Datei/Exportieren*.

Parameter	Beschreibung
ObjectType	Beschreibt, welcher Objekttyp exportiert wird (*acExportForm, acExportFunction, acExportQuery, acExportReport, acExportServerView, acExportStoredProcedure* oder *acExportTable*).
DataSource	Beschreibt, welches Objekt exportiert wird (z.B. Tabellenname). Rufen Sie die Methode aus einem Bericht oder einem Formular auf, wird dieses Objekt exportiert.
DataTarget	Name der XML-Datei.
SchemaTarget	Name einer optionalen Schema-Datei (nur bei externen Schemadaten).

Parameter	Beschreibung
PresentationTarget	Name einer HTML- oder ASP-Datei für die Darstellung der Daten (über *OtherFlags* kann der Typ der Verarbeitung, d.h. client- oder serverseitig, spezifiziert werden).
ImageTarget	Pfadangabe, falls Grafikdaten exportiert werden.
Encoding	Zeichensatz (Default = acUTF8).
OtherFlags	Diese Bitmaske steuert einige Export-Optionen 1: Das Schema wird in das XML-Dokument eingebettet. 2: Primärschlüssel und Indizes werden nicht exportiert. 4: Serverseitiges Verarbeitung bei der XML-Darstellung, d.h. ASP. 8: Es handelt sich um Livedaten von einem MS SQL Server.
WhereCondition	Eine Filterbedingung.
AdditionalData	Zusätzliche Tabellen die exportiert werden sollen.

BEISPIEL: Exportieren der Tabelle *Bankleitzahlen* mit internen Schema-Daten

```
Application.ExportXML acExportTable, "Bankleitzahlen", "c:\test10.xml", , , , , 1
```

BEISPIEL: Exportieren der Tabelle *Mitarbeiter* und der abhängigen Tabelle *Telefone*

```
Sub ExportXML_mit_anhängiger_Tabelle()
Dim ad As AdditionalData

  Set ad = Application.CreateAdditionalData
  ad.Add "Telefone"
  Application.ExportXML acExportTable, "Mitarbeiter", "C:\Test10.xml", AdditionalData:=ad
End Sub
```

Ein Blick in die erzeugte Datei *Test10.xml* zeigt, dass neben den Mitarbeiterdaten auch die Daten der Tabelle *Telefone* hierarchisch eingegliedert sind:

```xml
<?xml version="1.0" encoding="UTF-8" ?>
- <dataroot xmlns:od="urn:schemas-microsoft-com:officedata" generated="2007-04-03T11:05:56">
  - <Mitarbeiter>
      <ID>1</ID>
      <Vorname>Thomas</Vorname>
      <Nachname>Gewinnus</Nachname>
    - <Telefone>
        <ID>1</ID>
        <MitarbeiterID>1</MitarbeiterID>
        <Nummer>0335-12345678</Nummer>
      </Telefone>
    </Mitarbeiter>
  - <Mitarbeiter>
      <ID>2</ID>
      <Vorname>Walter</Vorname>
      <Nachname>Doberenz</Nachname>
      <Telefone>
```

14.4.5 ADO-Recordset

Seit ADO 2.5 ist es problemlos möglich, ein geöffnetes ADO-Recordset im XML-Format zu sichern bzw. eine XML-Datei dieses Formats zu laden. Das Pendant zur *Save*-Methode ist nicht etwa *Load*, sondern die *Open*-Methode, die alternativ auch das Laden von XML-Daten erlaubt. Allerdings sollten Sie sich gerade beim Laden von XML-Dokumenten nicht zu früh freuen, die Autoren konnten lediglich die Dateien laden, die auch mit der *Save*-Methode gesichert wurden.

Sichern

Die entsprechende Syntax:

```
Recordset.Save <Dateiname>, <Format>
```

HINWEIS: Da mit dieser Methode alternativ auch im ADTG-Format gespeichert werden kann, müssen Sie als *Format*-Option immer *adPersistXML* angeben, um eine XML-Datei zu erzeugen.

BEISPIEL: Sichern in der Datei *test.xml*

```
Dim rs As New ADODB.Recordset
Set rs.ActiveConnection = CurrentProject.Connection
rs.Open "Bankleitzahlen"
rs.Save "c:\test.xml", adPersistXML
...
```

Das Ergebnis im Internet Explorer:

Neben den Schema-Informationen werden die einzelnen Zeilen in einer recht einfachen Struktur gespeichert. Alle Felder des Recordsets werden als Attribute des wiederkehrenden Elements <z:row> abgebildet, das einem Element <rs:data> untergeordnet ist.

> **HINWEIS:** Prüfen Sie vor dem Erzeugen der Datei, ob diese bereits existiert, andernfalls gibt es einer Fehlermeldung!

Laden

Die Syntax:

```
Recordset.Open <Dateiname>, <Connection>, <CursorType>, <LockType>, adCmdFile
```

Übergeben Sie den Namen der XML-Datei, ein aktives *Connection*-Objekt (falls noch nicht erfolgt), sowie in jedem Fall die Option *adCmdFile*.

BEISPIEL: Laden der im vorhergehenden Beispiel gesicherten Datei

```
Dim rs As New ADODB.Recordset

Set rs.ActiveConnection = CurrentProject.Connection
rs.Open "c:\test.xml", , , , adCmdFile
Debug.Print rs.Fields("Bank").Value
...
```

Stream-Objekt

Mit Hilfe eines *Stream*-Objekts ist es recht einfach möglich, die Daten nicht nur in einer Datei, sondern auch in einem String zu speichern bzw. daraus zu laden. Dies kann zum Beispiel beim Verschlüsseln, Nachbearbeiten oder Sichern der XML-Daten in Tabellenfeldern nützlich sein.

Die wichtigsten Eigenschaften und Methoden zeigen die beiden folgenden Tabellen:

Eigenschaft	Beschreibung
Charset	Der verwendete bzw. zu verwendende Zeichensatz (Default = "Unicode")
EOS	*True*, wenn das Ende des Streams erreicht ist
LineSeparator	Bestimmt das Trennzeichen zwischen einzelnen Zeilen (Default = Chr(13) & Chr(10) = *adCRLF*)
Position	Die aktuelle Position im Stream (erstes Byte = 0)
Size	Die Länge des Streams in Byte
State	Der aktuelle Status des Streams (geöffnet, geschlossen etc.)
Type	Welches Datenformat (Text oder Binär) befindet sich im Stream

Die wichtigsten Methoden des *Stream*-Objekts:

Methoden	Beschreibung
Close	Schließt den Stream
CopyTo	Kopiert Teile des Streams ab der aktuellen Position (die Anzahl der Zeichen kann angegeben werden) in einen anderen Stream

14.5 Vor- und Nachteile von XML

Methoden	Beschreibung
LoadFromFile	Lädt den Inhalt des Streams aus einer Datei
Open	Lädt Daten aus einer Datei oder einem Record-Objekt
Read	Gibt die gewünschte Anzahl von Bytes zurück
ReadText	Gibt die gewünschte Anzahl von Zeichen als String zurück
SaveToFile	Speichert den Stream-Inhalt in einer Datei
SetEOS	Setzt die EOS-Marke auf die aktuelle Position, d.h., der Stream wird abgeschnitten
SkipLine	Überspringt eine Textzeile beim Lesen eines Text-Streams
Write	Schreibt binäre Daten in den Stream
WriteText	Schreibt Textdaten in den Stream

BEISPIEL: Ausgabe von XML-Daten im Direktfenster über ein *Stream*-Objekt

```
Sub Verwendung_Stream_Objekt()
Dim rs As New ADODB.Recordset
Dim st As New ADODB.Stream
Dim s As String

  Set rs.ActiveConnection = CurrentProject.Connection
  rs.Open "Bankleitzahlen"
  rs.Save st, adPersistXML

  s = st.ReadText
  Debug.Print s
End Sub
```

Nach dem Aufruf des Beispielcodes finden Sie im Direkt-Fenster die schon bekannte XML-Datenstruktur wieder:

```
Direktbereich
            PLZ='9599' ORT='FREIBERG, SACHS'/>
    <z:row BLZ='87096124' Bank='VOLKSBANK' PLZ='9643' ORT='MITTWEIDA'/>
    <z:row BLZ='87096214' Bank='VOLKSBANK CHEMNITZ' PLZ='9003'
            ORT='CHEMNITZ'/>
  </rs:data>
</xml>
```

14.5 Vor- und Nachteile von XML

Wie alles im Leben hat auch XML seine Vor- und Nachteile. Mit den folgenden Aufstellungen wollen wir Ihnen die Entscheidung erleichtern, wann und unter welchen Umständen Sie sich für XML entscheiden sollten.

14.5.1 Grundsätzlicher Vergleich

Die Vorteile von XML auf einen Blick:

- Als offener Standard besitzt XML eine hoher Akzeptanz beim Austausch mit anderen Anwendungen, insbesondere im Internet.
- XML-Dokumente besitzen flexible hierarchische Datenstrukturen, die insbesondere bei objektorientierten Daten mit unterschiedlicher Struktur von Vorteil sind.
- XML-Dokumente sind textorientiert und damit auch mit einfachsten Mitteln leicht lesbar.
- XML ist selbstbeschreibend und erweiterbar, Einschränkungen wie bei proprietären Datenformaten existieren nicht.
- Es handelt sich um ein plattform- und programmiersprachenunabhängiges Datenformat, das auch automatisch verarbeitet (Dokumentenanalyse) werden kann. Für XML besteht mit DOM eine einheitliche und (fast) überall verfügbare Programmierschnittstelle.
- XML-Dokumente lassen sich leicht transformieren, d.h. in ein anderes Format (zum Beispiel HTML oder auch XML) umwandeln. XML-Dokumente lassen sich auch auf einfache Weise verknüpfen bzw. zusammensetzen.
- XML-Dokumente basieren (meist) auf Unicode und sind damit international nutzbar.

Die Nachteile von XML als Datenformat:

- Im Gegensatz zu einer konventionellen Datenbank besitzt XML keine festen Strukturen, was dazu führt, dass große Teile der Dokumente im Speicher gehalten werden (hohe Systemanforderungen bei großen Dokumenten). Daraus leitet sich auch eine geringere Performance beim Zugriff auf einzelne Elemente ab. Dies gilt insbesondere für relationale (tabellenorientierte) Datenbestände.
- In XML sind keinerlei eingebaute Sicherheitsmechanismen integriert, für das Ver- und Entschlüsseln von Inhalten müssen Sie selbst sorgen, was auf Grund der Dokumentenstruktur nicht ganz einfach ist.
- Alle Inhalte in XML-Dokumenten sind textbasierend, was in vielen Fällen eine vorherige Konvertierung der Daten erfordert. Zudem ist die Ablage im Textformat relativ ineffizient, Bilder müssen beispielsweise im *Base64*-Format abgelegt werden, was die Dokumente unnötig aufbläht.

14.5.2 Zeitvergleich ADO/XML

Sicher dürfte Ihnen schon beim Speichern der Bankleitzahlen (siehe Abschnitt "Exportieren", Seite 849) aufgefallen sein, dass Ihr Computer zunächst recht hektisch arbeitet. Es dauert einige Sekunden, bis die XML-Daten erzeugt bzw. später eingelesen sind. Auch die Arbeitsspeicherbelastung ist nicht zu vernachlässigen, für den Internet Explorer werden satte 24 MByte (!) im Task-Manager angezeigt.

14.5 Vor- und Nachteile von XML

Derartige Probleme sollten Sie jedoch nicht allzu sehr beschäftigen, die XML-Daten im Internet Explorer darzustellen ist ja schließlich nicht der Sinn dieser Übung. Etwas anders sieht es bei der Verarbeitung dieser Daten mittels DOM aus.

Anzeige aller Datensätze

Führen Sie zum Beispiel die beiden folgenden Codeteile aus, werden Sie eine wesentlich bessere Verarbeitungsgeschwindigkeit für das ADO-Programm feststellen.

DOM-Programm	ADO-Programm
``Sub testen_XML()
    Dim xmlDoc As DOMDocument30
    Dim node As IXMLDOMNode
    Dim zeit As Single

    zeit = Timer
    Set xmlDoc = New DOMDocument30
    xmlDoc.Load CurrentProject.Path & _
            "\bankleitzahlen.xml"
    For Each node In _
        xmlDoc.getElementsByTagName("*/Bank")
        Debug.Print node.Text
    Next
    Debug.Print "--------------------------------"
    Debug.Print "Zeit: " & Timer - zeit
End Sub``` | ```Sub testen_ADO()
    Dim rs As New ADODB.Recordset
    Dim zeit As Single

    zeit = Timer
    rs.Open "Bankleitzahlen", _
            CurrentProject.Connection

    While Not rs.EOF
        Debug.Print rs.Fields("Bank").Value
        rs.MoveNext
    Wend
    Debug.Print "--------------------------------"
    Debug.Print "Zeit: " & Timer - zeit
End Sub``` |
| Zeit: 8,56 Sekunden | Zeit: 4,32 Sekunden |

In beiden Fällen werden alle Datensätze durchlaufen, das ADO-Programm profitiert von der effizienteren Datenhaltung in einer Access-Datenbank.

Filtern von Datensätzen

Etwas anders sehen die Verhältnisse beim Filtern von Datensätzen aus. Hier brauchen die DOM-Objekte fast die vierfache Zeit (es werden nur die Veränderungen zum vorherigen Testprogramm abgedruckt):

DOM-Programm	ADO-Programm
``Sub testen_XML()
...
For Each node In xmlDoc.getElementsByTagName _
("*/Bank[textnode() = 'DEUTSCHE BANK']")
...
End Sub```	```Sub testen_ADO()
...
rs.Open "SELECT * FROM Bankleitzahlen WHERE bank = _
'Deutsche Bank'", CurrentProject.Connection
...
End Sub```
Zeit: 0,812 Sekunden	Zeit: 0,199 Sekunden

Suchen von Datensätzen

Noch augenfälliger wird der Vergleich beim Suchen in den jeweiligen Datenmengen. Soll beispielsweise der Datensatz mit der Bankleitzahl *87069076* gesucht werden, ergeben sich folgende Änderungen in den jeweiligen Testprogrammen mit den zugehörigen Zeiten:

DOM-Programm	ADO-Programm

``
Sub testen_XML()
...
  xmlDoc.Set node = xmlDoc.selectSingleNode
    ("//BLZ[textnode() = '87069076']")
  Debug.Print node.parentNode.childNodes(1).Text
...
End Sub
``
	``
	Sub testen_ADO()
	...
	  rs.Open "SELECT * FROM Bankleitzahlen WHERE BLZ = 87069076", CurrentProject.Connection, adOpenKeyset
	  Debug.Print rs.Fields("Bank").Value
	...
	End Sub
	``

Zeit: 0,481 Sekunden	Zeit: 0,008 Sekunden

Die offensichtlichen Performance-Unterschiede dürften Grund genug sein, XML nicht unbedingt als Ersatz für die bisherigen Datenbanken anzusehen, sondern als das, was es ist: ein universelles Austauschformat zwischen verschiedenen Anwendungen und Plattformen, das mit seiner flexiblen Struktur auch anspruchsvolle Lösungen bieten kann.

14.6 Praxisbeispiele

14.6.1 Speichern im UTF-8-/UTF-16-Format

XML-Datei; *DOMDocument*-Objekt; *CreateProcessingInstruction-*, CreateElement- und *Save*-Methode;

Je nach System und Anwendung möchten Sie eine Datei im UTF-8- oder im UTF-16-Format sichern.

Einfluss auf das Format nehmen Sie mit den Processing-Instructions. Geben Sie diese bei Verwendung der DOM-Objekte an, werden sie auch für das Speichern verwendet. Andernfalls wird automatisch im UTF-8- Format gespeichert.

Oberfläche

Auf ein Formular verzichten wir, da es um die reine Dateiausgabe geht.

Quelltext

Fügen Sie in ein Modul den folgenden Code ein:

```
Private Sub Speichern_UTF8()
Dim doc As MSXML2.DOMDocument
Dim root As MSXML2.IXMLDOMElement
Dim element As MSXML2.IXMLDOMElement
```

14.6 Praxisbeispiele

Zunächst erzeugen wir ein neues XML-Dokument:

```
Set doc = New MSXML2.DOMDocument
```

Anschließend fügen wir die Processing Instruction mit der Format-Angabe ein:

```
doc.appendChild doc.createProcessingInstruction("xml", "version='1.0' encoding='UTF-8'")
```

Schnell noch ein paar Daten einfügen und die Datei speichern

```
Set root = doc.createElement("Personal")
doc.appendChild root
Set element = root.appendChild(doc.createElement("Mitarbeiter"))
element.setAttribute "Nachname", "Müller"
element.setAttribute "Vorname", "Udo"
doc.Save CurrentProject.Path & "\" & "test_UTF-8.xml"
End Sub
```

HINWEIS: Geben Sie keine Processing Instruction an, wird automatisch im UTF-8-Format gespeichert.

Alternativ UTF-16-Format:

```
Private Sub Speichern_UTF16()
Dim doc As MSXML2.DOMDocument
Dim root As MSXML2.IXMLDOMElement
Dim element As MSXML2.IXMLDOMElement
  Set doc = New MSXML2.DOMDocument
  doc.appendChild doc.createProcessingInstruction("xml", "version='1.0' encoding='UTF-16'")
  ...
  doc.Save CurrentProject.Path & "\" & "test_UTF-16.xml"
End Sub
```

HINWEIS: Vergessen Sie nicht die "Microsoft XML"-Library einzubinden!

Test

Nach dem Ausführen der obigen Routinen können Sie die Dateien im Internet-Explorer oder einem Hex-Editor betrachten:

```
        0001 0203 0405 0607 0809 0A0B 0C0D 0E0F  0123456789ABCDEF
0x00    3C3F 786D 6C20 7665 7273 696F 6E3D 2231  <?xml version="1
0x10    2E30 2220 656E 636F 6469 6E67 3D22 5554  .0" encoding="UT
0x20    462D 3822 3F3E 0D0A 3C50 6572 736F 6E61  F-8"?>..<Persona
0x30    6C3E 3C4D 6974 6172 6265 6974 6572 204E  l><Mitarbeiter N
0x40    6163 686E 616D 653D 224D C3BC 6C6C 6572  achname="Müller
0x50    2220 566F 726E 616D 653D 2255 646F 222F  " Vorname="Udo"/
0x60    3E3C 2F50 6572 736F 6E61 6C3E 0D0A       ></Personal>..
```

Einen kostenlosen Hex-Editor finden Sie z.B. unter *http://www.mirkes.de/de/freeware/tinyhex.php*. Zum Vergleich hier das UTF-16-XML-Dokument:

```
       0001 0203 0405 0607 0809 0A0B 0C0D 0E0F   0123456789ABCDEF
0x00   FFFE 3C00 3F00 7800 6D00 6C00 2000 7600   ÿþ<.?.x.m.l. .v.
0x10   6500 7200 7300 6900 6F00 6E00 3D00 2200   e.r.s.i.o.n.=.".
0x20   3100 2E00 3000 2200 2000 6500 6E00 6300   1...0.". .e.n.c.
0x30   6F00 6400 6900 6E00 6700 3D00 2200 5500   o.d.i.n.g.=.".U.
0x40   5400 4600 2D00 3100 3600 2200 3F00 3E00   T.F.-.1.6.".?.>.
0x50   0D00 0A00 3C00 5000 6500 7200 7300 6F00   ....<.P.e.r.s.o.
0x60   6E00 6100 6C00 3E00 3C00 4D00 6900 7400   n.a.l.>.<.M.i.t.
0x70   6100 7200 6200 6500 6900 7400 6500 7200   a.r.b.e.i.t.e.r.
0x80   2000 4E00 6100 6300 6800 6E00 6100 6D00   .N.a.c.h.n.a.m.
0x90   6500 3D00 2200 4D00 FC00 6C00 6C00 6500   e.=.".M.ü.l.l.e.
0xA0   7200 2200 2000 5600 6F00 7200 6E00 6100   r.". .V.o.r.n.a.
0xB0   6D00 6500 3D00 2200 5500 6400 6F00 2200   m.e.=.".U.d.o.".
0xC0   2F00 3E00 3C00 2F00 5000 6500 7200 7300   /.>.<./.P.e.r.s.
0xD0   6F00 6E00 6100 6C00 3E00 0D00 0A00        o.n.a.l.>.....
```

Die Ansicht im Internet Explorer

```
<?xml version="1.0" encoding="UTF-16" ?>
- <Personal>
    <Mitarbeiter Nachname="Müller" Vorname="Udo" />
  </Personal>
```

14.6.2 UTF-8-/UTF-16 aus einem ADO-Stream laden

XML-Datei; *DOMDocument-, Stream*-Objekt; *LoadFromFile-, LoadXML*-Methode; *XML*-Eigenschaft;

Versuchen Sie XML-Daten per ADO-Stream zu lesen, kann es schnell passieren, dass Sie über eine Fehlermeldung stolpern. Ursache ist in diesem Fall meist eine falsch interpretierte Kodierung, da der ADO-Stream standardmäßig von einer UTF-16-Kodierung ausgeht. Mit der Eigenschaft *Charset* können Sie Einfluss auf die Interpretation der Daten nehmen.

HINWEIS: Sie benötigen die mit dem vorhergehenden Beispiel (siehe Seite 864) erzeugten XML-Dateien.

Oberfläche

Auf ein Formular verzichten wir, da es um die reine Dateiausgabe geht.

Quelltext

Fügen Sie in ein Modul den folgenden Code ein:

14.6 Praxisbeispiele

```
Sub Laden_verschiedener_Kodierungen()
Dim doc As MSXML2.DOMDocument
Dim strm As ADODB.stream
  Set strm = New ADODB.stream
  strm.Open
```

Laden einer UTF-8-kodierten Datei, Sie müssen Charset festlegen:

```
  strm.Charset = "UTF-8"
  strm.LoadFromFile CurrentProject.Path & "\" & "test_UTF-8.xml"
```

Alternativ laden Sie eine UTF-16 kodierte Datei auch ohne Angabe des Charsets:

```
' strm.LoadFromFile CurrentProject.Path & "\" & "test_UTF-16.xml"
  strm.Position = 0
  Set doc = New MSXML2.DOMDocument
  If Not doc.loadXML(strm.ReadText) Then
    MsgBox "Daten konnten nicht geladen werden!"
  Else
    MsgBox doc.XML
  End If
End Sub
```

HINWEIS: Vergessen Sie nicht die *Microsoft XML Library* einzubinden.

Die angezeigten UTF-16-Daten:

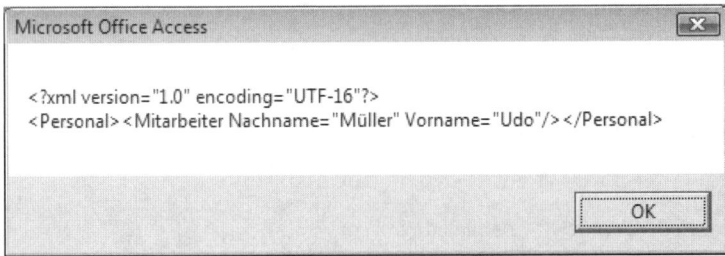

Im Vergleich die geladenen UTF-8-Daten:

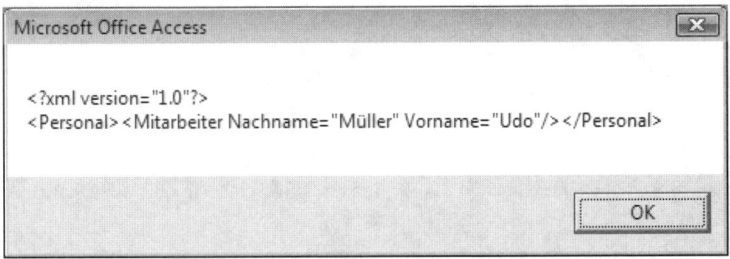

Dem aufmerksamen Leser wird sicher nicht entgangen sein, dass bei der UTF-8-Variante die Kodierungsinformation (Attribut *encoding*) aus den Processing-Instructions entfernt wurde. Speichern Sie diese Daten per *DOMDocument*, so wird wieder im UTF-8-Format gesichert. Alternativ können Sie jedoch Einfluss auf die Processing Instructions nehmen, um im UFT-16-Format zu speichern:

```
...
doc.childNodes(0).Attributes.getNamedItem("encoding").nodeValue = "UTF-16"
doc.Save "c:\pppp.xml"
```

14.6.3 XML-Daten asynchron verarbeiten

XML; MS-DOM, *Async*-Eigenschaft; *WithEvents*-Deklaration; *OnDataAvailable*-, *OnReadyStateChange*- Ereignis;

Haben Sie ein etwas größeres XML-Dokument zu verarbeiten, ist es häufig günstig, dem Anwender eine optische Rückmeldung über den Verarbeitungsstand zu geben. Sei es, dass Sie einen Fortschrittsbalken einblenden oder dass Sie diverse Menüoptionen während der Verarbeitung sperren wollen.

Das MS-DOM unterstützt Sie in diesem Fall mit den zwei Ereignissen

- *OnDataAvailable* und
- *OnReadyStateChange*.

Laden Sie ein neues XML-Dokument, treten die Ereignisse in bestimmter Reihenfolge auf:

- *OnReadyStateChange* (*ReadyState* = 1 = Loading)
- *OnReadyStateChange* (*ReadyState* = 2 = Loaded)
- *OnReadyStateChange* (*ReadyState* = 3 = Interactive)
- *OnDataAvailable*
- *OnReadyStateChange* (*ReadyState* = 4= Completed)

Die folgende Tabelle gibt Aufschluss über die jeweiligen Änderungen:

Ready-State	Bemerkung
1	Laden der Daten und Lesen der persistenten Eigenschaften.
2	Die Daten sind geladen und werden geparst. Das Objektmodell ist noch nicht verfügbar.
3	Einige Daten wurden bereits geparst, das Objektmodell ist für diese Daten verfügbar, jedoch noch schreibgeschützt.
4	Die Daten wurden vollständig verarbeitet. Ob das Verarbeiten erfolgreich war oder nicht, kann über den *ErrorCode* abgefragt werden.

Unser kleines Beispielprogramm soll Ihnen die Verwendung der Ereignisse demonstrieren.

14.6 Praxisbeispiele

Oberfläche

Lediglich ein kleines Formular mit einem *Listenfeld* und einer *Befehlsschaltfläche* (siehe Laufzeitansicht).

Quelltext

Binden Sie zunächst die Library *Microsoft XML, v6.0*, über den Menübefehl *Extras/Verweise...* ein. Da wir nicht nur auf die Eigenschaften und Methoden des *DOMDocument*-Objektes zugreifen wollen, müssen wir die Option *WithEvents* bei der Deklaration der Objektvariablen mit angeben:

```
Option Explicit
Option Compare Database
Dim WithEvents xmlDoc As DOMDocument60
```

Mit dem Klick auf die Schaltfläche soll die Datei *Test.xml* geladen werden:

```
Private Sub Befehl0_Click()
  Set xmlDoc = New DOMDocument60
  xmlDoc.Load CurrentProject.Path & ("\Test.xml")
End Sub
```

Die Deklaration der beiden Ereignisprozeduren:

```
Private Sub xmlDoc_OnDataAvailable()
  Liste1.AddItem ("OnDataAvailable")
End Sub

Private Sub xmlDoc_OnReadyStateChange()
  Select Case xmlDoc.readyState
    Case 1
      Liste1.AddItem ("OnReadyStateChange : Loading")
    Case 2
      Liste1.AddItem ("OnReadyStateChange : Loaded")
    Case 3
      Liste1.AddItem ("OnReadyStateChange : Interactive")
    Case 4
      Liste1.AddItem ("OnReadyStateChange : Completed")
      MsgBox "Fertig!"
  End Select
End Sub
```

Test

Starten Sie das Programm und kontrollieren Sie den Ablauf.

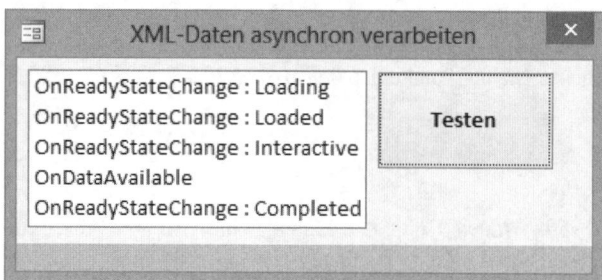

Bemerkung

Sollten Sie die Eigenschaft *Async* des *DOMDocument*-Objekts auf *False* setzen, werden zwar alle *OnReadyStateChange*-Ereignisse ausgelöst, nicht jedoch *OnDataAvailable*!

14.6.4 XML-Daten in einer TreeView darstellen

XML; *TreeView*-Control; *WithEvents*-Deklaration;

Mit einem kleinen Beispielprogramm möchten wir Ihnen zeigen, wie Sie XML-Daten strukturiert in einer *TreeView*-Komponente anzeigen können. Das Programm lässt sich schnell und einfach an Ihre eigenen Erfordernisse anpassen, beispielsweise um den Unterschied zwischen den verschiedenen Knotentypen darzustellen.

Oberfläche

Erstellen Sie ein neues Formular und fügen Sie in der Befehlsgruppe *Steuerelemente* (Registerkarte *Entwurf*) über die Option *ActiveX-Steuerelemente* ein *Microsoft TreeView*-Control in das Formular ein. Ein *Bezeichnungsfeld* dient der Ausgabe (Anzahl der geladenen Knoten), über eine *Befehlsschaltfläche* werden die Daten geladen.

Programmierung

Binden Sie zunächst die Library *Microsoft XML, v6.0*, über den Menübefehl *Extras/Verweise...* ein. Da wir auch auf die Ereignisse des *DOMDocument*-Objektes zugreifen wollen, müssen wir die Option *WithEvents* bei der Deklaration der Objektvariablen angeben:

```
Dim WithEvents xmlDoc As DOMDocument60
```

Mit dem Klick auf die Schaltfläche werden eine Instanz des *DOMDocument*-Objektes erzeugt und die Datei *Test.xml* geladen:

```
Private Sub Befehl0_Click()
  Set xmlDoc = New DOMDocument60
  TreeView5.Nodes.Clear
  xmlDoc.Load CurrentProject.Path & ("\Test.xml")
End Sub
```

Gleichzeitig löschen wir die bisherigen Inhalte der *TreeView*-Komponente.

14.6 Praxisbeispiele

Mit dem Auslösen des *OnDataAvailable*-Ereignisses können wir auch die Anzahl der Knoten bestimmen:

```
Private Sub xmlDoc_ondataavailable()
  Dim node As IXMLDOMNode
  Dim anzahl As Integer

  Set node = xmlDoc.documentElement
  anzahl = xmlDoc.childNodes.length
  If (TypeName(node) <> "Nothing") Then anzahl = anzahl + node.childNodes.length
  Bezeichnungsfeld8.caption = anzahl & " Knoten geladen"
End Sub
```

Mit der kompletten Verarbeitung des XML-Dokumentes durch das DOM (*readyState* = 4) können wir uns dem Einlesen der Baumstruktur zuwenden. Doch bevor es so weit ist, sollten Sie eine Fehlerprüfung durchführen, da das Ereignis auch eintritt, wenn die XML-Daten fehlerhaft sind:

```
Private Sub xmlDoc_onreadystatechange()
  Dim parseError As IXMLDOMParseError

  If (xmlDoc.readyState = 4) Then ' COMPLETE ...
    Set parseError = xmlDoc.parseError
    If TypeName(xmlDoc.documentElement) = "Nothing" Then
      MsgBox parseError.reason, vbExclamation
    Else
```

Im Erfolgsfall rufen wir die Prozedur *ShowNode* mit den Argumenten "Vorgängerknoten im Baum" (*Nothing*, d.h. keiner) und "Wurzelknoten der XML-Daten" (*xmlDOC*) auf.

```
      ShowNode Nothing, xmlDOC
      TreeView1.Nodes.Item(1).Expanded = True
    End If
  End If
End Sub
```

HINWEIS: Übergeben Sie statt *xmlDOC* das Objekt *xmlDOC.documentElement*, beginnt die Baumansicht direkt mit dem ersten Knoten der XML-Daten, d.h. "WELT", andernfalls mit der Datei selbst.

Die Prozedur zur Anzeige in der TreeView:

```
Public Sub ShowNode(ByRef parent As node, ByRef xmlnode As IXMLDOMNode)
  Dim caption As String, I As Integer
  Dim TreeNode As node
```

Wird kein gültiges DOM-Objekt übergeben, wird die Routine beendet:

```
  If xmlnode Is Nothing Then Exit Sub
```

Die Beschriftung des Baumknotens festlegen:

```
  Caption = ""
```

```
If xmlnode.nodeType = NODE_DOCUMENT Then Caption = "XML-Datei"
If xmlnode.nodeType = NODE_ELEMENT Then Caption = xmlnode.nodeName
If xmlnode.nodeType = NODE_CDATA_SECTION Or xmlnode.nodeType = NODE_TEXT Then _
        Caption = xmlnode.nodeValue
If Caption = "" Then Exit Sub
```

HINWEIS: Je nach Knotentyp müssen wir andere Eigenschaften zur Bestimmung der Beschriftung auslesen.

Sollte als Parent für den neuen *TreeView*-Knoten *Nothing* übergeben werden, handelt es sich um den Root- bzw. Wurzelknoten des Baums, andernfalls müssen wir den Index des übergeordneten Elementes bestimmen:

```
If (parent Is Nothing) Then
  Set TreeNode = TreeView1.Nodes.Add(, , , caption)
Else
  Set TreeNode = TreeView1.Nodes.Add(parent.Index, tvwChild, , caption)
End If
```

Sollten Unterelemente vorhanden sein, rufen wir für jedes dieser Elemente die aktuelle Prozedur rekursiv auf:

```
If Not (xmlnode.childNodes Is Nothing) Then
  For i = 0 To xmlnode.childNodes.length - 1
    ShowNode TreeNode, xmlnode.childNodes.Item(i)
  Next i
End If
End Sub
```

Test

Starten Sie das Programm und klicken Sie auf die Schaltfläche, um die Daten aus der Datei zu lesen.

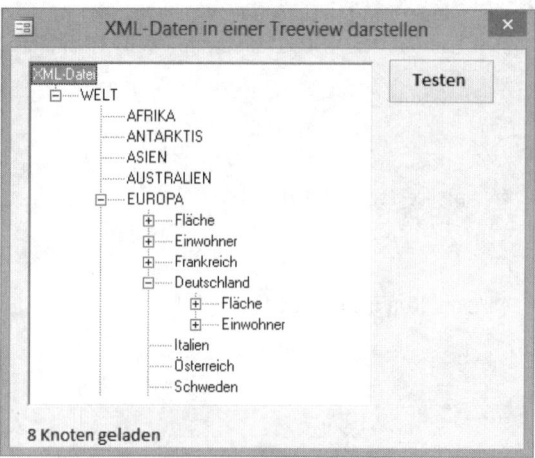

14.6.5 Navigieren zwischen einzelnen XML-Baumknoten

XML; *ParentNode*-, *PreviousSibling*-, *FirstChild*-, *LastChild*-, *NextSibling*-Methoden;

Welche Möglichkeiten, d.h. Methoden bzw. Eigenschaften, zur Navigation zwischen den einzelnen Knoten sich anbieten, zeigt die folgende Skizze (Ausgangspunkt ist der hervorgehobene Knoten) in der folgenden Abbildung.

Wie Sie sehen, können Sie von jedem beliebigen Knoten aus auf den gesamten Baum zugreifen. Entweder Sie bewegen sich mit *PreviousSibling* bzw. *NextSibling* innerhalb einer Ebene oder Sie wechseln mit *ParentNode* in die übergeordnete Ebene, um dort ebenfalls mit *PreviousSibling* bzw. *NextSibling* auf die einzelnen Knoten zuzugreifen. Möchten Sie die untergeordneten Elemente eines Knotens verarbeiten, können Sie zunächst mit *FirstChild* auf das erste untergeordnete Element zugreifen und ausgehend davon wiederum mit *PreviousSibling* bzw. *NextSibling* auf die weiteren Elemente der dann aktiven Ebene zugreifen.

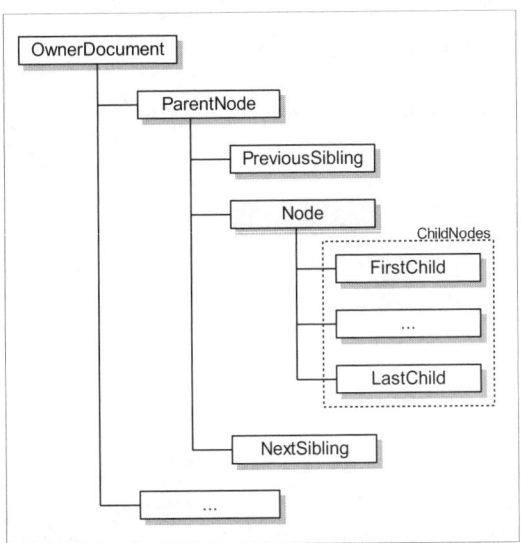

Unser kleines Test- und Probierprogramm hat die recht einfache Aufgabe, die Datei *Test.xml* von der Festplatte zu laden. Nachfolgend soll ausgehend vom Root-Element die Navigation zwischen den einzelnen Baumknoten demonstriert werden. Dazu stellen entsprechende Tasten die jeweiligen Methoden zur Verfügung. Ist der Knoten gewechselt, wird die Bezeichnung angezeigt.

Oberfläche

Entwerfen Sie eine Oberfläche nach folgendem Vorbild (siehe folgende Abbildung).

HINWEIS: Vergessen Sie nicht die Library *Microsoft XML, v6.0*, einzubinden (Menübefehl *Extras/Verweise...*).

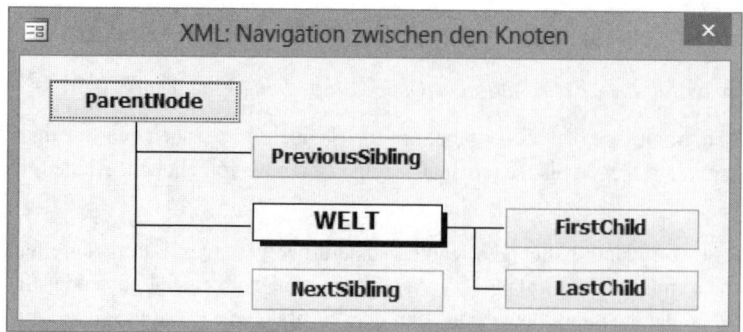

Quelltext

Zunächst binden wir die obligaten Variablen für den Zugriff auf XML-Daten ein:

```
Dim xmlDoc As DOMDocument60
Dim root As IXMLDOMElement
Dim node As IXMLDOMNode
```

Mit dem Öffnen des Fensters öffnen wir auch die Datei und weisen der Variablen *Node* den Root-Knoten zu:

```
Private Sub Form_Load()
  Set xmlDoc = New DOMDocument60
  xmlDoc.Load CurrentProject.Path & ("\Test.xml")
  Set root = xmlDoc.documentElement
  Set node = root
  Bezeichnungsfeld0.Caption = node.nodeName
End Sub
```

Wir wechseln zum Parent:

```
Private Sub Befehl1_Click()
  If Not (node.parentNode Is Nothing) Then
    Set node = node.parentNode
    Bezeichnungsfeld0.Caption = node.nodeName
  Else
    MsgBox "Kein Parent vorhanden!"
  End If
End Sub
```

Wir wechseln zum Vorgänger in der gleichen Baumebene:

```
Private Sub Befehl2_Click()
  If Not (node.previousSibling Is Nothing) Then
    Set node = node.previousSibling
    Bezeichnungsfeld0.Caption = node.nodeName
  Else
    MsgBox "Kein Vorgänger vorhanden!"
  End If
End Sub
```

14.6 Praxisbeispiele

Wir wechseln zum Nachfolger in der gleichen Baumebene:

```
Private Sub Befehl3_Click()
  If Not (node.nextSibling Is Nothing) Then
    Set node = node.nextSibling
    Bezeichnungsfeld0.Caption = node.nodeName
  Else
    MsgBox "Kein Nachfolger vorhanden!"
  End If
End Sub
```

Wir wechseln zum ersten Child-Knoten:

```
Private Sub Befehl4_Click()
  If node.childNodes.length > 0 Then
    Set node = node.firstChild
    Bezeichnungsfeld0.Caption = node.nodeName
  Else
    MsgBox "Keine Untereinträge vorhanden!"
  End If
End Sub
```

Wir wechseln zum letzten Child-Knoten:

```
Private Sub Befehl5_Click()
  If node.childNodes.length > 0 Then
    Set node = node.lastChild
    Bezeichnungsfeld0.Caption = node.nodeName
  Else
    MsgBox "Keine Untereinträge vorhanden!"
  End If
End Sub
```

Test

Starten Sie das Programm und versuchen Sie durch den XML-Baum zu navigieren. Die folgende Abbildung soll Ihnen dabei als Hilfestellung dienen.

HINWEIS: Beachten Sie, dass sich auch über "WELT" noch ein Objekt befindet!

```
- <WELT>
    <AFRIKA />
    <ANTARKTIS />
    <ASIEN />
    <AUSTRALIEN />
    - <EUROPA>
        <Fläche>10500000</Fläche>
        <Einwohner>718500000</Einwohner>
        - <Frankreich>
            <Fläche>543965</Fläche>
            <Einwohner>57800000</Einwohner>
        </Frankreich>
        - <Deutschland>
            <Fläche>356854</Fläche>
            <Einwohner>80767600</Einwohner>
        </Deutschland>
        <Italien />
        <Österreich />
        <Schweden />
        <Norwegen />
        <Polen />
    </EUROPA>
    <NORDAMERIKA />
    <SÜDAMERIKA />
</WELT>
```

HINWEIS: Sicher werden Ihre Versuche mit dem Programm durch reichlich Fehlermeldungen unterbrochen, wenn kein aktives Element bzw. kein gültiges Objekt mehr vorhanden ist. Wir haben absichtlich darauf verzichtet, alle eventuellen Fehlerfälle abzufangen, da Sie auf diese Weise viel schneller ein Gefühl für die Navigation innerhalb des XML-Baumes bekommen. Über die Abfrage "... *Is Nothing*" können Sie selbst zusätzliche Fehlerprüfungen einführen.

14.6.6 ADO-XML-Streams nachbearbeiten

ADO-Recordset; *DOMDocument-, IXMLDOMNode,-, IXMLDOMAttribute*-Objekt; *createAttribute-, setNamedItem-, getNamedItem*-Methode;

Ein absolutes Novum von ADO ist die Möglichkeit zum Erzeugen ungebundener Recordsets, d.h., eine Datenbank muss nicht in jedem Fall vorhanden sein. Das böse Erwachen folgt allerdings, wenn Sie versuchen, dieses Recordset an die Steuerelemente eines Formulars zu binden, denn ein sinnvolles Bearbeiten und Navigieren ist nicht möglich.

Die Lösung: Sie müssen per DOM direkt zusätzliche Attribute in die XML-Deklaration einfügen[1], damit Acces mit den XML-Daten des Recordsets sinnvoll umgehen kann.

Oberfläche

Erstellen Sie zunächst ein neues Formular und stellen Sie im Eigenschaftenblatt als *Standardansicht* den Wert *Endlosformular* ein. Außerdem werden drei *Befehlsschaltfläche*n benötigt (siehe Laufzeitansicht am Schluss).

---

[1] Wie gut, dass wir uns intensiv mit den XML-Grundlagen beschäftigt haben ...

14.6 Praxisbeispiele

Quelltext

> **HINWEIS:** Richten Sie Verweise auf die *Microsoft ActiveX Data Objects 2.x Library* und auf die *Microsoft XML*-Library (*msxml6.dll*) ein.

Beim Laden des Formulars wird ein ADO-Recordset-Objekt mit der gewünschten Struktur erzeugt und mit dem Formular verbunden:

```
Private rs As ADODB.Recordset
Private fName As String

Private Sub Form_Load()
  fName = CurrentProject.Path & "\Test.xml"
  Set rs = New Recordset
  rs.Fields.Append "Nachname", adBSTR
  rs.Fields.Append "Geburtsdatum", adDate
  rs.Fields.Append "Telefon", adInteger
  rs.Open
  Set Me.Recordset = changeRS(rs)     ' sonst kein Anbinden der Controls mit Editieren möglich!
  Text1.ControlSource = "Nachname"
  Text2.ControlSource = "Geburtsdatum"
  Text3.ControlSource = "Telefon"
End Sub
```

Die Funktion *changeRS* verwandelt das übergebene geöffnete ADO-Recordset in ein editierbares ADO-Recordset, welches direkt an ein Formular gebunden werden kann (für das Verständnis sind XML-Kenntnisse unabdingbar):

```
Public Function changeRS(rs1 As ADODB.Recordset) As ADODB.Recordset
Dim xd As New MSXML2.DOMDocument
Dim xn As MSXML2.IXMLDOMNode
Dim xa As MSXML2.IXMLDOMAttribute
```

Das übergebene ADO-Recordset wird zwecks Bearbeitung direkt in das XML-Dokument geladen:

```
  rs1.Save xd, adPersistXML
```

Das XML-Dokument wird bearbeitet (alle Knoten durchlaufen, Attribute setzen):

```
  For Each xn In xd.getElementsByTagName("s:AttributeType")
    Set xa = xd.createAttribute("rs:basetable")
    xa.Value = "T"
    xn.Attributes.setNamedItem xa
    Set xa = xd.createAttribute("rs:basecolumn")
    xa.Value = xn.Attributes.getNamedItem("name").nodeValue
    xn.Attributes.setNamedItem xa
  Next xn
```

Rückgabe des neuen ADO-Recordsets (aus geändertem XML-Dokument laden):

```
  Set changeRS = New ADODB.Recordset
```

```
        changeRS.Open xd
End Function
```

Im Folgenden wird mittels *Open*-Methode eine Datei geöffnet und dem *Recordset*-Objekt zugewiesen. Ist die Datei noch nicht vorhanden (z.B. beim erstmaligen Programmstart), wird sie neu angelegt:

```
Private Sub Befehl1_Click()          ' Datei öffnen
    rs.Open fName
    Set Me.Recordset = rs
End Sub
```

Die *Save*-Methode erlaubt kein Überschreiben einer bereits vorhandenen Datei. Aus diesem Grund lässt sich leider das doch recht "brutale" *Kill* nicht vermeiden:

```
Private Sub Befehl2_Click()                    ' Datei speichern
    If FileExist(fName) Then Kill fName
    rs.Save fName, adPersistXML                ' Abspeichern im XML-Format
End Sub
```

Test

Nach dem erstmaligen Programmstart sollten Sie zunächst einige Datensätze hinzufügen. Nachdem Sie auf *Datei speichern* geklickt haben, werden Sie eine neue Datei *Test.xml* im Anwendungsverzeichnis entdecken. Nach Beenden von Access und erneutem Start können Sie die Anzeige der Datensätze wieder herstellen.

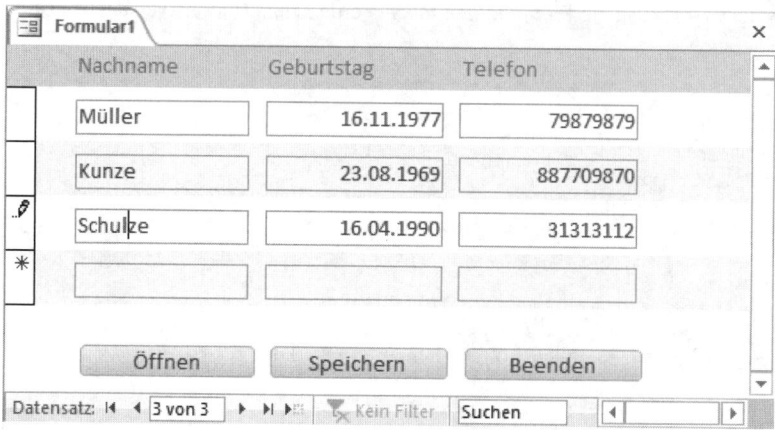

Bemerkungen

- Die gewählten Datentypen beschränken die Eingabe (z.B. ist *Integer* bei Telefonnummern natürlich absolut praxisfremd, aber hier soll es nur um die Demonstration des Prinzips gehen)
- Die Möglichkeit, ein ADO-Recordset als Datei auf die Festplatte auszulagern, bietet sich natürlich nicht nur bei ungebundenen, sondern auch bei "echten" Recordsets an, was sicherlich für viele Anwendungszwecke interessant sein dürfte

14.6.7 Textdaten in XML-Dokumente umwandeln

Viele ältere Programme bieten einen Exportfunktion im Text- bzw. CSV-Format, bei dem die Daten in reinen Textdateien mit definierten Trennzeichen bzw. festen Spaltenbreiten gesichert werden. Jeder Datensatz wird in einer eigenen Zeile abgelegt.

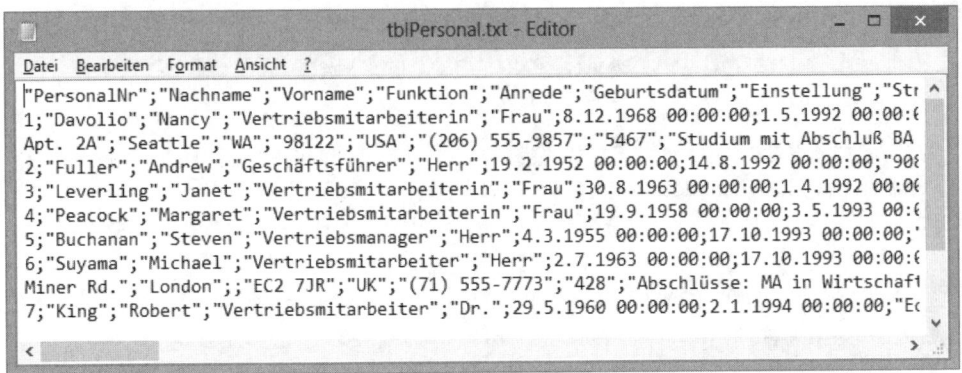

Wir wollen eine Routine entwickeln, mit der diese Daten geladen und automatisch in einer selbstbeschreibenden XML-Datei gesichert werden.

Quelltext

Zunächst zwei Hilfsfunktionen, die den Pfad und den Namen einer Datei aus der kompletten Pfadangabe extrahieren:

```
Private Function GetPath(ByVal filename As String) As String
Dim i As Integer
   For i = Len(filename) To 1 Step -1
     If Mid$(filename, i, 1) = "\" Then
        GetPath = Left$(filename, i)
        Exit For
     End If
   Next
End Function

Private Function GetFileName(ByVal filename As String) As String
Dim i As Integer
   For i = Len(filename) To 1 Step -1
     If Mid$(filename, i, 1) = "\" Then
        GetFilename = Right$(filename, Len(filename) - i)
        Exit For
     End If
   Next
End Function
```

Hier die eigentliche Konvertierungsfunktion:

```
Sub Convert_TXT_XML(sTXT As String, sXML As String)
Dim conn As ADODB.Connection
Dim rs As ADODB.Recordset
```

Eine ADO-Connection erstellen, um die Textdatei einzulesen:

```
Set conn = New ADODB.Connection
conn.Open "Provider=Microsoft.Jet.OLEDB.4.0; Data Source=" & GetPath(sTXT) & ";" & _
    "Extended Properties='text'"
```

Ein Recordset erzeugen und Einlesen der Daten aus der Textdatei:

```
Set rs = New ADODB.Recordset
rs.Open "SELECT * FROM [" & GetFilename(sTXT) & "]", conn, adOpenStatic, adLockReadOnly, _
    adCmdText
```

Eventuell vorhandene Ausgabedatei löschen:

```
On Error Resume Next
Kill sXML
```

Speichern der Recordsetdaten im XML-Format:

```
rs.Save sXML, adPersistXML
rs.Close
End Sub
```

Test

Zum Testen können Sie die folgende Routine verwenden:

```
Sub Testen_Convert_TXT_XML()
    Convert_TXT_XML CurrentProject.Path & "\tblPersonal.txt", CurrentProject.Path & _
        "\XML_tblPersonal.xml"
End Sub
```

Die erzeugten XML-Daten:

```
<?xml version="1.0"?>
<xml xmlns:z="#RowsetSchema" xmlns:rs="urn:schemas-microsoft-com:rowset" xmlns:dt="uuid:C2F41010-65B3-11d1-
A29F-00AA00C14882" xmlns:s="uuid:BDC6E3F0-6DA3-11d1-A2A3-00AA00C14882">
    <s:Schema id="RowsetSchema">
    <rs:data>
        <z:row Monatsgehalt="4550,65 Ç" Bemerkungen="Studium mit Abschlu■ BA in Psychologie an der Colorado State
            University. Kurs "The Art of the Cold Call." Mitglied des Clubs "Toastmasters International"."
            DurchwahlBuero="5467" TelefonPrivat="(206) 555-9857" Land="USA" PLZ="98122" Region="WA" Ort="Seattle"
            Strasse="507 - 20th Ave. E. Apt. 2A" Einstellung="1.5.1992 00:00:00" Geburtsdatum="8.12.1968 00:00:00"
            Anrede="Frau" Funktion="Vertriebsmitarbeiterin" Vorname="Nancy" Nachname="Davolio" PersonalNr="1"/>
        <z:row Monatsgehalt="5726,00 Ç" Bemerkungen="Studium der Betriebswirtschaft an der University of Dallas;
            Doktorarbeit ³ber Internationales Marketing. Andrew spricht flie■end Franz÷sisch und Italienisch. Er
            versteht Deutsch und liest deutsche Zeitungen und Zeitschriften. Eintritt in die Firma als Ver"
            DurchwahlBuero="3457" TelefonPrivat="(206) 555-9482" Land="USA" PLZ="98401" Region="WA" Ort="Tacoma"
            Strasse="908 W. Capital Way" Einstellung="14.8.1992 00:00:00" Geburtsdatum="19.2.1952 00:00:00"
            Anrede="Herr" Funktion="Geschäftsf³hrer" Vorname="Andrew" Nachname="Fuller" PersonalNr="2"/>
        <z:row Monatsgehalt="3745,78 Ç" Bemerkungen="Studium mit Abschlu■ BS in Chemie vom Boston College. Sie
            hat dort au■erdem an dem Kurs "Betriebsf³hrung und -organisation im Lebensmittel-Einzelhandel"
            teilgenommen. Eintritt in die Firma als Verkaufsassistentin. Sie wurde zur Verkaufsrepräsentantin bef÷"
            DurchwahlBuero="3355" TelefonPrivat="(206) 555-3412" Land="USA" PLZ="98033" Region="WA" Ort="Kirkland"
            Strasse="722 Moss Bay Blvd." Einstellung="1.4.1992 00:00:00" Geburtsdatum="30.8.1963 00:00:00"
            Anrede="Frau" Funktion="Vertriebsmitarbeiterin" Vorname="Janet" Nachname="Leverling" PersonalNr="3"/>
```

Kapitel 15

SQL im Einsatz

Dieses Kapitel beschäftigt sich eingehend mit der Sprache SQL (*Structured Query Language*), der im Zusammenhang mit der Entwicklung von Access-Anwendungen eine zentrale Rolle zukommt. Der Einsteiger, der sich bis hierher durchgekämpft hat, sei beruhigt:

- Für die Programmierung mit SQL werden (fast) keinerlei Vorkenntnisse benötigt!
- Alles kann mit dem in den Begleitdateien beigefügten SQL-Trainingsprogramm sofort ausprobiert werden!

Bereits mit wenigen SQL-Anweisungen können Sie eine Vielzahl praktischer Probleme lösen, sodass sich erste Erfolgserlebnisse rasch einstellen werden.

15.1 Einführung

Der SQL-Sprachumfang ist recht überschaubar und vom Aufbau her logisch, mit nur wenigen Befehlen können Sie bereits eine kleine Datenbankabfrage erstellen.

BEISPIEL: Alle Daten der Tabelle *Personal* werden ausgewählt und nach dem Namen geordnet.

```
SELECT
    *
FROM
    Personal
ORDER BY
    Nachname
```

Kann man bereits jetzt verstehen – oder?

SQL bzw. der Vorgänger SEQUEL wurde in den 70er-Jahren bei IBM entwickelt. Mittlerweile ist die Sprache als ANSI-SQL standardisiert, was jedoch nicht ausschließt, dass verschiedene Hersteller eigene Erweiterungen vorgenommen haben. Access-SQL orientiert sich ebenfalls am ANSI-Standard, einige Anweisungen wurden jedoch nicht oder in veränderter Form übernommen. Auf die Besonderheiten von Access/Jet SQL wird am Ende dieses Kapitels eingegangen. Dort finden Sie ebenfalls Alternativen für die nicht implementierten ANSI-SQL-Befehle.

15.1.1 SQL-Dialekte

Die Sprache SQL wird im Allgemeinen dazu verwendet, Daten von einem SQL-Server abzufragen. Dieser Server definiert die Syntax der SQL-Anweisungen. Bei Access bzw. Jet handelt es sich zwar nicht um SQL Server, trotzdem wird ein eigener SQL-Interpreter bereitgestellt. In diesem Zusammenhang wird auch die Bedeutung des Begriffs "SQL Pass-Through" klar: Verwenden Sie diese Option, wird der SQL-String direkt an den jeweiligen SQL Server (z.B. MS SQL Server) gesendet und dort ausgewertet. Gegebenenfalls werden Datensätze zurückgegeben.

> **HINWEIS:** Jet-SQL-Befehle sind gegenüber den SQL-Server-Befehlen in Art und Anzahl eingeschränkt. Beispielsweise können Sie keine Access-Datenbank mittels SQL (CREATE DATABASE) erzeugen.

15.1.2 Kategorien von SQL-Anweisungen

SQL-Befehle werden in folgende (mehr oder weniger sinnvolle) Gruppen eingeteilt:

- Datendefinition (DDL)
- Datenabfrage (DQL)
- Datenmanipulation (DML)
- Zugriffskontrolle

> **HINWEIS:** Sie sollten jedoch die obige Einteilung nicht allzu ernst nehmen, teilweise sind Datenmanipulationsbefehle nur im Zusammenhang mit einer vorhergehenden Datenabfrage möglich.

Datendefinition

Mit DDL-Anweisungen (*Data Definition Language*) können Sie die diversen Datenbankobjekte erzeugen und verändern. So erstellen Sie beispielsweise Datenbanken, Tabellen, Indizes oder auch Abfragen (Views).

Gleichzeitig sind auch Möglichkeiten zum nachträglichen Verändern (z.B. Hinzufügen von Spalten) und zum Löschen der erstellten Objekte vorhanden.

BEISPIEL: Diverse DDL-Befehle

```
CREATE DATABASE ...
CREATE TABLE ...
CREATE INDEX ...
CREATE VIEW ...
ALTER TABLE ...
DROP TABLE ...
```

Datenabfrage

Der wohl wichtigste Teil der SQL-Anweisungen ist die DQL (*Data Query Language*), bei der aus einer Menge von Tabellen und Datensätzen eine Ergebnismenge gebildet wird. Dabei lassen sich zum einen Zusammenhänge zwischen einzelnen Tabellen herstellen, zum anderen kann das Ergebnis auch in Art und Anzahl eingeschränkt werden. Sie können weiterhin auch Berechnungen in Datenmengen durchführen.

Alle diese Aufgaben übernimmt die SELECT-Anweisung, die jedoch mit einer Unmenge an Parametern und Optionen ausgestattet ist.

BEISPIEL: Ein kleiner Vorgeschmack, wie komplex[1] eine einzige SELECT-Anweisung sein kann.

```
SELECT
    Bestellungen.Empfaenger, Bestellungen.Strasse, Bestellungen.Ort,
    Bestellungen.PLZ, Bestellungen.KundenCode, Bestellungen.BestellNr,
    Bestellungen.Bestelldatum, Kunden.Firma, Kunden.Strasse, Kunden.Ort,
    Kunden.PLZ, Bestelldetails.ArtikelNr, Bestelldetails.Einzelpreis,
    Bestelldetails.Anzahl, Artikel.Artikelname
FROM
    Kunden
INNER JOIN (Bestellungen
    INNER JOIN (Artikel
        INNER JOIN Bestelldetails
        ON Artikel.ArtikelNr = Bestelldetails.ArtikelNr)
    ON Bestellungen.BestellNr = Bestelldetails.BestellNr)
ON Kunden.KundenCode = Bestellungen.KundenCode
```

HINWEIS: Im vorliegenden Kapitel haben wir aus Gründen der Übersichtlichkeit und besseren Lesbarkeit die SQL-Anweisungen strukturiert (siehe obiges Beispiel). Zeilenumbrüche und Leerzeichen werden vom SQL-Parser ignoriert und haben keinen Einfluss auf die Ausführbarkeit.

Datenmanipulation

Über DML-Befehle (*Data Manipulation Language*) lassen sich Datensätze löschen, verändern, anfügen etc. Auswahlabfragen liefern dazu die Datenmenge aus einer oder mehreren Tabellen, die unter bestimmten Voraussetzungen bearbeitet werden kann.

BEISPIEL: DML-Befehle

```
UPDATE ...
INSERT ...
SELECT INTO ...
```

---

[1] Es handelt sich hier um ein relativ einfaches Beispiel.

Zugriffskontrolle

Schließlich stehen Ihnen in SQL natürlich auch Anweisungen für die Zugriffskontrolle innerhalb der Datenbank zur Verfügung. Angefangen beim Erstellen von Nutzern und Gruppen können Sie diesen auch Rechte an einzelnen Datenbankobjekten zuweisen bzw. entziehen.

BEISPIEL: Befehle für die Zugriffskontrolle

```
CREATE USER ...
ALTER PASSWORD ...
GRAND ...
REVOKE ...
```

15.2 Etwas (Datenbank-)Theorie

Obwohl dieses Kapitel direkt auf die Praxis zielt, soll damit keinesfalls der Eindruck erweckt werden, dass ein Datenbankprogrammierer ganz ohne trockene Theorie auskommt. Auch in unserem Buch können wir nicht ganz darauf verzichten. In diesem Abschnitt sollen deshalb die übergreifenden (allgemeinen) Begriffe und Konzepte Relationaler Datenbanken in gebotener Kürze erörtert werden.

15.2.1 Allgemeines/Begriffe

Tabelle

Die folgende Abbildung soll einige grundlegende Begriffe klären:

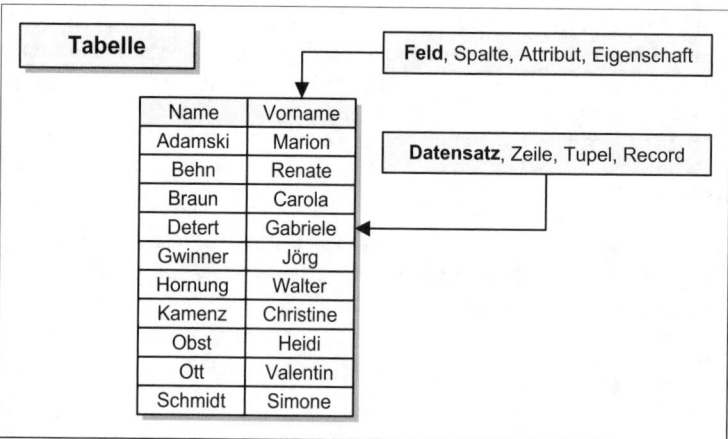

Eine Tabelle beschreibt Objekte der realen Welt, die Tabellenspalten nehmen die einzelnen Eigenschaften (Attribute) dieses Objekts auf. Nach dem relationalen Modell besteht eine Tabelle aus beliebig vielen Zeilen (Datensätzen), aber einer festen Anzahl von Spalten, deren Anzahl sich nicht ändern darf. Trotzdem erlaubt Microsoft Access das nachträgliche Hinzufügen bzw. Entfernen von

15.2 Etwas (Datenbank-)Theorie

Spalten. Dies ist insofern kein Verstoß gegen das relationale Modell, weil dadurch vom Prinzip her eine andere (also neue) Tabelle entsteht.

Index

Normalerweise sind die Datensätze einer Tabelle ungeordnet, d.h., neue Datensätze werden jeweils an das Ende der bestehenden Tabelle angehängt. Möchten Sie die Tabelle nach einem bestimmten Kriterium sortieren bzw. einen bestimmten Eintrag suchen, müssen alle vorhandenen Datensätze durchlaufen werden. Dass dieses Vorgehen recht langsam ist, dürfte einleuchten. Besser ist die Verwendung so genannter Indizes, die für ein oder auch mehrere Felder einer Tabelle angelegt werden können. In einer Index-Tabelle wird lediglich die Position des Datensatzes innerhalb der indizierten Tabelle gespeichert. Die Index-Tabelle selbst ist natürlich sortiert (entweder in aufsteigender Folge A ... Z oder in absteigender Folge Z ... A).

Die folgende Abbildung verdeutlicht die interne Verwendung von Indizes. In einer Tabelle *Personal* sollen die Datensätze nach dem Namen sortiert werden. Das Datenbanksystem legt dazu eine neue Tabelle mit Verweisen auf jeden Datensatz in der Tabelle *Personal* an. Diese Verweise sind so sortiert, dass die Spalte *Name* in geordneter Folge ausgegeben werden kann.

Bei der Ausgabe der Tabelle brauchen die Datensätze nur noch in der vom Index vorgegebenen Reihenfolge ausgelesen zu werden.

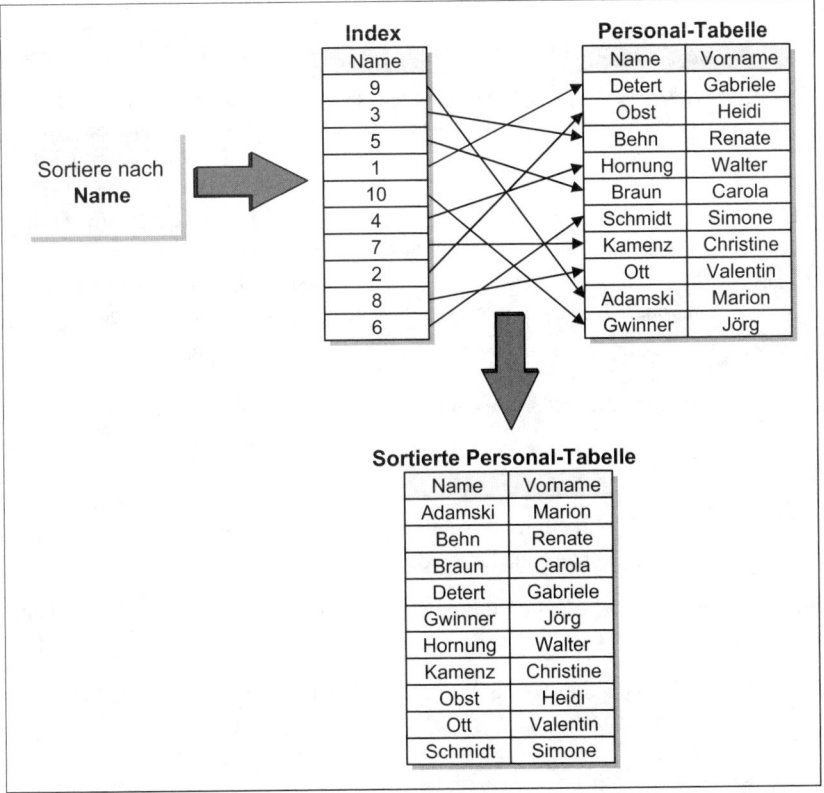

Auch die Suche nach einem bestimmten Datensatz gestaltet sich wesentlich einfacher. Ist man beispielsweise am Namen "Obst" interessiert, kann nach statistischen Gesichtspunkten im letzten Drittel der *Index*-Tabelle gesucht werden (nach Alphabet). Dazu wird ein passender Datensatz aus der *Personal*- Tabelle gelesen. Je nachdem, ob der gefundene Name vor oder hinter dem gesuchten Namen steht, werden einfach über die *Index*-Tabelle weitere Intervall-Schachtelungen vorgenommen, bis der Name gefunden ist. Das hört sich zwar kompliziert an, verringert den Suchaufwand aber wesentlich.

Den genannten Vorzügen einer Indizierung stehen folgende Nachteile gegenüber:

- Das Einfügen von Datensätzen erfordert nicht nur die Änderung der Tabelle, sondern auch die Änderung aller vorhandenen Indizes. Dies kann unter Umständen die Bearbeitung verzögern.
- Ist die Indexeigenschaft auf *Unique* (eindeutig) festgelegt, muss Access beim Einfügen alle vorhandenen Datensätze auf Eindeutigkeit überprüfen.
- Jeder Index stellt eigentlich eine redundante (überflüssige) Information dar, d.h., es wird zusätzlicher Plattenspeicher benötigt.
- Wenn ein Feld viele identische Werte enthält, werden Abfragen durch einen Index nur unwesentlich beschleunigt.

Microsoft Access unterscheidet zwischen mehreren Indextypen, die Sie der folgenden Tabelle entnehmen können.

Typ	Beschreibung
Hauptindex (Primary Index)	Pro Tabelle ist nur ein Hauptindex zulässig. Felder, die zum Hauptindex gehören, können keine NULL-Werte enthalten. Die Einträge in den indizierten Spalten müssen eindeutig sein, d.h., die gleichen Werte dürfen nicht mehrfach auftreten. Hauptindex-Felder werden meist als Fremdschlüssel für Relationen verwendet.
Index mit Duplikaten	Das ist dann der Standard-Index, wenn auch doppelte Einträge möglich sind. Diese Art von Indizes wird im Allgemeinen zum Sortieren verwendet.
Index ohne Duplikate (Unique Index)	Sollen doppelte Einträge in einer Spalte verhindert werden, verwenden Sie einen eindeutigen Index. Mit jedem Eintrag wird die Zeile eindeutig beschrieben.
Zusammengesetzter Index	Wird häufig nach zwei Kriterien gesucht oder sortiert, empfiehlt es sich, einen zusammengesetzten Index anzulegen. Dies könnte beispielsweise eine Kombination aus Name und Vorname sein.

Schlüssel

Werden zwei Tabellen miteinander verknüpft, müssen so genannte "Schlüssel" (Keys) verwendet werden, wobei zwischen zwei Typen unterschieden wird:

- **Primärschlüssel** (ein oder mehr Felder, die jeden Datensatz einer Tabelle eindeutig kennzeichnen)
- **Fremdschlüssel** (ein Tabellenfeld, das auf den Primärschlüssel einer anderen Tabelle verweist)

15.2 Etwas (Datenbank-)Theorie

Die folgende Abbildung zeigt an einem Beispiel die Verwendung von Fremd- und Primärschlüssel. Statt in der Tabelle *Bestellungen* jeden einzelnen Artikel mit Name und Preis abzulegen, wird einfach die Artikelnummer (Primärschlüssel der Artikel-Tabelle) gespeichert. Das dafür verantwortliche Feld wird als Fremdschlüsselfeld bezeichnet.

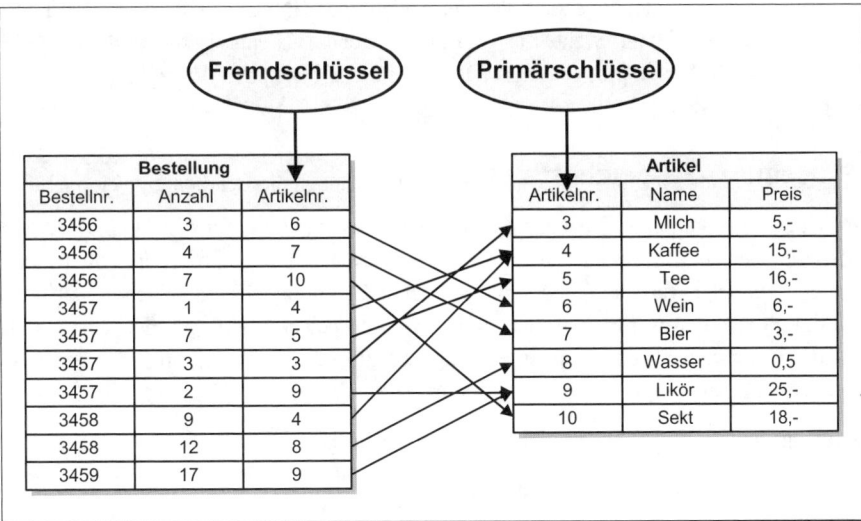

Weiterhin unterscheiden wir zwischen folgenden Arten von Schlüsseln:

- **Einfacher Schlüssel** Für die eindeutige Kennzeichnung eines Artikels in obiger Tabelle genügt das Feld *Name* sicherlich nicht, kann es doch auch zwei Artikel mit gleichem Namen geben. In anderen Fällen könnten Sie jedoch ein einzelnes Feld (z.B. Ausweisnummer) als Primärschlüssel verwenden.

- **Zusammengesetzter Schlüssel** Ein Primärschlüssel kann auch aus mehr als nur einem Feld bestehen. Beispielsweise lassen sich Artikelname und Artikelpreis dazu verwenden, einen Primärschlüssel zu erzeugen. Allerdings besteht immer noch die Gefahr, dass der Schlüssel nicht jeden Datensatz eindeutig kennzeichnet.

- **Künstlicher Schlüssel** Diesen Typ haben Sie bereits kennen gelernt, es wird einfach ein eindeutiger numerischer Wert (z.B. ein Zählerfeld) als Primärschlüssel verwendet. Unter der Bedingung, dass sich die Zahlen auf keinen Fall wiederholen (Wertebereich beachten!), können Sie davon ausgehen, dass jeder Artikel eindeutig gekennzeichnet ist.

Was für den Computer von Vorteil ist, eine Zahl kann mit wenigen Byte gespeichert werden, ist für den Bediener weniger günstig (was sagt schon die Zahl 1120?). Für die Ausgabe muss also die Zahl durch Namen bzw. Daten des Mitarbeiters ersetzt werden.

HINWEIS: Der Datentyp des Fremdschlüssels muss mit dem Datentyp des Primärschlüssels übereinstimmen.

Ansichten (Views)

Eine Ansicht (englisch View) ist die logische Repräsentation von Daten, die realen Tabellen oder anderen Ansichten entnommen werden. In der Datenbank wird keine neue Tabelle angelegt, sondern lediglich die entsprechende SQL-Abfrage gespeichert. Ansichten können unter bestimmten Umständen wie normale Tabellen behandelt werden. Änderungen (INSERT, UPDATE, DELETE) sind allerdings nur dann zulässig, wenn die zugrunde liegende Datenbasis dies zulässt (keine berechneten Felder, keine Verknüpfungen etc.). Die von Access bekannten Abfragen entsprechen im Wesentlichen einer Ansicht (View).

Stored Procedure/Gespeicherte Prozedur

Was für ein Access-Programm die Prozeduren und Funktionen sind, sind für den SQL Server die Stored Procedures. Genau wie Visual Basic-Prozeduren verfügen Stored Procedures über einen Deklarationsteil (Parameter, Variablen) und den eigentlichen Programmteil. Der wesentliche Unterschied: Derartige Prozeduren werden auf dem SQL Server gespeichert und auch dort ausgeführt. Die Client-Anwendung kann Parameter übergeben und erhält nach der Ausführung Daten zurückgeliefert. Zwei Grundtypen von Stored Procedures müssen Sie unterscheiden:

- Prozeduren, die lediglich Werte über die Parameter zurückgeben
- Prozeduren, die Ergebnismengen erzeugen (SELECT)

Leider wurde der Begriff etwas verwässert, seit man mit ADOX auch Stored Procedures in Access-Datenbanken erzeugen kann. Lassen Sie sich nicht täuschen, es handelt sich immer nur um (Parameter-)Abfragen, die auf einer SQL-Anweisung beruhen.

Trigger

Mit den Triggern treffen wir auf eine "Unterart" der Stored Procedures. Quasi wie die Events in Access-Programmen können Sie Trigger dazu einsetzen, auf bestimmte Ereignisse (INSERT, UPDATE, DELETE) zu reagieren.

Der Grundaufbau eines Triggers orientiert sich an den Stored Procedures. Sie haben jedoch keine Möglichkeit, zusätzliche Parameter zu definieren, da der Trigger durch den SQL Server gestartet wird. Die Definition von Variablen ist hingegen problemlos möglich. Trigger sind im Unterschied zu einer Stored Procedure immer an eine Tabelle gebunden.

Beachten Sie, dass zum Beispiel bei einem DELETE der Trigger nur einmal für alle zu löschenden Datensätze aufgerufen wird! Zur Verwaltung dieser Datenmenge stehen Ihnen innerhalb des Triggers die virtuellen Tabellen *deleted* und *inserted* zur Verfügung[1].

NULL-Value

Mit NULL-Werten werden undefinierte Feldeinträge bezeichnet, z.B. wenn nichts eingetragen wurde. Verwechseln Sie NULL-Werte niemals mit der numerischen Null (0) bzw. einem Leerstring ("")!

---

[1] Gilt für Microsoft SQL Server, andere SQL Server verwenden beispielsweise *old* und *new*.

15.2 Etwas (Datenbank-)Theorie

Ein NULL-Wert wäre beispielsweise eine fehlende Faxnummer in einem Adressbuch, denn nicht jeder hat ein Faxgerät bzw. die Faxnummer könnte unbekannt sein.

HINWEIS: In Feldern, die Sie als *Primary Index* verwenden, sind NULL-Werte unzulässig. Sollen trotzdem NULL-Werte erlaubt sein, verwenden Sie einen eindeutigen Index.

In diesem Zusammenhang sei noch auf die *Required*-Eigenschaft (Eingabe erforderlich) von Tabellenfeldern hingewiesen, mit der Sie die Eingabe von NULL-Werten kategorisch unterbinden können. Bei numerischen Feldern bietet sich unter bestimmten Umständen auch die Vergabe eines Defaultwertes (0) an.

Cursor und Recordset

Auf diese Begriffe sind Sie in den Kapiteln 7 (DAO) oder 8 (ADO) sicherlich besonders häufig gestoßen. Bei einem *Cursor* handelt es sich aber keinesfalls um einen "Datensatzzeiger", wie oft fälschlich angenommen wird, weil es der Name so suggeriert:

HINWEIS: *Cursor* ist ein von "*Cur*rent *S*et *o*f *R*ecords" abgeleitetes Kürzel, also die "aktuelle Datensatzmenge".

Viele SQL-Anweisungen (SELECT) liefern einen *Cursor* zurück, d.h. eine bestimmte Anzahl von Datensätzen, also ein *Recordset*. Bei einem so genannten *serverseitigen Cursor* bleibt das *Recordset* auf dem SQL Server liegen, bei einem *clientseitigen Cursor* wird es an das Frontend übertragen.

15.2.2 Normalisieren von Tabellen

Zieht man die Tatsache in Betracht, dass die Lebensdauer der Stammdaten eines Unternehmens im Allgemeinen weit über die von Hard- und Software hinausgeht, können die aus einem dilettantischen Datenbankentwurf resultierenden Verluste gewaltig sein.

Die optimale Aufteilung einer relationalen Datenbank in mehrere Tabellen ist ein schrittweiser Prozess, der auch als *Normalisierung* bezeichnet wird. In diesem Kapitel werden wir eine "normalisierte" Datenbank verwenden, ohne uns über die zweckmäßige Aufteilung der Tabellen einen Kopf gemacht zu haben. Das hatte seinen guten Grund, denn ein effektiver Datenbankentwurf ist eine recht komplexe Angelegenheit und für den Einsteiger recht abstrakt und abschreckend. Manche betrachten das Ganze sogar mehr als Kunst denn als Wissenschaft. Das bedeutet, dass auch die Intuition eine größere Rolle dabei spielt.

Es gibt eine recht abstrakte "Theorie des Datenbankentwurfs", die allerdings Sache der Fachliteratur ist. In diesem Zusammenhang sei auf einen gewissen *E. F. Codd* verwiesen, der 1970 das Modell der relationalen Datenbank definierte und dafür zwölf Regeln aufstellte. Ziel dieses Abschnitts soll es lediglich sein, dem Einsteiger einen allgemeinen Überblick zu vermitteln, ohne ihn mit allzu vielen Details zu belästigen. Wir wollen das am praktischen Beispiel einer Firmen-Datenbank nachvollziehen, deren Ziel das Abspeichern von Rechnungsdaten ist.

Ausgangstabelle

Wir notieren zunächst einmal aus dem Stegreif eine erste Version einer Tabelle mit dem Namen *RECHNUNGEN*, in welche wir alle benötigten Informationen hineinpacken (Rechnungsdatum, Rechnungsbetrag, Kundennummer, Kundenname, Kundenort, Artikelnummer, Artikelname):

ReNr	ReDatum	ReBetrag	KuNr	KuName	KuOrt	ArtNr	ArtName
1	12.09.01	1.500	2	Müller	Berlin	2, 4, 11	Tisch, Stuhl, Lampe
2	15.10.01	950	5	Schultze	München	3	Sofa
3	17.01.02	1.025	1	Mayer	Hamburg	2, 4	Tisch, Stuhl

Aus Gründen der Übersichtlichkeit bleiben in unserem Beispiel diese Informationen auf das absolute Minimum reduziert (Artikelpreis und -anzahl fehlen zum Beispiel, könnten aber problemlos ergänzt werden).

Nach näherem Hinsehen sticht uns bereits ein gravierender Mangel ins Auge:

In den Feldern *ArtNr* und *ArtName* sind *mehrfache Merkmalswerte* eingetragen. Wenn ein Kunde viele Artikel kauft, passen diese möglicherweise nicht mehr alle in das dafür vorgesehene Feld. Wir müssen deshalb die Tabelle umstrukturieren, um die *Erste Normalform* zu erreichen.

Erste Normalform

Eine Tabelle hat dann die erste Normalform (1NF), wenn sie nur einfache Merkmalswerte enthält.

Durch einfaches Umgruppieren der Daten erreichen wir die 1NF:

ReNr	ReDatum	ReBetrag	KuNr	KuName	KuOrt	ArtNr	ArtName
1	12.09.01	1.500	2	Müller	Berlin	2	Tisch
1	12.09.01	1.500	2	Müller	Berlin	4	Stuhl
1	12.09.01	1.500	2	Müller	Berlin	11	Lampe
2	15.10.01	950	5	Schultze	München	3	Sofa
3	17.01.02	1.025	1	Mayer	Hamburg	2	Tisch
3	17.01.02	1.025	1	Mayer	Hamburg	4	Stuhl

Mit diesem Anblick sollten wir uns aber keinesfalls zufrieden geben, da die gleichen Daten (Adresse des Kunden, Artikelname) mehrfach abgespeichert sind, es liegen also viele überflüssige Informationen vor, man spricht von *Redundanz*. Abgesehen von der Speicherplatzverschwendung stellen Sie sich bitte vor, ein Kunde wechselt seinen Wohnort. Sie müssten dann möglicherweise sehr viele Datensätze ändern, und wehe, Sie haben dabei einen vergessen! Lasst uns also etwas gegen diese lästige Redundanz unternehmen.

Zweite Normalform

Eine Tabelle weist dann die zweite Normalform (2NF) auf, wenn sie sich in der 1NF befindet und wenn jedes Merkmal (außer dem Schlüssel) unmittelbar vom Schlüssel abhängt.

15.2 Etwas (Datenbank-)Theorie

Wie wir sehen, sind z.B. die Merkmale *KuNr*, *KuName*, *KuOrt*, *ArtNr* und *ArtName* vom Wert des Schlüssels (*ReNr*) unabhängig, sie widersprechen also der 2NF. Sie glauben es nicht? Dann überzeugen Sie sich bitte selbst davon, dass es zu jeder Rechnungsnummer nur ein bestimmtes Rechnungsdatum und einen bestimmten Rechnungsbetrag gibt. Der Inhalt der übrigen (unabhängigen) Felder wiederholt sich aber teilweise, da er mit der Rechnungsnummer nicht 1:1 gekoppelt ist.

Offenbar genügt eine einzige Tabelle nicht mehr, um die Forderungen der 2NF zu erfüllen. Wie wir im Folgenden sehen, erzwingt die 2NF die Aufteilung unserer Ausgangstabelle in mehrere Einzeltabellen (Entitäten), die bestimmten "Sachgebieten" entsprechen müssen.

Tabelle *Kunden*:

KuNr	KuName	KuOrt
1	Mayer	Hamburg
2	Müller	Berlin
5	Schultze	München

Tabelle *Rechnungen*:

ReNr	KuNr	ReDatum	ReBetrag
1	2	12.09.01	1.500
2	5	15.10.01	950
3	1	17.01.02	1.025

Tabelle *Artikel:*

ReNr	ArtNr	ArtName
1	2	Tisch
1	4	Stuhl
1	11	Lampe
2	3	Sofa
3	2	Tisch
3	4	Stuhl

So richtig können wir uns aber auch an diesen drei Tabellen nicht erfreuen, zumindest die *Artikel*-Tabelle erregt unseren Unmut. Nach längerem Hinsehen entdecken wir nämlich wieder untrügliche Spuren der vermaledeiten Redundanz: Der gleiche Artikelname taucht mehrfach auf! Der Entschluss "Ach, lassen wir das doch so stehen ..." kann schnell zum Albtraum werden: Haben Sie vielleicht Lust, jede Menge Einträge nachträglich zu korrigieren, nur wenn sich z.B. später die Bezeichnung "Tisch" in "Schreibtisch" ändern sollte? Also knöpfen wir uns wohl oder übel noch einmal die *Artikel*-Tabelle vor (die *Kunden*- und die *Rechnungen*-Tabelle bleiben unverändert).

Dritte Normalform

Die dritte Normalform (3NF) einer Tabelle liegt dann vor, wenn sie sich in der 2NF befindet und wenn ihre Merkmale (außer Schlüssel) untereinander unabhängig sind, d.h., es dürfen keine transitiven Abhängigkeiten bestehen.

Dem Sinn dieser Definition kommt man erst nach längerem Grübeln auf die Spur. Was versteht man unter "transitiven Abhängigkeiten"? Aber halt, zäumen wir doch besser das Pferd von hinten auf und betrachten wir erst einmal ein Gegenbeispiel anhand der Tabelle *Kunden*, die offenbar über den Verdacht transitiver Abhängigkeiten völlig erhaben ist. In der Tat, der Kundenort ist nicht abhängig vom Kundennamen, denn der Kunde kann den Ort wechseln, oder es können mehrere Kunden im gleichen Ort wohnen. Etwas anders sieht es bei der *Artikel*-Tabelle aus. Der Name des Artikels ist fest an die Artikelnummer gekoppelt, mehrere Artikel dürfen nicht die gleiche Nummer haben, es besteht also eine transitive Abhängigkeit der Merkmale *ArtNr* und *ArtName*, die es zu beseitigen gilt. Dazu splitten wir die ursprüngliche *Artikel*-Tabelle in zwei Tabellen (*Rechnungsdaten* und *Artikel*) auf:

ReNr	ArtNr
1	2
1	4
1	11
2	3
3	2
3	4

Eine Tabelle, wie die obige, bezeichnet man auch als *Interselektionstabelle*.

ArtNr	ArtName
2	Tisch
4	Stuhl
3	Sofa
11	Lampe

Nunmehr besteht unsere Datenbank aus vier Tabellen (*Kunden*, *Rechnungen*, *Artikel*, *Rechnungsdaten*), die alle die dritte Normalform (3NF) aufweisen, die Datenbasis ist quasi normalisiert.

Zwar kennt die Theorie noch weitere Normalformen, aber dies ist eine Angelegenheit der Spezialliteratur. Für die überwiegende Mehrheit praktischer Einsatzfälle dürfte das Erreichen der 3NF ausreichend sein.

HINWEIS: Hüten Sie sich vor einem "Normalisierungswahn", der zu einer unüberschaubaren Vielzahl kleiner Tabellen (und der dafür erforderlichen künstlichen Schlüssel!) führen kann.

15.2 Etwas (Datenbank-)Theorie

Einen kleinen Vorgeschmack auf derlei Auswüchse vermittelt die *Rechnungsdaten*-Tabelle, die quasi nur noch aus Schlüsselverweisen (Fremdschlüssel) besteht und ansonsten keine echten Felder mehr enthält. Auch die Performance des Datenbanksystems (Antwortverhalten) leidet unter einer Übernormalisierung, die Fehleranfälligkeit wächst als Folge der Komplexität.

Angestrebtes Ziel des Normalisierungsprozesses sollte stets ein optimaler Kompromiss zwischen Systemleistung und Redundanzfreiheit sein. Leider liefern auch die zu vielen Datenbanksystemen mitgelieferten "Assistenten" in der Regel eine übernormalisierte Tabellenaufteilung. Verzichten Sie deshalb besser auf derlei "Bärendienste" und verlassen Sie sich lieber auf Ihren gesunden Menschenverstand!

Normalisierung nach dem Prinzip "Faule Sekretärin"

Wem das schrittweise Normalisieren der Tabellen einer Datenbank gar zu lästig ist, für den mag auch folgende rein pragmatische Vorgehensweise zu brauchbaren Resultaten führen: Versetzen Sie sich in die Rolle einer faulen, aber pfiffigen Sekretärin, die das Rechnungswesen der Firma mit einem System von Karteikästen verwalten soll.

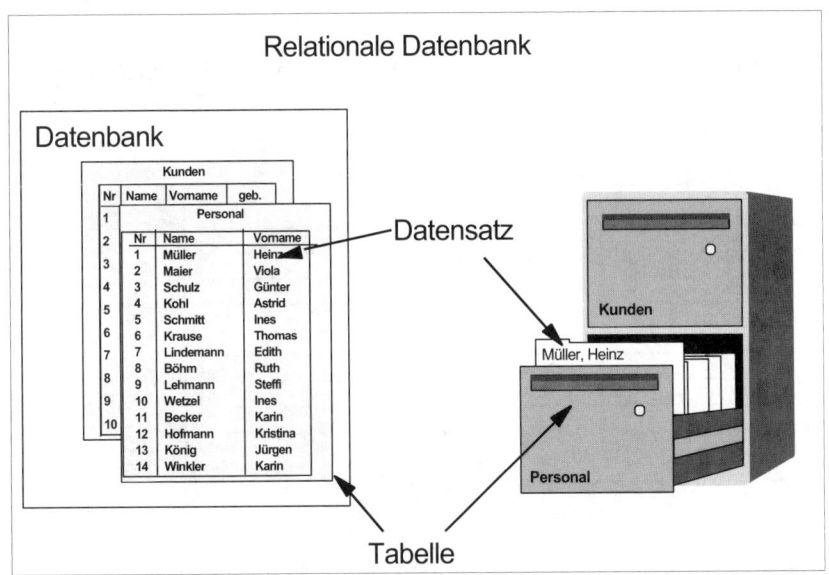

Sehr schnell wird die Sekretärin auf den Dreh kommen, dass es wenig Sinn und viel Arbeit macht, wenn sie nur einen einzigen Karteikasten (für jede Rechnung eine Karte) verwendet. Das Ändern der Anschrift eines einzigen Kunden oder die Preisänderung eines Artikels würde sie mit wachsendem Datenbestand zu immer mehr ungewollten Überstunden zwingen. Nach und nach wird sie zwangsläufig zunächst die Kunden und dann die Artikel in eigene Karteikästen auslagern und würde so – ohne Kenntnis der theoretischen Hintergründe – bis zur zweiten oder gar dritten Normalform vorstoßen!

15.2.3 Beziehungen zwischen den Tabellen

Dass Tabellen miteinander in Beziehung stehen können, ist für den Access-Kundigen nichts Neues (siehe auch vorhergehender Abschnitt). Im Folgenden erfahren Sie, welche Arten von Relationen unterschieden werden.

1:1-Beziehung

In einer 1:1-Beziehung existiert für jeden Datensatz in Tabelle 1 genau ein Datensatz in Tabelle 2. Theoretisch könnte diese Beziehung aufgelöst werden, denn die Daten aus Tabelle 2 lassen sich auch in Tabelle 1 speichern. Es gibt allerdings Fälle, in denen 1:1-Beziehungen sinnvoll sind:

- Sicherheitsaspekte (die vertraulichen Daten werden in einer separaten Tabelle gespeichert, auf die nicht jeder Zugriff hat)
- Performance (selten gebrauchte Daten werden in eine zweite Tabelle ausgelagert, die relevanten Daten befinden sich alle in nahe liegenden Sektoren)
- Einschränkungen (das Datenbanksystem stellt nicht genügend Tabellenspalten zur Verfügung, um alle Attribute in einer Tabelle zu speichern).

Damit nicht jeder Mitarbeiter, der auf Tabelle 1 zugreifen kann, erfährt, wie viel sein Kollege verdient bzw. wie oft er krank war, werden diese Informationen in einer zweiten Tabelle gespeichert, auf die nur einige auserwählte Mitarbeiter zugreifen können.

Tabelle 1		
Nr.	Name	Vorname
234	Naumann	Karin
235	Wetzel	Kurt
236	Hans	May
237	Otto	Werner
238	Specht	Dieter
239	Lehmann	Isolde
240	Mayer	Hans

Tabelle 2		
Nr.	Gehalt	Krankentage
234	5367,30	5
235	4341,10	7
236	2500,20	47
237	7000,00	3
238	1212,50	1
239	3465,10	0
240	4132,32	10

—1:1—

1:n-Beziehung

1:n-Beziehungen sind dadurch gekennzeichnet, dass zu einem Datensatz in Tabelle 1 beliebig viele Datensätze (0 ... n) in Tabelle 2 existieren können.

Umgekehrt gilt: Zu jedem Datensatz in Tabelle 2 gibt es genau einen Datensatz in Tabelle 1.

Wie Sie der folgenden Abbildung entnehmen können, arbeiten im Raum *A20* drei Personen, in Raum *A64* zwei Personen usw. Da diese Beziehung auch in SQL-Abfragen genutzt werden kann, ist es z.B. kein Problem, einen Raumbelegungsplan zu erstellen.

15.2 Etwas (Datenbank-)Theorie

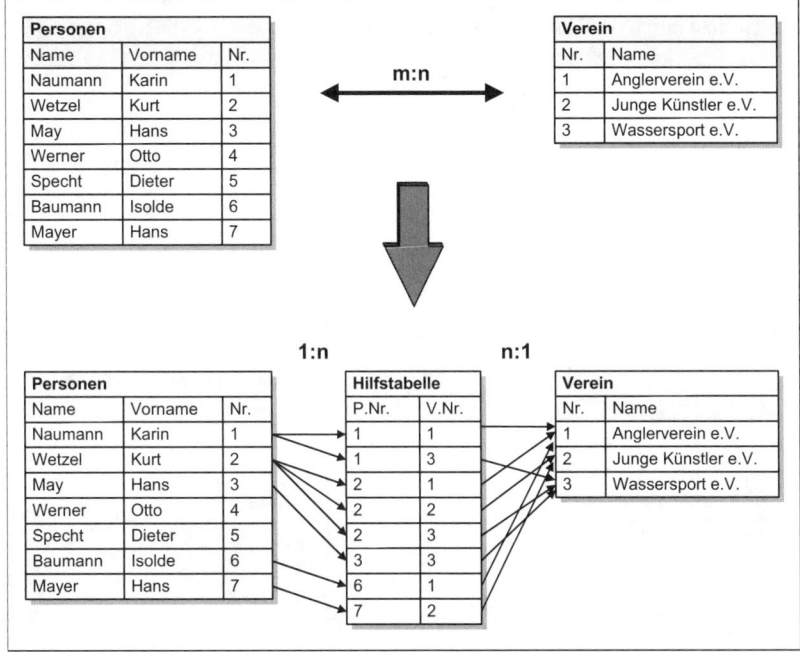

m:n-Beziehung

Als Beispiel für eine n:m-Beziehung soll die Mitgliedschaft von Personen in Vereinen herhalten. *N* Personen können Mitglied in *m* Vereinen sein. Allerdings genügen für die Darstellung dieser Beziehung nicht zwei Tabellen (Personen, Vereine), sondern es wird eine weitere Zwischentabelle benötigt, welche die n:m- Beziehung in zwei 1:n-Beziehungen überführt.

Wie Sie der obigen Abbildung entnehmen können, ist es problemlos möglich, dass ein und dieselbe Person Mitglied in beliebig vielen Vereinen sein kann.

Für jeden Verein eine eigene Tabelle mit der Mitgliederliste zu erstellen, dürfte keine gute Idee sein, ist doch eine zusammenhängende redundanzfreie Darstellung auf diese Weise illusorisch.

15.2.4 Verknüpfen von Tabellen

Für das grundlegende Verständnis der internen Abläufe in einer Datenbank ist es sinnvoll, auf einige Formen der Datenmanipulation einzugehen. Eine Access-Datenbank enthält im Allgemeinen mehrere Tabellen, die miteinander verknüpft sind oder die zueinander in Beziehung gesetzt werden. Die Datenbanktheorie unterscheidet einige Grundoperationen, die sich auch miteinander kombinieren lassen, um zum Beispiel eine Abfrage zu realisieren. Alle Operationen (außer der Projektion) finden in der einen oder anderen Form in den nächsten Abschnitten Verwendung.

Vereinigung

Voraussetzung für die Vereinigung von zwei (oder mehr) Tabellen ist eine identische Datenstruktur. Die resultierende Tabelle enthält die Datensätze aller Quelltabellen.

Ob in der resultierenden Tabelle doppelte Datensätze vorkommen, was ja theoretisch möglich wäre, hängt von der Tabellendefinition ab. Ist ein eindeutiger Schlüssel (*Unique Key*) definiert, werden doppelte Datensätze durch das Datenbanksystem verworfen.

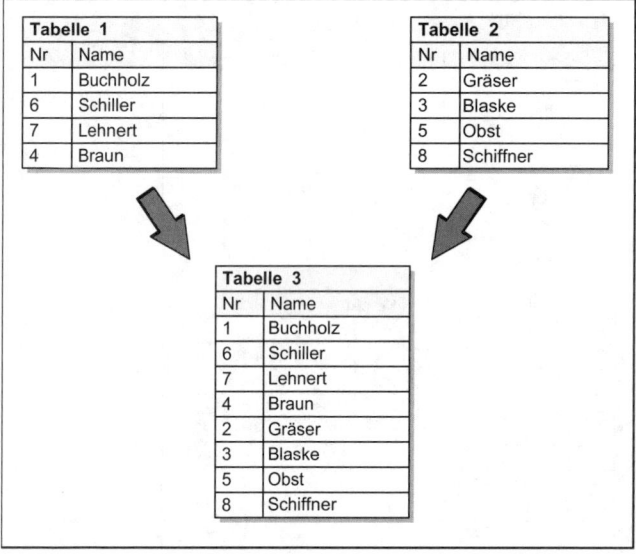

Beachten Sie diese Tatsache beim Import von Daten aus anderen Tabellen bzw. Datenbanken! Das Ergebnis der Vereinigung kann auch als OR-Verknüpfung bezeichnet werden (alle Datensätze, die in Tabelle 1 ODER Tabelle 2 enthalten sind).

HINWEIS: Die SQL-Umsetzung ist die UNION-Anweisung (siehe Seite 917).

Differenz

Wie auch bei der Vereinigung ist die Voraussetzung für eine Differenzbildung eine identische Satzstruktur der Tabellen. In Tabelle 3 werden die Datensätze, die in Tabelle 1 und Tabelle 2 enthalten sind, nicht übernommen.

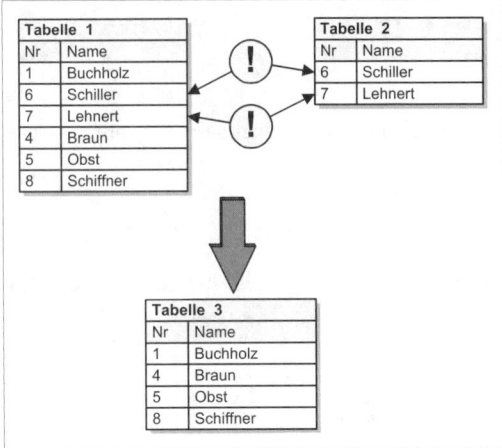

Selektion

Darunter ist die Auswahl von Datensätzen in Abhängigkeit von einer logischen Bedingung zu verstehen. Neben den folgenden Beispielen finden Sie weitere ab Seite 904 (SELECT).

Tabelle 1

Nr	Name	Vorname	Gehalt
1	Buchholz	Hans	3768,34 €
2	Gräser	Ilona	4977,77 €
3	Blaske	Fred	2874,56 €
4	Braun	Werner	6125,74 €
5	Obst	Maria	5231,81 €
6	Schiller	Friedrich	4381,62 €
7	Lehnert	Norbert	1345,99 €
8	Schiffner	Kerstin	2497,12 €

? Gehalt <= 2500

Tabelle 2

Nr	Name	Vorname	Gehalt
7	Lehnert	Norbert	1345,99 €
8	Schiffner	Kerstin	2497,12 €

? (Gehalt >= 3000) AND (Gehalt <5000)

Tabelle 3

Nr	Name	Vorname	Gehalt
1	Buchholz	Hans	3768,34 €
2	Gräser	Ilona	4977,77 €
6	Schiller	Friedrich	4381,62 €

Join

Über einen Join lassen sich Verknüpfungen zwischen verschiedenen Tabellen oder auch nur innerhalb einer einzigen Tabelle herstellen. Voraussetzung ist ein Feld, das in beiden Tabellen vorkommt und den gleichen Datentyp besitzt. Die Datenbanktheorie unterscheidet zwischen

- *Equi-Join*
- und *Outer-Join*.

In Access werden dafür die Bezeichnungen *Inner-* und *Left-* bzw. *Right-Join* verwendet. Eine spezielle Form ist der *Auto-Join*, bei dem mit zwei Kopien (Momentaufnahmen) einer Tabelle gearbeitet wird.

Equi-Join (Inner-Join)

Zu jedem Datensatz in Tabelle 1 existiert ein Datensatz in Tabelle 2. Die Datensätze werden über ein identisches Feld verknüpft.

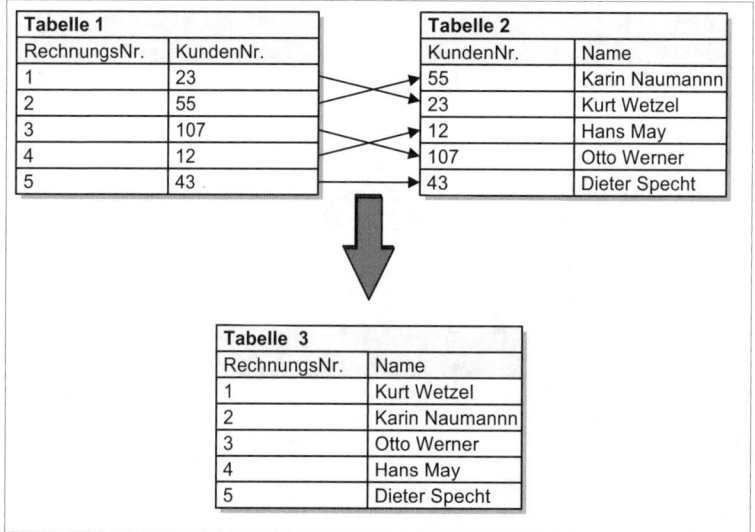

HINWEIS: Eine SQL-Umsetzung finden Sie ab Seite 914.

Outer-Join (Left-/Right-Join)

Nicht zu jedem Datensatz in Tabelle 1 existiert ein Datensatz in Tabelle 2. Fehlende Datensätze werden gegebenenfalls mit NULL-Werten aufgefüllt. Die Verknüpfung erfolgt ebenfalls über ein identisches Feld.

Gesucht werden alle Kunden sowie die entsprechenden Rechnungen (siehe folgende Abbildung). In Access-SQL entscheiden Sie mit der Verwendung von Left- bzw. Right-Join, welche Tabelle mit NULL-Werten aufgefüllt wird (siehe Seite 914).

15.2 Etwas (Datenbank-)Theorie

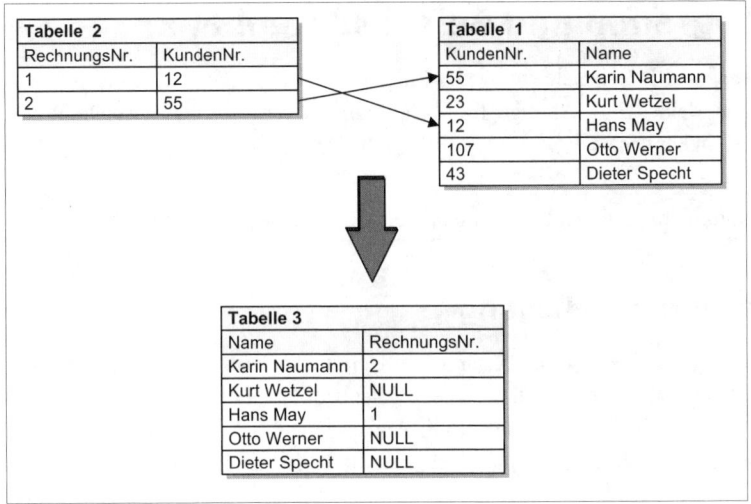

Auto-Join

Dabei handelt es sich um eine Abbildung der Tabelle auf sich selbst. Wie wir das im weiteren Verlauf des Kapitels noch genauer ergründen wollen, wird in diesem Fall mit zwei Momentaufnahmen einer Tabelle gearbeitet.

Gesucht werden die jeweiligen Vorgesetzten der einzelnen Mitarbeiter:

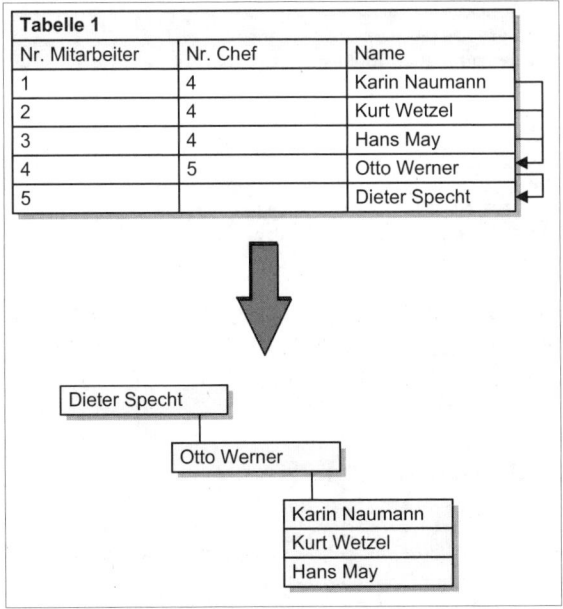

Nur "Dieter Specht" (der Glückliche!) hat keinen Vorgesetzten, folglich ist er der Chef (siehe dazu auch Seite 917).

15.3 Testprogramm und Beispieldatenbank

Damit Sie für die folgenden SQL-Beispiele nicht jedes Mal ein neues Programm schreiben müssen, ist den Begleitdateien ein kleines SQL-Abfrage-Tool beigefügt, mit dem Sie alle Beispiele in diesem Kapitel nachvollziehen können.

HINWEIS: Die Programmierung dieses Tools wird ab Seite 974 ausführlich vorgestellt.

15.3.1 Hinweise zur Bedienung

Das Programm selbst ist mit wenigen Worten beschrieben: Unmittelbar nach dem Öffnen des Formulars wird eine neue Connection zur aktuellen Access-Datenbank erzeugt und eine Transaktion gestartet. Nachfolgend können Sie damit beginnen, SQL-Anweisungen in die obere Textbox einzugeben. Ein Klick auf die Schaltfläche *SQL Ausführen* arbeitet die SQL-Anweisung ab.

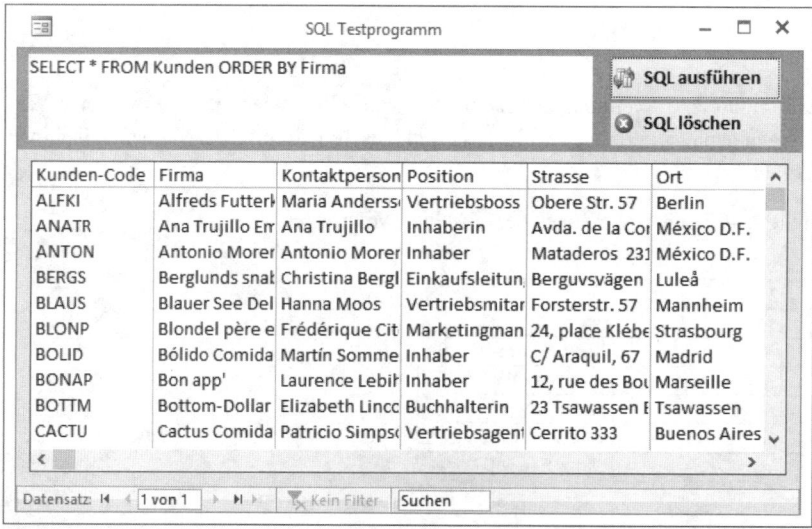

HINWEIS: Fast alle im Folgenden abgedruckten Beispiele sind sowohl für Access- als auch Microsoft SQL-Server-Datenbanken geeignet. Soweit Unterschiede (z.B. Datumsformat) bestehen, werden Sie entsprechend darauf hingewiesen.

15.3.2 Die Beispieldatenbank im Überblick

HINWEIS: Für alle folgenden Beispiele verwenden wir die Kapitel-Beispieldatenbank, eine abgerüstete und angepasste Version der alten *Nordwind*-Datenbank.

Um die ungeliebten und irritierenden eckigen Klammern in den SQL-Befehlen zu umgehen, wurden in der Datenbank alle Spalten, in deren Namen ein Bindestrich (-) vorkommt (*Kunden-Code,*

15.3 Testprogramm und Beispieldatenbank

Personal- Nr, ...) umbenannt in *KundenCode, PersonalNr, ...* Außerdem wurde der Spaltenbezeichner *Position* geändert in *Funktion*, um Verwechslungen mit dem gleichnamigen SQL-Wort auszuschließen.

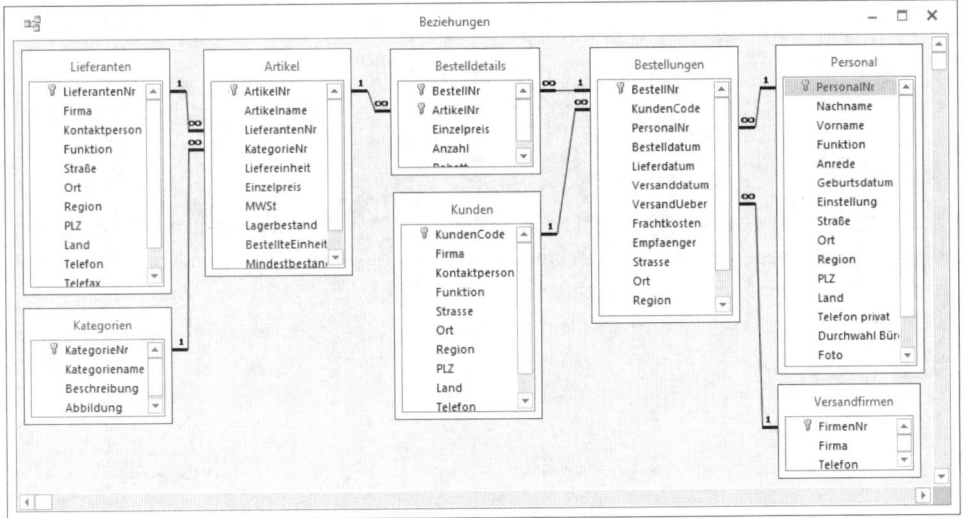

HINWEIS: Für Performance-Tests stehen Ihnen mit den Tabellen *TestDaten1* (ca. 40.000 Records) und *TestDaten2* (ca. 92.000 Records) zusätzlich ausreichend Datensätze zur Verfügung, um den Arbeitsspeicher zu füllen[1].

15.3.3 ADO Query

Wer ein einfach zu installierendes Abfrageprogramm sucht, wird in unseren Begleitdateien ebenfalls fündig. Die Anwendung *ADOQuery* (*\\ADO-Query\AdoQuery.exe*) können Sie direkt starten, auch wenn kein .NET-Framework oder Microsoft Office installiert ist. Voraussetzung ist lediglich eine aktuelle MDAC-Installation (ab Version 2.6) und natürlich Windows.

Unmittelbar nach dem Programmstart erscheint ein *Öffnen*-Dialog, mit welchem Sie die gewünschte Access-Datenbank herbeiklicken können.

Wenn Sie einen anderen Datenbanktyp wünschen, so wählen Sie *Abbrechen*. Es erscheint die Oberfläche des Programms und Sie klicken auf die *Connect*-Schaltfläche oben links. Wählen Sie den passenden Provider aus und tragen Sie danach den Namen der Datenbank ein. Einen speziellen Anmeldenamen benötigen Sie nicht, belassen Sie einfach die Voreinstellungen.

Nach dem erfolgreichen Öffnen der Datenbank werden Ihnen im Programm alle verfügbaren Tabellen und Abfragen angezeigt (Baumansicht links).

---

[1] Die Daten in der Tabelle *TestDaten2* sind aus rechtlichen Gründen verwürfelt, d.h., ein Zusammenhang zwischen den Spalten *Wort* und *Beschreibung* ist nicht mehr gegeben.

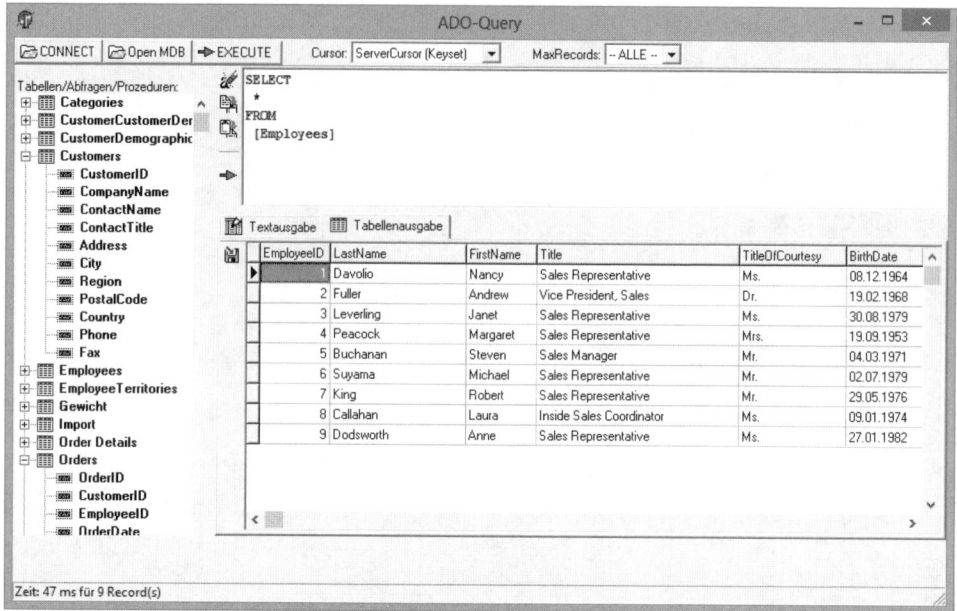

Einige Funktionen:

- Wählen Sie einen Tabellennamen aus bzw. öffnen Sie den Baumzweig, können Sie sich auch die zugehörigen Spaltennamen anzeigen lassen.

- Ziehen Sie einen Tabellennamen per Drag & Drop in das Editierfeld (rechts oben), wird automatisch eine entsprechende SQL-SELECT-Abfrage erzeugt und ausgeführt.

- Ziehen Sie einen Spaltennamen per Drag & Drop in das Editierfeld, wird der Bezeichner an der gewünschten Stelle eingefügt.

- Klicken Sie doppelt auf Einträge in den beiden Listenfelder am linken unteren Rand, werden die Bezeichner an der aktuellen Textcursorposition in das Editierfeld eingefügt.

- Über die Kombinationsfelder am oberen Fensterrand können Sie zum einen den Typ des ADO-Cursors einstellen (es handelt sich hier um ein ADO-Programm). Zum anderen können Sie die Anzahl der zurückgegebenen Datensätze einschränken (Achtung: funktioniert nicht mit Access-Datenbanken!).

- Neben der Ausgabe der Abfrageergebnisse in einer Tabelle können Sie diese auch in einem Memofeld anzeigen. Wechseln Sie einfach die Ansicht und führen Sie die Abfrage erneut aus.

15.3.4 Bemerkungen

Standardmäßig verwendet Microsoft Access den alten SQL Standard ANSI-89. Für eine einheitliche Darstellung der Kapitel-Beispiele und der besseren Kompatibilität zum SQL Server empfehlen wir Ihnen, über die Access-Optionen den neueren SQL Server-kompatiblen ANSI-Standard 92 zu aktivieren:

15.4 Daten abfragen

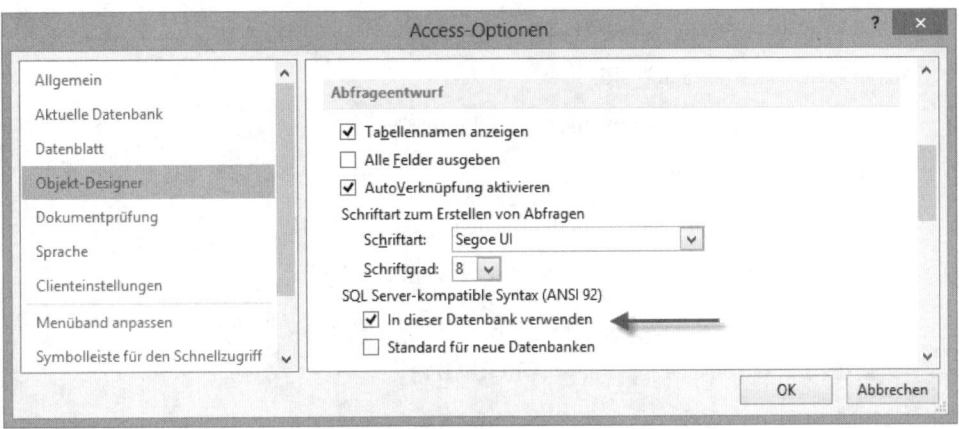

HINWEIS: Insbesondere bei der Verwendung von In Access-SQL entscheiden Sie mit der Verwendung von Left- bzw. Right-Join, welche Tabelle mit NULL-Werten aufgefüllt wird (siehe Seite 914). Platzhalterzeichen kommt es andernfalls unweigerlich zu Problemen, wenn Sie die Buchbeispiele mit Access-Abfragen nachvollziehen.

Noch eine kurze Bemerkung zur Schreibweise in diesem Kapitel:

- Wir werden uns im Weiteren mit der Microsoft JET-SQL-Syntax beschäftigen. Auf einige Abweichungen in Bezug auf Server-SQL wird im Kapitel 10 gesondert eingegangen.
- Die SQL-Befehlswörter werden sowohl im Text als auch in den Beispielen grundsätzlich groß geschrieben. Tabellennamen und Feldbezeichner erscheinen in Kleinbuchstaben, wobei ein Tabellenname mit einem Großbuchstaben beginnt. Diese Konventionen werden durch SQL zwar nicht zwingend vorgeschrieben, erhöhen aber die Übersicht.
- Eingefügte Zeilenumbrüche und zusätzliche Leerzeichen sind ohne Bedeutung.
- Anders verhält es sich mit Leer- oder Sonderzeichen in Tabellen bzw. Abfragenamen. Ist dies der Fall, müssen Sie den Objektnamen in eckige Klammern einfassen.

15.4 Daten abfragen

Das wichtigste Kriterium für eine Datenabfrage ist, dass diese Datensätze zurückliefert, die sich auch anzeigen lassen. Dass im Extremfall kein einziger Datensatz zurückgeliefert wird, weil bestimmte Bedingungen nicht eingehalten werden, widerspricht durchaus nicht obiger Aussage. In diesem Fall bleibt die Tabelle auf dem Bildschirm eben leer[1]. Das Ergebnis einer Datendefinitionsabfrage kann hingegen nur mit einer nachfolgenden Datenabfrage angezeigt werden.

---

[1] Die angeforderten Spalten mit den entsprechenden Datentypen werden jedoch zurückgegeben.

Stellen Sie sich eine Datenabfrage als Beantwortung der folgenden Fragen vor:

- Was soll dargestellt werden? (SELECT)
- Wie sollen die Werte angezeigt werden? (AS, Format ...)
- Woher kommen die Daten? (FROM)
- Unter welchen Bedingungen werden die Daten ausgewählt? (WHERE)
- Welcher Zusammenhang besteht zwischen den Daten? (JOIN)
- In welcher Reihenfolge sollen die Ergebnisse angezeigt werden? (ORDER BY)
- Handelt es sich um eine Gruppierung? (GROUP BY)

Für jede dieser Fragen findet sich eine passende SQL-Lösung, die wir Ihnen in den folgenden Abschnitten vorstellen möchten.

15.4.1 Abfragen mit SELECT

Grundlage jeder Abfrage ist der SELECT-Befehl. Mit SELECT wählen Sie Datenfelder, die bestimmten Bedingungen genügen, aus einer oder auch mehreren Tabellen aus.

```
SELECT
    [Prädikat] { * | Tabelle.* | [Tabelle.]Feld1 [, [Tabelle.]Feld2.[, ...]]}
    [AS Alias1 [, Alias2 [, ...]]]
FROM
    Tabellenausdruck [, ...] [IN ExterneDatenbank]
[WHERE... ] [GROUP BY... ] [HAVING... ] [ORDER BY... ] [WITH OWNERACCESS OPTION]
```

Was auf den ersten Blick mehr verwirren als erleuchten mag, soll lediglich die Komplexität einer SELECT- Anweisung verdeutlichen[1]. Wir werden im Folgenden alle Optionen an ausführlichen Einzelbeispielen demonstrieren.

15.4.2 Alle Spalten auswählen

Wenn Sie alle Spalten einer Tabelle selektieren möchten, verwenden Sie einen Stern (*) als Platzhalter für alle Spaltenbezeichner. Nach der FROM-Klausel folgt der Tabellenname.

Diese wohl einfachste SELECT-Anweisung verdeutlicht das folgende Beispiel.

BEISPIEL: Abfrage aller Mitarbeiter
```
SELECT
    *
FROM
    Artikel
```

---

[1] Je nach SQL-Dialekt kann diese Anweisung noch wesentlich komplexer ausfallen.

15.4 Daten abfragen

ArtikelNr	Artikelname	LieferantenNr	KategorieNr	Liefereinheit	Einzelpreis	MWSt	Lagerbestand	BestellteEinheiten	Mindestbestand
1	Chai	1	1	10 Kartons x 20 Beutel	18	0,07	18	0	10
2	Chang	1	1	24 x 12-oz-Flaschen	19	0,07	17	40	25
3	Aniseed Syrup	1	2	12 x 550-ml-Flaschen	10	0,07	13	70	25
4	Chef Anton's Cajun Seasoning	2	2	48 x 6-oz-Gläser	22	0,07	53	0	0
5	Chef Anton's Gumbo Mix	2	2	36 Kartons	21,35	0,07	0	0	0
6	Grandma's Boysenberry Spread	3	2	12 x 8-oz-Gläser	25	0,07	120	0	25
7	Uncle Bob's Organic Dried Pears	3	7	12 x 1-lb-Packungen	30	0,07	15	0	10
8	Northwoods Cranberry Sauce	3	2	12 x 12-oz-Gläser	40	0,07	6	0	0
9	Mishi Kobe Niku	4	6	18 x 500-g-Packungen	97	0,07	29	0	0

Datensätze: 81 (0,031 s)

15.4.3 Auswahl der Spalten

Wie Ihnen sicher schon aufgefallen ist, besteht die angezeigte Menge an Datensätzen aus allen Einträgen der Tabelle. Dies bezieht sich sowohl auf die Spalten als auch auf die Zeilen. Durch die gezielte Angabe von Spaltennamen können Sie sowohl die Reihenfolge als auch die Anzahl der Spalten bestimmen.

BEISPIEL: Mit der folgenden SELECT-Anweisung wählen Sie nur die Spalten *Vorname* und *Nachname* aus der Tabelle *Personal*

```
SELECT
    Vorname, Nachname
FROM
    Personal
```

Vorname	Nachname
Nancy	Davolio
Andrew	Fuller
Janet	Leverling
Margaret	Peacock
Steven	Buchanan
Michael	Suyama
Robert	King
Laura	Callahan
Anne	Dodsworth

Datensätze: 9 (0,453 s)

Verwenden Sie mehrere Tabellen in einer SELECT-Anweisung, müssen Sie in der Liste der Feldbezeichner zusätzlich auch den Tabellennamen angeben.

BEISPIEL: Auswahl von Feldern aus den Tabellen *Kunden* und *Bestellungen*

```
SELECT
    Kunden.Kontaktperson, Bestellungen.Bestelldatum
FROM
    Kunden, Bestellungen
```

Sind viele einzelne Felder zu selektieren, ist es recht mühsam, jedes Mal den vollen Tabellennamen in die SQL-Anweisung einzusetzen. Zu diesem Zweck sollten Sie Alias-Namen verwenden.

BEISPIEL: Diese SQL-Zeilen entsprechen der obigen Anweisung

```
SELECT
    k.Kontaktperson,
    b.rBestelldatum
FROM
    Kunden k,
    Bestellungen b
```

Sollten Sie Feldnamen mit Leerzeichen oder Satzzeichen verwenden, müssen Sie die Feldbezeichner grundsätzlich in eckige Klammern einschließen.

BEISPIEL: Die Syntax bei Sonderzeichen

```
SELECT
    [Kunden-Code],
    Kontaktperson
FROM
    Kunden
```

15.4.4 Filtern

Sollen nur bestimmte Datensätze ausgewählt werden, ist der SELECT-Anweisung eine WHERE-Klausel hinzuzufügen. Dabei handelt es sich um eine logische Bedingung, mit der für jeden Datensatz geprüft wird, ob er zur Ergebnismenge gehört (TRUE) oder nicht (FALSE). Aus einer Vielzahl von Kombinationsmöglichkeiten wollen wir Ihnen einige Beispiele vorstellen:

BEISPIEL: Es sollen alle Kunden aus London ermittelt werden

```
SELECT
    *
FROM
    Kunden
WHERE
    Ort = 'London'
```

KundenCode	Firma	Kontaktperson	Funktion	Strasse	Ort	Region	PLZ	Land
AROUT	Londoner Kunde	Thomas Hardy	Vertriebsmitarbeiter	120 Hanover Sq.	London		WA1 1DP	Großbritannien
BSBEV	Londoner Kunde	Victoria Ashworth	Vertriebsmitarbeit...	Fauntleroy Circus	London		EC2 5NT	Großbritannien
CONSH	Londoner Kunde	Elizabeth Brown	Vertriebsmitarbeit...	Berkeley Gardens 12 Brewery	London		WX1 6LT	Großbritannien
EASTC	Londoner Kunde	Ann Devon	Vertriebsagent	35 King George	London		WX3 6FW	Großbritannien
NORTS	Londoner Kunde	Simon Crowther	Vertriebsassistent	South House 300 Queensbridge	London		SW7 1RZ	Großbritannien
SEVES	Londoner Kunde	Hari Kumar	Vertriebsmanager	90 Wadhurst Rd.	London		OX15 4NB	Großbritannien

Datensätze: 6 (0,015 s)

Möchten Sie mehr als eine Bedingung angeben, müssen/sollten Sie die Einzelbedingungen in Klammern () setzen, mögliche Verknüpfungsoperatoren sind AND, OR und NOT.

15.4 Daten abfragen

BEISPIEL: Alle (weiblichen) Kunden aus London, die Vertriebsmitarbeiterinnen sind

```
SELECT *
FROM
    Kunden
WHERE
    (Ort = 'London') AND (Funktion = 'Vertriebsmitarbeiterin')
```

KundenCode	Firma	Kontaktperson	Funktion	Strasse	Ort	Region	PLZ	Land
BSBEV	Londoner Kunde	Victoria Ashworth	Vertriebsmitarbeit...	Fauntleroy Circus	London		EC2 5NT	Großbritannien
CONSH	Londoner Kunde	Elizabeth Brown	Vertriebsmitarbeit...	Berkeley Garden...	London		WX1 6LT	Großbritannien

Datensätze: 2 (0,016 s)

Suche in einem Bereich

Für die Auswahl von Elementen, die in einem bestimmten Bereich liegen, stehen zwei grundsätzliche Möglichkeiten zur Verfügung:

- Beschreibung des Intervalls mit <, >, >=, <= sowie deren UND-Verknüpfung
- Beschreibung des Intervalls mit dem BETWEEN-Ausdruck

BEISPIEL: Auswahl aller Artikel, die zwischen 10 Euro und 13 Euro kosten

Lösung 1: Eingrenzen des Intervalls mit AND

```
SELECT
    Artikelname, Liefereinheit, Einzelpreis, Lagerbestand, Mindestbestand
FROM
    Artikel
WHERE
    (Einzelpreis >= 10) AND (Einzelpreis <= 13)
```

Lösung 2: Beschreibung des Intervalls mit dem BETWEEN-Ausdruck

```
SELECT
    Artikelname, Liefereinheit, Einzelpreis, Lagerbestand, Mindestbestand
FROM
    Artikel
WHERE
    Einzelpreis BETWEEN 10 AND 13
```

Artikelname	Liefereinheit	Einzelpreis	Lagerbestand	Mindestbestand
Aniseed Syrup	12 x 550-ml-Flaschen	10	13	25
Sir Rodney's Scones	24 Packungen x 4 Stück	10	3	5
Gorgonzola Telino	12 x 100-g-Packungen	12,5	0	20
Spegesild	4 x 450-g-Gläser	12	95	0
Chocolade	10 Packungen	12,75	15	25
Scottish Longbreads	10 Kartons x 8 Stück	12,5	6	15
Longlife Tofu	5-kg-Paket	10	4	5
Original Frankfurter grüne Soße	12 Kartons	13	32	15

Datensätze: 9 (0,015 s)

BEISPIEL: Mit einer einfachen Negation der obigen Bedingung können Sie auch alle Artikel auflisten, die weniger als 10 und mehr als 13 Euro kosten. Beachten Sie aber, dass sowohl 10 als auch 13 mit zum Intervall gehören!

```
...
NOT (Einzelpreis BETWEEN 10 AND 13)
```

Suche nach Zeichenfolgen

Für die Suche nach bestimmten Zeichenfolgen können Sie mehrere Operatoren verwenden. Sowohl das Gleichheitszeichen (=) als auch der LIKE-Ausdruck liefern dasselbe Ergebnis.

HINWEIS: Beachten Sie die Groß-/Kleinschreibung, diese wird je nach SQL-Dialekt teilweise berücksichtigt. Bei Access-Datenbanken erfolgt keine Unterscheidung.

BEISPIEL: Sie geben mehrere Namen mit OR-Verknüpfung an

```
SELECT
  *
FROM
  Kunden
WHERE
  (Kontaktperson = 'Maria Andersson') OR (Kontaktperson = 'Antonio Moreno')
```

KundenCode	Firma	Kontaktperson	Funktion	Strasse	Ort	Region	PLZ	Land
ALFKI	Alfreds Futterkast...	Maria Andersson	Vertriebsboss	Obere Str. 57	Berlin		12209	Deutschland
ANTON	Antonio Moreno ...	Antonio Moreno	Inhaber	Mataderos 2312	México D.F.		05023	Mexiko

Datensätze: 2 (0,015 s)

BEISPIEL: Sie verwenden Platzhalter in Verbindung mit LIKE

```
SELECT
  *
FROM
  Kunden
WHERE
  Kontaktperson LIKE 'Maria%'
```

KundenCode	Firma	Kontaktperson	Funktion	Strasse	Ort	Region	PLZ	Land
ALFKI	Alfreds Futterkast...	Maria Andersson	Vertriebsboss	Obere Str. 57	Berlin		12209	Deutschland
FOLKO	Folk och fä HB	Maria Larsson	Inhaberin	Åkergatan 24	Bräcke		S-844 67	Schweden

Datensätze: 2 (0,015 s)

HINWEIS: Innerhalb der SQL-Anweisung sind Strings mit einfachen Hochkommas (') oder Anführungszeichen (") zu begrenzen!

15.4 Daten abfragen

HINWEIS: Arbeiten Sie in Access mit den Platzhalterzeichen "*", "?" und "#", haben Sie noch den alten ANSI-SQL-Standard ANSI-89 aktiviert. Wir empfehlen Ihnen bei Verwendung der ADO den neueren Standard ANSI 92 für Ihre Projekte zu verwenden (siehe Anleitung Seite 902).

ANSI SQL 92 unterstützt verschiedene Arten von Platzhaltern. Für ein einzelnes Zeichen können Sie den Unterstrich (_) verwenden, das Prozentzeichen (%) steht für eine beliebige Anzahl von Zeichen. Zusätzlich können Sie auch mit Zeichenlisten arbeiten:

Beispiel	Beschreibung
'abc%'	Findet alle Einträge, die mit "abc" beginnen
'%abc'	Findet alle Einträge, die mit "abc" enden
'%ab%'	Findet jedes Vorkommen von "ab", auch wenn es nur ein Wortteil ist
'a_c'	Findet "aac", "abc", "acc" etc., auch "a2c" oder "aTc" etc
'a[bcg]z'	Findet nur "abz", "acz", "agz"
'a[b-k]z'	Findet nur "abz", "acz" bis "akz"
'a[^bcg]z'	Findet alles außer "abz", "acz", "agz"

HINWEIS: Das SQL-Testformular in der Kapitel-Datenbank verwendet DAO, damit kommt ANSI 89 mit den alten Platzhaltern zum Einsatz!

Datumsvergleich

Bei diesem Thema werden gern Fehler gemacht. Grundsätzlich hat ein Datum in Jet-SQL-Anweisungen folgendes Format (US):

`#<Monat><Monat>/<Tag><Tag>/<Jahr><Jahr><Jahr><Jahr>#`

Der Monat steht also vor Tag und Jahr!

Alle Bestellungen zwischen dem 15. und dem 16.1.1998

```
SELECT *
FROM
  Bestellungen
WHERE
  Bestelldatum BETWEEN #1/15/1998# AND #1/16/1998#
```

BestellNr	KundenCode	PersonalNr	Bestelldatum	Lieferdatum	Versanddatum	VersandUeber	Frachtkosten	Empfaenger
10833	OTTIK	6	15.01.1998	12.02.1998	23.01.1998	2	71,49	Ottilies Käseladen
10834	TRADH	1	15.01.1998	12.02.1998	19.01.1998	3	29,78	Tradição Hiperm...
10835	ALFKI	1	15.01.1998	12.02.1998	21.01.1998	3	69,53	Alfred's Futterkiste
10836	ERNSH	7	16.01.1998	13.02.1998	21.01.1998	1	411,88	Ernst Handel
10837	BERGS	9	16.01.1998	13.02.1998	23.01.1998	3	13,32	Berglunds snabb...

Datensätze: 5 (0,016 s)

Probleme mit Datums-/Uhrzeitvergleichen

An dieser Stelle möchten wir Sie auf ein weiteres Problem aufmerksam machen. Es handelt sich um den Vergleich von Datumswerten als Bedingung in der WHERE-Klausel. Auf dem Microsoft SQL Server steht als Datentyp für Datums- und Zeitwerte lediglich die Kombination *DateTime* zur Verfügung[1]. Vergleichen Sie ein *DateTime*-Feld inklusive Zeitanteil mit einem reinen Datumswert muss also auch der Zeitanteil übereinstimmen.

BEISPIEL: Der Vergleich von "22.01.2006 16:48" mit "22.01.2006" wird als Ergebnis *False* liefern

Um einen Vergleich von Datums-Zeitwerten zu ermöglichen, ist es günstig, diese in ein definiertes Format (Zeichenfolge) zu überführen.

BEISPIEL: Vergleich zweier Datums-Zeitwerte (Datumsanteil) auf dem Microsoft SQL Server

```
SELECT *
FROM
   Mitarbeiter
WHERE
   CONVERT(char(10), Geburtstag, 104) = '13.06.1978'
```

Bei Access-Datenbanken können Sie auch folgende Variante verwenden:

```
SELECT *
FROM
   Mitarbeiter
WHERE
   CDate(Int(geburtstag)) = #13/6/1978#
```

HINWEIS: In diesem Fall wird einfach der Nachkomma-Anteil (Uhrzeit) abgeschnitten.

IN-Klausel

Eine weitere Möglichkeit, Kriterien vorzugeben, bietet die IN-Klausel.

BEISPIEL: Alle Kunden aus London, Paris oder Berlin anzeigen

```
SELECT *
FROM
   Kunden
WHERE
   Ort IN ('London','Paris','Berlin')
ORDER BY Ort
```

---

[1] Ist in einem derartigen Feld lediglich ein Datum gespeichert, wird automatisch der Zeitanteil auf 0 Uhr festgelegt.

15.4 Daten abfragen

KundenCode	Firma	Kontaktperson	Funktion	Strasse	Ort	Region	PLZ	Land
ALFKI	Alfreds Futterkast...	Maria Anderssen	Vertriebsboss	Obere Str. 57	Berlin		12209	Deutschland
SEVES	Londoner Kunde	Hari Kumar	Vertriebsmanager	90 Wadhurst Rd.	London		OX15 4NB	Großbritannien
NORTS	Londoner Kunde	Simon Crowther	Vertriebsassistent	South House 30...	London		SW7 1RZ	Großbritannien
EASTC	Londoner Kunde	Ann Devon	Vertriebsagent	35 King George	London		WX3 6FW	Großbritannien
CONSH	Londoner Kunde	Elizabeth Brown	Vertriebsmitarbeit...	Berkeley Garden...	London		WX1 6LT	Großbritannien
BSBEV	Londoner Kunde	Victoria Ashworth	Vertriebsmitarbeit...	Fauntleroy Circus	London		EC2 5NT	Großbritannien
AROUT	Londoner Kunde	Thomas Hardy	Vertriebsmitarbeiter	120 Hanover Sq.	London		WA1 1DP	Großbritannien

Datensätze: 9 (0,031 s)

Prinzipiell könnte obige SQL-Anweisung auch als OR-Verknüpfung realisiert werden, der Schreibaufwand ist jedoch bedeutend höher:

```
SELECT
    *
FROM
    Kunden
WHERE
    (Ort = 'London')OR(Ort='Paris')OR(Ort='Berlin')
ORDER BY Ort
```

BEISPIEL: Natürlich können Sie auch alle Kunden suchen, die nicht in den oben genannten Orten zu finden sind.

```
SELECT
    *
FROM
    Kunden
WHERE
    NOT(Ort IN ('London','Paris','Berlin'))
```

HINWEIS: Je nach SQL-Dialekt müssen Sie statt der runden Klammern teilweise eckige Klammern verwenden.

HINWEIS: Verwechseln Sie die IN-Klausel nicht mit der IN-Option zum Einbinden externer Datenbanken!

Wie bereits in mehreren Beispielen gezeigt, lassen sich Bedingungen mit den logischen Operatoren AND, OR und NOT miteinander verknüpfen. Zusätzlich können Sie Klammern verwenden, um die Bearbeitungsreihenfolge festzulegen.

Auf der Suche nach dem Nichts

Neben den bisherigen Möglichkeiten, nach etwas Bestimmtem zu suchen, kann man auch nach "nichts" suchen. "Nichts" wird in diesem Fall mit einem NULL-Wert übersetzt, d.h., IS NOT NULL bzw. IS NULL werden verwendet.

BEISPIEL: Gesucht werden die Kunden, die kein Telefax haben

```
SELECT
    Firma, Kontaktperson, Telefon, Telefax
FROM Kunden
WHERE
    Telefax IS NULL
```

Firma	Kontaktperson	Telefon	Telefax
Antonio Moreno Taquería	Antonio Moreno	(5) 555-3932	
Londoner Kunde	Victoria Ashworth	(71) 555-1212	
Chop-suey Chinese	Yang Wang	0452-076545	
Comércio Mineiro	Pedro Afonso	(11) 555-7647	
Familia Arquibaldo	Aria Cruz	(11) 555-9857	
Folk och fä HB	Maria Larsson	0695-34 67 21	
Godos Cocina Típica	José Pedro Freyre	(95) 555 82 82	
Gourmet Lanchonetes	André Fonseca	(11) 555-9482	
Great Lakes Food Market	Howard Snyder	(503) 555-7555	
Island Trading	Helen Bennett	(24) 555-8888	

Datensätze: 23 (0,031 s)

15.4.5 Beschränken der Ergebnismenge

Sie haben mit einer Flut von Datensätzen zu kämpfen, die trotz umfangreicher Auswahlkriterien über Sie hereinbricht, und Sie suchen nach einer Möglichkeit, um die Anzahl der angezeigten Datensätze zu begrenzen. Mit der TOP- bzw. TOP ... PERCENT-Option können Sie die Anzahl der vom SELECT-Befehl gelieferten Datensätze beschränken.

HINWEIS: Besonders unter den Bedingungen verteilter Umgebungen ist die Begrenzung der von einem Server herunterzuladenden Datensätze von unmittelbarem Einfluss auf Performance und Netzwerkbelastung!

BEISPIEL: Die zehn teuersten Artikel ermitteln

```
SELECT
    TOP 10 ArtikelNr, Artikelname, Liefereinheit, Einzelpreis
FROM Artikel
ORDER BY
    Einzelpreis DESC
```

ArtikelNr	Artikelname	Liefereinheit	Einzelpreis
38	Côte de Blaye	12 x 75-cl-Flaschen	263,5
29	Thüringer Rostbratwurst	50 Beutel x 30 Würstchen	123,79
105	Affenfleisch	1 Kiste a 20kg	98,5
104	Affenfleisch	1 Kiste a 20kg	98,5
103	Affenfleisch	1 Kiste a 20kg	98,5
9	Mishi Kobe Niku	18 x 500-g-Packungen	97
20	Sir Rodney's Marmalade	30 Geschenkkartons	81
18	Carnarvon Tigers	16-kg-Paket	62,5
59	Raclette Courdavault	5-kg-Packung	55
51	Manjimup Dried Apples	50 x 300-g-Packungen	53

Datensätze: 10 (0,016 s)

15.4 Daten abfragen

HINWEIS: Im Beispiel sind die Datensätze in umgekehrter Reihenfolge sortiert (DESC), damit die teuersten Artikel am Tabellenanfang stehen.

BEISPIEL: 5 Prozent aller Kunden anzeigen

```
SELECT
   TOP 5 PERCENT *
FROM
   Kunden
```

KundenCode	Firma	Kontaktperson	Funktion	Strasse	Ort	Region	PLZ	Land
ALFKI	Alfreds Futterkast...	Maria Andersson	Vertriebsboss	Obere Str. 57	Berlin		12209	Deutschland
ANATR	Ana Trujillo Empa...	Ana Trujillo	Inhaberin	Avda. de la Cons...	México D.F.	1	05021	Mexiko
ANTON	Antonio Moreno ...	Antonio Moreno	Inhaber	Mataderos 2312	México D.F.		05023	Mexiko
AROUT	Londoner Kunde	Thomas Hardy	Vertriebsmitarbeiter	120 Hanover Sq.	London		WA1 1DP	Großbritannien
BERGS	Berglunds snabb...	Christina Berglund	Einkaufsleitung	Berguvsvägen 8	Luleå		S-958 22	Schweden

Datensätze: 5 (0,015 s)

15.4.6 Eindeutige Records/doppelte Datensätze

Ein Problem beim Selektieren bestimmter Datensätze (z.B. Auswahl von Orten aus einer großen Tabelle) sind "doppelte" Datensätze. Um dieser Redundanz zu begegnen, verwenden Sie die optionalen Parameter DISTINCT bzw. DISTINCTROW. Während sich DISTINCT nur auf gleich lautende Felder bezieht, entfernt DISTINCTROW gleiche Datensätze aus der Abfrage.

BEISPIEL: Eine Liste mit den Orten der Kunden

```
SELECT
   DISTINCT ORT
FROM
   Kunden
```

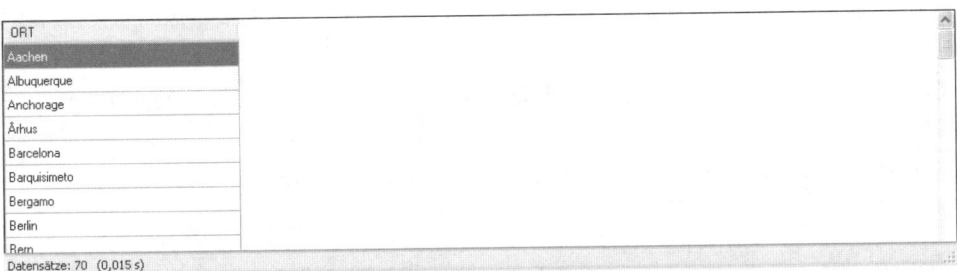

Die vorhergehend gezeigte Anweisung liefert z.B. nur einmal den Ort "Buenos Aires", obwohl mehrere Einträge in der Tabelle abgespeichert sind. Die Datenbasis ist schreibgeschützt.

Im Gegensatz dazu werden bei

```
SELECT DISTINCTROW Ort
   ...
```

nur die mehrfach auftretenden Datensätze unterdrückt, d.h. diejenigen, bei denen alle Feldinhalte übereinstimmen. Im Fall einer Kundentabelle wären dies, was höchst unwahrscheinlich ist, alle Einträge, bei denen auch noch Firma, Kontaktperson, Funktion etc. identisch sind. Die Abfrage kann editiert werden. Von Bedeutung ist DISTINCTROW vor allem bei Abfragen über mehrere Tabellen.

15.4.7 Tabellen verknüpfen

Geht es um das Verknüpfen von Tabellen und deren Realisierung in SQL, stehen Ihnen zwei Varianten zur Verfügung. Zum einen bietet sich die WHERE-Klausel an, zum anderen können Sie die JOIN-Operatoren verwenden.

BEISPIEL: Suchen aller Artikel, die Ihnen eine gewisse Petra Winkler verkauft hat

```
SELECT
  ArtikelNr, Artikelname, Firma, Liefereinheit, Einzelpreis
FROM
  Artikel, Lieferanten
WHERE
  (Artikel.LieferantenNr = Lieferanten.LieferantenNr) AND
  (Lieferanten.Kontaktperson= 'Petra Winkler')
```

ArtikelNr	Firma	Artikelname	Liefereinheit	Einzelpreis
25	Heli Süßwaren GmbH & Co. KG	NuNuCa Nuß-Nougat-Creme	20 x 450-g-Gläser	14
26	Heli Süßwaren GmbH & Co. KG	Gumbär Gummibärchen	100 x 250-g-Beutel	31,23
27	Heli Süßwaren GmbH & Co. KG	Schoggi Schokolade	100 x 100-g-Stück	43,9

Datensätze: 3 (0,046 s)

Nehmen wir die SQL-Anweisung einmal "auseinander". Gesucht wird die Kontaktperson "Petra Winkler". Das Ergebnis dieser Suche ist ein einzelner Datensatz mit der Lieferantennummer 11. Dieses Ergebnis wird mit der Bedingung *(Artikel.LieferantenNr = Lieferanten.LieferantenNr)* UND-verknüpft (AND).

BEISPIEL: Sie möchten alle Artikel und (falls vorhanden) die dazugehörigen Bestellungen ausgeben

Mit der folgenden Anweisung werden jedoch nur die Artikel angezeigt, zu denen auch Bestellungen existieren:

```
SELECT
  Artikel.Artikelname,
  Bestelldetails.Anzahl
FROM
  Artikel, Bestelldetails
WHERE
  Artikel.ArtikelNr = Bestelldetails.ArtikelNr;
```

Eine Lösungsmöglichkeit ist der LEFT-/RIGHT-JOIN.

Verknüpfen mit LEFT-JOIN/RIGHT-JOIN

Befinden sich in der "linken" Tabelle Datensätze, zu denen kein Datensatz in der "rechten" Tabelle gehört, werden die Datensätze trotzdem angezeigt. Die "leeren" Felder werden mit NULL-Werten aufgefüllt.

BEISPIEL: Abfrage mit LEFT-JOIN

```
SELECT
    Artikel.Artikelname,
    Bestelldetails.Anzahl
FROM Artikel
    LEFT JOIN Bestelldetails ON Artikel.ArtikelNr = Bestelldetails.ArtikelNr;
```

Artikelname	Anzahl
Quark	
Affenfleisch	
Affenfleisch	
Affenfleisch	
Chef Anton's Cajun Seasoning	1
Grandma's Boysenberry Spread	1
Uncle Bob's Organic Dried Pears	1

Datensätze: 2159 (0,25 s)

Verknüpfen mit INNER JOIN

Als direkte Alternative zur Verknüpfung mittels WHERE bietet sich auch ein INNER-JOIN an.

BEISPIEL: Statt

```
SELECT
  ArtikelNr, Artikelname, Firma,
  Liefereinheit, Einzelpreis
FROM
  Artikel, Lieferanten
WHERE
  (Artikel.LieferantenNr = Lieferanten.LieferantenNr) AND
  (Lieferanten.Kontaktperson= 'Petra Winkler')
```

können Sie auch

```
SELECT
  ArtikelNr, Artikelname, Firma, Liefereinheit, Einzelpreis
FROM
  Artikel
INNER JOIN
  Lieferanten
ON
  Artikel.LieferantenNr = Lieferanten.LieferantenNr
WHERE
  (Lieferanten.Kontaktperson= 'Petra Winkler')
```

verwenden. Allerdings ist der Schreibaufwand etwas höher.

Natürlich lassen sich auch mehr als zwei Tabellen zueinander in Beziehung setzen.

BEISPIEL: Sie suchen alle Bestelldetails für den Kunden "Island Trading". Dazu müssen vier Tabellen zueinander in Beziehung gebracht werden.

```
SELECT
    Kunden.Firma, Artikel.Artikelname, Bestelldetails.BestellNr, Bestelldetails.Anzahl
FROM
    Kunden INNER JOIN
        (Bestellungen INNER JOIN
            (Artikel INNER JOIN Bestelldetails ON Artikel.ArtikelNr = Bestelldetails.ArtikelNr)
        ON Bestellungen.BestellNr = Bestelldetails.BestellNr)
    ON Kunden.KundenCode = Bestellungen.KundenCode
WHERE
    Kunden.Firma="Island Trading";
```

Artikelname	Anzahl	Firma	BestellNr
Sasquatch Ale	14	Island Trading	10315
Outback Lager	30	Island Trading	10315
Jack's New England Clam Chowder	20	Island Trading	10318
Lakkalikööri	6	Island Trading	10318
Steeleye Stout	10	Island Trading	10321
Geitostler	12	Island Trading	10473
Flatemysost	12	Island Trading	10473

Datensätze: 23 (0,015 s)

AUTO-JOIN

Möchten Sie Tabellen "aus sich selbst" abbilden, stellt dies in SQL auch kein Problem dar. Auch hier arbeiten Sie entweder mit dem LEFT-/RIGHT-JOIN oder dem INNER-JOIN.

BEISPIEL: Anzeige der Mitarbeiter und Ihrer jeweiligen Vorgesetzten

```
SELECT
  p1.Nachname, p2.Nachname
FROM
  Personal AS p1
LEFT JOIN
  Personal AS p2
ON
  p1.Vorgesetzter=p2.Personalnr
```

Wie Sie sehen, führen wir für ein und dieselbe Tabelle zwei Alias-Namen ein. Mit diesen können Sie nachfolgend so arbeiten, als wenn es sich um zwei gänzlich unterschiedliche Tabellen handeln würde. Bei einem Test werden Sie erstaunt feststellen, dass einige "Mitarbeiter" keinen Vorgesetzten haben:

p1.Nachname	p2.Nachname
Davolio	Fuller
Fuller	Callahan
Leverling	Callahan
Peacock	

Datensätze: 9 (0,016 s)

15.4.9 Datensätze sortieren

In den bisherigen Abfragen haben wir die Daten ausschließlich in ungeordneter Folge ausgegeben. Mit einer ORDER BY-Klausel können Sie den Sortierbegriff (z.B. Vorname, Nachname, Gehalt etc.) sowie die Sortierfolge (auf-/absteigend) festlegen.

```
SELECT ... FROM ...
ORDER BY <feld>,<feld> [ASC]|[DESC]
```

Die Angabe mehrerer Sortierbegriffe wäre z.B. dann sinnvoll, wenn Sie Personennamen sortieren und als zweiten Sortierbegriff den Vornamen angeben.

BEISPIEL: Sortieren der Mitarbeiter in aufsteigender Reihenfolge nach Nachname und Vorname

```
SELECT
   Personal.Vorname,
   Personal.Nachname
FROM
   Personal
ORDER BY
   Nachname, Vorname
```

Vorname	Nachname
Steven	Buchanan
Laura	Callahan
Nancy	Davolio
Anne	Dodsworth
Andrew	Fuller
Robert	King

Datensätze: 9 (0,016 s)

HINWEIS: Entscheidend für die Ausführungsgeschwindigkeit ist die Indizierung der entsprechenden Felder.

15.4.10 Datensätze gruppieren

Im Zusammenhang mit Berechnungsfunktionen oder mit Listenausgaben tritt häufig das Problem auf, bestimmte Gruppen innerhalb einer Tabelle zu bilden.

BEISPIEL: Um die Anzahl der Artikel, die von den einzelnen Lieferanten stammen, zu ermitteln, könnten Sie zunächst folgende Möglichkeit nutzen:

```
SELECT 1, COUNT(*) FROM Artikel WHERE LieferantenNr = 1
UNION
SELECT 2, COUNT(*) FROM Artikel WHERE LieferantenNr = 2
UNION
SELECT 3, COUNT(*) FROM Artikel WHERE LieferantenNr = 3
...
```

15.4 Daten abfragen

Expr1000	Expr1001
1	3
2	4
3	3

Datensätze: 3 (0,015 s)

Mit jeder Anweisung erhalten Sie die Anzahl der Artikel des jeweiligen Lieferanten. Allerdings müssen Sie wissen, welche Lieferanten überhaupt vorhanden sind und wie deren *LieferantenNr* lautet. Dass dieses Vorgehen recht umständlich und aufwändig ist, dürfte offensichtlich sein. Das gleiche Problem lässt sich mit der GROUP BY-Anweisung deutlich eleganter lösen.

BEISPIEL: Eine verbesserte Lösung des Vorgängerbeispiels

```
SELECT
  LieferantenNr,
  COUNT(*) AS [Anzahl Artikel]
FROM
  Artikel
GROUP BY
  LieferantenNr
```

LieferantenNr	Anzahl Artikel
	4
1	3
2	4
3	3
4	3
5	2

Datensätze: 30 (0 s)

Die Bearbeitung des obigen Befehls können Sie sich wie folgt vorstellen:

- Auswahl aller Artikel *(... FROM Artikel ...)*
- Gruppieren der Datensätze nach Lieferantennummer *(... GROUP BY LieferantenNr)*
- Zählen der Datensätze innerhalb der gebildeten Gruppen *(COUNT(*))*

Die HAVING-Klausel

Mit der zusätzlichen Klausel HAVING können Sie innerhalb der Gruppe Selektionen vornehmen. Die WHERE-Klausel wirkt sich hingegen auf die gesamte Tabelle bzw. Abfrage aus.

BEISPIEL: Es sollen alle Lieferanten angezeigt werden, die mehr als drei Artikel liefern

```
SELECT
  Lieferanten.Firma,
  COUNT(*) As [Anzahl Artikel]
FROM
  Artikel,
  Lieferanten
WHERE
  Artikel.LieferantenNr = Lieferanten.LieferantenNr
```

```
GROUP BY
    Lieferanten.Firma
HAVING
    Count(*) > 3
```

Firma	Anzahl Artikel
New Orleans Cajun Delights	4
Pavlova, Ltd.	5
Plutzer Lebensmittelgroßmärkte AG	5
Specialty Biscuits, Ltd.	4

Datensätze: 4   (0,015 s)

15.4.11 Unterabfragen

Als Bedingung innerhalb der WHERE-Klausel haben wir bereits den IN-Operator kennen gelernt.

BEISPIEL: IN-Klausel

```
SELECT
    *
FROM
    Kunden
WHERE
    Ort IN ('Berlin','London')
```

Der Nachteil dieser Vorgehensweise: Die Vergleichswerte müssen bereits zur Entwurfszeit bekannt sein. Wollen Sie Werte aus einer anderen Tabelle verwenden, ist eine Subquery (Unterabfrage) unumgänglich.

Eine Subquery ist eine SELECT-Abfrage, die der Hauptabfrage ein Array von Werten zur Verfügung stellt. Jet-SQL unterstützt (im Unterschied zu verschiedenen anderen Datenbanksystemen) nur Subqueries, die eine Tabellenspalte zurückgeben (Ausnahme EXISTS). Wo und vor allem wie Sie Unterabfragen einsetzen können, zeigen die folgenden Abschnitte.

Ergebnis einer Query ist Bedingung (WHERE) einer anderen Query

BEISPIEL: Es werden alle Bestellungen gesucht, die von Kunden aus London stammen. Mit den bisherigen Mitteln könnten Sie über

```
SELECT
    KundenCode
FROM
    Kunden
WHERE
    Ort = 'London'
```

zunächst die Primärschlüssel bestimmen. Danach können Sie sich mit:

```
SELECT
    BestellNr,
    Bestelldatum
```

15.4 Daten abfragen

```
FROM
    Bestellungen
WHERE
    KundenCode IN ('AROUT','BSBEV','CONSH' ...)
```

die Daten ausgeben lassen. Viel sinnvoller als obiges Vorgehen ist aber die Verwendung einer Unterabfrage zur Bestimmung der Kundencodes:

```
SELECT
    Bestellnr, Bestelldatum
FROM
    Bestellungen
WHERE
    KundenCode IN (SELECT KundenCode FROM Kunden WHERE Ort = 'London')
```

Bestellnr	Bestelldatum
10289	26.08.1996
10355	15.11.1996
10359	21.11.1996
10364	26.11.1996
10377	09.12.1996
10383	16.12.1996
10388	19.12.1996
10400	01.01.1997
10435	04.02.1997

Datensätze: 46 (0 s)

Das Ergebnis ist identisch, es wird jedoch nur eine einzige SQL-Anweisung ausgeführt.

HINWEIS: Auch die Subquery kann wiederum auf weiteren Subqueries aufbauen, bzw. mehrere Subqueries können Bedingungen für eine Abfrage sein.

Liefert die Subquery eine Menge von Werten, müssen Sie mit ANY/ALL einen dieser Werte auswählen.

BEISPIEL: Alle Artikel, die mehr kosten als ein beliebiger Artikel der Kategorie *Süßwaren* (3)

```
SELECT
    *
FROM
    Artikel
WHERE
    Einzelpreis > ANY (SELECT
                            Einzelpreis
                       FROM
                            Artikel
                       WHERE
                            KategorieNr = 3)
```

ArtikelNr	Artikelname	LieferantenNr	KategorieNr	Liefereinheit	Einzelpreis	MWSt	Lagerbestand	BestellteEinheit
1	Chai	1	1	10 Kartons x 20 ...	18	0,07	18	0
2	Chang	1	1	24 x 12-oz-Flasch...	19	0,07	17	40
3	Aniseed Syrup	1	2	12 x 550-ml-Flasc...	10	0,07	13	70
4	Chef Anton's Caj...	2	2	48 x 6-oz-Gläser	22	0,07	53	0
5	Chef Anton's Gu...	2	2	36 Kartons	21,35	0,07	0	0
6	Grandma's Boyse...	3	2	12 x 8-oz-Gläser	25	0,07	120	0
7	Uncle Bob's Orga...	3	7	12 x 1-lb-Packun...	30	0,07	15	0
8	Northwoods Cran...	3	2	12 x 12-oz-Gläser	40	0,07	6	0
9	Mishi Kobe Niku	4	6	18 x 500-g-Pack	97	0,07	29	0

Datensätze: 73 (0,031 s)

"=ANY" kann durch "IN" ersetzt werden ("<>ALL" entspricht "NOT IN")

BEISPIEL: Gesucht werden alle Artikel, die genausoviel kosten wie ein beliebiger Artikel der Kategorie 3

```
SELECT *
FROM
    Artikel
WHERE
    Einzelpreis = ANY (SELECT Einzelpreis FROM Artikel WHERE KategorieNr = 3)
```

Allerdings werden alle Artikel der Kategorie 3 ebenfalls angezeigt, besser wäre es, wenn eine zusätzliche Bedingung eingeführt wird.

```
SELECT *
FROM
    Artikel
WHERE
    (Einzelpreis IN (SELECT Einzelpreis FROM Artikel WHERE KategorieNr = 3))
    AND (KategorieNr <> 3)
```

ArtikelNr	Artikelname	LieferantenNr	KategorieNr	Liefereinheit	Einzelpreis	MWSt	Lagerbestand	BestellteEinheiten
3	Aniseed Syrup	1	2	12 x 550-ml-Flasc...	10	0,07	13	70
31	Gorgonzola Telino	14	4	12 x 100-g-Pack...	12,5	0,07	0	70
34	Sasquatch Ale	16	1	24 x 12-oz-Flasch...	14	0,07	111	0
42	Singaporean Hok...	20	5	32 x 1-kg-Packu...	14	0,07	26	0
45	Røgede sild	21	8	1-kg-Paket	9,5	0,07	5	70
63	Vegie-spread	7	2	15 x 625-g-Gläser	43,9	0,07	24	0
67	Laughing Lumber...	16	1	24 x 12-oz-Flasch...	14	0,07	52	0
74	Longlife Tofu	4	7	5-kg-Paket	10	0,07	4	20

Datensätze: 8 (0,016 s)

Eine WHERE-Klausel kann mehrere Subqueries enthalten

BEISPIEL: Gesucht werden alle Bestellungen, bei denen mehr als 50 Artikel einer Sorte und Artikel mit einem Preis über 200 Euro bestellt wurden

```
SELECT
    *
FROM
    Bestellungen
```

15.4 Daten abfragen

```
WHERE
    BestellNr IN (SELECT DISTINCT BestellNr FROM Bestelldetails WHERE Anzahl > 50)
    AND
    BestellNr IN (SELECT DISTINCT BestellNr FROM Bestelldetails WHERE Einzelpreis > 200)
```

BestellNr	KundenCode	PersonalNr	Bestelldatum	Lieferdatum	Versanddatum	VersandUeber	Frachtkosten	Empfaenger
10351	ERNSH	1	11.11.1996	09.12.1996	20.11.1996	1	162,33	Ernst Handel
10372	QUEEN	5	04.12.1996	01.01.1997	09.12.1996	2	890,78	Queen Cozinha
10424	MEREP	7	23.01.1997	20.02.1997	27.01.1997	2	370,61	Mère Paillarde
10479	RATTC	3	19.03.1997	16.04.1997	21.03.1997	3	708,95	Rattlesnake Can...
10540	QUICK	3	19.05.1997	16.06.1997	13.06.1997	3	1007,64	QUICK-Stop
10817	KOENE	3	06.01.1998	20.01.1998	13.01.1998	2	306,07	Königlich Essen
10865	QUICK	2	02.02.1998	16.02.1998	12.02.1998	1	348,14	QUICK-Stop
10981	HANAR	1	27.03.1998	24.04.1998	02.04.1998	2	193,37	Hanari Carnes

Datensätze: 8 (0,016 s)

HINWEIS: Selbstverständlich könnten Sie obige Abfragen teilweise auch mit einem JOIN und entsprechenden WHERE-Klauseln realisieren.

Synchronisieren von Unterabfragen mit der Hauptabfrage

Bei den bisherigen Typen von Unterabfragen gab es keine Verbindung (Referenz) nach außen, lediglich das Ergebnis der Unterabfrage wurde für die eigentliche Abfrage verwendet. Mit synchronisierten Unterabfragen können Sie Werte bzw. Feldinhalte aus der übergeordneten Abfrage an die Unterabfrage weitergeben und dort zum Beispiel in einer WHERE-Klausel zum Filtern verwenden.

BEISPIEL: Gesucht werden die Artikel, die mehr kosten als der Durchschnitt in der jeweiligen Kategorie

```
SELECT
    *
FROM
    Artikel a
WHERE
    a.Einzelpreis > (SELECT
                        AVG(Einzelpreis)
                     FROM
                        Artikel
                     WHERE KategorieNr = a.KategorieNr)
```

ArtikelNr	Artikelname	LieferantenNr	KategorieNr	Liefereinheit	Einzelpreis	MWSt	Lagerbestand	BestellteEinheit
6	Grandma's Boyse...	3	2	12 x 8-oz-Gläser	25	0,07	120	0
8	Northwoods Cran...	3	2	12 x 12-oz-Gläser	40	0,07	6	0
9	Mishi Kobe Niku	4	6	18 x 500-g-Pack...	97	0,07	29	0
10	Ikura	4	8	12 x 200-ml-Gläser	31	0,07	31	0
12	Queso Mancheg...	5	4	10 x 500-g-Pack...	38	0,07	86	0
18	Carnarvon Tigers	7	8	16-kg-Paket	62,5	0,07	42	0
20	Sir Rodney's Mar...	8	3	30 Geschenkkart...	81	0,07	40	0
22	Gustaf's Knäcke...	9	5	24 x 500-g-Pack...	21	0,07	104	0

Datensätze: 27 (0,015 s)

In diesem Beispiel wurde die Subquery nicht nur einmal abgearbeitet, sondern mehrmals (einmal pro Kategorie). Dazu musste der Unterabfrage die Kategorienummer des Artikels übergeben werden. Die Subquery kann mit Hilfe der Kategorienummer den Durchschnittspreis ermitteln, was wiederum an die Hauptabfrage zurückgegeben wird.

> **HINWEIS:** Wollen Sie lediglich kontrollieren, ob eine Unterabfrage überhaupt Werte liefert, können Sie mit EXISTS bzw. NOT EXISTS auf TRUE oder FALSE prüfen lassen.

Operator	Bedeutung
ANY	Vergleich mit einigen Datensätzen
ALL	Vergleich mit allen Datensätzen
[NOT] IN	Vergleich auf Vorkommen
[NOT] EXISTS	TRUE/FALSE (ob Unterabfrage überhaupt Werte liefert)

> **HINWEIS:** Da hier Abfragen mehrfach ausgeführt werden, kann es schnell zu recht langen Verarbeitungszeiten kommen. Teilweise ist es deshalb günstiger, Daten in temporären Tabellen zwischenzuspeichern und sie anstatt einer Unterabfrage zu verwenden.

15.4.12 Anlage-Felder mit SQL verwalten

Mit den in Access 2007 eingeführten Anlage-Feldern halten auch ein paar gewagte neue SQL-Konstrukte Einzug. So verfügen Anlage-Felder bezüglich SQL über folgende neue Eigenschaften:

- *FileData* (die eigentlichen Daten)
- *FileName* (Dateiname mit Extension)
- *FileType* (Extension)

über welche auf die Verwaltungsinformationen des Feldes zugegriffen werden kann.

Statt langatmiger Ausführungen zeigen wir Ihnen die Verwendung lieber im Zusammenhang:

Die Liste der Anhänge abfragen

Sie möchten die in einem Anlage-Feld gespeicherten Daten abfragen. Mit dem naheliegenden Aufruf

```
SELECT
    tblAnlage.Id,
    tblAnlage.Kurztext,
    tblAnlage.Anlagen
FROM
    tblAnlage;
```

kommen Sie aber nicht wesentlich weiter, wie die folgende Abbildung zeigt:

15.4 Daten abfragen

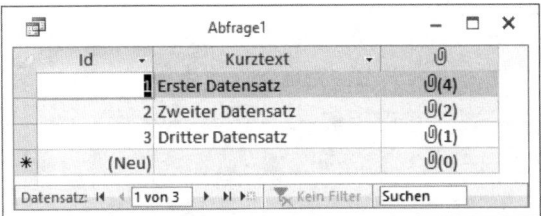

Um auf die Detaildaten von Anlage-Feldern zugreifen zu können, verwenden Sie bitte die zusätzlichen Bezeichner *FileName* und *FileType*:

```
SELECT
    tblAnlage.Id,
    tblAnlage.Kurztext,
    tblAnlage.Anlagen.FileName,
    tblAnlage.Anlagen.FileType
FROM
    tblAnlage;
```

HINWEIS: Für eine Tabellenzeile erscheinen in der Abfrage mehrere Zeilen! Mit dem Primärschlüssel allein haben Sie jetzt keinen eindeutigen Bezeichner mehr (obige Abbildung). Für Vertreter der "reinen Lehre" ein grausamer Anblick.

Die Anzahl der Anlagen pro Datensatz bestimmen

Möchten Sie die Anzahl der Anlagen für die einzelnen Datensätze bestimmen, verwenden Sie eine Unterabfrage, bei der für den aktuellen Datensatz die Anzahl bestimmt wird:

```
SELECT
    A.Id,
    A.Kurztext,
    (SELECT COUNT(B.Anlagen.Filename) FROM tblAnlage As B WHERE B.id=A.id) AS Anzahl
FROM
    tblAnlage As A
```

Das Ergebnis:

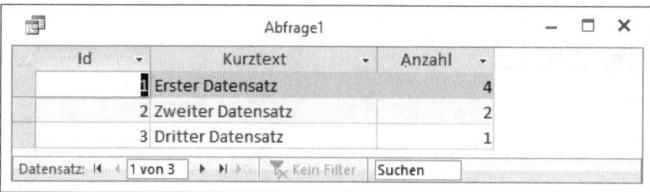

Einzelne Anlagen gezielt löschen

Möchten Sie gezielt einzelne Anlagen aus einer Tabelle wie der folgenden löschen (z.B. alle Textdokumente "*.txt"):

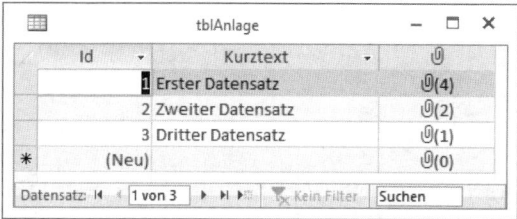

Durchsuchen Sie den Untereintrag *FileType* und löschen Sie die ermittelten Datensätze:

```
DELETE
    Anlagen.FileType
FROM
    tblAnlage
WHERE
    (Anlagen.FileType="txt");
```

15.4.13 History-Felder mit SQL abfragen

Auch die bereits unter Access 2007 eingeführten History-Felder erfordern vom SQL-Programmierer einige Verrenkungen, um auf die Daten zugreifen zu können.

In VBA können Sie bekanntlich die *ColumnHistory*-Methode verwenden, um die "Altdaten" des Feldes abzurufen (siehe Kapitel 7). Gleiches trifft auch auf das entsprechende SQL-Statement zu, wie die folgenden Beispiele zeigen.

Den Spaltenverlauf abfragen

Wollen Sie auf den "Spaltenverlauf" (History) eines "Nur anfügen"-Feldes zugreifen, d.h. auf die textuellen Inhalte, verwenden Sie innerhalb der SQL-Anweisung die Methode *ColumnHistory*. Übergeben Sie neben dem Tabellennamen die betreffende Spalte und einen Filterausdruck.

15.4 Daten abfragen

BEISPIEL: Anzeige der Spalten-Historie für die Spalte *Bemerkungen*

```
SELECT
    tblNurAnfuegen.Id,
    tblNurAnfuegen.Bemerkung,
    ColumnHistory("tblNurAnfuegen", "Bemerkung", "id=" & tblNurAnfuegen.Id) AS [Bisherige Werte]
FROM
    tblNurAnfuegen;
```

HINWEIS: Sie können immer nur alle Einträge des History-Feldes abrufen, andernfalls müssen Sie eine eigene VBA-Filterfunktion implementieren, die Ihnen zum Beispiel nur den letzten Stand zurückgibt.

Nach dem Aufruf der Abfrage erhalten Sie das in der folgenden Abbildung gezeigte Ergebnis.

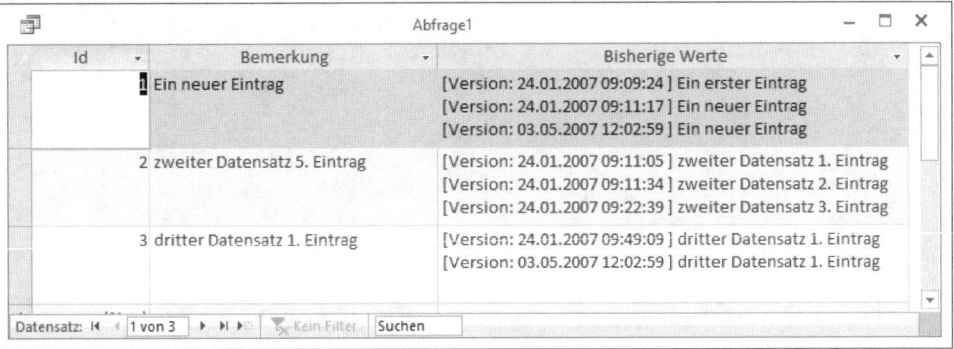

Die Anzahl der History-Einträge bestimmen

Wollen Sie mit SQL die Anzahl der Einträge im "Spaltenverlauf" (History) eines "Nur anfügen"-Feldes ermitteln, erstellen Sie zunächst eine neue globale VBA-Funktion *HistoryCount*, mit der Sie die Anzahl der Zeilen bestimmen können[1]:

```
Public Function HistoryCount(tbl As String, fld As String, id As Integer) As Integer
Dim his As String
Dim anz As Integer, i As Integer
```

Daten abrufen:

```
    his = Application.ColumnHistory(tbl, fld, "id=" & id)
```

Zeilen zählen:

```
    i = 0: anz = 0
    Do
        i = InStr(i + 1, his, Chr(10) & "[Version:")
        If i > 0 Then anz = anz + 1
    Loop Until i = 0
```

---

[1] Hier zeigen sich die Vorteile der VBA-Integration in Jet-SQL.

```
    HistoryCount = anz + 1
End Function
```

BEISPIEL: Anzeige der Anzahl von Einträgen in der Historie

```
SELECT
    tblNurAnfuegen.Id,
    tblNurAnfuegen.Bemerkung,
    ColumnHistory("tblNurAnfuegen","Bemerkung","id=" & tblNurAnfuegen.Id) AS [Bisherige Werte],
    HistoryCount("tblNurAnfuegen","Bemerkung",tblNurAnfuegen.Id) AS Anzahl
FROM
    tblNurAnfuegen;
```

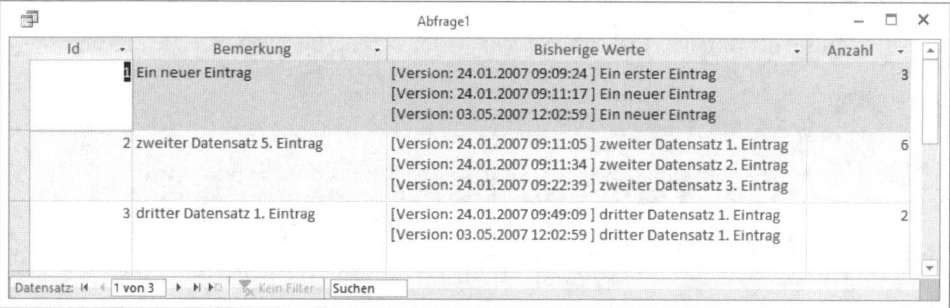

Die VBA-Funktion *HistoryCount* bietet sich auch für weitere Lösungen an, wie das folgende Beispiel zeigt:

BEISPIEL: Anzeige aller Datensätze die schon mal geändert wurden

```
SELECT
    tblNurAnfuegen.Id, tblNurAnfuegen.Bemerkung
FROM
    tblNurAnfuegen
WHERE
    HistoryCount("tblNurAnfuegen","Bemerkung",tblNurAnfuegen.Id) > 1
```

15.4.14 Mehrwertige Felder mit SQL abfragen

Damit kommen wir auch schon zu den mehrwertigen Felder, die für die Kompatibilität mit dem SharePoint-Server integriert wurden. Wie ist vorzugehen?

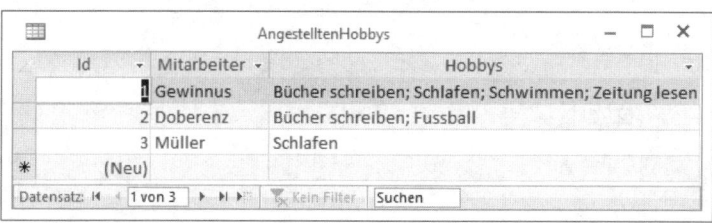

Über *<Datenfeld>.Value* haben Sie Zugriff auf die Detaildaten:

```
SELECT
    Id,
    Mitarbeiter,
    Hobbys,
    Hobbys.Value
FROM
    AngestelltenHobbys;
```

Das Ergebnis zeigt die folgende Abbildung:

Id	Mitarbeiter	Hobbys	Hobbys.Value
1	Gewinnus	Bücher schreiben; Schlafen; Schwimmen; Zeitung lesen	Bücher schreiben
1	Gewinnus	Bücher schreiben; Schlafen; Schwimmen; Zeitung lesen	Schlafen
1	Gewinnus	Bücher schreiben; Schlafen; Schwimmen; Zeitung lesen	Schwimmen
1	Gewinnus	Bücher schreiben; Schlafen; Schwimmen; Zeitung lesen	Zeitung lesen
2	Doberenz	Bücher schreiben; Fussball	Bücher schreiben
2	Doberenz	Bücher schreiben; Fussball	Fussball
3	Müller	Schlafen	Schlafen

HINWEIS: Dummerweise ist jetzt der Primärschlüssel zu nichts mehr zu gebrauchen (siehe obige Abbildung).

BEISPIEL: Alle Faulpelze anzeigen

```
SELECT Mitarbeiter
FROM AngestelltenHobbys
WHERE (Hobbys.Value="Schlafen")
```

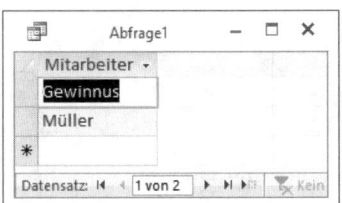

15.5 Daten manipulieren

SQL-Anweisungen zum Manipulieren von Daten werden als DML-Befehle[1] bezeichnet. Auch für Datenmanipulationen, die an Gruppen von Datensätzen durchgeführt werden sollen, empfehlen sich diese Anweisungen. Anstatt, wie früher mit DAO üblich, umständlich mit den Datenbank-Objekten zu arbeiten, lässt sich zum Beispiel die Neuberechnung eines Feldinhalts mit einer einzigen SQL-Anweisung abwickeln.

---

[1] *Data Manipulation Language*

Grundsätzlich geben die Datenmanipulationsbefehle

- INSERT INTO
- DELETE
- UPDATE

keine Daten zurück. Sie können lediglich feststellen, wie viele Zeilen von der Änderung betroffen sind, indem Sie die *RecordsAffected*-Eigenschaft des *Database*-Objektes nach Ausführung der SQL-Anweisung (*Execute*-Methode) abfragen.

15.5.1 Einfügen einzelner Datensätze

Mit Hilfe der INSERT INTO-Anweisung können Sie Datensätze an eine bestehende Tabelle anhängen. Dazu übergeben Sie zumindest eine Liste von Feldwerten.

```
INSERT INTO <zieltabelle> (<zielfeld1>, <zielfeld2> ...) VALUES (<wert1>, <Wert2> ...)
```

BEISPIEL: Einfügen eines neuen Eintrags in die Tabelle *Personal*

```
INSERT INTO
  Personal
VALUES (10, 'Gewinnus', 'Thomas', 'Praktikant', 'Herr' ...)
```

Doch da taucht schnell ein Problem auf: Woher nehmen wir die *PersonalNr* (in diesem Fall die 10)? Normalerweise sorgt ein Zählerfeld für die korrekten Einträge, wir aber müssten bei jedem Einfügen einen eindeutigen Wert bestimmen, was uns sicher schwer fallen dürfte.

Der Ausweg: Stimmt die Feldreihenfolge nicht überein oder wollen Sie Felder auslassen bzw. können diese nicht füllen (IDENTITY), können Sie mit Hilfe einer Feldliste die gewünschten Felder und deren Reihenfolge bestimmen. Die SQL-Engine übernimmt dann die korrekte Zuordnung.

BEISPIEL: Einfügen ohne die Spalte *PersonalNr*

```
INSERT INTO
  Personal (Nachname, Vorname, Funktion, Anrede)
VALUES ('Gewinnus', 'Thomas', 'Praktikant', 'Herr')
```

Führen Sie obige Anweisung mehrfach aus und kontrollieren Sie das Ergebnis, dürfte sich Ihnen der folgende Anblick bieten:

PersonalNr	Nachname	Vorname	Funktion	Anrede	Geburtsdatum	Einstellung	Straße	Ort
5	Buchanan	Steven	Vertriebsmanager	Herr	04.03.1955	17.10.1993	14 Garrett Hill	London
6	Suyama	Michael	Vertriebsmitarbeiter	Herr	02.07.1963	17.10.1993	Coventry House...	London
7	King	Robert	Vertriebsmitarbeiter	Dr.	29.05.1960	02.01.1994	Edgeham Hollow...	London
8	Callahan	Laura	Vertriebskoordina...	Frau	09.01.1958	05.03.1994	4726 - 11th Ave. ...	Seattle
9	Dodsworth	Anne	Vertriebsmitarbeit...	Frau	02.07.1969	15.11.1994	7 Houndstooth Rd.	London
10	Gewinnus	Thomas	Praktikant	Herr				
11	Gewinnus	Thomas	Praktikant	Herr				
12	Gewinnus	Thomas	Praktikant	Herr				

Datensätze: 12 (0,016 s)

15.5 Daten manipulieren

Die *PersonalNr*-Spalte wurde automatisch mit den korrekten Werten gefüllt. Beachten Sie jedoch Folgendes:

- Die Datentypen in der Liste und der Tabelle müssen übereinstimmen.
- Die Feldgröße, insbesondere bei Textfeldern, darf nicht überschritten werden.
- Geben Sie keine Feldliste an, muss die Feldreihenfolge in der VALUES-Liste penibel eingehalten werden. Verwenden Sie deshalb besser immer eine Feldliste, das schützt Sie auch vor bösen Überraschungen beim späteren Ändern des Tabellenlayouts.

BEISPIEL: Das Resultat der folgenden Anweisung ist mit dem vorhergehenden SQL-Beispiel identisch, die Felder werden korrekt zugeordnet.

```
INSERT INTO
   Personal (Anrede, Vorname, Nachname, Funktion)
VALUES
   ('Herr', 'Thomas', 'Gewinnus', 'Praktikant')
```

HINWEIS: Möchten Sie einer Tabellenspalte gezielt einen NULL-Value zuweisen, übergeben Sie in der VALUES-Liste einfach die Konstante "NULL".

15.5.2 Einfügen von Abfragedaten

Im vorhergehenden Abschnitt hatten Sie bereits eine Variante der INSERT INTO-Anweisung kennen gelernt. Es dürfte jedoch auf der Hand liegen, dass Sie auf diese Weise kaum Tausende von Datensätzen einfügen bzw. verschieben können. Als Alternative bietet sich das Einfügen ganzer Abfrageergebnisse an:

```
INSERT INTO <zieltabelle>
SELECT <felder-quelltabelle> FROM <quelltabelle>
```

Das Anhängen von Datensätzen an eine bestehende Tabelle wird auch als Anfüge-Abfrage bezeichnet. Die Zieltabelle kann im Fall von JET-SQL auch eine externe Datenbank/Tabelle in den verschiedenen unterstützten Formaten (Access, Excel, dBase) sein.

BEISPIEL: Sie stellen fest, dass einige Artikel im Angebot nicht mehr benötigt werden. In der Datenbank finden Sie bereits eine Tabelle *AuslaufArtikel*, die für diese Zwecke vorgesehen ist.

Feldname	Felddatentyp	Beschrei...
ArtikelNr	AutoWert	ehemals Artikel-Nr: Zahl, die einem neuen Artikel automatisch zugewiesen wird.
Artikelname	Kurzer Text	
LieferantenNr	Zahl	ehemals Lieferanten-Nr: Entspricht dem Eintrag in der Tabelle "Lieferanten".
KategorieNr	Zahl	ehenals Kategorie-Nr:
Liefereinheit	Kurzer Text	(Z.B. Kiste mit 24 Einheiten, 1-Liter-Flasche).
Einzelpreis	Währung	
MWSt	Zahl	Mehrwertsteuer (neu!)
Lagerbestand	Zahl	
BestellteEinheiten	Zahl	
Mindestbestand	Zahl	Mindestbestand, der auf Lager gehalten werden muß.
Auslaufartikel	Ja/Nein	"Ja" bedeutet, daß dieser Artikel nicht mehr verfügbar ist.
AusgelaufenAm	Datum/Uhrzeit	

Zusätzlich findet sich in dieser Tabelle ein Feld *AusgelaufenAm*, in welchem wir das entsprechende Datum abspeichern werden.

Gesagt, getan: Zuerst bestimmen wir mit einer SQL-Abfrage die zehn am schlechtesten verkauften Artikel:

```
SELECT
    TOP 10 *
FROM
    Bestelldetails
ORDER BY (Einzelpreis*Anzahl)
```

Nach einer kleinen Testabfrage werden Sie feststellen, dass die Abfrage wie erwartet 10 Datensätze zurückgibt. Uns bleibt jetzt noch die Aufgabe, das Tabellenlayout der Abfrage an die Tabelle *Auslaufartikel* anzupassen.

```
SELECT
    ArtikelNr, Artikelname, LieferantenNr, KategorieNr, Liefereinheit,
    Einzelpreis, MWSt, Lagerbestand, BestellteEinheiten, Mindestbestand,
    Auslaufartikel, NOW AS AusgelaufenAm
FROM
    Artikel
WHERE
    ArtikelNr IN (SELECT TOP 10 Artikelnr FROM Bestelldetails ORDER BY (Einzelpreis*Anzahl))
```

Das Ergebnis ist eine Tabelle mit dem gleichen Layout:

ArtikelNr	Artikelname	Einzelpreis	LieferantenNr	KategorieNr	Liefereinheit	MWSt	Lagerbestand	BestellteEinheiten
13	Konbu	6	6	8	2-kg-Karton	0,07	24	0
19	Teatime Chocolat...	9,2	8	3	10 Kartons x 12 ...	0,07	25	0
24	Guaraná Fantásti...	4,5	10	1	12 x 355-ml-Dosen	0,07	20	0
31	Gorgonzola Telino	12,5	14	4	12 x 100-g-Pack...	0,07	0	70
33	Geitostler	2,5	15	4	500-g-Packung	0,07	112	0
52	Filo Mix	7	24	5	16 x 2-kg-Kartons	0,07	38	0
75	Rhönbräu Kloster...	7,75	12	1	24 x 0,5-l-Flaschen	0,07	125	0

Datensätze: 7 (0,016 s)

Doch da findet sich in der SQL-Anweisung eine Funktion NOW(). Der Grund: Den Wert für das Feld *AusgelaufenAm* kann uns auch gleich die SQL-Engine eintragen.

Im letzten Schritt können wir zum Kopieren der Daten schreiten:

```
INSERT INTO
    AuslaufArtikel
SELECT
    ArtikelNr, Artikelname, LieferantenNr, KategorieNr, Liefereinheit, Einzelpreis, MWSt,
    Lagerbestand,
    BestellteEinheiten, Mindestbestand, Auslaufartikel, NOW AS AusgelaufenAm
FROM
    Artikel
WHERE
    ArtikelNr IN ( SELECT TOP 10 Artikelnr FROM Bestelldetails ORDER BY (Einzelpreis*Anzahl))
```

15.5.3 Exportieren/Importieren von Abfragedaten

Im Gegensatz zur INSERT INTO-Anweisung können Sie mit SELECT INTO gleich eine komplette neue Tabelle erzeugen.

```
SELECT <felder-quelltabelle> INTO <zieltabelle> FROM <quelltabelle>
```

HINWEIS: Die Zieltabelle kann im Fall von JET-SQL auch eine externe Datenbank/Tabelle sein.

Statt vieler Worte dürften wieder einige Beispiele für mehr Klarheit sorgen:

BEISPIEL: Erstellen einer neuen Tabelle *Nachbestellung*, in die alle Artikel eingetragen werden, von denen weniger als 5 im Lager sind.

```
SELECT
   *
INTO
   Nachbestellung
FROM
   Artikel
WHERE
   Lagerbestand < 5
```

Ein nachfolgender Blick mittels "SELECT * FROM Nachbestellung" zeigt das gewünschte Ergebnis:

ArtikelNr	Artikelname	Einzelpreis	LieferantenNr	KategorieNr	Liefereinheit	MWSt	Lagerbestand	BestellteEinheit
5	Chef Anton's Gu...	21,35	2	2	36 Kartons	0,07	0	0
17	Alice Mutton	39	7	6	20 x 1-kg-Dosen	0,07	0	0
21	Sir Rodney's Sco...	10	8	3	24 Packungen x...	0,07	3	40
29	Thüringer Rostbr...	123,79	12	6	50 Beutel x 30 W...	0,07	0	0
31	Gorgonzola Telino	12,5	14	4	12 x 100-g-Pack...	0,07	0	70
53	Perth Pasties	32,8	24	6	48 Stück	0,07	0	0
66	Louisiana Hot Spi...	17	2	2	24 x 8-oz-Gläser	0,07	4	100

Datensätze: 10 (0 s)

Anwendungsgebiete für die obigen Funktionen sind der Daten-Import/-Export, das Anlegen von Sicherungskopien, das Erstellen von temporären Tabellen etc.

Speichern in externen Tabellen

Verwenden Sie in o.g. Anweisung zusätzlich die Klausel IN, können Sie die Abfrageergebnisse auch in einer externen Tabelle speichern. Das Datenformat hängt vom verwendeten Aufruf ab.

```
SELECT
   *
INTO
   <Tabellenname>
IN
   <Pfad|Datenbank> <Datenbanktyp>
```

Als *Datenbanktyp* kommen die folgenden Zeichenfolgen infrage[1]:

Datenbanktyp	Kennzeichen
Access	"[Datenbank];"
dBASE III	"dBASE III;"
dBASE IV	"dBASE IV;"
dBASE 5	"dBASE 5.0;"
Excel 5.0	"Excel 5.0;"
Excel 95/97/2000/2002	"Excel 8.0;"
Excel 2007/2010/2013/2016	"Excel 12.0;" bzw. "Excel 12.0 Xml;"
HTML-Import	"HTML Import;"
HTML-Export	"HTML Export;"
Text	"Text;"
ODBC	"ODBC; DATABASE=Datenbankname; UID=Benutzer; PWD=Kennwort; DSN=Datenquelle; LOGINTIMEOUT=Sekunden"

HINWEIS: Achten Sie besonders auf die Schreibweise für das Exportformat! Die Autoren haben mehrere Stunden damit verbracht, einen entsprechenden Fehler zu beseitigen (das fehlende Semikolon war die Ursache!).

BEISPIEL: Export der Tabelle *Artikel* im dBASE IV-Format

```
SELECT
   *
INTO
   Artikel IN 'c:\' 'dBase IV;'
FROM
   Artikel
```

BEISPIEL: Export des Datenblatts *Mitarbeiter* aus Excel in das Microsoft Access-Format

```
SELECT *
INTO
  Mitarbeiter
FROM
  [Mitarbeiter$] IN 'C:\Buchbeispiel.xls' 'Excel 8.0;'
```

HINWEIS: Zumindest eine leere Datenbank muss in diesem Fall bereits vorhanden sein, die Tabelle wird angelegt. Sollte die Tabelle schon existieren, tritt ein Laufzeitfehler auf (3010).

---

[1] Seit Access 2013 werden die dBASE-Formate nicht mehr unterstützt!

15.5 Daten manipulieren

BEISPIEL: Export von *Artikel* im HTML-Format

```
SELECT
   *
INTO
   [Artikel.htm] IN 'c:\' 'HTML Export;'
FROM
   Artikel
```

Erhalten Sie nachfolgende Fehlermeldung ...

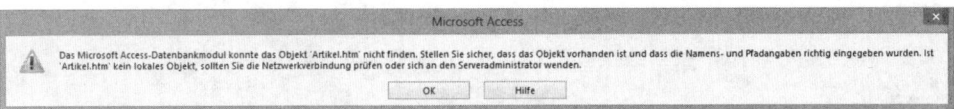

sollten Sie diese, wie viele andere Access-Fehlermeldungen, ganz schnell vergessen und lieber daran denken, dass die Benutzerkontensteuerung (UAC) zugeschlagen hat. Ändern Sie einfach den Pfad!

ArtikelNr	Artikelname	LieferantenNr	KategorieNr	Liefereinheit	Einzelpreis	MWSt	Lagerbestand	Best...
1	Chai	1	1	10 Kartons x 20 Beutel	18,00 €	0,07	18	
2	Chang	1	1	24 x 12-oz-Flaschen	19,00 €	0,07	17	
3	Aniseed Syrup	1	2	12 x 550-ml-Flaschen	10,00 €	0,07	13	
4	Chef Anton's Cajun Seasoning	2	2	48 x 6-oz-Gläser	22,00 €	0,07	53	

Die obigen SQL-Anweisungen können Sie entweder in einer Access-Abfrage speichern und diese später aufrufen (eventuell mit Parametern), oder Sie verwenden die *Execute*-Methode des *Database*-Objekts.

15.5.4 Aktualisieren/Ändern

Eine einfache Möglichkeit zum Aktualisieren bietet sich mit dem UPDATE-Befehl an. In Kombination mit einer WHERE-Klausel lassen sich schnell alle gesuchten Datensätze ändern, ohne dass diese auf den Client übertragen werden müssten. Die Änderung kann sich auf mehrere Felder eines Datensatzes auswirken.

```
UPDATE <Tabellename> SET <Feld> = <Ausdruck> WHERE ...
```

Ähnlich wie die Variablen in einem Programm können Sie auch die Inhalte von Tabellenfeldern (des aktuellen Datensatzes) für eine Neuberechnung verwenden. Dies gilt auch für das zu bearbeitende Feld.

BEISPIEL: Eine 5%ige Preiserhöhung

```
UPDATE
   Artikel
SET
   Einzelpreis = Einzelpreis * 1.05
```

Möchten Sie nur einige Felder verändern, setzen Sie die WHERE-Klausel ein:

BEISPIEL: Nur Artikel, die weniger als 20 Euro kosten, werden verteuert

```
UPDATE
   Artikel
SET
   Einzelpreis = Einzelpreis * 1.05
WHERE
   Einzelpreis < 20
```

Um mehrere Felder gleichzeitig zu ändern, separieren Sie die entsprechenden Ausdrücke durch Kommas.

BEISPIEL: Der Artikel "Chai" wird auf die Hälfte seines Preises gesenkt und zum Auslaufartikel erklärt

```
UPDATE
   Artikel
SET
   Einzelpreis = Einzelpreis * 0.5, Auslaufartikel = True
WHERE
   Artikelname = 'Chai'
```

HINWEIS: Sie können auch mehrere Tabellen in die UPDATE-Anweisung einbeziehen und so einzelne Felder zwischen Tabellen kopieren.

15.5.5 Löschen

Für das Löschen von Datensätzen können Sie die SQL-DELETE-Anweisung verwenden.

```
DELETE FROM <Tabellenname> ... WHERE <logischer Ausdruck>
```

HINWEIS: Beachten Sie, dass ein "DELETE FROM xyz" ohne jede Nachfrage rigoros den kompletten Tabelleninhalt löscht (lediglich die Struktur bleibt erhalten)!

Zur Auswahl der Datensätze verwenden Sie die gleichen WHERE-Klauseln wie bei der SELECT-Anweisung.

BEISPIEL: Der junge dynamische Chef möchte sich (kurz vor der Firmenpleite) von allen Mitarbeitern trennen, die älter als 35 Jahre sind.

```
DELETE FROM
  Personal
WHERE
  DateDiff('yyyy', Geburtsdatum, Now) > 35
```

Vielfach werden auch Unterabfragen für die Bildung des logischen Ausdrucks eingesetzt. Auf diese Weise lassen sich zum Beispiel alle Datensätze in einer Tabelle löschen, die bereits in einer anderen Tabelle auftreten.

BEISPIEL: Verwenden von Unterabfragen

```
DELETE FROM
  Artikel
WHERE
  ArtikelNr IN (SELECT TOP
                       10 Artikelnr
                FROM
                   Bestelldetails
                ORDER BY
                   (Einzelpreis * Anzahl))
```

Bemerkungen

- Mit der DELETE-Anweisung löschen Sie nur Datensätze und nicht die Tabelle selbst. Zum Löschen der gesamten Tabelle nutzen Sie die Anweisung DROP TABLE.

- DELETE löscht nur komplette Records. Einzelne Tabellenfelder lassen sich auf diese Weise nicht löschen. Verwenden Sie in diesem Fall UPDATE und weisen Sie den gewünschten Spalten NULL-Values zu.

- Das Löschen einzelner Datensätze kann gegen Regeln der *referenziellen Integrität* verstoßen, eine SQL-DELETE-Anweisung kann also auch fehlschlagen (Fehlerbehandlung!).

15.6 Erweiterte SQL-Funktionen

Im Folgenden wollen wir Ihnen weitere Möglichkeiten von SQL vorstellen, wie Sie

- Ihre Abfragen in eine optisch ansprechendere Form bringen,
- Berechnungsfunktionen nutzen,
- mit Datums- und Zeitfunktionen arbeiten,
- Kreuztabellenabfragen realisieren und
- wie Sie hierarchische Recordsets abfragen.

15.6.1 Berechnete/Formatierte Spalten

Vielleicht haben Sie bereits bemerkt, dass sich die Schreibweise der Spaltennamen auf die Anzeige in einer Tabelle auswirkt. Mit der AS-Klausel können Sie jeder einzelnen Spalte eine beliebige Bezeichnung zuweisen. Enthält diese ein Leerzeichen, müssen Sie den String in eckige Klammern einschließen.

BEISPIEL: Ändern der Spaltenbezeichner *Nachname* in *Name* und *Geburtsdatum* in *geboren am*

```
SELECT
    Vorname,
    Nachname AS Name,
    Geburtsdatum AS [geboren am]
FROM
    Personal
```

Vorname	Name	geboren am
Nancy	Davolio	08.12.1968
Andrew	Fuller	19.02.1952
Janet	Leverling	30.08.1963
Margaret	Peacock	19.09.1958
Steven	Buchanan	04.03.1955
Michael	Suyama	02.07.1963
Robert	King	29.05.1960

Datensätze: 12 (0 s)

Neben der Veränderung der Spaltenbezeichner können Sie auch eine oder mehrere Tabellenspalten in einer neuen Spalte zusammenfassen.

BEISPIEL: Ausgabe des Namens in der Form "Nachname, Vorname"

```
SELECT
    Nachname + ', ' + Vorname AS Name
FROM
    Personal
```

Name
Davolio, Nancy
Fuller, Andrew
Leverling, Janet
Peacock, Margaret
Buchanan, Steven
Suyama, Michael
King, Robert

Datensätze: 12 (0 s)

Format-Funktion

Alternativ bietet sich für die Formatierung von Ausgabeergebnissen die recht leistungsfähige *Format*-Funktion an.

```
Format(Ausdruck [,Formatierungsstring])
```

15.6 Erweiterte SQL-Funktionen

Der Parameter *Ausdruck* ist im einfachsten Fall eine Fest- oder Gleitkommazahl, kann aber auch eine komplette Formel beinhalten.

Das Formatieren ist fast eine Wissenschaft für sich, denn der *Formatierungsstring* gestattet eine (fast unbegrenzte) Vielfalt von Darstellungsmöglichkeiten nicht nur für Zahlen, sondern auch für Währungen, Datums-/Zeitangaben und Strings.

Jet-SQL stellt eine Reihe von vordefinierten Stringkonstanten bereit, die Sie anstelle eines eigenen Formatierungsstrings einsetzen können:

Formatierungsstring	Erklärung (für deutsche Ländereinstellung)
General Number	Normaldarstellung, ohne Tausender-Separator (.)
Fixed	Zeigt mindestens eine Vor- und mindestens zwei Nachkommastellen an
Standard	Darstellung mit Tausender-Separator (.) und mindestens zwei Nachkommastellen
Currency	Währungsformat
Percent	Prozentdarstellung
Scientific	Wissenschaftliche Notation
Yes/No	0 = Nein, sonst Ja
True/False	0 = Falsch, sonst Wahr
On/Off	0 = Aus, sonst Ein

BEISPIEL: Verschiedene Formatierungen für Zahlenwerte

```
Format(12345.6789,'General Number')   ---> 12345,6789
Format(12345.6789,'Fixed')            ---> 12345,68
Format(12345.6789,'Standard')         ---> 12.345,6789
Format(12345.6789,'Currency')         ---> 12.345,68 €
Format(12345.6789,'Scientific')       ---> 1,23E+04
Format(0.123456789,'Percent')         ---> 12,35%
```

BEISPIEL: Artikelnamen und Preis (in Euro) aller Artikel

```
SELECT
   Artikelname, Format(Einzelpreis,'Currency') AS Einzelpreis
FROM
   Artikel
```

Artikelname	Einzelpreis
Chai	18,00 €
Chang	19,00 €
Aniseed Syrup	10,00 €
Chef Anton's Cajun Seasoning	22,00 €
Chef Anton's Gumbo Mix	21,35 €
Grandma's Boysenberry Spread	25,00 €
Uncle Bob's Organic Dried Pears	30,00 €

Datensätze: 79 (0,031 s)

Unter Verwendung folgender Zeichen innerhalb des Formatierungsstrings können Sie sich eigene Formatierungen "zusammenbasteln".

Formatierung	Erklärung (für deutsche Ländereinstellung)
""	Formatierte Zahlenausgabe
0	Platzhalter, zeigt die Ziffer 0 oder ein anderes Zeichen
#	Platzhalter, zeigt nichts oder ein anderes Zeichen
. (Punkt)	Dezimaltrenner, bestimmt Vor- und Nachkommastellen
%	Prozentplatzhalter, multipliziert die Anzeige mit 100
, (Komma)	Tausender-Separator, für Zahlen mit vier und mehr Stellen
E- E+ e- e+	Exponentialschreibweise
- + $ ( ) Leerzeichen	Diese Zeichen werden direkt angezeigt
\	Das nachfolgende Zeichen wird angezeigt

BEISPIEL: Einfache Formatierungen

```
Format(000234, '###0')          ---> 234
Format(234.7, '###0.00')        ---> 234,70
Format(234.7, '#0.00E+00')      ---> 23,47E+01
Format(500000, '##,##.00 Euro') ---> 50.000,00 Euro
```

HINWEIS: Beachten Sie die gegensätzliche Bedeutung von Punkt (.) und Komma (,) im Formatierungsstring!

BEISPIEL: Eine alternative Währungsformatierung zum obigen Beispiel

```
SELECT
  Artikelname,
  Format(Einzelpreis,'#,##0.00 Euro') AS Verkaufspreis
FROM Artikel
```

Artikelname	Verkaufspreis
Chocolade	12,75 Euro
Maxilaku	20,00 Euro
Valkoinen suklaa	16,25 Euro
Manjimup Dried Apples	53,00 Euro
Filo Mix	7,00 Euro
Perth Pasties	32,80 Euro
Tourtière	7,45 Euro

Datensätze: 79 (0 s)

BEISPIEL: Diese Formatierung gestattet das Einfügen von Text

```
SELECT
  Vorname, Nachname,
  Format(Geburtsdatum, "dddd, \d\e\n dd.mm.yyyy") AS Geburtstag
FROM Personal
```

15.6 Erweiterte SQL-Funktionen

Vorname	Nachname	Geburtstag
Nancy	Davolio	Sonntag, den 08.12.1968
Andrew	Fuller	Dienstag, den 19.02.1952
Janet	Leverling	Freitag, den 30.08.1963
Margaret	Peacock	Freitag, den 19.09.1958
Steven	Buchanan	Freitag, den 04.03.1955
Michael	Suyama	Dienstag, den 02.07.1963
Robert	King	Sonntag, den 29.05.1960

Datensätze: 12 (0,015 s)

BEISPIEL: Selbst eine Datumsangabe im korrekten SQL-Format ist auf diese Weise möglich

```
SELECT
  Vorname, Nachname, Format(Geburtsdatum, '\#mm\/dd\/yyyy\#') AS Geburtstag
FROM Personal
```

Vorname	Nachname	Geburtstag
Nancy	Davolio	#12/08/1968#
Andrew	Fuller	#02/19/1952#
Janet	Leverling	#08/30/1963#
Margaret	Peacock	#09/19/1958#
Steven	Buchanan	#03/04/1955#
Michael	Suyama	#07/02/1963#
Robert	King	#05/29/1960#

Datensätze: 12 (0 s)

Auch die Darstellung von Zeichenketten lässt sich mit *Format* manipulieren:

Zeichen	Bedeutung
@	Platzhalter für Zeichen oder Leerzeichen
&	Platzhalter für Zeichen oder nichts
!	Füllt Platzhalter von links nach rechts auf (sonst umgekehrt)
< >	Darstellung in Klein- bzw. Großbuchstaben

BEISPIEL: Die Namen aller Mitarbeiter werden in Großbuchstaben ausgegeben

```
SELECT
  Format(Nachname,'>') AS Name
FROM
  Personal
```

Name
DAVOLIO
FULLER
LEVERLING
PEACOCK
BUCHANAN
SUYAMA
KING

Datensätze: 12 (0 s)

Berechnungen in Spalten

Innerhalb der SELECT-Anweisung können Sie auch kleinere Berechnungen bzw. Formatierungen mit den Tabellenspalten realisieren.

BEISPIEL: Mit "+" zwei Tabellenspalten verketten

```
SELECT
  Anrede + ' ' + Vorname + ' ' + Nachname AS [Komplette Anrede]
FROM
  Personal
```

Komplette Anrede
Frau Nancy Davolio
Herr Andrew Fuller
Frau Janet Leverling
Frau Margaret Peacock
Herr Steven Buchanan
Herr Michael Suyama
Dr. Robert King

Datensätze: 12 (0 s)

Was wie eine Berechnung aussieht, stellt die Verknüpfung zweier *String*-Felder dar. Auf diese Weise wird der Inhalt der Tabellenfelder in ein Feld projiziert.

BEISPIEL: Die Artikelliste wird mit 5% Preisaufschlag ausgegeben. Die Änderung des Einzelpreises hat keine Auswirkung auf die Werte in der Tabelle, lediglich das Recordset enthält diese Werte.

```
SELECT
  Artikelname,
  Format(Einzelpreis,'Currency') AS Einzelpreis,
  Format(Einzelpreis * 1.05, 'Currency') AS [nach der Preiserhöhung]
FROM
  Artikel
```

Artikelname	Einzelpreis	nach der Preiserhöhung
Chai	18,00 €	18,90 €
Chang	19,00 €	19,95 €
Aniseed Syrup	10,00 €	10,50 €
Chef Anton's Cajun Seasoning	22,00 €	23,10 €
Chef Anton's Gumbo Mix	21,35 €	22,42 €
Grandma's Boysenberry Spread	25,00 €	26,25 €
Uncle Bob's Organic Dried Pears	30,00 €	31,50 €

Datensätze: 79 (0,016 s)

Neue Spalten erzeugen

Möchten Sie zusätzliche leere Spalten erzeugen, ist auch dies kein Problem.

BEISPIEL: Eine neue und eine leere Spalte erzeugen

```
SELECT
  Nachname,
```

15.6 Erweiterte SQL-Funktionen

```
    '   ' AS Neu,
    NULL AS Leer
FROM
    Personal
```

Nachname	Neu	Leer
Davolio		x
Fuller		x
Leverling		x
Peacock		x
Buchanan		x
Suyama		x
King		x

Datensätze: 12 (0 s)

Weitere String-Formatierungsfunktionen

Mit Hilfe der folgenden Stringverarbeitungsfunktionen können Sie zum einen diverse Optionen für die WHERE-Klausel realisieren, zum anderen lässt sich auch das Ausgabeformat beeinflussen.

Funktion	Beschreibung
ASC(zeichen)	Liefert den ASCII-Code des übergebenen Strings
LEN(string)	Ermittelt die Länge des übergebenen Strings
RTRIM(string)	Entfernt alle rechts stehenden Leerzeichen
SPACE(anzahl)	Erzeugt einen String mit *anzahl* Leerzeichen
LTRIM(string)	Entfernt alle links stehenden Leerzeichen
MID(string, start, anzahl)	Liefert *anzahl* von Zeichen ab *start*
LCASE(string)	Wandelt einen String in Kleinbuchstaben um
RIGHT(string, anzahl)	Liefert die rechten *anzahl* Zeichen aus *string*
UCASE(string)	Wandelt einen String in Großbuchstaben um
LEFT(string, anzahl)	Liefert die linken *anzahl* Zeichen aus *string*
INSTR(string, teilstring)	Liefert die Position von *teilstring* in *string*
STRING(anzahl, zeichen)	Liefert einen String, der aus *anzahl zeichen* besteht

BEISPIEL: Anzeige der Initiale (bestehend aus Vorname und Nachname) für alle Datensätze der Tabelle *Personal*.

```
SELECT
    nachname,
    vorname,
    Left(vorname,1) + '.' + Left(nachname,1) + '.'
FROM
    Personal
```

Nachname	vorname	Expr1002
Davolio	Nancy	N.D.
Fuller	Andrew	A.F.
Leverling	Janet	J.L.
Peacock	Margaret	M.P.
Buchanan	Steven	S.B.
Suyama	Michael	M.S.
King	Robert	R.K.

Datensätze: 12 (0 s)

BEISPIEL: Sortieren der Artikel nach Länge der Bezeichnung und Alphabet

```
SELECT
  Artikelname,
  Len(Artikelname) As Länge
FROM
  Artikel
ORDER BY
  Len(Artikelname),
  Artikelname
```

Artikelname	Länge
Chai	4
Tofu	4
Chang	5
Ikura	5
Konbu	5
Quark	5
Pavlova	7

Datensätze: 79 (0 s)

15.6.2 Berechnungsfunktionen

Dass Sie direkt in SQL-Anweisungen auch rechnen können, ist Ihnen bei manchen der vorhergehenden
Beispiele sicher schon aufgefallen. SQL unterstützt eingebaute Berechnungen durch eine Reihe von einfachen mathematischen Operatoren, so genannten *Aggregatfunktionen*:

- Summenbildung (*SUM*)
- Mittelwert (*AVG*)
- Erster Datensatz (*FIRST*)
- Letzter Datensatz (*LAST*)
- Minimum (*MIN*)
- Maximum (*MAX*)
- Zählen (*COUNT*)
- Standardabweichung (*STDEV/STDEVP*)
- Varianz (*VAR/VARP*)

15.6 Erweiterte SQL-Funktionen

BEISPIEL: Durchschnittspreis, Minimum, Maximum und Summe der Einzelpreise aller Artikel berechnen

```
SELECT
  AVG(Einzelpreis) AS Durchschnitt,
  MAX(Einzelpreis) AS Maximum,
  MIN(Einzelpreis) AS Minimum,
  SUM(Einzelpreis) AS Summe
FROM
  Artikel
```

Durchschnitt	Maximum	Minimum	Summe
29,5406	263,5	2,5	2333,71

Datensätze: 1 (0 s)

BEISPIEL: Alle Artikel ermitteln, die mehr als der Durchschnitt kosten

```
SELECT
  Artikelname, Einzelpreis
FROM
  Artikel
WHERE
  Einzelpreis > (SELECT AVG(Einzelpreis) FROM Artikel)
ORDER BY
  Einzelpreis DESC
```

Artikelname	Einzelpreis
Côte de Blaye	263,5
Thüringer Rostbratwurst	123,79
Affenfleisch	98,5
Mishi Kobe Niku	97
Sir Rodney's Marmalade	81
Carnarvon Tigers	62,5
Raclette Courdavault	55
Manjimup Dried Apples	53

Datensätze: 26 (0,015 s)

HINWEIS: Möchten Sie bei Berechnungen doppelte Einträge nicht berücksichtigen, können Sie die Abfrage mit DISTINCT kombinieren.

15.6.3 NULL-Werte

An dieser Stelle ein kleiner Exkurs zum Thema "NULL-Values", da diese bei Berechnungen oft stiefmütterlich behandelt werden bzw. teilweise zu Missverständnissen führen können.

Mit NULL-Werten werden undefinierte Feldeinträge bezeichnet, z.B. wenn nichts eingetragen wurde.

HINWEIS: Verwechseln Sie NULL-Werte niemals mit der numerischen Null (0) bzw. einem Leerstring ('')!

15.4 Daten abfragen

Möchten Sie im Interesse der besseren Lesbarkeit die Spaltennamen ändern, ist dies mit Hilfe der AS-Klausel kein Problem:

```
SELECT
    p1.Nachname AS [Nachname], p2.Nachname AS [Vorgesetzter]
FROM ...
```

Nachname	Vorgesetzter
Davolio	Fuller
Fuller	
Leverling	Callahan
Peacock	Callahan

Datensätze: 9 (0,016 s)

15.4.8 Tabellen vereinigen

Bei der UNION-Anweisung handelt es sich um die direkte Umsetzung der Vereinigung zweier Tabellen bzw. Abfragen. Voraussetzung für einen UNION ist die identische Struktur beider Abfrageergebnisse (die Tabellenstruktur kann sich unterscheiden).

BEISPIEL: In Access-SQL entscheiden Sie mit der Verwendung von Left- bzw. Right-Join, welche Tabelle mit NULL-Werten aufgefüllt wird (siehe Seite 914).

Aus zwei Tabellen (*Personal*, *Kunden*) möchten Sie ein gemeinsames Telefonverzeichnis erstellen

```
SELECT
    Personal.Vorname + ' ' + Personal.Nachname,
    Personal.[Durchwahl Büro]
FROM
    Personal

UNION

SELECT
    Kunden.Kontaktperson, Kunden.Telefon
FROM
    Kunden;
```

HINWEIS: Beachten Sie, dass hier auch Mitarbeiter bzw. Lieferanten ohne Telefon ausgegeben werden!

Expr1000	Durchwahl Büro
Alejandra Camino	(91) 745 6200
Alexander der Große	0342-023176
Ana Trujillo	(5) 555-4729
Anabela Domingues	(11) 555-2167
André Fonseca	(11) 555-9482
Andrew Fuller	3457
Ann Devon	(71) 555-0297

Datensätze: 101 (0,031 s)

Ein NULL-Wert wäre beispielsweise eine fehlende Faxnummer in einem Adressbuch, denn nicht jeder hat ein Faxgerät bzw. die Faxnummer könnte unbekannt sein.

HINWEIS: In Feldern, die Sie als *Primary Index* verwenden, sind NULL-Werte unzulässig. Sollen trotzdem NULL-Werte erlaubt sein, verwenden Sie einen eindeutigen Index.

Die Anwendung von NULL-Werten ist nicht immer ganz unproblematisch.

BEISPIEL: In der Beispieldatenbank finden Sie eine Tabelle *Gewicht*, die aus den Spalten *ID* und *Wert* besteht. Der zweite der drei Datensätze weist einen NULL-Value auf.

ID	Wert
1	10
2	
3	20

Datensätze: 3 (0,016 s)

Ermitteln Sie nun das Durchschnittsgewicht mit

```
SELECT
  SUM(Wert)/COUNT(*) AS Durchschnitt
FROM Gewicht
```

so erhalten Sie das offensichtlich falsche Resultat 30/3 = 10, da auch der Datensatz mit NULL-Wert in die Berechnung einbezogen wurde. Ermitteln Sie aber den Wert mit

```
SELECT
  SUM(Wert)/COUNT(wert)
FROM Gewicht
```

so ist das Resultat 30/2 = 15 offensichtlich richtig. Auch die Abfrage

```
SELECT
  AVG(wert)
FROM Gewicht
```

liefert als Ergebnis 15, da NULL-Values korrekterweise nicht in die Berechnung einbezogen werden.

Wie sich NULL-Werte auf logische Operationen auswirken, zeigen die beiden folgenden Tabellen.

UND-Verknüpfungen:

	True	**False**	**NULL**
True	True	False	NULL
False	False	False	False
NULL	NULL	False	NULL

15.6 Erweiterte SQL-Funktionen

ODER-Verknüpfungen:

	True	False	NULL
True	True	True	True
False	True	False	NULL
NULL	True	NULL	NULL

HINWEIS: In einigen Spezialfällen (Expertensysteme etc.) bietet sich anstatt der NULL-Werte die Einführung von Wahrscheinlichkeitsfaktoren für die Bestimmung einer Aussage an.

15.6.4 Datum und Zeit in SQL-Abfragen

Häufig ist es erforderlich, Datumswerte bzw. Teile von Datumswerten (Jahre, Monate, Tage) in WHERE-Klauseln einzubauen. Jet-SQL stellt zu diesem Zweck eine Reihe von Funktionen bereit:

Funktion	Bemerkung
NOW	Liefert das aktuelle Datum und die Zeit
DATE	Liefert das aktuelle Datum
TIME	Liefert die aktuelle Zeit
HOUR	Extrahiert die Stunden aus einem Zeitwert
MINUTE	Extrahiert die Minuten aus einem Zeitwert
SECOND	Extrahiert die Sekunden aus einem Zeitwert
MONTH	Extrahiert den Monat aus einem Datumswert
YEAR	Extrahiert das Jahr aus einem Datumswert
WEEKDAY	Extrahiert den Wochentag aus einem Datumswert

BEISPIEL: Die Verwendung der o.g. Funktionen

```
SELECT
  DATE() AS [Date()],
  NOW() AS [Now()],
  TIME() AS [Time()]
```

Date()	Now()	Time()
28.04.2006	28.04.2006 11:11	30.12.1899 11:11

Datensätze: 1 (0 s)

BEISPIEL: Verwendung von YEAR (alle Bestellungen ermitteln, die im Jahr 1998 aufgegeben wurden)

```
SELECT *
FROM
  Bestellungen
```

```
WHERE
    YEAR(Bestelldatum) = 1998
```

BestellNr	KundenCode	PersonalNr	Bestelldatum	Lieferdatum	Versanddatum	VersandUeber	Frachtkosten	Empfaenger	S
10808	OLDWO	2	01.01.1998	29.01.1998	09.01.1998	3	45,53	Old World Delicat...	2
10809	WELLI	7	01.01.1998	29.01.1998	07.01.1998	1	4,87	Wellington Import...	R
10810	LAUGB	2	01.01.1998	29.01.1998	07.01.1998	3	4,33	Laughing Bacch...	2
10811	LINOD	8	02.01.1998	30.01.1998	08.01.1998	1	31,22	LINO-Delicateses	A
10812	REGGC	5	02.01.1998	30.01.1998	12.01.1998	1	59,78	Reggiani Caseifici	S
10813	RICAR	1	05.01.1998	02.02.1998	09.01.1998	1	47,38	Ricardo Adocica...	A
10814	VICTE	3	05.01.1998	02.02.1998	14.01.1998	3	130,94	Victuailles en stock	2

Datensätze: 270 (0,031 s)

HINWEIS: Sie können obige Funktion auch zusammen mit der ORDER BY- bzw. GROUP BY-Klausel verwenden.

Datumsberechnungen

Neben den einfachen Datums- und Zeitfunktionen bieten sich mit DATEDIFF, DATEADD und DATEPART recht komplexe Funktionen für die Berechnung bzw. Verarbeitung von Datums- und Zeitwerten an.

Mit der Funktion DATEDIFF können Sie Differenzen zwischen Datumswerten berechnen. Auf welches Intervall (Tage, Jahre etc.) sich diese Differenz bezieht, legen Sie selbst fest.

```
DATEDIFF(interval, datum1, datum2)
```

Mögliche Werte für den Parameter *interval*:

Intervall	Beschreibung
yyyy	Jahre
q	Quartale
m	Monate
y	Tag des Jahres
d	Tage
w	Wochentage
ww	Wochen
h	Stunden
n	Minuten
s	Sekunden

BEISPIEL: Berechnung des Alters eines Mitarbeiters in Tagen, Monaten und Jahren

```
SELECT
    Nachname, Vorname,
    Geburtsdatum,
    DATEDIFF('d', Geburtsdatum, Now) AS [Tage],
    DATEDIFF('m', Geburtsdatum, Now) AS [Monate],
```

15.6 Erweiterte SQL-Funktionen

```
    DATEDIFF('yyyy', Geburtsdatum, Now) AS [Jahre]
FROM
    Personal
```

Nachname	Vorname	Geburtsdatum	Tage	Monate	Jahre
Davolio	Nancy	08.12.1968	13655	448	38
Fuller	Andrew	19.02.1952	19792	650	54
Leverling	Janet	30.08.1963	15582	512	43
Peacock	Margaret	19.09.1958	17388	571	48
Buchanan	Steven	04.03.1955	18683	613	51
Suyama	Michael	02.07.1963	15641	513	43
King	Robert	29.05.1960	16770	551	46

Datensätze: 12 (0 s)

Auf diese Weise lassen sich auch Datensätze selektieren, die bestimmte Kriterien erfüllen.

BEISPIEL: Alle Mitarbeiter, die älter als 50 Jahre sind

```
SELECT
    Nachname,
    Vorname,
    Geburtsdatum
FROM
    Personal
WHERE
    DATEDIFF('yyyy', Geburtsdatum, Now) > 50
```

Nachname	Vorname	Geburtsdatum
Fuller	Andrew	19.02.1952
Buchanan	Steven	04.03.1955

Datensätze: 2 (0 s)

Andererseits bietet sich diese Funktion auch zum Gruppieren von Daten an.

BEISPIEL: Anzahl der Mitarbeiter in den einzelnen Altersgruppen

```
SELECT
    DATEDIFF('yyyy', Geburtsdatum, Now) AS Jahrgang,
    Count(*) AS Anzahl
FROM
    Personal
GROUP BY
    DATEDIFF('yyyy', Geburtsdatum, Now)
```

Jahrgang	Anzahl
37	1
38	1
43	2
46	1
48	2
51	1
54	1

Datensätze: 7 (0 s)

Eine weitere Funktion ermöglicht die Berechnung eines neuen Datums basierend auf einem Ausgangsdatum:

```
DATEADD(intervall, anzahl, datum)
```

Es gelten für die Eigenschaft *intervall* die gleichen Parameter wie bei der DATEDIFF-Funktion.

BEISPIEL:

Um die Altersstruktur Ihres Unternehmens zu schönen, machen Sie die Mitarbeiter virtuell um zwei Jahre älter.

```
SELECT
  Nachname, Vorname,
  DATEADD('yyyy', 2, Geburtsdatum) AS [Geburtsdatum Neu],
  Geburtsdatum
FROM
  Personal
```

Nachname	Vorname	Geburtsdatum Neu	Geburtsdatum
Davolio	Nancy	08.12.1970	08.12.1968
Fuller	Andrew	19.02.1954	19.02.1952
Leverling	Janet	30.08.1965	30.08.1963
Peacock	Margaret	19.09.1960	19.09.1958
Buchanan	Steven	04.03.1957	04.03.1955
Suyama	Michael	02.07.1965	02.07.1963
King	Robert	29.05.1962	29.05.1960

Datensätze: 9 (0,016 s)

Geht es darum, aus einem Datumswert Teile zu extrahieren, können Sie auch die Funktion DATEPART einsetzen:

```
DATEPART(datumsteil, datum)
```

Die folgende Tabelle zeigt die Parameter im Einzelnen.

Datumsteil	Beschreibung
yyyy	Jahr
q	Quartal
m	Monat
y	Tag des Jahres
d	Tag
w	Wochentag
ww	Woche
h	Stunde
n	Minute
s	Sekunde

15.6 Erweiterte SQL-Funktionen

BEISPIEL: Verwendung der Funktion DATEPART

```
SELECT

  NOW,
  DATEPART('yyyy', Now()) AS Jahr,
  DATEPART('q', Now()) AS Quartal,
  DATEPART('y', Now()) AS [Tag des Jahres],
  DATEPART('m', Now()) AS Monat,
  DATEPART('d', Now()) AS Tag
```

Expr1000	Jahr	Quartal	Tag des Jahres	Monat	Tag
28.04.2006 11:20	2006	2	118	4	28

Datensätze: 1 (0 s)

DateValue

Mit DATEVALUE bietet sich Ihnen die Möglichkeit, aus einem String ein korrektes Datum zu erzeugen. Die Funktion nutzt die unter Microsoft Windows festgelegten Ländereinstellungen, um die Typkonvertierung (String -> Datum) durchzuführen.

BEISPIEL: Verwendung von DATEVALUE

```
SELECT

  DATEVALUE('1.11'),
  DATEVALUE('1.11.78'),
  DATEVALUE('1.11.01'),
  DATEVALUE('1.11.2001'),
  DATEVALUE('1/5/2001')
```

Expr1000	Expr1001	Expr1002	Expr1003	Expr1004
01.11.2006	01.11.1978	01.11.2001	01.11.2001	01.05.2001

Datensätze: 1 (0 s)

Ob Sie den Punkt (.), einen Slash (/) oder ein anderes Datumstrennzeichen verwenden, spielt keine Rolle (siehe letzter Ausdruck im obigen Beispiel). Offensichtlich versucht DATEVALUE "mit der Brechstange" jeden nur einigermaßen brauchbaren Stringausdruck in ein Datum zu verwandeln, dies aber ist nicht ganz unproblematisch, da dadurch mögliche Eingabefehler verdeckt werden können.

HINWEIS: Auch wenn Sie das Datum in US-Schreibweise (*mm/dd/yyyy*) angeben, wird dies zunächst als deutsche Datumsangabe interpretiert. Erst wenn dabei ein unsinniges Datum herauskommen sollte, wird das englische Format genommen (Tag und Monat vertauscht).

BEISPIEL: Alle Ausdrücke werden als US-Datum interpretiert und liefern den *28.11.2010*

```
SELECT
  DATEVALUE('11.28.2010'),
  DATEVALUE('11 28 2010'),
  DATEVALUE('11/28/2010')
```

15.6.5 Datentypumwandlungen

Möchten Sie Stringverkettungen im Zusammenhang mit numerischen Feldern durchführen, oder möchten Sie Zahlenwerte in Stringfeldern für Berechnungen nutzen, bleibt Ihnen eine Datentyp-Umwandlung nicht erspart. Jet-SQL bietet die folgenden Funktionen an:

Funktion	Beschreibung
CCUR(x)	Umwandeln in *Currency*-Wert
CDBL(x)	Umwandeln in *Double*
CINT(x)	Umwandeln in *Integer* (Runden)
CLNG(x)	Umwandeln in *Long*
CSNG(x)	Umwandeln in *Single*
CSTR(x)	Umwandeln in *String*
CVDATE(x)	Umwandeln in Datumswert (*Date*)

BEISPIEL: Verschiedene Typumwandlungen

```
SELECT
  CCUR(Einzelpreis),
  CINT(Einzelpreis),
  CSTR(Einzelpreis) + ' EURO'
FROM
  Artikel
```

Expr1000	Expr1001	Expr1002
18	18	18 EURO
19	19	19 EURO
10	10	10 EURO
22	22	22 EURO
21,35	21	21,35 EURO
25	25	25 EURO

Datensätze: 79 (0,016 s)

BEISPIEL: Umrechnung eines DM-Wertes in einen EURO-Wert

```
SELECT
  Einzelpreis AS DM,
  CCUR(Einzelpreis/1.95583) AS [Euro ungerundet],
  FORMAT(Einzelpreis/1.95583, 'Currency') AS [EURO]
FROM
  Artikel
```

15.6 Erweiterte SQL-Funktionen

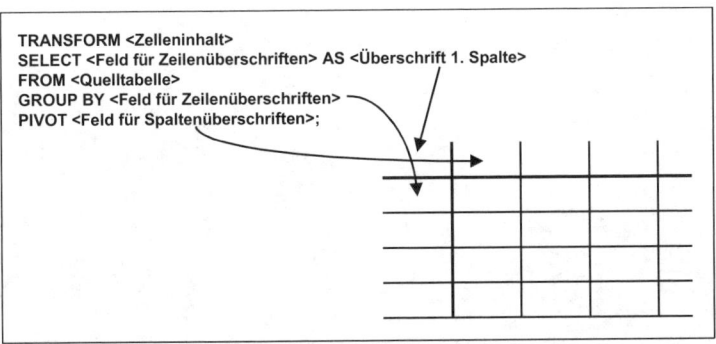

HINWEIS: Beachten Sie die kaufmännische Rundung für die dritte Nachkommastelle!

15.6.6 Kreuztabellenabfragen

Wer mit den bisherigen Berechnungs- und Abfragefunktionen von Jet-SQL noch nicht ganz zufrieden ist, der findet vielleicht mit einer Kreuztabellenabfrage eine Lösung für sein Problem.

Der Zelleninhalt ist das Ergebnis einer Aggregatfunktion (z.B. SUM, COUNT, AVG etc.). Die Abarbeitung können Sie sich wie folgt vorstellen:

1. Gruppieren der Daten nach <Feld für Zeilenüberschriften>.
2. Berechnung der Spalteninhalte mit der Funktion <Zelleninhalt>, indem nur die Daten in die Berechnung einbezogen werden, die <Feld für Spaltenüberschriften> entsprechen.
3. Wiederholte Abarbeitung von Schritt 2 für alle in Schritt 1 gebildeten Gruppen.

Natürlich können Sie auch noch eine WHERE-Klausel zum Filtern einbauen oder die Daten mit ORDER BY sortieren.

Die Syntax bzw. den Verwendungszweck soll eine Skizze verdeutlichen:

```
TRANSFORM <Zelleninhalt>
SELECT <Feld für Zeilenüberschriften> AS <Überschrift 1. Spalte>
FROM <Quelltabelle>
GROUP BY <Feld für Zeilenüberschriften>
PIVOT <Feld für Spaltenüberschriften>;
```

Aufbauend auf einer Tabelle *Personen* soll eine Alterspyramide erstellt werden, die nach Männlein und Weiblein getrennt ist. Die bloße Trennung dürfte kein Problem sein, da die Anrede in der Datenbank gespeichert ist. Damit steht auch schon der Wert für die Spaltenüberschriften fest: das Feld *Anrede*. Die Zeilenüberschriften können wir aus dem Geburtsdatum ermitteln, gruppiert wird nach dem Geburtsjahr. Welches Feld wir für die Berechnung nehmen, ist vollkommen unerheblich, wichtig ist nur, dass wir die COUNT-Funktion verwenden.

BEISPIEL: Ein erster Entwurf könnte wie folgt aussehen:

```
TRANSFORM
  COUNT(*)
SELECT
  Year(Geburtstag) AS Jahr FROM Personen
GROUP BY
  Year(Geburtstag)
PIVOT
  Anrede
```

Jahr	Frau	Herr
1974	13	1
1975	13	
1976	14	2
1977	13	2
1978	18	4
1979	10	3
1980	1	
1981	3	1
1982	2	

Datensätze: 50 (0,016 s)

Um statt des Geburtsjahres das Alter auszugeben, berechnen wir die Differenz zum Tagesdatum:

```
TRANSFORM
  Count(*)
SELECT
  DateDiff('yyyy',Geburtstag, Now) AS [Alter]
FROM
  Personen
GROUP BY
  DateDiff('yyyy', Geburtstag, Now)
PIVOT  Anrede
```

Alter	Frau	Herr
24	2	
25	3	1
26	1	
27	10	3
28	18	4
29	13	2

Datensätze: 50 (0,015 s)

Speichern Sie die SQL-Anweisung als Abfrage "Alterspyramide" ab. Für die grafische Anzeige dieser Abfrage bietet sich ein *Diagramm*-Objekt an.

Fügen Sie in ein Formular ein *Diagramm*-Objekt ein und legen Sie als Datenquelle die Abfrage "Alterspyramide" fest. Alle weiteren Einstellungen nehmen Sie über den *Diagramm*-Assistenten vor.

15.6 Erweiterte SQL-Funktionen

In einer Excel-ähnlichen Oberfläche können Sie sich nun um die optische Gestaltung des Diagramms kümmern. Ändern Sie die Diagrammdarstellung auf Spaltendarstellung (Männer/Frauen) und wählen Sie einen passenden Diagrammtyp:

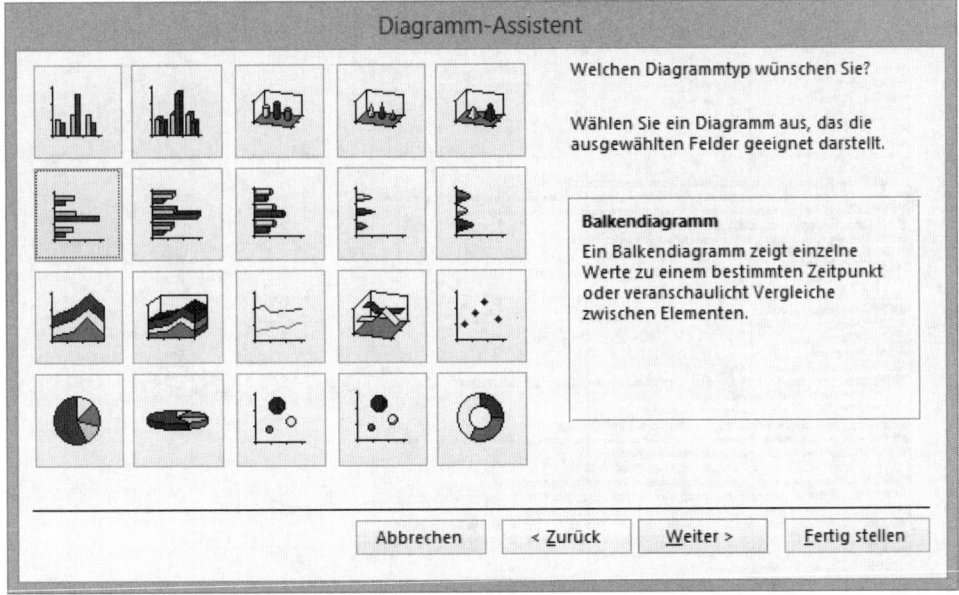

Weisen Sie per Assistent nachfolgend die Zeilen und Spalten wie folgt zu:

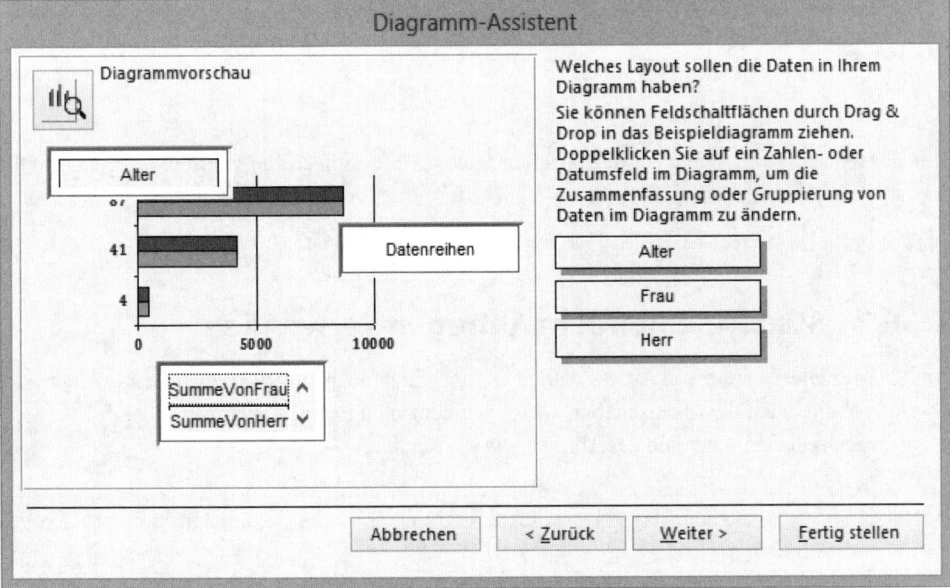

Nach dem Aufruf des Formulars wird – nach kurzer Verzögerungszeit – die Alterspyramide gezeichnet.

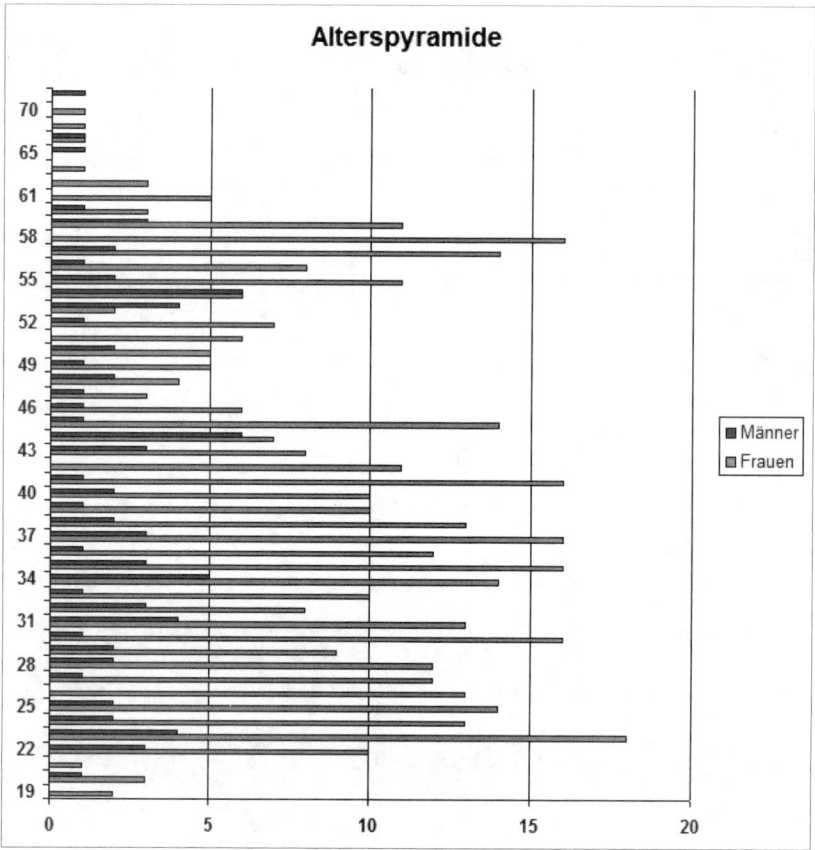

Um die Achsen-Bezeichnungen zu korrigieren, passen Sie einfach die zugrunde liegende SQL-Abfrage (Datensatzherkunft) an:

SELECT [Alter],Sum(Frau) AS Frauen, Sum(Herr) AS Männer FROM Alterspyramide GROUP BY [Alter];

15.6.7 Steuerelemente in Abfragen verwenden

Auf ein spezielles Feature von Access wollen wir unbedingt noch eingehen: In Access-Abfragen ist es möglich, direkt auf die Eigenschaften von Steuerelementen Bezug zu nehmen[1], d.h., Sie verwenden die Eigenschaften innerhalb der Abfrage wie Konstanten.

HINWEIS: Voraussetzung: das entsprechende Formular mit den Steuerelementen ist auch geöffnet.

---

[1] Ob das wirklich ein guter Programmierstil ist, sollte jeder für sich selbst entscheiden ...

15.7 Datenbankverwaltung mit SQL (DDL)

BEISPIEL: Es soll nur der Datensatz aus der Tabelle *Artikel* abgerufen werden, der im *Kombinationsfeld1* ausgewählt wurde

```
SELECT
  Artikel.*
FROM
  Artikel
WHERE
  Artikel.ArtikelName = Forms![Eigenschaften in Abfragen]!Kombinationsfeld1.Value;
```

15.6.8 Globale Variablen in Abfragen verwenden

Neben der Verwendung von Steuerelemente-Eigenschaften in Abfragen ist es seit Access 2007 auch möglich, direkt auf die Liste der globalen Temp-Variablen zuzugreifen.

BEISPIEL: Haben Sie beispielsweise ein Variable "Name" mit dem Wert "Chai" der *TempVars*-Collection hinzugefügt, können Sie diese in SQL-Abfragen wie folgt verwenden:

```
SELECT TempVars!Name.Value AS [Meine Variable];
```

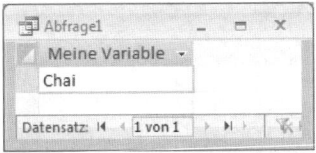

Eine Datensatzauswahl kann dann ebenfalls auf diese Weise erfolgen:

```
SELECT
  *
FROM
  Artikel
WHERE
  Artikelname = TempVars!Name.Value
```

HINWEIS: Auch hier gilt: die Variable muss natürlich vorher definiert sein!

15.7 Datenbankverwaltung mit SQL (DDL)

Nachdem in den vorhergehenden Abschnitten mit bereits bestehenden Tabellen gearbeitet wurde, wollen wir uns nun um die Aspekte der Datenbankverwaltung kümmern. SQL-Anweisungen dieser Kategorie werden unter dem Begriff DDL, das heißt *Data Definition Language* oder Datendefinitionssprache, zusammengefasst.

Mit Hilfe von DDL-Befehlen können Sie:

- Datenbanken erstellen, ändern und löschen
- Tabellen, Sichten und Prozeduren erstellen und löschen

- Indizes und Schlüssel definieren und ändern
- Nutzer und Gruppen mit den zugehörigen Rechten verwalten

HINWEIS: Alle im Folgenden vorgestellten SQL-Anweisungen sind stark vom jeweiligen Datenbank-Treiber (Jet-SQL, Server SQL etc.) abhängig.

15.7.1 Datenbanken

Jet-SQL stellt keine Funktion für das Erzeugen einer Access-Datenbank zur Verfügung. Andere Formate, wie Paradox, dBase etc., verfügen über kein Datenbank-Objekt, es handelt sich lediglich um ein Unterverzeichnis. Wie Sie dennoch leere Access-Datenbanken erzeugen, zeigt Ihnen das Kapitel 10 (Verwaltung von Access-Datenbanken).

HINWEIS: Im Gegensatz zu Jet-SQL finden Sie beim Microsoft SQL-Server auch eine CREATE DATABASE-Anweisung, deren Syntax und Verwendung in Kapitel 10 näher erläutert werden.

15.7.2 Tabellen

Zum Erstellen neuer Tabellen verwenden Sie in SQL die Anweisung CREATE TABLE:

```
CREATE TABLE Tabellenname (
        Feld1 Typ [(Größe)] [NOT NULL] [WITH COMPRESSION | WITH COMP] [Index1]
        [, Feld2 Typ [(Größe)] [NOT NULL] [Index2]
        [, ...]]
        [, CONSTRAINT Mehrfelderindex [, ...]])
```

Für den Tabellen- und die Feldnamen gelten die jeweiligen Datenbankkonventionen: Leerzeichen dürfen enthalten sein. Beachten Sie jedoch, dass in diesem Fall der Name in eckige Klammern einzuschließen ist (z.B. *[Abschlussbilanz 2016]*).

Die SQL-Datentypen weichen in ihrer Bezeichnung von den bekannten Access-Feldtypen ab. Allerdings ist der Jet-SQL-Interpreter nicht allzu genau, für ein und denselben Datentyp sind meist mehrere Bezeichner erlaubt (TEXT/VARCHAR oder CURRENCY/MONEY). Welche Änderungen Sie beachten müssen, können Sie der folgenden Tabelle entnehmen:

SQL-Typ	Beschreibung
COUNTER	Zählerfeld
IDENTITY(Start, Inkrement)	Zählerfeld mit beliebigem Startwert und beliebigem Inkrement
CURRENCY/MONEY	Währung
DATETIME	Datum/Uhrzeit
SINGLE	Single
DOUBLE	Double
SHORT	Integer

15.7 Datenbankverwaltung mit SQL (DDL)

SQL-Typ	Beschreibung
LONG	Long
LONGTEXT	Memo
LONGBINARY	Binärfeld
SQL-Typ	Beschreibung
TEXT/VARCHAR	Textfeld
BIT	Boolean

HINWEIS: Die Feldgröße ist nur bei Textfeldern interessant, in allen anderen Fällen können Sie diesen Parameter weglassen.

Der Parameter WITH COMPRESSION ist nur im Zusammenhang mit Text- bzw. Memofeldern von Bedeutung. Im Wesentlichen geht es darum, derartige Spalten zu komprimieren. Hintergrund ist der Unicode-Zeichensatz, der statt einem zwei Bytes pro Zeichen verwendet.

BEISPIEL: Anlegen einer Tabelle *Personal*

```
CREATE TABLE Personal(
  name TEXT (30),
  vorname TEXT (20),
  geboren DATETIME,
  gehalt CURRENCY,
  bemerkung LONGTEXT)
```

HINWEIS: Sollten Sie versuchen, ein Feld mit der Bezeichnung *Alter* anzulegen, vergessen Sie nicht die eckigen Klammern, denn bei ALTER handelt es sich um ein reserviertes Wort!

15.7.3 Indizes

Dass Sie mit CREATE TABLE auch Indizes anlegen können, zeigen die folgenden Ausführungen. Die Unterscheidung zwischen Hauptindex (*Primary Key*) und eindeutigem Index (*Unique Key*) wird auch bei der Definition über SQL-Anweisungen beibehalten.

CONSTRAINT-Klausel

Erweitern Sie zu diesem Zweck die CREATE TABLE-Anweisung um eine CONSTRAINT-Klausel.

BEISPIEL: Das Feld *nr* wird als Hauptindex festgelegt

```
CREATE TABLE Personen(
    nr COUNTER CONSTRAINT Primary Key, name TEXT (30)
)
```

Bei der CONSTRAINT-Klausel müssen Sie zwischen zwei Typen unterscheiden:

```
(Einfacher Index)
        CONSTRAINT Name
           {PRIMARY KEY | UNIQUE | REFERENCES Fremdtabelle [(Fremdfeld)]}
(Mehr-Felder-Index)
        CONSTRAINT Name
           {PRIMARY KEY (Primär1[, Primär2 [, ...]]) |
           UNIQUE (Eindeutig1[, Eindeutig2 [, ...]]) |
           FOREIGN KEY (Ref1[, Ref2 [, ...]])
           REFERENCES Fremdtabelle [(Fremdfeld1 [, Fremdfeld2 [, ...]])]}
```

BEISPIEL: Eindeutiger Index für das Feld *nr*

```
CREATE TABLE Personen(
    nr COUNTER CONSTRAINT [nr] UNIQUE,
    vorname TEXT (30),
    nachname TEXT (25),
    geburtsdatum DATETIME );
```

BEISPIEL: Hauptindex

```
CREATE TABLE Personen(
    nr COUNTER CONSTRAINT [nr] PRIMARY KEY,
    vorname TEXT (30),
    nachname TEXT (25),
    geburtsdatum DATETIME );
```

BEISPIEL: Zusammengesetzter Index (Vorname, Nachname)

```
CREATE TABLE Personen(
    vorname TEXT (30),
    nachname TEXT (25),
    geburtsdatum DATETIME,
    CONSTRAINT index1 (vorname, nachname));
```

Beziehungen festlegen

Mit der CONSTRAINT-Klausel können Sie nicht nur Indizes anlegen, sondern sogar Beziehungen zwischen Tabellen festlegen.

BEISPIEL: Erstellen einer Tabelle *Personal*, die über das Feld *raum* eine Relation mit der Tabelle *Räume* herstellt

```
CREATE TABLE Personal(
    nr COUNTER CONSTRAINT nr UNIQUE,
    vorname TEXT (30),
    nachname TEXT (25),
    raum LONG,
    CONSTRAINT beziehung1 FOREIGN KEY (raum) REFERENCES [Räume] );
```

oder:

15.7 Datenbankverwaltung mit SQL (DDL)

```
CREATE TABLE Personal(
   nr COUNTER CONSTRAINT [nr] UNIQUE,
   vorname TEXT (30),
   nachname TEXT (25),
   raum LONG CONSTRAINT beziehung1 REFERENCES [Räume] );
```

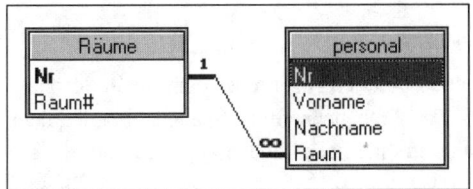

Vielleicht haben Sie bisher ein Beispiel für einen einfachen Index vermisst? Der Grund dafür ist, dass dieser nur mit der CREATE INDEX-Anweisung angelegt werden kann.

CREATE INDEX

```
CREATE [UNIQUE] INDEX <Indexname> ON <Tabellenname>
     (Feld [ASC|DESC][, Feld [ASC|DESC], ...]) [WITH { PRIMARY | DISALLOW NULL | IGNORE NULL }]
```

Wie Sie sehen, ist es mit CREATE INDEX auch möglich, die Sortierreihenfolge zu beeinflussen, was bei CONSTRAINT nicht machbar ist.

BEISPIEL: Indizieren des Feldes *Nachname* in der Tabelle *Personal*

`CREATE INDEX Nachname ON Personal(Nachname)`

BEISPIEL: Indizieren des Feldes *Nachname* in der Tabelle *Personal* in absteigender Reihenfolge (Z ... A)

`CREATE INDEX Nachname ON Personal(Nachname DESC)`

BEISPIEL: Zusammengesetzter Index über die Felder *Nachname* und *Vorname*

```
CREATE INDEX Name
ON Personal(Nachname, Vorname)
```

Verwenden Sie die Option UNIQUE, so handelt es sich beim erzeugten Index um einen eindeutigen Index, d.h., doppelte Werte in der indizierten Spalte sind unzulässig.

Setzen Sie die IGNORE NULL-Option, so ignoriert die Jet-Engine NULL-Werte und nimmt diese nicht in den Index auf. Soll verhindert werden, dass NULL-Werte in einer Spalte gespeichert werden, müssen Sie die DISALLOW NULL-Option setzen.

BEISPIEL: Index, der keine NULL-Werte zulässt

```
CREATE INDEX Name
ON Personal(Nachname, Vorname) WITH DISALLOW NULL
```

HINWEIS: Jede Tabelle darf nur einen Hauptindex (*Primary* Key) besitzen!

15.7.4 Tabellen/Indizes löschen oder verändern

Ist die Tabelle einmal angelegt, können Sie entweder mit ALTER TABLE deren Struktur ändern, oder Sie löschen die Tabelle und erzeugen eine neue.

```
ALTER TABLE <Tabellenname> {
            ADD{COLUMN Feld Typ[(Größe)] [CONSTRAINT Index]|
            CONSTRAINT Mehrfelderindex} | DROP {COLUMN Feld | CONSTRAINT Indexname } }
```

Mit ALTER TABLE lässt sich nachträglich eine neue Spalte erzeugen oder eine Spalte löschen. Weiterhin können Sie Indizes anlegen bzw. löschen. Das Umbenennen von Spalten, Tabellen oder Indizes ist nicht möglich. Dazu müssen Sie die Daten in eine neue Tabelle kopieren und die alte Tabelle löschen (siehe dazu SELECT INTO).

BEISPIEL: Einfügen einer Tabellenspalte

```
ALTER TABLE Personal
ADD COLUMN
   telefon TEXT (30)
```

BEISPIEL: Löschen einer Tabellenspalte

```
ALTER TABLE Personal
DROP COLUMN
   nachname
```

Mit DROP TABLE bzw. DROP INDEX lassen sich Tabellen und Indizes löschen. Allerdings sollten Sie die DROP TABLE-Anweisung mit Bedacht einsetzen, denn es wird weder eine Sicherheitsabfrage angezeigt noch kann die Tabelle restauriert werden.

BEISPIEL: Löschen einer Tabelle

```
DROP TABLE Personal
```

HINWEIS: Tabellenspalten können erst dann gelöscht werden, wenn sie nicht mehr indiziert sind.

15.7.5 Sichten (Views)

Neben Tabellen und Indizes finden sich in einer Access-Datenbank auch Abfragen. Derartige Datenbank-Objekte lassen sich auch mit SQL-Anweisungen erstellen, allerdings werden Sie vergeblich nach einem CREATE QUERY etc. Ausschau halten. Abfragen werden als "Views" oder "Prozeduren" bezeichnet und auch als solche erstellt.

Der Unterschied zwischen beiden beschränkt sich im Falle einer Access-Datenbank auf den Unterschied zwischen einer Abfrage (keine Parameter/Übergabewerte) und einer Parameterabfrage. Auf einem SQL-Server sieht das schon ganz anders aus, wir kommen in Kapitel 10 darauf zurück.

```
CREATE PROCEDURE (Name Param1 Datentyp[, Param2 Datentyp[, ...]]) AS Auswahlanweisung
```

15.7 Datenbankverwaltung mit SQL (DDL)

bzw.

CREATE VIEW *Name* [(*Feld1*[, *Feld2*[, ...]])] AS *Auswahlanweisung*

BEISPIEL: Erzeugen einer Abfrage, die alle Frauen der Tabelle *Personal* zurückgibt

```
CREATE VIEW [Alle Frauen]
AS
   SELECT anrede, nachname
   FROM Personal
   WHERE anrede = 'Frau'
```

Die nachfolgende SQL-Abfrage zeigt uns das Resultat der Abfrage (nicht den Inhalt):

```
SELECT * FROM [Alle Frauen]
```

anrede	nachname
Frau	Davolio
Frau	Leverling
Frau	Peacock
Frau	Callahan
Frau	Dodsworth

Datensätze: 5 (0,016 s)

BEISPIEL: Erzeugen einer Prozedur, die alle Artikel einer bestimmten Kategorie auflistet, die Kategorienummer ist als Parameter zu übergeben

```
CREATE PROCEDURE MeineArtikel ([KatNr] INT)
AS
    SELECT *
    FROM Artikel
    WHERE
     KategorieNr = [KatNr]
```

Führen Sie die Prozedur jetzt in Access aus, so werden Sie nach einem Wert für den Parameter gefragt:

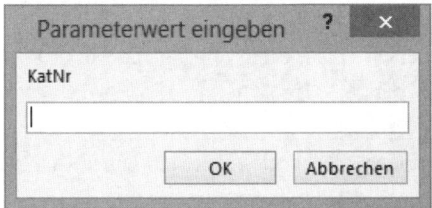

HINWEIS: In einem VBA-Programm, d.h. bei Verwendung der DAO oder ADO, müssen Sie sich selbst um die Übergabe der erforderlichen Parameter kümmern!

15.7.6 Nutzer- und Rechteverwaltung

In Access sind auch Befehle zum Administrieren von Datenbanken Bestandteil der Jet-Engine. Dazu zählen zunächst Anweisungen zum

- Erzeugen/Bearbeiten von Usern
- Erzeugen/Bearbeiten von Gruppen
- Vergabe von Passwörtern
- Zuordnung von Rechten an Datenbanken und Datenbank-Objekten

HINWEIS: In Access ab Version 2007 bzw. den ACCDB-Datenbanken wird die nutzerbasierte Sicherheit nicht mehr unterstützt. Wollen Sie dieses Feature nutzen, müssen Sie die Datenbank im alten Access 2003-Format speichern. Wir gehen aus diesem Grund im Weiteren nicht mehr auf die entsprechenden SQL-Anweisungen ein.

Datenbankpasswort ändern

Die einzige ab Access 2010 sinnvolle SQL-Anweisung zur Rechteverwaltung ist ALTER DATABASE, zum Setzen bzw. Ändern des Datenbankpassworts.

BEISPIEL: Datenbankpasswort setzen

```
ALTER DATABASE PASSWORD 'geheim' ''
```

15.7.7 Transaktionen

Wie schon in Kapitel 8 gezeigt, bietet sich mit Hilfe von Transaktionsbefehlen die Möglichkeit, eine Reihe von Aktionen unter bestimmten Voraussetzungen rückgängig zu machen. Auch Jet-SQL verfügt über dieses Feature.

HINWEIS: SQL-Transaktionsbefehle stehen nur bei den ADO zur Verfügung.

Mit der Anweisung BEGIN TRANSACTION leiten Sie einen Transaktionsvorgang ein. Mit COMMIT können Sie die Änderungen übernehmen, mit ROLLBACK verwerfen.

HINWEIS: Beachten Sie, dass auch hier die Transaktionen geschachtelt werden können (maximal fünf Ebenen).

BEISPIEL: Sie führen eine großzügige Gehaltserhöhung für alle Mitarbeiter durch, überlegen es sich aber nach einem Blick in die leere Firmenkasse anders.

```
BEGIN TRANSACTION
UPDATE personen SET gehalt = gehalt + 10000
ROLLBACK
```

In einem Programm könnte das Ganze wie folgt aussehen:

```
Application.CurrentProject.Connection.Execute "BEGIN TRANSACTION"
Application.CurrentProject.Connection.Execute "UPDATE personen SET gehalt = gehalt + 10000"
If MsgBox("Sind Sie wirklich sicher?", vbYesNo, "Frage") = vbYes Then
    Application.CurrentProject.Connection.Execute "COMMIT"
Else
    Application.CurrentProject.Connection.Execute "ROLLBACK"
End If
```

Womit wir auch schon den Übergang zur praktischen Verwendung der SQL-Anweisungen in Ihren Access-Anwendungen gefunden haben.

15.8 SQL in der Access-Praxis

Haben wir uns bisher recht abstrakt mit SQL beschäftigt, wollen wir Ihnen nun die Einsatzgebiete in einer Access-Anwendung demonstrieren.

SQL-Kenntnisse können unter Access in folgenden Bereichen hilfreiche Dienste leisten:

- Beim Erstellen von Access-Abfragen
- Im Access-Basic-Code
- Beim Oberflächenentwurf

15.8.1 SQL in Abfragen

Den Einwand, dass sich Abfragen doch viel leichter mit dem QbE-Editor[1] oder dem Abfrage-Assistenten erstellen lassen, können wir schnell entkräften. Nach dem Studium dieses Kapitels werden Sie feststellen, dass die beiden genannten Tools nur einen Teil der SQL-Funktionalität abdecken, für den großen Rest brauchen Sie "handgestricktes" SQL. Trotzdem: Für die vielen weniger komplexen Standard-Aufgaben empfehlen wir aber nach wie vor die Verwendung der Assistenten, da diese mit weniger Aufwand zum gleichen Ziel führen. Parallel zum grafischen Entwurf im QbE-Fenster erstellt Access auch SQL-Code, den Sie zum Beispiel direkt im Visual Basic-Quellcode weiterverwenden können. Ein zweiter Einsatzfall wären Unterabfragen, die Sie auch im QbE-Editor "zu Fuß" eingeben müssen:

---

[1] Der Begriff QbE steht für *Query by Example*. Es handelt sich dabei um eine Funktion zur interaktiven Gestaltung von Abfragen (Registerkarte *Formular* der Datenbank, Schaltfläche *Neu*, Auswahl des Eintrags *Entwurfsansicht* im Dialogfeld *Neue Abfrage*).

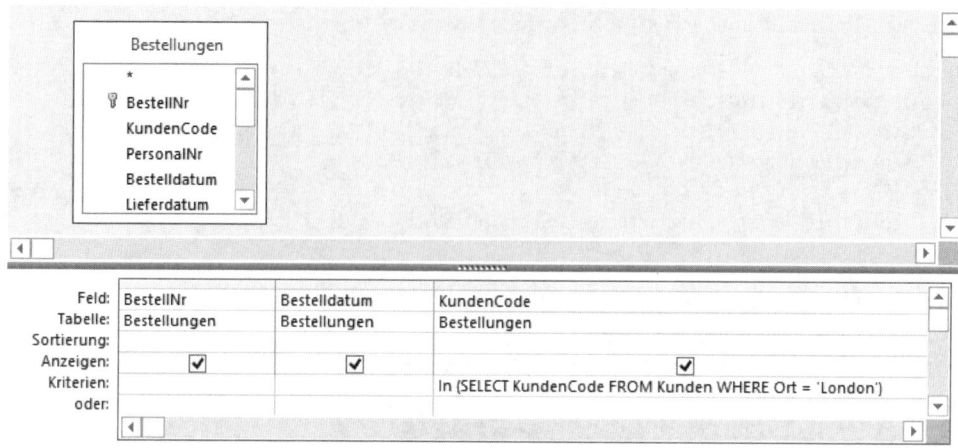

HINWEIS: Wenn Sie Access als Frontend für einen SQL Server verwenden, sollten Sie unbedingt SQL-Passthrough statt des integrierten Access-SQL verwenden. Welche Änderungen sich daraus ergeben, lesen Sie bitte in Kapitel 10.

15.8.2 SQL im Basic-Code

Bekanntlich lassen sich SQL-Anweisungen zum Erstellen von Recordsets verwenden, d.h., die Abfrage wählt Daten aus einer oder mehreren Tabellen aus und bildet damit die Basis für die weitere Arbeit mit den Datenzugriffsobjekten (DAO oder ADO).

BEISPIEL: Erzeugen eines DAO-Dynasets, mit allen Datensätzen der Tabelle *Personen*, die mit "L" anfangen

```
Dim db As DATABASE
Dim dy As Recordset
Set db = OpenDatebase(...)
Set dy = db.OpenRecordset("SELECT * FROM Personen WHERE Nachname LIKE 'L*'")
```

Einbau von Variablen

Soll das Kriterium veränderlich sein, muss eine Variable in den SQL-String eingebaut werden.

BEISPIEL: Eingabe des Kriteriums in ein Textfeld

```
Dim kriterium As String
kriterium = Text1.Text
...
Set dy = db.OpenRecordset("SELECT * FROM Personen WHERE nachname LIKE '" & kriterium & "'")
```

Allerdings sind in diesem Fall einige Besonderheiten in Bezug auf die Anführungszeichen zu beachten. Der gesamte String wird in *doppelte* Anführungszeichen (") eingeschlossen, die Stringaddition nehmen Sie mit dem &-Operator vor:

```
"SELECT * FROM Personen WHERE nachname LIKE " & kriterium
```

15.8 SQL in der Access-Praxis

Da SQL-Anweisungen keine Visual Basic-Variablen kennen, muss der *Wert* der Variablen als String in den SQL-Ausdruck "eingebaut" werden. Sollte es erforderlich sein, müssen Sie Variablen vorher mit der *CStr-* oder der *Format*-Funktion in einen String umwandeln.

Das Kriterium für die LIKE-Option ist, wie Sie noch sehen werden, ebenfalls in Anführungszeichen einzuschließen. Zur Unterscheidung werden aber diesmal nur einfache Anführungszeichen (') verwendet:

```
"SELECT * FROM Personen WHERE nachname LIKE '" & kriterium & "'"
```

```
           Basic-String              Variable   Basic-String
"SELECT * FROM personen WHERE nachname LIKE '"  & kriterium & "'"
                                   SQL-String
```

HINWEIS: Sollte es Probleme bei der Ausführung geben, so fehlen meist die einfachen Anführungszeichen (') oder die Stringaddition ist nicht korrekt.

Execute-Methode

Eine weitere Möglichkeit, SQL im Visual Basic-Code zu verwenden, bietet die *Execute*-Methode des *Database*-Objekts (DAO) oder *Connection*-Objekts (ADO). Voraussetzung für die Anwendung ist allerdings eine SQL-Anweisung, die keine Datensätze zurückgibt. Dazu zählen unter anderem Löschabfragen, Update- Operationen und Exporte.

BEISPIEL: Ausführen der *Execute*-Methode (DAO)

```
Dim db As Database
Dim ws As Workspace
Set ws = DBEngine.Workspaces(0)
Set db = ws.Databases(0)
db.Execute ("DELETE FROM Personen WHERE Nachname LIKE 'Lehmann'")
```

Wollen Sie ermitteln, wie viele Datensätze von der Änderung betroffen sind, können Sie dies über die *RecordsAffected*-Eigenschaft auslesen und anzeigen:

```
...
anzahl = db.RecordsAffected
MsgBox CStr(anzahl) & " Datensätze gelöscht!", 64, "Hinweis"
```

BEISPIEL: Ausführen der *Execute*-Methode (ADO)

```
Set conn = New ADODB.Connection
conn.Open "Provider=Microsoft.Jet.OLEDB.4.0;Data Source=E:\Test.mdb"
conn.Execute "DROP TABLE Artikel2", , adExecuteNoRecords
conn.Close
```

BEISPIEL: Ausführen der *Execute*-Methode in der aktuellen Datenbank (ADO)

```
Application.CurrentProject.Connection.Execute "UPDATE Personen SET Gehalt = Gehalt * 1.05"
```

15.8.3 SQL beim Oberflächenentwurf

Ein weiterer Einsatzbereich für SQL findet sich bei der Datenquellen-Definition von Oberflächenobjekten, wie Listenfeldern, Kombinationsfeldern (Comboboxen) und Formularen:

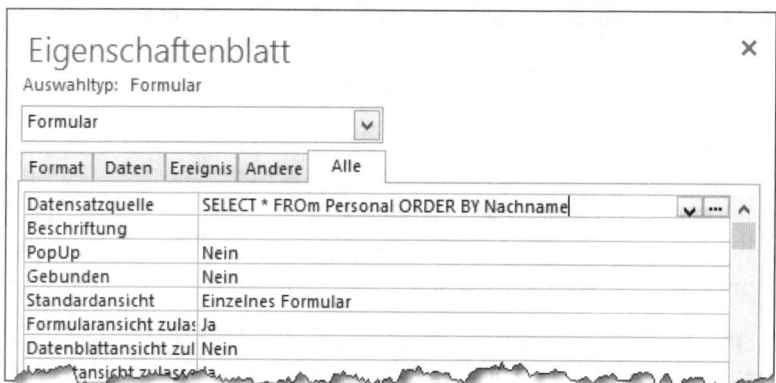

Übergeben Sie der Eigenschaft *Datensatzquelle* einfach einen gültigen SQL-String, der Datensätze liefert.

Alternativ zur *Datensatzquelle* im Eigenschaftenblatt können Sie auch die *RecordSource*-bzw. *RowSource*-Eigenschaft per Quellcode zuweisen.

BEISPIEL: Zuweisen der Datensatzherkunft eines Listenfeldes (DAO)

```
Private Sub Schaltfläche1_Click()
    Liste1.RowSource = "SELECT * FROM Personen ORDER BY Nachname"
End Sub
```

15.8.4 VBA-Funktionen in SQL-Anweisungen

Eine der wohl leistungsfähigsten Erweiterungen von Access-SQL sind die nutzerdefinierten Funktionen innerhalb von SQL-Anweisungen. Was sich so trivial anhört, hat eine nicht zu unterschätzende Bedeutung für den Programmierer. Neben der freien Verwendung fast aller Visual Basic-Funktionen können Sie auch die von Ihnen selbst geschriebenen Funktionen direkt in den SQL-String einfügen.

HINWEIS: Arbeiten Sie mit einem SQL Server, sollten Sie auf die Verwendung von Visual Basic-Funktionen verzichten, da in diesem Fall keine Bearbeitung durch den SQL Server möglich ist. Die Daten müssen erst umständlich auf den Client heruntergeladen werden, um sie dann mit der Jet-Engine zu verarbeiten.

BEISPIEL: Für die Ausgabe des Gehalts möchten Sie ein eigenes Format verwenden

```
SELECT
    Nachname,
```

15.8 SQL in der Access-Praxis

```
    Format(Gehalt,'Currency') AS Verdienst
FROM
    Personen
```

Nachname	Verdienst
Dietrich	3.165,34 €
Obst	3.351,18 €
Behn	2.179,58 €
Hornung	2.230,08 €
Braun	4.139,99 €
Schmidt	1.066,56 €
Kamenz	4.083,43 €
Ott	4.300,58 €

BEISPIEL: Eine Bank muss neue Kontonummern vergeben. Dazu wird neben einer neuen Kennziffer auch eine Prüfziffer an die bisherigen Nummern angehängt. Während das Anfügen der neuen Kennziffer kein Problem darstellt (Stringaddition im SQL-String), ist die Berechnung der Prüfziffer mit SQL-Mitteln nicht machbar. Der Ausweg ist eine Visual Basic-Funktion:

```
Function Prüfziffer(ktonr As Variant, bereich As Variant) As String
Dim summe As Long, rest As Long, i As Integer, prüf As Long

  ktonr = ktonr & bereich
  For i = 1 To 9
    summe = summe + Choose(i,3,9,8,7,6,5,4,3,2) * CLng(Mid(ktonr, i, 1))
  Next
  rest = summe Mod 11
  prüf = 11 - rest
  If prüf > 9 Then prüf = 0
  Prüfziffer = CStr(prüf)
End Function
```

Auf den eigentlichen Algorithmus wollen wir hier nicht näher eingehen. Im Wesentlichen geht es darum, eine gewichtete einstellige Prüfsumme zu erhalten. Die Wichtungsfaktoren liefert uns die *Choose*-Funktion.

Aus der Ausgangstabelle *Kontonummern* soll eine Tabelle *NeuKto* erzeugt werden. Die Ausgangstabelle enthält neben der Kontonummer (*kto*) die Bereichskennziffer (*bereich*).

Mit:

```
SELECT
    kto,
    kto + bereich + Prüfziffer(kto, bereich) AS ktoneu
INTO
    neuKto
FROM
    Kontonummern
```

erhalten Sie das folgende Ergebnis:

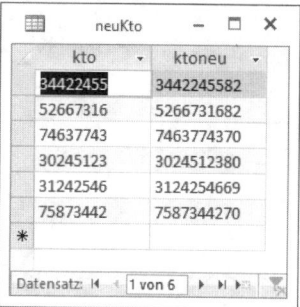

BEISPIEL: Sie möchten alle Mitarbeiter ausgeben, die im nächsten Monat Geburtstag haben und die 50 Jahre und älter sind

```
SELECT
  Nachname, Geburtstag
FROM
  Personen
WHERE
  Month(Geburtstag) = Month(Now)+1 AND DateDiff('yyyy',Geburtstag,Now) >= 50
```

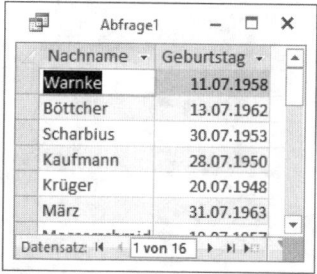

15.9 Tipps & Tricks

15.9.1 Wie kann ich die Anzahl der Datensätze ermitteln?

Verwenden Sie die SQL-Funktion COUNT.

BEISPIEL: Bestimmen der Anzahl von Mitarbeitern

```
SELECT
  COUNT(*)
FROM
  Personen
```

15.9 Tipps & Tricks

HINWEIS: Verwenden Sie ein Platzhalterzeichen für den Spaltennamen wählt die SQL-Engine automatisch den schnellsten Weg zum Bestimmen der Anzahl von Einträgen. Verwenden Sie einen Spaltennamen, müssen Sie bedenken, dass nur Einträge ungleich NULL gezählt werden.

BEISPIEL: Die vorherige SQL-Anweisung liefert 504 als Rückgabewert, die folgende Abfrage lediglich 186, da alle anderen Zeilen mit NULL-Values gefüllt sind

```
SELECT
  Count(TelefonNr) AS Anzahl
FROM
  Personen;
```

15.9.2 Wie nutze ich Datumsteile in SQL zur Suche?

Nicht in jedem Fall möchten Sie bei der Suche nach Datumswerten bzw. beim Filtern ein komplettes Datum angeben. Manchmal ist nur ein bestimmtes Jahr gefragt, ein anderes Mal soll es sich um das zweite Quartal etc. handeln.

Mit Hilfe der *Extract*-Funktion können Sie Teile eines Datumsfeldes extrahieren und auswerten. Folgende Varianten stehen zur Auswahl:

- YEAR(<Datumsfeld>)
- MONTH(<Datumsfeld>)
- WEEKDAY(<Datumsfeld>)

BEISPIEL: Alle Angestellten ermitteln, die im Februar geboren wurden

```
SELECT
  *
FROM
  Personen
WHERE
  MONTH(geburtstag) = 2
```

Doch nicht immer kommen Sie mit der obigen Funktion weiter. Möchten Sie beispielsweise LIKE und Platzhalter einsetzen, kommen Sie mit den Datentypen in Konflikt. An dieser Stelle hilft Ihnen die CAST-Funktion (nur SQL Server) weiter. Diese ist in der Lage, einen Datentyp in einen anderen zu transformieren, vorausgesetzt, dies ist überhaupt möglich.

15.9.3 Die Groß-/Kleinschreibung berücksichtigen

Vergleichen Sie in der SQL-Anweisung zwei Strings mit dem Operator "=" oder mit LIKE, wird die Groß-/Kleinschreibung nicht berücksichtigt.

BEISPIEL: Die folgende Anweisung liefert den Datensatz mit "Busch" zurück

```
SELECT * FROM Personen WHERE Nachname = 'buSch'
```

Ist die Unterscheidung der Schreibweise zwingend erforderlich, können Sie mit Hilfe der STRCOMP-Anweisung auch einen exakten Vergleich realisieren. Übergeben Sie der Funktion die beiden zu vergleichenden Strings sowie den Wert 0 für einen binären Vergleich.

Der Rückgabewert der Funktion gibt Ihnen Auskunft darüber, ob

- String1 kleiner String2 (Rückgabewert = –1) ist,
- String1 gleich String2 (Rückgabewert = 0) ist oder
- String1 größer String2 (Rückgabewert = 1) ist.

BEISPIEL: Suchen des Strings "buScH"

```
SELECT *
FROM Personen
WHERE
    STRCOMP(Nachname,'buScH',0) = 0
```

Die obige Abfrage wird keinen Datensatz zurückgeben.

HINWEIS: Die obigen Aussagen gelten ausschließlich für Jet-SQL!

15.9.4 Warum erhalte ich zu viele Datensätze ?

Vermutlich haben Sie einen häufig vorkommenden Fehler gemacht: Sie haben die WHERE-Klausel vergessen oder falsch angegeben. Das Resultat ist ein kartesisches Produkt beider Tabellen, d.h., jeder Datensatz aus *Tabelle1* wird mit jedem Datensatz aus *Tabelle2* kombiniert. Dass bei entsprechend vielen Datensätzen in den Ausgangstabellen die Abfrage schnell zum Desaster werden kann, liegt auf der Hand.

BEISPIEL: Sie verknüpfen zwei Tabellen *Tabelle1* und *Tabelle2* miteinander, ohne eine Beziehung über die WHERE-Klausel herzustellen.

Tabelle1

Id	Wert
1	AAA
2	BBB
3	CCC
4	DDD

Tabelle2

Id	Wert
1	EEEE
2	FFFF
3	GGGG

Mit der Abfrage:

```
SELECT
    *
FROM
    Tabelle1, Tabelle2
```

erhalten Sie folgendes Abfrageergebnis:

15.9 Tipps & Tricks

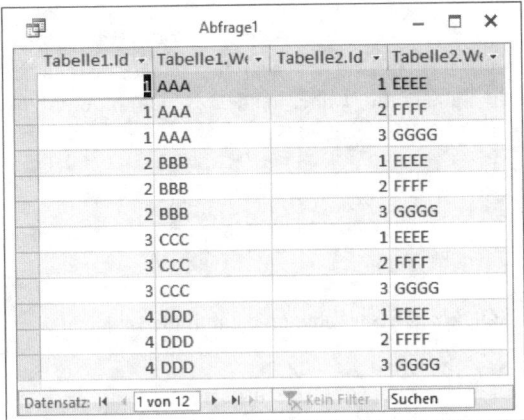

Also Augen auf beim Erstellen der SQL-Anweisung!

15.9.5 Doppelte Datensätze aus einer Tabelle löschen

Grundsätzlich sollte es gar nicht erst so weit kommen, dass in der Datenbank redundante Informationen gespeichert werde, da dies gegen elementare Regeln relationaler Datenbanken verstößt. Jeder Datensatz muss eindeutig identifizierbar sein, wie sonst wollen Sie mit SELECT xyz den gewünschten Datensatz aufrufen?

Doch wie so oft unterscheiden sich Theorie und Praxis voneinander. Gehen wir also davon aus, dass Sie in der Tabelle *Import* einige doppelte Datensätze vorfinden:

Name	Vorname	Id
Müller	Manfred	1
Hase	Max	2
Fuchs	Fred	3
Müller	Manfred	4
Hase	Max	5
Hase	Max	6

Was ist zu tun? Mit

```
DELETE FROM
  Import
WHERE
  name = 'Hase' AND vorname = 'Max'
```

werden Sie kaum weiterkommen, es werden alle betreffenden Datensätze gelöscht, nicht nur die doppelten. Zum korrekten Löschen der Duplikate bieten sich mehrere Wege an, wir wollen Ihnen zwei davon vorstellen.

BEISPIEL: Temporäre Tabelle

Wir exportieren zunächst eine Liste (ohne Duplikate) der Datensätze in eine temporäre Tabelle, löschen die Ursprungstabelle und benennen die Tabelle um. Dabei handelt es sich um drei einzelne SQL-Anweisungen.

```
SELECT DISTINCT * INTO TempImport FROM Import
```

Löschen der Ursprungstabelle:

```
DROP TABLE Import
```

Zurückkopieren der Temporärtabelle (mit Jet-SQL können Sie Tabellen nicht umbenennen!):

```
SELECT * INTO Import FROM TempImport
```

BEISPIEL: Eindeutiges Feld

Die zweite Variante basiert darauf, zunächst ein eindeutiges Feld *Id* (Zählerfeld) der Tabelle hinzuzufügen. Auf diese Weise sind auch einzelne Datensätze für SQL-Anweisungen adressierbar. Nachfolgend werden alle Datensätze gesucht, deren *Id* größer als die kleinste *Id* bei gleichen Datensätzen ist, d.h., von n doppelten Datensätzen verbleibt nur der Datensatz mit der kleinsten *Id*.

Ändern des Tabellenlayouts:

```
ALTER TABLE Import ADD COLUMN Id COUNTER
```

Löschen der Duplikate:

```
DELETE FROM Import i1 WHERE i1.id > (SELECT MIN(i2.id) FROM Import i2
                    WHERE (i1.name=i2.name) AND (i1.vorname=i2.vorname))
```

Nachfolgend könnten Sie das Zählerfeld ja wieder löschen, es ist jedoch empfehlenswert, dieses gleich als Primärschlüssel zu "missbrauchen".

15.10 Praxisbeispiele

15.10.1 Ein komfortables SQL-Abfrageprogramm erstellen

Workspace-Objekt: *BeginTrans*-, *Rollback*-Methode; *Database*-Objekt: *Execute*-Methode; *UCase*-, *InStr*-, *Trim*-Funktion;

Sie suchen nach einer Alternative zu dem in Access integrierten Abfragegenerator, um auf einfache Weise verschiedenste SQL-Befehle ausprobieren zu können?

Die DAO-Bibliothek (*Workspace*- und *Database*-Objekt) liefert Ihnen die Bausteine für ein SQL-Abfrageprogramm, das automatisch den Typ der SQL-Anweisung (Datenabfrage (DQL)/Datenmanipulation (DML)) erkennt. Die Abfrage selbst wird in eine Transaktion eingebettet.

Oberfläche

Sie benötigen ein Formular mit einem *Textfeld* zur Eingabe der SQL-Befehle, zwei Befehlsschaltflächen und einem *Listenfeld* zwecks Anzeige der Ergebnistabelle:

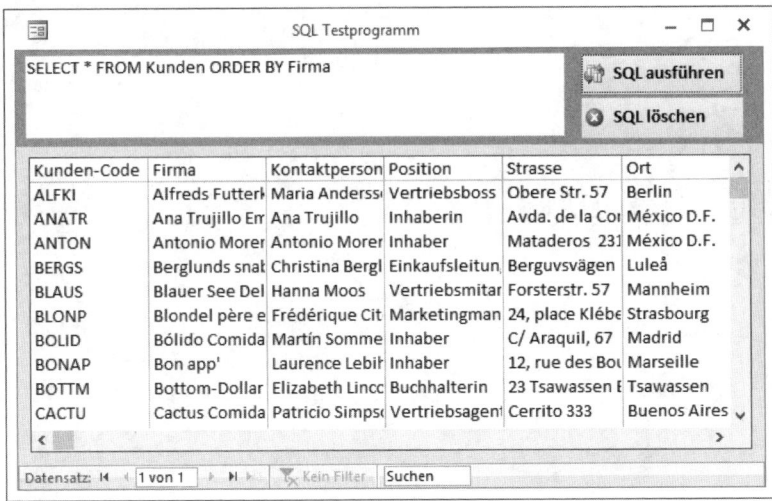

Quelltext

```
Option Explicit
Private db As Database
Private ws As Workspace
```

Beim Laden des Formulars werden die Variablen initialisiert, und eine Transaktion wird gestartet:

```
Private Sub Form_Load()
    Text1.Value = "SELECT * FROM Kunden ORDER BY Firma"
    Text1.EnterKeyBehavior = True         ' mit Enter-Taste zur nächsten Zeile
    Liste1.ColumnHeads = True
    Set ws = DBEngine.Workspaces(0)
    Set db = ws.Databases(0)
    ws.BeginTrans
End Sub
```

Bei den einzugebenden SQL-Strings müssen wir zwischen DQL-Anweisungen, die Datensätze liefern, und DML-Anweisungen, die etwas verändern, unterscheiden:

```
Private Sub Befehl1_Click()
  On Error GoTo fehler
  Dim i As Integer, s As String
  If Left$(UCase(Trim$(Text1.Value)), 6) = "SELECT" And _
        InStr(UCase(Text1.Value), " INTO ") = 0 Then
```

Datenabfrage (DQL):

```
    Set Liste1.Recordset = db.OpenRecordset(Text1.Value, dbOpenDynaset)
```

```
    Liste1.ColumnCount = Liste1.Recordset.Fields.Count
    For i = 0 To Liste1.Recordset.Fields.Count
        s = s + "2,5cm;"
    Next i
    Liste1.ColumnWidths = s
Else
```

Datenmanipulation (DML):

```
    db.Execute (Text1.Value)
    Liste1.ColumnCount = 1
    Liste1.RowSource = ""
    MsgBox "Anweisung ausgeführt!", 64, "Hinweis"
End If


ws.CommitTrans
Exit Sub

fehler:
    MsgBox "Fehler in der SQL-Anweisung! " & Error, 16, "Problem"
    Exit Sub
    Resume Next
End Sub
```

Zum Schluss werden alle Aktionen wieder rückgängig gemacht, um die Datenbank im Originalzustand zu belassen.

```
Private Sub Form_Unload(Cancel As Integer)
    ws.Rollback
End Sub
```

15.10.2 Datum und Zeit in SQL einbauen

Bei Datumsangaben in SQL-Anweisungen kann es – bedingt durch die "deutsche" Systemeinstellung – leicht zu Irritationen kommen. Wer weiß schon auf Anhieb, dass der "30.6.1955" im ANSI-SQL (und das versteht nur das amerikanische Datumsformat!) als "#6/30/55#" zu notieren ist? Das vorliegende Rezept soll Klarheit schaffen.

Für die Umwandlung von Datumsangaben in das SQL-Format sorgt eine relativ komplizierte Modifikation der *Format*-Funktion:

```
SQLDat = Format$(datum,"\#m\/d\/yy\#")
```

Für reine Zeitangaben lautet die SQL-gerechte Formatierung:

```
SQLZeit = Format$(zeit, "\#hh:mm\#")
```

Ein Termin besteht aus einer Datums- und einer Zeitangabe, die im Formatstring durch ein Leerzeichen zu trennen sind:

```
SQLTermin = Format$(termin, "\#m\/d\/yy hh:mm\#")
```

15.10 Praxisbeispiele

Die Variablen *datum*, *zeit* und *termin* sind jeweils vom *Date*-Datentyp.

Eine deutlich elegantere Lösung des Problems bietet sich mit dem SQL-Befehl DATEVALUE, wobei allerdings Vorsicht geboten ist, da dieser jeden String "auf Teufel komm raus" in einen Datumsstring zu konvertieren versucht.

Wir wollen beide Möglichkeiten der Datumsformatierung anhand der Tabelle *Bestellungen* demonstrieren. In Abhängigkeit vom eingegebenen Datum erscheinen nur die Bestellungen, die bis zu diesem Zeitpunkt bereits aufgegeben wurden.

Oberfläche

Erstellen Sie ein neues Formular und bestücken Sie den Detailbereich mit vier *Textfeld*ern und drei *Befehlsschaltfläche*n gemäß der folgenden Abbildung.

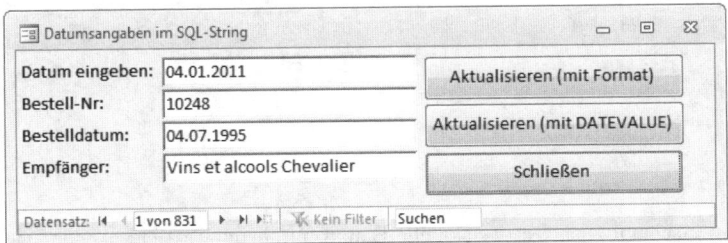

Die *Datensatzquelle* des Formulars wird im Eigenschaftsblatt zunächst auf die Tabelle *Bestellungen* eingestellt. Zur Laufzeit erfolgt die Modifikation mit der adäquaten *RecordSource*-Eigenschaft, hinter welcher sich eine SQL-Abfrage verbirgt. Das oberste Textfeld bleibt ungebunden, die übrigen verbinden Sie mit den Feldern *BestellNr*, *Bestelldatum* und *Empfaenger* und verleihen ihnen einen Nur-Lese-Status (*Gesperrt = Ja*).

Quelltext

```
Option Explicit
```

Beim Start wird dem oberen Textfeld das aktuelle Datum zugewiesen:

```
Private Sub Form_Load()
    Text1.Value = Date
End Sub
```

Die erste Variante benutzt die *Format*-Funktion aus Visual Basic:

```
Private Sub Befehl1_Click()
Dim BDatum As Date, sqlDat As String
On Error GoTo fehler
    BDatum = CDate(Text1.Value)
    sqlDat = Format$(BDatum, "\#m\/d\/yy\#")
    Me.RecordSource = "SELECT BestellNr, Bestelldatum, Empfaenger FROM " & _
                      "Bestellungen WHERE Bestelldatum <= " & sqlDat & _
                      " ORDER BY Bestelldatum DESC"
```

```
    Exit Sub
fehler:
    MsgBox "Fehler in der SQL-Anweisung! " & Error, 16, "Problem"
    Exit Sub
    Resume Next
End Sub
```

Die zweite Variante benutzt den DATEVALUE-SQL-Befehl:

```
Private Sub Befehl2_Click()
On Error GoTo fehler
    Me.RecordSource = "SELECT BestellNr, Bestelldatum, Empfaenger FROM " & _
                "Bestellungen WHERE Bestelldatum <= DATEVALUE('" & _
                Text1.Value & "') ORDER BY Bestelldatum DESC"
    Exit Sub
fehler:
    MsgBox "Fehler in der SQL-Anweisung! " & Error, 16, "Problem"
    Exit Sub
    Resume Next
End Sub
```

Test

Nach dem Programmstart erscheint zunächst das aktuelle Datum im oberen Textfeld. Ändern Sie dieses auf einen früheren Termin und betätigen Sie eine der beiden Schaltflächen zwecks Aktualisierung der Anzeige.

Solange Sie ein gültiges Datum eingeben, dürften die Abfrageergebnisse identisch sein. Falls Sie aber irgendeinen zufälligen Text in das obere Textfeld eintippen werden Sie überrascht sein, was so alles noch als Datum interpretiert wird, wobei beide Varianten deutliche Unterschiede zeigen.

Kapitel 16

Anwendungsdesign

Der Inhalt dieses Kapitels richtet sich vor allem an Entwickler, die Microsoft Access optisch an Ihre Erfordernisse anpassen wollen bzw. die Access-Funktionalität erweitern wollen. Dabei stehen folgende Themen im Mittelpunkt:

- Anpassen der Access-Oberfläche
- Access Add-Ins entwickeln und einbinden
- Managed Add-Ins entwickeln und einbinden

HINWEIS: Für die Entwicklung von Managed Add-Ins benötigen Sie Microsoft Visual Studio (C# oder VB).

16.1 Access-Oberflächengestaltung

In diesem Abschnitt beschränken wir uns zunächst auf alle Oberflächenelemente. Im Einzelnen wollen wir uns mit den folgenden Elementen beschäftigen:

- Kopfzeile
- Statuszeile
- Progressbar
- Navigationsbereich (Nachfolger des Datenbankfensters)
- Ansichts-Optionen (überlappende Fenster etc.)

HINWEIS: Auf die Programmierung des Access Menübands bzw. der Backstage-Ansicht gehen wir in einem eigenen Kapitel ab Seite 1081 ein.

16.1.1 Beschriften der Kopfzeile

Zu jeder eigenen Anwendung gehört auch eine ansprechende Beschriftung der Access-Titelleiste.

Standardmäßig werden in der Kopfzeile der Name der aktuell geöffneten Datenbank sowie das Datenbankformat (Access 2016/2013 ...) angezeigt:

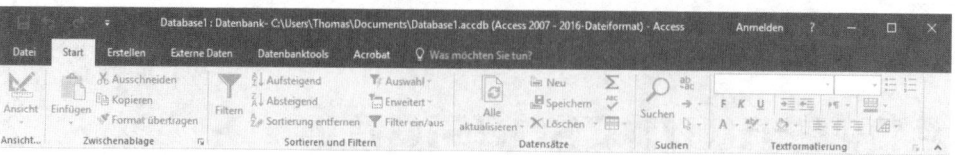

Wollen Sie diese Beschriftung verändern, können Sie die *AppTitle*-Eigenschaft neu setzen.

Doch ein erster Blick in die Objektlisten lässt Sie zunächst an der Zurechnungsfähigkeit der Autoren zweifeln, die Eigenschaft ist keinem der bekannten Objekte zugeordnet.

> **HINWEIS:** Diese Eigenschaft ist als *Property* der aktuellen Datenbank zugeordnet und muss erst definiert werden (oder einmal per IDE festgelegt worden sein). Zusätzlich müssen Sie noch für eine Aktualisierung des Titels sorgen, verwenden Sie dazu die Methode *RefreshTitleBar*.

Der einfache Weg (Access-IDE)

Öffnen Sie die Access-Optionen und wählen Sie in der Rubrik *Aktuelle Datenbank* die Option *Anwendungtitel* (siehe folgende Abbildung).

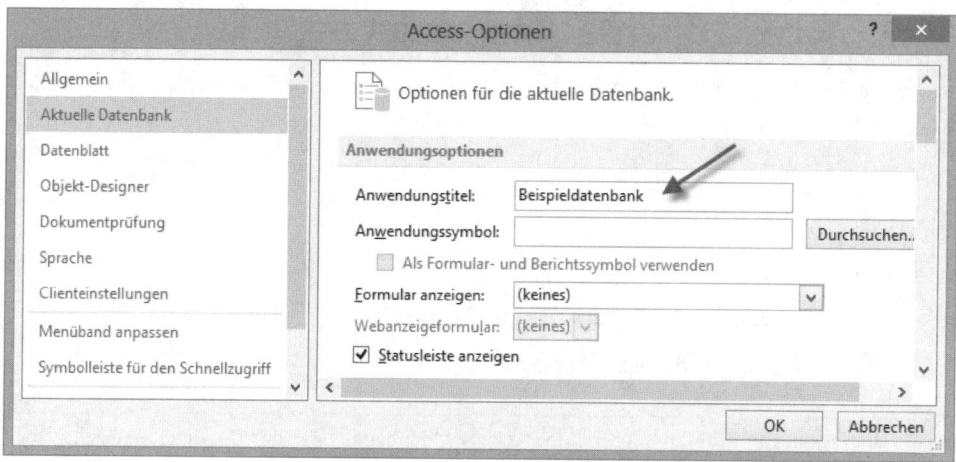

> **HINWEIS:** Löschen Sie den Wert, wird wieder die Standardansicht verwendet.

Lösung per VBA

Wem das zu profan ist, oder wer den Titel an aktuelle Erfordernisse anpassen muss, der ist auf etwas VBA-Code angewiesen.

BEISPIEL: Anzeige der aktuellen Uhrzeit über den *Timer* des Formulars

```
Option Explicit
```

Eine Hilfsfunktion zum Erstellen der Eigenschaft (falls noch nicht vorhanden) und Aktualisieren des Titels:

```
Sub SetAppTitle(s As String)
On Error Resume Next
Dim prop As DAO.Property

    CurrentDb().Properties("AppTitle").Value = s
    Set prop = CurrentDb().CreateProperty("AppTitle", dbText, s)
    CurrentDb().Properties.Append prop
    Application.RefreshTitleBar
End Sub
```

Eine erste Änderung beim Laden des Formulars:

```
Private Sub Form_Load()
  SetAppTitle "Hallo User hier ist der neue Titel"
End Sub
```

Das *Timer*-Ereignis:

```
Private Sub Form_Timer()
  SetAppTitle "Uhrzeit : " & Now
End Sub
```

HINWEIS: Legen Sie die Eigenschaft *Zeitgeberintervall* mit 1000 fest (1 Sekunde).

Nach dem Öffnen des Formulars sollte im Titel die aktuelle Uhrzeit erscheinen:

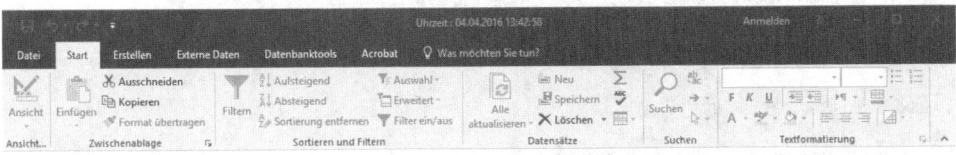

HINWEIS: Beachten Sie, dass die letzte Zuweisung der Eigenschaft permanent ist, d.h., nach einem erneuten Öffnen der Datenbank steht immer noch die Uhrzeit vom letzten Öffnen in der Titelzeile. Löschen Sie also gegebenenfalls die *AppTitle*-Eigenschaft wieder.

HINWEIS: Auf die Programmierung des Access Menübands bzw. der Backstage-Ansicht gehen wir in einem eigenen Kapitel ab Seite 1081 ein.

BEISPIEL: Löschen der *AppTitle*-Eigenschaft im *Close*-Ereignis des Formulars

```
Private Sub Form_Close()
On Error Resume Next
    CurrentDb().Properties.Delete "AppTitle"
    Application.RefreshTitleBar
End Sub
```

16.1.2 Informationen in der Statuszeile anzeigen

Möchten Sie allgemeine Informationen (z.B. spezielle Funktionstastenbelegungen) anzeigen, bietet sich die Statuszeile des Access-Hauptfensters an.

Drei kleine Beispiele zeigen Ihnen, wie Sie diese beeinflussen können.

BEISPIEL: Eine eigene Meldung in der Statusleiste anzeigen

```
SysCmd acSysCmdSetStatus, "Hallo, hier ist die Statusleiste ..."
```

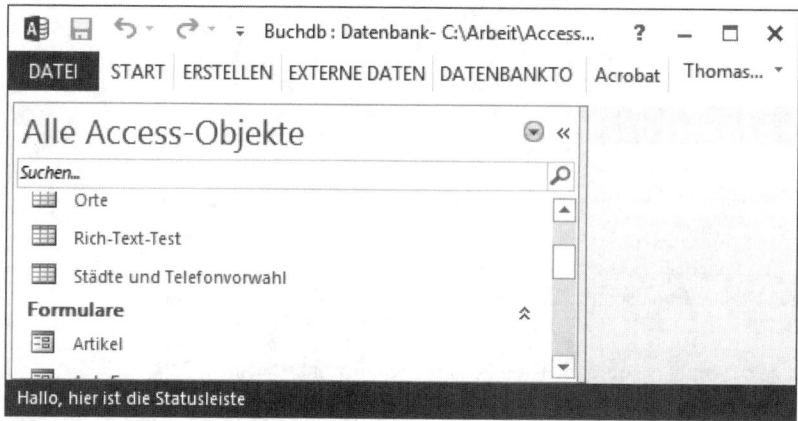

BEISPIEL: Die obige Meldung löschen

```
SysCmd acSysCmdClearStatus
```

Alternativ können Sie auch die komplette Statusleiste ausblenden, wenn Sie beispielsweise mehr Platz für Ihre Formulare benötigen.

BEISPIEL: Die Statusleiste komplett ausblenden

```
CurrentDb.Properties("StartUpShowStatusBar") = False
```

HINWEIS: Hier ist ein Neustart der Datenbank erforderlich!

16.1.3 Fortschrittsanzeige mit dem Progressbar realisieren

Nicht jede Datenbankoperation ist in wenigen Sekunden erledigt, und so bietet es sich an, den Nutzer über die laufenden Aktivitäten mit einer Fortschrittsanzeige zu informieren.

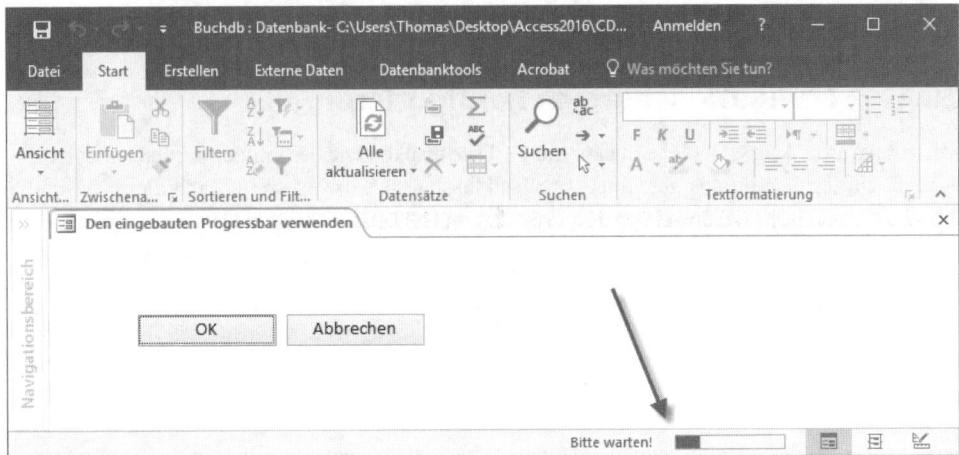

Verwenden Sie dazu die *SysCmd*-Funktion und die drei Konstanten

- *acSysCmdInitMeter* (Initialisieren, Beschriftung erzeugen, Länge bestimmen)
- *acSysCmdUpdateMeter* (aktuellen Wert einstellen) und
- *acSysCmdRemoveMeter* (Progressbar entfernen)

können Sie den integrierten Access-Progressbar programmieren.

BEISPIEL: Fortschrittsanzeige von 0 bis 100 anzeigen und per *Timer* ansteuern

```
Dim i As Integer
```

Initialisieren mit Maximalwert und einer Meldung:

```
Private Sub Form_Load()
   i = 100
   SysCmd acSysCmdInitMeter, "Bitte warten!", 100
End Sub
```

Aktualisieren per Timer:

```
Private Sub Form_Timer()
   i = i + 1
   If i = 101 Then i = 1
   SysCmd acSysCmdUpdateMeter, i
End Sub
```

Aufräumen am Ende:

```
Private Sub Form_Close()
  SysCmd acSysCmdRemoveMeter
End Sub
```

Nach dem Aufruf des Formulars sollten Sie einen Blick auf den unteren Bildrand werfen[1].

16.1.4 Navigationsbereich konfigurieren

Schon Microsoft Access 2007 beglückte Sie als Datenbankentwickler mit dem neuen Navigationsbereich und löste damit das gute alte Datenbankfenster ab. So weit so gut, allerdings dürfte die Standard-Ansicht den Endanwender Ihrer Applikation wohl eher verwirren als "erleuchten".

Glücklicherweise haben Sie jedoch die Möglichkeit, Einfluss auf die Gruppierung und die angezeigten Objekte zu nehmen. Auch das Ein-/Ausblenden und die Auswahl von Kategorien sind per VBA problemlos realisierbar.

Navigationsbereich ein-/ausblenden

Möchten Sie den Navigationsbereich komplett ausblenden, können Sie dies über die Access-Optionen (*Aktuelle Datenbank/Navigationsbereich anzeigen*) oder per VBA-Code realisieren.

> **HINWEIS:** Die Änderung per Optionen-Dialog wirkt sich erst nach einem Neustart der Datenbank aus.

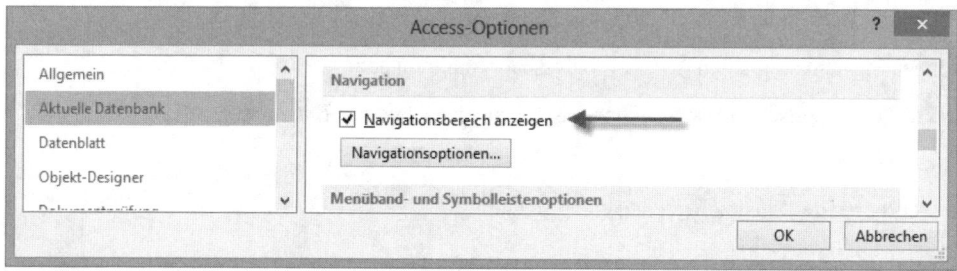

BEISPIEL: Ausblenden des Navigationsbereichs per VBA:

```
DoCmd.SelectObject acTable, , True
RunCommand acCmdWindowHide
```

Das Einblenden geht einfacher:

```
DoCmd.SelectObject acTable, , True
```

---

[1] Dank der neuen Oberflächengestaltung ab Access 2013 ist der Progressbar kaum noch erkennbar. Echter Minimalismus würde bedeuten, ein leeres weißes Formular anzuzeigen, aber dass kommt auch noch ...

16.1 Access-Oberflächengestaltung

Navigationsbereich minimieren/wiederherstellen

Möchten Sie den Navigationsbereich nur kurzzeitig verkleinern, können Sie dies über die entsprechende Schaltfläche im Kopf des Navigationsbereichs erreichen oder Sie nutzen per VBA folgende Funktion:

```
Sub Test()
  DoCmd.SelectObject acTable, , True
  DoCmd.Minimize
End Sub
```

Das Wiederherstellen der alten Größe:

```
Sub Test()
  DoCmd.SelectObject acTable, , True
  DoCmd.Restore
End Sub
```

Navigationsbereich sperren

Nicht immer ist es angebracht, dass Endnutzer Ihrer Datenbankanwendung den Navigationsbereich als Spielwiese nutzen (z.B. Kategorien/Gruppierungen verändern). Mit der Methode *LockNavigationPane* können Sie den Erfindungsreichtum des Endanwenders wesentlich einschränken.

BEISPIEL: Navigationsbereich sperren

```
Sub Test()
  DoCmd.LockNavigationPane True
End Sub
```

HINWEIS: Auch das Kontextmenü zum Konfigurieren des Navigationsbereichs ist mit dieser Option deaktivierbar.

Die folgende Abbildung zeigt ein Kontextmenü für Tabellen nach Ausführung der obigen Routine:

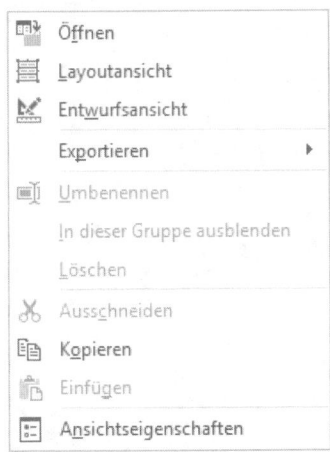

Die wesentlichste Änderung im Menü: ein Umbenennen, Löschen oder Ausschneiden ist jetzt nicht mehr möglich.

BEISPIEL: Die Sperre aufheben

```
Sub Test()
  DoCmd.LockNavigationPane False
End Sub
```

HINWEIS: Doch Achtung: Diese Option ist nicht persistent, d.h., nach dem Schließen der Datenbank ist auch die Option wieder deaktiviert. Nutzen Sie also ein AutoExec-Makro, um obige Funktion bei jedem Start auszuführen.

Eigene Navigationskategorien erstellen

Verwenden Sie die Navigationsoptionen (rechte Maustaste im Kopf des Navigationsbereichs), um zusätzliche Navigationskategorien zu erstellen und anzuzeigen. Öffnen Sie zunächst per Kontextmenü (im Kopf des Navigationsbereichs) die Navigationsoptionen:

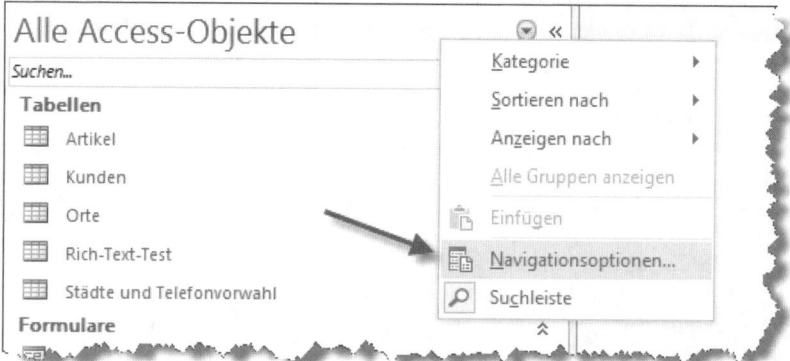

Fügen Sie der linken Liste eine neue Kategorie hinzu (z.B. "Doberenz/Gewinnus"). Diese bestimmt im Folgenden die Gruppierung der Datenbank-Objekte.

16.1 Access-Oberflächengestaltung

Die Gruppen selbst erstellen Sie in der rechten Liste:

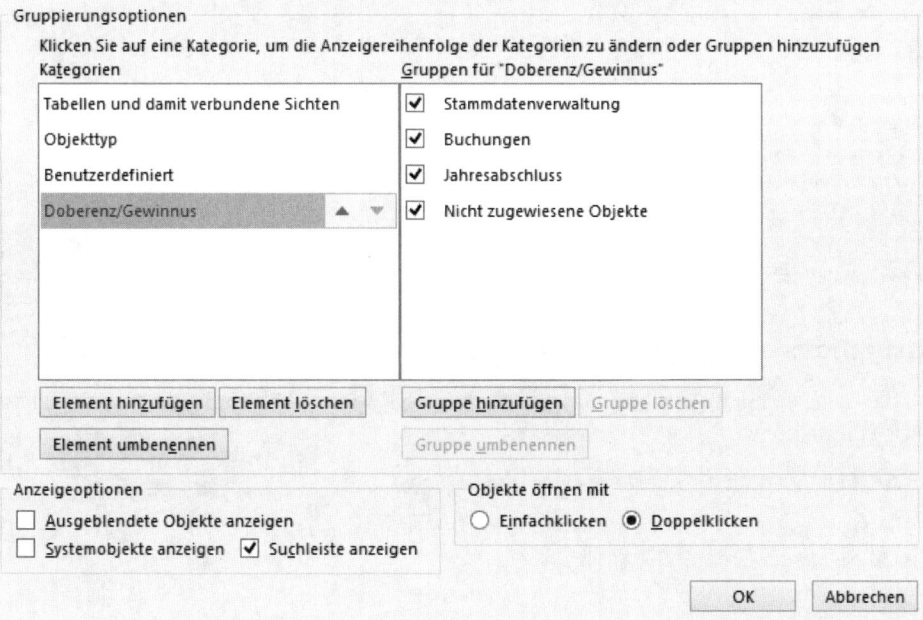

Navigationskategorie festlegen

Die so erstellte neue Kategorie können Sie nun über die Kopfzeile des Navigationsbereichs auswählen:

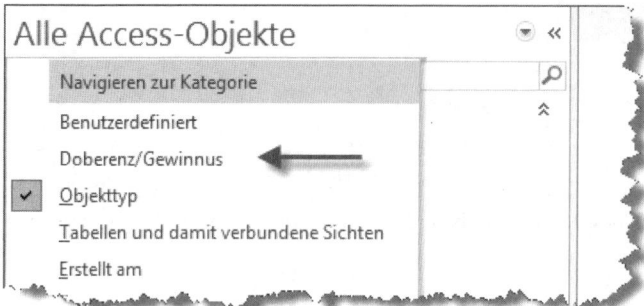

Nachfolgend lassen sich die bisher in der Gruppe *Nicht zugewiesene Objekte* enthaltenen Datenbankobjekte in die neuen Gruppen einordnen:

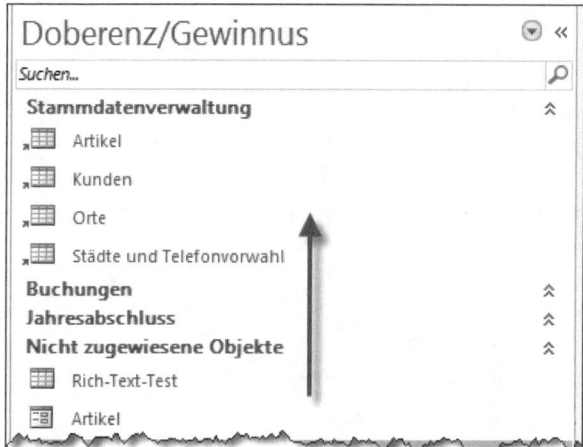

Navigationskategorie per VBA festlegen

Soll die Navigationskategorie erst zur Laufzeit festgelegt werden, können Sie dies mit folgendem Einzeiler realisieren:

BEISPIEL: Auswahl der Kategorie *Doberenz/Gewinnus*

```
Sub Test()
  DoCmd.NavigateTo "Doberenz/Gewinnus"
End Sub
```

Navigationskategorien ein-/ausblenden

Möchten Sie temporär einzelne Navigationskategorien ausblenden, d.h., der Nutzer hat keine Möglichkeit diese auszuwählen, verwenden Sie die Methode *SetDisplayedCategories*.

BEISPIEL: Kategorie *Doberenz/Gewinnus* ausblenden

```
Sub Test()
    DoCmd.SetDisplayedCategories False, "Doberenz/Gewinnus"
End Sub
```

Ansicht auswählen

Über das Kontextmenü im Kopf des Navigationsbereichs (*Anzeigen nach*) können Sie folgende drei Ansichten auswählen (Liste, Symbol, Details):

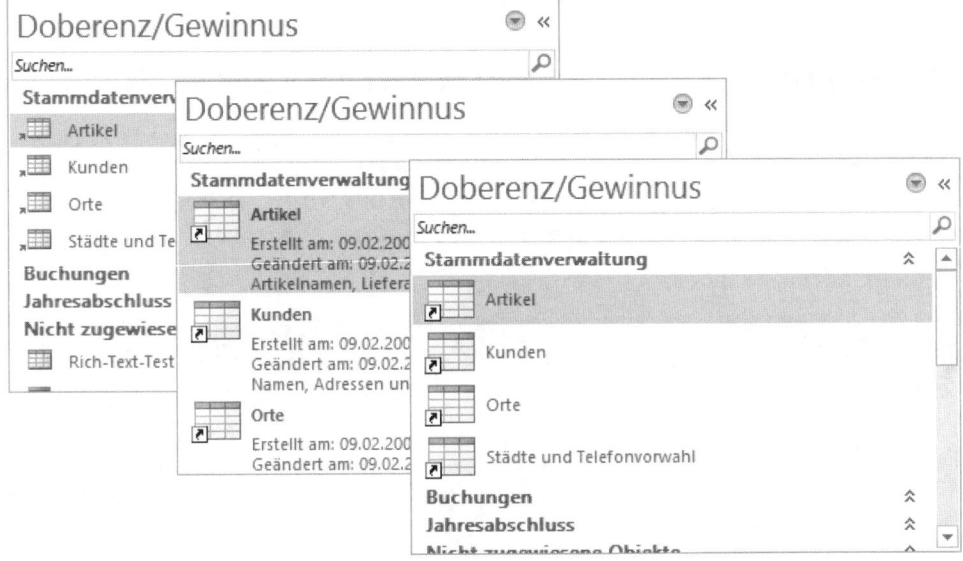

Systemtabellen etc. anzeigen

Verwenden Sie die Navigationsoptionen (rechte Maustaste im Kopf des Navigationsbereichs) und aktivieren Sie die Option *Systemobjekte anzeigen*:

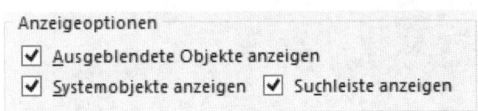

Suchleiste verwenden

Über das Kontextmenü im Kopf des Navigationsbereichs können Sie eine Suchleiste einblenden:

Geben Sie in das Eingabefeld Werte ein, wird die Liste der Objekte nach diesem Begriff gefiltert. Dieses Feature werden Sie bei umfangreichen Datenbanken schnell zu schätzen lernen.

16.1.5 Access-Hauptfenster komplett ausblenden

Nicht in jedem Fall ist es sinnvoll, das Access-Hauptfenster[1] einzublenden. Gerade kleinere Dialoge nehmen durch die Oberflächengestaltung von Access (Menüband, Navigationsbereich) recht viel Platz auf dem Desktop weg. Genügt Ihnen das Entfernen von Menüband und Navigationsbereich nicht und wollen Sie nur ein oder zwei einzelne Formulare anzeigen, können Sie das Access-Hauptfenster mit einem kleinen Trick komplett ausblenden.

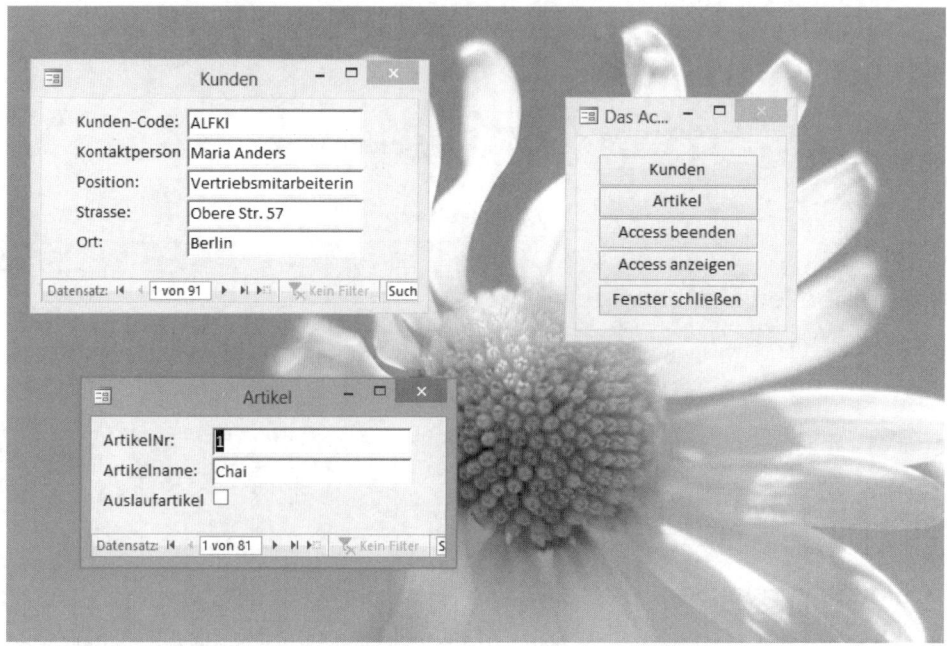

---

[1] Verwechseln Sie das Hauptfenster nicht mit dem Datenbankfenster, welches man ebenfalls ausblenden kann!

16.1 Access-Oberflächengestaltung

Vorgehensweise

Mit der API-Funktion *ShowWindow* können Sie beliebige Fenster ein- und ausblenden und das trifft auch auf das Access-Hauptfenster zu.

Beachten Sie jedoch:

- Alle Formulare der Datenbank müssen auf *PopUp* = *True* eingestellt werden, weil sie über das nun nicht mehr sichtbaren Access-Fenster (MDI) auch mit ausgeblendet werden.

- Sie müssen mangels Hauptfenster selbst dafür sorgen, dass Access später mit dem *Quit*-Befehl ordentlich beendet wird.

- Sorgen Sie für eine vernünftige Fehlerbehandlung.

HINWEIS: Alternativ können Sie das Hauptfenster auch minimieren, in diesem Fall taucht es jedoch nach wie vor in der Taskbar auf.

In unserem Beispiel wollen wir – ausgehend von einem Startformular – zwei weitere Formulare öffnen, mit denen wir auf die Tabellen *Kunden* und *Artikel* zugreifen.

Wir benötigen drei Formulare:

- Ein Startformular mit fünf Befehlsschaltflächen, zwei davon dienen zum Aufruf der übrigen beiden Formulare. Die dritte Befehlsschaltfläche ist für das Beenden der Anwendung zuständig. Schaltfläche vier und fünf dienen dem Schließen des Formulars bzw. dem erneuten Anzeigen des Access-Hauptfensters.

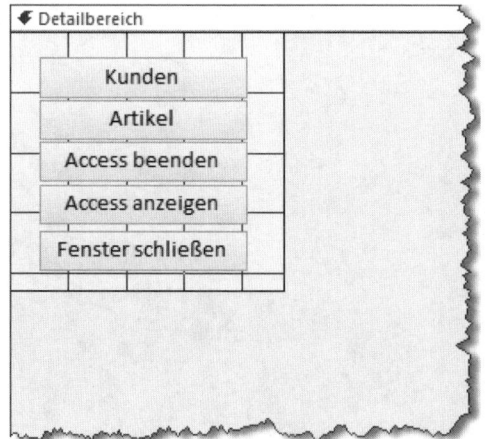

- Ein Formular *Kunden*, dessen *Datensatzquelle* wir auf die Tabelle *Kunden* setzen und das wir mit einigen Textfeldern bestücken, deren *Steuerelementinhalt* mit irgendwelchen Feldern dieser Tabelle verbunden wird.

- Völlig analog ist der Aufbau des Formulars *Artikel*.
- Setzen Sie die *PopUp*-Eigenschaft aller drei Formulare auf *Ja*.

Quelltext Startformular

```
Option Explicit
Private Const SW_HIDE = 0
Private Const SW_NORMAL = 1
Private Const SW_SHOWMINIMIZED = 2

Private Declare Function ShowWindow Lib "user32" (ByVal hwnd As Long, ByVal nCmdShow As Long) _
                                                 As Long
```

Der Aufruf der API-Funktion erfolgt beim Öffnen des Formulars:

```
Private Sub Form_Open(Cancel As Integer)
  Call ShowWindow(Application.hWndAccessApp, SW_HIDE)
  Call ShowWindow(Me.hwnd, SW_NORMAL)
End Sub
```

Das Öffnen der anderen Formulare geschieht auf gewohnte Weise:

```
Private Sub Befehl1_Click()
  DoCmd.OpenForm "Kunden"
End Sub

Private Sub Befehl2_Click()
  DoCmd.OpenForm "Artikel"
End Sub
```

Wichtig ist das ordnungsgemäße Beenden von Access:

```
Private Sub Befehl0_Click()
  Application.Quit
End Sub
```

Erneute Anzeige des Hauptformulars:

```
Private Sub Befehl3_Click()
  Call ShowWindow(Application.hWndAccessApp, SW_NORMAL)
  Call ShowWindow(Me.hwnd, SW_NORMAL)
End Sub
```

Das Fenster schließen:

```
Private Sub Befehl4_Click()
  DoCmd.Close
End Sub
```

Test

Mit dem Öffnen des Startformulars verschwindet das Access-Hauptfenster und der Benutzer merkt rein äußerlich keinen Unterschied zu einer "normalen" Windows-Anwendung.

Bemerkungen

- Damit beim Benutzer das Startformular sofort nach Öffnen der Datenbank erscheint, müssen Sie in den Optionen unter *Aktuelle Datenbank* die Einstellung *Formular anzeigen* vornehmen (siehe folgende Abbildung).

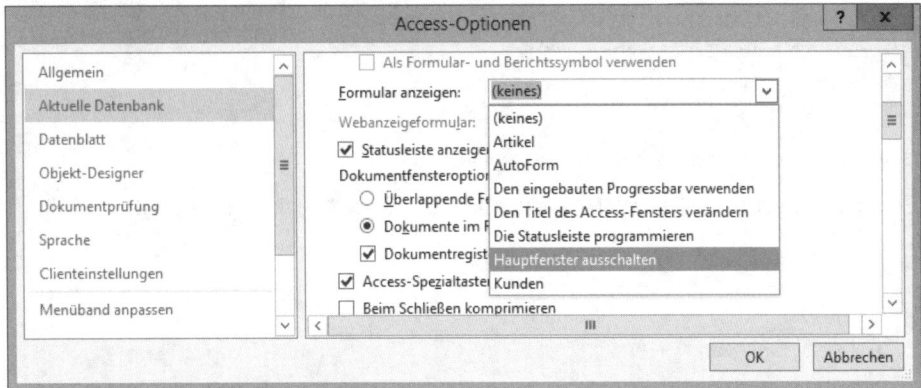

- Dem wenig erfahrenen Benutzer nehmen Sie mit dem Ausblenden des Hauptfensters die Möglichkeit, auf direktem Wege in den "Innereien" Ihres Programms (Tabellen, Formulare, Quellcode ...) herumzuschnüffeln. Der Access-Kundige weiß allerdings, dass er beim Öffnen der Datenbank nur die ⇧-Taste gedrückt halten muss, um ein AutoExec-Makro oder die im Startdialog vorgenommenen Einstellungen zu umgehen.

- Beim Öffnen von Berichten in der Seitenansicht kann es Probleme geben. Hier muss man die Formulare alle auf unsichtbar setzen oder schließen.

- Dass man in der Taskleiste nichts mehr von der Anwendung sieht, kann bei größeren Datenbankapplikationen durchaus als Nachteil empfunden werden.

16.2 Steuern der Anwendung

Tja, was meinen die Autoren wohl mit dieser Überschrift? Ausnahmsweise ist hier mal nicht von VBA-Konstrukten zur Programmablaufsteuerung die Rede (*While, If* etc.), sondern wir wollen uns um das große Ganze, d.h. die Access-Anwendung, kümmern.

16.2.1 Autostart mit AutoExec-Makro

Entwickeln Sie eigene Applikationen ist es sicher wünschenswert, auf den Start der Anwendung mit einer Routine zu reagieren. Wer auch mit anderen Programmiersprachen arbeitet, dem ist sicher eine *Main*-Prozedur (C#) oder ein *MyApplication_Startup* (VB.NET) vertraut.

Access verfügt nicht über ein derartiges Ereignismodell, Sie haben jedoch die Möglichkeit, beim Öffnen der Datenbank ein Makro mit dem Namen *AutoExec* automatisch ausführen zu lassen.

Aus diesem Makro heraus können Sie VBA-Funktionen starten, interne Access-Funktionen abarbeiten oder Formulare[1]/Berichte aufrufen.

BEISPIEL: Per AutoExec-Makro soll eine VBA-Funktion gestartet werden.

Erstellen Sie zunächst die Funktion in einem neuen Modul:

```
Function MeineAutoStartfunktion() As Boolean
  MsgBox "Ich bin gestartet worden ..."
  MeineAutoStartfunktion = True
End Function
```

Wichtig: Es muss eine *Function* sein, ein *Sub* genügt nicht!

Erzeugen Sie über das Menüband (*Erstellen/Makro*) ein neues Makro mit folgendem Inhalt:

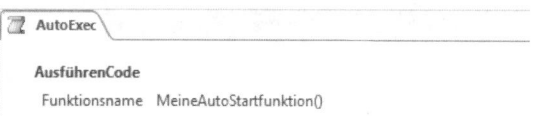

Schließen Sie den Makroeditor und vergeben Sie den Namen *AutoExec*. Beim nächsten Öffnen der Datenbank wird jetzt automatisch das Makro aufgerufen, dieses startet wiederum unsere VBA-Routine.

HINWEIS: Mit dem Datenbanknavigator können Sie auch das *AutoExec*-Makro ausblenden. Klicken Sie dazu mit der rechten Maustaste auf den Eintrag und wählen Sie im Kontextmenü den Punkt *Objekteigenschaften*. Im folgenden Dialog haben Sie die Möglichkeit, das Objekt auszublenden. Sollte das Makro immer noch angezeigt werden (graue Schrift), müssen Sie über die Navigationsoptionen die Anzeige ausgeblendeter Objekte deaktivieren.

Automatische Ausführung verhindern

Eventuell haben Sie einen Fehler in Ihrer Anwendung oder Sie möchten mal ohne *AutoExec*-Makro starten. In diesem Fall halten Sie beim Öffnen der Datenbank einfach die ⇧-Taste gedrückt. Das Makro wird jetzt nicht ausgeführt.

Umgehen mit der Shift-Taste verhindern

So schlau wie Sie sind manche Anwender auch. Wollen Sie die Möglichkeit der Umgehung Ihres *AutoExec*-Makros verhindern, müssen Sie die Datenbank-Eigenschaft *AllowBypassKey* auf *False* setzen.

BEISPIEL: Setzen von *AllowBypassKey*

```
Sub NoByPass()
  On Error Resume Next
```

---

[1] Formulare lassen sich auch über die Access-Optionen automatisch starten (siehe folgender Abschnitt).

16.2 Steuern der Anwendung

```
    Dim prp As DAO.Property

    Set prp = CurrentDb.CreateProperty("AllowBypassKey", dbBoolean, False)
    CurrentDb.Properties.Append prp
    CurrentDb.Properties("AllowBypassKey") = False
End Sub
```

16.2.2 Formulare automatisch starten

Statt des *AutoExec*-Makros können Sie in Access auch gleich ein Formular automatisch anzeigen lassen. Öffnen Sie dazu die Access-Optionen (Backstage-Bereich) und wählen Sie unter *Aktuelle Datenbank* das gewünschte Formular aus.

Diese Funktionalität ist recht praktisch, wenn Sie beispielsweise den Navigationsbereich für den Anwender ausgeblendet haben, da Sie jetzt eine Möglichkeit brauchen um Formulare und Berichte zu öffnen.

16.2.3 Warten auf das Ende

Recht häufig kommt es vor, dass mit dem Beenden der Access-Anwendung auch einige Aufgaben auszuführen sind (Backup, Optionen sichern etc.). Leider findet sich kein Pendant zum *AutoExec*-Makro, und so bleibt nur ein kleiner Trick, um die gewünschte Funktionalität zu erhalten:

- Erstellen Sie ein neues Formular (z.B. *AutoForm*).
- Fügen Sie folgende Ereignisroutine zum Formular hinzu:

    ```
    Option Explicit

    Private Sub Form_Close()
        MsgBox "Und jetzt beenden wir Access wieder "
    End Sub
    ```

- Erweitern Sie das *AutoExec*-Makro um die Anzeige des gerade erstellten Formulars:

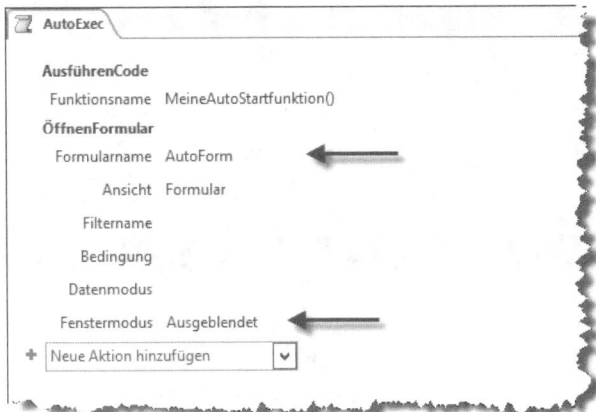

> **HINWEIS:** Beachten Sie die Option für *Fenstermodus* (*Ausgeblendet*)!

Nach dem Öffnen der Datenbank wird obiges Makro abgearbeitet, das Fenster wird geöffnet, ist aber nicht sichtbar. Beim Schließen der Access-Datenbank werden auch automatisch alle Fenster geschlossen, was obige Ereignisroutine zur Ausführung bringt.

16.2.4 Access per VBA beenden

Soll Access aus einem Formular heraus beendet werden, verwenden Sie die *Quit*-Methode. Allerdings sollten Sie beim Schließen darauf achten, dass es eventuell noch ungesicherte Daten gibt. Ob diese übernommen werden, bestimmt ein extra Parameter, dem Sie die (selbsterklärenden) Parameter *acQuitPrompt*, *acQuitSaveAll* oder *acQuitSaveNone* übergeben können.

> **BEISPIEL:** Der folgende Aufruf genügt, um die Anwendung zu schließen. Gegebenenfalls wird noch eine Abfrage eingeblendet, ob die Daten gesichert werden sollen.

```
Private Sub Befehl1_Click()
    Application.Quit acQuitPrompt
End Sub
```

16.2.5 Den Runtime-Modus aktivieren

So funktional Access auch sein mag, für den Endanwender Ihrer Access-Applikation können Sie gar nicht genug Funktionen aus der Oberfläche ausblenden und deaktivieren[1].

Microsoft hat zu diesem Zweck einen speziellen Runtime-Modus geschaffen, der Access auf ein reines Anzeigeprogramm für vorgefertigte Formulare und Berichte reduziert.

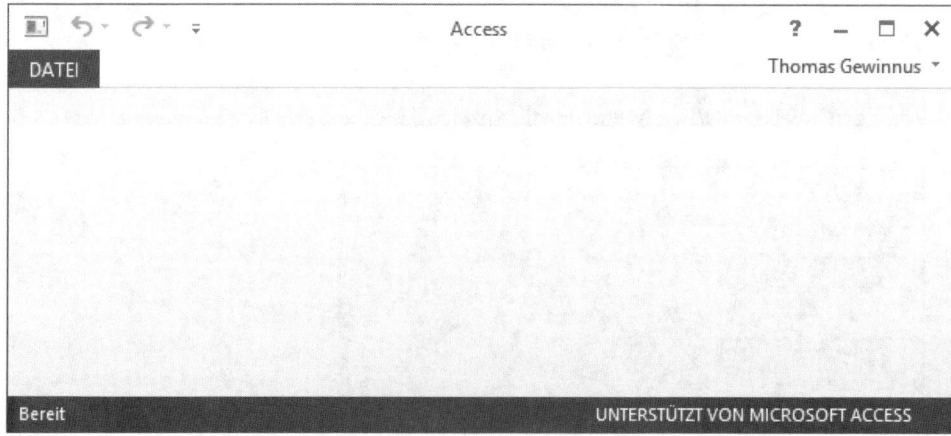

Jede unsinnige Anwenderkreativität wird hier schon im Keim erstickt, nur die gewünschten Formulare/Berichte sowie Optionen erscheinen auch auf dem Bildschirm.

---

[1] Die Kreativität der DAUs ist grenzenlos ...

16.2 Steuern der Anwendung

Allerdings haben die damit verbundenen Vorteile auch einen gewichtigen Nachteil: Sie müssen die gesamte Funktionalität zur Navigation zwischen den Dialogen/Berichten selbst realisieren (*Auto-Exec-* Makro). Ein fehlerhaft geschlossenes Formular präsentiert dem Anwender dann auch eine leere Access-Oberfläche (siehe oben), Laufzeitfehler führen zu folgender bösartiger Meldung (ein VBA-Editor ist nicht vorhanden):

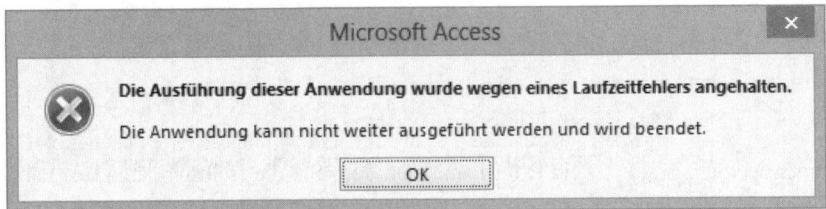

Drei Möglichkeiten bieten sich an, um eine Datenbank im Runtime-Modus anzuzeigen:

- Sie benennen die Datenbank in *.ACCDR* um. Nachfolgende Aufrufe der Datenbank werden jetzt automatisch im Runtimemodus von Access gestartet.
- Sie erstellen eine Batchdatei/eine Verknüpfung für den Anwender und übergeben den Befehlszeilenparameter */runtime*.
- Sie verwenden auf dem Endanwender-PC die Runtime-Version von Microsoft Access, die Sie unter der folgenden Adresse frei herunterladen können.

LINK: https://www.microsoft.com/de-DE/download/details.aspx?id=50040

Soll Ihr VBA-Programm im Runtime-Modus ein geändertes Verhalten aufweisen, können Sie den aktuellen Modus über die *SysCmd*-Funktion auswerten.

BEISPIEL: Codeausführung nur im Runtimemodus

```
If SysCmd(acSysCmdRuntime) Then
    ...
```

16.2.6 Befehlszeilen-Optionen verwenden

Wie schon im letzten Abschnitt erwähnt, bietet Access die Möglichkeit, Kommandozeilenparametern beim Programmstart zu übergeben (per Link, Batch-File oder im Ausführen-Fenster).

Die folgende Tabelle zeigt eine Übersicht der offiziellen Kommandozeilenparameter.

Option/Parameter	Beschreibung
Datenbank	Öffnet die angegebene Datei. Wichtig: Enthält der Dateiname Leerzeichen, müssen Sie diesen in Anführungszeichen einschließen.
/excl	Datenbank wird exklusiv (Single-User) geöffnet
/ro	Datenbank wird schreibgeschützt geöffnet
/runtime	Access wird im Laufzeitmodus gestartet (Entwicklerwerkzeuge stehen nicht zur Verfügung)

Option/Parameter	Beschreibung
/user *Benutzername*	Anmeldung als Benutzer (nicht Access 2007-Datenbanken)
/pwd *Kennwort*	Anmeldepasswort übergeben (nicht Access 2007-Datenbanken)
/profile *Benutzerprofil*	Startet Access mit spezifischem Benutzerprofil
/compact *Zieldatenbank*	Datenbank komprimieren/reparieren
/repair	Datenbank reparieren
/convert *Zieldatenbank*	Konvertiert Access-Datenbanken in das Access 2007-Format
/x *Makro*	Führt Makro in der zu öffnenden Datenbank aus
/cmd *Parameter*	Ermöglicht nutzerdefinierte Kommandozeilenparameter, diese können Sie mit der Visual Basic-Funktion *Command* abrufen. Wichtig: Bei dieser Option muss es sich um die letzte Option in der Befehlszeile handeln.
/wrkgrp *Arbeitsgruppendatei*	Verwendet die angegebene Arbeitsgruppendatei (nicht Access 2007-Datenbanken).

BEISPIEL: Datenbank schreibgeschützt öffnen

```
msaccess "Y:\Buchprojekte\BuchDB.accdb" /ro
```

BEISPIEL: Eigene Parameter übergeben

Der Kommandozeilenaufruf

```
msaccess "Y:\Buchprojekte\BuchDB.accdb" /cmd -Parameter1 -Parameter2 -Parameter3
```

kann mit folgender Funktion ausgewertet werden:

```
Sub Kommandozeile()
    MsgBox "Die Kommandozeile: " & Command
End Sub
```

Das Ergebnis zeigt die folgende Abbildung:

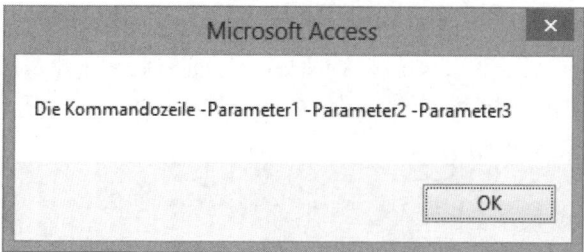

16.3 Entwickeln von Assistenten und Add-Ins

In den Handbüchern und in der Online-Dokumentation ist häufig von Assistenten bzw. Wizards die Rede. Bevor wir uns mit der Programmierung beschäftigen, wollen wir klären, was ein Assistent überhaupt ist und welche Typen es davon gibt.

16.3.1 Assistenten-Typen

Von verschiedenen Assistenten-Typen zu sprechen ist eigentlich falsch, handelt es sich doch im Grunde genommen immer um Access-Libraries, lediglich Funktion und optisches Erscheinungsbild unterscheiden sich. Hauptaufgabe der Assistenten ist das Erweitern der Access-Programmierumgebung (IDE) um neue Funktionen und Dialoge. Mit einigen Vertretern dieser Gattung haben Sie sicher schon mehr oder weniger unfreiwilligen Kontakt gehabt, sei es beim Erstellen von Tabellen und Formularen oder beim Einfügen von Controls. Es gibt unter Access wohl kaum eine Aufgabe, für die nicht irgendein Assistent seine Dienste anbietet.

In Access unterscheiden wir im Wesentlichen die folgenden Assistententypen:

- *Steuerelemente-Assistenten*:
    - Steuerelemente-Assistenten (Control-Wizards), z.B. für Listenfelder
    - Eigenschaften-Assistenten (Property-Wizards)
- *Objekt-Assistenten*:
    - Formular-Assistenten (Form-Wizards)
    - Tabellen-Assistenten (Table-Wizards)
    - Berichts-Assistenten (Report-Wizards)
    - Abfrage-Assistenten (Query-Wizard), wie z.B. der Kreuztabellenabfrage-Assistent

Die wohl einfachste Form eines Assistenten soll ebenfalls nicht vergessen werden: der Menü-Assistent. Allerdings hat dessen Bedeutung mit der Einführung des Menübandes unter Access 2007 deutlich abgenommen, von ihm erstellte Menüs sind nur noch mit Mühe zu finden.

Obwohl sich alle Assistenten dem Anwender als Formular präsentieren, unterscheidet sich die Einbindung zum Teil wesentlich, werden doch an einen Tabellenassistenten ganz andere Anforderungen gestellt als z.B. an einen Property-Wizard. Aus diesem Grund teilen wir im Folgenden die Assistentenprogrammierung in verschiedene Abschnitte auf, die sich mit jeweils einem Typ beschäftigen.

16.3.2 Einbinden der Assistenten in die Access-IDE

Assistenten werden über entsprechende Einträge in der Registrierdatenbank in Access eingebunden. Das soll jedoch nicht heißen, dass Sie mühsam Schlüssel und Werte (Values) in die Registrierdatenbank eintragen müssen, diese Aufgabe nimmt Ihnen Access mit Hilfe des Add-In-Managers zum großen Teil ab.

Um ein Add-In bzw. einen Assistenten in Access nutzen zu können, müssen Sie diesen zunächst mit dem in Access integrierten Add-In-Manager (Registerkarte *Datenbanktools*) registrieren.

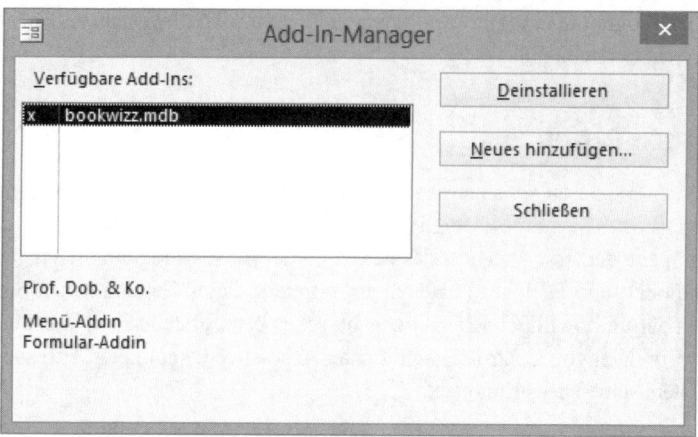

> **HINWEIS:** Falls Sie die Benutzerkontensteuerung (UAC) aktiviert haben, starten Sie bitte Access als Administrator, da dies für die Registrierung der Assistenten notwendig ist. Andernfalls steht Ihnen lediglich das Menü-Add-In zur Verfügung.

Die im Add-In-Manager angezeigten Informationen entsprechen den Einträgen *Firma* und *Kommentar* im Dialogfeld *Datenbankeigenschaften* Ihrer Add-In-Datenbank (*Datei/Informationen/Datenbankeigenschaften*). Tragen Sie Ihr Copyright und einige kurze Stichwörter ein, die den Assistenten genauer beschreiben.

Die Tabelle USysRegInfo

Haben Sie die gewünschte Add-In-Datenbank (MDA/ACCDA) ausgewählt, sucht der Manager in dieser Datenbank automatisch nach einer Tabelle *USysRegInfo*.

Diese Tabelle (siehe folgende Abbildung) müssten Sie als Add-In-Entwickler selbst erstellen, der einfachste Weg ist jedoch der Import dieser Tabelle aus einem anderen Add-In. Verwenden Sie dazu die Importfunktion von Access.

Feldname	Felddatentyp
Subkey	Kurzer Text
Type	Zahl
ValName	Kurzer Text
Value	Kurzer Text

Sollte die Tabelle im Importfenster nicht angezeigt werden, haben Sie nicht etwa die falsche Datei geöffnet, sondern Sie müssen die Option *Systemobjekte einblenden* aktivieren, da es sich bei der

16.3 Entwickeln von Assistenten und Add-Ins

oben genannten Tabelle um eine Systemtabelle handelt (Tabellen, die mit *USys...* oder *MSys...* bezeichnet sind, werden als Systemtabellen interpretiert). Öffnen Sie dazu die Optionen des Navigationsbereichs und aktivieren Sie die entsprechende Eigenschaft.

Wählt der Anwender das Add-In aus, erstellt der Manager mit den Werten aus der Tabelle *USysRegInfo* die benötigten Einträge in der Registrierdatenbank. Dazu gehört unter anderem auch der Name der Eintrittsprozedur. Diese Funktion in der Add-In-Datenbank wird durch Access aufgerufen wenn das Add-In aktiviert werden soll (z.B. Menübefehl ausgewählt). Gleichzeitig werden gegebenenfalls Parameter übergeben.

Wenden wir uns nun den Details zu.

16.3.3 Menü-Assistent (Beispiel)

Als Einstieg in die Assistentenprogrammierung wählen wir den einfachsten Typ. Alles, was zu einem Menü-Assistent gehört, ist eine recht einfache Eintrittsprozedur (es werden keinerlei Parameter übergeben) und ein Formular. Sie können natürlich auch gänzlich auf eine Oberfläche verzichten und lediglich Funktionen ausführen (z.B. eine DLL-Funktion oder eine VBA-Funktion aus der Add-In-Bibliothek aufrufen).

HINWEIS: Menü-Assistenten bzw. Add-Ins werden unter *Datenbanktools/Add-Ins* in die Access-Oberfläche eingebunden und angezeigt.

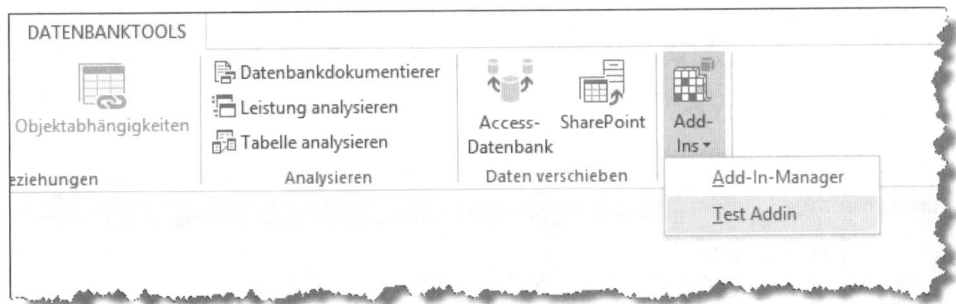

Einträge in der Tabelle USysRegInfo

Die folgende Abbildung zeigt den Inhalt der *USysRegInfo*-Tabelle für ein Menü-Add-In.

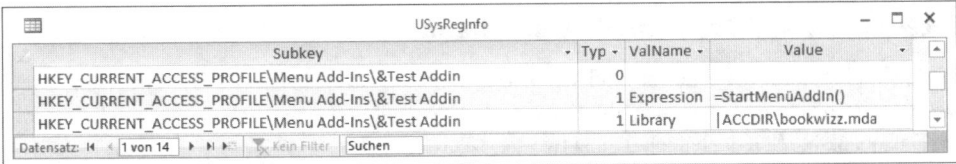

Die Werte der Tabelle besitzen im Einzelnen folgende Bedeutung:

- Die erste Zeile erzeugt einen gleichnamigen Schlüssel in der Registrierdatenbank. Die Angabe von *HKEY_CURRENT_ACCESS_PROFILE* bestimmt, dass bei der Arbeit mit Benutzerprofilen das Add-In im gerade aktuellen Profil gespeichert wird. Verzichten Sie auf Nutzerprofile, werden die Eintragungen automatisch unter *HKEY_LOCAL_MACHINE* vorgenommen. Der Name des Schlüssels bestimmt gleichzeitig den Eintrag im Menü. Wollen Sie eine Zugriffstaste erzeugen, stellen Sie dem gewünschten Buchstaben ein &-Zeichen voran.
- Die zweite Zeile der Tabelle legt die aufzurufende Funktion fest.
- In der dritten Zeile übergeben Sie dem Add-In-Manager den Namen der Library.

Wie das Ganze in der Registrierdatenbank aussieht, zeigt die folgende Abbildung:

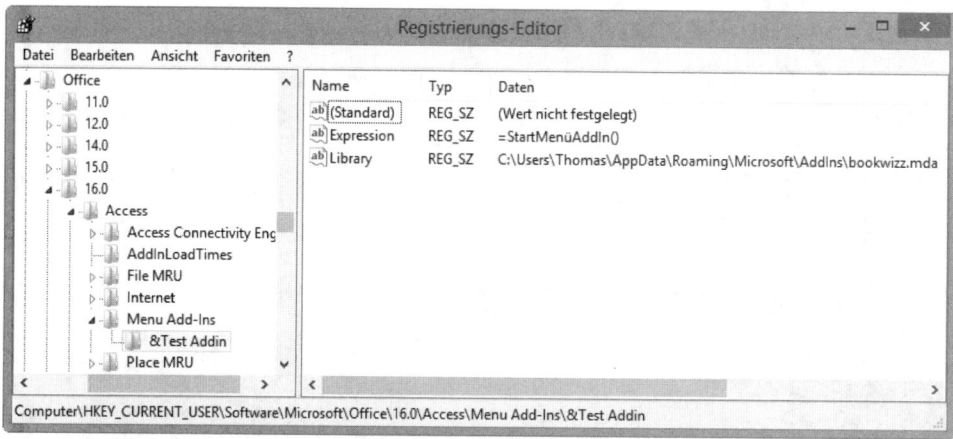

Die Startprozedur

Für einen Menü-Assistenten benötigen wir noch die Eintrittsprozedur (es werden keinerlei Parameter übergeben):

```
Function StartMenüAddIn()
    DoCmd.OpenForm "Menü-Add-In"
End Function
```

HINWEIS: Seit Access die Formulare auch im Registerkartenformat anzeigt ist es wichtig, dass Assistenten-Formulare als Popup-Fenster erscheinen (Eigenschaft *Popup = True*).

Interaktion Add-In/aktuelle Datenbank

Mit dem Einbinden des Add-Ins und der Anzeige eines Formulars haben wir zwar schon die wesentlichsten Hürden genommen, die Frage nach der Interaktion zwischen Add-In und der aktuellen Datenbank bleibt jedoch noch unbeantwortet.

Die Lösung ist einfacher als Sie denken, mit *CurrentDb()* können Sie die aktuelle Datenbank-Instanz aus dem Add-In heraus ansprechen und damit auch analysieren bzw. administrieren.

16.3 Entwickeln von Assistenten und Add-Ins

HINWEIS: Der Rest bleibt Ihren DAO-Fähigkeiten überlassen (siehe dazu Kapitel 7, DAO-Programmierung).

BEISPIEL: Anzeige aller Formulare in einem Listenfeld

```
Private Sub Form_Load()
On Error Resume Next
Dim db As Database
Dim i As Integer
Dim contest As Container
Dim s As String
```

Instanz der aktuellen Datenbank ermitteln:

```
    Set db = CurrentDb()
```

Die Forms-Collection abrufen:

```
    Set contest = db.Containers("Forms")
    For i = 0 To contest.Documents.Count - 1
      If s <> "" Then
        s = s & ";""" & contest.Documents(i).Name & """"
      Else
        s = s & """" & contest.Documents(i).Name & """"
      End If
    Next i
```

In die Liste eintragen:

```
    List1.RowSource = s
End Sub
```

HINWEIS: Das komplette Beispiel finden Sie in den Begleitdateien.

16.3.4 Objekt-Assistent (Beispiel)

Als Beispiel für einen Objekt-Assistenten wollen wir einen Formular-Wizard erstellen. Im Unterschied zum Menü-Add-In findet bei diesem Assistenten ein Austausch von Informationen mit dem Access-Programm statt:

- Zum einen kann an den Assistenten der Name einer Tabelle oder Abfrage übergeben werden (z.B. das Kombinationsfeld im Formular-Neu-Dialog)
- zum anderen erzeugt das Add-In ein neues Objekt (Tabelle, Formular etc.) in der Datenbank

Aus diesem Grund ändert sich auch die Aufrufsyntax der Eintrittsprozedur:

```
Function StartFormularAddIn(sztable As String) As Integer
  ' Beispiel:
  ' MsgBox "Gewählt wurde Tabelle:" & sztable, 64, "Info"
End Function
```

Übergeben wird, falls gewählt, der Name einer Tabelle oder Abfrage, die als *DataSource* genutzt werden kann. Ob eine Tabelle gewählt werden muss oder nicht, entscheiden Sie mit den Einträgen in der Tabelle *USysRegInfo*.

Optionen in der Tabelle USysRegInfo

Die Einträge für den Formular-Assistenten:

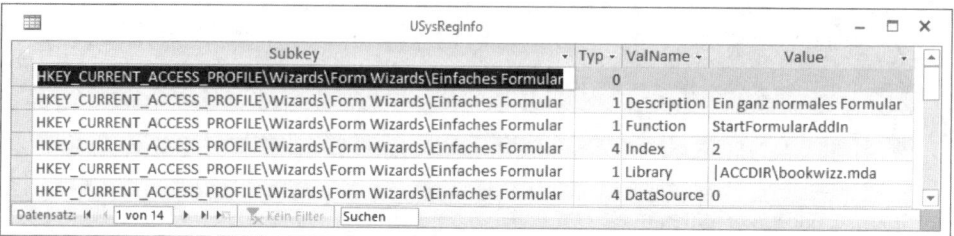

Mit dem ersten Eintrag wird wieder ein Schlüssel erzeugt.

> **HINWEIS:** Bei einem Berichtsassistenten müssen Sie diesen natürlich nicht unter "Wizards\Form Wizards" eintragen, sondern unter "Wizards\Report Wizards".

Die zweite Zeile bestimmt die Beschreibung, die im Dialogfeld *Neues Formular* angezeigt wird. Den Namen der Eintrittsprozedur übergeben Sie in der dritten Zeile. Zeile 4 legt den Index, d.h. die Position in der Liste der Assistenten, fest. Unter *Library* findet sich wieder der Verweis auf die Add-Ins-Datenbank. Mit *DataSourceRequired = 1* erzwingen Sie die Auswahl einer Tabelle oder Abfrage, die als *DataSource* für das neue Formular (oder den Report) verwendet werden kann.

Die Startprozedur

Nun endlich kommen wir zur Realisierung des eigentlichen Assistenten (Wizards). Erster Schritt nach dem Aufruf der Eintrittsprozedur dürfte die Anzeige eines Dialogfeldes sein. Wir beschränken uns hier auf einen einfachen Dialog:

```
Function StartFormularAddIn(sztable As String) As Integer
    DoCmd.OpenForm "Formular-Assistent"
End Function
```

Das Assistenten-Formular

Der Aufbau der Oberfläche ist recht trivial: Außer einem kurzen Text werden nur zwei Schaltflächen verwendet.

> **HINWEIS:** Seitdem Access die Formulare auch im Registerkartenformat anzeigt, ist es wichtig, dass Assistenten-Formulare als Popup-Fenster erscheinen (Eigenschaft *Popup = True*).

16.3 Entwickeln von Assistenten und Add-Ins

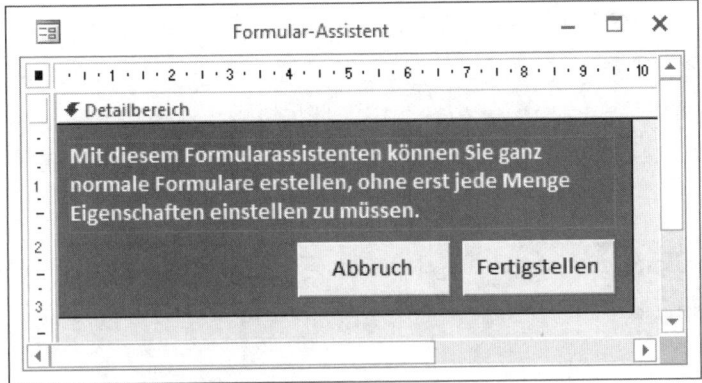

Das Erstellen neuer Formulare/Objekte

Wird die Schaltfläche *Fertigstellen* gewählt, erzeugt unser Formular-Assistent ein einfaches Dialogfeld (fester Rahmen, keinen Datensatzmarkierer etc.) mit zwei Schaltflächen. Der Name wird automatisch mit *Formular1* festgelegt.

Hinter der Schaltfläche *Fertigstellen* verbirgt sich folgender Code, der für Sie (hoffentlich) ausreichend kommentiert ist:

```
Private Sub Befehl0_Click()
Dim frm As Form
Dim ctl As Control
```

Neues Formular erzeugen:

```
    Set frm = CreateForm()
```

Eigenschaften des Formulars setzen:

```
    frm.Caption = "Beispielformular"    ' Überschrift
    frm.ScrollBars = 0                  ' Bildlaufleisten entfernen
    frm.RecordSelectors = False         ' Recordselector ausschalten
    frm.AutoCenter = True               ' Form zentrieren
    frm.NavigationButtons = False       ' Schaltflächen ausblenden
    frm.BorderStyle = 3                 ' Dialogfeld
    frm.Width = 8000                    ' Breite in Twips
    frm.Section(0).Height = 5000        ' Höhe in Twips
```

Formular speichern:

```
    DoCmd.Save
```

OK-Schaltfläche einfügen:

```
    Set ctl = CreateControl(frm.Name,acCommandButton, acDetail, "", "", 6250, 4250, 1500, 500)
    ctl.Name = "Button1"
    ctl.Caption = "OK"
```

Verknüpfen mit einer Ereignisprozedur, die noch festgelegt wird:

```
ctl.OnClick = "[Ereignisprozedur]"
```

Schaltfläche *Abbruch* einfügen:

```
Set ctl = CreateControl(frm.Name, acCommandButton, acDetail, "", "", 4500, 4250, 1500, 500)
ctl.Name = "Button2"
ctl.Caption = "Abbruch"
```

Verknüpfen mit einer Ereignisprozedur, die noch festgelegt wird:

```
ctl.OnClick = "[Ereignisprozedur]"
```

Quellcode einfügen:

```
frm.Module.InsertText "Private Sub Button1_Click()"
frm.Module.InsertText "    DoCmd.Close acForm, Me.Name"
frm.Module.InsertText "End Sub"
frm.Module.InsertText "Private Sub Button2_Click()"
frm.Module.InsertText "    DoCmd.Close acForm, Me.Name"
frm.Module.InsertText "End Sub"
```

Speichern des Formulars und Schließen der Entwurfsansicht:

```
DoCmd.Save
DoCmd.Close
```

Schließen unseres Dialogfeldes:

```
DoCmd.Close acForm, Me.Name
End Sub
```

Wie Sie sehen ist es nicht schwer, ein eigenes Add-In zu entwickeln, lediglich etwas Tipparbeit ist erforderlich. Wer es noch einfacher haben will, kann in der Add-Ins-Datenbank auch schon ein fertiges Muster erzeugen, das nur noch in die neue Datenbank kopiert zu werden braucht. Danach können Sie die notwendigen Anpassungen vornehmen.

Allerdings sollte ein professionelles Add-In wenigstens einige Einstellungen zulassen (z.B. über Kontrollkästchen oder Optionsfelder). Die einzelnen Seiten des Add-Ins trennen Sie durch das gezielte Einfügen von Seitenumbrüchen. Diese müssen so positioniert werden, dass alle Einzelseiten gleich groß sind, andernfalls sind Teile der folgenden Seite zu sehen. Die Navigationsschaltflächen platzieren Sie im Formularfuß, die Überschrift im Formularkopf. Auf diese Weise ändert sich lediglich der Inhalt des Formulars, Beschriftung und Schaltflächen bleiben immer gleich.

Aufruf

Wenn Sie nun den Formularassistenten (Hauptregisterkarte *Erstellen/Formulare*) wählen, so sollte in der Liste der "Helferlein" auch unser Assistent auftauchen:

16.3 Entwickeln von Assistenten und Add-Ins

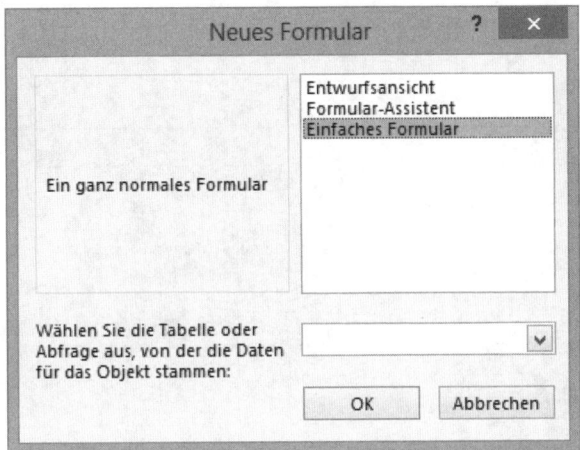

Nach dem Klick auf die *OK*-Schaltfläche wird unser Dialogfeld angezeigt. Ein erneuter Klick auf *OK* lässt kurz die Festplatte rasseln und konfrontiert Sie nachfolgend mit der Frage, ob Sie das gerade erstellte Formular unter dem Namen *Formular1* speichern wollen.

Damit haben Sie ein voll funktionstüchtiges Formular erzeugt, ohne eine einzige Zeile Quellcode oder eine Eigenschaft editiert zu haben.

16.3.5 Steuerelemente-Assistent (Beispiel)

Nicht ohne Grund kommen wir erst zum Schluss zu den Steuerelemente-Assistenten, ist doch deren Programmierung etwas komplexer als in den bisherigen Beispielen. Der Eintrittsprozedur werden diesmal zwei Werte übergeben, der Name des gewählten Steuerelements (Control) sowie der Name des zugehörigen Texts (Label):

```
Function StartControlAddIn(CtlName As String, LblName As String) As Integer
...
End Function
```

Bevor Sie jedoch versuchen, mit diesen beiden Werten etwas anzufangen, sollten Sie sich mit der Eigenschaft *ActiveControl* des *Screen*-Objekts näher beschäftigen. Speichern Sie diesen Wert in einer Objektvariablen vom Typ *Control*, so können Sie später ohne Probleme auf alle Eigenschaften zugreifen.

BEISPIEL: Verwenden von *Screen.ActiveControl*

```
Dim c As Control
Set c = Screen.ActiveControl
```

Doch bevor es so weit ist, müssen Sie sich wieder mit der Tabelle *USysRegInfo* auseinander setzen.

Optionen in der Tabelle USysRegInfo

Der Blick in die Tabelle:

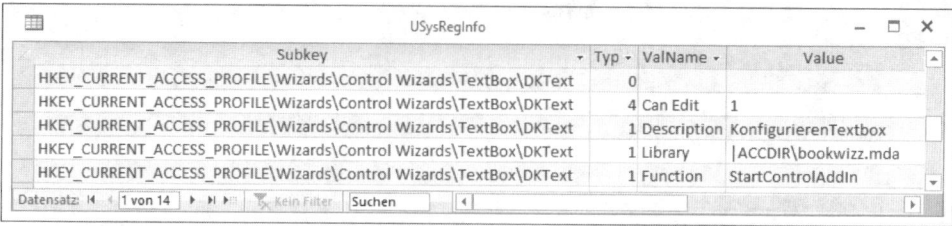

Die erste Zeile legt einen neuen Schlüssel an.

HINWEIS: Beachten Sie, dass diesmal zwei Unterschlüssel erzeugt werden müssen.

Der erste Unterschlüssel (im Beispiel "TextBox") wählt den Steuerelementetyp aus, für den der Assistent gedacht ist, der zweite Schlüssel dient der Unterscheidung, falls mehrere Assistenten (Wizards) für ein Steuerelement vorhanden sind. In diesem Fall wird ein Auswahldialogfeld angezeigt. Der zweite Parameter bestimmt, ob der Assistent auch für ein vorhandenes Steuerelement aufgerufen werden kann. Mit *Description* legen Sie eine Bezeichnung fest, die angezeigt wird, wenn es mehr als einen Wizard für das gewählte Steuerelement gibt. Der Eintrag *Library* dürfte eindeutig sein, handelt es sich hier doch um den Namen der Add-Ins-Datenbank. *Funktion* gibt den Namen der Eintrittsprozedur an.

Das Add-In-Formular

Unser Beispiel-Assistent hat die Aufgabe, die Konfiguration von Textfeldern zu verbessern. Neben dem Steuerelementenamen soll auch die Eigenschaft *ControlSource* festgelegt werden. Dies jedoch nur dann, wenn es sich um ein gebundenes Formular handelt.

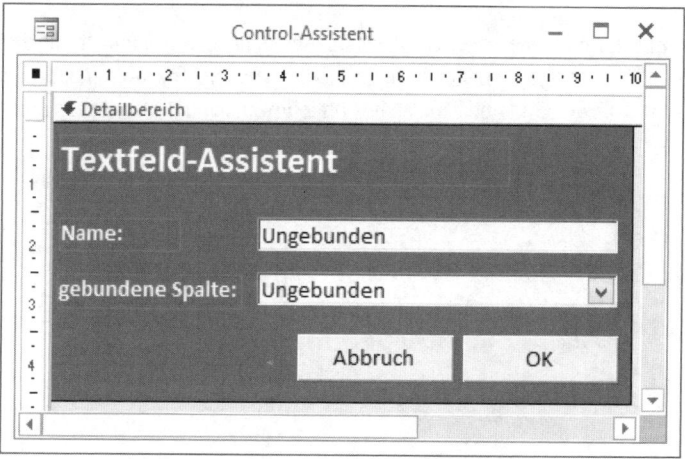

16.3 Entwickeln von Assistenten und Add-Ins

HINWEIS: Seitdem Access die Formulare auch im Registerkartenformat anzeigt, ist es wichtig, dass Assistenten als Popup-Fenster angezeigt werden (Eigenschaft *Popup = True*).

Sowohl Textfeld als auch Kombinationsfeld bleiben zunächst ungebunden, für den Inhalt sorgen wir per VBA-Code.

Interaktion mit dem zu konfigurierenden Control

Wie schon erwähnt, sollte die Referenz auf das Steuerelement in einer Variablen gespeichert werden. Das erledigen wir innerhalb der *Form_Load*-Ereignisprozedur:

```
Option Explicit
Private c As Control

Private Sub Form_Load()
On Error Resume Next
```

Das gerade erzeugte Control merken:

```
    Set c = Screen.ActiveControl
    If c.Parent.RecordSource <> "" Then listefüllen
End Sub
```

Über die *Parent*-Eigenschaft des Steuerelements (Control) lässt sich das umgebende Formular ansprechen. Sollte dieses gebunden sein, ist die *RecordSource*-Eigenschaft gesetzt, d. h., wir können das Kombinationsfeld (*ComboBox*) mit den verfügbaren Feldnamen füllen:

```
Sub listefüllen()
On Error Resume Next

Dim db As DATABASE
Dim rs As Recordset
Dim s As String
Dim i As Integer

Set db = CurrentDb()
Set rs = db.OpenRecordset(c.Parent.RecordSource)
For i = 0 To rs.Fields.Count - 1
    If s <> "" Then
        s = s & ";""" & rs.Fields(i).Name & """"
    Else
        s = s & """" & rs.Fields(i).Name & """"
    End If
    combo1.RowSource = s
Next i
End Sub
```

Wie Sie dem Listing entnehmen können, erzeugen wir kurzzeitig ein *Recordset*-Objekt. Der Typ (Dynaset oder Table) ist für unser Add-In uninteressant, wir müssen lediglich die *Fields*-Auflistung auslesen.

Für das Setzen der Eigenschaften des Steuerelements müssen wir natürlich ebenfalls sorgen:

```
Private Sub Button1_Click()
On Error Resume Next
    If Text2.Value <> "" Then c.Name = Text2.Value
    If combo1.value <> "" Then c.ControlSource = combo1.Value
    DoCmd.Close acForm, Me.Name
End Sub
```

Natürlich ist obiger Wizard noch nicht "der Weisheit letzter Schluss", die Grundfunktionalität eines Steuerelemente-Assistenten dürfte jedoch damit ausreichend geklärt sein. Insbesondere der Fehlerbehandlung sollten Sie etwas mehr Zeit widmen, als es die Autoren tun konnten. Ein billiges *On Errror Resume Next* wäre schlichtweg "Dünnbrettbohrerei" mit verhängnisvollen Auswirkungen.

16.3.6 Eigenschaften-Assistent

Neben dem o.g. Steuerelemente-Assistenten könnten Sie auch einen Eigenschaften-Assistenten erstellen, der dann über die Schaltfläche im Eigenschaftenfenster aktiviert wird:

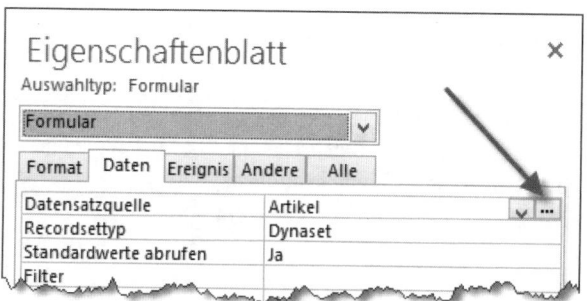

Da kaum Unterschiede zum Control-Wizard bestehen, wollen wir hier auf ein entsprechendes Beispiel verzichten. Lediglich die Eintrittsprozedur ist um einen Parameter erweitert worden:

```
Function IM_ENTRY (stObjName As String, stCtlName As String, stCurVal As String) As String
```

womit das umgebende Objekt (*Form*) eindeutig zu identifizieren ist.

Der Assistent (Wizard) muss unter

"*\Wizards\Property Wizards\<Name der Eigenschaft>\<Bezeichner>*"

registriert werden. Alle anderen Parameter in der Tabelle *USysRegInfo* entsprechen denen eines Steuerelemente-Assistenten (Control-Wizard).

16.4 Entwickeln/Einbinden von Managed Add-Ins

Nachdem wir uns im vorhergehenden Abschnitt mit VBA-basierten Add-Ins und Assistenten beschäftigt haben, möchten wir jetzt einen Blick über den Tellerrand werfen und uns mit einer der derzeit wichtigsten Microsoft Software-Technologien beschäftigen.

Die Rede ist vom .NET-Framework bzw. der Programmierung von Managed Code. Leider sind wir als Access-Entwickler mal wieder außen vor geblieben, die wohl von vielen erwartete direkt .NET-Integration bleibt nach wie vor Zukunftsmusik. Viel schlimmer noch:

HINWEIS: Ab Visual Studio 2012 ist auch das *Shared Add-In*-Template nicht mehr vorhanden.

Wie so vieles, wurde auch dieses Feature still und heimlich entfernt, der "lästige" Entwickler wird schon merken, wenn er es braucht[1].

Wer mit Visual Studio ab Version 2012 dennoch Access-Add-Ins entwickeln möchte, kommt nicht um den Kauf von *Add-In Express* herum. Der Preis ist mit 250 Euro zwar recht ambitioniert, das Tool rechtfertigt jedoch diesen Preis allemal, wenn man professionell Add-Ins für Microsoft Office entwickeln möchte.

Die Hersteller-Website:

http://www.add-in-express.com/

Eine 60 Tage-Testversion können Sie unter

http://visualstudiogallery.msdn.microsoft.com/A4880BFE-A230-44B6-9D23-86AFAA1A2997

herunterladen.

HINWEIS: Führen Sie die Installation unbedingt als Administrator aus, gleiches gilt auch für die weitere Arbeit mit Visual Studio.

Im Weiteren gehen wir von einer fertigen Installation von *Add-In Express* aus.

16.4.1 Interaktion Anwendung/Add-In

Sicher nicht ganz uninteressant ist die Frage, welche Formen der Interaktion zwischen Access-Anwendung und Managed Add-In überhaupt möglich sind.

Prinzipiell gibt es hier kaum Einschränkungen, so können Sie per Objektmodell zum Beispiel auf

- die Anwendung (per *Application*-Objekt)
- geöffnete Formulare und Berichte

---

[1] Ist es wirklich so schwer, Änderungen ordentlich zu dokumentieren oder besser noch, nicht dauernd Funktionen zu entfernen?

- Steuerelemente
- Tabellen und Berichte

zugreifen. Dies beschränkt sich nicht allein auf Eigenschaften und Methoden, auch das Verwenden von Ereignissen ist auf diese Weise möglich. Beispielsweise können Sie mit Managed Code auf Click-Ereignisse eines Formulars oder einer Schaltfläche reagieren.

Anhand eines einfachen Beispielprogramms wollen wir zunächst das Erstellen des Add-Ins und nachfolgend dessen Verwendung demonstrieren. Dazu werden wir per Add-In eine globale Methode bereitstellen, eine neue Registerkarte in die Menüleiste integrieren, ein Access-Formular per Add-In aufrufen, die Liste der Tabellen per Add-In abfragen und ein Add-In-Formular anzeigen.

16.4.2 Entwurf des Add-Ins

Starten Sie Microsoft Visual Studio und wählen Sie den Menüpunkt *Datei /Neu/Projekt/Andere Projekttypen/ErweiterungenADX COM Add-In*:

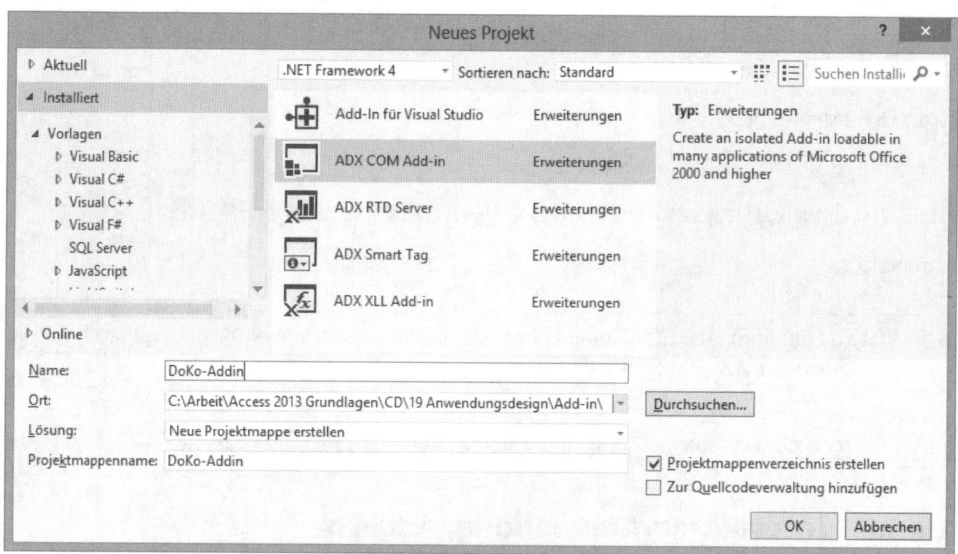

Nachfolgend erscheint ein Assistent, wählen Sie hier als Programmiersprache *Visual Basic*.

HINWEIS: Sie können das Add-In natürlich auch gern in C# entwickeln, wir denken jedoch, dass ein VB-Programm für den VBA-Programmierer überschaubarer ist.

16.4 Entwickeln/Einbinden von Managed Add-Ins

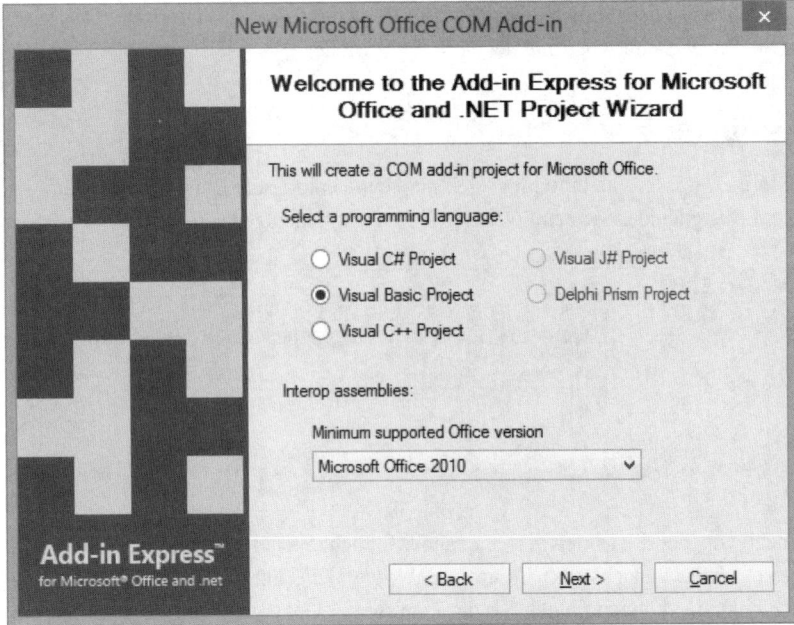

Wählen Sie als Zielplattform mindestens *Microsoft Office 2010* (wegen der Menüleiste bzw. der Backstage-Ansicht).

Als Anwendungshost (Schritt 2) genügt uns Microsoft Access:

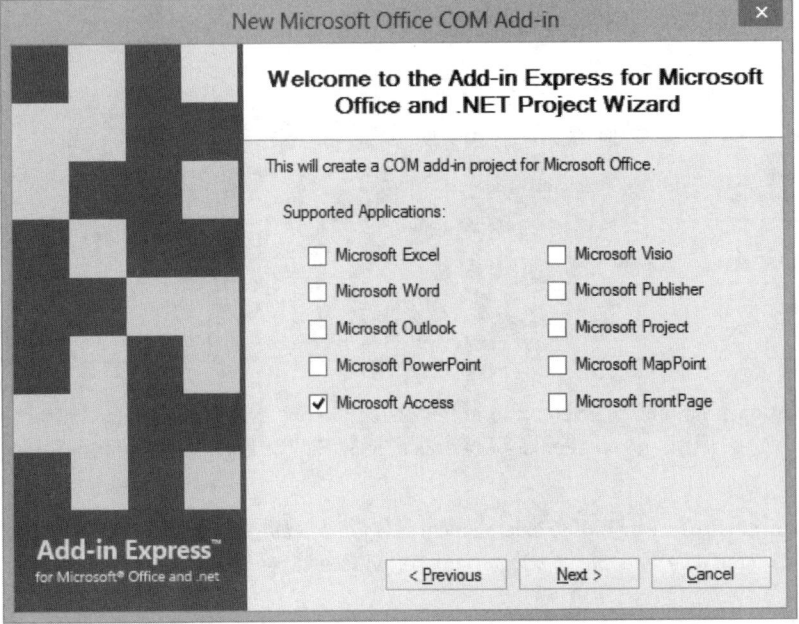

Im letzten Schritt erzeugen Sie noch einen Strong Key für Ihr neues Projekt. Damit ist der Assistent abgeschlossen und Sie finden sich im neu angelegten Projekt wieder.

16.4.3 Oberfläche

Falls nicht schon geöffnet, wählen Sie bitte im Projektmappen-Explorer die Datei *AddInModule.vb* aus. Es öffnet sich ein Designer, der Sie beim weiteren Entwurf unterstützen soll:

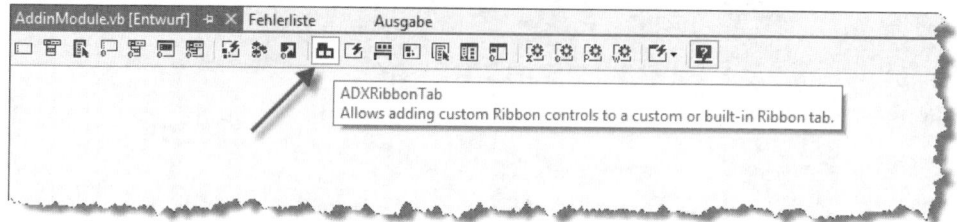

Lassen Sie sich nicht von der Liste der vorhandenen Möglichkeiten beeindrucken, für unsere weiteren Experimente genügt zunächst das Control *ADXRibbonTab*, mit dem Sie in Access eine neue Registerkarte einblenden können. Fügen Sie das Control per Doppelklick ein und wählen Sie nachfolgend die erstellte Instanz aus. Ein einfacher Ribbon-Designer hilft Ihnen jetzt, die Registerkarte mit Leben zu erfüllen.

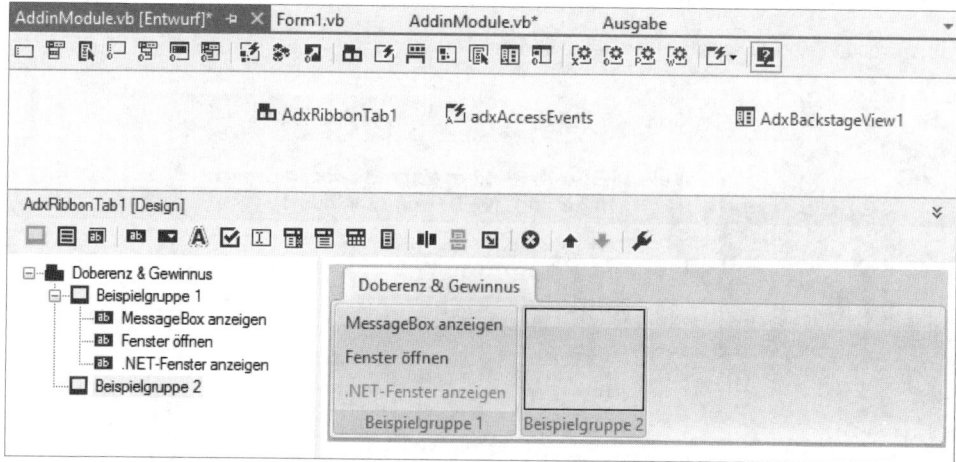

Fügen Sie zwei Gruppen ein und platzieren Sie in der ersten Gruppe drei Schaltflächen entsprechend obiger Abbildung. Die Eigenschaften der Controls können Sie per Eigenschaftenfenster festlegen.

Fügen Sie nun noch ein *adxAccessEvents*-Steuerelement in *AddInModule.vb* ein. Dieses ermöglicht es uns, mit dem Ereignis *CurrentObjectChanged* auf Aktivitäten der Access-Oberfläche zu reagieren.

16.4.4 Der Quellcode des Add-Ins

Nun können wir uns dem Quellcode des Add-Ins zuwenden. Das im Folgenden abgedruckte Listing ist um die fett hervorgehobenen Zeilen ergänzt bzw. erweitert worden:

```
Imports System.Runtime.InteropServices
Imports System.ComponentModel
Imports System.Windows.Forms
Imports AddinExpress.MSO
Imports Access = Microsoft.Office.Interop.Access
Imports accDAO = Microsoft.Office.Interop.Access.Dao

'Add-in Express Add-in Module
<GuidAttribute("FB3A8401-E8E9-49CD-845E-F5309CEE874D"), _
ProgIdAttribute("DOKOAddIn.AddinModule")> _
Public Class AddinModule
    Inherits AddinExpress.MSO.ADXAddinModule
    Friend WithEvents AdxRibbonTab1 As AddinExpress.MSO.ADXRibbonTab
...
    Friend WithEvents AdxBackstageComboBox1 As AddinExpress.MSO.ADXBackstageComboBox
    Friend WithEvents AdxRibbonButton2 As AddinExpress.MSO.ADXRibbonButton
```

Eine lokale Instanz eines Access-Formulars, darüber können wir später auf das Formular zugreifen:

```
    Friend WithEvents accFrm As Access.Form
...
```

Wir reagieren auf die *Click*-Ereignisse der Schaltflächen in der neuen Registerkarte:

```
    Private Sub AdxRibbonButton1_OnClick(sender As Object, control As IRibbonControl, _
                                pressed As Boolean) Handles AdxRibbonButton1.OnClick
        MessageBox.Show("Gruß aus VB.NET")
    End Sub
```

Ein Access-Formular erzeugen und anzeigen:

```
    Private Sub AdxRibbonButton2_OnClick_1(sender As Object, control As IRibbonControl, _
                                pressed As Boolean) Handles AdxRibbonButton2.OnClick
        If (accFrm Is Nothing) Then
            AccessApp.DoCmd.OpenForm("Personen", Access.AcFormView.acNormal)
        End If
    End Sub
```

Ist das Access-Formular *Personen* geöffnet (wir haben eine Instanz), fragen wir den Namen der aktuellen Person ab und stellen gleichzeitig eine Liste der Datenbank-Tabellen in einem .NET-Formular zur Verfügung.

```
    Private Sub AdxRibbonButton4_OnClick(sender As Object, control As IRibbonControl, _
                                pressed As Boolean) Handles AdxRibbonButton4.OnClick
        If (accFrm IsNot Nothing) Then
            Dim f As New Form1
            Dim accTxt1 As Access.TextBox
```

```
            Dim td As accDAO.TableDef
```

HINWEIS: Achtung: hier findet keinerlei Typ-Prüfung statt, seien Sie also vorsichtig mit dem Verweis auf Access-Objekte!

```
            accTxt1 = accFrm.Controls("Nachname")
            f.TextBox1.Text = accTxt1.Value.ToString()
            For Each td In AccessApp.Application.CurrentDb.TableDefs
                f.ListBox1.Items.Add(td.Name)
            Next
            f.ShowDialog()
        End If
    End Sub
```

HINWEIS: Wir hätten an dieser Stelle auch komplizierte Datenbankabfragen per Webdienst etc. realisieren können, wir belassen es aber bei diesem einfachen Beispiel der Interaktion von Access und .NET-Add-In.

Jetzt kommt noch das Ereignis *CurrentObjectChanged* hinzu, mit dem Sie auf Änderungen in Access reagieren können:

```
    Private Sub adxAccessEvents_CurrentObjectChanged(sender As Object, name As String, _
            objType As ADXAcObjectType, objState As ADXAcObjectState) _
            Handles adxAccessEvents.CurrentObjectChanged
```

Wir nutzen es, um festzustellen, ob das Formular *Personen* geöffnet ist. Ist dies der Fall erstellen wir die lokale Instanz davon und geben eine Schaltfläche in der Registerkarte frei:

```
        If objType = ADXAcObjectType.adxAcForm Then
            If name.ToUpper() = "PERSONEN" Then
                Try
                    accFrm = AccessApp.Forms("Personen")
                    AdxRibbonButton4.Enabled = True
                Catch ex As Exception
                    accFrm = Nothing
                End Try
            End If
        Else
            AdxRibbonButton4.Enabled = False
        End If
    End Sub
```

Eine Methode für unser Add-In, diese können wir später in Access direkt aufrufen:

```
    Public Sub Info()
        MessageBox.Show("Hallo VBA-User!", "Gruß aus VB.NET")
    End Sub
```

```
End Class
```

16.4.5 Formularentwurf für das Add-In

Hier geht es nicht um Schönheit, es genügt ein einfaches Formular mit folgendem Aufbau:

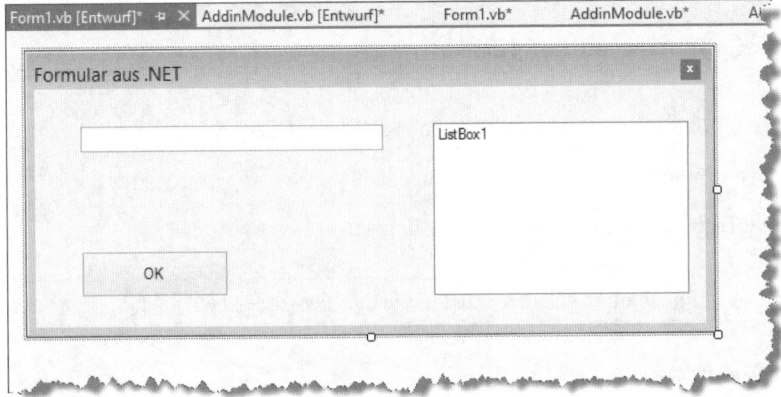

Damit man das Formular auch deutlich von einem normalen Access-Formular unterscheiden kann, setzen wir die *Opacity*-Eigenschaft (Transparenz) auf 50%.

16.4.6 Kompilieren und Einbinden

Nach dem Kompilieren des Add-Ins (Menü *Erstellen*) müssen wir das Add-In auch noch registrieren. Klicken Sie auf *Projekt/Publish ADX-Projekt* und wählen Sie im Dialog die Schaltfläche *Populate*. Damit werden die zum Projekt gehörenden Dateien in das Projektunterverzeichnis *Publish* kopiert.

Starten Sie aus dem Verzeichnis *Publish/1.0.0.0* die Anwendung *adxlauncher.exe*, um das Add-In zu registrieren. Nachfolgend können Sie sich in Microsoft Access (*Optionen*) von der Anwesenheit des neuen Add-Ins überzeugen:

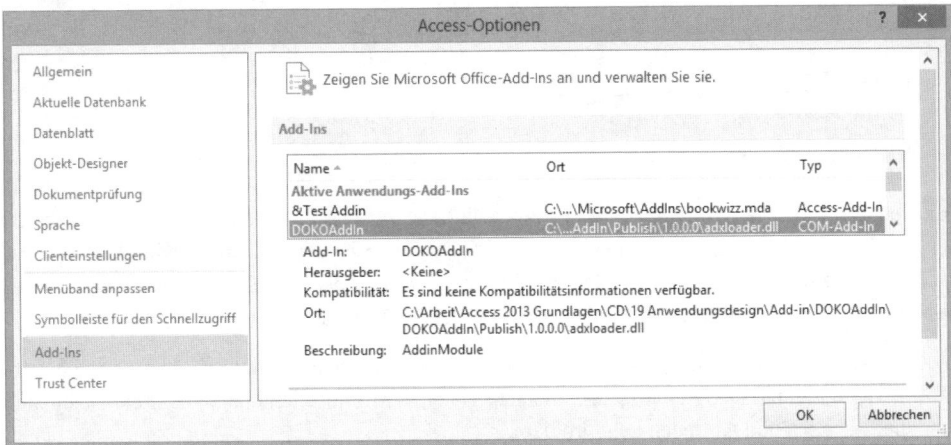

Doch wie können wir per VBA auf das Add-In zugreifen?

BEISPIEL: Eine kurze VBA-Routine zeigt die Vorgehensweise, bevor wir uns an ein eigenes Formular wagen

```
Sub Test()
    COMAddIns("DOKOAddIn.AddinModule").Object.Info
End Sub
```

- Über die Auflistung *ComAddIns* können wir auf alle installierten COM-Add-Ins zugreifen.
- *Object* enthält die eigentliche Instanz des Add-In-Objekts
- *Info* ist eine der verfügbaren Methoden unseres Add-Ins.

HINWEIS: Ist das Add-In noch nicht geladen, müssen Sie dies per Code nachholen.

BEISPIEL: COM-Add-In laden

```
Sub Test2()
  With COMAddIns("DOKOAddIn.AddinModule")
    .Connect = True
    .Object.Info
  End With
End Sub
```

HINWEIS: Erstellen Sie in Access noch ein einfaches Formular für die Tabelle *Personen*.

16.4.7 Testen

Wechseln Sie auf die Registerkarte *Doberenz Gewinnus*:

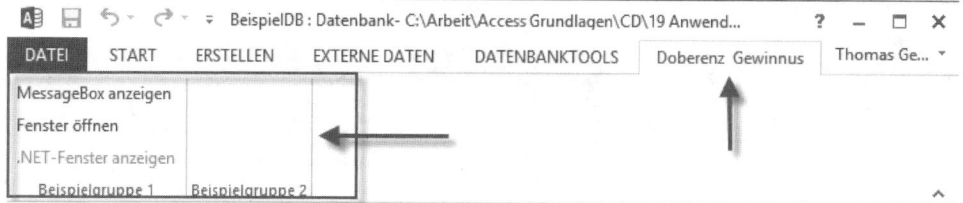

Klicken Sie auf *Fenster öffnen*, sollte das Formular *Personen* angezeigt werden. Automatisch ist jetzt auch die Schaltfläche *.NET-Fenster anzeigen* aktiviert. Klicken Sie darauf, wird das Formular aus dem Add-In angezeigt (siehe folgende Abbildung). Auch der aktuelle Datensatz wird ausgelesen, im Listenfeld finden Sie alle Tabellen der aktuellen Datenbank.

Wie Sie sehen, ist eine nahtlose Integration in die Access-Umgebung möglich, verwenden Sie im Add-In die normalen DAO-Objekte, ist auch der Datenzugriff auf die gerade geöffnete Datenbank mit allen Tabellen und Abfragen kein Problem.

16.5 Libraries unter Access

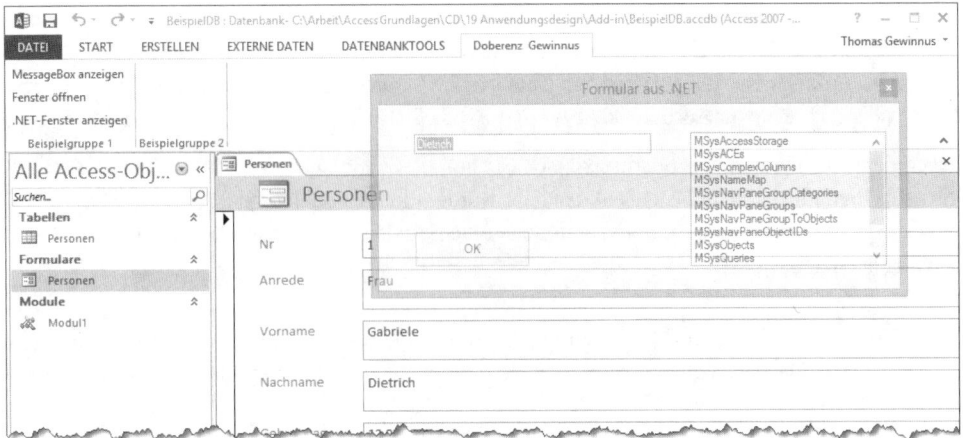

Wer möchte, kann per *Add-In Express* auch Einträge in der Backstage-Ansicht realisieren, den Möglichkeiten sind fast keine Grenzen gesetzt.

HINWEIS: Leider konnten wir zu dieser recht komplexen Materie nur einen ersten Einblick gewähren, das relativ einfach umsetzbare Grundprinzip dürfte jedoch erkennbar geworden sein.

16.5 Libraries unter Access

Für den Gelegenheitsprogrammierer sicherlich weniger bedeutsam, für den Profi aber umso wichtiger sind die Access-Bibliotheken (nachfolgend auch als Libraries bezeichnet), in denen Sie API-Deklarationen, VBA Module, Formulare etc. zusammenfassen können. Der wesentlichste Vorteil: Sie sparen sich mühselige Tipparbeit, es genügt, wenn Sie die Library in Ihr neues Projekt einbinden.

Ein Nachteil soll allerdings nicht verschwiegen werden: Wollen Sie Ihr Programm weitergeben, müssen Sie die Bibliothek natürlich auch mit weiterreichen. Außerdem werden auf diese Weise auch viele nicht benötigte Funktionen und Konstanten mitgegeben.

Bedenken bezüglich längerer Ausführungszeiten können Sie getrost vergessen, der Unterschied zwischen einer direkt und einer über eine Library eingebundenen Prozedur ist minimal.

16.5.1 Erstellen und Einbinden

Die Vorgehensweise ist schnell erklärt:

- Kapseln Sie in einer eigenen Datenbank alle häufig benötigten Prozeduren bzw. Funktionen.
- Öffnen Sie in der eigentlichen Anwendungsdatenbank den Visual Basic-Editor und wählen Sie den Menübefehl *Extras/Verweise...*.

- Im sich öffnenden Dialogfeld sehen Sie alle derzeit verfügbaren Verweise, Ihre Bibliothek dürfte sich zu diesem Zeitpunkt noch nicht in der Liste befinden. Über die Schaltfläche *Durchsuchen* können Sie die gewünschte Datenbank (*.mdb*, *.mde* für Access 2000-2003) bzw. (*.accdb*, *.accde* für Access 2007 bzw. 2010/2013/2016) auswählen.

Nach dem Ausführen dieser Schritte können Sie auf alle Funktionen der Library so zugreifen, als ob es sich um die aktuelle Datenbank handeln würde. Eine Ausnahme gibt es allerdings: Im Ausdruckseditor werden Sie die Library-Funktionen nicht finden, dazu müssen Sie schon den Objektkatalog bemühen.

HINWEIS: Aus einer Library können nur VBA-Module und Klassen exportiert werden. Diese können jedoch problemlos in der Library enthaltene Formulare und Berichte aufrufen.

16.5.2 Debugging

Beim Debuggen der Bibliothek sind zwei Aspekte interessant:

- Sie wollen Ihre Library testen.
- Der Endanwender will Ihre Library debuggen.

Der erste (erwünschte) Fall ist problemlos realisierbar. Access unterscheidet beim Debuggen nicht zwischen Library und aktueller Datenbank. Damit ist es auch möglich, im Schrittbetrieb eine Prozedur der Library zu testen.

Der zweite Fall dürfte eigentlich nur in seltenen Fällen erwünscht sein, dient eine Library doch meist dazu, "geistiges Eigentum" zu schützen und den Zugriff auf die Datenbank einzuschränken. Im Normalfall könnte auch der Endanwender Ihre Library debuggen, dem aber gilt es einen Riegel vorzuschieben.

Der wohl einfachste und gleichzeitig sicherste Weg dürfte das Erzeugen einer *.mde/.accde*-Datei sein. Dateien dieses Typs enthalten keinerlei Quellcode, alle Module, Berichte und Formulare liegen ausschließlich in kompilierter Form vor. Obwohl sich die Datenbank öffnen lässt, besteht keine Möglichkeit, in den Entwurfsmodus zu wechseln.

Das Vorgehen ist relativ einfach: Über die Backstage-Ansicht (*Speichern und Veröffentlichen/ Datenbank speichern als/ACCDE erstellen*) können Sie die Datenbank in eine *accde*-Datei umwandeln (siehe folgende Abbildung).

Alternativ können Sie sich auch dafür entscheiden, die Module mit einem Kennwort zu schützen. Öffnen Sie dazu den Code-Editor und wählen Sie den Menübefehl *Extras/Eigenschaften von xxx*. Im Dialogfeld der Projekteigenschaften können Sie auf der Registerkarte *Schutz* die gewünschten Einstellungen vornehmen.

16.5 Libraries unter Access

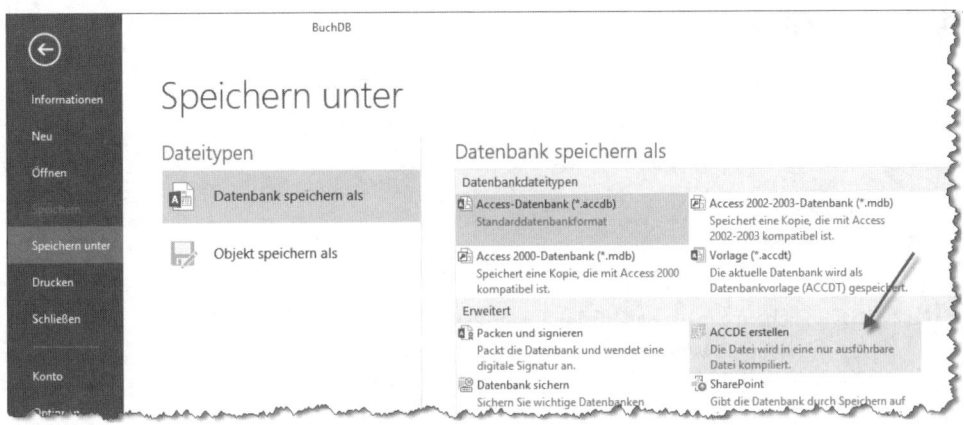

HINWEIS: Diese Art des Schutzes ist allerdings nicht besonders sicher, wandeln Sie die Datenbank besser in eine *mde*- oder *accde*-Datei um.

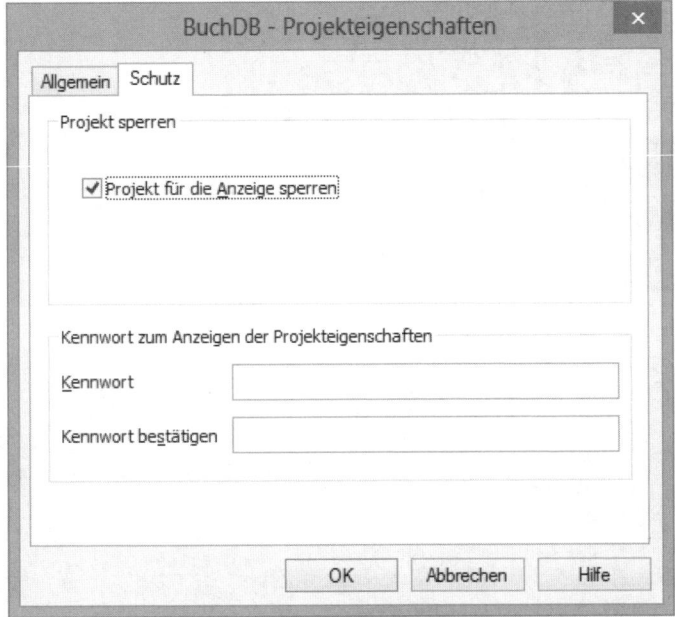

16.5.3 Einfaches Beispiel

Ein simples Beispiel soll Ihnen die Zusammenhänge noch einmal klar vor Augen führen. Dazu wollen wir aus einer Access-Bibliothek ein Formular anzeigen.

Erzeugen Sie zunächst eine neue Access-Datenbank und fügen Sie ein einfaches Formular unter dem Namen *Testformular* hinzu (Eigenschaft *Popup = True*).

Quelltext (Library)

Erzeugen Sie ein neues Modul und fügen Sie die folgende Routine ein:

```
Option Explicit

Sub ZeigeFormular()
    DoCmd.OpenForm "TestFormular"
End Sub
```

> **HINWEIS:** Speichern Sie die Datenbank unter dem Namen *lib.mdb*[1] im gleichen Verzeichnis wie die Hauptanwendung ab.

Quelltext (Testanwendung)

Fügen Sie im Visual Basic-Editor einen Verweis auf die neue Library hinzu (Schaltfläche *Durchsuchen*):

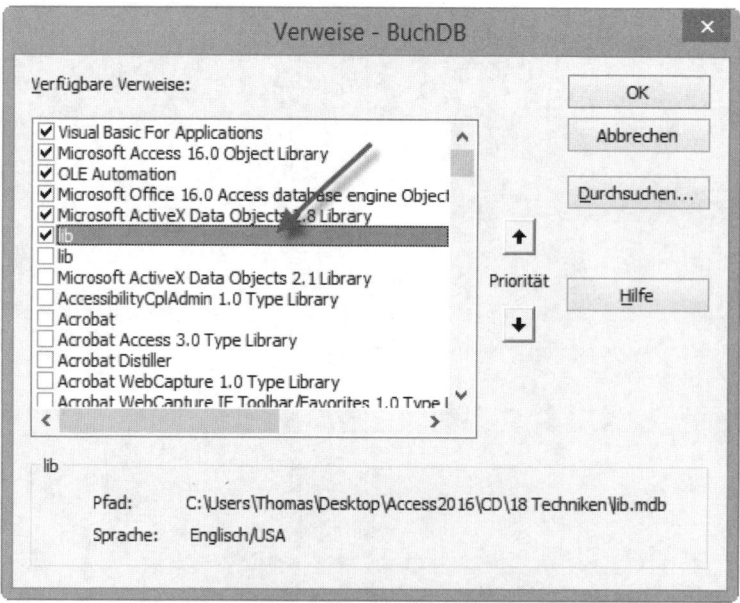

> **HINWEIS:** Alternativ können Sie den Verweis zur Laufzeit erzeugen.

> **BEISPIEL:** Verweis zur Laufzeit erzeugen

```
Sub EinbindenLibrary()
    Application.References.AddFromFile CurrentProject.Path & "\lib.mdb"
End Sub
```

---

[1] Nehmen Sie für Libraries ruhig noch das alte Format, so können Sie diese auch mit älteren Projekten verwenden. Ein nachträgliches Konvertieren in das Access 2007-Format ist jederzeit möglich.

16.5 Libraries unter Access

bzw. mit dieser Prozedur auch wieder löschen:

```
Sub EntferneLibrary()
  Application.References.Remove Application.References("lib")
End Sub
```

Welche Prozeduren und Funktionen Ihre Library exportiert, können Sie jetzt mit dem Objektkatalog in Erfahrung bringen:

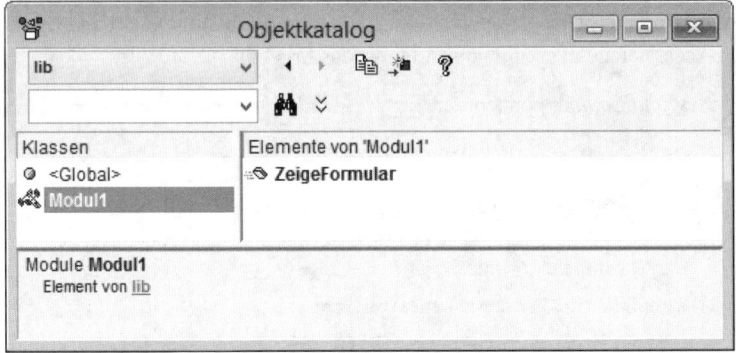

Erstellen Sie abschließend eine neue Sub, mit der Sie die Prozedur *ZeigeFormular* aus der Library aufrufen können:

```
Sub TestLibrary()
  ZeigeFormular
End Sub
```

Rufen Sie obige Prozedur aus dem Direkt-Fenster auf, um das Formular aus der Library anzuzeigen.

16.5.4 Hinweise

Zum Schluss noch einige allgemein gültige Empfehlungen:

- Verwenden Sie bei Variablendeklarationen in Libraries unbedingt *Option Explicit*, um Probleme durch Schreibfehler zu vermeiden.

- Vergeben Sie eindeutige Bezeichner, um Probleme mit dem Anwenderprogramm zu vermeiden. Beispielsweise könnten Sie eine Kurzform des Namens der Library vor jeden Funktionsnamen setzen (*Clip_ClipboardSetText*).

- Nutzen Sie die Möglichkeiten von VBA, um universelle Routinen zu schreiben. Neben offenen Arrays und benannten Parametern eignet sich auch der Datentyp *Variant* dafür.

- Verwenden Sie möglichst keine öffentliche Variablen, Funktionen und Prozeduren. Auf diese Weise werden Kollisionen mit Anwender-Prozeduren vermieden. In diesem Zusammenhang sei auf die *Privat*-Anweisung hingewiesen. Der Code kann zum Beispiel hinter Formularen "versteckt" werden.

16.6 Praxisbeispiele

16.6.1 Mehr über die aktuelle Access-Version erfahren

Sie wollen wissen, ob die aktuelle Datenbank unter der Vollversion von Access oder nur unter der Runtime-Version ausgeführt wird?

Verwenden Sie die *SysCmd*-Funktion, um die Access-Version zu ermitteln. Dazu muss die Konstante *acSysCmdRuntime* als Parameter übergeben werden. Die *SysCmd*-Funktion liefert *True*, falls die Runtime-Version von Access eingesetzt wird, ansonsten ist das Ergebnis *False*.

Neben der Konstanten *acSysCmdRuntime* können der *SysCmd*-Funktion noch weitere Konstanten übergeben werden:

Konstante	Bedeutung
acSysCmdRuntime	... liefert *True*, falls die aktuelle Datenbank unter der Runtime-Version von Access ausgeführt wird
acSysCmdAccessVer	... ermittelt die Versionsnummer von Access
acSysCmdAccessDir	... ermittelt das Verzeichnis von MSACCESS.EXE
acSysCmdGetWorkgroupFile	... liefert den Pfad zur Arbeitsgruppen-Datei SYSTEM.MDW

Oberfläche

Vier *Bezeichnungsfeld*er und eine *Befehlsschaltfläche* genügen für unseren Test.

Quelltext

```
Option Explicit

Private Sub Befehl0_Click()
  If SysCmd(acSysCmdRuntime) Then
      Bezeichnungsfeld0.Caption = "Das ist eine Access-Runtime-Version!"
  Else
      Bezeichnungsfeld0.Caption = "Das ist eine Access-Vollversion!"
  End If
```

Da wir uns gerade mit der *SysCmd*-Funktion befassen, wollen wir die Gelegenheit nutzen, um gleich noch einige andere Informationen zu ermitteln:

```
  Bezeichnungsfeld1.Caption = "Die Versionsnummer: " & SysCmd(acSysCmdAccessVer)
  Bezeichnungsfeld2.Caption = "Das Verzeichnis von MSACCESS.EXE:" & vbCrLf & _
                  SysCmd(acSysCmdAccessDir)
  Bezeichnungsfeld3.Caption = "Der Pfad zur Arbeitsgruppendatei:" & vbCrLf & _
                  SysCmd(acSysCmdGetWorkgroupFile)
End Sub
```

16.6 Praxisbeispiele

Test

Nach dem Klick auf die *Start*-Schaltfläche sind die gewünschten Ergebnisse sichtbar:

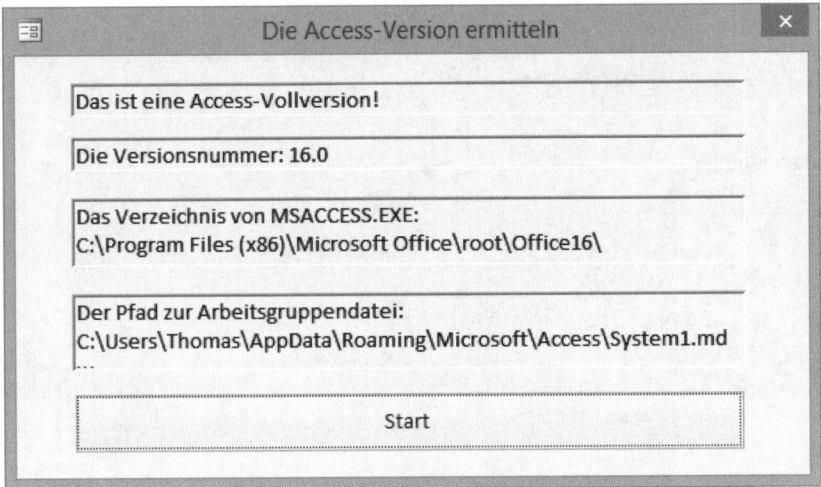

16.6.2 Access neu starten/Datenbank neu laden

Leider erfordert das Ändern einiger Access-Optionen den erneuten Start der Anwendung, was immer mit umständlichem Klicken verbunden ist. Wie kann dies per Visual Basic vereinfacht werden?

Eine hundertprozentige Lösung können wir Ihnen leider nicht anbieten, mit der im Folgenden vorgestellten Variante ist jedoch, zumindest in einer Single-User-Umgebung, obiges Problem lösbar.

Wir verwenden eine Batchdatei, die darauf wartet, dass die laufende Access-Instanz beendet wird. Anschließend starten wir Access einfach mit der aktuellen Datenbank erneut.

Quelltext

```
Option Explicit
Private Const MAX_PATH = 260
```

Einige API-Funktionen zum Erzeugen der Batchdatei:

```
Private Declare Function GetTempFileName Lib "kernel32" Alias "GetTempFileNameA" _
    (ByVal lpszPath As String, ByVal lpPrefixString As String, ByVal wUnique As _
    Long, ByVal lpTempFileName As String) As Long

Private Declare Function GetTempPath Lib "kernel32" Alias "GetTempPathA" _
    (ByVal nBufferLength As Long, ByVal lpBuffer As String) As Long
```

Eine Hilfsfunktion:

```
Private Function CreateTempFileName() As String
```

```
Dim p$, d$, i&

p = Space(MAX_PATH + 1)
d = Space(MAX_PATH + 1)
GetTempPath MAX_PATH, d
GetTempFileName d, "$", 0, p
CreateTempFileName = Left(p, InStr(p, Chr(0)) - 1)
End Function
```

Die eigentliche Funktion:

```
Public Sub AccessNeuStarten()
Dim batchname$
Dim acc$

    acc = SysCmd(acSysCmdAccessDir) & "MSACCESS.EXE"
    batchname = CreateTempFileName()
    batchname = Left(batchname, Len(batchname) - 3) & "bat"
    Open batchname For Output As #1
        Print #1, ":Label1"
        Print #1, "ren """ & CurrentDb().Name & """ """ & CurrentProject.Name & "_"""
        Print #1, "if Exist """ & CurrentDb().Name & """ goto Label1"
        Print #1, "ren """ & CurrentDb().Name & "_"", """ & CurrentProject.Name & """"
        Print #1, """" & acc & """ """ & CurrentDb().Name & """"
    Close #1
```

Ausführen der Batchdatei:

```
    Shell batchname, vbHide
    DoCmd.Quit acQuitSaveAll
    End
End Sub
```

Test

Rufen Sie die Funktion auf, sollte sich Access kurzzeitig schließen und dann wieder öffnen.

16.6.3 Mit Reference-Objekten arbeiten

Bekanntlich kapselt die *References*-Auflistung alle in der Applikation verfügbaren Verweise, Sie möchten Hintergründe und Know-how anhand eines Beispiels näher kennen lernen.

In unserem etwas "anstrengenden" Beispiel müssen Sie sich nicht nur mit der *References*-Auflistung, sondern auch mit Begriffen wie *ItemRemoved*-, *ItemAdded*-Ereignis, *Reference*-Objekt, *Initialize*-, *Terminate*-Ereignis ... auseinandersetzen. Im Ergebnis können Sie sich die aktuelle Verweisliste Ihrer Applikation anzeigen lassen, Sie dürfen sogar Verweise hinzufügen bzw. löschen.

Oberfläche

Sie brauchen ein neues Formular, auf welches Sie ein *Listenfeld*, ein *Textfeld* und zwei (bzw. drei) *Befehlsschaltfläche*n platzieren (siehe Laufzeitansicht). Setzen Sie im Eigenschaftsblatt von *Liste1*: Mehrfachauswahl = Einzeln.

Quelltext (Eigenständiges Klassenmodul *CRefEvents*)

Öffnen Sie im VBA-Editor über den Menübefehl *Einfügen/Klassenmodul* ein neues Klassenmodul mit dem Namen *CRefEvents*.

```
Option Explicit
```

Der Code beschäftigt sich im Wesentlichen mit einer (Collection-)Objektvariablen *eventRefs*, die auf die Verweisliste der Applikation (*References*) zeigt und die auf Ereignisse (*ItemAdded* und *ItemRemoved*) reagieren soll:

```
Public WithEvents eventRefs As References
```

Die Objektvariable wird dann initialisiert, wenn eine Instanz von *CRefEvents* erstellt wird:

```
Private Sub Class_Initialize()
 Set eventRefs = Application.References
End Sub
```

Andererseits wird die Objektvariable auf *Nothing* zurückgesetzt, wenn die Instanz der vorliegenden Klasse *CRefEvents* wieder entfernt wird:

```
Private Sub Class_Terminate()
 Set eventRefs = Nothing
End Sub
```

Um eine (mehr oder weniger) nützliche Auswertung des Ereignisses *ItemAdded* zu demonstrieren, soll eine Meldung dann angezeigt werden, wenn eine Referenz zur Collection-Objektvariablen *eventRefs* hinzugefügt wird:

```
Private Sub eventRefs_ItemAdded(ByVal ref As Access.Reference)
 MsgBox "Verweis auf " & ref.Name & " wurde hinzugefügt!"
End Sub
```

Analoges gilt für das Löschen:

```
Private Sub eventRefs_ItemRemoved(ByVal ref As Access.Reference)
 MsgBox "Verweis auf " & ref.Name & " wurde entfernt!"
End Sub
```

HINWEIS: Wichtig ist, dass Sie dieses Klassenmodul exakt unter dem Namen speichern, unter welchem es von anderen Modulen benutzt wird (*CRefEvents*).

Quelltext (Formular-Modul)

Zunächst gilt es, eine neue Instanz des obigen Klassenmoduls *CRefEvents* abzuleiten:

```
Dim refEvents As New CRefEvents
```

Vorerst wollen wir uns aber um die Listenfeld-Anzeige der in unsere Datenbank-Anwendung eingebundenen Verweise kümmern.

```
Private Sub Form_Load()
 Liste1.RowSourceType = "fillListe"   ' nachfolgende Funktion zwecks Füllen der Liste aufrufen
End Sub
```

Das Füllen der Liste:

```
Function fillListe(liste As Control, id, z, s, code)
 Select Case code
   Case 0: fillListe = True       ' initialisieren
   Case 1: fillListe = Timer      ' Kennung erzeugen
   Case 3: fillListe = References.Count + 1 ' Anzahl Einträge
   Case 4: fillListe = 2          ' 2 Spalten
   Case 5: If s = 0 Then fillListe = 900  ' Breite der linken Spalte
   Case 6:                        ' Verweise eintragen
    If z = 0 And s = 0 Then
     fillListe = "Name"
    ElseIf z = 0 And s = 1 Then
     fillListe = "Pfad und Dateiname"
    ElseIf z <= References.Count + 1 Then
     If s = 0 Then
      fillListe = References(z).Name
     ElseIf s = 1 Then
      fillListe = References(z).FullPath
     End If
    End If
 End Select
End Function
```

Nun kommen wir zum Löschen von Verweisen: Die folgende Funktion entfernt einen Verweis mit dem Namen *refName* aus der *References*-Auflistung und benutzt dabei das in der Klasse *CRefEvents* deklarierte Objekt *eventRefs*:

```
Function removeReference(refName$) As Boolean
Dim ref As Reference
 On Error GoTo Error_removeReference
 Set ref = refEvents.eventRefs(refName)
 refEvents.eventRefs.Remove ref
 removeReference = True

Exit_removeReference:
 Exit Function

Error_removeReference:
```

16.6 Praxisbeispiele

```
    MsgBox Err & ": " & Err.Description
        removeReference = False
        Resume Exit_removeReference
End Function
```

Beim Aufruf obiger Funktion wird der mit der Maus im Listenfeld selektierte Eintrag (es können auch mehrere sein) nach Klick auf die Schaltfläche *Verweis(e) löschen* entfernt:

```
Private Sub Befehl1_Click()
Dim zeile As Variant
 For Each zeile In Liste1.ItemsSelected
   removeReference (Liste1.Column(0, zeile))
 Next zeile
 Liste1.Requery                         ' Anzeige aktualisieren
End Sub
```

Auf ähnliche Weise arbeitet die folgende Funktion, mit welcher Verweise hinzugefügt werden. Übergabeparameter ist der volle Pfad- und Dateinamen (nicht identisch mit dem Namen des Verweises!):

```
Function addReference(refDateiname$) As Boolean
Dim ref As Reference
 On Error GoTo Error_addReference
 Set ref = refEvents.eventRefs.AddFromFile(refDateiname)
 addReference = True
Exit_addReference:
 Exit Function

Error_addReference:
 MsgBox Err & ": " & Err.Description
 addReference = False
 Resume Exit_addReference
End Function
```

Der Aufruf obiger Funktion erfolgt nach Klick auf die Schaltfläche *Verweis hinzufügen*. Zunächst öffnet sich der Dateidialog, mit dem man sich auf die Suche nach der gewünschten Bibliothek (*.dll*, *.olb*, *.ocx*) begibt:

```
Private Sub Befehl10_Click()           ' Funktionsaufruf "Verweis hinzufügen"
On Error Resume Next
Dim dlg As FileDialog

  Set dlg = Application.FileDialog(msoFileDialogOpen)
  dlg.title = "Wählen Sie die Bibliothek aus!"
  dlg.Filters.Clear
  dlg.Filters.add "Bibliothek", "*.dll,*.olb,*.ocx"
  If dlg.Show Then
     addReference (dlg.SelectedItems(1))
  End If
  Liste1.Requery
End Sub
```

Test

Nach dem Öffnen des Formulars wird sich Ihnen ein ähnlicher Anblick wie in folgender Abbildung bieten. Die Listenfeld-Einträge müssen exakt den in der Verweisliste (Menübefehl *Extras/Verweise...*) angekreuzten Referenzen entsprechen.

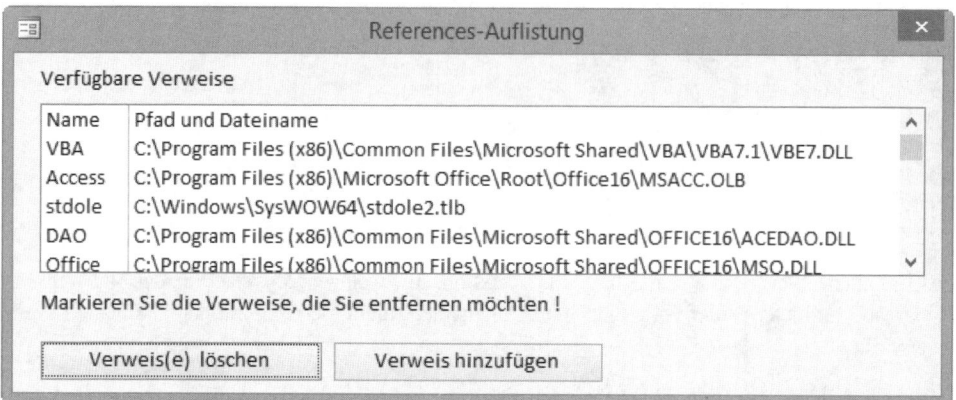

Sie können Verweise hinzufügen oder löschen. Während Sie Verweise, die sie entfernen möchten, vorher markieren müssen, öffnet sich beim Hinzufügen der bekannte Windows-Dateidialog.

HINWEIS: Es empfiehlt sich dringend, nur solche Verweise zu löschen, die Sie vorher hinzugefügt haben, da sonst die Funktion der Applikation gefährdet ist!

Bemerkungen

- Beachten Sie beim Einfügen neuer Verweise die exakte Schreibweise von Pfad und Dateinamen!
- Wenn sich für eine ActiveX-Komponente kein Verweis erstellen lässt, überprüfen Sie, ob diese Komponente registriert ist, und holen Sie dies gegebenenfalls nach!

16.6.4 Benutzerdefinierte Eigenschaften einsetzen

Sie möchten in Ihrer Access-Datenbank zusätzliche Informationen speichern, diese aber nicht extra in einer Tabelle oder in einem Modul sichern.

Nutzen Sie die Möglichkeit, Daten als "Benutzerdefinierte Eigenschaften" zu sichern. Diese können Sie, falls gewünscht, auch über die Datenbank-Eigenschaften (Backstage-Ansicht *Informationen/Datenbank- Eigenschaften*) einsehen:

16.6 Praxisbeispiele

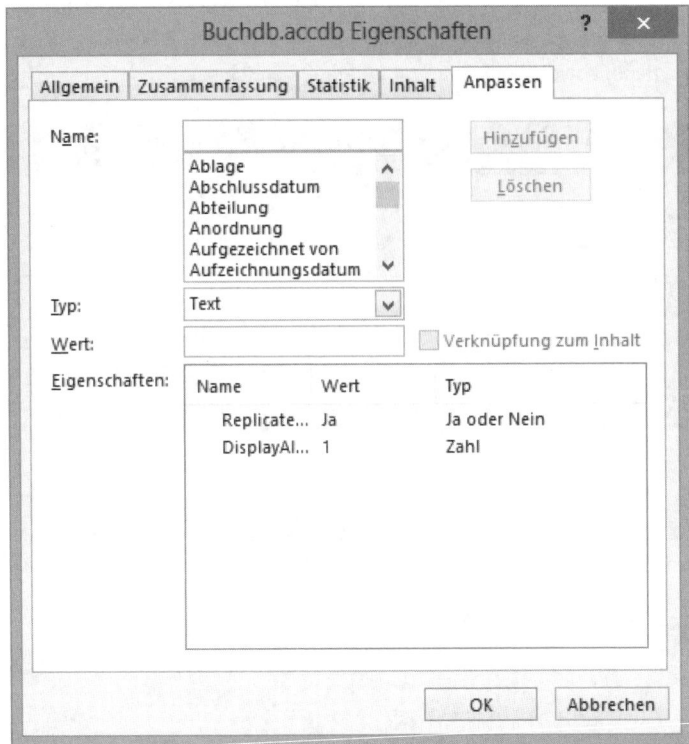

Quelltext

Fügen Sie einem neuen Modul die beiden folgenden Funktionen hinzu:

Erzeugen einer neuen Eigenschaft bzw. Überschreiben des Wertes:

```
Sub SetBenutzerdefinierteEigenschaft(Name As String, Wert As Variant, valType As Variant)
On Error Resume Next
Dim prop As DAO.Property
   CurrentDb().Containers("Databases").Documents("UserDefined").Properties(Name).Value = Wert
   Set prop = CurrentDb().Containers("Databases").Documents("UserDefined").CreateProperty( _
               Name, valType, Wert)
   CurrentDb().Containers("Databases").Documents("UserDefined").Properties.Append prop
End Sub
```

Abrufen des Wertes:

```
Function GetBenutzerdefinierteEigenschaft(Name As String) As Variant
   GetBenutzerdefinierteEigenschaft = _
      CurrentDb().Containers("Databases").Documents("UserDefined").Properties(Name).Value
End Function
```

Test

Die Verwendung ist denkbar einfach, wie der folgende Test im Direktbereich zeigt:

```
Direktbereich
SetBenutzerdefinierteEigenschaft "CoAutor", "Thomas Gewinnus", dbText

? GetBenutzerdefinierteEigenschaft("CoAutor")
Thomas Gewinnus
```

HINWEIS: Sie können den Wert auch im Eigenschaften-Fenster anzeigen und ändern.

Bemerkung

Nicht immer ist der direkte Zugriff des Endanwenders auf die so definierten Eigenschaften erwünscht. In diesem Fall können Sie die Daten auch im Dokument *MSysDb* abspeichern.

BEISPIEL: Neue Eigenschaft definieren

```
Sub NutzerdefinierteEigenschaften(Wert As String)
On Error Resume Next
Dim prop As DAO.Property

   CurrentDb().Properties("CoAutor").Value = Wert
   Set prop = CurrentDb().CreateProperty("CoAutor", dbText, Wert)
   CurrentDb().Properties.Append prop
End Sub
```

Welche Eigenschaften noch vorhanden sind zeigt Ihnen ein Durchlaufen der entsprechenden Listen entsprechend folgendem Beispiel.

BEISPIEL: Alle Eigenschaften aus allen Dokumenten auflisten

```
Sub AlleEigenschaften()
On Error Resume Next
Dim i1 As Long, i2 As Long

For i1 = 0 To CurrentDb.Containers("Databases").Documents.Count - 1
   Debug.Print "--------------------------------------------------------"
   For i2 = 0 To CurrentDb.Containers("Databases").Documents(i1).Properties.Count - 1
      Debug.Print CurrentDb.Containers("Databases").Documents(i1).Properties(i2).Name, _
                  CurrentDb.Containers("Databases").Documents(i1).Properties(i2).Value
   Next i2
Next i1
End Sub
```

16.6 Praxisbeispiele

Die Ausgabe im Direktfenster:

```
Name         MSysDb
Owner        admin
UserName     admin
Permissions  1048575
AllPermissions           1048575
Container    Databases
DateCreated  12.02.2016 11:16:31
LastUpdated  23.03.2016 10:27:21
ANSI Query Mode          0
Themed Form Controls     1
AccessVersion 09.50
NavPane Category         0
UseMDIMode   0
ShowDocumentTabs         Wahr
Build        1150
HasOfflineLists          70
Picture Property Storage Format     0
CheckTruncatedNumFields  1
Show Navigation Pane Search Bar     0
ProjVer      119
NavPane Closed           0
NavPane Width 277
NavPane View By          0
NavPane Sort By          1
StartUpShowDBWindow      Wahr
StartUpShowStatusBar     Wahr
AllowShortcutMenus       Wahr
AllowFullMenus           Wahr
AllowBuiltInToolbars     Wahr
AllowToolbarChanges      Wahr
AllowSpecialKeys         Wahr
UseAppIconForFrmRpt      Falsch
AllowDatasheetSchema     Wahr
Show Values Limit        1000
Show Values in Indexed   1
Show Values in Non-Indexed  1
Show Values in Remote    0
Auto Compact  0
CustomRibbonID           Callback
CoAutor      Gewinnus
Theme Resource Name      Larissa
AppTitle     Zeile 4
-----------------------------------------

Name         SummaryInfo
...
Title        BuchDB
Author       Tom
```

```
Name        UserDefined
...
ReplicateProject            Wahr
DisplayAllViewsOnSharePointSite     1
```

16.6.5 Den aktuellen Datenbanknutzer ermitteln

Sie möchten den aktuell angemeldeten Datenbanknutzer identifizieren.

Verwenden Sie die Eigenschaft *CurrentUser* des *Application*-Objekts.

BEISPIEL: Ausgabe des Nutzernamens in einem Meldungsfenster

```
Sub Anzeige()
    MsgBox Application.CurrentUser
End Sub
```

HINWEIS: Diese Lösung macht nur in älteren Access-Versionen einen Sinn, da Sie ab Access 2007 immer als Admin arbeiten (die nutzerbasierte Rechteverwaltung existiert nicht mehr).

16.6.6 Überlappende Fenster einstellen

Sie möchten auf die Registerkartenansicht für Formulare und Berichte verzichten und wieder die von früheren Access-Versionen gewohnte Ansicht einstellen.

Öffnen Sie die Access-Optionen (Backstage-Ansicht, *Optionen*) und wählen Sie für die aktuelle Datenbank die Option *Überlappende Fenster*:

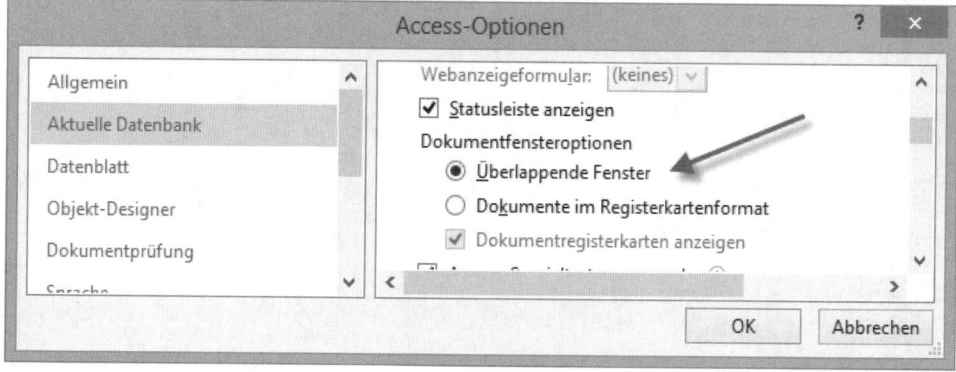

Nach einem Neustart der Anwendung stehen die Fenster wieder im gewohnten Aussehen zur Verfügung.

Lösung Visual Basic

Alternativ lässt sich diese Option, wie die übrigen Datenbank-Eigenschaften auch, mittels VBA-Code anpassen (zum Thema "Datenbank-Eigenschaften" siehe auch vorhergehendes Rezept).

Wert der Eigenschaft	Bedeutung
Currentdb.Properties("UseMDIMode") = 1	Überlappende Fenster
Currentdb.Properties("UseMDIMode") = 0	Dokumente im Registerkartenformat
Currentdb.Properties("ShowDocumentTabs") = False|True	Dokumentregisterkarten nicht sichtbar/sichtbar

HINWEIS: Das Ändern der Eigenschaften wirkt sich erst nach dem Neustart der Anwendung aus.

16.6.7 Access-Optionen abrufen/setzen

Sie möchten Einfluss auf allgemeine Access-Optionen nehmen, diese Änderungen sollen allerdings nur für die aktuell zu öffnende Datenbank gelten.

Verwenden Sie zunächst die *GetOption*-Methode des *Application*-Objekts, um den aktuellen Status der Eigenschaft abzurufen und gegebenenfalls in einer globalen Variablen zu sichern. Nachfolgend können Sie mit *SetOption* den Wert verändern.

Quelltext

Erstellen Sie zunächst die beiden folgenden Funktionen in einem Modul:

```
Public Function Start() As Boolean
    Application.TempVars("FontName") = Application.GetOption("Default Font Name")
    Application.TempVars("FontSize") = Application.GetOption("Default Font Size")
```

HINWEIS: Eine Liste der möglichen Optionen finden Sie in der Access-Hilfe.

```
    Application.SetOption "Default Font Name", "Arial"
    Application.SetOption "Default Font Size", 10
    MsgBox "Aktuelle Parameter gesetzt"
    DoCmd.OpenForm "HiddenForm", acNormal, , , , acHidden
    Start = True
End Function

Public Function Ende() As Boolean
    Application.SetOption "Default Font Name", Application.TempVars("FontName")
    Application.SetOption "Default Font Size", Application.TempVars("FontSize")
    MsgBox "Aktuelle Parameter zurückgesetzt"
    Ende = True
End Function
```

Fügen Sie nachfolgend noch ein neues Formular unter dem Namen *HiddenForm* in Ihr Projekt ein und erzeugen Sie folgende Ereignismethode:

```
Private Sub Form_Unload(Cancel As Integer)
  Call Ende
End Sub
```

Auf diese Weise wird beim Beenden von Access der obige Code automatisch ausgeführt.

HINWEIS: Die Funktion *Start* können Sie per *AutoExec*-Makro automatisch in Gang setzen.

Test

Nach dem Öffnen der Beispiel-Datenbank können Sie sich in den Access-Optionen vom Erfolg überzeugen:

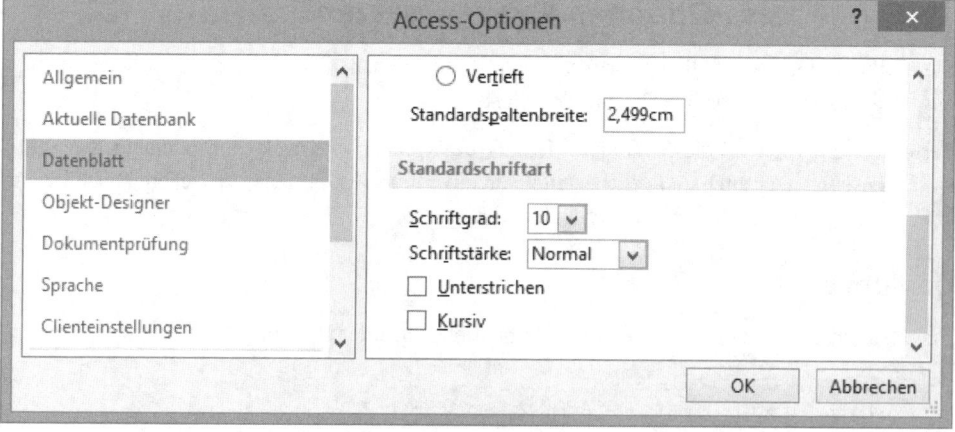

Zur besseren Übersicht werden beim Starten und Beenden jeweils Dialogboxen eingeblendet.

Kapitel 17

Menüband und Backstage

Bereits mit Access 2007 wurde das alte Menü- und Toolbar-Konzept komplett über den Haufen geworfen, dem Entwickler und damit auch dem Endanwender steht nur noch der Ribbon bzw. auf Neudeutsch das Menüband zur Verfügung. Dieses ersetzt die Menüs und Symbolleisten vorheriger Access-Versionen.

Wer jetzt schon von einem ausgereiften Objektmodell oder einem schönen Editor zur Programmierung des Menübands träumt, wird jäh aus seinen Träumen gerissen: Die Programmierung erfolgt mit einer bunten Mischung aus XML und VBA.

HINWEIS: Eine praktikablere Alternative bietet sich mit dem *RibbonCreator* (mehr dazu siehe Seite 1100).

17.1 Allgemeine Grundlagen

Bevor wir uns der eigentlichen Programmierung widmen, wollen wir uns zunächst einmal näher mit der Access-Oberfläche und den entsprechenden Begriffen beschäftigen. Andernfalls kann es schnell zu Missverständnissen kommen. Die folgende Abbildung zeigt das "Opfer" unserer anschließenden Programmierversuche:

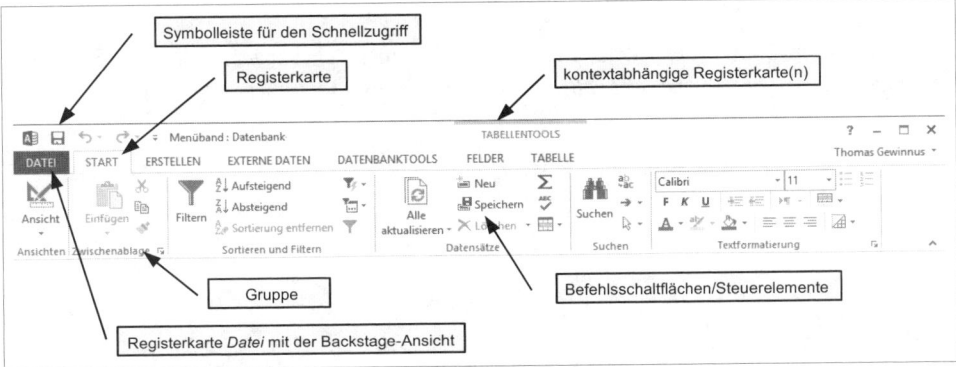

- Registerkarte *Datei*
  Diese ersetzt im Wesentlichen den früheren Office-Button bzw. das noch ältere *Datei*-Menü. Hinter der Registerkarte verbirgt sich die so genannte *Backstage*-Ansicht (siehe Seite 1081).
- Symbolleiste für den Schnellzugriff
  Hier können Sie Schaltflächen einblenden, die dem Anwender immer zur Verfügung stehen sollen.
- Registerkarten
  Diese stellen aufgabenorientiert Funktionen zur Verfügung.
- Gruppen
  Diese teilen die Funktionen innerhalb der Registerkarten in einzelne Bereiche.
- Befehlsschaltflächen und andere Steuerelemente

Microsoft Access bietet nach dem Start die fünf Hauptregisterkarten *Datei*, *Start*, *Erstellen*, *Externe Daten* und *Datenbanktools* an. Diese werden von kontextabhängigen Registerkarten (z.B. *Entwurf*, *Anordnen*, *Seitenansicht*) ergänzt, die bei Bedarf angezeigt werden.

> **HINWEIS:** Wer "alten Zeiten" nachtrauert, der findet im Abschnitt Tipps & Tricks am Kapitelende eine Lösung.

17.1.1 Manuelle Konfigurationsmöglichkeiten

Nicht in jedem Fall müssen Sie gleich in die Untiefen der XML-Programmierung herabsteigen, um die Access-Oberfläche Ihren Wünschen anzupassen. So können Sie beispielsweise die Schnellzugriffsleiste und das Menüband auch über die Access-Optionen (Seite *Menüband anpassen* bzw. *Symbolleiste für den Schnellzugriff*) konfigurieren (siehe folgende Abbildung).

Wahlweise können Sie die Änderungen der Symbolleiste für den Schnellzugriff als globale Einstellung oder aber auch nur für das vorliegende Dokument vornehmen.

> **HINWEIS:** Die Option, die Symbolleiste unterhalb des Menübands anzuzeigen, dürfte wohl kaum sinnvoll sein, wird doch schon so genug Platz für das Menüband verschwendet.

Doch mit obigen Optionen enden auch schon Ihre Eingriffsmöglichkeiten, sieht man einmal von der Variante ab, das Menüband über *vollständige Menüs zulassen* stark zu reduzieren.

17.1 Allgemeine Grundlagen

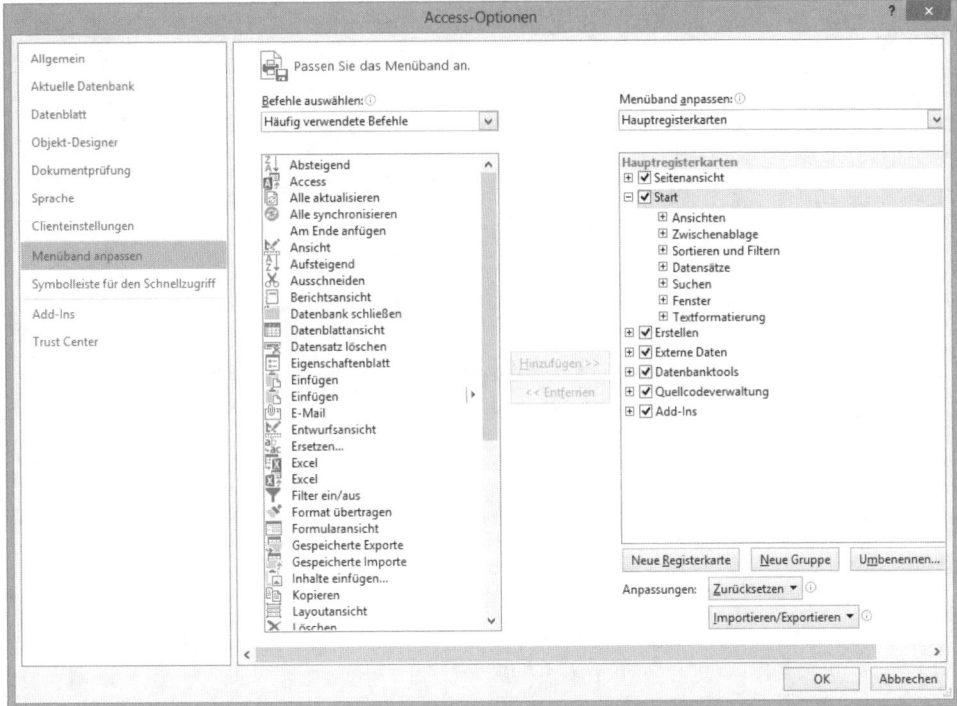

17.1.2 Grundprinzip der Programmierung

Möchten Sie Einfluss auf die optische Gestaltung des Menübands nehmen, bieten sich zwei grundsätzliche Varianten an:

- Sie erzeugen in der aktuellen Datenbank eine neue Tabelle *USysRibbons* und stellen in dieser die XML-Definition für das Aussehen des Menübands zur Verfügung[1].
- Sie laden die XML-Daten zur Laufzeit aus beliebiger Quelle (Datei, Tabelle, Erzeugen mit Stringbefehlen) und weisen diese mit der Methode *Application.LoadCustomUI* direkt zu[2].

Stehen die XML-Daten Access zur Verfügung, passiert zunächst nichts, dazu müssen Sie entweder das neu definierte Menüband in den Access-Optionen auswählen (siehe folgende Abbildung), was jedoch zunächst einen Neustart der Anwendung erfordert,

---

[1] Wer denkt da nicht an die Tabelle *USysRegInfo* für die Add-In-Programmierung?

[2] Wie wir noch weiter unten sehen werden, ist auch das Mischen beider Varianten ganz sinnvoll.

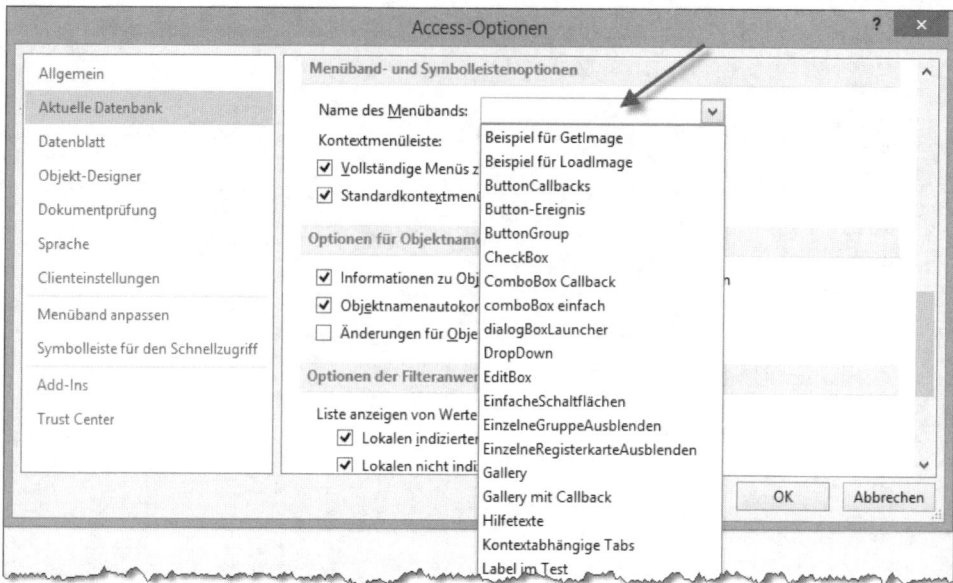

oder Sie weisen das neu erzeugte Menüband bzw. deren Definition einem Formular bzw. Bericht per *RibbonName*-Eigenschaft (*Name des Menübands*) zu:

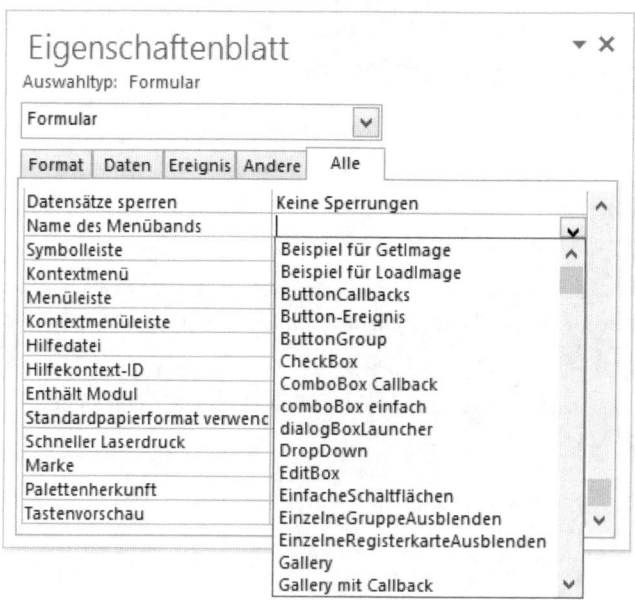

HINWEIS: Während das Setzen der *RibbonName*-Eigenschaft sofort das neue Menüband aktiviert, ist beim Setzen der Datenbank-Option ein Neustart der Datenbank erforderlich.

17.1 Allgemeine Grundlagen

HINWEIS: Sie können die Datenbank-Option auch per VBA-Code setzen, verwenden Sie dazu die Eigenschaft *CustomRibbonID*. Ein Neustart ist allerdings auch in diesem Fall notwendig.

BEISPIEL: Setzen der Eigenschaft *CustomRibbonId*

```
Sub NutzerdefinierteEigenschaft
On Error Resume Next
Dim prop As DAO.Property

    CurrentDb().Properties("CustomRibbonID").Value = "MeinToolbar"
    Set prop = CurrentDb().CreateProperty("CustomRibbonID", dbText, "MeinToolbar")
    CurrentDb().Properties.Append prop
End Sub
```

17.1.3 Verwenden der Tabelle USysRibbons

Entscheiden Sie sich für diese Variante, muss die Tabelle *USysRibbons* folgenden Aufbau aufweisen:

Feldname	Felddatentyp
ID	AutoWert
RibbonName	Kurzer Text
RibbonXML	Langer Text

Wie sicher leicht erkennbar ist, müssen Sie einen eindeutigen *RibbonName* für die Identifizierung vorgeben (über diesen Namen wird unter Optionen das Menüband ausgewählt), in der Spalte *RibbonXML* findet sich später die eigentliche Definition des neuen Menübands:

ID	RibbonName	RibbonXML

1	MenüKomplettAusblenden	`<customUI xmlns="http://schemas.microsoft.com/office/2006/01/customui">`
		`  <ribbon startFromScratch="true">`
		`  </ribbon>`
		`</customUI>`

2	MenüKomplettEinblenden	`<customUI xmlns="http://schemas.microsoft.com/office/2006/01/customui">`
		`  <ribbon startFromScratch="false">`
		`  </ribbon>`
		`</customUI>`

HINWEIS: Nach dem Speichern der Tabelle unter dem o.g. Namen ist diese möglicherweise "verschwunden". In diesem Fall müssen Sie die Anzeige von Systemtabellen (diese beginnen mit *USys*...) aktivieren (Kontextmenü *Navigationsbereich/Navigationsoptionen/Systemobjekte anzeigen*).

> **HINWEIS:** Achtung: Fügen Sie neue Einträge zur Tabelle *USysRibbons* hinzu, stehen diese erst nach einem Neustart der Datenbank in den Access-Optionen oder für das Zuweisen als *RibbonName*-Eigenschaft zur Verfügung!

17.1.4 Application.LoadCustomUI als Alternative

Nicht in jedem Fall lassen sich die XML-Daten in der Tabelle *USysRibbons* speichern. Sei es, dass Sie dynamisch ein neues Menüband zusammenstellen wollen (siehe folgender Abschnitt), oder dass die Daten aus einer externen Datei geladen werden.

BEISPIEL: Laden der XML-Daten aus einem Textfeld (dieses kann natürlich auch gebunden sein)

```
Private Sub Befehl6_Click()
    Application.LoadCustomUI "MeinMenüband", RibbonXML.Value
End Sub
```

Nach diesem Aufruf steht die Definition sofort unter den Access-Optionen zur Verfügung. Doch Achtung:

> **HINWEIS:** Zum Zeitpunkt der Zuweisung bzw. beim Öffnen der Datenbank muss dann zum Beispiel per *AutoExec*-Makro die Definition erneut geladen werden. Hier ist das Verwenden der Tabelle *USysRibbons* der bessere Weg.

BEISPIEL: Laden der XML-Daten aus einer externen Datei

```
Public Function LoadFromTXT(filename As String) As String
Dim fn&
    fn = FreeFile
    Open filename For Input As fn
    LoadFromTXT = Input$(LOF(1), fn)
    Close fn
End Function
...
Private Sub Befehl6_Click()
    Application.LoadCustomUI "MeinMenüband", LoadFromTXT("c:\MFL.xml")
End Sub
```

17.2 Ein kleines Testprogramm

Wie Sie sicher bemerkt haben, ist das eigentliche Zuweisen der XML-Daten meist mit umständlichen Neustarts der Access-Datenbank verbunden. Gerade in der Entwurfsphase dürfte dies jedoch recht nervtötend sein, da dem Programmierer wahrscheinlich diverse Fehler unterlaufen werden (Stichworte Groß-/Kleinschreibung, falsche Attribute etc.).

17.2 Ein kleines Testprogramm

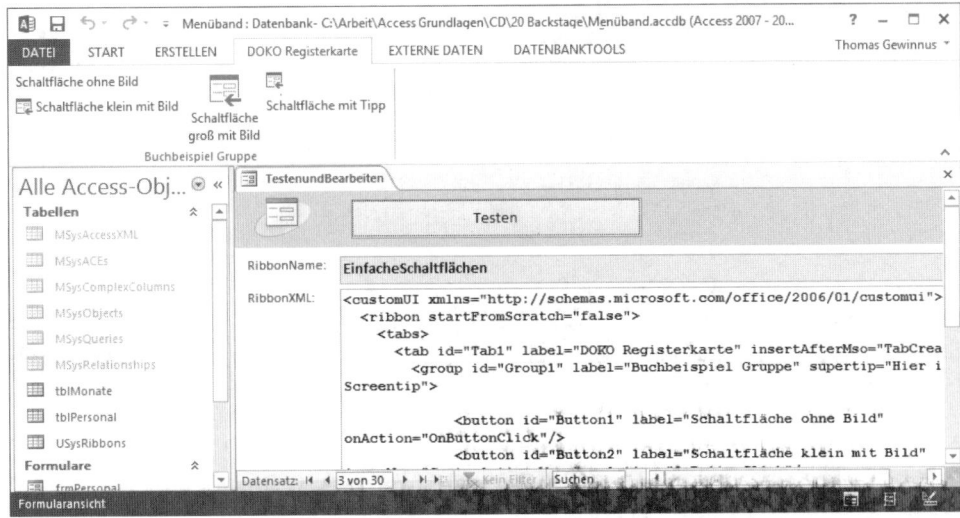

Ein kleines Testprogramm (siehe Beispieldatenbank) versucht mit einem Trick dieses Manko zu umgehen:

1. Erstellen Sie zunächst die Tabelle *USysRibbons* wie oben angegeben.
2. Erstellen Sie für diese Tabelle ein Eingabeformular (Sie können den Assistenten verwenden).
3. Fügen Sie dem Formular eine zusätzliche Schaltfläche mit folgendem VBA-Code hinzu:

```
Option Compare Database
Option Explicit
Private Sub Befehl1_Click()
Dim tempname As String
  tempname = RibbonName1.Value + CStr(Now)
  Application.LoadCustomUI tempname, RibbonXML.Value
  Me.RibbonName = tempname
End Sub
```

Der Trick: Einem Formular (und dieses ist ja gerade geöffnet) kann per *RibbonName*-Eigenschaft dynamisch eine Menübanddefinition zugewiesen werden. Genau dies tun wir, nachdem die XML-Definition mit *LoadCustomUI* geladen wurde. Doch ein Problem muss umgangen werden: eine XML-Definition kann unter ein und dem selben Namen nicht mehrfach geladen werden. Deshalb verwenden wir einfach einen temporären Namen, der sich aus der aktuellen Uhrzeit bildet. Um das Löschen dieser temporären Daten brauchen wir uns nicht zu kümmern, nach einem Datenbankneustart sind auch die überflüssigen Daten weg.

Sie können jetzt ohne Probleme neue Einträge zur Tabelle *USysRibbons* hinzufügen oder diese editieren, mit einem Klick ist das Ergebnis (oder auch die Fehlermeldung) auf dem Bildschirm zu sehen.

HINWEIS: Es empfiehlt sich, einen speziellen Eintrag in die Tabelle *USysRibbons* aufzunehmen, mit dem alle Änderungen am Menüband rückgängig gemacht werden können.

BEISPIEL: Eintrag um die Standardmenüs wieder herzustellen

```
<customUI xmlns="http://schemas.microsoft.com/office/2009/07/customui">
  <ribbon startFromScratch="false">
  </ribbon>
</customUI>
```

Im Folgenden werden wir Ihnen mit Hilfe dieses Testprogramms zeigen, wie Sie zunächst das bestehende Menüband ändern können. Anschließen werden wir dessen Features um eigene Funktionen erweitern.

17.3 Praktische Aufgabenstellungen

17.3.1 Infos über Steuerelemente und Symbole erhalten

In den weiteren Abschnitten zur Definition der XML-Daten werden häufig die Namen von integrierten Steuerelementen (*idMso*) und Symbolen (*imageMso*) verwendet. Doch woher bekommen Sie diese Informationen?

Hier hilft Ihnen, wie so oft, ein Blick ins Internet weiter. Unter der folgenden Adresse können Sie sich eine Liste aller gültigen *idMso* herunterladen (Download: *Office 2016 Help Files: Office Fluent User Interface Control Identifiers*):

LINK: https://www.microsoft.com/en-us/download/details.aspx?id=50745

Interessant für den Access-Programmierer ist das enthaltene Excel-Dokument *AccessControls.xlsx*, in dem alle für Access relevanten Control-IDs aufgelistet sind:

Control Name	Control Type	Tab Set	Tab
FileNewDatabase	button	None (Quick Access Toolbar)	Quick Access Toolbar
FileOpenUsingBackstage	button	None (Quick Access Toolbar)	Quick Access Toolbar
FileSave	button	None (Quick Access Toolbar)	Quick Access Toolbar
FileSendAsAttachment	button	None (Quick Access Toolbar)	Quick Access Toolbar
FilePrintQuick	button	None (Quick Access Toolbar)	Quick Access Toolbar
FilePrintPreview	button	None (Quick Access Toolbar)	Quick Access Toolbar
SpellingAccess	button	None (Quick Access Toolbar)	Quick Access Toolbar
Undo	gallery	None (Quick Access Toolbar)	Quick Access Toolbar
Redo	gallery	None (Quick Access Toolbar)	Quick Access Toolbar
ViewsModeMenu	splitButton	None (Quick Access Toolbar)	Quick Access Toolbar
ViewsSwitchToDefaultView	toggleButton	None (Quick Access Toolbar)	Quick Access Toolbar
ViewsFormView	toggleButton	None (Quick Access Toolbar)	Quick Access Toolbar

Bei der Suche in dieser Datei orientieren Sie sich zunächst an der Spalte *Control Type* und suchen hier die gewünschte Registerkarte (*tab*). Alle weiteren Einträge betreffen dann diese Registerkarte.

Alternativ können Sie auch die Access-IDE bemühen, öffnen Sie einfach die *Access-Optionen/Anpassen* und bewegen Sie die Maus über den gewünschten Eintrag in der linken Liste:

17.3 Praktische Aufgabenstellungen

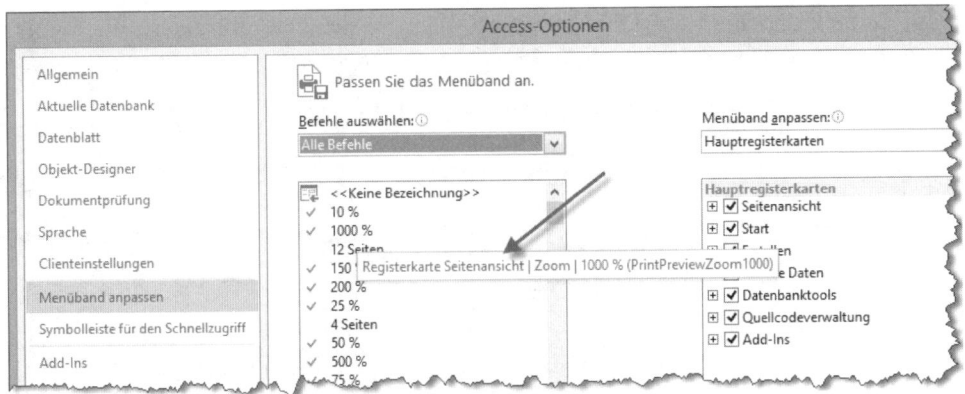

Im angezeigten Tooltip findet sich in Klammern auch die gewünschte *ControlId*, die Sie für die Programmierung bzw. das XML-Dokument benötigen.

Neben den Controls ist auch meist die Optik wichtig, und so ist es sicher auch interessant, auf welche integrierten Symbole Sie mit welchen *Ids* zugreifen können.

Microsoft bietet auch ein Word-Dokument an, das sinnigerweise die Symbole in der Backstage-Ansicht in zwei einzelnen Tabs anzeigt.

LINK: http://www.microsoft.com/en-us/download/details.aspx?id=21103

Leider ist die Idee kaum ausgegoren, die Anzeige dauert schier endlos lang und die Übersicht ist bei der Größe der Symbole nun auch nicht gerade "das Gelbe vom Ei":

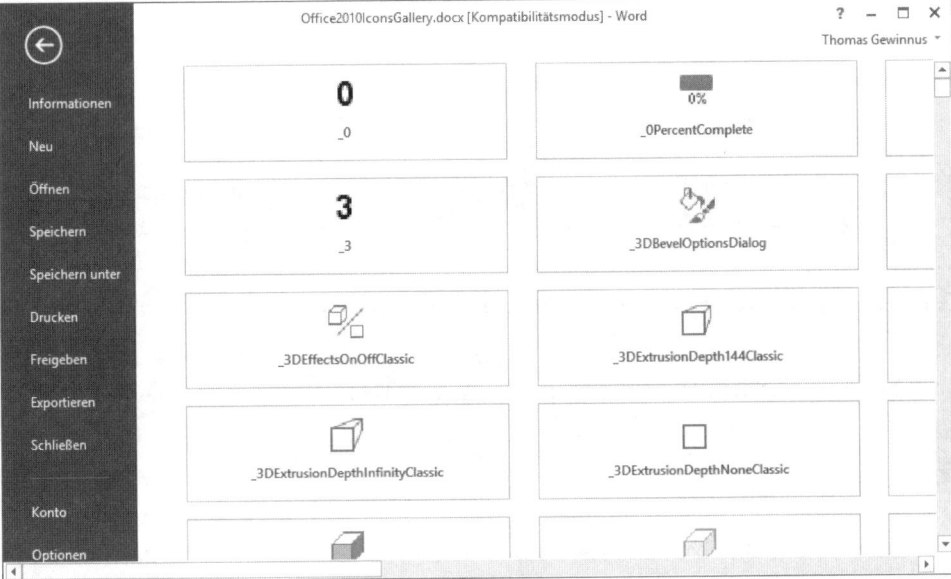

Besser ist ein kleiner Rückschritt zur Uraltversion, laden Sie sich statt dessen besser das entsprechende Excel-Add-In herunter (Download: *2007 Office System Add-In: Icons Gallery*)

LINK: http://www.microsoft.com/en-us/download/details.aspx?id=11675

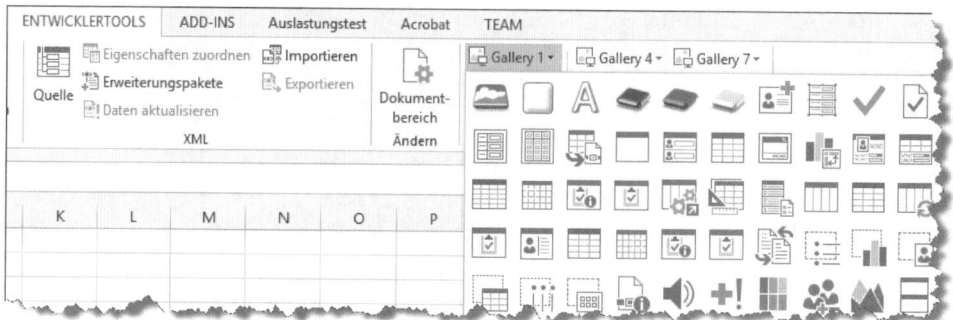

Klicken Sie auf eines der dargestellten Symbole wird deren *imageMso* angezeigt (siehe folgende Abbildung).

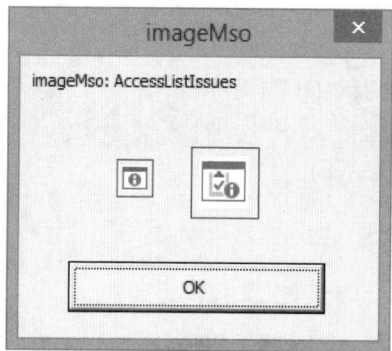

Damit wenden wir uns im Weiteren zunächst den statischen Änderungen des Menübands zu, bevor wir eine Interaktion zwischen Menüband und VBA-Programm realisieren.

17.3.2 Hauptregisterkarten ausblenden

Sicher hat mancher Access-Entwickler den Wunsch, den kompletten Inhalt des Access-Menübands auszublenden (außer der Backstage-Ansicht), um Platz für Dialoge und Berichte zu schaffen.

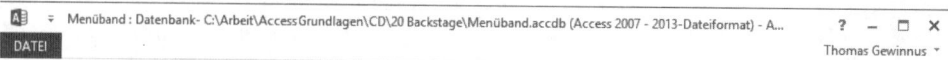

Erstellen Sie zunächst, wie oben beschrieben, die Tabelle *USysRibbons* und fügen Sie einen neuen Datensatz hinzu. Vergeben Sie einen eindeutigen Bezeichner (Spalte *RibbonName*) und tragen Sie die folgende XML-Definition in die Spalte RibbonXML ein.

17.3 Praktische Aufgabenstellungen

BEISPIEL: Die folgende XML-Definition blendet alle Registerkarten aus:

```
<customUI xmlns="http://schemas.microsoft.com/office/2009/07/customui">
  <ribbon startFromScratch="true">
  </ribbon>
</customUI>
```

Die Funktionsweise: Wir setzen im XML-Dokument das Attribut *startFromScratch* (Element *ribbon*) auf *true*. Dies veranlasst Access beim Erstellen des Menübands auf die Definition der eigenen Hauptregisterkarten zu verzichten.

BEISPIEL: Einblenden der Hauptregisterkarten

```
<customUI xmlns="http://schemas.microsoft.com/office/2009/07/customui">
  <ribbon startFromScratch="false">
  </ribbon>
</customUI>
```

Aufbauend auf dem leeren Menüband können dann neue Registerkarten mit eigener Funktionalität erstellt werden. Alternativ blenden Sie ein Popup-Fenster mit den wichtigsten Funktionen für Ihr Programm ein, um dem Anwender die Möglichkeit zu geben, zwischen den einzelnen Formularen und Berichten zu wechseln.

HINWEIS: Die wesentlichen Teile der Backstage-Ansicht können Sie über die Access-Option *vollständige Menüs zulassen* ausblenden. Die Registerkarte *Datei* selbst kann nicht ausgeblendet werden!

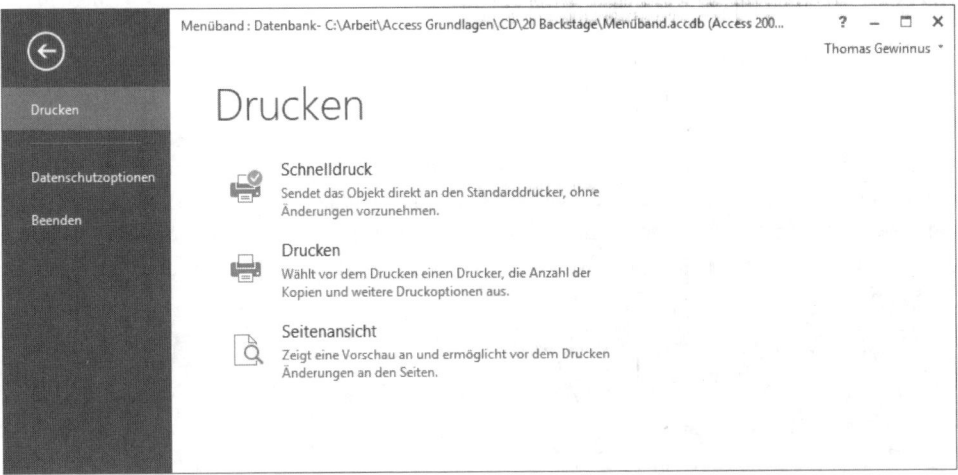

17.3.3 Einzelne Registerkarten ausblenden

Nicht immer muss gleich das gesamte Menüband geräumt werden (auch wenn dies schnell realisierbar ist), meist genügt das Ausblenden einzelner Registerkarten, um zum Beispiel dem Anwender die Editierfunktionen zu sperren.

Fügen Sie dem XML-Dokument ein zusätzliches *tab*-Element mit dem Namen der betreffenden Registerkarte hinzu und steuern Sie per Attribut *visible* dessen Sichtbarkeit.

HINWEIS: Das Attribut *startFromScratch* sollte mit *false* festgelegt sein, andernfalls gibt es keine Registerkarten, die Sie entfernen könnten.

BEISPIEL: Ausblenden der Registerkarte *Datenbanktools*

```xml
<customUI xmlns="http://schemas.microsoft.com/office/2009/07/customui">
  <ribbon startFromScratch="false">
    <tabs>
      <tab idMso="TabDatabaseTools" visible="false" />
    </tabs>
  </ribbon>
</customUI>
```

HINWEIS: Wie Sie sehen, machen wir hier erstmalig von den in der Datei *AccessRibbon-Controls.xlsx* gespeicherten *idMso* Gebrauch.

17.3.4 Einzelne Gruppen ausblenden

Sie möchten eine einzelne Gruppe innerhalb einer bestimmten Registerkarte ausblenden.

Fügen Sie dem XML-Dokument ein zusätzliches *group*-Element mit dem Namen der betreffenden Gruppe hinzu und steuern Sie per Attribut *visible* die Sichtbarkeit. Beachten Sie, dass Sie vorher auf das übergeordnete *tab*-Elemente (die Registerkarte) verweisen müssen. D.h., Sie müssen in der XML-Datei die gleiche Hierarchie abbilden, die Sie auch im Menüband vorfinden (*ribbon → tab → group*).

BEISPIEL: Ausblenden der Gruppe *Makro*

```xml
<customUI xmlns="http://schemas.microsoft.com/office/2009/07/customui">
  <ribbon startFromScratch="false">
    <tabs>
      <tab idMso="TabDatabaseTools">
        <group idMso="GroupMacro" visible="false" />
      </tab>
    </tabs>
  </ribbon>
</customUI>
```

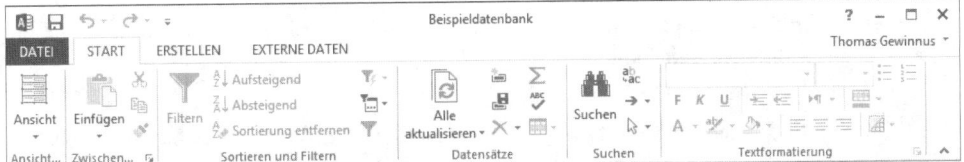

17.3.5 Registerkarten, Gruppen und Schaltflächen einfügen

Nachdem wir uns mit dem Entfernen von Elementen aus dem Menüband beschäftigt haben, kommt sicher auch die Frage auf, wie wir neue Funktionen einblenden können.

Zunächst müssen Sie sich entscheiden, ob Sie die neuen Steuerelemente in einer der vordefinierten Registerkarten anzeigen wollen oder ob Sie eine eigene Registerkarte bevorzugen. Nachfolgend besteht erneut die Qual der Wahl, ob eine vorhandene Gruppe genutzt oder eine neue erzeugt werden soll. Erst jetzt ist auch die Definition von Steuerelementen möglich.

BEISPIEL: Sie möchten eine eigene Registerkarte einblenden, diese soll eine Gruppe mit mehreren Schaltflächen enthalten.

Fügen Sie zunächst ein neues *tab*-Element hinzu, um eine neue Registerkarte zu erstellen:

```
<customUI xmlns="http://schemas.microsoft.com/office/2009/07/customui">
  <ribbon startFromScratch="false">
    <tabs>
      <tab id="Tab1" label="DOKO Registerkarte">
```

Anschließend kann in diese Registerkarte eine Gruppe integriert werden:

```
        <group id="Group1" label="Buchbeispiel Gruppe">
```

Nächster Schritt ist das Einfügen von verschiedenen Schaltflächen (wir haben ein paar Varianten ausgewählt):

```
          <button id="Button1" label="Schaltfläche ohne Bild" onAction="OnButtonClick"/>

          <button id="Button2" label="Schaltfläche klein mit Bild"
                  imageMso="CustomActionsMenu"
                  onAction="OnButtonClick"/>

          <button id="Button3" size="large" label="Schaltfläche groß mit Bild"
                  imageMso="CustomActionsMenu" onAction="OnButtonClick"/>
          <button id="Button4" imageMso="CustomActionsMenu" onAction="OnButtonClick"/>

          <button id="Button5" label="Schaltfläche mit Tipp" screentip="Hier ist der
                  Screentip"
                  supertip="Hier ist der Supertip&#13;mit Zeilenumbruch"/>
        </group>
      </tab>
    </tabs>
  </ribbon>
</customUI>
```

HINWEIS: Vergessen Sie nicht, die Elemente auch wieder zu schließen und beachten Sie die Groß-/Kleinschreibung!

Wie Sie sehen, findet sich im Menüband eine neue Registerkarte, die eine Gruppe sowie mehrere Schaltflächen enthält:

Nun zu den Details:

Erstellen der Registerkarte

```
...
    <tab id="Tab1" label="DOKO Registerkarte">
...
```

Zur Definition einer neuen Registerkarte vergeben Sie per *id*-Attribut zunächst einen eindeutigen Namen (*Tab1*) und beschriften die Karte mit dem Attribut *label*. Optional können Sie auch die Position der neuen Registerkarte festlegen. Nutzen Sie dazu das Attribut *insertAfterMso* bzw. *insertBeforeMso*.

BEISPIEL: Einfügen der neuen Registerkarte **nach** der Registerkarte *Erstellen*

```
...
    <tab id="Tab1" label="DOKO Registerkarte" insertAfterMso="TabCreate">
...
```

HINWEIS: Die Sichtbarkeit steuern Sie mit dem Attribut *visible*.

Erstellen der Gruppe

```
...
    <group id="Group1" label="Buchbeispiel Gruppe">
...
```

Auch hier vergeben Sie zunächst einen eindeutigen Bezeichner (*id*) und eine Beschriftung (*label*) über die Attribute des Elements *group*. Die Reihenfolge mehrerer Gruppen steuern Sie ebenfalls über die Attribute *insertAfterMso* bzw. *insertBeforeMso*.

Erstellen von Schaltflächen

```
...
    <button id="Button1" label="Schaltfläche ohne Bild" onAction="OnButtonClick"/>
...
```

17.3 Praktische Aufgabenstellungen

Hier wird es schnell kompliziert, stehen doch wesentlich mehr Attribute zur Verfügung, um das Aussehen zu beeinflussen. Wir hatten Ihnen im obigem Listing einige Beispiele vorgestellt. An dieser Stelle wollen wir auf nur ein wesentliches Attribut eingehen, die Rede ist von *onAction*.

17.3.6 Ereignisbehandlung mit VBA-Code/Makros

Wie der Name *onAction* schon vermuten lässt, wird hier die auszuführende Aktion beschrieben. Dies kann ein Makro oder auch eine globale VBA-Funktion sein.

HINWEIS: Sie benötigen in diesem Fall einen Verweis auf die *Microsoft 16.0 Object Library*, bei Verwendung von VBA-Code muss die Datenbank in einem "vertrauenswürdigen Speicherort" abgelegt sein.

BEISPIEL: Button-Klick per VBA-Prozedur auswerten

```vba
Sub OnButtonClick(Control As IRibbonControl)
    Select Case Control.ID
        Case "Button1"
            MsgBox "Ich wurde angeklickt ..."
            ' Programmcode ...
        Case "Button2"
            MsgBox "Ich wurde angeklickt ..."
            ' Programmcode ...
        Case Else
            MsgBox Control.ID & " wurde angeklickt"
    End Select
End Sub
```

HINWEIS: Die Parameterliste der Ereignisprozeduren ist je nach Steuerelement und Ereignis vordefiniert.

Damit haben Sie schon die Grundfunktionalität eines statischen Menüs realisiert, der Nutzer klickt und Sie lassen eine Routine ausführen. Doch was, wenn Sie beispielsweise Einfluss auf die Beschriftung nehmen wollen?

17.3.7 Verändern von Eigenschaften mit VBA-Callbacks

Hier bieten sich, wie auch bei der Ereignisbehandlung, so genannte Callbacks an, d.h. VBA-Routinen, die einen Wert auf Anforderung des Menübands zurückgeben (als *ByRef*-Parameter).

Statt der Verwendung eines statischen Wertes bei der Definition eines Attributs setzen Sie jetzt den Namen der Callback-Routine. Dies erfolgt jedoch nicht über das "normale" Attribut, sondern über spezielle *get...*-Attribute (z.B. *getLabel, getShowImage, getDescription ...*).

BEISPIEL: Beeinflussen der Schaltflächenbeschriftung (Uhrzeitanzeige)

```xml
<customUI xmlns="http://schemas.microsoft.com/office/2009/07/customui">
  <ribbon startFromScratch="false">
    <tabs>
      <tab id="Tab1" label="DOKO Registerkarte">
        <group id="Group1" label="Buchbeispiel Gruppe">
```

Statt des Attributs *label* verwenden wir jetzt *getLabel*:

```xml
          <button id="Button1" getLabel="MyGetLabel" onAction="OnButtonClick"/>
        </group>
      </tab>
    </tabs>
  </ribbon>
</customUI>
```

Die globale VBA-Routine:

```vba
Sub MyGetLabel(Control As IRibbonControl, ByRef label)
    label = CStr(Now)
End Sub
```

Nach dem Zuweisen dürfte die Schaltfläche mit dem aktuellen Datum angezeigt werden.

Auch bei VBA-Callbacks gilt:

HINWEIS: Sie benötigen einen Verweis auf die *Microsoft 16.0 Object Library*, die Datenbank muss in einem "vertrauenswürdigen Speicherort" abgelegt sein.

17.3.8 Aktualisieren des Menübands per VBA-Code

Das vorherige Beispiel funktioniert zwar auf den ersten Blick, doch wann und wie kann man die Beschriftung aktualisieren (für die Uhrzeitanzeige sicher unbedingt erforderlich) oder die Inhalte anderer Steuerelemente per VBA beeinflussen?

17.3 Praktische Aufgabenstellungen

Hier wird es etwas komplizierter. Folgende Schritte sind nötig:

- Sie richten eine Callbackroutine beim Laden des Dokuments ein. Dazu erweitern Sie die XML-Definition wie folgt:

```
<customUI xmlns="http://schemas.microsoft.com/office/2009/07/customui" onLoad="MyOnLoad">
  <ribbon startFromScratch="false">
...
```

- Speichern Sie einen Verweis auf das zentrale Ribbon-Objekt mittels globaler VBA-Callbackroutine:

  Die globale Variable:

  ```
  Public myRibbon As IRibbonUI
  ```

  Die Callbackroutine:

  ```
  Sub MyOnLoad(ribbon As IRibbonUI)
      Set myRibbon = ribbon
  End Sub
  ```

- Über die gespeicherte Referenz können Sie jederzeit eine Aktualisierung anfordern (damit werden auch die Callbackroutinen des betreffenden Controls abgearbeitet):

  ```
  Sub OnButtonClick(Control As IRibbonControl)
      MsgBox "Ich wurde angeklickt ..."
      myRibbon.InvalidateControl "Button1"
  End Sub
  ```

Ausgangspunkt diese Anforderung könnte ein Timer, das Öffnen eines Formulars oder ein Klick auf Formularschaltflächen sein.

Damit dürften Sie einen ersten Überblick über das Erstellen neuer Registerkarten mit grundlegender Funktionalität gewonnen haben.

Dass es jetzt noch jede Menge weiterer Controls (CheckBoxen, DropDowns, Menüs, Eingabefelder etc.) gibt, die wiederum spezifische Eigenschaften aufweisen, dürfte nach einem Blick in die vordefinierten Registerkarten schnell ersichtlich sein. Eine komplette Aufzählung aller Eigenschaften und Funktionalitäten würde sicher den Rahmen dieses Kapitels sprengen. Aus diesem Grund beschränken wir uns in den folgenden Abschnitten auf die wichtigsten Steuerelemente und deren Funktionalität.

17.3.9 Kontextabhängige Registerkarten

Sicher sind auch Ihnen schon die kontextabhängigen Registerkarten im Menüband aufgefallen. Selbstverständlich können Sie Ihre Registerkarten auch auf diese Weise hervorheben.

BEISPIEL: Verwendung einer kontextabhängigen Registerkarte

```
<customUI xmlns="http://schemas.microsoft.com/office/2006/01/customui">
  <ribbon startFromScratch="false">
    <contextualTabs>
```

```
    <tabSet idMso="TabSetFormReportExtensibility">
      <tab id="Tab1" label="DOKO Registerkarte" insertAfterMso="TabCreate">
        <group id="Group1" label="Buchbeispiel Gruppe" supertip="Hier ist der Screentip">
          <button id="Button1" label="Schaltfläche ohne Bild" onAction="OnButtonClick"/>
...
        </group>
      </tab>
    </tabSet>
  </contextualTabs>
 </ribbon>
</customUI>
```

Die Vorgehensweise ist hier nicht wesentlich anders, statt Ihre Registerkarten innerhalb des *tabs*-Elements organisieren, müssen Sie diese jetzt in ein *contextualTabs*-Element einschließen.

Weisen Sie jetzt noch das neue Menüband Ihrem Formular zu (siehe folgende Abbildung).

Mit dem Aufruf der Formulars sollte sich Ihnen folgender Anblick bieten:

17.3.10 Registerkarten per VBA aktivieren

Es besteht auch die Möglichkeit, per VBA-Code eine spezielle Registerkarte zu aktivieren. Nutzen Sie dazu die *ActivateTab*-Methode der Ribbon-Instanz.

BEISPIEL: Registerkarte *Tab1* aktivieren

```
Private Sub Befehl0_Click()
   myRibbon.ActivateTab "Tab1"
End Sub
```

Voraussetzung ist jedoch das vorherige Abspeichern der Ribbon-Instanz im *onLoad*-Ereignis der Ribbon-Definition:

```
Public myRibbon As IRibbonUI
Sub MyOnLoad(ribbon As IRibbonUI)
   Set myRibbon = ribbon
End Sub
```

bzw. in der Menüband-Definition:

```
<customUI xmlns="http://schemas.microsoft.com/office/2006/01/customui" onLoad="MyOnLoad">
  <ribbon startFromScratch="false">
    <tabs>
...
```

17.3.11 Fehlermeldungen des Menübands anzeigen

Ist die XML-Definition für das Menüband fehlerhaft, passiert meist nichts und der Entwickler wird mit der Fehlersuche allein gelassen.

Um diesem Missstand abzuhelfen, aktivieren Sie die Option *Fehler in Benutzeroberflächen in Add-Ins anzeigen* unter *Access-Optionen/Clienteinstellungen/Allgemein*.

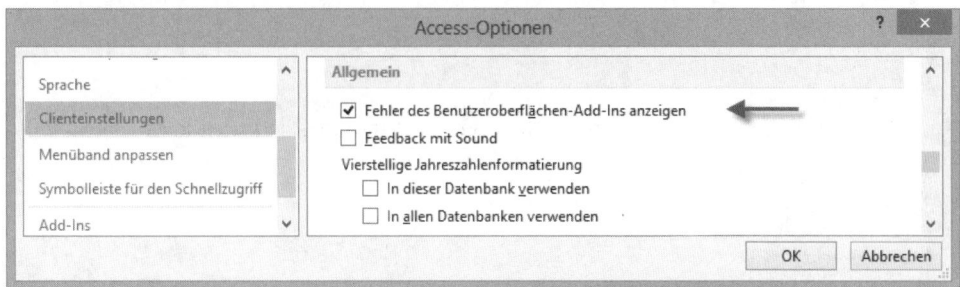

Jetzt klappt es auch mit den Fehlermeldungen, auch wenn diese meist nicht sehr aussagekräftig sind:

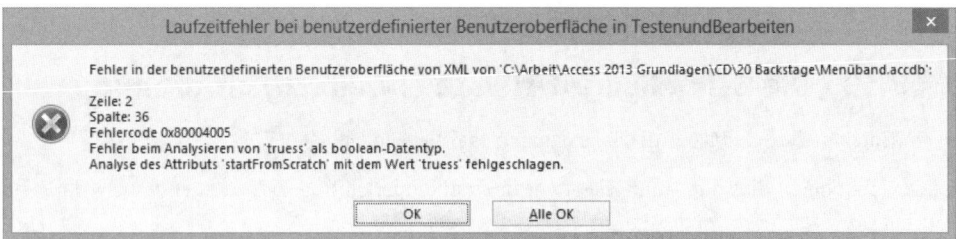

HINWEIS: Fehler sind meist auf die Groß-/Kleinschreibung und auf fehlende XML-Tags zurückzuführen.

17.3.12 Vorhandene Funktionen des Menübands ändern

Nicht in jedem Fall müssen Sie gleich eine neue Registerkarte oder gar neue Controls erstellen. Teilweise genügt es schon, wenn vorhandene Funktionen des Menübands mit Zusatzabfragen versehen oder die Funktionen temporär deaktiviert werden.

Über den *commands*-Abschnitt der XML-Definition lässt sich das Verhalten der vorhandenen Kommandos verändern. Dazu geben Sie einfach einen neuen Wert für das *onAction*-Atrtribut an.

BEISPIEL: Der Tabellenentwurf soll temporär deaktiviert werden

```
<customUI xmlns="http://schemas.microsoft.com/office/2009/07/customui">
  <commands>
    <command idMso="CreateTableInDesignView" onAction="OnButtonClick2"/>
  </commands>
```

```
<ribbon startFromScratch="false">
   ...
</ribbon>
</customUI>
```

Die zugehörige Callback-Methode:

```
Sub OnButtonClick2(Control As IRibbonControl, ByRef bolCancel As Boolean)
    MsgBox "Heute wird keine neue Tabelle erstellt!"
    bolCancel = True
End Sub
```

Klicken Sie jetzt auf die entsprechende Menüfunktion, wird statt der bisherigen Funktion Ihre neue Callback-Routine ausgeführt:

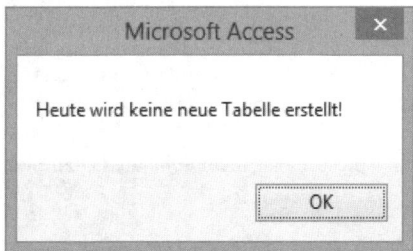

17.3.13 Die Schnellzugriffsleiste erweitern/programmieren

Sie möchten in die Schnellzugriffsleiste eigene Schaltflächen einblenden.

Leider funktioniert dies nur, wenn Sie zuvor die vordefinierten Registerkarten entfernen, d.h., das Attribut *startFromScratch* muss auf *true* gesetzt werden.

Nachfolgend können Sie im Abschnitt *qat (Quick Access Toolbar)* Ihre Controls einfügen:

```
<customUI xmlns="http://schemas.microsoft.com/office/2009/07/customui">
  <ribbon startFromScratch="true">
    <qat>
      <documentControls>
        <button id="Button1" label="dfsdf" imageMso="_1" />
        <button id="Button2" label="dfsdf" imageMso="_2" />
        <button id="Button3" label="dfsdf" imageMso="_3" />
        <button id="Button4" label="dfsdf" imageMso="_4" />
      </documentControls>
    </qat>
  </ribbon>
</customUI>
```

Das Ergebnis:

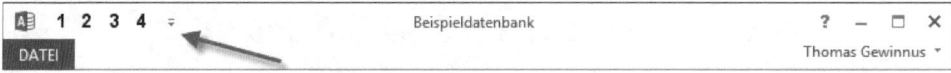

17.4 Übersicht der Steuerelemente

17.4.1 labelControl-Steuerelement

Mit diesem recht trivialen Control können Sie einfache Texte im Menüband anzeigen. Interessant sind eigentlich nur die Attribute *label* (der sichtbare Text) sowie *visible* bzw. die korrespondierenden Callbacks.

BEISPIEL: Anzeige zweier Beschriftungen

```xml
<customUI xmlns="http://schemas.microsoft.com/office/2009/07/customui">
  <ribbon startFromScratch="false">
    <tabs>
      <tab id="Tab1" label="DOKO Registerkarte">
        <group id="Group1" label="Buchbeispiel Gruppe" supertip="Hier ist der Screentip">
          <labelControl id="Label1" label="Eine Beschriftung" />
          <labelControl id="Label2" label="Und gleich nochmal" />
        </group>
      </tab>
    </tabs>
  </ribbon>
</customUI>
```

Die wichtigsten Callback-Routinen für das Steuerelement sind *getLabel* und *getVisible,* deren Definition finden Sie in der Übersicht auf Seite 1101. Ein entsprechendes Beispiel für die Verwendung von *getLabel* finden Sie auf Seite 1052.

17.4.2 button-Steuerelement

Einen ersten Kontakt mit diesem Steuerelement hatten Sie ja bereits in der vorhergehenden Abschnitten, über die Verwendung brauchen wir Sie als VBA-Programmierer sicher nicht extra aufzuklären.

Das Menüband bietet vier verschiedene Varianten von Schaltflächen an:

- nur kleines Bild
- kleines Bild und Text
- nur großes Bild
- großes Bild und Text

Steuern können Sie das Aussehen über die Attribute *label* und *size*, wie es das folgende Beispiel zeigt.

BEISPIEL: Die vier Varianten bei den Schaltflächen

```
<customUI xmlns="http://schemas.microsoft.com/office/2009/07/customui">
  <ribbon startFromScratch="false">
    <tabs>
      <tab id="Tab1" label="DOKO Registerkarte" insertAfterMso="TabCreate">
        <group id="Group1" label="Buchbeispiel Gruppe" supertip="Hier ist der Screentip">
          <button id="Button1"  imageMso="Risks" />
          <separator id="Separator1" />
          <button id="Button2"  imageMso="Risks" label="Text und Bild"/>
          <separator id="Separator2" />
          <button id="Button3"  imageMso="Risks" size ="large"/>
          <button id="Button4"  imageMso="Risks" label="Text und Bild groß" size ="large"/>
        </group>
      </tab>
    </tabs>
  </ribbon>
</customUI>
```

Nach dem Zuweisen der Definition mit Hilfe des Testprogramms dürften folgende Schaltflächen eingeblendet werden:

HINWEIS: Für die Trennung der einzelnen Schaltflächen haben wir zusätzlich das *separator*-Steuerelement verwendet.

Zuweisen von Bildern zur Laufzeit

Vermutlich werden Sie mit den von Microsoft mitgelieferten Grafiken, die Sie per *imageMso* abrufen können, nicht auskommen. Aber auch für diesen Fall ist vorgesorgt, mit den Callback-Methoden *loadImage* bzw. *getImage* stehen Ihnen zwei wesentlich flexiblere Varianten zur Verfügung.

BEISPIEL: Bilder aus einem Verzeichnis verwenden (*loadImage*)

```
<customUI xmlns="http://schemas.microsoft.com/office/2009/07/customui" loadImage="cbLoadImage">
  <ribbon startFromScratch="false">
    <tabs>
      <tab id="Tab1" label="DOKO Registerkarte" insertAfterMso="TabCreate">
        <group id="Group1" label="Buchbeispiel Gruppe" supertip="Hier ist der Screentip">
          <button id="Button1" image="camera.bmp" size ="large" />
```

17.4 Übersicht der Steuerelemente

```
                <button id="Button2" image="memory.bmp" size ="large" />
                <button id="Button3" image="printer.bmp" size ="large" />
          </group>
        </tab>
      </tabs>
    </ribbon>
</customUI>
```

Die zugehörige zentrale Callbackprozedur erwartet die *ImageId* (diese wurde per *image*-Attribut übergeben), das Bild wird als Referenz zurückgegeben:

```
Sub cbLoadImage(imageId As String, ByRef image)
    Set image = LoadPicture(CurrentProject.Path & "\" & imageId)
End Sub
```

Mit der Funktion *LoadImage* können Sie in dieser Prozedur eine Grafik laden.

Der Ablauf: Wird die betreffenden Registerkarte angezeigt und ist das Attribut *image* gesetzt, versucht das System mit der per *loadImage* zugewiesenen Callbackroutine eine Grafik anzuzeigen.

In unserem Beispiel dürften die folgenden drei Bildchen auftauchen.

HINWEIS: Statt *LoadPicture* können Sie auch eine *imageMso* angeben, wie es das folgende Beispiel zeigt.

BEISPIEL: Callback mit *imageMso*

```
Sub cbLoadImage(imageId As String, ByRef image)
    image = "Risks"
End Sub
```

Etwas anders ist die Vorgehensweise bei Verwendung der *getImage*-Callback-Methode. In diesem Fall wird die Callback-Methode nicht zentral zugeordnet, sondern direkt dem entsprechenden Control. D.h., Sie könnten für jedes Control eine eigene Routine zuweisen, was aber der Übersicht sicher nicht zuträglich ist. Besser Sie nutzen das *tag*-Attribut um das Bild eindeutig zu identifizieren und lesen dieses ist der Callback-Routine aus (siehe folgendes Beispiel).

BEISPIEL: Verwenden von *getImage* zum Laden von Grafiken

```
<customUI xmlns="http://schemas.microsoft.com/office/2009/07/customui">
  <ribbon startFromScratch="false">
    <tabs>
      <tab id="Tab1" label="DOKO Registerkarte" insertAfterMso="TabCreate">
        <group id="Group1" label="Buchbeispiel Gruppe" supertip="Hier ist der Screentip">
```

```
            <button id="Button1"  getImage="cbGetImage" tag="printer.bmp" size ="large" />
            <button id="Button2"  getImage="cbGetImage" tag="memory.bmp"  size ="large" />
            <button id="Button3"  getImage="cbGetImage" tag="camera.bmp"  size ="large" />
      </group>
    </tab>
  </tabs>
 </ribbon>
</customUI>
```

Die passende Callback-Methode:

```
Sub cbGetImage(control As IRibbonControl, ByRef image)
  Set image = LoadPicture(CurrentProject.Path & "\" & control.Tag)
End Sub
```

HINWEIS: Auch hier lässt sich alternativ eine *imageMso* übergeben, um eines der vordefinierten Bildchen anzuzeigen.

Screentips etc.

Auch wenn Sie es mitunter lästig finden, für den unerfahrenen Endanwender sind die kleinen Hilfetexte, die in den Screentips angezeigt werden, meist unentbehrlich. Steuern können Sie die Inhalte über die Attribute *screenTip* und *superTip*.

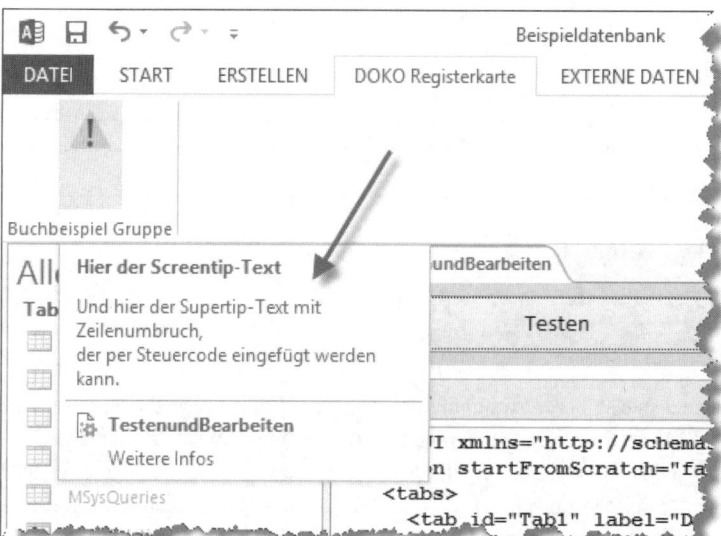

BEISPIEL: Verwenden von *screenTip* und *superTip*

```
<customUI xmlns="http://schemas.microsoft.com/office/2009/07/customui">
  <ribbon startFromScratch="false">
    <tabs>
      <tab id="Tab1" label="DOKO Registerkarte" insertAfterMso="TabCreate">
```

17.4 Übersicht der Steuerelemente

```xml
            <group id="Group1" label="Buchbeispiel Gruppe" supertip="Hier ist der Screentip">
                <button id="Button1"  imageMso="Risks" size ="large"
                screentip="Hier der Screentip-Text"
                supertip="Und hier der Supertip-Text mit Zeilenumbruch,&#13;der per
                         Steuercode eingefügt werden kann."/>
            </group>
        </tab>
    </tabs>
  </ribbon>
</customUI>
```

Wie Sie sehen, können Sie per Steuercode auch zusätzliche Zeilenumbrüche einfügen.

HINWEIS: Die Länge des Textes ist auf jeweils 1024 Zeichen beschränkt.

Reaktion auf das Betätigen der Schaltfläche

Wie bereits erläutert, wird auf das Betätigen der Schaltfläche mit einer Callback-Methode reagiert. Weisen Sie diese mit dem *onAction*-Attribut per XML-Definition zu:

BEISPIEL: Zuweisen der "Ereignisprozedur"

```xml
<customUI xmlns="http://schemas.microsoft.com/office/2009/07/customui" onLoad="MyOnLoad">
  <ribbon startFromScratch="false">
    <tabs>
      <tab id="Tab1" label="DOKO Registerkarte" insertAfterMso="TabCreate">
        <group id="Group1" label="Buchbeispiel Gruppe" supertip="Hier ist der Screentip">
            <button id="Button1" label="Klick mich" onAction="cbButtonClick"/>
        </group>
      </tab>
    </tabs>
  </ribbon>
</customUI>
```

Eine mögliche Callback-Methode:

```vb
Sub cbButtonClick(control As IRibbonControl)
    MsgBox "Ich wurde angeklickt ..."
End Sub
```

17.4.3 separator-Steuerelement

Verwenden Sie dieses Control um einzelne Steuerelemente innerhalb einer Gruppe optisch zu trennen.

BEISPIEL: Verwendung Separator

```xml
<customUI xmlns="http://schemas.microsoft.com/office/2009/07/customui">
  <ribbon startFromScratch="false">
    <tabs>
```

```
        <tab id="Tab1" label="DOKO Registerkarte">
          <group id="Group1" label="Buchbeispiel Gruppe" supertip="Hier ist der Screentip">
            <labelControl id="Label1" label="Beschriftung" />
            <separator id="Separator1" />
            <labelControl id="Label2" label="Beschriftung" />
            <separator id="Separator2" />
            <button id="Button1"   imageMso="Risks" />
            <separator id="Separator3" />
          </group>
        </tab>
      </tabs>
    </ribbon>
</customUI>
```

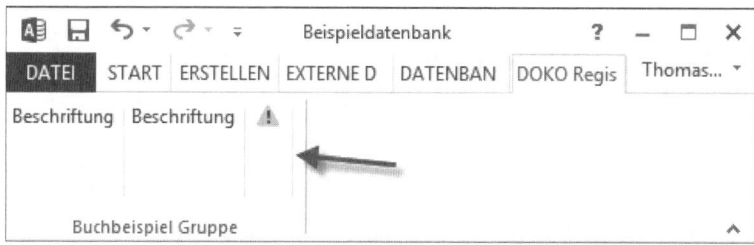

17.4.4 toggleButton-Steuerelement

Mit dieser Umschaltfläche können Sie zwischen dem Status "gedrückt" und "nicht gedrückt" unterscheiden.

BEISPIEL: Definition eines *toggleButton*

```
<customUI xmlns="http://schemas.microsoft.com/office/2009/07/customui">
 <ribbon startFromScratch="false">
   <tabs>
     <tab id="Tab1" label="DOKO Registerkarte">
       <group id="Group1" label="Buchbeispiel Gruppe" supertip="Hier ist der Screentip">
         <toggleButton id="toggleButton1" imageMso="Risks" label="Klick mich"
                 onAction= "cbOnAction"/>
       </group>
     </tab>
   </tabs>
 </ribbon>
</customUI>
```

Das Auswerten des aktuellen Status (beim Umschalten)

```
Sub cbOnAction(control As IRibbonControl, pressed As Boolean)
   If pressed Then
     MsgBox "Gedrückt"
```

```
    Else
      MsgBox "Nicht gedrückt"
    End If
End Sub
```

> **HINWEIS:** Den aktuellen Status sollten Sie in einer globalen Variablen zwischenspeichern, da Sie im Normalfall keinen direkten Zugriff auf das Control bzw. dessen Zustand haben.

Die weiteren Gestaltungsmöglichkeiten entsprechen dem *button*-Steuerelement.

17.4.5 buttonGroup-Steuerelement

Möchten Sie mehrere Schaltflächen so anordnen, dass ein Zusammenhang zwischen diesen hergestellt wird, können Sie die *buttonGroup* verwenden. Prominentes Beispiel dürfte die Gruppe *Schriftart* in der Registerkarte *Start* sein:

Sowohl die Schriftattribute (fett, kursiv, unterstrichen) als auch die Absatzausrichtung sind als *buttonGroup* realisiert.

> **BEISPIEL:** Einblenden von Schaltflächen zum Filtern von Datensätzen in bestimmten Buchstabenbereichen

```xml
<customUI xmlns="http://schemas.microsoft.com/office/2009/07/customui" onLoad="MyOnLoad">
  <ribbon startFromScratch="false">
    <tabs>
      <tab id="Tab1" label="DOKO Registerkarte" insertAfterMso="TabCreate">
        <group id="Group1" label="Buchbeispiel Gruppe" supertip="Hier ist der Screentip">
          <buttonGroup id="ButtonGroup1">
            <button id="Button1" label="A-E" onAction="OnButtonClick"/>
            <button id="Button2" label="F-I" onAction="OnButtonClick"/>
            <button id="Button3" label="J-M" onAction="OnButtonClick"/>
            <button id="Button4" label="N-Q" onAction="OnButtonClick"/>
            <button id="Button5" label="R-U" onAction="OnButtonClick"/>
            <button id="Button6" label="V-Z" onAction="OnButtonClick"/>
          </buttonGroup>
        </group>
      </tab>
    </tabs>
  </ribbon>
</customUI>
```

Das Ergebnis:

> **HINWEIS:** Alternativ können Sie auch *toggleButton*-Steuerelemente in der Gruppe verwenden.

17.4.6 checkBox-Steuerelement

Das auch unter dem Decknamen "Kontrollkästchen" bekannte Control übernimmt die gleiche Aufgabe wie sein Pendant in den Access-Formularen.

BEISPIEL: Anzeige von drei *checkBox*-Steuerelementen

```
<customUI xmlns="http://schemas.microsoft.com/office/2009/07/customui" onLoad="MyOnLoad">
  <ribbon startFromScratch="false">
    <tabs>
      <tab id="Tab1" label="DOKO Registerkarte" insertAfterMso="TabCreate">
        <group id="Group1" label="Buchbeispiel Gruppe" supertip="Hier ist der Screentip">
          <checkBox id="checkBox1" label="Option 1" onAction="cbCheckBoxClick"/>
          <checkBox id="checkBox2" label="Option 2" onAction="cbCheckBoxClick"/>
          <checkBox id="checkBox3" label="Option 3" onAction="cbCheckBoxClick"/>
        </group>
      </tab>
    </tabs>
  </ribbon>
</customUI>
```

Die Auswertung erfolgt per Callback-Methode:

```
Sub cbCheckBoxClick(control As IRibbonControl, pressed As Boolean)
  If pressed Then
    MsgBox control.ID & " ist markiert"
  Else
    MsgBox control.ID & " ist nicht markiert"
  End If
End Sub
```

17.4.7 editBox-Steuerelement

Hinter der *editBox* verbirgt sich nichts anderes als das allseits bekannte Textfeld, das bekanntlich der Eingabe von Zeichenketten dient. Allerdings sollten Sie hier nicht allzu viel erwarten, die diversen Beschränkungen und Ereignisse wie bei normalen Textfeldern sind nicht realisierbar. Aber das ist sicher auch nicht der eigentliche Zweck dieses Controls.

BEISPIEL: Anzeige eines *editBox*-Controls und Auswerten der Eingabezeichenkette

```xml
<customUI xmlns="http://schemas.microsoft.com/office/2009/07/customui" onLoad="MyOnLoad">
  <ribbon startFromScratch="false">
    <tabs>
      <tab id="Tab1" label="DOKO Registerkarte" insertAfterMso="TabCreate">
        <group id="Group1" label="Buchbeispiel Gruppe" supertip="Hier ist der Screentip">
          <editBox id="editBox1" label="Geben Sie bitte einen Text ein:"
                   onChange="cbOnTextChange" />
        </group>
      </tab>
    </tabs>
  </ribbon>
</customUI>
```

Auswerten per Callback-Methode:

```
Sub cbOnTextChange(control As IRibbonControl, text As String)
    MsgBox text
End Sub
```

HINWEIS: Die Bezeichnung *onChange* ist irreführend, das Ereignis tritt erst bei einem Fokusverlust oder dem Klick auf die Eingabetaste auf.

Als einzige Restriktion für das *editBox*-Control steht Ihnen das Attribut *maxLength* zur Verfügung. Mit diesem beschränken Sie die Anzahl der Zeichen. Zusätzlich kann die Breite des Controls mit *sizeString* gesteuert werden.

BEISPIEL: Formatieren des *editBox*-Controls

```xml
<customUI xmlns="http://schemas.microsoft.com/office/2009/07/customui" onLoad="MyOnLoad">
  <ribbon startFromScratch="false">
    <tabs>
      <tab id="Tab1" label="DOKO Registerkarte" insertAfterMso="TabCreate">
```

```
        <group id="Group1" label="Buchbeispiel Gruppe" supertip="Hier ist der Screentip">
          <editBox id="editBox1" label="Passwort:" onChange="cbOnTextChange"
             maxLength="10" sizeString="WWWWWWWWWW"/>
        </group>
      </tab>
    </tabs>
  </ribbon>
</customUI>
```

Da "W" der breiteste Buchstabe ist, wird das *editBox*-Control nach obigen Anweisungen so breit sein, dass mindestens zehn beliebige Zeichen in jedem Fall sichtbar sind. Mehr als zehn Zeichen können Sie allerdings auch nicht eingeben, da wir eine Längenbeschränkung definiert haben. Notfalls werden Sie per Meldung darauf aufmerksam gemacht:

17.4.8 comboBox-Steuerelement

Auch hierbei handelt es sich um einen alten Bekannten, der funktionell etwas abgerüstet im Menüband seinen Dienst tut. Wie auch das Access-Kombinationsfeld kann das Control statisch (in diesem Fall per XML) oder dynamisch (per VBA-Callback) mit Werten gefüllt werden.

Der einzige Vorteil gegenüber dem Access-Kombinationsfeld: Sie können den einzelnen Einträgen Grafiken hinzufügen. An dieser Stelle beschränken wir uns jedoch zunächst auf die einfache Anzeige von Texten.

Manuelles Füllen

In einem ersten Beispiel demonstrieren wir Ihnen, wie Sie mit wenigen Zeilen XML-Code Einträge in ein *comboBox*-Steuerelement einfügen. Dann werden innerhalb des *comboBox*-Elements weitere *item*-Elemente hinzugefügt. Das Attribut *label* bestimmt den eigentlichen Eintrag, die Auswertung erfolgt per Callback-Methode (Attribut *onChange*).

BEISPIEL: Statisches Füllen der *comboBox* mit den Monaten des Jahres

```
<customUI xmlns="http://schemas.microsoft.com/office/2009/07/customui" onLoad="MyOnLoad">
  <ribbon startFromScratch="false">
    <tabs>
      <tab id="Tab1" label="DOKO Registerkarte" insertAfterMso="TabCreate">
        <group id="Group1" label="Buchbeispiel Gruppe" supertip="Hier ist der Screentip">
          <comboBox id="combobox1" label="Auswahl Monat:" onChange="cbComboChange">
            <item id="it1" label="Januar"/>
```

17.4 Übersicht der Steuerelemente

```
                <item id="it2" label="Februar"/>
                <item id="it3" label="März"/>
                <item id="it4" label="April"/>
                <item id="it5" label="Mai"/>
                <item id="it6" label="Juni"/>
                <item id="it7" label="Juli"/>
                <item id="it8" label="August"/>
                <item id="it9" label="September"/>
                <item id="it10" label="Oktober"/>
                <item id="it11" label="November"/>
                <item id="it12" label="Dezember"/>
            </comboBox>
        </group>
      </tab>
    </tabs>
  </ribbon>
</customUI>
```

Die Callback-Methode für die Auswertung:

```
Sub cbComboChange(control As IRibbonControl, text As String)
    MsgBox text
End Sub
```

An dieser Stelle dürfte Ihnen sicher auffallen, dass ausschließlich der Text des gewählten Eintrags übergeben wird. Bei obigem Beispiel ist dies sicher noch nicht problematisch, arbeiten Sie jedoch mit dynamischen Daten aus Tabellen fehlt ein eindeutiger Index für den Eintrag (Primärschlüssel der Tabelle).

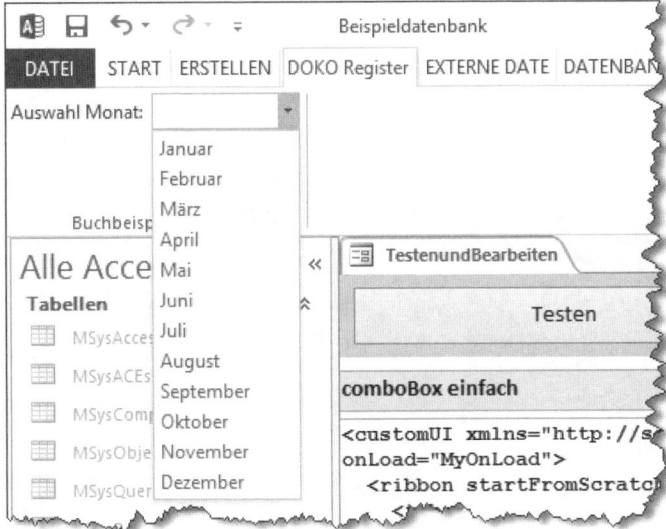

HINWEIS: Da es sich um eine *ComboBox* handelt, ist auch das Hinzufügen von Einträgen per Textfeld zulässig!

Füllen per VBA-Code

Nach dem doch recht einfach realisierbaren Beispiel mit statischen Einträgen wollen wir im Folgenden die Daten einer Tabelle entnehmen. In der Beispieldatenbank finden Sie dazu eine einfache einspaltige Tabelle *tblMonate,* in der (Sie vermuten es sicher) die Monate des Jahres zu finden sind.

Während der Aufwand für die XML-Definition etwas reduziert wird, müssen Sie sich bei der VBA-Programmierung auf jede Menge Quellcode einstellen. Unser Beispiel mit den Monaten ist also sicher einfacher per XML-Definition lösbar, uns geht es jedoch hier um Demonstration des Grundprinzips.

Vier wesentliche Callback-Methoden müssen implementiert werden:

- *onChange (*Reaktion auf die Auswahl)
- *getItemCount (*bestimmt die Anzahl der Einträge)
- *getItemId (*liefert für einen bestimmten Eintrag die Id)
- *getItemLabel* (liefert für einen bestimmten Eintrag die Beschriftung)

Zusätzlich können Sie auch noch *getItemImage* verwenden, um den einzelnen Einträgen Grafiken hinzuzufügen.

BEISPIEL: Auflisten von Tabelleneinträgen im *comboBox*-Control

```xml
<customUI xmlns="http://schemas.microsoft.com/office/2009/07/customui" onLoad="MyOnLoad">
  <ribbon startFromScratch="false">
    <tabs>
      <tab id="Tab1" label="DOKO Registerkarte" insertAfterMso="TabCreate">
        <group id="Group1" label="Buchbeispiel Gruppe" supertip="Hier ist der Screentip">
          <comboBox id="combobox1" label="Auswahl Monat:"
            onChange="cbComboChange" getItemCount="ComboBoxGetItemCount"
            getItemID="ComboBoxGetItemId" getItemLabel="ComboBoxGetItemLabel"
          />
        </group>
      </tab>
    </tabs>
  </ribbon>
</customUI>
```

Die zugehörigen VBA-Routinen:

Ein dynamisches Array, in das wir die Einträge aus der Tabelle einlesen:

```
Dim aMonate() As String
```

17.4 Übersicht der Steuerelemente

Die schon bekannte Reaktion auf die Auswahl eines Eintrags:

```
Sub cbComboChange(control As IRibbonControl, text As String)
    MsgBox text
End Sub
```

Beim Initialisieren des Menübands wird zunächst die Anzahl der Einträge abgefragt, für uns die Gelegenheit, die Daten aus der Tabelle in das Array zu "schaufeln".

```
Sub ComboBoxGetItemCount(control As IRibbonControl, ByRef count)
Dim rs As DAO.Recordset
Dim i As Integer

    Set rs = CurrentDb().OpenRecordset("tblMonate", dbOpenTable)
```

Array dimensionieren:

```
    ReDim aMonate(rs.RecordCount)
```

Alle Datensätze kopieren (alternativ könnten Sie auch die *GetRows*-Methode verwenden):

```
    While Not rs.EOF
        aMonate(i) = rs!Monat
        i = i + 1
        rs.MoveNext
    Wend
    rs.Close
    Set rs = Nothing
```

Hier geben wir die Anzahl der Einträge zurück (die eigentliche Aufgabe dieser Methode):

```
    count = i
End Sub
```

Das Bestimmen eines eindeutigen Bezeichners für die Einträge ist recht einfach realisierbar:

```
Sub ComboBoxGetItemId(control As IRibbonControl, index As Integer, ByRef id)
    id = "item" & CStr(index)
End Sub
```

Hier können wir von den Vorteilen des Arrays profitieren, es genügt die betreffende Zeile auszulesen, um einen Text für den Eintrag zur Verfügung zu stellen:

```
Sub ComboBoxGetItemLabel(control As IRibbonControl, index As Integer, ByRef label)
    label = aMonate(index)
End Sub
```

Zu Sicherheit haben wir einen zusätzlichen Monat "erfunden", der auch in der Liste angezeigt werden sollte:

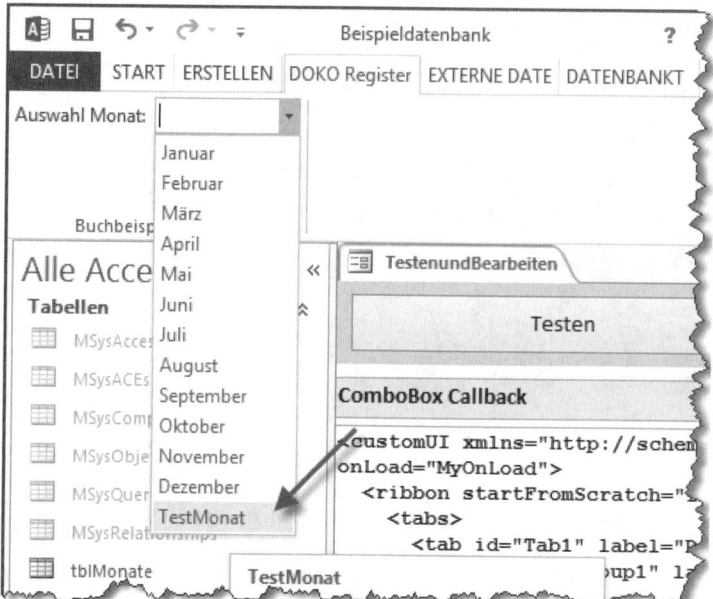

17.4.9 dropDownElement-Steuerelement

Im Gegensatz zum *comboBox*-Steuerelement besteht beim *dropDownElement* nicht die Möglichkeit, zusätzliche Einträge per Textfeld einzugeben. Die Auswahl beschränkt sich auf die vorhandenen Listenelemente. Daraus resultierend kann auch davon ausgegangen werden, dass mit der Auswahl eines Elements auch ein eindeutiger Index zur Verfügung steht – die beste Voraussetzung für eine sinnvolle Datenbindung.

Dem trägt das Control mit einer erweiterten Callback-Methode Rechnung.

```
Sub cbDropDownAction(control As IRibbonControl, selectedId As String, selectedIndex As Integer)
...
```

Neben der eindeutigen *Id* des einzelnen Elements (*selectedId*) wird zusätzlich die Nummer des gewählten Eintrags in der Liste (*selectedIndex*) übergeben. Während letzterer bei der Arbeit mit Arrays sicher von Bedeutung ist, kann in der *Id* auch gleich der Primärschlüssel der Datentabelle gespeichert werden. Eine nachfolgende Datensatzauswahl bzw. das Zuweisen einer Filter-Eigenschaft wird damit zum Kinderspiel.

BEISPIEL: Füllen des *dropDownElement*-Controls mit den Einträgen der Personaltabelle. Zusätzlich soll je nach Geschlecht eine Grafik angezeigt werden. Mit der Auswahl eines Eintrags soll ein Dialog geöffnet werden, in dem der betreffende Datensatz ausgewählt ist.

```
<customUI xmlns="http://schemas.microsoft.com/office/2009/07/customui" onLoad="MyOnLoad">
  <ribbon startFromScratch="false">
    <tabs>
      <tab id="Tab1" label="DOKO Registerkarte" insertAfterMso="TabCreate">
        <group id="Group1" label="Buchbeispiel Gruppe">
```

17.4 Übersicht der Steuerelemente

```
            <dropDown id="dropdown1" label="Mitarbeiter:"
            onAction="cbDropDownAction"
            getItemCount="DropDownGetItemCount"
            getItemID="DropDownGetItemId"
            getItemImage="DropDownItemImage"
            getItemLabel="DropDownGetItemLabel"
            />
        </group>
      </tab>
    </tabs>
  </ribbon>
</customUI>
```

Zunächst deklarieren wir einen neuen Typ für unser dynamisches Array, in welchem wir die Daten zwischenspeichern (schnelleres Einlesen in das Control):

```
Type tPersonen
    id As Integer
    Name As String
    male As Boolean
End Type
```

Das eigentliche Array:

```
Dim aPersonal() As tPersonen
```

Unsere Callback-Methoden:

```
Sub DropDownGetItemCount(control As IRibbonControl, ByRef count)
Dim rs As DAO.Recordset
Dim i As Integer
```

Zunächst Einlesen der Tabelle in das Array:

```
    Set rs = CurrentDb().OpenRecordset("tblPersonal", dbOpenTable)
    ReDim aPersonal(rs.RecordCount)
    While Not rs.EOF
        aPersonal(i).id = rs!nr
        aPersonal(i).Name = rs!nachname & ", " & rs!vorname
        aPersonal(i).male = (rs!anrede = "Herr")
        i = i + 1
        rs.MoveNext
    Wend
    rs.Close
    Set rs = Nothing
```

Rückgabe der Datensatzanzahl:

```
    count = i
End Sub
```

Die eindeutige *Id* des Eintrags entspricht jetzt dem Primärschlüssel der Tabelle:

```
Sub DropDownGetItemId(control As IRibbonControl, index As Integer, ByRef id)
```

```
   id = aPersonal(index).id
End Sub
```

Die Eintragsbeschriftung (diese ist nur für die Anzeige relevant, den richtigen Datensatz finden wir später über dessen Id):

```
Sub DropDownGetItemLabel(control As IRibbonControl, index As Integer, ByRef label)
   label = aPersonal(index).Name
End Sub
```

Auswahl des passenden Bildes:

```
Sub DropDownItemImage(control As IRibbonControl, index As Integer, ByRef image)
   If aPersonal(index).male Then
      Set image = LoadPicture(CurrentProject.Path & "\mann.bmp")
   Else
      Set image = LoadPicture(CurrentProject.Path & "\frau.bmp")
   End If
End Sub
```

Wir reagieren auf die Auswahl eines Eintrags:

```
Sub cbDropDownAction(control As IRibbonControl, selectedId As String, selectedIndex As Integer)
  MsgBox "Id = " & selectedId
  MsgBox "Index = " & selectedIndex
  DoCmd.OpenForm "frmPersonal", acNormal, , "nr=" & selectedId
End Sub
```

Wie schon erwähnt, können wir jetzt problemlos den Primärschlüssel mit *selectedId* bestimmen und damit auch das Filtern der Datensätze realisieren.

Nach dem Anklicken eines Eintrags sollte der folgende Dialog erscheinen:

17.4 Übersicht der Steuerelemente

Neben den im Beispiel verwenden Callback-Methoden sind mit *getSelectedItemIndex* und *getSelectedItemId* noch zwei weitere Methoden für den Programmierer interessant. Der Sinn diese beiden Methoden ist das gezielte Auswählen eines Eintrags in der Liste.

BEISPIEL: Auswahl des dritten Listeneintrags

```
Sub cbGetSelectedItemID(control As IRibbonControl, ByRef index)
    index = 2
End Sub
```

17.4.10 gallery-Steuerelement

Mit diesem Steuerelement steht Ihnen eine optisch attraktive Alternative zum *dropDownElement* zur Verfügung. Größter Vorteil: Sie bestimmen die Anzahl der sichtbaren Zeilen und Spalten, der Platz lässt sich also wesentlich besser ausnutzen als zum Beispiel bei einem *dropDownElement*.

BEISPIEL: Statisches Füllen der *gallery*

```
<customUI xmlns="http://schemas.microsoft.com/office/2009/07/customui" onLoad="MyOnLoad">
  <ribbon startFromScratch="false">
    <tabs>
      <tab id="Tab1" label="DOKO Registerkarte" insertAfterMso="TabCreate">
        <group id="Group1" label="Buchbeispiel Gruppe" supertip="Hier ist der Screentip">
          <gallery id="gallery1" rows="2" columns="3" label="Erster Test"
            description="Hier steht eine Beschreibung" onAction="cbGalleryAction">
            <item id="i1" label="Test 1"/>
```

```
                <item id="i2" label="Test 2"/>
                <item id="i3" label="Test 3"/>
                <item id="i4" label="Test 4"/>
                <item id="i5" label="Test 5"/>
...
            </gallery>
          </group>
        </tab>
      </tabs>
    </ribbon>
</customUI>
```

Die Callback-Methode für die Reaktion auf einen Mausklick:

```
Sub cbGalleryAction(control As IRibbonControl, selectedId As String, selectedIndex As Integer)
  MsgBox "Id = " & selectedId
  MsgBox "Index = " & selectedIndex
End Sub
```

Alternativ können Sie auch Grafiken anzeigen und Callback-Methoden nutzen, um die *gallery* dynamisch zu füllen. Dass in dieser Beziehung eine starke "Verwandtschaft" zum *dropDown-Element* besteht, zeigt das folgende Beispiel, dass Sie einmal mit dem Beispiel von Seite 1070 vergleichen sollten.

BEISPIEL: Dynamisches Füllen der *gallery*

```
<customUI xmlns="http://schemas.microsoft.com/office/2009/07/customui" onLoad="MyOnLoad">
  <ribbon startFromScratch="false">
    <tabs>
      <tab id="Tab1" label="DOKO Registerkarte" insertAfterMso="TabCreate">
        <group id="Group1" label="Buchbeispiel Gruppe" supertip="Hier ist der Screentip">
          <gallery id="gallery1" rows="5" columns="3"
            description="Hier steht eine Beschreibung"
            label="Mitarbeiter:"
            sizeString="WWWWWWWWWWWWWWWWWW"
            onAction="cbDropDownAction"
            getItemCount="DropDownGetItemCount"
            getItemID="DropDownGetItemId"
            getItemImage="DropDownItemImage"
            getItemLabel="DropDownGetItemLabel"/>
        </group>
```

17.4 Übersicht der Steuerelemente

```
    </tab>
   </tabs>
  </ribbon>
</customUI>
```

HINWEIS: Alle Attribute stimmen weitgehend überein, Sie können die gleichen Callback-Methoden wie für das *dropDownElement* verwenden.

Das Endergebnis dürfte jedoch wesentlich übersichtlicher sein, als das *dropDownElement*-Pendant:

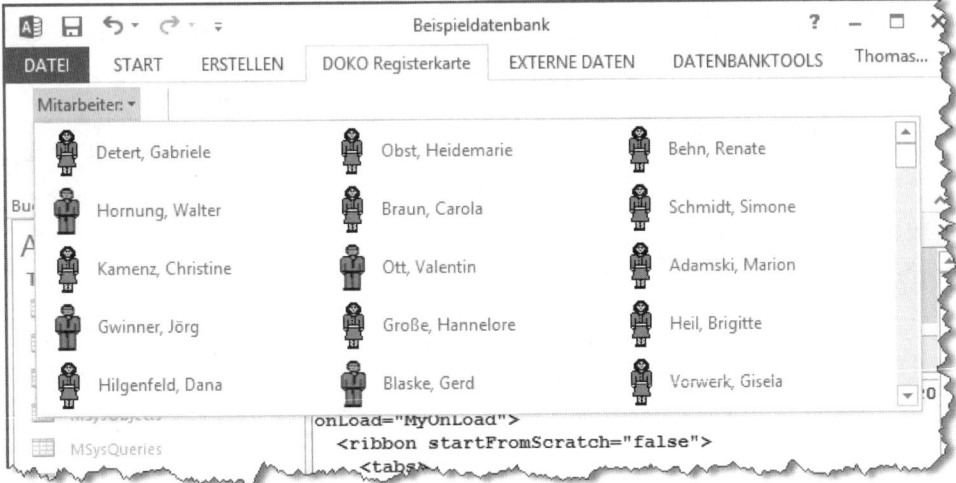

17.4.11 menu-Steuerelement

Last, but not least, hat das Menüband auch ein *menu*-Steuerelement zu bieten, was allerdings gleich die Frage nach dem Sinn auslöst, soll das Menüband doch die guten alten Menüs ersetzen.

Wir werden uns aus diesem Grund auch nur kurz mit dem *menu*-Steuerelement beschäftigen, zumal Sie dieses Steuerelement auch nur als Container für eingelagerte *button*- und *toggleButton*-Steuerelemente betrachten können. Damit können Sie alle von diesen Steuerelementen gewohnten Formatierungsmöglichkeiten und Interaktionen nutzen.

Zusätzlich bietet ein *menuSeparator* die Möglichkeit, die einzelnen Controls optisch voneinander zu trennen. Dies kann als simpler Strich oder auch als Beschriftung erfolgen, wie es das folgende Beispiel zeigt.

Genügt Ihnen eine Menüebene nicht, lassen sich weiter *menu*-Steuerelemente hierarchisch eingliedern, Sie erhalten dann die bekannten Untermenüs.

HINWEIS: Achten Sie jedoch darauf, dass Sie mit den XML-Tags nicht durcheinander kommen!

BEISPIEL: Ein Menü mit Untermenü

```xml
<customUI xmlns="http://schemas.microsoft.com/office/2009/07/customui" onLoad="MyOnLoad">
  <ribbon startFromScratch="false">
    <tabs>
      <tab id="Tab1" label="DOKO Registerkarte" insertAfterMso="TabCreate">
        <group id="Group1" label="Buchbeispiel Gruppe" supertip="Hier ist der Screentip">
```

Das Hauptmenü:

```xml
          <menu id="menu1" label="Mein erstes Menü" itemSize="normal">
```

Hier folgenden die Menüpunkte:

```xml
            <button id="button1" label="Ein normaler Button" imageMso="Risks"/>
            <toggleButton id="toggleButton1" label="Ein ToggleButton"/>
            <button id="button2" label="Klick mich an" onAction="OnButtonClick" />
            <menuSeparator id="sep1"/>
```

Das Untermenü:

```xml
            <menu id="menu2" label="Untermenü …" itemSize="large">
              <button id="button3" label="Klick mich an" imageMso="FormatPainter"
                onAction="OnButtonClick" />
              <button id="button4" label="Ein normaler Button" imageMso="Risks"/>
              <menuSeparator id="sep2" title="Separator mit Text"/>
              <toggleButton id="toggleButton2" imageMso="HappyFace" label="Ein ToggleButton"
                description="Hiermit lassen sich Optionen auswählen"/>
            </menu>
          </menu>
        </group>
      </tab>
    </tabs>
  </ribbon>
</customUI>
```

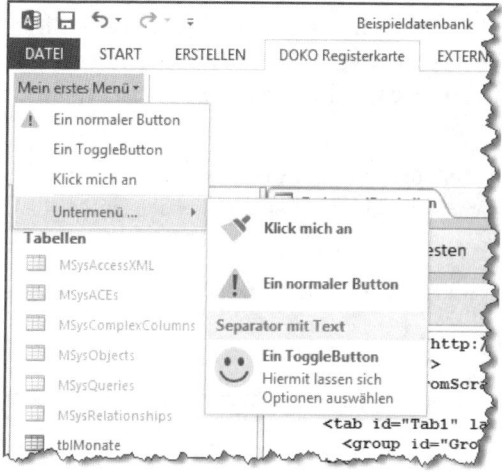

17.4 Übersicht der Steuerelemente

Wie Sie obigem Beispiel entnehmen können, lassen sich auch zusätzliche Beschreibungen (Attribut *description*) zu den Menüpunkten einblenden. Voraussetzung ist, dass Sie die Menügröße auf *large* festlegen.

Dynamische Einträge

Sicher erfüllt ein Menu, wie es im vorhergehenden Beispiel vorgestellt wurde, die meisten Anforderungen. Doch was ist, wenn Sie beispielsweise die letzten zehn geöffneten Dateien oder die zuletzt bearbeiteten Datensätze als Menüpunkte anzeigen wollen. Hier ist Aktualität gefragt, die Sie nur mit einer VBA-Callback-Methode realisieren können.

Genau für diesen Zweck bietet das Menüband auch die *dynamicMenu*-Steuerelemente an. Diese fungieren als Platzhalter, bis der Nutzer zum ersten Mal das übergeordnete Menü öffnet. Per Callback-Methode (*getContent*) wird jetzt der XML-Code für die zu erzeugenden Menüeinträge abgerufen, der weitere Ablauf entspricht also dem eines normalen Menüs.

HINWEIS: Die Callback-Methode wird nur einmal aufgerufen!

BEISPIEL: Dynamisches Erzeugen von Menüeinträgen

```xml
<customUI xmlns="http://schemas.microsoft.com/office/2009/07/customui" onLoad="MyOnLoad">
  <ribbon startFromScratch="false">
    <tabs>
      <tab id="Tab1" label="DOKO Registerkarte" insertAfterMso="TabCreate">
        <group id="Group1" label="Buchbeispiel Gruppe" supertip="Hier ist der Screentip">
          <menu id="menu1" label="Mein erstes Menü" itemSize="normal">
            <button id="button1" label="Ein normaler Button" imageMso="Risks"/>
            <toggleButton id="toogleButton1" label="Ein ToggleButton"/>
            <button id="button2" label="Klick mich an" onAction="OnButtonClick" />
            <menuSeparator id="sep1"/>
            <dynamicMenu id="dmenu2" label="dynamisches Untermenü …"
              getContent="cbgetContent"/>
          </menu>
        </group>
      </tab>
    </tabs>
  </ribbon>
</customUI>
```

Die zugehörige Callback-Methode "bastelt" den XML-String zusammen:

```vba
Sub cbgetContent(control As IRibbonControl, ByRef content)
    Dim i As Integer
    Dim s As String
    Beep
    s = "<menu xmlns=""http://schemas.microsoft.com/office/2009/07/customui"">"
    s = s & "<button id=""button1"" label =""Erste Zeile""/>"
    s = s & "<button id=""button2"" label =""Zweite Zeile""/>"
    s = s & "<button id=""button3"" label =""Dritte Zeile""/>"
```

```
      s = s & "<button id=""button4"" label =""Vierte Zeile""/>"
      s = s & "</menu>"
      content = s
End Sub
```

HINWEIS: Wir haben ein *Beep* in die Methode eingefügt, so können Sie überprüfen, wann die Methode vom Menüband aufgerufen wird.

HINWEIS: Erliegen Sie bitte nicht der Versuchung, ein mehrfach geschachteltes Menü zu erzeugen, dies ist der Übersicht sicher nicht zuträglich und widerspricht dem Grundkonzept des Menübands!

17.4.12 splitButton-Steuerelement

Ganz zum Schluss wollen wir noch auf einen "Mischling" eingehen, mit dem Sie im Access-Menüband sicher schon in Kontakt gekommen sind. Wie der Name schon sagt, besteht das Controls aus einer Schaltfläche (*button* oder *toggleButton*) und einem *menu*, das wiederum eigene *button*-Steuerelemente enthalten kann. Access verwendet dieses Control beispielsweise für *Ansicht* bzw. *Einfügen*.

BEISPIEL: Verwendung *splitButton*

```
<customUI xmlns="http://schemas.microsoft.com/office/2009/07/customui" onLoad="MyOnLoad">
  <ribbon startFromScratch="false">
    <tabs>
      <tab id="Tab1" label="DOKO Registerkarte" insertAfterMso="TabCreate">
        <group id="Group1" label="Buchbeispiel Gruppe" supertip="Hier ist der Screentip">

          <splitButton id="splitButton1" size="large">
```

17.4 Übersicht der Steuerelemente

Zunächst die Schaltfläche definieren:

```
<button id="button1" imageMso="Risks" label="Klick mich" onAction="OnButtonClick"/>
```

Und jetzt noch das Menü erstellen:

```
<menu id="menu1" itemSize="normal">
```

Hier können Sie auch *toggleButton*-Steuerelemente einsetzen:

```
            <button id="button2" label="Erster Eintrag" onAction="OnButtonClick"/>
            <button id="button3" label="Zweiter Eintrag" onAction="OnButtonClick"/>
            <button id="button4" label="Dritter Eintrag" onAction="OnButtonClick"/>
          </menu>
        </splitButton>
      </group>
    </tab>
   </tabs>
  </ribbon>
</customUI>
```

Die zugehörige Callback-Methode:

```
Sub OnButtonClick(control As IRibbonControl)
   MsgBox "Ich wurde angeklickt ..."
End Sub
```

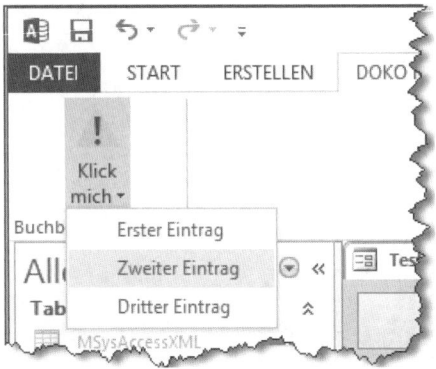

HINWEIS: Über die Gestaltung und Programmierung des Menüs haben Sie ja im vorhergehenden Abschnitt schon etwas gelesen, wir gehen deshalb nicht gesondert darauf ein.

17.4.13 dialogBoxLauncher

Last, but not least wollen wir noch auf ein recht unscheinbares Control eingehen, das die meisten Nutzer gern übersehen. Es handelt sich um die kleine Schaltfläche am rechten unteren Rand von einigen Menüband-Gruppen. Auf neudeutsch nennt sich dieses Control *Startprogramm für ein Dialogfeld*, was sicher sehr beeindruckend klingt.

HINWEIS: Wir raten von der Verwendung dieses Controls ab, zum Einen ist es fast nicht sichtbar, zum Anderen wird von diesem Control in Access so gut wie gar nicht Gebrauch gemacht (außer Gruppe *Zwischenablage* und *Textformatierung*), der Anwender ist also damit im Zweifelsfall auch nicht vertraut.

BEISPIEL: Verwendung *dialogBoxLauncher*

```
<customUI xmlns="http://schemas.microsoft.com/office/2009/07/customui">
  <ribbon startFromScratch="false">
    <tabs>
      <tab id="Tab1" label="DOKO Registerkarte" insertAfterMso="TabCreate">
        <group id="Group1" label="Buchbeispiel Gruppe" supertip="Hier ist der Screentip">
          <button id="Button1"  imageMso="Risks" size ="large" />
          <dialogBoxLauncher>
             <button id="Button2" onAction="OnDialogStart"
                     supertip="Hier können Sie einen Dialog starten ..."/>
          </dialogBoxLauncher>
        </group>
      </tab>
    </tabs>
  </ribbon>
</customUI>
```

Die zugehörige VBA-Routine:

```
Sub OnDialogStart(control As IRibbonControl)
   MsgBox "Hier könnten Sie einen Access-Dialog anzeigen"
End Sub
```

HINWEIS: Achten Sie darauf, dass es sich beim *dialogBoxLauncher* um das letzte Control der Gruppe handelt.

Nach diesem "Rundflug" über die verfügbaren Steuerelemente wollen wir uns noch mit einem Menü-Bereich beschäftigen, den wir bisher in unseren Betrachtungen sträflich vernachlässigt haben.

17.5 Die Backstage-Ansicht anpassen

Die Backstage-Ansicht (siehe folgende Abbildung) verbirgt sich etwas unscheinbar hinter der Registerkarte *Datei*, ist aber bei der Anzeige recht dominant und aufdringlich.

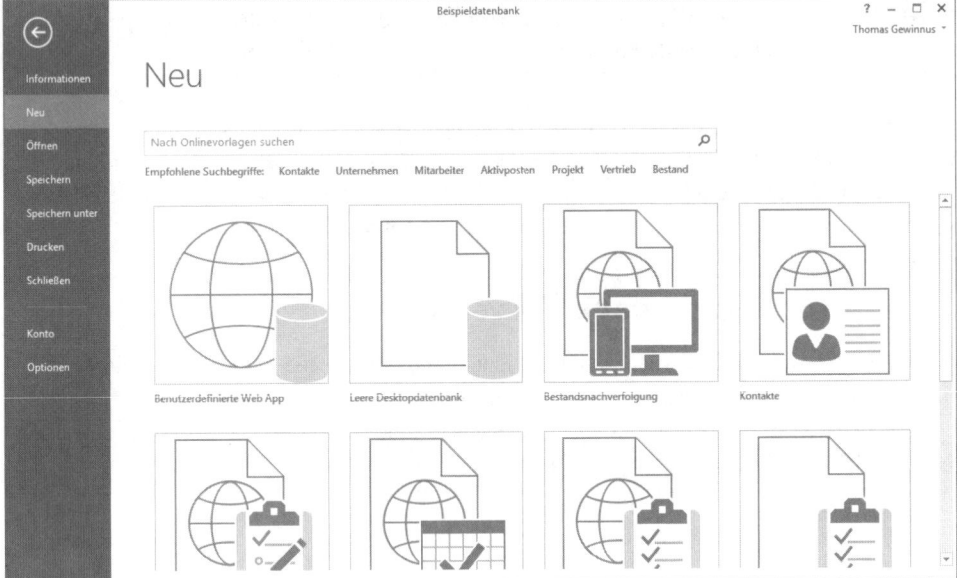

Dieses Erscheinungsbild dürfte im Einklang mit vorherigen Office-Versionen stehen, auch hier übernahm das *Datei*-Menü Verwaltungsaufgaben wie

- Neu
- Speichern
- Öffnen und Schließen
- Drucken, Druckvorschau und Druckeinstellungen
- Zuletzt verwendete Dateien
- Optionen
- Beenden etc.

Der Unterschied liegt im Wesentlichen nur in der Form der Präsentation und der komfortableren Interaktion mit dem Anwender.

Wenn Sie sich einige Registerkarten innerhalb der Backstage-Ansicht näher ansehen werden Sie feststellen, dass diese schon die Aufgaben von Assistenten und Dialogen übernehmen (z.B. die Veröffentlichung über Access Services).

Ob es sinnvoll ist, immer mehr Funktionen an dieser Stelle zu sammeln und dem Nutzer anzubieten, ist sicher fraglich, viele Aufgaben sind in eigenen Dialogfeldern wesentlich besser und übersichtlicher aufgehoben. Gleiches gilt für die Anordnung innerhalb der Backstage-Ansicht. Dies sollte Sie nicht daran hindern, es besser zu machen, als schlechtes Beispiel taugen einige Registerkarten allemal.

> **HINWEIS:** Auch wenn es mancher Entwickler ungern hört[1]: Nicht jeder Endanwender sitzt vor einem Riesenbildschirm!

Gerade im Office-Bereich wird teilweise mit recht geringen Bildschirmauflösungen gearbeitet. Öffnen Sie auf derartigen Bildschirmen die Backstage-Ansicht, sind schon "ab Werk" einige Einträge nicht mehr direkt erreichbar, es muss zusätzlich eine Bildlaufleiste genutzt werden. Berücksichtigen Sie dies bei Ihren eigenen Creationen und blenden Sie unnötige Einträge aus.

17.5.1 Die Standardansicht verändern

Im Gegensatz zum normalen Menüband steht Ihnen für die Backstage-Ansicht kein Editor zur Verfügung, der das schnelle Anpassen ermöglicht. Es bleibt Ihnen also nichts anderes übrig, als sich in die Untiefen von XML zu begeben, um Ihre eigenen Vorstellungen in der Backstage-Ansicht zu verwirklichen. Zunächst einmal die gute Nachricht:

> **HINWEIS:** Die Backstage-Ansicht wird prinzipiell genauso wie das Menüband programmiert, die Oberflächendefinition erfolgt in XML, die Ereignisbehandlung per Callback mit VBA. Doch damit nicht genug, naheliegenderweise werden sowohl Menüband als auch Backstage-Ansicht in der gleichen XML-Datei beschrieben, es handelt sich lediglich um zwei unterschiedliche Elemente (*ribbon*, *backstage*) die auf gleicher Ebene definiert werden.

Sehen wir uns einmal die standardmäßige Backstage-Ansicht im Detail an, so finden wir die folgenden Elemente (siehe folgende Abbildung).

Wollen Sie einzelne Einträge ein-/ausblenden müssen Sie sich auf obige Elemente beziehen.

> **BEISPIEL:** Ausblenden von *Öffnen* und *Datenbank schließen* sowie der Registerkarte *Drucken*

```
<customUI xmlns="http://schemas.microsoft.com/office/2009/07/customui">
  <ribbon startFromScratch="false">
    <!-- Hier steht die mögliche Ribbon-Definition -->
  </ribbon>
  <backstage>
```

---

[1] Das gilt auch für die Autoren dieses Buchs, bei 2x 90 cm Diagonale ist (fast) immer genügend Platz ...

17.5 Die Backstage-Ansicht anpassen

```
      <tab idMso="TabShare" visible="false"/>
      <button idMso="FileOpen" visible="false"/>
      <button idMso="FileCloseDatabase" visible="false"/>
    </backstage>
</customUI>
```

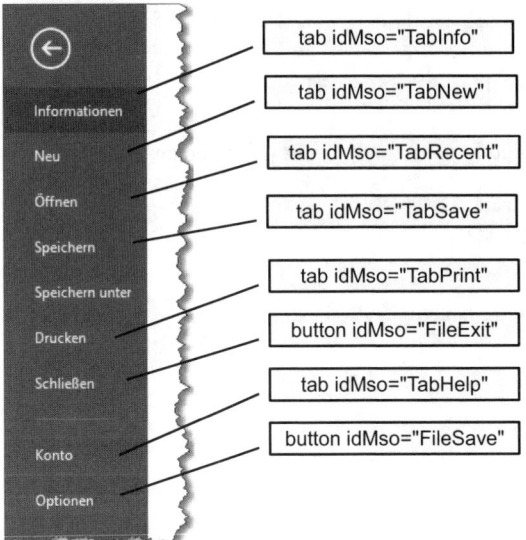

HINWEIS: Das Attribut *startFromScratch* ist für die Backstage-Ansicht nicht definiert, Sie müssen also bei einer gänzlichen Neugestaltung alle gezeigten Elemente einzeln ausblenden.

Wie Sie sehen, ist auch die Backstage-Ansicht mit wenigen Zeilen konfigurierbar, wie Sie obige Definition zuweisen wurde ja bereits ab Seite 1037 beschrieben.

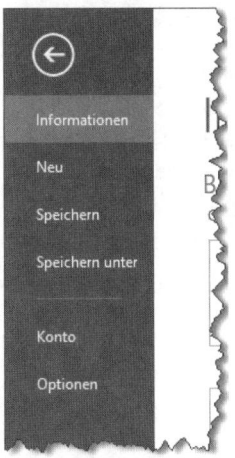

Doch wie sieht es mit dem Einblenden von eigenen Schaltflächen aus? Auch hier erwartet Sie nicht viel Neues, gehen Sie wie bei der Definition des Menübands vor.

BEISPIEL: Einfügen einer neuen Schaltfläche in die Backstage-Ansicht

```
<customUI xmlns="http://schemas.microsoft.com/office/2009/07/customui">
  <backstage>
    <button id="Button25" insertAfterMso="TabHelp" label="Mein Button" imageMso="BlogHomePage"
        onAction="MeinCallback" />
  </backstage>
</customUI>
```

Die VBA-Callback-Routine:

```
Sub MeinCallback(ByVal control As IRibbonControl)
    MsgBox "Es wurde " & control.ID & " angeklickt!"
End Sub
```

Ausschnitt aus der Backstage-Ansicht mit unserer neuen Schaltfläche:

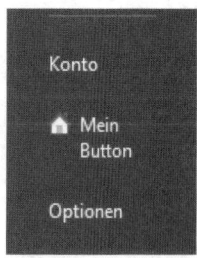

Damit könnten wir uns eigentlich zufrieden geben, wir können Schaltflächen ein-/ausblenden und neue Schaltflächen hinzufügen. Doch damit würden wir die Möglichkeiten der Backstage-Ansicht bei weitem nicht ausschöpfen, haben wir doch bisher lediglich die erste Spalte der Backstage-Ansicht programmiert.

17.5.2 Die drei möglichen Layouts für Registerkarten

Wollen Sie sich intensiver mit der Backstage-Ansicht beschäftigen, müssen Sie zunächst einen Blick auf das Grundprinzip und die Darstellung werfen. Grundsätzlich können Sie in der Backstage-Ansicht neben den obligatorischen Schaltflächen auch Registerkarten anzeigen, die ebenfalls Gruppen und diverse Controls anzeigen können. Doch gerade diese Registerkarten verdienen eine nähere Betrachtung, lassen sie sich doch, im Gegensatz zu ihren Menüband-Kollegen, in unterschiedlichen Layouts darstellen, wie es die folgenden Abbildungen zeigen.

Die wohl einfachste Variante nutzt die komplette Registerkarte und verzichtet auf eine Spaltenteilung:

17.5 Die Backstage-Ansicht anpassen

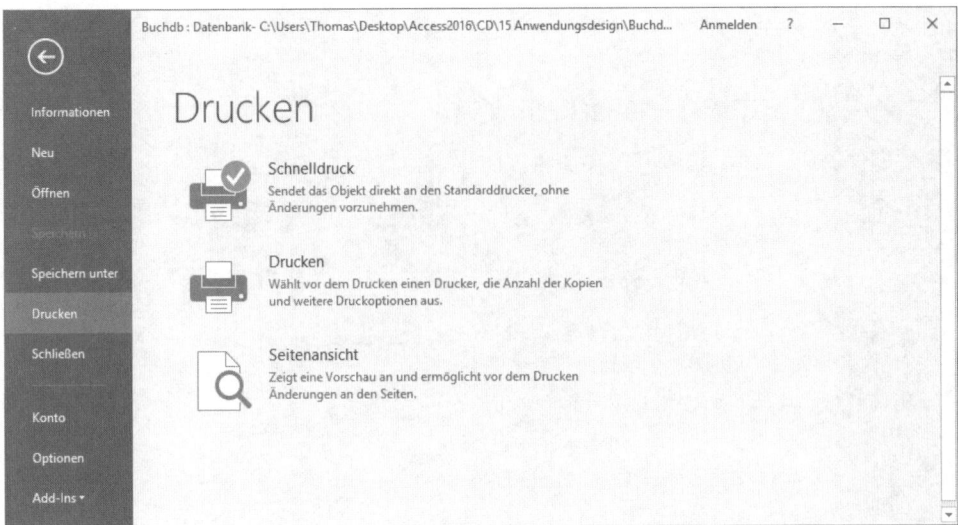

Etwas komplizierter wird es, wenn die Registerkarte in zwei Spalten eingeteilt wird, die voneinander unabhängig sind:

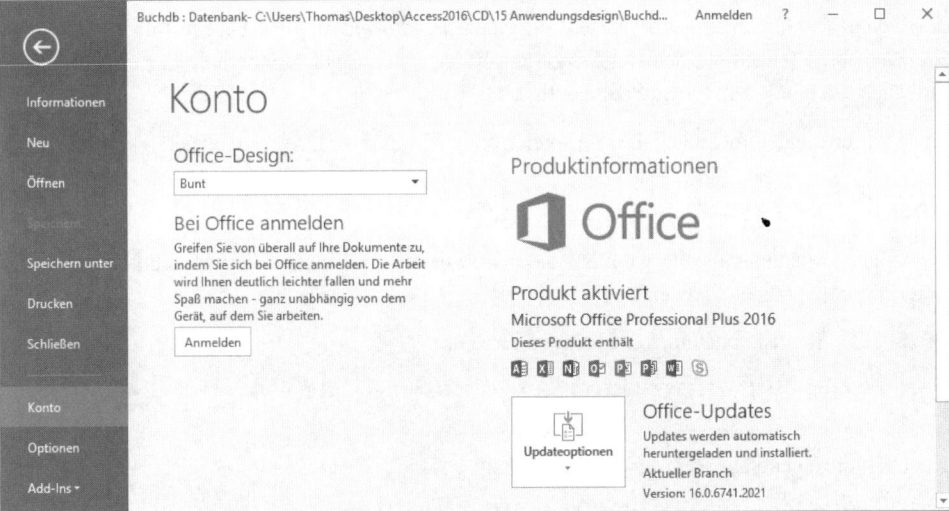

Last, but not least, können Sie in einer Registerkarte weitere "Unterregisterkarten" einfügen (linke Spalte) die den Inhalt der rechten Spalte beeinflussen:

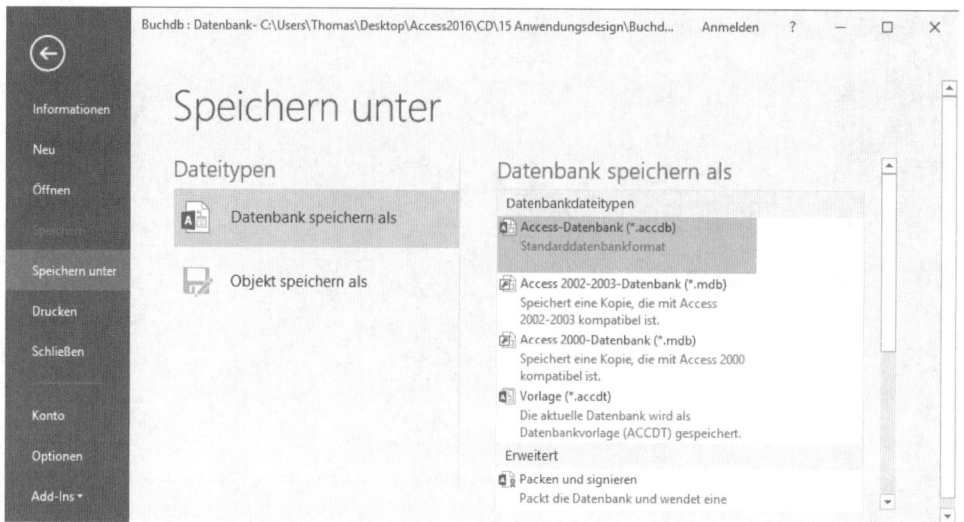

Ausgangspunkt für all diese Layouts ist, wie schon erwähnt, ein *tab*-Element, das über die zwei Unterelemente *firstColumn* und *secondColumn* verfügen kann. Alle Elemente innerhalb der Registerkarte müssen *firstColumn* und/oder *secondColumn* zugeordnet werden.

Das Layout mit Unternavigation basiert auf einem *taskFormGroup*-Element mit untergeordneten *task*-Elementen (entspricht den Registerkarten in der ersten Spalte). Innerhalb der *task*-Elemente wird auch der Inhalt der rechten Spalte definiert.

Sehen wir uns in den folgenden drei Beispielen an, wie Sie obige Layouts realisieren können.

Einspaltiges Layout

Hier können wir uns voll und ganz auf die erste Spalte (*firstColumn*) beschränken, diese nimmt später den notwendigen Platz ein.

BEISPIEL: Realisierung eines einspaltigen Layouts

```
<customUI xmlns="http://schemas.microsoft.com/office/2009/07/customui">
  <backstage>
```

Zunächst die eigentliche Registerkarte definieren:

```
<tab id="Tab1" insertAfterMso="TabInfo" label="Beispielregisterkarte">
```

Im *tab*-Element bestimmen Sie mit *insertAfterMso* hinter welchem Element Ihre Registerkarte eingefügt wird, das label-Attribut bestimmt die Beschriftung der Registerkarte.

In der ersten (und einzigen) Spalte definieren wir unsere Controls:

```
    <firstColumn>
```

Wir bilden eine Gruppe, in der die Controls zusammengefasst sind:

```
      <group id="Gruppe1" label="Gruppe1">
```

17.5 Die Backstage-Ansicht anpassen

Wir müssen die Controls *primaryItem, topItems* oder *bottomItems* zuweisen (mehr dazu später):

```
            <topItems>
                <layoutContainer id="Layout1" layoutChildren="vertical">
                    <button id="Button1" label="Mein Button 1" onAction="MeinCallback" />
                    <button id="Button2" label="Mein Button 2" onAction="MeinCallback" />
                    <button id="Button3" label="Mein Button 3" onAction="MeinCallback" />
                    <button id="Button4" label="Mein Button 4" onAction="MeinCallback" />
                </layoutContainer>
```
Hier könnten weitere Controls folgen ...
```
            </topItems>
          </group>
        </firstColumn>
      </tab>
    </backstage>
</customUI>
```

HINWEIS: Mehr zum *layoutContainer*-Element finden Sie auf Seite 1093.

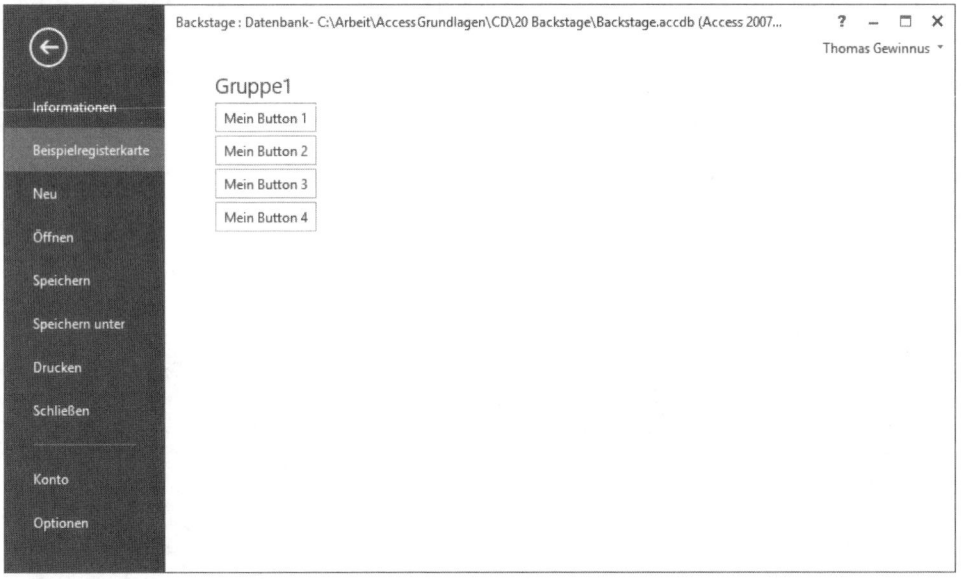

Wie Sie sehen, steht auf unserer Beispielregisterkarte eine Gruppe mit vier Schaltflächen zur Verfügung.

Zweispaltiges Layout

Die Vorgehensweise und die Schachtelung der Elemente entspricht dem vorhergehenden Beispiel, Sie können jedoch jetzt eine zweite Spalte über das *secondColumn*-Element füllen.

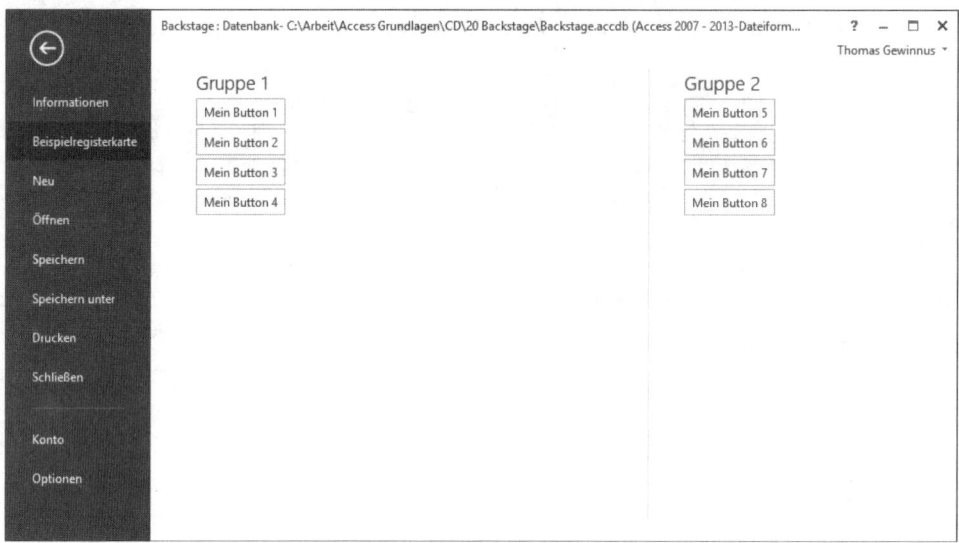

Die Platzverteilung zwischen erster und zweiter Spalte können Sie mit dem *columnWidthPercent*-Attribut des *tab*-Elements steuern. Gegeben Sie den gewünschten Prozentsatz für die erste Spalte an.

BEISPIEL: Realisierung eines einspaltigen Layouts

```
<customUI xmlns="http://schemas.microsoft.com/office/2009/07/customui">
  <backstage>
    <tab id="Tab1" insertAfterMso="TabInfo" label="Beispielregisterkarte" columnWidthPercent="30">
      <firstColumn>
        <group id="Gruppe1" label="Gruppe 1">
          <topItems>
            <layoutContainer id="Layout1" layoutChildren="vertical">
              <button id="Button1" label="Mein Button 1" onAction="MeinCallback" />
              <button id="Button2" label="Mein Button 2" onAction="MeinCallback" />
              <button id="Button3" label="Mein Button 3" onAction="MeinCallback" />
              <button id="Button4" label="Mein Button 4" onAction="MeinCallback" />
            </layoutContainer>
          </topItems>
        </group>
      </firstColumn>
      <secondColumn>
        <group id="Gruppe2" label="Gruppe 2">
          <topItems>
            <layoutContainer id="Layout2" layoutChildren="vertical">
              <button id="Button5" label="Mein Button 5" onAction="MeinCallback" />
              <button id="Button6" label="Mein Button 6" onAction="MeinCallback" />
              <button id="Button7" label="Mein Button 7" onAction="MeinCallback" />
              <button id="Button8" label="Mein Button 8" onAction="MeinCallback" />
            </layoutContainer>
```

17.5 Die Backstage-Ansicht anpassen

```
        </topItems>
      </group>
    </secondColumn>
  </tab>
 </backstage>
</customUI>
```

Layout mit Unternavigation

Prinzipiell beschränken Sie sich bei dieser Variante auf das *firstColumn*-Element, die zweite Spalte wird automatisch durch die Inhalte der jeweiligen *task*-Elemente beschrieben.

BEISPIEL: Realisierung eines Layouts mit Unternavigation

```
<customUI xmlns="http://schemas.microsoft.com/office/2009/07/customui">
 <backstage>
  <tab id="Tab1" insertAfterMso="TabInfo" label="Beispielregisterkarte">
    <firstColumn>
```

Hier definieren wir die *taskFormGroup*, d.h. die Registerkarten der zweiten Ebene:

```
          <taskFormGroup id="TaskFormGroup1">
            <category id="Category1" label="Kategorie 1" >
```

Die eigentliche Registerkarte:

```
              <task id="Task1" label="Task 1" description="Beschreibung für Task 1"
                  imageMso="AcceptInvitation">
```

Diese Inhalte werden bei Auswahl der obigen Registerkarte in der zweiten Spalte angezeigt:

```
                <group id="Group1" label="Gruppe 1">
                  <topItems>
                    <button id="Button1" label="Button 1" tag="Aufgabe1" imageMso="_1" />
                    <button id="Button2" label="Button 2" tag="Aufgabe2" imageMso="_2" />
                    <button id="Button3" label="Button 3" tag="Aufgabe3" imageMso="_3" />
                    <button id="Button4" label="Button 4" tag="Aufgabe4" imageMso="_4" />
                  </topItems>
                </group >
              </task>
            </category>
            <category id="Category2" label="Kategorie 2">
              <task id="Task2" label="Task 2" description="Beschreibung für Task 2"
                  imageMso="AcceptInvitation">
                <group id="Group2" label="Gruppe 2">
                  <topItems>
                    <button id="Button5" label="Button 5" tag="Aufgabe5" imageMso="_1" />
                    <button id="Button6" label="Button 6" tag="Aufgabe6" imageMso="_2" />
                    <button id="Button7" label="Button 7" tag="Aufgabe7" imageMso="_3" />
                    <button id="Button8" label="Button 8" tag="Aufgabe8" imageMso="_4" />
                  </topItems>
                </group >
```

```xml
            </task>
            <task id="Task3" label="Task 3" description="Beschreibung für Task 3"
                imageMso="AcceptInvitation">
              <group id="Group3" label="Gruppe 3">
                <topItems>
                  <button id="Button9" label="Button 9" tag="Aufgabe9" imageMso="_1" />
                  <button id="Button10" label="Button 10" tag="Aufgabe10" imageMso="_2" />
                  <button id="Button11" label="Button 11" tag="Aufgabe11" imageMso="_3" />
                  <button id="Button12" label="Button 12" tag="Aufgabe12" imageMso="_4" />
                </topItems>
              </group>
            </task>
          </category>
        </taskFormGroup>
      </firstColumn>
    </tab>
  </backstage>
</customUI>
```

Haben Sie sich für eine *taskFormGroup* entschieden, können Sie in der ersten Spalte keine anderen Steuerelemente mehr unterbringen.

HINWEIS: In Access ab 2013/2016 funktioniert diese Form der Navigation scheinbar nicht, die Backstage-Ansicht sieht etwas skurril aus.

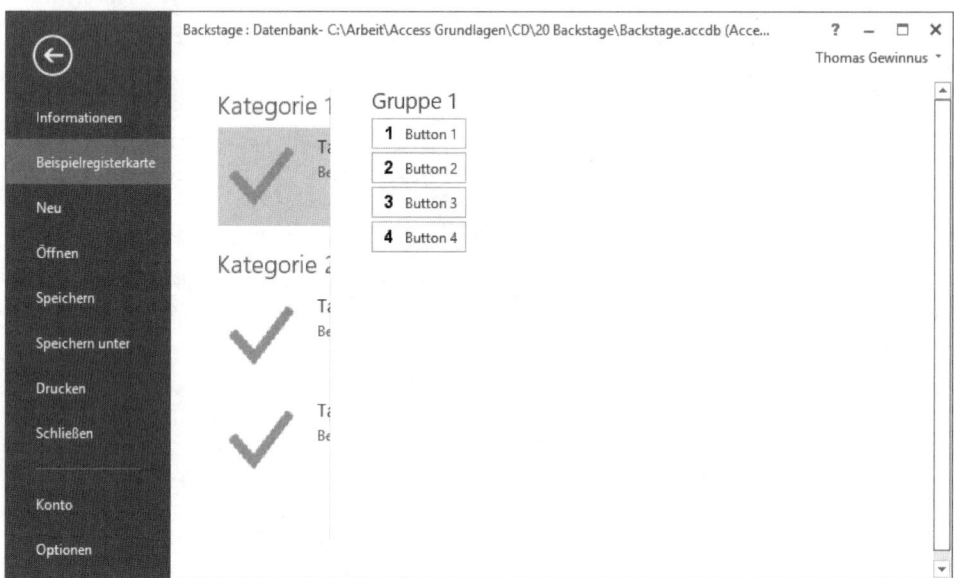

Damit haben Sie zunächst einen ersten Überblick über die grundsätzliche Gestaltung der Backstage- Ansicht gewonnen, wenden wir uns nun den Feinheiten zu.

17.5.3 Die neuen Möglichkeiten von Gruppen

Im Unterschied zu den recht einfach gehaltenen Gruppen des Menübandes, bieten sich in der Backstage-Ansicht einige weitere Möglichkeiten zur optischen Gestaltung, die wir in den vorhergehenden Beispielen teilweise bereits genutzt haben.

Farbliche Gestaltung

Zunächst bietet sich die recht einfache Möglichkeit an, über das Attribut *style* einen farbigen Rahmen um die Gruppe zu zeichnen, der diese entsprechend hervorhebt.

BEISPIEL: Verwendung von *style*

```xml
<customUI xmlns="http://schemas.microsoft.com/office/2009/07/customui">
  <backstage>
    <tab id="Tab1" insertAfterMso="TabInfo" label="Beispielregisterkarte">
      <firstColumn>
        <group id="Gruppe1" label="Gruppe1">
          <topItems>
            <layoutContainer id="Layout1" layoutChildren="vertical">
              <button id="Button1" label="Mein Button 1" onAction="MeinCallback" />
...
            </layoutContainer>
          </topItems>
        </group>
        <group id="Gruppe2" label="Gruppe2" style="warning">
          <topItems>
            <layoutContainer id="Layout2" layoutChildren="vertical">
              <button id="Button5" label="Mein Button 5" onAction="MeinCallback" />
...
            </layoutContainer>
          </topItems>
        </group>
        <group id="Gruppe3" label="Gruppe3" style="error">
          <bottomItems>
            <layoutContainer id="Layout3" layoutChildren="vertical">
              <button id="Button9" label="Mein Button 9" onAction="MeinCallback" />
...
            </layoutContainer>
          </bottomItems>
        </group>
      </firstColumn>
    </tab>
  </backstage>
</customUI>
```

Anordnung der Inhalte

Neben der farblichen Gestaltung bietet ein *group*-Element auch die Möglichkeit, enthaltene Controls an bestimmten Stellen zu positionieren. Verwenden Sie dazu die Elemente *primaryItem*, *topItems* bzw. *bottomItems*.

BEISPIEL: Positionieren von Elementen innerhalb der Gruppe

```
<customUI xmlns="http://schemas.microsoft.com/office/2009/07/customui">
  <backstage>
    <tab id="Tab1" insertAfterMso="TabInfo" label="Beispielregisterkarte">
      <firstColumn>
        <group id="Gruppe1" label="Gruppe1">
          <primaryItem>
            <button id="Button1" label="Button 1" onAction="SampleCallback" />
          </primaryItem>
          <topItems>
            <layoutContainer id="Layout1" layoutChildren="vertical">
              <button id="Button2" label="Mein Button 2" onAction="MeinCallback" />
              <button id="Button3" label="Mein Button 3" onAction="MeinCallback" />
              <button id="Button4" label="Mein Button 4" onAction="MeinCallback" />
            </layoutContainer>
          </topItems>
          <bottomItems>
            <layoutContainer id="Layout2" layoutChildren="vertical">
              <button id="Button5" label="Mein Button 5" onAction="MeinCallback" />
              <button id="Button6" label="Mein Button 6" onAction="MeinCallback" />
```

17.5 Die Backstage-Ansicht anpassen

```
            <button id="Button7" label="Mein Button 7" onAction="MeinCallback" />
            <button id="Button8" label="Mein Button 8" onAction="MeinCallback" />
          </layoutContainer>
        </bottomItems>
      </group>
    </firstColumn>
  </tab>
 </backstage>
</customUI>
```

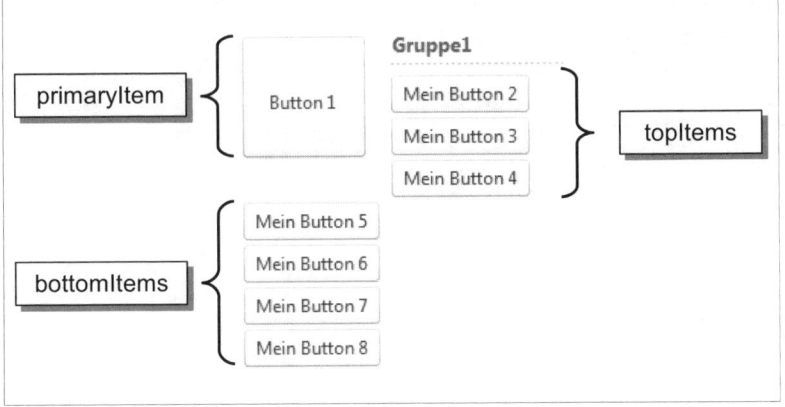

HINWEIS: Beachten Sie, dass *primaryItem* nur ein Element enthalten darf.

17.5.4 Verwenden von LayoutContainern

Nicht genug der Pein, neben den bereits vorgestellten Layout-Möglichkeiten bietet sich mit dem *layoutContainer* noch eine weitere Möglichkeit, Steuerelemente elegant anzuordnen. Über das *layoutChildren*-Attribut bestimmen Sie die Ausrichtung (horizontal oder vertikal) der Steuerelemente, wie es auch das folgende Beispiel zeigt.

BEISPIEL: Arbeiten mit dem *LayoutContainer*

```
<customUI xmlns="http://schemas.microsoft.com/office/2009/07/customui">
 <backstage>
  <tab id="Tab1" insertAfterMso="TabInfo" label="Beispielregisterkarte">
   <firstColumn>
```

Die Gruppe:

```
        <group id="Gruppe1" label="Gruppe1">
          <topItems>
```

Elemente senkrecht ausrichten:

```
            <layoutContainer id="Layout1" layoutChildren="vertical">
              <button id="Button2" label="ABC" onAction="MeinCallback" />
```

```
                <button id="Button3" label="1234567890" onAction="MeinCallback" />
                <button id="Button4" label="wwwwwwwwwwwww" onAction="MeinCallback" />
              </layoutContainer>
```

Elemente horizontal ausrichten:

```
              <layoutContainer id="Layout2" layoutChildren="horizontal">
                <button id="Button5" label="ABC" onAction="MeinCallback" />
                <button id="Button6" label="abc abc" onAction="MeinCallback" />
                <button id="Button7" label="1234567890" onAction="MeinCallback" />
                <button id="Button8" label="Mein Button 8" onAction="MeinCallback" />
              </layoutContainer>
              <button id="Button9" label="abc" onAction="MeinCallback" />
              <button id="Button10" label="abc abc" onAction="MeinCallback" />
              <button id="Button11" label="1234567890" onAction="MeinCallback" />
              <button id="Button12" label="wwwwwwwwwwwww" onAction="MeinCallback" />
            </topItems>
          </group>
        </firstColumn>
      </tab>
    </backstage>
</customUI>
```

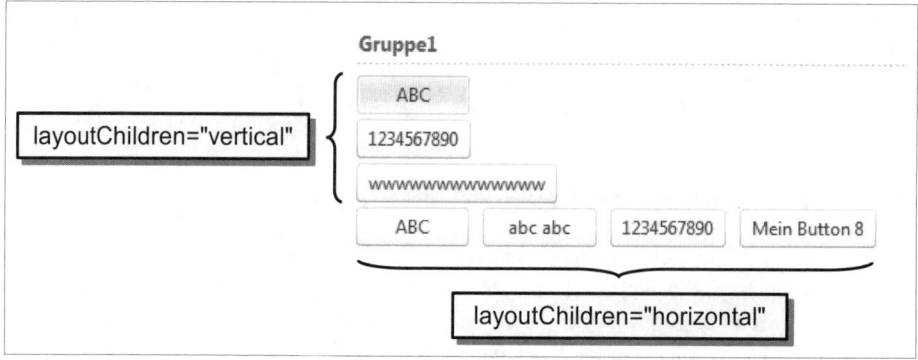

17.5.5 Das Verhalten der Schaltflächen beeinflussen

Fast hätten wir es vor lauter Layouts vergessen, auf einen wichtigen Punkt einzugehen: Im Unterschied zum Menüband stellt die Backstage-Ansicht quasi ein eigenes Fenster dar, die restliche Programmoberfläche wird durch diese Ansicht komplett verdeckt. So weit so gut, aber an dieser Stelle sollten Sie kurz darüber nachdenken was passiert, nachdem ein Nutzer auf eine der angebotenen Schaltflächen klickt. Hier müssen wir zwei Varianten unterscheiden:

- Der Klick löst eine Aktion aus die final ist, die Backstage-Ansicht wird nicht mehr gebraucht, kann also geschlossen werden
- Der Klick löst eine Aktion innerhalb der Backstage-Ansicht aus, diese soll geöffnet bleiben, z.B. um weitere Aktionen zu ermöglichen

17.5 Die Backstage-Ansicht anpassen

Welche der beiden Verhaltensweisen eine Schaltfläche aufweisen soll, steuern Sie mit dem Attribut *isDefinitive*. Setzen Sie dieses auf *True,* um die Backstage-Ansicht nach dem Ausführen der Callback-Methode zu schließen.

Damit haben wir auch schon den Übergang zum Thema "Ereignisse" gefunden.

17.5.6 Mit VBA/Makros auf Ereignisse reagieren

An dieser Stelle wollen wir Ihnen nicht erneut mitteilen, wie Sie auf Aktionen einer Schaltfläche reagieren oder wie Sie Eigenschaften in Abhängigkeit von Ereignismethoden verändern, dies alles haben wir bereits beschrieben. An dieser Stelle wollen wir uns auf einige neue Ereignisse beschränken, die im Zusammenhang mit der Backstage-Ansicht relevant sind.

onShow

Wie es der Name schon nahelegt, wird dieses Ereignis ausgelöst, wenn die Backstage-Ansicht angezeigt wird. Damit dürfte auch schon die Verwendung klar sein: mit diesem Ereignis können Sie zum Beispiel die Backstage-Ansicht aktualisieren. Dies kann übergreifend mit *Ribbon.Invalidate* oder auch gezielt mit *Ribbon.InvalidateControl* erfolgen.

BEISPIEL: Verwendung von *onShow*

Der XML-Code:

```
<customUI xmlns="http://schemas.microsoft.com/office/2009/07/customui" onLoad="OnLoad">
  <backstage onShow="OnShow">
...
  </backstage>
</customUI>
```

HINWEIS: Beachten Sie, dass Sie auch eine Instanz des *Ribbon*-Objekts benötigen, deshalb die Ereignismethode für *onLoad*.

Der VBA-Code in einem Modul:

Unsere Variable für die *Ribbon*-Instanz:

```
Public myRibbon As IRibbonUI
```

Mit dem Laden des *Ribbon* wird auch diese Methode aufgerufen:

```
Sub OnLoad(ribbon As IRibbonUI)
    Set myRibbon = ribbon
End Sub
```

Und hier reagieren wir auf die Anzeige der Backstage-Ansicht:

```
Sub OnShow(ByVal contextObject As Object)
    MsgBox "OnShow"
    myRibbon.Invalidate
```

Alternativ auch mit:

```
    myRibbon.InvalidateControl "Button12"
End Sub
```

Verfügen die betreffenden Objekte in der Backstage-Ansicht über Callback-Methoden für Attribute, werden diese durch *Invalidate* aufgerufen und ermöglichen die Anpassung der Oberfläche.

onHide

Mit *onHide* reagieren Sie auf das Schließen der Backstage-Ansicht. Ursache kann der Wechsel auf eine andere Registerkarte, die [Esc]-Taste oder eine Schaltfläche/Aktion mit dem *isDefinitive*-Attribute sein.

Sichern Sie hier mögliche Einstellungen, die z.B. per Auswahlliste/Eingabefeld etc. in der Backstage- Ansicht vorgenommen wurden.

BEISPIEL: Verwendung von *onHide*

```
<customUI xmlns="http://schemas.microsoft.com/office/2009/07/customui" onLoad="OnLoad">
  <backstage onShow="OnShow" onHide="OnHide">
...
  </backstage>
</customUI>
```

Der VBA-Code:

```
Public Sub OnHide(contextObject As Object)
    MsgBox "OnHide"
End Sub
```

Dabei wollen wir es dann auch bewenden lassen, es gibt sicher noch viele weitere interessante Anwendungsmöglichkeiten der Backstage-Ansicht, aber im Mittelpunkt des Buches steht die Access-Programmierung und nicht möglichst aufwändige Menüstrukturen, deren Sinn sich dem Anwender nur schwer erschließt.

17.6 Tipps & Tricks

Abschließend noch einige kurze Tipps und Tricks.

17.6.1 Die guten alten Access 2003-Menüs anzeigen

HINWEIS: Dieses Beispiel funktioniert nicht ab Access 2013, die entsprechende Funktion ist komplett entfernt worden. Läuft Ihre Anwendung jedoch mit der Access 2010 Runtime, werden die Menüs wieder unterstützt.

17.6 Tipps & Tricks

Da haben Sie sich in Access 2003 viel Mühe gegeben und Ihrer Access-Anwendung ein paar passende Menüs spendiert und jetzt werden diese nach dem Öffnen in Access 2007/2010 verhunzt bzw. auf der *Add-Ins*- Registerkarte versteckt:

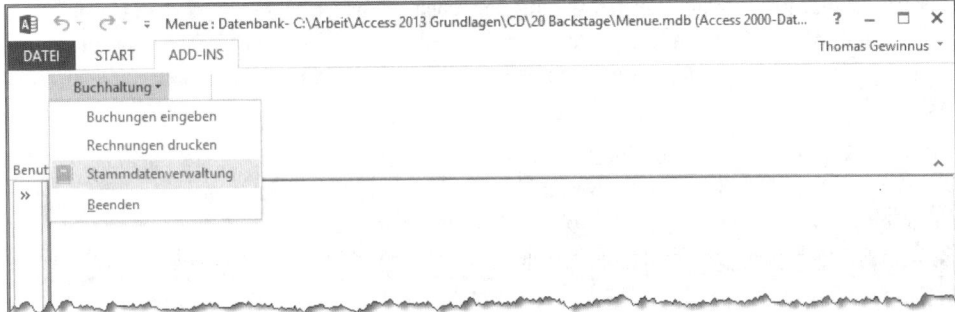

Das dürfte wohl kaum im Interesse des Erfinders sein!

Über die Access-Optionen können Sie Ihre eigene Menüleiste zunächst auswählen (*Aktuelle Datenbank/Menüleiste*). Das Menüband blenden Sie dann über die Optionen *Vollständige Menüs zulassen* und *Integrierte Symbolleisten zulassen* aus:

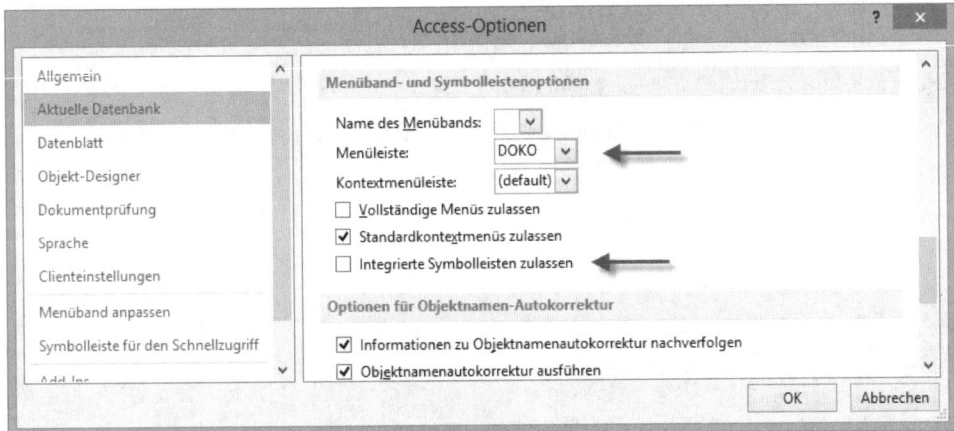

Das Endergebnis sieht diesmal schon besser aus.

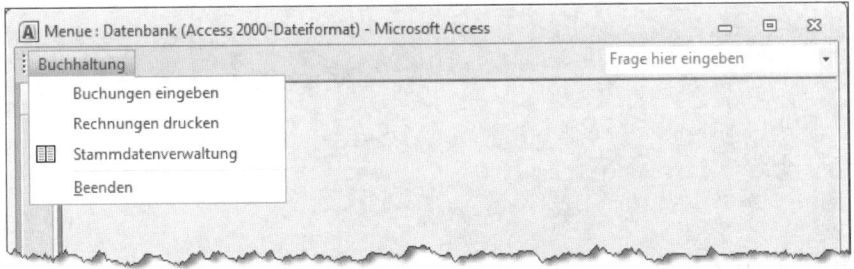

17.6.2 Das Office-Menü für Access 2007 anpassen

Unglücklicherweise wird nicht jeder Ihrer Anwender/Kunden schon über die neueste Access-Version verfügen und so kann es mitunter sinnvoll sein, "zweigleisig" vorzugehen. Während Access 2016/2013/2010 die meisten organisatorischen Aufgaben in der Backstage-Ansicht verwaltet, stellt Access 2007 an dieser Stelle das Office-Menü zur Verfügung. Sie müssen sich also auch um ein mögliches Office-Menü kümmern, sollte die Datenbank mit Access 2007 geöffnet werden.

Möchten Sie im Office-Menü einzelne Funktionen deaktivieren, können Sie über das Attribut *visible* gezielt einzelne Einträge ausblenden. In diesem Fall müssen Sie sich jedoch auf das Element *officeMenu* beziehen, wie es das folgende Beispiel zeigt:

BEISPIEL: Deaktivieren der Funktionen *Datei Neu*, *Datei Speichern als* und Hinzufügen der Funktion *Software kaufen*

```
<customUI xmlns="http://schemas.microsoft.com/office/2009/07/customui">
  <ribbon startFromScratch="false">
    <officeMenu>
```

Ausblenden der Einträge:

```
      <button idMso="FileNewDatabase" visible="false" />
      <button idMso="FileSaveAs" visible="false" />
      <splitButton idMso="FileSaveAsMenuAccess" visible="false"/>
```

Neue Schaltfläche hinter *Datenbank schließen*:

```
      <button id="Button1" insertAfterMso="FileCloseDatabase" label="Software kaufen"
              imageMso="CustomActionsMenu" onAction="OnButtonClick"/>
    </officeMenu>
  </ribbon>
</customUI>
```

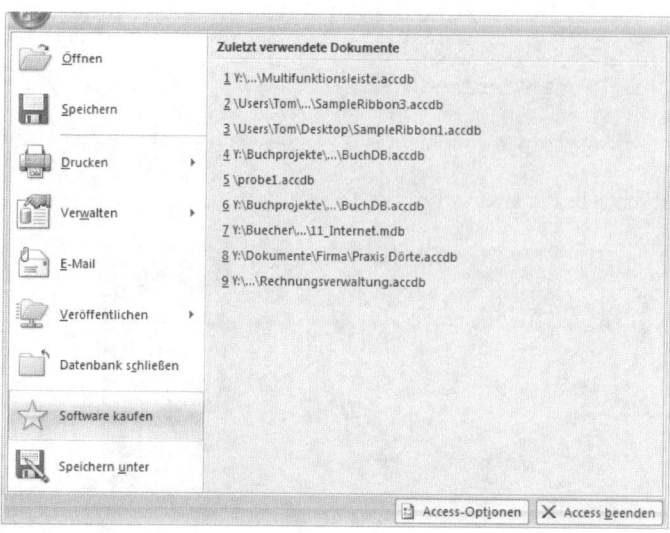

17.6 Tipps & Tricks

> **HINWEIS:** Wie Sie sehen, lassen sich durch einfaches Einfügen von Steuerelementen neue Menüeinträge erzeugen.

Die Access 2007-Optionen im Office-Menü ausblenden

Oft ist die Kreativität des Endanwendes schier grenzenlos und so kommt beim Programmierer schnell der verständliche Wunsch auf, solch unkontrollierbarem Treiben einen Riegel vorzuschieben. Eine der sinnvollsten Maßnahmen ist das Ausblenden der Access-Optionen.

Die Schaltfläche "Access-Optionen" im Office-Menü lässt sich über die Datenbankeigenschaft *Aktuelle Datenbank/Vollständige Menüs zulassen* deaktivieren:

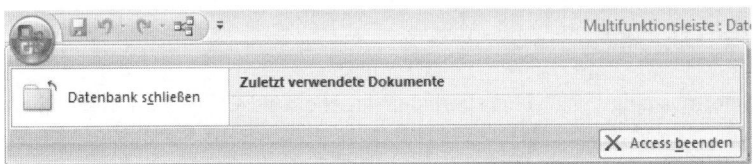

Allerdings müssen Sie jetzt mit einer eigenen XML-Definition dafür sorgen, dass zumindest einige Menüeinträge eingefügt werden, die der Endanwender dringend benötigt.

> **HINWEIS:** Verwenden Sie die ⇧-Taste beim Öffnen der Datenbank, um die Access-Optionen wieder anzuzeigen.

17.6.3 XML-Daten komfortabel editieren

Haben Sie von diversen Experimenten mit den XML-Dokumenten zur Konfiguration des Menübands auch die Nase voll?

Kein Problem: Mit dem XML-Editor aus dem Microsoft Visual Studio und einer zusätzlichen Schema-Datei wird das Erstellen der XML-Dokumente fast zum Kinderspiel.

Der Ablauf:

- Öffnen Sie, wenn vorhanden, Visual Studio und wählen Sie *Datei/Neu/Datei/XML-Datei*.
- Wählen Sie im Eigenschaftenfenster (eventuell mit F4 einblenden) die Eigenschaft *Schemas* und fügen Sie zunächst per Property-Editor das Schema *customUI14.xsd* hinzu.
- Nachfolgend können Sie sich beim Editieren der Datei über die Syntaxprüfung und über die kontextabhängige Hilfe freuen.

```
XMLFile1.xml*
<customUI xmlns="http://schemas.microsoft.com/office/2009/07/customui" onLoad="OnLoad">
    <backstage onShow="OnShow" onHide="OnHide">
        <tab id="tab1" insertAfterMso="TabHelp" label="Beispiel-Tab" columnWidthPercent="30" >
            <firstColumn>
                <group id="gruppe1" label="Gruppe 1" helperText="Beschreibungstext Gruppe 1">
                    <primaryItem>
                        <button id="Button1" label="Button1" onAction="SampleCallback"  />
                    </primaryItem>
                    <topItems>
                        <layoutContainer id="layout1" layoutChildren="vertical">
                            <button id="Button2" label="Button2"/>
                            <button id="Button3" label="Button3"/>
                            <button id="Button4" label="Button4"/>
                        </layoutContainer>
                        <layoutContainer id="layout2" layoutChildren="horizontal">
                            <button id="Button5" label="Button5"/>
                            <button id="Button6" label="Button6"/>
                            <button id="Button7" label="Button7"/>
                        </layoutContainer>
```

(Autovervollständigung: enabled, getEnabled, getImage, getKeytip, getLabel, getScreentip, getSupertip, getVisible ...)

Damit dürften Sie schon frühzeitig Fehler in der Struktur (falsche Kind-Elemente/Attribute) bzw. die beliebten Fehler bei der Groß-/Kleinschreibung erkennen. Die prinzipielle Kenntnis von Menüband und Backstage-Ansicht kann aber obiger Editor (bzw. das Schema) nicht ersetzen.

17.6.4 Arbeiten mit dem RibbonCreator

Haben auch Sie es satt, sich durch endlose XML-Tags und -Attribute zu wühlen und mühsam ein Menüband zu erstellen, dessen Tests Sie mit unzähligen *Datei schließen/Datei öffnen*-Schleifen peinigen? Wenn ja, kann Ihnen mit einem recht interessanten Tool geholfen werden, das dazu noch recht preiswert ist. Die Rede ist vom *RibbonCreator 2016*, den Sie unter folgender Adresse herunterladen können:

LINK: http://www.ribboncreator2016.de

Diese Shareware-Version ist zunächst auf zwei Tabs, drei Gruppen und insgesamt zehn Controls beschränkt, was aber genügen sollte, um sich einen ersten Eindruck von der Funktionsweise bzw. Leistungsfähigkeit zumachen.

Die Oberfläche besteht zunächst, wenig überraschend, aus einem leeren Menüband, dessen Gestaltung Sie mit Hilfe der Registerkarten im unteren Bereich des Fensters ändern können. Fügen Sie zunächst die gewünschten Registerkarten ein, nachfolgend erstellen Sie die Gruppen und fügen in diese die Steuerelemente ein.

Die Konfiguration bzw. Parametrierung der einzelnen Steuerelemente erfolgt ebenfalls in dieser Ansicht, lassen Sie sich nicht von der überladenen Oberfläche verunsichern[1].

HINWEIS: Für die Bearbeitung der Callback-Methoden steht Ihnen ein eigener Editor zur Verfügung.

---

[1] Ein extra Eigenschaftenfenster würde der Übersichtlichkeit gut tun.

Abschließend können Sie Ihre Menübanddefinition bzw. die erstellten Callback-Routinen in eine Access-Datenbank Ihrer Wahl exportieren.

17.7 Übersichten

Callback-Methoden für das Menüband

Callback	VBA-Callback-Routine
getDescription	Sub cbGetDescription(control As IRibbonControl, ByRef description)
getEnabled	Sub cbGetEnabled(control As IRibbonControl, ByRef enabled)
getImage	Sub cbGetImage(control As IRibbonControl, ByRef image)
getImageMso	Sub cbGetImageMso(control As IRibbonControl, ByRef imageMso)
getLabel	Sub cbGetLabel(control As IRibbonControl, ByRef label)
getKeytip	Sub cbGetKeytip(control As IRibbonControl, ByRef label)
getSize	Sub cbGetSize(control As IRibbonControl, ByRef size)
getScreentip	Sub cbGetScreentip(control As IRibbonControl, ByRef screentip)
getSupertip	Sub cbGetSupertip(control As IRibbonControl, ByRef screentip)
getVisible	Sub cbGetVisible(control As IRibbonControl, ByRef visible)
getShowImage	Sub cbGetShowImage(control As IRibbonControl, ByRef showImage)
getShowLabel	Sub cbGetShowLabel(control As IRibbonControl, ByRef showLabel)
onAction repurposed	Sub cbOnAction(control As IRibbonControl, byRef CancelDefault)
onAction	Sub cbOnAction(control As IRibbonControl)
getPressed	Sub cbGetPressed(control As IRibbonControl, ByRef returnValue)
onAction	Sub cbOnAction(control As IRibbonControl, pressed As Boolean)
getItemCount	Sub cbGetItemCount(control As IRibbonControl, ByRef count)
getItemID	Sub cbGetItemID(control As IRibbonControl, index As Integer, ByRef id)
getItemImage	Sub cbGetItemImage(control As IRibbonControl, index As Integer, ByRef image)
getItemLabel	Sub cbGetItemLabel(control As IRibbonControl, index As Integer, ByRef label)
getItemScreenTip	Sub cbGetItemScreenTip(control As IRibbonControl, index As Integer, ByRef screentip)
getItemSuperTip	Sub cbGetItemSuperTip (control As IRibbonControl, index As Integer, ByRef supertip)
getText	Sub cbGetText(control As IRibbonControl, ByRef text)
onChange	Sub cbOnChange(control As IRibbonControl, text As String)
loadImage	Sub cbLoadImage(imageId As string, ByRef image)
onLoad	Sub cbOnLoad(ribbon As IRibbonUI)

Callback	VBA-Callback-Routine
getSelectedItemID	Sub cbGetSelectedItemID(control As IRibbonControl, ByRef index)
getSelectedItemIndex	Sub cbGetSelectedItemIndex(control As IRibbonControl, ByRef index)
onAction	Sub cbOnAction(control As IRibbonControl, selectedId As String, selectedIndex As Integer)
getContent	Sub cbGetContent(control As IRibbonControl, ByRef content)
getItemHeight	Sub cbgetItemHeight(control As IRibbonControl, ByRef height)
getItemWidth	Sub cbgetItemWidth(control As IRibbonControl, ByRef width)
getTitle	Sub cbGetTitle (control As IRibbonControl, ByRef title)
onAction repurposed	Sub cbOnAction(control As IRibbonControl, pressed As Boolean, ByRef cancelDefault), byRef CancelDefault)

Kapitel 18

Programmschnittstellen

In diesem Kapitel wollen wir zunächst die vier hauptsächlichen Möglichkeiten betrachten, die für eine Kommunikation zwischen Ihrem Access-Programm und anderen Windows-Anwendungen bzw. dem Betriebssystem zur Verfügung stehen:

- Windows-Zwischenablage
- API/DLL
- ActiveX/OLE und DDE
- Datenimport mittels Scanner
- Import/Export von Excel-Arbeitsmappen

Während OLE und DDE hauptsächlich für den Datenaustausch zwischen verschiedenen Anwendungen ausgelegt sind, bietet sich mit der API-Schnittstelle die Möglichkeit, auf Windows-interne oder benutzerdefinierte Ressourcen zuzugreifen.

18.1 Zwischenablage

Gleich zu Beginn wollen wir uns einem Thema zuwenden, das von Access nach wie vor etwas stiefmütterlich behandelt wird. Die Rede ist von einer Programmierschnittstelle für die Zwischenablage. Ein *Clipboard*-Objekt, wie Sie es vielleicht von Visual Basic her kennen, lässt Access vermissen. Lediglich das *DoCmd*-Objekt bietet eine recht einfache Möglichkeit, Daten von und zur Zwischenablage zu kopieren.

18.1.1 Kopieren/Einfügen mittels DoCmd-Objekt

Über das *DoCmd*-Objekt stehen Ihnen die rudimentären Funktionen zum

- Kopieren,
- Einfügen und
- Ausschneiden

zur Verfügung. Der Nachteil aller Varianten: Sie können die Inhalte nicht direkt aus Variablen zuweisen. Ziel der Zwischenablage-Operation kann immer nur das gerade aktive Control (Focus) sein.

BEISPIEL: Kopieren von Text in die Zwischenablage (Inhalt von *Text1*)

```
Text1.SetFocus
Text1.SelStart = 0
Text1.SelLength = Len(Text1.Text)
DoCmd.RunCommand acCmdCopy
```

BEISPIEL: Einfügen von Text aus der Zwischenablage (Anfügen)

```
Text1.SetFocus
Text1.SelStart = Len(Text1.Text)
Text1.SelLength = 0
DoCmd.RunCommand acCmdPaste
```

18.1.2 Ein Clipboard-Objekt programmieren

Im Folgenden wollen wir selbst ein *Clipboard*-Objekt programmieren[1], welches die Funktionalität zum Kopieren, Einfügen und Löschen der Zwischenablage bereitstellt.

Der erste Schritt ist die Definition eines neuen Klassenmoduls (Menü: *Einfügen/Klassenmodul*).

Quelltext (Klassendefinition)

Übernehmen Sie folgenden Code in das Klassenmodul:

```
Option Explicit
```

Zunächst ein paar Deklarationen, um die entsprechenden API-Funktionen (32 Bit) einzubinden:

```
Private Const CF_TEXT = 1

Private Declare Function OpenClipboard Lib "user32" (ByVal Hwnd As Long) As Long

Private Declare Function CloseClipboard Lib "user32" () As Long

Private Declare Function SetClipboardData Lib "user32" (ByVal wFormat As Long, _
                                                        ByVal hMem As Long) As Long

Private Declare Function GetClipboardData Lib "user32" (ByVal wFormat As Long) As Long

Private Declare Function EmptyClipboard Lib "user32" () As Long

Private Declare Function IsClipboardFormatAvailable Lib "user32" (ByVal wFormat As Long) As Long
```

---

[1] VB-Programmierern dürfte das Objekt bekannt vorkommen, ist es doch dort bereits als *Clipboard* implementiert.

18.1 Zwischenablage

Speicherverwaltung:

```
Private Declare Function GlobalAlloc Lib "kernel32" (ByVal wFlags As Long, _
    ByVal dwBytes As Long) As Long

Private Declare Function GlobalLock Lib "kernel32" (ByVal hMem As Long) As Long

Private Declare Function lstrcpy Lib "kernel32" Alias "lstrcpyA" _
    (ByVal lpString1 As Long, ByVal lpString2 As String) As Long

Private Declare Function lstrcpy1 Lib "kernel32" Alias "lstrcpyA" _
    (ByVal lpString1 As String, ByVal lpString2 As Long) As Long

Private Declare Function GlobalUnlock Lib "kernel32" (ByVal hMem As Long) As Long

Private Declare Function lstrlen Lib "kernel32" Alias "lstrlenA" (ByVal lpString As Long) _
    As Long
```

Die leichteste Übung ist noch das Löschen der Zwischenablage:

```
Public Sub Clear()
    If OpenClipboard(0&) = 0 Then Exit Sub
    EmptyClipboard
    CloseClipboard
End Sub
```

Etwas aufwändiger wird schon das Abrufen von Informationen aus der Zwischenablage, hat doch Access immer noch Probleme mit Pointern (aus diesem Grund finden Sie in den obigen API-Deklarationen auch einige Funktionen zur Speicherverwaltung).

```
Public Function GetText() As String
Dim hglb As Long, lptstr As Long, zw As String

    GetText = ""
    If IsClipboardFormatAvailable(CF_TEXT) = 0 Then Exit Function
    If OpenClipboard(0&) = 0 Then Exit Function
    hglb = GetClipboardData(CF_TEXT)
    If (hglb <> 0) Then
        lptstr = GlobalLock(hglb)
        If (lptstr <> 0) Then
            zw = Space(lstrlen(lptstr))
            lstrcpy1 zw, lptstr
            GlobalUnlock (hglb)
        End If
    End If
    CloseClipboard
    GetText = zw
End Function
```

Der Ablauf ist mit wenigen Worten zusammengefasst:

1. Testen, ob sich Text in der Zwischenablage befindet
2. Öffnen der Zwischenablage
3. Einen Handle auf die Zwischenablagedaten abrufen
4. Den zugehörigen Speicherbereich sperren
5. Einen Puffer (mit Leerzeichen gefüllt) bereitstellen
6. Die Daten in diesen Puffer kopieren
7. Speicher und Clipboard wieder freigeben

Ähnlich, aber in umgekehrter Reihenfolge, läuft das Kopieren von Text ab:

```
Public Sub SetText(zw As String)
Dim hGM As Long, lpGM As Long
   hGM = GlobalAlloc(&H42, Len(zw) + 1)
   lpGM = GlobalLock(hGM)
   lpGM = lstrcpy(lpGM, zw)
   If (GlobalUnlock(hGM) <> 0) Or (OpenClipboard(0&) = 0) Then Exit Sub
   EmptyClipboard
   SetClipboardData CF_TEXT, hGM
   If CloseClipboard() = 0 Then Exit Sub
End Sub
```

Beim Speichern der Klasse geben Sie den Namen *Clipboard* an.

Eine kleine Beispielanwendung soll die Verwendung der o. g. Funktionen verdeutlichen.

Quelltext (Beispielanwendung)

Erstellen Sie ein Formular mit zwei ungebundenen Textfeldern. Fügen Sie weiterhin zwei Befehlsschaltflächen ein, über die wir auf die Methoden unseres *Clipboard*-Objekts zugreifen wollen:

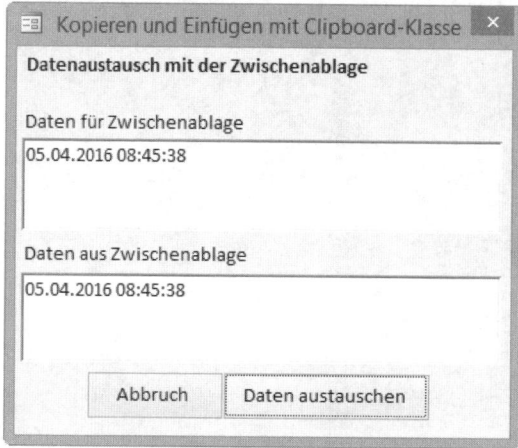

Die Verwendung der Klasse *Clipboard* ist recht simpel:

```
Option Explicit
```

Eine Instanz der Klasse erzeugen:

```
Private Clipboard As New Clipboard
```

```
Private Sub Befehl9_Click()
```

Kopieren von Text in die Zwischenablage:

```
    Clipboard.SetText Text1.Value
```

Einfügen von Text aus der Zwischenablage (Anfügen):

```
    Text2.Value = Clipboard.GetText
End Sub

Private Sub Button2_Click()
    DoCmd.Close acForm, Me.Name
End Sub
```

18.2 API- und DLL-Einbindung

Sind auch Sie schon bis an die Grenzen von VBA vorgestoßen? Wollen Sie spezielle Aufgaben lösen, für die Access zu langsam oder zu inflexibel ist? Wenn ja, dann finden Sie vielleicht hier die Antworten auf Ihre Probleme.

18.2.1 Allgemeines

Windows bietet nicht nur eine komfortable Oberfläche, sondern liefert auch gleich noch eine riesige Funktionsbibliothek mit: das *Application Programmers Interface* kurz API. Dabei handelt es sich um eine Reihe von DLLs (*Dynamic Link Libraries*), d.h. Module, die zwar nicht selbst ausgeführt werden können, die jedoch eine Schnittstelle zu den System-Funktionen bieten. API-Funktionen aus der grafischen Bibliothek von Windows (GDI32.DLL) werden häufig auch als GDI-Funktionen bezeichnet, sie bilden gewissermaßen eine Untermenge des API.

Einer der wesentlichsten Vorzüge einer DLL ist die Möglichkeit, dass sie von mehreren Anwendungen gleichzeitig benutzt werden kann, sich jedoch nur einmal im Speicher bzw. auf der Festplatte befindet. Eines der "prominentesten" Beispiele dürfte das gute alte Visual Basic 6 sein. Das eigentliche Programm ist relativ klein, ohne die mitgelieferte Laufzeit-DLL (MSVBVMxx.DLL) ist die Anwendung jedoch nicht lauffähig. Der Vorteil zeigt sich erst, wenn mehrere VB-Programme auf ein- und demselben Computer installiert werden, die Laufzeitbibliothek braucht trotzdem nur einmal vorhanden zu sein.

Für Sie als Access-Programmierer genügt es, wenn Sie wissen, wo welche Funktion zu finden ist, wie diese aufgerufen wird und was Sie mit der Funktion alles anfangen können.

18.2.2 Und was ist mit der 64-Bit Access Version?

Oh, oh, da kommt von den Autoren zunächst nur ein gequältes Lächeln: Nach der "reinen Lehre" und diversen "realistischen" Tests bietet die 64-Bit Version von Access zunächst einen signifikanten Geschwindigkeitsvorteil bei der Arbeit mit sehr großen Datenmengen. So weit so gut, aber wer schon länger mit Access arbeitet, wird sich rasch an die maximale Datenbankgröße von 2 GB erinnern, die auch für die 64-Bit Version gilt. Damit relativieren sich auch die Aussagen bezüglich der Performance, zumal Access sicher nicht das Tool ist, um mal eben 100.000.000 Datensätze hin und her zu schieben.

Neben den also praktisch nicht vorhandenen Vorteilen bringt die Verwendung der 64-Bit-Version gleich noch weitere Features mit sich:

- Sie können keine 32-Bit OCX-Controls verwenden
- Sie können keine 32-Bit DLLs verwenden
- Sie können keine 32 Bit Add-Ins verwenden
- Sie müssen Ihren Windows API-Code anpassen
- Sie müssen in Ihrer Access-Anwendung zwischen 32-Bit und 64-Bit-Umgebung unterscheiden
- Sie benötigen eventuell einen 64-Bit ODBC-Treiber

Nach all diesen "Vorzügen" stellt sich die Frage, warum Sie sich all diese Ärgernisse aufladen sollten, läuft doch auch die 32-Bit-Version ohne Probleme auf einer 64-Bit-Plattform.

HINWEIS: Aus diesem Grund verzichten wir im Rahmen dieses Buchs auf die Verwendung der 64-Bit-Version und beschränken uns auf die praktisch nutzbare 32-Bit-Version.

Für alle die dennoch einen kurzen Einblick in die 64-Bit VBA-Programmierung wagen wollen, ein kleines Beispiel:

BEISPIEL: Unterscheidung von 64-Bit-API-Code von 32-Bit-API-Code per Compilerschalter

```
#If Win64 Then
    Private Declare PtrSafe Function FindWindow Lib "USER32" Alias "FindWindowA" _
        (ByVal lpClassName As String, ByVal lpWindowName As String) As LongPtr
#Else
    Private Declare Function FindWindow Lib "USER32" Alias "FindWindowA" _
        (ByVal lpClassName As String, ByVal lpWindowName As String) As Long
#End If
```

Sicher schnell einsichtig ist die Tatsache, dass sich mit dem Wechsel auf ein 64-Bit-System auch die Adressräume ändern. Daraus folgt aber auch die Notwendigkeit, API-Deklarationen anzupassen. Dabei hilft Ihnen der neue Compilerschalter *Win64*. Statt der bisher in VBA verwendeten *Long*-Werte für Pointer müssen Sie jetzt *LongPtr* verwenden, gleichzeitig ist die Funktion als *PtrSafe* zu kennzeichnen.

18.2 API- und DLL-Einbindung

Doch passen Sie dabei auf:

HINWEIS: Nicht jeder *Long*-Wert wird auch durch einen *LongPtr* ersetzt. Viele API-Funktionen geben nach wie vor einen *Long*-Wert zurück, auch wenn es sich um eine 64-Bit-Version handelt. Sie müssen also neben der bisherigen API-Deklaration auch die MS-Dokumentation zur betreffenden Funktion studieren.

Um die neuen VBA-Features von vorhergehenden Versionen abzugrenzen und den Code kompatibel zu halten, bietet sich mit *VBA7* noch ein weiterer Compilerschalter an.

BEISPIEL: Verwendung von *VBA7*

```
#if VBA7 then
    Declare PtrSafe Sub MessageBeep Lib "User32" (ByVal N AS Long)
#else
    Declare Sub MessageBeep Lib "User32" (ByVal N AS Long)
#end if
```

Hier wird der neue Bezeichner *PtrSafe* nur genutzt, wenn es sich um Access 2010/2013 handelt, egal ob in der 32- oder 64-Bit-Version.

HINWEIS: Prinzipiell kommen Sie **immer** mit dem Compiler-Schalter *Win64* aus, da dieser Schalter erst ab Access 2010 bekannt (VBA 7) ist und dieser Codeabschnitt nur bei einem 64 Bit-Access ausgeführt wird. Vergessen Sie das Herumgespiele mit *VBA7*, ein Blick in die Foren zeigt, dass beide Compilerschalter häufig verwechselt werden.

BEISPIEL: Hier noch einmal ein einfaches Beispiel zur Unterscheidung der beiden Compilerschalter

```
Sub Versionsauswertung()
    #If VBA7 Then
        MsgBox "Ich kann VBA 7!"
    #Else
        MsgBox "Ich bin etwas zurückgeblieben ..."
    #End If

    #If Win64 Then
        MsgBox "Ich laufe mit einem 64 Bit-Access!"
    #Else
        MsgBox "Ich laufe mit einem 32 Bit-Access!"
    #End If
End Sub
```

Abschließend können wir Ihnen nur viel Spaß dabei wünschen, wenn Sie beim Wechsel von 32 Bit auf 64 Bit Ihr bisheriges Access-Programm in einem Sumpf von Compilerschaltern etc. versenken wollen[1].

---

[1] Ganz nebenbei: einige Nutzer berichten davon, dass Ihre 64-Bit-Anwendungen sogar langsamer als die 32-Bit-Versionen sind ...

Woher bekomme ich die 64 Bit-Deklarationen?

Haben Sie sich für die Unterstützung von Access 64-Bit entschieden, benötigen Sie auch die angepassten API-Deklarationen. Wer hier nicht sattelfest mit den Datentypen ist, dürfte schnell im Chaos untergehen. Besser Sie verlassen sich in diesem Fall auf die Vorarbeit von Microsoft.

Unter der Adresse

LINK: http://www.microsoft.com/en-us/download/details.aspx?id=9970

können Sie die für VBA 7 angepassten Deklarationen herunterladen. Diese sind, soweit nicht zusätzliche Compilerschalter verwendet wurden, mit Access 2010 und Access 2013/2016 kompatibel. Soll Ihre Anwendung auch mit früheren Versionen laufen, müssen Sie selbst die bedingte Compilierung mit VBA7 realisieren und eine bunte Mischung aus obigen Deklarationen und denen der alten API zusammenstellen.

18.2.3 Woher bekomme ich Infos über die Win32-API?

Die Antwort finden Sie entweder in einem guten Windows-Programmierbuch oder im Win32 SDK[1]. Mit der dort aufgelisteten Vielfalt an Funktionen und Konstanten können Sie allerdings in den meisten Fällen nur wenig anfangen, es handelt sich um C-Deklarationen und Beispiele.

Die Verbindung mit Ihrem Access-Programm schaffen Sie mit Hilfe der Datei WIN32API.TXT, wie sie zum Beispiel in der früheren Office Developer Edition (ODE) oder im Visual Studio 6 enthalten war. Das Textfile enthält die wichtigsten API-Aufrufe sowie API-Konstanten. Leider ist diese Datei nicht ganz vollständig. Wer weitere Konstanten und Deklarationen sucht, sollte sich mit dem C-Headerfile *Winnt.h* auseinander setzen.

Wer Wert auf aktuelle und umfangreiche Informationen legt, der sei an den *ApiViewer* verwiesen, den Sie unter der folgenden Adresse kostenlos herunterladen können:

LINK: http://www.activevb.de/rubriken/apiviewer/index-apiviewer.html

Nach der Installation steht Ihnen der Viewer auch als Add-in im Access-VBA-Editor zu Verfügung, wie es die folgende Abbildung zeigt.

Alternativ finden Sie unter der folgenden Adresse eine recht umfangreiche API-Referenz mit zahlreichen Codebeispielen in Visual Basic:

LINK: http://vbnet.mvps.org/api/apis/index.html

---

[1] Siehe dazu auch auch *http://msdn2.microsoft.com/en-us/library/aa383749.aspx*

18.2 API- und DLL-Einbindung

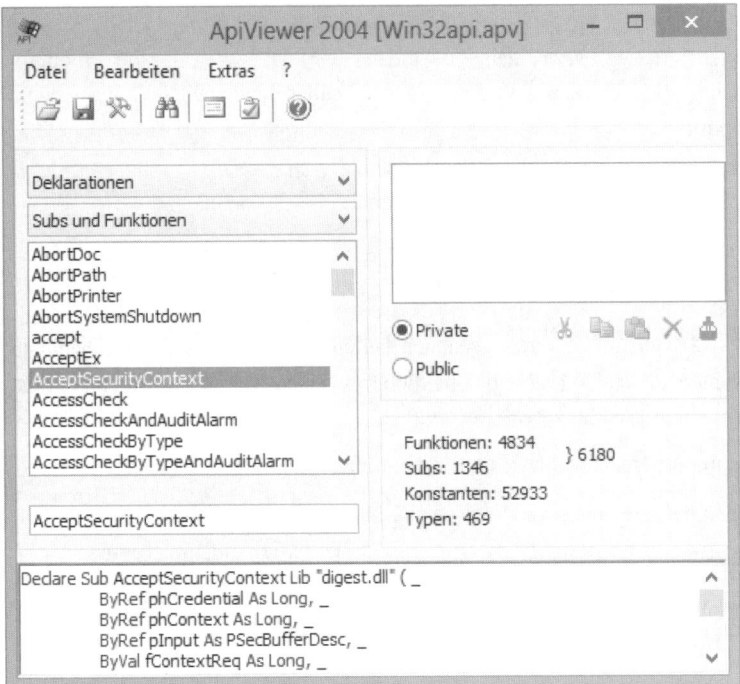

Doch zurück zu den API-/DLL-Deklarationen. Was die einzelnen Parameter bedeuten, soll der folgende Abschnitt klären.

18.2.4 Einbinden der Deklaration

Bevor eine API-Funktion unter Access verwendet werden kann, muss sie deklariert werden, d.h., Sie teilen Access mit, welche Funktion in welchem Modul und mit welchen Parametern aufzurufen ist. Bei der Deklaration sollten Sie besondere Sorgfalt an den Tag legen, da falsch definierte Parameter zu einem totalen Programmabsturz führen können.

Aufbau einer Declare-Anweisung für API-Aufrufe:

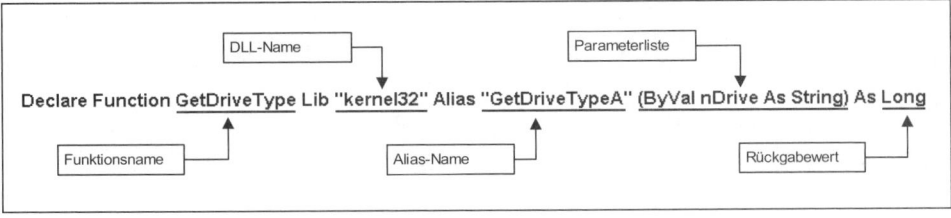

Funktionsname Unter diesem Namen ist die Funktion in Ihrem Visual Basic-Programm verfügbar. Lassen Sie den Alias-Parameter weg, muss der Name exakt dem Funktionsnamen in der DLL entsprechen.

DLL-Name   Der Name der DLL, in der sich die Funktion befindet. Bei System-DLLs lassen Sie die Extension weg. Vermeiden Sie Pfadangaben! DLLs werden im Programm-Verzeichnis, dem Windows-Verzeichnis und in allen Verzeichnissen mit Suchpfad aufgespürt.

Alias-Name   Weicht der Funktionsname von der Bezeichnung in der DLL ab, müssen Sie den Alias- Parameter aufführen. Weitere Gründe für dieses Vorgehen:

- Der Funktionsname in der DLL beginnt mit einem Unterstrich, der in Access Basic nicht erlaubt ist (z.B. *_lwrite*).
- Der Funktionsname in der DLL ist in VBA bereits vergeben (z.B. MKDIR).
- Sie möchten ein und dieselbe Funktion mit verschiedenen Namen und Parametern importieren (z.B. *SendMessage*).
- Sie importieren eine Funktion/Prozedur mit String-Parametern.
- Sie importieren die Funktion/Prozedur über ihre Ordinalzahl.

Parameterliste   Die Umsetzung der Deklarationsparameter mit Basic-Variablentypen.

Rückgabewert   Der Rückgabewert der Funktion. Handelt es sich um eine Prozedur, ist natürlich kein Rückgabewert erforderlich.

HINWEIS: 32-Bit-DLLs unterscheiden zwischen Groß-/Kleinschreibung im Funktionsnamen. Wundern Sie sich also nicht, wenn eine Funktion in der angegebenen DLL nicht gefunden werden kann. In diesem Fall wurde vermutlich die falsche Schreibweise gewählt.

Bei einer einzubindenden Prozedur gilt prinzipiell das Gleiche wie für Funktionen: anstatt *Function* schreiben Sie einfach *Sub* und lassen den Rückgabewert weg. Ebenso verfahren Sie mit API-Funktionen, deren Rückgabewert Sie nicht interessiert. Deklarieren Sie diese einfach als *Sub* (wird häufig bei GDI-Funktionen angewendet).

18.2 API- und DLL-Einbindung

In obiger Aufzählung wurde bereits erwähnt, dass bei Funktionen mit Stringparametern immer die *Alias*-Klausel nötig sei. Dies allerdings bedarf einer gesonderten Erklärung: Die Übergabe von Strings an Win32-DLLs erfolgt immer im ANSI-Format, Access arbeitet aber intern mit dem Unicode-Zeichensatz, der jedes Zeichen mit zwei Byte codiert (dadurch sind bedeutend mehr Zeichen darstellbar – dies ist für Fremdsprachen z.B. im asiatischen Raum wichtig). Beim Aufruf der API-Funktion übernimmt Access die Umwandlung zwischen Unicode und ANSI. Zur Auswahl der ANSI-Variante einer DLL-Funktion wird an den Namen ein "A" angehängt!

BEISPIEL: API-Funktion mit Stringparameter

```
Declare Function CharToOem& Lib "user32" Alias "CharToOemA" (ByVal lpszSrc$, ByVal lpszDst$)
```

Die *Declare*-Anweisung können Sie entweder im *Declare*-Abschnitt eines Code-Moduls oder eines Formulars eingeben. Die Syntax unterscheidet sich jedoch zwischen Code-Modul und Formular.

Code-Modul:

```
Declare Function ....
```

Formular:

```
Private Declare Function ...
```

In einem Formular muss die Deklaration als *Private* erfolgen, in einem Modul kann die Deklaration *Private* sein.

HINWEIS: Bestimmen Sie bereits im API-Viewer die Art der Deklaration, so sparen Sie sich unnötige Tipparbeit.

18.2.5 Wert oder Zeiger?

C-Programmierern dürften die verschiedenen Möglichkeiten, Variablen an eine Funktion zu übergeben, bereits hinreichend bekannt sein. Visual Basic-Programmierer sind erfahrungsgemäß mit den internen Abläufen nicht ganz so vertraut, deshalb an dieser Stelle eine kurze Auffrischung.

Es gibt zwei grundsätzliche Verfahren, um eine Variable an eine Prozedur zu übergeben:

- Sie übergeben den Wert der Variablen oder
- Sie übergeben einen Zeiger (Pointer) auf die Variable bzw. deren Wert

Im ersten Fall erstellen Sie quasi eine Kopie der Variablen und übergeben die Kopie an die Funktion, im zweiten Fall "sagen" Sie der Funktion, wo sich die Variable im Speicher befindet. Daraus resultieren auch die konkreten Anwendungsfälle beider Varianten. Da bei der Zeiger-Übergabe die eigentliche Variable "bekannt" ist, kann diese nicht nur gelesen, sondern auch geschrieben werden. Bei der Übergabe des Wertes (Kopie) kann dieser zwar auch verändert werden, die Variable selbst hat damit jedoch nichts mehr zu tun.

HINWEIS: Halten Sie die beiden o.g. Verfahren der Variablenübergabe bei der API-Programmierung unbedingt auseinander. Verwechslungen führen (fast) immer zum Programm-/DLL-Absturz.

Bleibt noch die Frage offen, wie Sie der DLL den Unterschied klar machen. Visual Basic bietet dafür die *ByVal*-Option. *ByVal* verwenden Sie, wenn der Wert einer Variablen übergeben wird, in allen anderen Fällen wird an die DLL ein Zeiger auf die Variable übergeben, und die DLL kann die Variable ändern, was sonst nicht möglich wäre.

BEISPIEL: Die folgende Anweisung arbeitet mit einer Wertübergabe

```
Declare Function OpenClipboard Lib "user32" (ByVal Hwnd As Long) As Long
```

BEISPIEL: Die folgende Anweisung übergibt einen Zeiger

```
Declare Sub GetSystemTime Lib "kernel32" (lpSystemTime As SYSTEMTIME)
```

18.2.6 Übergabe von Strings

Bezüglich Variablenübergabe dürfte eigentlich alles klar sein, wären da nicht die Strings.

HINWEIS: Strings werden immer mit *ByVal* übergeben, intern übermittelt Visual Basic aber einen Zeiger auf die Zeichenkette. Das ist die berühmte Ausnahme von der Regel!

Der Grund für obige Inkonsequenz ist die Verschiedenheit des in Basic und des in den DLLs verwendeten C-Stringformates. Während C einen String am Ende mit einem Null-Zeichen begrenzt (nullterminierte Zeichenkette), verwaltet Access den String in einem eigenen Format (BSTR). Bei der Übergabe konvertiert Access die Formate automatisch.

Für die Rückgabe von Strings aus einer DLL müssen Sie häufig einen Zeiger auf einen Stringpuffer übergeben. Dieser Puffer wird durch die API-Funktion gefüllt und zurückgegeben. Wie schon erwähnt, ist dieser String mit einem Null-Zeichen terminiert.

BEISPIEL: Mit folgendem Aufruf extrahieren Sie den eigentlichen String aus dem Puffer

```
ergebnis = Left$(stringpuffer$, InStr(stringpuffer$,Chr$(0))-1)
```

In einigen Fällen ist der Rückgabewert der Funktion die Stringlänge.

BEISPIEL: API-Funktion mit Rückgabewert

```
Declare Function GetSystemDirectory Lib "kernel32" Alias "GetSystemDirectoryA" _
                        (ByVal lpBuffer$, ByVal nSize&) As Long
```

Obige Anweisung ermittelt das Systemverzeichnis von Windows. Dazu müssen ein Stringpuffer und die maximale Größe des Puffers übergeben werden:

```
Function GetSystemDir() As String
Dim s As String, i As Integer
  s = Space$(255)                   ' Puffer mit Leerzeichen füllen
```

```
    i = GetSystemDirectory(s, 255)    ' API-Funktion aufrufen
    GetSystemDir = Left$(s, i)        ' den String bestimmen
End Function
```

HINWEIS: Vergessen Sie nicht, den Puffer vorher zu initialisieren (*Space*)!

In diesem Zusammenhang sind auch die folgenden Praxisbeispiele ab Seite 1159 interessant:

- "Ein anderes Programm starten"
- "Die Systemkonfiguration ermitteln"

18.2.7 Verwenden von As Any

Für die Übergabe verschiedener Datentypen an ein- und denselben Parameter sollten Sie den Datentyp *Any* verwenden. Ein Beispiel zeigt, was damit gemeint ist. Die API-Funktion *SendMessage* erwartet in Abhängigkeit des dritten Parameters (*wParam*) entweder einen Zeiger auf eine Stringvariable oder einen Zeiger auf einen *Long*-Wert.

Mit folgender Deklaration sind beide Fälle möglich:

```
Declare Function SendMessage Lib "user32" Alias "SendMessageA" _
                (ByVal hwnd&, ByVal wMsg&, ByVal wParam%, lParam As Any) As Long
```

Welche weiteren Varianten es gibt, die Funktion *SendMessage* im Programm aufzurufen, zeigt folgende Tabelle:

Parameter	Definition
Null-Pointer	*SendMessage*(..., ByVal 0&)
Null-Wert	*SendMessage*(..., 0&)
Stringkonstante	*SendMessage*(..., ByVal "Stringwert")
Long-Wert	*SendMessage*(..., ByVal l&)
Pointer auf Variable	*SendMessage*(..., variable)

Über die Verwendung von *Any* kann man geteilter Meinung sein. Der Profi wird die Vorteile zu schätzen wissen, dem Einsteiger sei empfohlen, mit *Alias* verschiedene Varianten der Funktion einzuführen, da die Gefahr besteht, dass man zum Beispiel das *ByVal* vor einem Null-Pointer vergisst (derartige Fehler sind schwer zu finden, ist doch die Deklaration zunächst korrekt).

18.2.8 Übergabe von Arrays

Sollen statt einzelner Variablen ganze Arrays übergeben werden, müssen Sie einige Besonderheiten beachten:

- Deklarieren Sie kein Array, sondern eine einfache Variable des Arraytyps
- Übergeben Sie das erste Feldelement, nicht das Array

BEISPIEL: Die GDI-Funktion *Polyline* erwartet ein Array von Datentyp *PointApi*

```
Type POINTAPI
    x As Integer
    y As Integer
End Type
```

Hier sehen Sie die Deklaration des Funktionsaufrufs:

```
Declare Function Polyline Lib "gdi32" Alias "Polyline" _
    (ByVal hdc As Long, lpPoint As POINTAPI, ByVal nCount As Long) As Long
```

Definieren Sie im Programm ein Feld mit dem Datentyp *PointApi* und übergeben Sie das erste Element an die Funktion:

```
Global P1() As POINTAPI
...
Redim P1(100)         ' initialisieren
...
i = Polyline(hDC, P1(0), CLng(UBound(P1)))
```

HINWEIS: Beachten Sie, dass das Feld initialisiert ist (*ReDim*) und dass die Anzahl der Feldelemente stimmt. Ein zu kleiner Wert für die Anzahl ist unproblematisch, ein zu großer Wert wird Ärger verursachen.

18.2.9 Besonderheiten mit Records

Eigentlich könnte dieses Thema mit wenigen Zeilen erschöpfend behandelt werden, gäbe es da nicht einige Inkompatibilitäten zwischen VBA und den DLL-Programmiersprachen.

Prinzipiell dürfen unter Access sowohl Übergabe- als auch Rückgabewert(e) nutzerdefinierte Typen sein. Wichtig ist neben der 1:1-Umsetzung der Datentypen auch die exakte Ausrichtung der Daten im Speicher. Access Basic speichert nutzerdefinierte Datentypen mit DWORD-Ausrichtung, d.h., die einzelnen Elemente des Records sind nicht dicht gepackt, sondern liegen immer im 4-Byte-Abstand auseinander.

Ein weiteres Problem bereitet uns der Datentyp *Integer*, der in VBA mit zwei Byte dargestellt wird. Im Unterschied dazu verwenden 32-Bit-DLLs vier Byte. Erwartet eine DLL-Funktion einen Integertyp, müssen Sie als Basic-Programmierer einen Long-Wert übergeben. Sollten Sie die DLL selbst entwickeln, verwenden Sie anstatt des *Integer*-Datentyps besser den Typ *Short*, der ohne Probleme mit einem VB-Integer gelesen bzw. geschrieben werden kann.

BEISPIEL: Dieses Beispiel bezieht sich auf eine C-DLL

```
typedef struct
{
 short intgr; // Basic Integer
 long lng;   // Long
 float sng;  // Single
```

18.2 API- und DLL-Einbindung

```
    double dbl;  // Double
    double cur;  // Currency
    double dtm;  // Date
    short bln;   // Boolean
    BYTE byt;    // Byte
    VARIANT vnt; // Variant
    BSTR vstrg;  // Basic-String
    char strg[50]; // fester String
} Testtyp;
```

Die analoge Deklaration in Access sieht folgendermaßen aus:

```
Private Type TestTyp
    intgr As Integer
    lng As Long
    sng As Single
    dbl As Double
    cur As Currency
    dtm As Date
    bln As Boolean
    byt As Byte
    vnt As Variant
    vstrg As String
    strg As String * 50
End Type
```

Die DLL-Funktion könnte wie folgt aufgerufen werden:

```
Private Declare Sub testen Lib "xyz.dll"(x As TestTyp)
```

Ein wichtiger Einsatzfall für die nutzerdefinierten Records sind fehlende Datentypen in Access.

BEISPIEL: Die folgende Funktion könnten Sie normalerweise nicht direkt aufrufen, da der Datentyp *LARGE_INTEGER* nicht durch Access unterstützt wird

```
BOOL QueryPerformanceCounter( LARGE_INTEGER *lpPerformanceCount );
```

Abhilfe schafft ein selbst definierter Datentyp:

```
Type LARGE_INTEGER
    LowPart As Long
    HighPart As Long
End Type

Declare Function QueryPerformanceCounter& Lib "kernel32" (lpPerformanceCount As LARGE_INTEGER)
```

HINWEIS: Siehe dazu auch das Praxisbeispiel "Ein anderes Programm starten" am Kapitelende!

18.2.10 Zuordnen der Datentypen

Für den schnellen Überblick soll die folgende Tabelle sorgen, die einige der häufigsten Datentypen auflistet:

API	Access	Bemerkung
LPVOID x	*x As Any, x As Byte*	Zeiger auf Datenpuffer
LPSTR x *LPCSTR x*	*ByVal x As String*	Pointer auf String (Alias nicht vergessen!)
DWORD x *BOOL x* *INT x* *UINT x* *LONG x*	*ByVal x As Long*	
LPDWORD x *LPBOOL x* *LPINT x* *LPUINT x*	*x As Long*	

LPRECT x	*x As RECT*	*Type RECT*
		    Left As Long
		    Top As Long
		    Right As Long
		    Bottom As Long
		End Type

HDC x *HANDLE x* *HBITMAP x* *HFILE x* *HWND x*	*ByVal x As Long*	Handle

Bemerkungen

- Für den Aufruf von Funktionen aus KERNEL32, USER32 oder SYSTEM32 verwenden Sie die Deklaration ohne Extension!

- Vermeiden Sie Pfadangaben in der DECLARE-Anweisung. DLLs können im Programm-Verzeichnis, dem Windows-Verzeichnis und allen Verzeichnissen mit Suchpfad stehen. Unter Windows 64-Bit wir die Datei im Verzeichnis \Windows\SysWOW64 gesucht.

- Achten Sie auf die Groß-/Kleinschreibung.

- Bevor Sie sich auf die eigentliche DLL-Programmierung stürzen, sollten Sie alle nicht benötigten Anwendungen schließen und Ihre Quelltexte häufiger sichern. Von der geöffneten Access-Datenbank, in der sich Ihr Programm befindet, sollten Sie eine Sicherheitskopie erstellen, da bei einem Systemabsturz die Datenbank zerstört werden kann. Sollte das Kind dennoch in den Brunnen gefallen sein, versuchen Sie es mit der Reparaturfunktion von Access oder dem Import einzelner Objekte.

18.3 OLE/ActiveX

ActiveX ist ein Teil des *Microsoft Component Object Model* (COM), das eine Zusammenarbeit von verschiedenartigen Anwendungen bzw. Komponenten auf Basis eines einheitlichen Interfaces ermöglicht. Einige Features von ActiveX wurden unter dem Begriff OLE zusammengefasst (Automation etc.).

Wir wollen uns an dieser Stelle nicht zu sehr in den Details verstricken. Für den Access-Programmierer als reinen Endanwender dieser Technologie sind die Interna relativ uninteressant. Viel wichtiger sind für uns die Möglichkeiten, Access-Programme durch ActiveX-Komponenten zu erweitern.

18.3.1 Überblick

Ist von ActiveX-Komponenten die Rede, sollten Sie unbedingt zwischen den verschiedenen Typen unterscheiden:

- ActiveX-Controls
  (oft als OLE-Steuerelemente bzw. OCXe bezeichnet) sind Standard User Interface-Elemente, die Sie zum Beispiel beim Formularentwurf verwenden können. ActiveX-Controls werden in Dateien vom Typ *OCX* gespeichert.

- ActiveX-Code-Komponenten
  (oft als OLE-Server bezeichnet) sind Objekt-Bibliotheken. Client-Anwendungen können die Komponenten nutzen, indem sie Instanzen (Objekte) der enthaltenen Klassen erzeugen. Die Kommunikation erfolgt über Eigenschaften, Methoden und Ereignisse. ActiveX-Code-Komponenten können sowohl in *EXE*- als auch in *DLL*-Dateien enthalten sein.

Im Zusammenhang mit Code-Komponenten wird zwischen "in-process" (DLL) und "out-of-process" (EXE) unterschieden. Während die DLLs immer im Adressraum der aufrufenden Anwendung laufen (zum Beispiel die ADOs), handelt es sich bei "out-of-process"-Komponenten um selbstständige Anwendungen mit eigenem Adressraum (z.B. Access oder Word).

Die in einer ActiveX-Komponente enthaltenen Objekte bzw. Klassen können unterschiedliche Typen aufweisen:

Typ	Beschreibung
Private	Die Klasse ist nur für die interne Verwendung in der ActiveX-Komponente vorgesehen, als Programmierer haben Sie darauf keinen Zugriff. Im Objektkatalog sind die Klassen nicht aufgeführt.
PublicNotCreatable	Auf Objekte dieses Klassentyps können Sie nur zugreifen, wenn eine Instanz durch die ActiveX-Komponente erstellt wird. Derartige Objekte werden meist als Eigenschaften eines Basis-Objekts bereitgestellt (z.B. *Access.Application*).
OnNewProcess	Sie können neue Instanzen bilden. Beachten Sie jedoch, dass jedes neue Objekt eine neue Instanz der ActiveX-Komponente in den Speicher lädt.
GlobalOnNewProcess	Wie vorhergehender Typ. Auf Eigenschaften und Methoden können Sie jedoch sofort zugreifen, ohne eine Instanz zu bilden.

Typ	Beschreibung
InSameProcess	Sie können mit *New* neue Instanzen dieser Klasse bilden, es wird jedoch nur eine Instanz der ActiveX-Komponente verwendet
GlobalInSameProcess	Wie vorhergehender Typ. Auf Eigenschaften und Methoden können Sie jedoch sofort zugreifen, ohne eine Instanz zu bilden.

Welche Klassentypen in welchen ActiveX-Komponenten auftreten können, zeigt die folgende Tabelle:

	ActiveX-EXE	ActiveX-DLL	ActiveX-Control
Private	•	•	•
PublicNotCreatable	•	•	•
OnNewProcess	•		
GlobalOnNewProcess	•		
InSameProcess	•	•	
GlobalInSameProcess	•	•	

18.3.2 OLE

Mit "Object Linking and Embedding", kurz OLE, steht dem Programmierer eine Schnittstelle zum Datenaustausch zwischen gänzlich verschiedenen Applikationen zur Verfügung. Access kann auf diese Weise z.B. Daten mit Microsoft Excel/Word austauschen oder andere Anwendungen steuern.

Wichtig scheint in diesem Zusammenhang die Unterscheidung der beiden folgenden Begriffe:

OLE-Client   Anwendung, die das Erstellen von Verbunddokumenten erlaubt. Dazu werden so genannte Container verwendet, die das Darstellen und Speichern der Daten übernehmen.

OLE-Server   Anwendung, die eigene Daten und Objekte anderen Programmen (Clients) zum Einbetten oder Verknüpfen bereitstellt.

ActiveX-Komponenten können sowohl OLE-Client als auch OLE-Server sein. Selbst das Programm Access kann als ActiveX-Komponente betrachtet werden: als Client, wenn Sie z.B. eine Excel-Tabelle in einem Access-Formular darstellen, als Server, wenn Sie z.B. aus Visual Basic oder Excel die OLE-Automations-Objekte (Code-Klassen) von Access nutzen wollen.

Verknüpfen oder Einbetten?

Verknüpfen (Linking) bzw. *Einbetten* (Embedding) bezeichnet den Vorgang, bei dem eine Verbindung zwischen OLE-Server und OLE-Client hergestellt wird.

- *Verknüpfen (Linking)*
  Der Client speichert lediglich einen Verweis auf den Ursprung der OLE-Daten, um das Speichern der eigentlichen Daten kümmert sich der Server. Der Vorteil für den Client besteht im geringen Platzbedarf in der Client-Anwendung.

18.3 OLE/ActiveX

- *Einbetten (Embedding)*
  Eingebettete Objekte lassen sich relativ einfach verwalten, werden doch alle Informationen im Client abgespeichert.

Eine allgemein gültige Empfehlung, ob ein Objekt eingebettet oder verknüpft werden soll, kann nicht gegeben werden, dies hängt vom konkreten Einsatzfall ab. Daten, mit denen mehrere Applikationen arbeiten, werden Sie sicherlich verknüpfen, da sich auf diese Weise die Aktualisierungen auf alle Clients auswirken. Etwas anders sieht es aus, wenn Sie das Programm weitergeben wollen. In diesem Fall ist es günstiger, wenn Sie die Daten direkt in den Client einbetten.

Ein gutes Beispiel liefert uns in diesem Zusammenhang die Textverarbeitung Microsoft Word. Wollen Sie Grafiken in den Text einfügen, bieten sich drei Möglichkeiten an:

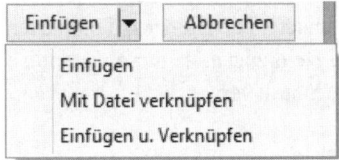

18.3.3 Übersicht zum Objektfeld-Steuerelement

Für die Darstellung von OLE-Daten bietet Access standardmäßig zwei Steuerelemente an. Dies ist zum einen das einfache Objektfeld (*ObjectFrame*), das lediglich die Anzeige eines Objekts ermöglicht. Zum anderen ist es das gebundene Objektfeld (*BoundObjectFrame*), das Sie an ein Tabellenfeld binden können. Da beide Steuerelemente von ihrer Bedienung her weitgehend identisch sind, wollen wir sie auch zusammen betrachten. Allerdings sind einige Eigenschaften beim gebundenen Objektfeld nur zur Laufzeit verfügbar.

Die wichtigsten Eigenschaften:

Klasse (Class)

... legt den Klassennamen (Objekttyp) fest. Die Spezifikation erfolgt mit dem *ProgID*-Eintrag innerhalb von *RegEdit*. Die Klassen sind unter dem Schlüssel *HKEY_LOCAL_MACHINE\SOFTWARE\Classes* gespeichert.

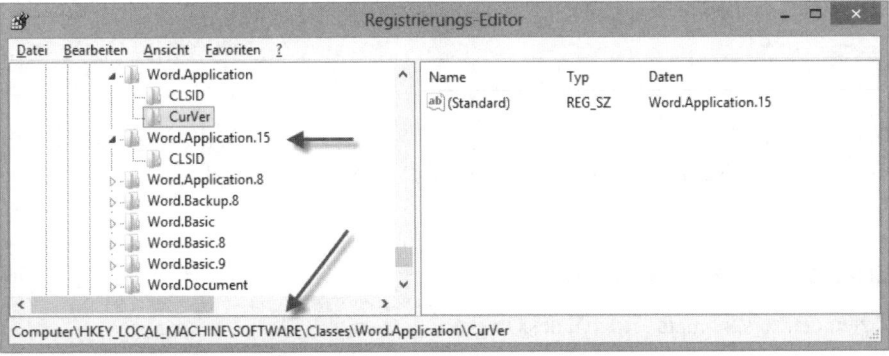

Die Syntax für OLE 2-Klassennamen lautet:

`Anwendungsname.Objekttyp.Version`

Die Angabe der Versionsnummer ist optional. Lassen Sie den Wert weg und sind mehrere Versionen installiert, wird die neueste verwendet.

BEISPIEL: Gültige Klassennamen:

```
Excel.Sheet.14
Word.Application.15
```

Anzeigeart (DisplayType)

Diese Eigenschaft entscheidet darüber, ob das OLE-Objekt in Datenform (*Inhalt*, Defaulteinstellung) oder nur als Symbol (*Symbol*) dargestellt wird. Insbesondere bei Bitmaps, komplexen Grafiken oder großen Texten sollten Sie die Symbol-Darstellung bevorzugen, da diese wesentlich schneller ist. Dies gilt umso mehr, wenn Sie das gebundene OLE-Control verwenden.

Größenanpassung (SizeMode)

... bestimmt die Anpassung des OLE-Objekts an den umgebenden Rahmen:

0   Abschneiden: Das Objekt wird in tatsächlicher Größe angezeigt. Ist das Objekt größer als der OLE-Container, wird die Anzeige an den Begrenzungslinien des Steuerelements abgeschnitten.

1   Dehnen: Das Objekt wird so skaliert, dass es in den Container passt. Die Objektproportionen bleiben unberücksichtigt.

3   Zoomen: Das Objekt wird so skaliert, dass es in das OLE-Container-Steuerelement passt. Die Objektproportionen werden beibehalten.

Zugelassene OLE-Objektart (OLETypeAllowed)

... entscheidet über die Art von OLE:

0   Verknüpfen (Linking)

1   Einbetten (Embedding)

2   Beides (Defaulteinstellung)

Verb

... legt die Aktion fest, die bei *Action* = 7 durchgeführt werden soll. Ein Verb ist ein Kommando jenes Kontextmenüs, welches beim Klicken auf ein OLE-Objekt mittels rechter Maustaste erscheint (siehe auch Abbildung 18.9).

Herkunftselement (SourceItem)

... spezifiziert den zu verknüpfenden Teil des Objekts.

Herkunftsdokument (SourceDoc)

... legt den Namen der Datei fest, die in das Steuerelement (Control) geladen werden soll. Der Dateityp (z.B. DOC) muss mit einer gültigen Klasse verknüpft sein (siehe folgende Abbildung).

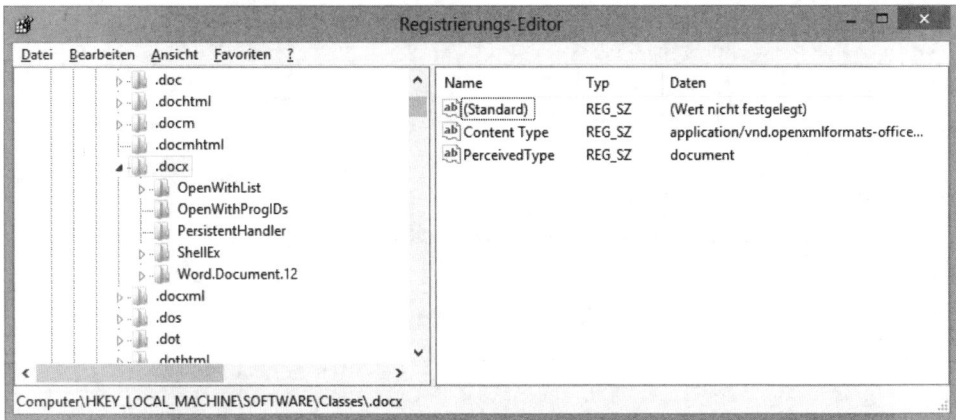

Beispielsweise können Sie eine Word-Datei als *SourceDoc* setzen.

Action-Eigenschaft

... ist die zur Laufzeit wichtigste Eigenschaft. Die folgende Tabelle liefert dazu eine Übersicht:

Konstante	Erklärung
acOLECreateEmbed	Erstellt ein eingebettetes Objekt. Den Objekttyp legt die *Class*-Eigenschaft fest, setzen Sie *OleTypeAllowed* auf 1 oder 2.
acOLECreateLink	Erzeugt ein mit dem Datei-Inhalt verknüpftes Objekt. Den Dateinamen legen Sie mit der *SourceDoc*-Eigenschaft fest. Die *OleTypeAllowed*-Eigenschaft hat den Wert 0 oder 2.
acOLECopy	Kopiert das OLE-Objekt in die Zwischenablage.
acOLEPaste	Fügt ein OLE-Objekt aus der Zwischenablage in das OLE-Steuerelement ein (siehe folgender Abschnitt).
acOLEUpdate	Aktualisiert das OLE-Objekt.
acOLEActivate	Aktiviert den Bearbeitungsmodus. Mit der *Verb*-Eigenschaft legen Sie die Art der Bearbeitung (im Fenster oder in der Anwendung) fest.
acOLEClose	Beendet die Bearbeitung.
acOLEDelete	Löscht das OLE-Objekt und gibt den von ihm belegten Speicher wieder frei.
acOLEInsertObjDlg	Zeigt ein Dialogfeld an.
acOLEPasteSpecialDlg	Siehe folgender Abschnitt.
acOLEFetchVerbs	Aktualisiert die Liste von Verben, die ein OLE-Objekt unterstützt.

18.3.4 Programmieren mit dem Objektfeld

Zum Erstellen einer OLE-Verbindung ziehen Sie zunächst ein einfaches Objektfeld in das Formular. Access öffnet automatisch ein Dialogfeld, in dem Sie einen OLE-Server auswählen können:

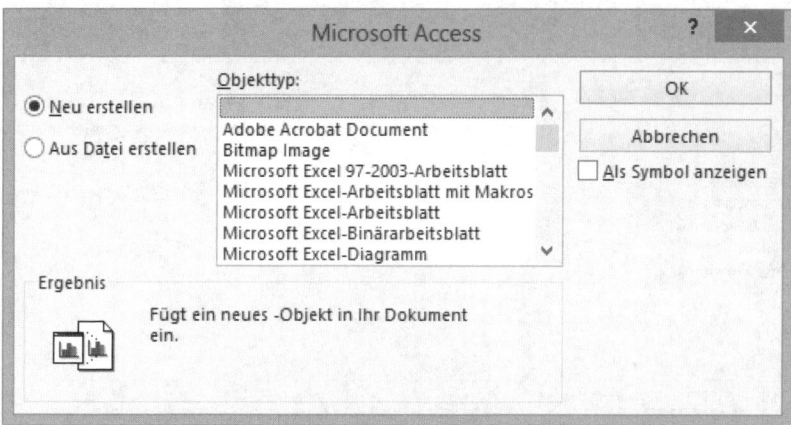

Nach der Auswahl wird der OLE-Server gestartet, und Sie können das Objekt erstellen. Nach Verlassen des OLE-Servers zeigt das OLE-Control das Objekt an. Zur Laufzeit können Sie über die rechte Maustaste ein Kontextmenü aufrufen, das die verfügbaren Aktionen zur Auswahl anbietet:

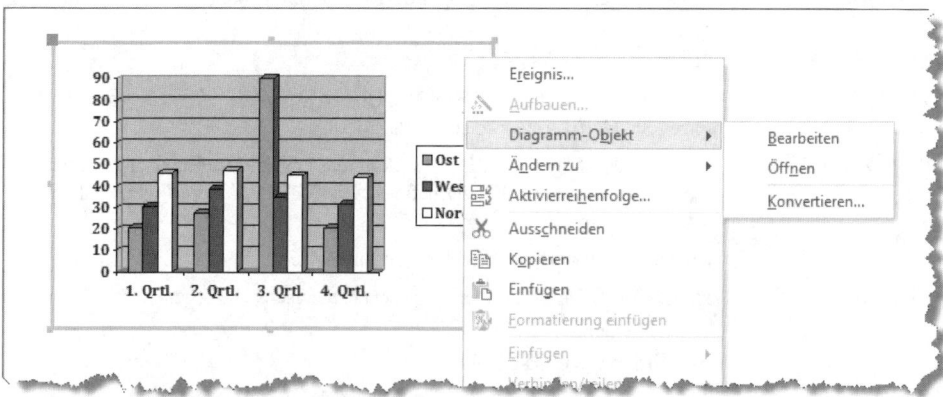

Wählen Sie *Bearbeiten*, so können Sie vor Ort, d.h. in Ihrer Access-Anwendung, das Objekt bearbeiten.

18.3 OLE/ActiveX

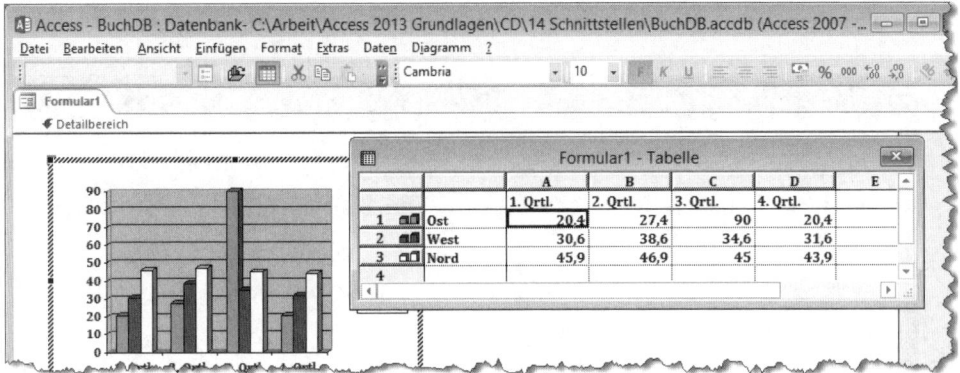

In diesem Fall wird das Access-Menüband durch das entsprechende Menüband bzw. die Werkzeugleiste(n) der Server-Anwendung ersetzt.

Bei *Öffnen* wird die Quellanwendung gestartet und das Objekt dort bearbeitet:

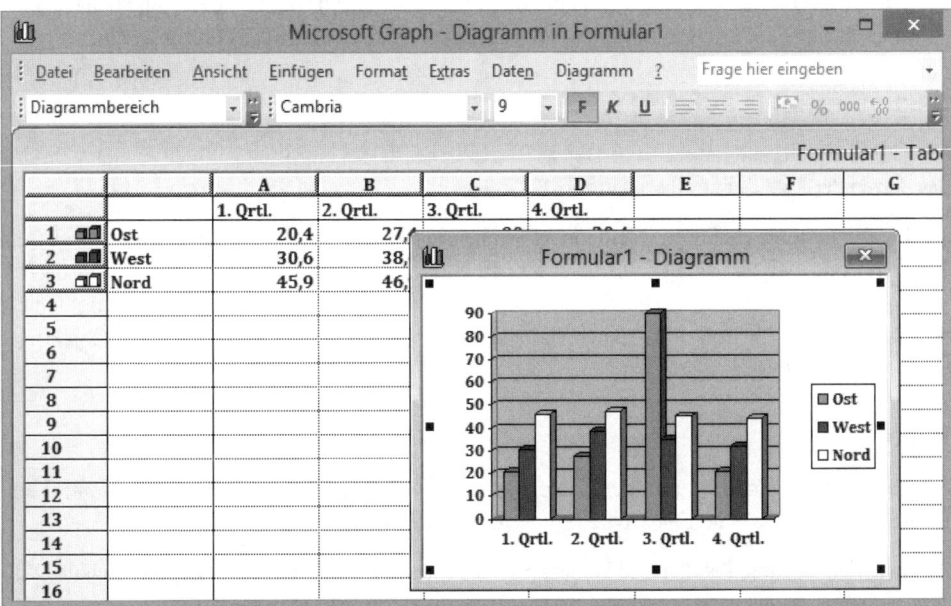

Past Special (Entwicklungszeit)

Neben der o.g. Methode, ein OLE-Objekt in Ihre Anwendung einzufügen, existiert eine weitere Alternative, die ebenfalls nur zur Entwurfszeit verfügbar ist:

- Starten Sie einen OLE-Server (z.B. Microsoft Word)
- Markieren Sie das gewünschte Objekt (Text, Tabellen, Grafiken etc.) und kopieren Sie dieses in die Zwischenablage

- Wählen Sie in Access den Menübefehl *Zwischenablage/Einfügen/Inhalte einfügen*

[Dialogfeld "Inhalte einfügen" mit Quelle: Dokument1, Optionen "Einfügen" und "Verknüpfung einfügen", Als-Liste mit (null), Bild, Text, Schaltflächen OK und Abbrechen, Checkbox "Als Symbol anzeigen", Ergebnisbeschreibung: "Fügt den Inhalt der Zwischenablage in Ihr Dokument ein, damit Sie es in öffnen können."]

- Wählen Sie im sich öffnenden Dialogfeld das gewünschte Objekt aus. Access fügt danach automatisch ein neues Objektfeld mit dem Inhalt der Zwischenablage in das Formular ein.

Paste Special (Laufzeit)

Eine Möglichkeit, zur Laufzeit ein Objekt in das Objektfeld-Control einzufügen, bietet sich über das Setzen der Eigenschaft *Action* auf *acOLEPasteSpecialDlg*.

Analog zur vorangegangenen Methode kopieren Sie aus der Quellanwendung (z.B. Word) ein Objekt in die Zwischenablage. Im Quelltext Ihres Programms setzen Sie dann die Eigenschaft *Action*. Der weitere Ablauf entspricht dem Vorgehen zur Entwurfszeit. Allerdings wird das Objekt nicht automatisch im Control gespeichert, es sei denn, Sie verwenden das gebundene Objektfeld-Control (*BoundObjectFrame*).

Paste

Sie können auch gänzlich auf einen Dialog verzichten und das Objekt direkt in das Control einfügen. Setzen Sie dazu die Eigenschaft *Action* auf *acOLEPaste*.

Auf eine Fehlerprüfung sollten Sie keinesfalls verzichten, im Fehlerfall wird die Eigenschaft *OLEType* auf *acOLENone* gesetzt.

SourceDoc

Eine weitere Methode, zur Laufzeit ein Objekt in das OLE-Control zu laden, besteht mit dem Zuweisen der *SourceDoc*-Eigenschaft.

BEISPIEL: Erzeugen eines eingebetteten Objekts zur Laufzeit

```
ole1.SourceDoc = "c:\kapitel.docx"
ole1.Action = acOLECreateEmbed
```

Diese Anweisung lädt ein Word-Dokument in das OLE-Control. Der weitere Ablauf entspricht der bisherigen Vorgehensweise.

18.3.5 ActiveX-Code-Komponenten (OLE-Automation)

Für den Access-Programmierer dürften die Code-Komponenten die wohl wichtigste Anwendung von ActiveX sein. Damit lassen sich Objekte anderer Applikationen (z.B. Word oder Excel) von Ihrem Access-Programm aus quasi "fernsteuern". Nach Definition einer entsprechenden Objektvariablen können Sie auf Eigenschaften und Methoden dieser Objekte genauso zugreifen, als ob es sich um Access-Objekte handeln würde.

Auf die gleiche Art und Weise kann übrigens auch Access selbst gesteuert werden. Dies wäre zum Beispiel dann für Sie interessant, wenn Sie zusätzliche Assistenten oder Tools in Visual Basic programmieren und diese dann mit Access zusammenarbeiten sollen.

Eine weitere Quelle von OLE-Automatisierungsobjekten bietet sich mit den ActiveX-DLLs. Im Unterschied zu konventionellen DLLs exportieren diese jedoch keine Funktionen und Prozeduren, sondern komplette Objekte mit deren Eigenschaften, Methoden und Ereignissen.

Konkrete Anwendungsbeispiele zum Thema finden Sie in den folgenden Praxisbeispielen (ab Seite 1159):

- "Ein anderes Programm starten"
- "Excel über ActiveX steuern"

Objekt-Katalog

Wichtigstes Hilfsmittel für den OLE-Programmierer ist der in Access integrierte Objekt-Katalog. Welche Objekte angezeigt werden, hängt von den Verweisen ab, die Sie im VBA-Editor unter *Extras/Verweise...* eingebunden haben. Angezeigt werden im Objektkatalog neben den Klassen alle Methoden, Eigenschaften, Ereignisse und Konstanten:

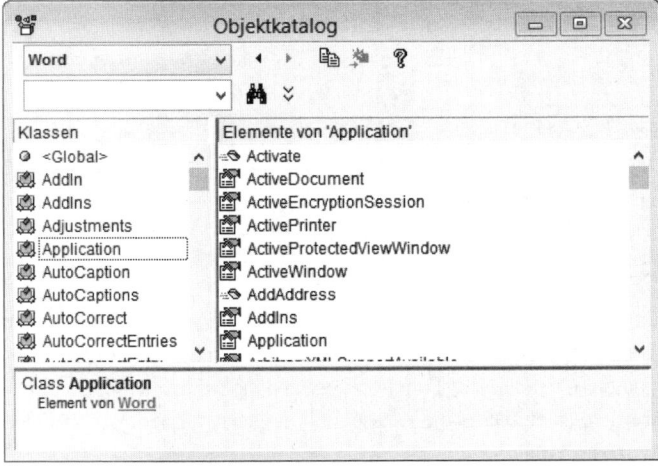

Wer Microsoft Visual Studio auf seinem Rechner installiert hat, kann auch den *OLE-COM Object-Viewer* von Microsoft verwenden. Neben der Anzeige der exportierten Objekte können Sie auch einen Blick in die Type-Libraries werfen, d.h., Sie können sich alle Methoden, Eigenschaften und Events etc. anzeigen lassen.

18.3.6 Programmieren mit ActiveX-Code-Komponenten

Das Grundprinzip besteht darin, dass Sie in Access eine Instanz der gewünschten Klasse erzeugen. Mit diesem Objekt können Sie dann wie mit jedem anderen Access-Objekt arbeiten.

Zum Erzeugen der Instanz bieten sich vier Möglichkeiten an:

- *GetObject*-Funktion
- *CreateObject*-Funktion
- *Object*-Eigenschaft des *Objektfeld*-Controls
- *New*

Für die ersten drei Varianten gilt: Vergessen Sie beim Initialisieren der Objektvariablen nicht die *SET*-Anweisung.

```
Dim objektInstanz As <Klassenname>
Set objektInstanz = <GetObject | CreateObject | OLE.Object>
```

New

Voraussetzung für die Verwendung von *New* ist eine Referenz auf die entsprechende Klasse. Um neue Referenzen zu erstellen, müssen Sie im VBA-Editor unter *Extras/Verweise...* die gewünschte Klassenbibliothek auswählen oder eine neue hinzufügen.

BEISPIEL: Erstellen einer Objektvariablen *Access* als Instanz des Access-*Application*-Objekts

```
Dim Access As New Access.Application
```

oder

```
Dim Access As Access.Application
...
Set Access = New Access.Application
```

Je nach Definition wird das Objekt beim ersten Aufruf einer Methode oder Eigenschaft (... *As New*) oder schon beim Zuweisen (*Set ... = New*) erstellt.

GetObject und CreateObject

Grundsätzlich sollten Sie immer versuchen, ein ActiveX-Objekt mit der *GetObject*-Funktion zu erzeugen, da bei dieser Variante eine bereits bestehende Instanz genutzt wird. Schlägt dieser Versuch fehl (*Err = 429*), müssen Sie die *CreateObject*-Funktion verwenden. Sollte auch diese Funktion mit einem Fehler beendet werden, ist entweder die Klasse nicht registriert, oder es steht Ihnen nicht genügend Arbeitsspeicher zur Verfügung.

18.3 OLE/ActiveX

Aufrufparameter ist in den meisten Fällen der Klassenname, Sie können aber auch den Namen einer Datei angeben, die mit einer ActiveX-Komponente verknüpft ist.

BEISPIEL: Erzeugen eines *Word*-Objekts über den Klassennamen

```
Dim Word As Object

On Error GoTo wordStarten
```

Versuch: Eine bestehende Instanz zu verwenden ...

```
    Set Word = GetObject(, "word.application")
    If Not Word Is Nothing Then
```

Arbeiten mit dem *Word*-Objekt ...

```
        Word.Visible = True
        Word.Documents.Add
        Set Word = Nothing
    End If
Exit Sub

If Err = 429 Then
```

Die Instanz war nicht vorhanden, wir müssen Word starten:

```
        Set Word = CreateObject("word.application")
    Else
```

Word konnte nicht gefunden werden:

```
        MsgBox "Das war wohl nichts!"
    End If
    Resume Next
...
```

BEISPIEL: Verwenden eines Dateinamens zur Objektdefinition

```
Dim Word As Object

Set Word = GetObject("c:\Test.doc")
    If Not Word Is Nothing Then
```

Arbeiten mit dem Word-Objekt ...

```
        Word.Application.Visible = True
        Word.Application.Documents.Add
        Set Word = Nothing
    End If
```

Object-Eigenschaft (Objektfeld-Control)

Anders als bei den beiden vorhergehenden Funktionen müssen Sie sich bei der Verwendung der *Object*-Eigenschaft nicht um Klassennamen etc. kümmern, da Sie davon ausgehen können, dass sich bereits ein Objekt im Objektfeld-Control befindet. Die *Object*-Eigenschaft ist eigentlich nur "zwischengeschaltet", um Verwechslungen mit den Eigenschaften und Methoden des Objektfeldes zu vermeiden.

```
Objektfeld.Object.Klassenname.<Eigenschaft | Methode>
```

BEISPIEL: Verwenden der *Object*-Eigenschaft

```
OLE1.Object.Application.Selection.TypeText Text:="Beispieltext"
```

Sie können auch, statt dieser doch recht umständlichen Variante, ein neues Objekt erzeugen, das vom bestehenden Objekt abgeleitet wird:

```
Dim word As Object

Set word = OLE1.Object.Application.Selection
Word.TypeText Text:="Beispieltext"
```

HINWEIS: Bevor Sie mit dem Objekt arbeiten können, müssen Sie das Objektfeld aktivieren!

BEISPIEL: Aktivieren des Objektfeldes

```
ole1.Action = acOLEActivate      ' OLE-Steuerelement aktivieren.
```

Wie Sie mit den erzeugten OLE-Objekten arbeiten, zeigen Ihnen die Praxisbeispiele

- "Word über ActiveX steuern"
- "Excel über ActiveX steuern"

am Kapitelende.

18.4 DDE

Mit DDE (Dynamic Data Exchange) wird der dynamische Datenaustausch zwischen zwei Windows-Programmen bezeichnet. Die dazu erforderliche Kommunikation wird entweder zur Entwicklungs- oder erst zur Laufzeit hergestellt, wir wollen "kurz" auf beide Varianten eingehen. "Kurz" deshalb, weil mit dem Konkurrenten OLE/ActiveX fast alle DDE-Einsatzfälle eleganter und einfacher realisiert werden können.

18.4.1 Funktionsprinzip

Grundsätzlich sind folgende Anwendungen für DDE denkbar:

- Übertragung von Daten (Text/Grafik)
- Steuern einer Anwendung über Makros

Ähnlich wie bei OLE besteht auch eine DDE-Verbindung aus einem Client und einem Server. Access kann sowohl DDE-Client als auch DDE-Server sein.

Für das Zustandekommen einer DDE-Verbindung sind drei wesentliche Informationen erforderlich:

- **DDE-Anwendung**
  Dies ist der Name des DDE-Servers. Typischerweise handelt es sich dabei um den Namen der ausführbaren Datei ohne Extension (z.B. Excel).

- **DDE-Thema**
  Definiert den Gegenstand einer DDE-Verbindung. Für Anwendungen, die mit Dateien arbeiten, ist dies im Allgemeinen ein Dateiname (z.B. *.xls). Einige Applikationen stellen ein "System"-Thema zur Verfügung, über das Sie weitere Informationen ermitteln können (z.B. welche Themen existieren).

- **DDE-Element**
  Ein Element ist eine Referenz auf einen Teil der unter einem Thema verfügbaren Daten. Zum Beispiel kann es sich um einige Zellen einer Tabellenkalkulation handeln.

Der eigentliche Dialog wird über einen so genannten *Kanal* (Channel) abgewickelt, den sowohl Client als auch Server zum Lesen bzw. Schreiben von Daten verwenden.

Für den Aufbau der DDE-Verbindung kommen unter Access zwei Varianten in Frage. Zum einen können Sie Steuerelemente für den Austausch und die Anzeige von DDE-Daten verwenden, zum anderen bietet sich die Basic-Programmierung an.

18.4.2 Verwenden von Steuerelementen

Mit Hilfe der Funktionen *DDE()* und *DDESenden()* können Sie sowohl Daten einer anderen Anwendung anzeigen, als auch Access-Daten zu dieser Anwendung übertragen. Allerdings beschränkt sich die Verwendung auf Textfelder, Optionsgruppen, Kontrollkästchen oder Kombinationsfelder. Weisen Sie der Eigenschaft *Steuerelementinhalt* zum Beispiel den folgenden Funktionsaufruf zu:

```
=DDE("Excel"; "Tabelle1"; "Z1S1")
```

... um die erste Zeile bzw. Spalte einer Excel-Tabelle im gewählten Steuerelement anzuzeigen. Der Verbindungsaufbau erfolgt mit der Formularanzeige.

Übergeben werden der Funktion die Parameter *Anwendung*, *Thema* und *Element*. Ähnlich erfolgt die Übertragung in umgekehrter Richtung: Mit der Zuweisung

```
=DDESenden("Excel"; "Tabelle1"; "Z1S1"; "ABCDEFG")
```

... übertragen Sie die Zeichen "ABCDEFG" an ein Excel-Tabellenblatt (1. Spalte, 1. Zeile). Soll der Inhalt eines gebundenen Steuerelementes übertragen werden, müssen Sie ein zweites Steuerelement (Control) erstellen, dessen *Steuerelementinhalt*-Eigenschaft wie folgt aussieht:

```
= DDESenden("Excel";"Tabelle1"; "Z1S1";[Name des gebundenen Controls])
```

Wichtiger Nachtrag für Access-Anwendungen ab Version 2007

Leider funktionieren die im vorhergehenden Abschnitt beschriebenen Funktionen ab der Access-Version 2007 nicht mehr wie gewünscht. Bevor Sie jetzt in Ihren alten Anwendungen unnötige Anpassungen vornehmen, hier der Code für ein Modul, das die obigen Funktionen in einer funktionstüchtigen Variante emuliert:

Abrufen von Daten:

```
Function DDE(App, Topic, Item)
Dim chan
On Error GoTo ErrnewDDE
    chan = ddeinitiate(App, Topic)
    DDE = DDERequest(chan, Item)
    DDETerminate chan
ByenewDDE:
    Exit Function
ErrnewDDE:
    DDE = "#DDEERROR"
    Resume ByenewDDE
End Function
```

Daten übertragen:

```
Function DDESend(App, Topic, Item, DataToSend)
Dim chan
On Error GoTo ErrnewDDESend
    chan = ddeinitiate(App, Topic)
    DDEPoke chan, Item, DataToSend
    DDETerminate chan
    DDESend = True
ByenewDDESend:
    Exit Function
ErrnewDDESend:
    DDESend = False
    Resume ByenewDDESend
End Function
```

18.4.3 VBA-Programmierung

Genügen Ihnen die Möglichkeiten von *DDE()* und *DDESenden()* nicht, sollten Sie sich mit der VBA-Programmierung von DDE-Verbindungen anfreunden. Der prinzipielle Ablauf ist in jedem Fall gleich:

- Initialisieren der Verbindung mit *DDEInitiate*

- Anfordern von Daten mit *DDERequest,* Senden von Daten mit *DDEPoke* oder Senden von Befehlen mit *DDEExecute*

- Abbau der Verbindung mit *DDETerminate*

18.4 DDE

Für alle Funktionen benötigen Sie die Kanalnummer, die Ihnen von der *DDEInitiate*-Funktion zurückgegeben wird.

BEISPIEL: Übertragung von Daten an ein Excel-Tabellenblatt

```
On Error Resume Next
Dim Kanalnr, i
```

Verbindungsaufbau:

```
Kanalnr = DDEInitiate("Excel", "Tabelle1")
If Err Then Exit Sub
```

Datenübertragung:

```
DDEPoke Kanalnr, "Z1S1", 17
```

Verbindungsabbau:

```
DDETerminate Kanalnr
```

HINWEIS: Geöffnete Kanäle müssen Sie unbedingt wieder schließen, da sonst Systemressourcen blockiert werden. Mit der Anweisung *DDETerminateAll* können Sie beim Programmende eventuell noch geöffnete Kanäle schließen.

BEISPIEL: Öffnen einer Excel-Datei und Datenübertragung in beiden Richtungen

```
Private Sub Befehl9_Click()
On Error Resume Next
Dim Kanalnr
```

Allgemeine Verbindung zu Excel öffnen:

```
Kanalnr = ddeinitiate("Excel", "System")
```

Datei öffnen:

```
DDEExecute Kanalnr, "[OPEN(" & Chr(34) & "c:\mappe1.xlsx" & Chr(34) & ")]"
DDETerminate Kanalnr
```

Jetzt brauchen wir eine neue Kanalnummer für die Arbeitsmappe:

```
Kanalnr = ddeinitiate("Excel", "mappe1.xlsx")
```

Datenübertragung:

```
DDEPoke Kanalnr, "Z1S1", Text2.Value
```

Datenabfrage:

```
Text4.Value = DDERequest(Kanalnr, "Z1S1")
```

Beenden:

```
DDETerminate Kanalnr
End Sub
```

18.5 Scanner-Unterstützung per WIA

Auch wenn es keine direkte Programmschnittstelle ist, wollen wir dennoch kurz auf den Import von Grafiken per Microsoft WIA (*Windows Image Acquisition Automation Layer*) von Scannern oder digitalen Kameras eingehen.

> **HINWEIS:** Auf die mittlerweile in die Jahre gekommene TWAIN-Schnittstelle gehen wir an dieser Stelle nicht weiter ein, dazu finden Sie im Internet genügend Material und Beispiele.

18.5.1 Was kann WIA?

Bei WIA handelt es sich um eine komplexe Windows-API, die

- das Auslesen statischer Bilder von Scannern, digitalen Kameras, WebCams,
- das Nachbearbeiten (Größe, Farbe, Drehen ...),
- das Kommentieren (Exif-Informationen)
- und das Konvertieren (Dateiformate PNG, JPG, GIF, BMP, TIFF)

ermöglicht.

WIA steht dem Programmierer als COM-Komponente in der Datei *wiaaut.dll* zur Verfügung.

18.5.2 Installation/Vorbereitung

Die komplette und aktuelle WIA-Libary ist bereits auf Ihrem System installiert, Sie können sofort loslegen, indem Sie die *Microsoft Windows Image Acquisition Library v2.0* in Ihr Access-Projekt einbinden.

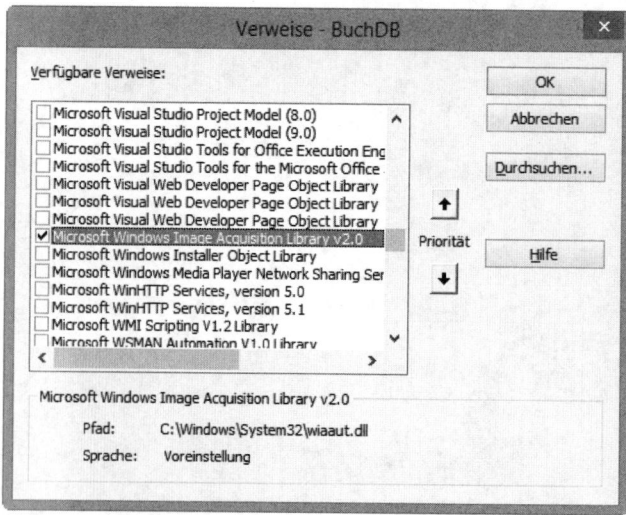

18.5.3 Einstieg mit kleiner Beispielanwendung

Auf Grund der umfangreichen Möglichkeiten dieser Library möchten wir Ihnen anhand einer kleinen Beispielanwendung einige wesentliche Feature, die für das Einlesen und Bearbeiten von Bildern unabdingbar sind, vorstellen:

- Erkennen der angeschlossenen Geräte/Gerätetypen
- Auswerten von Ereignissen (Anschließen/Trennen)
- Anzeige der Geräteeigenschaften
- Einlesen von Bildern
- Verwendung des Scan-Assistenten
- Einsatz des Druckassistenten

Oberfläche

Entwerfen Sie zunächst eine Oberfläche entsprechend der folgenden Abbildung. Fügen Sie dazu zwei *Listenfeld*er (Anzeige von Statusmeldungen, Anzeige der aktiven Geräte) sowie ein *Bild*-Steuerelement in das Formular ein. Die Bedeutung der Schaltflächen dürfte ersichtlich sein.

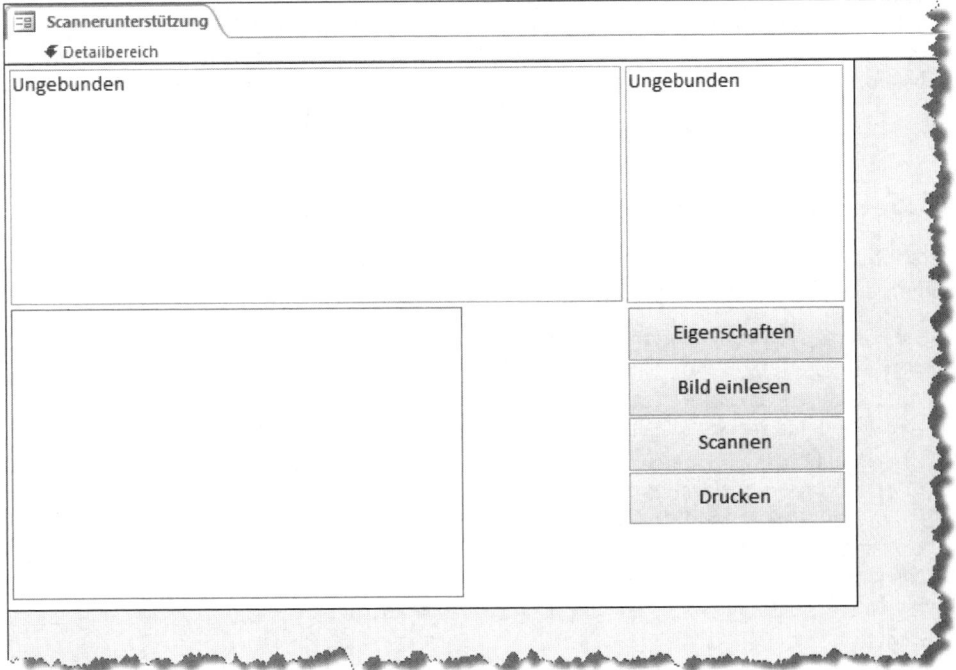

Quellcode

Ein wichtiger Hinweis vorweg:

> **HINWEIS:** Erzeugen Sie so wenig globale Objekte wie möglich, es besteht immer die Möglichkeit, dass der Anwender die Geräte vom PC trennt bzw. diese ausschaltet. In diesem Fall ist die Referenz auf das entsprechende Objekt ungültig.

```
Option Explicit
```

Das zentrale Objekt für den Zugriff auf alle Geräte ist der *DeviceManager*. Dieser stellt uns mit *OnEvent* auch ein wichtiges Ereignis zur Verfügung (deshalb die Deklaration mit *WithEvents*):

```
Private WithEvents dm As wia.DeviceManager
```

Mit dem Laden des Formulars wird zunächst der *DeviceMananger* instanziiert, nachfolgend können zwei wichtige Ereignisse angemeldet werden:

```
Private Sub Form_Load()
    Set dm = New wia.DeviceManager
    dm.RegisterEvent wiaEventDeviceConnected
    dm.RegisterEvent wiaEventDeviceDisconnected
    anzeige
End Sub
```

> **HINWEIS:** Die Verwendung von *RegisterEvent* ist unbedingt erforderlich, andernfalls wird das betreffende Ereignis nicht an die Ereignismethode weitergeleitet.

18.5.4 Reagieren auf das Verbinden/Trennen von Geräten

Nutzen Sie die folgende Ereignisbehandlung, um mit Ihrer Anwendung auf das Hinzufügen bzw. Entfernen von WIA-Geräten zu reagieren:

```
Private Sub dm_OnEvent(ByVal EventID As String, ByVal DeviceID As String, ByVal ItemID As String)
    If EventID = wiaEventDeviceConnected Then
        Liste1.AddItem Now & ": Gerät verbunden", 0
        anzeige
    ElseIf EventID = wiaEventDeviceDisconnected Then
        Liste1.AddItem Now & ": Gerät getrennt", 0
        anzeige
    Else
        Liste1.AddItem Now & ": Ereignis (" & EventID & ")", 0
    End If
End Sub
```

> **HINWEIS:** Nur angemeldete Ereignisse werden auch ausgelöst!

18.5.5 Ermitteln der verfügbaren Geräte

Die folgende Routine aktualisiert die Anzeige der vorhandenen Geräte. Dazu werden alle vom DeviceManager in der Collection *DeviceInfos* aufgelisteten Geräte abgefragt und mit *Connect* instanziiert:

```
Sub anzeige()
Dim di As DeviceInfo
Dim dev As wia.Device

  Liste1.SetFocus
  Liste2.RowSource = ""
  For Each di In dm.DeviceInfos
    Set dev = di.Connect()
```

Konnte eine Instanz gebildet werden, wird der Name des Geräts in die Liste eingetragen:

```
    If Not dev Is Nothing Then
      Liste2.AddItem di.Properties("Name").Value
    End If
  Next
```

Die Schaltflächen unserer Anwendung werden nur freigegeben, wenn mindestens ein Gerät installiert ist:

```
  Befehl0.Enabled = Liste2.ListCount > 0
  Befehl1.Enabled = Liste2.ListCount > 0
  Befehl3.Enabled = Liste2.ListCount > 0
  If Liste2.ListCount > 0 Then
    Liste2.Selected(0) = True
  End If
End Sub
```

18.5.6 Anzeige der Geräteeigenschaften

Erfreulicherweise stellt die WIA-Library bereits einen großen Fundus an Dialogen bereit. Unter anderem befindet sich darunter auch ein Dialog zur Anzeige der Geräteeigenschaften, den Sie mit einem *CommonDialog*-Objekt (nicht mit den entsprechenden Dateidialogen verwechseln) und der Methode *ShowDeviceProperties* anzeigen können:

```
Private Sub Befehl1_Click()
Dim dev As wia.Device
Dim dlg As New wia.CommonDialog
```

Zunächst wird eine *Device*-Instanz erzeugt (ist dem physischen Gerät zugeordnet):

```
  Set dev = dm.DeviceInfos(Liste2.ListIndex + 1).Connect()
  dlg.ShowDeviceProperties dev
End Sub
```

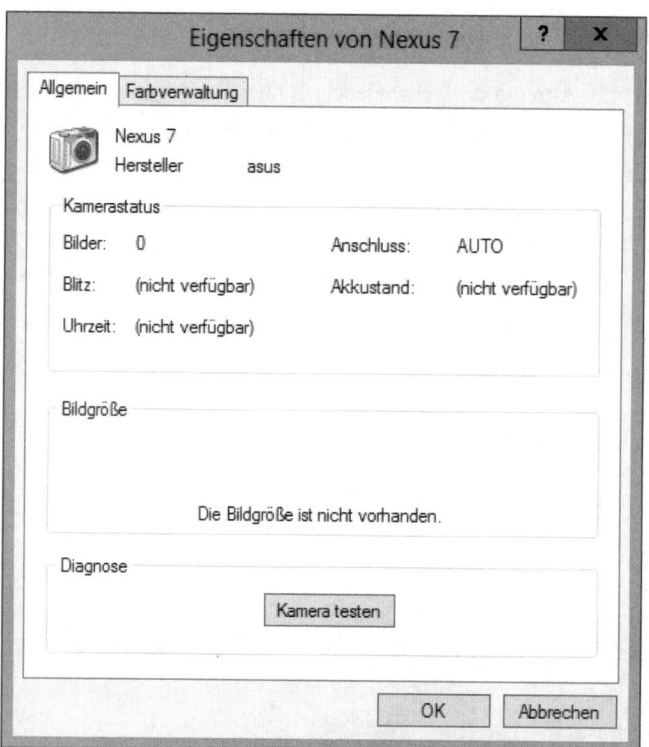

Alternativ können Sie auch einzelne Eigenschaften über die *Properties*-Auflistung abrufen:

BEISPIEL: Ausgabe der Properties im Direkt-Fenster

```
Dim dev As WIA.Device
Dim dlg As New WIA.CommonDialog
Dim prop As WIA.Property
  Set dev = dm.DeviceInfos(Liste2.ListIndex + 1).Connect()
  For Each prop In dev.Properties
  Debug.Print prop.Name & ": " & prop.Value
 Next
```

Die Ausgabe:

```
Item Name: Root
Full Item Name: 0000\Root
Item Flags: 76
Unique Device ID: {6BDD1FC6-810F-11D0-BEC7-08002BE2092F}\0000
Manufacturer: RICOH
Description: Caplio R2
Type: 131072
Port: \\.\Usbscan0
Name: Caplio R2
Server: local
Remote Device ID:
UI Class ID: {4DB1AD10-3391-11D2-9A33-00C04FA36145}
```

18.5.7 Ein Bild einlesen

Eigentliches Ziel unserer Bemühungen war und ist immer noch das Einlesen eines Bildes, was wir jetzt in Angriff nehmen wollen.

Wie schon beim vorhergehenden Anzeigen von Eigenschaften können wir auch hier auf einen integrierten Dialog zugreifen, mit dem der Anwender das eigentliche Bild auswählt bzw. die Eigenschaften einstellt:

```
Private Sub Befehl0_Click()
Dim dlg As New wia.CommonDialog
Dim img As wia.ImageFile
On Error Resume Next
```

Anzeige des Dialogs:

```
  Set img = dlg.ShowAcquireImage
```

Rückgabewert ist ein *ImageFile*-Objekt, dessen Dateiformat Sie über die *FileExtension*-Eigenschaft in Erfahrung bringen können. Leider funktioniert die einfache Konvertierung in eine von Access erwartete DIB nicht so einfach, sodass wir den Umweg über eine Datei nehmen, um die Grafik in das Bild-Steuerelement zu laden:

```
  Kill "c:\temp123456." & img.FileExtension
  img.SaveFile "c:\temp123456." & img.FileExtension
  Bild1.Picture = "c:\temp123456." & img.FileExtension
End Sub
```

Haben Sie statt einer Digitalkamera einen Scanner angeschlossen, erscheint der bekannte Scan-Dialog von Windows:

HINWEIS: In diesem Dialog können Sie auch spezielle Einstellungen (Größe, DPI, Farbe) vornehmen.

Doch Vorsicht: Kommen Sie jetzt bloß nicht auf die Idee, A4-Seiten mit 600 dpi einzuscannen und in einer Access-Datenbank zu speichern. Dazu sind die Dateien viel zu groß. Hier bietet es sich an, die große Datei in einem speziellen Verzeichnis zu sichern (verwenden Sie dazu die *SaveFile*-Methode des *ImageFile*-Objekts) und lediglich eine kleine Vorschaugrafik in Access zu laden (Attachment-Feld).

18.5.8 Bild(er) drucken (Assistent)

Neben der reinen Anzeige können Sie per WIA auch gleich die Ausgabe realisieren, ohne sich große Gedanken um ein ansprechendes Interface machen zu müssen. Ein entsprechender Assistent steht bereits "ab Werk" zur Verfügung:

```
Private Sub Befehl10_Click()
Dim dlg As New wia.CommonDialog
```

Ist ein Bild vorhanden, zeigen wir den Windows-Druckassistenten an:

```
If Bild1.Picture <> "(keines)" Then
    dlg.ShowPhotoPrintingWizard Bild1.Picture
Else
```

18.5 Scanner-Unterstützung per WIA

```
    MsgBox "Kein Bild vorhanden!"
  End If
End Sub
```

Der Assistent in Aktion:

18.5.9 Den Scanner-Assistent aufrufen

Nicht genug der Assistenten, auch für das Scannen in eine Datei steht ein entsprechender Assistent bereit:

```
Private Sub Befehl3_Click()
Dim dev As wia.Device
Dim dlg As New wia.CommonDialog
Dim img As wia.ImageFile

 Set dev = dm.DeviceInfos(Liste2.ListIndex + 1).Connect()
```

Nur wenn es sich um einen Scanner handelt, wird der Dialog angezeigt:

```
 If dev.Type = ScannerDeviceType Then
    dlg.ShowAcquisitionWizard dev
 Else
```

```
    MsgBox "Kein Scanner vohanden!"
  End If
End Sub
```

Wie Sie sehen, können Sie per *Device.Type*-Eigenschaft den Gerätetyp in Erfahrung bringen (siehe folgende Tabelle).

Konstante	Bedeutung
ScannerDeviceType	Scanner, nur diese können Sie auch mit dem Scanner-Assistenten verwenden
CameraDeviceType	Digitale Kameras die per WIA eingebunden sind. Achtung, hier haben Sie es meist mit Verzeichnisstrukturen zu tun!
VideoDeviceType	WebCam etc.
UnspecifiedDeviceType	Unbekannt, wird meist bei der Auswahl von Geräten angegeben, um alle Geräte abzufragen

Der Scandialog unterscheidet sich in diesem Fall etwas vom *ShowAcquireImage*-Dialog:

18.5.10 Grafikbearbeitung

Neben dem reinen Import bietet sich WIA auch für die Bearbeitung von Bildern an. Nachdem diese in einem *ImageFile*-Objekt vorliegen, können sie mit dem *ImageProcess*-Objekt verarbeitet

18.5 Scanner-Unterstützung per WIA

werden. Dazu erstellen Sie zunächst eine Instanz des *ImageProcess*-Objekts und weisen per *Filters.Add*-Methode spezielle Verarbeitungsfilter zu. Anschließend können Sie diese noch konfigurieren.

BEISPIEL: Konvertieren einer eingescannten Grafik (ins BMP-Format)

```
Dim img As wia.ImageFile
Dim proc As wia.ImageProcess
```

Bild einlesen:

```
Set img = dlg.ShowAcquireImage
```

Konverter erzeugen:

```
Set proc = New wia.ImageProcess
```

Filter zuweisen:

```
proc.Filters.Add proc.FilterInfos("Convert").FilterID
```

Filter konfigurieren

```
proc.Filters(1).Properties("FormatID").Value = wia.wiaFormatBMP
```

Filter anwenden:

```
Set img = proc.Apply(img)
ims.SaveFile ...
Exit Sub
```

BEISPIEL: Verfügbare Filter anzeigen

```
Private Sub Befehl16_Click()
Dim img As wia.ImageFile
Dim proc As wia.ImageProcess
Dim fil As wia.FilterInfo

   Set proc = New wia.ImageProcess
   For Each fil In proc.FilterInfos
      Debug.Print fil.Name
   Next
End Sub
```

BEISPIEL: Ein gescanntes Bild auf 50% seiner Größe skalieren

```
Dim img As wia.ImageFile
Dim proc As wia.ImageProcess

  Set img = dlg.ShowAcquireImage
  Set proc = New wia.ImageProcess
```

Filter erzeugen:

```
  proc.Filters.Add proc.FilterInfos("Crop").FilterID
```

Filter parametrieren:

```
  proc.Filters(1).Properties("Left") = img.Width \ 2
  proc.Filters(1).Properties("Top") = img.Height \ 2
  proc.Filters(1).Properties("Right") = img.Width \ 2
  proc.Filters(1).Properties("Bottom") = img.Height \ 2
...
```

Natürlich können Sie mit den WIA-Objekten noch weit mehr anfangen, aber für einen ersten Einstieg dürften die bisherigen Ausführungen sicherlich genügen.

18.6 Zugriff auf Excel-Arbeitsmappen

In diesem Abschnitt wollen wir uns einem recht speziellen Thema widmen, das für viele Entwickler von großer Bedeutung ist. Einer der Hauptgründe ist sicher die weite Verbreitung und die komfortablen Möglichkeiten der Datenauswertung innerhalb der Excel-Tabellen. Ein weiterer Grund ist nicht gleich offensichtlich, aber viele Anwender wollen sich partout mit dem Konzept einer Relationalen Datenbank nicht "anfreunden" und verwenden stattdessen lieber Excel-Tabellen, auch wenn dies in vielen Fällen nicht die optimale Lösung ist.

Im Weiteren wollen wir Ihnen deshalb Wege aufzeigen, wie Sie Ihre Access-/VBA-Kenntnisse auch für den Zugriff auf Excel-Arbeitsmappen nutzen können.

18.6.1 Zugriffsmöglichkeiten

Grundsätzlich bieten sich dem Access-/VBA-Programmierer eine ganze Reihe von Möglichkeiten, um auf Daten im Excel-Format zuzugreifen (siehe folgende Tabelle):

Variante	Bemerkung
Importieren/Verknüpfen (Assistent)	Mittels Assistent (*Externe Daten/Importieren und Verknüpfen/Excel*) können Sie entweder die Daten einmalig importieren oder Sie verknüpfen einzelne Arbeitsblätter und binden diese als verknüpfte Tabelle in Ihre Access-Datenbank ein. Achtung: beim Verknüpfen bleiben die Daten schreibgeschützt.
Exportieren (Assistent)	Auch für den Export können Sie einen Assistenten einsetzen (*Externe Daten/ Exportieren/Excel*). Neben der Wahl des Datenformats (Excel 2007, Excel 2003, Excel 5) können Sie optional auch das Layout Ihrer Tabelle exportieren.

Variante	Bemerkung
TransferSpreadsheet-Methode	Diese Methode übernimmt im Wesentlichen die Funktionalität der Im-/Export-Assistenten. Für den VBA-Programmierer ist *TransferSpreadsheet* sicher der erste Anlaufpunkt.
DAO	Ebenfalls eine einfache und vor allem schnelle Möglichkeit, Daten von und nach Excel zu importieren/exportieren.
SQL	Auch mit Hilfe von SQL-Abfragen lassen sich Excel-Tabellen bzw. Tabellen-Bereiche in Access importieren bzw. Daten exportieren.
OLE-Automation	Ist Microsoft Excel auf dem Computer installiert, kann dieses per OLE-Automation quasi "ferngesteuert" werden, um Tabellen und Diagramme zu erzeugen oder Daten auszulesen. Der Vorteil: Sie haben alle Möglichkeiten zur Tabellengestaltung, die auch Excel bietet, der Nachteil: der Export größerer Datenmengen ist viel zu langsam.
ZIP+XML-Libraries	Für die Low-Level-Programmierer bietet sich seit Excel 2007 eine weitere Variante des Datenzugriffs an, da es sich bei den neueren Excel-Datenformat um gepackte XML-Daten handelt. Benennen Sie eine XLSX- Datei in .ZIP um und entpacken diese, erhalten Sie eine Verzeichnisstruktur mit einzelnen XML-Dateien. Diese lassen sich mit geeigneten XML-Libraries auch per VBA bearbeiten. Abschließend verpacken Sie die Daten wieder um eine regelgerechte Excel-Datei zu erstellen. Dass diese Variante nicht für den Gelegenheitsprogrammierer relevant ist, brauchen wir sicher nicht weiter zu betonen.

HINWEIS: Geht es um den Export größerer Datenmengen und sollen diese auch optisch aufbereitet werden, bietet es sich an, zunächst die Daten per DAO/SQL zu exportieren und die so erzeugten Tabellen nachträglich per OLE-Automation zu formatieren.

18.6.2 TransferSpreadsheet

Zunächst wollen wir auf die einfachste Variante des Import/Exports eingehen. Die Methode *TransferSpreadsheet* bietet uns die nötigen Werkzeuge, um Tabellen/Abfragen mit diversen Optionen von und nach Excel zu transferieren bzw. um Excel-Tabellen in Access einzubinden.

Die Syntax:

```
DoCmd.TransferSpreadsheet TransferType, SpreadsheetType, TableName, FileName, _
                HasFieldNames, Range
```

Als Transfertype kommen die Werte *acExport*, *acImport* und *acLink* infrage, die Bedeutung dürfte aus den Konstanten ersichtlich sein.

Etwas umfangreicher sind die Möglichkeiten, das Datenformat zu steuern:

Konstante	Beschreibung
acSpreadsheetTypeExcel3	Microsoft Excel 3.0-Format
acSpreadsheetTypeExcel4	Microsoft Excel 4.0-Format
acSpreadsheetTypeExcel5	Microsoft Excel 5.0-Format

Konstante	Beschreibung
acSpreadsheetTypeExcel7	Microsoft Excel 95-Format
acSpreadsheetTypeExcel8	Microsoft Excel 97-Format
acSpreadsheetTypeExcel9	Microsoft Excel 2000-Format
acSpreadsheetTypeExcel12	Microsoft Excel 2007-Format (xls)
acSpreadsheetTypeExcel12Xml	Microsoft Excel 2007-Format (xlsx)

Der Parameter *TableName* kann ein Tabellen- oder auch Abfragename sein, *FileName* ist der Name der Zieldatei bzw. beim Import der Name der bestehenden Excel-Datei.

HINWEIS: Beachten Sie, dass Sie bei Verwendung des Zielformats *acSpreadsheetTypeExcel12-Xml* als Dateierweiterung auch *.xlsx* verwenden sollten.

HasFieldNames bestimmt beim Import, ob die erste Zeile als Spaltenbezeichner zu interpretieren ist oder als normaler Datensatz. Beim Export wird dieser Wert ignoriert, Access exportiert in jedem Fall die Feldnamen.

Last, but not least, können Sie mit *Range* bestimmen, welcher Tabellenbereich bzw. welches Tabellenblatt zu importieren ist.

BEISPIEL: Exportieren einer Tabelle in eine neue Excel-Mappe

```
Sub Einfacher_Export_einer_Tabelle()
    DoCmd.TransferSpreadsheet acExport, acSpreadsheetTypeExcel12Xml, "Kundenstammdaten", _
                "c:\test.xlsx", True
End Sub
```

	A	B	C	D	E	F	G	H
1	Nr	Name	Vorname	Straße	PLZ	Ort	Bemerkung	Geschlecht
2	1	Müller	Heinrich	Lindenalles 3	12345	Berlin		1
3	2	Brauer	Otto	Dorfstraße 7	54321	Kuhdorf		1
4	3	Müller	Anna	Mühlendamm 4	66235	Mittweida		2
5								
6								

BEISPIEL: Exportieren mehrerer Tabellen

```
Sub Export_mehrerer_Tabellen()
    DoCmd.TransferSpreadsheet acExport, acSpreadsheetTypeExcel12Xml, "Kundenstammdaten", _
                "c:\test.xlsx", True
    DoCmd.TransferSpreadsheet acExport, acSpreadsheetTypeExcel12Xml, "Beispieltabelle", _
                "c:\test.xlsx", True
End Sub
```

Der Import von Excel-Arbeitsblättern erfordert schon etwas höheren Aufwand, wie es das folgende Beispiel zeigt.

18.6 Zugriff auf Excel-Arbeitsmappen

BEISPIEL: Importieren des ersten Tabellenblatts in der Mappe

```
Sub Einfacher_Import_eines_Tabellenblatts()
    DoCmd.TransferSpreadsheet acImport, acSpreadsheetTypeExcel12Xml, _
                    "Kundenstammdaten_Reimport", "c:\test.xlsx", True
End Sub
```

HINWEIS: Obiger Quellcode importiert das erste Tabellenblatt der Excel-Mappe in die Tabelle *Kundenstammdaten_ Reimport*. Wird die Methode mehrfach aufgerufen, werden die Datensätze an die schon bestehende Tabelle angehängt. Sie müssen also gegebenenfalls die Tabelle vorher löschen oder leeren.

BEISPIEL: Importieren eines bestimmten Tabellenblatts in der Mappe

```
Sub Erweiterter_Import_eines_Tabellenblatts()
    DoCmd.TransferSpreadsheet acImport, acSpreadsheetTypeExcel12Xml, "Tabellenblatt2_Import", _
                    "c:\test.xlsx", True, "Beispieltabelle!"
End Sub
```

HINWEIS: Steuern Sie den Import mit der Angabe des Bereichs (in diesem Fall der Namen des Tabellenblatts).

Möchten Sie nur einige Zeilen/Spalten importieren, ist auch dies möglich, wie das folgende Beispiel zeigt.

BEISPIEL: Import des Bereichs A1:B2

```
Sub Selektiver_Import_eines_Tabellenblatts()
    DoCmd.TransferSpreadsheet acImport, acSpreadsheetTypeExcel12Xml, _
                    "Tabellenblatt_Import_Selektiv", "c:\test.xlsx", True, "Beispieltabelle!A1:B2"
End Sub
```

HINWEIS: Beachten Sie, dass natürlich auch der Tabellenkopf bei der Bereichsangabe berücksichtigt werden muss.

	A	B	C
1	Jahr	Umsatz	Gewinn
2	2009	78.749.834,00	24.424,00
3	2010	75.837.598,00	31.313,00

Tabellenblatt_Import_Selektiv

Jahr	Umsatz
2009	78.749.834,00
*	

Leider hat die Methode *TransferSpreadsheet* eine wesentliche Einschränkung, Sie können nur bestehende Tabellen und Abfragen exportieren. Doch was, wenn Sie ad hoc eine Abfrage zusammenstellen und deren Ergebnisse nach Excel exportieren wollen? Hier bliebt Ihnen nichts anderes übrig, als zunächst in Access eine neue Abfrage zu erstellen, um diese dann exportieren zu können. Abschließend können Sie diese Abfrage ja wieder löschen.

BEISPIEL: Dynamisches Erstellen und Exportieren einer Abfrage

```
Sub Export_Query_to_Excel(abfrage As String, filename As String)
Dim db As DAO.Database
Dim qd As DAO.QueryDef
```

Aktuelle Datenbank nutzen:

```
Set db = CurrentDb
```

Kurz aktualisieren:

```
db.QueryDefs.Refresh
```

Eventuell die vorherige Abfrage löschen:

```
For Each qd In db.QueryDefs
    If qd.Name = "LetzteEinstellungen" Then db.QueryDefs.Delete qd.Name
Next qd
```

Neue Abfrage erstellen:

```
Set qd = db.CreateQueryDef("__tempQuery", abfrage)
```

Export:

```
DoCmd.TransferSpreadsheet acExport, acSpreadsheetTypeExcel12Xml, "__tempQuery", _
                         filename, True
```

Abfrage löschen:

```
    db.QueryDefs.Delete qd.Name
    Set db = Nothing
End Sub
```

Verwenden können Sie obige Funktion zum Beispiel wie folgt:

```
Export_Query_to_Excel "SELECT * FROM Kundenstammdaten WHERE name LIKE 'M*'", _
"c:\abfrageergebnis.xlsx"
```

Ein grundsätzlicher Hinweis zum Abschluss:

HINWEIS: Der Import von Excel-Daten ist in den meisten Fällen mit reichlich Fallstricken behaftet, da der Importfilter aus den ersten Tabellenblattzeilen den Datentyp bestimmen will. Die funktioniert nicht immer zuverlässig und so sind Abbrüche beim Import keine Seltenheit.

18.6.3 Import/Export per DAO

Ist Ihnen obige Lösung nicht flexibel genug, bietet sich alternativ der Import/Export per DAO an. Der Hintergrund dieser Variante ist die Möglichkeit, eine Excel-Mappe als eigenständige Datenbank zu betrachten, enthaltene Tabellenblätter sind die Tabellen mit den entsprechenden Datensätzen.

Sehen wir uns also an, wie wir mit derartigen "Datenbanken" arbeiten können.

Der Connnectionstring

Wie nicht anders zu erwarten, müssen wir uns beim Öffnen der Datenbank bzw. der Excel-Mappe zunächst um den Connectionstring kümmern. Dieser bestimmt sowohl die Excel-Version, als auch das Arbeitsmappenformat.

Grundsätzlich müssen Sie zwischen drei Dateiformaten unterscheiden:

Eigenschaft	Bedeutung
Excel 5.0	Excel 97-Daten
Excel 8.0	Excel 2000, 2002, 2003-Daten
Excel 12.0 Xml	Excel 2007-Daten im XLSX-Format

Neben dem Excel-Format können Sie auch angeben, ob beim Import die erste Zeile der Excel-Tabelle als Tabellenkopf (d.h. für die Spaltennamen) verwendet wird. Verantwortlich dafür ist die Option "HDR=Yes". Setzen Sie den Wert auf *No*, behandelt der Provider die Zeile als normalen Datensatz.

HINWEIS: Lassen sich keine Spaltennamen durch den Provider bestimmen, können Sie auf die einzelnen Felder auch über die Bezeichner "F1", "F2" ... zugreifen (z.B. in SQL-Abfragen).

BEISPIEL: Verwendung des Connectionstrings

```
Dim db As Database
    Set db = OpenDatabase("C:\Test.xlsx", False, False, "Excel 12.0 Xml;")
```

HINWEIS: Wer Probleme mit den enthaltenen Datentypen hat, kann die Option "IMEX=1" im Connectionstring unterbringen, in diesem Fall werden die Datentypen der einzelnen Spalten nicht aus deren Inhalt bestimmt, sondern es wird für alle Spalten der Datentyp *Text* angenommen.

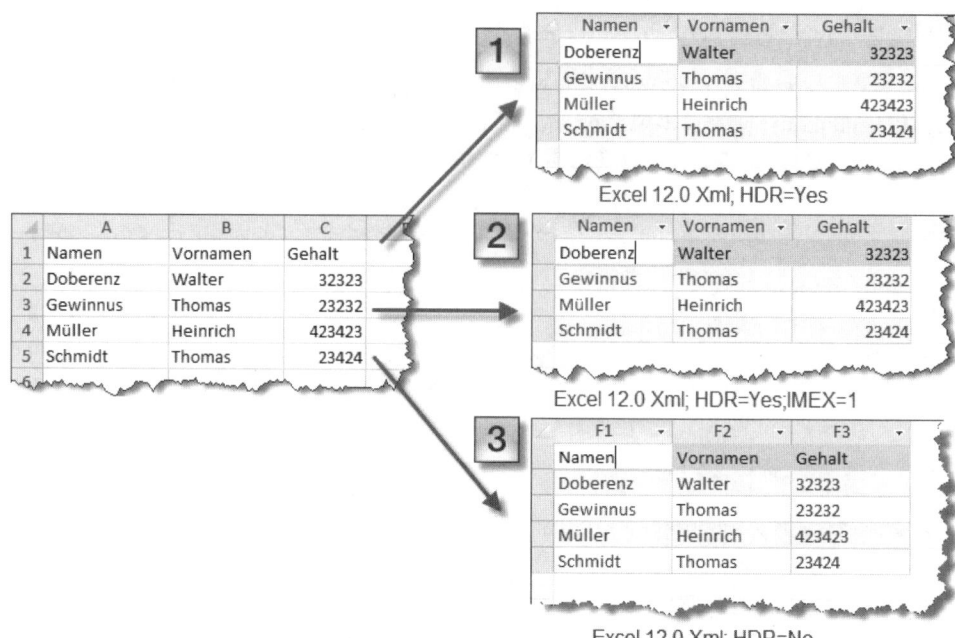

Die Varianten im Einzelnen:

- **Variante 1**
  Die erste Zeile des Excel-Tabellenblatts wird als Tabellenkopf interpretiert, die Spalte *Gehalt* als Zahl

- **Variante 2**
  Die erste Zeile des Excel-Tabellenblatts wird als Tabellenkopf interpretiert, die Spalte *Gehalt* als Text

- **Variante 3**
  Die erste Zeile des Excel-Tabellenblatts wird als Datensatz interpretiert, die Spalte *Gehalt* automatisch als Text (Mischdaten)

Kommen wir nun zu speziellen Aufgabenstellungen.

Neue Mappen erstellen

Nachdem wir uns mit dem neuen Connectionstring "angefreundet" haben, wollen wir in einem ersten Schritt eine neue Excel-Arbeitsmappe erstellen.

BEISPIEL: Erstellen einer neuen Arbeitsmappe mit DAO-Objekten

```
Sub ExcelMappeErstellen()
Dim db As Database
Dim tbl As TableDef
Dim fld As DAO.Field
```

18.6 Zugriff auf Excel-Arbeitsmappen

Verbindung zuweisen:

```
Set db = OpenDatabase("C:\Buchbeispiel.xls", False, False, "Excel 8.0;")
```

Eine neue "Tabelle", d.h. in diesem Fall ein neues Tabellenblatt, erzeugen:

```
Set tbl = db.CreateTableDef("MeineExportDaten")
tbl.Fields.Append tbl.CreateField("Vorname", dbText)
tbl.Fields.Append tbl.CreateField("Nachname", dbText)
tbl.Fields.Append tbl.CreateField("Gehalt", dbCurrency)
db.TableDefs.Append tbl
db.Close
End Sub
```

Damit ist die Datei erstellt:

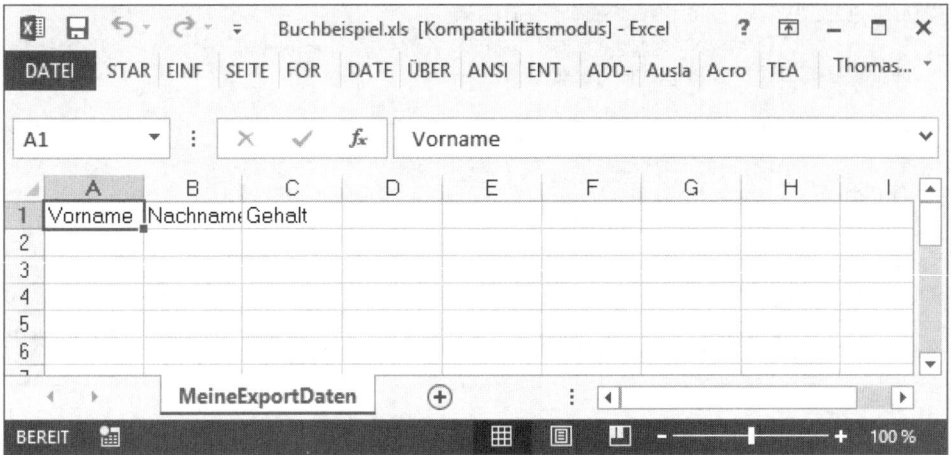

BEISPIEL: Erstellen einer neuen Arbeitsmappe per SQL

```
Sub ExcelMappeErstellen1()
Dim db As Database
```

Verbindung zuweisen:

```
Set db = OpenDatabase("C:\Buchbeispiel.xls", False, False, "Excel 8.0;")
```

SQL-Statement abarbeiten:

```
db.Execute "CREATE TABLE [MeineExportdaten]" & _
           "(Vorname char(255), Nachname char(255), Gehalt Currency)"
db.Close
End Sub
```

Beim Blick auf obige SQL-Anweisung werden Sie sicher bemerken, dass wir für die Spalten jeweils auch die entsprechenden Datentypen (*Char*, *Currency*) angegeben haben. Welche Typen Sie hier angeben, sollten Sie im Einzelfall mit dem jeweiligen Excel-Format ausprobieren.

Daten in ein Tabellenblatt eintragen

Sicher ist das Erstellen eines leeren Tabellenblatts nicht das endgültige Ziel, und so wollen wir im nächsten Schritt einige Datensätze in das bereits erstellte Tabellenblatt einfügen. An dieser Stelle werden wir uns auf die Verwendung von SQL-Befehlen beschränken.

BEISPIEL: Exportieren von drei Datensätze in eine vorhandene Excel-Tabelle

```
Sub Exportiere_drei_Datensaetze()
Dim db As Database
```

Verbindung öffnen:

```
    Set db = OpenDatabase("C:\Buchbeispiel.xls", False, False, "Excel 8.0;")
```

Datensätze speichern:

```
    db.Execute "INSERT INTO [MeineExportdaten$]" & _
               " (Vorname, Nachname, Gehalt) values ('Thomas', 'Gewinnus', 3456)"
    db.Execute "INSERT INTO [MeineExportdaten$]" & _
               " (Vorname, Nachname, Gehalt) values ('Walter', 'Doberenz', 3856)"
    db.Execute "INSERT INTO [MeineExportdaten$]" & _
               " (Vorname, Nachname, Gehalt) values ('Edwin', 'Müller', 1234)"
    db.Close
End Sub
```

HINWEIS: Vielfach finden Sie auch im Internet Beispiele, bei denen an den Tabellennamen ein "$" angehängt ist. In diesem Fall geht der Provider davon aus, dass dieses Tabellenblatt auch bereits vorhanden ist, andernfalls wird ein Fehler ausgelöst.

Stehen Sie mit SQL auf Kriegsfuß, können Sie selbstverständlich auch ein Recordset öffnen und dieses nach und nach füllen.

Dem SQL-Profi hingegen eröffnen sich noch wesentlich komplexere Exportmöglichkeiten, wenn er zum Beispiel an die SELECT INTO-Anweisung denkt.

BEISPIEL: Verwendung von SELECT INTO zum Excel-Export

```
Sub Exportiere_eine_Tabelle()
    CurrentDb.Execute "SELECT * INTO [Excel 8.0;HDR=Yes;]" & _
                     "DATABASE=c:\\Buchbeispiel.xls].[Stammdaten] FROM [Kundenstammdaten]"
End Sub
```

Wie Sie sehen, wird hier direkt die Excel-Arbeitsmappe als Ziel angesprochen, gefolgt vom Tabellenblattnamen. Soll das Tabellenblatt bereits vorhanden sein, hängen Sie einfach ein "$"-Zeichen an.

Update

Auch hier kann der SQL-Programmierer mit seinen Kenntnissen glänzen.

18.6 Zugriff auf Excel-Arbeitsmappen

BEISPIEL: Ändern eines spezifischen Datensatzes

```
Sub ExcelDaten_aktualisieren()
Dim db As Database

    Set db = OpenDatabase("C:\Buchbeispiel.xls", False, False, "Excel 8.0;HDR=Yes")
    db.Execute "UPDATE [MeineExportdaten$] SET Gehalt= 2900 WHERE Nachname='Müller'"
    db.Close
End Sub
```

HINWEIS:

18.6.4 Daten auslesen

Für das Auslesen der Excel-Tabellen bieten sich verschiedene Wege an, von denen wir Ihnen drei vorstellen möchten.

BEISPIEL: Auslesen mit *Recordset* unter Verwendung der Headerinformationen und mit bekannten Tabellenblattnamen

```
Sub ExcelDaten_auslesen1()
Dim db As Database
Dim rs As Recordset

    Set db = OpenDatabase("C:\Buchbeispiel.xls", False, False, "Excel 8.0;HDR=Yes")
    Set rs = db.OpenRecordset("SELECT * FROM [MeineExportdaten$]")
    While Not rs.EOF
        Debug.Print rs!Vorname & " " & rs!Nachname
        rs.MoveNext
    Wend
    rs.Close
    db.Close
End Sub
```

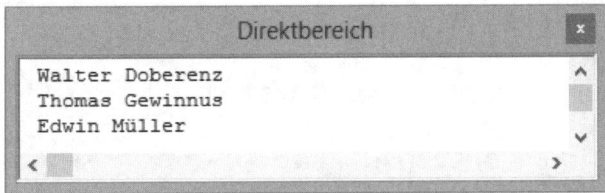

Ist die Arbeitsmappenstruktur unbekannt, müssen Sie zunächst über die *TableDefs*-Auflistung die vorhandenen Tabellenblätter ermitteln, bevor Sie auf diese zugreifen können.

BEISPIEL: Auslesen der Tabellenblätter ohne Kenntnis des Tabellenblattnamens aber mit Header

```
Sub ExcelDaten_auslesen2()
Dim db As Database
Dim rs As Recordset
Dim i As Integer

    Set db = OpenDatabase("C:\Buchbeispiel.xls", False, False, "Excel 8.0;HDR=Yes")
```
Tabellenblätter bestimmen:
```
    For i = 0 To db.TableDefs.Count - 1
       If Right(db.TableDefs(i).Name, 1) = "$" Then
          Debug.Print "-------------------------------------------------"
          Debug.Print db.TableDefs(i).Name
          Debug.Print "-------------------------------------------------"
          Set rs = db.OpenRecordset("SELECT * FROM [" & db.TableDefs(i).Name & "]")
          While Not rs.EOF
             Debug.Print rs!Vorname & " " & rs!Nachname
          rs.MoveNext
          Wend
          rs.Close
       End If
    Next i
    db.Close
End Sub
```

Geht es um unbekannte Excel-Arbeitsmappen, müssen Sie zunächst wie im vorhergehenden Beispiel die Tabellenblätter bestimmen, nachfolgend verwenden Sie die *Fields*-Auflistung um die Spalten zu bestimmen.

BEISPIEL: Freies Einlesen einer Excel-Arbeitsmappe ohne vorgegebene Struktur

```
Sub ExcelDaten_auslesen3()
Dim db As Database
Dim rs As Recordset
Dim i  As Integer, j As Integer

    Set db = OpenDatabase("C:\Buchbeispiel.xls", False, False, "Excel 8.0;HDR=No, IMEX=1")
```
Für alle Tabellenblätter:
```
    For j = 0 To db.TableDefs.Count - 1
       If Right(db.TableDefs(j).Name, 1) = "$" Then
          Debug.Print "-------------------------------------------------"
          Debug.Print db.TableDefs(j).Name
          Debug.Print "-------------------------------------------------"
          Set rs = db.OpenRecordset("SELECT * FROM [" & db.TableDefs(j).Name & "]")
          While Not rs.EOF
```

18.6 Zugriff auf Excel-Arbeitsmappen

Für alle Spalten:

```
        For i = 0 To rs.Fields.Count - 1
            Debug.Print rs.Fields(i).Value & " ";
        Next
        Debug.Print ""
        rs.MoveNext
    Wend
    rs.Close
End If
Next j
db.Close

End Sub
```

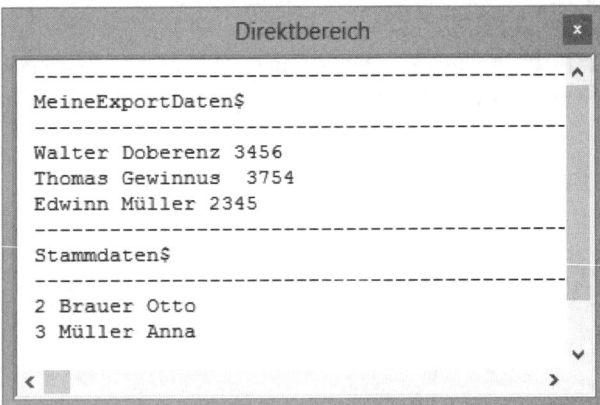

18.6.5 Zugriff auf Tabellenbereiche

Möchten Sie aus umfangreichen Tabellenblättern nur einen kleinen Ausschnitt einlesen, ist auch dies problemlos möglich. Statt lediglich einen Tabellennamen bei der Datenauswahl anzugeben, können Sie zusätzlich auch einen Bereich mit Hilfe der Excel-Konventionen definieren und an den Tabellennamen anhängen (z.B. "Tabelle1$A1:B7").

BEISPIEL: Laden von Tabellenbereichen

```
Sub ExcelDaten_auslesen4()
Dim db As Database
Dim rs As Recordset
    Set db = OpenDatabase("C:\Buchbeispiel.xls", False, False, "Excel 8.0;HDR=Yes")
```

Die ersten drei Zeilen (d.h. inkl. Header) einlesen:

```
    Set rs = db.OpenRecordset("SELECT * FROM [MeineExportdaten$A1:B3]")
    While Not rs.EOF
        Debug.Print rs!Vorname & " " & rs!Nachname
        rs.MoveNext
```

```
Wend
rs.Close
db.Close
```

```
End Sub
```

Doch Achtung:

> **HINWEIS:** Nutzen Sie Headerinformationen (Tabellenköpfe), müssen Sie diese natürlich in den Bereich einschließen, andernfalls ist kein Zugriff möglich.

18.6.6 OLE-Automation

An dieser Stelle wollen wir keine umfassende Einführung in die Programmierung von Excel per OLE-Automation geben, sondern uns auf zwei kurze Beispiele beschränken, die Ihnen zum einen das Erstellen einer gänzlich neuen Excel-Arbeitsmappe und zum anderen das Nachbearbeiten einer bestehenden Arbeitsmappe demonstrieren. Letzteres dürfte zusammen mit dem Datenexport per DAOs der sinnvollste Weg sein.

BEISPIEL: Nachbearbeiten der Excel-Datei aus den vorhergehenden Beispielen

```
Sub Excel_mit_OLE_formatieren()
    Dim oExcel As Excel.Application
    Dim oExcelWorkbook As Excel.Workbook
    Dim oExcelSheet As Excel.Worksheet
```

Excel-Instanz erzeugen:

```
    Set oExcel = New Excel.Application
```

Excel anzeigen (das muss nicht sein):

```
    oExcel.Visible = True
```

Wir öffnen die bereits vorhandene Datei:

```
    Set oExcelWorkbook = oExcel.Workbooks.Open("c:\Buchbeispiel.xls")
    Set oExcelSheet = oExcelWorkbook.Sheets("MeineExportdaten")
```

Einen Bereich auswählen und formatieren:

```
    oExcel.Range("A1:C1").Select
    oExcel.Selection.Font.Bold = True
```

Hier setzen wir ebenfalls ein neues Format für die Spalte *Gehalt*:

```
    oExcel.Range("C2:C5").Select
    oExcel.Selection.Style = "Currency"
```

Wir erzeugen eine Summe:

```
    oExcel.Range("C5").Activate
    oExcel.ActiveCell.FormulaR1C1 = "=SUM(R[-3]C:R[-1]C)"
```

18.6 Zugriff auf Excel-Arbeitsmappen

und formatieren diese:

```
oExcel.Range("C5").Select
oExcel.Selection.Font.Bold = True
```

Spaltenbreiten anpassen:

```
oExcel.Columns("B:B").ColumnWidth = 11.43
oExcel.Columns("C:C").ColumnWidth = 11.43
```

Datei sichern:

```
oExcelWorkbook.Close SaveChanges:=True
```

Excel wieder beenden:

```
oExcel.Application.Quit
```

End Sub

Das Ergebnis unserer Bemühungen zeigt die folgende Abbildung:

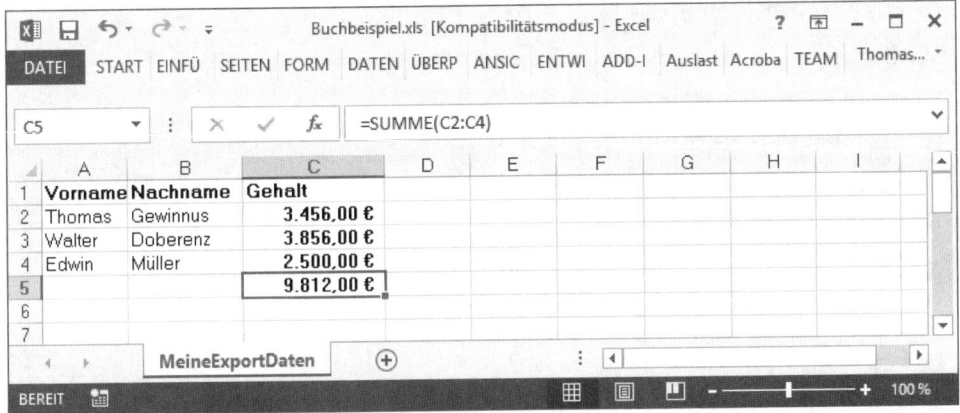

BEISPIEL: Erzeugen einer neuen Excel-Datei basierend auf einem *Recordset*

```
Sub Erzeugen_einer_neuen_Exceldatei()
    Dim oExcelWorkbook As Excel.Workbook
    Dim oExcelSheet As Excel.Worksheet
    Dim rs As Recordset
    Dim i As Integer
```

Das *Recordset* erzeugen:

```
Set rs = CurrentDb.OpenRecordset("SELECT * FROM Kundenstammdaten")
```

Excel-Instanz erzeugen:

```
Set oExcel = New Excel.Application
```

Excel anzeigen (das muss nicht sein):

```
oExcel.Visible = True
```

Neue Arbeitsmappe erzeugen:

```
Set oExcelWorkbook = oExcel.Workbooks.Add()
Set oExcelSheet = oExcelWorkbook.ActiveSheet
```

Tabellenkopf festlegen:

```
For i = 0 To rs.Fields.Count - 1
    oExcelSheet.Cells(1, i + 1) = rs.Fields(i).Name
Next i
```

Wir fügen einen kompletten Bereich ein:

```
Set rs = CurrentDb.OpenRecordset("SELECT * FROM Kundenstammdaten")
oExcelSheet.Range("A2").CopyFromRecordset rs
```

Tabellenblatt benennen:

```
oExcelSheet.Name = "Ergebnisse"
```

Speichern:

```
oExcelWorkbook.Close SaveChanges:=True, filename:="c:\Buchtest99.xlsx"
oExcel.Application.Quit
End Sub
```

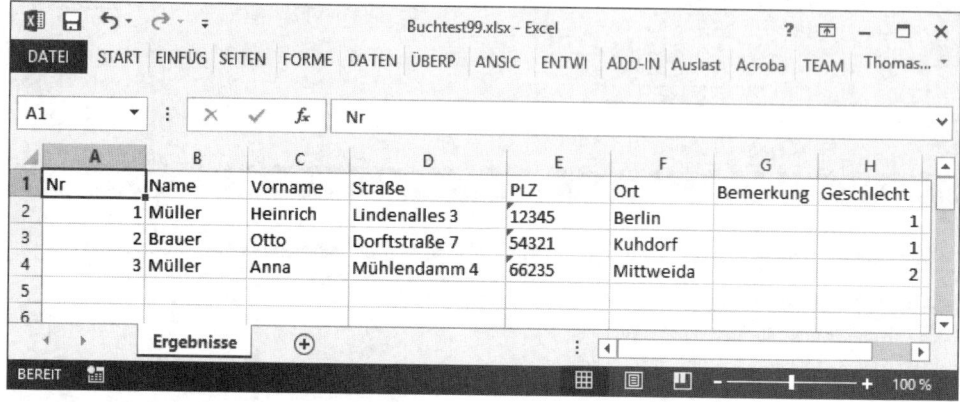

HINWEIS: Selbstverständlich fehlt in obigem Beispiel noch jede Menge Fehlerbehandlung, die gerade in diesem Zusammenhang sehr wichtig ist, da im Zweifelsfall die Excel-Anwendung im Arbeitsspeicher verbleibt.

18.7 Praxisbeispiele

18.7.1 Eine externe Anwendung starten

API-Programmierung; *WaitForSingleObject*-, *CreateProcess*-Funktion;

Um von Ihrer Access-Applikation aus andere Programme zu starten, bieten sich drei Möglichkeiten an:

- *Shell*-Funktion (VBA)
- *ShellExecute*-Funktion (API)
- *CreateProcess*-Funktion (API, Win32)

Leider hat die von VBA angebotene *Shell*-Funktion einen kleinen Makel: Es existiert keine Möglichkeit um festzustellen, ob und wann ein gestartetes Programm beendet wurde. Als professioneller 32-Bit-Programmierer sollten Sie deshalb die *CreateProcess*-Funktion einsetzen.

Oberfläche

Es genügen ein Formular, ein *Textfeld* für die Eingabe des Anwendungsnamens und eine *Befehlsschaltfläche*.

Quelltext

Für uns ist im Wesentlichen nur das Beenden des Prozesses interessant. Mit der *WaitForSingleObject*- Funktion haben wir die Möglichkeit, so lange zu warten, bis ein gestarteter Prozess abgeschlossen ist. Auf die verschiedenen Optionen beim Programmstart wollen wir nicht näher eingehen. Sollten Sie in dieser Richtung weitere Versuche anstellen wollen, dürfte die *STARTUPINFO*-Struktur der geeignete Ansatzpunkt sein:

```
Type STARTUPINFO
    cb As Long
    lpReserved As String
    lpDesktop As String
    lpTitle As String
    dwX As Long
    dwY As Long
    dwXSize As Long
    dwYSize As Long
    dwXCountChars As Long
    dwYCountChars As Long
    dwFillAttribute As Long
    dwFlags As Long
    wShowWindow As Integer
    cbReserved2 As Integer
    lpReserved2 As Long
    hStdInput As Long
    hStdOutput As Long
```

```
        hStdError As Long
    End Type

    Type PROCESS_INFORMATION
        hProcess As Long
        hThread As Long
        dwProcessID As Long
        dwThreadID As Long
    End Type

    Public Const NORMAL_PRIORITY_CLASS = &H20&
    Public Const INFINITE = -1&

    Declare Function WaitForSingleObject Lib "kernel32" _
        (ByVal hHandle As Long, ByVal dwMilliseconds As Long) As Long

    Declare Function CreateProcess Lib "kernel32" Alias "CreateProcessA" _
        (ByVal lpApplicationName As Long, ByVal lpCommandLine As String, ByVal _
        lpProcessAttributes As Long, ByVal lpThreadAttributes As Long, _
        ByVal bInheritHandles As Long, ByVal dwCreationFlags As Long, _
        ByVal lpEnvironment As Long, ByVal lpCurrentDirectory As Long, _
        lpStartupInfo As STARTUPINFO, lpProcessInformation As PROCESS_INFORMATION) As Long
    Declare Function CloseHandle& Lib "kernel32" (ByVal hObject As Long)
```

Lassen Sie sich nicht abschrecken, der eigentliche Aufruf ist relativ einfach:

```
Private Sub Command3_Click()
Dim prinfo As PROCESS_INFORMATION
Dim info As STARTUPINFO
 info.cb = Len(info)
```

Der Funktion *CreateProcess* übergeben Sie neben der Kommandozeile und den beiden Strukturen zusätzliche Parameter, die unter anderem die Prozesspriorität bestimmen. Angefangen mit der Leerlaufaktivität (*IDLE_PRIORITY_CLASS*) über das "normale" Programm (*NORMAL_ PRIORITY_ CLASS*) kann die Priorität bis zur Echtzeitfähigkeit (*REALTIME_PRIORITY_CLASS*) erhöht werden.

```
 CreateProcess 0&, Text1.TEXT, 0&, 0&, 1&, NORMAL_PRIORITY_CLASS, 0&, 0&, info, prinfo
 WaitForSingleObject prinfo.hProcess, INFINITE
 CloseHandle prinfo.hProcess
 MsgBox "Prozess beendet!", 64, "Information"
End Sub
```

Möchten Sie eine bestimmte Anzahl von Millisekunden warten, müssen Sie der Funktion *WaitForSingleObject* statt *INFINITE* einen Wert übergeben.

Test

Nach dem Aufruf der Anwendung (z.B. *Calc*) und dem Beenden wird eine Statusmitteilung angezeigt:

18.7 Praxisbeispiele

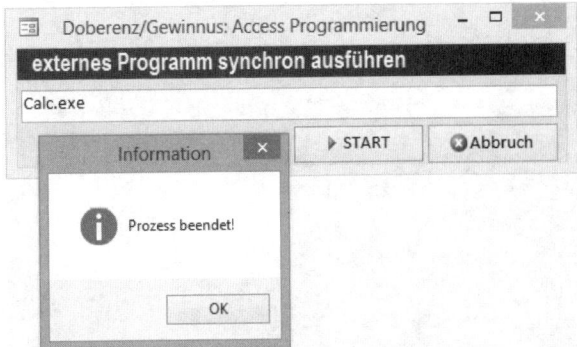

18.7.2 Informationen über das aktuelle System ermitteln

API-Programmierung; *GetWindowsDirectory-*, *GetSystemDirectory-*, *GlobalMemoryStatusEx-*, *GetDeviceCaps-*, *GetSystemInfo*-Funktion;

Um etwas über das System zu erfahren, müssen wir schon die API bemühen. Unter den vielen abrufbaren Informationen sind für uns im Wesentlichen die folgenden Angaben interessant:

- Arbeitsspeicher und freier Arbeitsspeicher
- Auslagerungsdatei
- die Systemressourcen (GDI, USER)
- das *Windows*-Verzeichnis und das *System*-Verzeichnis
- die Prozessoranzahl
- die Bildschirmauflösung
- Datum und Uhrzeit

Oberfläche

Unser Formular bestücken wir mit einem *Listenfeld* für die Anzeige der Parameter sowie einer *Befehlsschaltfläche* zum Beenden des Programms.

API-Programmierung

Der Aufwand zur Ermittlung von Systeminformationen ist mittlerweile etwas höher, da auch Speicher von mehr als 2 GB Einzug gehalten hat. VBA ist diesbezüglich noch in der Computersteinzeit stehengeblieben. Wir müssen uns deshalb eine entsprechende Typkonvertierung selbst schreiben.

Binden Sie zunächst die folgenden Typen/Konstanten und API-Funktionen in das Projekt ein:

```
Type LARGE_INTEGER
    LowPart As Long
    HighPart As Long
End Type
```

```
Type MEMORYSTATUSEX
    dwLength As Long
    dwMemoryLoad As Long
    ullTotalPhys As LARGE_INTEGER
    ullAvailPhys As LARGE_INTEGER
    ullTotalPageFile As LARGE_INTEGER
    ullAvailPageFile As LARGE_INTEGER
    ullTotalVirtual As LARGE_INTEGER
    ullAvailVirtual As LARGE_INTEGER
    ullAvailExtendedVirtual As LARGE_INTEGER
End Type

Declare Function GlobalMemoryStatusEx Lib "kernel32.dll" _
            (ByRef lpBuffer As MEMORYSTATUSEX) As Long

Declare Sub CopyMemory Lib "kernel32.dll" Alias "RtlMoveMemory" (Destination As Any, _
                                            Source As Any, ByVal Length As Long)

Declare Function GetWindowsDirectory Lib "kernel32" Alias "GetWindowsDirectoryA" _
        (ByVal lpBuffer As String, ByVal nSize As Long) As Long

Declare Function GetSystemDirectory Lib "kernel32" Alias "GetSystemDirectoryA" _
        (ByVal lpBuffer As String, ByVal nSize As Long) As Long

Type SYSTEM_INFO
        dwOemID As Long
        dwPageSize As Long
        lpMinimumApplicationAddress As Long
        lpMaximumApplicationAddress As Long
        dwActiveProcessorMask As Long
        dwNumberOfProcessors As Long
        dwProcessorType As Long
        dwAllocationGranularity As Long
        dwReserved As Long
End Type

Global systeminfo As SYSTEM_INFO

Declare Sub GetSystemInfo Lib "kernel32" (lpSystemInfo As SYSTEM_INFO)
Declare Function CreateDC Lib "gdi32" Alias "CreateDCA" _
        (ByVal lpDriverName As String, ByVal lpDeviceName As Any, _
        ByVal lpOutput As Any, ByVal lpInitData As Any) As Long
Public Const SIZEPALETTE = 104

Declare Function GetDeviceCaps Lib "gdi32" (ByVal hdc As Long, ByVal nIndex As Long) As Long

Declare Function DeleteDC Lib "gdi32" (ByVal hdc As Long) As Long
```

18.7 Praxisbeispiele

Die LARGE_INTEGER-Konvertierung in VBA-verträgliches Currency:

```
Public Function LargeIntToCurrency(liInput As LARGE_INTEGER) As Currency
    CopyMemory LargeIntToCurrency, liInput, LenB(liInput)
    LargeIntToCurrency = LargeIntToCurrency * 10000
End Function
```

Die Funktions-Aufrufe

```
Dim Puffer As String * 255
Dim i As Integer, zw As String, dWords As Long
Dim dc As Long, ta As String, BitPix As Long
    ta = ";"""
```

> **HINWEIS:** Initialisieren Sie den Parameter *dwLength* mit der Größe der Struktur. Der Grund liegt in der späteren Erweiterbarkeit (zusätzliche Systeminformationen).

```
Dim MemStat As MEMORYSTATUSEX
MemStat.dwLength = Len(MemStat)
```

Speicherinformationen gewinnen:

```
GlobalMemoryStatusEx MemStat
additem "phys. Speicher " & ta & Format(LargeIntToCurrency(MemStat.ullTotalPhys), _
    "###,###,###,###,###,###") & " Byte"
additem "phys. Speicher frei" & ta & Format(LargeIntToCurrency(MemStat.ullAvailPhys), _
    "###,###,###,###,###,###") & " Byte"
additem "Auslagerungsspeicher" & ta & Format(LargeIntToCurrency(MemStat.ullTotalVirtual), _
    "###,###,###,###,###,###") & " Byte"
additem "Auslagerungsspeicher frei" & ta _
    & Format(LargeIntToCurrency(MemStat.ullAvailVirtual), "###,###,###,###,###,###") & _
    " Byte"
```

Windowsverzeichnis bestimmen:

```
Puffer = Space$(255)
i = GetWindowsDirectory(Puffer, 255)
addItem "Windowsverzeichnis" & ta & Left(Puffer, i)
```

Systemverzeichnis bestimmen:

```
Puffer = Space$(255)
i = GetSystemDirectory(Puffer, 255)
addItem "Systemverzeichnis" & ta & Left$(Puffer, i)
```

Prozessoranzahl bestimmen:

```
GetSystemInfo systeminfo
addItem "Prozessoren" & ta & Str(systeminfo.dwNumberOfProcessors)
```

Die Farbauflösung und die Bildschirmauflösung erhalten wir über einen Gerätekontext:

```
dc = GetDC(0)
```

```
BitPix = GetDeviceCaps(dc, 12)
If BitPix > 24 Then BitPix = 24
addItem "Farben" & ta & CStr(GetDeviceCaps(dc, 14) * 2 ^ BitPix)
ReleaseDC 0, dc
addItem "Bildschirmauflösung" & ta & CStr(GetDeviceCaps(dc, 8)) & "x" & _
                               CStr(GetDeviceCaps(dc, 10))
DeleteDC dc
```

Datum und Uhrzeit:

```
addItem "Datum" & ta & CStr(Date)
addItem "Uhrzeit" & ta & CStr(Time)
```

Eine Hilfsfunktion für die Anzeige:

```
Sub additem(s As String)
   If list1.RowSource <> "" Then
      list1.RowSource = list1.RowSource & ";""" & s & """"
   Else
      list1.RowSource = list1.RowSource & """" & s & """"
   End If
End Sub
```

Test

Nach dem Start dürften bereits alle Informationen angezeigt werden:

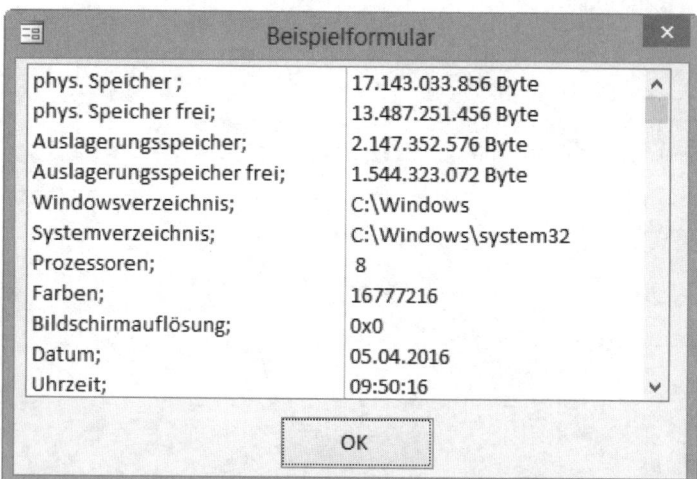

18.7.3 Das aktuelle Betriebssystem ermitteln

Auf den ersten Blick gleichen sich die verschiedenen Windows-Versionen wie ein Ei dem anderen. Aber im Verborgenen schlummern die Unterschiede, wie viele Programmierer schon leidvoll erfahren mussten. Soll eine Anwendung unter verschiedenen Betriebssystemen laufen, bleibt in vielen Fällen nichts anderes übrig als eine systemabhängige Programmierung.

Oberfläche

Kaum der Rede wert ... nur ein einfaches Formular mit zwei *Befehlsschaltflächen* und einem *Textfeld* für die Ausgabe.

Quelltext

Das obligate Einbinden der API-Funktionen:

```
Private Type OSVERSIONINFOEX
  dwOSVersionInfoSize As Long
  dwMajorVersion As Long
  dwMinorVersion As Long
  dwBuildNumber As Long
  dwPlatformId As Long
  szCSDVersion As String * 128
  wServicePackMajor As Integer
  wServicePackMinor As Integer
  wSuiteMask As Integer
  wProductType As Byte
  wReserved As Byte
End Type

Private Const VER_PLATFORM_WIN32s = 0
Private Const VER_PLATFORM_WIN32_WINDOWS = 1
Private Const VER_PLATFORM_WIN32_NT = 2
Private Const VER_NT_WORKSTATION = &H1

Private Declare Function GetVersionEx Lib "kernel32" Alias "GetVersionExA" _
    (lpVersionInformation As OSVERSIONINFOEX) As Long
```

Die Enumeration, über die wir die Versionen unterscheiden können:

```
Private Enum SystemTyp
   sWin95 = 1
   sWin98 = 2
   sWinNT = 3
   sWin2000 = 4
   sWinMe = 5
   sWinXP = 6
   sWinVista = 7
   sWinServer2008 = 8
   sWin7 = 9
   sWinServer2008R2 = 10
   sWin8 = 11
   sWinServer2012 = 12
   sWin81 = 13
End Enum
```

Die eigentliche Hilfsfunktion:

```
Private Function Betriebssystem() As SystemTyp
Dim info As OSVERSIONINFOEX
  info.dwOSVersionInfoSize = Len(info)
  GetVersionEx info
  If info.dwPlatformId = VER_PLATFORM_WIN32_NT Then
    If (info.dwMajorVersion <= 4) Then Betriebssystem = sWinNT
    If ((info.dwMajorVersion = 5) And (info.dwMinorVersion = 0)) Then Betriebssystem = sWin2000
    If ((info.dwMajorVersion = 5) And (info.dwMinorVersion > 0)) Then Betriebssystem = sWinXP
    If ((info.dwMajorVersion = 6) And (info.dwMinorVersion = 0)) Then Betriebssystem = sWinVista
    If ((info.dwMajorVersion = 6) And (info.dwMinorVersion = 0) And info.wProductType <> _
                VER_NT_WORKSTATION) Then Betriebssystem = sWinServer2008
    If ((info.dwMajorVersion = 6) And (info.dwMinorVersion = 1)) Then Betriebssystem = sWin7
    If ((info.dwMajorVersion = 6) And (info.dwMinorVersion = 1) And info.wProductType <> _
                VER_NT_WORKSTATION) Then Betriebssystem = sWinServer2008R2
    If ((info.dwMajorVersion = 6) And (info.dwMinorVersion = 2)) Then Betriebssystem = sWin8
    If ((info.dwMajorVersion = 6) And (info.dwMinorVersion = 3)) Then Betriebssystem = sWin81
    If ((info.dwMajorVersion = 6) And (info.dwMinorVersion = 2) And info.wProductType <> _
                VER_NT_WORKSTATION) Then Betriebssystem = sWinServer2012
  End If
  If info.dwPlatformId = VER_PLATFORM_WIN32_WINDOWS Then
    If ((info.dwMajorVersion > 4) Or ((info.dwMajorVersion = 4) And (info.dwMinorVersion > 0)))
Then
      If (info.dwMinorVersion = 90) Then
        Betriebssystem = sWinMe
      Else
        Betriebssystem = sWin98
      End If
    Else
      Betriebssystem = sWin95
    End If
  End If
End Function
```

Die Verwendung dieser Funktion ist absolut simpel, wie es das folgende Beispiel zeigt:

```
Private Sub OK_Click()
  Meldung.Value = "<b>Aktuelles Betriebssystem:</b> " + _
          Choose(Betriebssystem, "Windows 95", "Windows 98", "Windows NT", "Windows 2000", _
             "Windows Me", "Windows XP", "Windows Vista", "Windows Server 2008", _
             "Windows 7", "Windows Server 2008 R2", "Windows 8", "Windows Server 2012", _
             "Windows 8.1")
End Sub
```

HINWEIS: Alternativ könnten Sie auch mittels *Case*-Anweisung verschiedene Funktionen in Abhängigkeit vom aktuellen Betriebssystem ausführen.

Test

Nach dem Öffnen des Formulars klicken Sie auf die *Start*-Schaltfläche.

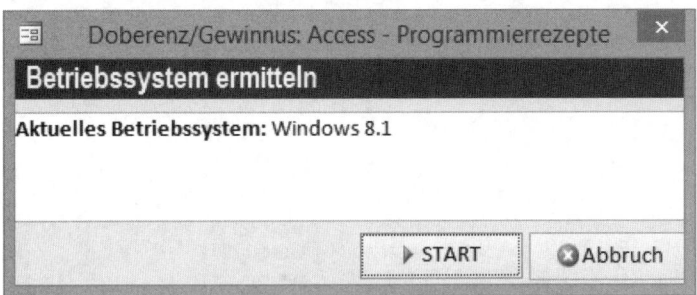

HINWEIS: Wie Sie in obiger Abbildung sehen, sind die Autoren bei Windows 8.1 stehen geblieben, Windows 10 konnte uns optisch nicht überzeugen.

Bemerkung

In vielen Fällen genügt bereits die einfache Unterscheidung zwischen Versionen vor und nach Windows NT. Nutzen Sie dazu die folgende Funktion, die auch mehrfach im Rahmen dieses Buchs verwendet wird:

```
Function IsSystemNT() As Boolean
Dim info As OSVERSIONINFO
  info.dwOSVersionInfoSize = Len(info)
  GetVersionEx info
  IsSystemNT = (info.dwPlatformId = VER_PLATFORM_WIN32_NT)
End Function
```

HINWEIS: Für Access ab Version 2013 ist diese Unterscheidung allerdings irrelevant, es läuft ja nur ab Windows 7.

18.7.4 Den Windows-Lizenznehmer ermitteln

Möchten Sie den Lizenznehmer von Windows ermitteln? Kein Problem, Sie finden zwar keine API-Funktion dafür, aber die Information befindet sich in der Registrierdatenbank und ist damit schnell ausgelesen.

Oberfläche

Auf dem Formular platzieren Sie lediglich zwei *Befehlsschaltfläche*n und ein *Textfeld*.

Quelltext

Binden Sie zunächst die folgenden API-Deklarationen ein:

```
Private Type OSVERSIONINFO
    dwOSVersionInfoSize As Long
    dwMajorVersion As Long
    dwMinorVersion As Long
    dwBuildNumber As Long
    dwPlatformId As Long
    szCSDVersion As String * 128
End Type

Private Declare Function RegOpenKey Lib "advapi32.dll" Alias "RegOpenKeyA" _
    (ByVal hKey As Long, ByVal lpSubKey As String, phkResult As Long) As Long

Private Declare Function RegCloseKey Lib "advapi32.dll" (ByVal hKey As Long) As Long
Private Declare Function RegQueryValueEx Lib "advapi32.dll" Alias "RegQueryValueExA" _
    (ByVal hKey As Long, ByVal lpValueName As String, ByVal lpReserved As Long, _
    lpType As Long, lpData As Any, lpcbData As Long) As Long

Private Const HKEY_LOCAL_MACHINE = &H80000002
Private Const REG_SZ = 1
```

Die beiden folgenden Funktionen unterscheiden automatisch das aktuelle Betriebssystem und liefern als Funktionsergebnis den gesuchten Wert zurück:

```
Function GetRegisteredOwner() As String
Dim lphkey&, bufsize&, puffer$
  RegOpenKey HKEY_LOCAL_MACHINE, "SOFTWARE\Microsoft\Windows NT\CurrentVersion", lphkey
  If RegQueryValueEx(lphkey, "RegisteredOwner", 0, REG_SZ, ByVal 0&, bufsize) <> 0 Then _
      Exit Function
  puffer = String(bufsize + 1, 0)
  RegQueryValueEx lphkey, "RegisteredOwner", 0, REG_SZ, ByVal puffer, bufsize
  RegCloseKey lphkey

  GetRegisteredOwner = Left(puffer, InStr(puffer, Chr(0)) - 1)
End Function

Function GetRegisteredOrganization$()
Dim lphkey&, bufsize&, puffer$

  RegOpenKey HKEY_LOCAL_MACHINE, "SOFTWARE\Microsoft\Windows NT\CurrentVersion", lphkey
  If RegQueryValueEx(lphkey, "RegisteredOrganization", 0, REG_SZ, ByVal 0&, bufsize) <> 0 Then _
                                                           Exit Function
  puffer = String(bufsize + 1, 0)
  RegQueryValueEx lphkey, "RegisteredOrganization", 0, REG_SZ, ByVal puffer, bufsize
  RegCloseKey lphkey
  GetRegisteredOrganization = Left(puffer, InStr(puffer, Chr(0)) - 1)
End Function
```

18.7 Praxisbeispiele

Die Verwendung ist denkbar einfach:

```
Private Sub OK_Click()
  Meldung.value = "<b>Lizenznehmer: </b>" & GetRegisteredOwner & "<br>" & _
                  "<b>Organisation: </b>" & GetRegisteredOrganization
End Sub
```

Test

Ohne viele Worte:

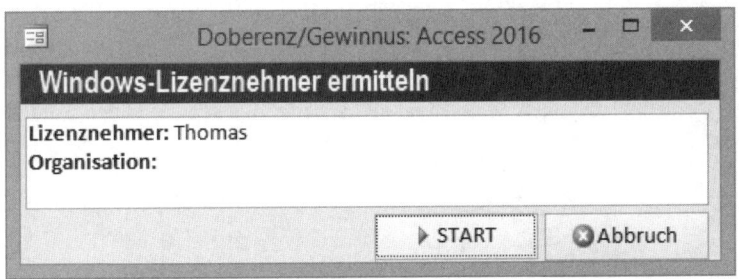

18.7.5 Zeitmessungen in Access durchführen

API-Programmierung; *QueryPerformanceCounter-*, *QueryPerformanceFrequency*-Funktion; Programmierung von Klassen

Wer hatte nicht schon einmal das Problem, die Ausführungsgeschwindigkeit von Programmteilen messen zu müssen? Sei es nur, um einen Vergleich durchzuführen oder um die Performance von Abfragen zu verbessern. Insbesondere bei Client/Server-Anwendungen kann ein Optimum an Geschwindigkeit nur durch entsprechende Versuche erreicht werden.

Unter Windows bieten sich verschiedene Varianten an, von denen jedoch nur eine als geeignet angesehen werden kann. Viele Programmierer verwenden nach wie vor die Funktion *GetTickCount*, die jedoch eine völlig unzureichende Genauigkeit liefert. Ursache ist nicht etwa die Funktion an sich, sondern der abgefragte Counter. Geht es nur darum, die Ausführungsgeschwindigkeit weniger Anweisungen zu ermitteln, dürfte die Ungenauigkeit viel zu groß sein.

Eine Alternative bietet sich mit der Funktion *QueryPerformanceCounter*, die einen "High Resolution Counter" abfragt.

Um die genaue Auflösung des Timers zu ermitteln, bedienen Sie sich der Funktion *QueryPerformanceFrequency*, welche die Timer-Frequenz zurückgibt. Leider besteht für den Visual Basic-Programmierer an dieser Stelle ein kleines Problem, der Parameter ist vom C-Datentyp LARGE_INTEGER, den Sie in VBA vermissen werden.

Die Funktions-Abfrage selbst ist noch relativ einfach bewerkstelligt, mit einem Record kann auch dieser Datentyp abgefragt werden:

```
Private Type LARGE_INTEGER
    lowpart As Long
    highpart As Long
End Type
```

Zum Rechnen müssen wir diesen Record allerdings in einen *Double*-Datentyp umwandeln. Diese Aufgabe übernimmt die Funktion *D*:

```
Private Function D(x As LARGE_INTEGER) As Double
    D = x.lowpart + x.highpart * 4294967296#
End Function
```

Die o.g. API-Funktionen werden wir in einem Klassenmodul kapseln, folgende Methoden werden bereitgestellt:

Methode/ Eigenschaft	Beschreibung
Calibrieren	Dient der Initialisierung des Timers (die Klasse wird initialisiert, gleichzeitig wird ein Korrekturfaktor berechnet, der Programmlaufzeiten innerhalb des Timers berücksichtigt)
Start	Beginn der Zeitmessung
Halt	Ende der Zeitmessung
ShowTime	Anzeige der Laufzeit in Millisekunden
RunTime	Rückgabe der Laufzeit in Millisekunden (*Double*-Wert)

Quelltext (Klassendefinition)

Fügen Sie folgenden Quellcode in ein neues Klassenmodul ein und speichern Sie dieses unter dem Namen *Timer*:

```
Option Explicit

Private Type LARGE_INTEGER
    lowpart As Long
    highpart As Long
End Type
```

Interne Variablen zur Berechnung der Zeitdifferenz:

```
Dim startzeit As LARGE_INTEGER
Dim endzeit As LARGE_INTEGER
Dim frequenz As LARGE_INTEGER
Dim cali As Double
```

Die API-Deklarationen:

```
Private Declare Function QueryPerformanceCounter Lib "kernel32" _
    (lpPerformanceCount As LARGE_INTEGER) As Long
```

```
Private Declare Function QueryPerformanceFrequency Lib "kernel32" _
    (lpFrequency As LARGE_INTEGER) As Long
```

Bei der ersten Verwendung der *Timer*-Klasse wird die *Initialize*-Methode abgearbeitet, in der die Hardwaretimer-Frequenz bestimmt wird:

```
Private Sub Class_Initialize()
    QueryPerformanceFrequency frequenz
End Sub
```

Vor der Verwendung des Timers sollten Sie diesen kalibrieren, d.h., wir berechnen einen Korrekturfaktor, der in die Berechnung des Endergebnisses eingeht:

```
Public Sub Calibrieren()
    QueryPerformanceCounter startzeit
    QueryPerformanceCounter endzeit
    cali = (D(endzeit) - D(startzeit)) / D(frequenz) * 1000    ' ms
End Sub
```

Starten des Timers:

```
Public Sub Start()
    QueryPerformanceCounter startzeit
End Sub
```

Anhalten bzw. Ende der Zeitmessung:

```
Public Sub Halt()
    QueryPerformanceCounter endzeit
End Sub
```

Zur Abfrage des Timer-Wertes definieren wir die schreibgeschützte Eigenschaft *Runtime*:

```
Public Property Get RunTime() As Variant    ' in ms
    RunTime = (D(endzeit) - D(startzeit)) / D(frequenz) * 1000 - cali
    If RunTime < 0 Then RunTime = 0
End Property
```

Eine weitere Variante zur Zeitanzeige bietet sich mit der Methode *ShowTime*:

```
Public Sub ShowTime()
    MsgBox "Zeitmessung: " & Format(RunTime, "0.00 ms")
End Sub
```

Die Konvertierungsfunktion (*LARGE_INTEGER* in *Double*):

```
Private Function D(x As LARGE_INTEGER) As Double
    D = x.lowpart + x.highpart * 4294967296#
End Function
```

Oberfläche (Beispielprogramm)

Ein kleines Beispielprogramm zeigt die Verwendung der Klasse *Timer*. Erstellen Sie ein neues Formular, den prinzipiellen Aufbau zeigt die Abbildung:

Kapitel 18: Programmschnittstellen

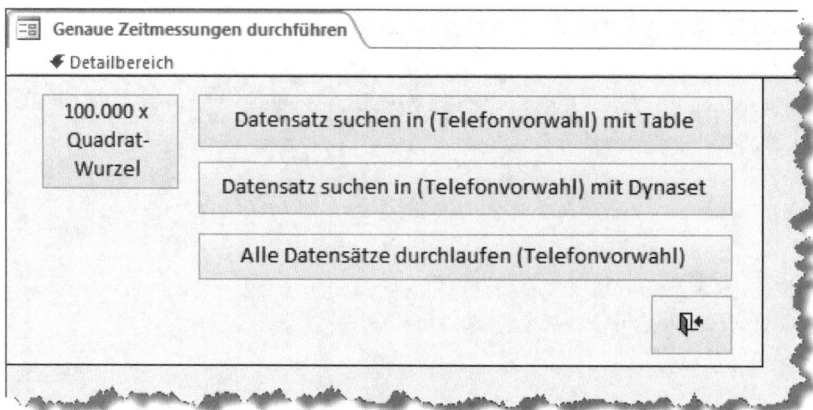

Quelltext (Beispielprogramm)

Die folgenden Beispiele zeigen Ihnen, wie Sie den Timer im Zusammenhang mit Berechnungen und Datenbank-Abfragen einsetzen können:

```
Option Explicit

Private Sub Befehl13_Click()
 Dim rs As DAO.Recordset
 Dim db As DAO.Database
 
 Timer.Calibrieren
 Timer.Start
    Set db = CurrentDb()
    Set rs = db.OpenRecordset("Städte und Telefonvorwahl", dbOpenTable)
    While Not rs.EOF
        rs.MoveNext
    Wend
 Timer.Halt
 Timer.ShowTime
End Sub

Private Sub Befehl14_Click()
 Dim rs As DAO.Recordset
 Dim db As DAO.Database
 Timer.Calibrieren
 Timer.Start
 Set db = CurrentDb()
 Set rs = db.OpenRecordset("Select * From [Städte und Telefonvorwahl]", dbOpenDynaset)
 rs.FindFirst " ort >= 'Burg'"
 Timer.Halt
 MsgBox "Burgs-Vorwahl ist: " & rs!vorwahl
 Timer.ShowTime
End Sub
```

18.7 Praxisbeispiele

```
Private Sub Befehl2_Click()
 Dim s As Single
 Dim l As Long
 Timer.Calibrieren
 Timer.Start
   For l = 0 To 100000
       s = Sqr(123456789)
   Next
 Timer.Halt
 Timer.ShowTime
End Sub

Private Sub Befehl3_Click()
 Dim rs As Recordset
 Dim db As Database

 Timer.Calibrieren
 Timer.Start
    Set db = CurrentDb()
    Set rs = db.OpenRecordset("Städte und Telefonvorwahl", dbOpenTable)
    rs.Index = "Ort"
    rs.Seek ">=", "Burg"
 Timer.Halt
 MsgBox "Burgs-Vorwahl ist: " & rs!vorwahl
 Timer.ShowTime
End Sub
```

Test

Führen Sie immer mehrere Zeitmessungen durch, um den Einfluss des Caches bzw. die Ladezeiten von Libraries zu berücksichtigen.

18.7.6 Microsoft Word über ActiveX steuern

OLE-Automatisierung; *CreateObject*-Methode; *Word.Application*-Objekt;

Eines der "dankbarsten Opfer" für die OLE-Automation ist nach wie vor Word. Unser kleines Beispielprogramm zeigt Ihnen, wie Sie aus einem Access-Programm heraus ein neues Word-Dokument erstellen, Kopf- und Fußzeilen einfügen und Daten aus einer Tabelle übertragen.

Oberfläche

Den Grundaufbau können Sie der folgenden Abbildung entnehmen. Am einfachsten ist es, wenn Sie die Maske von einem Assistenten erstellen lassen und nur noch die beiden zusätzlichen *Befehlsschaltfläche*n einfügen.

Quelltext

Damit Sie problemlos die Word-Objekte und -Konstanten verwenden können, sollten Sie einen Verweis auf die *Microsoft Word Object Library* einrichten. Doch Achtung:

HINWEIS: Ist *Microsoft Word* auf dem PC des Endanwenders Ihrer Access-Anwendung nicht installiert, kommt es zu Problemen bei der Programmausführung.

Grundlage für die Verbindung zu Word ist eine allgemeine Variable vom Typ *Object*:

```
Private word As Object
```

Der Ablauf ist mit wenigen Worten erklärt: Nach Initialisierung der Variablen mit *CreateObject* können Sie alle Methoden des *Word.Application*-Objekts verwenden. Bevor Sie sich lange in die Hilfe von Word vertiefen ist es sinnvoller, ein Word-Makro aufzuzeichnen und dieses entsprechend zu modifizieren. Zum einen haben Sie so gleich die korrekte Syntax, zum anderen sparen Sie sich jede Menge Arbeit.

```
Private Sub Schaltfläche28_Click()
On Error Resume Next
Set Word = CreateObject("Word.Application")    'Variable initialisieren
```

Bei Problemen steigen wir an dieser Stelle aus:

```
If Word Is Nothing Then
    MsgBox "Konnte keine Verbindung zu Word herstellen!", 16, "Problem"
    Exit Sub
End If
With Word
```

18.7 Praxisbeispiele

Word sichtbar machen (standardmäßig wird Word nicht angezeigt):

```
.Visible = True
```

Ein neues Dokument erzeugen:

```
.Documents.Add
If .ActiveWindow.View.SplitSpecial <> wdPaneNone Then .ActiveWindow.Panes(2).Close
If .ActiveWindow.ActivePane.View.Type = wdNormalView Or .ActiveWindow.ActivePane.View.Type = _
        wdOutlineView Or _
.ActiveWindow.ActivePane.View.Type = wdMasterView Then .ActiveWindow.ActivePane.View.Type = _
        wdPageView
```

Kopfzeile erzeugen:

```
.ActiveWindow.ActivePane.View.SeekView = wdSeekCurrentPageHeader
With .Selection.Font
      .Name = "Times New Roman"
      .Size = 12
      .Bold = True
End With
.Selection.ParagraphFormat.Alignment = wdAlignParagraphCenter
.Selection.TypeText Text:="Kohlenhandel Brikett-GmbH & Co.-KG. - Holzweg 16 - 54633
Steinhausen"
```

Fußzeile erzeugen:

```
If .Selection.HeaderFooter.IsHeader = True Then
  .ActiveWindow.ActivePane.View.SeekView = wdSeekCurrentPageFooter
Else
  .ActiveWindow.ActivePane.View.SeekView = wdSeekCurrentPageHeader
End If
.Selection.TypeText Text:= "Bankverbindung: Stadtsparkasse Steinhausen BLZ 123456789 " & _
                    "   KtoNr. 782972393243"
```

In den Textteil wechseln und Adresse eintragen:

```
.ActiveWindow.ActivePane.View.SeekView = wdSeekMainDocument
.Selection.TypeText Text:=Vorname.Value & " " & Text1.Value
.Selection.TypeParagraph
.Selection.TypeText Text:=Straße.Value
.Selection.TypeParagraph
With .Selection.Font
      .Name = "Times New Roman"
      .Size = 12
      .Bold = True
End With
.Selection.TypeText Text:=PLZ.Value & " " & Ort.Value
.Selection.TypeParagraph
With .Selection.Font
      .Name = "Arial"
      .Size = 14
      .Bold = True
```

```
      End With
      Select Case Feld40.Value
        Case 1
            .Selection.TypeText Text:="1. MAHNUNG"
        Case 2
            .Selection.TypeText Text:="2. MAHNUNG"
        Case 3
            .Selection.TypeText Text:="3. MAHNUNG"
      End Select
      .Selection.TypeParagraph
      With .Selection.Font
            .Name = "Times New Roman"
            .Size = 12
            .Bold = True
      End With
      If geschlecht.Value = 1 Then     ' männlich
        .Selection.TypeText Text:="Sehr geehrter Herr " & Text1.Value
      Else
        .Selection.TypeText Text:="Sehr geehrte Frau " & Text1.Value
      End If
    End With

End Sub
```

Test

Öffnen Sie das Formular, wählen Sie einen Datensatz und klicken Sie auf die Schaltfläche *Brief schreiben*:

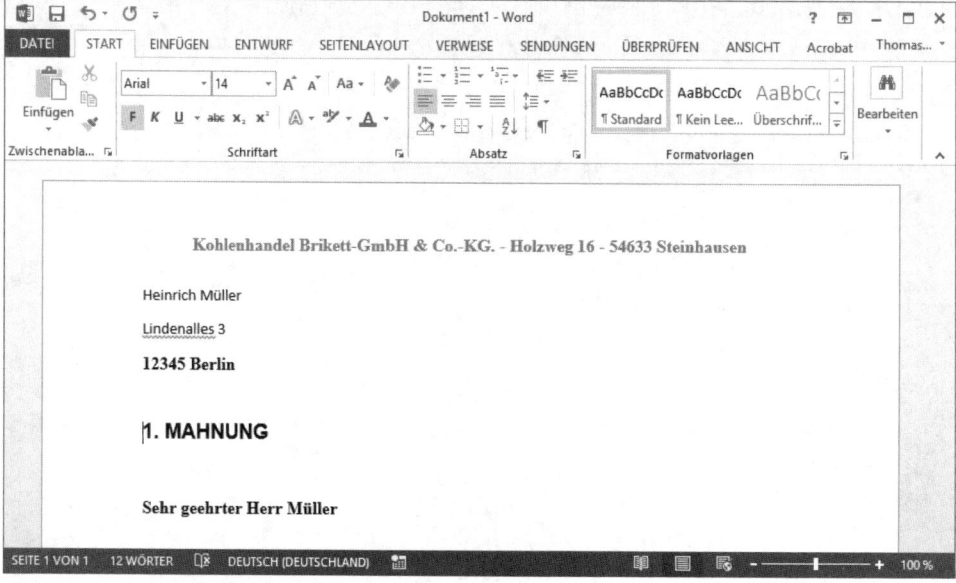

18.7.7 Microsoft Excel über ActiveX steuern

OLE-Automatisierung; *Objektfeld;* *CreateObject*-Methode; *Excel.Application*-Objekt; Kuchendiagramm

Unser kleines Beispielprogramm demonstriert den Zugriff auf ein Excel-Kalkulationsblatt sowie die Arbeit mit dem *Objektfeld*-Steuerelement.

Oberfläche

Für das Programm benötigen Sie neben diversen Schaltflächen und Textfeldern ein *Objektfeld*-Steuerelement. Das einzulagernde Objekt wird erst zur Laufzeit erzeugt, verwenden Sie also ein ungebundenes Objektfeld oder lagern Sie ein beliebiges Excel-Objekt ein. Den weiteren Aufbau können Sie der folgenden Abbildung entnehmen.

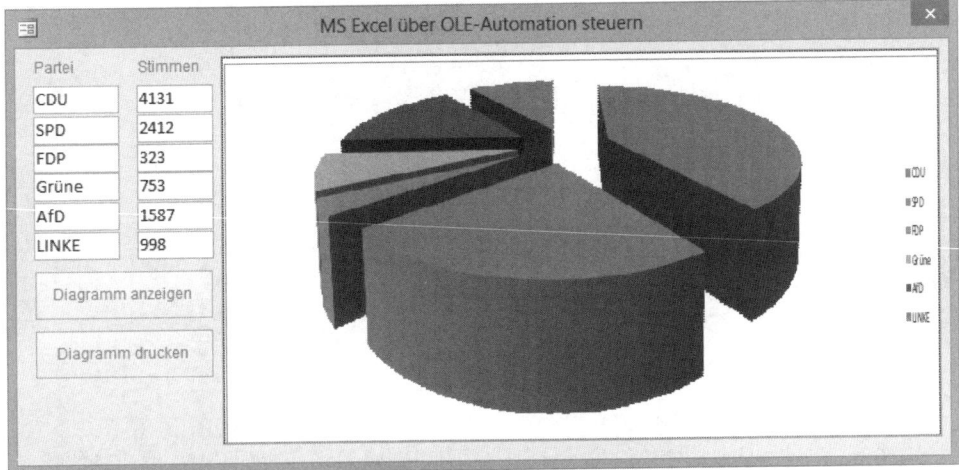

Quelltext

Eine Objekt-Variable erzeugen (vorher ist ein Verweis auf die Excel-Library einzurichten):

```
Dim Excel As Excel.Application
```

Hinter der Schaltfläche *Diagramm anzeigen* verbirgt sich folgender Code:

```
On Error GoTo olefehler:
Dim i%
    Set Excel = CreateObject("Excel.Application")
    If Not Excel Is Nothing Then
        Excel.Workbooks.Add
        Excel.Cells(1, 1).Value = CStr(Feld0.Value)
        Excel.Cells(2, 1).Value = CStr(Feld1.Value)
        Excel.Cells(3, 1).Value = CStr(Feld2.Value)
        Excel.Cells(4, 1).Value = CStr(Feld3.Value)
        Excel.Cells(5, 1).Value = CStr(Feld4.Value)
        Excel.Cells(6, 1).Value = CStr(Feld5.Value)
```

```
Excel.Cells(1, 2).Value = CLng(Feld6.Value)
Excel.Cells(2, 2).Value = CLng(Feld7.Value)
Excel.Cells(3, 2).Value = CLng(Feld8.Value)
Excel.Cells(4, 2).Value = CLng(Feld9.Value)
Excel.Cells(5, 2).Value = CLng(Feld10.Value)
Excel.Cells(6, 2).Value = CLng(Feld11.Value)
```

Diagramm erstellen:

```
Excel.Application.charts.Add
Excel.Application.charts(1).Activate
```

Datenbasis festlegen:

```
Excel.Application.charts(1).SetSourceData Source:=Excel.Range("Tabelle1!$A$1:$B$6")
```

Diagrammtyp festlegen:

```
Excel.Application.charts(1).ChartType = xl3DPieExploded
```

Ab in die Zwischenablage damit

```
Excel.Application.charts(1).chartarea.Copy
```

und (schon) sind wir wieder in Access zurück:

```
OLE1.Class = "Excel.chart.5"
OLE1.OLETypeAllowed = 1 ' embedded
```

Objekt einfügen:

```
    OLE1.Action = 5 'ole-Paste
  End If
  Exit Sub
olefehler:
  MsgBox "Fehler bei der Ausführung! " & Chr(13) & Chr(10) & Err.Description, 16, "Problem"
  Exit Sub
  Resume Next
End Sub
```

Was läuft hier ab? Nach dem Erstellen der Objekt-Variablen *excel* wird der Inhalt der Textfelder in die Zellen des Arbeitsblatts übertragen. Anschließend legt das Access-Programm ein neues Diagramm an. Die Syntax für dessen Aufruf lässt sich einfach durch die Aufzeichnung eines Excel-Makros bestimmen.

Die benannten Parameter übergeben Sie in Access wie normale Parameter. Nach der Pflicht jetzt die Kür – wir drucken das Diagramm aus:

```
Sub Command2_Click ()
  If Not excel Is Nothing Then excel.Application.charts(1).PrintOut
End Sub
```

Index

A

AbbrechenDatensatzänderung 179
Abfragen 381
Abs 116
AbsolutePage 472
AbsolutePosition 386, 417, 472
ACCDR 997
Access 2003-Menü 1096
Access-Bibliothek 1019
Access-Optionen 1035
AccessControls.xlsx 1044
AccessObject 344
acCmdCopy 1104
acCmdPaste 1104
acCmdWindowHide 984
acDetail 203, 316
acFooter 203, 316
acFormatPDF 288
acFormatRTF 288
acGroupLevel1Header 316
acHeader 203, 316
acOLECreateEmbed 1123
acOLECreateLink 1123
acPageFooter 316
acPageHeader 316
acQuitPrompt 996
acSysCmdAccessDir 1024
acSysCmdAccessVer 1024
acSysCmdClearStatus 982
acSysCmdGetWorkgroupFile 1024
acSysCmdInitMeter 983
acSysCmdRemoveMeter 983
acSysCmdRuntime 997, 1024
acSysCmdSetStatus 982
acSysCmdUpdateMeter 983
acTextFormatHTMLRichText 224
acTextFormatPlain 224
Action 1123
Activate 208, 273
Active Data Objects Extensions 485
ActiveConnection 449, 472, 476, 489, 621
ActiveControl 232
ActiveForm 232
ActiveForm.hwnd 803
ActiveReport 232
ActiveX 233, 1119
ActiveX Data Objects 437
ActiveX-Code-Komponente 1127
ActiveX-Komponente 233
AcView 262
AcWindowMode 262
adAsyncConnect 447
adAsyncExecute 454
adAsyncFetch 455
adBookmark 456
adBookmarkCurrent 462
adBookmarkFirst 462
adBookmarkLast 462
adCmdStoredProc 450, 454
adCmdTable 450, 454
adCmdTableDirect 454
adCmdText 450, 454
adCmdUnknown 450
adColFixed 492
adColNullable 492
adCommandFile 454
Add 327, 357

ADD COLUMN 962
Add-In 999
AddFromFile 331, 333
AddFromGUID 333
AddFromString 331
AddItem 242
Addition 102
AddMenu 70
AddNew 387, 392, 412, 428, 458, 473, 479
AddSharedImage 257
adIndexNullsDisallow 494
adIndexNullsIgnore 494
adIndexNullsIgnoreAny 494
adKeyForeign 494
adKeyPrimary 494
adKeyUnique 494
adLockBatchOptimistic 459
ADO 437
ADO Query 901
ADO-Frontend 479
ADO-Stream laden 866
ADO-Version 560
ADODB 335, 440
ADODB.Error 621
ADOR 440
ADOX 440, 485
ADP-Projekt 565
adRICascade 497
adRINone 497
adRISetDefault 497
adRISetNull 497
adUseClient 446
adUseServer 446
adVarWChar 490
AdventureWorks 583
aEditAdd 457
aEditDelete 457
aEditInProgress 457
aEditNone 457
AfterBeginTransaction 212
AfterDelConfirm 212
AfterDelete 175
AfterInsert 175, 212
AfterUpdate 175, 212, 230, 248
Aggregatfunktionen 944
Aktionsabfrage 382
Alias 1113
Alignment 237

ALL 922
AllForms 345
AllowAdditions 206
AllowBypassKey 994
AllowDeletions 206
AllowEdits 206
AllowFilters 206
AllowFormView 199
AllowLayoutView 199, 263
AllowMultipleValues 507
AllowMultiselect 784
AllowReportView 263
AllowZeroLength 375
AllTables 347
Alt 196
ALTER DATABASE 639
ALTER TABLE 962
ALTER TRIGGER 603
AlternateBackColor 272
Analysis Services 585
And 103
Anhänge 924
Anlage 283
Anlage-Feld 66, 401, 403, 501, 924
ANSI 547, 749
ANSI-Standard 92, 902
Ansicht 888, 989
ANY 922
API 1107
ApiViewer 1110
Append 467, 763
appendChild 829, 831
AppendOnly 500
Application 207, 220, 222, 335
Application Programmers Interface 1107
ApplyFilter 70, 212, 273
AppTitle 980
ÄQUIVALENZ 103
Arbeitsmappen 1144
Arbeitsspeicher 1161
Arbeitsumgebung 369
ArcCos 117
ArcCoTangens 117
Archiv-Funktion 499
ArcSin 117
ArcSinHyperbolicus 117
Arithmetische Operatoren 101
Array 91, 92, 1115

Index

As 74
As Any 1115
ASC 110, 463, 546, 943
ASCII 749
Assistent 999
Async 868
AtEndOfLine 765
AtEndOfStream 765, 767
Atn 116
Attachment 66
Attribute 811, 814, 837
Attributes 380, 424, 471, 760, 793, 831, 839
Auflistungen 324, 357, 360
Aufrufeliste 138
AusführenAnwendung 71
AusführenCode 71
AusführenDatenmakro 179
Auslagerungsdatei 1161
AuslösenFehler 178
Ausrufezeichen 41
Ausschneiden 1103
Auswahlabfrage 382
AUTO-JOIN 899, 916
AutoCenter 199
AutoExec 993
AutoExec-Makro 173
Autoincrement 492
AutoKeys-Makro 171
AutoResize 200
AutoSize 237, 252
AvailableSpace 752
AVG 944
Azure 651
Azure-Server 654

B

BackColor 220, 222, 245, 269, 357
Backstage-Ansicht 1081
BackStyle 220, 222, 357
Backup 612
BACKUP DATABASE 614
BaseConnectionString 346
baseName 831
Beep 70
Befehlszeilen-Optionen 997
BeforeBeginTransaction 213
BeforeChange 175

BeforeDelConfirm 212
BeforeDelete 175
BeforeInsert 212
BeforeUpdate 212, 230
BEGIN CATCH 619
BEGIN TRY 619
BeginTrans 408, 448, 471, 974
BeginTransComplete 472
BeiFehler 178
Beispieldatenbank 900
Benannte Argumente 126
Benutzer 515
Benutzerdefinierte Eigenschaften 1030
Berechnete Spalten 508
Berechnungsfunktionen 944
Bereichsgrenzen 93
Berichtsansicht 261
Berichtseigenschaften 263
Berichtsereignisse 273
Berichtsfuß 300
Berichtskopf 299
Berichtsmethoden 276
Berichtsmodule 317
Betriebssystem 1164
BETWEEN 907
Bevel 237
Bezeichner 75
Beziehungen 960
Bild einlesen 1139
Bild-Ressourcen 255
Bilder drucken 1140
Bildschirmauflösung 1161
Binärdatei 770
BOF 386, 412, 461, 472
Bookmark 386, 399, 430, 435, 472
Bookmarkable 386
Boolean 73, 83
BorderColor 220, 223
BorderStyle 200, 204, 220, 223
BorderWidth 220, 223
BottomMargin 220, 225, 293
BoundColumn 507
BREAK 591
BrokenReference 339
BrowseForFolder 791
BrowseTo 70, 259
BuildPath 794
BuiltIn 332

button 1057
buttonGroup 1063
ButtonName 784
ByRef 124
Byte 73
ByVal 124, 1114

C

CacheSize 386, 472, 541
CacheStart 386, 541
Callback 1052
Callback-Methoden 1101
CameraDeviceType 1142
Cancel 471, 472, 473
CancelBatch 473
CancelEvent 70
CancelUpdate 387, 473
Caption 200, 205, 220, 225
CASE 105, 591
Catalog 487, 524
CDate 86, 122, 152, 295
Change 152, 230, 248
CharToOem 749
ChDir 792
ChDrive 792
checkBox 239, 248, 1064
childNodes 831, 871
Choose 105
Chr 110
Circle 276, 279, 354
Class 1121
Clear 467
Click 210, 230, 239
Clipboard-Objekt 1104
Clone 157, 385, 387, 473
cloneNode 831
Close 70, 208, 387, 449, 471, 765, 792
CloseButton 200, 204
CloseClipboard 1104
CloseCurrentDataBase 342
Cloud 651
Codd 889
Code-Far-Modell 663
Code-Fenster 37, 39
Code-Near-Modell 664
COLLATE 639
Collection 327, 332, 357

ColNameHeader 548
ColorMode 293
Column 242, 765, 793
ColumnCount 242, 507, 976
ColumnHistory 283, 405, 500, 926
Columns.Append 490
ColumnSpacing 293
columnWidthPercent 1088
ColumnWidths 976
COM 1119
COM1 337
comboBox 242, 1066
Command 442, 449, 476
CommandText 449, 451, 472, 476, 495
CommandTimeOut 471, 472
CommandType 449, 472, 476
CommitTrans 408, 448, 471
CommitTransComplete 472
CompactDatabase 395, 528, 564
CompactRepair 564
ConnectComplete 447, 472
Connection 442, 445, 471
ConnectionString 445, 471, 474
ConnectionTimeout 448, 471, 541
Const 79
CONSTRAINT 959
Containers 422, 424, 519, 1031
CONTAINS 606, 610
CONTINUE 591
Control 248, 313, 348
ControlBox 200, 204
Controls 218, 248, 325, 337
ControlSource 220, 228, 245, 299
ControlTipText 220, 226
ControlType 220, 228, 248, 313, 325, 347, 348, 357
Convert_TXT_XML 880
ConvertAccessProject 342
Copies 293
Copy 759
CopyFile 794
CopyFolder 794
CopyObject 70
CopyQueryDef 387
CopyTo 860
Cos 116
CoSekans 117
CosinusHyperbolicus 117
CoTangens 117

Index

CoTaskMemFree 790
COUNT 212, 324, 467, 944, 970
COUNTER 958
CountOfDeclarationLines 331
CountOfLines 331
CREATE FULLTEXT CATALOG 609
CREATE FULLTEXT INDEX 609
CREATE INDEX 961
CREATE PROCEDURE 598, 962
CREATE TABLE 594, 958
CREATE VIEW 963
CreateAdditionalData 858
createAttribute 825, 837, 876
createCDATASection 825
createComment 825
CreateControl 315, 348
CreateDatabase 369, 371, 514
createDocumentFragment 825
createElement 825, 830, 836, 864
createEntityReference 825
CreateEventProc 331
CreateField 374, 380, 500, 503, 507
CreateFolder 794
CreateForm 312, 348
CreateGroup 516, 521
CreateGroupLevel 303
CreateIndex 377
CreateKey 778
createNode 825
CreateObject 751, 1128, 1173, 1177
CreateParameter 472
CreateProcess 1159
CreateProcessingInstruction 825, 864
CreateProperty 406, 503, 507, 981
CreateQueryDef 381
CreateRelation 380
CreateReport 312
CreateReportControl 315
CreateTableDef 374, 378, 502, 539, 550
CreateTextFile 766, 794
createTextNode 825
CreateUser 516, 521
CreateWorkspace 366
CStr 110
CSV 546, 879
CSVDelimited 547
CurDir 792
Currency 74, 86, 113

Current 208, 212, 400
CurrentData 347
CurrentDb 412, 415
CurrentObjectName 339
CurrentObjectType 339, 348
CurrentProject 345, 475
CurrentProject.Path 445
CurrentRecord 206
CurrentSectionLeft 200
CurrentUser 1034
CurrentView 200
CurrentX 265, 268
CurrentY 265, 268
Cursor 441, 889
CursorLocation 446, 471, 472, 534
CursorType 453, 473, 534
Cycle 207

D

DAO 365, 412
DAP 66
Data Access Pages 66
Data Definition Language 882
Data Manipulation Language 883
Data Query Language 883
Database 367, 409, 412, 974
Database .NET 706
DATABASEPROPERTYEX 687
DataChange 212
DataEntry 206
DataOnly 293
DatasheetAlternateBackColor 200
DatasheetGridLines 200
dataType 831
DATE 74, 84, 121, 150, 152, 299, 648, 947
DATEADD 122, 948
DateCreated 344, 386, 753, 793
DATEDIFF 122, 948
DateGrouping 271
Datei-Öffnen-Dialog 404
Dateidialoge 782
Dateisystem 752
Dateizugriff 750
DateLastAccessed 753, 793
DateLastModified 753
DateModified 344
Datenbank 369

Datenbank analysieren 422
Datenbank defragmentieren 740
Datenbank-Nutzer 669
Datenbankdatei 637
Datenbankdiagramm 605
Datenbankkopie 690
Datenbanknutzer 1034
Datenbankpasswort 562
Datenbanksicherung 615
Datenbankstruktur 641
Datenbankverwaltung 957
Datenbankverzeichnis 757
Datenblattansicht 199
Dateneigenschaften 264
Datenfeld 92, 99
Datenklassenmodul 476
Datenmakro 174
Datenmakros 62
DatensatzBearbeiten 179
DatensatzErstellen 179, 196
DatensatzLöschen 179
Datensatzzeiger 415
Datensicherheit 622
Datentypen 73, 83, 96
Datentypumwandlung 952
DATEPART 948
DateSerial 121
datetime2 648
datetimeoffset 648
DateValue 121, 951
Datum 592, 947, 976, 1161
Datumsfeld 376
Datumsfunktionen 120
Datumsteile 971
Datumsvergleich 909
Day 121
dbAppendOnly 383
dBASE 488, 542
dbAttachment 502
dbComplexText 507
dbConsistent 384
dbcreator 624
dbDenyRead 383
dbDenyWrite 383, 533
dbEncrypt 370
DBEngine 365
dbFixedField 375
dbInconsistent 383

DblClick 210, 230
dbOptimistic 384
dbPessimistic 384
dbReadOnly 384
dbSeeChanges 384
dbSQLPassThrough 384
dbVersion120 370
DDB 119
DDE 1130
DDEExecute 1132
DDEInitiate 1132
DDEPoke 1132
DDERequest 1132
DDETerminate 1132
DDL 882, 957
Deactivate 208, 273
Debug 360
Debug.Assert 132
Debug.Print 131
Debugger 157
Debugging 130, 135, 1020
Declare 1111
DecodeAttribute 759
Default 492
DefaultDatabase 471
DefaultSize 293
DefaultValue 220, 375
DefaultView 200, 261, 263
definition 831
DefType 76
Deklaration 75
DELETE 212, 387, 393, 433, 458, 467, 473, 552, 759, 936
deleted 602
DeleteFile 794
DeleteFolder 794
DeleteKey 779
DeleteLines 331
DeleteObject 70
DeleteRule 496
DeleteValue 780
Delimited 547
DESC 463
Description 492, 511
Detailbereich 299
Device 1137
DeviceInfo 1137
DeviceManager 1136

Index

DeviceName 293
Diagramm 303
Dictionary 329
Differenz 897
Dim 74, 153
Dir 529
Direktfenster 131
Dirty 206, 212, 214
Disconnect 449, 472
diskadmin 624
DisplayType 1122
DisplayWhen 203, 220, 227
DISTINCT 913, 974
DISTINCTROW. 913
DividingLines 200, 205
Division 102
DLL 1107
DML 882
Do 107
DoCmd 70, 1103
DoCmd.BrowseTo 259
DOCTYPE 814
Document 422
Document Object Model 823
Document Type Definition 810
documentElement 825, 871
Documents 519, 1031
DOM 823
DOMDocument 823, 826, 864, 866
DoMenuItem 70
Doppelte Datensätze 973
Double 73, 83
DQL 882
DrawMode 268, 294
DrawStyle 268
DrawWidth 268
Dritte Normalform 892
Drive 793
DriveExists 794
DriverName 293
Drives 752, 793
DriveType 752
DROP COLUMN 962
DROP TABLE 634, 962
DropDown 242
dropDownElement 1070
DTD 810, 827
Duplex 293

Dynamic 367
Dynamic Link Libraries 1107
Dynamisches Array 127, 794
Dynaset 206, 367, 383, 384

E

Early Binding 311
Echo 70
Edit 387, 392, 412
editBox 1065
EditMode 386, 392, 412, 457, 473
Eigenschaften 34, 198, 319, 322, 406
Eigenschaftenfenster 38
Einbetten 1120
Einfügen 400, 1103
Einführungsbeispiel 50
Eingabemaske 425
Einschränkungen 583
Element 811, 814, 837
Else 105
Embedding 1120
Empty 90
EmptyClipboard 1104
Enabled 220, 226, 412, 435
Endlosformular 245
EndOfRecordset 474
Entwurfsansicht 199, 261
Enum 98
Enumeration 98
EOF 386, 394, 412, 461, 472, 792
Equi-Join 898
Eqv 103
Erase 95
Ereignisse 35, 198
Err.Number 140
Error 90, 139, 142, 214, 273, 470
Errors 443, 621
Erste Normalform 890
EventProcPrefix 220, 227
Events 35
Excel 488, 551, 1144
Excel.Application 1177
Exchange 488
Execute 367, 449, 452, 471, 472, 476, 630, 967
ExecuteComplete 472
ExistKey 777
Exit 107, 230

EXKLUSIV ODER 103
Exp 116
Exponentialfunktion 119
Export 554, 933
ExportXML 856
Expression 510
Extension 760

F

Farbeigenschaften 269
Farbkonstanten 271, 295
FastLaserPrinting 271
Fehlerbehandlung 139, 152
Fehlermeldung 1055
Fehlermodell 616
Fehlersuche 130, 157
Feldtypen 497
FestlegenFeld 178
FestlegenLokaleVar 178
FetchComplete 474
FetchProgress 474
Field 373, 409, 468
Field2 402
FieldChangeComplete 474
Fields 427, 443
File System Objects 750
FileAttr 792
FileCopy 792
FileData 403
FileDateTime 122, 792
FileDialog 404, 783
FileExist 371, 758
FileExists 794
FileExtension 1139
FileFlags 403
FileLen 792
FileName 283, 403, 925
FilePicker 783
Files 759, 793
Fileserver 571
FileSplit 761
FileSystem 752, 793
FileSystemObject 751, 793, 806
FileTimeStamp 403
FileType 403, 925
FileURL 403
FillCache 387

FillColor 269, 270
FillStyle 269, 270, 280
Filter 206, 212, 264, 273, 386, 397, 460, 473
FilterIndex 784
FilterInfos 1143
Filtern 286, 906
FilterName 262
FilterOn 206, 264, 295
FilterOnLoad 206, 264
Find 331, 464, 473
FindClose 799
FindFirst 387, 396, 419
FindFirstFile 799
FindLast 387, 396
FindNext 70, 387, 396, 400
FindNextFile 799
FindPrevious 387, 396
FindRecord 70
Firewall 657, 697
FIRST 944
FirstChild 831, 873
FitToScreen 200
Fix 116, 118
Fixed 113
Folder 753, 754, 806
FolderExists 794
FolderPicker 783
Font 224, 252
FontBold 220, 269
FontItalic 220, 269
FontName 220, 269
FontSize 220
FontUnderline 220
FontWeight 220
For 107, 153
For Each 107, 108, 325
ForeColor 220, 222, 269
ForeignKey 496
ForeignName 380
Form 199, 245, 248, 312, 352
Form_Close 995
Form_Error 143
Format 87, 110, 112, 150, 152, 241, 273, 295, 299, 427
FormatCurrency 87
Formatierte Spalten 938
Forms 324
Formular 199

Formular-Instanzen 352
Formularansicht 199
Formularentwurf 36
Formulargestaltung 52
Formularmodule 317
Fortschrittsanzeige 983
Forward 367
FreeFile 792
FreeSpace 752, 793
FREETEXT 606, 610
Fremdschlüssel 886
FSO 750
FullPath 332
Function 124
Funktionen 116, 123
FürJedenDatensatz 179
FV 120

G

gallery 1073
Gebundene Formulare 398
General Number 113
geography 649
geometry 649
Geräteeigenschaften 1137
Gespeicherte Prozedur 888
Get 769, 792
GetAbsolutePathname 794
GetAttr 792
GetBaseName 794
GetClipboardData 1104
GetDeviceCaps 1161
GetDrive 794
GetDriveName 794
Geteilte Ansicht 199
GetElementsByTagName 825, 841
GetExtensionName 794
GetFile 794
GetFileName 794, 879
GetFolder 753, 754, 794, 806
getImage 1059
getNamedItem 868, 876
GetObject 1128
GetOpenFileName 786
GetOption 341, 1035
GetParentFolderName 794
GetPath 879

GetPrivateProfileString 772
GetProfileString 771
GetRegisteredOrganization 1168
GetRegisteredOwner 1168
GetRows 387, 390
GetSaveFileName 786
GetSpecialFolder 758, 794
GetString 462, 473
GetSystemDirectory 1114, 1161
GetSystemInfo 1161
GetTempName 762, 794
GetText 1105
GetTickCount 1169
GetValue 777
GetWindowsDirectory 1161
GlobalAlloc 1105
Globale Tabelle 643
Globale Variable 957
GlobalInSameProcess 1120
GlobalLock 1105
GlobalMemoryStatusEx 1161
GlobalOnNewProcess 1119
GlobalUnlock 1105
GoSub 109
GotFocus 208, 230, 273
GOTO 109, 153, 592
GoToControl 70
GoToPage 70, 214
GoToRecord 70
Grafikbearbeitung 1142
Grafikmethoden 276
GRANT 630
GRANT INSERT 632
GridX 200, 264
GridY 200
Groß-/Kleinschreibung 639, 971
GROUP BY 919
GroupInterval 303
GroupOn 303
Groups 525
GrpKeepTogether 264
Gruppen 515, 624
Gruppen ausblenden 1048
Gruppenfuß 300
Gruppenkopf 299
Gruppieren 178, 299
Gruppierung 283
GUID 332, 497

Gültigkeitsbereiche 80

H

Haltepunkt 160
hasChildNodes 831
HashModule 207
Hauptindex 377, 886
Hauptregisterkarten ausblenden 1046
HAVING 919
Height 220
HelpContextID 207, 220, 271
HelpFile 207, 271
hierarchyid 649
Hilfe 42
HinzufügenMenü 71
Historie 500
History-Feld 926
HistoryCount 927
HKEY_CURRENT_USER 773
HKEY_LOCAL_MACHINE 773
HOUR 121, 947
Hourglass 70
HTML 224, 489, 807
HTML-Fragment 719
HWnd 207
hWndAccessApp 992
Hyperlinkfeld 376

I

IDE 36
IDENTITY 642, 958
idMso 1044
If 105
IgnoreNulls 378
IIf 105, 390
ImageFile 1139, 1142
imageMso 1044
ImageProcess 1142
Imp 103
IMPLIKATION 103
ImportXML 856
IN 910
Increment 492
Index 377, 386, 395, 435, 886
Indexdefinition 493
Indexes 493

Indizes 373, 376
InfoMessage 472
INI-Datei 771
Initial Catalog 446
InitialFileName 784
Initialize 332, 354
InitialView 784
INNER JOIN 303, 898, 915
Input 763, 792, 794
InputBox 147, 149, 153
InSameProcess 1120
InSelection 220, 227
INSERT INTO 639, 930
insertBefore 831
inserted 602
InsertLines 331
InsertText 331
InsideHeight 200
InsideWidth 200
Installation SQL Server 573
Instanzenbildung 322
InStr 110, 149, 943, 974
InStrRev 111
Int 116, 118
Integer 73, 83
Integerfeld 376
Integrated Security 446
Integration Services 584
IntelliSense 60
InvalidateControl 1053
IP-Filter 662
IP-Freigabe 666
IPmt 120
IRR 119
Is 428
Is Nothing 310
IS NULL 911
ISABOUT 611
IsArray 91
IsBroken 332
IsClipboardFormatAvailable 1104
IsDate 122
IsInsert 179
IsLoaded 344
IsMissing 801
IsNull 390, 412
IsolationLevel 448, 471
IsReady 793

IsRootFolder 793
IsSystemNT 1167
Item 328
ItemAdded 333
ItemLayout 293
ItemRemoved 333
ItemsAcross 293
ItemSizeHeight 293
IXMLDOMAttribute 876
IXMLDOMNode 871, 876

J

Jahr 2000 86
Jet OLEDB:Allow Zero Length 492
Jet OLEDB:AutoGenerate 492
Jet OLEDB:AutoGenerate 498
Jet OLEDB:Column Validation Rule 492
Jet OLEDB:Column Validation Text 492
Jet OLEDB:Compressed UNICODE Strings 492
Jet OLEDB:Create Link 552
Jet OLEDB:Hyperlink 492
Jet OLEDB:Link Datasource 552
Jet OLEDB:Link Provider String 552
Jet OLEDB:Remote Table Name 552
JET_SCHEMA_USERROSTER 561
Jet-Engine 570
JetEngine 529
Jetzt() 196
JOIN 111, 794, 898, 914
JRO 529

K

KeepTogether 303
Kennwort 562
Key 237, 496
KeyCode 434
KeyDown 210, 230, 275, 434
KeyPress 210, 230, 239, 275
KeyPreview 207
KeyUp 210, 230, 241, 275
Kill 529, 792, 878, 1139
Kind 333
Klasse 354
Klassenbibliothek 334
Klassenmodul 241, 320, 354
Kombinationsfeld 242, 419

Kommentare 41, 811
Konfiguration 1038
Konstanten 73
Konstantendeklaration 79
Kontrollstrukturen 105
Kopfzeile 980
Kopieren 1103
Kreuztabellenabfrage 953
Kubikwurzel 102
Kuchendiagramm 1177
Künstlicher Schlüssel 887

L

labelControl 1057
LAST 944
LastChild 831, 873
LastModified 386, 430
LastUpdated 386
Late Binding 311
Laufwerke 752
Layout 1084
Layoutansicht 199, 261
layoutContainer 1087, 1093
LayoutForPrint 200, 264
LBound 95
LCASE 111, 943
Leerzeichen 636, 843
LEFT 111, 220, 943
LEFT-JOIN 898, 915
LeftMargin 220, 225, 293
LEN 111, 149, 943
Library 1019
LIKE 908
LIMIT 742
Line 276, 277, 764, 765, 793
Line Input 792
Lines 331
LineSpacing 225
LinkChildFields 217, 245, 248
Linking 1120
LinkMasterFields 217, 245, 248
Listenfeld 419, 476
Lizenznehmer 1167
Load 208, 273, 825, 826
LoadCustomUI 1039
LoadCustomUI als Alternative 1042
LoadFromFile 402, 861, 866

LoadPicture 252, 1059
LoadXML 825, 866
Loc 792
LocalDB 567, 570, 579
Lock Read 750
Lock Write 750
Locked 220, 226, 239, 248
LockEdits 386, 531
LockNavigationPane 985
LockType 455, 473, 534
LOF 764, 769, 792
Log 116
Logarithmus 119
Login-Account 669
LoginTimeout 541
Lokal-Fenster 132
Lokale Tabelle 643
Long 73, 83
LongPtr 1108
Loop 107
Löschen 400
LöschenMakroFehler 178
LostFocus 208, 230, 273
LPT1 294
lstrcat 790
LTRIM 111, 943

M

m:n-Beziehung 404, 895
Major 333
Makro 35, 163
Makroaktionen 173
Makrokonvertierung 61
Managed Add-In 1011
MarshalOptions 473
master 583
MAX 944
Maximize 70
MaxRecords 473
MaxScanRows 548
Me 207, 313
mehrwertige Felder 928
Meldung 71
Memofeld 283, 376, 499
menu 1075
Menü 1037
Menü-Assistent 1001

Menüband ändern 1055
MenuBar 207
Metadaten 743
Metasprache 807
Methoden 34, 198, 319, 322
Methods 34
Microsoft Access 15.0 Object Library 1051
Microsoft Access 16.0 Object Library 335
Microsoft ActiveX Data Objects 6.1 Library 438
Microsoft Excel 1177
Microsoft Office 16.0 Object Library 335
Microsoft Word 1173
Microsoft XML 824
Microsoft.ACE.OLEDB.16.0 439, 445
MID 111, 943
MIN 944
Minimize 70, 985
MinMaxButtons 200, 204
Minor 333
MINUTE 121, 947
MIRR 120
MkDir 756, 792
Mod 102, 152
Modal 200
Mode 448, 471
Model 583
Module 207, 330
Modules 330
Modulo 102
MONTH 121, 947
MouseDown 210, 230, 275
MouseMove 210, 230
MousePointer 233
MouseUp 210, 230
MouseWheel 210, 275
Move 214, 230, 387, 462, 473, 759
MoveComplete 466, 474, 476
MoveFile 794
MoveFirst 387, 412, 417, 474
MoveFolder 794
MoveLast 387, 412, 416, 474
MoveNext 387, 394, 417, 457, 462, 474
MovePrevious 387, 394, 412, 417, 474
MoveSize 70
msado15.dll 438
MSDataShape 441
msdb 583
MSDN-Abo 658

Index

MsgBox 144, 153, 430
msoFileDialogFilePicker 783
msoFileDialogFolderPicker 783
msoFileDialogOpen 783
MSysDb 1032
Multi Value Field 66, 404
Multiuserzugriff 530
Multivalue-Feld 503
Mustereigenschaften 269
MVF 66, 404, 503

N

Nach Aktualisierung 175
Nach Einfügung 175
Nach Löschung 175
Nachfolgeereignisse 180
Nachschlage-Assistent 405
NachschlagenDatensatz 178
Name 207, 220, 333, 344, 386
NavigateTo 988
NavigationButtons 200, 205
Navigationsbereich 984
Navigationskategorien 986
Navigationsschaltflächen 479
Navigationssteuerelement 257
NEGATION 103
Netzwerkzugriff 577
New 318, 352, 1128
NewPassword 372
Next 107
NextRecordset 474
NextSibling 831, 873
NoData 273
nodeFromID 825
nodeName 831
Nodes 806
nodeTxpedValue 831
nodeType 831
nodeTypeString 831
NoMatch 386, 396, 400, 419, 435
Normalisieren 889
Northwind 583
Not 103
Nothing 352, 751
NOW 122, 947
NPer 120
NPV 120

NULL 90, 911
NULL-Value 888, 945
Nullable 492
Nutzerpass 563

O

Object 74, 311, 1128
Object Linking and Embedding 1120
ObjectFrame 1121
Objects 34
Objekt-Assistent 1003
Objekt-Katalog 1127
Objekte 34
Objekteigenschaften 53
Objektfeld 1121, 1124, 1177
Objektkatalog 334
Objekttypen 309
Objektvariablen 309
ODBC 535
ODBC-Datenquellen-Administrator 535
ODBC-Verbindung 537
ODBCTimeout 541
ODER 103
OEM 547
OemToChar 749
Office 365 658
OldValue 220, 228
OLE 1119
OLE DB 441
OLE-Automation 1127, 1156
OLE-Client 1120
OLE-Server 1120
OLEDB 439
OLETypeAllowed 1122
On Error GoTo 140
On Error Resume Next 140
OnConnect 213
OnDataAvailable 868
OnDisconnect 213
OnNewProcess 1119
OnReadyStateChange 868
Open 208, 445, 471, 474, 763, 765, 792, 794
Open-Dialog 783
OpenArgs 262, 263
OpenAsTextStream 766
OpenClipboard 1104
OpenCurrentDataBase 342

OpenDatabase 371, 533, 538
OPENFILENAME 786
OpenForm 70, 72, 992
OpenModule 70
OpenQuery 70
OpenRecordset 383, 387, 412, 419, 427, 966
OpenReport 70, 262, 295
OpenSchema 471, 561
OpenTable 70
OpenTextFile 766, 794
Operatoren 100, 103
Optimierung 556
Optimistic Locking 530
Option Base 92
Option Compare Database 57
Option Explicit 57, 77
Optional 126
Optionale Argumente 125
OptionGroup 248, 295
Options 450
Optionsfeld 248, 479
Or 103
ORDER BY 596, 918
OrderBy 206, 264
OrderByOn 206, 264
OrderOnLoad 206, 264
Orientation 293
OUTER-JOIN 898
Output 764, 794
OutputTo 71, 288
ownerDocument 831

P

Pack 394
Page 212, 273
PageCount 473
PageFooter 263
PageHeader 263
Pages 248
PageSize 473
Paint 273
Painting 207
PaletteSource 200
Panel 252
PanelClick 236
PanelDblClick 236
PaperBin 293

PaperSize 293
Paradox 488
ParamArray 126
Parameter 469, 476
Parameter-Arrays 126
Parameterabfrage 381, 495
Parameters 381, 444, 450
Parent 220, 222, 314, 344
ParentCatalog 498
ParentFolder 793
ParentNode 831, 873
ParentRecordset 402
parsed 831
parseError 825, 827
Parser 813
Passwort 514
Paste 1126
Path 346, 757, 793
PDF-Datei 287
PERCENT 113, 912
PercentPosition 386
Performance 697
Permissions 519, 522
Pessimistic Locking 530
Pfad 760
PI 79, 117, 813
Picture 200, 205
PictureAlignment 201, 264
PicturePages 264
PictureSizeMode 201, 264
PictureTiling 201, 264
PictureType 201, 264
PIVOT 954
Platzhalter 908
Platzhalterzeichen 636
Pmt 120
PopUp 201
Potenzieren 102
PPmt 120
pragma table_info 743
Prepared 472
Preserve 95, 794
preserveWhiteSpace 825
PreviousSibling 831, 873
Primärschlüssel 886
Primary 378
Primary Index 886
Primary Key 959

Index

PrimaryKey 494
Print 273, 276, 280, 765, 792
Printer 288
Printers 289
PrintOut 71
PrintQuality 293
Private 80, 128, 1119
ProcBodyLine 331
ProcCountLines 331
processadmin 624
Processing Instructions 810, 813
ProcOfLine 331
ProcStartLine 331
Progressbar 983
ProjectType 346
Projekt-Explorer 39
Prolog 810
Properties 34, 344, 360, 406, 443, 448, 492, 552, 981, 1031, 1138
Property 329, 467
Property Get 320, 354
Property Let 320, 354
ProtokollierenEreignis 179
Provider 471, 535
Prozedur 495
Prozeduren 123
Prozessoranzahl 1161
PSet 276, 278
Public 80, 128
PublicNotCreatable 1119
Put 769, 792
PV 119

Q

QBColor 270
Quadratwurzel 102
Quadrieren 119
Query Analyzer 581
QueryDef 381
QueryDefs 422
QueryPerformanceCounter 1169
QueryTimeout 541
Quit 71, 343, 992, 996

R

RAISEERROR 617
Random 768

Randomize 116, 118
Rate 120
RDS 441
Read 765
ReadAll 765
ReadLine 765, 767
ReadText 861
readyState 825
Recalc 214
Rechteverwaltung 964
Record 1116
Record-Locking 530
RecordChangeComplete 474
RecordCount 386, 388, 460, 473
RecordLocks 206, 264
RecordsAffected 450, 453, 930
RecordSelectors 201, 205
Recordset 367, 383, 398, 412, 443, 474, 889
Recordset2 402
RecordsetChangeComplete 474
RecordsetClone 206, 399
RecordsetType 206
RecordSource 206, 245, 264, 398
ReDim 94, 153, 794
ReDim Preserve 129
Reference 332, 1026
References.AddFromFile 1022
References.Remove 1023
Refresh 215, 467
RefreshLink 552
RefreshRecord 71
RefreshTitleBar. 980
REG_BINARY 774
REG_DWORD 774
REG_SZ 774
RegCloseKey 776, 1168
RegCreateKeyEx 776
RegDeleteKey 776
RegDeleteValue 776
RegFlushKey 776
Register 248
RegisterDatabase 537
Registerkarte 1049
Registerkarten ausblenden 1047
Registerkartenansicht 1034
Registrierdatenbank 773
RegOpenKey 1168
RegOpenKeyEx 776

RegQueryValueEx 776, 1168
RegSetValueEx 776
RelatedTable 496
Relation 380
Relationen 379, 496
Remotezugriff 577
Remove 328
removeChild 831
RemoveItem 242
RemoveReferenz 333
Rename 71
Repaint 215
RepaintObject 71
Replace 111
replaceChild 831
ReplaceLine 331
Replikation 66
Replizieren 555
Report 295, 312, 354
Reportansichten 261
Reporting Services 584
ReportName 262
Reports 324
Requery 71, 215, 387, 474
Required 375, 378
Reset 792
Resize 208, 273
Resources 256
Restartable 386
Restore 71, 985
RESTORE DATABASE 614
Resume 140
Resync 474
Retreat 273
REVOKE 630
RGB 270
Ribbon 1037
RibbonCreator 1100
RibbonName 1040
Rich-Text-Feld 282, 502
RIGHT 111, 943
RIGHT-JOIN 898, 915
RightMargin 221, 225, 294
RmDir 792
Rnd 116, 117
Rollback 408, 974
RollbackTrans 448, 471
RollbackTransComplete 472

Rollen 624
RootFolder 793
Round 116, 150
RowSource 507
RowSourceType 242, 507
RowSpacing 294
RTF-Datei 288
RTRIM 111, 943
RunCommand 1104
Rundung 118
RunMacro 71
RunSQL 71
Runtime 1024
Runtime-Modus 996

S

Save 71, 461, 474, 878
SaveAs-Dialog 783
SaveFile 1139
SaveToFile 402, 861
Scale 276
ScaleHeight 265
ScaleLeft 265
ScaleMode 265
ScaleTop 265
ScaleWidth 265
Scanner 1134
Scanner-Assistent 1141
ScannerDeviceType 1142
Schaltflächen einfügen 1049
Schema.ini 547
Schieberegler 415
Schlüssel 886
Schnellzugriffsleiste 1056
Schrifteigenschaften 269
Schweregrade 616
Scientific 113
Screen 231
ScrollBars 201, 205
SECOND 121, 947
secondColumn 1087
Section 201, 203, 221, 227, 245, 272
securityadmin 624
Seed 492
Seek 387, 435, 769, 792
Seitenansicht 262
Seitenfuß 300

Index

Seitenkopf 299
Sekans 117
SELECT 105, 555, 904
SELECT INTO 933
SelectedItems 784
SelectNodes 841
SelectObject 71, 984
SelectSingleNode 834, 841
Selektion 897
SelLength 149, 239, 1104
SelStart 149, 239, 1104
SelText 239
SendenEMail 179
SendKeys 211, 434
SendMessage 1115
SendObject 71
separator 1061
SerialNumber 752
Set 309, 352
SET ROWCOUNT 635
SetAttr 792
SetClipboardData 1104
SetDisplayedCategories 989
SetFilter 71
SetFocus 149, 214, 231, 239, 1104
SetMenuItem 71
setNamedItem 876
SetOption 341, 1035
SetOrderBy 71
SetParameter 71
SetPermissions 525
setupadmin 624
SetValue 779
SetWarnings 71
SetzenWert 71
Sgn 116
Share Deny Read 560
Share Deny Write 560
Shared 750
SharedResources 255
SHBrowseForFolder 790
Shell 1159
ShellExecute 1159
Shellfunktionen 801
SHFileOperation 801
SHFILEOPSTRUCT 801
SHGetPathFromIDList 791
ShortcutMenu 207

ShortcutMenuBar 207, 221, 226
ShortPath 754, 793
ShowAcquireImage 1139
ShowAcquisitionWizard 1141
ShowAllRecords 71
ShowDatePicker 221
ShowDeviceProperties 1137
ShowPhotoPrintingWizard 1140
ShowToolbar 71
ShowWindow 991
Sicherheitscenter 46
Sicherheitseinstellungen 43
Sicherheitsmodell 623
Sicht 495, 595
Sichten 962
SimpleText 252
Sin 116
Single 73, 83
SinusHyperbolicus 117
Size 793
SizeMode 1122
SizeToFit 231
Skip 766
SkipLine 766, 861
Slider 415
SLN 120
Snapshot 367, 383, 385
Snippet 719
Sort 386, 395, 463, 473
Sortieren 463
SortOrder 303
SOUNDEX 716
Source 473
SourceDoc 1123, 1126
SourceItem 1122
SourceObject 217
SourceTableName 539
sp_addlogin 630
sp_addrole 631
sp_detach_db 640
sp_droplogin 630
sp_password 630
sp_rename 642
SPACE 111, 943
Spalten auswählen 904
Spaltenverlauf 926
Special 1125
SpecialEffect 203, 221, 223

Split 111, 794
Split View 199
splitButton 1078
SQL 881
SQL Azure 652
SQL Distributed Management Objects 585
SQL Server 2014 568
SQL Server 2014 Express 566
SQL Server Browser-Dienst 633
SQL Server Express 577
SQL Server Konfigurationsmanager 582
SQL Server Management Studio 579
SQL Server Profiler 581
SQL Server-Agent 584
SQL Server-Authentifizierung 623
SQL Server-Datentypen 649
SQL-Abfrageprogramm 974
SQL-Pass-Through 382
SQL-Passthrough 966
SQL-Server 446
sqlcmd 580, 699
SQLEXPRESS 575
SQLite 702
SQLite Administrator 708
sqlite_master 743
sqlite_sequenz 744
SQLite-Datentypen 712
Sqlite3.exe 737
SQLOLEDB 446
SQLServer 586
Sqr 116
Stammelement 812
Standard 113
Standarddialogfelder 143
startFromScratch 1047
StartUpShowStatusBar 982
State 471, 472, 473
Static 82, 128, 149
Status 473
StatusBar 235, 252
StatusBarText 221, 226
Statusleiste 252
Statuszeile 982
STDEV 944
STDEVP 944
Step 107
Steuerelemente 218, 956
Steuerelemente-Assistent 1007

Stifteigenschaften 268
StopAlleMakros 71
StopMakro 71
StoppAlleMakros 179
StoppMakro 178
Stored Procedure 597, 888
Str 111
Stream 860, 866
STRING 74, 87, 111, 943
Stringaddition 88
Stringverarbeitung 110
StrReverse 111
Style 237, 252
Sub 124
SubFolders 754, 793
SubForm 245, 248
SUBSTRING 636
Suchen 464
Suchleiste 989
SUM 303, 944
Supports 456, 474
SW_HIDE 992
Switch 105
SYD 119
Symbolleiste 1037
Synchronisieren 696
sysadmin 624
SysCmd 339, 1024
System-Verzeichnis 757
SystemFolder 758
Systemressourcen 1161
Systemtabellen 989

T

T-SQL 587
    Datentypen 648
    Variablen 589
TabControl 248
TabDelimited 547
Tabellen 373
Tabellenblatt 1152
Tabellendefinition 489
Tabellenspalte 642
TabIndex 221, 226
Table 367, 383, 384, 490
TableDef 373, 406, 409
TableDefs 422, 539

Tables 519
TabStop 221, 226
Tag 207, 221, 225
Tan 116
taskFormGroup 1086
Tastaturbefehle 71
Tastaturstatus 252
TCP/IP-Protokoll 577
Teilstring 636
Temp-Verzeichnis 757
tempdb 583
Tempfile 762
Temporäre Tabelle 595
TemporaryFolder 758
TempVars 295, 340, 957
Terminate 332, 354
text 831
TextAlign 221, 224
TextBox 239
Textdatei 546, 762, 794
Textdaten 879
Textfeld 149, 239, 376
TextFormat 221, 224, 239, 282, 503
TextHeight 276, 281
TextWidth 281
Then 105
TIME 121, 648, 947
Timer 121, 150, 214, 248, 273, 435
TimerInterval 150, 207, 248, 430
TimeSerial 121
Timestamp 744
TimeValue 121
Titelleiste. 980
To 93
toggleButton 1062
TOP 221, 635, 912
TopMargin 221, 294
TopMargin, 225
Tortendiagramm 280
TotalSize 752, 793
Transact-SQL 587
Transactions 386
Transaktionen 408
TransferDatabase 71, 554
TransferSpreadsheet 71, 1145
TransferText 71
TRANSFORM 954
TreeView 422, 424, 806, 870

Trigger 601, 888
Trim 111, 974
TSQL 636
TXT 546
Type 96, 331, 344, 386, 793, 1117
TypeName 89
TypeOf 428
Typisierte Datei 768
Typkennzeichen 75

U

Überwachungs-Fenster 134
Überwachungsausdruck 161
UBound 95, 804
UCase 111, 943, 974
Uhrzeit 592, 1161
Uhrzeitvergleichen 910
UND 103
Undo 215, 217, 231
UndoBatchEdit 213
Ungebundene Recordsets 460
Unicode 749
UNION 917
Unique 377
uniqueidentifier 648
Unload 208, 273
UnspecifiedDeviceType 1142
Unterabfrage 920, 925
Unterbrechungsmodus 132
Unterformular 217, 245
Unternavigation 1089
Unterverzeichnis 754
Until 107
Updatable 386, 391, 412, 428
UPDATE 387, 392, 412, 430, 457, 474, 935
UpdateBatch 459, 474
User 516
UserDefined 1031
Users 525
USysApplicationLog 177
USysRegInfo 1000
USysRibbons 1041
UTF-16 814, 864
UTF-8 814, 864

V

Val 111, 354
validateOnParse 825, 827
ValidateOnSet 375
ValidationRule 375, 386
ValidationText 375, 386
Value 221, 228, 239, 248, 389, 412
VALUES 930
VAR 944
varbinary 649
Variablen 73
Variablendeklaration 74
Variant 74, 89
VARP 944
VarType 89, 148, 427
VBA 56
VBA7 1109
vbCrLf 88
vbCurrency 427
vbEmpty 148, 427
vbNull 148
Verb 1122
Verbindungszeichenfolge 439
Vereinigung 896
Vergleichsoperatoren 104
Verknüpfen 1120
Verlaufsverfolgung 405
Verschlüsseln 527
Version 471
Verweise 1026
Verzeichnis 753, 757
Verzeichnis erzeugen 756
Verzeichnisbaum 806
Verzeichnisdialog 790
Verzweigungen 105
VideoDeviceType 1142
View 595, 888, 962
Views 495
ViewsAllowed 201
Visible 221, 226
Visual Basic For Applications 335
Volltextabfrage 606
Volltextabfragen 717
VolumeName 752, 793
Vor Änderung 175
Vor Löschung 175
Vorabereignisse 179

W

Währungswert 86
WaitForSingleObject 1159
Webdatenbank 652
WEEKDAY 121, 152, 947
WEIGHT 611
Wenn 178
WhatsThisButton 201
WHERE 906, 914
WhereCondition 262
WHILE 107, 591
WIA 1134
wiaEventDeviceConnected 1136
Width 201, 221
WillChangeField 474
WillChangeRecord 465, 474
WillChangeRecordset 474
WillConnect 472
WillExecute 472
WillMove 474
Win.ini 771
Win64 1108
WindowHeight 201
WindowMode 262
Windows Azure 651
Windows Image Acquisition Automation Layer 1134
Windows Live 658
Windows-Authentifizierung 623
WindowsFolder 758
WindowWidth 201
With 97
WITH OWNERACCESS OPTION 513
WithEvents 323, 447, 476, 868, 1136
Wochenende 152
Word.Application 1173
Workspace 366, 974
Write 766, 792, 861
WriteBlankLines 766
WriteLine 766, 767
WritePrivateProfileString 772
WriteProfileString 771
WriteText 861
Wurzel 119

X

XML 807, 831, 866
XML-Datei 864

XML-Dokumente 829
XML-Editor 1099
XML-Export 745
XML-Fehlerprüfung 827
XML-Integration 846
XML-Transformation 853
XMLDOMAttribute 823
XMLDOMNamedNodeMap 823
XMLDOMNode 823, 831
XMLDOMNodeList 823
XMLDOMParseError 823
Xor 103
XPath 840
XSD-Schema 817
XSLT 853

Y

YEAR 121, 947

Z

Zählerfeld 375

Zeichenfolgen 908
Zeichenkette 88
Zeichenketten 588
Zeichenkettenfunktionen 110
Zeichensatz 814
Zeilenumbruch 40, 88
Zeit 947, 976
Zeitangabe 150
Zeitfunktionen 120
Zeitmarke 376
Zeitmessungen 1169
Zufallswerte 497
Zufallszahlen 117
Zugriffsrechte 372
Zugriffsschutz 512
Zusammengesetzter Schlüssel 887
Zustandsvariablen 481
Zustandswechsel 481
Zweite Normalform 890
Zwischenablage 1103